做一个理想的法律人
To be a Volljurist

Foundational Principles of
Contract Law

合同法基础原理

〔美〕梅尔文·A. 艾森伯格（Melvin A. Eisenberg） 著

孙良国 王怡聪 译

著作权合同登记号　图字:01-2023-0840

图书在版编目(CIP)数据

合同法基础原理／(美)梅尔文・A. 艾森伯格(Melvin A. Eisenberg)著；孙良国，王怡聪译. —北京：北京大学出版社，2023.9
（法律人进阶译丛）
ISBN 978-7-301-34105-6

Ⅰ. ①合… Ⅱ. ①梅… ②孙… ③王… Ⅲ. ①合同法—研究 Ⅳ. ①D913.64

中国国家版本馆 CIP 数据核字(2023)第 116089 号

Foundational Principles of Contract Law, by Melvin A.Eisenberg
© Melvin A.Eisenberg 2018
本书原版由牛津大学出版社于 2018 年出版。本书简体中文版由作者授权翻译出版。

书　　　名	合同法基础原理 HETONGFA JICHU YUANLI
著作责任者	〔美〕梅尔文・A. 艾森伯格　著　孙良国　王怡聪　译
丛书策划	陆建华
责任编辑	陆建华　张文桢
标准书号	ISBN 978-7-301-34105-6
出版发行	北京大学出版社
地　　　址	北京市海淀区成府路 205 号　100871
网　　　址	http://www.pup.cn　http://www.yandayuanzhao.com
编辑部邮箱	yadayuanzhao@pup.cn
总编室邮箱	zpup@pup.cn
新浪微博	@北京大学出版社　@北大出版社燕大元照法律图书
电　　　话	邮购部 010-62752015　发行部 010-62750672 编辑部 010-62117788
印　刷　者	南京爱德印刷有限公司
经　销　者	新华书店
	880 毫米×1230 毫米　A5　36.625 印张　1049 千字 2023 年 9 月第 1 版　2023 年 9 月第 1 次印刷
定　　　价	198.00 元

未经许可，不得以任何方式复制或抄袭本书之部分或全部内容。
版权所有，侵权必究
举报电话：010-62752024　电子信箱：fd@pup.pku.edu.cn
图书如有印装质量问题，请与出版部联系，电话：010-62756370

"法律人进阶译丛"编委会

主　编

李　昊

编委会

（按姓名音序排列）

班天可	陈大创	季红明	蒋　毅	李　俊
李世刚	刘　颖	陆建华	马强伟	申柳华
孙新宽	唐志威	夏昊晗	徐文海	查云飞
翟远见	张焕然	张　静	张　挺	章　程

Foundational Principles of Contract Law

作者简介

〔美〕**梅尔文·A.艾森伯格**（Melvin A. Eisenberg），加州大学伯克利分校法学院"杰西·乔珀"法学荣休教授。在以最优异成绩从哈佛法学院毕业后，就职于纽约的凯伊·舒尔·菲尔曼·海斯&汉德勒律师事务所。曾担任肯尼迪总统遇刺总统委员会（沃伦委员会）的助理法律顾问和纽约市的助理公司法律顾问。1966年加入加州大学伯克利分校法学院。[1]

1984年入选美国艺术与科学院院士，同时他也是古根海姆学者和富布赖特高级学者，拥有科隆大学和米兰大学荣誉法学博士学位。1984年，他在密歇根大学发表了库利演讲。此外，他还在美国、德国、意大利、英国、加拿大、澳大利亚、新西兰和日本的多所大学做演讲。1990年，他被授予加州大学伯克利分校杰出教学奖。1991年到1993年，担任美国法学会的理查德·阿米·卡特法官教席。1992年，担任东京大学访问教授。1998年至2009年担任哥伦比亚大学法学院访问教授。

曾任美国法学会《公司治理原则》的首席报告人，是该学会《代理法重述（第三次）》《返还和不当得利法重述（第三次）》的顾问，担任美国律师协会公司法委员会会员以及美国法学会《消费者合同法重述》顾问。

著有《普通法的本质》（法律出版社2004年版）和《公司法的结构》（法律出版社1999年版），此外，他还出版了合同法和公司法方面的案例书。

---

[1] 原文为"He joined the Boalt faculty in 1966"。特别需要说明的是，1901年，约翰·博尔特的妻子伊丽莎白·博尔特在约翰·博尔特去世后给加州大学伯克利分校法学院进行了捐赠，出于对伊丽莎白·博尔特的尊重，加州大学伯克利法学院所在建筑被命名为"博尔特会堂"（Boalt Hall）。在校友中和习惯上加州大学伯克利分校法学院也被称为"博尔特法学院"。然而约翰·博尔特是一个明显的种族主义者，是《排华法案》的主要推动者。基于其种族主义，2018年法学院院长正式接受停止使用"博尔特"名称的建议，加州大学伯克利分校校长卡罗尔·克里斯特和加州大学系统主席珍妮特·纳波利塔诺予以批准。加州大学伯克利分校也将"博尔特会堂"从法学院的官方名称中删除。

Foundational Principles of Contract Law

译者简介

孙良国,吉林大学法学院教授,吉林大学法学博士,清华大学法学博士后、加州大学伯克利分校法学院、芝加哥大学法学院、艾奥瓦大学法学院访问学者,主要研究方向为合同法学、侵权责任法学、法和经济学、公司法学。

王怡聪,吉林大学民商法学博士,美国弗吉尼亚大学法学硕士,主要研究方向为证券法、公司治理、救济法。

译丛主编简介

李昊,北京大学法学学士、民商法学硕士,清华大学民商法学博士,中国社会科学院法学研究所博士后。现任中南财经政法大学法学院教授、博士生导师,数字法治研究院执行院长,法律硕士"数字治理与合规"方向导师组组长。曾任北京航空航天大学人文社会科学高等研究院副院长、北京航空航天大学法学院教授(院聘)、博士生导师。德国慕尼黑大学、明斯特大学、奥地利科学院欧洲损害赔偿法研究所访问学者。兼任德国奥格斯堡大学法学院客座教授、中国网络与信息法学研究会理事、北京市物权法学研究会副会长、北京中周法律应用研究院副理事长兼秘书长、北京法律谈判研究会常务理事、北京市金融服务法学会理事,湖北省法学会民法学研究会理事,浙江省检察院咨询专家,《燕大法学教室》(简体版《法学教室》)主编、《月旦法学杂志》副主编、《中德私法研究》和《法治研究》编委。著有《纯经济上损失赔偿制度研究》《交易安全义务论——德国侵权行为法结构变迁的一种解读》《危险责任的动态体系论》《不动产登记程序的制度建

Foundational Principles of Contract Law

构》（合著）、《中国民法典侵权行为编规则》（合著）等；在《法学研究》《清华法学》《法学》《比较法研究》《环球法律评论》等期刊和集刊发表论文六十余篇。主编"侵权法与保险法译丛""侵权法人文译丛""外国法学精品译丛""法律人进阶译丛""欧洲法与比较法前沿译丛"等多部法学译丛，联合主编"新坐标法学教科书"系列。

本书献给

海伦，布朗温，纪念大卫和莉亚
To Helen, Bronwyn, the memory of David, and Lia

献给父亲,纪念慈爱的母亲。

——孙良国

做一个理想的法律人（代译丛序）

近代中国的法学启蒙受自日本，而源于欧陆。无论是法律术语的移植、法典编纂的体例，还是法学教科书的撰写，都烙上了西方法学的深刻印记。即使是中华人民共和国成立后兴盛过一段时期的苏俄法学，从概念到体系仍无法脱离西方法学的根基。20世纪70年代末以来，借助于我国台湾地区法律书籍的影印及后续的引入，以及诸多西方法学著作的大规模译介，我国重启的法制进程进一步受到西方法学的深刻影响。当代中国的法律体系可谓奠基于西方法学的概念和体系之上。

自20世纪90年代开始的大规模的法律译介，无论是江平先生挂帅的"外国法律文库""美国法律文库"，抑或舒国滢先生等领衔的"西方法哲学文库"，以及北京大学出版社的"世界法学译丛"、上海人民出版社的"世界法学名著译丛"，诸多种种，均注重于西方法哲学思想尤其英美法学的引入，自有启蒙之功效。不过，或许囿于当时西欧小语种法律人才的稀缺，这些译丛相对忽略了以法律概念和体系建构见长的欧陆法学。弥补这一缺憾的重要转变，应当说始自米健教授主持的"当代德国法学名著"丛书和吴越教授主持的"德国法学教科书译丛"。以梅迪库斯教授的《德国民法总论》为开篇，德国法学擅长的体系建构之术和鞭辟入里的教义分析方法进入中国法学的视野，辅以崇尚德国法学的我国台湾地区法学教科书和专著的引入，德国法学在中国当前的法学教育和法学研究中日益受到尊崇。然而，"当代德国法学名著"丛书虽然遴选了德国当代法学著述中的上乘之作，但囿于撷取名著的局限及外国专家的视角，丛书采用了学科分类的标准，而未区分注重体系层次的基础教科书与偏重思辨分析的学术专著，与戛然而止的"德国法学教科书译丛"一样，在基础教科书书目的选择上尚未能充分体现当代德国法学教育的整体面貌,是为缺憾。

职是之故,自2009年始,我在中国人民大学出版社策划了现今的"外国法学教科书精品译丛",自2012年出版的德国畅销的布洛克斯和瓦尔克的《德国民法总论(第33版)》始,相继推出了韦斯特曼的《德国民法基本概论(第16版)(增订版)》、罗歇尔德斯的《德国债法总论(第7版)》、多伊奇和阿伦斯的《德国侵权法(第5版)》、慕斯拉克和豪的《德国民法概论(第14版)》,并将继续推出一系列德国主流的教科书,涵盖了德国民商法的大部分领域。该译丛最初计划完整选取德国、法国、意大利、日本诸国的民商法基础教科书,以反映当今世界大陆法系主要国家的民商法教学的全貌,可惜译者人才梯队不足,目前仅纳入"日本侵权行为法"和"日本民法的争点"两个选题。

系统译介民商法之外的体系教科书的愿望在结识季红明、查云飞、蒋毅、陈大创、葛平亮、夏昊晗等诸多留德小友后得以实现,而凝聚之力源自对"法律人共同体"的共同推崇,以及对案例教学的热爱。德国法学教育最值得我国法学教育借鉴之处,当首推其"完全法律人"的培养理念,以及建立在法教义学基础上的以案例研习为主要内容的教学模式。这种法学教育模式将所学用于实践,在民法、公法和刑法三大领域通过模拟的案例分析培养学生体系化的法律思维方式,并体现在德国第一次国家司法考试中,进而借助第二次国家司法考试之前的法律实训,使学生能够贯通理论和实践,形成稳定的"法律人共同体"。德国国际合作机构(GIZ)和中国国家法官学院合作的《法律适用方法》(涉及刑法、合同法、物权法、侵权法、劳动合同法、公司法、知识产权法等领域,由中国法制出版社出版)即是德国案例分析方法中国化的一种尝试。

基于共同创业的驱动,我们相继组建了中德法教义学QQ群,推出了"中德法教义学苑"微信公众号,并在《北航法律评论》2015年第1辑策划了"法教义学与法学教育"专题,发表了我们共同的行动纲领:《实践指向的法律人教育与案例分析——比较、反思、行动》(季红明、蒋毅、查云飞执笔)。2015年暑期,在谢立斌院长的积极推动下,中国政法大学中德法学院与德国国际合作机构法律咨询项目合作,邀请民法、公法和刑法三个领域的德国教授授课,成功地举办了第一届"德国法案例分析暑期班"并延续至今。2016年暑期,季红明和夏昊晗也积极策划并参与了由西南政法大学黄家镇副教授牵头、民商法学院举办的"请求权基础案例分析法课程暑期培训班"。2017年暑期,加盟中南财经政法大学法学院的"中德法教义学苑"团队,成功举办了"案例分析暑期培训班",系统地在民法、公法和刑法三个领域以德国的鉴定式模式开展了案例分析教学。

中国法治的昌明端赖高素质法律人才的培养。如中国诸多深耕法学教育的启蒙者所认识的那样,理想的法学教育应当能够实现法科生法律知识的体系化,培养其运用法律技能解决实践问题的能力。基于对德国奠基于法教义学基础上的法学教育模式的赞同,本译丛期望通过德国基础法学教程尤其是案例研习方法的系统引入,循序渐进地从大学阶段培养法科学生的法律思维,训练其法律适用的技能,因此取名"法律人进阶译丛"。

本译丛从法律人培养的阶段划分入手,细分为五个子系列:

——法学启蒙。本子系列主要引介关于法律学习方法的工具书,旨在引导学生有效地进行法学入门学习,成为一名合格的法科生,并对未来的法律职场有一个初步的认识。

——法学基础。本子系列对应于德国法学教育的基础阶段,注重民法、刑法、公法三大部门法基础教程的引入,让学生在三大部门法领域中能够建立起系统的知识体系,同时也注重扩大学生在法理学、法律史和法学方法等基础学科上的知识储备。

——法学拓展。本子系列对应于德国法学教育的重点阶段,旨在让学生能够在三大部门法的基础上对法学的交叉领域和前沿领域,诸如诉讼法、公司法、劳动法、医疗法、网络法、工程法、金融法、欧盟法、比较法等有进一步的知识拓展。

——案例研习。本子系列与法学基础和法学拓展子系列相配套,通过引入德国的鉴定式案例分析方法,引导学生运用基础的法学知识,解决模拟案例,由此养成良好的法律思维模式,为步入法律职场奠定基础。

——经典阅读。本子系列着重遴选法学领域的经典著作和大型教科书(Grosse Lehrbücher),旨在培养学生深入思考法学基本问题及辨法析理之能力。

我们希望本译丛能够为中国未来法学教育的转型提供一种可行的思路,期冀更多法律人共同参与,培养具有严谨法律思维和较强法律适用能力的新一代法律人,建构法律人共同体。

虽然本译丛先期以德国法学教程和著述的择取为代表,但是并不以德国法独尊,而是注重以全球化的视角,实现对主要法治国家法律基础教科书和经典著作的系统引入,包括日本法、意大利法、法国法、荷兰法、英美法等,使之能够在同一舞台上进行自我展示和竞争。这也是引介本译丛的另一个初衷:通过不同法系的比较,取法各家,吸其所长。也希望借助本译丛的出版,展示近二十年来中国留学海外的法学人才梯队的更新,并借助新生力量,在既有译丛积累的丰富经验基础上,逐步实现对外国法专有术语译法的相对统一。

本译丛的开启和推动离不开诸多青年法律人的共同努力,在这个翻译难以纳入学术评价体系的时代,没有诸多富有热情的年轻译者的加入和投入,译丛自然无法顺利完成。在此,要特别感谢积极参与本译丛策划的诸位年轻学友和才俊,他们是:留德的季红明、查云飞、蒋毅、陈大创、黄河、葛平亮、杜如益、王剑一、申柳华、薛启明、曾见、姜龙、朱军、汤葆青、刘志阳、杜志浩、金健、胡强芝、孙文、唐志威,留日的王冷然、张挺、班天可、章程、徐文海、王融擎,留意的翟远见、李俊、肖俊、张晓勇,留法的李世刚、金伏海、刘骏,留荷的张静,等等。还要特别感谢德国奥格斯堡大学法学院的托马斯·M.J.默勒斯(Thomas M. J. Möllers)教授慨然应允并资助其著作的出版。

本译丛的出版还要感谢北京大学出版社副总编辑蒋浩先生和策划编辑陆建华先生,没有他们的大力支持和努力,本译丛众多选题的通过和版权的取得将无法达成。同时,本译丛部分图书得到中南财经政法大学法学院徐涤宇院长大力资助。

回顾日本的法治发展路径,在系统引介西方法律的法典化进程之后,将是一个立足于本土化、将理论与实务相结合的新时代。在这个时代中,中国法律人不仅需要怀抱法治理想,还需要具备专业化的法律实践能力,能够直面本土问题,发挥专业素养,推动中国的法治实践。这也是中国未来的"法律人共同体"面临的历史重任。本译丛能预此大流,当幸甚焉。

李 昊

2018 年 12 月

译者序
为什么要翻译这本书？

在合同法著作和合同法论文多如牛毛的时代，且在部分权威合同法译著已经面世的情况下，翻译这样一部大部头的著作显得有点匪夷所思：第一，这本书的原版有 903 页，除了目录、索引、案例表等，正文还有 814 页。毫无疑问，翻译这本书需要花费很长的时间，同时也会给个人的时间安排和身心带来很大的挑战。大部头著作的翻译不易，需要的工作量巨大。艾森伯格教授特别善意地提醒译者："翻译这本书要考虑清楚，这可是一本八百多页的作品。"事实证明，这个工作确实耗时耗力，并且由于教学负担、科学研究及家庭等因素，从 2018 年 9 月，笔者拿到这本书的电子版到 2022 年初初稿成形，就花了三年多的时间。第二，众所周知，在国内学术界，翻译作品在学术评价体系中的地位可能还不如一篇法学核心论文的地位，甚至不如一篇 CSSCI 论文。即使是笔者所在的法学院，也是经过了长时间的讨论，译著才被纳入既有的考核体系，可算作一篇有一定分量的 CSSCI 学术论文。这两个背景性因素意味着，在一般意义上，翻译国外著作，即使是名著，也绝对是一件"得不偿失"的工作。而且，翻译这本书的其他成本还是很高的：首先，机会成本高。因为用于翻译这本书的时间完全可以写数篇 CSSCI 或者 CLSCI 论文，这些论文完全可以获得更多的"个人收益"和更好的"个人评价"。其次，"搭便车"成本高。由于电子时代的便利，不少同行通过合法或者不合法的方式获得了这本书原版的电子版；虽然英语已经是一门通用语言，但是完全研读该书的学者并不多见。然而基于各种原因，当然也可能是出于出版物方面的考虑，引用外文资料显然比引用译著显得更"高大上",因此诸多"搭便车"成本应然而生。最后,快餐时代的偏好。在热点问题研究占据某些"显学"地位的时代,ChatGPT、元宇宙、基因编辑、数字法学等显然更能在短时间内获得更多的关注,获得更多的个人收益,基础理论的研究确实在各种评价下显得更为艰难,但基础研究的地位就是"基础性"。

翻译这本大部头著作的理由有很多,此处仅从作为译者的视角来阐释:第一,笔者长期受到艾森伯格教授学术作品的影响。自2003年起,笔者就开始接触艾森伯格教授的作品,深受其作品的影响。而且笔者的学术历程在主题上也与艾森伯格教授的作品同步。第二,艾森伯格教授为人谦逊,乐于助人,是他个人品格促使笔者翻译此书。笔者与艾森伯格教授有多年的邮件联系,向他咨询过他如何看待软件合同的问题。他直接从伯克利给我邮寄了美国法学会《软件合同法原则》的原稿,在网络尚不发达的2006年,这是难能可贵的。之后,笔者又向他咨询了合同效力类型的问题,艾森伯格教授都悉心解答。2018年笔者表达了想翻译本书的想法,而且想前往伯克利法学院做一年访问学者,专门从事这项工作。艾森伯格教授进行了周密安排,顺利促成笔者从2019年9月到2020年8月在世界顶尖法学院访学。

陆建华老师嘱咐译者应写一篇译者序,得让读者下定决心去欣赏这样一部大部头的著作。当然,下定决心的决定性要素是读者能够从该书获得的收益与定价之间的关系。若前者大于或者远大于后者,读者就可以下定决心去购买;若后者大于或者远大于前者,则读者不会下定决心去购买。当然,笔者没有找国内外权威专家去推荐本书,因为艾森伯格教授自带光环,无需去做额外的商业营销或者权威推荐。可以概括为一句话:伟大学者的伟大作品当然值得拥有!

一、艾森伯格教授其人

艾森伯格教授是加州大学伯克利分校法学院的"杰西·乔珀"法学荣休教授(Jesse Choper Professor of Law),之前是"科里特"法学教授(Koret

Professor of Law)。2015年1月份荣休(时年81岁)。艾森伯格教授在普通合同法发展史上具有特别的影响,是艾伦·法恩斯沃思教授(Allan Farnsworth)认可的唯一在世的伟大合同法学者[1],是公认的法学领域的巨人(giant)。

艾森伯格1956年本科毕业于哥伦比亚学院,获得学士学位。他于1959年在哈佛大学法学院获得法学博士学位。[2] 1966年艾森伯格在加州大学伯克利分校法学院开始了教授生涯。1983年,艾森伯格教授被冠名为"科里特"法学教授(Koret Professor of Law,加州大学伯克利分校的顶尖教职之一)。艾森伯格教授拥有该教席长达20年。接任该教席的是世界顶尖知识产权法专家皮特·梅内尔教授(Peter Menell)。

艾森伯格教授为人坦率、真诚,对学术保持相当的批判力和忠诚度。这里有两件小事可佐证。第一,2019年3月,他在《耶鲁规制杂志》的博客上发表了《拟议的消费者合同法重述一旦通过,将会刀刃消费者权利》一文。该文提到,可以有把握地说,拟议的《消费者合同法重述》几乎每一个条款都极不利于消费者。这个时候艾森伯格教授已经85岁了。此时他还对法律进行了冷静的反思和准确的评价,而且用词依然体现了"归来仍是少年"的激情与犀利。第二,有一次我请教他一个英文单词的翻译问题,"incorrect"是翻译成"not right"好还是"wrong"好呢?对这个问题,他诡异一笑,清晰地回答道"incorrect means wrong politely"。他的表情像孩童一样的天真,令人忍俊不禁。我也经常给国内学生讲,这样一个小的故事能够展示一个语词的魅力。当然,我一般补充道,同等语境下,国内学者可能会用"值得商榷""有一定道理"等更为含蓄的用词。

荣休后,艾森伯格教授依然保留了在加州大学伯克利分校法学院的办公室,每周都去法学院工作三天,进行阅读和写作。退休至今,艾森伯格教授已经出版了两本专著,分别是牛津大学出版社于2018年出版的

---

[1] E. Allan Farnsworth, *Farnsworth on Contracts*(III)(Third Edition), Aspen Publisher, 2004, pp.385-390.当然,波斯纳等是作为法官身份而影响合同法发展的。

[2] 法学博士学位(J.D.)的前身是 L L.B.学位,L L.B 相当于法学学士学位。

《合同法基础原理》(Foundational Principles of Contract Law)和2022年剑桥大学出版社出版的《法律推理》(Legal Reasoning),而且还可能要在今年出版《现代合同法》(Modern Contract Law)。这三部著作都体现了艾森伯格教授"老当益强、老当益壮""老骥伏枥,志在千里"的学术抱负。

当然,笔者也曾经问过艾森伯格教授两个小问题:一是,既然已经退休了,为什么还可以如此笔耕不辍?他说,研究或者写作是他的兴趣和享受所在。他愿意探索法律规则和法学原理的奥秘,更愿意把他的所思所想表达出来。二是,如果真的不从事研究了,会干些什么?艾森伯格教授回答,可能读读小说等。事实上,读小说对他的写作有很大裨益,他的语言表达能力、语言精炼程度都是教授中的佼佼者,而且他援引了很多有趣的文学故事和文学作品来帮助理解法律问题。

二、艾森伯格教授的研究志趣

艾森伯格教授是美国乃至世界顶尖的法学教授。1984年,艾森伯格教授被美国艺术与科学院(The American Academy of Arts and Sciences)选为院士(Fellow)。这是一项巨大的学术荣誉。在1984年当年,整个法学领域只有五位学者或者实务人员获得了这一殊荣。艾森伯格教授为什么可以成为院士呢?我们可以从美国艺术与科学院的官网对艾森伯格教授研究工作的介绍中了解一二:

> 他的研究聚焦于合同法、公司法与法律理论。在合同法中,他撰写了一系列学术文章,旨在对该部门法的不同领域进行重新概念化。他在合同法及公司法领域中都有顶尖的案例书出版(casebook)。他是美国法学会《公司治理原则:分析与建议》的首席报告人(chief reporter)。在法律理论中,他的作品关注于主要程序的分析,尤其是谈判、咨询和普通法的审判。他最近的作品强调法律中的认知局限与

社会规范的地位。[3]

整体而言,艾森伯格教授在三个法律领域都做出了非常重要的贡献:合同法领域、公司法领域及法律理论领域。艾森伯格教授在合同法领域的贡献,笔者会在随后的部分进行更多介绍,此处主要介绍他在公司法领域和法律理论领域的贡献。

在法律理论领域,1988年,哈佛大学出版社出版了艾森伯格教授的《普通法的本质》一书,该书的中译本在2004年由法律出版社出版,译者为张曙光等。[4] 该书是重要的法学理论著作。该书认为,普通法规则在诸如侵权法和合同法等一些法律领域占据主导地位。在其他的一些领域也极为重要,如公司法。然而,在设立普通法规则时,法院使用或者应当使用什么原则,是远不清楚的。在普通法案例中建立的规则,是过去先例中宣布的规则及道德规范、政策与经验之间互动的产物。然而,与立法机关不同的是,制定普通法规则的法院不能自由采用它所认为最好的规则和政策。毋宁是,法院只能恰当地采用获得必要程度的社会支持的规则。更特别的是,普通法应当努力满足三个标准:第一,普通法应当回应规则体系(body of rules),这些规则体系是通过赋予所有获得必要支持的道德规范、政策与经验命题以适当权重,或者在规范、政策与经验冲突中做出最佳的选择而形成的;第二,构成该法律部门的所有规则都应当相互一致;第三,在过去先例中采纳的规则应当随时间进展而一体适用。这三个标准经常指向同一个方向。当这三个标准不能指向同一个方向时,法律推理的核心难题就产生了。这些问题可以通过普通法审判的原则而得以解决。以普通法审判的一般原则作为背景,作者检视和解释了普通法推理的特定模型,诸如先例推理、类比推理,并进行区分和推翻先例等。[5]

---

[3] American Academy of Arts & Sciences, Melvin Aron Eisenberg, 载美国艺术与科学院官网(网址: https://www.amacad.org/person/melvin-aron-eisenberg),访问日期:2023年4月15日。

[4] [美]迈尔文·艾隆·艾森伯格:《普通法的本质》,张曙光等译,法律出版社2004年版。

[5] About This Book, Melvin Aron Eisenberg, 载哈佛大学出版社官网(网址: https://www.hup.harvard.edu/catalog.php? isbn=9780674604810),访问日期:2023年4月15日。

这些法律理论的研究成为艾森伯格教授研究部门法问题的一般基础。换言之,艾森伯格教授对法律、普通法有着较为独特的深刻理解。这些理解构成了他对合同法、公司法等分析的基础和背景。这种知识背景反映了艾森伯格教授研究合同法的基调和特质。

就公司法研究而言,艾森伯格教授是《公司治理原则:分析与建议》的首席报告人(chief reporter)。该作品规定了公司法的一般问题,而且检视了商业公司董事和官员对企业及其股东的义务与责任。该作品包括对当前法律要件的中肯分析,也包括建议的详细阐释。具体主题如下:商业公司的目标与行为、公司的结构、注意义务与商事判断规则、公平交易的义务、控制权交易与要约收购中董事与股东的地位和公司救济。他的作品都在相当大的程度上对公司治理原则进行了梳理。20世纪之后,艾森伯格教授对公司法的兴趣明显减弱,笔者也问过他原因,他说他不太认同目前公司法学研究的进路。目前的公司法研究进路过度数理化,这可能溢出了法律研究或者规范研究的范围。

三、《合同法基础原理》写作过程中的五个问题

2019年9月20日,在加州大学伯克利分校法学院大楼的331室,笔者第一次面见艾森伯格教授,当时我首先请教了他在《合同法基础原理》一书写作过程中的几个相关问题,他都一一给出了回答。

(1)这本书写了多少年?

艾森伯格教授说,从有写这本书的想法到本书出版,经过了五十多年。从1966年到加州大学伯克利分校法学院任教,他就想写一本合同法的著作,也就是从那时起他就开始构思这本书的基本框架和具体问题。在后来半个多世纪合同法学术生涯中,他在整体上也是参照最初设想的逻辑展开论文写作的,尽管中间也有不小的修正。他说,他发表的这些论文其实都是为这一部著作服务的。

(2)为什么使用"Foundational"一词?

本书名为"Foundational Principles of Contract Law"。我提出,表达"基

本的""基础的""根本的"等词义有很多词汇,如 Basic、Fundamental 等,而且后两个词可能更常见,为什么他要选择使用"Foundational"一词。艾森伯格教授说了两点:第一,其实书名中用"Basic"一词也是可以的,正像他撰写的合同法案例书《基础合同法》(Basic Contract Law)一样[6];第二,"Foundational"一词更加形象地描述了本书要研究的对象及采用的进路。他说,合同法的规则体系背后的原理支撑就像盖房子,盖房子最重要的是地基和基础,如果地基不牢靠,房子就建不好,甚至会有倒塌的危险,有可能真的就会倒塌。概言之,"Foundational"一词最为恰当,当然也就是不二选择了。

(3)为什么有些重要的主题并没有涉及?

艾森伯格教授在书中对该问题进行了解释,即使在他人看来一些主题很重要,但是如果该主题尚未占据基础性原理的地位,那他就没有涉及。当然,由于空间有限或者研究偏好,艾森伯格教授对有的主题也只是进行了简单讨论。这也就解释了一个我们很难理解的现象,即本书有 57 章,有数章内容只有 2 页或者 3 页的篇幅。

(4)为什么没有将电子合同等问题纳入重要的研究主题?

艾森伯格教授认为,通过电子方式订立的合同或者电子合同及网络合同,如点击合同、拆封合同或者浏览合同等,它们并未在根本上改变合同法原理的基本面向。而真正阻碍电子合同的因素基本上都已经通过法律规定的形式固定下来,或者在实践中几乎很难构成一个真正的问题。即使在数字社会,合同法基础原理的生命力也并没有减弱,相反会随着社会发展的不同形势而焕发出更强的生命力。

艾森伯格教授的理解也间接揭示了我国民法界一段发展历程背后的原因。在 20 世纪末 21 世纪初,关于网络时代的合同法面临挑战,有大量法学文献如雨后春笋般地涌现,而且大都认为会给现代合同法带来足够的挑战甚或是产生更多的变革。然而,二十多年过去了,这一场景并没有

---

[6] 该案例书已经出版到第十版。参见 Lon L. Fuller, Melvin A. Eisenberg, Mark P. Gergen, *Basic Contract Law(Tenth Edition)*, West Academic Publishing, 2018。

出现。繁荣或者看似繁荣未必是发展。究其实质,这些繁荣最大的问题是,在相当大程度上误导了学术界的发展,浪费了大量的学术资源,而这些资源本来可用于能够积极推进学术发展的事务。

(5)本书是对既有论文的拼接吗?

可以说,《合同法基础原理》中的主题,在艾森伯格教授五十多年学术生涯发表的论文中大多都有相应的主题。那么问题就来了,本书是以上论文的拼接或者简单拼接吗?或者这只是一本论文集吗?艾森伯格教授作出了否定的回答。

这可从以下两个事实中反推出来:第一,本书的章节都进行了重新排列,而且是按照体现艾森伯格教授的合同法哲学展开的;第二,本书在2012年完成了初稿,2013年1月份艾森伯格教授在加州大学伯克利分校法学院召开了一次圆桌会议,对该初稿进行讨论,参加者都是美国顶尖或者知名的合同法专家,如艾奥瓦大学的史蒂文·伯顿(Steven Burton)教授、佛罗里达州立大学的肖恩·拜仁(Shawn Bayern)教授等。从这次会议到著作出版,本书的修订或者修改持续了将近6年,这个时间跨度可能是我们很难想象的。即使有了数十篇论文做基础,艾森伯格教授也在结构设计、内在逻辑、语言完善等方面做了实质性的推进工作。一个常识是,如果这仅仅是一项简单的工作,当然不需要用长达6年的时间去完成。笔者曾阅读过艾森伯格教授所有的合同法论文,而这本书则超越了这些论文,明显进行了再体系化。

四、《合同法基础原理》的主要贡献

《合同法基础原理》是一部杰出的著作。然而不得不承认的是,目前美国法学界对于体系书是存在误解的。尽管体系书是美国法的重要传统,但是随着法学研究观念的变化、若干普通法发展以及法学院学术评价的变化,体系书的传统大都丧失了。但是体系书的传统,依然应当具有非常强烈的现实意义。本书所体现的体系、观点以及论证在很大程度上改善甚或确立了合同法的一般原理,推动了现代合同法观念的进步,影响了合同法案件的裁判。虽然《统一商法典》成为合同法的制定法,但是法官在适用法律的时候,学者在研究法律的时候,也还是更愿意参考普通法,从先例中寻找法律规则并且进行适用。

笔者择其要者,重点探讨该书的主要贡献。

1. 对合同法标准的凝练

合同法的基础原理是什么?这些原理究竟有何重要的意义?艾森伯格教授进行了深入思考,并且努力将基础原理贯穿在本书的始终及对合同法规则的理解之中。在这里有必要进行重复。这四项基础原理如下:第一,合同法的目的应当是实现允诺交易当事人的目标,前提是满足适当的政策和道德条件,如免于胁迫和欺诈的自由,并受到适当的限制,如行为能力和合法性。这是合同法第一个也是最基本的潜在原理。第二,实现允诺交易当事人目标的条件和限制及确定这些目标的方式,应当由那些考虑了所有可运用的且值得赞许的最佳政策、道德和经验命题构成。当不止一个这样的命题可适用时,法院应当作出适当判断,考虑到手头的问题,给予每个命题适当的权重,并且根据这些权重,要么将一些命题从属于其他命题,要么制定一条可适用命题之最佳矢量的规则,该规则考量它们的相对权重并能够在多大程度上形成反映这些权重的融通。第三,在缔约方没有明确地或隐含地解决某一问题时,该问题应由任意性规则予以规范,确定任意性规则内容的方式应与确定实现缔约方目标之条件与限制的方式相同。第四,合同法的其余原理——例如关于允诺的可执行性、违反允诺的救济、不履行可执行允诺的免责、条件不满足的效果、非合同当事人但会受益于合同履行之人的权利——也应以相同方式来确定。

合同法的规范性理论与这四项基础原理一起构成了合同法的基本标准(以下简称"基本标准")。基本标准支持的原理是正当的,而基本标准不支持的原理则是不正当的。合同法学者从这些概括中就能够直接体会到法学大师的风采。

2. 对合同法演进逻辑的精准概括

尽管我们都知道在过去的两个多世纪里,合同法经历了从古典合同法向现代合同法的转化。但是如何概括此种演进,则是见仁见智的问题。能够对此宏大问题做出精准解读的,当属艾森伯格教授。艾森伯格教授对这种变迁提供了四个向度的分析。这四个向度分别是:从客观到主观,从标准化到个性化,从二元论到多元论,从静态到动态。即使到了现代,这种概括依然可以作为分析工具发挥重要的作用,依然能够作为分析现代合同法演进和制度的框架。如在电子商务场景下,客观性与主观性、标准化与个性化是否会出现某种反转,值得深思。

3. 对约因的理解

约因是普通合同法制度的基石。这一概念也是最难以理解的概念。笔者在 2005 年—2007 年讲授英美契约法(主要是美国合同法)时,学生们也都普遍认为,这一概念是很难理解的。而且约因也有不同的理解或者不同的理论解释,如交易说、信赖说等,然而这些理论都有重大的缺陷,不能有效地解释既有的制度。

问题的解决方案在哪里呢?艾森伯格教授认为,约因就是使允诺可执行的类型或者因素。正是在这一点上,笔者不太愿意将"consideration"译成"对价",因为"对价"在中文语境下可能有两个含义:一是为了得到某些东西,必须付出某些东西;二是得到的东西和付出的东西应当具有相称性与合比例性。当然,艾森伯格教授认为,从约因角度来看,履行允诺人有义务履行的交易允诺,通常与任何其他交易允诺没有区别,应当是具可执行性;现代判决趋势是反对以缺乏相互性为由,借助法院来推翻合同。这都推动了既有的约因原理的进步。

4. 对违约损害计算的模块化与公式的凝练

违约损害赔偿的计算向来是合同法的核心领域,然而虽然这个领域的作品汗牛充栋,但是研究的理论化、系统化、实用性还有不小发展空间。

虽然这一研究难度确实极大,但是艾森伯格教授做到了这一点,这需要深刻的洞察力与高深的理论素养。就这方面,笔者可以举出数例来说明。

(1)损害赔偿计算的模块

在既有的案例书或者著作中,我们极少看到关于计算模块的概念和内容。预期损害赔偿计算有三个模块:替代成本、价值降低与所失利润。这并不意味着这三个模块都能形成共识,然而这一概括确实提供了更好的分析基础。

(2)合同类型与损害赔偿的计算公式

损害赔偿的计算公式与合同类型有紧密的关系。在艾森伯格教授看来,货物买卖合同与服务合同的区分是一种最基本的类型区分。因为这两种合同是基于合同性质而有不同的计算公式。如市场价格损害赔偿公式、替代交易损害赔偿公式、所失利润赔偿等。

(3)合同主体与损害赔偿的计算公式

当然,在典型的国际示范文件中,合同主体(如买卖合同的卖方与买方,或者服务合同的服务提供方和接受方)对损害赔偿的计算没有影响,然而在实际运行中并非如此。就货物买卖合同而言,如果卖方违约,买方可以寻求的计算公式是替代交易损害赔偿、市场价格损害赔偿或者所失利润赔偿,具体运用哪个公式取决于具体个案中的情况,如是否进行了替代交易等。

5. 对违约损害赔偿限制性规则的洞察

(1)可预见规则应当予以废除

经过详细的分析,艾森伯格教授认为,可预见规则应当被废除,主要原因是该规则会产生很高的不确定性及成本超过收益。废除之后的规则应当由四个相应的替代性制度组成:风险的合同分配、近因、违约的性质、不合比例损害赔偿的限制等。

(2)确定性规则应当予以放松

确定性规则在世界范围内都是损害赔偿的限制性规则。然而确定性规则的要求在相当长的历史时期内体现为"全有或全无"的进路,由于其不合理的社会命题而失去生命力,逐渐退场。艾森伯格教授提出了以概率为基础的更现实的检验标准。

6. 对效率违约理论的否定

效率违约理论是一个流行于世界的合同法理论。该理论肇始于美国普通法,在合同法理论中具有极大的理论价值,尽管并不一定具有很强的合同法实践意义。然而,到目前为止,我们对该理论的分析与探讨确实存在一个尚未解决的基本问题,即该理论一旦在实践中得以运用会出现何种场景。艾森伯格教授将效率违约可能产生的场景分为两种:一个是高价范式,一个是损失范式。核心是前一范式。通过细致且有说服力的分析,艾森伯格得出结论:效率违约理论在高价范式中彻底失败了,而在损失范式中也基本失败了。整体而言,效率违约理论不能实现其赖以为凭的效率。这是釜底抽薪式的论证,得出了令人振奋的结论。

7. 对合同解释理论的精致阐释

一个好的解释理论对合同理论而言是不可或缺的。在已有的合同解释理论中,艾森伯格教授确立了合同解释的四个原则:第一,在合同语境下,如果当事人对一个表达赋予不同的意思,任何一方当事人都不知道或没有理由知道另一方当事人赋予的意思不同于他所赋予的意思,而且这两种意思并不同样合理,那么更合理的意思胜出;第二,如果在当事人都主观地赋予某一表达相同意思的语境下,该意思应胜出,即使该意思可能不如其他意思合理;第三,在合同语境中,如果当事人主观地赋予一个表达不同的意思,这两个意思同样合理,并且任一方当事人都不知道对方赋予了不同的意思,那么两个意思都不能胜出;第四,在合同语境中,如果当事人即 A 和 B,分别给一个表达赋予了不同的意思"阿尔法"和"贝塔",A 知道 B 赋予了"贝塔"的意思,而 B 不知道 A 赋予了"阿尔法"的意思,即使"贝塔"比"阿尔法"不合理,"贝塔"意思也应胜出。

当然,更为精彩的是,艾森伯格教授严厉批评了世界顶尖合同法专家艾伦·施瓦茨(Allan Schwartz)和罗伯特·斯科特(Robert Scott)共同提出的合同解释理论。该解释理论的一个观点是,解释的目的不是找到当事人之间合同的最准确解释,而是确定可能解释的平均值(mean)或分布。后两者认为,合同解释是要确定合同解释的平均值。然而艾森伯格教授认为,这与解释的现实情况脱节,解释几乎是在两种相互竞争的解释之间进行选择,而不是确定平均值。

8. 强调道德因素在合同法中的特殊作用

艾森伯格教授强调道德因素在合同法中的地位,其中最令人印象深刻的是,道德因素在显失公平中的地位与作用。这主要体现在以下三点:

第一,市场在显失公平规则适用中的作用。艾森伯格教授认为,当交易发生在市场外或由于某种原因甚至不那么合理竞争的公共市场时,法院最有可能发现显失公平的存在。因为合理竞争市场中的交易不太可能是显失公平的。

第二,道德在显失公平的认定中有突出的地位。艾森伯格教授认为,道德过错有不同的程度,而"显失公平"一词暗示着严重程度的道德过错。

第三,显失公平规则适用的类型化。显失公平规则显然是抽象的,单纯从构成要件、法律效果等进行分析则远远不够,无法对当事人产生有效的指引,也不能对法院产生有效的规范。因此,类型化是必然的选择。艾森伯格教授分为七种情况进行分析,如困境、哄抬物价、无交易行为能力、不公平的劝说、高于市场价格的销售、对价格无知的利用和实质显失公平等。在这些具体类型的显失公平情形中,艾森伯格教授进行了很好的道德分析。

9. 回应行为经济学对合同法的挑战

行为经济学兴起后,产生了很大的学术影响。艾森伯格教授及时捕捉到了这一点并将其引入到合同法研究中,早在1995年他就在《斯坦福法律评论》发表了《认知局限与合同局限》。[7] 该文的思想同样收录在《合同法基础原理》一书中。本书重点强调有限理性、非理性处置：不切实际的乐观、瑕疵能力（包括可用性、代表性、有缺陷的远见力、有缺陷的风险评估能力）等。这些内容在较大程度上影响了合同主体、合同行为、合同条款及合同结构，换言之，影响了合同实践。这也对合同理论产生了较大影响，特别是消费者合同理论。

当然，艾森伯格教授运用行为经济学原理对惩罚性违约金的解释颇有独到之处。他说，法院应对约定违约金条款进行特别审查，这是一项公认的规则。人们通常认为，此规则存在的理由是，这些条款应受到责难。然而此理由难获支持。因为该理由非常脆弱，案例法也经常不一致，类似案件经常得到不同的裁判，结果往往难以预测。特别审查规则的真正理由是，约定违约金条款的订立特别受制于认知局限。基于此种分析将约定违约金条款进行特别审查的真正原因揭示出来，并建议这种审查应当采取的形式。此种审查应当指向双方当事人是否充分理解约定违约金条款的潜在结果。艾森伯格教授也强调，这是他运用行为经济学做出的理论阐释，而非现行法律。

10. 对格式合同与不完美合同的研究

格式合同的理论有很多，艾伦·施瓦茨和路易·王尔德持知情少数论观点，认为如果有足够多数量的消费者阅读并理解形式合同中的样板条款，那么卖方将写下实际阅读的消费者会接受的样板条款，进而也会利于那些不阅读的消费者[8]；欧姆里·本·沙哈尔持私人家长主义论观点，认为格式接受者想要样板条款，因为如果卖方能够采用有利于格式接受者的样板条款，那么就合同和该商品，格式接受者花费得就会更少。[9]

---

[7] Melvin A. Eisenberg, The Limits of Cognition and the Limits of Contract, 47 *Stan. L. Rev.* 211(1995).

[8] Alan Schwartz and Louis Wilde, Intervening in Markets on the Basis of Imperfect Information: A Legal and Economic Analysis, 127 *U. Pa. L Rev.* 630 (1979).

[9] Omri Ben-Shahar, Regulation through Boilerplate: An Apologia, 112 *Mich. L. Rev.* 883 (2014).

然而艾森伯格教授的观点是非常鲜明的,即样板条款不可执行的关键原因在于它不是合同性的。即使施加了那样的要求,渐进合同(rolling contracts)中的样板条款也应当是不可执行的。

就不完美合同而言,艾森伯格教授主要分为两种情况处理。不完美合同群中的一组规则涉及协议不确定性的效果,就这个问题,许多(也许是大多数)现代法院都认为,以合同不确定或者过于宽泛为由拒绝执行合同,往往会破坏当事人的意图。不完美合同群中的另一组问题涉及这样的情况:即一项协议看起来是最终的,但是它只包括一项条款——交易将由另外的文书予以说明,尽管尚未有另外的文书可供签署。填补漏洞的规则及司法意愿是,这些机制为明示或默示同意善意谈判的当事人提供了激励。

五、《合同法基础原理》对我国合同法学术研究及司法实践的意义

可以说,目前国内最权威的英美合同法文献是《合同法重述(第二次)》主报告人艾伦·法恩斯沃思教授所写的《美国合同法》,该书由中国政法大学出版社2004年出版,由著名法学家葛云松教授、丁春艳教授翻译。艾森伯格教授的这本书与法恩斯沃思的《美国合同法》有什么区别呢?笔者认为,最重要的区别是法恩斯沃思的著作是入门书,而艾森伯格教授的这本书是"著作"。相应的附带区别是,前者主要介绍通说观点及法律规则,更多体现的是共性;后者更多地是介绍艾森伯格教授自己的理论及学说,更多体现的是个性。前者侧重体系,后者侧重分析。

《合同法基础原理》一书所确立的原理或者原则对我国学者的研究具有鲜明的意义。正如崔建远教授所言,我国的合同法整体上是繁而不荣的状态。虽然我国的合同法作品较多,但是整体而言,有两个基本缺陷:第一,理论分析工具较为欠缺。换言之,我们工具箱里的工具相对较少,其中最为明显的是经济学分析工具的欠缺。有学者还对经济学分析工具极为排斥,这是不正常的。因为诸如效率、交易成本、机会成本、收益等概

念都是交易分析的内在和必要的概念,不是外在于交易关系的概念。这些分析工具和概念,能够从方法的角度提出不同的问题并且提供不同的论证,得出不同的结论。例如,就违约方合同解除权这个概念而言,如果单纯从道德直觉的角度进行思考,这个概念太荒谬了,甚或是错误的。一个违约的人还有权利去解除合同?是可忍孰不可忍!然而理性的思索证实,结论并非如此。第二,对比较法缺乏细致的分析。比较法是一种非常重要的研究方法,然而在论证上,既有研究更多是将外国法的制度作为论据或者论点进行论证。对比较法制度不仅欠缺深入的理解,还缺乏深入的分析,导致论证没有充分的说服力。艾森伯格教授对美国合同法制度的深入理论分析则可弥补此缺陷。

《合同法基础原理》能够为基本理念的确立提供示范。合同法的理解、认识与分析应当以何种理念为基础呢?对此,艾森伯格教授非常清晰地以市场作为分析的基础,他相信市场的力量。这一点正如欧姆里·本·沙哈尔教授所言,"我相信市场"。当然,市场是合同法的基础。因此我们看到,艾森伯格教授对诸多法律原理的分析都明确以市场为基础。这一点同样适用于我国,因为市场在资源配置中发挥着基础性作用,这一命题跨越国界,体现了合同法内在的规律性。

《合同法基础原理》能够为洞察能力的提高提供示范。以前述效率违约理论为例进行分析,如何对这个理论进行评价呢?不可否认的是,当大部分学者都从道德、伦理等价值评价的角度进行分析的时候,艾森伯格教授对效率违约理论的适用范式予以精准概括,得出了效率违约理论没有效率的结论,十分有说服力,这是他具有非常强的洞察能力的体现。本书中,对如何理解归入利益(disgorgement interests),法恩斯沃思教授认为合同法不应当保护归入利益,但是艾森伯格教授认为,法恩斯沃思的论证是不正确的。法恩斯沃思教授没有真正洞察到归入利益的真实样态,而艾森伯格教授却对归入利益进行了准确的定位及客观的描述。

《合同法基础原理》能够为分析能力的提高提供示范。尽管我们有非常丰富的素材,但是如何将这些素材进行有效的加工、分析及熟练的运用,是非常值得关注的。这一点最典型地体现在"显失公平"一章中,艾森伯格教授细致地将抽象的、一般的显失公平分为七种类型的具体情形进行分析。当然，如何更为有效地分析具体案例呢？笔者认为，第三十六章中的"论坛报"一案是此种分析能力的集中体现，该案清晰地揭示了法院没有意识到但却在运用的逻辑。在他同时代甚或下一代的合同法学者中间，艾森伯格教授的分析能力都是首屈一指的。

《合同法基础原理》为类型化的解析能力的提高提供示范。如果一个原理或者原则是如此重要，而且也如此一般或者抽象，那么如何应对呢？最好的解答可能就是违约损害赔偿的公式，而且因货物合同与服务合同的区分而异其公式。

《合同法基础原理》为反思与批判能力的学术训练提供示范。反思与批判能力是高等教育的灵魂，也是学术训练的内在特征。没有学术性的反思与批判，就没有学术的进步。艾森伯格教授就经常反思既有的稳定的原理，而且往往能够借助于跨学科分析工具得出非常独特但却有说服力的结论。如，他认为法律义务规则自身是没有正当性的，无法获得实质性的原理支撑；可预见规则应当废除等。这些都体现了艾森伯格教授优秀的反思与批判意识与能力。

这一篇译者序有点太长，需要打住了。虽然译者在翻译过程中已经非常努力，但是错误和谬误都在所难免，欢迎大家指正，谢谢！我的邮箱是 jdfaxueyuan@126.com。

所有的努力都概括为一句话：

与世界顶尖合同法学者同行，是挑战也是机遇，祝阅读愉快！

孙良国
2023 年 6 月

致　谢

像这样一本大部头的书,只有在很多优秀的人的帮助下才能完成。我特别感谢我的朋友和同事马克·格根(Mark Gergen),他写了关于善意和返还的章节;肖恩·拜仁(Shawn Bayern),他与我合写了一篇文章,这篇文章成为了关于预期计算批评那一章的基础;还有鲍勃·库特(Bob Cooter),他教我经济学,并对几章的草稿发表了宝贵的评论。也感谢我的伯克利法学院(Berkeley Law)前院长克里斯·埃德里(Chris Edley),感谢他对这个项目极其慷慨的支持;还有詹尼弗·比尔林(Jennifer Beerline)、安妮·李(Annie Lee)、伊莱恩·麦克肯斯托克(Elaine Meckenstock),特别是德里克·奇普曼(Derek Chipman),感谢他们作为研究助理和评论者所做的很棒的工作;凯瑟琳·范登·休维尔(Kathleen Vanden Huevel)、玛西·霍夫曼(Marci Hoffman)和迪恩·罗文(Dean Rowan),他们提供了出色的图书馆服务,就玛西和迪恩而言,他们经常充当超熟练的研究助理,为我寻找难以获得的案例;感谢我出色的助手/秘书,比利·比尔德(Billie Beard)、斯蒂芬妮·博拉姆(Stephanie Boram)、乔安娜·胡斯特(Joanna Hooste)、史蒂夫·维尔塞洛尼(Steve Vercelloni)和托尼·门迪西诺(Toni Mendicino),感谢艾琳·雷诺兹(Erin Reynolds)对我的支持;感谢劳拉·文图拉·莫雷诺(Laura Ventura Moreno)、阿莱·马加诺(Araly Majano)、米拉·卡索拉(Mira Kasola)、米娜·恩里克(Mina Enrique)、玛丽·坦(Mary Tan)和保拉·戈罗斯特耶塔(Paola Gorrostieta)的关爱和对我生活上的照顾;还有蒙蒂·马格里(Montie Magree),他对我的许多计算机问题提供了出色的、及时的、不可或缺的帮助。

目 录

第一编 本书的目标与范围，合同法的理论，合同法的四个基础原则，以及合同法从古典到现代的转型

第一章 本书的目标和范围；原理和社会命题；社会道德和批判道德；术语；以及脚注设置的宗旨 …………… 0003

一、目标与范围 ……………………………………… 0003
  1. 目标 ………………………………………… 0003
  2. 范围 ………………………………………… 0004

二、术语 ……………………………………………… 0004
  1. 原理命题 …………………………………… 0004
  2. 社会命题 …………………………………… 0005
  3. 社会道德和批判道德 ……………………… 0005
  4. 原则与规则 ………………………………… 0006
  5. 古典合同法 ………………………………… 0007
  6. 威利斯顿 …………………………………… 0007
  7. 科宾 ………………………………………… 0007
  8. 商品 ………………………………………… 0008
  9. 表达 ………………………………………… 0008
  10. 代词 ……………………………………… 0008

三、脚注设置的要旨 ………………………………… 0008

第二章 合同法的理论 ……………………………… 0009

一、形式主义理论 ·· 0009
  1. 创设新的例外 ··· 0011
  2. 重新阐释 ··· 0013
  3. 转换 ··· 0014
  4. 推翻 ··· 0016
  5. 形式主义的现状 ··· 0016
二、解释性理论 ·· 0017
三、规范性理论 ·· 0020

第三章　合同法的四项基本原则与基础的合同法标准 ······· 0023

第四章　合同法从古典到现代的转型 ························· 0027

第二编　允诺的可执行性

第五章　交易允诺与交易原则 ································· 0035
一、交易允诺导论 ··· 0035
二、结构性协议 ·· 0037
三、交易原则的三个原理例外 ································· 0043
  1. 法律义务规则 ··· 0044
  2. 不重要的敲竹杠问题 ····································· 0049
  3. 放弃或者不主张被证明为无效的索赔 ················· 0052
  4. 相互性原理与虚幻允诺规则 ···························· 0054

第六章　效率违约理论 ··· 0060
一、高价范式 ·· 0061
二、该理论的事实断言 ··· 0062
  1. 无效率地重新订立合同 ·································· 0070
  2. 无效率地抑制规划 ······································· 0074
  3. 降低缔约制度的效率 ···································· 0075
三、损失范式 ·· 0077

四、结论 ·· 0079

第三编　合同法中的道德因素

第七章　显失公平原则 ·· 0083
　一、导论 ·· 0083
　二、市场的作用 ··· 0085
　三、道德过错的作用 ·· 0086
　四、特定的显失公平规范 ·· 0088
　　1. 困境 ··· 0088
　　2. 哄抬价格 ··· 0094
　　3. 无交易行为能力 ··· 0096
　　4. 不公平的劝说 ·· 0099
　　5. 不公平的惊讶 ·· 0103
　　6. 高于市场价格的销售和对价格无知的利用 ···················· 0103
　　7. 实质显失公平 ·· 0109
　　8. 两个制定法 ··· 0117

第八章　赠与允诺 ·· 0120
　一、简单赠与允诺 ·· 0120
　二、形式的赠与允诺——盖印允诺 ····································· 0136
　三、基于补偿先前利益之道德义务的允诺 ··························· 0141
　四、对社会服务机构的赠与允诺 ·· 0145
　五、信赖的作用 ··· 0146
　六、赠与允诺语境下的信赖损害赔偿计算 ··························· 0151
　七、信赖的生命 ··· 0155

第九章　合同法中的救助义务 ··· 0168
　一、无救助义务规则 ·· 0168
　二、要约与承诺 ··· 0172

  1. 沉默作为承诺 ··· 0172
  2. 逾期承诺 ··· 0176
  3. 单方合同 ··· 0177
 三、履行 ·· 0177
  1. 提醒一方当事人即将违约的义务 ························· 0177
  2. 提醒潜在损失的义务 ······································· 0182
  3. 合作义务 ··· 0184
 四、小结 ·· 0187

第十章 减损原则 ·· 0189

第四编 合同法的行为经济学

第十一章 行为经济学与合同法 ································· 0201
 一、导论 ·· 0201
 二、有限理性 ·· 0205
 三、非理性倾向:不切实际的乐观 ···························· 0207
 四、能力缺陷 ·· 0209
  1. 可用性 ·· 0209
  2. 代表性 ·· 0211
  3. 有缺陷的远见力 ·· 0212
  4. 有缺陷的风险评估能力 ···································· 0212

第五编 过错在合同法中的地位

第十二章 过错在合同法中的地位 ······························ 0217

第六编 预期损害赔偿

第十三章 预期损害赔偿计算公式的模块;无差异原则 ······ 0224
 一、预期损害赔偿和信赖损害赔偿的比较 ·················· 0225

         1. 信赖损害赔偿 …………………………………………… 0226
         2. 预期损害赔偿 …………………………………………… 0226
     二、交易语境下的预期损害赔偿与信赖损害赔偿 …………… 0227
         1. 有效履行率 ……………………………………………… 0230
         2. 有效预防率 ……………………………………………… 0230
         3. 有效盈余增加的信赖率 ………………………………… 0231
         附录 ………………………………………………………… 0234

第十四章　违反货物买卖合同时计算预期损害赔偿的公式 …… 0237
     一、货物买方的违约 ………………………………………… 0237
     二、货物卖方的违约 ………………………………………… 0241
     三、市场价格损害赔偿超过受允诺人实际损失的情况 ……… 0243

第十五章　违反提供服务合同计算预期损害赔偿的公式 ……… 0252
     一、服务购买者违约 ………………………………………… 0252
         1. 核心公式:所失利润 …………………………………… 0252
         2. 固定成本的处理(间接费用) ………………………… 0254
         3. 核心公式的减项 ……………………………………… 0256
     二、服务提供商违约 ………………………………………… 0258
         1. 核心公式:完工成本和价值降低 ……………………… 0259
         2. 什么时候不使用完工成本赔偿而使用价值降低赔偿 … 0261

第十六章　买方违反现成商品合同的赔偿 ……………………… 0271
     一、现成服务 ………………………………………………… 0271
     二、现成货物 ………………………………………………… 0274
     三、满负荷 …………………………………………………… 0275

第十七章　补　进 ………………………………………………… 0276
     一、补进原则及实证法 ……………………………………… 0278
     二、结论 ……………………………………………………… 0281

第十八章　确定性原则 ·· 0283

第十九章　可预见规则(哈德利原则) ································ 0299
　一、导论 ··· 0299
　二、哈德利原则和法律的一般原则 ································ 0301
　三、哈德利原则的现代论证 ·· 0305
　四、哈德利原则的替代制度 ·· 0313
　　1. 损失的合同分配 ··· 0313
　　2. 近因 ·· 0314
　　3. 违约的性质 ·· 0315
　　4. 对不合比例损害赔偿的限制 ································· 0316
　五、结论 ··· 0318

第二十章　对预期损害赔偿的其他限制
　　　　——诉讼成本、所失获益的时间价值及允诺人破产的
　　　　风险 ·· 0320

第二十一章　过度信赖的理论 ·· 0322
　一、导言 ··· 0322
　二、初步的考虑 ··· 0323
　三、过度信赖在规范意义上不可能的情况 ······················· 0324
　　1. 信赖由必要履行成本或必要准备成本构成的情况 ········ 0324
　　2. 预期损害赔偿不随信赖变化的情况 ························ 0325
　四、虽然理论上可能但实际上却高度不可能发生过度信赖的
　　　情况 ·· 0328
　　1. 违约后仍有价值的信赖 ······································ 0328
　　2. 买方考虑卖方的违约可能性是无效率的情况 ············· 0328
　五、过度信赖理论的一个有缺陷的信条 ·························· 0331
　　1. 诉讼风险 ·· 0332
　　2. 诉讼成本 ·· 0332

六、通过考虑允诺人违约的可能性来修正预期计算的成本 ········· 0333

第二十二章 对预期损害赔偿的批评与替代性损害赔偿制度 ··· 0335
  一、导论 ··· 0335
  二、执行错误制度 ··· 0335
    1. 背景 ··· 0335
    2. 允诺人的主观相信 ·· 0337
    3. 客观概率与关于主观概率的证据 ···································· 0337
    4. 合同案件中客观概率及主观概率之客观证据的飘忽性 ······· 0339
    5. 执行错误制度引发的其他实施问题 ································· 0340
  三、考虑秘密利益的制度 ··· 0342
  四、以促进效率违约为目标的制度 ·· 0345
  五、结论 ··· 0348

第七编 约定违约金

第二十三章 约定违约金 ·· 0353

第八编 特定履行

第二十四章 特定履行原则:实际的和虚拟的特定履行 ············ 0367
  一、支持将特定履行制度作为常规的三个理由 ······················· 0369
    1. 无差异原则 ··· 0369
    2. 交易原则 ·· 0369
    3. 信息效应 ·· 0370
  二、反对将特定履行作为常规的理由 ···································· 0370
    1. 执行过程 ·· 0371
    2. 陪审团审判的问题 ··· 0372
    3. 减损问题 ·· 0373
    4. 卖方提起的诉讼 ·· 0375
    5. 机会主义的问题 ·· 0376

三、特定履行原则 …………………………………………… 0378
四、特定履行原则在重要类型合同中的适用 …………… 0380
 1. 货物买卖合同 …………………………………………… 0380
 2. 不动产买卖合同 ………………………………………… 0385
 3. 服务合同 ………………………………………………… 0387
五、结论 …………………………………………………………… 0392

第九编 合同法中返还的地位

第二十五章 合同法中返还的地位 ………………………… 0397
一、被告违约时的返还损害赔偿 ………………………… 0400
二、原告违约时的返还损害赔偿 ………………………… 0408
三、没有可执行合同时的返还损害赔偿 ………………… 0411

第十编 合同法中的归入利益

第二十六章 合同法中的归入利益(disgorgement interest) … 0417
一、导言 …………………………………………………………… 0417
二、合同法之外的归入利益 ……………………………… 0419
三、《合同法重述(第二次)》的难题 …………………… 0421
四、反对归入之效率观 …………………………………… 0426
五、为什么合同法应当保护而且确实保护了归入利益 …… 0427
六、受允诺人已就允诺人的违约获益进行了交易的情况 … 0429
七、作为特定履行替代的归入 …………………………… 0435
八、作为预期损害赔偿替代的归入 ……………………… 0435
九、旨在服务于以获利外的利益为目的的交易 ………… 0436
十、外部性 ………………………………………………… 0440
十一、违约所节省之成本归入 …………………………… 0440
 1. 节省的服务 ……………………………………………… 0441
 2. 价值降低 ………………………………………………… 0442

十二、反对合同法中归入之因果关系的论点 ·············· 0443
  1. 事实因果关系 ·· 0444
  2. 共同因果关系；分配 ·· 0446
  3. 远因；追踪(tracing) ·· 0448
十三、为什么我们在合同法中看不到更多的归入？ ············ 0448
十四、分配问题 ·· 0450
十五、结论 ·· 0452

第十一编　合同的要素

第二十七章　合同的要素
　　　　　　——表达、含意、惯例、交易过程、履行过程，语境与目的
　　　　　　·· 0457
一、表达 ·· 0457
二、含意 ·· 0458
三、惯例 ·· 0458
四、交易过程 ·· 0459
五、履行过程 ·· 0460
六、语境与目的 ·· 0460
  1. 语境 ·· 0460
  2. 目的 ·· 0461

第十二编　合同法中的解释

第二十八章　合同解释的一般原则 ·············· 0466
一、语境主义 ·· 0466
二、字面主义 ·· 0475
三、极端字面主义 ·· 0481

第二十九章　解释的主观因素和客观因素 ·············· 0496

第三十章　表达规则 …………………………………………… 0509
　一、背景考虑 ………………………………………………… 0509
　二、表达规则的形式 ………………………………………… 0513
　三、表达规则的正当性 ……………………………………… 0514
　四、结论 ……………………………………………………… 0517

第十三编　合同成立

第三十一章　要　约 …………………………………………… 0521
　一、要约的承诺性质 ………………………………………… 0522
　二、什么构成要约 …………………………………………… 0525
　　1. 广告 ……………………………………………………… 0525
　　2. 拍卖 ……………………………………………………… 0530

第三十二章　承诺的方式 ……………………………………… 0533
　一、通过允诺还是行为承诺 ………………………………… 0533
　二、单方合同要约的承诺 …………………………………… 0536
　　1. 背景 ……………………………………………………… 0536
　　2. 雇佣手册和任意解雇规则 ……………………………… 0538
　　3. 受要约人的动机 ………………………………………… 0544
　　4. 受要约人不知道要约 …………………………………… 0548
　　5. 受要约人履行通知的要求 ……………………………… 0549
　三、已开始履行的受要约人的义务 ………………………… 0550
　四、双方合同 ………………………………………………… 0551
　　1. 第 2-207(1)条的合同 …………………………………… 0553
　　2. 第 2-207(3)条合同 ……………………………………… 0559
　五、主观承诺 ………………………………………………… 0560
　六、电子承诺 ………………………………………………… 0562
　七、承诺何时生效 …………………………………………… 0564
　　1. 撤销与承诺交叉 ………………………………………… 0565

2. 传送延迟或失败 …… 0566
　　3. 什么法律管辖合同 …… 0566
　　4. 选择权 …… 0567
　　5. 受要约人改变主意 …… 0567
　　6. 拒绝之后的承诺 …… 0568
　　7. 废弃承诺 …… 0568
　　8. 撤回承诺 …… 0569
　　9. 对设定承诺期限的要约的解释 …… 0569
　八、新的传输模式 …… 0570

第三十三章　受要约人承诺权的终止 …… 0573
　一、失效 …… 0573
　　1. 一般规则 …… 0573
　　2. 对话规则 …… 0574
　　3. 未通知受要约人其承诺过迟 …… 0576
　二、双方合同中要约的撤销 …… 0577
　三、不可撤销要约的规则的例外 …… 0582
　　1. 名义约因 …… 0582
　　2. 书面形式的效力 …… 0582
　　3. 拍卖 …… 0583
　　4. 信赖 …… 0584
　四、单方合同中要约的撤销 …… 0585
　五、间接撤销 …… 0590
　六、对公开要约的撤回 …… 0592
　七、死亡或无行为能力 …… 0596
　八、拒绝、反要约和附条件承诺 …… 0599
　　1. 拒绝 …… 0599
　　2. 反要约 …… 0600
　　3. 附条件承诺 …… 0602

4. 镜像法则 ·················· 0604
　二、回顾 ······················ 0606

第三十四章　奖赏与赏金 ·············· 0608
　一、约因 ······················ 0608
　二、救济 ······················ 0610
　　1. 未兑付赏金或奖赏的损害 ·········· 0610
　　2. 丧失的机会 ················· 0613

第三十五章　法律上默示合同和事实上默示合同 ···· 0618

第三十六章　不完美合同 ·············· 0622
　　1. 不完美 ··················· 0622
　　2. 前合同责任 ················· 0623
　　3. 受约束 ··················· 0623
　一、不确定性及漏洞 ················ 0623
　　1. 不确定性 ·················· 0623
　　2. 漏洞 ···················· 0625
　二、后续的另外文书条款及善意谈判的允诺 ····· 0630
　　1. 涉及明确或近乎明确的善意谈判之交易允诺的情形 · 0632
　　2. 存在善意谈判之默示交易允诺的情况 ····· 0636
　　3. 救济 ···················· 0646
　　4. 从等于误导的言行中默示出被信赖的善意谈判之允诺的情况 ······················ 0648
　三、论坛报案制度的一些衍生后果：不确定性及漏洞 · 0650

第十四编　格式合同

第三十七章　格式合同 ··············· 0655
　一、导论 ······················ 0655
　二、渐进合同（Rolling contracts） ······· 0667

第十五编 口头证据规则

第三十八章 口头证据规则 …………………………… 0671
一、导言 ………………………………………………… 0671
二、口头证据规则的三种表述及整合的概念 …………… 0672
  1.《合同法重述(第一次)》和威利斯顿 ………………… 0672
  2.《合同法重述(第二次)》和科宾(及现代合同法) …… 0674
  3.《统一商法典》第2-202条 …………………………… 0675
三、口头证据规则的两个例外:可能自然订立的独立协议,或者确定
    已包含在协议内 …………………………………… 0677
四、矛盾或者不一致 …………………………………… 0681
五、部分整合 …………………………………………… 0683
六、合并条款 …………………………………………… 0684
七、允诺欺诈 …………………………………………… 0685
八、法律效力条件例外 ………………………………… 0688
九、结论 ………………………………………………… 0689

第十六编 错误,披露,与意外情况

第三十九章 合同法中的错误导论 ……………………… 0693
一、效率 ………………………………………………… 0693
二、道德 ………………………………………………… 0694
三、经验 ………………………………………………… 0695

第四十章 评估错误 …………………………………… 0696

第四十一章 机械错误("单方错误") ………………… 0699
一、导言 ………………………………………………… 0699
二、错误付款 …………………………………………… 0702
  1. 典型情况 …………………………………………… 0703
  2. 收款人并不实际知情 ……………………………… 0707

3. 信赖 ··· 0707
　　　4. 可实施性 ·· 0709
　三、计算错误 ·· 0709
　　　1. 非错误方知道此错误 ·· 0709
　　　2. 非错误方有理由知道该错误 ··· 0711
　　　3. 非错误方既不知道也没有理由知道该错误 ························· 0712
　　　4. 太好到不真实的报价 ·· 0714
　　　5. 零售业标价错误 ··· 0715
　四、现代立场 ·· 0717

第四十二章　误　转 ·· 0724

第四十三章　共同的错误的事实假设（"双方错误"）··················· 0726
　一、一般原则 ·· 0727
　二、一般原则的四个例外 ·· 0734
　　　1. 受不利影响的当事人有意识地了解了假设错误的风险，
　　　　或者轻率地忽视了使他注意到该风险的事实 ···················· 0734
　　　2. 假设错误的风险已约定分配给受不利影响的当事人 ············ 0737
　　　3. 一个缔约方能够清楚地拥有假设错误风险的优势信息 ········· 0741
　　　4. 意外之财 ··· 0742

第四十四章　合同法中的披露 ·· 0747
　一、披露原则 ·· 0747
　二、披露偶然获取的信息 ·· 0753
　三、仅是预知的信息披露 ·· 0759
　四、分配效率 ·· 0762
　五、纯交换制度 ·· 0766
　六、卖方的披露 ·· 0767
　　　1. 市场信息 ··· 0770
　　　2. 现行法律和实践 ·· 0770

七、通过不适当手段获取的信息 ………………………………… 0773

八、忠实关系及信托和信任关系 ………………………………… 0774

九、例外 ………………………………………………………………… 0775
    1. 错误风险已分配给了不知情方 ………………………………… 0776
    2. 不知情方本应注意到,未能进行合理搜索,或两者兼具 …… 0776
    3. 交易发生的社会语境是买方寻求卖方之错误的博弈 ……… 0778

十、小结 ……………………………………………………………… 0779
    附录:不披露制度对效率有多大贡献? …………………………… 0780

第四十五章　意外情况的效果
　　　　　　——履行不可能、履行不可行与目的落空 ………… 0784

一、导言 ……………………………………………………………… 0784

二、共同默认假设检测 ……………………………………………… 0787
    1. 默认假设 …………………………………………………………… 0787
    2. 共同默认检测的例外 …………………………………………… 0790
    3. 共同假设检测下过错的作用和司法救济的性质 …………… 0798

三、未交易风险之检测 ……………………………………………… 0807
    1. 检测 ………………………………………………………………… 0807
    2. 与双方错误的比较 ……………………………………………… 0809
    3. 例子 ………………………………………………………………… 0812
    4. 救济的性质 ………………………………………………………… 0818

四、相反的观点 ……………………………………………………… 0820

五、保险因素的作用 ………………………………………………… 0822

六、事后因素的作用 ………………………………………………… 0828

七、结论 ……………………………………………………………… 0832

第十七编　履行难题

第四十六章　履行难题导论 ……………………………………… 0837

第四十七章　履行顺序；推定条件 ·················· 0839

第四十八章　期前违约的原则 ······················ 0842
 一、一般原则 ·································· 0842
 二、什么构成期前违约 ·························· 0845
 三、如果在允诺人拒绝履行时受允诺人已完全履行场合下期前
  违约的效力 ································ 0845
 四、期前违约的撤回 ···························· 0847
 五、忽略期前违约 ······························ 0848
 六、受害方履行的能力 ·························· 0848
 七、期前违约损害赔偿的计算 ···················· 0849

第四十九章　履行的充分担保原则 ·················· 0854

第五十章　加重的制裁：重大违约、完全违约和机会主义违约；
   纠正；中止及终止 ························ 0859
 一、术语和定义 ································ 0859
 二、允诺人未来履行的可能性 ···················· 0862
 三、违约的经济意义 ···························· 0862
  1. 经济上无关紧要的违约 ···················· 0862
  2. 经济上的重大违约 ························ 0863
  3. 经济上的显著违约 ························ 0863
 四、机会主义违约 ······························ 0863
 五、纠正 ······································ 0864
 六、允诺人的利益 ······························ 0867
 七、小结 ······································ 0870

第五十一章　实质履行的原则 ······················ 0871
 一、导论 ······································ 0871
 二、什么构成实质履行的检测 ···················· 0872
 三、有意性的效果 ······························ 0872

四、货物买卖合同 ……………………………………… 0874
  1. 普通法背景 ……………………………………… 0874
  2.《统一商法典》 …………………………………… 0874

第十八编　合同法中的善意原则

第五十二章　合同法中的善意原则 ……………………… 0883

第十九编　明示条件

第五十三章　明示条件 …………………………………… 0893
一、明示条件导论 ………………………………………… 0893
二、明示条件不完全成就的效果 ………………………… 0894
三、完美成就规则的例外 ………………………………… 0898
  1. 没收（Forfeiture） ……………………………… 0898
  2. 没有损害 ………………………………………… 0900
  3. 达到条件目的的情况 …………………………… 0901
  4. 不可行 …………………………………………… 0902
  5. 微不足道 ………………………………………… 0903
四、作为允诺或者明示条件之合同规定的解释 ………… 0904
  1. 附条件付款条款 ………………………………… 0904
  2. 满意条件 ………………………………………… 0906
五、停止条件和解除条件 ………………………………… 0910

第二十编　关系合同

第五十四章　关系合同 …………………………………… 0917

第二十一编　第三方受益人

第五十五章　第三方受益人 ……………………………… 0927

一、规范第三人利益合同可执行性法律的发展 ·············· 0927
  1. 早期英国和美国法律 ·············· 0927
  2. 劳伦斯诉福克斯 ·············· 0929
  3. 古典合同法 ·············· 0932
  4. 现代第三方受益人之法律的开端 ·············· 0936
二、第三方受益人原则 ·············· 0939
  1.《合同法重述(第一次)》与受益意图检测 ·············· 0942
  2.《合同法重述(第二次)》检测 ·············· 0945
  3. 第三方受益人原则 ·············· 0946
三、一些重复出现第三方受益人类别 ·············· 0950
  1. 受赠受益人 ·············· 0950
  2. 债权受益人 ·············· 0952
  3. 明确规定第三方受益人应该还是不应该被允许执行合同的案件 ·············· 0953
  4. 未来的受遗赠人 ·············· 0953
  5. 分包商对主承包商保证人的诉讼 ·············· 0956
  6. 多重主合同 ·············· 0960
  7. 业主对分包商的诉讼 ·············· 0962
  8. 政府合同 ·············· 0965
四、抗辩 ·············· 0970
  1. 允诺人可基于其对受允诺人的抗辩向授权受益人提出的抗辩 ·············· 0970
  2. 变更和解除 ·············· 0971
五、允诺人对受允诺人的抗辩 ·············· 0975
六、结论 ·············· 0977

第二十二编　书面形式的要求

第五十六章　反欺诈法 ·············· 0981
  一、导言 ·············· 0981

二、反欺诈法正当吗？ ⋯⋯⋯⋯⋯⋯⋯⋯⋯⋯⋯⋯⋯⋯⋯⋯⋯⋯ 0985
三、根据反欺诈法不可执行协议的法律后果 ⋯⋯⋯⋯⋯⋯⋯⋯ 0988
四、该法范围内的合同类型 ⋯⋯⋯⋯⋯⋯⋯⋯⋯⋯⋯⋯⋯⋯⋯ 0991
  1. 土地权益买卖合同 ⋯⋯⋯⋯⋯⋯⋯⋯⋯⋯⋯⋯⋯⋯⋯ 0991
  2. 货物销售合同；《统一商法典》 ⋯⋯⋯⋯⋯⋯⋯⋯⋯⋯ 0992
  3. 与书面文件相关的《统一商法典》其他条款 ⋯⋯⋯⋯⋯ 0996
  4. 协议签订后一年内不得履行 ⋯⋯⋯⋯⋯⋯⋯⋯⋯⋯⋯ 0996
  5. 保证部分 ⋯⋯⋯⋯⋯⋯⋯⋯⋯⋯⋯⋯⋯⋯⋯⋯⋯⋯ 0998
  6. 遗嘱执行人和管理人做出的允诺 ⋯⋯⋯⋯⋯⋯⋯⋯⋯ 0999
  7. 基于结婚考虑的合同 ⋯⋯⋯⋯⋯⋯⋯⋯⋯⋯⋯⋯⋯ 1000
五、什么类型的书面形式或其他记录满足该法的要求？ ⋯⋯⋯⋯ 1001
六、该法范围内口头合同部分履行的效果，或信赖该法范围内
  口头合同的效果 ⋯⋯⋯⋯⋯⋯⋯⋯⋯⋯⋯⋯⋯⋯⋯⋯⋯ 1005
  1. 导言 ⋯⋯⋯⋯⋯⋯⋯⋯⋯⋯⋯⋯⋯⋯⋯⋯⋯⋯⋯⋯ 1005
  2. 返还 ⋯⋯⋯⋯⋯⋯⋯⋯⋯⋯⋯⋯⋯⋯⋯⋯⋯⋯⋯⋯ 1005
  3. 信赖 ⋯⋯⋯⋯⋯⋯⋯⋯⋯⋯⋯⋯⋯⋯⋯⋯⋯⋯⋯⋯ 1006
  4. 预期损害赔偿 ⋯⋯⋯⋯⋯⋯⋯⋯⋯⋯⋯⋯⋯⋯⋯⋯ 1009
七、口头解除 ⋯⋯⋯⋯⋯⋯⋯⋯⋯⋯⋯⋯⋯⋯⋯⋯⋯⋯⋯⋯⋯ 1013
八、口头变更 ⋯⋯⋯⋯⋯⋯⋯⋯⋯⋯⋯⋯⋯⋯⋯⋯⋯⋯⋯⋯⋯ 1013
九、《反欺诈法》与口头证据规则及变更救济的互动 ⋯⋯⋯⋯⋯ 1016
十、与该法有关的答辩和程序问题 ⋯⋯⋯⋯⋯⋯⋯⋯⋯⋯⋯⋯ 1018

第五十七章 禁止口头变更条款 ⋯⋯⋯⋯⋯⋯⋯⋯⋯⋯⋯⋯ 1019

案例表 ⋯⋯⋯⋯⋯⋯⋯⋯⋯⋯⋯⋯⋯⋯⋯⋯⋯⋯⋯⋯⋯⋯⋯⋯ 1023

法律表 ⋯⋯⋯⋯⋯⋯⋯⋯⋯⋯⋯⋯⋯⋯⋯⋯⋯⋯⋯⋯⋯⋯⋯⋯ 1051

索 引 ⋯⋯⋯⋯⋯⋯⋯⋯⋯⋯⋯⋯⋯⋯⋯⋯⋯⋯⋯⋯⋯⋯⋯ 1059

第一编

**本书的目标与范围，
合同法的理论，
合同法的四个基础原则，
以及合同法从古典到现代的转型**

第一章　本书的目标和范围；
原理和社会命题；社会道德和批判道德；
术语；以及脚注设置的宗旨

一、目标与范围

1. 目标

本书的目标是发展作为应然状态的合同法基础原则，着重于美国合同法。我们也关注描述实然的合同法，因为合同法原则应当是什么不能在真空中发展。相应地，本书包括两个方面——一方面是规范性或者引领性的；另一方面是实证性或者描述性的。这两个方面紧密相关，因为在一个像合同法这样主要是法官造法的部门法中，法院有持续性改变法律的权力，以至于应当是什么会变成实际是什么。同时，实际案例的事实和推理赋予法律规则以机理(texture)，而且表明法律规则是如何发展的。

发达经济体国家的法律制度大部分可分为民法法系和普通法系。在民法法系中，包括合同法在内的债务法都在民法典中法典化了。在普通法系中，债务法通常但并不完全是由法院建立的。民法法系在欧洲和亚洲占主导，本书使用的"民法"这一术语是指诸多以法国或者德国为范本的欧洲民法典。普通法系在英国和诸如美国、澳大利亚和加拿大等一开始是英国殖民地的国家占主导。因为本书的目标意在发展应然合同法的基础原则，着重于美国合同法，所以本书的分析和援引设置大部分是基于美国的普通法制度、案例和法律推理方法。

但存在两个例外。第一，根据《反欺诈法》，某些类型的合同只有呈现为书面形式或由一方当事人签署的其他记录时，才对被起诉的另一方当事人具有可执行性。该制定法于 1677 年由议会通过。马里兰州和新墨西哥州及其他州都在立法机关颁布了该法，而且通过司法判决得以实施。尽管该法律是制定法，但是其也近乎是普通法的一部分，而且过分依赖司法（heavy judicial overlay）。第 56 章将会考虑该法。

第二，货物买卖合同由《统一商法典》第一章和第二章来规范。《统一商法典》在路易斯安娜州以外的其他所有州都生效了，而路易斯安娜州基于历史原因是民法典法域。第二章主要是杰出的合同法学者卡尔·卢艾琳（Karl N. Llewellyn）的个人作品（handiwork）。基于此种理由，第二章的规则大体上是正当的——至少和其他同等的普通法规则一样好，而且在很多方面还要更好。

2. 范围

尽管本书涵盖了合同法的绝大多数主题，但是却省略了一些主题——主要是非法合同、转让和委任法、限制贸易的允诺、伤害家庭关系的允诺及干预受保护的法律关系，如与第三方订立的合同。这些主题之所以被省略，部分是篇幅原因，部分则是考虑到尽管有些主题非常重要，但是在我看来，它们并非合同法的核心，而且在有些情况下，它们会被适当地认为是另一部门法的组成部分，如侵权法或商法。

二、术语

下列术语在本书中是这样使用的：

1. 原理命题

原理命题（doctrinal propositions）在本书中是指意在表达法律规则，且能在被法律职业者所一般认为的法律（authority）中找到或者能够从中推论出来的命题。这些来源既包括对裁判法院有约束力的官方文本,诸如地方性制定法或者先例,又包括对裁判法院没有约束力,但是其被法律职业者认为是法律的官方文本,如其他法域的先例,以及被法律职业者认为权威的非官方文本,诸如重述和重要论著。

2. 社会命题

术语"社会命题"在本书中是指政策、道德规范和经验命题。政策将事态区分为好的或坏的,好坏的判断取决于事态有利于还是不利于公共福祉(general welfare);道德规范将行为刻画为正确的或者错误的;经验命题描述世界运行的方式,一方面在道德和政策命题之间进行权衡;另一方面在原理命题之间进行权衡,或者在它们之间进行权衡。为便于阐述,我谈及的社会命题是如下一些命题:相关的、有价值的而且能被法院适当考虑的社会命题,诸如关于人类行为及制度设计的表述;描述当下世界诸多方面的社会命题,诸如关于贸易惯例存在的表述;描述历史事件的社会命题,诸如关于贸易惯例如何发展的表述。

3. 社会道德和批判道德

当道德在合同法规则内容设定中发挥作用时——通常是这样——就会产生相关价值是批判道德还是社会道德的问题。术语"批判道德"是指有效性并不取决于社群信念和态度的道德标准。术语"社会道德"是指植根于适用所有社群成员的社会预期,该社会预期可公平地认为获得了社群的实质支撑,其可从已获此种支撑或者公平看来似乎获得此种支撑的规范中推论出来。

批判道德和社会道德在合同法领域可能差别不大。换言之,在此领域中,不太容易识别作为社会道德一部分但却被批判道德所反对的价值。存在此种差别时,作为批判道德问题,普通法法院通常应当使用而且确实会使用社会道德。首先,社会道德比批判道德更容易确定。例如,我们能非常轻松地说,作为社会道德问题,存在遵守允诺的义务。相比而言,哲学家和法学家一直在争论,作为批判道德问题,允诺是否应当遵守,以及如果应当遵守的话,原因又会是什么。基于如下两个原因,社会道德相对容易确定是非常重要的:第一,其便于合同法的制定;第二,法律规则应当尽可能地具有可预测性,基于社会道德的规则对社会行为人而言具有可预测性,而基于批判道德的规则则不然。

其次,法院的基本功能是要最终解决源自权利请求的争议,这些权利请求基于现有社会标准的运用、意思、意义。在道德规范与法律制定相关时,如果不要求法院适用社会道德,社会成员就没有任何空间去确认基于社会标准的请求。要求法院使用社会标准还可以通过确保判决植根于争议人在交易时知道或者有理由知道的社会标准来减轻法院造法的溯及力(retroactivity),尽管这些标准可能尚未被正式转化为法律规则。而且如果社会标准基于可察知的准则,那么要求法院根据这些标准进行判决的司法造法程序就具有可复制性,并因此有利于法律规划和争议和解。

最后,合同法在很大程度上事关合理预期的保护。围绕合同的一种预期是,任何一方当事人都会遵守社会的基本道德规范。社会道德因此就以一种批判道德所不具备的方式与合理预期的确定相关。

相应地,本书中使用的术语"道德"和"道德规范",是指社会道德而非批判道德。

4. 原则与规则

术语"原则"与"规则"(Principles and Rules)在本书中互换使用,因为这两个术语并不存在逻辑区分。[1] 然而,通常来说,术语"原则"有时用来指更一般的标准,术语"规则"有时则用来指更狭窄的标准。本书经常遵从此

---

[1] 在《疑难案件》一文中(Hard Cases, 88 *Harv. L. Rev.* 1057, 1060 (1975)),罗纳德·德沃金(Ronald Dworkin)提出了他的"正确命题"(the rights thesis),"民事案件中的司法判决……典型地是而且应当是基于原则而非政策产生的"。该命题并不易于捍卫。法院的一个主要功能是要丰富法律规则的供应,而且政策的确是此功能中的重要因素:如果法院要建立规则以规范社会行为,对法院来说考虑这些规则是否有助于一个好的或者坏的事态则是可取的。进而,道德与政策之间的关系自身也有争议。很多人相信,正确性理论最终依赖整体福利的考量,甚至那些否定该依赖的人通常也都同意这一点,在对行为是否正确或者错误进行判断时,行为是否会有助于善或恶则不具有相关性。

种用法。例如,第28章涉及解释的一般原则,第30章涉及某些合同表达之意思的规则。

5. 古典合同法

术语"古典合同法"是指一种思想学派。该学派的核心人物是朗代尔(C. C. Langdell)、霍姆斯(Oliver Wendell Holmes, Jr.)和威利斯顿(Samuel Williston),其核心表达是《合同法重述(第一次)》。古典合同法是一个严密的"仪器"(rigid instrument),它采用形式性、公理性和演绎性推理而非规范性推理(参见第二章)。

6. 威利斯顿

萨缪尔·威利斯顿,哈佛大学法学院法学教授,古典合同法的核心人物,他撰写了不朽的多卷本论著《威利斯顿论合同法》。《威利斯顿论合同法》第一版出版于1920年代早期。第二版即其与乔治·J.汤普森(George J. Thompson)合写的众所周知的修订版。第三版由华尔特·H.E.耶格(Walter H. E. Jaeger)编辑。第四版由理查德·A.劳德(Richard A. Lord)编辑,依然在进行中。除非有相反说明,本书所言的《威利斯顿论合同法》是指该论著的第一版。

7. 科宾

亚瑟·科宾(Arthur Corbin),耶鲁大学法学院法学教授,是20世纪的另外一位合同法领域的巨匠。像威利斯顿一样,科宾也撰写了不朽的多卷本合同法论著。科宾论著的第一版出版于1950年,这已经是威利斯顿著作出版30年后了。* 正像威利斯顿是古典合同法的巨匠一样,科宾是现代合同法的巨匠。合同法从古典到现代的转型将在第四章进行讨论。

---

* 原文为科宾著作的第一版出版于1993年,其实这已经是威利斯顿著作出版70年后了。此处应该有误。——译者注

8. 商品

本书所使用的术语"商品"(commodity)是指任何能够购买或者销售的东西,包括货物、服务、无形财产及不动产。

9. 表达

本文所使用的"表达"(expression)是指由语词、行为或者由两者共同组成的表示,表示要么由发信人向收信人发送,要么由两个或者更多缔约方共同进行。

10. 代词

在本书中,违约的当事人被称为"允诺人",以阴性代词表示;遭受违约损害的当事人被称为"受允诺人",以阳性代词表示。

三、脚注设置的要旨

本书中脚注的要旨依照文本的要旨。文本中已经很好地确立并在规范上被证成的法律命题,例如,交易(bargain)通常可按其条款执行,未对其进行深度注释。而且一般来说,无争议法律的描述性表达也只是稍加注释。证明支持这些命题的任务是由很多优秀的入门书和论著来完成的,重复这些权威作品会转移本书作品的时间和空间。相应地,本书注释的主要目标是阐明文本的分析及加强对分析的支撑。

尽管本书涵盖了合同法的大多数主题,但是也省略了一些主题——主要是非法合同、违反公共政策的合同和转让——一方面是因为时间和空间的考虑;另一方面则是因为,在我看来,即使这些主题非常重要,它们也并非合同法的核心。

第二章 合同法的理论

合同法应当是什么,必须植根于合同法理论。发展这样一个理论涉及的事业(enterprise)需要阐释,因为法律理论有诸多分支。法律理论的一个分支关注根本的法学问题,诸如什么是法律;另外一个分支则关注制度问题,诸如裁判的本质。然而,在我们谈到诸如合同法等特定法律领域的理论时,我们意指关于那个领域规则内容的理论,特别是一种关于那个部门法中的规则应当如何制定的理论。本书就是以这种方式使用合同法理论这一术语的。

合同法的诸多理论分为三种基本类型:形式主义理论、解释性理论和规范性理论。每种类型理论的核心就是该类型理论所使用的法律推理方法,以及这些理论给予原理命题和社会命题的相对地位。

一、形式主义理论

形式主义理论的特点体现在概念层面和方法论层面。在概念层面,不同于政策和道德,形式主义理论认为原理具有自主性。形式主义在如今被称为古典合同法的学派中得到了最充分的表达,古典合同法从19世纪中期一直到20世纪早期都是主流,而且一群主要学者对其进行了系统化整理——特别体现于克里斯托弗·朗代尔于1880年出版的《合同法概要》[1],以及萨缪尔·

---

[1] 《合同法概要》第一版出版于1879年,是朗代尔《合同法案例》第二版的一个附录。《合同法概要》的第一个独立版本被称为第二版,于1880年出版。

威利斯顿于1920年出版的巨著《合同法论》。[2] 形式主义中原理的自主性在朗代尔《合同法概要》的一段内容中得到很好的阐释,这一段内容解决了通过邮件做出的承诺是在接收还是在发信时生效的问题:

> 承诺……必须到达要约人,而且直到此时合同才能订立……有人认为,实质正义的目的及缔约方自己理解的他们的利益,能够通过合同在承诺邮件邮寄时成立的观点得到最好的实现;而且这些案例证明,相反的观点会产生不公平且荒谬的结果。该论点的真正答案是,结果与之无关……[3]

10　　在方法论层面,形式主义首先主张要识别出以不言自明的公理为根据所证成的一系列核心规则,然后再以这些公理进行逻辑演绎,从而推导出其他规则。正如霍姆斯在古典合同法巅峰时期所观察到的那样,"我有时告诉学生,法学院追求一种与逻辑方法相结合的热忱,那就是,基于权威(authority)的假设就是理所当然的,毋庸探索其价值了,而且逻辑也只是作为发展该结果的工具使用的"[4](形式主义的特征也以其他方式来描述[5])。

---

[2] 古典合同法在该时期居于统治地位,这并不意味着在那个时期所有合同法判决都运用了那个法学学派的信条。做个类比,连续赢得三次世界大赛的棒球队可称为王朝,即使棒球队输掉一些比赛也是如此。而且,法院经常会致敬古典合同法的信条,然后再发现一个经常是任意性的方法,将目前的案件与之相区分,以避免这些信条的强制力(force)。

[3] C.C. Langdell, *Summary of the Law of Contracts* 15, 20–21 (2d ed. 1880) (emphasis added).

[4] Oliver Wendell Holmes, Law in Science and Science in Law, 12 *Harv. L. Rev.* 443 (1899) reprinted in Collected Legal Papers 210, 238 (1920).

[5] 在作为论坛一部分发表的《形式主义的形式》一文中[In Forms of Formalism, 66 *U. Chi. L. Rev.* 607 (1999)],理查德·皮尔戴斯(Richard Pildes)概括了三篇论坛文章揭示形式主义特征的方式:(1)作为法律中反后果道德的形式主义(formalism as anticonsequential morality in law);(2)作为目的规则遵从的形式主义(formalism as a purposive rule following);(3)作为合同执行制度中产生法律与规范最优效率混合之规制工具的形式主义 Id. at 607. See also, e.g., Ernest J. Weinrib, Legal Formalism: On the Immanent Rationality of the Law, 97 *Yale L. J.* 949, 951–953, 955–957 (1988) ("形式主义假定,法律可以理解为内在一致的现象……没有比尝试从完全外在于法律的制高点来理解法律更不合理的了。形式主义将内部立场推向极端而且使该立场对理解法律关系具有决定性……形式主义的原理以从法律的内在立场来发展法律的含意为特征。今日的主导趋势是从法律执行或者创造权威渊源的外在理念(转下页)

识别不言自明的公理作为形式主义方法论的第一步根本站不住脚,因为原理命题从来都不是不言自明的,而是只能根据社会命题来证成。在遵循原理的正当性和原理的正当性之间必须作出区分。如,尽管普通法法院可能会以先例阐明的规则为基础证成一个结果,但该规则总能回溯于先例正当性并不存在的一个点,然而只有社会命题才能够做到此点。简言之,基于法律的稳定性与可预见性的社会利益,或者遵守通过某种制度程序采纳之规则的社会理由,或者兼具两者,原理一旦被采纳,遵循原理就是正当的。然而,这些因素只能证成遵循原理,而不能证成原理自身。原理自身只有建立在作为其产生之适当因素的社会命题上时,它才是正当的。

形式主义方法论的第二步,即从公理进行演绎,与识别不言自明的公理一样站不住脚。原理可以作为法律推理的初步大前提,但不能作为终局大前提,因为尤其是在普通法中,法院能够合法地通过创设新的例外来重新制定先例中的规则、根据先例的事实和结果而不是它所陈述的规则来重新阐释先例以支持新的规则、转换规则或者推翻先例。是否及如何使用上述任一程序在很大程度上取决于社会命题。

1. 创设新的例外

先例表述的规则一直都受到通过创设新的例外而重构(reconstruction)的约束,典型的是通过采用区分(distinguishing)程序。在此程序中,法院从文义上可适用于系争案件的先例所表述的规则,然后确定该规则应以通过对系争案件刻画出一个例外的方式来重新制定。该例外也可能是因为,支撑既有规则的社会命题没有延伸到规则语义射程内的新事实模式,或者是因为在现有规则语义射程内的一种新的事实模式,除了规则最初所立基的社会命题之外,其他社会命题也发挥作用。换言之,原初

(接上页)来看待法律的内容……在形式主义的观念中,法律的内容只能是内在于法律的,而不能从法律外输入。法律与其说是为外在理想服务的工具,倒不如说其本身构成自身理想的目的……形式是形式主义的立基之本。")温里布的观点没有几个追随者。See infra text at note 16。

的规则适用于新出现的情况不再正当了,而重新制定的规则由可适用的政策和道德命题予以证成,那么此时先例表述的规则就应当通过而且通常也会通过一个例外来重新制定。

例如,假设一个法域的先例采纳了如下规则,即交易在没有欺诈、胁迫或类似理由时是可执行的(enforceable)。该法域尚未确定以年龄为基础的无行为能力(incapacity)是否可作为交易的抗辩。现在,与14岁的人进行交易的行为人寻求执行该交易。如果普通法规则是固定的,那么通过演绎,未成年人就要承担责任。大前提是,交易在没有欺诈、胁迫或者类似理由时是可执行的。小前提是,14岁的人进行了一个交易。结论是,14岁的孩子要承担责任。但是不应当且也不会得出此种结论,因为支持交易可执行这一命题的社会命题,不会支持将该规则适用于社会公认的未成年人。该交易规则的一个社会理由是,行为人通常是他们自己利益的最佳判断者。但根据经验,该理由不适用于社会公认的未成年人。因此,该规则就应通过对未成年人创设例外而重新制定(reformulate)。

同样,假设一个法域的先例采用了赠与允诺(赠送礼物的允诺)不可执行的规则。现在出现了这样一个案例,在该案中,受允诺人在合理信赖一个允诺的情况下产生了费用。如果普通法规则是僵化的,那么作为推论,允诺人将不承担责任。大前提是赠与允诺是不可执行的,小前提是允诺是赠与性的,结论是此允诺不可执行。但是不应当也不会得出这个结论,因为除了那些支持赠与允诺原则的社会命题之外,另一个社会命题也同样适用于该案:当A使用一些话语或者行动,他也知道或者应当知道这些话语或者行动会诱使B合理地相信,A承诺采取某一行动,并且A也知道或应当知道如果不采取此行动,B将产生费用,A就应当采取措施确保B不会因其不采取行动而遭受损失。[6] 此命题比在没有信赖时支持赠与允诺原则的命题更重要。因此,赠与允诺原则就应当在赠与之受允诺人已经合理信赖该承诺时,通过添加一个例外的方式重新制定。

---

〔6〕 See Thomas Scanlon, Promises and Practices, 19 *Phil. & Pub. Affairs* 199, 202-203 (1990).

相反,假设法院被要求认定牧师达成的协议对牧师不可执行,即使该协议本质上不是宗教性的(也就是说,不涉及教条问题、教会内的权力分配及诸如类似的事项)。这一例外不应被移植到规则中,因为没有任何可适用的社会命题支持神职人员在这方面的特殊地位。很容易想象到出于其他目的或在另一个社会或时代支持神职人员这一特殊地位的社会命题。例如,在中世纪,刑法中牧师例外——神职人员只能在教会法院被起诉重罪,但不会被判处死刑,因为教会法院不采用这种制裁。[7] 即使在今天,神职人员所做的宗教交易也很可能不具有可执行性。但是当代社会所适用的社会命题并不支持针对交易规则设置广泛的牧师例外。简言之,任何普通法规则都可以在任何时候通过区分及提取例外的程序重新制定。一个特定规则是否及如何以这些方式重新制定,很大程度上取决于社会命题。

2. 重新阐释

根据公认的普通法推理原则,先例规则可以被阐释为先例表述的规则,也可以被阐释为基于先例事实和结果的一个非常不同的规则。因此,经常可以从先例中阐释出很多不同的规则。英国著名的多诺霍诉史蒂文森案(Donoghue v. Stevenson)就是一个非常好的例子。[8] 该案中,原告和一个朋友在一家咖啡馆里,朋友为原告买了一瓶姜汁啤酒,瓶子是不透明的。原告喝了一部分姜汁啤酒后,发现瓶子里有一只腐烂的蜗牛,之后原告遭受了休克和严重的肠胃炎之苦,于是起诉了啤酒生产商。在多诺霍案之前,一个成熟的法律规则是,产品生产商只对其直接买方就其在生产产品中的过失造成的伤害承担责任。然而,在多诺霍案中,上议院判决支持原告。阿特金勋爵(Lord Atkin)指出,"一个产品生产商,如果他销售的形式表明他打算以不可能进行合理中间检验的形式将产品送达最终消费者手中,并且知道在产品准备或生产过程中缺乏合理

---

[7] See Frederick Pollock & Fredrick William Maitland, The History of English Law, 441-445 (2d ed. 1898).

[8] M' Alister (or Donoghue) v. Stevenson, [1932] AC 562 (HL) (appeal taken from Scot.).

注意将会对消费者的生命或财产造成伤害,那么他对消费者负有合理注意的义务"[9]。

很明显,多诺霍案放弃了现有规则,因为生产商要对不是直接买方的原告承担责任。然而,多诺霍案支持的是什么规则则远不清晰,正如朱利叶斯·斯通(Julius Stone)所指出的那样[10],多诺霍案中的事实可以在非常不同的一般性层面来描述。例如,危害因素可以被描述为不透明容器中的物品、食品;被告可以被定性为生产商、全国分销商品生产商或食品生产商;此种伤害可以被描述为身体伤害、情感伤害或简单地说是伤害。因此,多诺霍案可以支持许多可能规则中的任何一个,这些规则是由不同于一般层面上的事实排列构成的——例如,如果一个全国分销的消费品生产商以过失方式生产该商品,那么它就要对由此造成的身体伤害承担责任,或者如果食品生产商以隐藏缺陷的方式包装该食品,那么其就有过失,要对由此产生的伤害承担责任。在这些案例中——许多案例都属于这一类——应采取哪个可能的规则不能由原理来决定,因为各种原理命题都可以从先例之事实和结果中提取出来。相反,应采用的规则取决于在规范上最好的那个规则所依赖的社会命题。

3. 转换

先例不仅能被阐释来支持多个规则,还能被转换为支持一个完全不同于先例表述的规则。卡多佐(Benjumin Nathan Cardozo)法官在麦克弗森诉别克汽车公司案(MacPherson v. Buick Motor Co.)[11]中提供了一个经典例证。在这起案件中,麦克弗森因从经销商处购买的一辆新别克车突然倒塌而受伤。汽车的一个轮子是用有缺陷的木头做成的,由于轮子的辐条碎成了碎片,汽车倒塌了。别克从另一家制造商那里购买了车

---

[9] Id. at 599.

[10] Julius Stone, The Ratio of the Ratio Decidendi, 22 *Mod. L. Rev.* 597, 603-604 (1959). See also A.W.B.Simpson, Note, The Ratio Decidendi of a Case, 22 *Mod. L. Rev.* 413 (1958), 21 *Mod. L. Rev.* 155 (1959), 22 *Mod. L. Rev.* 453 (1959).

[11] MacPherson v. Buick Motor Co., 111 N.E. 1050 (N.Y. 1916).

轮,但有证据表明别克的合理检查可能会发现这些缺陷。麦克弗森赢得了陪审团裁决(jury verdict),别克提出上诉。就像英国在多诺霍案之前已确立的规则一样,纽约州已确立的规则也是制造商只对直接买方(即经销商)就其生产产品时的过失所造成的损害承担责任。然而,纽约州法院已经为由某种"迫在眉睫的"或"固有"危险的产品(如毒药)造成损害的情形制定了一项例外。

尽管汽车看起来并不像毒药,但是卡多佐还是通过创设一条新规则而判决支持麦克弗森,新规则基于先例的事实和结果,而非先例表述的规则。"我们判决",卡多佐说,现有的规则"并不局限于毒药、炸药和类似性质的东西,也不局限于那些在正常操作中会损坏仪器的东西。如果一件东西的性质是这样的,即当它的制造有过失时,它一定会把生命和肢体置于危险之中,那么它就是一件危险的东西……如果除了危险因素之外,还知道该物品将由购买者以外的人使用,而且不用进行新的检查,那么,不管合同如何约定,该危险物品的制造商都负有审慎制造的义务"[12]。

此种制定(formulation)采用了旧规则的外衣,因为它使得制造商的责任取决于产品是否是"危险的东西"。然而,这一阐释完全改变了旧规则的实质。根据麦克弗森案的阐释,问题不在于一种产品是否具有固有或迫在眉睫的危险,而在于产品如果是过失制造的,是否有危险性,以及任何产品如果是过失制造的,是否都具有危险性。因此,实质上,麦克弗森案采用了直接的过失规则。根据该规则,任何过失制造缺陷产品的制造商,应对任何因制造商的过失而可预见到的受害人承担责任,即使该人不是制造商的直接购买人。

在麦克弗森案规则转换之前,卡多佐还处理了五起案件。所有这些案件似乎都不符合卡多佐采用的规则。然而,卡多佐声称,其中三起案件支持他采用的规则,因为它们将责任施加给了有过失的制造商——尽管他们没有根据过失理论进行判决。[13] 另外两起案件的判决实际上对制

---

[12] Id. at 1053.

[13] Id. at 1052-1054 citing Statler v. George A. Ray Mfg. Co., 88 N.E. 1063 (N.Y. 1909); Devlin v. Smith, 89 N.Y. 470 (1882); Thomas v. Winchester, 6 N.Y. 397 (1852).

造商有利,但卡多佐将这些案件区分开来,理由是根据案件事实,制造商可通过标准的过失抗辩免除责任,尽管这些抗辩并非判决的基础。[14] 简言之,卡多佐并没有因为形式主义而根据原理改变旧的规则。相反,他无视原理,抛弃了现有规则,因为它已经没有规范上的正当性了,并且他采用了规范上正当的规则予以替代。

4. 推翻

普通法规则也不僵化,因为法院能够直接推翻它。一般来说,当取代不正当规则的社会价值超过原理稳定的社会价值时,该原理应当而且随着时间推移通常会被推翻。[15]

当然,在很多情况下,法院会直接适用先例阐述的规则而非区分、重新阐释、转换或者推翻该规则。这是意料之中的,因为法院不可能首先制定(formulate)在规范意义上不正当的规则,而且即使该规则在采用时是不正当的,最终多数不正当的规则也可以进行区分、重新阐释、转换或者被推翻。无论如何,关键不在于普通法规则于任何特定时刻在多大程度内从规范意义上得以证成。相反,关键是,没几个或者没有任何普通法规则是僵化的。因此,如果不考虑普通法规则在规范上是否正当,其就不能作为终局性(conclusive)的大前提*。而且相应地,普通法也没有仅基于原理命题进行演绎的终局推理(conclusive reasoning)的空间。

5. 形式主义的现状

概言之,没有任何原理命题是不言自明的,公理性法律推理是站不住脚的,通过演绎进行终局推理也一样如此。而且原理取决于政策和道德。结果是,形式主义也是站不住脚的。史蒂芬·佩里(Stephen Perry)精准地

---

[14] Losee v. Clute, 51 N.Y. 494 (1873); Loop v. Litchfield, 42 N.Y. 351 (1870).

[15] 本点的讨论参见 Melvin A. Eisenberg, *The Nature of The Common Law* 105–127 (1988)。

* 这里的 conclusive 包含两个意思:final and definitive,严格说,结论性及决定性等词语都不足以充分表达 conclusive 的意思。——译者注

描述了形式主义当下的状况:

> 在一系列重要且具有挑动性的文章中,欧内斯特·温里布(Ernest Weinrib)教授主张支持形式主义,这是一种传统智慧在一段时间内已经宣布其死亡了的法律理论立场。在他现在的文章中,温里布告诉我们,他捍卫形式主义是从空坟墓里发出的声音。而温里布努力使其死而复活的独创性和内在兴趣是确定无疑的。但归根结底,此种复活的尝试必须被判定为失败。他可能使尸体抽搐一下,但即使他的论辩再高超,形式主义仍然是一如既往地死亡了。[16]

一些合同法的评论家经常警醒地报告说,在合同法中存在形式主义的再生,他们称其为新形式主义。套用马克·吐温(Mark Twain)的话说,合同法中新形式主义的报告被严重地夸大了。做出这些报告的评论人通常指向艾伦·施瓦茨(Alan Schwartz)、罗伯特·斯考特(Robert Scott)和丽萨·伯恩斯坦(Lisa Bernstein)这三位学者的作品。这些学者的很多作品都涉及合同解释,而且伯恩斯坦的作品主要研究将贸易惯例、交易过程和履行过程等契入解释是否会导致无效率的激励、误读当事人的意图或同时造成这两种后果。

二、解释性理论

解释性理论的过程如下:首先描述合同法的某些领域,其次确定一些在这个领域的大多数基本原理中得以发现的或合乎该领域原理的标准并最佳证成或合理化该领域原理的社会命题。这些社会命题就用来解释规范这个领域的法律,或者重新阐释、重新制定、批评或者拒斥该领域中社会命题不能证成或者合理化的原理。正如内森·奥曼(Nathan Oman)所言,合同法解释性理论的目的,不是为我们提供一个理想的规范框架和仅遵循那个框架的特定法律规则。反之,他认为合同法就是当下存在的样

---

[16] Stephen R. Perry, Professor Weinrib's Formalism: The Not-So-Empty Sepulchre, 16 Harv. J.L. & Pub. Policy 597, 597 (1993).

子,并寻求一种使其尽可能一致和可理解的(intelligible)解释。[17] 解释性理论在适用上存在一个根本缺陷:这些理论的适用经常会产生一个规范上不可取(undesirable)的法律部门。

16　　斯蒂芬·史密斯(Stephen Smith)和皮特·本森(Peter Benson)是合同法解释性理论的主要支持者。史密斯将其理论的核心描述如下:

> 解释性理论旨在通过突出法律的重要性或意义而强化对法律的理解……这是通过解释法律的某些特征为什么重要或者不重要,以及确认这些特征之间的关联来实现的。换言之,只要法律内的可理解秩序存在,就要揭示它。[18]

此理论的适用经常会导致一项不可取的法律,因为该理论的目标并不是要产生最好的合同法,而仅仅是要产生一种可理解的法律内的秩序。相应地,该理论不会,而且也不能,在使好的合同法(a good body of contract)可理解和使糟糕的合同法(a bad body of contract)可理解之间作出区分。例如,古典合同法就是一个由大部分糟糕规则组成的集合体,诸如信赖不能使赠与诺可执行的规则[19],即使在最细小方面有冲突要约与承诺也不能成立合同的规则[20],以及即使受要约人已经开始履行,单方(unilateral)合同的要约也能够撤回的规则。[21] 使古典合同法理解起来非常容易,但唯一的结果是使一项糟糕的法律更糟糕。

本森称其理论为有公共基础的正当性(public basis of justification)。[22] 他说,"'有公共基础的正当性'借鉴了公共法律文化中明示或者隐含的基本规范理念,更具体地说,是存在于合同法原则和原理中的这些理

---

[17] Nathan B. Oman, Unity and Pluralism in Contract Law, 103 *Mich. L. Rev.* 1483, 1489 (2005) (reviewing Stephen A. Smith, Contract Theory).
[18] Smith, supra note 17, at 5.
[19] See Chapter 8, infra.
[20] See Chapter 32, infra.
[21] See Chapter 33, infra.
[22] Peter Benson, The Idea of a Public Basis of Justification for Contract, 33 *Osgoode Hall L.J.* 273 (1995).

念"[23]。本森的解释性理论也面临与史密斯相同的难题,而且还额外多了一个难题。本森假设,能在合同法中找到一系列清晰界定且和谐的规范理念,但这是不可能的。合同法确实是而且应当是基于所有可适用的且值得赞许的政策和道德规范,但这些政策和规范中的很多或者大部分会在它们的范围内产生冲突。当冲突发生时,必须进行慎重的判断以制定一个适当反映该冲突的规则(记住这一点非常重要,即在两个规范的适用中,规范之间有冲突并不意味着两个规范是不一致的。该问题将在下文中进一步讨论)。正是由于构成合同法基础的规范之间存在冲突,在合同法中才不可能找到完全不冲突的系列规范。换言之,制定的合同法规则可以不冲突,但作为这些规则基础的政策和道德规范通常不是,而且也不可能在它们适用的全部范围内都不冲突。

所有这些都可以本森自己的学术作品为例进行阐释。例如,本森在合同法中发现的一个规范理念是,合同法是严格客观的,并因此拒斥纯粹主观的解释检测(test)。但这并不正确。客观规范和主观规范在解释中都发挥作用,规范解释的整套规则也因此结合了客观的理念和规则、主观的理念和规则,以及结合了主观和客观因素的理念和规则。因此,《合同法重述(第二次)》第201(1)条规定"在当事人已赋予允诺或者协议或者条款相同的主观意思时,合同应当按照该主观意思进行解释"。同样,《合同法重述(第二次)》第201(2)条规定,如果 A 和 B 就同一个表达赋予了不同的主观意思 M 和 N,而且 A 知道 B 有 N 那个意思,但是 B 不知道 A 有 M 那个意思,那么即使 A 的意思比 B 的客观意思更合理,B 的主观意思也胜过 A 的 M 意思。

本森在合同法中发现的另外一个基本规范理念是,当合同成立时,每方当事人都有权利占有另一方当事人所允诺的履行。[24] 但事实并非如此。如果真是那样的话,合同当事人将不但有权得到违约损害赔偿,而且

---

〔23〕 Id. at 305.
〔24〕 Id. at 317, 319, 320-324. 在既有的合同法原理中,本森发现的第三个基本规范理念是,不作为无责任。Id. at 302. 然而事实上,合同法提供了激励自己义务的各种例子。See Chapters 9 & 10, infra.。

也能获得特定履行——就像,如果 A 拒绝了 B 有权占有的财产,那么 B 就有权要求返还,而不仅仅是损害赔偿。但是在这里,不同的和部分冲突的政策和道德规范同样可以适用,例如,赞同对私人行为最小干预的政策,该政策反对一般性的特定履行的权利。赞同将受允诺人置于合同履行时所处位置的政策则支持一般性的特定履行的权利。结果是,根据规范特定履行的规则,该救济只在某些类型的案件中可用,而在其他案件中则不可用。是否可用取决于可适用的政策和道德规范如何进行最佳衡量和协调。[25]

三、规范性理论

根据合同法的规范性理论,合同法的内容取决于经过对政策、道德和经验命题进行适当衡量和协调而产生的规则。与形式主义和解释性理论的目标不同,规范性理论的目标是制定(formulate)最好的合同法规则。

合同法的规范性理论分为两种基本类型:一元论和多元论。一元论理论基于一个单一的价值,诸如自治的道德价值、社群主义的道德价值或者效率的政策价值。相比而言,根据多元论理论,所有可适用的和值得赞许的(meritorious)政策和道德价值都应当考虑进来。一元论理论的吸引力是显而易见的:因为它们诉诸单一价值,这些理论看起来能够产生确定的结果,且能够避免冲突性的政策和道德规范所引发的不一致(dissonance)。然而,这些优势仅仅是表面优势,而非真正优势。人类道德状况的一部分就是,我们拥有很多值得赞许的道德价值,其中一些在某些特定情况下会发生冲突。与此相似,人类社会状况的一部分也是,诸多值得赞许的政策目标都与创设一个好的世界相关,但其中一些目标在某些特定情况下也会产生冲突。正像以赛亚·柏林(Isaiah Berlin)所言:

……由于某些价值会内在地发生冲突,原则上可找到使这些价

---

[25] See Chapter 24, infra.

值和谐一致的观念就建立在一个关于世界是什么样子的错误前见之上。

……目的也是冲突的……

需要选择或者为其他价值而牺牲某些最终价值,被证明是人类困境的一个永久特征。[26]

……

正如我所相信的,如果人类的目的多样,而且并非所有的目的在原则上都相互包容,因此冲突的可能性……从来不能完全从人类生活中消除,无论是个人性的冲突还是社会性的冲突均是如此。在绝对的主张(claims)之间进行选择的必要性因而是人类回避不了的特征。[27]

伊丽莎白·安德森(Elizabeth Anderson)也写过同样的内容:

我们的评价经验和基于这些经验的判断,是非常多元的……

采用一元论理论的价值理论,是将我们的反应能力严重强加于单一的"赞成"或"反对"态度或纯粹的欲望和厌恶。

多元论者否认,独立于厚重的评价概念而就善和权利进行推理是有意义的。当一元论者试图这样做时,他们要么彻底废除关于价值的推论推理(discursive reasoning),要么将其限制在非常武断的狭窄范围内。这会产生灾难性影响。在采用一种价值理论时,我们采用了一种理解和欣赏生活中有价值的东西,以及探索新的生活可能性的方式。一元论极大削弱了这些可能性。它使我们无法欣赏许多真实的价值。它压制了评价性差异及感受的平行演进,这些差异和感受使我们能够以不同方式关心各种各样的事情……它切断了基于多元自我理解之可用的探索和批评路径。[28]

合同法不能回避这些道德和社会状态。一元论理论失败了,因为它

---

[26] Isaiah Berlin, *Four Essays on Liberty* li (1969).
[27] Isaiah Berlin, Two Concepts of Liberty, reprinted in *Four Essays on Liberty* 118, 169.
[28] Elizabeth Anderson, *Value in Ethics and Economics* 1, 5, 118 (1993).

们否认了生活的复杂性。在合同法中,正如在生活中,所有可适用的值得赞许的政策目标和道德价值都应纳入考虑范围,即使这些价值和目标有时可能会彼此冲突,即使一个价值或者目标会在特定情况下优于另外一个,甚至会以牺牲完全的确定性为代价。迈克尔·特里比尔科克(Michael Trebilcock)也提出了一个类似观点:

> 无论作为个人还是社群,我们都不会在一个单一价值观的世界中存在。任何此类观点都可能是自欺欺人。就主张只对社会资源之全部价值最大化感兴趣的经济学家而言,不关注社会资源价值收益如何分配、这些收益是否在事实上使个人的生活更好,以及使哪些人的生活更好,或者忽视经济变化对个人生活或者对社群的完整性及长期生存能力的影响,只会反映出一个极度贫困的世界观。又或者,理论家只致力于分配正义的概念,他们假设一个特定的财富存量或者财富存量的特定增加,然后问财富的公平分配会带来什么,只要财富创造功能是简单假定的,就在很大程度上都是在无所事事地喋喋不休。创造财富是分配财富的必要前提。同样,强调团结和相互联系及降低个人自主和自由价值观的社群主义者有可能将这一观点推向极端,这使得社群主义价值观变得具有排外性、威权主义式或压制性。[29]

简言之,最好的合同法理论是具有规范性和多元性的。

---

[29] Michael J. Trebilcock, *The Limits of Freedom of Contract* 248 (1993). See also, e.g., Steven J. Burton, Normative Legal Theories: The Case for Pluralism and Balancing, 98 *Iowa L. Rev.* 535 (2013); Martha Minow & Joseph William Singer, In Favor of Foxes: Pluralism as Fact and Aid to the Pursuit of Justice, 90 *B.U. L. Rev.* 903 (2010); Leon Trakman, Pluralism in Contract Law, 58 *Buff. L. Rev.* 1031 (2010).

第三章　合同法的四项基本原则
与基础的合同法标准

本章涉及合同法的四项基本原则(underlyinng principle)和基础的合同法标准(contract law standard)。这四项原则旨在规范合同行为(contractual conduct),它们既可以协调不同的合同法规范性理论,又可以协调特定的合同法规则,或者同时协调两者。这些原则包括经济的、道德的、经验的及实施性标准;前两项原则也着重于什么类型的允诺应当在法律上可执行。

这四项原则如下:

1. 合同法的目的应当是实现允诺交易当事人的目标,前提是满足适当的政策和道德规范,如免于胁迫和欺诈的自由,并受到适当的限制,如行为能力和合法性。

这是合同法第一个原则,也是最基本的原则。

2. 实现允诺交易当事人目标的条件和限制,以及确定这些目标的方式,应当由那些最佳考虑所有可适用的且值得赞许的政策、道德和经验命题的规则构成。当不止一个这样的命题可适用时,法院应作出适当判断,即根据手头的问题给予每个命题适当的权重,并且根据这些权重,或者将一些命题从属于其他命题,或者制定一条可适用命题之最佳矢量的规则,该规则考量它们的相对权重及能够在多大程度上形成反映这些权重之间的融通。

3. 在缔约方没有明确地或隐含地解决某一问题时,该问题应由任意性规则予以规范，确定任意性规则内容的方式应与确定实现缔约方目标之条件与限制的方式相同。

4. 合同法的其余规则，例如，关于允诺的可执行性、违反允诺的救济、不履行可执行允诺的免责、条件不成就的效果、非合同当事人但会受益于合同履行之人的权利，也应以相同方式确定。

合同法的规范性理论与这四项基本原则一起构成了合同法的基础标准（以下简称基础标准）。基础标准支持的规则是正当的，而基础标准不支持的规则则是不正当的。

对基础标准可能提出的一个反对意见是，该标准产生的合同法部门内在地具有不一致性，因为该标准依赖于社会命题，而社会命题经常相互冲突。事实上，在许多运用过程中，所有相关的社会命题都指向同一方向。例如，所有的社会命题都指向一个规则，即欺诈应是违约之诉的抗辩。但是即使社会命题在某些运用中发生冲突，它们也不会因此而不一致。如果两种相互冲突的道德规范都在独立领域上建立了自己的信誉，那么我们不想仅仅因为它们在一些领域上发生冲突就抛弃这两种规范。例如，道德规范"不撒谎"与道德规范"尊重人的生命"并不矛盾，即使在某些情况下尊重人的生命可能需要撒谎，比如，向刺客隐瞒受害者的下落。同样，我们相信有时说谎在道德上是允许的，甚至在道德上是必须的，就像医疗诊治中的谎言一样，这并不减弱我们对讲真话的承诺。目标也不仅仅因为在某些运用中有冲突就不一致。例如，发展一个成果丰硕且有回报之职业的目标与成为有教养的父母的目标并不矛盾，尽管在特定情况下时间的压力可能造成两个目标之间的冲突。

对基础标准可能提出的另一个反对意见是，它没有为在特定运用中相冲突的社会命题提供适当权重和地位的衡量标准。反对意见的前提是准确的。由于标准是多元的，因而提供不了这样的衡量标准。相反，根据此标准，如果社会命题在建立规则时发生冲突，那么必须对每个命题赋予的权重和地位作出恰当判断。正如在生活中，价值或目标发生冲突时，行为人必须对与系争问题相关的每个价值或目标的权重和地位作出恰当判断。然而，恰当判断的要求并未赋予无限制的自由裁量权。

当相互冲突的社会命题与建立特定规则相关时,应采用适当考虑每个命题的规则。

两位顶尖的合同法学者艾伦·施瓦茨和罗伯特·斯科特曾经反对缺乏衡量标准的多元论理论。在《合同理论与合同法的局限》一文中[1],他们认为:

> 多元论理论……需要一个元原则(meta-principle)来告诉我们,当这些目标发生冲突时,哪个目标应当是决定性的(decisive),但目前还相当缺乏……在梅尔文·艾森伯格(Melvin A. Eisenberg)通过提出重叠性的系列规范来解决大范围的合同法难题的努力中,没有元规范的多元论理论所面临的难题得到了很好的体现……(艾森伯格)承认这种多价值进路会产生相互冲突的社会命题。当冲突实际发生时,"造法者必须制定一个法律规则,以在当前语境中给予每个冲突的价值或目标以适当的权重和地位"。……此外,"当社会命题发生冲突时,(造法者)必须对当前问题中每个命题的权重和地位作出恰当判断"。艾森伯格认识到,他的理论缺乏一个衡量标准来告诉造法者,当冲突发生时,如何给予每个社会命题或价值适当的"权重和地位"。因为当相关的社会命题或价值可能更偏向两个及两个以上类型的诉讼当事人或利益集团时,法院或立法机构很可能会参与进来,如艾森伯格的理论等多元论理论往往只能在最需要帮助的时候提供最小的帮助。

后来,施瓦茨和斯科特教授在《市场损害赔偿、有效缔约与经济浪费的谬论》一文中隐含地撤回了他们的观点。[2] 在这篇文章中,他们捍卫了基于多元论提出的损害赔偿规则,其根据是本规则无论是"根据效率还是公平"都优于替代规则[3];此外,还存在"矫正正义的论点"反对替代的

---

[1] 113 *Yale L.J.* 541, 543 & 543-544 n.2 (2003).
[2] 108 *Colum. L. Rev.* 1610 (2008).
[3] Id. at 1647.

损害赔偿规则,而且他们的提议得到"传统道德观念"的支持。[4] 他们也说,"当买方已经预付了合同服务款时,即使这些损害赔偿超过市场增加值较多,效率和公平都证成判予完成履行成本的损害赔偿的合理性"[5]。而且"考虑到公平,要求卖方支付完成履行成本的损害赔偿并非不公正,尽管它们大大超过了主要的替代性赔偿数额"[6]。

---

[4] Id. at 1649.
[5] Id. at 1651 (emphasis in original).
[6] Id. at 1664 n.139.

第四章　合同法从古典到现代的转型

从19世纪中叶到20世纪上半叶,合同法被现称为古典合同法的思想流派所主导。古典合同法的核心思想来自克里斯托弗·哥伦布·朗德尔(Christopher Columbus Langdell)、小奥利弗·温德尔·霍姆斯(Oliver Wendell Holmes Jr.)和塞缪尔·威利斯顿(Samuel Williston),核心表达是《合同法重述(第一次)》。古典合同法是一套严密器具(rigid instrument),它宣称采用形式性、公理性和演绎推理,而不是规范推理。它的规则往往既不回应当事人的实际目标、当事人之间合同的实际事实和情况,也不回应合同的动态性。相反,古典合同法的规则集中在通常人* 这一抽象概念上;集中于交易允诺(bargain promise)这一种承诺;集中于合同成立时这一时刻。

在过去的七八十年里,合同法已经从古典向现代转型。转型的一个领域涉及合同法推理的性质。古典合同法推理是形式性的,也就是说,它从被认为是理所当然的公理开始,然后从这些公理中推导规则。社会命题(即政策命题、道德命题和经验命题)很少或不发挥作用。相比之下,现代合同法的目标是制定由社会命题证成的规则,换言之,这些规则在规范意义上是可取的。由于原理稳定之社会价值,原理在现代法律推理中发挥着重要作用,但该社会价值必须始终与具有规范正当性的价值相权衡。

一般来说,描述现代合同法推理的算法如下:如果适用的先例中表述的规则与法院认为由政策、道德和经验最佳证成的规则实质一致,那么即

---

　　*　通常人:reasonable person。国内一般将该术语翻译成理性人,这是不准确的。——译者注

使该规则并非最佳规则,通常也应当而且会被遵循。可能的最佳规则和通常适当的规则之间的细微差别,很可能产生较大争议或难以察觉,或者两者兼具。因此,如果法院仅仅因为某规则不如相竞争的替代规则可取而不遵循该原理性规则,那就很难依赖该原理。换言之,至少在短期内,对法律规则进行微小改进的价值通常会被原理稳定的价值所压倒。相比之下,法律规则重大规范性改进的价值通常超过原理稳定的价值。因此,如果表述的规则(stated rule)与规范意义上的最佳规则缺乏实质一致性,那么法院通常应当并且确实会在需要时作如下处理:对该规则创设例外、创造与该规则不一致的例外、创设规则的区分或者推翻该规则。因此,在现时代,许多最根深蒂固的古典合同法原理要么被彻底改变,要么被彻底根除,因为法院已经开始认为这些原理在规范意义上不能证成。例如,只有交易允诺才具有可执行性的规则,以及在单方合同(即由一方允诺和另一方行为构成的合同)中,即使受要约人已经开始履行,要约也可在履行完成之前撤销的规则。本书也会讨论其他例子。

从古典合同法到现代合同法的转型。也可以通过考察合同法原理范围的变动进行观察。

首先,合同法原理从客观性极点(pole of objectivity)转向主观性极点(pole of subjectivity)。如果合同法原理的适用取决于直接观察到的状态,那么它就处于客观极;如果它的适用取决于心理状态,那么它就处于主观极。例如,常义解释规则的适用取决于社群对词语附加的可察知意思。相比之下,现代规则的适用取决于双方心理状态的确定,即如果双方当事人对一种表达赋予相同的意思,那么以该意思为准。古典合同法如此厚爱客观主义以至于它推翻了当事人的实际共同意图。因此,威利斯顿说:

> 甚至可以想象得到,即使双方当事人都没有该意图,合同依然可以成立。书面合同一旦订立,合同的意思和效力即取决于法院给予书面语言的解释,而法院会给予该语言自然和适当的意思;而且,合同若是明确的,法院甚至不会承认当事人共同意思的

证据。[1]

而且勒尼德·汉德(Learned Hand)说：

> 严格来说,合同与当事人的个人或者个别(personal or individual)意图无关。合同仅仅是基于法律之力(force of law)而附加于当事人某些行为的义务,通常是词语,一般伴有并代表已知的意图。然而,即使二十位主教证明,当他使用这些词语时,任何一方当事人都有不同于法律赋予它们通常意思的意图,他仍然要承担责任,除非存在某些共同错误或者其他类似的东西……(在本案中)不管银行的理解事实上是什么……不管他们之间此种惯例的法律效果是什么,这些都没有丝毫影响,除非以某些被合理地解释为对普通人来说也会有这种意思的行为或词语的形式出现。[2]

其次,合同法原理从标准化极点转向个性化极点。如果合同法原理的适用取决于与当事人实际意图或合同之特定情况无关的变量,那么该原理就处于标准化极点。如果合同法原理的适用取决于与意图和情况相关之特定情景的变量,那么它就处于个性化极点。例如,不审查约因充分性原理的适用取决于交易这个单一变量的存在,而该变量旨在剔除与意图和情况有关的所有信息。相比之下,现代显失公平原理的适用取决于与这类信息完全相关之特定情境的变量。

再次,合同法原理从静态转向动态。如果合同法原理的适用完全取决于合同成立时发生的事件,那么它就处于静态极点。如果合同法原理的适用在很大程度上取决于合同成立之前、之后或合同成立的一系列不断变化的事件,那么它就处于动态极点。例如,常义解释的规则不仅是客观的,而且是静态的,因为它将解释限制在书面合同成立时发生的事情上。相比之下,许多现代法院采取的立场是,在解释时考虑合同成立的语境,这就是动态的,因为它在很大程度上取决于合同成立之前的一连串

---

[1] Samuel Williston, *A Treatise on the Law of Contracts* §95 (1st ed. 1920).
[2] Hotchkiss v. Nat'l City Bank. 200 F. 287, 293-294 (S.D.N.Y. 1911), aff'd, 201 F. 664 (2d Cir. 1912), aff'd, 231 U.S. 50 (1913).

事件。

最后,合同法原理从二元性转向多元性。如果合同法原理在适用范围内将经验分成两个类型,它们就是二元性的。如果合同法原理将适用范围内的经验分成为数个类型,它们就是多元性的。例如,威利斯顿非常著名的论点是,当涉及违约损害赔偿时,唯一的选择就是在无损害赔偿和预期损害赔偿之间做出选择。[3] 相比之下,现代合同法提供了无损害赔偿、预期损害赔偿、信赖损害赔偿、返还损害赔偿和归入赔偿的多元赔偿类型。

另一个转型领域涉及合同法规则的深层结构。古典合同法优先考虑客观的、标准化的、静态的和二元论的规则,通常既不回应当事人的实际目标、当事人交易的实际事实和情况,又不回应合同的动态性。相比之下,现代合同法虽然并不完全但普遍包含了个性化、动态性、多元性的原理,但是在适当情况下还包含主观性。

除了合同法中的这些大规模运动之外,特定原理也发生了许多改变。这些改变将在本书中进行讨论。三个例子是:(1)古典合同法没有赋予信赖任何作用。相比之下,在现代合同法中,信赖的作用无处不在:约因、损害赔偿、要约和承诺、错误、意外情况和反欺诈法,等等。(2)古典合同法极不情愿让第三方受益人提起诉讼。相比之下,在许多情况下,现代合同法都允许第三方受益人提起诉讼。(3)在解释领域,古典合同法的常义规则将解释要素限于书面合同签署时发生的情况,是静态的、客观的。现在则是,如果存在主观解释的话,常义规则往往被优先考虑主观解释的规则所取代;着重强调订立合同的语境;认为合同是随着时间而发展的;承认主观因素在解释中的各种作用。

简言之,正如全书所展示的,没有任何一个合同法领域不受从古典合同法向现代合同法转型的影响。

---

[3] Proceedings April 29, 1926, 4 App' x A.L.I. Proc. 6, 88-89, 91-92, 95-96, 98-99.

第二编

允诺的可执行性

在所有的普通法制度下,以及在即使不是所有也是大多数的大陆法制度下,允诺本身在法律上是不可执行的。因此,根据普通法,合同法的第一个大问题是什么样的承诺应当是可执行的。这个问题的答案传统上被归入"约因"的标题下。根据该术语,可执行的允诺被称为有约因,而不可执行的允诺被称为无约因。

反过来,约因的概念可以用两种截然不同的方式来理解,一种是狭义的,一种是广义的。

在狭义的架构下,约因等同于交易。此观念——"约因的交易理论"(bargain theory of consideration)——在古典合同法和《合同法重述(第一次)》以及《合同法重述(第二次)》中都被采用了。在《合同法重述(第二次)》中,这一观念体现在第71(1)条中,"……要构成约因,必须以履行或对应允诺(return promise)来交易"。约因的交易理论会产生两种曲解。第一个曲解是术语,正如将在随后的章节中看到的那样,交易之外的许多因素都应当而且确实使允诺在法律上可执行。《合同法重述(第二次)》承认了这些因素,但这些因素都只是在"无约因合同"的标题下。那么,根据《合同法重述(第二次)》,除非允诺不需要约因就可执行,否则允诺需要约因才能执行,这个结果就很荒唐了。约因的交易理论产生的第二个曲解是实质性的。如果约因意味着使允诺可执行的一组因素,那么随着增加新的因素或删除旧的因素在社会意义上变得更加可取,该术语的意思将不断调整。相比之下,约因的交易理论提出了一个封闭的系统,在这个系统中,所有非交易允诺(nonbargain promise)都被推定是不可执行的。如果此理论得以严肃对待,该进路不但会扼杀司法创造性和再概念化,而且帮助制定特别规则而非一般标准,来规范非交易允诺。约因的交易理论不是合同原理的必然要求。相反,该理论无法解释许多基本的合同原理,除非笨拙地将它们归入"无约因合同[也可执行]"的炼狱中。该理论也不是根据司法判决才如此的。一些法院采用了约因的交易理论,但许多其他法院使用广义的约因一词来包含非交易因素。

在广义的架构下,该术语包括使允诺在法律上可执行的各种因素。交易就是这样一个因素。正如将在后面的章节中看到的,还有其他的诸如信赖等因素。在本书中,"约因"一词是在广义上使用的。

第五章　交易允诺与交易原则

一、交易允诺导论

在朗·富勒(Lon Fuller)的经典文章《约因和形式》[1]中,他描述了应当规范允诺可执行性的两个基准(criteria)。富勒称这两个基准为形式约因和实质约因。今天,我们可将它们表述为程序基准和实质基准。交易是一种可执行允诺的范例。执行交易允诺的实质理由非常强大。交易(bargain)是一种交换,在此种交换中,每一方都把他所付出的作为他所得到的价格。自愿的、有行为能力的和完全知情的行为人之间通过交易产生收益来增加财富,因为通常来说,交易的每一方都估价自己所得到的高于所给予的。例如,如果消费者 C 以 500 美元从百思买(Best Buy)购买了一台索尼电视,那么几乎可以肯定的是,消费者 C 对电视的估价高于他对 500 美元的估价,百思买对 500 美元的估价高于它对电视的估价,因此合同为双方都创造了收益。或许更重要的是,现代自由企业制度在很大程度上依赖于私人规划,而执行交易使各方都能够可信地参与各种规划,例如投入和产出的协调;将风险从不太愿意或不太有能力承担特定风险的行为人,转移到更愿意或更有能力承担特定风险的行为人;并随着时间推移而进行更多交换,例如为未来付款进行当前转账。更一般地说,套用约翰·罗尔斯(John Rawls)的话,交易建立并稳定了小规模的合作计划。[2]执行交易也促进那些增加盈余的投资,例如增加合同价值的广告。

---

[1] Lon Fuller, Consideration and Form, 41 *Colum. L. Rev.* 799 (1941).
[2] Cf. John Rawls, *A Theory of Justice,* 304-305 (rev. ed. 1999).

交易允诺也提出了几个程序问题。首先,这些允诺通常是自利的(self-regarding),因此很可能是经过深思熟虑和精心计算的。其次,交易允诺通常是在商业语境下做出的,与商业语境不一致的所谓交易不太可能被认为是可信的。例如,声称一家钢铁生产商同意向一个既不是钢铁用户、钢铁经销商,也不是钢铁投机商的当事人出售钢铁,通常是不可信的。一家钢铁生产商同意以低于市场价格出售钢铁的说法也是如此。此外,交易允诺通常都有某种客观证据支持,如发票、收据或电子邮件,当然缺乏任何这样的证据也可说明一些问题。诚然,道德和声誉也激励人们遵守交易允诺,即使这些允诺是不可执行的也是如此。然而,道德激励的运作是参差不齐的,收集到的评估有关声誉的数据不仅很困难,而且成本高昂。因此,只是依赖道德和声誉的商业制度,肯定不如依赖法律执行的商业制度有效率。

根据合同法的交易原则,在没有欺诈、胁迫或显失公平等抗辩的情况下,交易允诺可根据其条款来执行。两个更难的问题是,类似于交易的结构性协议是否应具有可执行性,以及某些类型的交易允诺是否应不具可执行性,即使它们并不受传统抗辩的约束。本章第二节和第三节将讨论这两个问题。第三个难题(甚至更困难)的是,违反交易允诺的救济是什么:信赖损害赔偿、预期损害赔偿、返还、归入或特定履行?这个问题和那些救济,也将在本书第十三章和其他章节中予以讨论。

简言之,交易允诺是否应具可执行性并不是一个难题。允诺要执行就必须有约因,这是合同法的一项规则。不仅在古典合同法中,在很大程度上现在也依然如此[3],"约因"一词或多或少等同于"交易"一词。然而,该用法是不正确的,也不是普遍遵循的,因为"约因"一词指的是或者应当指的是可执行的允诺类型,正如本节将展示的,几种重要类型的非交易允诺在法律上也是可执行的。在本书中,"约因"一词就是这样使用的。

---

[3] See, e.g., *Restatement (Second) of Contracts* §71(1) (Am. Law Inst. 1981) [hereinafter Restatement Second].

二、结构性协议

潜在缔约方面临的世界可分为四个领域，它们在本书中将称为选择领域、可预测性领域、概率领域和机会领域。选择领域是由发生在一方当事人控制范围内的世界状态（多重状态）组成的。可预测性领域是由不受一方当事人控制但肯定会发生的状态组成的。概率领域是由既不在一方控制范围内也不确定会发生，但很可能会发生的状态组成的。机会领域由一方控制之外的状态组成，这些状态既非高度可预测，也非不可能发生。如果合同不将可预测性、概率、机会和选择作为重要话题，那将是令人惊讶的。毕竟，企业以可预测性和概率为基础进行大规模投资，并认识到机会往往在一项投资是否会产生利润上发挥作用，而交易只是一种特殊类型的投资。

一般来说，合同法中的法律后果并不直接取决于相关合同是否属于这些领域中的一个或另一个。然而，这些领域提供了一个概念工具，该概念工具使我们能更好地理解合同背后的经验。这种理解反过来又促进了回应这种经验并具有直接法律后果的法律原则的发展。例如，选择领域的概念阐明了做出允诺的意思。允诺就是采取某些行动的承诺。[4] 因此，允诺人通过允诺缩小了其选择领域的界限。不管在允诺人作出允诺之前这个领域的界限是什么，此后这个领域就变小了，因为在作出允诺之前他在道德上可以自由选择的一些行为，在作出允诺之后就不能自由选择了。

法院并不总是理解允诺人缩小其选择范围的后果（ramifications）。例如，在一种称为按需供货合同的常见类型合同中，买方同意以给定的价格从特定卖方那里购买他所需的特定商品。在古典合同法时代，如果买方可以选择没有需求，那么法院往往拒绝对卖方执行按需供货合

---

[4] See *Restatement Second* §1. 为便于阐述，不采取特定行动的允诺也被归入采取特定行动的允诺。

同,就好像买方没有作出一个真正的允诺(例如,买方没有固定的业务[5],或者是中介[6],或者只在其可以轻易放弃的部分业务中的需求商品[7])。然而,即使按需供货合同的买方可能选择没有需求,那他也缩小了自己的选择范围:在买方签订按需供货合同之前,他在道德上可以自由地从他选择的任何人那里购买规定的商品。买方签订按需供货合同后,如果在合同期内对该商品有需求,那么他在道德上就有义务以合同价格向卖方购买。由于卖方自身允诺以合同价格满足买方的需求,双方都做出了真正的允诺,他们的选择范围也都因此缩小了。由于每方当事人都以对方的价格交换了允诺,法院仅凭买方可能没有需求就拒绝执行按需供货合同来判断其违反了交易原则。按需供货合同中的买方可以善意地选择没有需求,这是卖方有意承担并认为值得承担的风险。[8]

选择领域、可预测性领域、概率领域和机会领域四个领域也说明了大多数交易都属于这四种范式。两种范式在合同法中得到了广泛认可。在这些范式中,给定状态在机会领域内行为人 A,希望使用合同工具将该状态转移到选择领域、可预测领域或概率领域。一个相关状态在选择领域的范例中,B 与 A 达成协议,允诺该状态会出现。例如,未来需要大量特定芯片的计算机制造商 A,可以从芯片制造商 B 那里获得合同允诺,在他需要时提供芯片。在第二种范式中,A 和 B 的给定状态均在机会领域,双方当事人达成一项协议,在该协议下,即使相关状态不在 B 的选择范围

---

[5] See, e.g., Pessin v. Fox Head Waukeshaw Corp., 282 N.W. 582, 585 (Wis. 1938).

[6] See, e.g., Oscar Schlegel Mfg. Co. v. Peter Cooper's Glue Factory, 132 N.E. 148, 150 (N.Y. 1921).

[7] See, e.g., G. Loewus & Co. v. Vischia, 65 A.2d 604 (N.J. 1949).

[8] 现在,《统一商法典》第 2-306(1)条规定:"以买方的产量或者买方的需求计算货物数量的条款,指善意的实际产量或者需求,但卖方所提供的或者买方所要求的数量不得严重背离任何已设定的估算产量,无估算产量的,不得严重背离任何正常的产量,或者先前的其他可比产量或需求。"正式评论补充道,"根据本章,一个产量或者需求合同……并不缺乏义务的相互性,因为本条要求决定数量的当事人善意地并依照行业中有关公平交易的商业标准经营其工厂或企业,以使其产生或需求最大限度地接近一个合理预期的数量"。尽管第 2-306(1)条只适用于货物买卖,绝大多数需求合同都属于此类型。无论如何,现代法院都确定地认为,所有按需供货合同都有约因。

内,该状态发生或不发生的风险也由 B 承担。由于各种原因,B 比 A 更愿意承担此种风险可能出于多种原因:与 A 相比,B 可能不那么厌恶风险,或者相信他能够更好地评估并定价风险,或者更有能力以如下方式汇总可比风险,即尽管任何给定风险都在机会领域,但是风险的结果属于可预测领域。例如,屋主 A 的火灾风险是在机会领域,但他可能将这种风险转移到保险公司 B,后者可以将不可预测的单一风险聚合成可预测的一类风险。

这两种范式都涉及领域之间简单的二元转换,并且都在合同法中得到了广泛认可。在仅获得有限法律承认的第三种范式中,当事人没有将某一给定状态发生的风险从机会领域转移到选择领域、可预测性领域或概率领域。相反,当事人创造了一个动态的允诺结构,其中一方的允诺旨在增加交换的概率,但该允诺不会交换为相对允诺或作为交易的行为。本书中,这些允诺结构的条款通常是经谈判达成的,被称为结构性协议。结构性协议提供了交易成本经济学和合同法理论之间的直接联系。交易成本经济学的一个主要关注点是,各种形式的治理结构如何最大限度地提高经济交易完成可能性的方式。结构性协议就是这样一种治理结构。该协议旨在促进已达成(completed)的经济交易。

尽管结构性协议不涉及受允诺人的承诺,但它们通常被设计为给允诺人作交换的保证。奥利弗·威廉姆森(Oliver Williamson)阐明的一种类型的结构性协议包括人质协议[9]。它指的是如下的交易,即使没有对等的允诺,B 也愿意向 A 做出承诺,因为只有 A 持续与 B 交易,A 才能从 B 的承诺中获益,如果停止与 B 交易,A 就可能会遭受损失。典型的是,人质协议涉及 A 的资产投资,这些资产的价值与 B 的交易有高度专用性,如果与 B 的交易未能发生或继续,该投资就会被没收。这种交易专用性投资作为 A 持续性交易意愿的砝码,增加了 A 和 B 之间作为交易之交

---

[9] See Oliver E. Williamson, Credible Commitments: Using Hostages to Support Exchange, 73 *Am. Econ. Rev.* 519 (1983).

换的概率。[10]

拉克莱德天然气公司诉阿莫科石油公司案(Laclede Gas Co. v. Amoco Oil Co.)[11]就是一个很好的例子。阿莫科和拉克莱德于1970年签订了一项主协议。根据该协议,阿莫科将向拉克莱德出售丙烷气体,用于拉克莱德选择在新住宅开发项目中安装气体分配系统。根据该主协议,如果拉克莱德决定在该开发项目中安装分配系统,它可以要求阿莫科为该开发项目提供丙烷气体。如果阿莫科公司决定供应丙烷气体,它将通过签署一份规定形式的补充协议来约束自己这样做。根据每项补充协议的条款,阿莫科必须以规定的价格向拉克莱德出售丙烷气体,并在开发项目中安装能够向开发项目输送丙烷气体的储存和汽化设施。拉克莱德方面同意安装和运行分配设施,并将开发中的住宅连接到阿莫科总管的出口。然而,拉克莱德没有允诺根据主协议或补充协议从阿莫科购买丙烷气体。

1973年,根据补充协议,阿莫科拒绝再向拉克莱德输送丙烷气体。拉克莱德起诉要求特定履行。阿莫科辩称,补充协议缺乏相互性,因为拉克莱德没有允诺购买任何丙烷气体。法院依据"对协议的智慧的和实际的解读",判决支持拉克莱德。[12] 根据双方精心设计的结构,为了获得补充协议的利益,拉克莱德必须为该特定开发项目建造与阿莫科总管出口相连的分配设施。实际上,一旦拉克莱德投资了一个连接到阿莫科总管出口的分配系统,不大幅改变分配系统的供应路线或对新的存储设备进行大量投资,它就不能切换到不同的丙烷气体供应商。因此,拉克莱德为某一特定开发项目建造的分配设施将成为"人质",使其很有可能继续从阿莫科购买丙烷气体用于该开发项目。

---

[10] 约因的人质理论有着古老的法律渊源。在古代,人质通常是为了解决血仇。在中世纪的日耳曼,人质逐渐被用于其他目的,最终债务人有可能将自己作为人质或自己债务的担保人。在欧洲大陆,这种自我质押(self-pledge)的概念是一种形式的来源,这种形式最终成为使承诺具有约束力的一般手段。See Lon L. Fuller & Melvin Aron Eisenberg, *Basic Contract Law, 1079* (8th ed. 2006).

[11] 522 F.2d 33 (8th Cir. 1975).

[12] Id. at 38.

人质协议的另一个例子是林德纳诉中州案(Lindner v. Mid-Continent)[13],这次涉及的是传统交易而非结构性协议。林德纳向中州出租了一个服务站,租期三年,中州有续约两年的期权,并可通过提前十天通知来终止租赁。从表面上看,这似乎是林德纳的一个愚蠢的交易。然而,从人质的角度来看,这笔交易很容易解释。随着租赁的继续,中州很有可能投资于改造和发展该区位的商誉(该协议是在自助服务站不常见的情况下达成的,因此,客户通常会与特定服务站的员工建立个人关系)。这些投资将成为人质,使中州有可能继续成为租户,因为如果中州终止租赁,这些投资就白投了。

当然,中州可以随时决定,通过牺牲这些投资而非继续与林德纳交易来获取更多利润。提供人质就提供了一些担保,但不能保证缔约方将继续履行。因此,尽管中州有投资,林德纳仍冒着中州可能终止租赁的风险(事实上,它并没有。是林德纳,而不是中州想终止),就像拉克莱德案中阿莫科承担拉克莱德终止合同的风险一样(事实上,他没有该风险。是阿莫科,而不是拉克莱德想终止合同)。然而,通过增加交换的概率,林德纳和阿莫科刻意承担这些风险来实现他们自己的利益,由此产生的协议本应以此为基础而具有可执行性,而且也确实得到了执行。

在人质协议情况下,当事人通过建立一种允诺结构来增加交换概率。根据这种允诺结构,如果一方不继续交换,他将承担费用。在另一种类型的结构协议中,双方通过创建一种联结双方利益的允诺结构来增加交换概率。这种协议在本书中将被称为利益一致性协议(Interest-aligning agreements)。

利益一致性协议通常采取传统交易的形式,即双方通过规定分享协议产生的收入将利益一致起来。例如,在分成制合同中(sharecropping contracts),农场所有人和佃农同意分享农场产生的收入;在出版合同中,作者和出版商同意分享图书产生的收入。这些合同与其他此类合同中的利益一致性并非那样完美。例如,当一方当事人必须发生后合同费

---

[13] 252 S.W.2d 631 (Ark. 1952).

用(post-contract expenses)才能产生收入(佃农或出版商),而另一方当事人发生此种费用时(农场主人或作者),后者更希望前者的费用最大化,从而使收入最大化。而前者希望产生的费用达到该点,即额外一美元的费用产生额外一美元的收入。同样,此协议的一方或双方当事人均有通过隐瞒收入或其他方式进行欺骗的激励。然而,双方的利益不完全一致不应导致我们忽视以下事实:一般来说他们是联结在一起的;欺骗和类似的不当行为至少部分被内化的道德、声誉的关注,以及诸如监督和黏合等合同机制所威慑,各方都知道他们在做什么。

有时,利益一致性协议可能被解释为结构性协议或经典交易。著名的伍德诉露西案(Wood v. Lucy, Lady Duff-Gordon)[14]就是这样一个案例。露西女士经营设计时尚服饰,同时代言他人的服饰设计,她和伍德订立一项协议。根据该协议,经露西同意,伍德拥有出售她的服饰设计,以及她所代言的他人服饰设计,并授权他人销售他服饰设计的专有权。作为回报,露西获得任何此类安排所生利润和收入的一半。伍德的专有权期限为一年,除非提前九十天通知终止,否则此后将逐年延续。露西违反了协议,秘密进行了代言(placed endorsements),并扣留了伍德应得的利润份额。伍德得知此事后提起了诉讼。露西辩称,她的允诺是不可执行的,因为根本没有交易:尽管她做出了允诺,但是伍德却没有。法院根据卡多佐法官给出的意见判决支持伍德,理由是伍德已作出了一个允诺,一个为露西利益而做出合理努力的默示允诺。

也许卡多佐的分析是正确的,相同的进路后来也基本上体现于《统一商法典》。[15]然而,必须要知道的是,为什么伍德没有明确允诺为露西的利益做出合理的努力,以及他实际上是否愿意明确做出卡多佐推断的允诺。卡多佐之所以很容易推断出这一允诺,而不用担心他是在给伍德施加繁重而非自愿的义务,是因为露西并没有声称伍德没有做出合理的努

---

[14] 118 N.E. 214 (N.Y. 1917).
[15] 《统一商法典》第2-306(2)条规定:"除非当事人另有约定,卖方或者买方合法订立的专营某种货物之协议,给卖方施加尽最大努力供应货物的义务,给非买方施加尽最大努力销售的义务。"

力。然而,如果判决认为,因为露西的允诺是结构性协议的一部分因而是可执行的,那么这个案件本可以更简单、更直接的方式来处理:很有可能的是,露西认为她可以放弃伍德的明确承诺,因为合同的结构是将伍德的利益与她的利益保持一致。实质上,露西给了伍德代言并且出售和授权她的服饰设计的选择权。伍德有激励来行使这一选择权,因为这是他从协议获利的唯一途径。由此产生的利益一致性比伍德之允诺的含意更好地解释了露西达成协议的动机,并为执行提供了更坚实的基础。

"人质协议"和利益一致性协议只是结构性协议的两个例子,其他例子将在后面的章节中讨论。规范所有类型结构性协议的基本原则都是一样的:支持交易可执行性的理由也支持结构性协议的可执行性。[16] 正如有行为能力和充分知情的行为人之间作为交易的交换是可取的一样,便利和促进交易之交换可能性的协议也是可取的。作为交易的交换是可执行的,因为它们通过交易创造收益来增加财富,并促进规划、盈余的信赖、合作、有效的风险转移和长期交易。在完全知情的有行为能力的行为人之间的结构性协议旨在通过增加商谈的协商概率来达到同样的目的,并且出于同样的原因应是可执行的。将结构性协议中的允诺作为不可执行的允诺会阻碍这些目标的实现。

三、交易原则的三个原理例外

交易原则在很大程度上是基于自愿、有行为能力和充分知情的行为人,这是他们效用的最佳判断者理念。因此,当这些条件中一个或多个不存在或被淡化时,交易原则就失去了一些、大部分乃至全部生命力。举例来说,如果受允诺人对交易标的物作出虚假陈述,那么他就不当地干涉了允诺人充分知情的权利,允诺人因而可主张欺诈的抗辩。如果受允诺人以使他别无适当选择的方式不当地威胁允诺人,他就不当地干涉了允诺

---

[16] See Melvin Aron Eisenberg, The Bargain Principle and Its Limits, 95 *Harv. L. Rev.* 741 (1982).

人的自愿性,允诺人因而可主张胁迫的抗辩。允诺人缺乏行为能力也是一种抗辩。

这些抗辩是同意质量的抗辩(quality-of-consent defenses)。它们与缺乏约因的抗辩截然不同,因为缺乏约因的允诺是不可执行的,即使交易过程和价格是公平的,而且允诺人是完全知情、有行为能力且自愿的,也同样如此。这种差异体现于交易原则的三个原理性例外,根据这三个例外,即使同意的质量没有问题且交易是公平的,某些种类的交易也因缺乏约因而无法执行。这些例外涉及一方当事人只是做了或允诺做了他在法律上有义务做之事情的交易,另一方当事人只放弃或不主张无效请求的交易,以及缺乏相互性的交易,或者更特定地说涉及虚幻允诺。

1. 法律义务规则

假设斯戴德(Steady)和瓦里(Vary)签订了一份合同,后来他们同意变更合同。想象两种模式。在模式 A 中,在时间点 1,斯戴德和瓦里签订一份合同,根据该合同,瓦里同意做出履行 P,斯戴德同意为此履行支付 2 万美元。然后,在时间点 2,双方订立了合同变更的协议,根据该变更的协议,瓦里重新同意做出履行 P,斯戴德同意支付 2.3 万美元而非 2 万美元。在模式 B 中,在时间点 1,瓦里欠斯戴德 2.3 万美元。然后,在时间点 2,双方订立了合同变更的协议,根据该变更的协议,瓦里支付给斯戴德 2 万美元,斯戴德将接受该金额以完全清偿瓦里的债务。

根据古典合同法中称为法律义务规则的核心原理,这两种类型的变更都对斯戴德不能执行,即使变更是一个交易也是如此。根据该规则,如果瓦里在模式 A 中做出了履行,那么他就不能获得斯戴德允诺支付的额外 3 000 美元,理由是瓦里只做了他在法律上有义务做的事情。相应地,如果瓦里在模式 B 中根据变更协议支付 2 万美元,斯戴德仍可就 3 000 美元提起诉讼,尽管他允诺不这样做也同样如此。在大多数情况下,这两种模式提出了相同问题,为了便于说明,本节将只讨论模式 A。

关于术语用词问题。假设承包商起初同意以 35 万美元的价格为房主建造一栋两居室的房子。房主和承包商后来同意建造一栋三居室的房子,房主将支付 42.5 万美元。在该术语的正常意义上,新合同是对旧合同的变更。然而,在合同法中,"变更"一词传统上指的是属于模式 A 或模式 B 的合同。承包商和房主之间的第二份合同不属于这些模式,因为房主和承包商都同意了他们在法律上没有义务履行。

在古典合同法看来,法律义务规则不需要道德或政策上的正当性,因为这是以公理为根据而不言自明的。例如,弗雷德里克·波洛克(Frederick Pollock)说,"很明显,从法律角度来看,A 向 B 做出允诺,而该允诺是 B 已经要求他做的事情,这不会给 B 带来新的优势,也不会对 A 造成损害(因此这不是一个好的约因)"[17]。然而,任何法律规则都不能以公理来证成,尤其是违反了交易原则的法律义务规则。

因此,在现代,有人试图以规范理由来证成法律义务规则。传统的正当性(例如在《合同法重述(第二次)》提出的理由)在很大程度上是基于该前提,即只因为 B 对 A 施加了胁迫[18],A 才可能同意变更。这种胁迫通常定义为使受胁迫的一方当事人别无选择的不适当威胁。[19] 当然,如果一方当事人通过胁迫手段获得了变更,那么以此为根据,该合同应当是而且也确实是不可执行的。但这种理由不足以证成法律义务规则。胁迫一直都是合同的抗辩事由,因此,即使没有法律义务规则,胁迫下做出的变更也是不可执行的。因此,胁迫规则需要第二个正当性,这也是《合同法重述(第二次)》提出的,即在胁迫下做出变更的比例是如此之高,并且确定胁迫是否实际发生非常困难,以至于确定任何特定的变更是否在胁迫下做出是对司法资源的浪费。[20]

这几乎极不可能。通常情况下,也许是很典型,寻求变更的一方当事人会提出建议或请求,而不会提到不适当的威胁。此外,变更是否在胁迫下做出的通常也不难确定。因此,问题是受允诺人是否要求而不是提议

---

[17] Frederick Pollock, *Principles of Contract: A Treatise on the General Principles concerning the Validity of Agreements in the Law of England* 181 (10th ed. 1936).
[18] See *Restatement Second* § 73 cmt. a
[19] *Restatement Second* § 175.
[20] Id.

或请求变更,该要求是否通过不法威胁来实现,以及允诺人是否缺乏拒绝该要求的实际自由。法院可以轻松处理这些问题,事实上,它们经常这样做。[21] 没有任何证据表明极大比例甚至相当大比例的变更是在胁迫下做出的。事实上,相反的情况更可能是真实的。[22]

在一篇关于法律义务规则的简洁文章中,艾瓦济安(Aivazian)、彭妮(Penny)和特里比尔科克(Trebilock)问道:"除非另一方当事人获得了他在合同订立时并不拥有但在合同关系存续过程中获得的谈判能力,并且他现在试图利用这种谈判能力,否则,合同的任何一方当事人为什么会通过变更的方式,同意比最初合同约定支付更多或接受更少,且还没有适当的约因?"[23] 问题的语气和该文章本身表明,作者认为,除非另一方增加了谈判能力或施加了胁迫,否则,缔约方通常绝没理由同意变更。然而,事实上,即使没有同时发生的约因、合同订立后谈判能力的重大转变或胁迫,当事人也有强有力的理由同意变更。

一个原因集中在公平交易的观念上。虽然谈判能力的转变允许 B 提出变更,B 也确实想为获得更多合同盈余来做此事,但大多数变更可能并非如此。相反,大多数变更可能受到这一事实的驱动,即履行合同时的情形看起来明显并非当事人订立合同时所预期的那样。这可能是因为双方在订立合同时存在误解,也可能是因为在订立合同后,事件的展开方式与双方的预期明显不同。

在某些情况下,误解或意外情况会使当事人根据有关错误、不可能、不可行或受挫的原理对履行进行抗辩。如果这些交易中的任一个可资适用,就不存在法律义务规则的问题了,因为如果 B 同意按照合同履行,尽管存在他有履行抗辩的事实,他也会同意做一些他在法律上没有义务做的事情。然而,这些原理的适用范围相对狭窄,部分原因是如果

---

[21] See, e.g., Angel v. Murray, 322 A.2d 630, 636-637 (R.I. 1974).

[22] See B.J. Reiter, Courts, Consideration, and Common Sense, *27 U. Toronto L.J.* 439, 466 (1977).

[23] Varouj A. Aivazian et al., The Law of Contract Modifications: The Uncertain Quest for a Bench Mark of Enforceability, 22 *Osgoode Hall L.J.* 173, 174 (1984).

这些原理过于宽泛,合法的预期就可能会被不适当地打乱。那么,即使在 B 没有不履行原初合同的合法抗辩事由并且不对 A 施加胁迫的情况下,为什么像 A 这样的一方当事人还同意变更呢?一个理由是,A 愿意变更与 B 的合同,是因为 A 认为,出于公平交易的考虑,合同应进行变更,以反映合同任务的最初目的或者他们目前所处的公平状态。[24] 第二个,也可能是更强有力和普遍的理由,是互惠性或互惠性的预期。[25] 如果考虑到变更所在合同流的动态涨落,若进行孤立检查似乎是单方性的变更,可能是互惠性的。例如,A 可能同意有利于 B 的变更,以回报过去对 A 有利的相同或其他合同的变更。或者 A 可能认为,如果其处在 B 的地位,其同意变更将增加 B 同意对其有利的变更的可能性。的确,在没有法律义务规则的制度下,预期未来互惠进而同意变更的缔约方会抓住该机会,因为如果不抓住该机会,在该机会轮到自己时,互惠也不会出现。然而,是否使用这个机会应由当事人来决定。

同意变更的公平交易和互惠理由相辅相成。例如,A 现在同意变更是因为 B 过去同意变更,A 的行为可以被描述为基于公平交易或互惠。事实上,互惠的理念本身部分源于公平交易的观念,尽管它也源于自利。重点不是 A 同意变更是出于公平交易还是自利。重点是,在大多数变更中,A 可能是受其中一个或两个因素的驱动,而不是因 B 的谈判能力的提高或受 B 的胁迫。

事实上,作为一个经验问题公司通常将变更视为近乎是例行的交易。1988 年,拉塞尔·温特劳布(Russell Weintraub)向 182 家公司的总顾问发送了一份问卷,询问他们对某些合同问题的看法。[26] 其中一个

---

[24] Cf. B.J. Reiter, supra note 22, at 465("如下基本假设反映了不现实和不恰当的现代商业伦理观,即无论另一方当事人的情况发生了多么巨大的变化,商人也会坚持严格行使他的合法权利,而且只有压力才会迫使他屈从于该建议,即他应当帮助应对债务人所遭受的不可预见和沉重负担的变化")。

[25] See id. at 465-66; Mark B. Wessman, Retaining the Gatekeeper: Further Reflections on the Doctrine of Consideration, 29 *Loy. L.A. L. Rev.* 713, 720-723 (1996).

[26] Russell J. Weintraub, A Survey of Contract Practice and Policy, 1992 *Wis. L. Rev.* 1, 1-2. The survey had a response rate of 46 percent. Id.at 1, n.1.

问题是："如果由于市场价格的变化,你的供应商或客户要求变更合同价格,你的公司会一直坚持遵守合同吗?"95%的受访者表示,他们的公司不会总是坚持遵守合同。一个后续问题要求这些受访者列出他们认为与决定是否批准变更请求相关的因素。对此,80%的受访者表示,他们会考虑与提出请求的公司的关系是否长久且令人满意,76%的受访者会考虑,该请求根据贸易惯例是否合理。一个类似的问题问道:"贵公司要求免除或变更其合同义务的频率有多高?"只有17%的受访者表示他们的公司从未提出过这样的请求。相比之下,22%的受访者说他们的公司每年平均提出一至五次这样的请求,18%的受访者说他们的公司提出这种请求的频率更高。受访者报告说,在大多数情况下,难题都是通过系争合同的变更或者未来合同的调整而友好解决的。

简言之,从约因角度来看,履行允诺人有义务履行的交易允诺通常与任何其他交易允诺没有区别,应当具有可执行性,但须受制于通常独立的抗辩事由,如胁迫。

艾瓦济安、特里比尔科克和彭妮提出,可执行性制度将仅基于静态考虑,而法律义务规则(或者更准确地说,一种变更被推定为不可执行的规则)将反映动态考虑。该领域存在着张力,他们说:

……在两组相互竞争的效率考虑之间……静态效率考虑通常要求执行合同变更,理由是即使签约方认识(percieve)到重新签约的共同利益,但在提出变更时,这种利益也是无法通过任何替代策略完全实现的。另一方面,动态效率考虑侧重于整体上对缔约方的长期激励……在变更语境中,这些动态效率考虑采用事前视角,而不是静态效率考虑所隐含的事后视角。采用前一观点,在合同履行过程中出现"敲竹杠"(holdup)可能性的情况下,不限制再行缔约的规则可能会创造投机主义行为,从而增加缔约的总体成本……因此,在合同订立后提出变更时,应考虑到什么才符合两个特定缔约方的最佳利益,以及根据最大限度地降低缔约总成本之法律规定的激励和限制,什么才符合缔约方的事前利益,可能会产生不同的政策观点。[27]

然而,事实上情况正好相反:法律义务规则是基于静态的合同观,而履行法律义务的允诺是可执行的制度,是基于并促进了动态的合同观。法律义务规则将合同视为静态交易,合同条款在合同订立时完全确定,而可执行性制度将合同视为不断演变的过程。法律义务规则认为变更是孤立发生的个别事件,而可执行性制度承认变更往往是缔约方之间继续进行的互惠流中的涟漪。法律义务规则忽略了当事人之间持续的动态合作和包容的价值,而可执行性制度则考虑到了这些价值。[28] 因此,法律义务规则既禁止合同的动态演进,又禁止缔约方之间的动态互惠,而可执行性制度高效率地鼓励了随情况发展而产生的动态互惠及动态演变。可执行性制度也使订约过程更有效率,因为它允许当事人在不事先就静态基础下每个可能的意外情况进行谈判的情况下订立合同,因为当事人知道,误解或意外情况可通过变更来处理。

2. 不重要的敲竹杠问题

就法律义务规则,常给出的一个理由是对敲竹杠的恐惧,也就是说,害怕一旦 A 为履行与 B 的合同而进行了交易专用性投资,B 将以不履行的威胁为后盾要求增加价格,这将导致 A 的投资损失。敲竹杠难题对许多法律和经济学家有特别强大的控制力,他们经常将解释诸多缔约作为应对这个难题的一种方式。然而,很少或没有任何证据表明敲竹杠是经常发生的。相反,敲竹杠难题似乎被不成比例地夸大了。在称为原始设备制造商(OEMs)的汽车制造商与其供应商之间的合同的语境下,欧姆里·本·沙哈尔(Omri Ben-Shahar)和詹姆斯·怀特(James White)对这一问题进行了详尽的实证调查。[29] 这个行业特别适合研究敲竹杠难题,因为非常重视敲竹杠作用的学者经常引用通用汽车公司和

---

[27] Aivazian, et al., supra note 3, at 175.
[28] See Hugh Collins, *The Law of Contract*, 30 (2d ed. 1993).
[29] James White & Omri Ben-Shahar, Boilerplate and Economic Power in Auto Manufacturing Contracts, 104 *Mich. L. Rev.* 953 (2006).

它的一家主要供应商费希尔公司的合并作为示例。这些学者得出的结论是，合并是为了确保通用汽车公司不被费希尔公司敲竹杠。本·沙哈尔和怀特得出结论认为，在汽车行业（以及根据推论，其他行业也存在），敲竹杠难题是一个谎言：

> 如果抛弃供应商的原始设备制造商在寻找和确认替代供应商时会承受高昂的成本，那么可以推测，原始供应商就缔约的货物或服务在一段时间内对原始设备制造商拥有一些经济权力，甚至可能持续到安装了零件或组件的车型运行结束。我们应预计到，这种权力将在生产开始后不久达到顶峰，那时供应商期待五年的工作，而竞争对手已经转向其他方面。事实上，这种推测认为……即供应商可以在生产开始后对原始设备制造商施加敲竹杠的权力，这在经济学理论中被广泛认为是合同敲竹杠这一普遍问题的基准示例。"敲竹杠"难题的标准解释是在完全相同的（原始设备制造商—供应商）合同语境下得到发展一般说明的……这表明在20世纪20年代，费希尔车身公司（body）……与通用汽车公司签订了十年按需供货合同。当通用汽车公司的需求随着对封闭式车体汽车的更大需求而增加时，费希尔车身公司享受一个"不能忍受"的地位来阻碍通用汽车公司并拒绝做出总体高效的调整，因此被收购并垂直整合到通用汽车公司中。目前还不清楚有多少证据证实了通用汽车公司—费希尔汽车公司敲竹杠的说法……
>
> 我们自己的发现表明，至少在汽车行业中，这种谈判地位的敲竹杠（bargaining position-hold-up）的解释有误导性……如果卖方利用其权力进行明确的敲竹杠（例如，"给我提价，否则我就不发货"），它知道从长远来看它将会失败。一位原始设备制造商代表强调，买方对此类事情往往"记忆犹新"，并且我们会保证，卖方的成功威胁肯定会在订立新合同时自讨苦吃。该代表告诉我们，更具威胁性的是，一家原始设备制造商供货的重大中断很可能会被其他原始设备制造商所知，其他原始设备制造商在评标时也会考虑此事。供应商代表同意这种观点。他们声称，如果供应商拿枪指着原始设备制造商的头，那

将是"自杀",从一些让步中榨取(extracting)获得的短期利益将被长期声誉制裁所抵消。

供应商可以进行"敲竹杠"的谎言,忽略了一个非常基本的事实。试图阻碍原始设备制造商的供应商必须威胁停止部件的生产,而部件的生产对维持装配线运转而言是必需的。这种威胁一旦实施,将导致巨大的损失,甚至造成整个行业的崩溃。……实施此类"敲竹杠"的供应商将面临潜在的破产损害。作为自救方式,原始设备制造商可以针对供应商账户实行抵消。此外,原始设备制造商可能会获得禁令救济,从而首先阻止这种威胁的实施。换句话说,敲竹杠解释假设了乏力的合同义务和法律执行,而这可能远非现实。[30]

鉴于可执行性制度的公平和效率优势,可以预计的是,现代合同法将吸收该制度。这也已经在现实中发生。尽管法律义务规则仍有一些适用空间,但即使是那些根据先例认为自己有义务遵循该规则的法院,也将该规则描述为"技术性的",也不喜欢该规则,而且发现它"毫无逻辑地"[31]得到了支持。该规则充满了不一致的例外[32],被几个州的司法判决否定了[33],也被几个主要法域通过书面修改制定法而废弃。[34]《统一商法

---

[30] Id.at 974-75.

[31] See, e.g., Chicago, Milwaukee, & St. Paul Ry. Co. v. Clark, 178 U.S. 353, 365 (1900); Brooks v. White, 43 Mass. (2 Met.) 283, 285-286 (1841); Kellogg v. Richards, 14 Wend. 116, 119 (N.Y. Sup. Ct. 1835); Harper v. Graham, 20 Ohio 105, 115 (1851); Brown v. Kern, 57 P. 798, 799 (Wash. 1899); Herman v. Schlesinger, 90 N.W. 460, 466 (Wis. 1902)

[32] See, e.g., Morrison Flying Serv. v. Deming Nat' l Bank, 404 F.2d 856 (10th Cir. 1968) (法律义务规则,不适用于先前存在的合同义务是对第三人的情况); Schwartzreich v. Bauman-Basch, Inc., 131 N.E. 887 (N.Y. 1921)(在订立的新合同并撤销了先前合同的情况下,该规则不适用); Cohen v. Sabin, 307 A.2d 845 (Pa. 1973)(支付部分公认到期的未清偿债务是放弃请求权剩余部分的约因); Angel v. Murray, 322 A.2d 630 (R.I. 1974)(鉴于订立合同时未预期到的情况,如果新合同是公平和公正的,则该规则不适用)。

[33] See Dreyfus & Co. v. Roberts, 87 S.W. 641, 642 (Ark. 1905); Clayton v. Clark, 21 So. 565, 568 (Miss. 1897); Frye v. Hubbell, 68 A. 325, 328 (N.H. 1907).

[34] See Cal. Civ. Code §§1524 (1872)(部分履行债务,无论是在违约前还是违约后,如果为此目的书面文件明确接受,即使没有任何新的约因,也会消灭该债务), 1541, 1697; Mich. Comp. Laws Ann. § 566.1 (West 2007); N.Y. Gen. Oblig. § 5-1103 (1936).

典》规定,如果对货物买卖合同的变更是善意而为之,那么其是可执行的。[35] 更一般地说,《合同法重述(第二版)》第89条规定,任何一方当事人未完全履行的合同的变更都具有约束力,"如果考虑到合同订立时双方未预料到的情况,变更是公平和公正的"[36],第89条体现的原则已被广泛遵循[37],即使不是全部的话,该原则也已经消除了法律义务规则大部分的剩余内容。

3. 放弃或者不主张被证明为无效的索赔

假设B对A提出索赔。根据当事人达成的交易,为换取A的付款,B同意放弃该索赔或不主张索赔了。后来证明这一索赔是无效的。根据古典合同法,该交易被认为没有约因——被认为是不可执行的——除非索赔是以主观善意主张的,并具有相当程度的客观价值。例如,《合同法重述(第一次)》第76条施加了一个联合检测,根据该检测,"由一个未诚实且合理相信有效性的人放弃或放弃主张无效索赔和抗辩的",不是约因。[38]

要求索赔人诚实地相信其索赔的有效性是适当的,因为如果索赔人

---

〔35〕 See U.C.C. § 2-209 & cmt. 1 (Am. Law Inst. & Unif. Law Comm'n 1977).

〔36〕 Restatement Second § 89(a).

〔37〕 See, e.g., United States v. Sears Roebuck & Co., 778 F.2d 810, 813 (D.C. Cir. 1985); Coyer v. Watt, 720 F.2d 626, 629 (10th Cir. 1983); Lowey v. Watt, 684 F.2d 957, 969-70 (D.C. Cir. 1982); Univ. of the Virgin Islands v. Petersen-Springer, 232 F. Supp. 2d 462, 470 (D.V.I. 2002); Acton v. Fullmer, 323 B.R. 287, 297 n.4 (Bank. Ct. D. Nev. 2005); Greenberg v. Mallick Mgmt., Inc., 527 N.E.2d 943, 949 (Ill. App. Ct. 1988); F.S. Credit Corp. v. Shear Elevator, Inc., 377 N.W.2d 227, 231 (Iowa 1985); Angel v. Murray, 322 A.2d 630, 636 (R.I. 1974).

〔38〕 Restatement (First) of Contracts § 76(b) (Am. Law Inst. 1932) (emphasis added). 一般来说,随着时间的推移,法院逐渐削减了请求必须构成约因这一实质依据的程度。一家法院指出:……该请求一定有某些根据……就此……我们发现法院使用不同的语言。此请求不能"完全没有根据"。有人说,它必须有"站得住脚的理由"或"合理、站得住脚的理由"。它必须基于一个"表面的权利"或者某种"法律基础"。它必须至少有一个权利外观,该外观足以引起有利于主张它的一方当事人的"可能的怀疑"。我们认为,我们最好不要去管定义,相信在应用于每个个案时,事实会让事情变得明显。但是,如果我们要进一步努力区分,我们会说,如果出于善意的原告小题大做(akes a mountain out of a mole hill),该请求就是"可疑的"。但是如果一开始就没有可辨认的"小题"了,那么这个请求就没有任何实质内容。Duncan v. Black, 324 S.W.2d 483, 486-87 (Mo. Ct. App. 1959) (emphasis in original). See also Springstead v. Nees, 109 N.Y.S. 148 (App. Div. 1908)(请求必须至少是可疑的或者虚假的)。

不相信,他对索赔的主张就相当于敲诈。然而,适当理解的话,这一要求并没有提出约因问题,因为根据假设,双方当事人已经达成交易。相反,它提出了显失公平的问题(见第七章)。此外,要求索赔具有某种程度的价值则不适合作为约因或显失公平的检验标准。这个要求作为约因的检验标准是不适当的,因为放弃或不主张索赔的交易和其他交易一样都是交易。此要求作为显失公平的检验标准也是不恰当的,因为如果索赔人诚实地相信他的索赔是有效的,那么他提出索赔通常并非显失公平。

现代合同法正朝着这个方向演进。不同于要求诚实和合理地相信索赔的可能有效性的《合同法重述(第一次)》第76条之联合检测,《合同法重述(第二次)》第74条使用了分离检测。根据该检测,即使索赔后来被证明无效,放弃或放弃主张索赔或抗辩也是约因,只要"索赔或抗辩由于事实或法律的不确定性而存疑,或……不作为方或者放弃方认为索赔或抗辩可能被公平地确定为有效"[39]。

然而,尽管相较于《合同法重述(第一次)》体现的规则,《合同法重述(第二次)》体现的规则有了重大改进,但它仍未采用可能是最好的规则,因为它继续以约因的方式来设定问题的框架。而如同合同变更的问题一样,这方面的真正问题是显失公平。指定类型的所有允诺都缺乏约因的规则,使得该类别中的所有交易都是不可执行的,即使它们并非不公平或显失公平也是如此。相比之下,显失公平必须个案适用,要求审查所有事实和情况,并且只使不公平的合同不具可执行性。约因是一种过于生硬的工具,因而无法处理好公平问题,因为它将特定交易的情况排除在司法审查之外,以至于同时剔除公平和不公平的交易。

---

[39] *Restatement Second* §74 (emphasis added). See also, e.g., Tower Inv'rs v. 111 E. Chestnut Consultants, Inc., 864 N.E.2d 927, 938 (Ill. App. Ct. 2007)["在一方当事人善意地就其请求作出妥协的场合,即使该请求最终被证明无效,延缓债务还期(forbearance)仍然是支持合同的充分约因。"]; Dyer v. Nat'l By-Prods., Inc., 380 N.W.2d 732 (Iowa 1986); Denburg Parker Chapin Flattau & Klimpl, 624 N.E.2d 995, 1000 (N.Y. 1993) ["要构成充分的约因……一方当事人只需要善意地相信其立场的法律依据。当事人对法律的看法最终可能被证明是没有价值的,但这并不损害协议的有效性(《合同法重述(第二次)》第74条的评论b)。事实上,如果规则不是这样的,那么达成妥协的激励就很小了"]。

4. 相互性原理与虚幻允诺规则

交易原则的第三个古典合同法例外是相互性原理。根据此原理，除非合同双方当事人都受约束，否则任何一方都不受约束。此原理需要的限定比它有时受到的限定要多。

第一个主要的限定条件是，该原理不适用于单方合同。在双方合同中，当事人以允诺交换允诺。例如，B 允诺给 A 的草地割草，以换取 A 允诺支付 B 100 美元。在单方合同中，当事人以允诺交换行为。例如，A 告诉 B，"我会付给你 100 美元来割草。我不想要你允诺去割草，因为你以前已做出了那些允诺，但你没有守诺。如果你真的割草了，那么我会付给你 100 美元；如果你不这样做，那么我不会付钱"。在此种情况下，受允诺人 B 通常永远不受约束。他在做出那个行为前没有义务做任何事，通常他做出那个行为后也没有义务做任何事。然而，如果 B 做了该行为或者甚至开始做该行为，那么相互性原理就不再适用了，A 将受到约束。

第二个主要限定条件是，相互性原理不适用于如下交易，即在该交易中，双方当事人都作出了真实允诺，但根据相互性原理之外的法律规则，一方当事人不受其允诺约束。例如，A 欺诈性地诱使 B 同意购买黑地（Blackacre）。因为 A 行为欺诈，他就不能执行 B 的允诺。然而，如果 B 选择执行该合同，尽管缺乏相互性，A 仍受约束。[40]

一旦对相互性原理作出了必要限定，就大多数实践目的而言，该原理就是虚幻承诺规则的代名词。该规则在《合同法重述(第二次)》第 77 条中表述如下："如果根据其条款，允诺人或目标允诺人保留选择替代履行的权利，则允诺或表面允诺不是约因，除非……如果单独予以交易的话，每一个替代性履行都是约因……"该条的示例 1 和 2 说明了该规则：

1. A 发出要约以每蒲式耳 2 美元的价格向 B 交付不超过 5 000

---

[40] See 3 *Williston on Contracts* § 7.13 (Richard A. Lord ed., 4th ed. 1992).

蒲式耳的小麦,这是 B 在未来 30 天内可能选择订购的数量。B 承诺,同意在该时间内以该价格从 A 处订购尽可能多的小麦。B 的承诺不涉及他的允诺,也不是约因。

2. A 向 B 允诺在未来三年内按照确定的条款作 B 的代理人。B 同意 A 这样做,但保留随时终止协议的权利。B 的协议不是约因,因为根本不涉及他的允诺。

正如这些示例所表示的,虚幻承诺规则适用于表面交易,其中一方 A 作出真实的允诺,而另一方 B 使用似乎是真实允诺的表达,但仔细分析后可以发现,这只具有允诺的假象。在适用该规则的场合,B 不受约束,因为他没有作出真正的允诺。A 也不受约束,尽管他确实作出了真正的允诺,理由是 B 只作出了虚幻的允诺作为回报。示例 1 和 2 说明了适用虚幻允诺规则的两个基本场景。如示例 1 所示,在第一个场景下,B 没有做出真正的允诺,因为他只同意做他可能选择做的事情。如示例 2 所示,在第二个场景下,B 没有作出真正的允诺,因为他保留在任何时候终止他可能承担之义务的权利。

由于两个原因,虚幻承诺规则是不正当的。

首先,涉及虚幻允诺的交易通常是结构性协议,而真正的允诺应基于那个根据而具有可执行性。将做出真实允诺的人称为 A,将做出虚幻允诺的人称为 B。在虚幻允诺情况下,如示例 1 和 2,出于利他(other-regarding)的原因,A 没有向 B 做出允诺来作为回报。他这样做是出于自利的原因。然后,他通过增加交换的可能来促进自己的利益。选择一个而非另一个贸易伙伴进行交易并不是免费的。由于 A 认为,除非他做出允诺,否则,B 与他而非与他人交换的激励是不充分的,所以 A 才做出他的允诺。事实上,A 与 B 之间在信息和激励方面有巨大差异。A 对履行的吸引力有一定程度的信心,但他认为 B 并不会拥有该信息。为了增加与 B 交换的可能,A 作出该允诺,该允诺意在改变 B 与 A 交换的激励,方式是给 A 一个机会来证明他的履行是有吸引力的,如对 A 的商品进行抽样或比他原本可能做的更认真地考虑购买 A 的商品。

虚幻承诺规则不合理的第二个原因是,在大多数适用情形中,该规则违反了交易原则。诚然,在虚幻允诺的情况下,由于没有允诺的交换,所以并不存在双方交易。然而,适当理解的话,这些案例中的大多数确实涉及单方交易,因为 A 将他的允诺与 B 给 A 一个机会的议定行为(bargained-for)相交换。增加交换概率机会的价值得到了广泛证明。书友会(book clubs)现在给潜在顾客免费书,以换取以后卖给他们图书的机会;开发商提供免费休假以便有机会展示销售推介;零售商在促销赛中提供免费奖品,以吸引顾客购物;直销商为邮件名单支付大量费用。在大多数虚幻允诺交易中,A 做出允诺让 B 给他一个机会。如果 B 给 A 一个机会,A 就会得到他想要的。B 的虚幻允诺可能无法达成交易,但 B 给 A 一个交易机会的行为却可以。

47　　涉及虚幻允诺的交易也可以从期权视角来阐释。金融经济学的一个教导是,形式上不是期权的经济结构往往在实质上是期权。因此,在涉及虚幻允诺交易的情况下,实质上是作出真实允诺的一方,给予作出虚假允诺的一方以一个确定价格获得特定商品的期权。例如,回想一下《合同法重述(第二次)》第 77 条的示例 1,A 发出以每蒲式耳 2 美元的价格向 B 交付不超过 5 000 蒲式耳小麦的要约,而 B 可能在接下来的 30 天内选择订购,并且 B 承诺,"同意在该时间内以该价格从 A 处订购尽可能多的小麦"。因此,实质上,A 给 B 一个 30 天的期权,以每蒲式耳 2 美元的价格购买 5 000 蒲式耳小麦。同样,在示例 2 中,A 向 B 允诺,他将按照指定的条款担任 B 的代理人三年,B 承诺了,但保留随时终止的权利。因此,实质上,A 给 B 一个期权,其按照指定条款作为代理人提供长达三年的服务。

　　如果在这种情况下,B 为该期权支付了少量(但超过名义金额的)现金,期权就毫无疑问是可执行的。同样,如果在示例 1 中,B 承诺订购至少 10 蒲式耳小麦,或者如果在示例 2 中,B 允诺雇用 A 作为代理人至少十天,也不会有可执行的问题。B 给 A 一个增加交换可能的机会,通常比少量现金或少量初始承诺更有价值。机会在客观上是否有价值并不相关,相关的是,A 认为这个机会对他来说有价值而且是应当可交易的。通过交易,A 透露出 A 置于该机会上的价值等于或超过了 A 做出允诺的成本。如果 B 给 A 一个机会,那么就有交易,既然双方达成了交易,这就存在约因。

期权视角也使执行涉及虚幻允诺交易的原理性理由成为焦点。如第二章所讨论的,《合同法重述(第二次)》第 87 条基本上都拒绝名义约因原理。[41] 然而,第 87(a)(1)条和许多情况成为期权的例外。根据该小节的规则,名义约因(交易形式)通常足以使期权具有约束力:"要约作为期权合同具有约束力,如果它……采用书面形式,并由要约人签字,陈述了所声称的发出要约的约因,并提出在合理时间内以公平条件进行交易……"[42] 在现实世界条款中,虚幻允诺规则与第 87(1)(a)条不一致,因为在实践中几乎每一笔虚幻承诺交易都属于该规则范围内的一种期权。总是有一个"所谓的约因"的描述,即虚幻的承诺,真实允诺通常采书面形式,并提出在合理时间内以公平条款进行交换。因此,涉及虚幻允诺的交易不可执行的原理通常不但违反一般交易原则,而且违反了第 87(1)(a)条所体现的特定规则。

相互性原理和虚幻允诺规则是古典合同法的产物(creature)。尽管这一原理和规则仍然存在,但是它们正因现代合同法而被削弱。如果受允诺人给出任何已交易过的允诺(bargained for promise),无论多么微小,该规则都不适用。例如,在林德纳诉中州石油公司案[43]中,林德纳向中州出租一个加油站,租期三年,后者有权选择延长两年,总共五年的承诺。作为交换,中州同意租赁加油站,但有权在提前十天通知的情况下随时终止其义务。总之,十天的承诺期。随后,林德纳试图取消租约,理由是它缺乏相互性。该法院判决支持中州:

> 相互性要求并不意味着,允诺人的义务必须与受允诺人的义务完全相同。只要任何一方当事人所承担的义务被法律视为另一方当事人允诺的充分约因,这就足够了……

---

[41] See *Restatement Second* §71, cmt. b, illus. 4 & 5.
[42] Id. §87(1)(a).
[43] 252 S.W.2d 631 (Ark. 1952).

……这不是承租人可以随意和不经通知就终止租赁的期权,承租人至少须支付十天的租金。[44]

在林德纳案中,十天也足以构成约因。在格法因诉沃别洛夫斯基案(Gurfein v. Werbelovsky)[45]中,一纳秒就足够了。卖方和买方签订了销售五箱平板玻璃的合同,"从当日起三个月内装运"[46]。合同规定,买方有在装运前取消订单的期权。在合同签订后的三个月内,买方一再要求履行,但卖方从未发货。最终,买方提起违约之诉。卖方辩称,由于买方有权在装运前取消订单,该协议缺乏相互性。法院并不同意卖方的辩称,理由是卖方一收到订单就有一个通过发运来执行整个合同的清晰机会。[47]"这是构成法律约因及使合同存在的所有必要条件。如果被告自愿将其执行合同的绝对机会限制在尽可能短的时间内,那么合同可能缺乏远见,但并非因缺乏约因而无效"[48]。

像林德纳案和格法因案这样的案例,仅是削弱而非明确废弃了虚幻允诺规则。在哈里斯诉时代公司案(Harris v. Time, Inc.)中[49],法院迈出了最后一步,明确认为提供交易机会就是约因。乔舒亚·纳伊兹达收到了时代公司的一封信。信封的正面有一扇窗口,窗口显示一只计算器手表的图片,上面写着:"乔舒亚·纳伊兹达,只要你能在1985年2月15日前打开这个信封,我就会免费送你这只多功能的新计算器手表。"[50]当信封被打开且直到那时,信中的一个附加条款才显露出来:"邮寄此证书(以购得《财富》杂志的附赠品)就在今天!"[51]

即使在打开信封之后并未邮寄证书,基于信封窗口的允诺,乔舒亚也

---

[44] Id. at 632; see also, e.g., Hancock Bank & Trust Co. v. Shell Oil Co., 309 N.E.2d 482 (Mass. 1974)(在出租人负有30年义务而承租人仅负有90天义务的场合,加油站租赁不会因缺乏相互性而无效)。
[45] 118 A. 32 (Conn. 1922).
[46] Id.
[47] Id. at 33.
[48] Id.
[49] 237 Cal. Rptr. 584 (Ct. App. 1987).
[50] Id. at 586.
[51] Id.

可请求获得计算器手表。但时代公司拒绝了。乔舒亚随后以违约为由对时代公司提起集体诉讼。时代公司认为双方当事人之间并不存在合同,仅仅打开信封的行为没有价值,因而也不构成约因。法院驳回了该论点,理由是时代公司要求乔舒亚打开信封,也就是说,给时代公司一个机会:

> 在这里,系争行为(打开信封并暴露于时代公司的销售宣传之下)对原告来说可能相对并不重要,但对时代公司来说却很有价值。当我们家每天都受到直邮广告和上门推销的轰炸时,广告商或推销者的博弈之名就是请收件人打开信封……从时代公司角度来看,"信封的打开"在这个短语的每个意义上都是"有价值的约因"[52]。

简言之,尽管法院继续在口头上支持相互性和虚假允诺交易,而且一些法院仍然适用它们,但现代合同法的趋势却是相反的。正如赫勒诉地标公司案(Helle v. Landmark, Inc.)所述[53],"现代判决趋势是反对以缺乏相互性为由,借助法院来推翻合同"。作为合同的抗辩事由,相互性原理已成为一个摇摇欲坠的壁垒,撤退至此的诉讼当事人须自担风险。

---

[52] Id. at 587-88. 然而,法院驳回了乔舒亚的诉讼,理由是乔舒亚不能维持该诉讼为集体诉讼,而且他的个人诉求被法不干预琐碎之事的原则所禁止。See id. at 589-590.

[53] 472 N.E.2d 765, 776 (Ohio Ct. App. 1984).

第六章　效率违约理论

效率违约理论认为,如果允诺人在支付了受允诺人的预期损害赔偿后,从违约中获得的收益仍超过受允诺人的损失,那么违约是有效率的,并因此是可取的。该理论是由法学专家和经济学专家发展起来的,理论在合同法学者中很流行,有时法院也会提到它。

理查德·波斯纳(Richard A. Posner)在他的著作《法律的经济分析》中对该理论做了最著名的阐述。[1] 这本书的不同版本对此阐释有所不同。以下是该书第一版阐释的核心内容:

> 在某些情况下,(合同的)一方当事人会受到诱惑去违约,原因仅仅是他从违约中所获的利润会超过他完成合同所获的预期利润。如果他从违约中所获的利润也会超过另一方当事人履行合同所获的预期利润,且违约损害赔偿限于预期利润的损失,那么就存在违约的激励。而且也应当如此。[2]

尽管效率违约理论通常是以非常一般化的术语提出的,但只有在其适用范例(paradigm cases)的语境下才能正确地得以理解和评估。两个范

---

[1] See Richard A. Posner, *Economic Analysis of Law* (1st ed. 1972). 该理论原则由罗伯特·伯明翰在《罗格斯法律评论》发表的文章《违约、损害赔偿的计算以及经济效率》中所创[The theory was originated by Robert Birmingham in his article Breach of Contract, Damage Measures, and Economic Efficiency, 24 *Rutgers L. Rev.* 273, 284 (1970)]。"在允诺人能够将受允诺人置于如果做出履行后其所处地位的场合,允诺人还能从其违约中获得利润,那么废弃其义务的行为应当予以鼓励"("Repudiation of obligations should be encouraged where the promisor is able to profit from his default after placing his promisee in as good a position as he would have occupied had performance been rendered")。

[2] Posner, supra note 1, at 57 (emphasis added).

例尤为突出:高价范式和损失范式。

一、高价范式

在高价范式中,已签约出售商品的卖方违约,以便将商品再卖给出价更高的第三方,即后来出现但出价更高的主体。高价范式是效率违约理论的范本。包括波斯纳在内的该理论支持者,通常会在他们的论证部分包含此范式的例证。以下是波斯纳《法律的经济分析》第一版中关于该理论的核心例证:

> 我签订了一个以每件10美分的价格向A交付10万个定制零件的合同,零件为其锅炉厂所用。在我交付1万件后,B找到我说,他急需2.5万个定制零件并愿意以每件15美分的价格向我购买,否则,他将被迫关闭其自动钢琴厂,这会使他损失惨重。我将零件卖给了他,结果未能按时向A完成交货,从而导致他损失了1 000美元的利润。由于我已从与B的交易中得到了1 250美元的额外收益,所以即使在赔偿A的损失后,我的经济情况也会更好。社会的经济状况也会更好。由于B愿意每件向我支付15美分,这肯定意味着每件对他至少值15美分。但是对A来说每件只值14美分——他支付给我的10美分加上他的预期利润4美分(与2.5万件相乘即1 000美元)。因此,违约使得2.5万件零件从低价值用途转移到高价值用途。[3]

效率违约理论的支持者很少阐明,该理论以何种方式影响规范合同法救济的规则。该理论并未质疑预期损害赔偿的计算方法,相反,该理论将预期损害赔偿作为既定条件。然而,还有以下两种其他救济方式受到了该理论的影响:其一,特定履行,因为如果买方被判予特定履行,那么卖方将不能违约;其二,卖方从违约中所获利益的归入(disgorgement),因为如果买方被判予归入,那么卖方将不能从违约中获利。

---

[3] Posner, supra note 1, at 57.

为简化阐述,在此仅将效率违约理论与灵活判予的特定履行规则相比较。类似的分析也适用于归入。

二、该理论的事实断言

效率违约理论基于两个事实断言:预期损害赔偿计算方法使受允诺人在履行和损害赔偿之间无差异;允诺人知道受允诺人置于履行的价值,因此,能够进行该理论所要求的计算。波斯纳将这些断言表述如下:"如果(违约方)从违约获得的利润……大于他从完成合同获得的利润,那么完成合同会对他造成损失。如果该损失大于另一方当事人从完成合同中获得的收益,很明显,违约将是价值最大化的,应予以鼓励。而且由于违约的受害人可就其损失获得完全赔偿,履行和损害赔偿对他也并无差异。"[4]

然而,这两个断言都是不正确的。

就第一个断言而言,预期损害赔偿使违约受害人在履行和违约之间无差异是不正确的。因为如第 13 章所证明的,预期损害赔偿的计算方法系统性地无法实现这一目标。例如,如果允诺人履行了合同,那么受允诺人将获得他在合同项下所产生的所有收益,但是如果允诺人违约了,那么受允诺人只能获得这些收益中减去其律师费。

就第二个断言而言,允诺人在作出履行或违约决定时知道受允诺人从合同履行中获得哪些收益,也是不正确的,原因如下:在适用于高价范式时,效率违约理论通常对供应充足之同质商品的买卖合同没有影响,因为在同质商品情况下,出高价者的价格虽然超过合同价格,但通常也是买方损害的数额,因此卖方不会因向出高价者销售而获利。例如,假设 1 月 2 日,卖方同意以每蒲式耳 4 美元的价格向买方出售 1 000 蒲式耳 2 号硬红小麦("2 号小麦"),3 月 1 日交货。2 月 15 日,卖方留出 1 000 蒲式耳,并确认到买方合同项下。3 月 1 日,要立即交货的 2 号小麦的市场价是每蒲

---

[4] Id.

式耳4.50美元。那天,出高价者提出要约向卖方购买1 000蒲式耳的2号小麦,卖方向出高价者卖出他已确认到买方合同项下的1 000蒲式耳小麦。因为2号小麦是同质商品,所以出高价者向卖方支付每蒲式耳4.50美元的市场价格,比买方的合同价格多500美元。但相应地,买方有权根据4.50美元的市场价格和4.00美元的合同价格之间的差额获得500美元的损害赔偿。因此,卖方从违约中获得的收益等于买方的损失。至少在原则上,卖方没有违约的激励。事实上,根据效率违约理论,他不应违约,因为他的收益不会超过买方的损失(当然,经验表明同质商品的卖方有时会违约。然而,这些违约不是由效率驱动的,也并非效率违约理论能解释的。相反,它们通常是由预期损害赔偿的局限所激励的,正如卖方所知,这抑制了买方提起诉讼的激励)。

因此,如果效率违约理论要有效,那么在高价范式中,该理论通常只适用于异质商品合同。然而,在涉及此类合同时,卖方对买方从履行中获得的潜在收益只有非常有限的信息。在合同成立时,卖方知道买方对商品的估价高于合同价格,否则,他就不会同意支付合同价格。通常,卖方也知道买方意欲使用的该商品的一般性质。然而,买方极少将他预期从合同中所得的收益予以量化,因为异质商品的价格通常在一定范围内进行谈判,知道买方的预期收益会给卖方一个杠杆,并使其在该范围内获得更高的价格。此外,随着时间的推移,卖方缺少买方预期收益信息的情况往往会进一步加剧。合同成立后,异质商品对买方的价值可能会增加,这可能是因为买方创造或发现了比合同成立时更有价值的商品用途;也可能是因为买方会进行增加盈余的投资,如做广告,这会在卖方履行时增加买方的收益;或者两者兼具。

效率违约理论中的此种信息缺陷被一种与之竞争的理论极大地缓解了,这种理论可称为效率终止理论(the theory of efficient termination)。该理论简单地认为终止合同通常比履行合同更有效率。正如保罗·马奥尼(Paul Mahoney)所说:"当允诺人在特定时间点为逃避履行而支付的金额 Y 大于受允诺人……所接受的替代履行的金额 Z 时,效率终止是可能的。在这种情况下, 终止合同可能会带来潜在的收益(Y-Z)。"[5]

这两种理论的区别如下:简单讲,合同通常可以两种截然不同的非司法方式终止,分别是通过合同解除(rescission)的双方终止或通过违约的单方终止。效率违约理论只考虑单方面的违约终止,并错误地假设卖方拥有买方置于履行之价值的全部信息。相反,效率终止理论考虑了基于双方同意的终止,因为只有经由双方同意,他们才能确定作为合同履行替代时受允诺人所能接受的数额。[6] 因此,该理论设想通过一个比效率违约理论包含更丰富信息组合的程序来终止合同。

效率终止理论也有道德向度(dimension)的支撑,因为它要求允诺人寻求获得受允诺人对不履行的同意,给予受允诺人应有的尊重。简言之,与效率违约理论相比,效率终止理论考虑到合同终止是通过双方自愿的程序来进行的。此种程序涉及更丰富的信息组合,有助于确保受允诺人受到应有的尊重。

波斯纳法官裁决的沃尔格林公司诉萨拉·克里克地产公司案(Walgreen Co. v. Sara Creek Property Co.)[7]很好地说明了这一点。沃尔格林在萨拉·克里克拥有的购物中心经营一家药店。根据沃尔格林的租赁合同,萨拉·克里克允诺不向任何想经营药店的人出租购物中心的空间。就在租赁合同有效期内,萨拉·克里克通知沃尔格林,他想买断购物中心的主要租户,并在那里开设一个法尔莫尔折扣店。法尔莫尔折扣店将包括一家与沃尔格林商店同样大小的药店,并且距离沃尔格林商店不到200英尺。此外,法尔莫尔折扣店可能会以低于沃尔格林的价格出售药品。沃尔格林寻求针对新租约的禁令(禁令救济通常等同于特定履行,特别是在像沃尔格林案中允诺不做某一行为的场合)。

波斯纳法官首先指出,发布禁令可能会产生交易成本:一旦法院判予

---

[5] Paul G. Mahoney, Contract Remedies and Option Pricing, 24 *J. Legal Stud.* 139, 141 (1995).

[6] 正如悉尼·德朗所言,"受允诺人同意履行资源的再分配,是合同终止有效率的唯一确定证据"。Sidney W. DeLong, The Efficiency of a Disgorgement as a Remedy for Breach of Contract, 22 *Ind. L. Rev.* 737, 754 (1989).

[7] 966 F.2d 273 (7th Cir. 1992).

禁令,萨拉·克里克和沃尔格林就可能会进行成本高昂的谈判。该谈判意在使沃尔格林放弃强制执行禁令的权利,以换取同沃尔格林与法尔莫尔竞争中预期利润损失相等的款项。尽管如此,波斯纳法官还是判予了禁令,理由是与裁判过程相比,禁令后的谈判能产生沃尔格林预期损失的更好信息:

> 用禁令代替损害赔偿有双重好处。第一,它将确定被告行为成本的责任从法院转移给了当事人。如果沃尔格林的损失确实小于萨拉·克里克允许第二家药店进入购物中心所获得的收益,那么就必须存在一个解除禁令的价格,这将使双方都更好……
>
> 第二,自由市场体系的前提以及国内外的经验教训是,价格和成本更准确地是由市场而非政府决定的。与沃尔格林和萨拉·克里克之间就沃尔格林必须面对新竞争而请求充分赔偿的价格谈判相比,专家的争论并非确定沃尔格林面临新竞争之实际成本的可靠方法。[8]

的确,要求允诺人履行其与受允诺人的合同,而不是允许他向出高价者履行合同,有时可能不仅仅是生产信息。如果允诺人与出高价者交易获得的收益超过了受允诺人因违约而遭受的损失,那么要求允诺人履行也给予受允诺人一个杠杆以获得允诺人的部分收益。事实上,这可能就是沃尔格林案禁令的效果。但确定的是,波斯纳法官认识到了这种可能性。据推测,他支持禁令的决定无论如何是基于以下三个原因中的一个或多个:(1)从长远来看(甚至即使在沃尔格林案中),迫使信息浮出水面的社会收益,超过了给予受允诺人不当杠杆可能造成的社会损失;(2)很明显,受允诺人机会主义地占有允诺人的部分收益从而寻求特定履行的情况,可以被挑选出来给予特殊对待;(3)在任何情况下,在典型高价范式下,通过订立合同,允诺人已经通过商谈放弃了从出高价者那里获益的可能性。因此,如果允诺人必须向受允诺人放弃该收益的一部分,那么允诺

---

[8] Walgreen, 966 F.2d at 275-276.

人的抱怨就不公正了。

简言之,效率违约理论基于这样的断言,即预期损害赔偿使受允诺人在履行和损害赔偿之间无差异,以及允诺人在违约时知道受允诺人置于允诺人履行的价值。在高价范式语境下,这两个断言都是不正确的。正如第19章所进一步讨论的那样,由于诉讼成本、市场价格损害赔偿的计算方法、确定性规则的实施方式及哈德利原则*,对判决前利益的限制以及履行到期后允诺人破产的风险,买方永远不会在履行和损害赔偿之间无差异。同样,在做出履行抑或违约的决策时,卖方很少知道出高价者是否比买方对商品的估值更高。相反,他只是知道出高价者现在愿意支付的价格比买方先前同意支付的价格要高。这一现实被效率违约理论支持者所举例子的形式遮蔽了。在现实生活中,履行抑或违约的决定必须由卖方做出,而卖方对买方的估值及出高价者的估值只有非常不完美的信息。相比之下,该理论的拥趸用以支持它的例子,是那些描绘了拥有完美信息、知道每个人的估值且从纯理论天堂垂看的全知叙事者来审视的。例如,波斯纳的客户订制零部件的例子中的无所不知的叙述者——也就是波斯纳——非常清楚如果卖方决定履行而非违约,买方将获得多少利润,能特定到每一分钱。[9]因此,在高价范式语境下,效率违约理论无法维系,因为它所立基的断言是不正确的。

此外,即使反事实地假设该理论的断言是正确的,在高价范式的语境下,该理论不但缺乏效率的正当性,而且还会促进无效率。在高价范式语境下,该理论标准的效率正当性是,如果卖方卖给出高价者的收益超过买方的损失,那么违约是将商品转移到具有更高价值用途的工具。然而,这一正当性是站不住脚的。

首先,考虑在一个无交易成本的世界里再次卖给出高价者的情况。在这样一个世界里,更高价值用途的理由显然是不正确的。根据科斯定理,在无交易成本情况下,不管法律规则的内容如何,有效率的结果最终

---

* the principle of Hadley v. Baxendale,为便于阐释,统称为哈德利原则。——译者注

[9] See Posner, supra note 1, at 57.

都会产生,商品总是向更高价值的用途流动。因此,如果第三方比买方对商品的估值更高,那么即使在一个灵活判予买方特定履行的制度下,他最终也会得到该商品。事实上,正如丹尼尔·法伯(Daniel Farber)指出的那样,在一个无交易成本的世界里,如果第三方具有比买方更高估值的用途,即使违约是死罪且卖方因此绝不会违约,最终他也都会得到该商品:

> (假设)B(买方)和S(卖方)缔结生产独特货物的合同。在交货日之前,X(第三方)提出要约从S处购买货物。假设交易成本为零……举个最极端的例子,假设违约是死罪。即使X愿意支付远超过货物对B的价值的价格,S也不愿意违约。然而,X最终还是会收到货物,因为X要么付钱给B进行合同转让,要么在交货后从B那里购买货物。如果无交易成本,任何债务的转让都不会阻止双方实现货物的此种分配。[10]

即使在有交易成本的世界里,商品通常也会向更高价值的用途流动。在此世界里,如果第三方对商品的估值比买方更高,并且还知道买方的身份,那么他会通过合同转让或者商品转让从买方那里来购买。如果第三方不知道买方的身份,理性的卖方则要么与买方谈判解除合同,要么将第三方的身份卖给买方,要么将买方的身份卖给第三方。在第三版的《法律的经济分析》中,波斯纳将他的效率论证的修辞从更高价值使用改为帕累托最优:

> 在向B出售这些零部件获得1 250美元的额外利润后,即使在补偿买方A的损失后,卖方的经济情况也变得更好了,而B也没有变得更糟。假设A得到了完全赔偿,且没有其他人受到违约的伤害,则该违约即为帕累托最优。[11]

然而,在高价范式语境下,帕累托最优的正当性并不比更高价值用途的正当性更有说服力,事实上前者只是后者的变体。波斯纳的结论明确

---

[10] Daniel A. Farber, Reassessing the Economic Efficiency of Compensatory Damages for Breach of Contract, 66 *Va. L. Rev.* 1443, 1449-1450 (1980).

[11] Richard A. Posner, *Economic Analysis of Law*, 107(3d ed. 1986) (emphasis added).

57 基于完全赔偿的假设。如果赔偿指的是使受允诺人在履行和违约之间无差异所需的金额,那么这一假设不成立,因为预期损害赔偿不会以这种方式使受允诺人无差异。由于这一假设不成立,买方会因违约变得更糟。事实上,即使波斯纳的完全赔偿假设成立,违约也不会是帕累托最优。即使对损失进行了完全赔偿,买方在违约状态下也比在履行状态下更糟糕,因为在违约状态下,他失去了自行以更高价格将零部件转售给第三方的可能性。

其次,几乎没有或根本没有理由相信,出高价者通常比买方对商品估值更高。的确,根据假设,出高价者现在报价支付的金额大于买方先前同意支付的金额。然而,这几乎或根本没有告诉我们违约时双方各自的估值。

因此,即使在一个无交易成本的世界里,在高价范式语境下,效率违约理论也不能根据违约将商品转移到更高价值用途而得以证成。波斯纳隐含地承认了这个问题,并求助于如下论点:效率违约制度下,将商品转移到更高价值用途的交易成本将低于灵活判予特定履行的制度。

最后,基于交易成本差异而在竞争性法律制度中做出选择的基础非常不牢靠。交易成本经常是微不足道的,正如保罗·马奥尼所说,"当交易成本低时(除非我们能够极其精确地计算它们),交易成本的进路将产生……没有说服力的结论"[12]。此外,即使是在交易成本非常微不足道的场合,往往也不可能可靠地确定和量化替代性法律制度的所有交易成本。伊恩·麦克尼尔(Ian R. Macheil)指出,"引入选定的交易成本来证明该模型'证实'建模者想要它证明的东西是极其容易的,然而忽略现实世界中无数其他同等或更相关的交易成本则恰恰可能产生不同的结论"[13]。因此,交易成本的论证,往往修饰而非控制对一种法律制度优于另一种法律制度的偏好。

简言之,交易成本的论证经常甚至通常是可疑的。在高价范式语境

---

〔12〕 Mahoney, supra note 5, at 142.

〔13〕 Ian R. Macneil, Efficient Breach of Contract: Circles in the Sky, 68 *Va. L. Rev.* 947, 961 (1982).

下,交易成本的论证比上述可疑的情况更糟糕,它确定是错误的。波斯纳的论证是,如果出高价者比买方对商品有更高价值的用途,并且法律允许买方获得特定履行,那么将买方权利出售给出高价者进行谈判就会产生交易成本。卖方的违约和再次销售也产生了交易成本,而且是沉重的交易成本。卖方将缔约商品卖给出高价者面临与向买方卖出商品相同的谈判成本。[14] 此外,如果卖方违约,他必须向买方支付损害赔偿。由于买方的损害赔偿通常是不确定的和有争议的,确定损害赔偿通常需要费时的谈判和高昂的法律费用。正如伊恩·麦克尼尔和丹尼尔·弗里德曼所证明的那样,不可能确切地证明,在效率违约制度还是通常的特定履行制度将商品转移到更高价值用途的交易成本会更高。[15] 但一般来说,违约的交易成本很可能大大高于履行的交易成本。

或许在弗里德曼和麦克尼尔等批评的推动下,波斯纳在《法律的经济分析》的后来版本中修改了交易成本的段落,承认违约和履行都会产生交易成本:

> 没错,如果我(卖方)拒绝卖给 B(出高价者),他可以去找(买方)并与其协商转让合同。但这将会引入一个额外的步骤,并产生额外的交易成本,而且会很高,因为这将是一个双边垄断的谈判。然而,另一方面,诉讼成本会有所降低。[16]

这种让步的勉强性可以从论证的缺陷和修辞的不平衡性中得到证明。例如,波斯纳认为买卖双方的谈判成本很高,但没有提到在效率违约制度下诉讼成本的大小。同样,波斯纳执意没有指出,在效率违约制度下,卖方和出高价者之间也有谈判成本。

因此,在高价范式语境下,效率违约理论的效率证成并不令人信服。而且不仅如此,该理论的广泛遵循将导致三种无效率:无效率地重新订立

---

[14] See James Gordley, A Perennial Misstep: From Cajetan to Fuller and Perdue to "Efficient Breach", Issues in *Legal Scholarship*, Article 4, at 12-14 (2001).

[15] See Daniel Friedmann, The Efficient Breach Fallacy, *18 J. Legal Stud.* 1 (1989); Macneil, supra note 13, at 950-951.

[16] Richard A. Posner, *Economic Analysis of Law*, 119 (4th ed. 1992).

合同、无效率地抑制规划、降低缔约制度的效率。

1. 无效率地重新订立合同

测度合同规则效率的一种方法是追问,如果交易(bargain)是无成本的,那么知情缔约方(informed contracting party)可能会同意什么规则。但这不是测度合同规则效率的唯一方法,而且这个问题也不必然就那么容易回答。尽管如此,当事人通常仍是其自身效用的最佳判断者。因此,如果知情缔约方通常倾向某特定规则,那么该规则极可能是最有效率的,且在合同并未明确提及该问题的场合默示存在于合同中。

有一种简单的方法可确定效率违约理论是否符合该规则,即高价范式的缔约方若在合同成立时提出则他们通常会同意的规则。假设卖方和买方已经就一项合同进行了谈判。根据该合同,卖方同意向买方出售一种异质商品。例如,一个可住的住宅、卖方用作生产投入的订制部件或者用作生产要素的二手压模机。在双方当事人即将签署书面合同时,卖方对买方说,"老实说,我应当告诉你,虽然我目前无意违约,但我也无意履行合同。如果有更好的报价,我会接受它,并向你支付预期损害赔偿。事实上,在签完合同后,我会马上开始积极寻找更好的报价。让我们加入一个认可我这样做的条款"。

买方的回答可能是什么呢?根据效率违约理论,买方会回答说,"当然,我没期望更多"。然而,经验强烈表明,在现实生活中,大多数买方会被这样的表达所震惊,他们要么选择走开;要么坚持通过明确的合同条款来说明卖方目前有履行合同的意图,任何违约和再卖的利润都将归买方所有;要么要求以较低价格获得卖方的再卖权。买方之所以会以这种方式做出反应,正如伊恩·艾尔斯和格雷戈里·克拉斯(Ian Ayres & Gregory Klass)所总结的,是因为通常而言交易允诺的一个要点即是让受允诺人确信允诺人有履行的意图:

> 存在适当的理由说明为什么允诺人想含蓄地说他们普遍会意图履行合同,而不是意图去履行合同或者支付损害赔偿,或者无意图去履行合同,而是根本不表达他们的意图。受允诺人关心允诺人的意

图,因为他们非常关心允诺人是否会履行合同。如果受允诺人认为允诺人无意履行合同,而是正在认真考虑支付损害赔偿的选项,他就不太可能依赖他的承诺,即他订立一份有约束力的合同,即使通过其他方式安排他的行为就好像履行将要发生一样。但做出允诺的全部意义就在于使他人去依赖自己未来的行动。因此,允诺人有与受允诺人交流履行意图的自然激励。这一事实解释了为什么大多数允诺代表着履行的意图,以及为什么法律应当认可这一事实的默认解释。[17]

换言之,正如《统一商法典》的官方评论所说的那样,"商人之间的合同的基本目的是特定履行,他们不仅仅是为了一个允诺或一个允诺加上胜诉的权利而交易"[18]。因此,"一种持续的信赖和安全感,即允诺的履行将在到期时发生……是交易的一个重要特征"[19]。

为什么受允诺人是就特定履行,而非就一个允诺加上该允诺没有得到履行时赢得诉讼的权利进行了交易,而且允诺人默示地表示了履行合同的意图?一个原因是,预期损害赔偿几乎永远不会使受允诺人在履行和损害赔偿之间无差异,因此,受允诺人几乎永远不会就允诺及允诺未得到履行时赢得诉讼的权利进行交易。[20] 另一个更强有力的理由则是当买方缔约购买异质商品时,他们通常在很大程度上受到如下愿望的激励:通过锁定投入、生产要素和分配要素的供应以及价格来协调和稳定计划、生产和分配。这种锁定使买家确信能够从事长期生产项目,并在那些增加盈余所依赖的那些地方进行投入,如做广告或获得对配套投入(complementary input)的控制权。事实上,即使价格变动风险的分配是合同的一个重要目的,买方获得对生产和分配投入和要素控制权的愿望往往同样重要或更加关键。一个例子是按需交付生产用零部件的合同,在这种合

---

[17] Ian Ayres & Gregory Klass, Promissory Fraud without Breach, 2004 *Wisc. L. Rev.* 507, 513-514.
[18] U.C.C. § 2-609 cmt. 1 (Am. Law Inst. & Unif. Law Comm'n 1977).
[19] Id.
[20] See supra Chapter 5.

同中，交付迟延对买方的不利影响往往比价格上涨大得多。

此外，即使预期损害赔偿反事实地使受允诺人在履行和如若判予的损害赔偿之间无差异，但由于诉讼的变化无常，受允诺人也不能确定法院是否会判予损害赔偿。买方不会为诉讼所致的昂贵的、耗费情感的、令人烦恼的机会博弈而缔约。反而，买方会为在应当交付货物或服务时所交付的货物和服务而缔约，他们只想知道这些货物或服务会交付，并按时交付。这正是《统一商法典》所说的，"允诺的履行将在到期时发生"这样一种持续的信赖和安全感，是交易的一个重要特征的原因所在。

调查证据也支持受允诺人通常预期允诺人承诺履行的结论。大卫·鲍默（David Baumer）和帕特里夏·马斯查尔（Patricia Marschall）调查了119家北卡罗来纳公司对故意违约的态度。其中一个问题是："如果一个贸易伙伴在其他地方有更好的交易而有意违反合同，这种行为是不道德的吗？"105名受访者说"是的"，86名受访者说他们将永远或几乎永远拒绝在未来与有意违约的一方做生意。[21] 莉莎·伯恩斯坦在她对棉花行业的研究报告中说："正如一位交易商解释的那样，你想要的是履行，而非在不履行时支付赔偿。'支付赔偿没有完成您的交易'。"而且正如另一位交易商所说，"你不仅仅就是违约且支付赔偿，这还不算完呢"[22]。只有当买方将买卖合同理解为卖方履行的承诺，而非由卖方选择履行或支付损害赔偿的承诺时，这些回答才是合理的。

买方不但预期卖方会履行合同，而且他还为卖方不寻求或不卖给出高价者这一默示允诺支付了隐性溢价。*在签订异质商品买卖合同时，买方和卖方都知道以后可能会出现高价。由于买方和卖方均知道这一点，买方因而需要向卖方支付隐性溢价来承担卖方放弃高价的风险。该

---

[21] David Baumer & Patricia Marschall, Willful Breach of Contract for the Sale of Goods: Can the Bane of Business Be an Economic Bonanza? 65 *Temp. L. Rev.* 159, 165 (1992).

[22] Lisa Bernstein, Private Commercial Law in the Cotton Industry: Creating Cooperation through Rules, Norms, and Institutions, 99 *Mich. L. Rev.* 1724, 1755 (2001).

* 正如艾森伯格教授在第19章的论述中所言，隐性溢价是在基础价格上增加的价格。这些增加的价格，即溢价，通常被命名为保险，但这种命名是不恰当的，因为通常不涉及第三方保险人。——译者注

溢价的金额是基于潜在高价的概率加权平均值的预期值。支付了该溢价后,卖方不得取消他卖给买方的"保险"。换言之,为异质商品订立远期合同反映了卖方的决定,这一决定体现为有约束力的承诺,即他最好的赌注(bet)是接受买方目前的要约,而不是等待未来可能的更高报价。如果卖家继续寻找或接受更高的报价,他就违背了自己的承诺。

格里尔地产公司诉拉萨勒国家银行(Greer Properties, Inc. v. LaSalle National Bank 案[23]也有力地表明了,异质商品买卖合同默示地禁止卖方寻找出高价者或接受高报价。波斯纳法官也加入了该案的裁判意见。1987 年 2 月,卖方以大约 110 万美元的价格向塞尔公司(Searle Chemicals)出售一块地产。如果土壤被环境废物污染,塞尔公司有权终止合同。由于塞尔雇佣的一家环境咨询公司报告说,该场地受到污染,清理费用将超过 50 万美元,所以这项交易失败了。

卖方随后以 125 万美元的价格将该块地卖给格里尔地产。根据双方签订的买卖合同,卖方必须自费清除环境污染,但如果清除费用在经济上不可行,那么卖方可以终止合同。卖方随后聘请了一名土壤顾问,他估计清理费用仅为 10 万至 20 万美元。这时,卖方回到塞尔公司,开始了新一轮的谈判。谈判中提出了 145.5 万美元的购买价格,并体现在塞尔公司起草的合同草案中。卖方随后终止了与格里尔的合同,据称是基于清理条款,但显然是为了再卖给塞尔公司。

格里尔提起了特定履行和损害赔偿的诉讼。地区法院判决支持卖方,理由是根据清理条款,在收到土壤顾问的研究报告后,卖方有广泛的裁量权来终止合同。第七巡回法院推翻了该判决,理由是卖方通过与格里尔订立合同而放弃了寻找更好价格的权利:

> 根据伊利诺伊州法律,"每份合同都意味着合同双方的善意和公平交易"……合同履行中善意和公平交易的默示义务构成对当事人裁量权的限制……考虑到对卖方裁量权的这一限制,必须分析他们终止合同的决定以确定他们是否善意而为。如果卖方终止合同是为

---

[23] 874 F.2d 457 (7th Cir. 1989).

了从塞尔那里获得更好的价格,那么他们的行为是恶意的。随着卖方与格里尔签订合同,格里尔同意为该地产支付特定的价格,卖方也就放弃了为更好价格而四处销售的机会。如果卖方试图通过使用终止条款来重新获得这一机会,那么他的行为就是恶意的。[24]

简言之,在异质商品买卖合同中,买方同意购买该商品,并承担价格可能下跌的消极风险。卖方同意交付商品,并放弃了出高价者可能出现的积极风险。这种积极风险是在交付之前还是之后出现并不相关。正如买方承担了商品价值在交货前或交货后可能下跌的消极风险一样,卖方也放弃了商品价值在交货前或交货后可能上涨、可能找到出高价者或两者兼而有之的积极风险。因此,效率违约理论认可并确实鼓励寻找和接受更高的报价,会导致无效率地重新订立合同。

当然,也可能会存在这些情况,买方在缔约时愿意允许卖方再次卖给出高价者并保留收益,以换取卖方降低价格。这些情况很容易处理。如果卖方想通过降低价格来换取再行销售商品的权利,并且买方认为这一交易有吸引力,双方可使用明确的合同语言赋予卖方这一权利,并使买方放弃寻求特定履行的任何权利。

2. 无效率地抑制规划

效率违约理论也会无效率地抑制规划。出高价者愿意支付高于市场价格的价格可能有两个基本原因。

其一,在相对异质商品情况下,市场价格不是真实价格,而是基于可比交易推断出的建构价格(见第19章),出高价者可能愿意支付高于该建构价格的价格。在这种情况下,该理论没有积极的效率结果:因为买方可能也愿意支付高于该建构价格的价格,没有理由相信出高价者比买方对商品的估值更高。

其二,商品对出高价者可能有战略价值,该价值高于商品对其他任何人的价值,建构的市场价格也不会阻止(impound)该战略价值。然而,如

---

[24] Id. at 460-461 (emphasis added).

果出高价者在出高价时对商品有特殊的战略需求,那么他在最初合同订立时可能就已预见到了这种战略需求。于是问题出现了:为什么那时出高价者没有与卖方签订合同呢?

这个问题的答案可能涉及远见和投资问题。例如,可能是商品的生产需要时间,买方预见到自己对商品的未来需求且愿意投资于商品未来生产的合同。出高价者则缺乏这样做的远见或不愿意进行投资,或者两者兼而有之。此外,也可能是商品基本上构成了生产能力,买方预见到未来对生产能力的需求且愿意投资于合同,以便在出高价者缺乏这样做的远见、不愿意投资或两者兼而有之时锁定生产能力。给卖方提供向出高价者出售商品的激励将剥夺买方远见以及投资的利益。有效率的激励应当正好相反。法律应当奖励蚂蚁,而不是蚱蜢。当出高价者不够聪明或不愿意购买商品时,是买方通过远见和投资赢得了获取商品的机会。在这些情况下,效率违约理论也会有效率成本,因为它会削弱发展远见和投资的激励。正如道格拉斯·莱科克(Douglas Laycock)所说:

> 众所周知,合同的一个经济功能是分配风险。合同分配的风险之一是在没有短缺时就有所作为的风险。那些在短缺仅仅是一种风险时就提前规划的人应在短缺到来时收获利益……违约的卖方不能通过保留特定商品并支付不具有替代性的损害赔偿而在事后重新分配风险……[25]

3. 降低缔约制度的效率

如果效率违约理论被广泛遵循,那么它还会以第三种方式降低效率。该理论立基于对违约采取了静态的和短期的进路,因为它只涉及履行或违反个别合同的效率。相比而言,针对违约问题采取动态的、长期的进路则会提高作为整体缔约制度的效率。从这个角度来看,效率违约理论是无效率的,因为对它的广泛遵循将降低该制度的效率。正如效率违约理论所隐含的那样,缔约制度的效率并不仅仅立基于法律救济。相反,缔约

---

[25] Douglas Laycock, *The Death of the Irreparable Injury Rule* 253-254 (1991).

制度的效率依赖于一个三足鼎(tripod),三足鼎的三条腿是法律救济、声誉效应和社会规范的内在化,特别是遵守允诺的道德规范。这三条腿是相辅相成的。法律规则和声誉效应在很大程度上立基于社会规范,而社会规范由法律规则来强化,并由声誉效应来支撑。

所有这三条腿对于确保缔约制度的可信赖性都是必要的。由于根据法律解决争端既昂贵又有风险,所以仅靠法律规则并不充分。由于并非所有行为人都将道德规范完全内化,仅靠遵守允诺的道德规范也并不充分。由于只有当第三方拥有关于允诺人历史的可靠信息时声誉才是完全有效的,因此声誉效应也并不充分,而且这类信息也是很难获取的,这既是因为许多违约并不广为人知,也是因为允诺人经常声称他们不履行债务存在有效的免责事由。

由于所有这三条腿对于支撑缔约制度的效率而言都是必要的,任何削弱一条腿的事情都会严重威胁该制度的效率。如果被广泛采用,效率违约理论会精准做到这一点,因为该理论的效果是在交易背景下消除允诺的道德力量。允诺的道德意义是承诺在未来采取既定的行动,即使在该行动应当采取的时候,考虑到所有的事情而不再希望采取这项行动。效率违约理论将这种情况颠倒过来。根据该理论,如果因为从违约所获得的收益将超过受允诺人因违约而遭受的损失,允诺人到期不再想采取允诺的行动,那么其就不应再遵守允诺。事实上,在交易语境中消除允诺的道德力量不仅是效率违约理论的效果,还是该理论的目的。该理论的创始人罗伯特·伯明翰(Robert Birmingham)在这一点上非常明确:

> 预期利益的保护……鼓励生产要素和商品的最优再分配,且不会造成预期的重大不稳定。更加严格遵守该标准将促进市场机制的适当运行。通过合同允诺中的道德内容来鼓励有利润时的拒绝在社会意义上也是可取的。[26]

同样,回想波斯纳的结论,如果卖方从违约中获得的收益超过买方的

---

[26] Birmingham, supra note 1, at 292 (emphasis added).

损失,且"损害赔偿仅限于预期利润的损失,那么就存在违约的激励。而且也应当如此"[27]。

鉴于效率违约理论使合同允诺中的道德力量被稀释或存在消除,如果该理论被广泛采用,那么它将从三个方面降低缔约制度的效率。第一,它将增加诉诸诉讼的需要,这会是非常昂贵的,这也与通过道德规范的内化而履行正好相反,道德规范的内化则非常便宜。第二,它将导致缔约方更多地利用昂贵的非合同性措施来确保履行,如保证金。第三,它将削弱声誉约束的力量,因为这种约束在很大程度上立基于道德规范。

总而言之,在高价范式的语境下,效率违约理论在三个主要方面都是无效率的。第一,通过将销售商品和不搜寻或者不卖给出高价者的合同转化为允许甚至鼓励卖方搜寻并向出高价者销售的合同,该理论无效率地重新订立了当事人之间的合同。第二,该理论鼓励卖方将商品从已规划好和已投资的买方手中,转移到无计划和无投资的出高价者手中,从而抑制了计划和投资。第三,该理论将通过严重削弱作为效率根基的三条腿来降低缔约制度的效率。

鉴于效率违约理论的推断在高价范式语境下的失败,以及该理论被广泛遵循将会导致的无效率,至少在这种语境下,该理论是无效的(invalid)。

三、损失范式

现在于第二种范式也就是损失范式语境下考虑效率违约理论。在此种范式下,与买方缔约做出履行的卖方违约,因为他确定履行成本会超过买方置于履行的价值。

这种情况多久会发生一次,是不清楚的。大多数合同,即使是生产性合同,也都是短期的,短期内履行成本不太可能大幅增加。如果合同是长期的,那么卖方的履行成本就很可能超过买方置于合同的价值。然而,许多长期合同不太可能会出现卖方履行成本大大超过买方置于合同之价值

---

[27] Posner, supra note 1, at 57 (emphasis added).

的情况,因为许多此类合同要么是包括自动调整条款的成本加成合同,要么与市场价格挂钩。后者是因为合同的主要目的是确保供应,而不是转移价格变化的风险,因此,履行成本的上升将由价格上涨来补偿。此外,如果卖方的履行成本增加,那么买方置于合同的价值通常也会随之增加,因为特定卖方生产某种商品的成本,通常与其他卖方生产该商品的成本几乎相同。因此,如果特定卖方的成本增加,那么所有其他卖方的成本也会增加。但是如果所有卖方的成本都增加,那么商品的价格也会上涨。而如果商品的价格上涨,那么买方置于合同的价值也会增加。例如,假设卖方 S 同意为买方 B 建一所房子。如果卖方的成本增加,那么所有其他房屋建筑商的成本也很可能增加,房价也会上涨。如果房价上涨,那么 B 的房价也会上涨。因此,在正常情况下,卖方生产成本的增加不会导致该成本超过买方置于合同的价值,因为买方置于合同的价值会随着卖方成本的增加而增加。

毫无疑问,卖方的履行成本确实会超过买方置于履行的价值,这种情况有时也会出现……问题是效率违约理论在这种语境下是否立得住。在高价范式语境下,绝无任何理由相信违约会带来有效率的收益;相反,在那种语境下,该理论的广泛采用还将导致效率损失。相比之下,有效率的收益在损失范式中则是可能的,因为如果卖方的履行成本超过了买方置于履行的价值,那么履行会涉及社会损失。因此,在假设的买方于履行和违约之间无差异,并且存在完美的免费信息使得卖方始终知道买方置于缔约商品之价值的世界中,在属于损失范式的领域中灵活判予特定履行可能并不可取。

然而,在现实世界中,特定履行通常不应仅因为一个情况属于损失范式而被拒绝。首先,即使卖方的履行成本超过买方的履行价值,由于预期损害赔偿的局限,买方可能因违约和损害赔偿而比特定履行更糟糕。例如,假设卖方同意以 5 万美元的价格为买方制造一台机器。合同订立时,买方对机器的估值为 5.3 万美元,卖方的预计生产成本为 4.7 万美元。假设在履行到期之前,卖方的成本上升到 5.7 万美元,买方的机器价值上升到 5.5 万美元。尽管买方对机器的估值低于生产成本,但是如果合同得以履行,那么买方将有 5 000 美元的盈余(针对买方的 5.5 万美元的价值减去 5 万美元的合同价格)。相比之下,如果卖方违约,扣除收回的律师费、未补偿金钱的时间价值,以及由于确定性原则、哈德利原则等原因而未判予的损失,那么买方从损害赔偿中获得的收益将远低于 5 000 美元。

其次,在实践中,卖方通常不知道买方置于履行的价值。因此,卖方很少能就其履约成本是否会超过买方置于履行的价值作出知情决定(informed decision)。事实上,卖方通常甚至不会对其履行成本是否超过买方置于合同的价值感兴趣。卖方唯一的兴趣是他的履行成本是否超过合同价格,如果卖方的履行成本低于合同价格,即使其履行成本超过买方价值,他通常也不会违约。因此,在损失范式中,如同在高价范式一样,卖方违约通常不会比履行更有效率,如果卖方断定其履行成本将超过对买方的履行价值,那么他适当的行动通常不是违约,而是通过谈判终止合同。[28]

然而,确实存在一类属于损失范式且不应被判予特定履行的情况,而且也存在一些卖方的履行成本远超过买方可能的履行价值的情况,此时,买方显然并不真正想要特定履行的禁令。相反,买方只想利用特定履行的禁令作为杠杆来获取一部分超额利益。第二十四章将会讨论这类情况。

四、结论

效率违约理论不能获得支持,因为该理论在其最重要的高价范式中彻底失败了,而在另外一个重要的损失范式中通常也败北了。法院已经正确地较少关注该理论了,而且也应当继续如此。

---

[28] 在一个有点类似的情况中,一项对 19 家英国工程制造商合同惯例的研究发现,当买方希望取消合同时,卖方通常会要求其成本的补偿加上适度的利润,来免除买方的义务。H. Beale & T. Dugdale, Contracts between Businessmen: Planning and the Use of Contractual Remedies, 2 *Brit J.L. & Soc'y* 45, 53 (1975)。买方对想取消合同的卖方采取类似的方法也是很可能的。See Stewart Macaulay, Non-contractual Relations in Business: A Preliminary Study, 28 *Am. Soc. Rev.* 55, 61 (1963)。

第三编

合同法中的道德因素

第七章 显失公平原则

一、导论

现代合同法最重要的发展之一是,显失公平的合同不可执行这一原则的出现。[1] 在一些较古老的案例中可以找到该原则的痕迹[2],衡平法院在寻求衡平救济时长期以来都审查合同的公平性[3],但显失公平不是古典合同法下公认的原则。相反,该思想学派接受了交易原则,根据该原则,交易可以毋庸考虑公平而且会根据其条款加以执行。涉及欺诈、胁迫、无行为能力和某些类型错误的交易都有例外。然而,这些例外受到了严格限制,而且该例外的部分理由是合同要求同意,而涉及上述任一例外的合同都缺乏真正的同意。

从20世纪60年代开始,随着《统一商法典》第2-302条的颁布,合同法的立场发生剧烈变化,该条规定,"如果法院根据法律认定合同或合同的任何条款在订立时是显失公平的,法院可以拒绝执行该合同,或者可以在无显失公平条款情况下执行合同的剩余部分,或者可以限制任何显失公平条款的适用,以避免任何显失公平的结果"。第2-302条仅限于货物

---

[1] 为便于阐述,术语"合同"也包括"合同条款"。
[2] See, e.g., Campbell Soup Co. v. Wentz, 172 F.2d 80 (3d Cir. 1948); McClure v. Raben, 33 N.E. 275 (Ind.1893); Richey v. Richey, 179 N.W. 830 (Iowa 1920); Baltimore Humane Impartial Soc' y v. Pierce, 60 A. 277 (Md.1905); Mersereau v. Simon, 8 N.Y.S.2d 534 (App. Div. 1938).
[3] See, e.g., Loeb v. Wilson, 61 Cal. Rptr. 377, 388–89 (Ct. App. 1967); Schlegel v. Moorhead, 553 P.2d 1009, 1013 (Mont. 1976); McKinnon v. Benedict, 157 N.W.2d 665, 670–71 (Wis. 1968).

买卖合同,但它所体现的原则已被其他统一法案[4]、《合同法重述(第二次)》[5]《财产法重述(第二次)》[6]和判例法[7]所接受。然而,显失公平原则的精确含义和范围仍未完全确定。

早期,人们努力调和显失公平原则和交易原则。[8] 朝着这个方向迈出重要一步的是阿瑟·莱夫(Arthur Allen Leff)最初对程序和实质显失公平的区分。[9] 基本上,莱夫将程序显失公平定义为谈判过程的不公平,将实质显失公平定义为谈判结果的显失公平,即使在谈判过程中不存在显失公平也是如此。[10]

程序显失公平很容易与交易原则调和。交易原则在很大程度上基于私人行为人是自己效用的最佳判断者这一前提。然而,此前提只能证成交易原则在如下场合的适用,即双方自愿行动、完全知情且谈判过程是公平的。因此,在显失公平的场合中,交易原则的一个主要前提并未得到满足,且该原则也不能恰当地适用于执行由此而生的合同。然而,似乎很难将交易原则与允许仅因实质显失公平而对合同进行司法审查的制度相调和,因为在这一制度下,即使交易过程是公平的,合同也可能被认为是显失公平的。因此,即使并非程序和实质显失公平区分,该区分的效果也表明,仅仅实质显失公平不足以使合同显失公平。

程序显失公平和实质显失公平的区分经常是有用的,因为它有助于

---

[4] See Unif. Consumer Credit Code § 5.108 (1974); Unif. Consumer Sales Practices Act § 4 (1971); Unif.Residential Landlord and Tenant Act § 1.303(a)(1) (1972).

[5] *Restatement (Second) of Contracts* § 208 (Am. Law Inst. 1981) [hereinafter Restatement Second].

[6] *Restatement (Second) of Property* § 5.6 (Am. Law Inst. 1977).

[7] Beginning with Williams v. Walker-Thomas Furniture Co., 350 F.2d 445, 448-449 (D.C. Cir. 1965),该案涉及以 714 美元的价格将一台立体声音响卖给一个正享福利且有七个孩子的卖方。根据该合同,买方向卖方的所有付款,将按比例记入他从卖方购买但尚未付清的所有物品,而非仅记入购买的那次订单。

[8] See Melvin Aron Eisenberg, The Bargain Principle and Its Limits, 95 *Harv. L. Rev.* 741 (1982).

[9] Arthur Allen Leff, Unconscionability and the Code—Emperor's New Clause, 115 *U. Pa. L. Rev.* 485, 487 (1967).

[10] Id.

揭示受允诺人的行为是否有显失公平之处。然而,该种区分也具有误导性,因为经常只有当最终的交易不公平时,谈判过程才是不公平的。例如,与处于困境中的人签约没有任何不当之处。错误的是以利用他的处境榨取不公平价格的方式与这样一个人订立合同。最后,程序与实质的区分并未解决关键问题:如何确定合同是程序显失公平还是实质显失公平呢?

该问题的回答是,在确定显失公平时有两个要素非常重要。

第一个要素是合同签订时所在市场的性质。在竞争市场中签订的合同极少是显失公平的,但是当合同在市场外或非竞争性的市场中订立时,显失公平就可能发生。

第二个要素是合同是否涉及道德过错。不论合同订立所处市场的性质如何,只要没有这个要素,合同就不会显失公平。

二、市场的作用

在本章中,竞争市场一词用来指完全或者合理竞争的市场(reasonably competitive)。完全竞争市场有四个特征:同质商品;完美的、无成本的、易获取的信息;具有足够流动性生产资源,定价决策容易影响资源分配;市场份额如此之小,以至于不能影响商品买卖条款的参与者,因此每个参与者都接受这些条款。[11] 合理竞争市场的特征与完全竞争市场相似。完全竞争市场相对较少,但合理竞争市场则很多。

现在假设一个完全竞争的市场,让交易当事人 S 为允诺人(卖方),B 为受允诺人(买方)。考虑到完全竞争市场的条件,此市场中的合同价格就是市场价格。此价格极少是显失公平的,因为在我们的社会中,完全竞争市场通常被认为具有公平的定价机制:(1)按照正常的价值标准,市场价格将等于 B 的收益;(2)S 不会自愿同意以任何更低的价格将合同商品转让

---

[11] See, e.g., Edwin G. Dolan, *Basic Microeconomics* 160 (3d ed. 1983). 为了便于阐述,价格一词也包括买方提供的所有条款。

给B,因为如果B不同意支付市场价格,S就会以该价格将商品卖给另一个买方;(3)由于免费信息容易获取,当事人几乎总是能充分知情;(4)合同价格通常等于卖方的边际成本加上正常利润。

此外,在完全竞争市场中,价格通常是有效率的。此市场上的定价很容易影响生产资源的分配,高于正常水平利润的前景将刺激供应的增加,导致产能的增加和一个新的更低的只产生正常利润的均衡价格。相比之下,如果价格不升至均衡价格或市场价格,就会有一种通过将资源重新分配给其他用途,而不是取代枯竭的资源来降低产能的激励。此外,如果完全竞争占优势,对商品的需求就会以低于市场价格的任何价格超过供应。因此,需要价格以外的其他机制在竞争性买方之间配给供应,并且供应不会被分配到以竞争性买方愿意支付的金额来计算的最高价值用途。至少假设,收入(income)要么被最优分配,要么通过价格之外的诸如税收技术的其他技术手段进行最佳分配。

在合理竞争市场中,这些影响会减少。例如,剥削是一种可能性,因为在合理竞争市场中出售的商品通常并非同质,信息也不会免费。然而,总的来说,和完全竞争市场中的交易极少会显失公平的诸多理由一样,合理竞争市场上的交易也不太可能是显失公平的。

然而,区分商品和商品交易的市场很重要。在竞争市场上销售商品的情况下,合同通常是在公众可随时参与的有形或虚拟市场上订立的。然而,通常在公共市场上销售的商品有时也可能会私下出售,即远离双方当事人都容易进入的公共市场。在此种场合下,即使商品也可在竞争市场上交易,合同也是在市场外订立的。当交易发生在市场外或在由于某种原因不那么合理竞争的公共市场上时,显失公平是最有可能被找到的。

三、道德过错的作用

简言之,在完全竞争市场上订立的合同极少是显失公平的,在合理竞争市场上订立的合同也不会经常是显失公平的。然而,相反的情况却并非如此:一份在市场外或在非竞争市场上订立的合同并不会因此就是显失公平的。相反,此合同只有在涉及受允诺人的道德过错时才是显失公平的。就合同法的目的而言,道德过错通常应指作为社会道德问题的过错,即作为植根于整体社群之预期的道德标准问题,并且通过适当方法,道德标准可以公平地说在社群中得到实质支持,可以从得到这种支持的规范中推论出来,或者似乎会得到这种支持。

道德过错在这方面的重要性在许多民法典和基于民法典的规则中得到明确体现,这些规则与显失公平原则类似。例如,《德国民法典》* 规定:

> 某人利用他人处于急迫情势、无经验、欠缺判断力或意志显著薄弱,以法律行为使该他人就某项给付向自己或第三人约定或者给予与该项给付明显地不相当的财产利益的,该法律行为尤其无效。[12]

同样,《欧洲合同法原则》规定:

> 1. 如果订立合同时存在下列情况,一方当事人可宣告合同无效:
>
> (1)该方当事人处于经济困境或紧急需要,因而依赖对方当事人或与其有信赖关系,且该方当事人缺乏远见、无知、无经验或缺乏讨价还价的技能。
>
> (2)就订立该特定合同的情况和目的而言,另一方当事人知道或应当知道对方当事人的情况,而有意地与之订立合同,进而利用后者所处的环境获取过度的或极不公平的利益。[13]

尽管道德过错的根本地位在美国法中并不像在一些民法典和基于民法典的规则中那样明确,但它默示在显失公平的概念中:什么样的行为是显失公平的必须取决于什么样的行为涉及道德过错。这并不是说涉及任何道德过错的合同必然是显失公平的。举例来说,卖方使用温和的操纵

---

* 本书涉及《德国民法典》的,均以陈卫佐教授翻译的译本为基础。——译者注

[12] Bürgerliches Gesetzbuch [BGB] [Civil Code] Aug. 18, 1896, as amended, § 138(2) (emphasis added), translation at http://www.gesetze-im-internet.de/englisch_bgb/index.html; accord Obligationenrecht [OR] [Code of Obligations] Mar. 30, 1911, as amended, art. 21(1) (Switz.).

[13] *Principles of European Contract Law art.* 4:109(1) (Comm'n on European Contract Law 1998) (emphasis added); accord *Unidroit Principles of Int'l Commercial Contracts art.* 3.10(1) (2004).

式谈话方式,虽然不公平,但是可能并不显失公平。道德过错有不同的程度,"显失公平"一词暗示着严重的道德过错。

在个别情况基础上确定显失公平并不必要且很糟糕。相反,法律应当旨在以发展显失公平规则来规范各类情况。本章的余文将致力于发展几个这样的规则。该任务的目的不是发展每项特定的显失公平规则。相反,显失公平是一项根本原则,它随着社会规范的演变而持续展开。本章的一个主要目的是解释制定特定的显失公平规则的方法论。这种方法论由三个一般命题构成。第一,特定的显失公平规则的发展和适用,与订立合同所处的市场是否偏离竞争市场密切相关。第二,由于交易原则建立在公平和效率的基础上,当公平不支持交易原则适用于一类交易,且审查这些交易的公平性不会损害效率甚至还会增加效率时,特定的显失公平规则特别适合。第三,特定的显失公平规则往往可以通过使用作为纲领的一般显失公平原则来发展,一般的显失公平原则使法院能够创设新的规则,或者扩张处理胁迫、无行为能力和不当影响的现有规则的传统界限。

四、特定的显失公平规范

1. 困境

假设A在非B之过错造成的危急状态的情况下与其达成交易,该状态事实上迫使A以可接受的任何条款与B达成交易,此种情况在本书中称为困境(distress)。这种情况使人想起各种各样的场景,例如,A被困在沙漠中,B偶然发现了他,或者A需要一个只有B才能完成的救命手术。乍一看,这些场景似乎很相似。然而,事实上,它们提出了不同的问题,并且一起说明了困境所提出的大部分主要问题。因此,本书将通过探索建立在这些场景中的一个假设情景来分析这些问题。

绝望的旅行者。A是一位交响乐音乐家,她在一次休闲旅行中

驾车穿越沙漠时突然撞到了从沙地中伸出的一块岩石。A 的车坏了,脚踝骨折了。她没有无线电,只有很少的水。她的手机坏了,如果她不尽快获救,就会死亡。第二天,正在从图森前往检验沙漠岩层路上的大学地质学家 B 偶然从事故现场经过,就开车过去了解下情况。A 解释了情况,并请求 B 带她回 60 英里外的图森。B 回答说,只有 A 答应将她三分之二的财富给他或者给他 10 万美元,且必须给的是这两者中的较多的那个,他才会帮忙。A 同意了,但他们回到图森后,她拒绝遵守诺言,B 遂起诉要 A 执行允诺。

在古典合同法中,A 的允诺全部可执行:她已经达成了交易,而且传统的合同抗辩都不适用。胁迫的抗辩可能看似恰当,但传统上的胁迫抗辩不仅要求允诺人处于困境中,还要求她因受允诺人的不当行为或威胁而陷入困境。[14] B 并没有使 A 陷入困境,B 威胁不帮助 A 也不是法律上的不当行为,因为侵权法和刑法没有给陌生人施加救助陷入困境之人的义务,即使生命危在旦夕也是如此。[15] 这条规则在道德上是站不住脚的,但本书只涉及合同法,并将其他法律领域作为既定的。尽管如此,"绝望的旅行者"中的合同也是显失公平的,因为如果救助的成本和风险相对较低,并且救助涉及不公平地利用困境,那么潜在的救助者应当有进行救助的义务:

第一,A、B 之间的交易不是在竞争市场上发生的。恰恰相反,交易发生在市场外,而 B 是垄断者,因为 A 没有任何现成可得的替代救助来源。当然,B 只是一个双边垄断者,因为如果 B 要从 A 的困境中获得经济利益,他就需要 A 的同意。然而,垄断是双边的并不意味着双方力量相等。如果交易没有达成,那么当事人的相对优势很大程度上取决于他们的相对成本。在绝望的旅行者案中,A 不达成交易的成本是她的生命损失,而

---

[14] See, e.g. Cheshire Oil Co., Inc. v. Springfield Realty Corp., 385 A.2d 835, 839 (N.H. 1978)(……该强制性情况必须是相对方行为的结果。一方当事人在不利条件下或者在急需金钱的情况下而签订的合同,如果另一方当事人对这些情况无责任且没有创设此种必然需要,则不会因胁迫而不具有可执行性);*Restatement Second* §175。

[15] See Chapter 9, infra.

B 的成本只是一笔被放弃的意外之财。

第二,B 的行为违反了公认的道德标准。作为道德秩序的一部分,我们的社会要求要在某种程度上关心他人。而在绝望的旅行者案中,B 错误地将 A 的生命仅视为一个经济目标。

效率考虑没有指向不同的方向。救助是偶然的,它意味着在救助时没有其他人能够提供救助服务,并且在发生事故之前,没有市场可以让 B 购买应急救助。因此,在偶然救助的情况下,受害人允诺的全部执行并非将救助服务转移到最有价值用途所必需的,而且也不会对救助能力的资源分配产生可计算的影响。相反,全面执行像 A 这样的承诺很可能是没有效率的。如果困境中的受害者可能被要求为偶然救助支付他们同意的任何价格,那么人们可能不愿意从事有时需要救助的活动,或者可能花费超过偶然救助费用的总额用于事前预防。[16]

第三,各种成熟的法律制度长期以来都允许法院适用公平标准审查在困境中达成的交易。例如,《德国民法典》第 138(2) 条规定,"当某人利用他人处于困境……以……获得该项给付明显地不相当的财产利益"[17],则交易是无效的。法国法也是一致的。在国内,海事法已经明确规定,对救助合同,即救助遇难船只或其货物的合同,是要进行公平审查的。例如,在珀斯特诉琼斯案(Post v. Jones)中[18],捕鲸船里士满号搁浅在北冰洋的一个荒芜的海岸上。几天后,另外三艘捕鲸船来到了此处。这些船都没有满载货物,但是里士满号船上的鲸油比这些船装载的要多。应其中一艘船之船长的请求,里士满号船长举行了一次鲸油的拍卖。新来的三个船长中有一个按照他需要的量出价 1 美元/桶,另外两个出价 0.75 美元/桶;每个船长都以投标价格获得了足够的鲸油并且装满他们的货船。三艘船随后带着里士满号的鲸油和船员返回港口。在里士满号船的所有人提起的诉讼中,以投

---

[16] See R. Posner, *Economic Analysis of Law* 133-134 (2d ed. 1977); Peter A. Diamond & James A. Mirrlees, On the Assignment of Liability: The Uniform Case, 6 *Bell J. Econ. & Mgmt. Sci.* 487 (1975); William M. Landes & Richard A. Posner, Salvors, Finders, Good Samaritans, and Other Rescuers: An Economic Study of Law and Altruism, 7 *J. Legal Stud.* 83, 91-93 (1978).

[17] BGB § 138 (2).

[18] 60 U.S. (19 How.) 150 (1857).

标价格出售鲸油被视为是不公平的:

> 在里士满号船长绝望、无助、被动——没有市场、没有金钱、没有竞争的情况下,拍卖交易的设计……是不具有任何有效合同特征的交易。
>
> ……在救助人没有利用他的权力作出显失公平交易的场合中,海事法院将执行救助服务和救助赔偿合同;但他们不会容忍该原理,即救助人利用自己的处境优势和他人的灾难来达成交易……[19]

这并未解决在此种情况下如何衡量受允诺人救济的问题。一种可能性是补偿(compensate)受允诺人的经济成本。然而,该救济往往不能充分承认赋予允诺人的利益。此外,经济成本规则可能无法提供充分的采取行动的激励。例如,在绝望的旅行者案中,B 的经济成本接近于零。假设 B 没有法律义务救助 A,如果他的赔偿仅限于他的经济成本,那么他就没有经济激励来进行救助。在此种情况下,经济激励的需要怎么强调都不为过;无论是否有经济激励,处于 B 位置的大多数人都有可能救助 A。然而,并不是所有人会这样做,因此,经济激励在边缘情况下是有作用的。

海事法再次使人想到一个解决方案。尽管海事法院不会执行不公平的打捞救助合同,但是它确实为救助人提供了充分的补偿。打捞案件中的赔偿额被视为奖励和诱因。[20] 因此,海事法院在计算赔偿额时会考虑获救财产的危险程度、获救财产的价值、救助方在实施救助时承受的风险、救助者的敏捷、技巧和精力、救助方使用的财产价值、对财产的危险程

---

[19] Id. at 159-160. See also, e.g., Magnolia Petroleum Co. v. Nat' l Oil Trans. Co., 281 F. 336, 340 (S.D. Tex. 1922)("我认为非常清楚该案受一般原则规范……法院有非常清晰的权力来撤销一个海上救助协议,如果该协议是在公海上基于强迫或者艰难而订立的,那么无论在道德意义上还是其他意义上,这些协议都是显失公平且不公正的,而本协议即是如此。") See also The Sirius, 57 F. 851 (9th Cir. 1893); Higgins, Inc. v. The Tri-State, 99 F. Supp. 694 (S.D. Fla. 1951); The Don Carlos, 47 F. 746 (N.D. Cal. 1891); The Jessomene, 47 F. 903 (N.D. Cal. 1891); The Young America, 20 F. 926 (D.N.J. 1884); The Port Caledonia & The Anna, [1903] P. 184 (Eng.); Thomas J. Schoenbaum, *Admiralty and Maritime Law* §13-16 (5th ed. 2012); Grant Gilmore & Charles L. Black, Jr., *The Law of Admiralty* 578-579 (2d ed. 1975); W.R. Kennedy, *Civil Salvage* 309-313 (Kenneth C. McGuffie ed., 4th ed. 1958).

[20] See The Blackwall, 77 U.S. (10 Wall.) 1, 14 (1869).

度和救助者的时间及劳动。[21] 更一般地说,在涉及偶然救助的困境情况下的赔偿时,即使不在海事法院,也应补偿援助方(受允诺人)的所有有形和无形成本,还应包括一笔慷慨的奖励,以提供明确的行动激励。以这种方式计算的赔偿额可以不那么精确,这在假设计划(hypothesis planning)并不至关重要的情况下并不致命。此种方案的可行性在困境和偶然救助屡见不鲜的海事领域经受住了时间考验。[22]

通常只有在提供帮助的成本和风险相对较低时,才应向援助方附加帮助危险中受害者的道德义务,就像绝望的旅行者案中的 A。然而,受害者可以通过同意支付费用来降低成本,这通常也是他应当做的。相应地,一个潜在的援助方可以要求受害者向他支付包括机会成本在内的成本,以及作为额外激励的合理溢价,他的行为在道德上并无不当。

因此,危险中的受害者同意支付救助成本和合理溢价的合同并非显失公平。这说明了程序显失公平和实质显失公平之区分的局限性。在类似于绝望的旅行者案的情况下,仅仅订立救助合同的事实并不是显失公平的,因为如果 B 只要求公平补偿,那么他的行为就不是显失公平的。因此,只有当受允诺人索取了(extract)不公平的价格时,此合同才是显失公平的。因为只有在此种情况下,受允诺人才对允诺人的困境进行不道德

---

[21] Id. at 13-14; B.V. Bureau Wijsmuller v. United States, 487 F. Supp. 156 170, (S.D.N.Y. 1979); Gilmore & Black, supra note 19, 559-62; Kennedy, supra note 19, at 161-225; Schoenbaum, supra note 19, at §13-6. 这些个别要素的基础是根据 "以打捞回报为基础的基本公共政策——鼓励海员对未来的紧急情况进行迅速服务" 的原则,慷慨计算报酬。Kimes v. United States, 207 F.2d 60, 63 (2d Cir. 1953) (Clark,J.); see also The Telemachus [1957] 2 W.L.R. 200, 1 All E.R. 72 (Eng.) p. 47, 49 ("我不得不做出这样一个判决,该判决符合鼓励其他水手在类似情况下进行类似服务之公共政策"); The "Industry" (1835) 166 Eng. Rep. 381, 382; 3 Hag. Adm. 203, 204 (accord).

[22] 事实上,根据现代运输惯例,救助人通常会将他们的支付条款留白,以在事件结束后经由协商或者通过仲裁来决定。Kennedy, supra note 19, at 302; Schoenbaum, supra note 19, at §13-6。而且根据劳合社的几乎普遍使用的格式打捞合同,即使当事人事前同意了固定的数额,该数额也可能遭遇反对,并再次通过仲裁确定赔偿金额。Id.。

的利用。[23]

绝望的病人。 P 是一名商业主管,快要死于一种致命性疾病,需要做一个手术,直到最近该手术还无法完成。然而,外科医生 S 刚刚开发了一种新的外科技术来治疗该疾病。新技术的开发在已付成本(out-of-pocket cost)及放弃的机会上付出了 10 万美元。目前,除了 S 外没有人能做该手术,在其他人学会相关技术前,P 可能已经死了。P 请求 S 给她做手术。与他目前相比,S 有能力做更多手术。他回答说,100 万美元是他标准的手术费用,只有当 P 承诺支付 100 万美元时,他才会做手术。P 同意了。S 手术后,P 拒绝遵守诺言,S 提起诉讼。

正如在绝望的旅行者案一样,P 处于困境,交易不是在合理竞争市场上进行的,受允诺人是一个垄断者。然而,这两种情况之间有很大不同。与*绝望的旅行者案*中的地质学家不同,外科医生不是通过偶然情况,而是通过勤奋、技能和投资获得了谈判能力。此外,获得过高收益的前景(prospect),可能正是激励外科医生致力于开发新外科技术的因素。因此,可以说,在此类案件中所作的承诺应得到最大限度的执行,以激励可取的投资。因此,绝望的病人比绝望的旅行者更难解决。然而,如果垄断生死攸关技术的医疗提供者要求过高的价格来执行这个技术,那么他的行为在道德上是不适当的。在此语境下,如果价格超过了提供者发展救援能力的已付成本、放弃其他盈利活动的机会成本及激励类似投资的慷慨溢价中的可分配份额,那么价格就过分高了。

此外,在此种情况下,不完全执行可能会得到效率考虑的支持。在完全竞争市场中,商品的长期价格将等于其长期成本,也包括合理利润在

---

[23] In Distress Exploitation Contracts in the Shadow of No Duty to Rescue, 86 *N.C. L.Rev.* 315 (2008) 沙哈尔·利弗希茨(Shahar Lifshitz)认为,救助的成本包括从受害人身上榨取高价的机会成本,因此在*绝望的旅行者案*这样的情况中,价格以成本为基础。Id. at 349。然而,因为榨取这样一个价格在道德上是不恰当的,所以就此目的,法律就不能适当地将这一机会视作一种成本。这样做就像是说,支付给勒索者 5 000 美元来换取他允诺不会给付款人造成 1 万美元的损失在道德上能够证成一样,理由是他仅仅只是收回了他的机会成本,甚至还不够这个成本。

内。因此,所有愿意并能支付生产成本的消费者都能够购买商品。然而,垄断市场的价格超过了成本,从而抑制了一些消费者的需求,这些消费者愿意以等于供应商成本加上合理利润的价格来购买商品。因此,在像在绝望的病人案这样的情况下,对价格过高进行司法审查的做法加上极其宽松的赔偿额,可能与完全执行的做法一样,会促进资源的最佳分配。

这又是海事法院采取的路线。不仅是救助人偶然出现在现场,还是由救助能力源自有计划投资的专业救助人士进行救助,海事法院都会审查救助合同的公平性。然而,偶然救助和专业救助在赔偿计算方面受到不同对待。为了鼓励对救助资源的投资,专业救助人员的救助酬金特意高于偶然救助人员的救助酬金。[24] 在绝望的病人案中,赔偿的计算应当采用与专业海上救援案件相类似的赔偿计算方法。

2. 哄抬价格

哄抬价格是显失公平的另一种特定形式。当卖方大幅提价以利用灾难所导致的市场暂时中断而大幅提价时,哄抬价格便会出现。例如,在1977年7月纽约大停电期间,蜡烛、手电筒、晶体管收音机和电池的一些卖家便提出了高出正常价格许多倍的要价。[25] 哄抬价格类似于利用困境,但在几个方面有所不同。首先,买家的需求程度通常更低。其次,从

---

[24] See, e.g., *Salvage Chief—S. T. Ellin*, 1969 Am. Maritime Cas. 1739, 1740 (S.D. Cal 1966): 拥有一艘装有昂贵打捞设备的昂贵打捞船的人……有权获得比临时救助更宽松的打捞奖励。如不这样,就不能激励此种专业打捞船的所有人提供此种可用的打捞设备,并使其始终处于可用状态……虽然首席打捞船(Salvage Chief)只在有需要时才被要求提供打捞服务,但是首席打捞船及其船员的维护费用和处于准备状态的维护成本却每日都在继续。See also W.E. Rippon & Son v. United States, 348 F.2d 627 (2d Cir. 1965); The Lamington, 86 F. 675, 683–684 (2d Cir. 1898); B.V. Bureau Wijsmuller v. United States, 487 F. Supp. 156, 172–173 (S.D. N.Y. 1979); The Glengyle [1898] A.C. 519 (H.L.) (Eng.); Kennedy, supra note 19, at 168–73. In Nicholas E. Vernicos Shipping Co. v. United States, 349 F.2d 465, 472 (2d Cir. 1965), 专业救助方的拖船所提供的服务仅耗费一天时间,而且似乎并不涉及特殊危险,但弗兰德利法官批准了一笔丰厚的赔偿金,金额是打捞方每月维护拖船费用的两倍。

[25] New York's Sequel to the' 65 Blackout Is Bigger, Not Better, *Wall St. J.*, July 15, 1977, at 1, col. 4.

定义上来说,该需求是暂时的:如果价格水平发生长期变化,例如由于战争,那么在新的水平上要价不应被认为是哄抬价格。然后,由于买方遭遇的风险通常比困境情况下要小,而且中断是暂时的,因此,哄抬价格涉及的金额就绝对值而言通常较小,尽管相对于灾前价格而言百分比会很高。最后,与法院通常须确定什么是公平价格的困境情况不同,在哄抬价格的情况下,有一种易于实施的损害赔偿计算方法:合同价格与灾前市场价格或者邻近非受灾区域市场价格之间的差额。

哄抬价格满足了显失公平的两个要素。首先,正常市场已经停止运行,相反,这场灾难的特定地理区域与国家甚至区域供应因素隔离开来。其次,卖方在成本没有上升的情况下大幅提价以利用暂时灾难带来的重要需求,在道德上并不适当。

哄抬价格是不道德的这一社会观点,可由大约一半的州法律禁止哄抬价格的事实来证明。[26] 例如,《纽约普通商法》第 396-r 条规定:

  a. 对消费者的健康、安全和福利至关重要和必需的消费品及服务市场出现任何异常中断期间,消费品或服务分销链中的任何当事人均不得以显失公平的过高价格,销售或报价销售任何此类消费品、服务或两者。就本节而言,"市场异常中断"一词指的是市场的任何变化,无论是自然地震、电力或其他能源的故障或短缺、罢工、内乱、战争、军事行动、全国或地方紧急情况,或者导致州长宣布紧急状态进而促使市场异常中断的其他原因……

  b. ……违反本节的初步证据应包括以下证据:

(i)所收取的金额标示着交易标的货物或服务的价格与它们的价值之间存在巨大差额,该价值是以被告在市场异常中断前的正常业务过程中出售或报价出售此类消费品或服务的价格来计算,或者

(ii)收取的费用大大超过该贸易区内其他消费者容易获得的相

---

[26] Geoffrey C. Rapp, Terrorist Attacks, Hurricanes, and the Legal and Economic Aspects of Post-disaster Price Regulation, 94 *Ky. L. Rev.* 535, 541-546 (2005).

同或类似货物或服务的价格。[27]

可能有人认为,哄抬价格不应被视为显失公平,因为只有当价格由市场决定时,生产资源才能得到有效率的分配。然而,在哄抬价格情况下,市场功能失灵,且无论如何,过渡时期孤立市场中的定价水平都不太可能影响生产资源的总分配。也可能有人认为,如果不允许卖方收取市场要承受的价格,商品就不会分配给那些对它们估价更高的人。然而,此论点只有在财富或多或少平均分配的情况下才成立。如果不是这样,在灾难场景中也确实不是这样,那么商品将不会分配给最需要它们的且估价最高的人,而是分配给最富有的人。

3. 无交易行为能力

假设一项交易的标的高度复杂。在此种情况下,即使是一般智力的个人也可能缺乏能力、经验或判断能力来就达成协议的可取性做出知情决定。这种无行为能力(inability)在本书中被称为无交易行为能力(transactional incapacity)。以下列假设为例:

> 天真的继承人。尼斯(Niece)是一名22岁的高中毕业生,受雇于一家仓库。尼斯的姑姑拥有一栋商业大楼,她于6月1日去世。在遗嘱中,她将该栋大楼的终身权益(life interest)遗赠给了她50岁的姐姐。其余的遗赠给了尼斯。租客是该大楼的主要承租人,还拥有就37万美元在该大楼设定的第三顺位抵押和就33万美元在一家无关电影院设定的第二顺位抵押。第三顺位抵押支付11%的利息,第二顺位抵押支付9%的利息。两笔抵押都有15年期限。租客在7月1日得知尼斯的遗赠后提出做一笔交易。根据这笔交易,租客把两笔抵押转让给她,以换取她的终身权益。租客指出,根据该协议,尼斯将立即获得超过7万美元的年收入,这一收入将持续15年,当抵押贷

---

[27] N.Y. Gen. Bus. Law § 396-r (2)-(3) (2006). See People v. Two Wheel Corp., 512 N.Y. S.2d 439, 440 (N.Y. App. Div. 1987), aff'd, People v. Two Wheel Corp., 525 N.E.2d 692 (N.Y. 1988); People v. Chazy Hardware, Inc., 675 N.Y.S. 2d 770, 771 (N.Y. Sup. Ct. 1998).

款在15年内到期时,她将获得70万美元的现金。尼斯和租客签订了一份交换合同。

大多数房地产估价师会同意,根据预期寿命表、适用贴现率和建筑物价值,尼斯的或有剩余(contingent remainder)的现值为87万美元到95万美元,租客的两笔抵押贷款的现值总额不超过35万美元。租客知道像尼斯这样背景的人既没有能力对她的权益进行估值,也没有能力对抵押进行估值,而且有此种能力的任何人都不会做这笔交易。在合同订立后,交易发生前,遗产律师得知了这笔交易,遂建议尼斯不要完成交易。尼斯听从了律师的建议,拒绝转让她的财产权益。租客提起诉讼。

如果适用古典合同法的规则,尼斯的允诺将会得到最大程度的执行。她做了一笔交易,没有一个传统的合同法抗辩似乎能适用。无行为能力的抗辩似乎很适当,但在传统上,该抗辩需要所谓的一般的无行为能力(general incapacity),包括由于精神疾病或缺陷而无法理解交易的性质和后果。例如,《合同法重述(第二次)》第15(1)条规定:

(1)缔约人只承担可撤销的合同义务,如果由于精神疾病或缺陷而缔结交易

(a)不能以合理方式理解交易的性质和后果……

尽管允诺人缺乏一般的行为能力可能会妨碍传统的无行为能力抗辩,但是受允诺人利用允诺人无交易行为能力的合同应当是显失公平的。

第一,涉及复杂标的的交易通常不会在竞争市场上进行,因为标的物不是同质的,而且只有一个卖方。此外,效率考虑并不支持将交易原则适用于利用无交易行为能力进行的交易。允诺人是自己效用的最佳判断者这一观念很少适用,因为根据假设,允诺人不能对交易做出充分知情的判断。受允诺人自己进行了经济制度上无任何理由应予以鼓励的活动。

第二,如在天真的继承人中,如果受允诺人知道或有理由知道允诺人缺乏完全理解复杂交易及其含意的能力,并且受允诺人利用了此种能力,诱使B按照具有完全交易行为能力的当事人不会同意的条款进行交易,那么受允诺人就以违反社会道德的方式行动了。即使允诺人有能力

理解普通交易,即使他缺乏理解手头交易的能力是由于他的经验或训练不足而非其疾病或缺陷所致,结论也是一样的。

传统的无行为能力检测所设置的高障碍可能部分源于该检测的极端后果。一般无行为能力通常使允诺人可以撤销合同。交易无行为能力的后果通常不应太严重,只需调整价格即可。同样,基于相同法律(under one line of authority),即使受允诺人既不知道也没有理由知道允诺人没有行为能力,一般无行为能力也构成抗辩。[28] 然而,除非受允诺人知道或有理由知道无交易行为能力并加以利用,否则,不应将无交易行为能力认为是显失公平。

对无交易行为能力原理的一些支持可以在现有法律材料中找到。在国外,此概念体现在《德国民法典》第138(2)条中:"当某人利用他人……缺乏合理判断能力……就某项给付向自己……与该项给付明显地不相当的财产利益的,该法律行为尤其无效。"一些美国案例也采纳了一条非常接近无交易行为能力原理的规则。例如,在摩根诉里瑟案(Morgan v. Reaser)[29]中,一个牧场的所有人里瑟与摩根达成了一项复杂交易,涉及转让牧场以换取摩根所有的一个公寓楼。很快,公寓楼交易变成了一个明显失败的提议,里瑟诉请撤销交易。法院支持了里瑟,因为尽管"里瑟在房地产买卖方面并不是没有一些经验,也不……完全缺乏理解",但他"不理解此种性质和规模的交易"[30]。事实上,即使是《合同法重述(第

---

〔28〕 See, e.g., Verstandig v. Schlaffer, 70 N.E.2d 15, 16 (N.Y. 1946) (per curiam); cf. *Restatement Second* §15(2)).

〔29〕 204 N.W.2d 98 (S.D. 1973) (per curiam).

〔30〕 Id. at 104. 类似案件参见 Vincent v. Superior Oil Co., 178 F. Supp. 276, 283 (W.D.La.1959) (applying Louisiana law); Thatcher v. Kramer, 180 N.E. 434, 436–37 (Ill. 1932); Hinkley v. Wynkoop, 137 N.E. 154, 158 (Ill. 1922); Succession of Molaison, 34 So. 2d 897, 903 (La. 1948)。

早期普通法上的两个案例是詹姆斯诉摩根案[James v. Morgan (1793) 83 Eng. Rep. 323; 1 Lev. 111]和索恩伯罗诉惠特克案[Thornborow v. Whitacre (1790) 92 Eng. Rep. 270, 271; 2 Ld. Raym. 1164],这两个案例诉诸利用允诺人不老练的调查。詹姆斯诉摩根案是一个执行如下允诺的诉讼,即"为马匹支付大麦,一颗钉子一根玉米,每多一颗钉子就翻倍。"买方没有支付约定的金额,卖方提起诉讼。买方提出抗辩,根据是"在马掌上有32个钉子,如果每个钉子都翻倍,那么钉子就能达到五百个"。首席大法官海德指引陪审团只是判于原告马的价值。索恩伯罗案与詹姆斯案相似。这些案件在休姆诉美国案[Hume v. United States, 132 U.S. 406, 413 (1889)]中进行了讨论。在该案中法院说,他们"就是其中一方当事人利用了另一方当事人对算式无知的案件"。

二次)》第 15 条(尽管其文本似乎要求一般无行为能力)也包括一项着眼于无交易行为能力的评论:"人可能几乎什么也不理解,只能理解简单或惯常的交易或者可能只对某一特定类型的交易不适格。"[31]

有人可能会反对无交易行为能力原理,认为该原理会导致缔约中过度的不确定性。然而,从事复杂交易的老练的行为人通常与其他老练的行为人打交道。如果他们和不老练的行为人打交道,他们就会知道这一点。一个老练的行为人 A 与一个不老练的行为人 B 进行复杂交易,并想要确保交易不会因为无交易行为能力而被认为是显失公平的,他会有两种简单方法实现这个结果。其一,A 可使用 B 能理解的术语向 B 解释交易及其含意。例如,在韦弗诉美国石油公司案(Weaver v. American Oil Co.)[32]中,涉及的是一个使用了复杂措辞及法律措辞的格式合同条款,该条款要求阿莫科加油站未受训的经营者赔偿因阿莫科自身过失所生的责任,法院说:"寻求执行该合同的一方当事人有责任证明,这些条款已向另一方当事人解释并为他所知,事实上存在一种真实和自愿的合意⋯⋯"[33]其二,A 可以并且应当建议 B 获得适格的建议(competent advice)。[34] 这是摩根诉里瑟案采取的立场,法院在该案中说,"被告是如此缺乏能力,以致使他们受到保护和获得建议是很有必要的⋯⋯"[35]

4. 不公平的劝说

在完全竞争市场中,劝说通常起不到什么作用:买卖双方要么接受要么拒绝市场价格。然而,随着市场特征从完全竞争中消退,劝说可能会发挥越来越重要的作用。这就开启了这样一种可能性,即通常能够以慎重方式行事的允诺人可能由于受允诺人使用不公平的劝说而暂时无法再慎

---

[31] *Restatement Second* § 15, Comment b.
[32] 276 N.E.2d 144 (Ind. 1971).
[33] Id. at 148; cf. N.Y. Gen. Oblig. Law § 5-702 (1981) ("plain English" statute).
[34] Cf. Lloyds Bank Ltd. v. Bundy, [1975] Q.B. 326, 345 (Eng.) (opinion of Sir Eric Sachs) ("要求任何人在一个看似合理的项目上冒最后一分钱的风险时,除了对法律顾问的需求之外,还需要这一知情建议,即如果文件得以签署,那么公司事务是否存在可行的现实机会")。
[35] 204 N.W.2d 98, 104 (S.D. 1973).

重行事。此种不公平的劝说是指，故意损害允诺人行使判断力的自由和能力，并产生受允诺人知道或应当知道的可能非常短暂的消极承诺状态（acquiescence）的谈判方法。假设，在此种情况下，当劝说停止时，允诺人会改变主意，如以下假设：

  遭遇麻烦的寡妇。万达（Wanda）拥有一家小服装店。1月5日，万达的丈夫哈维耶（Xaviar）死于一场车祸。哈维耶去世时欠罗伯特6万美元。债务形式为本票，并由哈维耶在薛西斯（Xerxes）公司的所有股票做担保，哈维耶是薛西斯公司的全资所有者。万达没有在本票上签字，不对它承担责任。尽管最初薛西斯公司经营很好，但公司现在遇到了很大的困难，截至1月5日，这只股票只值1万—1.5万美元。1月9日，罗伯特带着本票和薛西斯公司的股票去了万达的家并告诉万达，除非偿还债务，否则，对哈维耶来说永远都是丢脸的事。万达说她现在不想谈论这些事情，并要求罗伯特换个时间再来。罗伯特继续谈论万达的道德义务，并痛陈厌恶因名誉受损而死去的人。万达恳求他停下来，但罗伯特坚持不懈地继续。两个小时后，万达同意付给罗伯特6万美元以换取本票和股票。第二天，万达思考再三，告诉罗伯特她不会完成这笔交易。[36]

  如果适用传统的合同法规则，万达的允诺就可完全执行。她做了一笔交易，传统合同法的任何抗辩似乎都不适用。即使是看起来完美的不当影响的原理，在传统上也要求要么存在支配和从属关系，要么是在合同之前存在特殊信任关系。例如，《合同法重述（第二次）》第177（1）条规定，"不当影响是对一方当事人不公平的劝说，该方当事人在进行劝说之人的支配之下，或者根据他们之间的关系，可正当地假定该人不会以与其福利不一致的方式行事"。正如一位评论人所说，"欺诈可能是……对一个完全陌生的人实施。但只有在一方当事人对另一方当事人占据支配地

---

[36] "遭遇麻烦的寡妇"大致基于纽曼&斯奈尔州立银行诉亨特案［Newman & Snell's State Bank v. Hunter, 220 N.W. 665 (Mich. 1928)］。在这个案件中，法院基于没有约因而拒绝执行该合同。

位的场合,不当影响才能存在"[37]。

但是,为什么交易之前的支配或只与交易相关的支配非常重要呢?《合同法重述(第二次)》第177条的评论指出,"确定受允诺人是否进行了不公平劝说的最终问题是,结果是否为通过严重损害判断的自由和适当行使的方式产生的"。这完全正确。不公平劝说总是发生在市场之外,通过使用他知道或应当知道的谈判方法,受允诺人严重损害了允诺人判断的自由和适当行使,创造了一种只是短暂的消极承诺状态,并借此得到一个允诺。这与利用允诺人无交易行为能力的受允诺人一样有过错。事实上,他过错更大,因为他不但利用了,而且还刻意创造了一种特殊类型的无行为能力。

将不公平劝说视为显失公平也得到了效率考虑的支持。交易原则在很大程度上建立在此前提之上,即交易语境会诱使允诺人处于一种深思熟虑的主观状态(deliberative state of mind),而允诺人是其自己效用的最佳判断者。在受允诺人使用劝说技巧的场合,这一前提就不适用于他,因为这些技巧旨在算计允诺人而使其脱离深思熟虑的思维框架,并以受允诺人知道或有理由知道的、仅仅暂时存在的方式改变允诺人的效用函数。没有任何效率理由来鼓励此种操纵式劝说的产生。

对不公平劝说的关注是许多州立法机构[38]、统一消费者信贷法[39]、联邦贸易委员会[40]和国会[41]通过的冷静期(cooling-off period)规则的基础和解释。这些规则允许在自己家中订立某些类型合同的买方于规定期限内撤销合同。这些规则认识到通过不公平手段诱使暂时消极承诺状态的问题,这在上门销售这一市场外语境中并不罕见,而且这些规则还确定

---

[37] Milton Green, Fraud, Undue Influence and Mental Incompetence, 43 *Colum. L. Rev.* 176, 180 (1943).

[38] See William E. Hogan, Cooling-Off Legislation, 26 *Bus. Law.* 875, 878 (1971); Byron D. Sher, The "Cooling-Off" Period in Door-to-Door Sales, 15 *UCLA L. Rev.* 717 (1968).

[39] Unif. *Consumer Credit Code* §3.502 (1974).

[40] 16 C.F.R. §429.1 (2016).

[41] Consumer Credit Protection Act §125, 15 U.S.C. §1635 (2015); Depository Institutions Deregulation and Monetary Control Act of 1980 §616, 15 U.S.C. §1635(a)-(g) (2015).

了不公平劝说诱使的暂时消极承诺状态可能消退的时间期限。

一些现代判例法也支持将不公平劝说视为不当行为。一个著名例子是欧德瑞兹诉布卢姆菲尔德学区案（Odorizzi v. Bloomfield School District.）[42]，欧德瑞兹是一名小学教师，曾因同性恋活动的刑事指控而被捕。在他被警察审问、记录在案、保释和经历了40小时不睡觉后，两名学区官员来到他的公寓，告诉欧德瑞兹，如果他不立即辞职，他就将被解雇，他的被捕将被公开，从而会危及他在其他地方获得就业的机会。但如果他立即辞职，此事件将不会被公开。欧德瑞兹辞职了，然而刑事指控被驳回了。法院认为，根据这些事实，欧德瑞兹有权复职。法院称，不当影响涉及两个方面：易受影响（susceptibility）和不当压力：

> 第二个方面的不当影响涉及支配主体对从属对象施加过度优势。不当影响中第二个因素的司法考量相对罕见，因为很少有案例否认那些说服但却未误述交易利益的人。然而从逻辑上讲，过度优势的结果和过度弱势的结果应当有同样的法律后果。无论是来自一方当事人的软弱，还是来自另一方的强势，或者两者的结合，只要"产生了一个头脑对另一个头脑的那种影响或霸凌，从而阻止另一个人按照他自己的意愿或判断行动，并且由此使该人的意志被过度压制，使他被诱导去做或不做一件如果任其自由行动就会或不会做的事情"，不当影响就会发生。[43]

有人可能会认为，将不公平劝说视为显失公平将允许法院审查任何因推销（sales talk）或广告而达成的消费者交易。然而，普通的推销通常发生在合理竞争的市场中，不涉及严重损害判断自由及适当行使的谈判方法。同样，尽管广告经常依赖于对非刻意要素的吸引力，但是只有在受允诺人创造并利用他知道或应当知道的只是暂时的消极承诺状态的

---

[42] 54 Cal. Rptr. 533 (1966).

[43] Id. at 540-541 (quoting Webb v. Saunders, 181 P.2d 43, 47 (Cal. 1947)); accord, Keithley v. Civil Serv. Bd., 89 Cal. Rptr. 809 (1970); see also Methodist Mission Home v. N.A.B., 451 S.W.2d 539 (Tex. Civ. App. 1970)（未婚妈妈在她居住地的"未婚妈妈之家"官员的压力下，将孩子送养）。

场合里,说服才是不公平的。就广告而言,推销和购买之间通常必须经过一段时间。因此,广告商通常有理由相信,他们的广告只有在产生非暂时性的效果时才会有效。此外,信誉良好的商家通常允许消费者退回未使用的商品并进行退款或者获得信用,有时会收取退货费(restocking fee)。因此,在消费者语境下偶尔错误适用不公平劝说原理,只会产生一种即使没有司法干预通常也可从信誉良好的商家那里获得的结果。最后,通过与冷静期规则的类比,不公平劝说原则的范围可以且应当受到限制。具体来说,允诺人在交易后应及时表明其改变主意了,因为迟延的反对意味着卖方的劝说不仅仅只有短暂效果。

5. 不公平的惊讶

不公平的惊讶可能发生在如下场合:一方当事人 A 在合同中增加了一个不利于相对方 B 的条款,并且 A 知道或应当知道 B 可能不会注意到它,即使注意到它,B 也不太可能理解它,并且该条款超出了 B 的合理预期。

理论上,不公平的惊讶可能出现在完全协商的合同中。例如,假设 A 和 B 正在交换合同草稿,并在每轮交换中都减少他们的分歧。在下一轮交换中,A 增加一项与双方当事人一直在谈判的条款都无关的新条款,并且未提请 B 注意该条款。假设 A 知道或应当知道新条款是 B 若知道就不会同意的条款,A 的行为应被视为不公平的,那么该条款应被判断为显失公平。[44] 实践中,不公平的惊讶通常发生在格式合同中。格式合同将在第 37 章讨论。

6. 高于市场价格的销售和对价格无知的利用

消费者购买相对同质商品的价格高于同一区域传统零售商对相同或

---

[44] Cf. Lawyer's Duties: Duties to Other Counsel §7, ABA Section of Litigation, http://www.americanbar.org/groups/ litigation/ policy/conduct_ guidelines/lawyers_duties.html (last visited May 24, 2017). 由于是在法律顾问之间交换草稿,先前草稿的变化会在本次草稿中予以确认或以其他方式明确提请其他律师注意。我们不会将以下条款包括在草稿中,即在未明确以书面补充形式通知其他律师的情况下就不会达成协议的条款。

可比商品收取的市场价格,这种情况也挺常见。高于市场价格可以用几种方式解释。有些解释是良性的,例如,特定卖方的价格可能反映出卖方带给消费者的额外价值,如高级服务或声望。事实上,如果考虑到附加值,价格可能不会高于市场价格。然而,对高于市场价格的其他解释则涉及卖方显失公平的行为。

(1)一次性交易的卖方

高于市场价格的一种解释,取决于消费者剩余和价格无知两个概念的融合。消费者剩余的产生是因为消费者对商品的估价通常高于他们同意支付的价格。例如,消费者 C 正在购买一台 40 英寸高清电视,并在百思买上以 500 美元买到了一台她喜欢的电视。假设 C 对电视机的估价超过 500 美元。500 美元和 C 置于电视机的价值(大致来说,她愿意支付的价格)的差额就构成了消费者剩余。

如果卖方能够以每个买方愿意支付的价格出卖每一件商品,从而完美做到区分定价,那么他们就可以获得所有潜在的消费者剩余。然而,通常的卖方不知道也不可能知道他们的每个买方都愿意支付什么价格。此外,在竞争市场中,竞争会将卖方的价格压低到边际成本。实际上,在此种市场中,卖方必须以相同价格向同期的所有买方出售商品。在竞争市场中,买方甚至激励不获取消费者剩余。假设消费者 C 在超市 S 花了 5.95 美元买了一顿斯托佛冷冻火鸡方便快餐。如果 C 后来得知其他超市以 3.95 美元的价格出售相同的方便快餐,他就不太可能再去 S 买任何东西,除非他在购买时就知道 S 是一家高档的超市。因为他很相信,如果 S 对一种产品定价高,那么他对其他产品的定价也高。由于 S 知道这是消费者的行为方式,S 将持续检查可比超市的价格,以保持其价格有竞争力。因此,如果一个市场是合理竞争性的,即使消费者不知道特定商品的价格,并且对商品的估价高于市场价格,他也不太可能为该商品支付高于市场价格的价格。

然而,通常在合理竞争市场上出卖的商品也可能在市场外出卖。如果买方在市场外购买商品,并且不知道在市场上收取的价格,那么他可能会为该商品支付与其估价相等的价格,尽管他不知道该价格可能高于或者远高于市场价格。例如,1980年《纽约时报》报道,纽约第五大道上的一群显然主要面向路人特别是游客的商店,以标价(制造商建议的价格,但商品上没有标明)的两倍或三倍出售名牌收音机、计算器和其他商品。[45] 这些商店没有提供特殊优惠,而且由于没有这种优惠,任何消费者都不愿意支付该品牌商品标价的两倍或更多。一些消费者会这样做的原因肯定是:①消费者对相关商品的清单和市场价格一无所知;②他们按照自己支付的价格对商品进行了估价;③根据经验,他们假设所有不提供特殊优惠的商店对特定商品给予大致相同的价格,进一步的搜寻也不太可能产生实质上更好的价格,因此也是没有效率的。就商店而言,由于他们主要与路人进行一次性交易,不必担心会在顾客了解事实后会失去顾客,因此,他们可以收取标价的两倍或者更多而没有不利后果。在此种情况下,显失公平中缺乏竞争市场的要素得以满足。

道德不适当行为的要素也得到满足。以标价或者市场价格的两倍或者三倍向消费者出卖相对同质商品违反了社会道德,因为该行为构成对消费者价格无知之明知且不适当的利用。消费者的价格无知具体是指,他相信可比商品的零售价格在不提供特殊服务也没有特殊声望的商店之间具有可比性。这种价格无知是理性的,因为它基于消费者的观察,有充分的经验基础,尽管偶尔并不正确。

将此类交易视为显失公平的也很可能会增进效率。根据假设,相关商品在大多数市场上的售价要低得多。因此,为将商品转移到最高价值的用途或者适当分配商品生产所需的要素,要求一次性销售者负担高于市场的价格是不太可能的。相反,禁止这种定价可以减少无用的价格搜寻,因为消费者会相信同类商品在类似商店的价格通常具有可比性。

---

[45] Ralph Blumenthal, On Fifth Avenue, Shoppers' Jungle, *N.Y. Times*, July 9, 1980, at C1. For further data, see the companion article, "Good Price" Proves to Be No Bargain, *N.Y. Times*, July 9, 1980, at C9. 这些文章报道说,为解决这个问题,纽约市通过了消费者法规,要求商家用现时销售价格标记所有商品,而且还要求,如果以低于标记的销售价格出售,那么就必须披露制造商的标价。

(2) 上门推销员

87 高于市场价格的一个常见情况涉及上门推销员。一些上门推销员,如雅芳化妆品,在很大程度上依赖回头生意和声誉,因此不太可能对可比商品收取高于市场价格的价格。然而,现实情况并非都如此。这里是一个来自《华尔街日报》的例子:

> 在家用电器领域中,科比公司(Kirby Co.)喜欢将其产品视为真空吸尘器中的保时捷(Porsche of vacuum cleaners)。
>
> 去年三月,68岁的亨丽埃塔·泰勒和她79岁的丈夫丹尼斯,在佛罗里达州米德堡的移动房屋里听到敲门声后打开了门,发现两个科比公司的推销员站在门廊上。
>
> 泰勒一家不需要真空吸尘器,他们伊莱克斯牌的旧吸尘器运转良好。但是销售人员坚持进行了一个半小时的演示,包括在地毯上倾倒灰尘来展示科比的清洁能力。"他们是我见过的最执着的(pushiest)人",泰勒夫人说。
>
> 泰勒一家同意以1 749美元的价格购买这台机器。这远远超过了他们唯一地毯的价值,那是一张12英尺乘18英尺的客厅地毯。这超过了他们每月1 100美元的社会保障收入。为给机器购买进行融资,销售人员安排了一笔年利率为21.19%的贷款,总支付额为2 553.06美元……
>
> 对科比的投诉通常是那些面对折磨人的推销用语(grueling sales pitches)时缺乏意志的老年顾客。1996年5月的一个晚上,斯蒂芬和威尔玛·塔克正坐下来吃晚饭,三名科比公司的推销员出现在他们位于佛蒙特州斯普林菲尔德的家里,尽管60岁的塔克先生抗议说自己残疾、失业,买不起这么贵的吸尘器,但他们还是呆了5个小时。塔克一家说,一个推销员甚至自己吃了一些炸鸡。最后,"或许只是为了让他们离开那里,我们同意了",塔克先生说。
>
> ……(索希尔德)克里斯多佛女士于1996年12月去世,享年76岁,她独自住在佛罗里达州埃尔南多的一所流动房屋里,靠每月约1 500美元的社会保障金和已故丈夫在美国海岸警卫队的养老金勉

强度日。她去世时,有两台科比公司吸尘器,第二台是1995年9月由佛罗里达州斯普林希尔的科比公司经销商卖给她的。

克里斯托弗的侄女盖尔·博斯沃思说,当她花1 747.94美元买下第二个科比吸尘器的时候,她的姨妈已患有老年痴呆症……

约70%的科比用户通过分销商融资,加上20%以上的利率,总成本远高于2 000美元……

对科比公司有利的是,家庭推销使消费者没有太多比较购物的空间。在家电商店里,顾客可以权衡尤里卡和比斯尔的价格,或者试用在去年的消费者报告上质量排名第一却仅售350美元的胡佛。但是在他们自己的客厅里,接待科比公司推销的人面临着当场做出决定的压力……[46]

像涉及科比公司这样的交易可以用几种方式来解释。一种可能的解释是不公平劝说。消费者可以离开商店,但不能离开他们的家。因此,上门推销员可能采取高压策略,比如通过没完没了地唠嗑和拒绝离开来让买家筋疲力尽。另一种可能的解释是,像科比公司这样的上门推销员是一次性卖家,他们利用价格无知以买家愿意支付的价格而非传统市场中可比产品的市场价格进行销售,从而俘获了买家所有消费者剩余。

一个更良性的解释是,不同于一次性商店,通过引起那些没有上门推

---

[46] Joseph B. Cahill, Here's the Pitch: How Kirby Persuades Uncertain Consumers to Buy $1 500 Vacuum, Wall St. J., Oct. 4, 1999, at A1.Similarly, in State v. ITM, Inc., 275 N.Y.S.2d 303 (Sup. Ct. 1966), ITM从事广泛的上门推销业务,其以正常零售价格的两到三倍出售电器。例如,一个型号200的烤箱的现金价格为499美元,而其正常零售价仅为199美元;一个型号300的烤箱的现金价格为699美元,而其正常零售价仅为299美元;中央真空吸尘器现金价格749美元,而其正常零售价为350美元—400美元;彩色电视机的平均价格为999美元,而它们的平均正常零售价仅为600美元—650美元。Id. at 320. 一项关于烹饪用具上门推销的研究将零售时销售的三条线与上门销售的三条线进行了比较,发现上门推销的价格是零售价格的两到三倍。虽然与零售行业相比,上门推销渠道的产品质量更高,但是价格差异的很大一部分不可能是由制造成本差异造成的。Thomas E. Fish, *The Direct Sale of Cooking* Utensils 46-47 (May 24, 1957)(unpublished M.B.A. thesis, University of California, Berkeley) (on file with the University of California, Berkeley, Graduate School of Business Library).

销就可能无法获得产品信息之购买者的注意,上门推销员增加了买方的福利。事实上,有人可能会认为,要求上门推销员以市场价格销售是没有效率的。如果像科比公司这样的卖方收取的高于市场价格的价格只是涵盖了他们的成本加上合理利润,如果他们被要求收取更低的市场价格,那么他们的经营就难以为继了。在此类卖方向消费者提供信息的意义上,他们退出市场将导致更少的信息供应。重视该信息的潜在购买者会丧失此种利益。

然而,似乎更可能的是,高价的上门推销员并不从事提供信息的业务。相反,他们从事的是搜寻并利用无知的买方,或者换言之,在买方到达传统市场之前拦截价格无知的买方。这些销售者的成本很高,因为每个销售者都必须花费大量的时间和精力去寻找价格无知的买家。这些时间和精力的成本是由向这些买家高价销售来偿付的。

确定买方如何估价上门推销员所提供信息的一种方法,是问以下问题:假设在面纱背后知道自己可能是消费者的行为人,可在以下两种情况下做出选择:①要求高价上门推销员披露他们所销售商品之市场价格的规则,代价是消费者偶尔会遗漏产品可用性的信息,因为大多数高于市场价格的上门推销员可能会停业;②不要求这种披露规则,代价是一些消费者会不知不觉地支付商品市场价格两倍或更多倍的价格。损失厌恶的现象,以及这些消费者最终会自己接触到市场价格信息的可能性,表明大多数行为人会选择前一规则。如果这是真的,那么即使一些销售者被迫停业,最大程度地拒绝执行与高价上门推销员订立的合同也不会降低福利。

(3)信用延伸

特定市场中消费品的价格高于市场价格还有另一种可能的解释。1966年联邦贸易委员会的一项调查发现,在低收入地区出卖商品的零售店通常收取的价格是一般零售商价格的两倍。[47] 这些商店并不必然利

---

[47] Fed. Trade Comm'n, Economic Report on Installment Credit and Retail Sales Practices of District of Columbia Retailers (1968).

用买方对市场价格的无知。相反,他们对于高于市场价格的可能解释是,这些价格限定了信用条款。消费者经常根据信用购买商品。这些消费者中的大多数使用信用卡或收费账户支付很高但不极高的利率。然而,低收入消费者通常没有获得信用卡或传统收费账户的资格,因为他们缺乏信誉。如果一个低收入地区商店的买家需要信贷,而商店以准确反映他信誉的利率向他发放贷款,那么利率很可能违反高利贷法。

然而,这些法律往往很容易规避。规避这些法律的一种方法是通过提高价格以涵盖贷款成本,将贷款成本计入货物价格。因此,低收入地区商店的价格可能比一般零售商的价格高得多,因为低收入地区卖方的价格由商品价格和贷款价格构成。由于全部价格原理(the time-price doctrine),这种技术通常可绕过高利贷法的规制。根据这一原理,如果形式上没有贷款而只有规定的分期付款价格,那么高利贷法就不适用。时价(time price)是否应被认为显失公平并非易事,因为只有扣押的贷款(impounded loan)被单独陈述,它才是高利贷。一方面,高利贷法被认为建立在该命题之上,即必须支付高于这些法律设定的利率的一方当事人行为轻率,因此以该利率贷款,无论是明示的还是默示的,都是显失公平的,理由是卖方/贷款人有意利用了买方的轻率;另一方面,如果全部价格(time-price sale)* 被认为是高利贷,那么许多没有足够信用开立收费账户或获得信用卡的消费者将无法购买到耐用品,如洗衣机、烘干机、缝纫机、电视机和音响设备。

7. 实质显失公平

我们现在讨论的问题是,纯粹的实质不公平(合同条款中的不公平,不考虑谈判过程的公平)是否会导致合同显失公平。如果允诺人是自己利益的最佳判断者,并且在谈判过程没有不公平,那么似乎就是,在没有价格公平的司法审查时应要求允诺人遵守诺言。事实上,许多案例采

---

* Time-price sale,是指商品或服务的现金销售价格加上保险费及官方收费等。——译者注

取该观点,除非证明程序显失公平,否则,合同就不是显失公平的。[48] 然而,其他案例隐含或明确地认为,实质不公平足以证明显失公平。例如,在托克诉韦斯特曼案(Toker v. Westerman)[49]中,买方支付 899.98 美元购买了一台拆卸下来的冰箱冷冻机(stripped-down refrigerator-freezer),销售税、人寿保险和信贷费用使总价达到 1 229.76 美元。相比之下,该型号的正常零售价为 350 美元—400 美元,而最贵的同尺寸的型号配备了额外功能,零售价仅为 500 美元。法院认为,"以通常零售价的大约 2.5 倍出售商品"是"令人震惊的,因此显失公平"[50]。在库格勒诉罗曼案(Kugler v. Romain)[51]中,一套书的价格为 249.50 美元,而一套可比书籍的零售价通常约为 108 美元—110 美元。此外,这些书对买家的价值比广告宣传的要低。法院的结论是,该价格"与被告的成本和对消费者的价值相比是显失公平的"[52]。在琼斯诉明星信贷公司案(Jones v. Star Credit Corp)[53]中,买方以 900 美元外加 400 多美元的信贷费用购买了一台食品冷冻柜(food freezer),而同类商品的零售价仅为 300 美元。法院的结论是,"价值差距本身不可避免地导致一个可感受到的结论,即原告的知情利益被拿走了"[54]。虽然这些案例中的合同是上门推销的产品,但是法院在这些案例和类似案例中的观点不能以这个理由来解释:合同并不仅因为是上门推销方式订立的就显失公平,而且这些案例中的判决并没有明确基于甚至援引程序显失公平的概念。

马克斯韦尔诉富达金融服务公司案(Maxwell v. Fidelity Financial Services Inc.)[55]是一个特别引人注目的案例。1984 年,代表全国太阳能公司的上门推销员史蒂夫·拉西卡找到伊丽莎白·马克斯韦尔和她当时

---

[48] See, e.g., Gillman v. Chase Manhattan Bank, 534 N.E.2d 824 (N.Y. 1988).
[49] 274 A.2d 78 (N.J. Union Cty. D. Ct. 1970).
[50] Id. at 454.
[51] 279 A.2d 640 (N.J. 1971).
[52] Id. at 654.
[53] 298 N.Y.S.2d 264, 266-267 (Sup. Ct. 1969).
[54] Id. at 267. See also State v. ITM, Inc., 275 N.Y.S.2d 303, 321 (Sup. Ct. 1966)("这些过分高的价格构成了显失公平的合同条款")。
[55] 907 P.2d 51 (Ariz. 1995).

的丈夫查尔斯。马克斯韦尔夫妇住在一个中等街区,他们的房子有 1 539 平方英尺,需要大量的维修和保养,房子的市场价值大约是 4 万美元。拉西卡以 6 512 美元的价格向马克斯韦尔出售了一台太阳能家用热水器,这笔资金来自富达金融服务公司(与全国太阳能公司合作的贷款人)向马克斯韦尔提供的 10 年期 19.5% 利率的贷款。这使得热水器的总成本接近 1.5 万美元。这笔贷款以马克斯韦尔房子的留置权做担保。交易发生时,伊丽莎白·马克斯韦尔在酒店做兼职,每月赚约 400 美元,她的丈夫在当地报社工作,每月赚约 1 800 美元。

伊丽莎白·马克斯韦尔为热水器付了大约三年半的款,这使得她的本金余额减少到 5 733 美元。然后在 1988 年,她又向富达借了 800 美元。[56] 新合同包括 1984 年贷款的未付余额 5 733 美元、定期人寿保险费和新贷款。马克斯韦尔在这两笔贷款下必须支付的总额约为 1.7 万美元,相当于马克斯韦尔住宅价值的一半。法院认为,合同可能仅仅因为实质显失公平而不可执行,尽管法院的结论是,为了确定显失公平原则适用于本案,有必要提供更多关于交易中"商业背景、目的和效果"的证据:

> 实质显失公平关注合同的实际条款,并检查所承担义务的相对公平性……实质显失公平的表现(indicative)是合同条款过于片面,以至于压迫或不公平地让无辜方惊讶,交易施加的义务和权利总体不均衡,以及成本—价格的差距非常悬殊……
>
> ……许多法院,也许是多数法院认为,必须同时有一定程度的程序显失公平和实质显失公平才能证明该请求,而且在适用它们时采取平衡的方法……其他法院认为,如果程序显失公平或者实质显失公平得到证明,那么显失公平原则的适用就足够了……这一领域的主要评论人都……赞同这个立场……
>
> 双重要件的立场是偶然性的而非学说性的额外证据,可以在显失公平的制定法文本中找到,制定法文本明确提到"合同或合同的任

---

[56] 加热器从未适当安装,也从未适当运行,最终被凤凰市宣布为危险品,予以谴责,并下令强制断开。Id. at 53. 然而本案例的司法意见并不基于该事实。Id. at 56。

何条款"(《统一商法典》第 2—302 条,着重部分由作者增加)。法律用语中明显没有提及程序方面。假设在涉及消费品的情况下,合同存在一个限制人身伤害间接损害赔偿实质条款(无需更多实质条款),《统一商法典》规定了本质(perse)显失公平,那么《统一商法典》考虑单独实质显失公平就足够了,就是对《统一商法典》第 2—302 条的最合理解读……宣称(根据第 2—302 条)显失公平需要某些程序上的不规范行为,而(根据第 2—719 条)显失公平显然并不需要,这是完全不一致的。

因此,我们得出结论,只证明实质显失公平就可以证明显失公平的主张,特别是在涉及价格——成本悬殊或救济限制的情况下更是如此……[57]

马克斯韦尔为太阳能热水器支付的价格在当时是合理的。[58] 据推测,贷款利率也是合理的。因此,不能将马克斯韦尔案解释为利用价格无知以高于市场价格的价格出售的案例。然而,马克斯韦尔案似乎是一个涉及缔结交易自身不公平的案例。在该案中,根据消费者的收入和房子的价值,价格与热水器对消费者价值的比例太荒诞了(记住,这只是一个热水器,不是房子的加热器)。

麦基诉 AT&T 公司案[59]是一个涉及非价格条款实质不公平的案例。迈克尔·麦基住在华盛顿韦纳奇附近。2002 年 11 月,他注册了 AT&T 长途电话服务。尽管麦基住在韦纳奇以外,但是他每月的 AT&T 账单都包括韦纳奇的公共设施税这一附加费用(utility-tax surcharge)。任何一个月的附加费都不超过 2 美元。当麦基打电话给 AT&T 解决这个问题时,他被告知税收是据邮政编码来评估的,这个邮政编码包括住在韦纳奇内外的客户。在解决与 AT&T 的账单问题的尝试失败后,麦基提起集体诉讼,指控 AT&T 违反了华盛顿州的消费者保护法和高利贷法。AT&T 随后

---

[57] Id. at 58-59. Throughout this quote from Maxwell, citations to the U.C.C. replace the court's citations to the Arizona version of the U.C.C.

[58] Memorandum from Jennifer Beerline to Melvin A. Eisenberg (June 15, 2008).

[59] 191 P.3d 845 (Wash. 2008).

根据麦基签署的一份格式合同《消费者服务协议》采取行动强制仲裁。协议第 7 条要求对与本协议相关的所有争议都要进行有约束力的仲裁,禁止集体诉讼,并要求对仲裁保密。该协议也规定,消费者必须向 AT&T 补偿收集费用以及抗辩(collecting charges and defending claims)的所有成本和费用,然而仲裁员被明确禁止向消费者判予律师费,除非制定法明确授权这么做。

麦基反对强制仲裁的动议,理由是该协议在实质上和程序上都显失公平。法院认为,"仅实质显失公平就足以支持显失公平的裁决",并得出结论认为,AT&T 的仲裁条款基于几个理由实质显失公平。放弃集体诉讼权就是实质显失公平,因为消费者的个人索赔如此之小,以至于如不进入集体救济连胜任的律师都找不到。保密条款也是实质显失公平,因为它不合理地偏袒 AT&T 这样的重复参与者,而对麦基这样的消费者不利:保密掩盖了任何非法或滥用行为的模式,并确保 AT&T 积累大量关于仲裁员、法律问题和策略的知识,而消费者将不得不在每个索赔中重起炉灶。律师费用的规定也是实质显失公平的,因为它太倾向于一方了。法院补充说,"观点如下,整个争议解决条款是实质显失公平,我们认为没有必要进入程序显失公平的问题"[60]。而且几个法院发现,当获得赔偿的成本远远超过争议金额时,放弃集体诉讼在消费者合同中是实质显失公平的。[61]

合同是否显失公平在很大程度上通常取决于允诺人是否进行了道德不适当的行为。如果允诺人利用了胁迫、无交易行为能力或价格无知,或进行哄抬价格、不公平惊讶等行为,他为什么还能执行合同呢?

---

[60] Id. at 860. See also Lowden v. T-Mobile USA, Inc., 512 F.3d 1213 (9th Cir. 2008).
[61] See, e.g., Ting v. AT&T, 319 F.3d 1126, 1150 (9th Cir. 2003); Luna v. Household Fin. Corp. Ⅲ, 236 F. Supp. 2d 1166, 1178–1179 (W.D. Wash 2002); Wigginton v. Dell, Inc., 890 N.E.2d 541, 547 (Ill. App. 3d 2008); Whitney v. Alltel Commc'ns, Inc., 173 S.W.3d 300, 313–314 (Mo. App. 2005); Fiser v. Dell Computer Corp., 188 P.3d 1215, 1221 (N.M. 2008); Vasquez-Lopez, v. Beneficial Or., Inc., 152 P.3d 940, 949–951 (Or. App. 2007); Coady v. Cross Country Bank, Inc., 729 N.W.2d 732, 745–748 (Wis. App. 2007).

显失公平的朋友和敌人都倾向于认为整个原理是家长主义式的。[62]这种观点是不正确的。就显失公平规则基于禁止从道德不适当行为中获利而言,显失公平原理与欺诈或胁迫原理一样不是家长主义式的:拒绝执行通过道德不适当行为获得的合同不是家长主义式的。然而,允许法院纯粹根据该理由拒绝执行合同的规则,可以合理被视为是家长主义式的,因为允诺人的成本远远超过任何可想象的利益。

这本身并不是对该原理的致命打击。家长主义无处不在,而且通常是高度可取的。租户可能被家长主义式地禁止进入地震后可能倒塌的公寓,即使租户被告知并愿意承担该风险也是如此。汽车司机被家长主义式地要求系安全带。汽车制造商被家长主义式地禁止制造没有特定安全性能的汽车,因此,消费者无法购买这些汽车。如果美国食品和药物管理局认定药物的风险超过其利益,即使患者想要该药物并且没有更好的替代品,制药公司也被家长主义式地禁止销售该药物。青少年自己不受合同约束。成年人不受非自愿奴役的约束。正如这些例子所表明的,法律原理是否为家长主义式的无关紧要。真正的问题是,原理是否是不适当的家长主义式的。

此外,如果实质显失公平的原理根本上是家长主义式的,那么它就是一种非常淡化形式的家长主义。根据该原理,政府什么也没禁止,什么也没命令。它只是对受允诺人说,如果你能在没有我们帮助时实现你的目的,那很好。但是不要让我们帮你实现合法但极不合理的请求(a pound of flesh)* 正如西娜·希夫林(Seana Shiffrin)指出的:

> 合同制度是这样一种制度,即社群通过在协议中提供安全措施来帮助那些订立协议的人。出于诸多原因,我们可以相互提供这种帮助。其中最主要的是,该制度促进陌生人之间及缺乏独立产生相

---

[62] See Seana Valentine Shiffrin, Paternalism, Unconscionability Doctrine, and Accommodation, 29 *Phil. & Pub. Aff.* 205, 221 (2000).

* 该术语来自莎士比亚的名作《威尼斯商人》。一个高利贷商人痛恨安东尼奥,借给他一大笔钱,规定要是不能按期偿还就要割下他身上的一磅肉。安东尼奥中了暗算,到期未筹齐借款。奸商告上法庭要求割他的肉。此时安东尼奥的律师救了他。他说合同写明只是以肉来偿还借款,但是绝不能带上一滴血。由于莎士比亚的这部名作,产生了用 pound of flesh 意指合法却极不合理的要求。——译者注

互信任充分基础的人之间的协议和交易。

鉴于这一概念,与我们的探索相关的问题是:是否有理由建构一个制度,以致帮助条款是合适的(qualified),并只为人们希望达成的一些自愿协议提供保障……(答案是我们)不仅仅因为这些代理人自由行动而被迫推进(或使之可能)允诺人的计划……

除非我们假设一个人必须确保他人的义务得到履行,否则,允诺人的真正责任并不意味着……(社群)必须通过法律制度的强力手段和资源来承担这种执行……

国家会经常,或许也应当经常帮助订立协议的当事人。它提供这种帮助的动机可能部分是,为这种协议及自主形成的目标的发展和表达创造支撑性环境。但是,认为自主协议值得尊重并不意味着,放弃人自身行使独立道德判断或设定明确行动优先(priorities)的能力……在决定是否加入他人的努力(endeavor)时,通常允许考虑努力的内容。即使尊重自治要求不干涉自愿但显失公平的协议,但也不需要帮助制定和执行这些协议……[63]

无论如何,在受允诺人知道或应当知道允诺人因缺乏远见而缔结合同而且利用其缺乏远见时,实质显失公平原则就可以公平为由得以证成。回顾《德国民法典》的规定:

某人利用他人处于急迫情势、无经验、欠缺判断力或意志显著薄弱,以法律行为使他人就某项给付向自己或第三人约定或者给予与该项给付明显地不相当的财产利益的,该法律行为尤其无效。[64]

同样,《欧洲合同法原则》规定:

1. 如果订立合同时存在下列情况,一方当事人可宣告合同无效:

---

[63] Id. at 221–224.
[64] Bürgerliches Gesetzbuch [BGB] [Civil Code] Aug. 18, 1896, as amended, §138(2) (F.R.G.) (emphasis added), translation available at http://www.gesetze-im-internet.de/englisch_bgb/index.html; accord Schweizerisches Obligationenrecht [OR] [Code of Obligations] Mar. 30, 1911, as amended, art. 21(1) (Switz.).

(1)该当事人处于经济困境或紧急需要,因而依赖对方当事人或与其有信赖关系,且该当事人缺乏远见、无知、无经验或缺乏讨价还价的技能。

(2)就订立该特定合同的情况和目的而言,另一方当事人知道或应当知道对方当事人的情况,而有意地与之订立合同,进而利用后者所处的环境获取过度的或极不公平的利益。[65]

……

两倍于买方之唯一地毯价格的科比公司真空吸尘器的买卖,是一个不适当利用允诺人缺乏远见的例子。马克斯韦尔似乎也属于该类型:马克斯韦尔同意为太阳能热水器支付他的房子近一半的价值,而太阳能热水器的费用可能只有这个数额的一小部分。[66] 正如在另一个显失公平的案例中所说的[67],AT&T 玩笑开得太过火了。

该原则也不能免于质疑,即法院可以以合同缺乏远见而诱使允诺人订立合同是显失公平的,从而拒绝执行合同。上文讨论的威廉姆斯诉沃克·托马斯案(Williams v. Walker-Thomas)说明了这一困难。法院在那个案件中关注于赋予沃克-托马斯收回立体声音响以外物品权利的条款是否因不公平惊讶而显失公平(法院没有使用这个术语,但它的方法几乎是一样的)。然而,该案的另一个问题并没有得到解决。威廉姆斯靠每月 218 美元的政府支持(大概是福利)来生活。她必须靠这笔钱养活自己和她的七个孩子。假设这个问题的设定框架是,一方面考虑到立体声音响的价格;另一方面考虑到威廉姆斯的收入及她自己和她七个孩子的需要,沃克·托马斯

---

[65] Principles of European Contract Law art. 4: 109(1) (1998) (emphasis added); accord Unidroit Principles of Int'l Commercial Contracts art. 3.10(1) (2004).

[66] 此种数额悬殊依然持续。根据一篇关于太阳能热水器市场复苏的文章,包括安装成本,太阳能热水器的价格从 2 000 美元到 1 万美元不等。Gwendolyn Bounds, Cheap Hot Water? Just Add Sunshine, Wall St. J., Jan. 28, 2010, at D1. 相比之下,2008 年的一项关于热水器的研究报告显示,传统储水箱热水器在安装前的典型价格为 300 美元—480 美元,或者安装后的总价格为 600 美元—780 美元。Tankless Water Heaters: They're Efficient but Not Necessarily Economical, *Consumer Rep.*, Oct. 2008, at 28-29.

[67] Campbell Soup Co. v. Wentz, 172 F.2d 80, 83 (3d Cir. 1948).

把立体声音响卖给威廉姆斯是否是显失公平的。尽管威廉姆斯购买立体声音响看起来缺乏远见,但是只是根据威廉姆斯可能缺乏远见而显失公平就拒绝执行合同是不可取的,因为这将不当地干涉处于她那种情况下的人的选择自由。毕竟,威廉姆斯可能想把音乐或更好的音乐带入自己和孩子的生活中,尽管就她的收入来说总价很高,但是每月的实际付款在她的预算范围内大概是可控的。

但马克斯韦尔案不同吗?一种可能性是,马克斯韦尔的合同不应仅根据利用了缺乏远见而不具有可执行性,因为马克斯韦尔案和威廉姆斯案在这方面没有区别。这一结论可以归纳为一个规则,即利用缺乏远见不应是显失公平的。尽管这个结论看似合理,但是总的来说并不更为可取。正如希夫伦所论证的,国家应当有空间通过司法机构得出这样的结论:一项交易是如此不公平,以至于国家不会为执行合同的目的而将对暴力的垄断权借给受允诺人。此外,马克斯韦尔案可在程度上与威廉姆斯案区分开来。套用保罗·米什金的一句格言,程度的不同在某个点上可能会变成类别的不同。出于显失公平的目的,是家的价值一半的家用热水器的交易,不但在程度上而且在类别上都不同于以几百美元向贫困家庭出售立体音响。

8. 两个制定法

除了《统一商法典》,还有两部制定法涉及实质显失公平问题。一部法规被称为《不公平和欺骗行为和实践》(Unfair and Deceptive Acts and Practices)或 UDAP 法。即使不是所有州,也是大多数州都通过了 UDAP 法。制定法在细节上有变化,但即使不是全部,也是大多数都禁止不公平和显失公平的行为,并且多数州均授予国家机构制定规则的权力。消费者法律中心(Consumer Law Center)在互联网上公布了对 UDAP 制定法的描述。

另一部制定法是《统一消费者信贷法》(Uniform Consumer Credit Code)(UCCC),大约十几个州已采用该法。《统一消费者信贷法》第 5.108 条与实质显失公平特别相关,更特定地说,与程序显失公平和实质显失公平之间的互动有关:

(显失公平;显失公平行为的引诱……)

(1)关于……消费者信用交易,作为法律问题,如果法院认定:

(a)该协议或交易在订立时是显失公平的,或是由显失公平的行为诱使的,法院可拒绝执行该协议;或者

(b)协议或交易的任何条款或部分在订立时是显失公平的,法院可拒绝执行协议(执行在无显失公平条款或部分之协议其余部分)或限制任何显失公平条款或部分的适用,以避免任何显失公平的结果……

(4)在适用第(1)款时,须考虑以下各项相关因素……

(b)……卖方在出卖时知道消费者无法从出售或租赁的财产或服务中获得实质利益;

(c)……出卖的财产或服务的价格过分悬殊……以及以类似消费者在信贷交易中容易获得类似财产或服务的价格来计算的财产或服务的价值……

(e)卖方、出租人或贷款人故意利用消费者或债务人由于身体或精神弱点、无知、文盲、无法理解协议语言或类似因素而无法合理保护其利益的事实……

评论

4.第(4)条列举了在显失公平问题上需要考虑的一些特定因素。由于无法预料到在特定情况下所有可能支持显失公平结论的因素和需考虑情况,因此清单不是排他性的。以下是消费者根据本节有权获得救济的个别交易的例子……

根据第(4)(b)条的规定,向讲西班牙语的工人单身汉(laborer-bachelor)出售英语百科全书,或向共用同一公寓和一张地毯的两个贫困家庭出售两台昂贵的真空吸尘器;

根据第(4)(c)条的规定,在商店里以125美元或更低价格即可赊购一套质量相当的炊具或餐具,却以375美元向家庭主妇进行家庭推销买卖;

根据第(4)(e)条,按照卖方已知的不利于消费者条款进行的商

品买卖,书面协议是英文的,而消费者只懂西班牙语,交易是由卖方的销售人员用西班牙语口头谈判达成的,书面协议既没有翻译,又没有向消费者解释,但消费者几乎没有受过教育、不能读写且必须用"X"签字这一事实本身并不能决定显失公平……

第八章 赠与允诺

一、简单赠与允诺

本章涉及赠与允诺,即作出赠与的允诺(promise to make a gift)。反过来,本书使用的"赠与(gift)"一词意指一种自愿转让。自愿转让出于以下原因:爱、感情、友谊、同志情谊等感情或者感激,为满足诸如仁慈或慷慨等道德义务或者愿望,并自愿转让且没有明确以互惠交换为条件。赠与允诺分为几类。例如,赠与允诺可以向个人或社会服务机构作出,既可能被信赖又可能不被信赖,既可以基于又可以不基于先前存在的道德义务,既可以采用又可以不采用法律制度给予特别认可的形式。本书中,不采用此种形式的、未被信赖的、不基于预先存在的道德义务的赠与允诺,以及在有诸如家庭或友谊情感关系的个人之间作出的赠与允诺,被称为简单赠与允诺。简单赠与允诺是不可执行的,是且应当是合同法的一项基本原则。此原则在本书中被称为赠与允诺原则,它在普通法国家和大多数大陆法系国家均得到确立。[1] 多尔蒂诉绍特案(Dougherty v.

---

[1] 相比而言,已完成的赠与,包括通过书面转移手续进行的赠与,通常并不可逆。See Ray Andrews Brown, *The Law of Personal Property* §§7.2, 7.10 (Walter B. Raushenbush ed., 3d ed. 1975).在本规则的涵盖范围内,法院偶尔会通过将之视为转移而执行书面的赠与允诺。See Faith Lutheran Retirement Home v. Veis, 473 P.2d 503, 507 (1970); Judson L. Temple, Note, Gifts Effected by Written Instrument: Faith Lutheran Retirement Home v. Veis, 35 *Mont. Law Rev.* 132, 140 (1974).同样,根据信托法,一人可以代表另一人有效地宣布自己是某件事情的受托人,而且根据此规则的涵盖范围,法院偶尔会通过将其视为信托文书而执行赠与允诺。See Brown supra, §7.21.

Salt)[2]是规范简单赠与允诺之法律的引领性例子。在该案中,蒂莉(Tillie)有一个八岁的侄子,名叫查理(Charley)。一天,当蒂莉拜访查理和他的监护人时,她开了一张本票交给查理,写明在蒂莉去世时或去世前付给查理3 000美元。本票备注,这是为已收到的有价值的东西而开出的,但很明显本票上包含的允诺是赠与性的,即其是向查理作出的赠与允诺。蒂莉去世时,本票仍未给付,查理对她的遗产管理人提起诉讼。在卡多佐法官撰写的意见中,纽约法院认为,尽管蒂莉的允诺采书面形式,并叙说了已收到有价值的东西,但是此允诺只是"自愿的、不可执行的赠与允诺",因此不可执行。[3]

人们普遍认为,存在遵守允诺的道德义务。当然,作为社会道德问题确实如此,不同哲学家的文献表明,作为批判道德问题也是如此。[4] 然而,为什么并非包括简单赠与允诺在内的所有允诺都应当是可执行的呢?

答案涉及法律应当执行什么类型的允诺的问题,该问题不应与它的表亲,也即行为人在道德上有义务遵守什么类型的允诺的问题相混淆。法律不但立基于道德,而且也立基于政策和经验。因为政策和经验,法律应当拒绝执行某些出于道德原因而应当遵守的允诺。道德上有要求但法律上并没有要求或禁止的行为现象,不限于允诺。在某些情况下,如插队,违反道德规范造成的伤害不足以证成产生和执行法律制裁的成本。在其他诸如未能赡养年老父母等情况下,如没有充分的正当性,使道德规范在法律上可执行就会过分侵入亲密领域。在其他情况下,政策和经验看待问题的方向可能与道德不同。因此,正如托马斯·斯坎伦(Thomas Scanlon)所说:"一般来说,道德上要求某种行动的事实,并非法律干预迫使人们这样做的充分正当性;合同法的基本理由似乎不是……道德之法律实施的一个例子。"[5]简言之,遵守允诺的道德义务,是得出存在遵守

---

[2] 125 N.E. 94 (N.Y. 1919).
[3] Id. at 95.
[4] See Thomas M. Scanlon, *Promises and Practices*, 19 Phil. & Pub. AFF. 199 (1990).
[5] Thomas M. Scanlon, *Promises and Contracts*, in The Theory of Contract Law: New Essays 86, 99-100 (Peter Benson ed., 2001).

允诺的法律义务这一结论的有力起点,但这不是探索(inquiry)的终点。为达到探索的终点,有必要考虑任何特定类别的允诺提出的政策和经验问题。

简单赠与允诺是缺乏约因的法律上不可执行之允诺的主要类型。因此,此种允诺提供了关于什么类型的允诺是不可执行的这一问题的关键切入点。简单赠与允诺的法律处理也承载沉重的社会负担(social freight)。交易允诺在法律上是可执行的,而赠与允诺则不是可执行的,此理念蕴含了社会价值的根本问题。简单赠与允诺的不可执行性也直接关系到合同法最深层的问题之一:合同法应当立基于确保允诺人遵守允诺的义务论目标,因为遵守允诺早就是道德正确的了;还是应当立基于功利主义的目标,如补偿受损害的允诺人及增加社会财富。

在赠与允诺语境下,政策和经验问题一直都是争议不断的主题。开创性作品(stage-setting work)是朗·富勒的经典文章《约因与形式》。[6] 富勒认为,实质问题和形式问题,我们现在可以说是实质问题和程序问题,都与确定特定类型的允诺是否可执行相关。在此语境下,程序问题包括证据问题,对做出特定类型允诺慎重性的关注及对可实施性的关注。实质问题涉及程序问题之外的社会原因,即特定类型的允诺为什么应当或不应当可执行。这两个问题是相关的。特别是,执行特定类型允诺的实质利益越强烈,法律就越愿意容忍程序问题。

与交易允诺不同,简单赠与允诺会提出如下几个程序问题。

第一,简单赠与允诺会产生严重的证据问题。此种允诺通常是在没有证据语境、没有证人、没有书面形式的情况下突然作出的。因此,原告伪造此种允诺并欺诈性地使陪审团相信允诺人作出了此种允诺,将太容易或被认为是太容易了,特别是在允诺人在提起诉讼之前死亡进而不能作证的场合。

第二,如果人仅仅因为作出了允诺就要承担法律义务,那么至少可以

---

[6] 41 *Colum. L. Rev.* 799 (1941).

要求此种允诺通常以慎重方式作出。然而,在简单赠与允诺情况下,允诺人通常在情感上与受允诺人有关,并且倾向于主要关注受允诺人的利益,而非他自己的利益。因此,此种允诺更可能未经深思熟虑。事实上,此类允诺经常是在一种情绪状态下作出的,这种情绪状态是由感激之情的高涨、表现的冲动或其他一些强烈但只是暂时的情绪所引发的。例如,在多尔蒂诉绍特案(Dougherty v. Salt)中,蒂莉只有在她告诉查理的监护人她想照顾查理之后才作出允诺,监护人奚落她说:"我知道你确实想,蒂莉,但你照顾孩子这事可能会像你的兄弟姐妹那样,就仅仅是说说而已(taking it out in talk)。"[7]

有时,支持执行赠与允诺的人会认为,法律上可执行的交易允诺可能是轻率的,如激烈拍卖中的出价,而赠与允诺则可能是慎重作出的。在信息完美且无成本的世界里,法律可能会单独检查每一个允诺,以确定允诺是否是慎重作出的。然而,在现实世界中,此种调查是不确定的,而且这种调查的前景会降低交易允诺的价值。因此,在确定特定类型的允诺是否可执行时,应当逐一按照类别进行批发式而非零售式的挨个检查。虽然确实有些交易允诺是轻率作出的,但观察表明这并非普遍现象,尤其是在商业行为人之间的交易中。无论如何,此点并没有解决(address)这个问题:为什么交易允诺应是可执行的,但简单赠与允诺不应是可执行。另一个问题在于程序和实质之间的边界。如果简单赠与允诺仅仅根据存在遵守允诺的道德义务而在法律上可执行,那么它们就不应比它们所创造的基础道德义务更具可执行性。所有允诺都受制于某些相对详细的道德(和法律)免责事由,比如无行为能力,但简单赠与允诺可能受制于许多额外的且极其不稳定的道德免责事由,比如"我发现我意外地需要很多钱来做新生意",或者"为老年公寓",或者"为我生病的侄子",等等。特别是,赠与允诺所产生的义务可因受允诺人的忘恩负义行为而免除,或者由于允诺人个人情况的改变而免除,这种改变会使允诺人遵守允诺不明智。如果叔叔答应在两年内给侄子5万美元,而侄子后来在醉酒时毁坏了叔

---

[7] 125 N.E. 94 (N.Y. 1919).

叔的客厅,没有人,甚至包括侄子,能预期叔叔在道德上仍然有义务遵守他的允诺。如果叔叔遭受严重的经济挫败,几乎无法照顾到他的直系亲属的需求,或者如果叔叔的财富保持不变,但他的个人义务却意外地显著增加,比如结婚、生孩子或生病,或者即使叔叔的财富和个人义务都保持不变,但由于他的计算失误,赠与会危及维系他自己所习惯之生活的能力。

　　大陆法表明,如果简单赠与允诺可执行,那么需要承认这些类别的免责事由作为抗辩。例如,根据《德国民法典》,如果赠与允诺采用书面形式,并由公证人公证,赠与允诺通常可执行。公证人是大陆法国家的一种特殊类型的律师,在起草个人文书,如财产转让和遗嘱时,他将家庭顾问和专家的角色结合在一起。公证手续确保了适当的慎重,并使允诺人明白他正在进行一项具有法律意义的交易。然而,《德国民法典》此处并未停止对赠与允诺的处理,反而继续对作出可执行赠与允诺后出现的情况进行了广泛的处理。根据第530(1)条,赠与人可以撤回赠与,"如果受赠人通过对赠与人或赠与人的近亲属的严重冒犯而实施重大的忘恩行为的"[8]。根据第519条,"只要赠与人在考虑到自己的其他义务时,不危及其适当生计或依法律规定担负的抚养义务就不能履行赠与约定,赠与人即有权拒绝履行以赠与方式作出的约定"[9]。该法典还对个人通过赠与或遗嘱剥夺其直系亲属权利的权利进行了实质限制。[10]《法国民法典》也有类似限制。

　　正如这些民法典规则所表明的,我们自己的法律制度不能适当地执行赠与允诺,除非我们也准备好遵循大陆法,发展和实施一系列处理诸如忘恩负义和缺乏远见等不稳定的道德免责事由的规则。当然,此种任务(enterprise)也是可能完成的,但必须考量该任务带来的可实施问题(ad-

---

　　〔8〕　See Bürgerliches Gesetzbuch [BGB] [Civil Code] §530(1), translation at https://www.gesetze-im-internet.de/englisch_bgb/englisch_bgb.html (Ger.).

　　〔9〕　Id. §519.

　　〔10〕　See id. §§528, 530. See also Code Civil [c. civ] [Civil Code] French Civil Code arts. 953, 955, 960 (Fr.).

ministrative problem），因为情感关系的平衡往往太过微妙而不易于通过法律规则来规制。对缺乏远见之调查包括对财富、生活方式、受抚养人需求甚至个人效用的计算。对忘恩负义的调查包括对纷争的计算（measurement of a maelstrom），因为许多或大多数赠与允诺都产于亲密环境中，其中，情感、动机和暗示（cues）总是复杂且高度相关的。[11]

考虑到简单赠与允诺的执行会带来的各种程序问题，问题就变成，此类允诺可执行的实质理由是否强大到足以超过程序问题。富勒认为并非如此。他得出结论认为，虽然"商品交换……用布弗诺（Bufnoir）的话说，有助于财富生产和劳动分工，赠与是一种'无菌的传播'"[12]。这很可能是过于简化了。赠与（gifts）往往会将财富再分配给受赠者，受赠者比捐赠人对物质财富的效用更大。[13] 然而，可疑的是，财富再分配是否是合同法的恰当目标，而且即使是这样，赠与允诺的执行也只是实现此目标的一个相对微不足道的工具。与此类似，尽管违背允诺会使捐赠之受允诺人受到伤害，但除非他已经信赖该允诺，否则伤害可能相对轻微，主要是失望和受伤的感情。此外，如果简单赠与允诺是可执行的，那么对赠与实际数量的影响是不确定的。有可能会发生更多的赠与，因为不情愿的赠与允诺人将被迫遵守他们的允诺。然而，也有可能会发生更少的赠与：许多赠与允诺人只是因为他们之前已允诺这么做才作出赠与，而一旦未来的赠与允诺人知道允诺在法律上可执行，那么他们可能一开始就不作出允诺。

理查德·波斯纳补充了更多关于支持和反对执行简单赠与允诺的理

---

[11] Cf. Reichsgericht［RG］［Empire Court of Justice］Mar. 27, 1916, Juristische Wochenschrift［JW］833, 1916. (son's harsh words about father had to be seen in the context of father's provocation); RG, Oct. 30, 1907, JW 744, 1907. 在确定受赠人的行为是否构成严重忘恩行为时，与受赠人的行为是否基于赠与人严重挑衅的主观印象有关。

[12] See Fuller, supra note 6, at 815; Claude Bufnoir, Propriété et Contrat 487 (2d ed. 1924).

[13] 再分配也并非毫无效果，因为它可以提高赠与人和受赠人的效用。See Harold M. Hochman & James D. Rodgers, Pareto Optimal Redistribution, 59 Am. Econ. Rev. 542, 542–543 (1969)。

由。[14] 他认为，赠与允诺对受允诺人的现值必须考虑到该允诺不履行的可能性。因此，相比于不可执行的允诺，可执行的赠与允诺对受允诺人的现值更大。此外，由于赠与之允诺人和赠与之受允诺人的效用通常是相互依存的，如果允诺对受允诺人具有更大的价值，那么允诺人本人也会从允诺中获得更大的价值。因此，波斯纳认为，在不可执行的制度下，赠与之允诺人如果想给予受允诺人100美元的现值，他就必须允诺（实际）给予100多美元。而在可执行的制度下，允诺人只需允诺给予100美元。[15] 然而，波斯纳最后得出结论，赠与允诺不应具有可执行性，因为这涉及程序成本，包括诉讼成本和法律错误成本，即确定赠与允诺已经作出但事实上并没有作出的成本。[16] 波斯纳进而认为，由于赠与允诺通常出现在家庭语境中，所以赠与之受承诺人通常会受到与法律制裁同等有效甚或更为有效的社会制裁。

戈茨和斯科特（Goetz and Scott）沿着不同路线得出了相似结论。[17] 他们指出，任何类型的允诺都允许受允诺人进行有益的信赖；如果遵守允诺，允诺就会更有价值。例如，假设姑姑答应让她十几岁的侄女读完大学，侄女则可以通过参加高中课程来增加姑姑允诺的价值。高中课程为她上大学做准备，职业课程却不会，后者只会让她一毕业就为就业市场做准备。这是她在姑姑没有作出此种允诺时才会做的事情。允诺被遵守的确定性越大，受允诺人就越能审慎地进行该有益的信赖，允诺也就越有价值。[18]

---

〔14〕 Richard A. Posner, Gratuitous Promises in Economics and Law, 6 *J. Legal Stud.* 411 (1977).

〔15〕 实际上，此论点可能在许多或大多数情况下都不适用，因为它取决于允诺人形成一种信念，即受允诺人认为很可能该允诺不会被遵守。赠与之允诺人很可能也这样认为，但是赠与之允诺人不太可能相信允诺人会这样认为，并且情况通常是，允诺人甚至会认为受允诺人有这样的想法都忌愿负义。

〔16〕 Posner, supra note 14, at 411-415.

〔17〕 Charles J. Goetz & Robert E. Scott, Enforcing Promises: An Examination of the Basis of Contract, 89 *Yale L.J.* 1261 (1980).

〔18〕 另一方面，在一次合同理论的研讨会上，戈登·福斯指出，赠与允诺人可能更偏好受允诺人的不确定性。通过允诺在未来赠送5 000美元，允诺人可以确保受允诺人在允诺存续期中注意到她的愿望，这是直接赠与或可强制执行的赠与允诺所无法实现的。

然而,戈茨和斯科特最后也支持不可执行制度。他们指出,一方面通过作出允诺,允诺人有义务放弃她在未作出允诺时存在的机会。这些失去的机会经常使允诺人后悔作出该允诺。为了避免此种后悔,允诺人可以使其允诺受到各种明确条件的约束。例如,相比于说,"我会在两年内给你这块地毯",允诺人可以说,"如果我在两年内没有决定搬到更大的房子里,我会在两年内给你这块地毯",或者"如果我儿子决定不要这块地毯",等等。在不具可执行性的制度下,没有必要完全列举后悔条件。另一方面,如果简单赠与允诺是可执行的,那么除非赠与允诺人明确且严格地限制他们的允诺,否则他们经常被要求在会导致他们后悔作出该允诺的情况下去履行。由于作出简单赠与允诺的社会语境可能会抑制作出严格设定条件的(heavily conditioned)允诺,如果简单赠与允诺是可执行的,那么许多潜在的赠与允诺人更可能根本不作出任何允诺,而非作出严格设定条件的允诺。因此,可执行制度可能导致更少而非更多的赠与。

戈茨和斯科特的观点可以略加改写如下。在商业语境中,当事人根据他们在履行时已拥有和预期仍然会拥有的商业偏好来缔约。通常,商业允诺人可以对其未来偏好做出很好的预测,因为商业偏好通常相对稳定(当然,市场可能会对允诺人不利,但这并不意味着她的商业偏好会改变,只是这些偏好受到挫折)。相比之下,在情感背景下,亲密关系的性质及个人偏好在订立合同和履行到期之间可能经常变化。不幸的是,作出简单赠与允诺的人可能没有意识到,她的个人偏好及她与受允诺人的关系可能会发生很大变化。即使她意识到这一点,她也会发现很难预测她未来的个人偏好及该关系的未来状态。因此,允诺人在作出赠与允诺时,可能根本没有明确规定在履行时间到来时作出所允诺之赠与的条件。如果简单赠与允诺是不可执行的,那就没有太多差别,因为在不可执行的制度下,允诺人不需要详细规定那些条件。然而,在可执行的制度下,这些条件需要充分详细地规定,但作出所有必要的预测极其困难,明确所有条件也极其麻烦。

最近,一些评论家批评赠与允诺原则。简·巴伦(Jane Baron)的批评具有代表性。[19] 巴伦认为,赠与和交易一样,都涉及交换和互惠(exchange and reciprocity),因为赠与不仅必须给予而且还必须被接受,受赠人接受赠与往往需要对赠与人承担某些社会义务。由于赠与和交易一样,都涉及交换和互惠,巴伦得出结论认为,赠与允诺和交易允诺的明显不同对待表明,法律反映了赠与的社会价值低。简言之,在巴伦看来,赠与允诺原则的真正原因是,交易允诺被认为在社会意义上很重要,而赠与允诺则并非如此。

考虑巴伦的论点,将合同世界和赠与世界进行对比是非常有益的。虽然合同有时被定义为法律上可执行的任何允诺[20],但合同的社会意义承载经商谈达成之交易(bargained-out deals)的更狭义内涵。在本书中,合同一词在狭义上使用,合同世界一词被用来指界限分明的(hard-edged)、主要是进行交易的商业世界。如上所述,赠与一词用来指出于情感原因或为了满足道德目标而进行的自愿移转,并且也不以看做是自愿转让的交换作为明确条件或隐含条件。在本书中,赠与的世界一词既包括赠与,也包括作出赠与的允诺。这有点偏离传统的法律用法,因为普通法对赠与和赠与允诺作出了极其鲜明的区分。赠与是不可撤销的,赠与允诺则是不可执行的。赠与是财产法的一部分,赠与允诺则是合同法的一部分。在本书中,赠与世界一词更具包容性,既包括赠与,也包括赠与允诺。不是因为两者之间的区分没有意义,而是因为法律对待赠与允诺的方式与赠与的性质密切相关。

虽然正如巴伦所说,赠与可能涉及交换和互惠,但与商业合同不同,赠与并不必需交换或互惠。例如,匿名赠与、对陌生人的赠与,以及对

---

[19] Jane B. Baron, Gifts, Bargains, and Form, 64 *Ind. L.J.* 155 (1989). See also, e.g., Robert A. Prentice, "Law &" Gratuitous Promises, 2007 *U. Ill. L. Rev.* 881, 928–930; E. Allen Farnsworth, Promises to Make Gifts, *43 Am. J. Comp. L.* 359, 367–368 (1995); Carol M. Rose, Giving, Trading, Thieving and Trusting: How and Why Gifts Become Exchanges and (More Importantly) Vice Versa, *44 Fla. L. Rev.* 295 (1992); Carol M. Rose, Giving Some Back—A Reprise, 44 *U. Fla. L. Rev.* 365, 370 (1992); Steven Shavell, An Economic Analysis of Altruism and Deferred Gifts, 20 *J. Legal Stud.* 401, 419–420 (1991).

[20] See, e.g., *Restatement Second* § 1 (Am. Law Inst. 1981) [hereinafter Restatement Second].

临终者的关怀。更重要的是,在我们的文化中,当赠与伴随互惠或交换时,互惠或交换在性质上不同于交易。在交易中,每方当事人所转让的都被视为另一方当事人所转让的之价格。而在赠与中,情况并非如此。事实上,如果真是此种情况,就不存在赠与了。互惠或某种交换很可能发生,但如果确实发生了,当事人并不将其视作或者至少不意在将其视作原始转让的价格。即使捐赠人希望或预期受赠人的互惠,情况也是如此。希望或期待未被视为原始转让价格的非特定互惠交换,与要求被视为原始转让价格的特定交换在经济、社会和心理上有着至关重要的差异。因此,即使赠与人希望得到或期待互惠,他也不能在未将赠与转换为交易时要求互惠。

例如,假设 A 给了 B 一枚漂亮的银戒指,此后不久 B 给了 A 一只漂亮的手表或者和 A 发生关系。如果在给 B 戒指时,A 说,"如果你同意给我一只手表作为回报,我就给你这枚戒指",或者"如果你同意今晚和我发生关系,我就给你这枚戒指"。A 就做了交易,而非赠与。而如果 A 在给 B 戒指时没有说明任何条件,B 后来给了 A 手表或与 A 发生了关系,A 和 B 都不认为手表或发生关系是 A 戒指的价格,而是一种感情或爱的行为,尽管 B 的行为中有着强烈的互惠因素,但 A 的行为依然是赠与。

正如以意在作为价格的互惠转让为条件的转让不是赠与一样,意在作为付款(payment)的互惠转让也不是赠与。例如,假设 A 给了 B 一份价值 500 美元的结婚礼物,随后 B 给了 A 500 美元用于 A 自己的婚礼,并且说:"我给你 500 美元作为礼物来为你给我的结婚礼物付款。"或者假设 A 给了 B 一枚友情戒指(friendship ring),B 也给了 A 一枚戒指作为回报,并说:"我把这枚戒指作为礼物送给你,以此来为你给我的戒指付款。"在这两种情况下,尽管使用了"礼物"这个词,但是相互转让并非赠与。事实上,在这两种情况下,互惠转让更有可能毒化,而非促进 A 与 B 之间的这种关系。

赠与和交易的区别反映在一系列其他属性上。例如,交易是关于商品的(该术语在最广义上涵盖任何可以买卖的东西),并聚焦于双方同意交换之商品的金额和货币价值。相比之下,赠与是关于情感关系、道德义务或愿望的实现。在交易中,商品本身就是目的;在赠与中,商品则是达到目的的手段。在交易中,双方之间的联系(nexus)是商品;在赠与中,当事人之间的联系是他们的情感关系及他们共同的道德或愿望目标。当然,赠与通常由物品组成,但赠与不仅仅是物品的转让。在情感关系中,赠与物品的意义不仅在于受让置于物品的物质价值,还在于或更多地在于赠与物品反映或体现赠与人与受赠人之间关系的图腾方式。

赠与物品的图腾属性以多种方式反映出来。例如,通过交易获得商品的当事人可立即在市场上自由地转售该商品。相比之下,将赠与物品纯粹视为商品而非关系的图腾而立即出售的受赠人,通常就是在侮辱赠与人。事实上,赠与物品的图腾属性可能会导致未来的受赠人拒绝接受赠与,即使赠与具有货币价值,且受赠人也不需要提供任何有形的东西作为交换,因为赠与是一个不合适的图腾。例如,如果A和B在约会,A可能会拒绝B的昂贵赠与,因为这份赠与会暗示A感受不到的关系紧张。类似地,如果A是年轻的成年人,她可能就会拒绝父母给她的一大笔钱,因为接受赠与会损害她心理独立的努力。在这两种情况下,赠与受赠人的情感成本将超过其货币价值。相比之下,在交易中,被提供商品的人通常会基于商品的货币价值和价格之间的差额来决定接受或拒绝该要约。

赠与物品的图腾属性是赠与人通常赠送物品而非等量现金的原因之一。现金是一种冰冷的市场商品,而物品通常有温暖的色彩。此外,赠与物品而非现金表明捐赠人不仅关心受赠人,而且也考虑了受赠人的特殊性,他花在受赠人身上的并非只是作为市场要素的金钱,而是作为个人要素的时间、想法和麻烦。也许最重要的是,与现金不同,物品构成并持续是赠与人和受赠人之间情感关系的图腾体现(这些因素也解释了为什么赠与人经常赠送礼券,而非等量的现金。虽然礼券可能是物品的不完美替代品,但就要求并反映出关于受赠人的一些想法而言,它是足够特定的,获得礼券需要赠与人付出一些时间和努力,并且它能转化为图腾物品)。

与现金相反,赠与物品在大多数情况下的特殊价值,在经济学家乔尔·沃尔福格尔(Joel Waldfogel)《圣诞节的无谓损失》[21]一文中无意间得到了阐述。沃尔福格尔得出结论认为,赠与物品而非现金是无效率的,因为尽管赠与人会选择受赠人估价高于价格的物品,"但更可能的是,如果受赠人用赠与人为该礼物支付的同等数额的金钱做出消费选择,赠与会让受赠人的境遇更糟糕"[22]。

沃尔福格尔的结论基于对经济学本科生的两项调查。在这两项调查中,要求每个学生都估算,赠与人为他们在 1992 年圣诞节收到的所有节日礼物支付的总额。在一项调查中,学生被问及:"如果抛开赠与物品的情感价值,你愿意花多少钱来获得它们?"[23] 受访者集体估计,赠与人平均为受赠人的全部礼物支付了 438 美元,但表示只愿意为相同礼物平均支付 313 美元。沃尔福格尔的结论是,"价值与估算价格的平均比率(或平均'收益率')为 66.1%[24],非现金礼物的无谓损失(deadweight loss)实际上超过三分之一"[25]。在第二次调查中,受访者被要求将礼物的价值估价为"礼物与现金无差异的数额,前提是不考虑礼物的情感价值"[26]。在这项调查中,受访者估计他们的礼物价值为 509 美元,但沃尔福格尔报告称,他们对这些礼物的估价仅为 462 美元。[27] 礼物的平均收益率是非现金礼物的 83.9%,沃尔福格尔总结说,"这表明了 16.1% 的无谓损失"[28]。

然而,事实上,沃尔福格尔天真地误读了自己的数据。沃尔福格尔从未问学生们是如何对这些礼物进行估价的。相反,他只问抛开情感价值,他们如何对这些礼物进行估价。指引学生从他们的回答中消除情感价值之后,沃尔福格尔自己承担起了从对学生估价中消除情感价值的责

---

[21] Joel Waldfogel, The Deadweight Loss of Christmas, 83 *Am. Econ. Rev.* 1328 (1993).
[22] Id.
[23] Id. at 1331.
[24] Id.
[25] Id. at 1332.
[26] Id. at 1331.
[27] Id. at 1332.
[28] Id.

任,从而用他自己的效用计算代替了学生受访者的效用计算。在一个关于契约理论的研讨会上,当时还是伯克利学生的埃德·安德森(Ed Anderson)对沃尔福格尔的方法论提出了另一个批评:

沃尔福格尔的文章比其实际上更加有条理。特别是,他没有消除解读数据的其他潜在方式。他通过比较学生估计赠与人支付的(价格)和学生说他们自己会为同样赠与支付的(价值,调查1)及学生出售礼物的金额(价值,调查2)来计算效用。在沃尔福格尔看来,两次调查中价值/价格的平均比率都小于1,这代表赠与人始终无法有效率地满足受赠人的意愿(导致总的无谓效用损失)……然而,请注意,该数据也符合一个完全有效率的效用匹配模型,但确实是对相对逢低买进能力(bargain-hunting)的估计一直存在偏差。平均来说,学生们估计他们的赠与人支付的价格比他们自己支付的要高。难道不能得出结论说,学生们总是错误地认为他们自己比他们的赠与人是更好的购物人吗?……我怀疑沃尔福格尔的数据至少被此种现象部分带偏了,他并没有解释这个现象。如果是这样的话,那他就高估了某未知数量的无谓损失。他需要在分母中使用客观的价格计算(他需要让赠与人带来收据)。事实上,沃尔福格尔真正计算的是设想的圣诞节之无谓损失,而不是实际的圣诞节之无谓损失。

当然,如果价值十美元的现金赠与能提供和价值十美元的物品赠与相同的情感价值(更好的说法可能是满足),那么沃尔福格尔是对的。但这并非人们估价礼物的方式。受赠人从物品赠与中获得的价值由他置于该物品的经济价值和他从物品赠与中获得的满足构成,后者包括赠与人珍视他、花费时间和精力选择礼物、考虑他的偏好等使受赠人快乐的因素。因此,受赠人从受赠物品获得的总效用很可能超过受赠人就该物品所花费的等额现金的效用。

相比之下,在很多情况下,比如,房客送的礼物,给爱人的情人节礼物,或者给配偶或父母的生日礼物,现金礼物会被认为是怪异的、极具侮辱性的或者两者兼具。在一项有限调查中,英国学生被问及一系列关于生日时给母亲支票、非现金礼物或礼券的问题。最后的问题是,"你说给你母亲送一份你选择的价值 10 英镑的礼物比送一张同等价值的支票更容易接受"(所有受试者都这么说)。"你得多少金额的支票,才能让它和价值 10 英镑的礼物一样适当?"十二个受试者中有七个拒绝说出任何金额来回答这个问题。这些受试者要么表示支票是绝对不可接受的,要么表示他们考虑的任何金额都不能使该支票被接受。在给出数字答案的五名受试者中,四名受试者表示的金额大于所选礼物的成本,第五名受试者表示金额相同。[29] 朱迪思·马丁(礼仪小姐)圆满地说明了这一点:

> 亲爱的礼仪小姐:我家里有很多客人,其中一些是我孩子的朋友。我很难判断谁支付了什么……我们应该接受他们逗留结束时所捐赠的钱吗?
>
> 温雅的读者:当你或你的孩子发出访问邀请时,你有没有提到你正在经营家庭旅馆?……在住宿结束时提供现金是一种侮辱,意味着对你的拜访是可买卖的,怎么认识这样的侮辱都不过分。[30]

在现金礼物不合适的场合,礼物引发的苦恼、愤怒或其他负面情感会降低礼物对受赠人的价值。在此种情况下,受赠人置于现金的价值可能低于受赠人置于赠与人本能用现金所购买物品的价值。因此,除了现金是合适礼物的场合,是现金礼物而非物品礼物通常会造成无谓损失。沃尔福格尔报告说,大概是考虑到这一点,他主要给礼券而不是给现金。[31]

简言之,沃尔福格尔把问题弄乱了。物品赠与(gift of an object)为受赠人提供两种形式的效用:(1)与受赠人给予该物品的财务价值相等的财务价值形式的效用;(2)受赠人因被赠与该物品而获得的满足形式的效用。现金礼物以现金的财务价值形式为受赠人提供效用,并且也能以获

---

[29] P. Webley, S.E.G. Lea & R. Portalska, The Unacceptability of Money as a Gift, 4 *J. Econ. Psychol.* 223, 225-227 (1983).

[30] Judith Martin, *Miss Manners*, If They Visit You, You Pay for Them, *S.F. Chron.*, Oct. 7, 1996, at D8.

[31] See Hubert B. Herring, Dislike Those Suspenders? Don't Complain, Quantify!, *N.Y. Times*, Dec. 25, 1994, at C3.

得满足这一形式提供效用,尽管很可能不会带来如价值大致相同之可比价格的物品那么多的满足。但是在现金礼物不合适的场合,现金礼物可以给受赠者带来不快乐这一形式的不满足。

更多的最新研究表明,沃尔福格尔在《圣诞节的无谓损失》中的数据要么非常不可靠,要么完全错误。沃尔福格尔的第二项研究认为,非现金礼物的"平均收益率",即学生对礼物成本的估价与他们置于礼物的财务价值之间的比率,为 93%,远高于沃尔福格尔在他最初研究中报告的 66%—84%的收益率。[32] 而且要知道,这种"收益率"仍然排除了非现金礼物产生的心理效用。约翰·李斯特(John List)和杰森·肖格伦(Jason Shogren)的调查显示,根据调查中使用的方法,与现金礼物相比,非现金礼物的平均收益率为 98%—99% 或 121%—135%。[33] 萨拉·索尔尼克(Sara Solnick)和大卫·海明威(David Hemenway)的一项调查显示,在排除了情感价值的情况下,受赠者对礼物的估价甚至比估计的购买价格高出 214%。[34] 谢恩·弗雷德里克(Shane Frederick)的一项研究表明,人们大大高估了其他人将为消费品支付的费用(回想一下,这种类型的估价构成了沃尔福格尔计算和结论的基线)。在一项研究中,35 名受试者对 10 种产品出价,并估计其他产品的中位出价。平均来说,他们高估了中位数 43%。在另一项研究中,308 名受试者陈述了他们将为八种想象中的商品支付多少,并对前一个或下一个受试者的回答给出了他们最好的猜测。

---

[32] Joel Waldfogel, The Deadweight Loss of Christmas: Reply, 86 *Am. Econ. Rev.* 1306, 1307 (1996).

[33] John A. List & Jason Shogren, The Deadweight Loss of Christmas: Comment, 88 *Am. Econ. Rev.* 1350, 1352 (1998).

[34] Sara J. Solnick & David Hemenway, The Deadweight Loss of Christmas: Comment, 86 *Am. Econ. Rev.* 1299, 1300. (1996). 相关分析参见 Joel Waldfogel, Gifts, Cash, and Stigma, 40 *J. Econ. Inquiry* 415 (2002); Canice Prendergrast & Lars Stole, The Non-monetary Nature of Gifts, 45 *Eur. Econ. Rev.* 1793 (2001); Bradley J. Ruffle & Orit Tykocinski, The Deadweight Loss of Christmas: Comment, 90 *Am. Econ. Rev.* 319, 323 (2000); Sara J. Solnick & David Hemenway, The Deadweight Loss of Christmas: Reply, 90 *Am. Econ. Rev.* 325 (2000); Bradley J. Ruffle, Gift Giving with Emotions, 39 *J. Econ. Behav. & Org.* 399 (1999); Sara J. Solnick & David Hemenway, The Deadweight Loss of Christmas: Reply, 88 *Am. Econ. Rev.* 1356 (1998); Joel Waldfogel, The Deadweight Loss of Christmas: Reply, 88 *Am. Econ. Rev.* 1358 (1998); Webley, Lea & Portalska, supra note 29.

典型的学生要花690美元才能拥有完美的牙齿,但会想象前一个或下一个受试者要花1 350美元。[35]

现在可以看出,拜伦和沃尔福格尔一样,都把事情弄乱了。正像现金比物品带给受赠人的效用可能要更少一样,法律上可执行的赠与允诺通常比嵌套在赠与世界中不可执行的赠与允诺的情感价值要低。让简单赠与允诺具有法律效力,也即将这些允诺从赠与世界转移到合同世界,会降低而非增加这些允诺的社会价值。可执行制度会使简单赠与允诺商品化,从而使其走向枯竭。受允诺人,甚至允诺人永远也不会清楚,出于爱、友谊、感情或类似原因作出的赠与允诺是因这些原因而得到履行,还是为免除法律义务或避免诉讼而得到履行。

不执行简单赠与允诺还有另一个实质原因。正如赠与之允诺人有道德义务一样,赠与之受允诺人也有道德义务。假设作出简单赠与允诺的人缺乏客观上令人满意的免责事由来不遵守允诺,但仍然不想履行。也许允诺人会有一个他认为令人满意的免责事由,尽管通常人不会这样认为。也许允诺人只是改变了他的想法。根据义务的道德性,允诺人有义务遵守允诺:在合同世界中,如果允诺人有义务履行允诺,那么受允诺人履行允诺在道德上也是适当的。然而,在赠与世界里,事情并不那么简单。违背简单赠与允诺可能是错误的,但坚持履行允诺也是错误的。根据意愿的道德性,如果赠与允诺是出于爱情或友谊等情感原因,而受允诺人没有信赖,他通常应免除反悔之允诺人的义务。安德鲁·库尔(Andrew Kull)的一篇文章[36]在这方面很有启发性。库尔认为简单赠与允诺应当是可执行的。[37] 然而,他也得出结论,如果叔叔已经向侄子作出了赠与允诺,后来又改变了主意,侄子起诉叔叔很可能是"不可想象的"。[38] 但如果诉讼是不可想象的,那么可执行性又怎么可能是可取的呢?通过将受允诺人的义务控制

---

[35] Shane Frederick, Overestimating Others' Willingness to Pay, 39 *J. Consumer Res.* 1, 1-3. (2012).

[36] Andrew Kull, Reconsidering Donative Promises, 21 *J. Legal Stud.* 39 (1992).

[37] Id. at 59-64.

[38] Id. at 63

于免除反悔之允诺人简单赠与允诺的义务,赠与允诺原则防止了不可思议的事情发生,而可执行制度则做不到这一点。[39]

概言之,执行简单赠与允诺会有效地将这些允诺转化为现金等价物,这会将允诺的礼物旨在将图腾化的情感关系淹没在经济关系中,将会忽视赠与受之允诺人的义务,并会诱致许多潜在的赠与允诺人要么严格限制其赠与允诺,要么根本不做出这样的允诺。简单赠与允诺将会降格为汇票,遵守允诺而赠送的礼物将被降级为赎回汇票。为保护几个受允诺人,可执行性制度将切断社会生活中非常重要的东西,并伤害了赠与允诺人甚或是赠与受允诺人。赠与允诺原则并不表明法律不重视赠与允诺。恰恰相反:赠与允诺原则是正当的,不是因为简单赠与允诺不如交易允诺重要,而是因为它们更重要。情感赠与的世界是一个更好自我的世界,其中,像爱、友谊、情感、感激和同志关系这样的价值观是主要的驱动力。这些价值太重要了以致不能被挤压进现实的(hardheaded)利润最大化的合同世界中。正是因为合同世界中通常没有这些价值观,法律才必须在那个世界中发挥核心作用。

二、形式的赠与允诺——盖印允诺

赠与允诺制成的形式可能会压倒简单赠与允诺所引起的程序关注(process concerns)。如果关注是赠与允诺很容易被伪造,而且通常很轻易就做出来,那么就可能要区别对待在形式上提供证据保障并显示出慎重的允诺。此外,社会政策的理由也支持执行以此种形式制成的赠与允诺,因为此形式不仅提供了证据保障并表明了慎重,而且还表明允诺人有法律上和

---

[39] 在对话中,史蒂夫·休格曼(Steve Sugarman)指出,赠与之受允诺人的道德义务也可以用"慷慨"来概念化。根据赠与允诺原则,赠与之允诺人可以在没有客观上令人满意的借口的情况下反悔,即使慷慨之事是要遵守允诺以避免受允诺人失望也是如此。相比之下,在可执行制度下,赠与之受允诺人可坚持履行,即使慷慨之事是免除反悔之允诺人的义务也是如此。在赠与的允诺人和受允诺人之间,更好的替代选择是允许允诺人吝啬,而非给吝啬的受允诺人法律上的权力。有情感的受允诺人免除后悔之允诺人的道德义务也可以通过推定进行解释。

道德上都受约束的特定意图。例如,如果允诺人在未完成履行的情况下死亡,那么他可能想要其遗产管理人来确保履行,或者可能想要获得做出完全有效的允诺履行(satisfaction),以保护他当前的愿望不被不受敬重的未来自己击败(against defeat by a less worthy future self),从而增加他的允诺的价值,或者允许受允诺人在允诺基础上制定可靠的计划。因此,法律制度可以合理地选择通过使赠与允诺具有可执行性而扩大赠与允诺人的选择范围,如果赠与允诺是作为自然程式(natural formality)的允诺形式(promissory form)而作出的,即一种通常被理解为自然具有可执行性的允诺形式。诀窍在于确认此种形式,因为如果一种形式不是自然程式,那么行为人可能会无意中使用此种形式,但却没有受法律约束的特定意图。

　　根据早期的普通法,赠与允诺人可以通过使用盖印形式在法律上约束自己。[40] 最初,用于这些目的的盖印是由文书末端的一点蜡组成,文书上有允诺人的个人印章刻在图章戒指上的印记。通常蜡会被加热,滴在文件上,然后印上印章。因此,在它的起源中,盖印是一种自然形式,自然形式既确保了慎重,又确保了证据,正如它所做的那样,涉及一种书面形式,一种热蜡仪式,一种象征其所有者的实物,以及一种与法律可执行性的普遍结合。然而,盖印的定义后来变得高度弱化,仪式和人格化的元素逐渐淡化,因为随着有关盖印法律的发展,法院不再要求蜡印或个人印章。取而代之的是用金属印章、胶纸薄片、印刷的文字盖印、印刷的首字母L.S.[盖印处(locus sigilli),盖印的地方]、用钢笔书写的程式化草书(通常被称为"花押")或印章的说明,每一个都构成了盖印(seal)。[41] 随着这一发展,盖印不再是自然形式,而是一种空洞的标识(device),其法律后果并未

---

[40] 适用的规则有时可用如下表述来表达,即印章"引发一个推定"或"引入"约因。根据成熟的英国法,这一推定是不可推翻的。Theodore F.T. Plucknett, *A Concise History of the Common Law* 634 (5th ed. 1956); 3 W.S. Holdsworth, *A History of English Law* 419-420 (3d ed. 1923).在现代法律发展之前,大多数州可能也是如此。See, e.g., Cochran v. Taylor, 7 N.E.2d 89, 91 (N.Y. 1937). 普通法没有采用与许多大陆法系国家之公证形式相同的形式,因为并不存在与那些国家中的公证人职能相对应的法律职业。虽然美国有公证人,但他们与法律职业无关,他们唯一的职能就是认证签名。

[41] *Restatement Second* §96 cmt. a.

得到广泛理解。

伴随着盖印在社会上的弱化,盖印的法律效力被虽非全面但也广泛地消除了。这两个发展之间有着密切关系。只有当盖印是在自然程式的范围内,盖印的允诺才值得特殊对待。当盖印被弱化到社会意义上空洞的程度时,就不再有任何给予盖印特殊效力的正当性,大多数州都通过了剥夺盖印法律效力的法规。因此,今天在大多数州,没有任何法律标识可肯定地用来约束赠与允诺人。[42] 因此,立法机关是否应当采取或法院是否应当承认产生此种效果的一些其他自然程式的问题也随即产生了。

用于实现此种目的的一个很好的候选方案是名义约因(nominal consideration)。本质上说,名义约因这个术语脱离了约因的交易理论。交易是实质性的交换(transaction),由一种每方当事人都把他所给予的视为他所得到的的价格之交换(exchange)所组成。当一项交易(transaction)仅有交易的形式但没有交易的实质时,交易则被认为涉及名义约因。因为很明显,允诺人并没有将他旨在从交易中获得的东西视为他给予的东西之价格。简言之,名义约因仅仅在名义上是交易而已。

典型情况是,名义约因涉及在书面文件中刻意虚假陈述,说交易已经达成。名义约因通常易于确认,因为要么根据协议其是名义履行,要么没有做出履行或者即使做出了履行但几乎没有任何价值。一个典型的例子是在 A 和 B 之间的合同中,A 向 B 支付了一美元,其中 1 美元要么没有通过协议支付,要么与 B 承诺的履行价值相比微不足道。名义约因是一种自然形式,因为允诺人没有任何理由对交易进行虚假陈述,除非他有特定的意图来使自己的允诺在法律上可执行,且相信交易的虚假陈述会产生此种效果。

根据古典合同法,只有交易允诺才具有法律上的可执行性(存在约因),但也有一些有限的例外,如盖印的允诺。根据传统合同法,这些有限

---

[42] 有赠与意图的人 A,可以通过宣布自己是其目前拥有财产的受托人,并将受益者命名为信托受益人,进而部分越过赠与允诺原则。然而,这种机制只有在利益由 A 目前拥有的财产组成的情况下才会发挥作用。此外,信托的设立给受托人施加了 A 不想承担的各种义务。

的例外是基于历史而非原则基础(principled grounds)而可执行。因此,名义约因给古典合同法提出了问题。一方面,约因的交易理论是以交易的存在为前提的,名义交易不是交易;另一方面,古典合同法非常重视客观性,意图的交易是真实的还是名义上的,都取决于主观因素,即允诺人是否为所述约因进行了交易？古典合同法选择了客观价值而非现实价值(value of reality)。霍姆斯和《合同法重述(第一次)》都认为,交易的形式足以使允诺具有可执行性。霍姆斯在两句著名的格言中表达了他的观点:

> 约因是一种与盖印一样的形式。
>
> 而且约因的本质是,根据协议条款,约因作为允诺的动机或诱因被给予和接受。相反,允诺必须作为提供约因的通常动机或诱因来作出和接受。整个问题的根源是在约因和允诺之间相互为对方的互惠的约定的诱因的关系(reciprocal conventional inducement)。

霍姆斯用互惠诱因(reciprocal inducement)这个词意指交易。霍姆斯用"约定的"(conventional)这个词显然是指一种正式的表达,其意思和意义是人为确定的,比如桥牌游戏中的叫牌约定。因此,在霍姆斯看来,如果允诺人采用了该约定——一种交易的形式——法律会执行他的允诺,就像他做了一个实际交易一样。《合同法重述(第一次)》中的一个重要例子规定:

> ……A希望对他的儿子B作出有约束力的允诺,将价值5 000美元的黑地转让给B。A被告知无偿的允诺没有约束力,遂给B写了一封信,发出1美元出售黑地的报价。B承诺。B允诺支付1美元是充分约因。[43]

在名义约因的问题上,《合同法重述(第二次)》颠覆了《合同法重述(第一次)》的立场,取而代之的是采用要求事实上而非形式上交易的检

---

[43] *Restatement (First) of Contracts* §84, illus. 1 (Am. Law Inst. 1932) [hereafter, Restatement First].

测。这种颠覆体现在两个新的例子中：

  1. A 渴望作出有约束力的允诺，给他的儿子 B 1 000 美元。A 被告知无偿允诺没有约束力，遂写下并签署了虚假陈述，说 B 已以 1 000 美元的价格卖给他一辆汽车，并允诺支付该数额。A 的允诺没有约因。

  2. A 渴望作出有约束力的允诺，给他的儿子 B 1 000 美元。A 被告知无偿允诺没有约束力，遂以 1 000 美元的价格从 B 那里购买了一本书，该书价值不到 1 美元。B 接受了报价，知道购买这本书只是个伪装(pretense)。A 支付 1 000 美元的允诺没有约因。[44]

  这是《合同法重述(第一次)》采用的规则优于《合同法重述(第二次)》采用的规则的少数几个例子之一。如果赠与允诺人有使他们的允诺具有可执行性的特定意图，那么名义约因使允诺具有可执行性的规则会使它们产生这种效果。如果赠与允诺人以与法律可执行性特别和普遍相关的形式作出允诺，那么他就是通过使用这种形式声明他刻意离开了情感世界而进入法律世界。此声明正当化了该法律，将可执行性对赠与世界的影响的关注放在一边。

  名义约因的形式也显著减少了基于证据保障和慎重性的程序关注。可实施性问题(administrability concern)仍然存在，因为诸如忘恩负义和缺乏远见等不稳定的道德免责事由应当在名义约因制度下得到承认，正如它们在民法典制度下得到承认一样。然而，为使允诺在法律上可执行之特定意图的赠与允诺人提供便利的实质性优势压倒了此种关注。因

---

[44] 尽管《合同法重述(第二次)》拒斥了将名义约因作为一般原则的观念，但其规定了名义约因在两个特定领域使允诺可执行，即期权与担保(期权是一个要约，该要约附属了保留要约权利的可执行允诺)。此领域的案件不完全保持一致。多数规则是，名义约因的事实陈述部分(recital)并不使期权有约束力。另一方面，很多案例认为，如果已经获得支付，即使是最微不足道的约因也会使期权具有可执行性 See, e.g., Bd. of Control v. Burgess, 206 N.W.2d 256, 258 (Mich. 1973)(一美元的名义约因尚未支付，期权不具可执行性；如果 1 美元已经支付，期权就是可执行的)。此种区分的理由并不清楚，因为如果约因是真正的名义性的，它不会因为是可支付的而不再是形式性的。原因可能是，名义约因的实际支付比仅仅是交易的事实陈述更被视为一个更好的形式，因为物理转移比书面的事实陈述有更好的心理影响。

此,总的来说,更好的规则是名义约因使赠与允诺具有可执行性。

三、基于补偿先前利益之道德义务的允诺

所有允诺都会产生道德义务。然而,一种特殊类型的赠与允诺是基于先前存在的道德义务,具体来说,就是为了补偿受允诺人过去曾给予允诺人的利益而产生的道德义务。此种赠与允诺(通常被称为"过去的约因")也应当是可执行的。

要理解为什么如此,首先有必要检视为什么允诺在此种情况下是相关的。毕竟,如果 A 已将利益给予 B,而 B 有补偿 A 此种利益的道德义务,那么若无 B 随后支付该利益的允诺,A 为什么不能根据不当得利法起诉 B 呢?

一个原因是,经常很难确定 B 是否有道德义务来补偿 A 所给予的利益,因为并非每一个利益给予都会产生此种义务。例如,如果我的邻居帮我粉刷栅栏,我就没有任何道德义务就他花费的时间进行补偿。如果我给了侄女一份结婚礼物,她也没有任何道德义务就该价值来补偿我。此外,如果一项规则允许其后并未伴有补偿此种利益的允诺的情况下,即可根据不当得利要求返还此种主动给出的利益(unrequested benefit),那么该规则可能会鼓励爱管闲事的人给予无此需求的利益,并可能使诸如 B 这样的行为人在如下情况下承担责任:如果有选择,B 本会拒绝接受和支付该利益的价值。[45] 此外,因为在此种情况下利益是主动给出的,所以确定利益对受益方的价值往往非常困难。

当受益方允诺对利益进行补偿时,这些问题就解决了。首先,只要利益产生一种表面合理的道德义务,受益方承认此种义务的允诺通常就充分解决了道德义务是否存在的问题。其次,由于只有在受益方做出付款允诺的情况下才会产生责任,我们通常就不需要关切人们会为他们不想要的利益而承担责任。最后,只要允诺声明的金额为受允诺人提供了利

---

[45] See *Restatement Second* § 86 cmt. a.

益之价值的表面合理证据(plausible evidence),我们通常就不需要关切计算该价值的困难。

简言之,在允诺人有补偿主动给予之利益的道德义务,并且该允诺消除了使不当得利的返还变得不可取之障碍的场合,该允诺应当是可执行的。当然,基于道德义务的允诺非由财务上追求私利而驱动。这就使它成为赠与允诺的原因所在。然而,执行此类允诺的实质理由超过了执行所带来的任何程序关注(process concern)。

根据古典合同法,给允诺人补偿过去利益的允诺被认为是不可执行的,因为它们超出了交易原则的范围。但属于以下三种类型之一的除外:偿付时效法禁止之债务的允诺、偿付破产时已免除债务的允诺,以及成年人偿付其为未成年人时所欠债务的允诺。然而,这些类型的例外是通过一种奇怪的理论而证成,即新允诺的效果并非创设新的法律义务(根据古典合同法,其要求约因),而只是消除了针对一种存在但却不可执行之法律义务的抗辩。但消除此种抗辩的允诺不需要约因的理由及不可执行之法律义务的意思,都没有得到解释。

除了这三个类型的例外,一些案例认为,因过去的物质利益而补偿受允诺人的允诺是可执行的。例如,在韦布诉麦高因案(Webb v. McGowin)[46]中,韦布因救麦高因*免于严重伤害乃至死亡而遭受了严重的身体伤害。由于受伤,韦布无法工作。后来,麦高因允诺在韦布的余生中每月付给他适当(modest)数额的金钱。麦高因死后,他的遗嘱执行人停止付款,韦布提起诉讼。法院判决支持韦布:

> 一些法律(authorities)认为,对于支持随后的支付允诺的道德义务,必须存在先前的法律或衡平义务,由于某种原因该义务已经变得不可执行,但允诺人对其仍有道德义务。然而,在允诺人从受允诺人那里获得了物质利益之后,在道德上有义务对他所做出的服务进行

---

[46] 168 So. 196 (Ala. Ct. App. 1935), cert. denied, 169 So. 199 (Ala. 1936).
* 韦布雇主(韦布的雇主是一家木材厂的主管和所有者)。——译者注

补偿,并且考虑到此义务,允诺人作出付款的允诺,该规则应限制于此。[47]

物质利益(material benefit)一词是模糊的,它既可以指重大的利益,也可以指显著增加了允诺人金钱财富的利益。前一意思更优先,但一般来说,案例似乎都默示采纳了后一意思。韦布诉麦高因案隐含地采用了物质的金钱含义,但通过得出拯救生命会带来经济利益的结论,将此意思延伸到临界点。法院说,"生命和身体的保有有可用金钱计算的物质的、金钱的价值。正因为如此,医生们践行他们的职业,对拯救生命和治愈病人身体的服务收费,外科医生则进行手术。过失法也是如此,它授权在人身伤害案件中根据受伤程度、收入和受伤者的预期寿命评估损害赔偿"[48]。

《合同法重述(第二次)》包含一个新的条款,即第86条,它采用的原则是,基于以前收到之利益的允诺在某些条件下是可执行的。该条规定:

(1) 承认允诺人先前从受允诺人处获得的利益而作出的允诺,在防止不公正所必需的范围内具有约束力。

(2) 根据第(1)款,允诺不具有约束力

(a) 如果受允诺人将该利益作为赠与或出于其他原因而给予,允诺人并未不当得利;或者

(b) 在其价值与利益不合比例的范围内。

第86条接受了该原则,即施加做出补偿之道德义务的过去利益支持了作出此种补偿的允诺,这相对于古典合同法是重大进步。然而,第86条的转向是错误的,因其将允诺人没有不当得利的情况排除在范围之外,从而标榜在这些情况下可执行性立基于不当得利,而非立基于道德义务的允诺。如果允诺人在法律意义上不当得利了,那么返还法通常允许收回,即使没有随后的允诺,并且允诺人是否在任何其他意义上不当得利须取决于道德概念,而非法律。事实上,即使是道德意义上的不当得利要

---

[47] Id. at 198.

[48] Id.

求也显得过于狭隘。例如,如果 B 溺水被 A 救了,而 B 后来作出补偿的允诺,就不能说 B 不当得利了。需要得救并接受得救有什么不公正呢? 非常简单,允诺人是否承认系以下原因而作出了允诺,即因过去所给予的利益而对受允诺人负有作出补偿的道德义务。

第 86 条的文本不包括利益必须是经济的甚至是物质的要求,但该要求隐含在示例 1 和 6 中。示例 6 规定:

> ……A 找到了 B 逃跑的公牛,喂养并照顾它。B 随后向 A 作出合理补偿的允诺有约束力。

相反,示例 1 规定:

> ……当 B 的成年儿子远离家庭,生病了而且没钱治病的时候,A 给他提供了紧急护理。B 随后允诺偿还 A 的费用。根据第 86 条,该允诺没有约束力。

因此,在那些设定第 86 条框架的人看来,挽救 B 之公牛的生命对 B 有利益,但拯救 B 的儿子的生命则并非如此。有没有父母或者说有没有人会同意此结论? 第 86 条的文本没证成此结论,该结论在道德上也不可容忍。无论是政策还是道德都没有解释,为什么将给予利益的要求限于金钱利益。相反,就此目的而言,利益的概念至少应扩张解释为,包括产生表面合理的做出补偿之道德义务的利益[49],这是一种允诺人通过允诺所承认的义务。

下一个问题是救济。违反特定类型可执行允诺的救济,应取决于该类型允诺可执行的原因。在允诺的可执行性基于允诺人过去所得利益的场合,救济应与允诺人之该利益的价值相关联。在某些情况下,执行全部范围的允诺是适当的,不是因为预期损害赔偿是适当的,而是因为利益的价值难以确定,并且允诺人给予的价值是表面合理的。因此,根据《合同法重述(第二次)》第 86(2) 条,如果基于过去利益的允诺与该利益不合比例,那么该允诺不具可执行性。通常,只要允诺的金额表面上与该价值相关,即使该

---

[49] 示例 6 基于米尔斯诉怀曼案[Mills v. Wyman, 20 Mass. (3 Pick.) 207 (1825)],该案已经有 200 年之久了。See Kevin M. Teeven, Conventional Moral Obligation Principle Unduly Limits Qualified Beneficiary Contrary to Case Law, 86 *Marq. L. Rev.* 701, 708–09 (2003).

金额超过该利益的客观或市场价值,该金额也应被认为是允诺人所得利益之价值。然而,当允诺的金额与该价值明显不合比例时,此推定就被推翻了。第86条的示例12和13说明了该立场:

12.A是一名60岁的已婚妇女,多年来一直无偿为B提供家务服务,B是一名80岁的独居男子,没有近亲。B的净资产为300万美元,并且经常向A保证,她的服务会得到很好的回报,回报的合理价值不超过6 000美元。B签署并交给A一份"从我的财产"中支付2.5万美元的书面允诺。该允诺有约束力。

13.事实如示例12所述,但B的允诺是口头作出的,并且将把他的全部财产留给A。A不能获得超过其服务的合理价值。

简言之,基于对过去利益进行补偿之道德义务的允诺在利益范围内应是可执行的。道德义务是否存在应取决于,允诺人是否似乎合理地如此相信。只要允诺的金额与利益的价值并非明显不合比例,利益的范围就应由允诺人决定。

四、对社会服务机构的赠与允诺

另一类赠与允诺包括向慈善机构、大学、博物馆或医院等社会服务机构进行赠与的允诺[此种允诺通常被称为慈善赠与。本书不遵循此惯例,因为大多数社会服务机构都不是慈善机构,向这类机构赠与的允诺通常不会采取捐赠(subscription)的形式]。作为政策问题,向社会服务机构赠与(give)的允诺应当可执行:在我们这样一个强调通过这些分散的机构来增进大众福利的社会中,存在一项支持做出这种赠与的重要社会政策。[50] 这项政策的力量超过了任何其他的程序关注。

---

[50] See, e.g., Salsbury v. Nw. Bell Tel. Co., 221 N.W.2d 609, 613 (Iowa 1974); Congregation B' Nai Sholom v. Martin, 173 N.W.2d 504, 510 (Mich. 1969); More Game Birds in Am., Inc. v. Boettger, 14 A.2d 778, 780 (N.J. 1940); Jewish Fed' n v. Barondess, 560 A.2d 1353, 1354 (N.J. Super. Ct. Law. Div. 1989).

然而,关于向社会服务机构赠与的允诺的可执行性的法律,是矛盾的。一方面,至少直到最近,法院通常都采取如下立场:在没有约因,也即没有交易或信赖的情况下,此种允诺是不可执行的[51];另一方面,法院有时为了在这些情况下找到交易或信赖而把自己弄得一团糟。[52] 更好的规则应是,直接以社会福利为理由将对社会服务机构的赠与允诺作为可执行的允诺。这正是《合同法重述(第二次)》第90(2)条采取的立场,该条规定"慈善捐赠"(charitable subscription)有约束力。一些法院遵循了《合同法重述(第二次)》第90(2)条[53],而且该条最终可能会成为一般规则,正如下文要讨论的《合同法重述(第一次)》第90条那样。在这些情况下,什么是适当的救济呢?同样,违约救济应立基于允诺可执行的理由。既然对社会服务机构的赠与允诺应在有利于此类赠与的政策基础上可执行,此类允诺就应在全部范围内可执行。

五、信赖的作用

简单赠与允诺不应当且也不能可执行。然而,假设赠与允诺已被信赖。

---

〔51〕 See, e.g., Friends of Lubavitch/Landow Yeshiva v. N. Tr. Bank, 685 So. 2d 951, 952 (Fla. App. 1996); Lake Bluff Orphanage v. Magill's Ex' rs, 204 S.W.2d 224, 226 (Ky. 1947); Floyd v. Christian Church Widows and Orphans Home, 176 S.W.2d 125, 129 (Ky. 1943); King v. Trs. of Bos. Univ., 647 N.E.2d 1196, 1203 (Mass. 1995); Congregation Kadimah Toras-Moshe v. DeLeo, 540 N.E.2d 691, 693−694 (Mass. 1989); Md. Nat' l Bank v. United Jewish Appeal Fed., 407 A.2d 1130, 1135−1137 (Md. 1979); Mount Sinai Hosp. v. Jordan, 290 So. 2d 484 (Fla. 1974); In re Estate of Timko v. Oral Roberts Evangelistic Ass' n, 215 N.W. 2d 750, 752 (Mich. Ct. App. 1974); Danby v. Osteopathic Hosp. Ass' n, 104 A.2d 903 (Del. 1954); De Pauw Univ. v. Ankeny, 166 P. 1148, 1149 (Wash. 1917).

〔52〕 See, e.g., Danby v. Osteopathic Hosp. Ass' n. of Del., 104 A.2d 903, 907 (Del. 1954); Congregation B' nai Sholom v. Martin, 173 N.W.2d 504, 509−510 (1969); In re Couch's Estate, 103 N.W.2d 274, 276 (1960); I. & I. Holding Corp. v. Gainsburg, 12 N.E.2d 532, 534 (1938); Allegheny College v. Nat' l Chautauqua Cty. Bank, 246 N.Y. 369, 159 N.E. 173, 176 (1927); Central Me. Gen. Hosp. v. Carter, 132 A. 417, 419−420 (Me. 1926); Thompson v. McAllen Federated Woman's Bldg. Corp., 273 S.W.2d 105, 108−109 (Tex. Civ. App. 1954).

〔53〕 See P.H.C.C.C., Inc. v. Johnston, 340 N.W.2d 774, 776 (Iowa 1983); Woodmere Acad. v. Steinberg, 363 N.E.2d 1169, 1172 (N.Y. 1977). But see Arrowsmith v. Mercantile-Safe Deposit and Tr. Co., 545 A.2d 674, 684−685 (Md. 1988).

一些与简单赠与允诺相关的程序关注仍然存在。例如,信赖可能提供某种证据,以证明实际上已作出允诺,但它很少提供充分的证据保障,因为在赠与语境下经常涉及的那种信赖,诸如购买或旅行,可能经常与允诺的存在或不存在相一致。然而,在受允诺人合理信赖赠与允诺的场合,执行该允诺就具有强大的实质利益。这里的原则是要对道德过错造成的重大伤害承担责任。允诺人作出允诺后又违背它是有过错的。该过错给受允诺人造成了损失,因为该允诺诱使受允诺人承担了他本不会承担的成本,这是在合理假定该允诺会得到履行的情况下才发生的。因此,不像简单赠与允诺那样,如果违背了已被信赖的赠与允诺,受允诺人的情况就会比允诺作出前更糟糕。[54] 简言之,信赖使受允诺人的伤害在性质上产生了质的变化:产生信赖的受允诺人不仅遭受了失望,而且也遭受了财富的实际减少。

此种实质利益的力量超过了对执行赠与允诺的程序关注。合同世界和赠与世界的区分也有助于解释,为什么已被信赖的赠与允诺应是可执行的:如果赠与之允诺人拒绝赔偿受允诺人因其作出并随后违背允诺的过错造成的损害,他就把执行的理由排除在情感领域之外了(在简单赠与允诺情况下,如果允诺人后悔了,愿望的道德性意味着,在通常情况下,受允诺人应当免除允诺人的义务。然而,即使根据愿望的道德性,赠与的受允诺人在道德上被迫去免除允诺人基于且限于损害赔偿的义务)。

然而,基于约因的交易理论,古典合同法采取了信赖并不使赠与允诺具有可执行性的立场。例如,在柯克西诉柯克西案(Kirksey v. Kirksey)[55]中,艾萨克·柯克西(Isaac Kirksey)的嫂子安蒂利科·柯克西(Antillico Kirksey)是位寡妇,有几个孩子。[56] 安蒂利科根据租约居住在公共土地

---

[54] See Scanlon, supra note 4, at 202-203(当 A 知道或应当知道,他使用的语言或行动会诱使另一个人 B 合理地相信 A 承诺采取某一行动,且 A 知道或应当知道,如果他不采取行动 B 将承担成本时,A 就应采取措施确保:如果他不采取行动 B 就不会遭受损失)。

[55] 8 Ala. 131 (1845).

[56] 《"亲爱的嫂子安蒂利科……":柯克西诉柯克西案的故事》一文[William Casto & Val Ricks, "Dear Sister Antillico……":The Story of Kirksey v. Kirksey, 94 *Geo. L.J.* 321, 328 (2006)]报道,原告的名字是 Angelico 而非 Antillico。本案中的意见使用了后一名字是为了避免此处所用名字的混淆。

上,住得很舒适,并且她试图获得她居住的土地。艾萨克住在六七十英里外。1840年10月10日,艾萨克给安蒂利科写了下面这封信:

> 亲爱的安蒂利科嫂子——听说亨利兄弟和他的一个孩子死了,我非常难过。我知道你的处境既悲伤又艰难。你以前境遇不好,但现在是更糟了。我应该来看你的,但目前却不方便……我不知道你是否有更喜欢的要住的地方。如果有的话,我建议你就到喜欢的地方去,卖掉土地,离开这个乡村,因为我理解这个乡村非常不正常,我知道社会也非常糟糕。如果你决定来看我,我会让你有地方来抚养家人,我有一些地也照料不过来。考虑到你和你家人的处境,我想要你和孩子们过得好一些。[57]

在收到这封信的一两个月内,安蒂利科放弃了她的财产,但并没有进行处分,并搬到了艾萨克的地方。两年来,艾萨克把她安置在舒适的房子里,给她土地耕种。然而,两年后,艾萨克就让安蒂利科离开了房子和土地,并把她安置在树林里一个并不舒适的房子里。此后,艾萨克又让安蒂利科离开了这个房子和这个地方。安蒂利科起诉艾萨克,陪审团判决支持她,判艾萨克赔偿200美元。上诉后,法院推翻了判决。简短的意见是由持不同意见的法官撰写的:

> 奥蒙德法官(Ormond, J.)——我的想法倾向于,原告背井离乡从60英里外的地方搬到被告家所遭受的损失和不便,是一个足够的约因来支持给她提供房子、可耕种的土地直到她可以抚养家人的允诺。然而,我的同事认为,被告的允诺仅仅是赏钱(gratuity),本诉讼不是因违约而起(an action will not lie for its breach)。[58]

---

[57] 8 Ala. at 131.

[58] Id. See also Brawn v. Lyford, 69 A. 544, 546 (Me. 1907); Thorne v. Deas, 4 Johns. 84, 102 (N.Y. Sup. Ct. 1809). But see Steele v. Steele, 23 A. 959, 960 (1892); Devecmon v. Shaw, 14 A. 464, 465 (1888).在《"亲爱的嫂子安蒂利科……":柯克西诉柯克西案的故事》一文中,卡斯托和里克斯通过广泛历史研究以及一些跳跃性的推断得出结论,艾萨克与安蒂利科实际上达成了在他的土地上生活的交易,而非赠与承诺。"艾萨克别有用心。他打算把(安蒂利科)放在公共土地上以保住自己的地方,这也是他的偏好(在满足某些条件的前提下以折扣价购买公共土地的权利),这样他以后就可以丰厚的折扣从美国政府那里购得土地。(转下页)

然而,随着时间的推移,一些法院设法找到了一个绕过赠与允诺即使被信赖也不可执行的规则的路径。这些法院要么人为地将已被信赖的允诺解释为交易(bargain)[59];要么在几个案例中直接判决信赖使允诺具有可执行性[60];要么判决某些类别的赠与允诺(最突出的是慈善捐赠、关于结婚的允诺和给予土地的允诺)一旦被依赖就是可执行的(尽管在这些情况中,执行在概念上取决于被信赖的允诺所属的类别,而非信赖原则[61])。然后在1932年,《合同法重述(第一次)》,主要由威利斯顿撰写,但由科宾和其他人担任顾问,只是简单地避开了(shoulder aside)执行被信赖之赠与允诺的概念障碍。尽管《合同法重述(第一次)》坚持约因的交易(bargain)理论[62],但是它也规定某些"无约因"的非交易允诺是可

(接上页)他与她谈判使她充当占位符,她知道这一点……"(《"亲爱的嫂子安蒂利科……":柯克西诉柯克西案的故事》一文第324—325页)。卡斯特和里克斯主张"比他能耕种的更开阔的土地",艾萨克意指开放给公众居住的土地(《"亲爱的嫂子安蒂利科……":柯克西诉柯克西案的故事》一文第344—346页)。卡斯托和里克斯总结说,艾萨克信件的真正意思是,"你在开阔地上……但是那里的社会很糟糕。不如到这里来。我也会把你放在我拥有的开阔地上,你在经济上不会变得更差,在健康和社会方面也会变得更好。你在我拥有的开阔地上定居,无论在哪里,在政府授予我一个优先权之前,你将永远有一个住的地方"。(《"亲爱的嫂子安蒂利科……":柯克西诉柯克西案的故事》一文345页)。

《"亲爱的嫂子安蒂利科……":柯克西诉柯克西案的故事》一文是个信息宝库,但是卡斯托和里克斯支持他们关于艾萨克和安蒂利科做了交易之结论的证据并不令人信服。尽管该结论是用无条件的术语表述的,但支持结论的推理主要是利用这样的术语引入的陈述,例如,"现在假设""或者他是这样认为的""如果……该论点更合理""更有可能(柯克西)知道",这些事实"强烈表明",安蒂利科和柯克西"可能这样认为""我们提出了""很可能""各种解释都是可能的",以及至少十二次的"也许"。此外,作者的推理部分依赖于如下假设,即安蒂利科在柯克西作出允诺时理解公共土地法,但在她被驱逐时并不理解。

然而,即使卡斯托和里克斯的结论是正确的,它对柯克西诉柯克西案也只有非常有限的影响。根据卡斯特和里克斯揭露的历史事实,无论艾萨克信件最好的解释是什么,法院都明确地将这封信解释为"仅仅是赠与",而并未解释为交易。事实上,如果法院认为艾萨克和安蒂利科达成了交易,它应当而且很可能会判决支持安蒂利科。因此,无论历史事实是什么,根据法院对事实的理解,法院认为,对赠与承诺的信赖不足以使允诺具有可执行性。

[59] See, e.g., Siegel v. Spear & Co., 138 N.E. 414 (N.Y. 1923).

[60] See, e.g., Devecmon v. Shaw, 14 A. 464 (1888).

[61] See Benjamin F. Boyer, Promissory Estoppel: Principle from Precedents (pts. 1-2), 50 *Mich. L. Rev.* 639, 873 (1952); Warren L. Shattuck, Gratuitous Promises—A New Writ?, 35 *Mich. L. Rev.* 908 (1937).

[62] See *Restatement First* §75.

执行的。特别是《合同法重述(第一次)》第90条规定,如果只有通过执行允诺和满足某些其他条件才能避免不公正,那么就允诺人合理预期会促使受允诺人作为或不作为并且也确实如此的允诺而言,该允诺有约束力。部分受第90条的影响,合理信赖使赠与允诺可执行的原则,习惯上被称为允诺禁反言原则,现在已成为美国合同法公认的一部分。

为理解该原则的意义,援引托马斯·库恩在《科学革命的结构》(The Structure of Scientific Revolutions)一书中所发展的范式概念是有用的。[63] 正如库恩所使用的术语,范式是一种模型、原则或理论,它解释了其范围内的大多数或所有现象,但它又是足够开放的,为通过范式的应用来解决进一步的问题以及模糊性留有空间。[64] 根据新的阐释,范式既向前看又向后看。向后看,新范式允许并且确实要求在其范围内重构对现象的先前解释。向前看,通过进一步的阐述和详细说明(specification)应用和扩展新范式来解决额外的问题和模糊性,并发现新的或以前被忽视的现象。但当新的范式以它典型的发生方式被应用和扩展时,异常(这个范式没有解释的现象)通常得以发现。这些异常可能最终导致另一种新范式的形成。[65]

随着古典合同法的兴起,交易成为约因的范式形式。[66]此后一段时间,合同法在很大程度上关注于对此范式的阐述和详细说明。例如,法院和学者分析诸如为什么待履行(未履行)的交易应当可执行[67],是否执行法律上有义务履行之交易[68],是否执行仅仅是名义上的交易[69],以及是

---

[63] Thomas S. Kuhn, *The Structure of Scientific Revolutions* (2d ed. 1970).

[64] Id. at 10, 23, 181-87.

[65] Id. at 6-7, 27, 29, 52-65.

[66] 法律范式在较多方面不同于科学范式,但库恩本人在解释他的理论时借鉴了法律推理的模式。See id.at 23.

[67] See, e.g., C. C. Langdell, *Summary of Contracts* §§81-89 (2d ed. 1880); C.C. Langdell, Mutual Promises as a Consideration for Each Other, 14 *Harv. L. Rev.* 496 (1901); James Barr Ames, Two Theories of Consideration (pt.2), 13 *Harv. L. Rev.* 29 (1899); Samuel Williston, Successive Promises of the Same Performance, 8 *Harv. L. Rev.* 27 (1894).

[68] See, e.g., *Restatement Second* §73.

[69] See Section C of this chapter, supra.

否执行其中一个允诺是虚幻之交易。[70] 在发展交易范式时,至少原则上没有为信赖的作用留有空间,因为无论是否被信赖,赠与允诺都在该范式之外。第 90 条的最主要成就是采用了第二种模式:如果被合理信赖,允诺便是可执行的。第 90 条为在交易原则下似乎不正常的结果提供了一个原则基础,诸如在涉及委托保管、婚姻和土地的案例中得出的绝对例外。然而,这并非驱动采纳第 90 条的原因。如果信赖原则在规范上不能证成,威利斯顿(Williston)就绝不会制定第 90 条。相反,他会得出结论认为,以前的异常情况应当被拒绝或予以隔离,而非用作转型的原材料。驱动采纳第 90 条的是,它提供了规范上可取的原则来规范产生信赖的非交易允诺。

当第 90 条于 1932 年第一次被采纳时,许多观察家认为它的实施仅限于被信赖之赠与允诺的可执行性。然而,第 90 条的任何内容都没这么说,事实上,《合同法重述(第一次)》第 90 条的评注和示例考虑了商事语境中信赖原则的适用。从 20 世纪中叶开始,信赖的作用从约因原则演变为一种范式,用以在其他领域产生以信赖为基础的规则,诸如错误、情势变更、要约和承诺以及反欺诈法。信赖在这些领域的作用将在后续章节中深入展开。

六、赠与允诺语境下的信赖损害赔偿计算

在信赖原则出现之前,合同法中的基本救济是预期损害赔偿,预期损害赔偿意在使受允诺人置于如允诺得以遵守时其所处的地位。信赖原则出现后,如下问题就出现了,即违反了仅因被信赖而可执行的允诺是否应通过如下方式来救济:(1)预期损害赔偿,意在使受允诺人置于如允诺得以遵守时其所处的地位;或者(2)信赖损害赔偿,意在使受允诺人回到允

---

[70] See, e.g., 1 Samuel Williston & George J. Thompson, A Treatise on the Law of Contracts § 103B (rev. ed. 1936); Arthur L. Corbin, The Effect of Options on Consideration, 34 *Yale L.J.* 571-574 (1925).

诺作出之前所处的地位,其以受允诺人信赖允诺所产生的已付成本和机会成本来计算。《合同法重述(第一次)》第 90 条没有提到这个问题,但是在美国法学会举办的一次著名座谈会上,威利斯顿采取了第 90 条下的救济应是预期损害赔偿的立场。

> 威利斯顿先生:……约翰尼(Johnny)说,"我想买一辆别克车"。叔叔说,"好吧,我给你 1 000 美元"。……叔叔知道侄子将依赖那 1 000 美元来购买汽车……
>
> 滕斯托尔(Tunstall)先生:……假设这辆车是福特而不是别克,那么将花费 600 美元……约翰尼说,"我想买辆福特车",且……由于不熟悉福特车的市场价格,叔叔说:"我给你 1 000 美元。"现在,叔叔有义务支付 1 000 美元还是福特车的价格?
>
> 威利斯顿先生:我想他受 1 000 美元的约束……
>
> 库代尔先生(Coudert):……请让我看看我是否正确理解了。报告人先生(威利斯顿是《合同法重述(第一次)》的主报告人),在你所说的约翰尼和叔叔的情况下,叔叔允诺了 1 000 美元,如果约翰尼仅花了 500 美元买车,那么叔叔对 1 000 美元还是 500 美元承担责任?
>
> 威利斯顿先生:如果约翰尼做了他被预期所做的事情,或者是在他叔叔的预期范围内行事,我认为他叔叔应对 1 000 美元承担责任,而不对别的数额承担责任……[71]

当被要求说出这一非同寻常结论的正当性时,威利斯顿诉诸于他偶尔擅长的极端概念论:

> 允诺要么有约束力,要么没有约束力。如果此允诺有约束力,那么它必须像做出的允诺那样得到执行……我可以把这整件事放在准合同的主题,这样一来,在此情况下,受允诺人永远也不会根据允诺获得赔偿,但他将获赔对他所遭受的任何伤害而言公平补偿的金额;但在我看来,你必须采取这个立场或者那个立场(take one leg or the

---

[71] Proceedings April 29, 1926, 4 A.L.I. Proc. App., 88, 95-96, 98-99.

other)。你要么允诺有约束力,要么就必须坚持恢复现状的理论。[72]

威利斯顿的立场明显没有说服力:它产生了反直觉的结果,正如汽车假设所显示的那样,而且它隐含地假定允诺人的责任范围不基于政策和公平,而基于诉因这个标签。正像允诺不需要仅仅因为它在道德上有约束力就在法律上具有可执行性一样,允诺也不需要仅仅因为它在法律上具有可执行性而完全执行。相反,基本原则应当是,对违反特定类型可执行允诺的救济取决于该类型允诺可执行的原因。根据此原则,如果允诺是可执行的,因为并且仅仅因为它已经被信赖,救济通常应当是信赖损害赔偿。此外,对违反仅因被信赖而可执行的允诺给予预期损害赔偿,才可能诱使受允诺人通过采取低成本的行动从事策略行为,该策略行为的唯一目的就是使允诺立即且完全可执行。该问题可以通过将对受允诺人的赔偿限于受允诺人的成本来避免,因为在信赖损害赔偿制度下,受允诺人的信赖并不比不信赖更好。

认识到这些困难之后,《合同法重述(第二次)》拒斥了威利斯顿的立场,它在第90(1)条中增加了一个新句子(《合同法重述(第一次)》第90条的对应部分),该句规定,对违约给予的救济可以根据正义所要求的予以限制。[73] 这句话的明确目的是,在允诺仅仅因被信赖而具有可执行性的场合,认可使用信赖损害赔偿。[74]

这就导致了一个问题:在赠与允诺语境下,信赖损害赔偿究竟应当如何计算呢?当涉及确切的金钱成本时,这个问题的答案通常很简单。如果姑姑允诺在2016—2017赛季给侄女1 000美元用于购买歌剧门票,并在侄女购买并使用了价值500美元的门票后撤回允诺,那么姑姑应当对500美元而非1 000美元承担责任。然而,涉及个人成本的情况更难计算,因为这种成本的金钱价值通常很难计算。例如,在柯克西诉柯克西案(Kirksey v. Kirksey)中,安蒂利科的金钱成本很可能很小,但她的个人成

---

〔72〕 Id. at 103-104. See also id. at 94.
〔73〕 *Restatement Second* § 90(1).
〔74〕 See id. § 90 Reporter's Note. See also 42 A.L.I. Proc. 296-297 (1965) (remarks of Professor Braucher).

本很可能是很大的,包括去往和离开艾萨克农场的情感和身体上的艰辛,以及失去了过安定生活的机会,而非仅仅是两次重新定居。

安蒂利科本应获赔这些个人成本,但这些成本很难直接计算。一种解决方案是将问题抛给事实裁判者(fact finder),由其依照直觉计算,就像在人身伤害案件中一样。然而,在人身伤害案件中,交易通常不是合意性的,部分原因是,通常没有客观的金钱计算方法可供使用(no objective financial measure is at hand)。相比之下,在赠与允诺被信赖的场合,且在适当情况下,允诺可以提供受允诺人个人成本的粗略计算。例如,柯克西诉柯克西案(Kirksey v. Kirksey)中,我们知道此允诺足以诱使安蒂利科搬迁,但我们不知道更低的允诺是否本已足够。法律不应当试图直觉性地计算安蒂利科的个人成本,而是应当客观地计算这些成本。如果这些成本看起来很大、难以量化且合理地与受允诺人的预期相关,那么间接的途径是使用她的金钱预期(艾萨克农场上一个地方在允诺期限内的租金价值)作为她的金钱和个人成本的替代计算标准。判断此三因素检验(three-factor test)是否得到满足的一个重要指标是,受允诺人是否被诱使对其不易逆转的生活做出实质改变。根据此指标,预期损害赔偿在柯克西诉柯克西案中作为信赖损害赔偿的替代,很可能是适当的。[75]

一个相关的问题涉及对受允诺人在违约前所获利益的处理。如果该

---

[75] Cf. Newmeyer v. Newmeyer, 140 A.2d 892 (Md. 1958)(允诺人支付购买汽车所欠尾款的允诺作为赠与是完全可执行的); Young v. Overbaugh, 39 N.E. 712 (N.Y. 1895)(在被告已经进入地产且进行了重要改善时,赠与地产的允诺是完全可执行的); Wells v. Davis, 14 S.W. 237 (Tex. 1890) (same); Boyer, supra note 61, at 663-665(注意,执行一个允诺经常回避了改善估价难题)。与对职业高尔夫协会之巡回赛的诉讼相关,媒体报道了一个例子,该例子发生于一个有争议的赠与语境。直到1977年,任何赢得美国公开赛或职业高尔夫球锦标赛的高尔夫球手都有权获得参赛资格终身豁免,根据该豁免,他可以参加职业高尔夫球巡回赛的任何锦标赛,而无需通过业绩或比赛获得资格。1977年11月,美国职业高尔夫球协会决定,从1979年开始,过去的冠军必须满足某些业绩准则才能进入锦标赛。过去的冠军随后申请了一项禁令,禁止新规则的实施。他们的非官方发言人戴夫·马尔(Dave Marr)表示,"我们不想做任何伤害比赛或巡回赛的事情,但我们觉得他们取消了属于我们的东西。我们中的许多人都是围绕着这种豁免而生活的。如果知道该豁免会被取消,我们也可能会以不同的方式安排我们的生活"。John S. Radosta, Golfer's Exemption Suit Looms as Blockbuster, *N.Y. Times*, Jan. 31, 1978, at 19。

利益是金钱利益,那么利益的金额通常应从受允诺人的赔偿中加以扣除。例如,假设 A 计划为他的货物购买火灾险。B 在知道了 A 的计划后作出了为他购买保险的赠与允诺。因此,A 自己就没有为其货物投保。但 B 也没有购买保险,A 的货物被烧毁。如果货物已经投保,保险费是 150 美元,保险公司将支付 5 000 美元来弥补 A 的损失。A 对 B 的损害赔偿应当不是 5 000 美元,而是 4 850 美元,这才是他的情况因 B 的允诺而变得更糟的数额。

同样,当涉及个人利益时,这个问题就更难回答了。例如,假设叔叔答应给侄女最高 4 500 美元的费用,让她在纽约度假三周。侄女在纽约呆了整整三周,花了 4 500 美元,但叔叔拒绝履行他的允诺。在侄女索赔 4 500 美元的诉讼中,叔叔是否有权抵销侄女从旅行中获得的个人利益呢?出于这些目的,信赖的受允诺人之个人利益的价值通常是受允诺人愿意为这些利益支付的金额。确定该金额的困难表明,除非受允诺人的个人利益非常重要且可计算,否则在确定其赔偿时通常不予考虑。此立场似乎与受允诺人在某些情况下应能获赔其个人成本之价值的立场相矛盾。然而,此种矛盾是次要的,该差异也不是没有原因的。违反可预见会被信赖之允诺的允诺人是有过错的,因此应承担受允诺人由此产生之损失的主要部分。相比之下,受允诺人在违约前享受个人利益并无过错。

七、 信赖的生命

在信赖范式出现的背景下,格兰特·吉尔摩(Grant Gilmore)于 1974 年在《契约法的死亡》[76]一书中论证说,"允诺禁反言……实际上已经吞噬了交易原则"[77]。他论证认为,更广泛地说,由于基于信赖的责任和损害赔偿类似于侵权,合同法已并入侵权法中。"我们得知合同法……死

---

[76] Grant Gilmore, *The Death of Contract* (1974).
[77] Id. at 72.

了,的确死了"[78]。吉尔摩没有就信赖原则应当取代交易原则以及合同法应当并入侵权法提供多少论证。相反,吉尔摩在根本上采取了历史学家的立场,收集先例作为证据,而没有对它们进行评估。然而,证据大部分由老旧的案例构成,而且案例也不是太多。

吉尔摩聚集了一些追随者。然而,总的来说,对《契约法的死亡》一书的反应是,这本书优雅、有挑衅性,偶尔也很精彩,但作为历史问题这本书经常受到质疑,而且错误地断言信赖原则已经吞噬了交易原则,合同法已经死亡。[79] 这本书有众多读者,但这本书对法律即使有影响也是很小的。

大约15年后,在20世纪80年代和90年代初,几个评论家颠覆了吉尔摩的论点。他们说,死亡或濒临死亡的不是合同法,而是作为非交易允诺可执行性理由的信赖。非交易允诺并非交易的一部分,也无助于或不附于交易。相反,对非交易允诺可执行性的检测取决于允诺的严肃性或者允诺的目的。

这些评论家的进路在重要方面有不同之处,但爱德华·约里奥(Edward Yorio)和史蒂夫·泰尔(Steve Thel)的一篇重磅文章《第90条的允诺基础》[80]是它们中的典型。[81]约里奥和泰尔的主要论点是,根据现行合同法,赠与允诺是否可执行并不取决于受允诺人是否信赖了,而仅仅取决于允诺是否是慎重作出的(*慎重性论点 seriousness thesis*)。作为

---

[78] Id. at 3.

[79] See, e.g., Richard A. Epstein, Book Review, 20 *Am. J. Legal Hist.* 68 (1976); Ralph James Mooney, The Rise and Fall of Classical Contract Law: A Response to Professor Gilmore, 55 *Or. L. Rev.* 155 (1976) (book review); James R. Gordley, Book Review, 89 *Harv. L. Rev.* 452 (1975).

[80] 101 Yale L.J. 111, 113 (1991).

[81] See also Randy E. Barnett, The Death of Reliance, 46 J. Legal Educ. 518, 522 (1996); James Gordley, Enforcing Promises, 83 *Cal. L. Rev.* 547, 569 (1995); Jay M. Feinman, The Last Promissory Estoppel Article, 61 *Fordham L. Rev.* 303, 306 (1992); Michael B. Kelly, The Phantom Reliance Interest in Contract Damages, 1992 *Wisc. L. Rev.* 1755, 1781 n.78; Jay M. Feinman, Promissory Estoppel and Judicial Method, 97 *Harv. L. Rev.* 678, 687-688 (1984). 在另一篇重要文章中,丹尼尔·法伯和约翰·马西森认为,根据一个正在出现的规则,允诺是否可执行取决于该允诺是否系"为促进经济活动"而作出的。Daniel A. Farber & John H. Matheson, Beyond Promissory Estopppel: Contract Law and the "Invisible Handshake," 52 *U. Chi. L. Rev.* 903, 904-905 (1985).

现有原理的问题,他们说,"根据第 90 条,如果允诺得到令人信服的证明,并且在允诺作出时可能是慎重且经过深思熟虑的,那么允诺会得到充分执行……第 90 条的基础是允诺,而非信赖……如果允诺确认是慎重的……那么法院会执行它"。约里奥和泰尔坚持,他们的作品是实证性的,而非规范性的。他们只关心法律是什么,而非法律应当是什么:"我们的论点不是第 90 条的基础应当是允诺。而是,我们描述和分析了所报告的案例,并表明该条的基础是允诺。"[82]

确立慎重性论点的明显方法是抽取大量的非交易案例样本,然后仅根据慎重性来确定样本中有多少案例执行了允诺。然而,约里奥和泰尔没有采取此种策略(tack)。相反,他们试图通过对现有合同法提出另外两个主张来间接确立他们的论点。

第一个主张(非信赖损害赔偿的主张)是,在"第 90 条的案例"中判予的是预期损害赔偿而非信赖损害赔偿。[83] 第二个主张(信赖可能性足以充分的主张)是,在约里奥和泰尔称之为"第 90 条案例"的案件中,法院不要求实际信赖,而是仅要求明确且慎重之信赖的可能性。[84] 如果受允诺人的明确和慎重之信赖在允诺人的合理预期之内,他们认为,"该允诺可能很好地得以考虑,因此值得法律执行"[85]。约里奥和泰尔大部分的文章都致力于,通过讨论他们认为支持其主张的案例来确立他们的无信赖损害赔偿之主张。然而,他们的论证有非常严重的缺陷。

首先,约里奥和泰尔的文章意在关注"第 90 条案例",正如他们文章的标题"第 90 条的允诺基础"所显示的那样。如《合同法重述(第一次)》

---

[82]　Yorio & Thel, supra note 80, at 114-115 (emphasis in original).

[83]　See id. at 112-114, 166; Farber & Matheson, supra note 81, at 909; Mary E. Becker, Promissory Estoppel Damages, 16 *Hofstra L. Rev.* 131, 136-145 (1987); Paul T. Wangerin, Damages for Reliance across the Spectrum of Law: Of Blind Men and Legal Elephants, 72 *Iowa L. Rev.* 47, 49-54, 89-98 (1986); James O. Bass, Jr., Note, Promissory Estoppel—Measure of Damages, 13 *Vand. L. Rev.* 705, 709-711 (1960).

[84]　Yorio & Thel, supra note 80, at 152-160.

[85]　Id. at 126-127. 约里奥和泰尔所采用的慎重性检测的精确公式有变化。在某一点上,他们将检测设定为:"通过允诺人对特定和实质性信赖的考虑、允诺的形式、受允诺人的情况或允诺人受益的机会,允诺人的承诺可证明是充分慎重的。"Id. at 166.

所采用的,第 90 条没有明确提到损害赔偿问题。在美国法学会的会议上,威利斯顿采取了类似于约里奥和泰尔的无信赖损害赔偿主张(no-reliance-claim claim)的立场。[86] 然而,当《合同法重述(第二次)》出版时,第 90(1)条修改了第 90 条,明确了在第 90 条案例中确实可以判予信赖损害赔偿。这似乎没有为第 90 条不支持信赖损害赔偿的主张留下太多空间。

鉴于《合同法重述(第二次)》第 90 条认可了信赖损害赔偿,约里奥和泰尔试图通过诉诸判例法来证实信赖主张。但是,意在描述判例法的工作必须从明确界定所要描述的案例数量开始。约里奥和泰尔从未越过这个障碍,因为他们从未弄清楚什么构成"第 90 条案例"。正像他们对该词语的使用一样,"第 90 条案例"这一词语不能指所有根据第 90 条判决的案例,因为他们援引的很多案例都是在第 90 条被《合同法重述(第一次)》采用之前裁决的。该词语不能指赠与允诺案例,因为他们援引的大多数案例涉及商业允诺,而且无论如何,很多赠与允诺案例总体上既不涉及信赖,也未涉及第 90 条。该词语也不能指基于受允诺人实际信赖的案例,因为这与约里奥和泰尔声称受允诺人是否实际信赖并不相关。简言之,约里奥和泰尔只是对某些类型的案例提出了经验性主张,但他们并没有具体说明所考虑的案例类型是什么。

此外,约里奥和泰尔的无信赖损害赔偿主张(no-reliance-damages claim),可通过许多第 90 条案例中未判予信赖损害赔偿的案例来证伪。一个例子是第一国民银行诉洛根制造公司案(First National Bank v. Logan Mfg. Co)[87]。在该案中,加勒特和穆尔(Garrett and Moore)寻求从第一国家银行贷款,用于购买一个塑料生产企业,并将其转移到印第安纳州。银行代表勃兰特(Brandt)向加勒特和穆尔口头保证,银行将提供必要的贷款,并准备了一份书面贷款申请让他们签字。签字后,银行批准了该申

---

[86] 参见本章第七节"信赖的生命"。
[87] 577 N.E.2d 949 (Ind. 1991). 第一国民银行诉洛根制造公司案大约是在《第 90 条的允诺基础》一文发表时判决的,在写作该文时,约里奥和泰尔援引不了该案。然而,有其他更早期的类似第一国民银行诉洛根制造公司案的案例,See e.g., Westside Galvanizing Serv. Inc. v. Georgia-Pacific Corp., 921 F.2d 735, 739 (8th Cir. 1990).

请,但条件是贷款将由印第安纳州担保。然而最终,银行没有发放贷款,加勒特和穆尔提起诉讼。法院认为,银行没有违反口头合同,因为当勃兰特作出口头保证时,银行尚未同意贷款条款。银行也没有违反书面合同,因为该合同的一个条件,也即印第安纳州的担保,没有成就。然而,法院认为,加勒特和穆尔有权根据允诺禁反言获得救济,因为他们信赖了勃兰特保证银行会贷款给他们,从而产生了损害。法院随后转向救济问题,并自觉采取了信赖计算的进路:

> 在得出结论认为适当的赔偿理论是允诺禁反言后,我们再次考虑《合同法重述》来指引损害赔偿的计算。第90条规定,"违约赋予的救济可根据正义的要求来加以限制"。……我们的结论是,在此种情况下,防止不公正所要求的损害赔偿就被称为"信赖损害赔偿"……我们认为,"正义不要求判予所失利润,……"[88]

面对诸如第一国民银行案这样的案例,约里奥和泰尔的基本策略是整理支持他们的无信赖损害赔偿(no-reliance-damages)的案例,并通过解释排除不支持无信赖损害赔偿的案例。这种进路的问题在于,通过整理支持信赖损害赔偿的案例,并通过解释排除了不支持信赖损害赔偿的案例,判例法可以同样有力地用来提出相反观点。例如,约里奥和泰尔用以支持其无信赖损害赔偿请求的几乎每个案例,都能用下述理由中的一个或多个来解释并予以排除:

(1)案例涉及交易,尽管交易并非商业性的。例如,"如果你照顾我,我会在遗嘱里给你留下2万美元"。

(2)案例涉及商业允诺,该商业允诺或者是交易的一部分,或者有助于该交易,或者是交易的附属部分。[89]

(3)损害的计算在案例中没有争议。[90]

---

[88] First National Bank, 577 N.E.2d at 956.
[89] See, e.g., Janke Const. Co. v. Vulcan Materials Co., 527 F.2d 772 (7th Cir. 1976); Graydon v. Knight 292 P. 2d 632 (Cal. 1956).
[90] See, e.g., Ricketts v. Scothorn, 77 N.W. 365 (Neb. 1898).

(4)信赖损害赔偿与预期损害赔偿相同,以至于损害赔偿的裁判可以用任一种方式来描述。[91]

(5)受允诺人的信赖不易于量化[92],因此预期损害赔偿必须或可合理地用作信赖损害赔偿的替代。

(6)在20世纪40年代末之前发生的案例。[93] 在此之前发生的所有案例在信赖损害赔偿问题上都只有限的说服力,因为对信赖损害赔偿的接受直到1950年代才开始。在那之前,法院可能会像威利斯顿一样认为,对他们来说,合同案件中唯一的损害赔偿计算方法是预期计算。

(7)案例涉及向社会服务机构捐赠的赠与允诺(一种通常被称为慈善承诺的允诺),此种赠与允诺在传统上被给予特殊对待可能是出于政策原因。[94]

这给约里奥和泰尔的方法论带来了一个更深层次的问题。约里奥和泰尔放弃了对"第90条的基础是否应当是允诺"的任何兴趣。[95] 然而,不考虑法律应当是什么,就很少能确定法律是什么。在从先例进行推理时,裁决法院可以关注先例法院说了什么或者做了什么。专注于一个先例法院的所作所为几乎永远不会产生确定的规则,因为裁判法院可以通过强调先例中的某些事实而轻视其他事实,来为不同规则提供先例基础(stand-base)。因此,通常情况下,从先例进行推理始于先例法院说了什么,而非它做了什么。然而,裁判法院总是有权强调其中之一。此种权力允许裁判法院修改或转换先前表述的规则,因为先例法院所做的经常能以多种方式来解释。

法院行使此权力的程度,或者更一般意义上法院解释先例的方式,在很大程度上总是取决于先例中宣布的规则在多大程度上与规范意义上的

---

[91] See, e.g., Devecmon v. Shaw, 14 A. 464 (Md. 1888).
[92] See, e.g., Feinberg v. Pfeiffer Co., 322 S.W. 2d 163 (Mo. App. 1959).
[93] See, e.g., Ricketts v. Scothorn, 77 N.W. 365 (Neb. 1898).
[94] 参见本章第五节。
[95] Yorio & Thel, supra note 80, at 114.

最佳规则实质上一致或不一致,而规范意义上的最佳规则以政策、道德和经验为基础。[96] 这就是为什么案例既可以归类为支持也可以归类为反对此原则,即在慎重的非交易允诺中应判予信赖损害赔偿。如果法院认为应当判予信赖损害赔偿,它将会整理这么说的案例,并且经由关注那些案例中做了而非说了什么,经由解释排除没有这么说的案例。如果法院认为应当判予预期损害赔偿,它的做法就相反。将法院推向一条道路而非另一条道路的力量是每种替代项的规范权重。事实上,尽管约里奥和泰尔在他们的文中否认应然的地位,但是论文的深层似乎至少部分基于这样一个观念:合同法应当以促进允诺人遵守允诺而非保护受允诺人或促进一般社会利益为中心。

约里奥和泰尔的无信赖损害赔偿主张的论证即使不能令人信服,也是有力的。相比之下,信赖可能性的主张——即在确定非交易允诺是否可执行时,法院并不要求实际信赖,而只要求实际信赖的可能(prospect)——甚至没有上升到表面合理的程度。首先,《合同法重述(第一次)》第 90 条和《合同法重述(第二次)》第 90 条都明确要求实际信赖。《合同法重述(第一次)》第 90 条规定:

> 允诺人应合理预期其允诺会诱使受允诺人或第三人作为或不作为,并且确实诱使了此种作为或不作为,如果只有通过允诺的执行才能避免不公正,则该允诺有约束力。[97]

同样,《合同法重述(第二次)》第 90(1)条规定:

> 允诺人应合理预期其允诺会诱使受允诺人采取明确和实质性的作为或不作为,并且确实诱使了此种作为或不作为,如果只有通过允诺的执行才能避免不公正,则该允诺有约束力。[98]

判例法也跟着做了。第一国民银行案就是这样一个例子,此外还有

---

[96] See Melvin A. Eisenberg, *The Nature of Common Law* 160-161 (1988).
[97] Emphasis added.
[98] Emphasis added.

许多其他例子。[99] 约里奥和泰尔持相反观点。[100] 在他们这部分的论据中,最突出的是 1888 年的迪沃斯曼诉肖案(Devecmon v. Shaw)[101]。叔叔答应侄子,如果侄子去欧洲,叔叔会资助侄子旅游费用。侄子确实去了欧洲,但是叔叔在资助之前就去世了。法院认为,侄子有权从叔叔的遗产中获得赔偿。[102] 约里奥和泰尔依靠迪沃斯曼案来声称,法院在"第 90 条案例"中不需要信赖,然而该案是一个奇怪案件,第一,该案例是在一百多年前判决的,比第 90 条的公布早了 50 年。第二,侄子确实信赖了叔叔的允诺,法院将其判决建立在此种信赖之上:

> 证词倾向于表明原告在死者请求下支出了费用,并相信他明确的偿还花费的允诺后……除非法律另有规定,相信明确的偿还允诺,诱使人们进行超出他们能力的支出,可能造成巨大伤害……这与原告花了自己的钱而(原文如此)受益无关。他是受此允诺诱导并以此种而非其他方式消费的。[103]

面对《合同法重述(第一次)》第 90 条、《合同法重述(第二次)》第 90(1)条和判例法,并且在没有规范论证的情况下(约里奥和泰尔避开了这一点),他们对信赖可能性主张的主要论证是基于《合同法重述(第二次)》第 90(2)条。该条规定,婚姻协议或慈善捐赠不需要证明允诺诱使

---

[99] See, e.g., Pitts v. McGraw-Edison Co., 329 F.2d 412, 416 (6th Cir. 1964)("尽管本案中可能有其他事实使本案不属于第 90 条的适用范围,但我们相信,一个重要的事实是,原告绝没有因为被告 1955 年 7 月 1 日和 7 月 20 日的信件而使他的地位变得更糟糕"); Hayes v. Plantations Steel Co., 438 A.2d 1091, 1096 (R.I. 1982)["范伯格案(Feinberg)和我们面前的案件之间的重要区别在于,在范伯格案中,雇主的决定明确地塑造了原告的想法。而在本案中,允诺则没有这样"]; Alden v. Presley, 637 S.W.2d 862, 864–865 (Tenn. 1982); Bush v. Bush, 177 So. 2d 568, 570 (Ala. 1965)("另一方面,如果布什妈妈……立了遗嘱,但约翰和威廉没有信赖该遗嘱而行事……那么该允诺就没有约束力"); Dewien v. Estate of Dewien, 174 N.E.2d 875, 877 (Ill. App. Ct. 1961)("本案的证词未能支持该主张,即原告依据医生对他允诺的信赖而行事"); Feinberg v. Pfeiffer Co., 322 S.W.2d 163, 168 (Mo. Ct. App. 1959)("原告是否因信赖决议所包含的允诺而行事,而根据允诺禁反言原理产生了一个可执行的合同?").

[100] Yorio & Thel, supra note 80.
[101] 14 A. 2d 464 (Md.).
[102] Id. at 465.
[103] Id. at 465.

了作为或不作为就有约束力。然而,第90(2)条对约里奥和泰尔未提供任何帮助。除非已经结婚,婚姻协议是不可执行的。因此,关于婚姻协议,第90(2)条就很容易解释,理由是当两个人在婚姻协议达成后结婚时,他们应视为最终信赖了该协议。一旦一个人得到允诺说,如果他采取特定行为,就将得到补偿,那么无论是这个人还是法院,都不可能梳理出(sort out)该行为是否以及在多大程度上是由该补偿允诺引起的。卡多佐(Cardozo)在德西寇诉施魏策尔案(DeCicco v. Schweizer)[104]中对此思想作了最典型的表述,该案自身就涉及婚姻协议:

> 使他人的想法从特定行为路线转移,然后通过说他们的想法本不是这样的来主张这种移转导致了机会丧失是不行的。如果允诺的倾向是诱使他们坚持,信赖和损害便可以从单纯的履行事实中推断出来。行为动机(springs of conduct)是微妙而多变的。干涉这些动机的人肯定不能坚持要求很好地证明,他表示的动机有效地排除了所有其他人的动机。

至于慈善捐赠(更佳的说法是对社会服务机构的允诺),约里奥和泰尔可以恰当地争辩说,作为规范问题,此种允诺即使没有信赖也应当被执行。然而,约里奥和泰尔拒绝将其主张建立在规范基础上。不幸的是,就他们的观点而言,至少到目前为止,大多数被执行的慈善捐赠的案例要么要求信赖,要么要求交易。诚然,在执行慈善捐赠的情况下,信赖或交易的因素有时会弱化,但这可解释为执行的真正原因是公共政策。无论如何,作为实证法问题,许多法院都拒绝在缺乏实际信赖或实际交易的情况下执行慈善捐赠。

也许最重要的是,《合同法重述(第二次)》第90(2)条实际上是反对而非支持约里奥和泰尔的无信赖主张。如果根据第90(1)条,即使没有信赖,允诺也是可执行的,那么就不需要第90(2)条了。第90(2)条取消了对两类特殊类型之赠与允诺的信赖要求,强调了第90条在所有其他情况

---

[104] 117 N.E. 807, 810 (N.Y. 1917). See also Klockner v. Green, 254 A.2d 782, 785 (N.J. 1969).

下都要求信赖。

约里奥和泰尔的观点是,信赖的可能可从不慎重的允诺中筛选出慎重的允诺,这也与允诺的本质不一致。正如科宾所言,允诺是"意图的表达,即表意人将以特定方式行事或在未来产生特定结果,以这种方式传达给受领人,他可以合理地预期履行并合理地信赖"[105]。因此,*所有的允诺*,而不仅仅是*一些允诺*,通常都涉及信赖的可能。信赖的可能会从那些不是允诺的表达中筛选出那些是允诺的表达,但它不会从其他允诺中筛选出慎重作出的允诺。

简言之,约里奥和泰尔没有提供有说服力的证据来证明他们的论点,即"如果允诺被确认为是慎重的……那么法院会执行它"。此外,他们的论点被数百个拒绝执行慎重作出的商业允诺的案例直接证伪了。这些案例包括,拒绝执行以慎重方式作出的允诺的案例,拒绝接受部分支付以完全清偿债务的案例[106],拒绝对合同进行单方修改的案例[107],拒绝在固定时期内保持要约有效的案例(hold an offer open)[108],以及拒绝执行无论多么慎重作出都只能换来一个虚幻允诺的案例[109]。这些类型的案例已经在第5章中讨论过了。如该章所示,作为规范问题,这些案件中的大多数判决是错误的。但是约里奥和泰尔采取的形式为"法律是……"的慎重性论点,不能基于如下论据:作为规范问题,数百个拒绝执行慎重作出之允诺的案例的裁判都是错误的。

---

[105] Arthur L. Corbin, Corbin on Contracts § 13 (rev. vol. 1963).

[106] See, e.g., Foakes v. Beer, [1884] 9 App. Cas. 605 (H.L.) (Eng.).

[107] See, e.g., Gross v. Diehl Specialties, Int'l, Inc., 776 S.W.2d 879, 883 (Mo. Ct. App. 1989); Vito v. Pokoik, 150 A.D.2d 331 (1989); Okemah Constr., Inc., v. Barkley-Farmer, Inc., 583 S.W.2d 458, 460 (Tex. Civ. App. 1979); Mark B. Wessman, Retaining the Gatekeeper: Further Reflections on the Doctrine of Consideration, 29 *Loy. L.A. L. Rev.* 713, 759-763 (1996) (讨论了变更规则并收集了最近的案例)。

[108] See infra Chapter 5. See also, e.g., Dickinson v. Dodds, [1876] 2 Ch D 463 (Ct. App.) (Eng.); Wessman, supra note 107, at 719-723 (讨论了不可撤销要约的规则并收集了最近的案例)。

[109] See infra Chapter 5. See also, e.g., Propane Indus., Inc. v. Gen. Motors Corp., 429 F. Supp. 214, 219-221 (W.D. Mo. 1977); Wickham & Burton Coal Co. v. Farmers' Lumber Coal Co., 179 N.W. 417, 419 (Iowa 1920).

在20世纪90年代末,几个评论家进行了统计研究,以检验由约里奥和泰尔等人提出的问题。像约里奥和泰尔一样,统计研究关注的是法律是什么,而非法律应当是什么。然而,与约里奥和泰尔不同的是,统计研究是基于"胜诉"的数量与相关案例总数的比较,而不是基于对案例的评估。在其中一项名为《质疑允诺禁反言的"新共识":一项经验性和理论性的研究》的成果中[110],罗伯特·希尔曼(Robert Hillman)调查了1994年7月1日至1996年6月30日期间所有已报告的提出或讨论了允诺禁反言请求的判决。[111] 希尔曼的数据表明,约里奥和泰尔的无信赖损害赔偿和信赖可能性的主张是错误的:在据案情成功主张允诺禁反言的案例中,93%是以实际信赖作为有利于受允诺人的判决理由,驳回原告请求案件中的56%也如此。[112] 同样,在大约一半的案件中,法院都判予了基于信赖的救济。在这些案件中,要么允诺禁反言的请求在案情上是成功的,要么救济的形式是明确的,而且判予肯定性救济。

但希尔曼也得出结论认为,"数据明显缺少成功主张允诺禁反言的案例"。这个结论比较牵强。希尔曼声称,他的数据显示,在提出或讨论允诺禁反言请求的案例中,就案情而言,"胜诉"的比率非常低,仅略高于5%。[113] 然而,这并不是数据所显示的内容。

第一,希尔曼的样本包括了与他的结论不相关或几乎不相关的案例,因为样本包括那些虽然讨论了允诺禁反言,但没有提出允诺禁反言请求的案例。[114]

第二,希尔曼把驳回原告起诉的损失算作了损失,但未把驳回原告起诉的胜利算作胜利。

---

[110] 98 Colum. L. Rev. 580 (1998).

[111] Id. at 582. See also Robert W. Hillman, The Unfulfilled Promise of Promissory Estoppel in the Employment Setting, 31 *Rutgers L.J.* 1 (1999); Sidney W. DeLong, The New Requirement of Enforcement Reliance in Commercial Promissory Estoppel: Section 90 as Catch 22, 1997 *Wis. L. Rev.* 943

[112] Id. at 597.

[113] Id. at 591 tbl.1.3.

[114] Id. at 582 (emphasis added).

第三,最重要的一点是,希尔曼的数据表明,在允诺禁反言请求基于案情而未获支持的场合,许多或大多数案例是由于信赖原则有效性以外的原因而未获支持的,诸如缺乏明确的允诺,缺少产生损害的信赖,缺少合理信赖,反欺诈法问题或口头证据规则问题。[115] 在这些案例中,提出允诺禁反言请求的当事人败诉了,但损失不是基于法院拒绝允诺禁反言的原理。换言之,希尔曼的数据并没有"表明明显缺少成功主张允诺禁反言的案例",这些原告实际上且合理地信赖了,并且他们的请求并没有被独立抗辩挫败。(free-standing defense)

朱丽叶·科斯特里斯基(Juliet Kostritsky)的《允诺禁反言的兴衰或允诺禁反言是否如学者所说的那样不成功:对数据的新观察》[116]一文清楚地说明了此点。在1990—1994年的五年期间,科斯特里斯基调查了州法院的760个允诺禁反言案例。她首先表明,确定允诺禁反言请求的成功率绝非易事,因为此种确定取决于几个关键变量,其中包括:(1)如何定义"胜诉",这是个非常棘手的概念;(2)"损失"是基于法院对允诺禁反言的观点,还是完全基于其他某些因素,如未能证明已作出并违背了允诺,未能证明信赖或致命的程序错误;(3)允诺禁反言请求是否因法院在没有掌握该请求案情的情况下就作出决定而变得没有实际意义;(4)尽管法院顺便讨论了允诺禁反言,但任何一方当事人是否都没有提出允诺禁反言请求。

底线是,如果胜诉被定义为既包括基于案情的胜利,也包括动议的胜利;并且全部案例被定义为不包括允诺禁反言无实际意义或不相关的案件,以及结果取决于允诺禁反言以外因素的案件,那么原告在55%的允诺禁反言案件中胜诉。[117] 正如科斯特里斯基所总结的那样:"结果……显示当扣除明显较弱的请求时,允诺请求以大比率获得成功"。[118]

---

[115] See id. at 599 tbl 5.1 ("Reasons for Failure of Promissory Estoppel Claims—Cases Decided on the Merits").

[116] 37 Wake Forest L. Rev. 531 (2002).

[117] Id. at 555, 581–582.

[118] Id. at 542 (emphasis in original).

总之,赠与允诺不应当也确实没有因为它们是慎重作出的就被执行; 132
如果赠与允诺被合理地信赖,则它通常应当且会因信赖而被执行。在此
种情况下,救济通常应当是也确实是信赖损害赔偿,除非此种损害赔偿不
易于计算。合同法还活着,信赖也一样。

第九章　合同法中的救助义务

A、B双方签订了合同或采取了重要步骤来形成合同关系,在这些语境下,B无意中(unintendedly)遭受了并未交易过的损失(unbargained-for loss),而A可以通过采取行动阻止该损失,如果该行为既不要求他放弃现有或潜在的谈判优势,也不要求他承担重大风险且在此种情况下不会产生实质的或不合理的其他成本,那么A有采取行动的道德和法律义务。合同法称之为救助义务。

本章首先考察了无救助义务规则及其在侵权法和刑法中的例外。接下来,讨论合同法中尽力防止他人遭受损失的救助义务。下一章详述了救助义务的核心情形:减损义务。后面几章考察合同法中救助义务的其他实例。

一、无救助义务规则

在侵权法和刑法中,除了数个例外情况,原理如下:即使必要的行动不会给A带来任何重大风险,且不采取行动很可能甚至肯定会导致B死亡或受到重大伤害,行为人A也没有义务采取行动将另一行为人B从人身危险中解救出来。[1] 该规则在本章中被称为无救助义务规则,在《侵

---

[1] See, e.g., Salmon v. Chute, (1994) 4 NTLR 149, 160 (Austl.) ["(T)he common law countries have not... introduced a... general offence of 'failing to rescue.'"]; Peter M. Agulnick, Heidi V. Rivkin, Criminal Liability for Failure to Rescue: A Brief Survey of French and American Law, 8 *Touro Int'l L. Rev.* 93 (1998); John T. Pardun, Good Samaritan Laws: A Global Perspective, 20 *Loy. L.A. Int'l & Comp. L.J.* 591, 594-602 (1998); Jay Silver, The Duty to Rescue: A Reexamination and Proposal, 26 *Wm. & Mary L. Rev.* 423, 426-428 (1985).

权法重述(第二次)》第 314 条中表述如下:"行为人意识到或应当意识到自己的行为对帮助或保护他人是必要的,这一事实本身并不给他施加实施这种行为的义务。"第 314 条的注释 c 补充说:

> 本条表述之规则的适用,不考虑另一方面临危险的严重性,也不考虑给予他帮助或保护的麻烦、努力或费用的微小……
>
> 本规则源自于一系列有此效果的更古老的裁决,即一个看到同伴处于极度危险中的人没有法律义务去帮助同伴,而且可以坐在码头上,抽着雪茄,眼看着同伴淹死……

侵权法和刑法中无救助义务规则适用范围的例证,即是上述抽雪茄假设(cigar-smoking hypothesis),以及如下的示例 1 和示例 4:

> 1. A 看见盲人 B 正准备走过一条街道,一辆汽车正从前面驶来。A 可以用一句话或一个触碰来阻止 B 这样做,且不会耽误他自己的行程,但 A 没有这样做。B 被撞倒且受伤了。A 没有义务阻止 B 进入街道,也不对 B 承担责任。
>
> 4. 游泳健将 A 看到 B 在深水中挣扎,B 显然不会游泳,A 对 B 怀有不寻常的(unreasonable)仇恨。在知道了 B 的身份后,他转过身去。A 对 B 不承担责任。

一些实际案例和这些示例一样有戏剧性。例如,在亚尼亚诉比干案(Yania v. Bigan)[2]中,A 和 B 在 A 的土地上谈生意,B 显然是在 A 的催促下跳进了水坑里。A 没有救 B,B 淹死了。法院认为,A 不承担责任。皮剖诉比尔兹利案(People v. Beardsley)[3]是刑法上的相应案例。在该案中,A 的情妇一直在 A 的家里酗酒并服用吗啡片,并陷入昏迷。知道这一点后,A 没有给情妇任何帮助就离开了家,情妇死了。法院认为,A 没有义务救助他的情妇。

尽管在救助语境下不存在侵权责任或刑事责任,但人们普遍认为,如

---

[2] 155 A.2d 343 (Pa. 1959).
[3] 113 N.W. 1128 (Mich. 1907).

果行为人没有重大风险或其他代价,并且不采取行动可能会导致受害者死亡或重大伤害,行为人就有采取行动以将受害者从人身危险中解救出来的强烈的道德义务。利亚姆·墨菲(liam Murphy)说:"未能实施简单救助的人是一个道德恶魔。"[4]《侵权法重述(第二次)》在第314条的评论中指出,一个行为人可以合法地"坐在码头上,抽着雪茄,眼看着受害者淹死",然后补充说,"(采取这一立场的)裁决被谴责为……违背所有道德情操"[5]。正如法院在索尔达诺诉奥丹尼尔斯案(Soldano v. O'Daniels)[6]中指出的那样:

> 当一个人处于危险中且另一个人在没有危险和付出很少努力的情况下即可提供帮助时,法律拒绝承认一个人帮助另一个人的道德义务,这受到了严厉批判。普罗瑟将制裁此种不作为的判例法描述为"拒绝承认共同体面和共同人性的道德义务",并将其中一些判决描述为……"违背所有道德情操"。[7]

考虑到强烈的道德义务,即使大多数人没有实施救助的法律义务,他们也会实施简单的救助。然而,仍有一些人不会如此。这一点可以从不实施简单救助的几十个案例中看出,诸如在索尔达诺诉奥丹尼尔斯案(Soldano v. O'Daniels)[8]中,一名酒保不允许一名自愿救助者使用他的电话;在亚尼亚诉比干案(Yania v. Bigan)[9]中,被告没有采取任何行动去拯救一名溺死在水坑里的人;在哈珀诉赫尔曼案(Harper v. Herman)[10]中,被告没有警告原告水太浅,不能潜水;在皮剖诉比尔兹利案(People v. Beardsley)[11]中,被告没有采取任何措施去拯救一名昏迷在家中且奄奄

---

[4] Liam Murphy, Beneficence, Law, and Liberty: The Case of Required Rescue, 89 *Geo. L. J.* 605, 625 (2001).

[5] *Restatement (Second) of Torts* §314, cmt. c (*Am. Law Inst.* 1965).

[6] 190 Cal. Rptr. 310 (Ct. App. 1983).

[7] Id. at 313 [quoting William L. Prosser, *Handbook of the Law of Torts* §56, at 340-341 (4th ed. 1971)].

[8] 190 Cal. Rptr. 310.

[9] 155 A.2d 343 (Pa. 1959).

[10] 499 N.W.2d 472 (Minn. 1993).

[11] 113 N.W. 1128 (Mich. 1907).

一息的妇女。除了法院的案例，还有一些并未进行诉讼的悲惨事件，例如姬蒂·吉诺维斯事件，37 人从公寓窗户往外看，看到一名年轻女子被谋杀，甚至没人动一根手指去拨打 911。[12] 记者彼得·阿比博姆写到一个交通肇事逃逸事件：

> 托雷斯先生情况危急，显然已经无法动弹，要不是互联网每日视频和晚间新闻的无孔不入，这仅仅是一个当地的犯罪故事……这是一段 5 月 30 日的警方视频，画面显示有两辆车，看起来像是一辆黑色本田追逐一辆棕褐色丰田。两辆车在大街上逆行，第一辆车刚好错过托雷斯先生，那时他刚刚在街角商店买了牛奶。第二辆车撞到了他，使他飞过挡风玻璃。两辆车都加速行驶。当托雷斯躺在人行道上时，九辆车驶过都没停，人们走过或停下来看着，似乎没有做任何停止车辆通行或安慰他的事情，直到一辆警车路经此处接到呼叫开了过来。[13]

因此，经验表明，施加救助的法律义务，是促使许多潜在救助者采取行动的必要激励，他们要么没有将道德规范内化，要么将其内化得太弱，以致轻微的个人不便就能压倒救助的意愿。因此，施加救助义务将增加救助量，并以很少成本挽救生命，避免或减轻人身伤害。

无救助义务规则不仅与社群道德观不一致，还可能产生肯定性的行为扭曲效果。法律规则的一个主要功能是，标出那些被社会认为特别重要的社会规范。将把受害者从人身危险中救助出来的义务纳入法律，将向社会成员发出一个信息，即他们相互负有适当关照的义务。法律中遗漏救助义务则传达了适当关照不是一项义务的信息。前一信息是高度可取的，后一信息则是高度不可取的。[14]

---

[12] See Martin Gansberg, 37 Who Saw Murder Didn't Call the Police, *N.Y. Times*, Mar. 27, 1964, at 1. See also, e.g., Peter Applebome, The Day the Traffic Did Not Stop in Hartford, *N.Y. Times*, June 8, 2008, at 35.

[13] Applebome, supra note 12.

[14] 侵权法和刑法中的无责任规则有很多政策和经验论辩。这些论辩的文献太多了，本书不予涉及。可以说，尽管无论如何不能说是所有学者，但可以说大多数学者发现这些论辩并没有说服力。

二、要约与承诺

在要约和承诺领域的各种情景中,当事人被施加了激励一方防止另一方损失的救助义务,特别是在沉默作为承诺、逾期承诺、单方合同以及合同履行的情况下。

1. 沉默作为承诺

人们常说,合同法的一般规则是沉默不构成承诺。但如此表述的规则在两个方面过于宽泛了。

第一,该规则有许多例外。事实上认为沉默构成承诺的案件,可能远多于事实上认为沉默不是承诺的案件。第二,该规则的一个例外是,如果要约人如此声明,而受要约人意欲承诺而保持沉默,沉默即构成承诺。因此,该规则的更佳表述是,一般来说,要约人不能要求受要约人承受若他不这么做就受到合同约束的风险,进而使他自己忙于拒绝要约。

该规则的此种表述可用以下范例来解释:A 和 B 是陌生人。B 写信给 A,"我以 13 万美元的要约买你的车。如果没有收到你的消息,我们就订立合同了"。A 无意承诺,就把 B 的信件扔掉了。A 的沉默不应当而且也确实不构成承诺。在范例中,B 唯一的潜在损失是一个被挫败的不合理预期,A 并没有促成此预期,且 A 也没有从自己的沉默中获得任何收益。鉴于在要约指向的标上既没有先前交换,也没有给 B 造成重大损失或者给 A 带来利益,将向 B 发送拒绝要约通知的费用强加给 A 是不合理的。因为如果 A 不这样做,他将根据合同承担责任,而不管这些费用有多低,这都是不合理的。[15]

然而,在沉默发生在先前交换的语境下,或者当利害关系变得更大

---

[15] 关于在成本基础上对沉默作为承诺的分析, see Avery Katz, The Strategic Structure of Offer and Acceptance: Game Theory and the Law of Contract Formation, 89 *Mich. L. Rev.* 215, 249-272 (1990).

时,或者是因为 B 可能遭受重大损失,或者是因为 A 可能以 B 的花费为代价而得利(enrich);那么至少在受要约人 A 的成本非常低的情况下,公平会要求 A 努力采取行动,将他不接受要约的情况通知要约人 B。

例如,在一个反复出现的场景中,B 开始提供有益于 A 的服务。A 知道或者有理由知道,B 预期其服务会被付费。此种情况下的规则是,如果 A 很容易通知 B 他无意付款,A 就必须这样做;如果他不这样做,他就将对服务的价值承担责任。戴诉卡顿案(Day v. Caton)[16]就是众所周知的这类案例。A 和 B 拥有毗连的地块。B 建造了一堵砖墙(大概是承重墙,而不仅仅是围栏),砖墙横跨了地块之间的边界,使 A 受益。法院认为,如果 A 知道或应当知道 B 预期 A 会支付墙的一半费用,而 B 继续建造时 A 什么也没说,A 将对 B 服务价值的一半承担责任:

> 如果当事人……自愿接受和利用为他的利益提供的有价值服务,当他可以选择接受还是拒绝这些服务时,即使没有确实证据证明这些服务是经他授权或请求而提供的,也可以推断出为这些服务付款的承诺……;当一个人看到有人在他的地产上修一座建筑物(他在以后适当使用不动产时必须利用它)这一有价值的服务时,却只是静静地旁观,此种沉默,加上他自己知道提供服务的一方预期得到付款,可以公平视这些为承诺的证据,并倾向于表明同意支付费用。[17]

在得出结论时,法院采用了一种假设,该假设清楚表明,在此种情况下 A 是否有义务激励自己采取行动取决于以下事实:

> 如果一个人日复一日地看到一个劳动者在他的田地里提供服务,此种服务必然符合他的利益,明知劳动者预期他的工作会得到报酬。而如果不需要他的服务,通知他极为容易,即使没有明确证明这种通知要求是在提供服务之前还是同时,它都可以公平地推断出来。但是,如果事实只是在一个场合偶然引起他的注意,如果他几乎没有机会通知另一个人他不想要这项工作,也不应当为此付款,或者只能

---

[16] 119 Mass. 513 (1876).
[17] Id. at 515.

以牺牲大量时间和麻烦的方式去这么做,那么就不会作出同样的推论。每一个案件的情况必然会根据两个事实决定的沉默是否表明产生了使合同成立的承诺,这两个事实是:知道另一个人正在为他的利益做有价值的工作,以及该人预期会得到报酬。[18]

换言之,如果B正在做有益于A的工作,并且A知道或有理由知道B期待获得报酬。如果通知成本相对较低,A就有义务通知B他不会付款。[19] 这是合同法中救助义务的另一个例子。

在另一个反复出现的景象下,卖方的销售人员向买方索要货物订单,但须经卖方承诺。尽管订单是卖方的表格,但从法律上讲,它是买方的要约。卖方不与买方进一步沟通,当买方要求交货时,卖方通知买方它从未承诺买方的订单。于此,不同于范式情形,要约发生在先前交换的语境下:受要约人(卖方)既诱使了要约,又设定了要约条款。此外,卖方知道或应当知道,买方在等待卖方的消息时不能从第三方购买该类货物。因为如果他这样做了,一旦卖方接受订单,买方最终得到的货物供应就过剩了。在此种情况下,买方有以下合理预期:如果卖方决定不接受订单,会在合理时间内通知他,以便买方可以自由地在其他地方购买。因此,公平起见,卖方有义务向买方发出此类通知,否则,他将被处以根据要约条款承担合同责任的惩罚。这就是现行法律规则。[20]

在一种密切相关的情况下,申请人用保险人提供的表格提交保险申

---

[18] Id. at 516; see also, e.g., Laurel Race Course, Inc. v. Regal Const. Co., 333 A.2d 319, 328-329 (Md. 1975); E.Allan Farnsworth, *Contracts* 146 (4th ed. 2004) (如果受要约人有合理机会拒绝服务,他"不仅被预期采用适合受要约人使用服务的积极行动,还被预期去进行大声抗议"); John Edward Murray, Jr. *Murray on Contracts* 211-213 (5th ed. 2011)。

[19] 财产法有一个类似规则:如果A察觉B不断侵入A的土地来开采矿物或其他商品,但静静旁观,那么B会对侵入承担责任,但只对地下自然状态下的商品价值承担责任,而不对从地下开采并准备出售的商品的更高价值承担责任。See, e.g., Minerals & Chem. Phillip Corp. v. Millwhite Co., 414 F.2d 428, 431 (5th Cir. 1969)(评论说,土地所有者的沉默"相当于创设了默示合同")。

[20] See, e.g., Ammons v. Wilson & Co., 170 So. 227, 228-229 (Miss. 1936); T.C. May Co. v. Menzies Shoe Co., 113 S.E. 593, 594 (N.C. 1922); Sioux Falls Adjustment Co. v. Penn Soo Oil Co., 220 N.W. 146, 147 (S.D. 1928); Cole-Mcintyre-Norfleet Co. v. Holloway, 214 S.W. 817, 818 (Tenn. 1919); Hendrickson v. Int'l Harvester, 135 A. 702, 705 (Vt. 1927).

请。申请是要约。如果保险人以这样或那样的方式延迟通知申请人,与此同时,保险所承保的事故发生了。在这里,受要约人(保险人)既诱使了要约,又设定了要约条款。保险公司也知道或应当知道,要约人(申请人)在等待消息时无法从另一家保险人购买保险,要么是因为他被要求在向保险人提出申请时附上保险付款,要么是因为如果他获得了其他保险,而保险公司随后接受了他的申请,他最终就进行了超额保险,或者两者兼而有之。因此,公平起见,如果保险公司决定不签发保险单,它就有义务在合理时间内通知申请人;如果在过渡期间发生意外,它就应当按照保险单承担责任。虽然案例不同,但更好的观点是,保险公司有此种义务,这一观点得到了许多案例的支持。正如约翰·阿普尔曼所说:

> 索赔……在此类案例中不是基于保险合同;相反,它是基于保险人未能迅速履行系争事实实施加给它的义务所产生的损害赔偿。更好的规则是,保险人有义务在合理时间内接受或拒绝申请,如果保险人不合理地拖延行动,它就应承担责任。如果它的行动是不利的,如果它不适当地拖延通知申请人,它就要承担责任,就好像它已经接受了此种风险……
>
> ……健康是一件脆弱的东西。经过一段时间不合理的拖延,一个人的健康可能发生不利变化。要么是由于事故,要么是由于一些未发现的原因,死亡可能随时发生。对申请人来说,保险公司必须勤勉行事,要么接受他,要么拒绝他。在后一情况下,他就可以到其他地方寻求另一涵盖该保险范围的保险。任何持续的拖延都对他不利,不正当的拖延可能引起司法干预。而且……虽然更老的判决更看中保险公司的需求,但通常来说,更多最新裁判高度珍视潜在的被保险人的需求。[21]

---

[21] 12A John Alan Appleman & Jean Appleman, *Insurance Law and Practice* § 7216, at 107-108, § 7217, at 116 (1981); see also 1A Steven Plitt, Daniel Maldonado, & Joshua D. Rogers, *Couch on Insurance* § 11.8, at 11-27-11-32 (2010 rev. ed.)(讨论了保险申请回应迟延的效果). Compare Bellak v. United Home Life Ins. Co., 211 F.2d 280 (6th Cir. 1954)(认为不合理的迟延有责任); Gorham v. Peerless Life Ins. Co., 118 N.W.2d 306 (Mich. 1962)(转下页)

沉默在《统一商法典》中也可以构成承诺。该法典第2-207条规定,明确且及时表达的承诺或者在合理时间内发出的确认书具有承诺的效力,即使它规定了与要约条款或者双方约定条款不同的附加条款。如果要约是由商人对商人发出的,且其他某些条件得到满足,那么除非要约人通知受要约人他反对附加条款,否则它们就成为合同内容的一部分。

2. 逾期承诺

法律规定救助义务的另一个要约-承诺语境涉及逾期承诺。假设A向B发出要约,要约没有说明必须承诺的时间。在此种情况下,要约必须在合理时间内承诺。假设B有理由相信并且确实相信是在合理时间内他承诺了要约,但该承诺实际上已经逾期。此种情况下的规则是,虽然逾期承诺不成立合同,但作为要约人的A基于公平有义务通知作为受要约人的B承诺太迟了。如果A没有通知B,A就将承担合同责任。如菲利普斯诉摩尔案(Phillips v. Moor)[22]所说:

> 诚然,要约在合理时间内被承诺,才对发出要约的一方具有约束力……受要约人要公平地在他认为是合理的期限内让要约人知道他承诺了要约。如果要约人意欲因延误而撤回,那么善意要求他立即表明这一意图。如果他没有这么做,他就必须被视为放弃了对逾期承诺的任何反对。[23]

(接上页) (same); Kukuska v. Home Mut. Hail-Tornado Ins. Co., 235 N.W. 403 (Wis. 1931) (same), with Killpack v. Nat'l Old Line Life Ins. Co., 229 F.2d 851 (10th Cir. 1956) (认为不合理的迟延无责任); Schliep v. Commercial Cas. Ins. Co., 254 N.W. 618 (Minn. 1934) (same), and Hayes v. Durham Life Ins. Co., 96 S.E.2d 109 (Va. 1957) (same)。

[22] 71 Me. 78 (1880).

[23] Id. at 80; see also Kurio v. United States, 429 F. Supp. 42, 64 (S.D. Tex. 1970); Forbes v. Bd. of Missions of Methodist Episcopal Church, S., 110 P.2d 3, 9 (Cal. 1941); Sabo v. Fasano, 201 Cal. Rptr. 270, 271-272 (Cal. Ct. App. 1984); Davies v. Langin, 21 Cal. Rptr. 682, 685-686 (Cal. Ct. App. 1962); *Restatement (Second) of Contracts* §70 (Am. Law Inst. 1981) [hereinafter, Restatement Second].

3. 单方合同

当要约要求通过行为承诺时,完成了该行为合同就成立了。在某些情况下,行为已完成的事实会在履行后的合理时间内引起要约人的注意。在其他情况下,例如,在遥远的地方完成了该行为,事情就不同了。在后一种情况下,要约人可能会由于合同在他不知道的情况下订立这一事实而受到损害,因为他可能会在认为自己不受合同约束的情况下规划自己的事务。因此,即使合同已经成立,并且合同也要求受要约人根据条款采取进一步行动。但于行为完成不会于合理时间内自然引起要约人注意的场合,公平起见,法律应要求受要约人努力向要约人发出履行通知,以防对要约人造成损害。这是现行法。在此种情况下,尽管合同在行为完成时即已成立,但如果受要约人未能在合理时间内通知要约人合同已成立,则要约人履行合同的义务即被解除。[24]

三、履行

救助义务也会在履行领域的各种语境下出现。这些语境包括提醒一方当事人即将违约的义务,通知一方当事人潜在损失的义务,以及合作义务。

1. 提醒一方当事人即将违约的义务

通常,当事人并不完全清楚合同到底要求什么样的履行。例如,合同条款可能没有充分规定,实际的履行看起来可能与纸面上不同,或者履行会持续很长时间,而一方当事人可能无法回忆起某些附属的合同义务或条件。在此种情况下,如果 A 意识到 B 可能就要违约了,但 B 并无意这样做,那么 A 有义务提醒 B 可能就要违约的情况。正如阿里尔·波拉特(Ariel Porat)所说:

---

[24] See, e.g., Bishop v. Eaton, 37 N.E. 665, 668 (Mass. 1894); *Restatement Second* § 54.

尽管(潜在的受害方)帮助(可能)违约的一方当事人理解自己的义务很容易,但他却选择不这样做,那么问题就出现了。例如,一方当事人可能只是忘记在合同要求的日期履行义务,而另一方当事人虽然知道,却袖手旁观;或者一方当事人可能无意中在作为另一方当事人履行义务先决条件的事项上履行有瑕疵,另一方当事人则不提供解释就不做出相对履行了。假设,如果一方当事人提请对方当事人注意瑕疵,后者便可及时纠正或改变它。不应要求潜在受害方长篇大论地澄清误解,而且潜在受害方也并非另一方当事人的监护人……在对方当事人看来是善意行动,而且该方当事人知道澄清可能防止违约时,他不应当无合理理由就拒绝与另一方当事人会面或交谈……

施加此种义务会促进合同履行中的适当行为,并使更多合同得到履行。事实上,针对履行充满误解的合同而言,增加履行的机会将会加强双方的信任和规划能力。他们将不再担心陷入模糊的情况,当这种情况真的出现时,他们也会信任彼此的帮助和支持。[25]

波斯纳法官在市场街联合有限合伙诉弗雷案(Market Street Associates Ltd. Partnership v. Frey)[26]中的意见,即是向一方当事人施加提醒对方当事人他可能即将违约之义务的例证。1968 年,零售连锁店 J.C. 彭尼公司与通用电气养老金信托(General Electronic Pension Trust)达成了一项销售和回租协议,目的是为彭尼公司的发展融资。根据这一协议,承租人(彭尼公司)将各种财产出售给养老金信托,养老金信托随后再将这些财产租给彭尼,租期 25 年。

---

[25] Ariel Porat, Contributory Negligence in Contract Law: Toward a Principled Approach, 28 *U. B.C. L. Rev.* 141, 149-150 (1994). 波拉特的分析表达了在合同法下什么样的不作为可被视为共同过失,这将证成对损害赔偿的调整。然而,他的分析也与救助义务相关,因为只有当一方当事人有义务采取行动时,该方当事人的不作为才能被视为共同过失。相应地,虽然本章从与波拉特略有不同的视角探讨履行问题,但是基础的探究是基本相同的,而且本章大量借鉴了波拉特的分析。

[26] 941 F.2d 588 (7th Cir. 1991). 事实陈述很大程度上是从波斯纳法官的意见中一字不差地摘抄的。

租约第 34 段规定,承租人有权请求出租人(养老金信托基金)为在该场所建造额外改善设施的成本和开支提供融资,条件是成本和开支的数额至少为 25 万美元。养老金信托同意,一收到此类请求,他会合理考虑为改善设施进行融资,"而且出租人和承租人应就此类改善设施的建造,以及出租人对此类成本和开支的融资善意地进行谈判"。第 34 段还规定,如果谈判失败,彭尼公司有权回购相关财产,回购价格大约等于彭尼公司最初向养老金信托出售财产的价格,加上自最初购买以来每年 6% 的价值,以示升值。因此,如果彭尼公司以当时的市场价值将财产出售给养老金信托,那么如果财产的年平均升值超过 6%,并且就改善设施融资的谈判破裂,彭尼公司将有权以低于其可能市场价值的价格回购房产。[27]

彭尼公司卖给养老金信托并从其租回的房产之一,是密尔沃基的一个购物中心。1987 年,彭尼公司将该购物中心的租约转让给市场街(Market Street),市场街继受了彭尼公司在租约下的权利和义务。1998 年,市场街接到一家连锁药店的询问,如果市场街为它建造商店,它就想在购物中心开一家商店。市场街最初从养老金信托之外的其他资金来源寻求项目融资。但除非这些资金来源获得在购物中心上设定的抵押,否则它们就不愿意借出所需的资金。然而,市场街不能提供这样的抵押,因为它只是购物中心的承租人,而非所有者。[28] 因此,市场街决定从养老金信托买回房产。1998 年 6 月,市场街的普通合伙人奥伦斯坦(Orenstein)试图给负责密尔沃基财产的养老金信托的大卫·厄尔布打电话。厄尔布没有给他回电话,所以奥伦斯坦写信给厄尔布,表示了购买该房产的兴趣,并要求厄尔布"审查关于此事的文件并打电话给我,以便我们能进一步讨论"[29]。厄尔布起初没有答复,但奥伦斯坦最终找到了厄尔布,厄尔布答应审查文件并回复他。几天后,厄尔布的一名同事打电话给奥伦斯坦表示,养老金信托有兴趣以 300 万美元的价格将房产出售给市场街,奥伦斯

---

[27] Id. at 591.
[28] Id.
[29] Id.

坦认为这个价格太高了。[30]

7月28日,市场街写信给养老金信托,正式请求花200万美元进行购物中心的改善。信件没有提到租约第34段。事实上,信件都没有提及租约。这封信要求厄尔布打电话给奥伦斯坦讨论此事。厄尔布没有打电话。8月16日,奥伦斯坦发出第二封信,再次请求融资,这次提到了租约,尽管没有明确提到第34段。这封信的核心是以下两句话:"这封信的目的是再次要求你立即告知我们,你是否愿意根据租约提供融资。如果你愿意,我们提议进行谈判,适当修改地契。"[31]

8月17日,市场街收到一封日期为8月10日的厄尔布的来信,厄尔布拒绝了最初的融资请求,理由是该请求不"满足我们目前的投资标准",因为养老金信托Orenstein对低于700万美元的贷款不感兴趣。[32] 8月22日,奥伦斯坦回信给厄尔布,指出厄尔布8月10日的信和他8月16日的信显然在邮递中有交叉,对被拒表示失望,并表示市场街将在其他地方寻求融资。这是双方在9月27日之前的最后一次接触,当时奥伦斯坦给厄尔布发了一封信,称市场街正在行使第34段赋予的选择权,以原价购买该房产,如果融资谈判像以前一样破裂,需要加上每年6%的价值。[33] 养老金信托拒绝以这个价格出售财产,市场街公司起诉要求特定履行。根据第34段的公式计算的价格是100万美元。房产的市场价值可能更高,否则市场街不会试图迫使养老金信托以第34段的价格转让房产。

地区法院作出了支持养老金信托的简易判决。法院推断,市场街并不是真想从养老金信托那里获得融资。相反,它只是希望有低价购买房产的机会,并希望养老金信托不会意识到,根据第34段拒绝市场街的融资请求意味着什么。地区法院认为,市场街应当通知养老金信托,它正在

---

[30] Id. at 591.

[31] Id.

[32] Id.

[33] Id. at 592.

根据第 34 段请求融资,以便养老金信托能够理解拒绝谈判的惩罚性后果。[34]

根据波斯纳法官起草的司法意见,第七巡回法院在上诉中同意,根据善意履约义务(见第 52 章),缔约方有义务不故意利用其合同伙伴对合同权利和义务的疏忽:

> 有一点可以说,你可以利用所掌握的市场优势知识,因为如果不可以的话,你将无法收回你为获得这种知识所做的投资,或者你不需要花钱救助陷入麻烦的合同伙伴。还有一点要说的是,你不可以故意利用合同伙伴涉及合同权利的疏忽。这不是利用优势知识,也非避免并未交易过的费用(unbargained-for cost)。这是一笔尖刻的交易。像盗窃一样,它没有任何社会产品;也像盗窃一样,它会诱使昂贵的防御支出,冗长的免责声明或对潜在合同伙伴可信度的调查,就像未来发生盗窃的前景会导致锁具支出一样……
>
> ……
>
> ……非常复杂的……企业和我们其他人一样会犯错,在履行阶段故意利用合同伙伴的错误(因为我们不是在讨论在成立阶段利用优势知识)是违反善意的。自己能够以零成本纠正合同伙伴的错误,却决定不这样做,是一种机会主义行为。如果双方当事人都预见到此点,那么他们会在合同中明确禁止此种行为。极长的租赁期限放大了错误的可能性,但并没有授权任何一方当事人利用这些错误。[35]

[在设定好适用的法律后,第七巡回法院撤销原判并发回重审,因为根据养老金信托的简易判决的动议,地区法院已如法庭记录允许的那样解释了对养老金信托有利的事实,而简易判决的正确标准是,如法庭记录所允许的那样解释了对非动议方(市场街)有利的事实。第七巡回法院说,在这一解释下,至少可以想象奥伦斯坦认为厄尔布知道第 34 段,但根

---

[34] Id. at 592.
[35] Id. at 594, 597.

本没有兴趣为此改善设施进行融资,并未考虑到购买选择权(purchase option)。如果奥伦斯坦认为厄尔布知道或肯定发现了第34段,那么奥伦斯坦不通知厄尔布该段是允许的。有必要进行初审以确定奥伦斯坦究竟是怎么认为的〕。

类似的情况是,一方当事人知道另一方当事人即将无意地满足不了一个条件。《合同法重述(第二次)》第205条的示例7说明了这种情况:

> A遭受了由B签发的保险单承保的财产损失,遂向B提交损失的通知和证明。通知和证明在形式和细节上不符合保单要求。B保持了沉默和回避,只是宽泛地告诉A可以索赔,并没有指出这些瑕疵。这些瑕疵不妨碍保单的承保。[36]

这个例子就像波斯纳法官对市场街案的分析一样,建立在履行中善意原则的基础上。鉴于该原则的普遍性,以及关于该原则应如何表述的持续争议,此种情况下将分析建立在救助义务基础上会更好,因为救助义务更具体,更易于适用,并涵盖合同签订前和合同签订后的活动。

2. 提醒潜在损失的义务

144 根据哈德利原则,因违约而受损害的一方当事人只能从违约中获得(1)自然产生,也即"根据事物通常过程"产生的损害赔偿;或者(2)"在双方订立合同时,双方都合理地认为作为……违约大概结果"[37]的损害赔偿。(见下文第19章)。假设卖方和买方之间订有合同,其中卖方是潜在违约方(实际上,哈德利原则的实施只是切断针对违约卖方的损害赔偿主张)。根据该原则的第一部分,买方可以获得因卖方违约而产生的所有损害赔偿,并且不取决于买方的特殊情况,如违反货物买卖合同时合同价格和市场价格之间的差额。根据该原则的第二部分,仅当卖方在订立合同时注意到买方的特殊情况,买方也可以获得因自身特殊情况而产生的任

---

〔36〕 The Reporter's Note states that this Illustration is based on Johnson v. Scottish Union Ins. Co., 22 S.W.2d 362 (Tenn. 1929).

〔37〕 Hadley v. Baxendale, (1854) 156 Eng. Rep. 145, 151; 9 Ex. Ch. 341, 355.

何损害,如买方因卖方延迟交付工厂所需的机器而遭受的利润损失。[38]

  根据哈德利原则的性质,该原则下的案例通常不涉及合同订立后出现的情况。然而,阿里尔·波拉特令人信服地论证,至少在两种情况下,作为违约潜在的受害方("买方"),有义务通知另一方当事人("卖方")合同订立后出现的情况。在第一种情况下,买方高度确定,如果卖方违约,特定的损失即将发生,并且知道,尽管卖方注意到可能的损失,但他认为这只是一种遥远的可能性。在第二种情况下,订立合同时,人通常会预见到卖方违约给买方造成的特定损失,但卖方没有预见到该损失。买方现在意识到,损失即将发生且卖方并不知道这一点。在任何一种情况下,公平原则都要求买方通知卖方即将发生的损失。[39]

  同样,戈茨和斯科特认为,在某些情况下,潜在违约方(卖方)有责任通知另一方(买方),后者将因卖方违约而遭受某种损失。戈茨和斯科特用一个假设案来说明此点,该案涉及卖方同意以固定价格为买方安装压缩机:

> 假设……(合同签订后)在进行压缩机设计所需的校准时,卖方观察到一个事实:买方正建造一个实验室,而在该实验室中进行的敏感研究实验需要受到恒温控制,但卖方却对此事实没有反应。进一步假设,一旦该系统运行,实验室自动化控制过程发生故障会导致价值10万美元的实验被毁。经检查,卖方发现压缩机的恒温器标定精度不足以控制此种灵敏度的实验,因此控制过程出现了故障。精确校准有时是困难的,该量级的不精确设置通常无害。然而,买方没有意识到在此合同中恒温校准是如此重要,在合同签订时没有表明他研究项目的敏感性。因此,卖方辩称,他会对任何普通损害承担责任,但不对价值10万美元的被毁坏实验承担责任,他声称这些实验是不可预见的间接损害。

---

[38] See generally Melvin Aron Eisenberg, The Principle of Hadley v. Baxendale, 80 *Cal. L. Rev.* 563 (1992).

[39] Porat, supra note 25, at 151.

在传统合同规则下,卖方的论点似乎有力。哈德利原则将债务人对违约后果的责任限制在他在签订合同时有理由知道的那些需求和情况。这包括所有普通后果,但在交易达成时,债务人必须意识到特殊或不可预见的情况……

……一种更有前景的方法是,如果债务人有理由在做出履行前的任何时候知道这些特殊需要,那么可将哈德利原则扩大到债权人不知道的所有特殊需要。因此,卖方未通知买方将违反"救助"缔约伙伴的默示义务……[40]

简言之,视特定情况而定,合同的一方当事人 A 应当有义务提醒,并因此救助另一方当事人 B 即将发生的损失,A 知道 B 并没有预料到此损失,该提醒则可能防止或减少该损失。

3. 合作义务

像市场街案[41]这样的案件都涉及提醒义务。在其他情况下,合同一方当事人有义务积极合作。涉及合作义务的案例可分两类。在某些案例下,可以通过合同解释推导出合作义务,理由是当事人必须考虑到一方当事人的合作对另一方当事人的履行而言是必要的,且因此即将进行。[42]正如波拉特指出的,

在某些情况下,当合同订立时,如果没有承诺方的某种程度的合作,履行要么不可能,要么极其困难。在此种情况下,是否存在默示合作义务是一个解释问题。如果合同被解释为要求承诺方合作,而他的不合作会妨碍另一方当事人的履行,承诺方会被认为是违约方……[43]

至少在理论上,此种情况并不存在救助义务的问题。相反,他们只是

---

[40] Cf. Charles J. Goetz & Robert E. Scott, The Mitigation Principle: Toward a General Theory of Contractual Obligation, 69 *Va. L. Rev.* 967, 1012-1014 (1983).

[41] Mkt. St. Assocs., Ltd. P'ship v. Frey, 941 F.2d 588 (7th Cir. 1991).

[42] See, e.g., U.C.C. §2-311(3) (Am. Law Inst. & Unif. Law Comm'n 1989).

[43] Porat, supra note 25, at 147.

提出了一个合同解释问题。归属此类的一个主要案例是钒公司诉富达矿床公司案（Vanadium Corp. v. Fidelity & Deposit Co）[44]。1939年和1940年，两个含有钒矿石的纳瓦霍土地采矿租约被授予三个承租人：霍勒斯·雷丁顿、约翰·韦德和托马斯·柯伦。由于土地属于纳瓦霍人，任何租赁的转让都需要内政部长的批准。[45]

钒是一种重要的战争材料。第二次世界大战开始后，钒公司与雷丁顿签订了合同，根据该合同，雷丁顿将他在两份租约中的权益以1.3万美元的价格转让给钒公司，但须经内政部长批准。[46] 合同规定，如果转让未获批准，雷丁顿就将返还1.3万美元的购买价款，协议也就此取消。

钒公司请求内政部批准这些转让。然而，随后三个承租人之一的柯伦通知钒公司，三个承租人中的另一人韦德代表所有承租人签订了合同，在战争期间将地产的全部矿石储量都卖给金属储备公司（Metals Reserve Corporation）。此信息使钒公司对雷丁顿租赁权益的渴求降低了。当内政部要求钒公司提供与另外两个承租人合作意图担保时，钒公司拒绝提供担保。随后，钒公司撤回了批准转让的请求。[47]

内政部因此否决了这些转让。雷丁顿申诉。该部答复说，它准备重新考虑钒公司是否继续申请批准，并给钒公司发电报，声明这个否决"正在重新考虑，以便批准转让。电告你的立场"。钒公司回答，"我们的立场是……敬请不要重新考虑你的立场"。该部随后通知当事人，"如果转让双方没有共同重新考虑去申请，就不能再考虑批准转让"[48]。

钒公司随后起诉雷丁顿，要求雷丁顿返还向其支付的1.3万美元。雷丁顿抗辩说，钒公司的不合作阻碍了转让的批准，因此雷丁顿可以正当地保留这1.3万美元。法院认为，钒公司不能获得这1.3万美元，因为它有义务合作，却没有这样做：

---

[44]　159 F.2d 105 (2d Cir. 1947).
[45]　Id. at 106.
[46]　Id.
[47]　Id. at 106-107.
[48]　Id. at 107.

这里，看起来双方当事人都有义务善意地努力确保获得内政部长批准的先决条件的义务。事实上，原告（钒公司）很可能有更重的负担，因为……受让人必须将转让提交审批，显然没有其他人可以合法地这样做。在当事人订立一项显然有约束力的转让协议时，（钒公司）有权利通过不提交审批而使转让协议无效，这显然并非当事人的意图。相反，必须假定原告通常会提出申请，并善意地寻求批准。[49]

钒公司案的审判法院看到了此种情况，在当事人订立合同时，钒公司会予以合作来获得内政部长的批准必须是他们的意图，因为钒公司的合作对合同履行而言是必要的。相比之下，在第二类合作义务的情况中，一方当事人的合作对履行合同并不必要。而是，随着合同履行的展开会出现意料之外的情况，事实证明，一方当事人的少量合作可以避免另一方当事人承担非常高的成本。于此，合作义务不是基于解释，而是基于公平。在此类情况下，合作义务是救助义务的一种类型。

波斯纳法官至少两次有力地阐明了旨在救助的合作义务。在美国AMPT/中西部公司诉伊利诺伊工具厂公司案（AM PAT/Midwest, Inc. v. Illinois Tool Works, Inc.）[50]中，他指出，"合同当事人开始合作经营，即使不是合同的明确义务，在履行阶段出现不可预见的问题时，也要求最低限度的合作"[51]。他在市场街案中重申了该立场：

  合同不仅仅分配风险。他们（或其中一些）还启动了合作事业，这可能在某种程度上让一方当事人任由另一方当事人摆布……

    ……合同成立时，当事人在当前的现实中交易，履行仍然发生于未来。随着履行的展开，情况会发生变化，但这通常是不可预见的。合同的明确条款逐渐越来越不适合规范双方之间的关系……随之而来的是善意交易的广度和深度……也在增长。[52]

---

[49]　Id. at 108 (citations omitted).
[50]　896 F.2d 1035 (7th Cir. 1990).
[51]　Id. at 1041.
[52]　Mkt. St. Assocs., Ltd. P'ship v. Frey, 941 F.2d 588, 595-596 (7th Cir. 1991).

休・柯林斯(Hugh Collins)举了一个很好的此类情况下的例子,其中合作义务是基于公平而非基于解释而要求一方当事人努力采取行动:

> 以公路货物运输合同为例,货物所有人通过收音机听到主干道因事故而堵塞。所有人是应给承运人传递该信息以便交货不迟延,还是可以让承运人自己关照自己,结果是承运人因交货迟延而违反合同呢? 在这里,经济分析指向了披露信息的义务。不披露信息只会增加承运人的履行成本,会导致因迟延而应支付的损害赔偿和因卡车陷入交通堵塞而造成的机会成本,这些对货物所有人没丁点好处。由于这些成本可以通过打个电话来避免,财富最大化的原则建议施加披露这些信息的默示义务。
>
> 从合作价值方面对本例子的替代分析也能得出类似结论。如果我们假设普通法承认一个基本价值,即法律规则应当被构造为,通过在必要时要求合作的默示义务来促进合同的适当履行,那么我们应当再次预期,法律在这些情况下应施加信息披露的默示义务。信息披露义务通过要求最低的和廉价的相互义务来帮助成功完成合同,该义务有助于维护另一缔约方的利益。[53]

四、小结

救助义务,即法律施加给行为人 A 努力采取低成本、低风险和其他合理行动来阻止另一个行为人 B 之重大损失的义务(尽管 B 可能发生损失的危险不是由 A 的过错造成的),是美国合同法的一项重要但却是默示的原则。本章考虑了许多对该义务实例化的规则。这些规则是示例性而非穷尽性的。例如,假设 A 和 B 订立了一份包含表达 E 的合同。A 将 α 的意思附加到表达 E 上,B 将 β 的意思附加到表达 E 上。α 的意思比 β 的意思更合理,但是 A 知道 B 附加 β 的意思,B 不知道 A 附加 α 的意思。

---

[53] Hugh Collins, Implied Duty to Give Information during Performance of Contracts, 55 Mod. L. Rev. 556, 556-557 (1992).

在这种情况下,表达 E 将被解释为 β,尽管这个意思不如 α 合理,因为 A 应当通知 B 他所附的 β 意思是不合理的。同样,如果 B 在制定要约时犯了机械错误,例如计算报价的错误,并且 A 意识到该错误,他就不能通过接受要约来利用这个错误,而是应当通知 B 这个错误。

什么能解释合同法与侵权法及刑法对救助义务的不同对待呢?一种解释是,法院选择将合理的规则延伸到超出先例要求的任何地方。另一种解释是,侵权法和刑法中的救助义务通常需要救助者的大量身体活动,有时还会带来一定程度的身体风险,而合同法中的救助义务通常只需要救助者进行沟通,并不需要身体活动,也不带来身体风险。

此外,如果我们把法律作为一个整体看待,该图景就不仅仅是合同法规则与侵权和刑法规则之间的相互竞争了。侵权法和刑法中的无救助义务规则充满了例外。例如,该规则不适用于被告和受害人有特殊关系的情况,如旅馆老板与客人或雇主与雇员。由于这些例外,可以公平地得出结论,在理性人应采取行动的场合,侵权法和刑法也大多施加了救助义务。因此,即使合同法中的救助义务与侵权法及刑法中无救助义务规则并不一致,它也与该规则的许多例外一致。更重要的是,救助义务与其他法律领域一致,特别是海事法和返还法。海事法赋予了救助海上有危险之生命的义务。[54] 根据返还法,一个行为人有义务归还错误付款,尽管他与付款人没有关系,也没有承诺还款,并且在接受付款方面没有过错。因此,从全球来看,在社会意义和制度意义上不一致的并非合同法中的救助义务,而是侵权法和刑法未将此种义务作为一项普遍原则加以规定。

---

[54] 46 U.S.C. § 2304 (2016); United Nations Convention on the Law of the Sea, Art. 98, 1833 U.N.T.S. 435-436; Brussels Salvage Convention of 1910, art.11, reprinted in Ina H. Wildeboer, *The Brussels Salvage Convention* 266 (1965); Thomas J. Schoenbaum with the assistance of Jessica L. McClellan, *Admiralty and Maritime Law* § 13-8, at 872-874 (5th ed. 2012).

第十章　减损原则

减损原则如下:如果(1)A 和 B 之间有重要关系;(2)A 有因这种关系而遭受重大损失的风险;(3)B 可以通过采取非常低的成本和低风险的行动来防止或减少 A 的损失,那么 B 应当采取该行动。在合同法救济领域,这一原则主要体现为以下规则:如果受允诺人能够以低成本、低风险的方式减轻违约之允诺人应支付的损害赔偿,那么他就有义务这么去做。正如《合同法重述(第二次)》第 350(1)条所规定的,"受害方无权要求赔偿,他在无不适当之风险、负担或屈辱的情况下本可避免的损失"。

减损原则是第九章所讨论之合同法中救助义务的一个特例。在合同法救济领域,该原则得到公平、因果关系和效率理由的支持。

就公平而言,减损义务受到与合同法中更广泛的救助义务同样考量的支持:合同当事人处在关系中,并且至少互负适当尊重和关照的义务。

就因果关系而言,如果受允诺人未能采取低成本、低风险的措施来限制其伤害,那么就可以说,此种不作为(而非允诺人的违约)才是受允诺人损害的近因。[1]

就效率而言,在受允诺人是否应在允诺人命令后停止履行的场合,未能减损通常会导致社会意义上废品(waste product)的产生,或者在受允诺人是否应在违约后停止履行的场合,未能减损会导致社会意义上生产能力的浪费。举例来说,根据减损原则,如果 A 与 B 之间有合同,而且 A 通过不当地命令 B 停止履行而违约,那么即使 A 的命令是不当的,B 也应停

---

[1]　See, e.g., McClelland v. Climax Hosiery Mills, 169 N.E. 605, 609 (N.Y. 1930) (Cardozo, J., concurring).

止履行。[2] 罗金汉姆县诉鲁滕大桥公司案(Rockingham County v. Luten Bridge Co.)[3]就是减损原则的例证。罗金汉姆县和鲁滕签订了一份合同,根据该合同,鲁滕将为该县修建一座大桥。鲁滕开始修建这座桥后,县里变卦了,命令鲁滕停止工作。鲁滕无视命令,继续完成了这座桥。法院认为,鲁滕无权就取消合同后(countermand)所进行的工作获得损害赔偿。

像罗金汉姆县诉鲁滕大桥公司案这样的案例看起来很简单。在这些案例中,服务提供商可以通过在接到命令时停止工作来减少服务购买者的损失,因为如果继续正常履行,服务提供商就会增加购买者的损失,但不会增加其自身的收益。原因如下:计算服务购买者违约预期损失的标准公式是,合同价格减去服务提供者违约时剩余的费用。[4] 假设在罗金汉姆县诉鲁滕大桥公司案这样的案例中,合同价格为10万美元,鲁滕建造这座桥的总成本为8万美元,在鲁滕已花费4万美元时,该县违约。在此种情况下,如果鲁滕在接到命令时停止工作,他的请求限额将是10万美元的合同价格减去鲁滕已花费的4万美元成本,即6万美元。该数额就是鲁滕依然要承担的费用。然而,鲁滕的收益只有2万美元,因为其中4万美元仅用于偿还其发生的费用。现在假设鲁滕没在接到命令时停止,而是推动项目完成。如果允许鲁滕这样做,他的请求将是10万美元,即10万美元的合同价格减去剩余的零成本。然而,鲁滕的收益仍然只有2万美元,因为10万美元中的8万美元也仅仅是用来偿还鲁滕的成本。因此,在合同取消后鲁滕继续工作,将使该县的损失从6万美元增加到10万美元,但却不会增加鲁滕的收益。

---

[2] 存在一种例外情况,即在A重大违约的场合,继续履约实际上会减少B的损害。"例如,如果买方在制造开始后违反购买制成品的合同,通过继续制造和销售制成品,卖方可能比停止制造并试图挽回正在进行的工作更能避免买方的损失"。E. Allan Farnsworth, *Contracts* 809 (3d ed. 1999)。

[3] 35 F.2d 301 (4th Cir. 1929).

[4] 一个替代的代数等价公式是,服务提供者的利润(合同价格减去所有已付成本)加上服务提供商在违约时的已付成本。如果服务购买者在违约前已经付款,那这两种计算方法均须调整。

严格说,像罗金汉姆县诉鲁滕大桥公司案这样的案例并不涉及减损义务,因为在此种情况下,受允诺人只是负有不去毫无必要地增加允诺人损害的义务。然而,减损义务应当而且通常确实远超此一义务。例如,如果买方能够通过补进(作出替代交易)来防止损害,那么货物买方就不应当且也不能起诉违约卖方要求间接损害赔偿。[5] 同样的规则应当也确实适用于服务提供合同,如《合同法重述(第二次)》第350条的示例6:

> A缔约以1万美元的报酬管理B的农作物生产。但他违反了合同,在季节开始时离开了。通过适当努力,B可以花1.1万美元获得一个同样好的管理员,但他并没有这样做,作物就受到了损失。B因违约而获得的赔偿金不包括农作物的损失……

在雇主违反雇佣合同时,雇员要承担更重的减损义务。在此种情况下,减损义务要求雇员积极寻找其他可比工作,即使这种寻找可能而且经常会要求雇员进行情感上有难度且耗费时间的努力,其唯一目的是减少不当对待雇员之雇主的损害。

接下来,问题是:确定员工已尽到了减损义务的规则是什么?传统规则用客观术语来为这个问题设定框架:当且仅当涉及"在相似地点有相似雇员条件和层级的相似雇佣"[6]时,雇员才有义务接受替代工作。减损义务阐释的难题是,由于从管理质量到工作场所的清洁程度等相当大的主观原因,客观上与最初所签工作的可比性可能无法使原告满意。在此种情况下,尽管替代工作的性质并不令人满意,但实际上迫使雇员接受替代工作的规则,还是违反了合同法救济措施应使受害方在履约与违约和救济措施之间无差异的原则,因为其使雇员处于比雇主履行原始合同时更糟糕的境地,而原始合同可能涉及主观上令人满意的工作。

因此,更好的办法是,以相同方式对待遭不当解雇的雇员与补进的买方。据此,雇员寻找替代工作的过程应根据合理性标准进行审查,他接受

---

[5] See U.C.C. §2-715 (Am. Law Inst. & Unif. Law Comm'n 1977).
[6] Dan B. Dobbs, *Handbook on the Law of Remedies*, 926 (1973).

或拒绝工作的重要选择则根据善意标准进行审查。[7] 如果雇员未能进行合理搜寻,并且能够证明这样的搜寻会找到一份客观上可比的工作,那么他应当承担是否接受这份工作的不确定性。然而,如果雇员确实进行了合理搜寻,他就不应当被迫接受这样一份替代工作,该工作是他出于善意认为并不令人满意的。像任何主观标准一样,该检测有滥用的倾向,但是滥用的可能性似乎很小。考虑到正常的经济和心理需求,很少有人会选择无所事事而拒绝一份令人满意的工作,进而拒绝获得会将他们置于比替代工作更好的经济状况的损害赔偿机会。[8] 因此,自尊通常会控制恶意,而且无论如何,法院也能直接审查拒绝替代工作的雇员是否是善意而为。

帕克诉二十世纪福克斯电影公司(Parker v. Twentieth Century-Fox Film Corp.)[9]这一主要案例,支持此种搜寻和选择的双重标准。雪莉·麦克莱恩与福克斯公司签约,在电影《灯笼裤女孩》中扮演女主角,最低报酬为 75 万美元。在制作开始前,福克斯公司决定不制作这部电影了,并为麦克莱恩在另一部电影《大乡村,大人物》中提供主角一职并支付相同报酬。《大乡村,大人物》将在《灯笼裤女孩》预定的时间拍摄。但《灯笼裤女孩》是一部音乐剧,而《大乡村,大人物》是一部西部戏剧片。《灯笼裤女孩》要在加利福尼亚拍摄,《大乡村,大人物》要在澳大利亚拍摄。此外,《灯笼裤女孩》合同赋予麦克莱恩认可导演和剧本的权利,而拟议中的《大乡村,大人物》合同只规定福克斯会就这些问题与麦克莱恩协商。麦

---

[7] See infra Chapter 52.

[8] Cf. Robert Pear, Few of the Poor Quitting Jobs to Get Back on Welfare Rolls, *N.Y. Times*, Oct. 25, 1982, at A1, col. 5: 包括民主党人和福利权利倡导者在内的里根总统预算削减的批评者曾表示,根据去年颁布的法律,穷人通常会发现辞去工作并完全依赖福利金是有利可图的。根据医疗补助计划,福利领取者自动有资格获得免费或低成本的医疗保健,当他们不在福利名单时,他们往往会失去这些医疗保健。州官员上周表示,新法律确实包含"工作抑制",但那些被剥夺福利的人试图保住工作或增加收入,即使在高失业率时期也是如此。马萨诸塞州公共福利部预算主任芭芭拉·索尔兹伯里(Barbara Salisbury)说:"从纯粹经济角度来看,这对其中一些继续工作的人是不合理的。但是工作的人还是想要工作,他们并不仅仅根据什么对他们在金钱上最有利来作决定。"

[9] 474 P.2d 689 (Cal. 1970).

克莱恩拒绝出演《大乡村,大人物》,并提起违约之诉。福克斯辩称,拒绝出演《大乡村,大人物》,麦克莱恩未能减损。加利福尼亚州最高法院维持了对麦克莱恩的简易判决。法院遵从了传统的减损规则,认为《大乡村,大人物》的角色不等同于《灯笼裤女孩》的角色,合同条款的差异使《大乡村,大人物》"提供了更差的雇佣"[10]。然而,司法意见的要点更进一步。

首先,法院似乎抽空了传统的检测,具体途径是,它认为,作为一个法律问题,两种工作之间的任何区别都会使它们有类别差异[11]:

> 《灯笼裤女孩》仅仅是一部音乐剧,要求原告作为舞蹈演员和演员的天赋,并在洛杉矶制作,而《大乡村,大人物》是发生在澳大利亚蛋白石矿的"西部故事",提供给原告的是一个直接的戏剧角色,这表明了两种雇佣之间类型的不同……

其次,法院恰当地区分了搜寻和选择这两个过程:

> 在本案中,被告没有提出原告获得其他工作的合理性问题……尽管被告有相反论点,但没有案例……认为或提出,合理性是被不当解雇的员工选择拒绝或未能搜寻不同或更差工作的一个因素……[12]

一个脚注补充说,"相反,在福克斯案所依赖的每一个案例中,合理性都是,雇员获得其他并无不同或更差工作之努力的合理性。他拒绝后一雇佣的权利被宣布为不适当的法律规则"[13]。

雇佣以外的服务合同如建筑合同,也应当以与雇佣合同相同的方式对待。例如,有以下假设:

> 忙碌的管道工。管道工经营升级旧商业建筑管道的生意。他满负荷运转,必须经常拒绝部分工作。1月1日,管道工与业主A签订

---

[10] Id. at 694.

[11] Id. at 693-694.

[12] Id. at 692-693 (emphasis in original).

[13] Id. at 693 n.5 (emphasis in original).

了一份6 000美元的管道工程合同,该工程将于2月1日开始,两周完工。1月30日,业主A拒绝履行合同。1月31日,管道工与业主B签订了一份7 600美元的管道工程合同,该工程将于2月1日开始,两周竣工。由于管道工需要满负荷运转,如果不是业主A违约,他不可能接受业主B的工作。他履行与业主A合同的成本是3 400美元,所以他的合同利润是2 600美元。他履行与B合同的已付成本是2 900美元,因此他在该合同上的利润是4 700美元。管道工现在起诉业主A。

根据预期原则,管道工与业主B合同的利润,应抵销管道工对业主A主张的赔偿,否则损害赔偿将使管道工置于比履行与业主A的合同更好的位置。然而,传统上,法院在这类案件中不适用抵销。例如,在格林内尔公司诉沃里斯案(Grinnell Co. v. Voorhees)[14]中,格林内尔与威利公司签订了一份合同,根据该合同,格林内尔同意在威利公司的一家工厂安装灭火系统。格林内尔完成78%的工作后,威利公司破产了,进入破产管理程序。杜兰特汽车公司随后购买了威利公司的工厂,并雇用格林内尔完成灭火系统。格林内尔显然在杜兰特合同下获得了和威利公司合同下相同的利润。尽管如此,格林内尔还是起诉了威利公司的接管人,因为如果它被允许完成合同的话,它也可以获得和威利公司合同的利润。法院拒绝减少或者抵销格林内尔根据杜兰特合同所获利润的数额。法院表示,当服务合同被违反时,除非涉及个人服务,"否则原告的索赔立即产生,法律不探究后来的事件"[15]。

雇佣服务和非雇佣服务情况的区别既不正常,又不合理。一方面,雇佣合同只是服务提供合同的特例;另一方面,如果要将雇佣服务合同与非雇佣服务合同区别对待,我们就会期望法律对雇员比对商业组织更仁慈,而不是相反。简言之,所有服务情况的审查标准都应当相同。应根据合理性标准对非雇佣服务提供者寻找替代工作的努力进行审查,但其拒

---

[14] 1 F.2d 693 (3d Cir. 1924).
[15] Id. at 695.

绝工作的决定应根据善意标准进行审查。该标准将允许缔约人根据以下因素来决定是否接受替代工作:与雇员决策相似的因素;缔约方相对独特的因素(如潜在替代合同带来的财务风险)。

埃德温·帕滕森(Edwin Patterson)教授支持这一传统规则,他认为:"作为一名企业家,建筑商可以签订无限数量的合同并从中获利。"[16]然而这个论点是不正确的。很多因素,如管理和监督能力,营运资本和债券限额,限制了承包商可承担的工作数量。当然,承包商通常可在一定限度内扩大产能。因此,服务购买者的违约往往不能使承包商签订替代合同,如果可以这样的话,承包商原本就可以签订并履行两个合同了。然而,并不存在任何理由禁止服务购买者证明,他的违约确实使承包商能够承担一项本不能承担的替代工作。

传统上适用于非雇佣服务合同的规则有三个反常之处:它不符合减损原则,不符合规范货物销售合同的规则,也不符合雇佣合同的规则。因此,该规则似乎正受到侵蚀也并不令人惊讶。例如,在 M. & R.承包商诉建筑商和米歇尔案(M. & R. Contractors & Builders v. Michael)[17]中,法院说,如果一个承包商"除非免于履行被告合同的义务,否则不可能从事另一项工作或项目,那么,从另一项雇佣或工作中获得的收益必须从其损害赔偿中扣除"[18]。同样,《合同法重述(第二次)》第358条的评论 e 规定:

---

[16] Edwin W. Patterson, Builder's Measure of Recovery for Breach of Contract, 31 *Colum L. Rev.* 1286, 1306 (1931).

[17] 138 A.2d 350 (Md. 1958).

[18] Id. at 358 (emphasis in original); see also Kearsarge Computs., Inc. v. Acme Staple Co. 366 A.2d 467, 471 (1976); McMullen v. Wel-Mil Corp., 209 S.E.2d 507 (N.C. 1974). H.A. Steen Indus., Inc. v. Richer Commc' ns, 314 A.2d 319 (Pa. 1973),该案涉及一个类似问题。斯蒂根恩(Steen)从里歇尔(Richer)那里租了两块广告牌,租期两年,但几个月后就违约了。据未付租金的自认而作出的判决对里歇尔有利,斯蒂恩动议重新判决,并提供了表明里歇尔重新租用了广告牌的证据。下级法院拒绝重新审理,但该判决却被推翻;的确,在有些情况下,非违约方有权获赔所失利润,而没有义务减轻损害。例如,在生产产品的场合,生产两个产品和生产一个产品一样容易,未违约的卖方可以从一次违约和一次销售的结合中获得两份利润。参见《统一商法典》第2-708(2)条……因此,在此种情况下,如果被上诉人有一个潜在的无限供应的广告牌,这样它就可以容纳尽可能多的客户……它有权在不减损的情况下获赔所失利润……没有迹象表明被上诉人"有这样的其他空间",广告牌很快被重新出租的事实也表明它确实没有这样的空间。Id. at 321-322.

e. 替代交易。当一方违约包括未能……提供服务……受害方通常有可能在市场中获得类似服务……同样,当一方违约是不接受服务……受害方通常有可能在市场上处置该服务……在此种情况下,受害方被期望通过安排替代交易的适当努力来避免损失。如果他没有从事替代交易,那么本可通过替代交易避免的损失就要在计算他的损失时被扣除……

人们常说,减损并不是一项真正的义务,因为行为人未能减损并不使他承担责任,而是仅仅减少了他本有权主张的赔偿额。[19] 这个论点也有误解。

首先,有责任减损的受允诺人的行为实际上可能会增加损害。如果有义务减损的受允诺人在合理减损的努力中产生了费用,即使减损之努力不成功并因此增加而非减少允诺人的损害,由于受允诺人处于有义务减损的场合,赔偿他在履行该义务时所产生的费用也是公平的。因此,在西黑文合理开发公司诉西黑文案(West Haven Sound Development Corp. v. West Haven)[20]中,西黑文市将一大片土地卖给了R,R计划将这块土地用作开设餐馆。该市同意R将该地块的其余部分用作住宅和商业建筑开发的意见,这也会为餐馆提供客户。该市违背了允诺。R起诉该市违约,并主张20万美元的损害赔偿金,其中包括他努力通过维持餐馆运营来减轻该市损害但失败所支付的费用。

同样,在埃迪诉金斯伯格案(Mr. Eddie v. Ginsberg)[21]中,金斯伯格在三年雇佣合同期的早期就被雇主不当地解雇了。被解雇后,金斯伯格立即找到了另一份工作,他干了34周,挣了1.376万美元。金斯伯格辞掉那份工作后,花了1 340美元寻求再就业,但没有成功。法院认为,金斯伯格有权获得合同规定的剩余工资,但需减去另一份工作挣得的1.376万美元,并加上未能再找到工作的1 340美元。至于该费用,法院说:

---

[19] See, e.g., McClelland v. Climax Hosiery Mills, 169 N.E. 605, 609 (N.Y. 1930) (Cardozo, J., concurring).

[20] 514 A.2d 734 (Conn. 1986).

[21] 430 S.W.2d 5 (Tex. Civ. App. 1968).

这种情况下的规则……如下:"可请求的费用包括为避免或减轻被告不当行为损害后果而支出的必要和合理费用……如果这种费用是谨慎努力减损的结果,即使结果是加重而非减轻了损害,它们也是可以请求的。"[22]

更根本的是,根据现代合同法,减损原则并不限于要求违约受害者采取合理行动减轻违约方的损害赔偿。相反,该原则也要求受害者采取合理行动减轻违约方的损失。因此,在《减损原则:迈向合同义务的一般理论》中,戈茨和斯科特将减损概念化为一个原则,即要求各方合同当事人行动"以使提供履行或履行的等价物的共同成本最小化"[23]。举例来说,在 A 向 B 销售并交付了瑕疵货物的场合,除非 B 不能采取一些简单措施来防止进一步的损失,否则货物会继续贬值,此时 B 必须采取行动。这个规则的例子是《合同法重述(第二次)》第 350 条的示例 3:

> A 按桶把石油卖给 B。B 发现一些桶漏油,漏油违反了保证,但 B 没有将油转移到他现成的好桶中。B 的违约损害赔偿不包括将石油转移到可用桶中本来可减少的石油损失。

同样,《统一商法典》第 2-203(1)条规定,如果作为商人的买方拒绝接受由其控制的易腐烂或有迅速贬值危险的货物,且卖方在拒绝接受地点没有营业地或代理人,那么买方有义务遵循从卖方收到的关于货物的任何合理指示。此外,在没有这种指示时,买方有义务作出合理努力,以卖方名义出售该货物。如果买方未能履行这一义务,他将对卖方承担该货物价值损失的责任,而这恰恰是买方作出合理努力出售货物就可避免的。

---

[22] Id. at 12; see also Automated Donut Sys. v. Consol. Rail Corp., 424 N.E.2d 265, 270-271 (Mass. App. Ct. 1981); *Restatement Second* § 347 cmt. c and illus. 3, § 350 cmt. H (Am. Law Inst. 1981).

[23] Charles J. Goetz & Robert E. Scott, The Mitigation Principle: Toward a General Theory of Contractual Obligation, 69 *Va. L. Rev.* 967, 969 (1983).

第四编

合同法的行为经济学

第十一章　行为经济学与合同法

一、导论

合同法规则的一套基准(criterion)均涉及经验。此类别中最基本的标准是人类心理学。古典合同法隐含地建立在心理学的理性行动者或预期效用模型的基础上。在此种模型下，面对不确定性作出决策的行为者，能够理性地将他们的主观预期效用最大化，且所有未来收益和成本都适当地贴现到现值。反过来，理性要求，当结果不确定时，必须在不违反概率论基本规则的情况下评估概率。这是一个非常贫瘠的缔约行为人心理模型。正如托马斯·尤伦所观察到的那样，预期效用模型需要一个强有力的假设，即决策者"知道或者能够知道他们可以采取的所有可行的替代行动，知道或者能够容易地发现所有相关价格，以及知道他们的需求和愿望"[1]。当该模型应用于如何在不确定条件下作出选择时，我们必须对认知能力作出额外的强假设(strong assumptions)，即

> 个体决策者能够计算不确定未来事件的(主观)概率评估；他们准确地感知不确定结果的货币成本或结果；他们知道自己对风险的态度；他们将这些与概率、结果的货币价值和对风险的态度等信息结合起来以计算替代行动方案的预期效用，并选择使预期效用最大化的那种行动。[2]

---

[1] Thomas S. Ulen, Cognitive Imperfections and the Economic Analysis of Law, 12 *Hamline L. Rev.* 385, 386 (1989).

[2] Id.

这些假设不但强大,而且太过于强大了,也就是说,这些假设是错误的。因此,尽管预期效用心理学是选择之传统经济学模型的基础,但是它却是缔约行为人心理学的一个可悲的错误模型。在过去的半个世纪里,认知心理学领域的大量理论和实证工作,即行为经济学,已经证明:由于认知的局限性,传统模型经常与选择的实际心理学背道而驰。[3] 正如阿莫斯·特韦尔斯基和丹尼尔·卡尼曼(行为经济学学派的创始人)所指出的,预期效用(或理性行为者)理论"产生于机会博弈的逻辑分析,而非来自风险和价值的心理分析。该理论被认为是理想决策者的规范模型,而非对现实人物行为的描述"[4]。现代行为经济学已证实,人们使用的一些决策规则(启发式)会产生系统误差,人们认知能力的其他方面也存在系统缺陷。[5]"实际行为与规范模型的偏差太普遍了,以至于无法被忽视;太系统化了,以至于无法被视为随机误差;太根本了,以至于无法通过放松规范性制度将其容纳进来"[6]。在本书中,对理性的偏离被统称为认知局限。

例如,预期效用理论的一个基本假设,有时被称为不变性,是决策者

---

[3] See John R. Anderson, Cognitive Psychology and Its Implications (2d ed. 1985); Thomas S. Ulen, Cognitive Imperfections and the Economic Analysis of Law, 12 *Hamline L. Rev.* 385 (1989); Christine Jolls, Cass R. Sunstein, Richard Thaler, A Behavioral Approach to Law and Economics, 50 *Stan. L. Rev.*, 1471 (1998); Cass R. Sunstein, Behavioral Analysis of Law, 64 *U. Chi. L. Rev.* 1175 (1997).

[4] Amos Tversky, Daniel Kahneman, Rational Choice and the Framing of Decisions, 59 *J. Bus.* S251 (1986) [hereinafter Tversky, Kahneman, Rational Choice].

[5] See, e.g., Colin. Camerer, Individual Decision Making, *The Handbook of Experimental Economics* 587, 590-616 (John H. Kagel & Alvin E. Roth eds., 1995).

[6] Tversky, Kahneman, Rational Choice, supra note 4, at S252; see also Colin F. Camerer, Howard Kunreuther, Decision Processes for Low Probability Events: Policy Implications, 8 *J. Pol' y Anal. & Mgmt.* 565, 568 (1989)"预期效用模型……在很多方面都证明是对个人选择的不充分描述……很多描述性违规的出现是因为人们使用启发式方法来估计概率,而这些方法会产生系统性错误"。尤伦(Ulen)观察到:大量证据表明……很多人也许是大多数人,通常会在信息的日常处理中出错。这一发现的(含意)是"与理性选择模型所假设的相比,个人在试图使其效用或利润最大化时可能会犯更多错误。这些错误不是基于标准的市场缺陷,而是由于一系列我称之为'认知缺陷'的个人缺陷。而且这些错误是系统性的,并非平均为零的随机分布……"Ulen, supra note 1, at 387-388.

在选择之间的偏好不应取决于选择的框架,即该选择是如何描述和展示的。[7] 相反,不变性要求行动者根据真实结果作出选择[8],这样一来,同一选项的不同的特征或描述(不同框架)应当导致相同的选择。[9] 然而,不断重复证明的是,现实中的选择往往取决于该选项的框架是如何架构的。[10] 例如,实质上相同的选项被界定为获益还是损失,对行动者的选择有决定性影响。[11] 大多数人在考虑收益时厌恶风险,但在考虑损失时偏好风险。[12] 因此,如果在 800 美元的确定收益和 85% 的 1 000 美元的收益机会之间作出选择,即使机会有更高的预期值,大多数人更偏好确定的收益而不是机会。相比之下,如果在 800 美元的确定损失和 85% 的 1 000 美元损失机会之间作出选择,即使这个机会具有更差的预期值数值,大多数人更偏好这个机会而非确定损失。[13]

这些截然不同的偏好本身并不是不理性的,但可以通过使用框架来操纵它们以产生不理性的选择。在一个著名的实验中,特韦尔斯基和卡尼曼向受试者提出了两个问题,第一个是如何选择替代方案来抗击一种可能导致 600 人死亡的疾病。[14] 在第一题中,受试者被告知项目 A 将挽救 200 人的生命,项目 B 能挽救 600 人的生命,但概率仅为三分之一。在

---

[7] See Kenneth J. Arrow, Risk Perception in Psychology and Economics, 20 *Econ. Inquiry*, 1, 1–9 (1982).

[8] See Reid Hastie & Robyn M. Dawes, *Rational Choice in an Uncertain World* 300–302 (2001)(讨论了违反不变性的框架效应)。

[9] Daniel Kahneman & Amos Tversky, Choices, Values, and Frames, 39 *Am. Psychologist* 341, 343 (1984) [hereafter Kahneman & Tversky, Choices, Values, and Frames].

[10] See, e.g., Camerer & Kunreuther, supra note 6, at 572–574; Kahneman & Tversky, Choices, Values, and Frames, supra note 9, at 343–344; Richard G. Noll & James E. Krier, Some Implications of Cognitive Psychology for Risk Regulation, 19 *J. Legal Stud.* 747, 753–754 (1990).

[11] See, e.g., Kahneman & Tversky, Choices, Values, and Frames, supra note 9, at 349.

[12] Amos Tversky & Daniel Kahneman, The Framing of Decisions and the Psychology of Choice, 211 *Science* 453, 453 (1981). 损失情况下的风险偏好可能不适用于极端情况,即一方面,输或赢的概率都很小;另一方面,损失将是灾难性的。See Tversky & Kahneman, Rational Choice, supra note 4, at S255, S258。

[13] Kahneman & Tversky, Choices, Values, and Frames, supra note 9, at 342; see also Noll & Krier, supra note 10, at 752 (提出"对于收益是厌恶损失的,但是对于损失是偏好风险的"证明的代数公式)。

[14] See Tversky & Kahneman, Rational Choice, supra note 4, at 453–455.

第二题中,受试者被告知项目A将会导致400人死亡,项目B则有三分之二的概率导致600人死亡。片刻的思考即可表明,A和B两个项目是相同的。然而,由于问题一是以收益(挽救的生命)为框架的,因此产生了规避风险的行为,而问题二是以损失(丧失的生命)为框架的,因此产生了偏好风险的行为,72%的受试者选择了问题一中的项目A,只有22%的受试者选择了问题二中的项目A。[15] 框架的另一个例子是将选项定性为保险或赌博。当在50美元的确定损失和25%的损失200美元机会之间提供一个假设选择时,大多数人在该选择被作为保险问题提出时选择前者,而在该选择被作为赌博问题展示时选择后者。[16]

框架效应是如此强烈,以至于许多人即使知道此种不一致的选择,他们也会坚持。特韦尔斯基和卡尼曼曾几次向同样的受试者提出两种版本的疾病问题。[17] 在特韦尔斯基和卡尼曼向他们的受试者解释了两个版本引起的不一致偏好后,尽管许多人希望他们的答案是一致的,即还是在挽救生命的版本中选择保持风险厌恶,在失去生命的版本中保持风险偏好。[18] 斯科特·刘易斯(Scott Lewis)的一项类似研究发现,即使在研究人员向一群本科生展示了他们基于框架效应作出了不一致的选择后,仍有一半的学生拒绝改变他们的选择以使选择保持一致。[19] 正如卡尼曼和特韦尔斯基评论的那样:

> 不变性的失败既普遍又强烈。这种现象在老练的受试者和天真的受试者中同样普遍,即使同一位受试者在几分钟内回答了两个问题,这种现象也不会消失……在他们难以去除的吸引力中,框架效应

---

[15] See id. at 453.

[16] Baruch Fischoff, Cognitive Liabilities and Product Liability, 1 *J. Prod. Liab.* 207, 213 (1977); Kahneman & Tversky, Choices, Values, and Frames, supra note 9, at 349; Paul Slovic, Baruch Fischoff & Sarah Lichtenstein, Response Mode, Framing, and Information-Processing Effects in Risk Assessment, *Question Framing and Response Consistency* 21, 22-28 (Robin M. Hogarth ed., 1982).

[17] See Kahneman & Tversky, Choices, Values, and Frames, supra note 9, at 343; Tversky & Kahneman,Rational Choice, supra note 4, at 453.

[18] Kahneman & Tversky, Choices, Values, and Frames, supra note 9, at 343.

[19] See Hastie & Dawes, supra note 8, at 306.

更像是知觉错觉(perceptual illusions),而非计算错误。[20]

框架效应是认知局限特别显著的一个例证。这种效应与合同法相关。例如,它能够帮助解释,上门推销员如何通过设定消费者选择框架的方式来操纵购买者的偏好。因此可能证明上门推销的冷静期等规则是合理的,冷静期会给消费者几天时间来重新考虑和取消订单。[21] 然而,本章接下来将强调认知的其他三个系统性局限:有限理性、非理性倾向和能力缺陷。

二、有限理性

假设一个行动者需要作出选择,在他作出选择之前,他会寻找竞争性的替代选择。假设其中一个替代选择最能反映行动者的偏好,则可称其为最优选择。如果搜寻和处理(即评估和考量)信息的成本为零,并且人类的信息处理能力是完美的,那么行动者会搜寻所有相关信息,完美地处理他所获得的所有信息,然后作出最优选择。

当然,在现实中,搜寻和处理信息确实需要成本,如时间、精力,也可能是金钱。因此,大多数行动者认识到,全面搜寻和处理信息无法以任何现实的成本来实现,因此理性地决定不获得和不处理一些关于替代选择的可能信息。处理信息的能力也受到行动者计算结果、组织和利用记忆、理解含义及对复杂替代方案作出比较判断能力的限制。[22] 随着决策变得越来越复杂,这些限制也变得越来越严重。[23] 因此,行动者往往会不完美地处理信息,甚至是他们已获得的信息。简言之,人类选择的理性

---

[20] Kahneman & Tversky, Choices, Values, and Frames, supra note 9, at 343.

[21] See, e.g., 16 C.F.R. § 429.1 (2016).

[22] See James G. March, Bounded Rationality, Ambiguity, and the Engineering of Choice, 9 *Bell J. Econ.* 587, 590 (1978); see also Herbert A. Simon, Rational Decisionmaking in Business Organizations, 69 *Am. Econ. Rev.* 493, 502–503 (1979).

[23] See James G. March & Herbert A. Simon with Harold Guetzkow, *Organizations*, 191-192 (2d ed. 1993).

通常受到有限信息和有限且不完美之信息处理能力的限制。[24] 这些限制称为有限理性,因为理性只能在获得并正确处理的信息范围内运作。

尽管有限理性的概念意味着行动者将采用选择性的搜寻和处理程序,但它并没决定这些程序是什么。根据乔治·施蒂格勒开发的模型,一个行动者会投资于搜寻,直到进一步搜寻的成本等于进一步搜寻的边际回报。[25] 至此,行动者会终止搜寻。在此模型下,一个行动者最优地限定其搜寻范围,然后基于他的有限搜寻作出一个决定,这可能是也可能不是最优选择。这个模型也适用于行动者的信息处理数量。在任一情况下,该模型都假设行动者通常会在理性地忽视替代方案和后果的状态下作出决策,而如果继续搜寻和处理,他就可能会发现和考虑这些替代方案和后果。

还有其他可供选择的模型[26],但为简化解释,我们将假设施蒂格勒的模型通常规范行动者进行的信息搜寻和处理数量。然而,此模型并没有穷尽有限理性的概念。该模型只描述信息搜寻和处理的数量而非质量。相比之下,有限理性的概念接受,行动者通常会不完美地处理信息。简言之,行动者从选择中获得的效用取决于选择的实质价值和作出选择的成本。对搜寻和处理的限制可能使行动者的整体效用最大化,因为通过限制搜寻和处理而获得的效用,会抵销由于没有彻底搜寻和处理而损失的效用。在此种情况下,行动者不知道未发现的信息或未完全处理已获得的信息,通常是理性的。然而,行动者最终可能无法作出最优选择。

---

[24] See Herbert A. Simon, *Administrative Behavior* 79–109 (3d ed. 1976).

[25] George J. Stigler, The Economics of Information, 69 *J. Pol. Sci.* 213, 216 (1961).

[26] 例如,赫伯特·西蒙开发了一个他称之为满意决策模型(Satisficing Model)的模型。Simon, supra note 22, at 502–503; Herbert A. Simon, Theories of Bounded Rationality, *Decision and Organization* 161, 170–171 (C.B. McGuire & Roy Radner eds., 2d ed. 1986). 根据西蒙的模型,在搜寻信息之前,行为人会设定一个最初目标水平的愿望和满意度。当行为人发现了一个符合他预定愿望的选项时,他便终止了搜寻,选择了该选项。Id.

三、非理性倾向：不切实际的乐观

尽管有限理性不必然导致非理性决策，但两组经验证据证明，在某些情况下，行动者的非理性往往也是系统性的。也就是说，即使在已获得和处理的信息范围内，他们也常常无法作出理性选择。一组证据涉及倾向。这些证据表明，作为一个系统问题，人们是非理性的乐观。[27] 例如，一项研究显示，近90%的司机相信他们的驾驶水平比平均水平高。[28] 另一项调查显示，97%的消费者认为他们避免自行车和割草机事故的能力等于或高于一般水平。[29] 在基普·维斯库斯(W. Kip Viscusi)和韦斯利·马加特(Wesley A. Magat)的一项研究中，消费者被告知漂白剂和下水道清洁剂带来的真实平均风险后，只有3%的消费者认为，他们家因使用下水道清洁剂而造成手部烧伤和儿童中毒的风险高于平均水平，或因使用漂白剂而导致儿童中毒或受伤的风险高于平均水平。大约一半的消费者认为他们的房子处于平均风险水平，另一半则认为他们的房子风险低于平均水平。消费者对下水道清洁剂引起的儿童中毒特别乐观，而实际上这是迄今为止最严重的风险。几乎三分之二的人认为他们的家庭受到这种危害的风险低于平均水平，只有3%的人认为他们家受到这种危害的风险高于平均水平。[30]

类似地，当人们评价他们个人和职业成功的机会时，大多数人认为他们的机会比平均水平好。[31] 在一项研究中，尼尔·温斯坦问大学生，他

---

[27] Neil D. Weinstein, Unrealistic Optimism about Future Life Events, 39 *J. Personality & Soc. Psychol.* 806 (1980).

[28] Ola Svenson, Are We All Less Risky and More Skillful than Our Fellow Drivers Are? 47 *Acta Psychologica* 143, 146 (1981), cited in Colin F. Camerer & Howard Kunreuther, Decision Processes for Low Probability Events: Policy Implications, 8 *J. Pol'y Anal. & Mgmt.* 565, 569 (1989).

[29] W. Kip Viscusi & Wesley A. Magat, *Learning about Risk: Consumer and Worker Responses to Hazard Information* 95 (1987).

[30] Id. at 94-95.

[31] Weinstein, supra note 27, at 809-814.

们是否认为自己经历某些有利或不利生活事件的概率,不同于同一所大学所有其他同性学生的平均水平。认为自己比一般同学更可能拥有自己房子的学生人数,是认为自己不太可能拥有房子的学生人数的六倍。认为自己比一般同学更不容易酗酒的学生,是认为自己更可能酗酒的学生的七倍。认为自己比一般同学更可能喜欢研究生职业的学生,比认为自己不太可能喜欢的学生多六倍。学生认为他们结婚几年后离婚的可能性,要比一般同学认为的小九倍多。所有其他生活事件的答案都朝着同样乐观的方向倾斜。[32] 同样,行动者往往就自己对不确定的事实问题作出判断的能力过于自信,在判断困难的地方尤其会过于自信。[33]

林恩·贝克和罗伯特·埃默里(Lynn A. Baker and Robert E. Emery)的一项研究突出地说明了非理性乐观倾向的特征,该研究的标题恰当地为"何时每段关系都高于平均水平"。[34] 贝克和埃默里询问了即将结婚的受访者,他们认为自己与离婚有关的前景与普通人的前景相比如何。受访者对普通民众和他们自己的看法差异巨大,几乎总是朝着过分乐观的方向发展。例如,受访者估计50%的美国夫妇最终会离婚(这个估计当时是正确的)。相比之下,受访者估计他们自己离婚的几率为零。[35] 同样,女性受访者的中值估计是,法院向40%提出要求的离婚妇女判给赡养费。相比之下,81%的女性受访者预计,如果她们提出要求,法院会判给她们赡养费。[36] 受访者将法院命令配偶支付赡养费的概率中位数估计为40%。相比之下,100%的受访者预测他们自己的配偶会支付法院命令

---

[32] Id.; see also Camerer & Kunreuther, supra note 6, at 569 (discussing the empirical evidence of systematic optimism); Richard G. Noll & James E. Krier, supra note 10, at 757-758 (提供了乐观对决策影响的数学模型)。

[33] Ward Edwards & Detlof von Winterfeldt, Cognitive Illusions and Their Implications for the Law, 59 *S. Cal. L. Rev.* 225, 239 (1986).

[34] Lynn A. Baker & Robert E. Emery, When Every Relationship Is Above Average: Perceptions and Expectations of Divorce at the Time of Marriage, 17 *Law & Hum. Behav.* 439 (1993).

[35] Id. at 443.

[36] Id.

的所有赡养费。[37] 这些数字没有按性别分列。同样的乐观情绪弥漫到对儿童监护权的看法中。女性受访者的中位数估计,离婚家庭的孩子80%的时间都和母亲住在一起。相比之下,超过95%的女性预计离婚后会获得主要监护权(primary custody)。男性受访者的中位数估计,离婚家庭的孩子20%的时间都和父亲住在一起。相比之下,超过40%的男性预计离婚时会获得主要监护权。[38]

四、能力缺陷

由于人类的信息处理能力有限,获得与决策相关信息的行动者采用启发式方法,即采取思维捷径或经验法则形式的决策规则,来快速解决问题和作出判断。启发式方法的使用本身并不是非理性的。然而,认知心理学已经证实,行动者通常使用会产生系统错误的非理性的启发式方法。正如特韦尔斯基和卡尼曼所察知的,"实际行为与规范模型的偏差太普遍了,以至于无法被忽视;太系统化了,以至于无法被视为随机误差;太根本了,以至于无法通过放松规范制度将其容纳进来"[39]。

1. 可用性

其中一种非理性启发式方法被称为可用性(Availability)。[40] 需要就

---

[37] Id. 中位男性受访者估计,法院只判给50%的离婚女性赡养费,但83%的男性受访者预计,如果他被要求,法院则会判给妻子赡养费。贝克和埃莫里(Baker and Emery)在他们的文章中将这种反应描述为过于乐观。但是贝克现在认为,这种回应最好被定性为对相关可能性的高估。见林恩·贝克给作者的信(Sept. 30, 1993)(作者存档)。

[38] Baker & Emery, supra note 34, at 443.

[39] Tversky & Kahneman, *Rational Choice,* supra note 4, at S252.

[40] See Hastie & Dawes, supra note 8, at 78-80; Susan T. Fiske & Shelley E. Taylor, Social Cognition 168-169 (2d ed. 1991); Amos Tversky & Daniel Kahneman, Availability: A Heuristic for Judging Frequency and Probability, in *Judgment under Uncertainty: Heuristics and Biases* 163, 164, 166, 174-175 (Daniel Kahneman, Paul Slovic & Amos Tversky eds., 1982) [hereinafter Tversky & Kahneman, *Availability*]; Amos Tversky & Daniel Kahneman, Judgment under Uncertainty: Heuristics and Biases, in *Judgment under Uncertainty: Heuristics and Biases* 3, 3, 11 [hereinafter Tversky & Kahneman, Judgment].

事件概率作出判断之选择的行动者,通常根据他们记忆中易于可用的数据和场景,而非根据所有相关数据来判断该概率。此种启发导致了系统偏差,因为客观频率和概率之外的因素通常会影响场景和数据的显著性,从而影响行动者想象场景或从记忆中检索数据的难易程度。[41] 例如,在一个实验中,研究人员向一组受试者背诵了知名人士的名单。所有的名单都包含男人和女人的名字,但是在一些名单中,男人比女人更出名,而在其他名单中,女人比男人更出名。当被问及确定某一特定名单上的男性还是女性更多时,受试者会得出名单上更出名人物代表的性别人数更多的错误结论。[42] 同样,最近的事件通常比以前的事件更容易从记忆中检索。正如特韦尔斯基和卡尼曼指出的,"当人们看到一辆汽车在路边翻倒时,交通事故的主观概率会暂时上升,这是一种普遍体验"[43]。

独立的重要性(如名单实验中的名声)和空间或时间上的接近性(如在交通事故的例子中),是两个可以使数据变得显著并因此更容易检索的因素。此外,实例化的、生动的和特定的数据和场景,通常比一般的、苍白的和抽象的数据和场景更突出,例如统计结果和广义概率。[44] 波吉达(Borgida)和尼斯比特(Nisbett)向要选择课程的心理学专业学生提供心理学课程的信息。一些学生从两三个已上过这门课的学生处口头获取信息,其他人则收到了几十名参加同一课程的学生报告的统计摘要。口头交流比统计摘要有更大的影响。

简言之,相对于一般命题,行动者系统地过分重视实例化证据。与苍白的证据相比,行动者更重视具体的证据。[45] 例如,列支敦士登、斯洛维

---

[41] Hastie& Dawes, supra note 8, at 78-80; cf. Daniel Kahneman& Dale T. Miller, Norm Theory: Comparing Reality to Its Alternatives, 93 *Psychol. Rev.* 136, 141-142 (1986)(通过分析刺激与过去经验或特殊结构之间的关系来扩展可用性启发,这些经验或特殊结构构成了刺激与之相比较的"规范")。

[42] Tversky & Kahneman, Judgment, supra note 40, at 1127.

[43] Id.

[44] See Richard Nisbett & Lee Ross, *Human Inference: Strategies and Shortcomings of Social Judgment* 43-62 (1980).

[45] See Hastie & Dawes, supra note 8, at 80-94.

克、费霍夫、雷曼和库姆斯要求大量受访者估计美国41种死因的频率。[46] 受访者高估了令人难忘的极端杀手的频率,如杀人、事故和自然灾害,低估了无声杀手的频率,如哮喘、肺气肿和糖尿病。[47] 同样,行动者可以通过回忆中中年人的心脏病发作风险来评估中年人的心脏病发作风险。或者,行动者可以通过调查那些容易想到的潜在的商业失败来评估一个特定商业失败风险的可能性。[48] 总之,"生动的例子完全超过了更可靠但抽象的基准比率信息(base rate information)"[49]。

2. 代表性

另一个非理性的启发式方法是代表性(Representativeness),它涉及就搜寻充分性作出判断的方式。正如有限理性的概念所隐含的,行动者很少在作出决策之前收集所有相关数据。相反,他们通常根据他们认为可以代表所有数据的数据子集作出决策。[50] 然而,在作出这一判断时,行动者系统地、错误地将过小的样本视为具有代表性的样本。[51] 特别是,行动者系统性地对样本大小和质量不敏感,因此经常错误地认为当前事件的一小部分样本具有代表性,因而可以预测未来事件。[52] 正如阿罗所观察到的,"个人通过当前证据的相似性来判断未来事件发生的可能性",而忽略了其他证据,如先前发生的事件以及样本的质量。[53]

---

[46] Sarah Lichtenstein, Paul Slovic, Baruch Fischoff, Mark Layman & Barbara Combs, Judged Frequency of Lethal Events, 4 *J. Experimental Psychol.: Hum. Learning & Memory* 551 (1978).

[47] Id. at 555-557, 556 tbl. 2. Eugene Borgida & Richard E. Nisbett, The Differential Impact of Abstract vs. Concrete Information on Decisions, 7 J. Applied *Soc. Psychol.* 258 (1977); see also Nisbett & Ross, supra note 44, at 52, 57-58.

[48] Tversky & Kahneman, Judgment, supra note 40, at 1127.

[49] Fiske & Taylor, supra note 40, at 184.

[50] See, e.g., id. at 165-167; Tversky & Kahneman, Judgment, supra note 40, at 1124.

[51] See Amos Tversky & Daniel Kahneman, Belief in the Law of Small Numbers, *in Judgment under Uncertainty: Heuristics and Biases* 23, 24-25 (科学家和外行人都倾向于把随机的小样本看作人口的高度代表)。

[52] See Arrow, supra note 7, at 5.

[53] Id.; see also Fiske & Taylor, supra note 40, at 165-167.

3. 有缺陷的远见力

能力的另一个缺陷涉及行动者在当前和未来状态之间进行理性比较的能力：与当前的利益和成本相比，行动者系统性地不太重视未来的利益和成本。[54] 因此费尔德斯坦得出结论，"用庇古的话说，有些人或所有人都有一种有缺陷的远见力（Faulty Telescope faculties），这导致他们太不重视未来消费的效用"[55]。例如，社会保障的一个主要理由是，由于远见力缺陷，大多数人缺乏为退休进行充分储蓄的远见。

4. 有缺陷的风险评估能力

与有缺陷的远见力相关的一个缺陷是系统性地低估风险。[56] 基于认知心理学家，特别是特韦尔斯基和卡尼曼的作品，肯尼斯·阿罗认为"这是一个可信的假设，即个人无法认识到未来会有许多惊喜。简言之，正如许多其他证据趋于证实的，存在低估不确定性的倾向"[57]。事实上，经验证据表明，人们不仅经常低估而且经常忽视低概率风险。在采访全美洪水易发地区的 2055 名房主和加州地震易发地区的 1006 名房主时，库鲁瑟和斯洛维奇发现，许多居民几乎没有关于未来灾难发生真实概率以及他们自身由此可能产生损害的观念。[58] 在洪水易发地区对未投保受访者的调查中，29% 的人表示他们预计在严重洪水中不会遭受损失，26% 的人表示他们预计损失在 1 万美元或以下。在地震易发区的对未投保受访者的调查中，12% 的人表示他们预计在大地震中不会遭受损

---

[54] Martin Feldstein, The Optimal Level of Social Security Benefits, 100 *Q. J. Econ.* 303, 307 (1985).

[55] Id. [quoting, although slightly incorrectly, A.C. Pigou, *The Economics of Welfare* (1920). 原句是："你的远见力有缺陷……因此，可以说，我们看到未来的快乐在减少。" A.C. Pigou, *The Economics of Welfare* 25 (4th ed. 1932)]。

[56] See Thomas H. Jackson, *The Logic and Limits of Bankruptcy Law* 237–240 (1986).

[57] Arrow, supra note 7, at 5.

[58] Howard Kunreuther & Paul Slovic, Economics, Psychology, and Protective Behavior, 68 *Am. Econ. Rev.* 64, 66–67 (1978).

失,19%的人表示他们预计遭受的损失仅为1万美元或以下。[59] 甚至许多知道预期损失和保险费概念的受访者,也拒绝以预期效用模型所预测的方式购买保险。[60] 同样,实验室结果一致表明,即使提供保险费补贴,人们也往往只投保高概率低损失险,而拒绝投保低概率高损失险。[61] 当被问及他们的保险决定时,参与调查和实验室研究的人都表示不愿意担忧低概率危险。[62]

此外,有证据表明,人们很难评估低概率风险。[63] 前景理论(Prospect theory)是对认知局限的数学处理,它预测行动者要么会完全忽略,要么高估低概率[64],因此他们对低概率风险的估计非常不稳定。[65] 虽然前景理论并没有预测低概率被过度重视或忽略的条件,但可能的是,除非低概率风险非常显著,否则行动者会忽略它。[66] 维斯库斯和马加特(Viscusi & Magat)假设,当行动者被迫面对低概率风险时,他们往往高估了风险。当他们没有被迫面对风险时,他们倾向于忽略它。[67] 因此,正如霍华德·拉丁(Howard Latin)所指出的,高估"在人们必须考虑低概率风险时可能是适用的,但是有限理性和不可用性考虑会导致人们忽视日常生活中许多不太可能发生的风险"[68]。当然,另外一种与大多数或所有经验证据相一致的可能性是,行动者倾向于高估他们意识到的关于人身伤

---

[59] Howard Kunreuther, Limited Knowledge and Insurance Protection, 24 *Pub. Pol' y* 227, 234-235 (1976).

[60] Kunreuther & Slovic, supra note 58, at 66-67.

[61] Id. at 67.

[62] Id.; see also Camerer & Kunreuther, supra note 6, at 565-592(审查了人们忽视或低估低概率、高后果风险的经验证据); Albert R. Karr, False Sense of Security and Cost Concerns Keep Many on Flood Plains from Buying Insurance, *Wall St. J.*, Aug. 31, 1993, at A12(引用统计数据和实地采访证明了该主张,即洪水易发地区的大多数人不购买洪水保险,部分原因是一种"这里不可能发生"的态度)。

[63] Viscusi & Magat, supra note 29, at 90-93.

[64] Camerer & Kunreuther, supra note 6, at 572.

[65] Kahneman & Tversky, *Choices, Values, and Frames,* supra note 9, at 345.

[66] See Camerer & Kunreuther, supra note 6, at 570; Howard Latin, "Good" Warnings, Bad Products, and Cognitive Limitations, 41 *UCLA L. Rev.* 1193, 1245-1247 (1994).

[67] Viscusi & Magat, supra note 29, at 91.

[68] Latin, supra note 66, at 1246.

害的低概率风险,但倾向于忽略或低估其他低概率风险。总的来说,很明显,准确的风险估计往往甚或一直都是不太可能的,而且证据有力表明,人们系统性地低估了大多数风险,包括经济损失的低概率风险。

　　认知上的缺陷密切相关,相互作用。例如,行动者可能低估未来成本,部分原因是未来涉及大量风险,行动者低估风险,部分原因是未来是苍白的、抽象的、笼统的,而现在是生动的、具体的和实例化的。同样,行动者可能低估风险,部分原因是许多风险是苍白的、抽象的、笼统的,部分原因是风险与未来相关,而行动者低估未来成本。非理性启发式方法也与过度乐观的倾向密切相关并相互作用。如果行动者不切实际的过于乐观,他们将系统性地低估风险;如果行动者系统性地低估风险,他们就会过于乐观。能力缺陷也与有限理性密切相关。例如,如果搜寻和处理不受限制,可用性和代表性的问题甚至不会出现:只有当行动者依赖选择性的不完整信息时,过分强调可用性和非代表性的数据才会产生问题。

第五编

过错在合同法中的地位

第十二章　过错在合同法中的地位

《合同法重述(第二次)》规定,"合同责任是严格责任。公认的格言是合同严守(pacta sunt servanda),即合同必须遵守。因此,即使债务人没有过错,他也要承担违约损害赔偿责任……"[1]同样,法恩斯沃斯的著作指出,"从基本设计上讲,合同法是一部严格责任法,附属的救济制度的实施不考虑过错"[2]。这些表述以及许多其他类似表述都是不正确的。

作为规范问题,过错应当成为合同法的基本组成部分。人类状态的一部分是,我们拥有许多关于对与错的道德判断。合同法不能也不会逃避这一状况。回顾第三章中合同法的两个基本原则:

第一,如果满足适当条件,并受到适当限制,法律应当实现允诺交易当事人的目标。

第二,确定允诺交易当事人目标之法律实现的条件和限制以及确定这些目标之方式的规则,应当由考虑了所有相关政策、道德和经验命题的最佳规则组成。

本书的其他章节讨论了过错在显失公平、意外情况、解释和错误方面的决定性作用。由于过错在道德上发挥重要作用,所以能预期过错在合同法中发挥重要作用,事实也确实如此。那么为什么一些杰出的权威(authorities)否认过错在合同法中起着重要作用这一再清楚不过的事实呢? 这不得而知。一个可能的原因是,父亲之罪降临到了儿子身上:先前

---

[1]　*Restatement (Second) of Contracts* ch. 11, intro. note (Am. Law Inst. 1981).
[2]　3 E. Allan Farnsworth, *Farnsworth on Contracts* §12.8, at 195-196 (3d ed. 2004).

的法律采取了这一立场,他们的继任者恭敬地紧随其后。

还有另一种可能性。合同法的许多领域并不诉诸过错,而是诉诸过错很少或者根本不发挥作用的政策和经验考虑(例如,约因、邮箱规则、口头证据规则和反欺诈法)。而且在过错确实发挥作用的领域,它也可能是很容易被忽略的配角(supporting role)。例如,在解释领域,关于合同条款应当附有何种意思的规则发挥主导作用。在过错发挥作用的场合,如果主张解释 B 的行为人这么做有过错,那么规则确定解释 A 胜于解释 B。这种次要作用可能使人们容易忽视过错在合同法中的重要性,尽管这一点确实不可接受。

简言之,一些不以过错为基础之合同法规则的存在并不意味着,过错在合同法中不发挥重要作用,正如侵权法中严格责任规则的存在也并不意味着,过错在侵权法中不发挥重要作用一样。

过错在合同法以外其他法律领域的作用是显而易见的。例如,在侵权法中,在诸如故意造成精神痛苦、未尽适当注意义务而伤害他人、因诽谤或中伤而损害名誉等不法行为的情况下,过错的作用给我们留下了深刻印象。相比之下,过错在合同法中的作用往往是微妙的。例如,在合同解释领域,虽然重点往往是当事人语言的含义,但事实上,合同解释案件往往取决于,当事人在使用通常意思不同于其意欲表示之意思的表达时是否有过错。

不同的权威(authorities)认为合同法只是基于严格责任的一个主要原因是,他们考虑的不是整个合同法,而是合同法的一个领域,即瑕疵履行的责任,瑕疵履行包括不完全履行和不履行。瑕疵履行的责任是严格责任而非过错责任的命题,只有表面上的吸引力。在侵权法中,只有当被告故意造成伤害或未尽适当注意义务而不当行为时,原告才能胜诉。相比之下,在合同法中,原告通常只需证明合同成立了,并且即使被告的瑕疵履行并非其过错所致,但只要被告的履行有瑕疵,原告就能胜诉。因此,很容易得出这样的结论:合同瑕疵履行的责任是严格责任,而非过错责任。

然而,这是对允诺道德性和瑕疵履行责任基础之过于简化的看法。从道德上来说,允诺就是采取某种行动的承诺(commitment),例如实现某一特定结果,即使采取行动的时刻到来,允诺人综合考量后宁愿不遵守自己的允诺也同样如此。相应地,履行义务在履行时点是有害的,也并非不履行义务的道德免责事由。认为这些原因中的任何一个都是不履行允诺之道德免责事由的观点误解了允诺的本质。允诺人的道德承诺是,在没有道德免责事由的情况下完成全部履行义务。相应地,如果存在不履行的道德免责事由,那么允诺的瑕疵履行在道德上就是被允许的。这样一个免责事由是,履行不仅会产生伤害,而且会产生严重伤害。正如托马斯·斯坎伦所说,

> 说"我允诺做……"通常约束一个人去做允诺的事情,但它不是无条件地或绝对地有约束力……它没有绝对约束力,因为虽然允诺约束一个人不能仅仅为自己的便利而重新考虑自己的意图,但并非无论允诺人自己和其他人付出什么成本,它都要约束他去做允诺的事情。[3]

同样,根据履行不实际的原理(the doctrine of impracticability),允诺的履行会造成严重伤害的事实可以是一个法律免责事由。

简言之,认为通过简单证明瑕疵履行就成立瑕疵履行责任是不准确的。瑕疵履行责任的成立还必须再证明,不存在可接受的瑕疵履行之免责事由。瑕疵履行的责任不是严格责任,因为此责任建立在允诺的道德结构上。如果我允诺会和你共进午餐,但我没有出现,而且也没有任何可接受的免责事由,比如生病,那么我就有过错,这不是作为严格责任的结果,而是因为不能免除我遵守诺言的道德义务。如下情况也一样:如果我答应卖给你一百个小部件但没交货,除非有一个适当的免责事由。当然,小部件假设中的适当免责事由,可能不同于午餐假设中的适当免责事由,但这在很大程度上是因为不同的语境和标的,而非因为其中一个是根据过错标准被判断为瑕疵履行,另一个是根据严格责任标准被判断为瑕疵履行。巴里·尼古拉斯(Barry Nicholas)很好地总结了合同瑕疵履行责

---

[3] Thomas M. Scanlon, Promises and Practices, 19 *Phil. & Pub. Aff.* 199, 214 (1990).

任的过错基础:

> 过错……在传统普通法上的违约责任概念中缺席了,仅仅是因为它实质上已包含在"合同"的含义中了。因此,在《合同法重述(第二次)》第235(2)条中有这样的表述,"当履行义务根据合同到期时,任何不履行都是违约",过错的内容被契入了该义务。[4]

---

[4] Barry Nicholas, *Fault and Breach of Contract, in Good Faith and Fault in Contract Law* 337, 345 (Jack Beatson & Daniel Friedmann eds., 1995) (emphasis added).

第六编

预期损害赔偿

根据合同法中的预期计算方法,违约损害赔偿应将受允诺人置于如若合同已经履行时他所处的地位。此种计算方法极少直接适用。相反,一些更具体的公式在预期计算和经常出现的具体违约场景之间(如货物的买方或卖方违约)进行连接。经常是,两个甚至三个不同的并相冲突的公式,它们都基于预期计算,可以适用于特定的场景,因此特定情况下的预期计算可能会根据适用公式而有显著变化。本部分将发展用于测算预期损害的主要公式,展示这些公式如何相冲突,并探索这些冲突应当如何解决。第13章介绍了预期损害赔偿公式的基本模块。第14章和第15章分析了分别适用于违反服务合同和货物合同的标准公式。第16章考虑了两种重要的不适合用标准公式的违约场景。

第十三章　预期损害赔偿计算公式的模块；无差异原则

大多数计算预期损害赔偿的公式均以如下三个主要模块中的一个为中心：替代成本（replacement cost）、价值降低（Diminished value）以及所失利润（Lost profit）。

替代成本损害赔偿（Replacement-cost damages）基于合同价格和替代交易的实际或推定成本之间的差额。如果货物或服务的卖方违约，而买方进行了实际的替代购买，那么他的替代成本损害赔偿被称为补进损害赔偿（cover damages）。如果买方违约，卖方进行了实际的替代销售，那么他的替代成本损害赔偿被称为再卖损害赔偿（resale damages）*。如果买方没有进行替代购买，或者卖方没有进行替代销售，那么替代成本损害赔偿的计算通常是，合同价格与若进行替代交易买方已付的金额或者卖方已收到的金额之间的差额。在这些情况下，替代成本损害赔偿被称为市场价格损害赔偿。对于交易量很大的同质商品而言，如小麦或股票，术语"市场价格"是一个真实的事物，通常可以通过检查公开的资料（published sources）来确定。然而，在异质商品情况下，例如，二手设备，市场价格则是建构的，通常是从同类商品在相同时间及地点的销售价格中推断出来的。

价值降低的损害赔偿（Diminished-value damages）基于违约卖方履行

---

*　需要说明的是，resale 既包括再卖也包括转售，在中文语境下，如果是买方违约，卖方就是再卖而非转售，如果卖方违约，而买方已经做出了买卖，在其为中间商的情况下，其是转售。——译者注

的价值和他允诺履行的价值之间的差额。

所失利润的损害赔偿(Lost-profit damages)基于违约买方同意支付的合同价格和卖方可变成本(variable costs)之间的差额。在此语境下,"所失利润"一词有点误导性。卖方出于商业和金融目的出售特定商品的利润,是通过从合同价格中减去卖方生产或收购商品的可变成本和可分配给生产或收购的固定成本部分来确定的。相比之下,就合同法而言,卖方的利润损失应当而且也是通过从合同价格中减去卖方的可变成本来确定的。因此,在合同法中,"所失盈余"(lost surplus)一词比"所失利润"一词更准确。然而,由于后一个术语更常用,本书也如此使用。相应地,本书使用的"成本"一词意指可变成本。

一、预期损害赔偿和信赖损害赔偿的比较

预期损害赔偿是合同法中最基本的损害赔偿类型,其期待违反之允诺得到履行的假设状态。信赖损害赔偿则是向后看的:此种损害赔偿的目的是让受允诺人回到他信赖被违反的允诺之前的状态。如果信赖赔偿的目的已经实现,则无论是根本不存在允诺的情况,还是存在允诺、信赖、违反但已经支付信赖损害赔偿的情况,行为人的境况都是相同的。如果预期损害赔偿的目的得以实现,那么无论是合同得以履行的情况,还是合同被违反但预期损害赔偿得以支付的情况,行为人的境况也是相同的。

闻名遐迩的霍金斯诉麦吉案(Hawkins v. McGee)[1]说明了这两项计算方法之间的区别。霍金斯童年时受伤,他的手因此受到了伤害并且变了形。外科医生麦吉博士通过允诺使手变得完美,诱使霍金斯接受手术。然而,实际上,手术使得手的情况变得更糟糕了,而且此种情况不可逆转。霍金斯案(Hawkins)提供了一个舞台来说明当这些计算方法适用于系争事实时,信赖损害赔偿和预期损害赔偿的赔偿要素如何发挥作用的。

---

[1] 146 A. 641 (N.H. 1929).

1. 信赖损害赔偿

如果霍金斯获得了基于信赖损害赔偿方法计算的赔偿,则须考虑信赖损害赔偿的构成。首先,霍金斯有权获得手术前的手(称"前手")的价值和手术后的手(称"后手")的价值之间的差额。该差额主要通过有后手的霍金斯之收入能力的下降,以及由后手所产生的痛苦来计算[根据霍金斯丧失的未来收入给予他赔偿,似乎是面向未来而非回溯过去的。然而,在手术之前,霍金斯有机会使用前手创收,但是手术后他只能用他功能降低的(diminished)后手创收,所以手术导致了他个人资产的减少]。

其次,霍金斯有权获得因无效手术所产生身心伤害(pain and suffering)的赔偿,因为此种赔偿对于他恢复到允诺之前的状态是必要的,也因为手术产生的身心伤害都白费了。如可比的沙利文诉奥康纳案(Sullivan v. O'Connor)[2]所述,"可以说,'缔约所致'的那个身心伤害……应当……予以赔偿……(因为)如果治疗失败,痛苦(suffering)就'白费'了。除非另有说明,此种'白费'大概是为了恢复原状所必需的"。基于类似理由,霍金斯有权从麦吉博士那获得他支付给医生的费用、他支付给医院的费用,他在手术恢复期间的收入损失。霍金斯也有权要求赔偿后手所产生的精神损害(emotional distress)。尽管在合同法中通常不会判予精神损害赔偿,但在涉及人格利益(personal interests)合同时却存在例外,霍金斯诉麦吉案就是此种情况。

2. 预期损害赔偿

现在考虑霍金斯预期损害赔偿的构成。首先,霍金斯有权获得麦吉博士允诺的"完美之手"的价值和后手的价值之间的差额,而非通常前手的价值和后手的价值之间的更小差额。同样,此种差额将根据霍金斯在每种手部状况下的收入能力,加上手术带来的疼痛和悲伤,包括精神损害来计算。然而,与信赖损害赔偿不同的是,根据预期损害赔偿,霍金斯无

---

[2] 296 N.E. 2d 183, 189 (Mass. 1976).

权要求返还他支付给麦吉医生的费用、他支付给医院的费用、因无效手术而白遭的痛苦、如果手术达到允诺的结果他在住院期间的工资损失和如果手术达到允诺的效果他在康复期间的工资损失(信赖损害赔偿的构成)。理由是:如果手术达到了允诺的效果,霍金斯就无权要求返还已经支付给麦吉医生的费用、正常住院期间的住院费用、手术的痛苦或者正常康复期的收入损失。一旦霍金斯获得后手和完美之手的价值差额,那么原则上他被置于如手术已达到允诺结果时应所处的地位[当然,在现实中,金钱不能替代永久性的身体伤害。然而,在许多不当行为的案例中,包括霍金斯诉麦吉案,一旦伤害发生,再也不可能真正纠正错误了,也即法律不能给霍金斯一只完美之手。因此,法律只能做其所能做的,即判给金钱损害赔偿,并视为金钱能够作出纠正(made things right)]。因此,霍金斯不应要求返还支付给麦吉博士的费用或其他信赖赔偿的构成,因为预期赔偿,尽管是拟制的,但仍会将他置于如若手术达到了允诺效果时他所处的地位。同样,霍金斯也不应获得手术痛苦的预期赔偿,因为这种痛苦是霍金斯为获得一只完美之手而做手术所必须经历的,霍金斯得到的是一只完美之手的经济等价物。然而,霍金斯有权要求赔偿他超过通常恢复期的任何收入损失,通常恢复期是如果手术像允诺的那样可预计的恢复期。[3]

二、交易语境下的预期损害赔偿与信赖损害赔偿

假设目前只能在预期计算和信赖计算这两种计算方法之间作出选择,则须考虑预期或信赖计算方法是否为违反交易允诺的适当救济。

在某些情况下,在交易语境中选择预期计算方法和信赖计算方法是不必要的,因为这两种计算方法会产生几乎相同的结果。特别是,在完全竞争的市场中,信赖损害赔偿通常等于或几乎等于预期损害赔偿。根据传统的商业行为模式,在这样的市场中,特定商品的卖方会生产该商

---

[3] Hawkins, 146 A. at 644.

品,直到他生产增量的成本等于该商品的市场价格。反过来,买方将购买卖方的所有产品。因此,市场在每个时期都是透明的,每个人都以相同价格进行其想要的购买和销售。据定义,完全竞争市场有许多类似的买家和卖家。因此,例如,如果买方与卖方 I 签订合同,在这样的市场上以 15 美分/磅的价格购买商品 C,买方也可以与卖方 II 签订合同,以该价格购买商品 C。放弃替代合同是一种机会成本,因此会提供买方对卖方 I 信赖损害赔偿的基准(baseline),前提是卖方 II 也违约的可能性可忽略不计。[4] 由于 15 美分/磅也是预期损害赔偿的基准,因此在此种语境下,这两种计算方法将产生相同或几乎相同的结果。

然而,信赖损害赔偿和预期损害赔偿往往明显不同,就像它们在霍金斯诉麦吉案中一样。当出现此种不同时,对于违反交易允诺的行为,通常应当采取哪种计算方法呢?

从伤害和补偿的概念开始。在通常用法中,如果发生的事件导致一个人遭受经济或人格损失,或者换言之,导致他的经济或人力财富(human wealth)减少,那么这个人就被认为受到伤害。在私法的多数领域,救济的目的是通过将受到不当伤害的人恢复到他在经济或人力财富被不当减少之前的地位,来对他进行补偿。此种救济因此被称为补偿性损害赔偿。通常,补偿性损害赔偿制度实施所谓的成本原则,因为此种制度能够弥补受害者因不法伤害而产生的成本,从而使其恢复到遭受伤害之前的状态。信赖损害赔偿完全符合这一原则。

相比之下,预期损害赔偿将受允诺人置于如若合同已履行时其所处的地位,即使受允诺人遭受很少的损失或者没有损失,换言之,他的经济或人力财富减少得很少或者没有减少。在这些情况下,信赖损害赔偿接近于零。然而,预期计算方法贯彻了所谓的无差异原则,因为正如理查德·克拉斯韦尔(Richard Craswell)所察知的,预期损害赔偿声明的目标是判给原告"必要的金额,从而使原告在被告违约并支付损害赔偿与被告

---

[4] See L.L. Fuller & William R. Perdue, The Reliance Interest in Contract Damages (pt. 1), 46 *Yale L.J.* 52, 62–63 (1936); Charles J. Goetz & Robert E. Scott, Enforcing Promises: An Examination of the Basis of Contract, 89 *Yale L.J.* 1261, 1284 (1980).

履行之间在主观方面完全无差异"[5]。在本书的其余部分,实现这个目的的目标被称为无差异原则(Jndifference Principle)。

因此,尽管合同法中的预期计算通常被定性为补偿性的,但却并非该术语通常意义上所说的补偿性[6],因为它不是为了恢复受允诺人的财富损失,实际上甚至不要求受允诺人失去任何财富。正如富勒和珀杜经典地指出的那样,"人们经常发现(预期损害赔偿)……作为一项更基本原则的简单推论,给予赔偿的目的是对损害进行'补偿'。然而,此种情况下,我们'补偿'了原告从未拥有的某些东西。从表面上看,这似乎是一种奇怪的'补偿'"[7]。

预期计算方法不是补偿性的说法并不是拒绝它的理由。就如同在其他任何法律领域一样,合同领域中救济制度的选择不应取决于某一制度是否具有补偿性,而应取决于该制度是否比替代制度更有效率和更加公平。

从应考虑效率,尤其是激励效果开始。在交易语境下,赔偿计算的三个最重要的激励效果涉及:是否履行或违约的决定,即有效率的履行率;决定在预防措施上投资多少,以确保到时候能够执行,即有效率的预防率;决定在增加盈余的信赖上投资多少,即产生增加合同价值的成本,比如,广告。

---

[5] Richard Craswell, Contract Remedies, Renegotiation, and the Theory of Efficient Breach, 61 S. *Cal.L.Rev.* 629, 636 (1988).

[6] See, e.g., Hawkins v. McGee, 146 A. 641, 643 (N.H. 1929)("在合同法中所使用的'损害赔偿'一词,意指违约赔偿……"); *Restatement (Second) of Contracts* ch. 16, intro. note (Am. Law Inst. 1981)[hereinafter Restatement Second]("合同救济的传统目标是……赔偿受允诺人因违约遭受的损失")。

[7] Fuller & Perdue, supra note 4, at 52-53. 预期损害赔偿在该术语的通常意义上被视为补偿性的,如果受允诺人的预期是一种类型的财产,那么允诺人违反了他的允诺,他就从受允诺人那里拿走了为他所有的某些东西。这种进路在表面上确实是合理的,而且一些学者已经采纳了此种进路,但是最终该进路似乎是错误的。一类物是否构成财产在很大程度上是社会规范问题。在主导的社会规范下,根据合同获得利益的预期通常不能视作财产。例如,如果A拿走了B的财产,那么A就构成了刑事犯罪,B能够要求A返还财产。相比而言,如果A违反与B订立的合同,A只是实施了一个私人性的不当行为,通常B不能要求A履行合同而只能要求他支付损害赔偿。See Chapter 15, infra。

1. 有效履行率

一直都可能的是,事件会给交易允诺人(bargain-promisor)一种不履行的激励。例如,履行成本可能大幅增加,或者只有允诺人不履行与受允诺人的合同,允诺人才能获得新的、更能赢利的机会。如果允诺人仅对受允诺人的成本承担责任,也就是说,允诺人只面临违约的信赖损害赔偿,那么不管是履行还是违约,允诺人都不会将受允诺人就合同的全部价值纳入纯粹利己的计算,允诺人因此可能会经常违约。相比之下,至少在原则上,预期计算使允诺人承担合同对受允诺人的全部价值,从而有效率地将该价值纳入允诺人是否及何时作出履行或违约决定的自身利益计算中。因此,预期损害赔偿为允诺人的履行提供了有效率的激励,而信赖损害赔偿则没有。

2. 有效预防率

在允诺人违反合同是因为履行合同的成本增加使其变得不盈利,或者其他一些没有达到不履行合同之法律免责事由程度的意外情况时,如果允诺人对意外情况采取了适当的预防措施,那么经常能够阻止这种违约动机。例如,假设游艇制造商签约为游艇所有人建造一艘定制的游艇。游艇制造商可以采取多种预防措施来降低其违约的可能性,例如,提前订购材料、雇佣额外的工人以防备一些工人辞职或生病,以及提前保留建造最后阶段所需的干船坞设施。

预防涉及金钱、时间和努力方面的成本。从效率角度看,这些成本必须与由此产生的利益,也即违约概率的降低和合同价值实现可能性的增加相平衡。预期计算为有效率的预防率提供了适当激励,基于相同原因,它也为有效率的履行率提供了适当激励。如果激励措施迫使允诺人平衡采取预防措施的成本和不采取预防措施的成本,这里的成本也包括允诺人失去合同价值份额的风险增加,那么采取预防措施的激励是有效率的。被允诺人在根据信赖计算方法进行自利计算时不会考虑该要素,允诺人的预防激励因此是不充分的。如果将受允诺人在违约时失去合同价值份额的风险置于允诺人，那么他在决定投资多少预防措施的自利考量时就会全面考虑此种风险。因此，预期计算也为预防措施创造了有效率的激励。

3. 有效盈余增加的信赖率

合同一旦签订，一方当事人即会因信赖合同而采取各种行动。其中一些行动构成了履行或必要的履行准备。就大多数实际目的而言，这些行动不在缔约方的适当裁量范围内：交易合同（bargain contract）的目的是让每一方都履行义务。如果允诺人不履行义务，那么他就违约了，对缔约伙伴也就没有权利了。必要的准备不是随意的，由于要履行，一方当事人必须做任何必要的准备来履行。事实上，如果缺乏适当的准备，一方当事人可能无法履行，那么他在履行之前就违约了。[8]

然而，存有一种性质或程度是裁量性的信赖。此种类型信赖中最重要的是使信赖方增加他从合同所产生的盈余。戈茨（Goetz）和斯科特（Scott）发展了这个概念，并称其为有益的信赖（beneficial reliance）。在本书中，这一概念被称为盈余增加的信赖（surplus enhancing reliance），两个术语相同。以下是两个例子：

> 海员号案。造船商与租船人签订合同，为租船人建造一艘名为"海员号"的船只，租船人计划将船只出租给邮轮公司。当事人同意，造船商不负责提供安装家具、导航设备、安全设备（如救生艇）和其他辅助物品。造船商积压了大量订单，但允诺在六个月内交货。承租人需要的航海设备必须提前60天订购。租船人可能会选择等待直到"海员号"交付才订购这些设备。然而，租船人更喜欢在"海员号"交付前60天就订购设备，这样他可以在"海员号"交付后立即将设备安装并出租，从而增加合同对他的价值。预先购买导航设备构成了盈余增加的信赖。

> 蓝色天使案。摇滚团体"蓝色天使"与推广商签订合同，约定将

---

[8] See UCC §2-609; *Restatement Second*, §251.

在三个月内举办一场音乐会。通过预先宣传音乐会,推广商可以大大增加票房收入,从而提高合同价值。提前做广告构成了盈余增加的信赖。

预期损害赔偿为受允诺人提供了比信赖损害赔偿更有效率的激励,来从事盈余增加的信赖。在允诺人违约的情况下,信赖损害赔偿通常只向允诺人返还他在盈余增加的信赖中所做的投资金额。相比之下,预期损害赔偿则将合同未违约情形下产生的投资盈余返还给受允诺人。知道预期损害赔偿会给允诺人强烈且适当的激励来履行,允诺人会更加确信,对盈余增加的信赖的投资不会让他们面临过度风险。因此,受允诺人可以更有效率地计划,因为一旦签订了合同,他们就可以在某种程度上自信地安排他们的事务,无论是通过履行还是赔偿,他们都会实现合同的价值。事实上,受允诺人自信地投资于盈余增加的信赖的能力通常符合允诺人的利益,因为一些预计的盈余可能会被计入受允诺人愿意支付给允诺人的合同价格中。例如,在蓝色天使案中,如果制片人能自信地在广告活动上花钱,那么他可能会向该团体支付更高的费用,这将增加他的门票销售,从而增加他的利润。

简言之,正如史蒂文·沙伟尔(Steven Shavell)所言,"鉴于预期损害赔偿之外的其他任何违约救济,人们可以用预期损害赔偿来取代提议的救济,并调整合同价格直到买方和卖方都更宁愿接受预期损害赔偿和变更的价格,而非提议的救济和初始价格"[9]。

这些想法也可以用制度学术语来表达。交易的社会制度旨在通过交换创造共同价值,并促进私人规划。合同的法律制度通过官方制裁来支持交易的社会制度。设计针对违约的法律制裁是合理的,这样可以最大化交易的共同价值,最大限度促进私人规划。预期损害赔偿比信赖损害赔偿能更好地实现这些目标。

现在转向公平的考虑。如果 B 的交易允诺诱使 A 从事某种行为,那么 B 给予的一旦少于他允诺的,对 A 就是不公平的。以霍金斯诉麦吉案

---

[9] Steven Shavell, *Foundations of Economic Analysis of Law* 345 (2004).

为例,手术是痛苦的、危险的和昂贵的。我们知道霍金斯愿意承受痛苦、风险和费用来换取一只完美之手。我们不知道霍金斯是否愿意承受这种痛苦、风险和费用来换取更少的东西。因此,在霍金斯经历了痛苦、风险以及承担费用后,要求他接受的东西比他被允诺的或其金融等价物要少,是不公平的。同样,如果 A 允诺以 600 美元的价格向 B 购买一个小部件,而 B 交付了该小部件,那么在没有欺诈、胁迫、显失公平等情况下,A 向 B 支付不低于 600 美元的成本才是公平的。即使受允诺人只是部分履行,他这样做也可能仅仅是因为他预期最终会得到全额付款。即使受允诺人还没有开始履行,他也可能放弃或拒绝探索其他不再可用的机会,这些机会的价值现在难以量化。最后,许多合同旨在确定市场价格变动的风险从一个行为人转移到另一个行为人。在此种类型的合同中,允许允诺人以低于允诺价格或履行的任何方式来计算损害赔偿,与允许输掉赌注的人要回赌注一样不公平。简言之,为公平起见,交易受允诺人应当有权根据允诺的价格或履行来计算损害赔偿,正是这些价格或履行诱使他完全或部分地履行,不利用或不寻求竞争机会,或者两者兼而有之。因此,在违反交易合同的预期计算和信赖计算之间,预期损害赔偿更为可取,因为它提供了更好的有效履行率、有效预防率及盈余增加信赖,同时提供了公平之根据。因此,在霍金斯诉麦吉案中,法院正确地判予了预期损害赔偿。[10]

---

[10] 在闻名的沙利文诉奥康纳案中 [Sullivanv. O'Connor, 296 N.E.2d 183 (Mass. 1973)],该案所涉及的事实与霍金斯诉麦吉案的事实非常相似,法院判予了信赖损害赔偿,但这是因为原告只请求了信赖损害赔偿,所以这个裁判结果的力量是非常有限的。ld. at 185.

附录

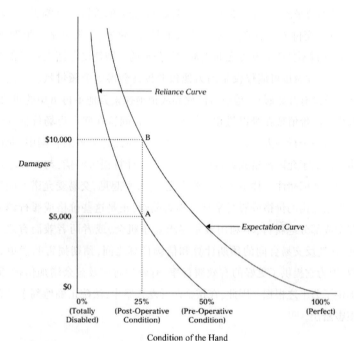

FIGURE 13.1. Reliance and Expectation Damages in Hawkins v. McGee.

图 13.1

图 13.1 说明了信赖和预期计算。其中的横轴表示霍金斯手的可能状况的范围。纵轴表示损害赔偿的范围。图表上的信赖和预期曲线分别描绘了霍金斯的手的状况与根据信赖和预期计算应当判给他的金额之间的关系,因为麦吉博士违反了他给霍金斯"完美的手"的允诺。每个曲线的构造能实现此种状况,即霍金斯的手的状况从同一曲线上的一点到另一点的改变并不会改变霍金斯在相关计算下的福利,因为手的状况的改变

被曲线所示的计算的损害赔偿的改变精确地抵销了。因此,这些曲线是等效用线,或者说无差异曲线,因为一旦确定了损害赔偿的适当概念,霍金斯在理论上就毋庸关心位于相关曲线上的损害赔偿和福利如何进行组合。

让我们先来看看霍金斯诉麦吉案中的信赖损害赔偿,它是用信赖曲线绘制的。根据损害赔偿的信赖概念,计算基于霍金斯诉麦吉一案之事实的损害赔偿的基准是这样一个条件,即如果霍金斯没有与麦吉博士订立合同,霍金斯的手就会维持原状。假设霍金斯在手术前有一只 50% 完美的手,但手术的结果是他的手现在只有 25% 完美。那么信赖损害赔偿就是在霍金斯手的完美度从 50% 降到 25% 的损失弥补所需要的金钱数额。[11] 信赖曲线的构造体现了该关系,即以程式化的方式表示手的状况的恶化和弥补该恶化所需要的金钱数额之间的关系。该曲线在霍金斯的手达到 50% 完美的点时与横轴相交,也即在麦吉博士的允诺和手术之前所定位的霍金斯手的状况的点。为了测量信赖损失,需要将信赖曲线向上移动到 A 点,这对应于手术后霍金斯的手在横轴上的状态。然后从 A 点移动到纵轴,确定 A 点霍金斯手的状况相对应的金额——5 000 美元。假设金钱价值可以分配给身体伤害,那么根据损害赔偿的信赖概念,霍金斯在拥有 25% 的有用手和 5 000 美元的损害赔偿或 50% 的有用手和没有损害赔偿下的利益是相同的。因此,基于这些程式化事实的信赖损害赔偿为 5 000 美元,因为这一数额使霍金斯的手恢复到其允诺前的状态。

相反,在损害赔偿的预期概念下,基于霍金斯诉麦吉案的事实,计算损害赔偿的基准是,如果麦吉博士遵守了他的允诺,他(霍金斯)的手就会处于 100% 完美的状况。由此,预期损害赔偿就是该金额,即弥补麦吉博士允诺的 100% 完美状态和霍金斯手术后手的实际状况之间的差额所需的金额。预期曲线的构造表现了从手的实际状况移动到完美状况所需的金额。这一曲线在霍金斯的手 100% 完美的点与横轴相交。要计算预期

---

[11] 这里要假设,麦吉医生进行的手术并没有使霍金斯丧失寻找另一位能够成功进行手术的医生的机会。因此,该曲线并不反映机会成本。

损害,需要将预期曲线上移至 B 点,B 点对应于手术后霍金斯的手在横轴上的状态。然后从 B 点移动到纵轴,确定与 B 点霍金斯手的状况相对应的金额——10 000 美元。因此,根据损害赔偿的预期概念,在拥有 25% 的完美手和 10 000 美元的损害赔偿或 100% 的完美手和没有损害赔偿时,霍金斯的福利是一样的。因此,在这些程式化事实下的预期损害赔偿是 10 000 美元,因为这个数额使霍金斯的手达到允诺的条件。[12]

霍金斯诉麦吉案涉及霍金斯福利的丧失。经济学家通过个人所享有的满足感或效用来计算个人的福利,通过公司利润来计算公司的福利。图 1 中的曲线展示了在不同程度的损失下能够使霍金斯恢复原状的损害赔偿(信赖曲线),或者弥补霍金斯的预期收益所需的损害赔偿(预期曲线)。用收益代替满意度的这种分析可以适用于企业,但不适用于个人。由此,该曲线将被解释为等利润线,而非等满意度线。

---

[12] 预期曲线和由此产生的 10 000 美元的数字,说明了预期损害赔偿的逻辑,而不是在霍金斯诉麦吉案中实际判予的损害赔偿。

第十四章　违反货物买卖合同时计算预期损害赔偿的公式

一、货物买方的违约

在买方违反了货物买卖合同的场合，如下三个公式中的任何一个都可以用来计算卖方的损害。

如果卖方在市场上再卖货物，他通常有权获赔再卖价格和合同价格之间的差额，前提是再卖是合理的且善意进行的。此公式体现在《统一商法典》第2-706条。

如果卖方没有再卖货物，他通常有权获赔货物的市场价格和合同价格之间的差额。此公式体现在《统一商法典》第2-708(1)条中。这两个公式都是替代成本公式：前者是实际的替代成本，后者是建构的替代成本。

第三个公式是基于卖方的所失利润，其以合同价格和卖方履行成本之间的差额来计算。此公式体现在《统一商法典》第2-708(2)条中。该条规定，如果市场价格计算"不足以让卖方处于与履行时一样的地位"，那么损害赔偿的计算是卖方从买方的全面履行中获得的利润（包括合理的加价）。如果卖方的供应是弹性的，而且货物是标准化的，那么出售给买方Ⅰ的所失利润不会通过随后出售给买方Ⅱ来弥补，因为即使买方Ⅰ已经履行，卖方也可以出售给买方Ⅱ。这种情况被捕鱼模型（Fishing Model）捕捉到了：通常情况下，失去一条鱼并不能让商业捕鱼人捕捉到另一条鱼，所以如果捕鱼人没有失去一条鱼，那么他的渔获量是多了一条鱼，因此他的利润也是多了一条鱼的利润。同样,如果缔约货物标准化了,并且卖方的供应有充分弹性以满足所有潜在买方的需求,那么也不能只是因为失去一个买方而使卖方多进行一次销售;不管怎样,他还会抓住那条鱼做那笔买卖。

在商品异质化而非标准化时,情况就不同了。在此种情况下,如果卖方没有那种商品存货,买方II就可能不会从卖方那里购买。例如,在拉赞比汽修有限公司诉赖特案(Lazenby Garages ltd. v. Wright)[1]中,赖特以1 670英镑的价格从经销商拉赞比处购买一辆二手宝马车,但第二天他改变了主意。拉赞比将宝马车保留在展厅中,两个月后以1 700英镑的价格卖给了另一位买家。拉赞比随后起诉了赖特,要求赔偿其所失利润,所失利润是以合同价格1 670英镑和拉赞比为这辆车支付的1 325英镑之间的差额来计算的。在丹宁勋爵书写的意见中,法院驳回了拉赞比的主张:

> 这些案例表明,如果有许多完全相同类型的新车可供销售,而且经销商能证明比他们能销售的少卖一辆车,那么他们就有权获得等于该辆车上所失利润的损害赔偿……
>
> 但是二手车的情况就完全不同了。尽管是同一款车,每辆二手车都不同于下一辆。汽修厂的销售经理明确承认,一些同样牌子的二手车,即使是同一年的,也可能比同一年的其他二手车卖得更好。一些可能卖得很快,另一些可能卖得很慢。你实在不知道为什么,但是它们就是都不一样。
>
> 关于新车的案件则与此不同。[2]

在卖方按照捕鱼模型经营的场合下,所失利润公式下的赔偿被称为销量损失赔偿(lost-volume damages),因为由于买方违约,卖方的利润比本来能获得的少了一份。一个著名的例子是内里诉零售海运公司案(Neri v. Retail Marine Corp)[3]。内里以1.25874万美元从零售海运公司购买一

---

〔1〕 [1976] 1 W.L.R. 459 (Ct. App.) (U.K.).
〔2〕 Id. at 462.
〔3〕 285 N.E.2d 311, 314 (N.Y. 1972).

艘特别制作的特别型号的新船。内里支付了40美元的定金(deposit),零售海运公司允诺在大约四至六周内交货。零售海运公司计划通过从制造商那里购买一艘特别制作的特别型号的船来完成内里的合同。缔约后不久,内里将定金增加到4 250美元,以换取零售海运公司与制造商达成协议安排立即交货。六天后,内里的律师给零售海运公司发了一封信,解除修订后的合同,理由是内里要住院和接受手术,因此他不可能再付款了。同时,制造商已将这艘船交付给了零售海运公司。随后,零售海运公司将这艘船卖给了另一个买方。内里诉请返还他的定金。根据《统一商法典》第2-718条,他有权获得大部分定金,但须与零售海运公司的损害赔偿加以抵销。问题是如何计算这些损失。内里辩称,零售海运公司没有遭受任何损失,因为它将内里缔约购买的那艘船销售给了另一个买家。法院认为,内里的违约并不能使零售海运公司在卖给另一买方时获得替代利润,因为即使内里已履行,零售海运公司也可向另一买方出售一艘相同的船。因此,零售海运公司的损失由其与内里的合同产生的所失利润(即合同价格与零售海运公司为该船支付的金额之间的差额)以及间接损失(保险、利息,等等)构成。[4]

销量损失赔偿公式偶尔会受到批评,理由是它没有真正实现预期原则。总的来说,这些批评是基于介于极不可能和完全不合理之间区域的想象场景。

其中一个场景是,卖方和违约的买方部分处于竞争中。例如,卖方制造和销售钢板及装配式钢部件,买方制造和销售装配式钢部件。买方同意从卖方那里购买钢板,买方违约了。在此场景中,反对销量损失赔偿公式的论点是,如果买方违约,他用于制造装配式钢部件的钢材就更少了,制造的部件也因此更少,这会降低卖方的装配式部件业务的竞争压力。由于竞争压力减少,卖方将获得更多利润,这将完全或部分抵销买方

---

[4] See also, e.g., Famous Knitwear Corp. v. Drug Fair, Inc., 493 F.2d 251, 253-254 (4th Cir. 1974)(认为《统一商法典》第2-708(2)条设定的所失利润的损害赔偿计算方法旨在适用于销量损失的卖方); Snyder v. Herbert Greenbaum & Assocs., Inc., 380 A.2d 618, 625 (Md. Ct. Spec. App. 1977)。

违约所造成的卖方损失。这种情况是不太可能的(implausible)。首先,确实有一些卖方与买方进行竞争,但这样的卖方并不多;其次,除非买方在该市场中是重要角色,否则买方违约的结果对卖方的装配业务并没有价格方面的影响。此外,买方不从卖方那里购买钢材可能是因为买方决定暂时不装配钢部件。此种情况下,买方的违约不会减少卖方竞争对手的数量,因为无论如何买方不再是竞争对手了。同样,如果买方因其他原因违约,如钢板市场价格低于合同价格,那么买方违约也不会减少卖方竞争对手的数量,因为买方只需以更低的市场价格从另一家生产商购买钢材,并且装配的部件和以更高合同价格从卖方那里购买钢材时本可装配的数量一样多。

在 R. E. 戴维斯化学公司诉泰索尼公司案 (R.E. Davis Chemical Corp. v. Diasonics, Inc.)[5] 中,第七巡回法院设想了另一个不可能的场景:

> 根据"收益递减或边际成本递增的经济规律……随着卖家销量的增加,不可避免地会达到这样一个点,即销售每一个额外商品的成本会减少卖家的增量回报,并最终使完成下一次销售完全无利可图……"因此,在某些条件下,若判予卖方销量损失,则其推定的利润损失会导致对卖方的过度赔偿,而且由于第 2-708(1) 条提供的赔偿公式确实使卖方处于如同买方已履行时的地位,第 2-708(2) 条就不再适用。因此,在重审时(on remand),卖方不仅必须证明除了再卖物品的数量(unit),它还有能力生产违约物品的数量(unit),而且还必须证明生产和销售这两个数量的物品均可盈利。卖方承担证明这些事实的责任,因为证明责任通常在于主张损害的一方,以证明其损失数额;尤其是在这种情况下,原告最容易获得相关数据。[6]

于此,第七巡回法院过量吸收了芝加哥学派的经济学观点。在现实世界中,销量损失之卖方的可变成本在规模销售过程中几乎总是保持相

---

[5] 826 F.2d 678 (7th Cir. 1987).
[6] Id. at 684.

同。例如,如果一家零售相机商店向买方Ⅰ出售相机,而买方Ⅰ违约,几乎难以想象该商店向买方Ⅱ出售相机的可变成本会高出那么一丁点(a nickel)。事实上,在内里案中,很难想象零售海运公司卖给买家Ⅱ的成本会比卖给内里的成本多那么一丁点。[7]

简言之,在卖方有相对弹性供应标准化货物的场合,计算卖方损害的公式通常应为合同价格减去卖方的可变成本。更难的问题是,预期计算是否在所有销量损失的情况中均可适用。这个问题将在第16章中讨论。

二、货物卖方的违约

如果卖方违约了,这几个损害赔偿计算公式中有一个是可适用的。如果卖方交付货物,买方接受了,但货物有瑕疵,买方可获得瑕疵损害赔偿。通常,这些是违反了担保的损害赔偿。《统一商法典》第2-714(2)条规定,除非特殊情况表明不同数额的损害,否则此种违约的损害赔偿的计算方法是,所接受货物的价值与如果货物像担保的那样所具有的价值之间的差额。虽然这在形式上是价值降低的公式,但在实践中,买方在此种情况下的损失通常以完工成本(cost of completion)来计算,即将货物置于担保状态的成本。

相比之下,如果卖方未能交付货物或者货物有瑕疵,而买方正当地拒绝收货,或者接受货物但随后又正当地撤销其接受,买方最初可以选择是

---

[7] See also Charles J. Goetz & Robert E. Scott, Measuring Sellers' Damages: The Lost Profits Puzzle, 31 *Stan. L. Rev.*, 323, 338-340 (1979). 戈茨和斯科特认为,当买方的情况发生变化以致不再需要约定的货物时,他可以接受交货,然后转售货物,买方的转售可能会破坏卖方的市场。更准确地说,戈茨和斯科特认为,如果(1)卖方定期在现货市场上销售;(2)环境是无摩擦的,这使得买方可以在卖方面临相同条件下的违约,在现货市场上转售所购商品;(3)买方没有与转售相关的成本,那么买方X个单位则会在卖方面临的需求曲线中产生X个单位的相应移动。此观点的问题在于,很少有市场会满足第二个或第三个条件,更毋庸说同时满足两个条件了。

诉请市场价格损害赔偿还是补进并诉请补进损害赔偿。[8] 如果买方补进，但市场价格超过了补进价格，那么市场价格损害赔偿将高于补进价格赔偿。出现这种现象是是可能的，这既可能是因为买方在补进时做了一笔非常划算的交易，也可能是因为补进价格是实际价格，而市场价格是经由推断建构的。在此种情况下，买方更愿意诉请市场价格损害赔偿。然而，不应允许已补进的买方诉请市场价格损害赔偿。由于补进的买方最终获得违约商品的替代品，他遭受的唯一损失就是补进价格和合同价格之间的差额。因此，允许补进买方获得更高的市场价格损害赔偿，将使买方处于比卖方履行更有利的地位，因为补进行为加上补进损害赔偿已使买方处于卖方已履行时所处的地位了。

此观点反映在《统一商法典》第1-305(a)条和对第2-713条的正式评论中。第1-305(a)条规定，"(本法规定的)救济必须灵活实施，以使受害方被置于如另一方当事人已完全履行时的适当地位"。第2-713条的评论允许受害买方诉请市场价格损害赔偿，该评论规定，"本条规定了一项完全不同于前条的补进救济，这项救济仅在买方没有补进时且只能在此范围内适用"。此外，正如怀特和萨默斯指出的，相反观点"允许9月2日知道违约的卖方(那时市场价是2.5万美元)，等到9月15日进行补进(此时市场价是2.3万美元)，然后根据第2-713条诉请更高的合同价-市场价差额的损害赔偿，将与第1-305(a)条的一般原则相违背……"[9]

埃伦·彼得斯(Ellen Peters)反对将补进买方限于补进损害赔偿，理由是这样做会妨碍补进，因为补进买方会失去可能更有利的市场价格损害赔偿救济。[10] 此论点有两个缺陷。第一，尽管买方确实会失去市场价格损害赔偿的救济，但这是公平的，因为根据假设，市场价格损害赔偿会超

---

[8] See James J. White, Robert S. Summers & Robert A. Hillman, *1 Uniform Commercial Code*, 578-580 (6th ed. 2010)(补进的卖方无权诉请市场价格损害赔偿). But see Ellen A. Peters, Remedies for Breach of Contracts Relating to the Sale of Goods under the Uniform Commercial Code: A Roadmap for Article Two, 73 *Yale L.J.* 199, 260 (1963)(认为"对各种《统一商法典》救济条款的非限制性解读，会保留使用或忽略替代交易作为损害赔偿计算方法的全部选项")。

[9] White, Robert Summers, Hillman, supra note 8, at 578.

[10] See Peters, supra note 8, at 259-261.

过他的损失。第二,补进不易于受到妨碍。如果买方为转售给特定买方而购买但没有补进,那么他将对自己的买方承担未交付的责任。如果买方是为使用而购买,根据《统一商法典》第 2-715 条,未补进会禁止他获得间接损害赔偿。此外,买方几乎总是倾向于现在就进行有利的补进购买,而非在难以琢磨的未来去冒险获得有利的市场价格损害赔偿机会。

彼得斯还认为,市场价格损害赔偿应当总是可用的,因为它们应被视为约定违约金。[11] 然而,市场价格损害赔偿并非约定违约金:约定违约金是双方固定的金额或公式;市场价格损害赔偿是法律固定的公式。此外,在许多州,如果受允诺人的实际损失明显少于约定违约金,那么约定违约金是不可执行的。如果市场价格损害赔偿是约定违约金,那么根据这些州的规则,当受允诺人的损失明显低于市场价格损害赔偿时,法院将不会判予市场价格损害赔偿。这与彼得斯想要达到的结果正好相反。最后,如果约定违约金条款是可执行的,那么它也具有排他性。因此,如果市场价格损害赔偿是约定违约金,货物买卖交易中的买方只能获得市场价格损害赔偿,因此不能获得补进损害赔偿、间接损害赔偿或附带损害赔偿。该结果既不正常也不正当。

三、市场价格损害赔偿超过受允诺人实际损失的情况

一个令人困惑的问题是,如果违反货物买卖合同的市场价格损害赔偿会超过受允诺人的实际损失,那么是否应判予市场价格损害赔偿。这一问题的重要性不应夸大。在大多数情况下,市场价格损害赔偿和受允诺人的实际损失非常相当。在其他许多情况下,买方的实际损失超过了其市场价格损害赔偿。如在受允诺人是买方的场合,他会遭受哈德利原则下无法获赔的间接损害*。在其他情况下,市场价格损失和买方的实际

---

[11] Id. at 259.
  * 原文为 review,但经与作者核实,review 应该是 recover 之误。——译者注

损失之间似乎存在差异,但事实上并不存在此种差异。[12] 例如,考虑一下大卫·西蒙的一篇文章所假设的情况,他认为,即使市场价格损害赔偿超过买方的实际损失或买方没有实际损失,市场价格损害赔偿也应作为买方获赔的底限。

> 股票问题。A 缔约以每股 10 美元的价格向 B 出售他所拥有的 1 000 股股票,总价为 1 万美元。股票在市场上自由交易。交割日的市场价为每股 6 美元,股票价值为 6 000 美元,B 违约并拒绝接受交割。A 没有提供任何证据证明他以每股 6 美元的价格出售或遭受任何其他实际损失。[13]

在分析一个类似的假设情况时,西蒙得出结论:(1) A 应当获赔 4 000 美元,但(2) A 不会获赔 4 000 美元,除非要么他证明违约导致他被迫以每股 6 美元或更低的价格出售股票,要么证明市场价格公式设定了损害赔偿的底限。第一个命题是正确的,但第二个命题并不正确。西蒙在这里混淆了收入效应和财富效应。如果 A 没有以每股 6 美元的价格出售股票,那么他可能不会因为违约而遭受 4 000 美元的收入损失,但他明显已损失了 4 000 美元的财富,因为由于 B 违约,A 持有的股票价值仅为 6 000 美元而非 1 万美元。因此,即使市场价格损害赔偿公式没有设定损害赔偿的底限,A 也应获赔因 B 违约而导致其财富减少的 4 000 美元。[14]

考虑一个假设情况,该情况大体基于西蒙设定的另一个例子:

> 铜材难题(Copper Trouble)。卖方是一家铜矿开采公司。买方制造铜管,不从事铜材贸易。卖方同意以每吨 60 美元的价格向买方出售 1 000 吨铜。交货日期的市场价格为每吨 80 美元,卖方告诉买

---

〔12〕 假设买方在市场上用一种质量低于卖方允诺交付之货物的货物替代被违反的合同。在此种情况下,买方没有补进,因此可以获得市场价格损害赔偿。

〔13〕 This point is made, and elaborated in depth, in David W. Carroll, A Little Essay in Partial Defense of the Contract-Market Differential as a Remedy for Buyers, 57 S. *Cal. L. Rev.* 667 (1984).

〔14〕 David Simon, The Critique of the Treatment of Market Damages in the Restatement (Second) of Contracts, 81 *Colum. L. Rev.* 80, 87 (1981).

方它不想履行了。在此期间,买方意外地减少了铜管产量,因而不需要卖方的铜材了。

尽管买方不从事铜材交易,但没有什么能阻止他这样做。因此,即使买方不再需要铜材,即使市场价格公式不设定损害赔偿的底限,买方也应获得2万美元的预期损害赔偿,因为如果卖方履行,那么买方可以6万美元的价格接受卖方的铜材并以8万美元的价格将其转售给第三方,或者以2万美元的价格将其在合同项下的权利转让给第三方。当同质商品有现成市场时,持有而非出售该商品的决定,在功能上等于以当前市场价格投资该商品的决定。例如,如果C公司普通股在1月15日以每股6美元的价格出售,那么在1月15日持有C公司普通股但不出售的人,实际上是决定,当天投资C公司普通股上每股6美元。因此,在股票问题中,如果A在交割日后继续持有1 000股C公司股票,那么他实际上每天都会作出决定,以当前的每日市场价格投资1 000股C公司股票。这些投资决定的正面和负面风险都应当由A承担。而在A对B的诉讼中,C公司股票在交割日后是上涨还是下跌或者A想要股票做什么,都没有相关性。事实上,即使A由于后来的市场上涨以高于每股6美元的价格出售了股票,或者在审判时仍然持有股票,且当时每股价值10美元,他也应当获赔4 000美元。

确实会出现市场价格损害超过受允诺人实际损失的情况。这些情况分为如下几种模式(patterns)。

在一种模式中,卖方-允诺人违约,且(1)买方-受允诺人补进,市场价格高于补进价格,因为补进价格是实际价格,而市场价格是建构价格;(2)卖方-允诺人再卖,市场价格低于再卖价格,原因相同。例如,假设合同价格为6美元,当市场价格为8美元时,卖方违约,买方能以7美元价格补进。如果市场价格损害应为买方获赔设定一个底限,那么买方会获赔2美元。然而,买方应当并且只会获赔1美元,因为这就是他的全部损失。在这种模式下,市场价格损害应为赔偿设定底限的论点,无论是作为规范问题还是作为法律问题,都是不正确的。

在另一种模式中,市场价格损害赔偿超过了受允诺人的实际损失,因为受允诺人已与第三方订立合同,其效果是要么限制了受允诺人的利润(如果受允诺人履行的话),要么限制了受允诺人的损失(如果受允诺人违约的话)。许多情况涉及背靠背交易,即买方在订立购买某一特定商品的合同之前或之后,就按照买方支付给卖方的价格加上规定的加价(increment)将商品卖给第三方的交易。实际上,此种情况下的买方是经纪人,加价是经纪佣金。如果卖方履行,那么买方只赚取佣金。如果卖方违约,那么买方只损失佣金。

然而,西蒙认为,在市场交易者之间的交易中,"合同可以被解读为,双方当事人都在特定日期支付一美元赌注的合同,该一美元是以合同价格和未来市场价格之间的差额来计算的"[15]。在特定合同是在市场中下赌注的场合,此论点比较适合,但大多数合同主要或根本不是下赌注的。例如,消费者合同极少是在市场中下的赌注。同样,在许多商事合同中,一方或双方当事人的目标是稳定的投入和产出供应,而非就市场下赌注。建筑公司为汽车制造商建造新工厂的合同,通常不是任一方当事人就市场下赌注,恰恰相反,它是针对复杂且不断变化的未来进行安排的一种方式。合伙合同,首席执行官和公司之间的雇佣合同,公用事业公司和石油公司之间以石油公司公布的价格买卖汽油的合同,软饮料制造商和化学公司之间开发新甜味剂的合资合同,也是如此。此类清单还有很多。

西蒙还认为,"作为实践问题,市场只能在以下任一基础上运行(1)在规定的履行日立即交货,或(2)立即支付同一日期的市场价格损害赔偿"[16]。这是因为"如果允许投机者就所下赌注反悔并为自己保持市场优势,(拒绝市场价格损害赔偿是底限的论点)将使市场不能运行"[17]。此论点在经验上是不正确的。交货经常延迟,在违约交货到期日就支付市场价格损害赔偿或实际上进行任何赔偿几乎从未发生过。尽管如此,市场仍在运行。

---

[15] Id. at 92.
[16] Id.
[17] Id.

汤加诉托马斯案(Tongish v. Thomas)提出了一个类似看法。[18] 在该案中,法院说,买方的损害赔偿不应限于他的实际损失,因为市场价格损害赔偿会鼓励更有效率的市场并阻止违约。"在市场波动对卖方有利时,这*会阻止卖方违约而产生市场稳定性"[19]。但至少可以说,为什么选择一个而非另外一个预期损害赔偿公式会破坏市场稳定,尚不清楚。诚然,更高的损害赔偿将导致更少的违约,但此论点没有止境。例如,该论点支持违约的惩罚性损害赔偿以及完工成本损害赔偿,即使受允诺人并无任何完工意图。

简言之,即使在市场价格损害赔偿超过受允诺人实际损失时,判予市场价格损害赔偿的主要规范性论点(arguments)也有严重缺陷。现在转向实在法(positive law)。违反货物买卖合同的损害赔偿受《统一商法典》规范。然而,《统一商法典》可以被解释为,肯定或否定使受允诺人处于比履行完成时更有利地位之市场价格损害赔偿均可。《统一商法典》第2-708 (1)条规定,买方违约,卖方可以诉请市场价格损害赔偿。并且第2-713 (1)条规定,卖方违约,买方可以诉请市场价格损害赔偿。然而,第1-106 (1)条规定,"本法规定的救济应灵活实施,目的是使受害方处于如同另一方当事人已完全履行时所处的适当地位"。

少数现代(1980年后)案例解决了,市场价格损害赔偿是否应为货物买卖合同的赔偿额设定底限这一问题,因此,即使以此种方法计算的损害赔偿超过了受允诺人的实际损失,也应该判予市场价格损害赔偿。一些案例认为他们应当这样做。例如,在汤加诉托马斯案中[20],汤加向库珀出售其在117英亩土地上种植的所有葵花籽。汤加从1988年12月至1989年5月分三期交货,大种子每百磅13美元,小种子每百磅8美元。库珀订立了背靠背的合同,以付给汤加的金额加上手续费,将其从农民手中购买的所有葵花籽卖给班比诺(Bambino)。到1989年1月,葵花籽的

---

[18] 829 P.2d 916 (Kan. Ct. App. 1992).
* 市场价格损害赔偿。——译者注
[19] Id. at 921.
[20] 829 P.2d 916 (Kan. Ct. App. 1992).

市场价格约为每百镑20美元,汤加拒绝履行与库珀的合同。1989年5月,汤加以当时大概市场价格1.4715万美元将葵花籽卖给第三方。库珀提起诉讼。根据市场价格损害赔偿公式,库珀被判予约9 600美元的赔偿。然而,根据库珀与班比诺的背靠背合同,库珀损失的利润只包括手续费456美元。法院认为库珀可以获得市场价格损害赔偿。法院说,市场价格损害赔偿公式"鼓励更有效率的市场并阻止违约",从而稳定了市场。[21]

KGM收割公司诉新鲜网络公司案(KGM Harvesting Co. v. Fresh Network)[22]是另一个案例。在该案中,法院判予了市场价格损害赔偿,尽管它超过了受允诺人的实际损失。KGM是生菜种植者和经销商。它每周向生菜经纪人新鲜网络运送14车生菜。正如KGM所知,新鲜网络与卡斯特里尼(Castellini)之间有一份合同,以新鲜网络的成本加上少量佣金,将从KGM获得的所有生菜出售给卡斯特里尼。KGM违约了,新鲜网络通过在市场上购买生菜进行补进,然后以成本(补进价格)加上佣金的价格,将补进的生菜出售给卡斯特里尼。补进价格损害赔偿为65万至70万美元。然而,新鲜网络并没有损失该数额的金钱,因为它从卡斯特里尼那里获得了合同价格和补进价格之间的大部分差额。结果,新鲜网络的损失只有7万美元。尽管如此,法院认为新鲜网络有权获得补进价格赔偿。法院称,补进购买"给了买家交易利益。买方选择如何处理这笔交易与损害赔偿的确定无关"[23]。

然而,大多数现代货物买卖案例都拒绝了该立场:即使市场价格损害赔偿超过受允诺人的实际损失,也应判予市场价格损害赔偿。例如,在H-W-H家牛公司诉施罗德案(H-W-H Cattle Co. v. Schroeder)中[24],施罗德缔约以每英担(hundredweight)67美元的价格向H-W-H出售家牛。H-W-H与西部特雷奥(Western Trio)签订了背靠背合同,以每英担67.35美元

---

[21] Id. at 921.
[22] 42 Cal. Rptr. 2d 286 (Ct. App. 1995).
[23] Id. at 293.
[24] 767 F.2d 437 (8th Cir. 1985).

的价格向其出售2 000头牛,即在H-W-H同意支付给施罗德的价格上再加上每英担35美分的佣金。施罗德未能交付约定的603头牛。H-W-H的市场价格损害赔偿约为6.2万美元。然而,H-W-H公司的利润损失只有1 372美元,因为如果施罗德供应了所有约定的家牛,H-W-H也只能获得每英担35美分的佣金。[25] 法院认为,本案判予市场价格损害赔偿"会导致H-W-H获得意外之财,因而违反了有关基本救济的一般原则(《统一商法典》第1–106条)"[26]。

联合罐头包装公司诉维克多包装公司案(Allied Canners & Packers, Inc. v. Victor Packing Co.)也得到了类似结果。[27] 维克多公司从事水果包装和加工业务,联合公司从事食品出口业务。根据联邦销售令(Federal Marketing Order),葡萄干管理委员会(RAC)控制葡萄干市场,并决定(1)国内葡萄干在世界任何地方的销售数量(称为免受控制的葡萄干),以及(2)只能在西半球以外或向某些政府赞助的项目(称为储备葡萄干)的销售数量。RAC的包装商会员能从RAC购买储备葡萄干。作为包装商的维克多公司是会员,但作为出口商的联合公司则不是。想购买储备葡萄干的包装商必须向RAC申请并支付合同价格的95%。

从1976年9月1日到9月10日,包装商会员可从RAC以每磅22美分的价格购买储备葡萄干,这远低于免受控制的葡萄干的市场价格。在这些日子中,维克多公司以每磅29.75美分的价格将3.5万磅储备葡萄干出售给联合公司,并减去4%的折扣。联合公司签订了背靠背合同,以每磅29.75美分的价格将葡萄干转售给两家日本公司,但没有任何折扣。因此,联合公司的预期是通过转售葡萄干获得4%的利润。9月9日晚,暴雨严重损害了葡萄干,并对葡萄干供应产生不利影响。9月10日,RAC撤回了向维克多

---

[25] H-W-H辩称,它应当获得市场价格损害赔偿,因为它要为未能交付603头牛而对西部特雷奥承担责任,西部特雷奥的损害赔偿将以市场价格和合同价格之间的差额来计算。然而,西部特雷奥没有要求H-W-H履行合同的剩余部分,这可能是因为,1979年秋季牛价下跌,西部特雷奥最多只能在转售中实现收支平衡。此外,西部特雷奥由拥有H-W-H的同一家族管理。

[26] H-W-H Cattle, 767 F.2d at 439–440.

[27] 209 Cal. Rptr. 60 (Ct. App.1984).

公司等会员出售储备葡萄干的报价,维克多公司尚未支付全部价格。维克多公司随后通知联合公司,它不会按合同交货了。任一方当事人可在市场上购买葡萄干的日子最早是 10 月份,那时的市场价格为每磅 80—87 美分,因此联合公司的市场价格损害赔偿为 15.0281 万美元。然而,联合公司并未遭受任何损失,因为日本的一个买方同意解除合同,另一个未在诉讼时效内提起诉讼。联合公司起诉维克多公司要求市场价格损害赔偿,而非金额更小的实际损失。法院驳回了联合公司的请求,认为"《统一商法典》第 1-106(1)条的政策要求将受害方置于如同另一方当事人已履行时所处的适当地位,要求判予买方的损害赔偿仅限于实际损失,即他预期在交易中获得的金额"[28]。

在诺布斯化学公司诉科珀斯公司案(Nobs Chemical, U.S.A., Inc. v. Koppers Co., Inc)[29]中,科珀斯公司以 54 万美元的价格从诺布斯和卡尔蒙-希尔(Calmon-Hill)(卖方)处购买 1 000 公吨异丙苯(一种燃料添加剂)。随后异丙苯的市场价格下跌,科珀斯违约。卖方的市场价格损害赔偿应当是 27.6 万—32 万美元。然而,卖方已安排以 40 万美元在巴西购买异丙苯,并以 4.5 万美元将其运往科珀斯。因此,卖方的利润损失只有 9.5 万美元,即合同价格 54 万美元和履行成本 44.5 万美元之间的差额。法院认为,卖方可获得的赔偿仅限于利润损失:

> 没人坚持,而且我们并不认为他们会坚持,因违约而以下跌的市场价格与合同价格之间的差额来赔偿原告是必要的。如果交易已完成,卖方的"交易利益"(benefit of the bargain)就不会受到市场价格下跌的影响,卖方也不会邂逅意外之财。但是如果遵循《统一商法典》第 2-708(a)条中所包含的"市场价格-合同价格"的规则,他们则会获得意外之财。[30]

同样,在多样化能源公司诉田纳西流域管理局案(Diversified Energy,

---

[28] Id. at 66.
[29] 616 F.2d 212 (5th Cir. 1980).
[30] Id. at 215.

Inc. v. Tennessee Valley Authority)[31]中,多样化公司从1990年8月至1996年3月每周向田纳西流域管理局销售1万吨煤。根据与田纳西流域管理局的合同,多样化公司需要从西格蒙煤炭公司(Sigmon Coal Company)获得煤炭。而根据其与西格蒙公司的合同,多样化公司须向西格蒙公司支付以下金额:田纳西流域管理局支付给多样化公司的价格,再减去每吨98美分的佣金。田纳西流域管理局违约了。多样化公司的市场价格损害赔偿为每吨5.13美元。然而,多样化公司的利润损失仅为每吨66美分,即其从西格蒙那里获得的每吨98美分的佣金减去多样化公司同意支付给第三方的每吨32美分。法院将多样化公司的损害赔偿限于所失利润,理由是受允诺人无权获得超过其交易利益的赔偿。[32]

汤加案和KGM案等案例是错误的,H-W-H案、联合罐头案、诺布斯案和多样化公司案等案例则是正确的。效率和公平的双重考量都支持此规则:如果允诺人违反了交易合同(bargain contract),那么受允诺人应当被置于如若允诺人履行合同时所处的地位。相比之下,很难想象效率和公平的考虑会支持此规则:通过使受允诺人在允诺人违约时比已履行时所处境况更佳而给其带来意外之财。

---

[31] 339 F.3d 437 (6th Cir. 2003).
[32] Id. at 446. 由于市场价格公式是货物买卖案件中损害赔偿的通常计算方法,想要将损害赔偿限于受允诺人实际损失的允诺人则需要证明,受允诺人的损失少于市场价格损害赔偿。See, e.g., Trans World Metals, Inc. v. Southwire Co., 769 F.2d 902, 908 (2d Cir. 1985), See also Union Carbide Corp. v. Consumers Power Co., 636 F. Supp. 1498, 1502 (E.D. Mich. 1986); Unlimited Equip. Lines, Inc. v. The Graphic Arts Ctr., Inc., 889 S.W.2d 926, 940–941 (Mo. Ct. App. 1994).在某些情况下,卖方违约是为了以更好的价格再卖合同约定的货物。在这些情况下,损害赔偿的适当计算方法通常不是预期损害赔偿,而是归入,即卖方从违约中所获得的利润,因为买方为卖方不将货物再卖给后来出价高者这一隐含允诺支付了溢价。

第十五章　违反提供服务合同计算预期损害赔偿的公式

假设 A 和 B 签订了一份合同,根据该合同,A 同意向 B 提供服务,此服务或者作为合同的唯一目的,或者作为更复杂履行的一部分。在这种情况下,A 被称为服务提供商,B 被称为服务购买者。下文将分别考虑服务购买者违约时计算预期损害赔偿的标准公式,以及服务提供商违约时计算预期损害赔偿的标准公式。

一、服务购买者违约

1. 核心公式:所失利润

服务购买者违约损害赔偿计算的核心公式是所失利润公式。该公式以两种形式不同但实质相同的方式表述。第一种表达式是,服务提供商有权获得其所失利润加上违约前发生的已付成本(out-of-pocket costs)。此表述体现在《合同法重述(第二次)》第 346 条的评论 h 中:

> (1)表述(因服务购买者违约)损害赔偿计算的常见形式如下:损害赔偿,按直到(服务购买者)违约时的实际支出减去手头材料的价值,再加上他本可从完全履行中实现的利润计算……
>
> 服务购买者有权就他的支出以及利润获得赔偿,因为支付全部价款会偿还这些支出,并且另外会给他利润……

根据另外一种表达式,服务提供商有权获得合同价格减去违约时服务提供商产生的已付成本。此表述体现在《合同法重述(第二次)》第346条的文本中:

> (2)允诺支付服务费的人违约……如果这是全部违约,(服务提供商)可以得到如下裁判………整个合同价格……减去……(服务提供商)不完成该工作可合理节省的完工成本……[1]

虽然这两个表达式看起来非常不同,但是它们在代数上是等价的,并且产生相同的赔偿数额。[2] 例如,假设合同价格是80万美元,如果合同履行,服务提供商的可变成本是60万美元,而服务提供商在违约时已发生的可变成本是25万美元。在这些条件下,如果合同履行,服务提供商的利润将是20万美元(合同价格80万美元减去可变成本60万美元)。因此,第一个表达式下的赔偿数额,即利润加上已付成本,是45万美元,包括20万美元的所失利润加上25万美元的成本。第二种表达式下的赔偿数额,即合同价格减去依然要产生的成本,也是45万美元,即80万美元的合同价格减去继续完成该工作依然要产生的成本35万美元。

虽然这两个表达式是相等的,但第二个表达式更常用,因为它更容易操作。根据第一个表述式,法院必须确定所失利润。由于利润等于合同价格减去可变成本总额,为适用第一个表达式,法院必须计算服务提供商在买方违约之前发生的可变成本和违约时依然要发生的可变成本。相反,在适用第二种表达式时,法院只需要计算违约时依然要发生的可变成本即可。

---

[1] 注释 h 和第 346 条的文本使用了施工合同和建筑商的术语。然而,这些条款中规定的赔偿额的要素适用于提供任何类型的服务合同。

[2] 根据第一种表述,服务提供商的损失是损失的利润加上违约前产生的已付成本。反过来,所失利润等于合同价格减去总可变成本。包括违约时间在内的任何特定时间的总可变成本,等于在该时间之前发生的可变成本加上为履行合同仍需发生的成本。因此在代数上,第一个表达式为 D(损害赔偿)= K−[Cr(违约时仍待发生的可变成本)+ Ci (违约前发生的可变成本)],或 D = K−Cr−Ci+Ci。如果在这个公式的右边取消负 Ci 和正 Ci,那么在第一个表达式下,D = K−Cr。这恰好也是第二种表达式。See Petropoulos v. Lubienski, 152 A.2d 801, 804−805 (Md. 1959)(描述了第一个表达式和第二个表达式的结果是如何相同的)。

2. 固定成本的处理(间接费用)

确定服务提供商损害赔偿的核心公式的两种表达式,都掩盖了一个重要问题:在合同损害赔偿中,所失利润是什么意思?在金融和商业世界中,利润意味着收入减去成本。而且在这些世界中,成本包括可变成本(随着产出而变化的成本,如供应成本和小时工资)和可分摊的固定成本或间接费用(对产出不变的成本,如租金和管理层薪酬)。然而,在预期计算方法下,为了确定损害,服务提供商的所失利润应当是而且也确实是合同价格减去可变成本。理由是,如果从合同价格中扣除固定成本,供应商将无法达到合同履行时的水平。

例如,假设动画师从事为视频游戏制作补充动画的业务。这项工作非常耗时。动画师通常一年做一份工作,并在工作完成时交付补充动画。制作人从事电子游戏的制作。动画师与制作人签订合同,根据合同,动画师同意为制作人的新视频游戏制作补充动画,价格为 500 万美元,在补充动画交付时支付。年内,动画师的可变成本为 300 万美元,固定成本为 100 万美元。如果制作人履行了,也就是说支付了合同价格,那么年底动画师的财富将增加 100 万美元(制作人的 500 万美元减去 400 万美元的总成本)。假设制作人违约。如果动画师的所失利润只是以合同价格减去可变成本来计算的,那么根据基本公式的第一个表达式,动画师将获得 500 万美元(200 万美元的所失利润加上 300 万美元的制作人违约前成本),这将使动画师处于和制作人履行时一样的地位。相比之下,如果动画师的所失利润是以合同价格减去可变成本和固定成本来计算,那么它将获得 400 万美元(100 万美元的所失利润加上违约前成本 300 万美元)。由于动画师这一年的总成本为 400 万美元,如果它仅回收了 400 万美元,那么到年底,它的财富不会增加,预期计算方法的目的也不会实现[3],因为动画师的处境不会像制作人履行时那样好,那时动画师的财

---

〔3〕 这里有一个涉及商品买卖的更复杂的例子:卖方以每个部件 25 万美元的价格向买方 1、2、3 和 4 各销售一个部件。卖方的年度固定成本(间接费用)为 20 万美元。卖(转下页)

富会增加100万美元。

威泰克斯制造有限公司诉凯瑞布泰克斯公司案（Vitex Manufacturing Corp., Ltd. v. Caribtex Corp）说明了此点。[4] 威泰克斯缔结合同，以每码26美分的价格为凯瑞布泰克斯公司提供12.5万码的防雨材料。然而，凯瑞布泰克斯公司没有提供任何合同约定的原材料，威泰克斯以对方违约起诉。威泰克斯声称，根据合同，其总收入为3.125万美元，可变成本为1.0136万美元，要求赔偿2.1114万美元，即这两笔金额的差额。凯瑞布泰克斯争辩说，威泰克斯所用的赔偿公式是错误的，因为它没有将威泰克斯的间接费用包括在它的成本中，将间接费用包括在内会减少威泰克斯的所失利润，从而减少其赔偿。然而法院并不同意该论点：

> 通常，在所失利润索赔中，间接费用……不应被视为卖方成本的一部分……
>
> 本案是这个规则合理性的典型证明。在威泰克斯和凯瑞布泰克斯开始谈判之前，威泰克斯已经停止了商业活动，关闭了工厂……当这个加工凯瑞布泰克斯羊毛的机会出现时，威泰克斯产生的唯一额

（接上页）方每个部件的可变成本为15万美元，卖方每个部件的可分配固定成本为5万美元（20万÷4）。如果买方没有违约，卖方每个部件的收入为5万美元（25万美元的收入减去20万美元的可变成本和可分配固定成本）。相应地，卖方年终的收入为20万美元：100万美元的收入-部件1、2、3和4的可变成本为60万美元-固定成本为20万美元=20万美元（每个部件4×5万美元的收入）

现在假设买方2违约，但买方1、3和4履行了。那么在不考虑买方2的损害赔偿的情况下，卖方在年终的收入将是10万美元：

75万美元的收入-小部件1、3和4的可变成本为45万美元-固定成本20万美元=10万美元

如果买方2的损害赔偿是合同价格减可变成本，那么卖方将从买方2处获赔10万美元（25万美元的合同价格减去15万美元的可变成本）。如果该金额加到卖方卖给买方1、3和4的10万美元收入中，那么在年终，卖方将获净利20万美元，因此将处于与买方2履行时相同的地位。如果卖方对买方2的损害赔偿是合同价格减去可变成本和可分配的固定成本，那么他的赔偿将是5万美元（25万美元的合同价格减去20万美元的可变成本和可分配的固定成本）。

如果买方2履行，卖方不会处于年终时的地位，因为出卖给买方1、3和4的10万美元商业利润加上买方2的5万美元损害赔偿等于15万美元，此数额低于买方2履行时卖方将获得的20万美元。

[4] 377 F.2d 795 (3d Cir. 1967).

外费用是重新开放工厂的费用和加工的直接费用,如劳动力、化学品和燃料油。不管威泰克斯和凯瑞布泰克斯是否签订了合同,也不论威泰克斯是否实际加工凯瑞布泰克斯的货物,间接费用都会保持不变。因为这种间接费用保持不变而绝不归因于该合同或受该合同合同的影响,因而将其认为是威泰克斯的履行成本而从该合同的总收益中予以扣除并不恰当。[5]

3. 核心公式的减项

根据具体情况,服务提供商特别在核心公式下存在一个或两个减项。

第一,服务购买者在违约前支付的任何款项,都应当而且将会从服务提供商的赔偿中扣减,否则服务提供商在违约时的境况会比在履行时更好。例如,在为视频游戏制作补充动画的案例中,如果制作人(购买者)在违约前向动画师(提供者)支付了100万美元,那么除非从动画师的损失中扣除这笔金额,否则动画师的财富最终将增加至200万美元——100万美元的赔偿加上已支付的100万美元。这将使动画师的境况比合同履行时更好,因为在履行情况下,动画师的财富最终只会增加100万美元。

第二,服务提供商的损失应当减去服务购买者违约给服务提供商带来的任何收益,特别是服务提供商在新合同上的利润,因为如果没有违约,他是不可能签订新合同的。以如下假设为例:

> 忙碌的管道工。管道工,一个从事管道经营的单独经营者。他满负荷工作,因此必须经常拒绝很多工作。1月1日,管道工以6 000美元的价格与A签订了一份管道工程合同。这项工作将于2月1日开始,并在两周内完成。1月30日,A拒绝履行合同。1月31日,管道工签订合同,以7 600美元的价格为B做管道工。这项工作也将于2月1日开始,要在两周内完成。如果不是A违约,管道工不可能接受B的工作。管道工与A履行合同的已付成本是3 400美元。他与

---

[5] Id. at 798.

B签订合同的已付成本是2 900美元。管道工现在起诉A。

根据预期计算方法,管道工的赔偿应当减去其与B所订合同的利润。否则,管道工在违约时的境况会比在履行时更好。由于管道工的能力是无弹性的,如果A已经履行合同,管道工就不可能和B签订合同。

现行法律对这一概念的运用并不一致。如果雇主违反了作为特殊类型服务合同的雇佣合同,并且雇员找到了一份期限与所违反合同的期限完全重合的新工作,那么雇员的赔偿应当扣减新工作的工资。此外,雇员有责任努力找到一份类似的替代工作来减轻雇主的损失,而且如果他本可以找到这样一份工作,却没有努力这样做,那么他的赔偿应当扣除他本可以在该工作中赚取的工资。相比之下,法院传统上通常不会从非雇员服务提供商(nonemployee service-provider)的赔偿中扣除违约所导致的替代合同的利润。例如,在格林奈尔公司诉沃里斯案(Grinnell Co. v. Voorhees)[6]中,格林奈尔与威利斯(Willys)签订合同,在威利斯的工厂安装一个灭火系统。格林奈尔完成了78%的工作后,威利斯破产并取消了合同。杜兰特随后购买了威利斯的工厂,并与格林内尔签约以完成灭火系统合同。格林奈尔起诉威利斯的管理人,要求获得根据其与威利斯的合同本会获得的利润。法院认为,格林奈尔在杜兰特合同上的利润不应从威利斯合同下本应获得的利润中扣除。服务合同一经违反,"原告的索赔就立即产生,除非涉及'个人服务',法律不会探究后来的事件"[7]。为什么不呢?雇员和非雇员案件的这种差别对待是不正常且不正当的。

经常的情况是,服务购买者的违约不会给非雇员服务提供商带来替代收益,因为非雇员服务提供商的能力通常有弹性,即使第一个服务购买者没有违约,也可能会与第二个服务购买者签约。一个著名例子是有线音乐公司诉克拉克案(Wired Music, Inc. v. Clark)[8]。有线音乐公司从事通过从电话公司租用电线,从而将录制音乐分发到商业场所的业务。克

---

[6] 1 F.2d 693 (3rd. Cir. 1924).
[7] Id. at 695.
[8] 168 N.E. 2d 736 (Ill. App. Ct. 1960).

拉克与有线音乐公司签约,在他的营业场所从事为期三年的音乐服务。合同规定,未经有线音乐公司同意,合同不得转让。17个月后,克拉克业务转移,停止了有线音乐服务。随后,一名新租户租用了克拉克占用过的经营场所。新租户要求有线音乐公司同意将克拉克的合同转让给他,但有线音乐公司拒绝了。此后,新租户与有线音乐公司签订了新合同,在克拉克的旧址上从事音乐服务,月费高于克拉克支付的费用。有线音乐公司随后起诉克拉克,索赔因与其缔约而可获得的利润。克拉克辩称,有线音乐公司并未遭受损害,因为根据与新租户的合同,有线音乐公司会从克拉克的旧址获得比克拉克没有搬迁时更多的利润。法院认为,除了有线租赁外,有线音乐公司可以为任何数量的其他客户提供服务,而不会产生额外费用。[9] 因此,法院正确地判断,有线音乐公司在与新租户合同上的利润并没有减少克拉克的赔偿数额,因为即使克拉克不搬迁,新租户也可能会在附近找到其他场所,并与有线音乐公司签订在这些场所提供音乐服务的合同。

然而,在某些情况下,服务购买者的违约将使服务提供者获得替代收益。例如,服务提供者的能力因有限的营运资本或有限的管理资源是受限制的,或者由于服务提供者是承包商,其担保公司限制了它担保的额度,而服务提供者已达到这一限制。在服务购买者能够证明此点时,服务提供者的损害赔偿额应当减去替代收益的金额。

二、服务提供商违约

当服务提供商违反服务销售合同时,服务购买者的正常反应是,与同意提供、完成或补救原始服务提供商承诺之履行的替代服务提供商签订合同。因此,在此种情况下,计算服务购买者损害赔偿的正常公式是,原始合同价格和支付给替代服务提供商的价格之间的差额,并根据违约前支付给原始服务提供商的款项进行调整。这个公式是替代成本公式,通

---

[9] Id. at 738.

常被称为完工成本损害赔偿。

然而,有一个确定服务购买者损害赔偿的替代公式,即服务提供者允诺提供的服务价值和实际提供的服务价值之间的差额。这是一个价值降低公式,通常被称为"价值降低"。下文讨论这两个公式,以及当这两个公式产生不同结果时,应如何决定采用哪个公式。

1. 核心公式:完工成本和价值降低

在一个完美的无交易成本市场中,完工成本和价值降低极少有不同。货物买卖合同是最容易举的例子。《统一商法典》第2-714(2)条规定,如果货物的卖方违反担保,买方可以获得有担保之货物的价值与交付和接受之货物的价值之间的差额。虽然这是一个价值降低的公式,但是价值之间的差额通常是通过修理货物以使其符合担保的成本来计算的,这是完工成本公式。正如马努切赫里诉海姆案(Manouchehri v. Heim)案[10]指出的那样,原因是"如果修理机器以使其像担保的那样正常运行需要200美元",那么人们可以假设未修理的机器("接受的货物")比修理过的机器("担保的货物")价值低200美元。因此,修理费用通常被认为是……违反担保的损害赔偿",以替代直接计算的价值降低。[11]

同样的推理也适用于服务案件。一个典型的例子是路易丝·卡洛琳护理院公司诉迪克斯建筑公司案(Louise Caroline Nursing Home, Inc. v. Dix Construction Corp.)[12]。在该案中,迪克斯与路易丝·卡洛琳签订了建造护理院的合同。迪克斯没有建完护理院,路易丝·卡洛琳找到了一个替代缔约方来完成。路易丝·卡洛琳随后起诉迪克斯,要求价值降低的赔偿,即合同价格和如迪克斯建完的护理院的市场价格之间的差额。法院认为,路易丝·卡洛琳无权获得任何赔偿,因为路易丝·卡洛琳在迪克斯违约前支付给迪克斯的金额加上路易丝·卡洛琳支付给替代承包商的金额,低于与迪克斯的合同价格。因此,路易丝·卡洛琳既没有遭受价

---

[10] 941 P.2d 978 (N.M. Ct. App. 1997).
[11] Id. at 981.
[12] 285 N. E. 2d 904 (Mass. 1972).

值降低,也没有遭受任何其他损害。[13]

虽然完工成本公式是计算服务提供商违约损害赔偿的基本算式,但在某些情况下,法院应当使用或确实使用了价值降低的标准。在某些情况下,由于完工不可能实现,必须使用价值降低公式。霍金斯诉麦吉(Hawkins v. McGee)[14]就是一个例子。正如第13章所述,外科医生麦吉博士承诺给霍金斯一只完美之手。然而,手术不仅使霍金斯的手变得更糟糕,还排除了修复手部损伤的可能性。在这种情况下,必须采用价值降低公式。在霍金斯案中,这就是麦吉博士承诺的完美之手的价值和霍金斯最终得到的手的价值之间的差额。例如,如果一个钻石切割者签约以某种方式重新切割钻石,以提高钻石的价值,却把工作搞砸了,最终只得到了钻石碎片,那么也会得出相同的结论。由于完工(completion)无法实现,钻石所有者应当获得碎片的价值和如果按照允诺切割后的钻石价值之间的差额。

在另一种更难的情况下,完工是可以实现的,但是完工成本远高于完工所产生的附加值。例如,在东方轮船公司诉美国案(Eastern S. Lines, Inc. v. United States)[15]中,政府征用了东方轮船的船只阿卡迪亚号(Acadia)用于第二次世界大战。政府承诺,在阿卡迪亚号交回之前,要么将船只恢复到东方轮船交付船只时的状态,要么支付东方轮船进行修复的费用。政府没有采取任一行动,东方轮船也没有对预计修复费用提起诉讼。法院认为,修复费用为400万美元,而修复后的阿卡迪亚号价值200万美元。基于这一假设,法院将东方轮船的赔偿限于阿卡迪亚号修复后的价值,而非修复成本。[16]

---

[13] 路易丝·卡罗琳(Louise Caroline)顺便说明了违约损害赔偿的不对称性质。如果一项违约使受允诺人不如履行已完成时财富状况更好,那么受允诺人可以诉请损害赔偿。然而,如果违约使受允诺人比履行已经进行时财富状况更好,那么就像在路易丝·卡洛琳案中发生的那样,允诺人不能诉请受允诺人财富增加的数额,这大概是因为受允诺人没有进行不法行为,且也没有因允诺人给予他的利益而不公正地增加了利益。Id. at 907-908.

[14] 146 A. 641 (N.H. 1929). See supra Chapter 13.

[15] 112 F. Supp. 167 (Ct. Cl. 1953).

[16] Id. at 176.

雅各布与杨斯公司诉肯特案(Jacob & Youngs v. Kent)[17]提出了一个类似的问题。雅各布·杨斯签约为肯特建造一所乡村房屋。合同规定，房屋中使用的所有锻铁管"必须是……雷丁生产商制造的'标准管'等级"[18]。雅各布与杨斯公司代之以科霍斯牌管子，但是科霍斯牌管子在质量、外观、市场价值和成本上均与雷丁牌管子相当，"事实上，二者是同样的东西，只是在不同的地方制造而已"[19]。当房子竣工时，肯特拒绝支付尾款，理由是管子不符合合同规定。法院认为雅各布与杨斯公司有权获得最终付款，补偿数额应为安装了雷丁牌管子和安装了科霍斯牌管子的房子的价值差额(即价值降低的损失)，而非拆除科霍斯牌管子并用雷丁牌管子替换它的成本(完工成本损失)。[20]

2. 什么时候不使用完工成本赔偿而使用价值降低赔偿

虽然服务购买者的损失在某些条件下应当用价值降低而非完工成本来计算已经很确定，但这些条件是什么却没有得到很好的解决。法律已经采用了数个相互冲突的规则，如不合理的经济浪费规则、不合理的不成比例规则、满意度降低规则和完工可能性规则。下文将依次讨论这些规则。

《合同法重述(第一次)》第346(1)(a)(ⅰ)条中体现的一个可能规则是，如果完工成本赔偿涉及不合理的经济浪费(不合理的经济浪费规则)，则应判予价值降低赔偿。[21] 然而该规则不知所云。损害赔偿的裁

---

[17] 129 N. E. 889 (N.Y. 1921); see also Avery v. Fredericksen & Westbrook, 154 P.2d 41, 45 (Cal. Ct. App. 1944)(维持了价值降低的损害赔偿，而非完工成本损害赔偿的判决)。
[18] Jacob & Youngs, 129 N. E. at 890.
[19] Id.
[20] Id. at 891.
[21] *Restatement First of Contracts* §346(1)(a)(i) (Am. Law Inst. 1932) [hereinafter Restatement First]; see also Hansen v. Andersen, 71 N. W. 2d 921, 924 (Iowa 1955); 11 Joseph M. Perillo, *Corbin on Contracts* §60.2 (rev. ed. 2005)(建筑合同应避免经济上浪费的救济措施)。

决本身不涉及浪费,它只是在双方之间重新分配财富[22]。不管怎么计算,服务购买者确实可以使用损害赔偿额的收益来从事法院认为构成浪费的活动,但这不能作为选择不同损害赔偿公式的标准。例如,法律并不因为以下原因而拒绝判予违约赔偿金,原告计划利用这笔赔偿金在拉斯维加斯玩一场他缺乏技巧的高筹码扑克游戏。

一项相冲突的规则是,如果此类损害与要达到的结果严重且不公平的不成比例(不合理的不成比例规则),则不应判予价值降低的损害赔偿。但是,完工成本与完工价值之间的差异本身不应成为拒绝完工成本赔偿的理由。例如,假设房主与画家签订合同,约定画家将以 3 000 美元的价格为房主的房屋绘制一定的棕色渐变。通过混合,画家将房子绘制成了绿色。重新粉刷成房主要求的棕色房子将花费 3 000 美元,但实际上会降低房屋的市场价值,因为棕色是丑陋的,而绿色是美丽的。在这里,完工成本与完工价值极其不成比例。尽管如此,房主应当可以获得重新粉刷的费用,法院无疑会给予救济。[23]

由于不合理的经济浪费和不成比例规则都不合理,法院适用这些规则往往得不到合理结果。例如,在著名的皮威豪斯诉嘉兰采煤公司案(Peevyhouse v. Garland Coal & Mining Co.)[24]中,威利和露西尔·皮威豪斯(Lucille Peevyhouse)将部分农场出租给嘉兰,用于露天开采。作为回报,嘉兰同意支付开采权使用费并在租约结束时进行农场恢复。嘉兰未完成农场恢复,而皮威豪斯要求赔偿完工成本。恢复费用大约为 2.9 万美元,恢复工程将仅使土地的市场价值增加 300 美元,而恢复后的土地价值

---

[22] See Robert L. Birmingham, Damage Measures and Economic Rationality: The Geometry of Contract Law, 1969 *Duke L.J.* 49, 69(认为在完工成本大于价值降低损害的情况下,问题不在于"是否会进行不需要的工作,而在于如何分配意外利益")。

[23] 《合同法重述(第一次)》第 346 条的示例 4 提供了这样一个例子:A 订立合同以 5 000 美元的价格在 B 的院子里建造一座纪念喷泉,但是在地基打好且 B 支付了 2 800 美元后,A 放弃了这项工作。这个设想中的喷泉太丑了,会减少这个地方的潜在购买者。完成喷泉的成本是 4 000 美元。B 可以得到 1 800 美元的判决,即完工成本减去未付的那部分价款。

[24] 382 P.2d 109 (Okla. 1962).

仅为 3 200 美元。[25] 陪审团判予皮威豪斯 5 000 美元,但是在上诉审中,俄克拉荷马州最高法院认为,皮威豪斯只能获赔限于 300 美元的价值降低的损失。

基于两个原因,皮威豪斯案的裁决是不正确的。首先,法院不恰当地将价值和市场价值视为同义语,其实它们并不相同。由于租赁的土地是家庭农场的一部分,皮威豪斯置于土地的主观价值肯定超出其客观市场价值。其次,有证据表明租赁的农场对皮威豪斯具有特殊的战略价值。[26] 显然,皮威豪斯租给嘉兰的农场两侧是归皮威豪斯所有的另外两个农场,皮威豪斯希望将出租的农场恢复原状的一个原因是,他们可以在两个相邻的农场之间操作设备。因此,如果恢复原状了,租赁的农场将对皮威豪斯产生超出农场市场价值的战略价值(法院拒绝考虑战略价值,理由是该理论在裁判中没有辩论过[27])。

H.P.卓尔父子诉图信案(H.P. Droher & Sons v. Toushin)[28],是法院错误地拒绝适用完工成本公式的另一个案例。卓尔同意以略低于 4.4 万美元的价格为图信建造一个房子。当房子完工时,地下室的一个钢柱太低了,钢柱撑着一根横梁,地面托梁搁在横梁上。这导致房子的地面和其他部分明显下沉。为了纠正这个缺陷,需要抬起横梁。但如果这样做,石膏就会破裂,部分房屋需要重建,修复费用将超过 2 万美元。由缺陷引起的房屋价值的减少显然远低于 2 万美元。法院认为,房主只有权获得价值降低的损害赔偿。但谁愿意住在一个地面不稳(dipsy-doodle floor)的房子里呢?

当完工成本显著高于价值降低时,另一个候选公式是服务购买者满意度减少的价值(满意度减少规则)。这条规则是上议院在鲁克斯利电器及建筑有限公司诉福赛思公司案(Ruxley Electronics&Construction Ltd v.

---

[25] 这一数额的来源如下:法院指出(1)农场恢复原状将花费 2.9 万美元;(2)恢复原状将使农场价值增加 300 美元;(3)陪审团裁决 5 000 美元超过了农场恢复原状后的价值;(4)2.9 万美元大约是农场总价值的 9 倍。将 2.9 万美元除以 9 得出的价值约为 3 200 美元。

[26] 382 P.2d at 117.

[27] Id.

[28] 85 N. W. 2d 273 (Minn. 1957).

Forsyth)[29]中采用的。鲁克斯利签约为福赛思建造一个游泳池,合同价格为7万英镑。游泳池的最大深度为7英尺6英寸。建造完成后,福赛思发现游泳池的最大深度仅为6英尺9英寸,而游泳者在深度潜水的点仅为6英尺。福赛思因此拒绝支付尾款。鲁克斯利提起诉讼要求获得尾款,福赛斯则以违约为由反诉。初审法官发现:(1)建造的游泳池对于潜水来说是安全的,因为即使对于初学者来说,6英尺的深度也已足够,并且根据官方手册,潜水的最小安全深度为5英尺;(2)由于游泳池可以安全潜水,因此深度不足并没有降低游泳池的价值;(3)增加游泳池深度的唯一方法是拆除现有游泳池并重建,费用为2.156万英镑;(4)福赛思无意建造新游泳池。因此,初审法官得出结论,如果福赛思被判予完工成本的赔偿,那么他最终会得到完全符合合同规定的游泳池以及2.156万英镑的意外收入。然而,法官判给福赛思满意度下降的2 500英镑,特别是他因为无法潜入7英尺6英寸的深度而失去的快乐和舒适:

> 福赛思先生在他的书面意见中(written submissions)提醒我,"这不是一个能用金钱来精准计算的商业问题。游泳池不是必需品,它是为了乐趣。由于(承包商)违约,我失去了一些乐趣"。我认为,如果合同是为了建造让人舒适的设施,如游泳池,那么判给一笔款项来补偿舒适性的丧失是完全恰当的。我承认深度不足造成了舒适性的丧失,我针对该舒适性丧失判给2 500英镑的赔偿金。[30]

上议院维持了原判,穆斯蒂尔勋爵(Lord Mustill)说:

> ……在居住地产上进行的小型建筑工程的一个共同特点是,工程成本并不能完全反映出房屋市场价值的增加,而且相对较小的规格或合理工艺的偏差可能根本没有直接的财产影响。然而,房主肯定有权说他选择从建筑师那里获得产生特定结果的允诺,因为他想让他的房子更舒适、更方便、更符合他自己的特殊口味;而不是因为

---

[29] [1996] 1 A.C. 344 (HL) (appeal taken from Eng.).
[30] Id. at 363.

他认识到,这对未来将房子变现是有利的,并进而增加他所获得的金额。就是说,为毫发无损地逃避责任,建造者只需向一般旁观者或潜在买家证明,他实际产生的结果看起来和他所允诺的结果一样好,这会使其允诺的一部分具有虚幻性并且使交易失衡。

在我看来……如果完工成本和价值降低是唯一可用的救济计算方法……确实会存在一些问题……承担这项工作后,缔约人在道德上和法律上都有义务交付雇主按照约定应得的东西,而且这项义务不应当降低价值……并不存在两种相反并可相互替代的赔偿计算方法,只存在受允诺人真正遭受的损失。在某些情况下,除非参考修复履行瑕疵的全部费用,否则无法公平地计算赔偿。在其他情况下,特别是那些合同旨在实现纯粹商业目的时,损失往往只包括违约造成的金钱损害。但是这些救济措施并非穷尽性的,因为法律必须满足允诺对受允诺人的价值超过了完全履行所确保增加的经济利益。这种超额,在文献中通常被称为"消费者剩余"……通常无法根据金钱进行精确估价,是因为它代表了个人化的、主观的和非金钱的收益。然而,在消费者剩余存在时,法律应当承认它,并且如果因为不适当履行而损失了它,则须对受允诺人进行赔偿……合理性的检验在确定救济基础方面发挥着核心作用,并且在完工成本与雇主所遭受的非金钱损失完全不成比例的情况下确实具有决定性作用。但是否认对这种损失的所有救济同样不合理。由于该数额可能很小,并且无法直接量化,对该数额应是多少就可能存在不同意见。但在一些领域,法官们已经习惯将数字用于无形资产。而且,如果那是公平所要求的,他就没有理由认为数字量化的不精确性会成为障碍。[31]

类似地,在雅各布与杨斯公司诉肯特案(Jacob & Youngs v. Kent)中,如果肯特在雷丁牌管子上附加了一个特殊但真实的主观价值,他就应

---

[31] Id. at 360-361. See also Donald Harris, Anthony Ogus, Jennifer Phillips, Contract Remedies and the Consumer Surplus, 95 *Law Q. Rev.* 581, 601-610 (1979).

当能够获得基于此价值之满意度减少的损害赔偿。

在涉及个人价值时,满意度减少公式优于不合理的经济浪费以及不合理的不成比例公式。例如,在满意度减少公式下,皮威豪斯案和图信案大概伴随重大的赔偿而结案。然而,只有当服务购买者是个人时,这个公式才能发挥作用,因为通常情况下企业效用并不能从满意度的角度来计算,且这个公式无论如何都没有抓住真正的问题。将服务购买者限制为价值降低赔偿的唯一理由是,如果服务购买者不打算完工,完工成本的赔偿就将构成意外之财。例如,如果东方轮船获得了 400 万美元的完工成本赔偿,而完工后的阿卡迪亚号的价值仅 200 万美元,那么很明显东方轮船不会花费 400 万美元来修复阿卡迪亚号,而是会购买两艘类似阿卡迪亚号的船只,或者仅购买一艘船只,并将剩余的 200 万美元存入银行。同样,皮威豪斯案中的农场属于在中西部拥有大量农场的皮威豪斯农业综合企业,如果该农业综合企业获得了 2.9 万美元的完工成本赔偿,而该完工只会使农场价值增加 300 美元,且完工后农场的价值只有 3 200 美元,那么很明显,该农业综合企业不会恢复农场原状,而是会用 2.9 万美元购买 9 个类似的农场。在此种情况下,完工成本赔偿将与预期计算相冲突,因为服务购买者在违约时将处于比履行时更好的地位。

相反,如果服务购买者可能会使用完工成本赔偿来完成服务提供者允诺的履行,那么拒绝这些赔偿是不恰当的,因为这既会挫败服务购买者经谈判获得的预期,又会给服务提供者带来意外之财。因此,如果购买者已经向替代供应商付款以完成允诺的履行,那么这应当是事情的结束,因为毫无疑问法院会知道买方确实希望完工。然而,没有完工并不一定表明购买者不希望完工,因为如果没有救济,他就可能缺少完工的资金。如果对服务购买者是否会使用完工成本赔偿去完工有疑问,那么应当怎么办呢?在此种情况下,应当判予完工成本赔偿,因为服务提供商对可疑情况的产生承担责任。

简言之,如果完工可实现,那么法院应当判予完工成本的损害赔偿,除非完工成本的赔偿过分高于价值降低的赔偿。且非常清楚的是,如此计算的赔偿将是一笔意外之财,因为服务提供者多半不会使用这些赔偿去完成允诺的履行(完成可能性规则)。这一规则在前进公司诉威尔克斯案(Advanced, Inc. v. Wilks)[32]中被明确采纳：

> 即使价值降低的数额低于修复成本,对(服务购买者)的救济也不一定限于价值降低。的确,在修复费用超过价值公式下的赔偿的情况下,一方面修复费用计算下的裁决可能会使服务购买者处于比合同完全履行时更有利的经济地位,因为他可以把裁决给他的金额放入口袋*,其后就出售有瑕疵的建筑物；另一方面,服务购买者也有可能将赔偿金用于其预期目的,并将建筑物变成最初设想的建筑物。他这样做可能有许多原因,包括个人美学追求或希望未来价值增加。如果他做到这一点,他的经济地位将与服务提供商完全履行时的地位相当。法院最能确定服务购买者是会真正完成履行,还是只对尽其所能获得最佳直接经济地位感兴趣。在地产仅是为了投资而持有等情况下,法院可以将其作为法律事项(法律问题),裁定损害赔偿不得超过价值降低。然而,如果该地产对服务购买者具有特殊意义,而且恢复的可能性较大时,恢复费用超过了价值降低可能也是恰当的。[33]

其他案例,尽管不太明确,也支持完工可能性规则。例如,在东方轮船公司案中,法院的结论是,"常识和现实都告诉我们",如果原告获得400万美元的完工成本,它也不会将这笔钱花在恢复原状上,"因为在支出该笔花费后,它只能获得价值200万美元的船。结果是,政府所支付的将比原告因政府租用和使用船只所损失的还多了200万美元"[34]。

英国案例也采用了完工可能性规则。例如,在雷德福诉德·弗罗贝维尔案(Radford v. de froberviller)[35]中,雷德福在伦敦拥有一栋建筑,该建筑被分成公寓租给居住性租户。这栋建筑有一个大花园,其中一部分

---

[32] 711 P.2d 524 (Alaska 1985).
* 即不用法院在裁决中核定的损害赔偿去修复建筑物。——译者注
[33] Id. at 527.
[34] 112 F. Supp. 167, 175 (Ct. Cl. 1953).
[35] ［1977］1 WLR 1262, 1273 (Ch) (U.K.).

适合基建。1965年,雷德福将这块地以6 500英镑的价格卖给了弗罗贝维尔,后者同意立即建造一堵砖墙,以将这块地与花园的其余部分隔开。但八年后,弗罗贝维尔仍没有修建隔离墙,雷德福起诉要求获得在边界一侧修建隔离墙的费用。没有隔离墙并不显著降低雷德福大楼的租赁价值。事实上,额外的空地还可能会提高大楼的价值。尽管如此,法院还是判予了完工成本赔偿,因为法院确实被说服了,认为雷德福确实打算用这些钱修建隔离墙:

> 法院在适用预期赔偿将原告置于其在合同履行时所处地位的原则时,并没有忽视特定原告的希望、愿望或个人偏好……
>
> 法院所做的是利用其常识,在个别原告的情况下,参照他的特定情况,衡量他因违约而损失了什么……例如,一块土地上有两栋完全相同的房子,当房子出租时都要遵守一份用作单一住宅的合同,每份合同都同时到期,且都包含一项反对变更的条款。然而每个房子都被房客改变了,他隔离出诸多公寓,其效果都是使房产作为一种可交易商品而更有价值。每份租约到期时,房东都会起诉要求赔偿损失。一位房东希望把它作为家庭的单独住所,另一位房东则希望立即拆除它并进行重新开发。单一的普通原则,即只考虑市场价值而不考虑个别原告的意愿,在这两个案件中都要求做出一个名义裁决(nominal award),但权威案例……表明法院不是以这种方式处理问题的。[36]

---

[36] Id. at 1271-1273. See also [1996] Ruxley Elecs. & Constr. Ltd. v. Forsyth, 1 AC 344, 372-373 (HL) (appeal taken from Eng.)("一些改建或拆除建筑的合同,如果执行的话,可能不会提高土地的市场价值,而且有时还会降低市场价值。所有人的品味和欲望可能与市场主体的想法完全不一致;然而,我不明白为什么古怪的品味会阻止他获得重大的损害赔偿")[quoting Tito v. Waddell (No.2), [1977] 1 Ch. 106, 332 (Ch.) (U.K.)]。有时会说,如果完工会涉及不合理地破坏已完工的工程,则不应判予完工成本损害赔偿。See, e.g., Brewer v. Custom Builders Corp., 356 N. E. 2d 565, 570 (Ill. App. 1976)("如果修复瑕疵或遗漏需要对结构进行大量拆除和重建,则损害赔偿的计算公式是两项工作的差额,即根据合同已经实施的工作与实际进行的工作的差额")。要求对已完成工程进行代价高昂的破坏的事实证明,所有人可能会收回完工成本的赔偿额,而不是完成工程。然而,非常可能的是,(转下页)

当价值降低的赔偿本来是恰当的,但受允诺人明确或默示地为允诺人未能履行的服务支付了费用时,就会出现一个特殊难题。在此种情况下,应要求服务提供商交出该数额的费用。这一点可以通过考虑皮威豪斯案的一种假设改变来说明。[37] 假设农场属于在中西部拥有许多农场的皮威豪斯农业综合公司。在此种情况下,价值降低的计算而非完工成本的计算,是恰当的。如果恢复农场的成本是恢复后农场价值的 10 倍,那么很明显,皮威豪斯农业综合公司不会用完工成本赔偿来恢复农场,而是会把钱存入银行,或者用它来购买 9 个类似的农场。然而,如果在此假设中,就像在实际的皮威豪斯案一样,不要求嘉兰采煤公司支付完工成本赔偿,那么至少应当要求它赔偿合同订立时的恢复成本。原因如下:当嘉兰采煤公司与土地所有者签订露天开采合同时,它一定愿意向土地所有者支付每吨煤炭的开采权使用费,比如每吨 X 美元。如果土地所有者希望恢复,并且嘉兰采煤公司同意,那么嘉兰采煤公司大概将这一额外成本计入其交易的每吨特许权使用费中,并且会(1)支付土地所有者可以用于恢复的固定预付款,并按照预付款的一定比例减少开发权使用费,比如每吨 Y 美元;或者(2)承诺最终进行恢复,并向土地所有者支付每吨(X-Y)美元,而不是每吨 X 美元。[38] 因此,为给予嘉兰采煤公司正确

(接上页)所有人非常重视约定的履行,以至于他实际上会破坏和重建,那么他就有权这样做,并且在此种情况下,数个案例已经允许完工成本损害赔偿。See, e.g., Gory Associated Indus. Inc. v. Jupiter Roofing & Sheet Metal, Inc., 358 So. 2d 93 (Fla. Dist. Ct. App. 1978)(判了更换由合同规定外的瓷砖制成屋顶的成本); Edenfield v. Woodlawn Manor, Inc., 462 S.W.2d 237, 242 (Tenn. Ct. App. 1970) (判了更换有瑕疵的空调管道的成本,包括拆除和修复墙壁和橱柜的成本)。在高利案(Gory Associated Indus. Inc. v. Jupiter Roofing & Sheet Metal, Inc.)中,法院说,"我们支持替换有瑕疵的工作。如果一个骄傲的户主计划在他梦想的房子里生活,他们购了一个新的红色桶瓦屋顶,而屋顶工人安装了一个紫色的屋顶,那么他房子价值降低的金钱损害赔偿,可能不足以抵消对持续住在该屋顶下的审美敏感性的强烈冒犯"。358 So. 2d at 95.

[37] 382 P.2d 109 (Okla. 1962).
[38] 朱迪思·莫特(Judith Maute)报告说,根据皮威豪斯农场所在地区的标准露天采矿租约,采矿公司通常按照英亩预先支付费用,以向土地所有人补偿对他的土地造成的损害。通常,这笔支付等于开矿前土地的总价值。皮威豪斯知道这个标准条款,但他的反而获得了嘉兰煤炭公司恢复土地的同意,因为他们看到了露天采矿对毗邻土地造成的损害。Judith L. Maute, Peevyhouse v. Garland Coal & Mining Co. Revisited: The Ballad of Willie and Lucille, 89 Nw. U. L. Rev. 1341, 1363-1364 (1995).

的激励,防止不当得利,如果嘉兰采煤公司不需要支付完工成本赔偿,就应当被要求每开采一吨就支付 Y 美元。

215 　　赔偿服务提供商因违约而节省的成本应当是价值降低赔偿的替代,而非补充。例如,在雅各布与杨斯公司诉肯特案[39]中,肯特本应当能够获得(1)安装科霍斯牌管的房子和安装雷丁牌管子的房子价值之间的差额;或者(2)已安装管子和雷丁牌管子之间的成本差额,但不是两者都包括,因为这两种赔偿方法会重叠甚至重复。[40] 同样,在皮威豪斯农业综合公司案中,不应同时判予赔偿农业综合公司价值降低和归入嘉兰采煤公司节省的成本,因为如果嘉兰采煤公司将这些成本投入到恢复农场中,那么农场价值的减少会大大降低。

---

[39]　129 N. E. 889.

[40]　肖恩·拜仁(Shawn Bayern)对这一点说明如下:为了解释此理念,想象一下雅各布·杨斯案(Jacob & Youngs)的一种变体,在此种变体中,允诺人通过违约节省的金额等于允诺人价值的减少。例如,假设雷丁管的价格为 5 000 美元,科霍斯管的价格为 4 000 美元,雷丁管比科霍斯管的价格高 1 000 美元。然而,继续假设更换管子的成本要高得多,比如 5 万美元。在此种情况下,允诺人因违约获得 1 000 美元,受允诺人因违约损失 1 000 美元;适当的救济似乎是转移 1 000 美元,而非单独的损失赔偿和收益归入。现在,假设所有人在雅各布·杨斯案的这个变体中价值降低了,是 500 美元。尽管如此,归入似乎也是合适的,但总支付仍应是 1 000 美元,对吗? 也就是说,只是归入,而非归入加上价值降低。而且如果所有人的价值降低是 2 000 美元,也就不需要一个独立的归入了。肖恩·拜仁与梅尔文·艾森伯格 2005 年 4 月 19 日的通信。

第十六章　买方违反现成
商品合同的赔偿

预期计算在很大程度上基于这样一个前提:在理想条件下,交易并处理赔偿问题的各方,可能会选择该计算以及实施该计算的附属公式来确定通常情况下的损害。因此,该计算及其附属公式并不必然适用于当事人不同意该计算及其公式之各类情况下的赔偿。例如,交易方可能不会同意因买方违反提供具有以下特征之商品的合同而赔偿利润损失:(1)商品是标准化的(须注意的是,本书中使用的"商品"一词是指任何可以买卖的东西,包括商品和服务);(2)买方是消费者,供应商是公司;(3)供应商履约的可变成本接近于零;(4)违约不会导致供应商产生已付成本或机会成本;(5)买方从一开始就违约,从合同中获得很少利益或没有任何利益。

具有这些特征的合同被称为现成商品购买合同。

一、现成服务

考虑以下假设:

> 瑜伽课。默里拥有一家瑜伽工作室,提供集体瑜伽课程。每个班级的注册人数限20人,但如果注册人数少于12人,班级将取消。瑜伽老师的合同期限是一年,上课的场所是默里长期租赁的。电气工程师伊丽莎白想学做瑜伽。5月1日,伊丽莎白和默里签订了一份瑜伽101课程的合同,从7月1日开始开课。瑜伽101课程每周有两

个小时的课,共20周,收费800美元。伊丽莎白阅读了所有合同条款,但她对损害赔偿的法律规则一无所知。截至6月15日,已有16名学生报名参加瑜伽101课程。6月16日,伊丽莎白改变了主意,拒绝履行合同。此后没有其他学生入学或退学。默里起诉了伊丽莎白。

由于默里没有剩余的可变成本,根据服务购买人违约的标准公式(合同价格减去剩余可变成本),默里将完全获得800美元的合同价格,尽管默里事实上没有产生任何成本,伊丽莎白只获得非常有限的利益。[1] 在对这是否为此种情况下衡量赔偿的恰当计算方法进行分析时,一个重要的问题是,为什么消费者会签订未来之现成服务的合同,而不是等到服务提供之前才签订合同。所以在"瑜伽课假设"中,如果伊丽莎白没有改变主意,为什么她在5月1日签订合同,而不是等到7月1日才报名参加呢?原因很少是为了分配价格变化的风险或进行价格投机:消费者通常不会为这两种目的的签订购买现成服务的合同。相反,消费者签订这样一份合同的典型目的是要确保供应:确保自己在瑜伽课的课堂上有一个位置。且允诺自己采取行动,因为消费者相信,如果没有这样的约束,到时候消费者就会遭受无自制力和意志脆弱的痛苦,不会报名了。

鉴于这些目的,消费者不太可能有意签订现成服务合同。在此种合同中,如果取消合同,消费者则会被要求支付全部合同价格。而以此种方式计算的赔偿与以下利益和成本之和非常不成比例,即消费者现在而非等待签订合同之利益(通常非常有限)以及消费者违约给供应商带来的成本(像瑜伽课假设中经常出现的那样零成本)。供应商也不太可能坚持这样的赔偿条款。原因在于,很少有消费者会签署这样的合同,如果这样做

---

〔1〕 See J.J. & L. Inv. Co. v. Minaga, 487 P.2d 561, 562 (Colo. App. 1971) (不要求文秘学校在学生自愿退学时退还学费); Leo Found., Inc. v. Kiernan, 240 A.2d 218, 221 (Conn. Cir. Ct. 1967) (当学生在学校没有过错的情况下退学时,学校有权获得全部学费)。But see Edu. Beneficial, Inc. v. Reynolds, 324 N.Y.S.2d 813, 816, 820 (Civ. Ct. 1971) (一所商校的合同规定了600美元的不可退还的注册费,以及未完成课程中所有预定教学时间每小时7美元的费用,这个合同是显失公平的)。

的话,他的盈利就会降低。而且由于遭受的损害相对较低,他无论如何都没必要这样做。[2]

利润损失的赔偿通常也无需为消费者的履行和预防提供正确激励。这些激励的前提假设是,允诺人知道如何计算损害赔偿:如果他不知道或不能合理地预期赔偿会以此种方式计算,用任何具体公式来计算赔偿都不会影响允诺人的激励。在现成服务情况下,消费者不太可能知道或合理地预期违约赔偿会以卖方的所失利润来计算,而且她同样也不太可能同意利润损失公式,除非她在保留该位置时设定了非常高的价值。

在现成服务的情况下,利润损失赔偿通常也不因其是供应商有效规划所必需而得以证成。从事现成服务的公司通常会签订大量合同,并开发正式或非正式的统计规划模型来预测违约率。如果卖方的统计预测相当准确,那么他的规划不会因为一次违约甚至多次违约而中断。事实上,如果买方的履行与卖方预期的一样多,预期赔偿则会使卖方达到他本来会达到的利润水平,那么可以说,尽管买方违约,他还是实现了他的预期。

简言之,在现成服务提供商和消费者之间的合同中,所失利润的赔偿通常并非效率或公平所要求的,特别是在供应商使用了统计规划模型的情况下。反而,在此种情况下,损害赔偿应当基于补偿供应商的附带成本所必需的金额,提供防止违约的足够威慑以促进规划,并要求消费者支付她预订位置而获得的利益。事实上,非正式的调查表明,大规模零售商极少会因违反待履行合同而起诉买家。相反,零售商甚至通常允许买家退回已购买的商品,并全额退款,只是有时会减去退货费(restocking fee)。

在此种情况下应当使用的损害赔偿计算经常不难用公式表示。如果合同包含可执行的违约金条款,并且消费者知道该条款,这就足够了。违

---

[2] 如果卖方已经满负荷运转,并为买方预留了位置,他可能已经拒绝了另一个买方。如果买方的位置最终没有填满,供应商就将产生一个等于合同价格的机会成本。处理此问题的一种方法是允许供应商在此种情况下获赔所失利润,且是供应商承担如下证明责任:他正在满负荷运行,并且因为与买方的合同而拒绝了另一个客户。然而,如果买方不同意所失利润损害赔偿,那么除非双方当事人特别约定实现此种效果,否则这些损害赔偿的数额可能是不适当的。

约的后果也应当向消费者做出明确声明，比如，若未经充分通知而取消了有担保的预订，酒店将损失一晚房费。此外，通常情况下，法律应当将押金视为默示的违约金条款。大多数消费者可能会预料到，如果取消现成商品合同，他们将会失去押金，但仅此而已。如果供应商想获得消费者违约赔偿，那么，拒绝赔偿现成供应商所失利润，也将激励这些供应商使用更好的可替代技术，诸如押金。

二、现成货物

再考虑现成货物销售合同，如以下假设：

> 凯美瑞的买方。高中教师马丁·马林想买一辆新的丰田凯美瑞。逛了逛之后，马林决定从顶峰（Acme）丰田经销商那里购买汽车，因为顶峰的价格与竞争对手的最低价格相同，而且顶峰在服务方面享有良好声誉。11 月 15 日，马林签署了一份合同，以 3 万美元的价格从顶峰处购买了一辆新的凯美瑞，并在 12 月 1 日交货。马林交了 300 美元的押金。11 月 20 日，马林拒绝履行合同。顶峰的凯美瑞的成本为 2.5 万美元，顶峰从工厂购买新的凯美瑞，数量和它能销售的一样多。

此案与现成服务案例的分析相同。如果顶峰被判予利润损失赔偿，那么它将获得 5 000 美元。这一结果并不像将该公式应用于典型的现成服务案例那样严厉：在现成商品情况中，卖方的可变成本相当可观，包括生产商品或商品转售所需的金额。因此，卖方的赔偿额通常只是合同价格的一部分，而非全部合同价格，现成服务案例通常是这种情况。尽管如此，现成商品的消费者不太可能事先同意以此种方法来计算合同取消的损害赔偿，或者利润损失损害赔偿也不太可能是为这类消费者提供有效行为激励所必要的。

消费者违反提供现成服务或现成货物的合同时，卖方的损失不应以其利润损失来计算的规则，也在《合同法重述（第二次）》第 351（3）条中得到了支持。该条规定,法院"可以通过排除对利润损失的赔偿、仅允许对信赖损失的赔偿,或者得出结论认为这是为了避免不合比例的赔偿正义所要求的,而将赔偿限制为可预见损失"。很难想象有比如下情况的赔偿更不成比例的了:将整个合同价格判给一个没有提供任何服务、产生较少成本或没有产生任何成本的服务供应商,或者将合同价格的很大一部分判给一个没有提供任何货物、产生较少成本或没有产生任何成本的货物卖方。现货供应的消费者合同中的不成比例问题因双方违约所产生赔偿的不对称性而变得更加严重,此种不对称性系因卖方能获得利润损失赔偿而生。现成消费品的市场价格很少出现大幅波动。因此,如果向消费者提供现成商品的供应商有权获得利润损失赔偿,那么供应商因消费者违约而获得的赔偿通常会很多,但消费者因提供商违约而获得的赔偿将接近于零。

三、满负荷

假设在瑜伽课这样的情况下,卖家正满负荷运营。如果卖方为买方保留了位置,他就可能会拒绝另一个客户。如果违约买方的位置不是充数的,卖方则将产生相当于合同价格的机会成本。处理该问题的一种方法是,如果卖方能够证明这些要素,就允许他根据净收益公式获得赔偿。然而,如果买方事先可能不会同意这一计算方法,即使卖方是在满负荷运营,那么至少在没有具体合同规定的情况下,净收益公式也可能并不合适。无论如何,特定卖方既满负荷运营又无法替换违约买方的可能性都太小,不足以证成这种情况下的特殊规则。

第十七章 补　进

221　　补进的概念包括两种彼此独立但紧密相关的理解。

第一,补进是买方在市场上购买商品以取代卖方未交付之缔约商品的行为。根据传统用法,"补进"一词通常是指替代商品的购买,但是包括服务在内的任何类型替代商品的购买,都构成补进。

第二,补进是一种救济,即判予合同价格和补进成本之间的差额。[1]

作为一种救济,补进有损害赔偿的"界面"(look and feel),因为买方最终要获得金钱裁决。然而,作为一个行为,补进构成了虚拟的特定履行(virtual specific performance)。[2] 通过补进,买方找到了替代履行(replacement performance),替代履行加上补进赔偿就接近于,如若卖方被命令了实际的特定履行(actual specific performance)则买方所获得的东西。

相比于市场价格损害赔偿和实际的特定履行,补进救济展现了四个实质性(substantial)优势:

1. 由于买方自己选择了替代履行,所以补进的行为反应了买方的偏好。故而,补进避免了没有考虑到买方偏好且是建构出的市场价格之买方损害赔偿的缺陷。

2. 在异质商品情况下,补进损害赔偿经常比市场价格损害赔偿更易于证明。为证明市场价格赔偿,买方需要定位类似交易并且从

---

[1]《统一商法典》第2-712条反映了补进的这种双重性质。第2-712(1)条关注补进之行为:"违约后……买方可以通过善意且在商业上无不合理迟延的合理购买,或者订立可替代卖方应交付货物的购买合同,'补进'货物。"第2-712(2)条关注补进的救济:"买方可向卖方请求将补进成本和合同价格之间的差额作为损害赔偿数额……"

[2] 参见第24章。

中作出推断。相比而言,如果买方补进了,他只需要证明补进是合理的。

3. 补进的行为通常会阻止产生或者最小化间接付出的社会成本及私人成本。如果卖方违反了提供投入或生产要素的合同,及时补进会阻止产生或者最小化卖方因违约而产生的利润损失。相应的,及时的补进也会阻止或者最小化因可预见规则而生的买方成本。[3]

4. 实际的特定履行经常涉及执行、减损义务以及陪审团审判权等难题。[4] 补进却不会产生这些难题。

简言之,在补进行为无懈可击时,补进的优势是明显的。然而,结果经常是,卖方认为买方无权获得补进赔偿,因为买方为替代商品支付了非常高的价格或者替代品比因违约而未交付的商品好很多,以至于不能作为补进的标的。两个经典的二分法与应如何处理此类论点有关。

第一个二分法是程序与实质。如果将此种二分法适用于补进行为,那么我们会看到,买方会发现替代商品的搜寻是程序问题,买方对替代商品的选择则是一个实质决定。

第二个二分法关涉法院审查买方搜寻以及最终选择的适当性标准。尽管法律在其工具箱里有很多审查标准,但就当下目的而言,两个最突出的标准是合理性和善意。审查的合理性标准纯粹是客观的。在适用该标准时,问题是行为人是否合理行动。审查的善意标准则更加复杂,具体参见第52章。

这些二分法可作为买方补进搜寻和选择之审查标准的分析背景。

买方补进搜寻的审查应通过合理性标准进行客观衡量。然而,不能仅仅因为证明了,更全面的搜寻会找到更低价格的商品,或者此种搜寻会找到比买方所选择的商品更有可比性的商品,就认为该搜寻是不合理的。搜寻是有成本的,而且搜寻越广泛,花费的成本也就越高。如果搜寻信息的成本为零,那么行为人一直会进行更广泛的搜寻,而且会得出最佳的可

---

[3] 哈德利原则将在第19章讨论。
[4] 参见第24章B部分。

能结果。然而,由于信息搜寻确实涉及成本,搜寻极少是广泛的,而且即使合理的搜寻也不能找到最佳的可能结果。[5] 根据乔治·施蒂格勒(George Stigler)开发的搜寻模型,理性行为人进行搜寻,直到预期的边际成本等于预期的边际收益。[6] 例如,品牌雨衣的买方在决定以他能找到的最低价格购买雨衣前会造访三个卖方。买方知道,如果他造访更多的卖方,他可能找到一个更低的价格。但是他可能会合理地得出结论,继续搜寻的预期成本会超过找到一个更低价格的预期价值。在此种情况下,即使后来证明,更广泛的搜寻会找到更便宜的雨衣,买方的有限搜寻也是合理的。

223   与买方补进搜寻的审查标准相比,买方补进选择的审查标准应当是,该选择的作出是否善意。相应的,在考虑买方的补进选择是否正当时,法律应当重视买方的偏好。初始的交易是基于买方的偏好。根据无差异原则,如果替代购买反映了这些相同偏好,其就是适当的补进。而且,由于补进相对于市场价格赔偿和特定履行更具有优势,对其予以鼓励,尽管也应限于适当范围内。如果法院适用不考虑当事人偏好的合理性标准,想要基于他们的善意偏好选择替代违约商品的买方,可能会担心他们的选择无效。此种风险也可能会产生不可取的效果,即激励买方寻求市场损害赔偿或者特定履行而非补进的激励。

一、补进原则及实证法

鉴于补进的优势,规制补进的原则如下:如果买方补进,且选择替代商品合乎善意,鉴于买方可证实的偏好(demonstrable preference),在买方进行了合理搜寻后,法院应判予补进赔偿。该原则在本书中被称为补进

---

[5] See James G. March, Bounded Rationality, Ambiguity, and the Engineering of Choice, 9 *Bell J. Econ.* 587, 590 (1978); see also Herbert A. Simon, *Administrative Behavior* 79-109 (3d ed. 1976); Herbert A. Simon, Rational Decisionmaking in Business Organizations, 69 *Am. Econ. Rev.* 493, 502-503 (1979).

[6] George J. Stigler, The Economics of Information, 69 *J. Pol. Econ.* 213 (1961).

原则。

案例一致要求搜寻是合理的,但适用于买方替代选择的审查标准并不一致。一些案例采用了非常接近补进原则的检测标准。例如,在切特科维奇诉波奇公司案(Cetkovic v. Boch, Inc.)[7]中,法院认为,有益的指导是,"提出该问题,即如果买方没有补进或者不能从任何其他人处获得法院判予之赔偿额(court recovery)时,买方本会如何、何时以及在何种场合采购商品。如果买方能够真实地回答,即使没有获得赔偿的希望,他也会以那种方式花钱,法院就不应要求更多了"[8]。类似地,在P.K.库珀建筑公司诉自由锁天花板公司案(R.K. Cooper Builders Inc. v. Free-Lock Ceilings, Inc.)[9]中,自由锁公司违反了其与库珀的合同,未根据该合同安装照明器材。库珀其后支付了第三方5 681美元来完成剩下的合同工作。初审法院认为,完成该工作的合理金额是2 500美元。库珀认为,完成该任务的工作和材料的合理价值都不是问题,上诉法院表示同意[10]:

> 反而,如果完成原初合同涵盖的工作所必要的实际花费合乎善意,法院应当予以支配性考量。但我们急于补充的是,单纯证明完成任务的实际花费不能决定赔偿问题,因为原理是允许违约之分包商(subcontractor)为了计算完成任务的成本而提出证据。此证据应当指向证明浪费、挥霍,或者不合乎善意,但法院不会审理违约的分包商的主张,即在缺乏这些要素的证据时,被迫完成该工作的当事人花费得太多了。[11]

在某些案例中,法院以替代购买不合理为由拒绝了补进赔偿[12],

---

[7] 2003 Mass. App. Div. 1 (Mass. Dist. Ct. App. Div.).
[8] Id. at 2.
[9] 219 So. 2d 87 (Fla. Dist. Ct. App. 1969).
[10] Id. at 88-89.
[11] Id. See also In re Lifeguard Indus., Inc., 42 B.R. 734, 738 (Bankr. S.D. Ohio 1983)(不同的壁板构成补进)。
[12] See, e.g., Martella v. Woods, 715 F.2d 410, 413-414 (8th Cir. 1983)(不同体重的牛不构成补进); Kanzmeir v. McCoppin, 398 N. W. 2d 826, 832-833 (Iowa 1987) (same); Freitag v. Bill Swad Datsun, 443 N. E. 2d 988, 991 (Ohio 1981)(买方购买的一辆1980年的达特桑车,并非是装备不同的1979年达特桑车的合理替代物)。

而在另一些案例中,法院只是将问题提交给陪审团。[13] 法律在这个问题上的不确定状态反映了此种担忧,即根据审查的善意标准,买方可能会投机性地选择镀金商品作为镀铜商品的替代品,之后谎称他是善意而为。然而,买方不太可能以这种方式行事,原因如下:

　　首先,即使他希望卖方最终会支付赔偿,自利考虑也可能会阻止买方投机性地进行过于昂贵的购买,因为诉讼涉及成本和风险,如果买方败诉,那么他就要自己承担这些过高的替代成本。买方进行合理搜寻的要求进一步控制了机会主义。买方不应轻易忽略那些已引起或应引起买方注意且满足他可证实偏好的替代品。一方面,卖家可以通过证据揭示买方搜寻的结果;另一方面,互联网虚拟市场的兴起使得卖家很容易确定哪些替代品易于买到。无论如何,如果替代购买为买方带来比缔约商品更高的利润,超额利润可以而且应当从买方的赔偿额(recovery)中扣除。正如怀特和萨默斯所说:

> 例如,假设卖方违反了四速食品搅拌机的销售合同……买方订立了一个更昂贵的八速食品搅拌机的替代合同……
>
> 如果八速搅拌机是唯一可用的替代品……则可以辩称,买方应当获得全部差额……此处,买方没有选择增加其赔偿额。如果补进商品高出的品质对买方没有任何好处,那么就应当允许买方向违约卖方索赔全部差额。然而,如果卖方能够证明,由于补进商品高出的品质,买方在转售时会获得更大利润,那么买方根据《统一商法典》第2-712条所获得的损害赔偿就应当充分减少至与其处于履行时同等的金额。
>
> 如果受害买方自身消费了补进货物,如在经营中使用家具或设备,问题就更加棘手。损害赔偿会因为受害买方购买的补进机器有更高边际效益……而予以减少吗?因为等候室的家具(waiting room

---

〔13〕 See, e.g., Thorstenson v. Mobridge Iron Works Co., 208 N. W. 2d 715, 716 (S.D. 1973)(不同的拖拉机); Dickson v. Delhi Seed Co., 760 S.W.2d 382, 390 (Ark. Ct. App. 1988)(不同类型的燕麦); Mueller v. McGill, 870 S.W.2d 673, 676 (Tex. App. 1994)(1986年保时捷 Targa 911 作为1985年保时捷 Targa 911 的补进购买)。

furniture)* 比约定购买的家具更有吸引力吗？我们认为，除非卖方提出有说服力的证据表明，买方就补进商品高出的质量获得额外利润，否则损害赔偿不应予以减少。[14]

二、结论

特定履行原则是指除非(1)特殊的道德、政策或经验理由在特定类别的案件中另有建议；或者(2)受允诺人可以通过补进实现虚拟的实际履行，否则法院即应判予实际的特定履行。补进原则与特定履行原则密切相关。法院给予买方选择补进进而实现虚拟的特定履行的自由度越大，买方就越难获得实际的特定履行的裁决。相应地，法院给予买方补进的自由度越小，买方就越容易获得实际的特定履行的裁决。换言之，特定履行原则与补进原则相互掣肘。

然而，这两个原则并非互为镜像。补进原则可以溯及适用：问题是已发生的购买是否满足该原则。如果满足，那么受允诺人就有权获得补进赔偿；如果没有满足，那么他就无权获得补进赔偿。相比之下，特定履行原则适用于未来：问题是允诺人是否应被判予将来特定履行。相应地，如果受允诺人寻求补进赔偿，那么他就必须证明补进前进行了合理搜寻。相反，如果受允诺人寻求特定履行，那么如下证明即为充分：因买方不能就因违约而未交付之商品找到令人满意的替代品，搜寻不再必要。卖方可以通过提出以下证据来反驳上述证明：市场上有一种易于找到的商品，考虑到买方的可证实偏好，买方拒绝将该商品作为因违约而未交付之商品的替代品，是不合乎善意的。

在补进可以完成的场合，它是虚拟的特定履行的一种形式，而且优于

---

* 即商务家具。——译者注

[14] James J. White, Robert S. Summers, *Uniform Commercial Code*, §7-3, at 290-291 (6th ed. 2010). See also Cetkovic v. Boch, Inc., 2003 Mass. App. Div. 1, 2 (Mass. Dist. Ct. App. Div.)("不能仅仅因为有意外之财的可能性就拒绝'补进'货物的赔偿，除非卖方令人信服地证明，由于补进货物质量更优，买方会获得大笔意外之财")。

实际的特定履行,因为它避免了后者带来的主要成本。补进也优于市场价格损害赔偿,因为它反映了买方的偏好,更接近于满足无差异原则。鉴于其巨大的优势,补进救济应当灵活实施。因此,基于补进原则,如果补进的买方证明,他已经进行了合理搜寻,且鉴于他可证实的偏好,替代商品的选择合乎善意,那么法院就应判予补进赔偿。

第十八章　确定性原则

损害必须以合理的确定性予以证明,这是合同法的一项原则。[1] 在实践中,该原则通常用于切断受允诺人主张的因允诺人的允诺本应获得的利润。由于确定性原则未解决证明损害所要求的程度问题,该原则的意义更多地体现在它的适用而非表述中(formulation)。在古典合同法中,所需的确定性程度通常设定在较高水平,基于金融概率分析被明示或默示地拒绝适用了。某些现代案件延续了此种进路,纽约上诉法院的两项判决,即弗罗因德诉华盛顿广场出版社有限公司案(Freund v. Washington Square Press, Inc.)[2]和肯福德公司诉伊利县案(Kenford Co. v. Erie County)[3]就体现了此点。

在弗罗因德案中,作者菲利普·弗罗因德(Philip Freund)与出版商华盛顿广场出版社签订了合同,根据该合同,华盛顿广场获得了出版和销售弗罗因德所写书籍的专有权。作为交换,华盛顿广场同意预付弗罗因德2 000美元,并根据实际销售额的特定百分比支付版税。弗罗因德写出了这本书,并把它交给华盛顿广场,华盛顿广场预付了弗罗因德2 000美元。然而,华盛顿广场未出版这本书,因为华盛顿广场在合同签署后停止出版精装书。[4] 弗罗因德提起诉讼,初审法院根据在其他地方出版的费用判给他1万美元的损害赔偿。[5] 上诉法院认为,弗罗因德只有权获得6美

---

［1］　*Restatement (Second) of Contracts* § 352 (Am. Law Inst. 1979).
［2］　314 N. E. 2d 419 (N.Y. 1975).
［3］　493 N. E. 2d 234 (N.Y. 1986).
［4］　Freund, 314 N. E. 2d at 419-420.
［5］　Id. at 420.

分的名义损害赔偿,因为弗罗因德"预期的版税利益(expectancy interest in royalties),即他有望从出售已出版书籍中获得的利润,虽然在理论上具有可赔偿性,但却是推测性的(speculative)"[6]。法院称,弗罗因德"没有提供用以估算被告未违反其出版允诺情况下,他可能获得之版税的合理基础"[7]。

在肯福德案中,伊利县与肯福德及其附属机构"穹顶体育场"(Dome Stadium)签订合同。根据该合同,肯福德同意将178英亩土地转让给县政府,用于建造一座圆顶的体育场(a domed stadium)。县政府同意建造体育场,造好后将其租赁给"穹顶体育场"40年。如果当事人不能就租赁条款达成一致,则根据合同附录所定条款签订后备管理协议(fallback management agreement)。根据这些条款,"穹顶体育场"将管理体育场20年以换取一定比例的体育场总收入。

体育场并未建造:该县为了给体育场建设融资,通过了一项5 000万美元的债券决议,但建设成本被大大低估了,而且体育场的建设将导致该县亏损而非盈利。情况逐渐明朗,该县遂违反了与"穹顶体育场"的合同。"穹顶体育场"起诉该县违约,并诉请就责任问题对该县作出简易判决。在随后的损害赔偿初审中,"穹顶体育场"提交了根据后备管理协议它本可获得利润的统计预测,陪审团判予了2 560万美元。

纽约上诉法庭(New York Appellate Division)撤销了陪审团的判决。解释纽约州法律的一系列联邦案例认为,如果有利润计算的合理基础,则可以判予新企业以所失利润。[8] 上诉法庭(The Appellate Division)接受了合理基础检测(rational-base test),但推翻了这一判决,理由是"穹顶体育场"根据后备管理协议对其利润的统计预测涉及太多变量,无法为计算穹顶体育场的所失利润提供合理基础。上诉法院(The Court of Appeals)拒绝了合理基础检测,但以不确定性为由确认了上诉法庭的判决。它是

---

[6] Id. at 421.

[7] Id.

[8] This line of cases originated with Perma Research & Dev. Co. v. Singer, 542 F.2d 111 (2d Cir. 1976).

这么判决的,用法院的话说就是:

> "穹顶体育场"选择的计算损害赔偿的程序符合当代经济理论,是通过公认专家的证词提出的……("穹顶体育场"的)经济分析采用了从全国其他圆顶的体育场和相关设施的运营中获得的历史数据,然后将其应用于布法罗地区拟建设施之市场前景的综合研究结果。证据数量是巨大的,毫无疑问,证据的数量代表了商业和行业预测该项目可能结果的最先进和最复杂的方法。[9]

人们可能会认为,"毫无疑问……代表……预测商业项目可能结果的(最)先进和(最)复杂的方法"[10]的大量证据已经很充分了。然而,上诉法院的结论却不同:

> 尽管"穹顶体育场"呈交了大量专家证据,最后结论依然是推测的,尽管当前的商业世界采用这些证据,但也要受制于调整和变更。当然我们承认,任何推测都不可能是绝对的,也并不存在这样的要求,但是确定性的程度取决于构成最终结论之基础的已知或者未知因素,这是公理。这里,经济模型创立的基础破坏了推测的确定性。"穹顶体育场"假设,该设施已经完工,能用、可用且成功运行20年,能够提供专业的运动事项和其他形式的娱乐活动,举办会议、集会和相关的商业聚会。在违约时,该县只有一个相似设施,即休斯顿的圆顶体育场。非常简单,为证明该合同整个存续期中盈利性的推测所需的多个假设,也需要推测和猜想(speculation and conjecture),这使得即使最复杂的程序也无法以合理的确定性来满足证明的法律要求。
>
> 在确定未来20年的损害时,生活的经济事实、一般公众的念头(whim)和大众对职业体育活动(endeavors)支持的善变性(fickle nature)必须被赋予较大权重。[11]

---

[9] Kenford Co. v. County of Erie, 493 N. E. 2d 234, 235–236 (N.Y. 1986).
[10] Id. at 236.
[11] Id.

在拒绝概率分析的过程中,古典合同法对确定性原则的进路反映了该学派的二元进路。该进路通常被称为"全有或全无规则"(all-or-nothing rule)。[12] 在确定性方面,根据这一规则,如果受害方证明损害的确定性程度略高于设定的(designated)概率水平,那么他的损害即被认为是合理确定的,并且法院会判予他所有的损害赔偿。然而,如果他的证据刚好低于这一水平,他的损害则被认为是推测性的,并因此不能获得任何赔偿。这种进路所要求的概率水平并不总是明确的,其只是指受允诺人主张的损害赔偿比不可能更有可能而已。

这种进路明显脱离了概率的现实,并且的确存在更好的方法来处理不确定性难题。最好的进路是运用而非拒绝商业和金融界普遍接受的概率概念。如果做不到这一点,最简单的替代就是判予特定履行。因为在此种情况下,根本不需要计算损害,而且确定损害的难度确实是判予特定履行的标准理由。然而,在某些情况下,特定履行并不可行。例如,在弗罗因德案中,法院很难命令不再出版精装书的出版商来出版弗罗因德的书。同样,在肯福德案中,法院也很难命令该县去建造体育场。

确定性难题的另一种解决进路是,给予受允诺人满足确定性检测最低数额的损害赔偿。例如,在弗罗因德案中,法院可以裁决,尽管很难确定弗罗因德的书会卖出多少本,但至少会卖出某些最低数量的书,并且可以根据这一最低数量判予损害赔偿。通过类推,在米尔斯诉全国互助保险公司案(Mears v. Nationwide Mutual Insurance Co.)[13]中,米尔斯赢得了一项比赛,其中的奖品是两辆奔驰汽车。该竞赛的发起人辩称,该合同因过于不确定而不能执行,因为梅赛德斯-奔驰的旧车型和新车型种类繁多,竞赛规则也没有明确说到车型。法院驳回了该论点:

---

[12] See Miller v. Allstate Ins. Co., 573 So. 2d 24, 28 (Fla. Dist. Ct. App. 1990); see also, e. g., E. Allen Farnsworth, Legal Remedies for Breach of Contract, 70 *Colum. L. Rev.* 1145, 1214-1215 (1970); see Elmer J. Schaefer, Uncertainty and the Law of Damages, 19 *Wm. & Mary L. Rev.* 719, 763-764 (1978); Note, Damages Contingent upon Chance, 18 *Rutgers L. Rev.* 875, 877-878 (1964).

[13] 91 F.3d 1118 (8th Cir. 1996).

首先,合同条款的解释要重点考虑什么是合理的……根据对竞赛合同的合理解释,陪审团可以期待汽车是新车。

其次,当合同存在轻微模糊性时,阿肯色州的法律允许诉求方(complaining party)坚持对他有利的最低限度的合理解释……这两个因素一起考虑,足以支持陪审团的结论,全国互助保险公司欠米尔斯两辆最便宜的奔驰新车作为他的竞赛奖品。[14]

不确定性难题的另一种解决进路是,允许受允诺人获赔他所产生的与违约相关的费用。这种进路的理由是,受允诺人在允诺人违约之前所产生的费用可以作为预期损害赔偿的替代,因为除非他自信预期赚取的收入至少等于这些费用,否则受允诺人不会支出这些费用。于是,证明责任就由允诺人承担,其要证明受允诺人的收入会低于他的费用(成本)。如皮弗·特雷尔公司诉皮弗·金国际公司案(Beefy Trail, Inc. v. Beefy King International, Inc.)[15]所述:

> 本质上,(在交易语境下判予信赖损害赔偿的)理由是这样的:通常,如果被告没有阻止合同的履行,并且合同对原告来说是有利润的,那么原告会在合同存续期内获得一笔收益,其不仅足以抵偿他的全部支出,而且还能涵盖作为利润的超额部分。由于总收入(即收益)的金额不能以必要的确定性程度来确定,利润的金额也就不能确定,因此不允许在赔偿额中计入该金额。但是,补偿(reimburse)原告在准备和部分履行过程中所产生支出之金额,可以由这些支出的范围来确定和限定,因此就允许在赔偿额中计入该金额。[16]

与该理由相一致,如果受允诺人使用了"已产生费用"的计算方式,应当并且确实允许允诺人来证明,受允诺人根据合同产生了损失。在此种情况下,受允诺人无权根据如果允诺人履行了他本会收回这些费用,来获

---

[14] Id. at 1122-1123.
[15] 267 So. 2d 853 (Fla. Dist. Ct. App. 1972) (Owen, J., concurring in part and dissenting in part).
[16] Id. at 859.

赔其已支出的费用。[17]

以此种方式计算的损害赔偿通常被称为信赖损害赔偿,但该用词并不妥当,因为受允诺人不仅应获赔其因信赖合同而支出的费用,而且还应获赔甚至是当事人订立合同之前支出的费用。因此,将这一计算方法称为"已产生成本的损害赔偿"(incurred-costs damages)更好。先前的费用也应包括在内的理由如下:当因正常的预期损害赔偿过于不确定而将该费用作为损害赔偿的计算标准时,目标不是补偿受允诺人的费用,而是将受允诺人的该项费用作为预期损害赔偿的替代。从此一角度来看,成本发生在合同订立之前还是之后并不重要。例如,在安全炉制造公司诉美国铁路快递公司案(Security Stove & Manufacturing Co. v. American Railways Express Co.)[18]中,安全炉公司制造了一种特殊类型的炉子,它在贸易展览会上租用了一个摊位用以展示炉子。美国铁路快递公司同意将炉子及时运到展会,但确实没有做到。法院认为,安全炉公司的预期损失太具有推测性了(speculative),但它可以获赔包括展位费用在内的费用。

同样,在安格里亚电视有限公司诉里德案(Anglia Television Ltd. v. Reed)[19]中,安格里亚想制作一部电视电影《树林中的男人》,该电影将描绘一个美国男人与一个英国女人结婚的场景。在安格里亚选择男主角之前,它为这部电影安排了一个地点,雇用了一名导演、一名设计师和一名舞台经理,还涉及许多其他花费。就男主角而言,安格里亚需要一个能够将电影结合在一起的强势演员。最终决定由罗伯特·里德来出演。里德"是作为一名演员享有很高声誉的美国人",当事人同意,里德来英国出演这部电影,报酬为1 050英镑加上其他花费。[20] 里德后来因为排期混乱而拒绝履行合同。安格里亚试图寻找一名替代演员但没有成功,随后放弃了这部电影。随后,该公司起诉里德,要求其支付2 750英镑的已发生

---

[17] See also L. Albert & Son v. Armstrong Rubber Co., 178 F.2d 182, 189-190 (2d Cir. 1949)(L. Hand, J.).
[18] 51 S.W.2d 572 (Mo. Ct. App. 1932).
[19] [1972] 1 QB 60 (C.A.) (Eng.)
[20] Id. at 63.

费用,其中包括与里德签订合同前发生的近1 900英镑。[21] 英国上诉法院认为,安格里亚有权获赔该笔费用,包括1 900英镑的缔约前费用。丹宁勋爵说:

> 很明显,当里德先生签订这份合同时,他一定非常清楚导演等已经花费了很多。他一定考虑过——或者,无论如何,可以合理地归咎于他——如果他违反了合同,不管花费是在合同之前还是之后产生的,那么所有这些花费都会被浪费掉。他必须为所有已浪费的支出支付赔偿金……
>
> ……诚然,如果被告从未签订合同,他就不会承担责任,这些费用将由原告承担,而不会获得任何救济;但是,被告订立了合同并且违约了,而且正因为他违约才浪费了这些费用,他有没有责任就不是他说了算了。[22]

"全有或全无"进路(all-or-nothing approach)的另一种选择是,使用允诺人缔约前总收益或受允诺人收益来估算预期损害赔偿。此种选择被称为"基于预期收益的损害赔偿"。许多合同都创造了联结各方利益的结构。实现联结的最常见方法是给每一方当事人一份收益。例如,在弗罗因德案中,华盛顿广场出版社和弗罗因德为分享弗罗因德图书的销售收益,将一定份额的收益以版税形式分配给弗罗因德,并将余额分配给华盛顿广场。在这些情况下,法院通常可以从允诺人预期获得的收益中推断出受允诺人的最低预期收益。[23]

例如,在弗罗因德案中,初审法院发现出版弗罗因德书籍的费用是1万美元。因此,据推测,除非出版商预期至少获得该数额加上版税和其他费用的收益,否则它就不会签订合同。因此,弗罗因德的最低预期版税可以从出版商的最低预期收益中推知。同样,在肯福德案中,县政府肯定满怀信心地预计,该合同将产生足够收益来偿还县政府为该建设而预计发

---

[21] Id.
[22] Id. at 64.
[23] 此进路是埃德·安德森(Ed Anderson)提出的。

行的5 000万美元债券。"穹顶体育场"在这些收益中的份额根据管理协议应当很容易计算出来。因此,只需要确定"穹顶体育场"的成本即可计算出"穹顶体育场"的预期收益(正如根据"已发生成本计算法",允诺人应当而且确实被允许证明受允诺人的收益实际上并没有涵盖成本,同样根据"预期收益计算法",允诺人也应当被允许证明受允诺人的合同收益份额实际上低于允诺人预计的金额)。

实际上,纽约上诉法院在1993年使用了"基于预期收益的方法",仅在肯福德案作出判决七年之后该方法就出现了。在阿什兰管理公司诉贾宁案(Ashland Management Inc. v. Janien)[24]中,阿什兰是一家成功的投资咨询公司,管理着超过10亿美元的客户基金。作为投资策略的一部分,阿什兰依靠一个被称为"阿尔法"的电脑化数学股票选择模型来分析选定的财务信息,并初步决定应当买卖哪些股票。[25] 1985年,阿什兰与贾宁签订了一份合同,根据该合同,贾宁将开发第二种投资模型埃塔,并交由阿什兰使用。合同第C(12)段预测了1988年至1992年期间埃塔每年最低的管理费。第C(21)段规定,如果贾宁因任何原因离开阿什兰的工作,那么他有权获得埃塔或埃塔的任何衍生品账户年收入总额15%的佣金或5万美元,以较高者为准。此后,阿什兰终止雇佣贾宁。贾宁提起诉讼,初审法院认为,他有权获得根据第C(12)段中提出的预测而计算出的所失利润赔偿。上诉法院维持原判:

> 阿什兰对自己预测的埃塔将吸引的最低基金量的能力有足够信心,它同意在此基础上赔偿贾宁。根据这一证据,法院适当地依据第C(12)款的预测和第C(21)款的规定,认为被告已经合理确定地完成了所失利润的证明责任。[26]

在利益联结合同或类似合同中,使用预期收益计算法作为预期损失替代的有效性,不会被允诺人决定违约这一事实所否定。通常,允诺人决

---

[24] 624 N. E. 2d 1007 (N.Y. 1993).
[25] Id. at 1008.
[26] Id. at 1012.

定违约并非因为预期收入不足,而是因为实际成本似乎会超过预期成本,或者完全是出于其他原因。例如,在弗罗因德案中,出版商违约仅仅是因为它停止出版精装书。在肯福德案中,该县违约,是因为它确定实际成本会高于预期成本,而预期收入的份额无法弥补高额的成本。然而,这并不意味着该县对预期收入的预测不正确。

更一般地说,在涉及收入分配的利益联结合同中,合同收入通常是只由一方当事人支付的合同成立后成本的函数。例如,在出版商和作者之间的合同中,一旦书撰写完成,作者就没有剩余成本了,因此他的收入份额(版税)是纯利润。相比之下,出版商只有在收入份额超过出版、发行、版税等合同所产生的成本时才能盈利。将没有合同后费用的一方称为A,有这些费用的一方称为B。很容易看出,即使预期的合同收入保持在最初预计的水平,费用的意外增加仍可能导致B违约。

尽管基于受允诺人已产生费用或允诺人预期收入的进路,比否认违约受害者的任何损害赔偿都要更好一些,但它们通常都并不足以作为预期损害的充分计算方法,因为它们是基于最低损害赔偿,而非基于概率调整的损害赔偿。在此方面,从金融经济学的角度考虑合同损害赔偿的确定性难题是有启发意义的。除了有限的例外,所有创收资产(income-generating asset)的盈利能力都有风险,而且一些资产的盈利能力风险还极高。然而,在现实世界中,公司和个人通常会购买这些资产。因此,就会出现如下问题,即如果一项风险资产不能自由交易进而市场不能确定其价值,那么应当如何确定该资产的价值呢?金融经济学通过"资本资产定价模型"(Capital Asset Pricing Model)给出了答案。

为应用资本资产定价模型,潜在购买者要确定资产可能产生的各种现金流,为每个现金流分配一个概率,并将每个现金流乘以其概率,然后将结果相加得出预期现金流。接下来,通过一个公式将预期现金流产生的利率贴现,该公式基本上增加了(1)货币的时间价值,货币的时间价值由无风险投资(如国库券)的利率来测算;(2)全市场风险率(称为市场或系统风险)乘以相关资产的风险。后一种风险被称为资产的贝塔系数,通常是由类似资产风险的市场估值来确定的,而此种市场估值,是通过对那些业务以此类资产为基础的公司进行股票市场的估值来证明的。[27] 因此,例如,在决定是否购买电影院时,应用资本资产定价模型的买方将首先计算电影院的预期现金流,然后通过将货币的时间价值、市场风险和从事电影院业务之公司股票的贝塔系数插入资本资产定价模型公式,来计算适用于该现金流的贴现率。

正如金融经济学的方法论所表示的那样,回报的风险并不妨碍对创收资产的估值,当然它也不能妨碍对创收资产的估值。几乎所有此类资产都有风险。取而代之的是,不确定性被计入资产的价值,首先通过为资产可能产生的现金流分配适当的权重,其次通过对概率调整后的预计现金流应用适当的贴现率。

合同法损害赔偿中的不确定性难题与资产评估中的风险问题相似。事实上,这两个问题是是趋同的:合同是一种特殊类型的创收资产,合同价值的确定方式与其他此类资产的价值确定方式相同。[28] 例如,假设在肯福德案中,在20年的管理协议期限内,产生1 000万美元现金流的概率有40%,产生2 000万美元现金流的概率是30%,产生3 000万美元现金流的概率是20%,产生4 000万美元现金流的概率是10%。预计现金流将为2 000万美元(40%×1 000万美元+30%×2 000万美元+20%×3 000万美元+10%×4 000万美元)。损害赔偿要通过把根据资本资产定价模型计算的贴现率应用于预期现金流来确定。

许多现代法院已经适当摆脱了古典合同法对不确定性采取的二元的、经济上无知的、全有或全无的进路。一些法院简单地采用了一种更自由的不确定性检测。例如,在过去,不确定原则的一个主要运用是新企业

---

[27] See, e.g., Richard A. Brealy, Stuart C. Myers, Richard A. *Brealy, Principles of Corporate Finance* 284-290 (8th ed. 2006); Stephen A. Ross et al., *Fundamentals of Corporate Finance* 423-424, 442-446 (11th ed. 2016). 该公式是:E(Ri)=Rf +[E (RM)-Rf]×β。其中 E(Ri)是投资或资产的预期回报,Rf 是货币的纯时间价值,RM 是市场风险率;E(RM)-Rf 是每单位风险的市场溢价,βi 是资产的贝塔值。

[28] See John Leubsdorf, Remedies for Uncertainty, 61 *B.U. L. Rev.* 132, 150-153 (1981); Miller v. Allstate Ins. Co., 573 So. 2d 24, 28 (Fla. Dist. Ct. App. 1990); Elmer J. Schaefer, Uncertainty and the Law of Damages, 19 *Wm. & Mary L. Rev.* 719 (1978); Note, Damages Contingent upon Chance, 18 *Rutgers L. Rev.* 875, 877-878 (1964).

规则(new-business rule)。该规则禁止原告获赔其声称因拟议的新企业产生的所失利润,理由是在此种情况下利润太具有推测性了。在一个典型的事实模式中,原告从被告那里租赁了一个新的商业场所,被告在原告搬进来之前就违反了租约。原告提起诉讼,要求获赔他从业务中获得的利润,被告就会提出新企业规则。该规则在某些情况下仍然出现,但依然有一种强烈的废除该规则的趋势,并且仅基于所涉及之具体事实而非特殊的新企业规则来重新解释旧案例。例如,在菲拉诉乡村广场公司案(Fera v. Village Plaza, Inc.)[29]中,原告在被告提出的购物中心签署了一项为期十年的商店租约。后来因被告把租约搞错了而把该空间租给了其他人,被告拒绝原告使用他们的空间。原告提起诉讼,索赔所失利润。陪审团裁决赔偿被告20万美元。作为中级上诉法院的上诉法院(The Court of Appeals),它部分基于新企业规则而撤销陪审团的裁决。密歇根州最高法院恢复了陪审团的裁决:

> (早期的密歇根案例)不应被解读为规定了这样一项法律规则,即阻止每一家新企业因违约而获取预期的所失利润。该规则仅仅是以下"原理"的适用,即"为了得到违约损害赔偿的裁决或判决,原告必须以可用金钱计算的伤害程度来奠定合理估值的基础"。这个问题变成了证据充分性问题……
>
> 上诉法院基于两个理由推翻了陪审团的裁决:第一,新企业不能获赔违反租约的所失利润。我们已经表示不赞成这条规则。第二,上诉法院认为原告被禁止获赔(所失利润),因为所失利润的证据完全是推测性的。我们并不同意……
>
> 如果我们是陪审团成员,我们就会发现原告缺乏证据,但这不是我们采用的审查标准。作为一个复审法院,除非事实记录清晰到通常人都不会反对的程度,否则我们不会介入陪审团的事实发现或发回重审。而这里并非此种情况……[30]

---

[29] 242 N. W. 2d 372 (Mich. 1976).
[30] Id. at 373-376.

不同法院也接受了肯福德案所拒绝的各种类型的概率证据。例如，在独立机械承包商公司诉戈登·伯克父子公司案（Independent Mechanical Contractors, Inc. v. Gordon T. Burke & Sons）[31]中，原告所失利润的证据，是一位在评估未来利润方面有丰富经验的经济学教授的专家证词，他使用标准方法预测了原告从1980年到1985年的所失利润。法院根据这一证据批准了陪审团的裁决：

> 我们没有被本案中所失利润的预测构成所失利润的投机性证据（的观点）所说服……
>
> ……作为法律问题，所失利润的证据并不仅因为没有评估到所有可想象到的因素就是投机性的。一定程度的不确定性内在于任何对未来利润的预测中……根本问题是，在此种情况下，所失利润的证据是否提供了充分信息，以使事实裁判者能够合理地确定被切断的利润数额。[32]

在洛克诉美国案（Locke v. United States）[33]中，洛克在圣地亚哥拥有一家打字机修理公司，他获得了一份一年期的合同，对联邦在圣地亚哥地区所有的打字机进行修理、维护和翻新。其他三家维修公司也获得了类似合同。洛克和其他三家公司都被列入联邦供应商清单中。政府有自己的维修设施，但使用外部承包商进行打字机维修的机构必须选择附表所列的承包商，尽管它们可以自由选择附表中的任何承包商。在合同有效期中，政府不适当地终止了其与洛克的合同，他的名字从附表中被删除了。洛克提起诉讼。法院认为，尽管政府可以自由扩大自己的维修设施以满足其需求，并因此使得洛克即使根据合同也可能没有任何报酬*，但是洛克仍然有权获得机会价值的赔偿：

> 主张的事实表明，政府确实有一些超出自身能力的服务要

---

[31] 635 A.2d 487 (N.H. 1993).
[32] Id. at 491 (N.H. 1993).
[33] 283 F.2d 521 (Cl. Ct. 1960).
* 因为政府都选择附表中的其他承包商，此时洛克就没有生意了。——译者注

求……原告有机会列入附表并与其他承包商竞争而有机会获得其中一些报酬,这具有商业价值。政府的违约剥夺了原告的这一价值……

……我们在这里关注的是获得业务和利润机会的价值……在这里,原告似乎至少有机会获得政府准许的全部打字机维修业务的四分之一……我们认为,在获利机会的价值未被相反的损失风险所超过,且获利机会的价值通过可计算出来的概率以及具体所涉概率的证据来计算时,法院应(努力)对该丧失的机会予以估值。[34]

在罗姆博拉诉柯辛达斯案(Rombola v. Cosindas)[35]中,罗姆博拉同意从1962年11月8日至1963年12月1日对柯辛达斯的马(玛吉·桑普森)进行训练、保养和参赛。罗姆博拉将支付所有费用并获得全部收入的75%,柯辛达斯将获得剩余的25%。1962年冬天,罗姆博拉在马厩里饲养和训练玛吉·桑普森。1963年春天和夏天,该马参加25次比赛。1963年秋,罗姆博拉参加了6场赌注赛(根据他们赛马赢得的钱数与同级别的其他赛马比赛),这些比赛将在12月1日结束的萨福克镇赛马会上举行。马会开始前,柯辛达斯占有了玛吉·桑普森,从而剥夺了罗姆博拉参加赛马比赛的机会。这匹马直到12月1日之后才再次参加比赛。罗姆博拉起诉柯辛达斯索赔所失利润,初审法官判决支持柯辛达斯。马萨诸塞州最高法院推翻了这一判决,认为玛吉·桑普森的竞赛史可充分确定地证明罗姆博拉的损失:

在合同签订的一年里,在罗姆博拉参赛的25场比赛中,他赢了10场,并在总共20场比赛中分到了奖池里的钱,总共挣了大约1.2万美元。罗姆博拉与柯辛达斯之间合同到期后的一年里,这匹马跑了29次,赢得的钱与合同期间赢得的钱在百分比上几乎完全一致……

……我们认为……罗姆博拉有权根据预期所失利润理论要求实质性的损害赔偿…(玛吉·桑普森)在罗姆博拉管理和训练之前和训

---

[34] Id. at 524-525.
[35] 220 N. E. 2d 919 (Mass. 1966).

练期间，以及在其后的一段时间里，与其他竞争者在不同赛道条件下，已经证明了它的能力。它在违约后一年里的一贯表现，否定了萨福克镇赛马会（Suffolk Towns meet）上能力或赚钱能力下降的任何推断。虽然即使玛吉·桑普森参加了预定的赌注赛，也可能不产生任何利润，但这种可能性是任何商业风险所固有的。[36]

在当代使命公司诉著名音乐公司案（Contemporary Mission, Inc. v. Famous Music Corp.）[37]中，著名音乐公司同意向当代使命公司支付版税，以换取名为《处女》的宗教摇滚歌剧的主磁带录音，以及制造和销售该母带录音的专有权。该合同要求著名音乐公司发行至少四张《处女》单曲。[38] 根据伍德诉露西案（Wood v. Lucy）[39]的原理，著名音乐公司有义务尽合理努力来推销《处女》。著名音乐公司未能推销该单曲，违反了合同。在违约前，《处女》的一首单曲已经在热门单曲（Hot Soul）唱片排行榜上位列第80名。违约后，该单曲排第61名。在初审中，当代使命公司提供了1974年间曾排到第61位的每首歌曲的统计分析。这项分析显示，在324首曾排到第61位的歌曲中，76%的歌曲排到前40位，65%的歌曲排到前30位，51%的歌曲排到前20位，34%的歌曲排到前10位，21%的歌曲排到前5位，10%的歌曲排到第1位。当代使命公司还准备提供一名专家证人的证词，该专家可将这些成功的标准转化为预计的销售数字和损失的版税。初审法官根据弗罗因德案排除了所有这些证据，理由是这些证据都是推测性的。第二巡回法院认为，这些证据应予接受：

> 这不是一个原告试图证明在假设市场上以假设价格出售假设唱片获得假设利润的案例……这个唱片是真实的，价格是固定的，市场依然在购买，这个唱片虽未获大的成功但销量却仍在增加。即使推广努力结束后，该唱片退出了市场，由于其自身的势头，销量仍增加

[36] Id. at 921-922.
[37] 557 F.2d 918 (2d Cir. 1977).
[38] Id. at 921 (2d Cir. 1977).
[39] 118 N. E. 214 (N.Y. 1917).

了1万张,在《公告牌》杂志"热门单曲"排行榜上从大约第80位上升到了第61位。不可否认的是,如果有人继续推广,如果它没有退出市场,唱片销量就将超过实际销量。因此可以肯定,当代使命公司遭受了版税形式的损害。[40]

在某些情况下,不确定性太大以至于无法直接确定预期损害。例如,在安全炉(燃油炉)案中,这种产品是创新性的,是为了展示,而非立即销售。几乎不可能量化因展示所产生的利润超过安全炉在没有展示时会获得的利润多少。然而,在大多数情况下,如果其他方法失败了,合同未违约时本可产生的利润是可以计算出来的。本质上,弗罗因德案和肯福德案体现的古典合同法处理不确定性的进路,整整落后于金融经济学一代之多。

然而,这一领域已经有了重要进展。许多或大多数现代法院为跨越不确定性障碍而设定了更低门槛。许多现代法院直接采用概率法,其他法院只是通过援引与确定性原则相反的任一原则来巧妙地处理确定性原则:(1)确定性原则仅适用于损害事实,而不适用于损害数额[41];(2)不当行为人应承担自身行为造成的不确定性风险。[42] 这两项相反原则都与古典合同法下适用的确定性原则不一致。由于相反原则几乎在任何情况下都可以援引,因此它们可用来说明古典进路的极端不稳定性。正如卡拉马里(Calamari)所言,"显而易见的是,确定性规则没有普遍适用,在

---

[40] Famous Music Corp., 557 F.2d at 927. See also Lexington Prods. Ltd. v. B.D. Commc'ns, Inc., 677 F.2d 251 (2d Cir. 1982). 列克星顿授权 B.D.销售其牙刷和相关的牙科液体。B.D.同意在合同有效期内每年购买20万支牙刷,为每支售出的牙刷支付版税,并在合同有效期内每年至少花费50万美元用于促销。两年后,B.D.在营销方面只投入了10.4038万美元,只卖出了6.0843万把牙刷。列克星敦起诉。在初审中,列克星敦提出通过以下方式证明损害:(1)将售出的牙刷数量除以营销花费的金额,以及(2)使用该比率来证明如果像允诺的那样投入100万美元用于营销,将售出多少牙刷。初审法院驳回了这一理论,只判给名义损害赔偿。第二巡回法院以列克星敦的理论提供了可接受的确定性为由推翻了初审判决。Id. at 252-254.

[41] See, e.g., Oral-X Corp. v. Farnam Cos., 931 F.2d 667, 670-671 (10th Cir. 1991); Lewis River Golf, Inc. v. O.M. Scott & Sons, 845 P.2d 987, 990 (Wash. 1993).

[42] See, e.g., Migerobe, Inc. v. Certina USA, Inc., 924 F.2d 1330, 1338-1339 (5th Cir. 1991).

238 特定法域内,适用严格检验标准的权威案例(case authority),往往与以明示方式认为或实际上认为确定性不是一个要件的其他案例共存"[43]。此种不稳定是不正当规则的标志。[44] 高门槛的全有或全无的不确定性检测尽管仍被一些法院采用,但正在逐渐消失,取而代之的是一种基于概率的更现实的检测。

---

[43] Joseph M. Perillo, *Calamari on Contracts* (6th ed. 2009).
[44] See Melvin Aron Eisenberg, *The Nature of the Common Law*, 105-120 (1988).

第十九章　可预见规则(哈德利原则)

一、导论

1854年,英国财政署内室法庭(English Court of Exchequer Chamber)审理了著名的哈德利诉巴克森代尔案(Hadley v. Baxendale)[1](以下简称为哈德利案)。哈德利拥有一家面粉厂,这家面粉厂因给面粉厂提供动力的曲轴断裂而停止经营。为了让工厂重新运转,哈德利想把断裂的曲轴运送到制造商,位于格林威治的乔伊斯公司那里,作为新轴的模型。哈德利因此派了一名雇员到公共运输公司——匹克福德公司的当地办事处。[2] 这名雇员告诉匹克福德的职员,哈德利的面粉厂已经停止运营了,曲轴必须立即送到格林威治。职员回答说,如果曲轴在12点之前送到匹克福德,它在次日就能送到格林威治。

第二天12点钟,曲轴被送到了匹克福德,哈德利付了2英镑4便士的运费。然而,乔伊斯的货延迟了五天,原因是匹克福德原计划用铁路经过伦敦运送曲轴,但它没有立即用铁路将曲轴从伦敦运到格林威治,曲轴在伦敦停留了几天,然后经运河将其与一批的匹克福德运送给乔伊斯无关联的铁制品一起运到格林威治。[3] 乔伊斯新曲轴的完工也相应地推迟了,哈德利的工厂因此额外多停工了五天。

---

[1]　(1854) 156 Eng. Rep. 145; 9 Ex. 341.

[2]　为便于阐述,本章还使用了案件标题中的当事人姓名。实际上,似乎哈德利是磨坊的共有人,也是唯一的原告,而巴克森代尔是匹克福德的共同所有人,也是唯一的被告。

[3]　Richard Danzig, Hadley v. Baxendale: A Study in the Industrialization of the Law, 4 J. Legal Stud. 249, 251 & n.5 (1975).

哈德利对匹克福德提起诉讼,基于五天的所失利润要求赔偿 300 英镑。匹克福德辩称,请求的赔偿"太过遥远了"[4]。哈德利回应说,损害"并不太遥远,因为它们是……被告违约的自然和必然后果"[5]。初审法院一般"将案件交给陪审团"[6],陪审团判予哈德利 25 英镑的损害赔偿。财政署内室法庭撤销原判,但并不基于远因理论。相反,它认为,因违约而受到损害的一方当事人只能获得(1)从违约中"根据通常的事物发展过程自然产生且合理考虑到"的损害赔偿,或者(2)"在当事人订立合同时,双方当事人都合理地认为这是违约很可能导致的结果(probable result)"[7]。法院得出结论认为,哈德利未能满足任何一项检测。

法院判决的两个部分被称为哈德利案的第一项和第二项规则。这两项规则通常只适用于卖方违约的情况,因为通常而言,买方的唯一义务是付款,不付款只是偶尔涉及哈德利规则。因此,为便于本章其余部分的阐述,违约方将被称为卖方,因违约而遭受损害的一方将被称为买方。

根据哈德利案的两项规则,合同法通常区分为一般或直接损害和特殊或间接损害。一般或直接损害是指,与买方的特定情况无关的特定类型违约造成的损害。一般损害落入哈德利案的第一项规则,因为根据定义,它们应当是从违约中"根据通常的事物发展过程自然产生且合理考虑到的"。例如,如果卖方违反了货物买卖合同,买方自然就会遭受等于货物合同价格与市场或补进价格之间差额的损害。特殊或间接损害是由于买方的特殊情况所导致的、超出一般损害的损害。根据第二条规则,当且仅当双方当事人在订立合同时都合理地认为这是违约极可能导致的结果(probable result)时,才能判予此类损害赔偿。通常,间接损失包括所失利润。例如,卖方违反了生产要素买卖的合同,如压模机,买方计划使用该生产要素而非进行转售。买方的间接损失是,他在实际违约时赚取的利润和若按允诺安装完压模机后他本应赚取的利润之间的差额。

---

[4] Hadley, 156 Eng. Rep. at 147; 9 Ex. at 344.
[5] Id.; 9 Ex. at 345.
[6] Id.
[7] Id. at 151; 9 Ex. at 356.

哈德利案的第二项规则目前被概念化为,仅当卖方在订立合同时有理由预见违约很可能造成间接损害时,间接损害才能得到赔偿。[8] 根据第二项规则的这一概念,第一项规则只是第二项规则的一个特例:如果特定类型的损害是从违约中"根据通常的事物发展过程自然产生的"(第一项规则),那么卖方将始终有理由预见此种损害会因违约而产生(第二条规则)。因此,为了便于本章其余部分的阐述,构成这两项规则基础的可预见规则将被简称为哈德利原则。

二、哈德利原则和法律的一般原则

在无差异原则下,预期损害赔偿应使违约受害人在履行和违约且支付损害赔偿之间无差异。哈德利案背离了该原则。如果允诺人履行,受允诺人会获得合同的所有利益,也包括预期利润。然而,根据哈德利原则,如果允诺人违约,这些利润就可能会被切断,这样一来,受允诺人在违约且支付损害赔偿时就不会像他在履行时的状况那样好。

哈德利原则也背离了关于伤害和损失之间有必要关系之法律的一般原则。在合同法之外,这种关系通常通过近因原则的适用来确定。哈德利原则在两个重要方面不同于该原则。

第一个区别与时间有关。哈德利原则的适用通常基于违约方在合同成立时所掌握的信息。近因原则的适用则通常基于不当行为(wrong)发生时存在的情况。因此,哈德利原则是静态的,而近因原则是动态的。

哈德利原则和近因原则之间的第二个区别,涉及使不当行为人(wronger)对其不当行为造成的损害承担责任所需的可预见性程度。根据近因原则,可预见性分为五个层次。在第一个层次上,如果一个事件可以预见到,它就是可预见的。从此意义上说,几乎任何实际发生的事件都

---

[8] See, e.g., *Restatement (Second) of Contracts* §351 (Am. Law Inst. 1981)[hereinafter Restatement Second]. 第二条规则的概念化随着时间的推移而变化;下文注释第9—10中讨论了一些其他的概念化。

是可预见的。[9] 在第二个层次上,如果事件发生的可能性并非微不足道或者大于可以忽略的可能性,则该事件是可预见的。在第三个层次上,如果事件发生的可能性较大(likely),则事件是可预见的。"合理可预见"一词系指这一层次上的可预见。在第四个层次上,如果一个事件的发生是很可能的(probable),那么它是可预见的。[10] 在第五个层次上,只有当一个事件的发生是高度可能时(highly likely),它才是可预见的。

在古典合同法鼎盛时期,法院将哈德利原则解释为,要求原告满足异常苛刻的第五个层次的可预见性,甚至切断了很可能(probable)发生的事件(第四层次)所造成的损害。在某些情况下,这一结果可通过采用高度人为和极其严格的"默示协议"检测来实现。根据这一检测,只有当事人在合同订立时默示同意赔偿间接损害的,它才可能获得赔偿。[11] 高度可能性检测的一个例子即是哈德利诉巴克森代尔案。当该案的合同签订时,哈德利的雇员告诉匹克福德的职员,工厂停工了,曲轴必须立即送去。[12] 任何处于该职员位置上的通常人,都不会理解工厂是因为曲轴问题而停工。事实上,哈德利的律师徒劳地争辩说,如果法院采用可预见性规则而非基于伤害遥远性的规则,那么"有充分证据表明,被告知道这个曲轴被送过去的目的,其未能及时交付的结果是工厂停工。被告的代理人在营业地被告知,工厂那时就停工了,曲轴必须立即交付运输。如果需要一个特别条款(entry)来加快交付,那么这样一个条款应当已经制定了"[13]。然而,法院枉顾事实认定匹克福德没有注意到哈德利的特殊情

---

[9] See Paul L. Joskow, Commercial Impossibility, the Uranium Market and the Westinghouse Case, 6 *J. Legal Stud.* 119, 157 (1977)("在客观意义上,实际上没有什么是真正不可预见的,理论上每一个可能的世界状态都可以被列举出来,并为它的出现分配某种概率")。

[10] See *Restatement Second* §351(1)("如果在合同订立时,违约方没有理由预见到作为违约可能后果的损失,那么该损失就是不可赔的")。

[11] See, e.g., Globe Ref. Co. v. Landa Cotton Oil Co., 190 U.S. 540, 544 (1903)(赔偿额"取决于在订立合同时,被告可能被公平地认为有意识地承担的责任,或者被合理地认为原告承担的责任";British Columbia & Vancouver's Island Spar, Lumber & Saw-Mill Co. v. Nettleship, [1868] 3 LR-CP.499, 509 (Eng.)("仅仅是知道的事实不能增加责任")。

[12] Hadley, 156 Eng. Rep. at 148; 9 Ex. at 341.

[13] Id. at 149; 9 Ex. at 349.

况,从而人为地切断了哈德利的损害赔偿。[14] 里德勋爵在寇福思诉C.萨尼可有限公司案(Koufos v. C. Czarnikow Ltd.)中对哈德利原则的讨论很好地描述了这种检测:"在相当长的一段时间里,人们倾向于对损害赔偿金设定严格的限制。"[15]

然而,随着时间的推移,哈德利原则所要求的可预见性标准稳步改变和放宽。寇福思案在这个问题上是一个首要案例。一家承运人与托运人签订合同,从康斯坦察向巴士拉运输3 000吨糖。托运人计划在船只抵达巴士拉后立即在市场上出售这3 000吨糖。该船本应于11月22日抵达,但承运人违反合同,偏离了航线,该船直到12月2日才抵达。在预期交货日期和实际交货日期之间,在巴士拉糖的市场价格下跌,部分原因是另一批糖已运达,托运人就11月22日市场价格和12月2日市场价格之间的差额向承运人提起诉讼。承运人有理由知道糖价在巴士拉会有波动,但"没有任何理由认为在相关期间内向下波动比向上波动更加可能,向上波动的机会也同等存在"[16]。尽管如此,上议院还是认为,承运人应对11月22日市场价格和12月2日市场价格之间的差额承担责任。

虽然上议院在寇福思案中对可预见性检测上的精确改变有不同观点,但大多数观点都赞同"可能导致""现实危险"或"非常可能性"等术语。里德勋爵观点中的一段话隐含了实质可能性检测(serious-possibility tese)的范围(parameter)。"假设一个人拿了一副洗好的牌,最上面的牌非

---

[14] In Victoria Laundry (Windsor) Ltd. v. Newman Indus. Ltd., [1949] 2 K.B. 528 (C.A.) (Eng..), 阿斯奎思大法官(Lord Justice Asquith)指出,"(在哈德利诉巴克森代尔案中)的判决提要显然具有误导性,因为它说被告在办公室的职员被告知工厂已经停工,曲轴必须立即交运……如果财政署内室法庭接受了这些事实为既定的,那么法院必须……根据第二条规则裁判所请求的损害是可赔偿的。" Id. at 537. 阿斯奎思这里肯定是在调侃。关于人为地严格适用哈德利原则以切断可合理预见的损害赔偿的其他例子,参见 e.g., McMillain Lumber Co. v. First Nat'l Bank, 110 So. 602 (Ala. 1926); Marcus & Co. v. K.L.G. Baking Co., 3 A.2d 627, 632-633 (N.J. 1939); Czarnikow-Rionda Co. v. Fed. Sugar Ref. Co., 173 N. E. 913, 918 (N.Y. 1930); Keystone Diesel Engine Co. v. Irwin, 191 A.2d 376, 378 (Pa. 1963), overruled by R.I. Lampus Co. v. Neville Cement Prods. Corp., 378 A.2d 288 (Pa. 1977).

[15] Koufos v. C. Czarnikow Ltd., [1969] 1 AC 350 (HL)387 (appeal taken from Eng.) (opinion of Lord Reid).

[16] Id. at 382.

常可能(quite likely)或者并非不可能是一张方块牌:赔率只有三比一。但大多数人不会说这非常可能是一张方块九,因为那时的赔率是51:1"。这一比喻意味着,在合同订立时,在违约情况下,某一特定类型(given type)的损害有25%的机会发生。根据哈德利诉巴克森代尔案,损害可以赔偿,但如果某一特定类型的损害只有2%的机会发生,则此损害不可赔偿。这些改变了的检测允许买方在所发生损害之类型是可合理预见的情况下获得间接损害赔偿,即使在通常人不可能预见到更可能发生此种损害时也是如此。在其他情况下,可预见性的检测被进一步稀释。例如,在赫克托·马丁内斯公司诉南太平洋运输公司案(Hector Martinez & Co. v. Southern Pacific Transportation Co.)中,法院说,原告"只需证明他的伤害并不遥远,不会使通常人在缔约时无法预见即可"[17]。

近因原则,像哈德利原则一样,也依赖风险范围的可预见性或与之类似的检测。然而,与哈德利原则相比,在近因原则下的可预见性检测中,可预见性处在更低、更容易达到的层次。例如,在寇福思案[18]中,里德勋爵说:

> 现代侵权规则与合同规则大相径庭,它施加了更广泛的责任。即使在最不寻常的情况下,被告也将对任何可以合理预见的可能发生的损害承担责任,除非风险如此之小,以至于通常人完全觉得有理由忽视它……我毫不怀疑,就像哈德利工厂因缺乏曲轴而停工所致的损害一样,在今天,追究侵权人此种类型损害的责任也是不可能的:对具有承运人知识的任何人来说,这似乎不太可能发生(因此不在哈德利诉巴克森代尔案的原则范围内),但发生这种情况的可能性远非可忽略的(因此在近因原则范围内)。

---

[17] 606 F.2d 106, 110 (5th Cir. 1979). See also, e.g., Wullschleger & Co. v. Jenny Fashions, Inc., 618 F. Supp. 373, 377 (S.D.N.Y. 1985); Prutch v. Ford Motor Co., 618 P.2d 657, 659 (Colo. 1980); Miles v. Kavanaugh, 350 So. 2d 1090, 1093 (Fla. Dist. Ct. App. 1977); Midland Hotel Corp. v. Reuben H. Donnelley Corp., 515 N. E. 2d 61, 67–68 (Ill. 1987); R.I. Lampus Co. v. Neville Cement Prods. Corp., 378 A.2d 288, 292–293 (Pa. 1977).

[18] Koufos, 1 AC at 350.

但这并不意味着哈德利诉巴克森代尔案在今天会有不同的判决。[19]

金斯曼运输公司案(Petition of Kinsman Transit Co)也说明了,合同法与侵权法中因果关系要求的不同。[20] 由于被告的疏忽,麦克吉尔夫雷·希拉斯号船(MacGilvray Shiras)从系泊处挣脱出来,顺流而下,然后撞上了另一艘船。那艘船也从系泊处挣脱出来,顺流而下,麦克吉尔维·希拉斯号船紧随其后,直到两艘船都撞上一座桥。这座桥倒塌了,桥的残骸形成了一个大坝,导致了大面积洪水。在弗兰德利法官(Judge Friendly)的一份著名的司法意见中,第二巡回法院认为,洪水直接造成的损害是可赔偿的,因为它是被告之不当行为这一近因所导致的,以赞同的方式援引了明尼苏达州的一份判决,"哈德利案的规则在过失法中没有地位"[21]。

三、哈德利原则的现代论证

既然哈德利原则既背离了无差异原则,也背离了大多数其他法律领域盛行的近因原则,那么什么原因能够解释哈德利原则的存在呢？多年

---

[19] Id. at 385-386 (citation omitted). In H. Parsons (Livestock) Ltd. v. Uttley Ingham & Co., [1978] QB 791 (Eng.),丹宁勋爵富хаус斯案总结如下:在违反合同的情况下,法院必须考虑后果是否是这样的,即常人在缔结合同时会认为该后果具有重大的可能性……在侵权的情况下,法院必须考虑后果是否是这样一类后果,即常人在实施侵权行为时会预见到该后果具有更低程度的可能性。Id. at 801-802 (opinion of Lord Denning, M.R.).

[20] 338 F.2d 708 (2d Cir. 1964), cert. denied, 380 U.S. 944 (1965). See also Dan Dobbs, *Handbook on the Law of Remedies* § 12.3, at 804 (1973)("很清楚,侵权案件中的'可预见'在合同案件中可能是不可预见的")。

[21] Kinsman, 338 F.2d at 724 (citing Christianson v. Chicago, St. P., M. & O. Ry., 69 N. W. 640, 641 (Minn. 1896)). 同样,在被告的行为是造成损害的重大因素时,只要结果不是"非常特殊",《侵权行为法重述(第二次)》允许赔偿所有损害。See *Restatement (Second) of Torts* § 435 (Am. Law Inst. 1964). 相比之下,《合同重述(第二次)》规定,"如果在合同订立时,违约方没有理由预见到作为违约可能后果的损失,该损失就是不可赔的"。Restatement Second § 351(1).哈德利案以来的案例传统上适用这个或甚至更严格的标准。See, e.g., Dobbs, supra note 20, at 804-805; Frank H. Easterbrook & Daniel R. Fischel, Limited Liability and the Corporation, 52 *U. Chi. L. Rev.* 89, 113 n.45 (1985).

来,有许多论点支持该原则。随着一个论点被驳倒,另一个论点又出现了。当前的论点根植于信息强制(information-forcing)的概念。该论点更具体来说是,在订立合同时,卖方可以选择是否订立合同,他将接受什么条款,以及他将采取什么预防措施来确保他能履行合同。如果卖方知道某个特定的买方很可能会产生间接损害,卖方就可能会拒绝签订合同,要求更高的价格,限制他的责任或者采取超过通常情况的更强的预防措施来确保自己履行。然后有论点认为,效率要求买方向卖方传达有关其特殊情况(如果有的话)的信息,以便卖方能够就是否采用这些替代方案之一作出知情和适当的决定。[22] 据说,哈德利原则为买方提供了交流该信息的激励。确实,哈德利案本身就采用了该形式的论点:"如果特殊情况已为人知,当事人会通过特别条款就该种情况下的损害赔偿进行规定,剥夺他们的这一优势是非常不公平的。"[23]

在评估信息强制的论点时,区分相对异质商品和相对同质商品的买卖合同是有用的。相对异质的商品经常或者几乎都适于买方的特殊需要。因此,哈德利原则通常不会发挥作用,因为当事人之间的合同前谈判,包括规格、报价、初步讨论和协商,通常会让卖方注意到买方的特殊情况。例如,在维多利亚洗衣店(温莎)有限公司诉纽曼工业有限公司案(Victoria Laundry (Windsor) Ltd. v. Newman Industries Ltd)中,维多利亚公司从事洗衣和染色业务。它有一台锅炉,但为了扩大业务,它想要一台容量更大的锅炉。1946年4月,维多利亚公司从纽曼公司购买了一台旧锅炉,容量是原来锅炉的五倍。锅炉将由纽曼公司在其营业地交给承运人,6月5日交付。纽曼公司雇佣了第三人T拆卸锅炉并进行运输。6月1日,T在拆卸过程中损坏了锅炉。因此,锅炉直到11月8日才交给维多利亚公司,维多利亚公司起诉纽曼公司,要求其赔偿在6月5日至11月8

---

[22] See, e.g., Easterbrook & Fischel, supra note 21 at note 45 ("哈德利案的可预见性原则否定了对不可预见损失的赔偿,这给原告披露交易时的非通常条件和风险施加激励。反过来,披露可以让另一方当事人为增加的风险采取额外的预防措施或收取适当的赔偿")。

[23] Hadley v. Baxendale, (1854) 156 Eng. Rep. 145, 151; 9 Ex. 341, 355. 相同的表达参见 Koufous, 1 A Cas. at 386 (opinion of Lord Reid), 413 (opinion of Lord Pearce), 422 (opinion of Lord Upjohn)。

日期间损失的洗衣和染色利润。纽曼公司认为,根据哈德利原则,损失的洗衣利润不能获赔。法院驳回了上述论点,根据在于,纽曼公司的一般商业知识尤其是其对维多利亚公司业务的了解:

> 被告是一家为洗衣店提供锅炉的工程公司。我们拒绝被告的意见,即工程公司对锅炉或者不同类别买方所购锅炉用途的了解,与普通人一样多……在此种行业中,锅炉的明显用途是为洗涤或染色而烧水……为获得商业优势,就本判决的其余部分而言,我们要维持或增加利润或减少损失……任何商业企业通常都不会以商业目的以外的其他动机来购买这样一个巨大且昂贵的构件,一个19英尺高、造价超过2 000英镑的锅炉,而且任何供应商,尤其是允诺在某一特定日期交付该物品的工程公司,在知道该物品将在交付时立即投入使用的情况下,不能合理地争辩说,它不能预见到(在如上部分所指的意义上)买方会因长期延误交付而产生经营损失。[24]

一个相关的问题是,间接损害的数额是否必须是可合理预见的。在维多利亚洗衣店案中,买方的一项索赔是,如果锅炉及时交付,买方则将会接受来自供应部(Ministry of Supply)之利润丰厚的染色合同,该合同在履行延迟期间内会产生每周262英镑的利润。法院认为,维多利亚公司可以获得一些染色业务的所失利润,因为染色方面的所失利润,就像洗衣方面的所失利润一样,是可合理预见的。然而,法院继续说,除非纽曼公司在合同订立时得到维多利亚公司与供应部之间合同前景和条款的通知,否则维多利亚公司无法获得其实际丧失的染色方面的利润。相反,维多利亚公司只能获得"一些可合理预期到的染色合同的通常经营损失额"[25]。

但在哈德利原则的效率论下,上述立场很难证成。如果纽曼公司有理由知道,假如锅炉不能按时交付,维多利亚公司将损失染色业务的利

---

[24] Victoria Laundry (Windsor) LD. v. Newman Industries LD., [1949] 2 KB 528, 540-541 (Eng.).

[25] Id. at 543.

润;它也有理由知道,维多利亚公司实际损失的染色业务利润可能非常大。作为效率问题,这就是纽曼公司需要知道的全部,但染色方面的所失利润如此之高以至于发生的可能性并不显著的情况除外。即使在此种除外情况下,买方也应有权获得发生可能性并未达到显著程度的损害赔偿,而非像维多利亚洗衣店案那样判予简单的标准化损害赔偿。例如,在帕森斯(牲畜)有限公司诉奥特利·英厄姆公司案(H. Parsons (Livestock) Ltd. v. Uttley Ingham & Co.)[26]中,奥尔大法官(Lord Justice Orr)恰当地采取了这样的立场,即卖方"被假定的考虑应限于损害类型……即使数额大于他被假定预见到的数额,他也要承担责任",同样,在1971年的罗思诉泰勒案(Wroth v. Tyler)[27]中,丈夫签订了房屋买卖合同,但在1973年,他的妻子依法阻止他完成该买卖。丈夫同意向买方支付一些损害赔偿,但辩称他不可能预见到房产价值在1971年至1973年间的急剧上升。梅加里法官(Justice Megarry)认为,被告不能因损害的金额是不可预见的而逃避责任。他说,一旦缔约方根据可预见性对某一类损害承担责任,那么当事人将对这些损害的全部范围承担责任:

> 毫无疑问,在本案合同订立时,房价的上涨在当事人考虑范围内。但被告律师林登-斯坦福先生(Mr. Lyndon-Stanford)更进一步。他认为,原告必须证明的不仅仅是特定损害的名头,还包括该损害的金额。在本案中,当事人考虑了房价上涨,但没有考虑到接近实际发生的数额。证据显示,房价上涨了近一倍,超出了当事人的考虑范围,因此无法获得赔偿。争论就是这样进行的。
>
> 我认为这是不对的。原则上,在我看来,将预期事态造成的损害限制到该数额是错误的,即当事人需要证明已经考虑到该数额是错误的。因为要做到这一点,就要求事前提供直到该事件后才能计算的证据。哈德利案中所谓的"第二规则"的功能,在我看来,与其说是

---

[26] H. Parsons (Livestock) Ltd. v. Uttley Ingham & Co., [1978] QB 791, 805 (Eng.) (opinion of Orr, L.J.) (quoting lower court opinion of Swanwick, J.) (Italics added.).

[27] [1974] Ch 30 (Eng.).

增加了可赔偿的损失,不如说是排除了对合同订立时无法预见到的任何类型或种类损失的责任。没有先例(authority)能为考虑到该数额提供充分支撑。就目前而言,在我看来,被援引的先例(authorities)所使用的语言似乎是针对损害的名头,而非数额。因此,人们会发现诸如"特殊情况"和损害的"类型"或"种类"等词语。因此,我原则上拒绝被告的论点,并认为援引哈德利案"第二规则"的原告,只需要证明考虑到了包含系争损害的名头或类型的情况,而无需证明考虑到了该名头或类型下损害的数额。[28]

波斯纳法官总体上对哈德利原则比较友善,他持同样的观点,并提出支持这一原则的重要的效率理由:

> 假设我发出要约以14万美元买一栋市值15万美元的房子;你接受了这个要约,但后来你违反了合同,我起诉你要索赔我的所失利润1万美元。不能允许你基于没有理由认为这笔交易对我来说可盈利而进行抗辩。否则一个好的交易者很难获得损害赔偿,除非在合同签署之前他已进行了披露,而这将降低他作为一个好的交易者的优势,因为此种披露将阻止买方从他确定当前使用中被低估之资源的努力中获得收益。[29]

现在假设一种商品是相对同质的。这种商品的特点是不需要那种相对异质商品情况下的缔约前谈判,即不需要使卖方注意到买方的特殊情况。因此,除非买方传达其特殊情况的信息,否则卖方通常无理由预见到其违约可能导致间接损害。然而,卖方的真正利益不是买方是否会有间接损害,而是买方是否会有超常(supranormal)损害。相对同质商品的卖家通常会大量出售商品,并积累了丰富的索赔经验。这种经验允许卖方构建潜在索赔的概率分布。因此,尽管这些卖方可能并不知道,任何单个买方是否会遭受一般或间接的超常损害,但他们通常知道一定比例的买方几乎肯定会遭受超常损害。因此,卖方能够预测总体损害结果,并可以

---

[28] Id. at 60–61. See also Brown v. KMR Services Ltd. [1995] 4 All ER 598.
[29] Richard A. Posner, *Economic Analysis of Law*, 139–140 (9th ed. 2014).

设定反映总体损害的均衡价格。[30] 因此，即使在合同订立时没有传递信息，通过在加权基础上考虑所有可能的潜在违约损害，同质商品的大批量卖方也可以通过设定均衡价格及均衡预防水平，可靠地对超常损害进行定价和规划。

哈德利原则的另一个论点仍然存在以下问题：即使卖方可以通过均衡定价来保护自己，但在此种定价下，仅遭受通常损害的买方被迫不公平且无效率地对超常损害的买方给予交叉补贴，因为向超常损害之买方销售的更高成本将反映在前者负担的更高价格上。该论点认为，哈德利原则允许卖方通过迫使超常损害的买方揭示自己或在间接损害中吃亏，来防止这种交叉补贴。然而，哈德利原则是处理这个问题的一个笨拙而无效的工具。此原则最多只会迫使那些遭受间接损害的买方揭示自己，而不会揭示出那些遭受超常之总损害的买家。此外，即使是可能遭受间接损害的买方，通常也无须揭示这些损害的可能程度。

此外，支持哈德利原则的论点只考虑到该原则的潜在收益，却没有考虑到成本。根据哈德利原则，买方必须承担确定关于决定违约损害的信息、收集这些信息和传输这些信息的成本。这些成本很容易超过信息传输的预期价值。例如，假设卖方阿贾克斯(Ajax)每年签订1 000份合同。从历史上看，阿贾克斯以随机方式严重违反了5%的合同。这些合同中的20%，即阿贾克斯所有合同的1%，会带来间接损害。买方因阿贾克斯违约而遭受的一般损失平均为每份合同50美元。买方的间接损害(如果有的话)平均为每份合同500美元。遭受间接损害之买方传送关于潜在间接损害信息的预期价值为5美元(阿贾克斯重大违约所生间接损害500美元乘以1%的几率)。如果买方确定、收集和传输信息的成本是6美元，那么这样做是没有效率的。此外，买方为合乎哈德利原则而必须承担的成本通常不会给卖方带来任何收益，因为卖方的一线员工(信息将被传递给他们)既没有授权和能力，也没有动力去处理该信息，该信息只会被浪费掉。

---

[30] See Danzig, supra note 3, at 281.

满足哈德利原则的另一个成本是,对买方有价值的信息如果传输给卖方,就可能会失去大部分价值。例如,假设买方是一个从事相对异质商品交易的中间商,他希望以非常有利的价格完成转售。如果买方将该信息传达给卖方,卖方可能会提高价格,以获取买方现在知道的一些额外盈余(事实上,在某些情况下,卖方可能试图绕过买方进而找到买方的客户,并直接卖给他)。[31] 同样,如果买方是终端用户,例如制造商,他就可能无法向卖方传递关于计划使用卖方商品的信息,除非他也披露关于其制造过程的专有信息,但他可能并不想这样做。

根据哈德利原则,卖方还必须承担处理买方传递给他的信息的成本。首先,卖方必须承担处理此类信息的成本。例如,卖方必须培训雇员识别相关信息,必须创建和维护使用这些信息的协议,并且必须花费雇员的时间来将协议应用于个别交易。通常,这些成本会超过处理信息的收益。例如,在阿贾克斯假设中,如果阿贾克斯为创建和维护所需的协议、培训雇员和处理间接损害的信息而支出的年度成本为6 000美元,阿贾克斯将不会采取这些行动,因为成本将超过阿贾克斯面临的5 000美元间接损害(10份会导致间接损害500美元的合同)。

此外,正如卖方对价格分层而处理信息的成本可能超过收益一样,买方对预防措施分层的成本也可能超过收益。事实上,虽然分层预防的概念已经成为哈德利原则的主要理由[32],但这种分层实际上是极不可能发生的。这里的关键问题是允诺人重大违约的概率,即完全不履行或重大的瑕疵履行的概率。合同法学者经常默示假设重大违约率是显著的。然而,事实上,理论和观察都表明,重大违约率往往很低。缔约方,特别是买方,非常重视可靠的计划,而有显著之重大违约率口碑的卖方不会长期经营下去。相应地,仅严重违反少量合同(其中只有一小部分导致间接损害)的卖方,不太可能承担建立特别的管理程序来处理偶发间接损害之买

---

[31] See Janet T. Landa, Hadley v. Baxendale and the Expansion of the Middleman Economy, 16 „J. Legal Stud. "455, 463-465, 467 (1987).

[32] See, e.g., Ian Ayres & Robert Gertner, Filling Gaps in Incomplete Contracts: An Economic Theory of Default Rules, 99 Yale L.J. 87, 101-104 (1989).

方的费用。相对同质商品的卖方通常大量出售这些商品。对于严重违约率较低的大批量卖方来说,即使卖方知道哪些合同的风险高于平均责任水平,分层预防的成本通常也会超过分层的收益。

例如,大批量承运人(high-volume carriers),如快递公司和搬家公司,通常就他们对买方损失的责任设定较低的合同限额,除非买方为较高责任限额支付特别溢价。因此,承运人准确地知道哪些货物会涉及超常损害。然而,常识和非正式的经验研究都表明,与运输承运人责任受到严重限制的货物相比,承运人在运输他知道价值很高的货物时通常也不会采取更高的预防措施,即使这些货物会因违约而产生超常损失或损害。原因在于,分离这些货物并给予它们特殊对待的费用很高。[33] 同样,买方向卖方的一线销售人员或文书人员传递的有关买方特殊情况的信息很少会进一步传播,也因此很少会对卖方行为产生影响。

简言之,买方必须既要承担确定为满足哈德利原则必须传输的某些信息的成本,又要承担传输该信息的成本,卖方则必须承担采用正确处理和利用信息之程序的成本。哈德利原则的收益是否超过这些成本是值得怀疑的,特别是因为大多数合同很可能没有被严重违反,在这些情况下,相关信息的传输可能涉及经济成本而不涉及任何经济收益。在没有这些收益的场合,卖方似乎不太可能根据买方在哈德利原则鞭策下所传输的信息对价格或预防措施进行分层。这解释了卡多佐在电报公司案中的观察:

> 事实似乎是,无论是在柜台上接收信息的职员,还是传输信息的操作员,或者任何其他雇员,都没有思考或者没有被预期去思考他正在接收或发送什么信息。就需要告知而言,这(在哈德利案中)给予整个原理一种不现实的印象。[34]

---

〔33〕 Telephone interviews by Daniel A. Saunders with Jim Hanon, *Director of Underwriting for United Van Lines* (1992); Trudy Atkinson, *Customer Service Agent for Federal Express Lines* (1992); *Tina McGuire of Emery Air Freight* (1992); *Alice Rogers of American Airlines* (1992); and *representatives of Airborne,* Pan Am, United, and TWA (1992).

〔34〕 Kerr S.S. Co. v. Radio Corp. of Am., 157 N. E. 140, 142 (N.Y. 1927).

哈德利原则也为做出履行抑或决定违约提供了无效率的激励。效率要求,卖方在作出此类决定时需考虑双方当事人在违约发生时的收益和损失。相比之下,即使卖方知道合同成立后买方会因违约而遭受的成本,哈德利原则也允许卖方在决定是否违约时将其予以忽略。

最后,哈德利原则有失公平(has a faireness cost)。许多(可能是大多数)购买者,不仅仅是消费者,并不知道这个原则。这些买方通常无法传递有关其特殊情况的信息,因为他们合理地认为没必要这样做,特别是如果他们意识到这些信息很可能会被卖方的科层制机构忽视,就更会如此。

概言之,哈德利原则的相对成本和收益不可能精确量化。不能证明收益超过成本,而且似乎是成本超过了收益。更重要的是,存在一种可以更低成本和更高效方式实现哈德利原则之目标的替代制度。

四、哈德利原则的替代制度

哈德利原则的替代制度有四个组成部分:损失的合同分配、近因原则、违约的性质和对不合比例损害的限制。

1. 损失的合同分配

尽管捍卫哈德利原则费了大量笔墨,但卖方通常不会依赖该原则来限制自己的责任或对价格和防范措施进行分层。相反,卖方通常通过合同条款来限制其责任。例如,通过合同条款对责任进行金额或公式型限制,排除间接损害或者将金钱责任替换为修理和换货等非金钱责任。通常,卖方会向买方提供价格和责任限额的清单,包括相对有限责任的基本价格和责任增加后的溢价(这些增加的价格,即溢价通常被命名为保险,但这种命名是不恰当的,因为通常不涉及第三方保险人)。

在货物买卖合同中,此类规定实际上是由《统一商法典》第2-719条所引发的(invited)。根据该条,货物买卖合同"可以规定各种救济以补充或者替代本编所规定的救济,还可以限制或改变依本编可获得的损害赔偿额。例如,将买方的救济限于退还货物、收回价款、修理或者更换不符货物或部件"[35]。根据第2-719条第3款,"当事人可以经约定限制或者排除间接损害赔偿,但限制或排除显失公平的除外"[36]。

很容易理解,什么卖方通常更愿意通过合同条款而非依靠哈德利原则来限制其责任。从卖方角度来看,哈德利原则最多能给买方提供交流间接损害信息的激励,并在信息未被交流的情况下保护卖方不承担此类损害的责任。然而,卖方的利益通常并非买方是否会有间接损害,而是买方是否会有超常损害。此外,能使一般理性人得到通知的信息未必能使实际的卖方得到通知,因此哈德利原则并不能使卖方免于其本应知道但实际上并不知道的间接损害赔偿。因此,哈德利原则只是以间接、混乱且通常不相关的方式服务于卖方的利益。

相比之下,损失的合同分配直接服务于卖方的目的,也许更重要的是,服务于不同卖方的不同目的。卖方不仅可以通过合同限制间接损害赔偿责任,还可以限制超常甚或正常的损害赔偿责任。此外,在以合同为基础的责任限制下,买方无需承担确定、收集和传输信息的成本,也无需承担处理这些信息的成本。相反,卖方只需要进行一次性投资或最差是定期投资,来确定是否以及如何限制损害赔偿,或者其应采用什么样的价格-责任(price-and-liability)组合的清单,买方只需决定是否接受卖方的损害赔偿限制或哪种价格-责任组合最符合他的利益。同样重要的是,在合同制度下,买方不需要知道法律,因为对卖方责任的限制不是源自法律,而是源自合同。

2. 近因

假设卖方没有对买方的损失设定明确的合同限制。如果没有哈德利原则,卖方的赔偿责任会是无限制的吗?有时我们会假设该答案是肯定的,但这一假设是不正确的。因为即使没有哈德利原则,卖方的责任也应当而且确实会受到近因原则的限制,近因原则正演变为《侵权法重述(第

---

[35] U.C.C. §2-719(1)(a) (Am. Law Inst. & Unif. Law Comm'n 1990).
[36] Id. §2-719(3).

三次)》下的风险范围,而且也受比例原则的限制。

虽然近因原则[37]有不同的概念,但逐渐强势的概念是,除了像蛋壳头骨案[38]那样由侵权碰撞(tortious impact)造成人身伤害的案件外,伤害是否是由不当行为这一近因造成的,取决于不当行为发生时不当行为人可预见的风险范围。[39] 因此,如果在合同法中适用近因原则而非哈德利原则,那么在作出履行抑或决定违约时,允诺人将有效地被要求全面计算作出决定时可合理预见的买方损失,而不仅仅是在合同订立时可合理预见的损失。此外,近因原则或风险范围原则所要求的可预见性标准,通常取决于被侵犯利益的性质和不当行为的性质。例如,在侵权法中,可预见性标准将因案件涉及的是因过失造成的人身伤害、因过失造成的经济损失,还是故意造成的伤害而有所不同。在合同法中,近因原则或风险范围原则所要求的可预见性标准应取决于可比较的因素——例如,受允诺人的利益是否包括所失利润、丧失的机会或已付成本,以及违约是否为无意的(inadvertent)、正当的或机会主义的。

3. 违约的性质

哈德利原则显然是从《法国民法典》借鉴而来的,但法院似乎没有完全理解该案。在哈德利案的论辩过程中,帕克男爵(Baron Park)说:

> 这个合理的规则似乎是在法国制定的,在他们的……民法典中宣告……那时塞奇威克将其翻译为:"对债权人的损害一般包括他所遭受的损失和他被阻止获得的利润,但须受制于下文包含的修正。在非因债务人的欺诈行为而违约时,债务人只对合同执行时预见的

---

[37] See, e.g., 4 Fowler V. Harper ET AL., *The Law of Torts* §§ 20.5-20.6, at 133-185 (2d ed. 1986); W. Page Keeton ET AL, *Prosser and Keeton on the Law of Torts* § 43, at 281-282 (5th ed. 1984).

[38] 当伤害是侵权行为造成的人身伤害时,无论伤害是否可以合理预见,不当行为人应对所有伤害承担责任,4 Harper ET AL., supra note 37, § 20.5, at 162-169; Keeton AT AL, supra note 37, § 43, at 291-293,而且责任可能会进一步扩展到故意侵权案件。

[39] 4 Harper ET AL., supra note 37, § 20.5, at 136-137; Keeton AT ALl., supra note 37, § 43, at 297-300.

或可能已经预见的损害承担责任。即使由于债务人的欺诈而导致不履行合同,损害赔偿也只包括债权人遭受的损失和被阻止获得的利润,而这些损失和利润是不履行合同直接并立即造成的。"[40]

欺诈(Frand)是《法国民法典》第1150条中"dol"一词的翻译,但不是很恰当。"dol"一词实际上比欺诈宽泛得多。一种现代翻译将"dol"形象地表达为"有意"(willfulness)。同样,基于《法国民法典》第1150条的《路易斯安那民法典》第1997条的前身同样使用"欺诈"(fraud)或"恶意"(bad faith)一词来代替"dol"。而今天第1997条仅使用"恶意"(bad faith)一词。

哈德利案中违约之确定涉及有意和恶意。匹克福德的职员向哈德利的代理人允诺,曲轴会在一天内交付给位于格林威治的乔伊斯公司。该允诺是基于通过铁路经伦敦将曲轴运到乔伊斯的。然而,当曲轴到达伦敦时,匹克福德知道了它正在用驳船向乔伊斯运送废金属。几乎可以确定的是,匹克福德违约是因为用慢速驳船比铁路运输曲轴的成本低得多,曲轴能放入废金属中运去相同目的地时更是如此,这样匹克福德就可以通过机会主义违约减少哈德利的费用来省钱了。因此,匹克福德应当对由此给哈德利造成的损失承担责任,这种损失是匹克福德违约造成的近因损失或者在损失风险范围内,而且是匹克福德在违约时有理由预见到的。此外,如果匹克福德曾答应用驳船运送曲轴,但货物因驳船公司的过失迟延到达,那么巴克森代尔的违约是无意的,哈德利的损失可以适当地限制在曲轴在迟延期间的租金价值范围内。

4. 对不合比例损害赔偿的限制

损害有时不仅受到近因原则的适当限制,而且也受到不合比例原则(disproportionality)的适当限制。这个理念可能影响了哈德利案本身的判决。运输曲轴的费用是2英镑4便士。据推测,匹克福德从运输曲轴中获得的利润只是该费用的一小部分,最多是1英镑。相比之下,哈德利要求

---

[40] Hadley v. Baxendale, 156 Eng. Rep. 145, 147-148 (Ex. D. 1854) (emphasis added).

300英镑的损害赔偿。莫顿男爵（Baron Morton）评论道："以承运人没有交付一台精密机器为例，整个大型工厂都在相当长的一段时间内停业；如果承运人要对这种情况下的损失承担责任，他就可能承担高达1万英磅的损害赔偿……"[41]《合同法重述（第二次）》第351(3)条采用了不合比例原则，规定："为了避免不合比例的损害赔偿，法院可以通过排除对利润损失的赔偿，仅允许对因信赖而产生的损失进行赔偿，或其他法院认为在这种情况下符合正义要求的方式，限制对可预见损失的赔偿。"[42]

但是，在适用不合比例原则时，什么应当是不合比例的检测（test）呢？什么应当是损害的计算方法呢？不合比例的概念通常是以明示或默示比例的形式来构想的。在将这一概念适用于合同损害赔偿时，有必要确定应用于该目的的比例要素。《合同法重述（第二次）》第351(3)条的评论建议是"（受害者的）损失与承担该损失责任的当事人负担的价格之间极度不合比例"。该方法具有直观吸引力，但并不完全令人满意，因为对于大量销售的商品而言卖方价格通常会计入以下风险：如果商品有缺陷，一些买方就会有非常大的损失和损害。在这些情况下，买方支付了溢价来补偿卖方的巨大损失，因此不应仅仅因为卖方价格和买方损失之间的差距很大就认为卖方的责任不合比例。一个更好的方法是关注各方的合理预期或默认假设。基础方法论是在合同没有涉及相关问题时所使用的方法论，它的目标是建构当事人处理该问题时可能会同意的条款。

首先，应当区分两种违约，即减少受允诺人合同前财富的违约和阻止受允诺人实现其合同下所有潜在收益的违约。在违约导致受允诺人的合同前财富减少的场合，不应以不合比例为由限制允诺人的责任。因为作为矫正正义问题，此种损失应由不当造成财富减少的允诺人，而非由无辜的受允诺人承担。相比之下，双方当事人会默认假设，如受允诺人未能实现的收益与允诺人的预期收益相比高度不合比例，那么允诺人就不会对受允诺人的该收益承担责任。

---

[41] Hadley, 156 Eng. Rep at 148; 9 Ex at 347.
[42] *Restatement Second* §351(3) (emphasis added).

换言之,合同的每一方当事人都会明示或默示地承担一些风险。问题是,风险有多大?当然,允诺人应当预期,如果他违约,他就必须支付损害赔偿,而且支付的损害赔偿可能还很多。在某些情况下,如一方或双方当事人都是投机者,则可以推断出允诺人如果违约就承担了支付巨额损害赔偿的风险。然而,在许多或大多数情况下,在违约不会减少受允诺人合同前财富的场合,任何一方当事人都不期望受允诺人承担与受允诺人的预期收益高度不合比例的损失风险。假设双方当事人均拥有大致相同的财富、金钱效用和风险态度,允诺人通常要么不接受这种风险,要么收取高额溢价来接受此种风险。在损害赔偿不包括对财富损失进行补偿的场合,就自身而言,受允诺人通常不愿意支付这样的溢价。正如皮埃特罗·特里马奇(Pietro Trimarchi)所说:

> 假定当事人通常愿意在灾难性事件的不确定性上下赌注是不合理的……可能是,当事人通常更倾向于避免此种赌博,并在市场条件发生不可预见的异常事件时改变总体计划。因此,允许解除或修改合同的法律规则可能更符合他们的偏好。[43]

假设不合比例检测得到满足,那么就提出了一个问题:救济应当是什么呢?答案是,如果完全预期损害赔偿是不合比例的,则应将受允诺人的损害赔偿减少至并非不合比例的最高金额。

五、结论

当允诺人违反合同时,哈德利原则将受允诺人的赔偿额限制在一般损害和合同订立时可合理预见的间接损害上。该原则产生了巨大的成本:它不符合近因原则的一般法原理和合同法中的无差异原则,它迫使买

---

[43] Pietro Trimarchi, Commercial Impracticability in Contract Law: An Economic Analysis, 11 *Int'l Rev. L. & Econ.* 63, 71 (1991). Cf. Daniel A. Farber, Contract Law and Modern Economic Theory, 78 *Nw. U. L. Rev.* 303, 335-336 (1983)(履行不可行原理使允诺人免于灾难性损失); Subha Narasimhan, Of Expectations, Incomplete Contracting, and the Bargain Principle, 74 *Cal. L. Rev.* 1123, 1147 (1986)(合同的任何一方当事人都不接受无限风险)。

方要么不利地披露私人信息,要么冒着不能获得因允诺人违约所生全部损害赔偿的风险;它不公平地减少了不老练买方可获得的损害赔偿,该买方不太能意识到需要警告相对方因违约可能遭受的损失。该原则的收益不太可能超过这些成本以及卖方处理买方信息的成本。认为该原则基于信息强制并允许卖方对价格和预防措施进行分层的观点是不现实的,卖方通常不会以这种方式使用相关信息,因为这样做的成本很高。由于哈德利原则不可接受的成本和有限的收益,它应当退出历史舞台。取而代之的应当是使受允诺人的损害赔偿受到合同、近因原则及比例原则限制的制度。

第二十章　对预期损害赔偿的其他限制
——诉讼成本、所失获益的时间价值及允诺人破产的风险

255　　预期损害赔偿很少会使受允诺人在履行和损害赔偿之间无差异，还有另外三个原因：

　　1. 一般来说，根据美国法，无论是胜诉还是败诉，争议的每一方当事人都要支付自己的诉讼费用，如律师费、专家费等。因此，即使受允诺人在诉讼中胜诉，预期损害赔偿也不包括诉讼费用。仅仅因为这个原因，受允诺人就永远不会在履行和损害赔偿之间无差异。

　　2. 如果合同履行了，那么受允诺人在履行之时及此后有权使用合同获得收益。因此，为了使受允诺人在履行和损害赔偿之间无差异，他必须得到从违约之日到判决之日这段时间内所丧失之收益的时间价值，这要以他借入资金支付的复利来计算。然而，一般规则是，只有当约定了原告的损失金额，即金额确定或金额至少可合理确定时，法院才会判予判决前利息(prejudgment interest)。[1]《合同法重述(第二次)》体现的合同法特定规则是，只有当违约包括未能支付一定数额的金钱或未能做出具有确定或可确定货币价值的履行时，判决前利息才可作为一项权利加以主张。否则，判决前利息是自

---

[1] See 1 Dan B. Dobbs, *Law of Remedies* § 3.6(1), at 336 (2d ed. 1993).

由裁量的范围。[2] 此外,即使允许赔偿判决前利息,它通常也不是复利,而且通常都依据人为的(artificially)较低法定利率来计算[3],例如美国国库券的利率[4],该利率通常远低于大多数借款人的市场利率。[5] 因此,正如波斯纳法官在巴顿诉中洲系统公司案(Patton v. Mid-Continent Systems, Inc.)[6]中所承认的,如果允诺人履行了,受允诺人就将提前拥有从履行所得收益的时间价值;而如果允诺人违约,受允诺人就极少会获得其所丧失之收益的全部时间价值。

3. 一旦允诺人履行,受允诺人将不再承担允诺人破产的风险。相比之下,如果允诺人违约,在违约且支付损害赔偿前的时间段内,受允诺人就会承担允诺人破产的风险。这种风险的存在,是预期损害赔偿计算方法不会使受允诺人在履行和损害赔偿之间无差异的另一个原因。

---

[2] See *Restatement (Second) of Contracts* §354 (Am. Law Inst. 1981). 然而,有人认为,趋势是在合同案件中判给判决前利息(prejudgement interest),即使损害未被确定也是如此。See Report in Support of Pre-verdict Interest in Personal Injury Cases, 55 The Record (N.Y.C. B. Ass'n) 496, 502 n. 18 (2000) (citing Funkhouser v. J.B. Preston Co., 290 U.S. 163, 168 (1933))(在合同诉讼中,为了获得更充分的赔偿,即使损害未被确定,判决前利息也是适当的)。但并非所有的案例都采取此立场 See, e.g., Buono Sales, Inc. v. Chrysler Motors Corp., 449 F2d 715, 723 (3d Cir. 1971)(认为在违约诉讼中,即使他的损害赔偿未被确定,胜诉的原告也无权获得判决前利息); Black Gold Coal Corp. v. Shawville Coal Co., 730 F.2d 941, 943-944 (3d Cir. 1984) (same)。

[3] See, e.g., 815 Ill. Comp. Stat. 205/2 (1993).

[4] See, e.g., McCrann v. U.S. Lines, Inc., 803 F.2d 771, 774 (2d Cir. 1986)(批准根据六个月期国库券利率判给海事案件的判决前利息); ECDC Envtl., L.C. v. N.Y. Marine & Gen. Ins. Co., 96 Civ. 6033, 1999 U.S. Dist. LEXIS 9836, at 37-39 (S.D.N.Y. June 29, 1999)(适用了六个月期国库券的利率); Barwil ASCA v. M/V SAVA, 44 F. Supp. 2d 484, 489 (E.D.N.Y. 1999) (same); Zim Isr. Navigation Co. v. 3-D Imps. Inc., 29 F. Supp. 2d 186, 193-194 (S.D.N.Y 1998) (same); Weeks Marine, Inc. v. John P. Picone, Inc., 97 Civ. 9560, 1998 U.S. Dist. LEXIS 15053, at 24-25 (S. D.N.Y. Sept. 23, 1998)(适用了十二个月的平均国库券利率); Mich. Comp. Laws §600.6013(8) (2016)(除对书面合同的判决外,"民事诉讼中可赔偿的金钱判决的利息从提起诉讼之日起每六个月计算一次,利率等于1%加上7月1日和1月1日之前六个月期间拍卖五年期美国国债的平均利率")。

[5] See Michael S. Knoll, A Primer on Prejudgment Interest, 75 *Tex. L. Rev.* 293, 315 (1996).

[6] 841 F.2d 742, 751 (7th Cir. 1988).

第二十一章　过度信赖的理论

正如第 20 章所讨论的,在交易语境下,预期损害赔偿的计算有很强的效率和公平理由。其中许多理由是由法和经济学学者发展出来的,但是大约自 1980 年以来,一些法和经济学专家提出批评,认为应当修改预期计算(expectation measure)。主要批评来自于只是审慎地修改预期计算的过度信赖理论。尽管该理论在(现行)法律中几乎没有影响力,但却在学术文献中获得了相当大的影响力。其他的批评,无论是对预期计算提出更激进的修正还是完全的替代,即使在学术文献中也没有引起多少关注。由于过度信赖理论在相当部分的法和经济学文献中被接受了,本章将对它进行详细讨论。第 22 章将讨论几个对预期计算更激进的批评。

一、导言

过度信赖理论最初由史蒂文·沙伟尔(Steven Shavell)提出。[1] 该理论如下:(1)受允诺人通常通过投资来增加合同价值,该投资增加了他将从合同所获得的盈余(以下简称为"盈余增加的信赖"或"信赖")。回想一个假设的例子,在这个假设中,摇滚乐队蓝色天使与推广人订立合同,要在三个月内举办一场音乐会。通过提前投资于音乐会的广告,推广人可以大幅增加他的票房收入,从而增加合同价值。(2)允诺人总有可能

---

[1] See Steven Shavell, Damage Remedies for Breach of Contract, 11 *Bell. J. Econ.* 466, 472 (1980); Steven Shavell, The Design of Contracts and Remedies for Breach, 99 *Q.J. Econ.* 121, 124 (1984).

违约。(3)预期计算充分保证受允诺人免于允诺人违约的影响。(4)这种充分保证允许受允诺人忽略允诺人违约的可能性,并因此给受允诺人一种处于无效率水平之信赖的激励。换言之,预期计算可能导致受允诺人无效率地过度投资于信赖或过度信赖。(5)相比之下,有效率的救济制度要求受允诺人根据违约可能性调整其在信赖上的投资。

沙伟尔发展了过度信赖理论,并将其作为对预期计算的一种改进(refinement),而非与该计算相对立。他论证说,预期计算应当用于违反交易合同(bargain contract),但预期计算应当将受允诺人的损害赔偿建立在如他已最优信赖时会获得的收益之上,而非基于他实际信赖时会获得的收益。然而,随着时间的推移,许多学者将它视为对预期计算的批评而非改进,并因此过度投入于该理论。更重要的是,许多学者没有认识到,当考虑到诉讼成本和风险及商业惯例的经济性时,过度信赖在大多数情况下不可能发生,而且即使在过度信赖可能发生的情况下,过度信赖的发生可能性也极低。[2]

二、初步的考虑

为适当考虑过度信赖理论,重要的是要记住,预期损害赔偿通常不包括信赖本身的任何金额。相反,信赖通常通过后门进入预期损害赔偿:如果受允诺人投资于盈余增加的信赖,投资通常将增加受允诺人在允诺人履行义务时可获得的利润,因此,允诺人违约将增加受允诺人的预期损害赔偿。同样重要的是要记住,即使过度信赖是一个重要问题,并且预期计算充分保证受允诺人免于允诺人违约的影响,该计算仍不会给受允诺人

---

〔2〕 本章对过度信赖理论的讨论改写自梅尔文 A. 艾森伯格以及布雷特 H. 麦克唐奈发表于《黑斯廷斯法律评论》的《预期损害赔偿与过度信赖理论》(Melvin A. Eisenberg, Brett H. McDonnell's, Expectation Damages and the Theory of Overreliance, 54 *Hastings L.J.* 1335 (2003))。See also Aaron S. Edlin, Stefan J. Reichelstein, Holdups, Standard Breach Remedies, and Optimal Investment, 86 *Am. Econ. Rev.* 478 (1996); Aaron S. Edlin, Cadillac Contracts and Up-Front Payments: Efficient Investments under Expectation Damages, 12 *J.L. Econ. & Org.* 98 (1996)。

提供无限制投资于信赖的激励。即使理性且谨慎的受允诺人完全担保免受违约的影响,他也会投资于信赖直到投入最后一美元再产生一美元收益的那个点。例如,只有在额外广告的成本最高到额外广告可能产生的回报的那个点,提前做广告才构成盈余增加的信赖。因此,在这个意义上,蓝色天使案中的推广人花在广告上的费用太多了,也就是说,即使蓝色天使的演出得到了完美保证,同等的额外收益也涵盖不了最后一次增加的支出。也许推广人计算错了、性格过于乐观了或者作出了糟糕的判断。在此种情况下,受允诺人对信赖的投资是盈余减少型的,这会减少受允诺人的预期损害赔偿,因为对信赖投资的盈余减少会减少受允诺人在允诺人履行义务时本应获得的利润。因此,即使预期计算完全对受允诺人的信赖提供了担保,受允诺人对信赖的投资金额也会受基于边际成本和边际收益的自然经济条件限制。

三、过度信赖在规范意义上不可能的情况

信赖不是一个整体的概念,相反,它可分成不同类型。在其中一些类型中,过度信赖通常是不可能发生的。这些类型包括信赖由必要履行成本或必要准备成本构成的情况,以及预期损害赔偿不随信赖而改变的情况。

1. 信赖由必要履行成本或必要准备成本构成的情况

通常不涉及过度信赖可能性的一类信赖,由履行合同或从另一方履行中获得任何收益所需成本的投资组成。例如,在蓝色天使案中,如果推广人要从合同中获得收益,他就必须在音乐会开始前承担租用场地的费用。同样,如果作为分销商的卖方同意在2月1日向买方交付4万个富士苹果,那么他也必须承担在该日期前购买4万个富士苹果的费用。如果作为制造商的买方购买一台安装在混凝土地基上的压模机,他必须在压模机交付前承担安装地基的费用。履行和准备成本通常不容易产生过度信赖,因为这些成本通常不是任意的。例如,在蓝色天使案中,如果推广

人在音乐会前没有租用场地,他将不得不向蓝色天使支付7.5万美元的费用,但音乐会也不能举办了。在压模机案中,如果买方没有按时建造地基,他就无法按计划接收压模机,也会违约。在富士苹果案中,如果卖方在2月1日之前没有获得4万个苹果,他就将无法按时交货,因此也会违约。

最低履行成本的数额在边际上有时是可变的或任意的。例如,在蓝色天使案中,推广人可能租一个更好或更差的场地,而在压模机案中,买方可以建一个更好或更差的地基。这种限定在很大程度上无关紧要,因为通常情况下,履行和准备成本的数额在实际中不会变化。在许多情况下,只有一种现实的选择(例如,在压模机案中,可能只有一种公认的为特定重量和尺寸的压模机建造水泥地基的方法)。在其他案例中,如果不降低合同价值,则买方必须投资之商品的质量,就不能轻易低于本来最佳的质量。[3]

2. 预期损害赔偿不随信赖变化的情况

受允诺人的预期损害赔偿不随信赖而改变是指,受允诺人对信赖投资的增加不会增加他的预期损害赔偿。于此场合,过度信赖通常也是不可能的。

(1)约定违约金

正如第23章所讨论的,许多合同都包括约定或确定违约时损害赔偿金额的条款。约定违约金条款并不总是可执行的。然而,在此条款可执行的场合,受允诺人的损害赔偿不随其信赖而改变。即无论受允诺人在盈余增加的信赖上投资多少,他的损害赔偿都一样。因此,在此种情况下,预期计算不会给予受允诺人过度信赖的激励。

约定违约金是受允诺人的损害赔偿与信赖无关最突出的例子,但它

---

〔3〕 有一组成本介于必要信赖和自由裁量的信赖之间的区域。这些成本主要是涉及履行时间的成本。该问题要求复杂的分析,该分析是艾森伯格和麦克唐奈的论文中设定的(Eisenberg, McDonnell, supra note 2, at 1344-1346.)。正如本章所证明的,这个问题的解决并没有明显完善过度信赖理论。

远非唯一的此类例子。预期损害赔偿的一般原则,即受允诺人应当被置于如同合同被履行时他应处的地位,并由损害赔偿的各种原则和公式来具体实现并受它们的限制,而这些原则和公式是以伤害的性质,损害的性质,以及受允诺人是买方还是卖方为基础的。根据诸如此类原则和公式,受允诺人的损害赔偿不随他的信赖数量而改变。

(2)卖方对买方违约的损害赔偿

在大多数合同中,一方当事人被要求提供一种商品(该术语包括任何可买卖的东西),而另一方当事人被要求在交货前、交货时或交货后付款。被要求提供商品的一方当事人为卖方,被要求为商品付款的一方当事人为买方。预期计算通常不能为卖方提供过度信赖的激励,因为卖方的预期计算通常不随其信赖而改变,原因如下:

合同法以不同方式将损害进行分类。一种是一般损害和间接损害的区分。一般损害是指,受允诺人因具体类型违约通常遭受的损害。该损害不考虑受允诺人的特定情况。例如,如果卖方未能按照买卖合同交付货物,无论买方的情况如何,他都将遭受一般损害,包括市场价格或补进价格多于合同价格的超额部分。间接损害是受允诺人因其特殊情况而遭受的损害。例如,在货物买卖情况下,如果买方计划通过使用或转售货物获利,并且不能在市场上重新购进货物,他就会遭受间接损害。

根据第19章讨论的哈德利原则[4],除非间接损害在合同订立时是可合理预见的,否则违约允诺人仅应对受允诺人所遭受的一般损害承担责任,而不对受允诺人的间接损害承担责任。[5] 买方经常遭受间接损害。然而,卖方很少遭受可赔偿的间接损害。买方通常的违约行为是不付款。在正常情况下,失望的卖方会卖给其他人、进行借款以代替违约买方允诺的付款或者调整事务以避免间接损失。[6] 因此,在买方违约的情况下,卖方通常仅能就买方造成的一般损害获得赔偿。

---

〔4〕 (1854) 156 Eng. Rep. 145; 9 Ex. 341.

〔5〕 Id. at 151; 9 Ex. 354.

〔6〕 因此,《统一商法典》规定了买方的间接损害赔偿(第2-715条),但没有规定卖方的间接损害赔偿。

可以使用几种替代公式来计算卖方在买方违反货物买卖合同时的一般损害。一个公式是合同价格和替代价格(replacement price)之间的差额,即违约时缔约商品的市场价格或卖方再卖给第三方时收取的实际价格。另一个替代公式基于卖方的所失利润(更好的术语是所失盈余),定义为合同价格和卖方总可变成本之间的差额,以及违约前卖方合理已付成本的适当折价。[7]

还可以使用几个替代公式来计算卖方在买方违反服务提供合同(如建筑合同)时的一般损害。一个公式是卖方的所失利润加上违约前卖方产生的已付成本。另一个替代公式是合同价格和违约时卖方剩余可变成本之间的差额。这两个公式在代数上和经济上是等价的。[8]

根据买方违约的所有这些公式,卖方的一般损害通常不随他的信赖而改变。在卖方的损害是基于合同价格和市场价格或再卖价格之间的差额时,卖方信赖的增加,通常不会增加他的损害,因为合同价格、市场价格和再卖价格通常都不随卖方的信赖而改变。如果卖方的损害是基于所失利润加上违约前发生的可变成本,卖方可变成本的增加将会抬高损害中的已发生成本(incurred-cost),但也会减少他相同数额的所失利润。所以根据此公式,卖方的损害通常也不会因卖方的信赖而改变。

简言之,根据适用于买方违约的损害公式,预期计算通常不能给卖方过度投资于信赖的激励。因此,过度信赖通常不会成为卖方的问题。

(3)买方对卖方违约的损害赔偿

在涉及卖方违约的许多甚或大多数情况下,过度信赖也不太可能成为问题。就像卖方的一般损害一样,买方的一般损害也可以用几个可供选择的公式来计算。第一个公式是替代价格损害赔偿,该公式基于合同价格与违约时缔约商品的市场价格或者买方在补进购买中支付的实际价格之间的差额。第二个公式是价值降低的损害赔偿(diminished-value damages),该公式基于卖方所允诺之履行的市场价值和卖方实际做出之

---

[7] U.C.C. §2-708 (Am. Law Inst. & Unif. Law Comm'n 2002).
[8] 涉及买方在违约前的付款时会有一些小问题,但这些小问题并不影响目前的讨论。

履行的市场价值之间的差额。[9] 第三个公式是完工损害赔偿,它是将卖方不完美的履行置于他所允诺之状态所需的金额。无论哪一个公式,买方对盈余增加的信赖之投资增加,通常都不会增加买方的一般损害,因为通常合同价格、市场价格、补进价格、价值降低和完工成本都不随买方的信赖而改变。因此,在买方只能获得一般损害赔偿的场合,通常情况下,他的预期损害赔偿并不随他对盈余增加之信赖的投资而改变(当然,间接损害通常会因买方的信赖而增加)。

四、虽然理论上可能但实际上却高度不可能发生过度信赖的情况

虽然买方的过度信赖在理论上是可能的,但在大多数情况下,这实际上是高度不可能发生的。

1. 违约后仍有价值的信赖

首先,即使卖方违约,如果买方对信赖的投资有全部或几乎全部价值,过度信赖也是高度不可能发生的。在此种情况下,买方应当投资于信赖,就好像卖方肯定要履行一样,因为无论卖方违约还是履行,投资都具有相同价值。[10] 一个最主要的例子是购买可替代商品的合同。如为制作100个精美的结婚蛋糕而购买面粉的面包师通常不会过度信赖,因为即使卖方违约,面包师仍能在市场上购买替代面粉并制作同样的100个蛋糕,从而使用他已经产生的任何信赖成本。

2. 买方考虑卖方的违约可能性是无效率的情况

即使买方可能会因信赖投资而产生间接损害,买方在确定投资数额

---

〔9〕 就像卖方的损害赔偿一样,公式也有一些小问题,但出于目前的目的,小问题可以忽略不计。

〔10〕 See George M. Cohen, The Fault Lines in Contract Damages, 80 Va. L. Rev. 1225, 1319 (1994).

时考虑卖方的违约可能性,通常也是无效率的。在此种情况下,过度信赖也是高度不可能发生的。在涉及集总信赖(lumpy reliance)、合作合同(co-ordinated contracts)及对发生经济上显著违约可能性非常低的卖方的信赖时,就是这种情况。

(1)集总信赖

如果买方对信赖的投资是集总式的,不可能边际递减,那么买方在确定信赖数额时考虑卖方违约的可能性通常是无效率的。例如,在第13章讨论的船员号假设中,除非配备了半定制雷达,否则租船人的船就租不出去,租船人而非造船商会购买和安装该雷达。假设以下事实:租船人将每月从包租的船员号中赚取3万美元的利润。船员号的雷达价格为2万美元,且必须提前两个月订购。造船商违约的可能性是10%。如果造船商违约,租船人就必须在市场上转售雷达,否则租船人将损失6 000美元。

根据这些事实,如果租船人在船员号交付之前不订购雷达,他将损失两个月的利润,即6万美元。而由于租船人不能购买90%的雷达,他应当提前订购整个雷达,即使造船商有10%的违约概率也是如此。[11] 同样假设,除非这艘船配备十个救生设备,否则这艘船租不出去,且救生设备必须提前四周订购。尽管造船商有10%的违约概率,但租船人提前订购10件而非9件救生设备是有效率的,因为9件救生设备对租船人没有任何意义。

集总限制(Lumpiness constraint)甚至可以应用于不同项目的集合。例如,假设除非厨房(galley)配备了十种不同的物品,如灶台、水槽和冰箱等,且所有这些物品都必须提前订购,总费用为2万美元,否则租船人就不能出租船员号。在此种情况下,对租船人来说,基于造船商10%的违约可能性而只购买9件物品也是无效率的,因为如果没有其他物品,任何物

---

[11] 考虑到违约的概率,受允诺人可能将其对集总信赖的投资降低至最佳水平以下。例如,如果另一种最优雷达价格为1.5万美元,造船商可能会购买一种次优的价格为1.35万美元的雷达。然而,如果重大违约概率非常低(通常情况也是这样),那么购买次优雷达的预期成本将远高于购买最优雷达的预期成本,即使考虑到造船商违约的概率也是如此。See Eisenberg, McDonnell, supra note 2, at 1358 n.25, for further elaboration of this issue。

品都发挥不了作用。

(2)合作合同

在买方必须签订许多合作合同的场合,即使每个合同都有违约的概率,签订的合同少于所有必要合同通常也是无效率的。例如,假设一个电影制片人需要与一名作家、一名导演、五名演员、一名电影摄影师、一名作曲家和一名电影编辑签订合同来制作一部电影,而他们每个人都有10%的违约可能性。如果直到与他们十个人都签了合同才能开始制作,那么制作人只与九个人签订合同是没有效率的。

(3)对发生经济上显著违约可能性极低之卖方的信赖

只有当卖方的违约在经济意义上显著时,买方才会有间接损害。如果卖方的违约在经济意义上轻微,买方通常可以在市场上对违约予以补救,并且获得损害赔偿,就像卖方已经履行了一样。例如,假设承包商与业主同意在7月1日前建造商业建筑。承包商基本上在7月1日前完成了该建筑,但在某些不重要的方面未能满足合同规范,如一些地毯不是规定的颜色,一些办公室门不能适当关闭。假设瑕疵不会妨碍业主立即入住,并且可以通过与第三方缔约进行维修而进行补救。那么业主的损害会以维修费用来计算,业主的信赖不会因为违约而浪费掉。因此,如果卖方违约的可能性只涉及无关紧要的事项,买方的信赖通常是有效率的,而且无须考虑违约的可能性。相应地,买方考虑卖方违约的可能性是无效率的,除非违约的可能性比较显著:如果卖方经济上显著违约的可能性非常低,那么确定该可能性及其后确定如何对买方之信赖做出适当调整的成本,可能会超过调整的收益。因此,在此种情况下,过度信赖是不大可能的。

观察表明,总的来说,卖方经济上显著违约的比率非常低。这是非常正常的,因为在经济上显著违约比率较高的卖方可能会被逐出市场。例如,许多合同在很大程度上是基于买方需要通过确保控制其投入来可靠地计划生产或分销。在此种情况下,如果约定的投入不能及时交付,买方的整个生产或分销都可能会受到严重扰乱。在此基础上缔约的买方很少愿意主动承担延迟交付的显著风险,即使他们在交货延迟时会获得损害赔偿也是如此。即使是出于其他原因而签约的买方也不太可能与经济上高比率显著违约的卖方做生意。正如《统一商法典》的一个评论所述，"事实是，商人之间订立合同的基本目的是为了获得特定履行；他们交易并非仅仅为……允诺外加赢得诉讼的权利，以及对履行期届至即会出现所允诺的履行的持续信赖与安全感，也是交易的一项重要特征"[12]。

五、过度信赖理论的一个有缺陷的信条

以上讨论表明，过度信赖只能在非常有限的范围内发生。尽管在实践中受到高度限制，此点原则上并未影响过度信赖理论。但是这一理论的核心信条(a central tenet)也有一个缺陷：预期计算充分确保了受允诺人对信赖的投资。正是预期计算这一假定特征被认为导致了过度信赖。例如，理查德·克拉斯韦尔(Richard Crasswell)说，"因为预期计算确保(受允诺人)B获得完全赔偿，无论(允诺人)S是否履行……这意味着，B可以忽略S不履行会浪费B之信赖支出的风险"[13]，以及"预期损害赔偿允许B在不承担任何下行潜力(风险)的情况下，获得他之信赖的所有上行潜力(利益)……"[14]然而，当考虑到制度因素时，完全确保(full-insurance)的信条是不正确的。在受允诺人确定增加盈余的信赖的投资水平时，他不能理性地预计预期损害赔偿能够完全确保投资。相反，如下所示，他知道一旦允诺人违约，他将承担该投资的大部分甚至全部成本。对受允诺人来说，重要的并非是他在一个信息完美且无交易成本的世界里会得到预期损害赔偿。相反，对受允诺人来说，重要的是他在现实世界中将获得损害赔偿的预期现值(expected present value)。可将其称为现实世界损害赔偿的预期值(expected value)。在确定预期值时，受允诺人必须

---

[12] U.C.C. § 2-609 cmt. 1 (Am. Law Inst. & Unif. Law Comm'n 2002).

[13] Richard Craswell, Performance, Reliance, and One-Sided Information, 18 *J. Legal Stud.* 365, 376-377 (1989).

[14] Richard Craswell, Offer, Acceptance, and Efficient Reliance, 48 *Stan. L. Rev.* 481, 494 (1996).

贴现其未来的损害赔偿(prospective damages),以反映诉讼风险和诉讼成本。

1. 诉讼风险

诉讼风险是法官或陪审团出错的风险,以及允诺人进行未预见到的可能成功(meritorious)之抗辩的风险。基于盈余增加之信赖的损害赔偿存在特别高的诉讼风险,因为它们全部或部分由所失利润构成,所失利润既难以计算,也受制于特殊抗辩,如哈德利原则。[15] 此外,由于所失利润在金额上还没有约定(unliquidated),因此,存在即使受允诺人胜诉,法院也可能不会判予他判决前利息,以至于未来赔偿额(future recovery)的现值也可能需要按货币的时间价值来贴现的风险。另一个诉讼风险是允诺人被证明无力履行判决(judgment proof)。考虑到这些诉讼风险,可以安全地说(it seems safe to assume),在受允诺人对盈余增加的信赖进行投资时,即使未将诉讼成本考虑在内,实际世界中损害赔偿的预期值也不太可能超过完美世界中预期损害赔偿的70%—80%。

2. 诉讼成本

正如受允诺人所知道的,他必须对完美世界的预期损害赔偿进行大幅贴现来确定真实的损害赔偿之预期值一样,他也知道真实世界的损害赔偿之预期值将因诸如律师费之类的诉讼成本而大幅降低。[16] 基于非正式的经验,即使是相对直接的商业违约案件,最低法律费用也可能在1万至2万美元之间,复杂案件的最低费用则可能在5万至10万美元之间。

---

〔15〕 理论上可能的是,受允诺人实际的损害赔偿可能会高于而非少于完美的预期损害赔偿。如果过高与过低的损害赔偿的可能性一样大,那么受允诺人不会因诉讼风险对损害赔偿打折扣。然而,这种可能性并不现实,因为法院在基于所失利润判予损害赔偿时历来非常保守。例如,确定性的要求和哈德利原则总是被用来削减而非增加受允诺人的损害赔偿。

〔16〕 并非太真实的是,合同包含这样一个条款,即规定如果根据合同提起诉讼,败诉方支付胜诉方的费用。确实,大多数合同并不包含这样一个条款。此外,即使订入了这一条款,依赖该条款也是有风险的,因为提起诉讼并败诉的一方当事人不仅根据合同承担损失,还须承担自己和另一方当事人的律师费。因此,这样的条款很可能影响不大,除非受允诺人非常确信,如果他起诉而不和解,他就可能在法院胜诉。

事实上,一家精品诉讼律所的合伙人在对话中称,严格按照收费时间计算,该公司复杂的高风险商业合同诉讼的最低费用很少低于100万美元。根据美国法律,每一方当事人都必须承担自己的诉讼成本。诉讼成本越高,受允诺人获得的净赔偿就越低。如果受允诺人预期的诉讼费用超过了预期的损害赔偿,他就没有任何过度信赖的激励。事实上,在受允诺人决定在盈余增加的信赖上投资多少时,如果他提起允诺人违约诉讼的预期成本超过了受允诺人实际损失的预期值,那么理性的受允诺人就会像合同由无损害赔偿规则予以规范时那样进行信赖投资。

六、通过考虑允诺人违约的可能性来修正预期计算的成本

由于过度信赖在大多数情况下是不可能发生的,即使可能发生其概率也较低,所以考虑允诺人违约可能性修改预期损害赔偿的收益很小。相比之下,由于难以获得相关信息并作出相关决定,此种修正带来的成本会很高。这些困难既影响受允诺人也影响法院。受允诺人在投资于盈余增加的信赖时,必须考虑到允诺人违约的可能性。然而,受允诺人几乎永远没有关于该可能性的可靠信息,也因此几乎永远不会可靠地考虑该可能性。[17] 法院会面临更大的信息问题。首先,法院必须事先确定允诺人违约的可能性。其次,法院必须根据此种可能性来确定受允诺人信赖的

---

[17] 理查德·克拉斯韦尔为解决这个问题做了天真的尝试。他建议应在合同订立时要求允诺人声明他违约的可能性。无论声明是否准确,允诺人将有权根据该声明来确定他的信赖金额。根据此规则,允诺人实际违约的可能性无关紧要。只有允诺人声明的概率才重要。Craswell, supra note 13, at 367-368.然而,很难想象一个谈判的允诺人会对他的相对方说,"顺便说一下,在我们签署这份合同前,我应该告诉你,我有15%的概率会违反它"。允诺人自己也不太可能知道他违反任何特定合同的可能性。克拉斯韦尔试图通过开发一个模型来解决这个问题,在此模型中,如果一个允诺人的履约成本超过合同价格加上他违约时需要支付的赔偿金,那么他就会违约。而且就在合同订立时这么做。然而,允诺人经常不确定他的履行成本是多少,并且几乎不知道如果他违约了,他须支付多少赔偿金。此外,过度信赖的社会成本取决于实际违约的概率,而不是允诺人声明的违约概率。因此,即使过度信赖理论有点优势,克拉斯韦尔的进路也无法解决该理论提出的信息问题。因此,克拉斯韦尔的进路远远没有解决信息问题,而是突出了该问题的艰难性和不可克服性。

最优量。那么法院将不得不确定,在具体最优量的情况下,受允诺人的信赖是否最优。最后,如果法院确定受允诺人的信赖并没有最优,那么它将不得不确定如果他的信赖最优,受允诺人会获得多少利润。总而言之,这是一项艰巨的任务。

总之,过度信赖理论认为,除非对损害赔偿的预期计算进行修正,否则它将给予受允诺人无效率的激励,因为该计算完全并因此无效率地保证了受允诺人对盈余增加之信赖的投资。在不考虑制度的情况下,此理论可能对制定损害赔偿的法律规则产生重大影响。然而,当考虑到制度因素时,该理论尽管有启发性,但对现实世界几乎没有产生影响。在大多数情况下,由于实际的缔约经济学以及预期计算受到具体损害赔偿原则和公式的实例化和限制,过度信赖不可能发生。即使在可能发生过度信赖的那些情况下,其发生概率也较低,部分是因为在诸多此种情况下,要求受允诺人按照理论限制他在盈余增加之信赖方面的投资是不切实际的,部分是因为该理论的核心信条,即预期计算确保了受允诺人的信赖,是不正确的。最后,即使在过度信赖并非高度不可能的情况下,过度信赖理论几乎也是不可实施的,因为通常几乎不可能确定信赖的最优量,以及受允诺人信赖最优时会赚取的利润。

第二十二章　对预期损害赔偿的批评与替代性损害赔偿制度

一、导论

过度信赖理论可适当理解为,对预期损害赔偿计算所进行的有限修正。相比之下,部分学者提出了一些彻底修正或者彻底抛弃该计算的损害赔偿制度。[1] 本章将考虑某些更突出的批评和替代制度。

二、执行错误制度

1. 背景

法和经济学专家早就认识到,如果不对传统救济措施进行调整,法律就不会使不当行为人将他们的行为成本完全内部化,因为并非所有受害

---

[1] 大多数或所有支持替代制度的论点,都在理查德·克拉斯韦尔《赔偿的工具理论:一个检视》一文中得以成熟[Richard Craswell, Instrumental Theories of Compensation: A Survey, 40 *San Diego L. Rev.* 1135 (2003)],但被肖恩·拜仁和梅尔文·艾森伯格的《预期计算及其不满者》(Shawn J. Bayern & Melvin A. Eisenberg, The Expectation Measure and its Discontents, 2013 *Mich. St. L. Rev.* 1)一文所批判。在写这篇文章时肖恩的作用比我大,而且本章特别倚重该文章,因此肖恩·拜仁事实上是本章的共同作者。在这里详细考虑每一种替代制度就太冗长了。相反,本章的焦点放在各种制度的支持者很少涉及的三个关键问题上:一个特定制度实际上能否显著推进一个有价值的目标;该制度所服务目标的强度;该制度是否可实施。

人都能成功地行使他们的权利。一些受害者不知道他们已经受到了伤害(wronged)[2];一些受害者知道他们受到了伤害,但也没有起诉[3];还有一些受害者提起了诉讼,但未能在法庭上证明有可能成功的索赔,或以低于其索赔全部价值的方式和解了。库特和尤伦称之为执行错误(enforcement errors)难题。[4] 经济学家建议,为了使救济制度有效率,它们必须考虑到,不法行为人知道他们可能因这种错误而逃避部分或全部责任的概率。[5]

基于执行错误的分析通常被法和经济学专家运用于侵权法和刑法。[6] 他们在侵权法中的传统解决方案是,应在损害赔偿中增加一个百分比,以抵消不当行为人逃脱全部责任的机会。在此种方法下,如果侵权人只有50%的时间被抓住,损害赔偿就应当加倍[7];如果他们只有25%的时间被抓住,损害赔偿就应当是原来的四倍。[8]

一些法和经济学专家主张将执行错误分析运用于合同法。例如,假设一个允诺人可以500美元的成本履行,并且知道他违约会使受允诺人损失1 000美元。根据预期计算方法,如果没有执行错误的概率,允诺人会履行而非违约,因为他宁愿支付500美元来履行而非用1 000美元来救济违约。然而,如果允诺人预期他承担责任的概率低于50%,至少如若他是自私的且不预计有其他诸如诉讼费用或声誉损害等违约成本,他宁愿违约也不履行。因此,除非将此类执行错误的概率构造在损害赔偿中,否则执行错误的概率将破坏预期计算提供的有效激励。

---

[2] See William L.F. Felstiner et al., The Emergency and Transformation of Disputes: Naming, Blaming, Claiming, 15 *Law & Soc. Rev.* 631, 636 (1980).

[3] See id.; Shawn J. Bayern, Comment, Explaining the American Norm against Litigation, 93 *Cal. L. Rev* 1697, 1701-1705 (2005).

[4] Robert Cooter & Thomas Ulen, *Law & Economics* 260-261 (6th ed. 2012).

[5] See id.

[6] See, e.g., Id. at 257-261 (tort law), 462-467 (criminal law).

[7] See, e.g., Id. at 260.

[8] See Richard Craswell, Deterrence and Damages: The Multiplier Principle and Its Alternatives, 97 *Mich. L. Rev.* 2185, 2186 (1999).

2. 允诺人的主观相信

正像上一个例子所表明的那样,尽管基于执行错误的论点通常植根于执行的概率[9],但在这方面最重要的不是执行的实际概率,而是允诺人对执行概率的主观相信(subjective belief)。在执行错误制度下,正是这种相信驱动了允诺人的预防措施以及履行或违约的决定。关于概率的主观相信是全部或部分基于个人相信的个人评估。如果我说欧洲粒子物理研究所的大型强子对撞机摧毁瑞士的概率是1%,我只是说,如果发生这种情况,我会花1美元去赢100美元。我认为数据或经过仔细磨练的直觉指导我的评估,但对于概率的主观解释,它不一定是这样。从根本上说,我的估计是个人猜测,尽管可能是合理的猜测(informed guess)。因此,理想状况是,合同法中试图纠正执行错误的救济制度,将部分以允诺人的主观状态作为损害赔偿的前提。这就提出了将执行错误考虑进合同损害赔偿的核心问题:通常没有可靠的方法来推断允诺人关于执行概率的主观状态。

3. 客观概率与关于主观概率的证据

法院在正常情况下不能确定允诺人关于执行概率之主观相信的解决方案,似乎是在客观概率的基础上推断出这种相信。[10] 然而,这一解决方案会有很大问题。一个问题是允诺人能够准确预测执行客观概率的可能性非常低。一个相关但甚至更重要的问题是,对一次性(即单一的、不可重复的)事件来说,概率的客观确定极难。[11] 要明白为什么如此,则须

---

[9] E.g., id. (指的是"任何特定违规行为被惩罚的概率")。
[10] 法律习惯上从客观证据推断主观状态。Cf. *Model Penal Code* § 2.02 (Am. Law Inst. 1962)(描述各种不同的主观状态,通过这些状态可以部分地决定刑事犯罪)。
[11] See, e.g., Matthew D. Adler, Risk, Death and Harm: The Normative Foundations of Risk Regulation, 87 *Minn. L. Rev.* 1293, 1314 [由于它是围绕一般参照类、一般属性和相对频率构建的,所以如果没有对这类命题进行一些一般性的重构,频率论者对(概率)的解释就无法将概率数附加到所谓的"单数"命题上]。

简要回顾和分析概率的几种理论解释。[12]

在某些环境下,概率表述(probability statements)可以被客观而非主观理解,也就是说,可认为它们是关于世界的表述,而不是关于行为人对世界相信的表述。[13] 这种概率表述通常出现在理论性的机会(chance)博弈语境下[14],其中概率表述代表几乎确定的真理。例如,如果我们把公平掷硬币定义为硬币翻转时正面和反面的概率相等,那么硬币翻转后正面的客观概率是50%。这是关于客观世界的表述。同样,如果我们知道哥伦比亚大学法学院合同法课程班的100名学生中有5名毕业于哥伦比亚学院,我们可以说从哥伦比亚合同法班名册中随机抽取哥伦比亚学院毕业生姓名的概率是5%。这些关于概率的表述只是从公理中推导出来的;在很大程度上,它们只是表述我们已知事情的另一种方式。在如今所谓的经典概率论下,概率只不过是此类公理性表述而已。[15]

客观概率论并不局限于机会博弈和其他定义明确的理想化情景,而是随着它们远离这些环境而遇到困难。在"频率论"这一关于概率的主要客观理论之下,估计一个事件的概率之前,我们需要构建一个合适的参照类(reference class)。这使我们无法谈论一次性场景的客观概率,例如大型强子对撞机是否会摧毁瑞士。理查德·冯·米泽斯(Richard von Mises)是频率论的主要倡导者,他给出了以下例子:

> (频率论者的概率)与以下问题无关:"德国有没有可能在未来某个时候卷入与利比里亚的战争?"……德国卷入与利比里亚共和国的

---

[12] 关于"解释"概率的观念的介绍,请参见 Alan Hájek, Interpretations of Probability, The Stanford Encyclopedia of Philosophy (Fall 2007 Edition), http://plato.stanford.edu/archives/fall2007/entries/probability-interpret。

[13] 正如科林·豪森(Colin Howson)在一篇有益的总结中所说:"概率的数学理论似乎是一种语法,有两种解释,一种是认知的,另一种是客观的,前者与我们对世界的认识有关,后者则关乎我们认知之外的世界。"Colin Howson, Theories of Probability, 46 *Brit. J. Phil. Sci.* 1, 1 (1995)。

[14] See Hájek, supra note 12.

[15] Cf. id.

战争并非一种经常重复的情况。[16]

合适参照类的构建以及任何参照类是否合适的决定,是一个判断问题。例如,在讨论某特定类型的情况中是否存在适当类别的重复事件时,冯·米泽斯将骰子游戏和分子系统包括在内,排除了德国和利比里亚之间的战争,并得出结论认为,"证人和法官的可靠性和可信性是一个边缘情况,因为我们有理由怀疑类似情况是否发生得足够频繁和一致,以至于被视为重复现象"[17]。重要的是认识到,在某些情况下,作为判断问题,决策者可能需要承认仅仅依靠特定的概率数字是没有用的。如果没有可察知的模式或模式的理论证成,很难对特定的概率估值达成一致,也很难将概率估值付诸实践。

4. 合同案件中客观概率及主观概率之客观证据的飘忽性

在某些法律领域,例如事故法,运用客观概率或者运用客观证据来推断概率的主观相信很可能富有成效。例如,如果汽车以速度 X 行驶时发生的汽车事故是以速度 Y 行驶时的两倍,那么可以说以速度 X 行驶时发生事故的概率是以速度 Y 行驶时的两倍,或许推断出某些行为人可能有符合该理解的相信是合理的。

然而,尽管有几种违反合同的行为可以明显通过参照大类事件进行分析,例如制造商因产品缺陷违反消费者担保,但在典型的合同情况中,合适参照类的构建是很难甚或不可能的。首先,当允诺人订立协议时,他通常知道受允诺人的身份、双方谈判的历史,以及其他具体情况的事实。因此,在大多数情况下,根本没有合理的参照类可供使用,因为交易的个别特征,如合同的性质、金额、时间、谈判历史、个人关系、地点等,会淹没该情况的任何一般特征,并挫败归纳的尝试。比较冯·米泽斯的例子:即使战争在历史上重演,相互没有战争史的两个特定国家之间的

---

[16] Richard von Mises, *Probability, Statistics, and Truth* 9–10 (Hilda Geiringer trans., 2d rev. Eng. ed. 1961).

[17] Id.

战争,也并非那种我们可以说"这种事件在每个 Y 情况中发生 X"[18]的重复事件。因此,即使救济可以基于某些法律领域中执行的客观概率(或关于主观概率的客观证据),但这对合同法来讲意义不大。因为在合同法中,单一和个别化的伤害与执行都是常态。

此外,与犯罪和许多侵权行为不同,违约通常是私人事务,因此很难收集相关数据。对政府机构甚至私人组织来说,汇编已报告但尚未结案的犯罪统计数据,然后计算出执行错误相对容易。同样,许多侵权行为都是公众可以察知的。相比之下,违约往往会被公众忽视。如果允诺人预期会避免承担违约责任,那就可能是因为他认为受允诺人要么不会察觉到违约,要么无法证明存在违约,要么没有资源提起诉讼。即使受允诺人察觉并证实违约,除非在小且有凝聚力的商业团体中,否则,违约不太可能报告给任何对汇编准确统计数据感兴趣的机构或私人团体。

无论如何,私人合同的细节和缔约伙伴的特征差异很大,即使能够收集到关于整类合同或特定类型合同执行不足之概率的可靠数据,这些数据实际上也无法用于任何特定合同。

如果在个别合同中没有合理方式就执行概率达成社会或理论的一致意见,那么想像我们能够可靠地推断出单个允诺人关于执行的主观相信就更不可信了。这样的推断不仅仅是猜测,而是对猜测的猜测。换言之,即使有一个允诺人个人同意的合理客观概率,此概率的存在也并不意味着允诺人能够识别它;也不意味着法院在确定损害赔偿时能确定,允诺人会预测到法院将施加的损害赔偿水平。

5. 执行错误制度引发的其他实施问题

由于这些因素,合同法中对执行错误概率的评估可能是高度推测性

---

[18] 也有对概率的其他客观解释,see Hájek, supra note 12, 但是他们显著没有改变分析。例如,有一种观点被称为逻辑概率,但它也不比频率论或经典概率论更试图去解决一次性事件。Id. 还有一种观点被称为倾向解释,其旨在使一次性事件具有理论上的客观意义,但不是以使客观概率更容易获取的方式实现的(倾向理论是为了解释量子力学水平上的一次性事件的概率而发展起来的。See id.)。

且高度不准确的。[19] 理查德·克拉斯韦尔总体上支持关于合同法中替代救济理论的最新作品，不过他发展了一系列由执行错误制度引发的进一步相关实施问题：

> 作为基于主观概率估计之执行错误制度实施成本的结果是，最近的经济分析已经……考虑对所有被告使用相同的乘数，而非在个案基础上单独计算。有趣的是，如果使用常数乘数，那么最有效的乘数通常会低于传统乘数，这意味着它会比一般违法者面临的惩罚概率小一倍。在某些情况下，最优乘数甚至可能小于1。这意味着，为了在不完善实施的情况下创造有效率的激励，损害赔偿应当减少（而非增加）……
>
> 不幸但也许是现实的情况是，这些分析还表明，有效乘数的确切大小取决于一些可能难以计算的因素……
>
> 简言之，即使我们只考虑两组后果，有效率救济的分析也足够复杂：(a)对不当行为人的威慑效果，以及(b)对总执行成本的效果。也就是说，即使我们只关注这两种效果，最有效率的损害赔偿数也可能高于或低于精确的赔偿数……[20]

简言之，即使执行错误的经济理解可适用于侵权法或刑法，在合同法中实现一致的执行错误救济制度也几乎（probably）是不可能的，而且这种制度肯定是实施不了的。[21]

---

[19] Cf. Omri Ben-Shahar & Lisa Bernstein, The Secrecy Interest in Contract Law, 109 *Yale L.J.* 1885, 1896 (2000)("不像在侵权语境下……当精算表使得有意义的平均损害赔偿计算可行时，在合同语境中使用'平均预期'的计算方法将要求法院作出事实决定……但在大多数情况下，他们没有能力作出该事实决定")。

[20] See Craswell, supra note 1, at 1170–1171.

[21] 此外，与典型侵权案件中的当事人不同，缔约方有一些机会提前最小化潜在执行错误的意义。例如，如果风险在于没有注意到违约，合同可以要求各方持续交换信息。如果风险是法院无法证实违约，那么合同可以包括违约的定义，这样法院就可通过当事人能可靠预测的方式轻松适用该定义。因此，有理由认为，合同法中的执行错误会系统性地没有其他法律领域那样严重。

三、考虑秘密利益的制度

欧姆里·本·沙哈尔(Omri Ben-Shahar)和莉莎·伯恩斯坦(Lisa Bernstein)对预期计算提出另一个批评,该批评涉及合同法中的"秘密利益",即不要求受允诺人在违约之诉中披露秘密信息作为获得损害赔偿条件的利益。[22] 例如,希望证立所失利润赔偿的受允诺人,可能不想透露供应商或成本的秘密信息。本·沙哈尔和伯恩斯坦认为,合同法规则和民事诉讼规则都没有考虑这种秘密利益。因此,合同损害赔偿往往是赔偿不足的,因为法律未能保护秘密利益可能导致受允诺人放弃其全部或部分索赔。反过来,赔偿不足的损害将无法为实现有效率履行、预防和增加盈余的信赖等目标提供适当激励。本·沙哈尔和伯恩斯坦并没有质疑这些目标、预期计算或无差异原则。相反,他们的目的是支持这些目标,并更好地确保缔约方在履行与违约并支付损害赔偿之间无差异,使预期计算更加符合无差异原则。因此,他们写道,"着眼于完善而非挑战合同损害赔偿经济学的成熟文献"。[23]

本·沙哈尔和伯恩斯坦指出了现实生活问题。然而,他们未能衡量解决该问题的成本和他们所提出之解决方案的成本。

首先,本·沙哈尔和伯恩斯坦高估(overweigh)了秘密利益。观察表明,受允诺人通常会提起要求包括所失利润在内的预期损害赔偿诉讼,而不太关注他们这样做时必须披露的信息。这有很多原因。许多类型的损害赔偿取决于其要素并非秘密的计算公式,例如合同价格和市场价格之间的差额,或允诺之履行的市场价值和实际做出之履行的市场价值之间的差额。其次,根据哈德利原则[24],受允诺人在订立合同时必须披露,他们将在违约时遭受某种类型的所失利润,从而预先减少他们原本希望保

---

[22] Ben-Shahar & Bernstein, supra note 19.
[23] Id. at 1924.
[24] (1854) 156 Eng. Rep. 145; 9 Exch. 341.

密的信息量。此外,某些类型的秘密信息可以通过保护令在诉讼中得到保护。例如,在加巴喷丁专利诉讼案(In re Gabapentin Patent Litigation)中[25],法院支持一项保护令,允许一方当事人编辑供应商的身份和其他秘密。同样,在 CSU 控股公司诉施乐公司案(CSU Holdings v. Xerox Corp.)[26]中,法院认为,被告没有证明他需要知道 12 个秘密供应商的身份。最后,可能最重要的一点,大多数秘密都只有很短的保存期,而诉讼期限很长。最终,即使在合同订立时存在一些与合同相关且有价值的秘密信息,而诉讼会耗费很长时间,在这之前该信息很可能已经失去了大部分或全部价值。

正如本·沙哈尔和伯恩斯坦高估了秘密利益的成本,他们也低估了废除或彻底改变他们认为会损害秘密利益之原理的成本。本·沙哈尔和伯恩斯坦从秘密利益的角度批判了多种救济原理。他们对补进和减损原则的批评具有代表性。就补进(cover),他们说:

> 在受害买方事实上已经补进的情况下,他要证明以适当方式进行了补进,这就要求他披露大量私人信息。确认补进是否已经发生,就必须调查受害方在违约后立即进行的许多交易。这可能还要求他透露敏感的商业或市场信息、下一个成本最低供应商的身份和他愿意出售的价格,以及大量其他市场参与者的身份和负担的价格。[27]

就减损原则,他们说:

> 试图证明原告未能减损的被告,会得以广泛揭示大量通常对原告保持私密有重要利益的文件和信息。[28]

显然,本·沙哈尔和伯恩斯坦会废除补进和减损原则,以保护秘密利益。然而,废除或大幅缩减补进和减损原理的成本非常高。减损义务减少了社会损失,增加了社会福利。此外,该义务不仅基于合理的政策,还基于道德:如果受允诺人自己能以很少或不用任何代价来减少损害,那么

---

[25] 312 F. Supp. 2d 653, 667-668 (D.N.J. 2004).
[26] 162 F.R.D. 355, 358 (D. Kan. 1995).
[27] Ben-Shahar & Bernstein, supra note 19, at 1912.
[28] Id. at 1913.

他在道德上就有义务这样做。同样,补进是合同法的核心救济,因为它是一种虚拟的特定履行。作为救济方式,补进具有损害赔偿的外观和感觉,因为买方最终会获得金钱判决。然而,作为一种行为,补进产生了特定履行的诸多收益。[29] 通过补进,买方找到了替代履行,如果再加上补进损害赔偿,该替代履行就相当于若卖方被命令特定履行则买方将会得到的。在补进可以实现的场合,相对于市场价格损害赔偿和实际的特定履行,它表现出四大优势。

第一,由于买方自己选择替代履行,补进反映了买方的偏好。买方的损害赔偿依赖于不考虑买方主观偏好而建构的市场价格,补进则可以避免此种损害赔偿经常产生的不足。

第二,在异质商品情况下,补进损害赔偿通常比市场价格损害赔偿更容易证明。在此种情况下,为证明市场价格损害,买方需要通过可比交易来推断。相比之下,如果买方补进,推断可能就没必要了,卖方有责任证明补进的商品与合同约定的商品不具有合理的可比性。

第三,补进行为通常防止或最小化间接损失的私人成本和社会成本。如果卖方违反了提供投入或生产要素的合同,及时补进会防止或最小化买方因违约而遭受的所失利润。相应地,及时补进将防止或最小化买方因哈德利原则而产生的私人成本。[30]

第四,实际的特定履行往往涉及执行过程、减损和陪审团审判权等问题。补进则不引发这些问题。

与补进和减损的强大收益相反,实现秘密利益的收益是极低的。例如,正像本·沙哈尔和伯恩斯坦所说,"确认补进是否已经发生……可能……要求(受害的买方)透露敏感的商业或市场信息、下一个成本最低供应商的身份和他愿意出售的价格,以及大量其他市场参与者的身份

---

〔29〕 Cf. Timothy J. Muris, The Costs of Freely Granting Specific Performance, 1982 *Duke L. J.* 1053, 1055-1056 ("是指通过市场的特定履行"); Subha Narasimhan, Modification: The Self-Help Specific Performance Remedy, 97 *Yale L.J.* 61 (1987)(尽管是在不同的语境中,但使用了短句"自力性特定履行")。

〔30〕 (1854) 156 Eng. Rep. 145; 9 Exch. 341.

和负担的价格"[31]。实际上,买方通常会声称这是补进购买并将之作为证据,然后卖方将有责任提出证据,证明该购买并非违约商品的真正替代或者买方付款付多了。此外,无论如何,本·沙哈尔和伯恩斯坦描述的与补进相关的大部分信息都不是秘密。例如,"大量其他市场参与者的身份和负担的价格"只为买方所知是高度不可能的。同样,想证明原告未能减损的卖方是否有广泛的权利来揭示秘密文件和信息,也值得怀疑。例如,减损问题最常见于雇佣案件,但被不当解雇的雇员拥有与他减损努力相关的有价值秘密文件和信息,也是高度不可能的。在其他类型的减损情况中也同样如此。当然,原告也可能会被要求在减损或补进情形中透露秘密信息(尽管由于秘密信息的保存期很短,这种情况不太可能发生),但它们不会大量出现。

简言之,《秘密利益》一文中提出的救济制度问题并非缺乏可实施性,而是缺乏合理性:提议的制度会把婴儿和洗澡水一起扔掉。像婴儿一样,本·沙哈尔和伯恩斯坦要废除或限缩的救济原理极有价值。像洗澡水一样,在典型情况下,秘密利益只是稍有价值或几乎没有价值。

四、以促进效率违约为目标的制度

合同法救济制度的另一个可能替代目标是,促进对缔约相对方的有效率搜寻。搜寻产生成本,但如果成功,可能会有回报。特别是,一对缔约方产生的共同盈余,可能大于另一对缔约方产生的共同盈余;想要缔约的一方,可能需要通过搜寻来找到产生最大共同盈余的相对方。

彼得·戴蒙德(Peter Diamond)和埃里克·马斯金(Eric Maskin)就救济制度对有效搜寻缔约方激励的影响建立了一个模型。[32] 戴蒙德和马

---

[31] Ben-Shahar & Bernstein, supra note 19, at 1912 (emphasis added).
[32] See Peter A. Diamond & Eric Maskin, An Equilibrium Analysis of Search and Breach of Contract, I: Steady States, 10 *Bell J. Econ.* 282 (1979) [hereinafter Diamond & Maskin I]; Peter A. Diamond & Eric Maskin, An Equilibrium Analysis of Search and Breach of Contract, II: A Nonsteady Example, 25 *Econ. Theory* 165 (1981).

斯金强调,行为人搜寻缔约相对方的决定影响其他搜寻者,因为该决定影响其他搜寻者所能做出的匹配。例如,如果行为人决定在博卡拉顿寻找公寓,他会给博卡拉顿的潜在卖家一个与买家匹配的新机会。更一般地说,搜寻的决定可能会帮助或伤害其他搜寻者。新的高质量搜寻者通常会让潜在交易方受益。然而,新的低质量搜寻者可能产生正面或负面影响。[33] 稍微简化一下,新的低质量搜寻者可以帮助现有搜寻者更容易找到某人,但也会降低潜在匹配的平均质量,从而损害现有搜寻者。考虑到预先设定的固定搜寻费用,如果新的低质量搜寻者的进入降低了潜在匹配的平均质量,那么搜寻者的最佳结果可能会更低。

因此,戴蒙德和马斯金的一个核心问题是,行为人决定寻找缔约相对方所带来的正外部性或负外部性。他们认为,救济制度既赋予行为人搜寻的激励,也对他们产生不搜寻的激励。原因在于,该制度既可以影响搜寻可能产生之合同的价值(从而使搜寻具有或多或少的潜在价值),也可以影响违反现有合同再订立新合同的成本。该成本对戴蒙德和马斯金来说很重要,因为在他们的模型中,即使行为人已经订立了合同,他也可以而且经常会继续寻找更好的相对方。

然而,这个理论并不容易转化为实践。正如戴蒙德和马斯金指出的:

> 更高的损害赔偿会对……搜获的激励产生相反效果,这使其更难与补偿性(也就是预期)损害赔偿相比较。一方面,当(新合同)违约时,更高的损害赔偿产生(相对于补偿性损害赔偿)的更大回报鼓励了搜寻;另一方面,(违反旧合同)设定更高的损害赔偿会抑制搜寻,这减少了违约的机会。[34]

换言之,虽然可以想象,基于搜寻而非无差异原则和预期计算的救济制度可能会提供某种水平的损害赔偿,从而更好地激励有效率的搜寻活动。但戴蒙德和马斯金并没有明确表达这种制度。事实上,正如克拉斯韦尔所指出的,"很难说(为此目的)最优损害赔偿计算是高于还是低于预

---

[33] Diamond & Maskin I, supra note 32, at 283-284.
[34] Id. at 284.

期计算,因为这可能取决于搜寻成本和潜在回报的精巧结构"[35]。此外,即使替代救济制度成功优化了搜寻活动,该制度也可能导致无效率的履行或违约决定。正如戴蒙德和马斯金所说,"损害赔偿规则影响搜寻和违约决定。只有偶然巧合,单一工具才能在两个类别中作出正确的决定"[36]。因此,戴蒙德和马斯金得出结论认为,没有一个单一的损害赔偿公式能同时为违约和搜寻提供有效率激励,这不足为奇。如果有的话,他们认为,在某些条件下,"补偿性"(预期)损害赔偿可能比更高的损害赔偿计算更有效率。[37]

戴蒙德和马斯金的论点会遭遇另一个问题。该论点默示地建立在效率违约理论的基础上,因为戴蒙德和马斯金的主要关注之一是,允许已缔约的各方继续畅通地寻找更好的交易方。例如,戴蒙德和马斯金在描述两对原始缔约方(其中每对缔约方中的一方违约,两个违约方彼此订立新的合同)的情况时,他们认为,由于补偿性赔偿(即预期损害赔偿),"两个违约的激励与所有四个原始缔约方的效率相一致。也就是说,这两个违约当事人发现,当他们这样做增加了这四个伙伴的预期收益之和时,违约正好符合他们的利益"[38]。

然而,在实践中,不同于基于双方合意的终止,相比于履行的收益,允诺人的违约行为几乎从不会增加受允诺人的收益。相反,它几乎总是减少该收益。首要考虑违约的允诺人通常不知道他违约的收益是否会超过受允诺人的损失,因此不能确定违约和履行的相对共同盈余。此外,更重要的是如下四点:其一,预期损害赔偿从来不会使受允诺人在违约和履行之间无差异,因为除其他情形外,此种损害赔偿通常基于客观标准而非主

---

[35] Craswell, supra note 1, at 1165. 克拉斯韦尔的搜寻外部性与戴蒙德和马斯金的讨论稍有不同. see Id. at 1164-1165。

[36] Diamond and Maskin I, supra note 32, at 299.

[37] 为了讨论,戴蒙德和马斯金有时确实提供了计算公式,但这些公式最终并不等于特定的替代方案。克拉斯韦尔还提出,更一般的合同前激励的可能性应当影响违约损害赔偿。Richard Craswell, Precontractual Investigation as an Optimal Precaution Problem, 17 *J. Legal Stud.* 401 (1988). 然而,正如克拉斯韦尔所承认的,此提议几乎不能运用。See Craswell, supra, at 426。

[38] Diamond and Maskin I, supra note 32, at 284.

观标准;其二,除非在订立合同时可合理预见且在违反合同时相当确定,否则预期损害赔偿不可用;其三,预期损害赔偿经常导致金钱之时间价值的损失;其四,预期损害赔偿通常只在支出并不包括在损害赔偿判决中的高额法律费用后才能获赔。事实上,正如第六章所证明的,效率违约理论实际上是无效率的。

五、结论

特定替代制度将大大推进有价值目标之论点的有效性值得怀疑。在有数个目标的情况下,在行为人已经必须实现这些目标之激励的基础上,特定替代制度只会给他增加很小的激励。在其他情况下,法律已赋予该目标激励了。

此外,替代制度在很大程度上根本实施不了,因为它们在适用于现实世界的违约时并不确定。事实上,这一点甚至得到了克拉斯韦尔的认可,他同情这些制度,但并非这些制度的支持者。例如,克拉斯韦尔得出结论说,"在一个旨在为调查潜在风险提供有效激励的制度中,损害赔偿可能高于或低于预期损害赔偿,特定计算方法取决于进一步调查的精确成本和收益"[39]。在一个以提高搜寻缔约伙伴效率为目标的制度中,克拉斯韦尔的结论是,"很难说最优的损害赔偿计算方法是高于还是低于预期计算,因为这可能取决于搜寻成本和潜在回报的精巧结构"[40]。在一个目标是通过对预期损害赔偿应用乘数来提高效率的制度中,克拉斯韦尔得出结论说,"不幸的是,(经济分析)表明,有效乘数的精确大小取决于许多难以计算的因素"[41]。在一个以提高合同前风险调查效率为目标的制度中,克拉斯韦尔得出结论认为,问题"可能因个案而异,且可能无法精确观察"[42]。

---

[39] Craswell, supra note 1, at 1164.
[40] Id. at 1165.
[41] Id. at 1169.
[42] Craswell, supra note 37, at 422.

替代损害赔偿制度的另一个问题,涉及任何特定制度推进的目标相对于相竞争制度推进的目标之权衡。当然,如果能够制定一个推进所有相关目标的损害赔偿制度,那么该制度是最好的。然而,正如埃里克·波斯纳(Eric Posner)所指出的,每一个替代制度都专注于一个或至多两个目标,从而排除了其他所有目标。[43] 因此,任何特定的替代制度所推进的损害赔偿计算,往往甚至会与所有其他制度推进的损害赔偿计算相冲突。当必须在促进竞争性目标的救济制度中作出选择时,决定哪些目标应被视作最有分量是需要审慎判断的问题。预期计算所服务的目标包括达到有效率水平的预防和履行、促进对盈余增加之信赖的投资,以及促进可靠的计划。普遍且正确的观点是,这些目标比其他救济制度所服务的任何目标都重要得多。

最后,预期计算不仅基于效率考虑,也基于公平原理。例如,要求买方支付其所收到的议定价格的公平性,要求投机的败诉方付款的公平性,以及要求允诺人履行交易允诺的公平性,该交易允诺导致受允诺人采取在允诺完全不能执行的情况下可能不会采取的行动。相比之下,替代损害赔偿制度不仅在效率方面,而且在公平方面都逊于预期计算。

---

[43] Eric A. Posner, Economic Analysis of Contract Law after Three Decades: Success or Failure?, 112 *Yale L.J.* 829, 834–839 (2003).

第七编

约定违约金

第二十三章　约定违约金[*]

在没有显失公平、欺诈或其他独立抗辩的情况下,法院通常根据合同条款执行交易。相比而言,约定违约金条款受到特别审查(特别审查规则)。该规则的表述各不相同[1],传统和最普遍的表述如下:只有满足以下两个要求时,约定违约金条款才可执行:实际损害(actual damages)必须难以估算(难以估算的要求),约定的金额必须是对实际损失(actual loss)的合理估算(合理性要求)。[2] 不符合这些要求的约定违约金条款被称为惩罚性违约金,是不可执行的。

找到反对此特别审查规则的学者和法官并不难。[3] 他们的论证通

---

[*] 在普通法的框架下,损害赔偿分为法定损害赔偿和约定损害赔偿,前者是法律确定的,后者是当事人约定的。liquidate damages 在文义上可理解为当事人固定的损害赔偿。为方便理解,本书将其译为约定违约金。——译者注

[1] See, e.g., *Restatement (First) of Contracts* § 339 (Am. Law Inst. 1932); *Restatement (Second) of Contracts* § 356 & cmt. b (Am. Law Inst. 1979) [hereinafter Restatement Second]; 3 Dan B. Dobbs, *Law of Remedies: Damages-Equity-Restitution* § 12.9 (2d ed. 1993).

[2] See, e.g., Chaffin v. Ramsey, 555 P.2d 459, 461 (Or. 1976); Samuel A. Rea, Jr., Efficiency Implications of Penalties and Liquidated Damages, 13 *J. Legal Stud.* 147, 150 (1984) ["在许多州,法院用与《合同法重述(第一次)》第 339(1)条相同的词语来表述惩罚性违约金规则:除非损害赔偿条款是对损害的合理预估,且损害难以估计,否则损害赔偿条款是不可执行的。"]

[3] See, e.g., Lake River Corp. v. Carborundum Co., 769 F.2d 1284, 1289 (7th Cir. 1985) (Posner, J.) ["当事人(总是假设他们完全适格)在决定是否在合同中订入惩罚性违约金条款时,会权衡收益和成本……并且只有当收益超过这些成本时才会订入该条款……"]; Charles J. Goetz & Robert E. Scott, Liquidated-Damages, Penalties and the Just Compensation Principle: Some Notes on an Enforcement Model and a Theory of Efficient Breach, 77 *Colum. L. Rev.* 554, 592 (1977)("无理由推定,与其他对风险的合同分配相比,约定违约金条款更容易受到胁迫或其他谈判失常的影响")。

常有一个明确或隐含的三步构造(three-part structure):(1)特别审查规则的前提是,约定违约金条款会导致可责难的剥削(blameworthy exploitation)以及随之而来的单方性,其他类型的合同条款则不会这样;(2)那个前提是不正确的;(3)因此,特别审查规则不具有正当性。此论证的谬误在于它的起点。特殊审查规则的正当性并不是约定违约金条款特别屈从于可责难的剥削和单方性。相反,这类条款很可能系统地反映了认知局限(limits of cognition)。

在合同法的大多数领域,认知局限在制定可适用规则时并没有凸显出来。然而,在某些领域,这些局限非常突出,而且具有规范和实证的双重意义(normative and positive implications)。规范意义涉及在确定什么规则应适用于相关领域时如何考虑认知局限。实证意义涉及在如何最好地解释这些领域中的既有规则。

与认知局限具有特殊关系的一个领域是约定违约金条款的处理。首先,有限理性(bounded rationality)和理性无知(rational ignorance)在此领域尤为突出。缔约方通常认为评估提议的履行条款相对容易(这些条款规定了缔约方须做出什么履行,如标的、数量和价格),因为这些条款是真实的、生动的和突出的。相比之下,在合同订立时,即使可能的话,想象出所有的违约情形也往往不切实际。相应地,确定约定违约金条款适用于每一种可能之违约情形的内在复杂性,经常超过行为人的处理能力。

即使根据此可疑假设:当事人可以想象所有违约情形,并计算约定违约金条款对每种可能情形的适用,那么进行这样一项工程的成本也经常会大大超过收益。签约买卖商品的当事人通常预期会履行合同。因此,仔细考虑履行条款的收益才是有说服力的(compelling),而此种仔细考虑的成本通常不会超过收益。相比之下,当事人通常不会预期约定违约金条款会对他产生不利影响,部分原因是他想履行,部分原因是经验告诉他,合同履行率一般很高。例如,如果合同只在5%的时间里被严重违反(观察表明这是可能的),那么将处理约定违约金条款适用的100%的成本考虑进去,这种处理的益处会折扣95%。由此产生的成本收益比(the cost-benefit ratio),经常会对处理约定违约金条款的每一种可能适用情况产生重要的抑制作用,即使想象出每一个这样的违约场景是可能的,也是如此。因此,缔约方经常不太可能细致考虑约定违约金条款,因此也不太可能充分理解这些条款的意义(implication)。

非理性处置(irrational disposition)的问题也与约定违约金条款有关。由于行为人往往不切实际的乐观,所以与实际情况相比,缔约人会相信他履行的可能性更大,而不太可能违约。因此,不切实际的乐观会进一步减少行为人对约定违约金条款的仔细考虑。

最后,能力缺陷(defective capabilities)与约定违约金条款特别相关:(1)未来情形可能使缔约方违约的可能性是抽象且苍白的,与这种可能性相比,可用性启发(availability heuristic)可能使缔约方对其生动和特定的当前履行意图赋予不适当的权重;(2)由于缔约方可能会将现有证据的样本作为不适当的代表,他倾向于高估自己目前的履行意图是其未来意图之可靠预测的程度;(3)由于行为人的远见力缺陷(faulty telescopic faculties),缔约方可能高估了履行前景产生的利益,这种前景通常会在短期内开始出现,这与违约成本不同,违约行为通常只发生在将来;(4)由于行为人倾向于低估风险,缔约方可能低估约定违约金条款生效的风险。

这些情况提供了约定违约金条款如何特别受制于认知局限的突出证据(dramatic evidence)。例如,在具有里程碑意义的英国案件肯布尔诉法瑞恩案(Kemble v. Farren)[4]中,一个演员同意在接下来的四个季度中担任考文特花园剧院(Covent Garden Theatre)的首席喜剧演员,并完全尊重该剧院的通常规定。剧院同意每晚支付演员 3 英镑 6 先令 8 便士,剧院四季营业。合同还规定,如果任一缔约方未能履行协议或其中的任何部分,该方当事人将向另一方当事人支付 1 000 英镑。演员违约,剧院起诉要求其赔偿约定违约金。法院首先指出,约定违约金条款服务于有效的目的:"在许多情况下,此类协议固定了几乎不可能精准确定的问题;且在所有情况下,这都节省了由证人确定该数额的费用和难度。"[5]然而,法

---

[4] (1829) 19 Eng. Rep. 1234; 6 Bing. 141.
[5] Id. at 1237; 6 Bing. at 148.

院认为,系争条款是不可执行的。在得出此结论时,法院指出了此条款奇怪的运作方式:

> (该条款)延伸至任何一方当事人违反任何规定的情况。因此,如果一方面,原告忽略了每天支付一笔3英镑6先令8便士的钱;另一方面,被告每天都拒绝遵守剧院的任何通常规定,不管这些规定多么微不足道或多么不重要。无论哪种情况,系争条款都会赋予1 000英镑的赔偿,这肯定是有争论的(it must have been contended)。[6]

肯布尔案的当事人几乎不可能打算将他们的约定违约金条款适用于每一个可以想象到的违约行为。相反,几乎可以肯定的是,由于认知局限,当事人没有考虑到该条款可能适用的多个情形(即使常常是次要情况)。

由波斯纳法官裁判的湖河公司诉金刚砂公司案(Lake River Corp. v. Carborundum Co.)[7]提供了约定违约金条款反映认知局限的另一个例子。金刚砂公司与湖河公司订立了合同。根据合同,湖河公司要经销(distribute)金刚砂公司生产的"碳化硅"(Ferro Carbo),这是一种用于炼钢的磨料粉末。根据合同,湖河公司同意从金刚砂公司那里大量接收碳化硅,进行包装,并将包装后的产品经销给金刚砂公司的客户。为了处理碳化硅,湖河公司必须安装一个新的袋装系统(bagging system),成本为8.9万美元。为了确保收回该系统的成本,湖海公司坚持最低数量的保证条款,要求金刚砂公司在合同的最初三年将2.25万吨的碳化硅运到湖河公司进行包装。如果金刚砂公司未能达到这个最低量,它须按照合同规定的当时包装费来支付短缺(shortfall)部分。正如波斯纳法官认识到的,该条款本质上是约定违约金条款。[8]

该合同签订于1979年。此后,国内钢需求以及相应的碳化硅需求急

---

[6] Id.
[7] 769 F.2d 1284 (7th Cir. 1985).
[8] Id. at 1288.

剧下降。结果,截至1982年年末,金刚砂公司只装运了已保证的2.25万吨中的1.2万吨,湖河公司根据约定违约金条款要求其支付24.1万美元。法院认为该条款不可执行。波斯纳法官指出,如果金刚砂公司已装运了全部保证数量的货物,湖河公司预计在扣除包括袋装系统成本在内的所有费用后,可获得10.7万美元的利润。然后,他展示了该条款在其他情况下的反常运作。例如,如果金刚砂公司在运输任何碳化硅之前违反了合同,并且约定违约金条款是可执行的,那么湖河公司会获得44.4万美元的利润,或者说是金刚砂公司履行合同后所赚取利润的四倍多。如果正像实际上所发生的那样,金刚砂公司在55%的碳化硅已运输后违约,并且约定违约金条款可执行,那么湖河公司会赚取26万美元的利润,或者是金刚砂公司履行后所获利润的两倍半多。简言之,如果该条款可执行,那么它就会对湖河公司造成完全履行后所赚取利润434%的损害。根据波斯纳法官的分析,如果约定违约金条款在湖河公司履行开始和接近结束之间的任何时候被执行,它都会产生湖河公司预期合同利润130%到400%不等的意外之财(windfall),即使假设袋装系统除在合同外没有任何价值也是如此。如下情况几乎是不可思议的,即日当事人理解并打算以那种方式实施该条款,或者几乎毫无疑问作为更强势的一方当事人——金刚砂公司若理解如何实施该条款如何实施则就会同意该条款。压倒性的可能是,就像在肯布尔案中一样,由于认知局限对约定违约金条款的特殊影响,金刚砂公司和湖海公司都没有考虑清楚该条款在各种违约场景下会如何实施。

诸如肯布尔案和湖海公司案等案例并不独特[9],它们有力地说明,由于认知局限,构成交易原则基础的假设,即缔约方采取行动理性地最大化其预期效用,并不适用于约定违约金条款。由于交易原则的基础

---

[9] See, e.g., Meltzer v. Old Furnace Dev. Corp., 254 N.Y.S.2d 246, 249 (1964)(使抵押人对额外的25%的抵押债务违约承担责任的抵押条款无效,因为一天的违约与几个月的违约所导致的损失相同); Alvord v. Banfield, 166 p. 549, 552 (Or. 1917)认为,不考虑违约程度而要求对任何违约行为都支付2 500美元的租赁条款是一项惩罚性违约金条款; Stewart v. Basey, 245 S.W.2d 484, 487 (Tex. 1952)(认为,"未经详细起草的"损害赔偿条款不应约束当事人)。

假设并不适用,该原则本身也不能适用。毋宁是,约定违约金条款的特别审查得以正当化的理由是,这些条款以特殊方式受制于认知局限。约定违约金原则的这种解释很重要,不仅因为它证成了约定违约金条款的特别审查,还因为它塑造了这种审查应采取的形式。

回顾一下,根据传统规则,只有当实际损害难以确定且约定金额是对实际损失的合理估算时,约定违约金条款才可执行。此一般表达并未解决(leave open)两个关键的和平行的适用难题。

难以确定之难题。第一个问题涉及损害"难以确定"之检测的含义。针对此检测可以给出两种截然不同的解释。这可能意味着,在订立合同时,很难确定违约发生时的实际损害数额。或者,此检测可能意味着,在合同订立时,很清楚的是,违约时实际损害的金额难以确定。这些选择(alternatives)分别被称为"缔约时"进路(the time-of-contract)和"违约时"进路(time-of-breach approach)。

这两种进路的理论和实践差别都很大。例如,假设违约发生了,实际损害的金额取决于合同价格和违约时市场价格之间的差额。根据缔约时进路,损害难以确定的要求几乎总能得到满足,因为在签订合同时,未来的市场价格几乎永远无法预测。相比之下,在违约时进路下,这一要求几乎永远不会得到满足,因为那时的市场价格通常易于确定。

难以确定之要求的模糊性在案例法的分歧中即可显示出来。例如,在李·奥德斯莫公司诉凯登案(Lee Oldsmobile, Inc. v. Kaiden)[10]中,法院根据违约时进路宣布约定违约金条款无效。凯登给了劳斯莱斯经销商李5 000美元的保证金(deposit)用于购买一辆劳斯莱斯新车。李随后向凯登发送了一份订单,凯登签字并返回。订单规定,如果买方拒绝接受汽车,李可以保留任何现金保证金(cash deposit)作为违约金(liquidated damages)。双方随后就交货日期产生了争议。结果,凯登取消了订单,并要求李返还保证金。李拒绝了,凯登提起诉讼要求返还保证金。法院认为,凯登有权收回保证金,但要扣除实际损害,"因为在合同订立时,很清楚的

---

[10] 363 A.2d 270 (Md. 1976).

是,未来可能发生的违约所造成的任何损害的性质都要达到易于确定的程度"[11]。

相比而言,在哈奇森诉汤普金斯案(Hutchison v. Tompkins)中[12],佛罗里达州最高法院采用了缔约时进路。原告诉称,买方同意以 12.5 万美元的价格购买土地,并将 1 万美元存给一家托管代理人(escrow agent)以支付购买价格。该合同包含约定违约金条款,根据该条款,如果买方不履行,卖方可以选择保留保证金。卖方辩称,是买方拒绝完成购买而违反了合同,他起诉要求得到保证金。[13] 初审法院驳回了起诉(dismissed the complaint),理由是约定违约金条款无效。[14] 在上诉中,佛罗里达州最高法院从重新审查早前的两项判决开始。在彭布罗克诉考迪尔案(Pembroke v. Caudill)[15]中,法院适用了违约时进路,认为如果损害在违约时易于确定,即使损害在合同订立时难以确定,约定违约金条款也会被视为惩罚性违约金。[16] 相反,在海曼诉科恩案(Hyman v. Cohen)[17]中,法院采用了缔约时进路,认为如果在合同订立时难以确定违约损害数额,那么约定违约金条款就是可执行的。[18] 在哈奇森案中,法院遵从了海曼案而非彭布罗克案:

> 尤其是房地产交易中,损害在违约时几乎总是可以确定的,因为正如彭布罗克案的司法意见所指出的,损害的计算涉及确定约定的购买价格和违约日土地市场价值之间的差额。因此,在文义和精神上都遵从了彭布罗克案,该案的规则……在当事人都希望订立约定违约金条款的场合下,必然对合同谈判产生寒蝉效应(chilling

[11] Id. at 274.
[12] 259 So. 2d 129 (Fla. 1972).
[13] Id. at 129-130.
[14] Id. at 130.
[15] 37 So. 2d 538 (Fla. 1948).
[16] Id. at 540-541.
[17] 73 So. 2d 393 (Fla. 1954).
[18] Id. at 400-401.

effect)。[19]

合理性难题。合理性要求与难于确定的要求同样模糊。合理性要求可以基于以下任一标准:(A)约定违约金必须是在合同订立时对未来可能出现的损失的合理估计;(B)约定违约金不得与实际遭受的损失不成比例;(C)约定违约金必须满足标准 A 或标准 B;(D)约定违约金必须同时满足标准 A 和标准 B。在本书中,标准 A 和标准 C 被称为远见性标准(forward-looking standards),标准 B 和标准 D 被称为二次检查标准(second-look standards)。

对约定违约金条款可执行性的传统检测是远见性标准,即在作出估计时,会诉诸对未来损害估计的合理性。此检测是约定违约金条款应受特别审查理念的必然推论,理由在于这些条款特别屈从于可责难的剥削和单方性,因为是否存在可责难的剥削和单方性应在合同订立时判断。[20] 相比之下,对约定违约金条款进行特别审查的认知正当性意味着,要采用二次检查标准,该标准将约定违约金与实际损失相比较,因为预测和结果之间的重大差异意味着,约定违约金条款是有限认知或有缺陷认知的产物。

尽管传统上强调缔约时进路,即合理性要求的远见性进路,但二次检查进路(second-look approach)似乎受到了越来越广泛的接受。作为一个预测问题,即使是声称采用纯粹远见性进路的法院,可能也考虑到了实际遭受的损失。[21] 更重要的是,二次检查的进路已获得大量

---

[19] Hutchison, 259 So. 2d at 132.

[20] See, e.g., United States v. Bethlehem Steel Co., 205 U.S. 105, 119-121 (1907); Sw. Eng' g Co. v. United States, 341 F.2d 998, 1003 (8th Cir. 1965).

[21] Justin Sweet, Liquidated-Damages in California, 60 *Cal. L. Rev.* 84, 135-136 (1972). 斯威特得出结论认为,当直接面对这个问题时,大多数加州法院不会在没有实际损害的情况下刻意执行约定违约金条款 Id. at 139; see also Freedman v. Rector, 230 P.2d 629, 632 (Cal. 1951) 认为,任何不考虑实际遭受的损害而导致财产没收的条款,都是不可执行的惩罚性违约金条款。

支持。[22] 例如，在哈奇森诉汤普金斯案（Hutchison v. Tompkins）中，佛罗里达州法院遵从了海曼案，采纳了难于确定之要求的缔约时进路。然而，法院也通过有效地采纳了合理性要求的二次检查进路进而平衡了此种进路：

> 根据我们的判断，更佳的结果是……如果在合同签订时不易于确定损害数额，则允许约定违约金条款有效，但是考虑到违约时的情况该财产没收（forfeiture）显失公平的，允许根据衡平法减轻此种财产没收。例如，假设在合同签订时损害不易确定，当事人同意数额10万美元的约定违约金条款。买方后来拒绝履行合同，卖方将土地再卖给另一方当事人，由于房地产市场的波动，他自己只损失了2 000美元。在这种情况下，遵从海曼案理论的法院允许约定违约金条款成立，因为赔偿在合同签订时不易确定，但衡平法法院可基于显失公平减少财产丧失。[23]

---

[22] See, e.g., Colonial at Lynnfield, Inc. v. Sloan, 870 F.2d 761, 765 (1st Cir. 1989)（宣告一个约定违约金条款无效，因为尽管该损害赔偿的估计在合同订立时是合理的，但并没有发生实际损害）; Nw. Fixture Co. v. Kilbourne & Clark Co., 128 F. 256, 261 (9th Cir. 1904)（拒绝了没有遭受任何实际损害的公司基于约定违约金条款的索赔）; Vines v. Orchard Hills, Inc., 435 A.2d 1022, 1028 (Conn. 1980)（在决定约定违约金条款的有效性时，考虑违约时的实际损害）; Norwalk Door Closer Co. v. Eagle Lock & Screw Co., 220 A.2d 263, 268 (Conn. 1966)（宣告约定违约金条款无效，因为并没有发生任何实际损害）; Huntington Coach Corp. v. Bd. of Educ., 372 N.Y.S.2d 717, 719 (App. Div. 1975)（在五天时间内没有向一个学区提供校车服务，而该学区没有寻求其他交通工具，公共汽车公司也没给该学区开账单，法院拒绝执行每天100美元的约定违约金条款）, aff'd, 357 N. E. 2d 1017 (1976); Kenneth W. Clarkson, Roger LeRoy Miller & Timothy J. Muris, Liquidated-Damages v. Penalties: Sense or Nonsense?, 1978 Wis. L. Rev. 351, 380（"在条款从事后看不再合理的许多案件中，法院均拒绝执行"）; Restatement Second §356 cmt. b (1979)（"如果……很明显，根本没有发生任何损失，固定一大笔金额作为损害赔偿的条款是不可执行的"）。第356条的示例3和示例4如下：示例3中，A订立合同给B在指定日期前以100万美元的价格为B的赛马场建造一个看台，并为每天延误完工支付1 000美元。A延期十天才完成。如果考虑到预期损失1 000美元并非不合理，而B的实际损失也难以证明，则A的允诺并不是一个规定惩罚性违约金的条款，其执行也不会因公共政策而被排除。示例4的事实与示例3不同，B获得经营其赛道的许可被延迟了一个月，因此可以确定的是，A延迟十天没有对他造成任何损失。由于B的实际损失不难证明，A的允诺就是一个规定了惩罚性违约金的条款，基于公共政策的理由该条款是不可执行的。

[23] Hutchison, 259 So. 2d at 132 (Fla. 1972).

尽管法院使用了显失公平的用语,但通常理解,此原则并不适合描述法院采取的二次检查进路。这既是因为在法院的假设中,没有任何证据表明有剥削或其他不公平行为,也是因为显失公平原则更适于合同订立时的不适当行为(improper conduct)。约定违约金条款的的二次检查进路具有正当性,不是因为二次检查进路表明该条款显失公平,而是因为它表明,该条款很可能是认知缺陷的产物。

概言之,以下原则(被称为约定违约金原则)应适用于约定违约金条款的可执行性:如果约定违约金数额显著大于受允诺人的真实损失(real loss),即受允诺人事实上的损失,而不仅仅是他法律上的损害,那么该条款应是不可执行的,除非证明当事人有特定和深思熟虑的意图,即该条款将适用于实际发生的违约场景。

本原则有几个重要意义(implication)。

第一个意义是,约定违约金条款意在惩罚这一事实并不应使该条款不可执行,大卫·费勒(David Feller)提供了一个惩罚性违约金应可执行的案例:

> 很多规范员工薪酬的合同规则都包含惩罚(penalties),并且也是有意这样协商谈判的。例如,周六和周日工作时间的额外报酬,或者正常安排时间前后的额外报酬,通常意在惩罚不适当的安排。这些薪酬规则的惩罚性(punitive character)体现在,同一行业轮班工作的额外报酬比周末和加班的额外报酬(premium)小得多,或者体现于预计周日也会工作的连续流程行业中的额外报酬与所有其他行业中的额外报酬之比较。[24]

第二个意义是,应放弃难于确定之要求,因为该检测与确定约定违约金条款是否为认知局限的产物无关。约定违约金原则的此种修正(modification)并没有像看起来的那么激烈。哈奇森案等案例认为难于确定之要求是基于缔约时进路,实际上是放弃了难以确定之要求,因为通常不可

---

[24] David E. Feller, The Remedy Power in Grievance Arbitration, 5 *Indus. Rel. L. J.* 128, 133 (1982).

能在合同订立时确定违约时的实际损害是多少。

第三个意义是,法院通常不用太彻底地审视以保证金形式存在的约定违约金条款。相比于简单的约定违约金条款,采用此种形式的约定违约金条款,更少涉及认知问题,部分原因是付钱的行为(putting down money)使人强烈地集中精神(focuses the mind),部分原因是保证金是实例化的、具体化的、生动的和现场化的。

尽管根据约定违约金原则,约定违约金条款经常是不可执行的(即使在传统原则下也是如此),但约定违约金原则会对约定违约金条款产生重大影响。根据此原则,通过将证明约定违约金条款不可执行的负担转移给允诺人,约定违约金条款减轻了受允诺人证明损害的负担。此外,约定违约金条款允许受允诺人获赔传统预期损害赔偿规则下不允许的实际损失。例如,通过使用约定违约金条款,受允诺人应当能够获赔非金钱损失,以及获赔哈德利原则和确定性原则下不允许赔偿的损失。最后,根据约定违约金原则,如果受允诺人的实际损失只能在一个范围内确定,而该条款约定的数额也在那个范围内,那么约定违约金条款应是可执行的。

简言之,法院应对约定违约金条款进行特别审查是一项公认的规则。人们通常认为此规则的理由是,这些条款受到责难特别合适。然而此理由难获支持。因为该理由非常脆弱,案例法也经常不一致;类似案件经常得到不同的裁判,结果往往也难以预测。特别审查规则的真正理由是,约定违约金条款的订立特别受制于认知局限。约定违约金原则的认知正当性将对约定违约金条款进行特别审查的真正原因揭示了出来,并建议了这种审查应采取的形式。此种审查应指向双方当事人是否充分理解约定违约金条款的潜在结果。事前看条款的合理性以及事后看条款的精确性应可阐明此种审查,但如果法院确信当事人有意在实际发生违约的情况下适用该规定,即使约定金额和实际损失之间存在重大差异,也应支持该条款。若非如此,则不支持该条款。

第八编

特定履行

第二十四章　特定履行原则：
实际的和虚拟的特定履行

鉴于预期损害赔偿的局限，受允诺人可以寻求替代形式的救济。最突出的替代救济是特定履行，这是一项命令允诺人按照约定履行合同的司法判决，违者将以藐视法庭的刑事处罚论处。根据传统的合同法原理，特定履行是一种例外的救济，只有在损害赔偿不充分的情况下法院才能判予特定履行。这一基本原理由三条重要规则来详细阐述：（1）如果合同标的是独特的，那么损害赔偿将被认为是不充分的；（2）不动产通常被认为是独特的；（3）即使损害赔偿不充分，在涉及个人服务合同的情况下或者特定履行要求过度的司法监督的情况下，法院也不会判予特定履行。[1]

评论人普遍认为，处于传统原理中心的充分性检测作为确定何时应判予特定履行的工具，并不令人满意，因此就丧失了诸多影响力。正如丹·多布斯（Dan Dobbs）和卡布里卡·罗伯茨（Caprice Roberts）所说：

> 作为一个简单封堵的规则，充分性规则实际上已经死了，也应当死。即使我们喜欢这样做，莱科克（Laycock）渊博的学识和犀利的分析也使我们很难回到那种简单的作为行使裁量权手段的陈词滥调。很难找到无条件支持一般充分性规则的理由。这个规则在今天似乎是法官们不用真正尝试就能掌握的规则之一。尽管该规则不再合

---

[1] See, e.g., *Restatement (Second) of Contracts* §§ 357, 359-360, 366-367 (Am. Law Inst. 1981) [hereinafter Restatement Second]; Lon L. Fuller & Melvin Aron Eisenberg, *Basic Contract Law* 334-335, 338-340 (8th ed. 2006).

适,但是很容易通过**援引权威**(citation)加以阐释。[2]

评论人通常也认为,今天判予特定履行比传统原理所认为的更加自由了。[3] 然而,除了这个一致意见,应当用什么原则来规范特定履行,一直是交战的合同法学者激烈争论的主题。一些学者加入了特定履行的阵营,该阵营旨在捍卫应常规性地判予特定履行的立场。[4] 其他人则加入了损害赔偿的阵营,该阵营捍卫的立场是,只有在进行极大限制的情况下才能判予特定履行。[5] 这两种立场都很有启发性,但没有一个学者能说服对方阵营的成员叛变,甚至在每个阵营中,大多数学者都作为独立单元作战,基本上与他们的同志脱离联系。这一章将在两个阵营公认的危险地带竖起旗帜。本章提出的原则如下:法院应判予实际的特定履行(actual specific performance),除非(1)在特定类型案件中,特殊的道德、政策或经验理由提出其他建议;或者(2)受允诺人可以实现虚拟的特定履行(virtual specific performance),即考虑到可证实偏好(demonstrable preferences),他可以在市场上找到这样一种商品,该商品是出于善意他不能拒绝将其作为被违反之履行的等价物。这一原则被称为特定履行原则。

本章第一节讨论了支持特定履行制度作为常规的三个理由:第一节指出无差异原则、交易原则和信息效应。第二节则指出,尽管这些理由足够充分,足以产生支持特定履行的效果,但是它们不足以证成特定履行制

---

[2] Dan B. Dobbs and Caprice L. Roberts, *Law of Remedies* § 2.5(3), at 100 (3d ed. 2018) (footnotes omitted); see also Arthur Linton Corbin, *Corbin on Contracts* § 63.7 (Joseph M. Perillio ed., 2003 ed.)(以金钱损失不足为由提出异议的情况比以前少了,法官也不怎么考虑它了); Thomas S. Ulen, The Efficiency of Specific Performance: Toward a Unified Theory of Contract Remedies, 83 *Mich. L. Rev.* 341, 374-375 (1984); Walgreen Co. v. Sara Creek Prop. Co., 966 F.2d 273 (7th Cir. 1992)(案例经常没提到充分性,而且即使提到了也没有赋予太多权重); Douglas Laycock, *The Death of the Irreparable Injury Rule*, 253-254 (1991)。

[3] Laycock, supra note 2, at 245-246.

[4] Alan Schwartz, The Case for Specific Performance, 89 *Yale L.J.* 271, 281 (1979).

[5] This position is implicit in the theory of efficient breach. See, e.g., Anthony T. Kronman, Specific Performance, 45 *U. Chi. L. Rev.* 351 (19778); Timothy J. Muris, The Costs of Freely Granting Specific Performance, 1982 *Duke L.J.* 1053; Edward Yorio, In Defense of Money Damages for Breach of Contract, 82 *Colum. L. Rev.* 1365 (1982).

度应作为常规,因为有许多反对此种制度的理由,包括执法过程的性质以及减损难题、机会主义和陪审团审判等。第三节进一步发展了特定履行原则,并将其与传统原理相比较。第四节则涉及特定履行原则在货物买卖合同、不动产合同和服务合同中的适用。

一、支持将特定履行制度作为常规的三个理由

1. 无差异原则

违反交易合同之救济的一个主要目标是满足无差异原则,即主观上使受允诺人在(1)允诺人违约且违约得到救济的状态(state of the world)和(2)允诺人履行的状态之间无差异。无差异原则很好地立基于政策和公平原则。[6] 然而,预期损害赔偿远远不能满足该原则。部分原因是,在市场价格损害赔偿的情况下,司法建构的市场价格往往不能说明买方的主观价值。更重要的原因则是,买方的所失利润往往被哈德利原则、确定性原则或其他损害限制规则切断。特定履行比预期损害赔偿更接近于满足无差异原则,因为它能给予受允诺人经谈判应获得的履行。因此,支持特定履行制度作为常规的一个原因是,该制度能比预期损害赔偿更好地实现无差异原则。

2. 交易原则

合同法的一个基本前提是,自愿和知情的行为人是其效用最大化的最佳判断者。因此,在不存在诸如欺诈、错误或显失公平等抗辩时,合同通常应根据合同条款执行。预期损害赔偿制度则并不根据合同条款来执行:它提供的是履行的货币等价物,而非履行本身。但合同条款通常要求履行,而非履行或履行的货币等价物。如果 A 允诺把他的房子卖给 B,那么 A 允诺要做的就是卖房子这件事,而非要么把房子卖给 B,要么赔偿 B

---

[6] See supra Chapter 10.

的损失。[7] 但将侵权造成的伤害予以货币化是另一回事。在此种情况下，除了货币化别无选择，因为法律无法恢复生命或肢体。然而，在违约情况下，通过命令允诺人履行且允诺人适当行动，法律通常就给予了受允诺人他本会拥有的东西。法律为什么不应当这样做呢？

3. 信息效应

终止合同经常比履行合同更能使合同当事人变好。然而，双方终止（mutual termination）和单方面违约之间有重要区别。几乎没有理由或根本没有理由认为，在允诺人作出履行或违约的决定时，他通常都知道受允诺人置于约定之履行的价值。相比之下，将特定履行制度作为常规能够确保，未经受允诺人的同意，允诺人通常不能终止合同。因此，该制度在允诺人作出终止决定之前，会将受允诺人置于约定之履行的价值信息推向台面。

二、反对将特定履行作为常规的理由

支持将特定履行制度作为常规的理由足以证成放弃如下传统原理：特定履行是一种只有损害赔偿不充分时才判予的特殊救济。然而，这些理由并不足以证成将特定履行制度作为常规，因为政策、道德和经验往往对特定履行不利。其中一些理由是一般性的，而其他理由仅适用于某些

---

[7] 奥利弗·温德尔·霍姆斯（Oliver Wendell Holmes Jr.）的名言是，"在普通法上遵守合同的义务意指一种预测，即如果你不遵守合同就必须支付损害赔偿，仅此而已"。Oliver W. Holmes, Jr., The Path of the Law, 10 *Harv. L. Rev.* 457, 462 (1897). 这句格言通常被解释为，在霍姆斯看来，合同只是要么履行要么支付损害赔偿的允诺。然而，约瑟夫·佩里洛已经表明，从把霍姆斯的作品作为一个整体来看，这并非霍姆斯的观点。Joseph M. Perillo, Misreading Oliver Wendell Holmes on Efficient Breach and Tortious Interference, 68 *Fordham L. Rev.* 1085 (2000). 例如，在给弗雷德里克·波洛克爵士的一封信中，霍姆斯对这句话提出异议，即"我的印象是，一个人要么承诺 X，要么支付损害赔偿。我认为，一个人在合同中允诺支付损害赔偿，这与侵权法中的情况一样。如果某一事件没有发生，那么他就进行了使他对这些事件负责的行为，正如他的侵权行为使他绝对承担责任一样"。Letter from Oliver W. *Holmes to Sir Frederick Pollock* (December 11, 1928), in 2 Holmes-Pollock Letters, 223 (Mark D. Howe ed., 2d ed. 1961).

类型的案件。一般理由涉及强制执行程序、陪审团审判、减损、机会主义和卖方提起诉讼。本节将讨论这些理由。

1. 执行过程

执行特定履行判决的程序与执行损害赔偿判决的程序极为不同。损害赔偿的判予体现在判决中，判决说明被告对原告就指定金额承担责任。在普通案件中，如果判决既没有偿付（pay），也没有和解，那么法院会向被告有财产或收入的县的治安官发出执行令状。治安官随后依法占有并出售被告财产或扣留被告的收入以偿付判决。[8] 相反，特定履行体现在判决允诺人履行的命令中。违反这一命令构成藐视法庭，可被判处监禁、民事罚款或两者兼施。[9] 在此种背景下，在救济阶段，特定履行会引发有关社会规范和错误风险的问题。

（1）社会规范

在我们的社会中，存在着对市场解决方案而非侵入性国家行动的一般偏好。特定履行是一种侵入性较强的救济：国家命令行为人履行一个指定的且通常是复杂的行为。此外，特定履行是一种高度强制性的救济。法院不仅命令行为人采取指定的行为，而且威胁说如果她不这样做，就要通过监禁或者施加罚款的方式把他当作罪犯。监禁一个人或给一个人施加罚款以增加另一个人的私人利益，与适当使用国家武力垄断的社会规范并不一致。这也不符合不当行为和制裁之间应合比例的道德观念。尽管违约是一种不当行为（wrong），但与人身伤害、欺诈或违反信托相比，它还只是一种低强度的不当行为。[10]

---

[8] See 1 Dobbs, supra note 2, §1.4, at 14-16.

[9] 判决可通过统称为补充程序（supplementary proceedings）的多种技术来执行。补充程序有时可能包括命令被告或其他人执行该程序，违反这些命令会被认为构成藐视法庭，但这种命令并不常见。See id. §1.4, at 18.

[10] See Henrik Lando & Caspar Rose, On the Enforcement of Specific Performance in Civil Law Countries, 24 *Int'l Rev. L. Econ.* 473, 483 (2004). See also Doug Rendleman, The Inadequate Remedy at Law Prerequisite for an Injunction, 33 *U. Fla. L. Rev.* 346, 355-356 (1981). 诚然，从技术上说，未能进行特定履行而被判藐视法庭罪的允诺人，是因为违抗法院而非违反合同而受到惩罚。然而，这只是从技术上来说是真的，因为如果合同得到履行，就不会有藐视行为了。

(2) 错误风险

法律制度可能在合同案件的两个阶段出现错误：责任阶段和执行阶段。在责任阶段，错误的可能性和后果在损害赔偿和特定履行之间不太可能有很大差异。然而，在执行阶段，则可能存在重大差异。确定金钱判决是否得到履行时的错误风险非常小；相比之下，在确定被告是否根据特定履行的命令适当履行义务时，错误风险则会很大。合同通常就必须做出什么履行留下很大解释空间，要求履行的命令也因此留下相同空间。因此，在判予特定履行的场合，允诺人可能因错误地解释合同而错误地违反命令，或者法院可能会因错误地解释合同而错误地断定允诺人违反了命令。

此外，执行阶段的错误后果在特定履行情况下比在损害赔偿情况下要严重得多。在损害赔偿判决是否得到履行方面出现错误时，可能要求被告支付的款项多于或少于实际欠款。相比之下，如果在特定履行命令是否得到遵守方面出现错误，那么被告可能会被不适当地罚款或被送进监狱。尽管有办法改善这个问题。例如，在藐视法庭的听证会上，法院可能让允诺人获得疑罪从无的利益(the benefit of the doubt)或再给他一次机会。然而，监禁或罚款的威胁总是隐藏在特定履行的命令背后，这些后果构成了不应当常规性地判予特定履行的另一个理由。

2. 陪审团审判的问题

出于宪法和历史的原因，缔约方通常在损害赔偿诉讼而非特定履行诉讼中获得陪审团审判的权利。[11] 然而，有权诉请特定履行的受允诺人并不因此丧失提起损害赔偿诉讼的权利。因此，在大多数情况下，如果受允诺人有权就特定履行提起诉讼，那么该权利实际上是就损害赔偿或特定履行提起诉讼的选择权，一种允诺人并不享有的选择权。因此，将特定履行权作为常规并不旨在赋予受允诺人如下选择权：通过提起特定履行的诉讼来拒绝受允诺人接受陪审团审判的权利。

---

[11] See 1 Dobbs & Roberts, supra note 2, §2.6(2), at 107.

3. 减损问题

支持判予特定履行作为常规的论点似乎常常默认特定履行是即时判予的，但实际上诉讼需要时间。确实，特定履行，特别是临时禁令救济形式的特定履行，有时可以很快判予。然而，通常甚至典型情况是，特定履行诉讼须在违约后很长一段时间才得以解决。[12] 在特定履行的语境下，迟延因素可能会引起与减损有关的问题。合同法的一般原则是，受害方应采取合理措施减轻他的损失，从而减轻允诺人的损害赔偿。[13] 作为政策问题，减损义务是可取的（desirable），因为它降低了社会成本。作为道德问题，它也是可取的。如果允诺人在合同场景中有遭受重大损失的风险，并且受允诺人可以采取行动来防止这种损失，而该行动并不要求其放弃重大的谈判优势、承担重大风险或承担其他重大成本，那么为了公平起见，受允诺人应有义务采取该行动。[14] 特定履行制度作为常规将与减损原则相冲突，因为在这种制度下，受允诺人即使没有减损，也可以获得特定履行。

这个问题可以通过以下范例来说明：买方 B 已与卖方 S 缔约来购买一种需要花费时间生产的商品。B 指示 S 停止履行，因为 B 确定，已完成之商品对他的价值将低于合同价格。在这种范例下，特定履行将涉及重大的私人成本和社会成本，因为卖方通过持续履行既增加了买方的成本，也增加了社会成本，却没有使自己明显受益。罗金汉姆县诉鲁滕大桥公司案（Rockingham County v. Luten Bridge Co.）[15] 能阐明此种范例提出的问题。罗金汉姆县和鲁滕大桥公司签订了一项合同，鲁滕大桥公司将为该县建造一座桥梁。但在鲁滕大桥公司开始建桥后，县里决定不需要这座桥了，并指示鲁滕大桥公司停止工作。另外，该县还取消了一条通往

---

[12] See, e.g., Weathersby v. Gore, 556 F.2d 1247, 1250 (5th Cir. 1977) (contract made in 1973, appeal decided in 1977).

[13] See generally Charles J. Goetz & Robert E. Scott, The Mitigation Principle: Toward a General Theory of Contractual Obligations, 69 Va. L. Rev. 967, 969 (1983).

[14] See supra Chapter 10.

[15] 35 F.2d 301 (4th Cir. 1929).

大桥之道路的建设合同。鲁滕大桥公司无视指示,建成了大桥,并诉请合同价格。由于县政府不需要这座桥了,而且如果没有道路,这座桥就不能使用,建成这座桥的成本就是一种社会损失。[16]

此外,范例下的社会损失并未被卖方的私人利益所抵消。在该范例下,卖方的损害赔偿通常以合同价格减去卖方违约时剩余的可变成本来计算。[17]根据此公式,如果买方取消合同,服务提供商无论是否继续履行都可获得利润损失。因此,继续履行合同(continuing to perform)会增加买方的损害,但不会增加卖方的收益。例如,假设在罗金汉姆县诉鲁滕大桥公司案中,合同价格为10万美元,建造桥梁的可变成本为8万美元,当鲁滕大桥公司产生了4万美元的预计可变成本时,该县取消了合同。在此种情况下,如果鲁滕大桥公司在县政府取消合同时停止工作,鲁滕大桥公司的损失是6万美元,10万美元的合同价格减去剩余的仍然要产生的4万美元的可变成本。然而,从损害赔偿中获得的收益只有2万美元,因为6万美元损失中的4万美元将仅仅补偿鲁滕大桥公司在违约前发生的可变成本。现在假设鲁滕大桥公司没有停止履行,而是完成了履行(事实就是这样)。如果这也允许的话,那么鲁滕大桥公司的损失就是10万美元的合同价格(不会扣除剩余的可变成本,因为这些成本不存在了)。然而,鲁滕大桥公司的收益仍然只有2万美元,因为在10万美元的损失中,8万美元仅仅偿付了鲁滕大桥公司发生的可变成本。因此,在该县取消合同后,鲁滕大桥公司的继续履行将使该县的损失从6万美元增加到10万美元,但并不会使鲁滕大桥公司变得更好。在此种情况下,服务提供商不应获得特定履行。

---

[16] 法院可能认为鲁滕公司不能获得合同价格。Id. at 307. 这是美国规则,但英国规则是不同的。See White & Carter (Councils) Ltd. v. McGregor, [1962] A.C. 413 (HL) 427 (appeal taken from Scot.); Melvin A. Eisenberg, The Duty to Rescue in Contract, 71 *Fordham L. Rev.* 647, 656-657 (2007)。

[17] 根据一个等效的公式,卖方的损失以所失利润来计算,基于合同价格减去总的可变成本,再加上违约前发生的可变成本。这两个公式都需要抵消买方之前支付的金额,就当下的目的而言,该金额可忽略不计。这两个公式产生相同结果。

韦瑟斯比诉戈尔案（Weathersby v. Gore.）[18]说明了减损原则和特定履行制度作为常规之间冲突的另一个方面。3月6日，农民戈尔同意以每磅30便士的价格将当年在500英亩土地上生产的棉花卖给韦瑟斯比。5月3日，戈尔通知韦瑟斯比要取消合同。韦瑟斯比本可从另一家供应商那里购买棉花进行补进，但他没有这样做。5月3日之后不久，棉花卖到了约为35便士。9月28日，韦瑟斯比起诉要求特定履行。到那时，棉花价格已飙升至80便士。判予韦瑟斯比特定履行与支持减损义务的强有力政策理由相冲突，法院恰当地认为韦瑟斯比无权获得特定履行，原因是他本可补进。正如法院所说：

> 韦瑟斯比受到了充分保护，不会因戈尔违反合同而产生任何损害。戈尔告知他将不再履行合同时，他本可以在公开市场上购买更多棉花，但他没有这样做。因此，如果有权获得损害赔偿，他必须接受合同价格与戈尔取消合同时市场价格之间的差额。[19]

简言之，特定履行制度作为常规，有时或经常会与违约受害人有义务采取合理行动以减轻其损害的原则相冲突。

4. 卖方提起的诉讼

在卖方提起的诉讼中，将特定履行制度作为常规通常也是不合适的。在卖方违约的情况下，买方的市场价格损害赔偿往往远不能满足无差异原则，部分原因则是就异质商品所建构的市场价格往往不能考虑买方的主观价值，部分原因则是买方的所失利润经常被哈德利原则、确定性原则或其他损害赔偿限制规则所切断。相比之下，通常而言，买方的唯一义务是付款。因此，买方违约通常不涉及计算受允诺人主观价值的问题，因为没有特定美元具有不同于任何其他特定美元的主观价值。同样，买方违约很少涉及哈德利原则的问题，因为卖方通常不会仅因特定买方没有付款就放弃盈利机会。因此，在通常情况下，除非卖方对不遵守命令可能实

---

[18] 556 F.2d 1247 (5th Cir. 1977).
[19] Id. at 1258-1259; see also Duval & Co. v. Malcom, 214 S.E.2d 356, 359 (Ga. 1975).

施的严厉制裁设定了情感价值,否则卖方在因买方不付款而承担的损害赔偿以及命令买方付款的判决之间无差异。因此,在买方违约的情况下,卖方因买方不付款而提起的损害赔偿诉讼等同于虚拟的特定履行诉讼,而此种诉讼的可用性(availability)应排除实际的特定履行诉讼。针对买方的常规的特定履行权也是不适当的,因为这将否认买方接受陪审团审判的权利,并使他们在无充分理由的情况下就面临债务监禁的威胁。

5. 机会主义的问题

艾伦·施瓦茨(Alan Schwartz)提出了支持特定履行制度作为常规的论点:(1)由于被强制履行的允诺人可能做出瑕疵履行,特定履行通常是一种并不令人满意的救济;(2)因此,只有当损害赔偿不足以将受允诺人置于合同已履行的地位时,受允诺人才会诉请特定履行;(3)既然如此,如果受允诺人诉请特定履行,我们就知道损害赔偿是不充分的;(4)因此,应常规性地判予特定履行。[20]

该论点是有缺陷的,因为第二个前提并不正确。并非只有在损害赔偿不充分的情况下,受允诺人才会诉请特定履行。相反,在买卖合同的情况下,受允诺人可以机会主义地诉请特定履行,因为特定履行提供了敲诈(extortion)的可能。

就以韦瑟斯比诉戈尔这一棉花销售案为例来加以说明。特定等级的棉花通常是可替代的,本案中没有任何迹象表明戈尔的棉花有什么特别之处。因此,戈尔可以通过交付他自己的棉花或在市场上购买等量的同等级棉花来完成特定履行的命令。因此,更值得注意的是(With one major caveat),判予戈尔特定履行与以合同价格和市场价格之间的差额计算的预期损害赔偿没有区别。此处需要注意的是(Here is the caveat):有权主张特定履行的受允诺人也有权诉请损害赔偿以代替特定履行。如果受允诺人诉请损害赔偿,那么他的损害将按违约时的市场价格来计算。相比之下,如果受允诺人诉请特定履行,那么他可以有效地迫使卖方以发出命

---

[20] Schwartz, supra note 4, at 276-278.

令时的市场价格购买商品交给买方。因此,在这些情况下,如特定履行制度作为常规,机会主义的买方起初会同时提起特定履行和损害赔偿的诉讼。如果商品价格在违约后上涨,那么买方将放弃损害赔偿的诉讼,并让卖方以命令发布时的市场价格为其购买商品,或者更可能的是让卖方接受当时的市场价格与合同价格之间的差额。同时如果商品价格在违约后下跌,那么买方将放弃特定履行的诉讼,并根据违约时的市场价格获得损害赔偿。但是,在违约时买方可以补进的场合,法律不应允许买方机会主义地使卖方任由他宰割(put the seller in this fork)。[21]

特定履行制度作为常规还会在以下场合创造机会主义的可能性:卖方违约,且卖方的履行成本与履行对买方的价值之间的差额如此大,以至于买方显然并不真正想要特定履行。相反,买方只想要一个他可用作杠杆来获取卖方成本和买方价值之间部分差额的命令。例如,在东方轮船公司诉美国案(Eastern Steamship Lines, Inc. v. United States)[22]中,政府征用东方轮船公司的阿卡迪亚号在第二次世界大战中使用。政府同意,在归还阿卡迪亚号之前将船只恢复到交给政府时的状态,或者向东方轮船公司支付将船只恢复到该状态所需的金额。然而,政府没有做任何一件事,于是东方轮船公司提起预估之修复成本的诉讼。修复这艘船的成本是400万美元,但修复后阿卡迪亚号的价值只有200万美元。法院正确地判决东方轮船公司无权获得修复费用。由于东方轮船公司不会真需要特定履行,它并不会执行该命令。相反,它会机会主义地与政府讨价还价,通过放弃特定履行的权利来换取200万至400万美元之间某个金额的赔偿。

同样,在雅各布和杨斯公司诉肯特案(Jacob & Youngs, Inc. v. Kent)[23]中,雅各布和杨斯公司签约为肯特建造乡村房屋。合同要求使用雷丁公司制造的铸铁管。房子完工后,肯特得知雅各布和杨斯公司安装了科霍斯公司制造的铸铁管。科霍斯管在质量、外观、市场价值和成本

304

---

[21] See 3 Dobbs, supra note 2, §12.8(1), at 195.
[22] 112 F. Supp. 167 (Ct. Cl. 1953).
[23] 129 N. E. 889 (N.Y. 1921).

上与雷丁管相当,尽管是在另一个地方制造的,但它们的确是同样的东西。[24] 由于管子大部分被封闭在已完工房屋的墙壁内,用雷丁管替代科霍斯管需要大量费用来拆除和重建大部分房屋。即使法院命令雅各布和杨斯公司特定履行,肯特显然也不会执行该命令。相反,他会机会主义地与雅各布和杨斯公司讨价还价,放弃他的特定履行权,以获得(1)科霍斯管和雷丁管之间差异对他的价值,以及(2)拆除和重建房子的费用。东方公司与雅各布和杨斯公司等案进一步说明了上述观点,即受允诺人诉请特定履行也并不意味着真想要它。

三、特定履行原则

特定履行原则指的是,除非在特定的案件类别中特殊的道德、政策或经验理由另有建议(suggest),或者受允诺人可以实现虚拟的特定履行,否则应判予实际的特定履行。该原则平衡了支持和反对特定履行作为常规的理由。该原则要求判予实际的特定履行,除非特殊的道德、政策或经验理由在特定的案件类别中另有建议,或者受允诺人可以实现虚拟的特定履行。根据这一原则,应当灵活而非常规性地判予特定履行。

特定履行原则下的结果与传统原理下的结果经常是相同的。然而,该原则和传统原理存在三大区别。

第一个区别是传统原理下的检测以法院为中心。也就是说,检测取决于法院认为损害赔偿是否充分,或者是否易于计算,或者合同约定的商品是否独特。即使是安东尼·克朗曼发展的最简洁版本的传统学说也是如此,它将可计算性问题和独特性问题合二为一:

> 虽然在某种意义上的确如此……每种商品都有替代品,但这是一个空洞的事实。在计算金钱损害赔偿时,重要的是违约标的替代品的可用信息数量、精细程度和可靠性。当相关信息很少且不可靠

---

[24] Id. at 890.

时,就存在金钱损害赔偿判决多于或少于受允诺人实际损失的风险。当然,这种风险总是可以降低的,但在难以获得可靠信息时成本巨大。相反,当大量消费者的行为产生了关于替代品丰富且高度可靠的信息时,计算受允诺人损失的错误风险可以更少成本来降低。在主张特定合同的标的物是独特的且没有普遍接受的市场价值时,法院实际上是在说,它不能以合理成本获得关于替代品的充分信息,以至于在不对遭受损害的受允诺人施加不可接受的赔偿不足的高风险情况下,它无法计算金钱损害赔偿数额。[25]

与传统原理不同,特定履行原则是以受允诺人为中心的(promisee-centered)。该原则下的问题是,鉴于受允诺人可证实的偏好,受允诺人在允诺人违约时不能善意拒绝该商品,其作为违约商品之等价物且在市场上容易获得。因此,正如托马斯·尤伦所说:

> 主观估价而非独特性……使特定履行具有吸引力。显然,独特性和主观估价之间有关系:比起高度可替代物品,有人更可能将高于市场价值的价值附加到稀有独特物品上。然而,有人附加主观估价之物品的种类要多于独特物品的种类。[26]

特定履行原则和传统原理之间的第二个区别会容易导致该结论,即如果适用传统原理的法院很难(如果有的话)得出这一结论,那么就应判予特定履行。例如,在阿勒格尼能源公司诉 DQE 公司案(Allegheny Energy, Inc. v. DQE, Inc.)[27]中,问题是大型公共事业公司阿勒格尼能否明确执行与另一家大型公共事业公司 DQE 的合并合同。地区法院适用了传统原理,以损害赔偿充分为由拒绝了特定履行。上诉法院也适用传统原理,但在详细探讨损害赔偿因难以计算而不足之原因的长篇分析基础上推翻原判并判予特定履行。相比之下,特定履行原则不要求进行详细分析。没有任何特殊的政策、道德或经验理由不给予特定履行,而且难以置

---

[25] Kronman, supra note 5, at 362.
[26] Ulen, supra note 2, at 375-376.
[27] 171 F.3d 153 (3d Cir. 1999).

信的是,阿勒格尼可以通过找到一个有 DQE 商业和财务特点的替代性合并伙伴,并愿意按照与 DQE 相同的条款和条件进行合并,从而实现虚拟的特定履行。

特定履行原则和传统原理之间的第三个区别是,该原则提供了相对明确的标准,而传统原理却没有。正如多布斯所指出的,损害赔偿的充分性已经从一个检测转变为一个因素。一旦这种转变发生,传统原理就不再提供关于何时应当判予特定履行的标准了。实际上,传统原理的规则只变成了一张适用起来高度不确定的清单。相比之下,特定履行原则既能更好地解释案件,也能更好地预测结果。

四、特定履行原则在重要类型合同中的适用

306　本节将通过举例说明特定履行原则在货物买卖合同、不动产买卖合同和服务合同中的适用来阐释特定履行原则。

1. 货物买卖合同

根据特定履行原则,在货物买卖合同中是否应判予特定履行取决于四个变量:是买方还是卖方违反了合同、货物异质化程度、市场性质和合同目的。

(1)卖方违反货物买卖合同

为考虑是否应当在货物买卖合同中判予特定履行,货物可以分为三类:无差别或可替代的同质货物,高度异质货物,以及中等异质货物。

①近期要交付的同质货物

同质货物的概念通常会让人联想到小麦、煤炭或钢铁等基本商品。然而,就特定履行的目的而言,新的制成品也可能是同质的。例如,具备特定工厂安装选项的新 2016 年款丰田凯美瑞 LEs 具有同质性,特定规格的新铁姆肯滚柱轴承(Timken roller bearings)也是如此。然而,新车和新滚柱轴承都不具有同质性。

正常情况下,同质商品在相对稠密市场上(on a relatively thick market)销售,能在近期交货。在这种情况下,不因卖方违约而判予特定履行,因为通过在市场上购买相同的替代品,并诉请补进价格和合同价格之间的差额,买方可以实现虚拟的特定履行。与实际的特定履行相比,结果是一样的。因为商品是同质的,主观估价不是问题。由于补进的买方通常不会因违约而遭受利润损失,哈德利原则和确定性原则都不提出这样的问题。例如,假设卖方同意以每蒲式耳 4 美元的价格向买方出售 1 000 蒲式耳的 2 号小麦,9 月 1 日交货。买方计划用该小麦来完成他与 T 签订的以每蒲式耳 4.5 美元的价格买卖 2 号小麦的合同。9 月 1 日,卖方违约。违约时,2 号小麦的市场价为每蒲式耳 4.25 美元。如果买方立即被判予特定履行,他将从卖方那里以每蒲式耳 4 美元的价格获得小麦,并将小麦交付给 T,获得每蒲式耳 50 美分的利润。如果特定履行不是可用的救济,那么买方则会以每蒲式耳 4.25 美元的价格补进,再将小麦交付给 T,并起诉卖方主张补进损害赔偿。买方将再次获得每蒲式耳 50 美分的利润——出售给 T 的利润为每蒲式耳 25 美分,对卖方的损害赔偿为每蒲式耳 25 美分,因此实现了虚拟的特定履行。如果买方购买小麦是为了使用而非转售,那么相似的分析也同样适用。例如,如果买方是一个面包师,他计划用小麦制作面包出售给超市。

当然,买方在虚拟的特定履行下的状况可能不如他在合同履行时的经济状况一样好,因为要实现虚拟的特定履行,买方必须支付争议解决的费用,并且可能无法获得对裁判前利益的充分补偿。然而,如果买方寻求实际的特定履行,那么这些不足也会出现。因此,即使买方在虚拟的特定履行下的经济状况不如合同履行时的经济状况那样好,但也与他获得实际的特定履行时的经济状况是一样的。

艾伦·施瓦茨认为,即使在同质商品情况下,特定履行也应当常规性地可用。他的论点的关键是,卖方可以像买方一样有效地补进,且能通过向买方移转替代货物予以履行。[28] 然而这并非不证自明的。卖方是了解最佳销售渠道的专家,但补进涉及购买,买家是了解最佳购买渠道的专

---

[28] Schwartz, supra note 4, at 286.

家。此外,即使卖方可以像买方一样容易地补进,但当买方可以容易地完成虚拟的特定履行时,也没有提供充分理由来判予实际的特定履行。当市场交易将买方置于完全相同的地位时,为什么要使用高度侵入性和强制性的救济,并剥夺卖方接受陪审团审判的权利呢?此外,在同质商品买卖合同的正常情况下,特定履行不仅不必要,而且也不适当,因为正如韦瑟斯比诉戈尔那个棉花案所表明的,这将与减损原则相冲突。

②长期供应合同

如果同质商品的买卖合同是长期供应合同,而非近期交货的合同,那么由于同质货物买卖的长期合同在两个相关方面不同于通常情况,特定履行是必须的。

第一,签订同质商品长期供应合同的买家通常都会这样做,因为他们都对供应的可靠性支付了特别高的溢价。通常,只有实际的特定履行才能为买方提供他交易所得的高可靠性。

第二,也是更重要的一点,在同质商品长期供应合同中,合同标的物不仅仅是货物。买方缔约所要的不是一定数量的特定价格的货物,而是在特定时期内供应一定数量的特定价格的货物。因此,问题并不是货物是否同质,而是在同一时期供应此类货物的合同是否同质。如果买方签订了长期的货物供应合同,同类货物在市场上容易获得的事实并不意味着买方可以补进。相反,只有同一时期此类货物买卖合同在市场上易于获得时,买方才可能补进。但那通常不太可能发生。因此,在这些情况下通常应判予特定履行。

拉克莱德天然气公司诉阿莫科石油公司案(Laclede Gas Co. v. Amoco Oil Co.)[29]很好地说明了这些问题。1970年,阿莫科和拉克莱德(更准确地说,是他们的前身)签订了一份主合同。该合同旨在允许拉克莱德向密苏里州的住宅开发项目提供当地丙烷气体分配系统,直到天然气主管道延伸至特定开发项目。主合同预计开发商将向拉克莱德申请当地丙烷分配系统。然后拉克莱德可以要求阿莫科向其提供丙烷用于开发。拉克莱

---

[29] 522 F.2d 33, 40 (8th Cir. 1975).

德会在主合同规定形式的书面协议(letter agreement)中提出这样的要求。如果阿莫科决定向该开发项目供应丙烷,那么它将通过签署书面协议来约束自己这样做。拉克莱德方面同意将阿莫科公布的丙烷价格加上每加仑4便士作为从阿莫科购买丙烷的价格。

由于拉克莱德同意支付与市场相适应的不断变化的价格,显然,合同的主要目的是确保供应的可靠性,而非价格的可靠性。阿莫科违反达成的书面协议,停止向拉克莱德供应丙烷。在违约时,丙烷在公开市场上很容易买到。尽管如此,法院还是适当地命令特定履行,因为尽管丙烷在市场上很容易买到,但毫无争议的专家证词说"考虑到全球能源供应之不确定的未来,拉克莱德可能找不到另一家愿意签订诸如阿莫科协议这样的长期合同的供应商了"[30]。

③**市场上不容易获得的货物**

如果同质货物在市场上不容易获得,也应就同质货物买卖合同判予特定履行。如下场合就是此种情况,例如,如果卖方是垄断者,那么他的货物没有发达的售后市场,或者相关种类的货物因为战争等冲击而严重短缺,以至于在市场上获得该货物将非常困难。例如,在凯泽贸易公司诉联合金属矿产公司案(Kaiser Trading Co. v. Associated Metals & Minerals Corp.)[31]中,联合公司同意向凯泽公司的铝厂供应4 000吨冰晶石,这是生产铝不可或缺的化合物,但联合公司在凯泽公司提出诉讼时仅供应了500吨冰晶石。[32] 在凯泽公司提起诉讼的时候,公开市场上只有几百吨冰晶石。法院恰当地命令特定履行。同样,在东部航空公司诉海湾石油公司案(Eastern Air Lines, Inc. v. Gulf Oil Corp)[33]中,海湾石油公司签订合同,以向东部航空公司供应某些城市的航空燃料。海湾石油公司在20世纪70年代欧佩克抵制石油造成的能源危机期间宣布拒绝履行合同(renounce the contract)。法院发现,如果海湾石油公司停止向东方航空公司

---

[30] Id.
[31] 321 F. Supp. 923 (N.D. Cal. 1970).
[32] Id. at 925.
[33] 415 F. Supp. 429 (S.D. Fla. 1975).

提供燃料,那么"结果会是诸多混乱",遂命令了特定履行。[34]

(2)高度异质货物

如果货物是高度异质化的(独特的),那么根据假设,虚拟的特定履行就不可用了,通常就应当而且也确实会判予实际的特定履行。高度异质化可能是客观的,也可能是主观的。作为一个客观和主观问题,一幅"老大师"*的画作与任何其他画作相比都是高度异质化的。任何其他不平凡的艺术品或者封闭公司的控制性股份也是如此。如果一美元钞票是企业赚取的第一美元,那么作为主观问题,这一美元钞票也可以是高度异质化的。

(3)中等异质货物

货物买卖合同也可能涉及中等异质货物。一个例子是一种与其他同类旧货物相似但并不相同的货物。例如,假设铁姆肯滚柱轴承公司同意向买方出售2万个400毫米球面滚柱轴承。轴承与其他制造商生产的400毫米球面滚柱轴承基本但不完全相同。铁姆肯公司违约了。铁姆肯公司滚柱轴承没有显著的售后市场。根据特定履行原则,问题不应当是其他制造商的400毫米球面滚柱轴承是否客观上接近铁姆肯公司产品的替代品。相反,买方的问题应当是,是否基于其可证实的偏好而善意地拒绝接受其他制造商的滚柱轴承作为替代品。例如,因为铁姆肯公司滚柱轴承的某个方面对实现其目的特别有用,或者因为它希望所有机器都用相同的滚柱轴承,或者因为铁姆肯公司滚柱轴承在可靠性方面享有特殊声誉。在以上任何一种情况下,买方都无法通过市场交易实现虚拟的特定履行,因此应有权获得实际的特定履行。这种方法反映在《合同法重述(第二次)》的一个例子中:

---

[34] Id. at 442. See also Texas Co. v. Cent. Fuel Oil Co., 194 F. 1, 10-11, 24 (8th Cir. 1912) (crude oil); Kann v. Wausau Abrasives Co., 129 A. 374, 378-379 (N.H. 1925) (garnets); G.W.S. Serv. Stations, Inc. v. Amoco Oil Co., 346 N.Y.S.2d 132, 143 (N.Y. Sup. Ct. 1973) (gasoline); De-Moss v. Conart Motor Sales, Inc., 72 N. E. 2d 158, 160 (Ohio Ct. C.P. 1947), (new autos), aff'd, 78 N. E. 2d 675 (Ohio 1948). 此外,即使一种商品通常是可获得的,如果该商品不能迅速获得或不能在当地销售区域获得,也应当判予且也会判予特定履行。See Bomberger v. McKelvey, 220 P.2d 729, 735-736 (Cal. 1950) (salvaged plate glass and skylights); Cumbest v. Harris, 363 So. 2d 294, 297 (Miss. 1978) (stereo components)。

* Old Master——常常是指1750年前出生的那些欧洲著名的艺术家。——译者注

A缔约卖给B竞赛用单桅帆船"哥伦比亚号",这艘单桅帆船是一个特定建造商制造的一类相似船只之一。虽然这一类的其他船只很容易获得,但它们的竞赛用特征有很大不同,而B选择了"哥伦比亚号",因为该类船只被认为是轻空中的女巫(a witch in light airs),比其他大多数船只都好。A拒绝履行合同,B诉请特定履行。可恰当地判予特定履行。[35]

(4)买方违约

在正常情况下,货物的卖方不应因买方违约而被判予特定履行:因为买方通常只同意付款,卖方通常得通过如下方式实现虚拟的特定履行:在市场上再卖合同约定的商品,然后提起再卖价格和合同价格之间的差额加上第二次销售成本的损害赔偿诉讼。这正是《统一商法典》所采取的立场。该法典第2章考虑在适当情况下由买方而非卖方提起特定履行诉讼。[36]假设卖方经过合理努力后无法以合理价格再卖货物,或者情况表明这种努力将无效。《统一商法典》第2—709条规定,如果卖方已将约定货物确定在合同项下,即指定将该货物交给买方,那么他就可对买方提起货物价格的诉讼。该诉讼有时具有特定履行诉讼的特点[37],可能因为它要求买方完全按照他允诺的去做,即支付购买价格。然而,事实上,依据普通法,该诉讼是为了损害赔偿,因此构成了虚拟的而非实际的特定履行。因为诉讼是依据普通法,买方有权接受陪审团审判,判决可以通过扣押买方财产或收入(a levy on the buyer's property or income)而非藐视法庭来执行。

2. 不动产买卖合同

(1)卖方违约

在卖方违反了买卖不动产合同的场合,传统规则是判予特定履行。

---

[35] *Restatement Second* § 360 cmt. b, illus. 2.

[36] Compare U.C.C. § 2-703 (Am. Law Inst. & Unif. Law Comm'n 2002)(卖方的一般救济)with U.C.C. § 2-711 (Am. Law Inst. & Unif. Law Comm'n 2002)(买方的一般救济)。

[37] See, e.g., Laycock, supra note 2, at 252.

该规则的基础是所有不动产都是独特的。[38] 然而这个命题是不准确的。不动产可能是高度异质的,例如弗兰克·劳埃德·赖特的住宅或标志性的商业建筑;可能是中等异质的,如大多数住宅和商业地产;也可能是同质的,例如大片开发的房屋和未开垦的土地。少数案例承认这一现实,并批评传统规则。例如,在加拿大最高法院判决的塞梅尔哈戈诉帕拉麦迪凡案(Semelhago v. Paramadevan)[39]中,卖方违反了出售房屋的合同。尽管本案不涉及特定履行的命令,但法院有力地指出,并非所有房地产都是独特的:

> 虽然普通法一度认为每一块不动产都是独特的,但随着现代房地产开发的进展,情况不再如此了。住宅、商业和工业地产都像其他消费者产品一样可以大规模生产了。如果一处不动产交易失败了,另一处不动产通常(尽管不总是)也是容易获得的。
>
> 因此,在特定履行进路上维持财产(reality)和人格之间的区分已经不再合适了。不能假定,在所有情况下,不动产买卖的违约损害赔偿都是不充分的救济……[40]

在爱达荷州最高法院判决的沃特金斯诉保罗案(Watkins v. Paul)[41]中,法院基于类似理由,拒绝了购买一块土地选择权的特定履行:

> 证据未能证明原告出于任何特定的、独特的目的需要系争土地,而这是判予特定履行的主要原因之一;相反,原告自己的证据证明,他们寻求获得该土地只是为了转售获利。在这些情况下,特定履行不会给原告带来比所失利润数额之损害赔偿更多的救济。[42]

塞梅尔哈戈案和沃特金斯案代表了少数派的观点。虽然他们说一些不动产是同质的是正确的,但有两个相关原因说明了为什么出售不动产

---

[38] *Restatement Second* § 360 cmt. e.
[39] [1996] 2 S.C.R. 415.
[40] Id. at 428.
[41] 511 P.2d 781 (Idaho 1973).
[42] Id. at 783.

的合同在所有情况下对买方都是可特定履行的。

第一个原因涉及可实施性。同质不动产是例外,而非常规。鉴于买方可证实的偏好,大多数不动产都具有特殊特征,这些特征将证成买方关于替代品在市场上不易获得之善意决定。因为大多数不动产都有这样的特点,所以在实施上采用一个涵盖所有不动产的简单规则而非进行昂贵的个案分析会更好。

出售不动产的合同通常应由卖方特定履行的第二个原因是,针对不动产买方的特定履行通常不会提出与该救济相关的所有问题。根据现代法规,不动产买卖合同的特定履行诉讼通常不会经由对卖方可执行的藐视法庭命令而终结。相反,这种诉讼通常以自动执行命令而终结,该命令具有契约效力,并可记录在契约登记处(Registry of Deeds)。[43] 因此,卖方的财产通常在没有任何他方诉讼的情况下转让,以至于特定履行在此种语境下通常既不具有高度侵入性,也不具有高度强制性,在执行阶段也不会有严重的错误风险。

(2)买方违约

在不动产买卖合同中,特定履行通常也适用于买方。几乎不变的是,在这些情况下,命令的目的不是要求买方付款,而只是切断买方的财产权益,以便卖方可以自由和明确地再卖财产。尽管变卖命令(foreclosure decree)通常被称为特定履行,但它是自动执行的。因此,就像针对违约之不动产卖方的命令一样,针对违约之不动产买方的命令通常不会涉及因特定履行诉讼可能引发的问题。

3. 服务合同

将特定履行原则适用于服务合同引发了几类问题。本节从雇佣合同

---

[43] See, e.g., Ga. Code Ann. §9-11-70 (2017); See also Silverman v. Alday, 38 S.E.2d 419, 423 (Ga. 1946).

等个人服务合同开始[44],然后更一般地考虑服务合同。

(1)个人服务合同

①雇员违约

如果雇员违反雇佣合同,他的雇主通常无法实现虚拟的特定履行,因为他无法找到同等的员工。然而,由于特殊的道德问题,雇主不应也不会被判予特定履行;命令雇员特定履行雇佣合同的命令看起来太像强制奴役或劳役抵债。正如道格拉斯·莱科克所说:

> 雇佣合同不会针对员工特定履行这一规则的理由是,自由劳动的实体法承诺。尽管动产奴役(chattel slavery)与专业运动员和演艺人员合同的特定履行之间存在巨大的社会间隔(social distance),但类似政策也适用于这两者……于蔑视法庭的痛苦中工作的命令将在履行服务时产生强制奴役。[45]

理论上,较少反对简单地禁止违约雇员在合同的剩余期限内为雇主的竞争对手工作。然而,这样的禁令通常相当于命令特定履行,因为如果雇员不能为竞争对手工作,他可能就无法正常的生活。在此种情况下,他可能被迫在为原雇主工作或根本不工作之间做出选择。因此,这些情况下的规则应当而且很大程度上是,如果禁令会有效地迫使违约雇员从事不同的工作或为其前雇主工作,那么就不要禁止他为竞争对手工作。[46]

②雇主违约

强制奴役的道德禁止并不提供拒绝对违约雇主之特定履行的理由。此外,雇主与只是为工作支付酬金的普通服务之买方不同。相反,雇主也为雇员提供了学习技能、发展和成为工作场所社区成员的机会。因此,雇员通常无法通过市场交易获得虚拟的特定履行。然而,如果雇佣关系涉及信任和信心(trust and confidence)的重要因素,例如,在雇员是管理层人

---

[44] 为便于阐述,术语"雇员"是指缔结合同提供个人服务的人,术语"雇主"是指缔结合同接受个人服务的人。因此,就当下目的而言,与专业人员及代理人订立的合同也被视作雇佣合同。

[45] Laycock, supra note 2, at 169.

[46] Restatement Second § 367(2).

员、专业人员或代理人的情况下,针对雇主的特定履行基于不同理由而不可取:信任和信心不能由司法命令来强加,如果没有信任和信心,那么此种关系将与雇主所预期的不同。因此,尽管是由于雇主自己违约所致,但要求雇主重新雇用那些涉及信任和信心之雇佣关系的雇员,将迫使雇主为他无法再获得的东西付款。

另一方面,在雇佣关系不涉及信任和信心的场合,例如装配线工人或许多其他非管理雇员,应当对雇主判予特定履行。然而现在这还不是法律,但在某些方面是惯例(practice)。劳工仲裁员(Labor arbitrators)通常会下令恢复工会协议所涵盖的被不当解雇之雇员的职务。[47] 在违反《国家劳动关系法》而解雇的情况下,国家劳动关系委员会也例行下令复职。[48] 其他联邦法规也规定,因违反法规而被解雇的雇员可以复职。[49]

(2)其他服务合同

即使在不涉及个人服务时,法院也经常拒绝特定履行服务合同,特别是建筑合同,理由是这些情况下的特定履行要求过度的司法监督。例如,在伦敦水桶公司诉斯图尔特案(London Bucket Co. v. Stewart)[50]中,伦敦水桶公司同意在斯图尔特的汽车旅馆中"提供并安装(安装是转包的)"一个供暖系统,以保证在冬天将汽车旅馆加热到75华氏度,并监督所有工作。[51] 斯图尔特宣称,伦敦水桶公司安装该系统的方式不完整、不熟练、不专业,从未完工,而且材料的尺寸、类型和质量低劣,无法在程度上达到合理预期目的。[52] 斯图尔特要求,伦敦水桶公司应在寒冷天气到来之前被

---

[47] See Martha S. West, The Case against Reinstatement in Wrongful Discharge, 1988 *U. Ill. L. Rev.* 1, 22("不当解除合同的普遍仲裁救济是复职")。

[48] 29 U.S.C. §160(c)(2015); See also Paul Weiler, Promises to Keep: Securing Workers' Rights to Self Organization under the NLRA, 96 *Harv. L. Rev.* 1769, 1791 (1983)(解释了,根据 NLRA,复职是"标准的救济形式")。

[49] See Civil Rights Act of 1964 §706(g), 42 U.S.C. §2000e-5(g)(1) (2015); Americans with Disabilities Act §107, 42 U.S.C. §12117 (2015); Age Discrimination in Employment Act §7(b), 29 U.S.C. §626(b) (2015).

[50] 237 S.W.2d 509 (Ky. 1951). See also, e.g., N. Del. Indus. Dev. Corp. v. E.W. Bliss Co., 245 A.2d 431, 432-433 (Del. Ch. 1968).

[51] London Bucket Co., 237 S.W.2d at 509.

[52] Id

强制特定履行合同。肯塔基州最高法院拒绝判予特定履行,根据是"建筑合同不会被实际履行……部分原因是法院没有能力监督履行"[53]。

对司法监督过度需求的规则之适用,法院既不规整也不连贯。在伦敦水桶公司案中,下级法院依据两个肯塔基州案例,即施密特诉路易斯维尔铁路公司案(Schmidt v. Louisville & N.R. Co.)[54]和宾夕法尼亚铁路公司诉路易斯维尔市案(Pennsylvania Railroad Co. v. City of Louisville.)[55],判予特定履行。在施密特案中,被告被命令根据租赁条款运营一条铁路。在宾夕法尼亚铁路公司案中,几家铁路公司被命令按照合同规定取消平交道口。在伦敦水桶公司案中,肯塔基州最高法院推翻了下级法院的判决,以非常脆弱的根据对这些案件进行了区分。最高法院称,这两个案件"都涉及重大事务,关系到公共利益和福利事务"。在每个案例中,法院实际上是说,"继续做你按约定要做的事情"。无论建筑合同是部分履行、不完全履行还是瑕疵履行,这都毫无疑问。[56] 是这样的吗?

法院适用监督规则不稳定也不一致还有一个原因。以导致过度的司法监督为由拒绝服务合同的特定履行几乎从来没有被证成过,因为通常特定履行并不比损害赔偿需要进行更多的司法监督。以伦敦水桶公司案为例,如果法院判予了特定履行,它会发布一项命令,要求伦敦水桶公司履行合同义务。如果此后斯图尔特(汽车旅馆的主人)认为伦敦水桶公司没有履行合同义务,他就会把伦敦水桶公司带回法庭进行藐视法庭听证会。在听证会上,斯图尔特会提出证据证明伦敦水桶公司没有履行命令所规定的义务,也就是合同约定的义务。听证会上的证据与损害赔偿听证会上的证据相同。

换言之,在合同案件中,针对服务提供者的命令通常不要求法官离开法庭,也不要求法官作出实质上不同于损害赔偿诉讼所要求的决定。也

---

[53] Id. at 510.

[54] 41 S.W. 1015 (Ky. 1897).

[55] 126 S.W2d 840 (Ky. 1939). See also, e.g., City Stores Co. v. Ammerman, 266 F. Supp. 766 (D. D.C. 1967), aff'd mem., 394 F.2d 950 (D.C. Cir. 1968).

[56] 237 S.W.2d at 834.

可能会有一些情况甚或很罕见的情况与此不同。在这些情况中，法院可以恰当拒绝判予特定履行，理由是命令不易实施。然而，基于特定履行会要求过度的司法监督而将建筑合同或者其他服务合同作为一个特例的一般规则，则不具有任何正当性。

一旦监督问题放到桌面上，问题就直接出来了：提供非雇佣服务的合同应当在什么时候对服务提供商适用特定履行？根据特定履行原则，应当判予服务合同实际的特定履行，除非特殊的道德、政策或经验原因另有建议，或者受允诺人可以实现虚拟的特定履行。如同货物买卖合同情况一样，服务合同之虚拟的特定履行相较于实际的特定履行有两个优势。第一，虚拟的特定履行避免了侵入、强制和机会主义问题；避免了执行阶段错误的潜在剧烈影响，以及避免了受允诺人选择陪审团审判。第二，由于受允诺人可以立即获得虚拟的特定履行，而他们通常在相当长的时期内不能获得实际的特定履行，所以虚拟的特定履行通常会减少因迟延而造成的社会损失和私人损失。

人们可能会认为，由于服务通常是异质化的，服务的买方一般无法在市场上找到一种商品，该商品是鉴于可证实的偏好，他不能善意地拒绝将其作为被违反履行之等价物。然而事实并非如此。合同法的一个基本原则体现在《合同法重述（第二次）》第 318 条中，即允诺人可将其合同义务委托给第三人，除非受允诺人"对允诺人要履行或控制所允诺的行为有重大利益"[57]。本条的评论补充说，"履行委任是许多类型合同正常和允许的事……主要例外与个人服务合同以及运用个人技能或裁量权的合同有关"[58]。第 318 条的主旨由示例 3 说明："A 缔约按照规格为 B 建造一个建筑物，并将管道工程委托给 C。C 的履行具有 A 履行的效果。"[59]此推

315

---

[57] *Restatement Second* §318(2).

[58] Id. §318 cmt. c.

[59] Id. §318 cmt. a, illus. 3. 事实上，数个案例认为，如果承包商知道自己将不能履约，他就有义务寻找替代承包商来代替他履行。See Travelers Indem. Co. v. Maho Mach. Tool Corp., 952 F.2d 26, 30-31 (2d Cir. 1991); Shea-S & M Ball v. Massman-Kiewit-Early, 606 F.2d 1245, 1249-1250 (D.C. Cir. 1979); S.J. Groves & Sons Co. v. Warner Co., 576 F.2d 524, 529-530 (3d Cir. 1978).

理应适用于大多数服务合同,正如示例 3 所示。如果同意提供服务的允诺人可以根据合同委托履行,受允诺人就默示同意第三人的履行等同于允诺人的履行。因此,在这些情况下,受允诺人经常或通常可通过与适当的替代服务提供者订立替代合同,以实现虚拟的特定履行。由于受允诺人可通过订立这样一个合同并起诉允诺人要求替代价格损害赔偿来实现虚拟的特定履行,因此他无权获得实际的特定履行。相反,如果合同或转让法禁止委托允诺人的履行,那么替代履行通常不构成虚拟的特定履行,此时通常就应判予实际的特定履行。

五、结论

316　　与预期损害赔偿相比,至少如果我们抛开所有法律救济普遍存在的局限,那么特定履行给予受允诺人的正是他缔约所要获得的。因此,特定履行比传统的预期损害赔偿更接近于满足无差异原则以及实施了合同。特定履行权也对那些允诺人施加了可取的压力,他们希望基于受允诺人置于履行之价值的全部信息来相互协商,进而有效率地、适当地终止合同,而非基于有限信息通过单方违约而无效率地、不适当地终止合同。然而,特定履行既有成本也有收益。它具有高度的侵入性和强制性。它得到了与其所欲实现目的不相称之严厉刑罚的支持。它可能会导致机会主义式的剥削。它实际上赋予受允诺人单方权利来决定,他的案件是由法官审判还是由陪审团审判。它可能与减损原则相冲突。执行阶段的错误将产生特别严重的后果。

　　出于特定履行收益的考量,一些人认为应常规性地判予特定履行。出于成本的考量,其他人认为该救济应作为例外。这两种论点通常都基于一个单一的衡量标准,诸如一方面是预期损害赔偿的不充分性,或者另一方面是效率违约理论。基于第二十四章讨论的原因,单一衡量标准的论点经不起推敲。在选择既涉及成本又涉及收益的场合,就像特定履行一样,不可避免地需要制定一个基于审慎判断的原则,对所有成本和收益赋予适当权重,而非一个基于单一指标的原则。然而该原则不可避免地忽略一些成本、一些收益或将两者都忽略了。在支持特定履行的天平上放了一个拇指,仅仅是一个拇指的特定履行原则,就是基于这样的判断。根据该原则,应判予实际的特定履行,除非在特定类型的案件中,特殊的道德、政策或经验原因另有建议,或者受允诺人可以完成虚拟的特定履行。

第九编

合同法中返还的地位

第二十五章　合同法中返还的地位

本章[1]涵盖三种基本类型的情况,在这些情况下判予原告的损害赔偿被称为返还性的。在所有这三种情况中,原告均已部分或全部履行了合同。在第一类情况中,被告违反了合同。原告选择获得以履行成本而非预期损害赔偿或者信赖损害赔偿,来计算的返还损害赔偿。在第二种情况中,是原告在做出部分履行后实质性地违反了合同,被告尚未为原告的履行付款。原告要求获得数额等于他部分履行所给予被告之利益的赔偿。在第三种情况中,原告已根据协议履行了,然而该协议因《反欺诈法》、不确定性、非法性、错误、情势变更(changed circumstances)或其他原因而不能执行。原告不能根据合同提起索赔,而只请求返还损害赔偿,该赔偿可以根据他的履行成本或他的履行给予被告之利益来计算。

从形式上看,在所有这些情况中,原告的诉因都在返还法中,这就是为什么损害赔偿被称为返还性的。这些诉讼在返还法中的位置是历史的偶然。在旧的诉讼形式下,例如,因取得和收到的款项(money had and received)、合理金额(quantum meruit)和按值付价(quantum valebat),原告会以描述了他履行特征的名头提起诉讼。如果他的履行涉及取得和收到的款项(money had and received),原告就会提起金钱返还诉讼;如果他的履行涉及服务或建筑,他则会提起合理金额诉讼;如果他的履行涉及货物交付,他则会提起按值付价的诉讼。这些诉讼中的损害赔偿通常基于履行的价格,这既可以是合理的价格,也可以是被告同意为履行支付的价格。

废除旧的诉讼形式后,这些基于履行的诉讼所做的工作由合同法和

---

[1]　马克·格根(Mark P. Gergen)是本章的共同作者。

返还法分别完成。本部分涵盖的请求与返还法相关,因为古典合同法不将该请求归类为合同性的。在第一种情况中,原告并不寻求通常的合同损害赔偿。在第二种情况中,原告没有合同上的请求权,因为他实质违约了。在第三种情况中,合同是不可执行的。

将这些请求与返还法结合起来是不幸的,因为这导致了损害赔偿计算的紊乱(confusion)。返还法中的损害赔偿通常以利益为基础(benefit-based)。这源于返还法的核心关注,即防止不当得利。本章所涵盖情况中的返还损害赔偿(restitutionary damages)通常不以利益为基础。原告在第一种情况中选择作为违约救济的返还损害赔偿通常是补偿性的(compensatory),类似于信赖损害赔偿。在第三种情况中,合同是不可执行的,取决于合同不可执行的原因,损害赔偿可能是补偿性的(compensatory)(类似于信赖损害赔偿),也可能是以利益为基础的。只有在原告是违约方的第二种情况中,返还损害赔偿才总是以利益为基础。但即使在此种情况下,损害赔偿的计算也是由合同法的预期原则来解释的:如果返还损害赔偿使被告处于比履行时更糟糕的地位,就不会判予返还损害赔偿。

由于"返还"一词的模糊性,有可能将三种情况下的不同损害赔偿计算描述为返还性的。人们既能用这个词语描述为恢复原告曾拥有的东西的一种救济,也可以是使被告返还他无权得到的东西的一种救济。有时,返还救济会同时做到这两件事。例如,要求被告将原告的财产返还给原告的特定返还令(order of specific restitution)会导致恢复原状(restoration)和归入(disgorgement)。但是,在本章涵盖的情况中,补偿性损害赔偿的计算经常与以利益为基础的损害赔偿计算不同,因为原告履行合同的成本与被告从原告履行中所获得的利益会有所不同。当成本和利益不同时,明确返还损害赔偿是补偿性的还是基于利益的就很重要了。

通常,当补偿性损害赔偿和以利益为基础的损害赔偿不同时,就存在损失。问题是,原告和被告谁应承担因当事人试图实现互利交换但失败而产生的损失。法律在此种情况下将损失分配给过错更大的当事人,当不足为奇。[2] 在第一种情况下,是被告违反了合同,因此损害赔偿是补偿性的而非以利益为基础,被告应当承担所有损失。在第二种情况下,原告违反了合同并因而有过错,所以损害赔偿是以利益为基础的而非补偿性的,原告应当承担所有损失。共同的主题是,当履行成本超过利益时,损失分配给违约方。在这两种情况下,在决定是否判予或拒绝返还损害赔偿时,法院可能会考虑恶意(bad faith)违约的事实。例如,如果原告恶意违约了,为惩罚原告,他也会被拒绝返还损害赔偿,即使拒绝赔偿损失会将意外之财留给被告也是如此,即被告在某种意义上会比合同履行时所处的地位更好。

取决于合同不可执行的原因,第三种情况下的返还损害赔偿的计算可能是补偿性的,也可能以利益为基础。同样,在解释损害赔偿何时是补偿性的以及何时是以利益为基础的,过错的考虑就会凸显出来。因此,当口头合同属于《反欺诈法》的范围时,法院通常判予功能性的补偿性损害赔偿。这反映了一个已被广泛接受的观点:《反欺诈法》不应保护违反口头合同的允诺人,并使其免于承担因违反允诺所造成损害的责任。另一方面,当合同因双方的误解而失败时,法院通常判予功能上是以利益为基础的损害赔偿。尽管法院不允许无过错方因双方误解而获得意外之财,但法院也不会将损失分配给无过错方。

在当事人合同与返还损害赔偿的可用性和计算之间的相关性上,这些请求与返还法的结合也产生了紊乱。合同法的基本原则是,有效合同确定了合同当事人在合同范围内事项的权利和义务。此原则没有仅仅因为用来使合同生效的救济正式与返还法相结合而得以改变。在第一种情况下,在通常的预期损害赔偿计算不足以补偿受允诺人因违约而遭受的损失时,返还损害赔偿应作为预期损害赔偿的替代。在第二种情况下,返还损害赔偿应作为部分履行时阻止没收(forfeiture)的默示合同条款。在第三种情况下,当事人的协议事实上通常是确定返还损害赔偿可用性及计算的试金石。即使协议因某些(诸如缺少满足《反欺诈法》的书面文件

---

[2] See supra Chapter 12 (The Role of Fault in Contract Law).

等)瑕疵而不能作为合同来执行时,也是如此。

一、被告违约时的返还损害赔偿

完全违约时,受允诺人可以选择获得返还损害赔偿而非预期损害赔偿。通常情况下,当受允诺人因违约而遭受的损失难以评估且因此不能获得预期损害赔偿时,他将选择返还损害赔偿作为违约救济。返还救济构成了预期损害赔偿的替代,很像预期损害赔偿不确定时去请求信赖损害赔偿一样。

奥斯廷诉约翰逊案(Osteen v. Johnson)[3]说明了此点。奥斯廷夫妇雇佣约翰逊来制作两张由他们的女儿琳达创作和表演的乡村音乐歌曲唱片,并将唱片邮寄给全国各地的唱片骑师*。根据合同,只有第一张唱片获得成功,约翰逊才有义务制作和邮寄第二张唱片。奥斯廷夫妇预付约翰逊2 500美元,作为他在这两张唱片上的工作报酬。第一张唱片获得了相当大的成功,得到了一家贸易杂志的好评和高排名,但约翰逊拒绝制作和邮寄第二张唱片。上诉法院认为奥斯廷夫妇有权获得返还1 250美元的赔偿,这是他们付给约翰逊的2 500美元费用的一半。

奥斯廷夫妇不能就约翰逊拒绝制作和邮寄第二份唱片而遭受的损失获得预期损害赔偿,原因是无法对这一损失赋予金钱价值。奥斯廷夫妇本可以通过付钱给别人来制作和邮寄第二张唱片来解决这个问题。这将使他们获得作为预期损害赔偿之替代交易的成本。[4]或者奥斯廷夫妇本可试图确定假设之替代交易的成本,并诉请以该数额作为预期损害赔偿。[5] 请求返还损害赔偿是第三种选择。此请求为奥斯廷夫妇因约翰

---

[3] 473 P.2d 184 (Colo. App. 1970).
* 电台的音乐节目主持人。——译者注
[4] 参见前文第十五章。
[5] 参见前文第十三章。如果奥斯廷夫妇在此基础上寻求损害赔偿,将允许约翰逊通过以下证明来对该金额提出异议,即假设替代交易的成本与奥斯廷夫妇因违约而遭受的损失极不相称。

逊违约而遭受的任何损失提供了有意义的赔偿,而他们也不必承担替代交易的成本或确定假设替代交易的成本。

返还损害赔偿请求涉及的最直接情况是,受允诺人寻求获得他向允诺人支付的价格以换取他没有获得的履行。他支付的价格用来计算他没有获得之履行对他的价值。前提是受允诺人支付的价格应代表了受允诺人预期从履行中获得的最小价值。[6]

当受允诺人收到对他来说有些价值或可能有些价值的部分履行时,就会产生如下担忧,即返还他支付的价格可能会让他不劳而获(something for nothing),从而使他处于比合同履行时更好的地位。在受允诺人可选择返还损害赔偿之前存在完全违约的要求,是反对给予受允诺人意外之财之返还请求的审查(one check against a claim for restitution giving the promisee a windfall)。在确定是否完全违约时,法院应进行结果趋向的推理(result-oriented reasoning)。法院应当问判予返还损害赔偿是否为恰当的救济,如果是,则宣布违约为完全违约。要考虑的主要因素是:(1)返还损害赔偿的救济在多大程度上才能使受允诺人置于如合同已履行时所处的地位;(2)如果要求允诺人支付返还损害赔偿,那么他将在多大程度上遭受没收(forfeiture);(3)允诺人的违约是否恶意。[7] 在此语境下,没收一般是指允诺人因其部分履行却得不到赔偿而遭受的损失,恶意一般指允诺人在无法律正当性(legitimate justification)的情况下故意违反无争议的义务。

第一个因素是最重要的。只要替代选项是受允诺人尽管因违约而遭受重大损失,却不会获得任何损害赔偿,法院就应判予返还损害赔偿。只有当受允诺人没有因违约而遭受重大损失,或者预期损害赔偿的判决足

---

[6] 类似的推理也适用于受允诺人要求特别归还他转让给允诺人的财产,以换取他没有得到的任何部分(或对他显然没有价值的)履行。

[7] 同样的三个因素决定了A的违约何时是实质违约,其能证成B有理由停止履行到期的合同义务。在决定A的违约是否具有实质性时,法院应当考虑:(1)B需要在多大程度上停止履行,以避免因A的违约而遭受损害赔偿不足以赔偿的损失;(2)如果B 停止履行,A将遭受多大程度的没收;(3)A的违约是否恶意。See Mark P. Gergen, A Theory of Self-Help Remedies in Contract, 89 *B.U. L. Rev.* 1397, 1411 (2009)。

以补偿受允诺人因违约而遭受的损失时,没收的存在和恶意的缺失才得以证成拒绝返还损害赔偿。雅各布和杨斯公司诉肯特案[8]的事实说明了此点。一家住宅建筑商无意中用科霍斯管代替了雷丁管。这两种管子的质量完全相同。如果房主寻求获得他付给房屋建筑商的钱作为返还损害赔偿,那么法院会驳回该请求,认定违约并非完全违约,依据是违约没有给受允诺人造成实质损失,这就存在没收的情况,而且房屋建筑商没有恶意。[9] 同时如果房屋建筑商故意用科霍斯管代替雷丁管来省钱,那么法院可能会认定这种违约是完全违约,向房屋所有人判予返还损害赔偿,以惩罚房屋建筑商未经房屋所有人同意就进行替换管子的行为。

当法院认定获得部分已付价款即足以补偿受允诺人因违约而遭受的损失时,法院也可以选择判予部分返还。奥斯廷夫妇付给约翰逊一半费用的判决就是部分返还的例子。法院可以用两个法律规则之一来证成部分返还的判决:法院可将该合同视为两份唱片的可分割合同,每份唱片的价格为1 250美元;法院也可以减去1 250美元作为奥斯廷夫妇因约翰逊部分履行了两个唱片合同而取得的利益。[10]

作为违约救济的返还损害赔偿类似于信赖损害赔偿,二者都是预期损害赔偿的替代物,即当预期损害赔偿的通常计算方法不足以补偿受允诺人因违约而遭受的损失时,受允诺人通常会寻求的损害赔偿。然而返还损害赔偿和信赖损害赔偿在以下两个方面仍有所不同:

---

[8] 129 N. E. 889 (N.Y. 1921).

[9] 没收的存在以及无恶意可证成法院解决的如下质疑,即受允诺人是否因违约而遭受了重大损失,此重大损失的存在有利于允诺人拒绝返还损害赔偿。奥斯廷诉约翰逊案中一个次要问题的处理说明了此点。奥斯廷夫妇主张,约翰逊违反了关于第一张唱片的合同,因为他把另一个人列为一首完全由他们女儿创作之歌曲的共同作者。约翰逊作证说,他列共同作者是为了使唱片更可能由唱片骑师播放。法院有合理的理由不要求约翰逊全部返还。奥斯廷夫妇因女儿分享两首歌曲中的一首而受到的伤害是推测性的,很可能被唱片获得更多播放的好处所抵消;要求约翰逊偿还全部费用则会导致没收,因为约翰逊在第一张唱片上的工作将不会得到任何报酬,当他在其中一首歌曲上列出共同作者时,他的行为合乎善意。

[10] 在形式上,当受允诺人寻求违约之返还损害赔偿时,他就要解除合同,并返还其所收到的履行的价值。一般来说,受允诺人可以选择诉请预期损害赔偿和返还损害赔偿,并在他知道返还损害赔偿大于预期损害赔偿后做出选择。

(1)返还损害赔偿是信赖损害赔偿的一部分。返还损害赔偿限于履行成本,不包括准备履行的费用。[11] 信赖损害包括履行成本、准备履行的成本以及与履行不相关的信赖成本。例如,在奥斯廷诉约翰逊案中,返还损害赔偿限于奥斯廷支付给约翰逊的费用。信赖损害赔偿则可能包括奥斯廷因约翰逊违约而浪费的其他费用,诸如奥斯廷支付给备用乐队表演第二张唱片的钱。

(2)当受允诺人寻求信赖损害赔偿时,允诺人被赋予机会来证明合同完全履行时受允诺人会遭受的最终损失。在此点上,允诺人承担证明责任。如果允诺人能够证明受允诺人会遭受最终损失,那么损失金额将从受允诺人的信赖成本中扣除。这样做是为了使损害赔偿判决不会使受允诺人处于比合同完全履行时更好的地位。[12] 相反,受允诺人在完全履行时的最终损失不会从返还损害赔偿中扣除。

受允诺人在完全履行时的最终损失不从返还损害赔偿中扣除的事实就产生了如下可能性:返还损害赔偿的判决可能会明显使受允诺人处于比合同完全履行时更好的地位。这种情况会偶尔发生。例如,在布什诉坎菲尔德案(Bush v. Canfield)[13]中,当卖方未能交付玉米时,尽管由于玉米价格下跌,买方可能会在合同上遭受最终损失,但预付部分合同价款的买方获赔全部预付款。如果买方诉请作为信赖损害赔偿的预付款,那么最终损失会从买方的信赖成本中扣除。

一些理论家将布什诉坎菲尔德案的结果视为违约返还损害赔偿的特点,而非缺陷(bug)。这些理论家采纳如下立场,即遭遇完全违约的受允诺人"有权无视合同而且就像在没有合同时就已做出了系争履行一样对待违

---

[11] 履行成本和准备履行的成本之间的界限是极难划定和证成的。

[12] Beefy Trail, Inc. v. Beefy King Int'l, Inc., 267 So. 2d 853, 859 (Fla. Dist. Ct. App. 1972) (Owen, J., concurring in part and dissenting in part). See also L. Albert & Son v. Armstrong Rubber Co., 178 F.2d 182, 189-190 (2d Cir. 1949) (L. Hand, J.).

[13] 2 Conn. 485 (1818).

约方"[14]。根据此观点,布什诉坎菲尔德案中的买方与寻求获赔他错误支付给被告的金额之原告处于相同地位。根据此种观点,买方有权收回他的钱,因为违约使付款没有合意基础了,请求的基础则是卖方的不当得利。

《返还与不当得利法重述(第三次)》明智地拒绝了上述立场。它确立了如下一般原则,即"有效合同规定了双方对其范围内事项的义务,从而在那个意义上取代了对不当得利的任何调查(inquiry)"[15]。可从此一般原则推断,被告违约时的返还损害赔偿的请求是以合同为基础的,该请求"与不当得利没有必然关系"[16]。为了避免混淆,新的《返还与不当得利法重述(第三次)》提议,该损害赔偿应描述为"以履行为基础的"而非返还性的。它还提议了一个新规则,该规则可以改变一小部分情况中的结果。新规则在不改变布什诉坎菲尔德案结果的同时,更紧密地将返还损害赔偿与信赖损害赔偿结合起来。

在解释《返还与不当得利法重述(第三次)》的新规则之前,非常重要的是要清楚存在分歧的这个问题是很狭隘的。没人认为受允诺人因违约所遭受的损失与返还损害赔偿的可用性和计算完全无关。例如,所有人都同意,受允诺人因违约所遭受的损失与返还损害赔偿的可用性(即完全违约的问题)有关,也与允诺人是否应就部分履行对受允诺人的价值给予抵免有关。[17]

---

〔14〕 Restatement (Third) of Restitution &Unjust Enrichment, ch. 4, topic 2, intro. note 2 (Am. Law Inst. 2011) [hereinafter Restatement Third]. 报告人安德鲁·库尔(Andrew Kull)教授将该问题置于此语境:长期以来被称为"违约返还"的救济……是"返还法"这一名称下最有争议的话题之一,尽管在本重述的分析中,它根本不是返还法的一部分。然而,整个争议是由少数非典型的案例所引发的,在这些案例中,寻求救济的一方当事人在亏本履行。这类案例是罕见的,而且一开始就不正常,原因很简单,有权以低于成本之价格履行的被告有强大的激励来避免任何违约。Id. at §38, reporter's note d。

〔15〕 Id. §2(2)。

〔16〕 Id., ch. 4, topic 2, intro. note 2。

〔17〕 所有人也都同意,当受允诺人根据合同承担风险的后续事件降低了部分履行对受允诺人的价值时,为了判予返还损害赔偿,应在评估部分履行时忽略这些事件。例如,即使在约翰逊出示并寄出第一份唱片之前,奥斯廷夫妇已经与他们的女儿疏远,使得约翰逊部分履行合同对父母没有价值了,法院也将无视这一事实,因为根据合同奥斯廷夫妇已承担了这一风险。

《返还与不当得利法重述(第三次)》将返还损害赔偿分为两种类型,这两个类型分别由第37条和第38条这两个不同规则涵盖。第37条的规则涵盖了诸如奥斯廷诉约翰逊和布什诉坎菲尔德案等情况。在这些情况中,受允诺人在履行前支付了价款。该规则赋予在履行前付款的受允诺人解除合同的权利,以及在完全违约时收回已付款项的权利,即使该赔偿会使受允诺人处于比履行时更好的地位也是如此。[18] 例如,在奥斯廷夫妇与他们的女儿关系疏远的情况下,约翰逊不能通过证明这项工作对奥斯廷夫妇没有价值,以逃避该返还义务,即奥斯廷夫妇已经付给他钱,但他却没有做相对应的工作。

奥斯廷诉约翰逊案是第37条规则适用之典型情况的代表。受允诺人没有收到的履行在奥斯廷诉约翰逊案中没有可确定的市场价值。受允诺人就履行支付的价款,只是受允诺人赋予他尚未收到履行之价值的简单替代。诸如布什诉坎菲尔德案"是罕见的,因为预付的卖方几乎永远不会没收他通过履行合同可获得的利润"。[19] 在布什诉坎菲尔德案中,卖方失去了获赔的机会(left money on the table),因为他可以很容易地以市场价格购买玉米并完成合同,以避免(pocket)更高的合同价格。《返还与不当得利法重述(第三次)》的作者说,最好有一个简单规则,在诸如奥斯廷诉约翰逊案等情况中排除对受允诺人实际损失的调查(inquiry),而不为布什诉坎菲尔德案等罕见情况设立例外。

第38条的规则使受允诺人履行上的最终损失与返还损害赔偿的计算相关,从而使返还损害赔偿的计算更接近于信赖损害赔偿。美国诉阿尔杰农·布莱尔公司案(United States v. Algernon Blair, Inc.)[20] 说明了新规则意在处理的情况类型。原告是一家分包商,以低于合同价格建造了一栋建筑的钢结构。关于谁有义务支付用于建造钢结构的起重机的租赁

---

[18] *Restatement Third, Restitution and Unjust Enrichment* §37, Comment b. Illustration 2 is based on Bush v. Canfield. 在受允诺人寻求特别返还他已转移给允诺人的财产时,第37条的救济也可用。

[19] Id.

[20] 479 F.2d 638 (4th Cir. 1973).

费用，出现了争议。当总承包商拒绝支付起重机租金时，原告停止了工作。法院认为，总承包商拒绝支付起重机租金严重违反了合同，这证成了原告终止合同。

被告证明，如果原告完成了工作，原告的损失会超过合同价格的未付余额。上诉法院认为，当请求是返还损害赔偿时，此事实与之无关："虽然合同价格可能是服务之合理价值的证据，但它不能计算履行的价值或限制获赔金额。"《返还与不当得利法重述（第三次）》拒绝了此规则。阿尔杰农·布莱尔案的返还请求由第38条规则涵盖，该规则规定返还损害赔偿的计算是"原告合同履行的市场价值，不超过参照当事人协议确定的此类履行的价格"[21]。

第38条规则的基本理由很清楚，如果我们假设阿尔杰农·布莱尔案发生争议时分包商完成分包合同90%的工作而不是28%，并且分包商那时的未付成本大大超过未付的合同价款，阿尔杰农·布莱尔规则在这种情况下就会产生糟糕的履行激励。该规则会激励分包商升级任何争议并宣布完全违约，其目的是逃避糟糕交易并根据返还损害赔偿请求获赔超过未付合同价格的款项。允许分包商获赔超过未付合同价格的金额并不能促进救济简化。恰恰相反，以未付合同价格作为返还损害赔偿的上限，消除了分包商证明超出未付合同价格之履行成本的激励。

在完全违约且分包商已完成90%的工程时，第38条规则允许分包商仅获赔合同价格的90%作为返还损害赔偿。根据案件的实际事实，返还损害赔偿会被限制在合同价款的28%，因为这是分包商完成工作的百分比。[22] 对受允诺人来说，这比信赖损害赔偿（不超过预期损害赔偿）的判决更为慷慨，而且已发生的成本减去完全履行的最终损失也是如此。

《返还与不当得利法重述（第三次）》第38条的规则明显优于阿尔杰农·布莱尔规则，因为它在违反了一个失败合同时减少了受允诺人的意

---

[21] *Restatement Third* §38(2)(b). 评论d强调了这一点："在履行会遭受损失的原告寻求以履行价值计算损害赔偿时，一些法律允许不受合同价格限制的'合同外'赔偿，但本重述拒绝了这一结果。"

[22] Id. §38, cmt. c & illus. 11.

外之财。这降低了受允诺人必须在其他方面寻找理由宣布完全违约以逃避失败合同的激励。但是，为什么不在第37条规则没有涵盖的情况下完全废除返还损害赔偿的请求呢？一旦作出计算预期损害赔偿的判决，为什么还要保留一项规则来使受允诺人处于比合同完全履行时更好的地位呢？

为回答这个问题，有必要将受允诺人返还损害赔偿的请求置于第38条规则和替代损害赔偿规则之下看待。当服务购买者在完全履行合同之前违反服务合同时，基本的损害赔偿规则是未付的合同价格减去服务提供商完成履行所需的成本。为根据此规则获得预期损害赔偿，服务提供商必须证明他完成履行的成本。服务提供商可能会放弃证明完成履行成本的尝试，而是诉请作为信赖损害赔偿的已产生成本。但是，如果服务提供商诉请已产生成本的损害赔偿，就会给予服务购买者证明服务提供商完成履行之成本的机会。如果服务购买者能够证明服务提供者会遭受合同上的最终损失（即服务购买者能够证明，已产生成本加上完成履行的成本超过了未付的合同价格），那么信赖损害赔偿就会减去最终损失额。在此种情况下，返还损害赔偿减少了服务提供商的损失，具体是通过将已发生成本除以总的履行成本，再将合同价格乘以这一百分比作为服务提供商的损害。总而言之，第37条规则从原告已发生的费用中减去最终损失的一部分，减去的部分随着完成的百分比而相互增加。

确定服务提供商的完工成本涉及预测，而预测存在错误风险。通过从已产生成本中减去全部履行的预估损失之一部分金额而非全部金额，返还损害赔偿减少了预测错误对损害赔偿判决的影响。减去部分预估损失结果有利于受允诺人。这与该一般政策相一致，即解决事实不确定性要不利于制造不确定性的当事人。从已产生成本减去的部分最终损失会随着履行完成百分比的增加而相应增加。这是合理的，因为最终损失大小的不确定性会随着履行接近完成而降低。该规则还应当降低索赔解决的成本。当服务购买者决定是否调查并提供完成履行成本的证据时，服务购买者（被告）应根据由服务提供者完成合同的百分比，以对他期望确定的全部履行的最终损失进行贴现。

第 38 条规则是该难题的适当解决方案。在诸如阿尔杰农·布莱尔案这样的情况中,该规则减少了受允诺人潜在意外之财的数额,并同时保留了阿尔杰农·布莱尔规则对受允诺人的一些优势。此规则还保留了阿尔杰农·布莱尔案规则的简单性。除了计算信赖损害(已产生成本)或预期损害(完成合同的成本)所需的信息,它不需要新的信息。在允诺人能通过减去受允诺人全面履行的最终损失的一小部分来证明,已发生的成本加上完成合同的成本将超过未付合同价格的情况下,该规则仅是减轻了对受允诺人的影响。

二、原告违约时的返还损害赔偿

328 假设 A 在违约前部分履行了与 B 的合同,或者 A 试图完全履行合同,但 A 的履行在某些方面有瑕疵。进一步假设 B 还没有做出所允诺的相对履行。如果 A 的履行满足实质履行的检测,那么 A 有权获得未付合同价款(或 B 允诺的相对履行的价值)的判决,但须减去 B 能够证明的因 A 履行不足而应得的任何损害赔偿。如果 A 的履行不满足实质履行的检测,那么 A 的请求就是要获得返还损害赔偿。

A 的返还损害赔偿请求是普通法中最近的一项变革。然而经常并不存在该请求的需要。通常,分期履行或在一段时间内履行合同的处于 A 地位的人会坚持请求,B 应进行相对应的分期履行或在同一时间内支付合同价款(或做出所允诺之相对履行)。这种安排降低了 A 在 B 违约情况下的损失风险,而该风险可能是 A 的主要担忧。这种安排的副产品是,它减少了违约方 A 提起返还损害赔偿请求的需要,因为 A 可能在违约前已经就他的履行得到了付款。当 A 因其部分履行而获得部分合同价款且 A 未能完成履行时,B 会寻求损害赔偿,因为 B 因 A 违约所受的损失会超过合同价款的未付余额。只有当 A 没有确保部分履行的相应部分付款的先见之明时,他才需提起返还损害赔偿的请求。

布里顿诉特纳案(Britton v. Turner)[23]是第一批允许违约方基于其部分履行给予另一方利益而获得返还损害赔偿的案例之一。原告受雇工作一年,薪水是 120 美元,年底支付。原告在工作了近 10 个月之后无正当理由辞职了。这是违约。初审法院认为,原告不能根据合同获得任何东西,但他可以从合理金额请求中(quantum meruit claim)获得其工作的合理价值。陪审团判予了 95 美元。帕克法官予以确认,他写了法院意见,该意见体现了卡尔·卢埃林(Karl Llewellyn)所描述的司法推理的"宏大风格"[24]。帕克的意见将雇员因"实际做出的服务"获得补偿的权利描述为雇佣合同的默示条款,这符合"社群普遍理解",同时也有利于当事人的利益,因为该权利"不会诱惑雇主在劳动者任期即将结束时,通过糟糕对待(ill treatment)迫使其离职,以逃避支付报酬"[25]。

诸如布里顿诉特纳案的返还要求已成为过去,因为国家工资支付法现在要求工资应当每月或者每两周支付。这些法律要求是,为工资而工作的人应当按他们所做的工作获得报酬,并防止雇主通过扣留工资的方式阻止雇员违反雇佣合同。有一条类似规则保护预付货款的买方在违约时免于剥夺预付款。第 2-718(2)条规定,违反货物买卖合同的买方有权获得向卖方支付的款项,但要减去卖方能够证明的任何损害。[26]该法允许卖方保留合同价格的 20% 或 500 美元中较低者作为法定违约金,而不必确定损害。允许卖方规定,在买方违约时,预付款将作为违约金而被没收,但该条款必须通过禁止惩罚性违约条款的审查。[27]

返还损害赔偿的请求受到严格限制。为获得返还损害赔偿,A(违约方)必须证明,与 B 在 A 完全履行时所处的地位相比,B 在收到他尚未付款的部分履行情况下会处于更好的地位。[28] 返还损害赔偿的计算是为了确保 B 的交易利益。当 A 是在违反合同前支付了部分货款的买方

---

[23] 6 N.H. 481 (1834).
[24] Karl N. Llewellyn, *The Bramble Bush* 157-158 (1951).
[25] 6 N.H. at 493-494.
[26] U.C.C. §2-718(2) and (3) (Am. Law Inst. & Unif. Law Comm'n 2017).
[27] U.C.C. §2-718(1) (Am. Law Inst. & Unif. Law Comm'n. 2017).
[28] Kutzin v. Pirnie, 591 A.2d 932, 941-942 (N.J. 1991); *Restatement Third* §36(2).

时,这通常涉及证明 B 的再卖损失少于部分付款。当 A 做出了不完全或者瑕疵履行时,这通常涉及证明 B 以低于合同价格的未付余额获得了替代履行。例如,如果合同价格的未付余额为 1 万美元,B 花费 8 000 美元来纠正 A 施工合同履行中的瑕疵,那么返还损害赔偿的计算是 2 000 美元。这确保了 B 的付款不会超过完全履行的合同价格。

由于证明返还损害赔偿的权利是 A 的责任,当 A 的违约导致 B 遭受无形或投机损失(Speculative Loss)以至于可能使 B 处于比履行更糟糕地位时,B 就不会被要求支付返还损害赔偿。例如,如果 B 比合同价格的未付余额少花 2 000 美元来矫正 A 的施工瑕疵,但 B 能够说服法院,矫正瑕疵的迟延是以丧失投机价值机会的形式对其造成了实质损害,那么 A 关于返还损害赔偿的请求将被驳回。允许 B 保留 2 000 美元的建筑费用节余,以作为对该迟延所造成的无形伤害或投机伤害的间接补偿。

当 B 最终以低于合同价格的价格获得履行,并且 B 主张应允许他保留该节省的钱来间接补偿其因违约而遭受的无形或投机损害时,法院必须平衡以下两种程度和风险:A 不能获得返还损害赔偿时所遭受剥夺的程度;要求 B 支付返还损害赔偿时他会承担尚未补偿的损失之风险。法院可能拒绝返还损害赔偿,尽管这会对 A 施加没收,且当 A 违约涉及恶意时,这会给 B 带来意外之财。[29] 为了这些目的,当违约是故意的并且没有合法正当性时,它就会被认为是恶意而为的。

将违约人要求返还损害赔偿作为默示合同条款不会错得太远。因此,有效的违约金条款或一个以 B 在 A 完全履行时才付款为条件的条款,可能会排除该请求。[30]

---

〔29〕 Kutzin, 591 A.2d at 938-940; *Restatement Third* §36(4)(指的是"涉及欺诈或其他不公平行为"的违约)。

〔30〕 Kutzin, 591 A.2d at 942; *Restatement Third* §36(3).

三、没有可执行合同时的返还损害赔偿

在第三种情况下,A 确信自己与 B 存在合同,在 B 的要求下做了一件事或者做了一件可能对 B 有利的事。事实证明,此种想法是错误的。根据《反欺诈法》或基于诸如单方错误、双方错误或情势变更等理由,B 可能享有针对合同请求的抗辩理由。基于诸如相互误解或不确定性等问题,A 也许不能成功提出(make out)初步的合同请求。或者 B 也可能说服法院他不想同意合同,且 A 认为他已经得到 B 的同意是不合理的。

在所有这些情况下,A 会对 B 提起返还请求,原因是他不能提出合同请求。A 返还请求的性质将取决于 A 没有合同请求的理由。如果合同请求不可用,因为 B 主张(assert)《反欺诈法》作为抗辩,或者 B 已经说服法院合同太不确定了进而不能支持判于预期损害赔偿,那么返还损害赔偿起到补偿功能,并且不以利益为基础。卡恩斯诉安德里案(Kearns v. Andree)[31]说明了此点。被告拒绝履行购买原告房屋的口头协议。应被告要求,原告对房子进行了改造,降低了房子的价值。初审法院认为原告所做的工作足以使合同不适用《反欺诈法》,但该协议因具有不确定性而不可执行。康涅狄格州最高法院认为,原告有权提出返还请求,以获赔因被告要求进行改造所产生的成本,但并不包括因房屋恢复原状而产生的成本。

当问题事关不确定性时,卡恩斯诉安德里案中的原告可主张允诺禁反言的请求,而无须再主张返还损害赔偿。[32] 允诺禁反言的请求能使原告获赔将房屋恢复到原始状态所发生的成本,以及应被告要求进行改造所发生的成本。如果法院采用如下现代规则,即当口头合同属于《反欺诈法》的范围时应对信赖进行补偿,这也会消除此种情况下返还损害赔偿的

---

[31] 139 A. 695 (Conn. 1928).

[32] Hoffman v. Red Owl Stores, Inc., 133 N. W. 2d 267, 275-277 (Wis. 1965); Neiss v. Ehlers, 899 P.2d 700, 706-707 (Or. Ct. App. 1995).

需要。[33] 在不遵循现代规则的州,返还请求仍然重要。返还请求允许原告获得部分信赖损失,即原告履行合同的成本。

当被告坚持《反欺诈法》抗辩时,很难证成将原告限于返还部分信赖损失的请求。为根据返还请求获得赔偿,原告必须证明合同要求的所有要素(例如,被告违反了他作为交易部分所作的允诺)。缺乏满足《反欺诈法》的书面文件,可能造成允诺是否存在证据方面的长期担忧。或者,可能会产生让被告再无意做出允诺的持续性担忧(lingering cautionary concerns)。这些持续的(lingering)证据和担忧可以证成将损害赔偿限于原告的信赖损失。也许在某些情况下,这些担忧甚至可证成将损害赔偿限于部分信赖损失。但是很难看到他们如何证成一个将原告限于履行成本的赔偿,并且还要排除准备履行的成本以及机会成本赔偿的绝对规则。

返还损害赔偿在此种情况下是以利益为基础的,即 A 认为 B 已经同意为其行为付款,他就做出了使 B 有利的行为,但法院发现 B 不同意为该行为付款,并且在对 B 之意图的误解中 A 比 B 的过错更大。在此种情况下,为获得返还损害赔偿,A 必须说服法院,返还损害赔偿的判决使 B 处于比 A 没有采取行动时更糟糕的地位。当 A 的行为涉及向 B 支付金钱或交付财产时,这一点更加直接,因为返还是相同的(restitution can be in kind)。法院命令 B 将钱或财产返还给 A,除非 B 能够证明,他的地位会因偿还这笔钱或支付财产的市场价值而改变,原因是合理相信这笔钱或财产是他的,他就以使他遭受损失的方式来处理了。例如,如果 B 在赌博中失去了 A 误付给他的钱,而如果没有这笔钱 B 不会去赌博,那么可能不会要求 B 返还这笔钱。[34] 当 A 的行为涉及提供服务时,只有当他能够说服法院该服务为 B 节省了必要费用,或者 B 已透露愿意为该服务付款时,A 才可能获得返还赔偿。[35] 这些规则将损失分配给 A,这里的损失是指 A 因 B 同意为该行为付款的错误而遭受的任何损失。

有时合同会因任一方当事人都没有更大过错的原因而失败。例

---

[33] *Restatement (Second) of Contracts* § 139 (Am. Law Inst. 1981).
[34] 在本案中,B 有地位变化(change of position)的抗辩。See *Restatement Third* § 65.
[35] Id. § 9.

如,合同可能因双方错误、不可能、不可行、目的受挫或双方误解而失败。当 A 根据不可执行的合同做了利于 B 的行为时,A 就可以对 B 提出返还请求。[36] 返还损害赔偿的措施通常是,将因合同失败而给当事人造成的全部损失分配给 A。

维克里诉里奇案(Vickery v. Ritchie)[37] 说明了这一点。建筑师欺骗了业主和承包商,让他们继续在业主的土地上建造澡堂。建筑师误导业主相信澡堂价格是 2.32 万美元,承包商相信澡堂价格是 3.3721 万美元。工程结束后,欺骗就显露无疑了。在初审中,改造的价值证明是 2.2 万美元,承包商的劳动力和材料的"公平价值"证明是 3.34993 万美元。《返还与不当得利法重述(第三次)》采取的立场是,损害赔偿的适当计算是 2.32 万美元,这是业主透露他愿意为工程支付的价格。[38] 这将把建筑师欺骗行为造成的全部损失分配给承包商。《返还与不当得利法重述(第三次)》认为,将任何损失分配给业主都是不公平的,因为这将使他受"强加的交换"的约束。但此结果使承包商受制于"强加的交换"的约束,因为他被要求接受 2.32 万美元作为其劳动力和材料的报酬。

---

[36] See id. §34. 这里的讨论聚焦于合同因双方误解而失败的情况。第 34 条还考虑了合同因不可能、不可行或目的落空而失败的情况。它认为,法院应采取灵活进路,有时应判给信赖损害赔偿或修正的预期损害赔偿,同时考虑到双方当事人在使合同不可执行(unenforceable)的事件发生之前产生的收益和损失。

[37] 88 N. E. 835 (Mass. 1909).

[38] *Restatement Third* §10, illus. 27. 在实际案件中,法院将请求视为默示的合同请求,判予了 3.34993 万美元。

第十编

合同法中的归入利益

第二十六章　合同法中的归入利益
(disgorgement interest)

一、导言

众所周知,《合同法重述(第二次)》第344条规定,合同法中司法救济的目的在于保护受允诺人以下三种利益中的一种或多种:

(a)他的预期利益,即将他置于如合同履行时所处的适当地位而从交易中得到的利益。

(b)他的信赖利益,即因信赖合同所造成的损失得到补偿的利益,如同没有订立合同时他所处的适当地位,或

(c)他的返还利益,即将他已给予允诺人的全部利益返还给他的利益。

这份清单有一个明显的遗漏——归入利益(disgorgement interest),即受允诺人要求允诺人归入(disgorge)因违约可能获得但不构成受允诺人给予他的利益之获益(gain)。

归入利益及相应的归入计算是预期及预期利益计算的镜像。预期计算意在将受允诺人置于如允诺人履行时所处的地位。相比之下,归入计算旨在将允诺人置于如合同已履行时所处的地位。因此,完美的归入(disgorgement)使允诺人在履行和支付损害赔偿之间无差异。正如库特和尤伦(Cooter and Ulen)所说:

当归入完美时,加害人在做正确的事和做错误的事且支付归入

损害赔偿之间无差异。因此,完美归入等同于完美赔偿。加害人和受害人的角色相颠倒。如果补偿性损害赔偿完美,受害人就不会因伤害而受到损害;而如果归入赔偿(disgorgement damages)完美,加害人也不会从不当行为中得到任何获益。[1]

第344条显然是故意遗漏了归入利益。首先,此条是作为排他性内容编写的。其次,在《合同法重述(第二次)》出版后不久,包括第344条在内的大部分重述的报告人艾伦·法恩沃思(Allan Farnsworth)写了一篇引领性文章《你的损失抑或我的获益?》,该文基于规范理由反对承认归入赔偿。[2] 此外,在《合同法重述(第二次)》出版时,人们通常认为,作为实在法,归入利益不受合同法保护。例如,多布斯(Dobbs)在关于救济的主要著作中指出:

> 作者认识到,没有原理允许(违约)利润返还,原告很少寻求此种返还……"通常假定"违约方对附属利益不承担责任……此种禁止的假定和实践、例外案例的含意以及评注都证成了该信条:在实践中存在反对利润返还的规则……[3]

---

〔1〕 Robert Cooter & Thomas Ulen, *Law & Economics* 320 (6th ed. 2012). See also Robert Cooter & Bradley J. Freedman, The Fiduciary Relationship: Its Economic Character and Legal Consequences, 66 *N.Y.U. L Rev.* 1045, 1051 (1991) (在涉及忠实义务的情况下,完全的归入是"一种制裁,它使不当行为人恢复到如没有做不当行为时所处的地位。换言之,完美的归入剥夺了代理人从盗用中取得的获益,且并没有比他未做不当行为更好或更坏")。

〔2〕 E. Allan Farnsworth, Your Loss or My Gain? The Dilemma of the Disgorgement Principle in Breach of Contract, 94 *Yale L.J.* 1339 (1985).

〔3〕 Dan Dobbs, *Law of Remedies* §12.7(4), at 171 n.5 (2d ed. 1993) (emphasis in original). 此外,多布斯指出:
作者们有时主张将侵权规则运用于合同案件,或者应用于某些特殊类型的合同案件。但合同案件的实践正好相反:仅仅违反合同的人不需要恢复因违反合同所产生的附属利润或获益。把这种强有力的实践说成是一种规则更为方便……"规则"仅允许违约方保留因其自身违约所产生的获益或利润,但这些获益或利润不是原告自身履行的结果。Id. at 171. (请注意单词"rule"上的引号)。See also, e.g., Lon L. Fuller & Robert Braucher, *Basic Contract Law* 55 (rev. ed. 1964) ("也许令人惊讶的是,没有一般原则会允许赔偿被告因违反合同而得到利益");George E. Palmer, *The Law of Restitution* §4.9, at 438 (1978)("尽管此问题在很大程度上还没有探讨过,但普遍认为,无论是通过与第三方的交易还是其他方式,仅仅违反合同并不会使被告对由此获得的利益承担责任");John P. Dawson, Restitution or Damages?, 20 *Ohio St. L.J.* 175, 187 (1959)("……阻止仅因违约所产生的利润还不是我们法律秩序的一个公认目标")。

与法恩斯沃思、多布斯和其他一些学者的立场相反,我的立场是,合同法应当保护而且确实保护了归入利益。本章表明,归入利益在合同法外得到了广泛承认。它解决了为什么《合同法重述(第二次)》拒绝了合同法中归入利益的难题,发展了归入利益应受合同法保护的情况类型,并表明尽管《合同法重述(第二次)》、法恩斯沃思和多布斯都那么认为,但许多案例确实保护了归入利益。本章还讨论了反对归入的规范论证,解决了合同法是否应保护归入利益的问题,并回答了为什么我们未能看到比我们所做的更多的归入案例。最后,本章分析允诺人因违约而获得的利益是否以及何时应当在允诺人和受允诺人之间进行分配。

二、合同法之外的归入利益

私法中的损害赔偿通常基于原告因被告不当行为而遭受的损失。然而,原告的赔偿额通常不以他的损失,而以不当行为人的获益(gain)计算。涉及收回不当行为人获益的情况有两种类型:第一种类型是,原告寻求收回原告给予不当行为人之利益的价值。此种类型的收回(recovery)保护了《合同法重述(第二次)》第 344 条所称的返还利益。第二种类型是,原告寻求收回被告因不当行为产生或可能得到的获益(gain)的价值,但不包括原告给予被告的利益(benefit)。此种类型的收回保护了归入利益。[4]

归入是各种法律领域中的重要救济。例如,它是忠实义务法中的核

---

[4] 皮特·伯克斯(Peter Birks)认为,两种以获益为基础的恢复都应被称为返还。Peter H. Birks, *A Letter to America: The New Restatement of Restitution*, 3 Global Jurist Frontiers Issue 2, *at* 5-10 (Berkeley Electronic Press 2003). 其他人认为,"返还"一词应保留原告已给予被告利益的情况,而"归还"一词应用于被告因不当行为而获得或可能得到获益的情况,但不包括原告给予被告的利益的情况。See, e.g., James Edelman, Restitutionary Damages and Disgorgement Damages for Breach of Contract, 2000 *Restitution L. Rev.* 129, 143-144; Lionel D. Smith, The Province of the Law of Restitution, 71 *Can. B. Rev.* 672, 683-686, 694-699 (1992). 后一术语更好,因为以给予之利益为中心的情况与以收回被告违约可能得到的获益为中心的情况提出了不同问题。

心救济。受托人通过利用其职位或通过其职位所拥有的财产或信息不当地得到了个人获益,即使受益人没有因不当行为遭受损失,也必须向受益人归入该利益。《代理法重述(第三次)》第 8.05 条的示例 1 说明了此原则:

> P 拥有一个马厩,他雇用 A 来照看马。P 离开一个月,没有 P 的同意,A(为自己的个人获益)把马租给骑马人。虽然骑马对马有利,但 A 要就从租客所获租金数额向 P 承担责任。[5]

在此种情况下,受托人要对自己的获益承担责任,部分是因为不应允许一个人从自己的不当行为中获利(profit),部分是因为要求受托人的归入会实现受益人的默示预期,部分是因为归入是一种实现效率的工具,理由是归入塑造受托人的行为来反映受益人的合理预期,并为受托人提供正确激励。[6]

在涉及财产利益的场合,通常也会判予归入。例如,如果不当行为人侵占了所有人的财产,不当行为人对所有人承担侵占责任。通常,所有人的损害赔偿以所有人的损失来计算,所有人的损失是侵占时被侵占财产的市场价格。然而,如果不当行为人后来以更高价格将财产出售给第三人,所有人仍可要求不法行为人归入(disgorge)该价格,而非仅仅赔偿所有人的损失。[7] 相应地,如果不当行为人使用了侵占财产,且该财产的租金价值超过市场价值,所有人可以要求不当行为人归入该租金价值。[8] 同样,很多案例认为,如果行为人侵入了(trespass)所有人的土地,即使所有人没有受到侵入的伤害,所有人也可以要求不当行为人归入

---

[5] *Restatement (Third) of Agency* § 8.05, illus. 1 (Am. Law Inst. 2006).
[6] See Cooter & Freedman, supra note 1, at 1049-1056.
[7] 从历史上看,此救济通常被称为放弃侵权责任并基于该拟制而提起简约之诉,即所有人可以选择将不法行为人视为代表所有人出售非法占有财产(converted property)的代理人。See 1 Dobbs, supra note 3, § 4.2(3), at 584-585。
[8] See, e.g., Olwell v. Nye & Nissen Co., 173 P.2d 652, 654 (Wash. 1946).

该侵入的使用价值。[9] 此结果反映在《返还和不当得利法重述(第三次)》第40条的示例3中：

> 黑地(Blackacre)是商业区的一块空地。买方从开发商手中收购了黑地，想通过建造一家超市来改造该地产(买方建一个标牌，宣布该地块是买方业务的"未来家园"，但暂时不开工建设)。与此同时，开发商正在为附近的小区进行街道升级(grading streets)。开发商将升级中暂时清除的泥土倾倒在黑地里(升级完成后，在黑地里留下了一大堆泥土，开发商贴了一个告示，上面写着"免费"，结果到初审时，所有的泥土都被公众清除了)。买方起诉开发商非法侵入。法院认定买方没有遭受可量化的伤害。黑地已经恢复原状，开发商的非法侵入没有影响买方的任何使用。另一方面，开发商因未经授权使用该地产而不公平地增加了财富。开发商的返还责任以黑地在泥土存在的月份中的租金价值计算，并做出了有利于买方的灵活评估。

三、《合同法重述（第二次）》的难题

鉴于合同法外归入利益保护已被广泛接受，如何解释《合同法重述（第二次）》不保护归入利益的立场呢？

一种可能的解释依赖实在法论证。正如多布斯的著作所阐明的，直

---

[9] See, e.g., Quality Excelsior Coal Co. v. Reeves, 177 S.W.2d 728, 732 (Ark. 1944)("当被告已经占有该财产获利时，他可能对非法侵入诉讼中对公平租金价值承担责任，即便原告在他预期对该财产的任何使用中没有受到阻碍或阻挠也是如此")；Baltimore & Ohio R.R. Co. v. Boyd, 10 Atl. 315, 317-318 (1887)(铁路侵占了原告的土地好多年。法院说，"真的，没有任何证据证明遭受了任何特殊损害，也没有任何证据证明原告在任何拟使用他们的地段时受到阻碍或阻挠，原因是铁轨的存在和使用。但是，尽管如此，我们的观点是，原告有权就其土地使用获得合理赔偿，我们认为这是以该地的公平租金价值来计算的……")；Anchorage Yacht Haven, Inc. v. Robertson, 264 So. 2d 57, 61 (Fla. 4th DCA 1972)（被告的船只沉入原告的海盆时的非法侵入诉讼。法院认为，损害赔偿可包括船只所占空间的合理租金价值)；Slovek v. Bd. of Cty. Comm' rs, 697 P.2d 781, 783 (Colo. Ct. App. 1984)；Bourdieu v. Seaboard Standard Oil Corp., 119 P.2d 973, 978 (Cal. 1941)("合理的租金价值提供了非法侵入情况下适当的损害赔偿标准")。

到最近，人们在学术文献中还经常认为并且可能普遍认为，合同法并不保护归入利益。然而，判例法对此观点只提供有限支持，尤其是在上诉法院层面。法恩斯沃思没有引用直接支持此命题的案例。多布斯只引用了一个案例，主要依赖于"书面文件""司法意见"（opinion）和"司法实践"（practices of the bar）。[10] 多布斯引用的唯一案例，即汉堡王公司诉麦迪逊案（Burger King Corp. v. Madison）[11]是令人怀疑的权威案例（authority）。汉堡王公司案是一个旨在适用佛罗里达州法律的不同州籍当事人之间的案件（diversity case）。然而，在汉堡王案之前[12]和之后[13]判决的案件中，佛罗里达州最高法院给予了合同法中的归入利益以强有力的保护。《合同法重述（第二次）》的立场似乎只得到少数上诉案例的支持，主要是美国海军学院出版社诉特许通信公司案（United States Naval Institute Press v. Charter Communications, Inc.）[14]和少数下级法院案例。[15]

在海军学院案中，汤姆·克兰西（Tom Clancy）写了第一部小说《寻找红色十月》。这本小说由拥有版权的海军学院出版社以精装本出版。

---

[10] See 3 Dobbs, supra note 3, at 171 n.5.

[11] 710 F.2d 1480 (11th Cir. 1983).

[12] See Gassner v. Lockett, 101 So. 2d 33 (Fla. 1958)（被告因违反出售房屋的合同，以更高的价格将房屋出售给第三方，原告要求归入其获得的利润）。

[13] See Coppola Enter. v. Alfone, 531 So. 2d 334, 335-336 (Fla. 1988) (same). 本案例将在与下文第 31-32 注释对应的正文中讨论。

[14] 936 F.2d 692 (2d Cir. 1991). See also Axford v. Price, 61 S.E.2d 637, 642 (W. Va. 1993). 该案中，西弗吉尼亚州最高法院认为，"因企业卖方违反不重新从事与买方相竞争生意的合同而可得赔偿的损害计算，是原告所损失生意的价值，而非被告因其违反合同而得到的获益"。此种判决观点与此种语境下绝大多数损害赔偿计算的案例不一致。在一个涉及类似语境的不同州籍当事人的案件中，法院依据阿克斯福德案（Axford）认为，根据西弗吉尼亚州合同法，归入是一种不适当的救济。法院还援引了汉堡王公司案（Burger King），并将其部分判决建立在一个不正确的前提之上，即"多于预期损害赔偿的判决会阻止效率违约"。Id. at n.11. 阿贝克斯案（Abex）的意见没有公开。根据联邦第四巡回法院的地方规则 36 (c)，在没有异常的情况下，法院不会引用未公开的意见，在给法院的诉讼摘要中引用未公开的意见是不受认可的（disfavored）。

[15] See, e.g., Topps Co., v. Cadbury Stani S.A.I.C., 380 F. Supp. 2d 250, 261-264 (S.D.N.Y. 2005); Curley v. Allstate Ins. Co. 289 F. Supp. 2d 614, 620-621 (E.D. Pa. 2003); Dethmers Mfg. Co. v. Automatic Equip.Mfg. Co., 73 F. Supp. 2d 997, 1008 (N.D. Iowa 1999); Glendale Fed. Bank, ESB v. United States, 43 Fed. Cl. 390, 407-408 (1999).

1984年9月14日，海军学院出版社授权伯克利出版集团出版该小说的平装本。授权合同第2条规定，授权期限"从上述日期开始"，并持续到伯克利出版集团第一次出版之日后五年。第4条规定伯克利出版集团不会在1985年10月之前出版平装本。

《寻找红色十月》出人意料地成了畅销书。很可能是因为此原因，伯克利出版集团比合同允许的时间更早地发行了平装本，所以平装本的零售开始于1985年9月15日，而非10月。平装本销量如此之大，以至于在9月月底之前，这本书已经接近平装畅销书排行榜的榜首。海军学院出版社在联邦法院起诉伯克利出版集团侵犯版权和违反合同。

此案历经了两次上诉。在第一次上诉中，第二巡回法院认为，伯克利出版集团因在1985年10月之前进行了大量平装本零售而违反了合同，发回重审，要求判予海军学院出版社适当救济。[16] 根据发回重审的裁决（On remand from that decision），海军学院出版社声称伯克利出版集团在1985年10月之前销售平装本侵犯了海军学院出版社的版权，并要求得到伯克利出版集团销售书籍利润的判决。那时的地区法院法官皮埃尔·勒瓦尔（Pierre Leval）得出结论，10月前的销售行为侵犯了海军学院出版社的版权，并基于海军学院出版社在10月前不当出版的损失，判了3.538万美元的通常合同损害赔偿，以及基于伯克利出版集团从侵权中获得的利润，判了7 760美元的归入赔偿。

勒瓦尔法官用海军学院出版社因伯克利出版集团在十月前不当提前出版而损失的利润，计算海军学院出版社的普通合同损失。更具体地说，如果伯克利出版集团没在1985年9月不当地出售平装本，海军学院出版社本可从1985年9月的精装书销售中获得利润。至于归入，勒瓦尔法官认为海军学院出版社有权获得伯克利出版集团销售给客户所获得的利润，因为如果在9月买不到平装本，这些客户本不可能购买平装本。

勒瓦尔法官分析的逻辑可作如下理解。购书人可分为三类：舍得花

---

[16] United States Naval Institute v. Charter Communications, Inc., 875 F.2d 1044 (2d. Cir. 1989).

钱者（Spenders）、省钱者（Savers）和超级省钱者（Supersavers）。即使平装本已经出版，舍得花钱者总会买精装本。仅当平装本尚未出版时，省钱者才会购买精装本；如果平装本已经出版，省钱者就会购买平装本。超级省钱者只买平装本，因此他们总是等到平装本出版后才会购买。

伯克利出版集团在9月提早出版平装本，并不影响海军学院出版社对舍得花钱者的销售，因为他们在平装本提早出版后也还是会买精装本。平装本的提早出版也不影响海军学院出版社对超级省钱者的销售，因为超级省钱者无论如何都不会买精装本。然而，省钱者的情况就不同了。因为仅在平装本还没出版的情况下，省钱者才会购买精装书，平装本的提早出版导致海军学院出版社损失了9月省钱者购买精装本所获得的利润。平装本的提早出版也致使伯克利出版集团获得9月向省钱者销售平装本的利润，该利润额是违约的获益，因为若非提早出版，省钱者会在9月购买精装本。

在对勒瓦尔法官的判决提起上诉时，第二巡回法院首先认为，伯克利出版集团没有侵犯海军学院出版社的版权。合同第2条规定伯克利出版集团的授权在"上述签署日期"生效。写在上述第2条的唯一日期是合同的标题——"协议于1984年9月14日订立"。法院得出结论认为，该授权因此从该日开始。因此，法院认为伯克利出版集团在1985年9月的出版并不构成版权侵权，勒瓦尔法官基于伯克利出版集团违约所得7 760美元的归入赔偿的判决是不适当的，因为合同法的一般原则是受允诺人只能获赔自己的损失，而不能获赔允诺人的获益。然而，因伯克利出版集团违约，海军学院出版社遭受了本会于9月销售给省钱人精装本的利润损失，第二巡回法院确认了勒瓦尔法官基于上述利润损失的通常合同损害赔偿判决，因为即使伯克利出版集团没有侵犯海军学院出版社的版权，它也违反了合同。[17]

海军学院出版社案阐明了在归入方面区分财产权和合同权之间的不稳定性，因为财产法问题的解决，也即伯克利出版集团的授权是什么时候

---

[17] United States Naval Institute v. Charter Publications, Inc., 936 F. 2d 692 (2d. Cir. 1991).

开始的完全取决于对合同的解释。合同的第2条隐秘地规定,授权于"上述签署日期生效"。第二巡回法院的结论是,授权始于1984年9月14日,即合同标题中规定的日期,因为这是第2条之前出现的唯一日期。此解释并不完全令人信服。授权持续到伯克利出版集团首次出版后五年,只是到1985年10月才能适当地首次出版。为什么海军学院出版社会给伯克利出版集团开始授权近一年的时间里伯克利出版集团却无权出版?为什么授权不在伯克利出版集团第一次有权出版时开始?事实上,这正是勒瓦尔法官在该案初审时对合同所作的解释。

第二巡回法院对海军学院案中第二次上诉的判决也有疑问。首先,这个判决是超技术性的。假设第二巡回法院认为伯克利出版集团在1985年9月没有出版平装本的授权,因此9月的出版侵犯了海军学院出版社的版权。大概在那种情况下,法院会允许海军学院出版社获得伯克利出版集团提前出版的获益,因为提前出版会侵犯海军学院出版社的财产权,即版权权益。相比之下,由于法院认为伯克利出版集团的授权于1984年9月生效,伯克利出版集团唯一的不当行为是违反合同,但在法院看来这并没有为归入提供基础。因此,该判决立基于一个合同权和完全依赖于合同权的财产权之间学术上的、并不令人信服的区分。换言之,即使第二巡回法院对合同的解释是正确的,一旦9月出版的不当性得以确定,为什么归入的可用性(availability)应取决于不当出版是适合放入财产箱(property box)还是合同箱(contract box)?

该判决有疑问的第二个原因是,如果海军学院出版社已知道伯克利出版集团的计划,它几乎肯定有权禁止伯克利出版集团在9月出版平装本。既然如此,归入利益就应当受到保护,以阻止像伯克利出版集团这样的允诺人通过快速迂回(running a quick end-around)的方式来破坏特定履行的救济。

该判决有疑问的第三个原因是,该判决很可能会挫败合同目的。法院没有考虑,禁止伯克利出版集团在1985年10月前出版平装本之合同条款的目的。因此,无法确定地得知此目的,但很明显,海军学院出版社认为不在10月前出版平装本符合其利益,很容易想象出这么做的原因。零售书商通常可以将未售出的书全额返货给出版商。因此，海军学院出版社想知道平装本什么时候出版，这样它就可以调整印刷计划，而不会在平装版出版后被过多的精装版返货所困扰。海军学院出版社可能还想调整精装版的促销活动时间，以防止平装本一旦上市，伯克利出版集团就搭海军学院出版社广告的便车来促进平装本销售。伯克利出版集团的违约打乱了这些及其他类型的计划。由于海军学院出版社的随后损失很难充分确定地证明是否适于获得预期损害赔偿，归入赔偿则可作为替代。

四、反对归入之效率观

综上，实在法不构成合同法中归入利益保护的障碍。然而，有两个基于效率的理由似乎构成了障碍。

一个理由是基于效率违约理论。第六章详细讨论过的这个理论认为，如果允诺人在支付预期损害赔偿后从违约所得的获益(gain)将超过受允诺人因违约所遭受的损失，违约是有效率的，因而是可取的。由于在适当场合下，归入要求允诺人放弃其违约获益，因此，如果得以证成，该理论将对归入产生不利影响。然而，如本章所证明的，此理论是不正当的而且实际上是无效率的。

反对归入的另一个理由如下：预期损害赔偿通过使允诺人将受允诺人在合同下的潜在获益内化来提高效率，从而给予允诺人适当的激励来做出履行或违约的决定，以及决定采取多少预防措施来确保他在时间到来时能够履行。然而，一般来说，受允诺人只有在归入赔偿超过预期损害赔偿时才会寻求它。因此，理由是，归入利益的保护会给允诺人提供过度的履行和预防激励。

此种理由有以下几个问题。

首先，预期的计算非常不完善，至少在现行法律下是这样，因为它不能系统地使受允诺人在履行和违约之间无差异。[18]

---

[18] See supra Chapters 20, 22.

其次,在预期损害赔偿难以计算的场合,正如信赖有时被用作预期损害赔偿的替代一样,确保预期利益保护的最佳方式可能是用归入作为预期损害赔偿的替代。[19]

最后,预期计算本身不是目的。相反,预期计算通常是提供有效率预防和履行、促进增加盈余的信赖和更一般地实现交易合同(bargain contract)的最佳方式。然而,如下所述,在某些情况下,归入利益保护是提供有效率激励和实现交易合同的最佳甚至唯一方式。此外,如下文所述,归入赔偿经常是预期损害赔偿,因为受允诺人已经谈判获得了因允诺人违约所生的所有获益的归入。

五、为什么合同法应当保护而且确实保护了归入利益

尽管合同法不保护归入利益的假定曾在次级文献中被广泛接受,但该假定从20世纪50年代开始发生变化了。首先,次级文献不时表达支持归入。一些支持是相对结论性的*。[20] 另一些支持则非常成熟,但要么基于不当得利的原则[21],要么基于受允诺人通常享有类似

---

[19] See, e.g., Sec. Stove & Mfg. Co. v. Am. Ry. Express Co., 51 S.W.2d 572, 575 (Mo. App. 1932).
　　* conclusory,意指缺乏具体分析。——译者注
[20] 例如,乔治·帕尔默(George Palmer)在返还法的著作中指出:
　　尽管此问题很大程度上并未探讨过,但普遍认为,无论是通过与第三方的交易还是其他方式,仅仅违反合同并不会使被告对由此获得的利益承担责任……但是,尽管(相反的)原则没有得到普遍接受,也不可能得到普遍接受,但它不能被完全拒绝。当一个案件的全部情况都指向被告保留利润是不公正的结论时,它就有足够的力量发挥作用。最终,可能会出现有限适用的原则,但现在说这种情况已经发生还为时过早。Palmer, Supra note 3, §4.9 at 438. 同样的,约翰·道森说:……金钱判决救济的替代形式……在交付专用性资产或确定系列行动的场合使用……已经过允诺,而且通过违约和再售给另一方,允诺人能够保证获得易于计算的获益。很可能的是,这种情况下的赔偿障碍无非是众所周知的律师病,即类别的僵化。John Dawson, Restitution or Damages?, 20 *Ohio St. L. Rev.* 175, 186–187 (1959).
[21] See, e.g., Gareth Jones, The Recovery of Benefits Gained from a Breach of Contract, 99 *L.Q. Rev.* 443 (1983).

财产的要求履行的权利(property-like entitlement to performance)的理论[22],或两者兼而有之,但并非基于效率。丹尼尔·弗里德曼(Daniel Friedmann)的文章《侵占财产或者实施不当行为获得利益之返还》[23],对权利路线(entitlement line)进行了广泛而重要的分析。

……合同关系可以……为返还目的而产生"财产"范围内的利益……

根据此处倡导的进路,评估因违反合同而获得利益之返还的中心问题可表述如下:当根据合同允诺履行时,受允诺人是否"有权"以这样的方式返还利益,即如果该履行被拒绝、侵占或以其他方式"取得",受允诺人可视为被剥夺了本"属于"他的利益?[24]

道德直觉在这里和法律的其他地方一样重要。交易既包括明示条款也包括默示条款。合同可以适当地默示哪些条款部分取决于社会道德,因为受允诺人的合理预期部分取决于,他涉及的某一特定类型的允诺通常会产生之道德义务的合理信条。此外,在适当情况下,归入利益的保护给了不愿履行的允诺人与受允诺人重新谈判而非单方违约的激励。此种激励有效率维度,但也有道德维度。允诺是道德上有约束力的承诺。这并不意味着允诺人在道德上会永远履行允诺。例如,如果违反允诺是无意的,那么未能遵守允诺在道德上是可免责的。然而,在不履行在道德上不免责的场合,希望不履行的允诺人对受允诺人负有尊重允诺的道德义务。此义务要求允诺人寻求相互包容(accommodation),而非通过实施

---

[22] See, e.g., James Edelman, *Gain-Based Damages: Contract, Tort, Equity and Intellectual Property* 149-189 (2002)(强调受允诺人拥有"合理履行利益"的情况,see Id. at 189,尽管也关注了一些效率因素)。一个相关的批评是,在归入方面,没有充分的理由区分财产和忠实法与合同法。See, e.g., Lionel D. Smith, Disgorgement of the Profits of Breach of Contract: Property, Contract, and "Efficient Breach," 24 *Can. Bus. L.J.* 121 (1994)。

[23] 80 *Colum. L. Rev.* 504, 513-527 (1980).

[24] Id. at 513, 515. 弗里德曼在《效率违约的悖论》一文中提出了相似论点。Daniel Friedmann, The Efficient Breach Fallacy, 18 *J. Leg. Stud.* 1 (1989) and Daniel Friedmann, Restitution for Wrongs: The Measure of Recovery, 79 *Tex. L. Rev.* 1879 (2001).弗里德曼的观点导致以色列最高法院在一个案件中保护了归入利益。CA 20/82 Adras v. Harlow & Jones Gmbh, [1988] 42(1) PD 221 (in Hebrew), 3 *Restitution L. Rev.* 235 (1995) (in English).

违约将受允诺人从自愿行为人转变为非自愿诉讼人。波斯纳法官在泰勒诉梅里克案(Taylor v. Meirick)中于不同语境下表达了此种理念。[25]

诚然,在版权侵权人因为自己是比版权所有人更有效率的生产者,或者在不同市场中销售而获得大于版权人损失的利润时,即使额外的利润并不代表他的损失,也允许版权人占有它。惩罚侵权人的高效率并给所有人意外之财似乎也是错误的,但它阻止了侵权。通过防止侵权人获得任何净利润,它使得任何潜在侵权人直接与他想要使用之版权的权利人进行谈判,而非通过窃取版权并迫使版权人向法院寻求赔偿损失而绕过市场。由于侵权人的获益(gain)可能超过所有人的损失,特别是经法院计算的损失,将损害赔偿限于损失不会有效地阻止这种强制交换。[26]

不当得利原则也与归入有关。此原则与道德重叠。法律并不要求由于他人行为而增加财富的人都恢复利益的价值:只有那些保留构成不当得利的利益才必须被恢复。《合同法重述(第二次)》第344(c)条通常将合同法中的利益返还定义为,受允诺人恢复其赋予允诺人之任何利益的权益。在涉及此种利益的场合,归入利益的不当得利保护是不必要的,因为返还利益的保护就足够了。因此,在归入利益应受合同法保护的情况下,通常并不明显涉及不当得利。然而,如下所述,在某些类型情况下,归入利益的保护是防止不当得利的必要或重要工具,因为允诺人对利益的不当保留虽然现实,但可能并不明显。无论如何,在重要和反复出现类型的情况下,效率考虑证成了对归入利益的保护。本章的余文讨论其中的一些情况。

六、受允诺人已就允诺人的违约获益进行了交易的情况

与海军学院出版社案不同,美国最高法院、英国上议院、各州上诉法

---

[25] 712 F.2d 1112 (7th Cir. 1983).
[26] Id. at 1120.

院和其他普通法法域的最高法院判决的上诉案例,已经在合同情形中判予了归入赔偿。这些案例有三重功效(duty):它们为归入原则提供了实在法支持,它们举例说明了归入经常正当的一些理由,它们准确标出了一些应当且确实判予归入的类型情况。例如,在地球信息公司诉水圈资源咨询公司案(EarthInfo, Inc. v. Hydrosphere Resource Consultants, Inc.)[27]中,水圈公司与地球信息公司订立了一系列合同[28],根据这些合同,水圈公司同意开发水文和气象光盘及软件。地球信息公司则同意预备光盘的用户手册,包装和销售光盘及手册,并向水圈公司支付固定的以小时计的新产品开发费和使用费。这些合同授予地球信息公司所有版权、专利和其他所有权。1990年6月,水圈公司和地球信息公司陷入了一场争论,争论为水圈公司开发的某些产品是否是新产品以至于地球信息公司是否有义务给水圈公司支付产品版税的争论。6月30日,地球信息以至于暂停支付了所有版税,包括它承认所欠的版税。作为回应,水圈公司在12月通知地球信息公司,它正在解除合同,并提起解除合同和已做工作之价值返还的诉讼(for both rescission and restitution for the work it had done)。

初审法院判决如下:地球信息公司暂停支付版税是实质违约,适当的救济是解除合同和返还。法院将1990年6月30日设定为合同解除的日期,并命令地球信息公司将根据合同开发的所有有形财产归还水圈公司,且将6月30日后出售光盘实现的净利润返还给水圈公司。在上诉中,科罗拉多州最高法院认为,并不存在归入不可作为违反合同之救济的规则。相反,规则是,法院有权力在适当情况下判予归入。在地球信息公司案中,法院认为,归入是恰当的,因为违约是有意的(conscious)和实质的。

在某些合同情形中,效率要求归入利益受到保护,因为受允诺人已就允诺人因违约所得之获益进行了交易。具有讽刺意味的是,最主要的此

---

[27] 900 P. 2d 113 (Colo. 1995).
[28] 更准确地说,水圈公司已经与地球信息公司有利害关系的前身签订了一系列合同。为了便于阐述,我使用"地球信息公司"一词来表示地球信息公司及其前身。

类案例是作为效率违约理论样板的高价范式。如本章所讨论的,商品买卖合同默示卖方既不寻求也不接受出高价者的报价。此外,买方通常会为该默示允诺支付隐含的溢价。在异质商品买卖合同订立时,买方和卖方都知道以后可能会出现高价。[29] 正如买方承担商品价值在交货前可能下跌的负面或下行风险一样,买方承担(卖方放弃)出高价者可能出现的正面或上行风险。因为买方和卖方都知道,买方需要向卖方支付放弃积极风险的隐形溢价。此溢价的金额将是出高价(overbid)的预期值,大致基于潜在出高价的概率加权平均值(probability-weighted average)。换言之,如果卖方在经济意义上是理性的,他的价格就是将缔约商品脱离市场之默示允诺的溢价,溢价等于买方给予卖方再卖给出高价者权利所要求的折价。

在此种情况下,如果卖方违约并出售给出高价者,看似是卖方归入收益,而实际上是预期损害赔偿的一种形式,因为允诺人已经为获得卖给出高价者所获利润的权利付款了。订立异质商品的远期合同反映了卖方体现在有约束力承诺上的决定,即他最好的赌注是接受买方目前包含隐形溢价的报价,而不是等待未来可能的更高报价。如果卖家接受更高的报价,他就违背了自己所下的赌注。买方所交易获得的回报是卖方因违约而产生的获益。

这一点是在与不动产买卖合同有关的一系列案件中提出的。在这些案件中,卖方违约向出高价者销售,买方提起诉讼。一些案例认为,根据这些事实,买方仅有权获得合同价格和市场价格之间的差额,出高价者支

---

[29] 正如艾伦·施瓦茨所说:(独特商品的市场)通常组织良好,古董市场就是一个例子。这样的市场有两个显著特点。首先,它们的特点通常是价格离散(price dispersion)比大致可替代商品的市场均衡更大。此外,卖家面对潜在买家的"到达率"(rate of arrival)低于大致可替代商品的卖家。这两种现象是有联系的。高"买家到达"率意味着企业之间广泛的比较购物,而市场能够承受的价格离散程度与比较购物的数量成反比。(异质)商品的卖家因此有理由相信,他收到的报价在某种程度上是随机的,后来的报价可能会比以前的报价高得多。Alan Schwartz, The Case for Specific Performance, 89 *Yale L.J.* 271, 281 (1979). 施瓦茨使用了"独特的"一词,而不是"异质化的"一词,但从他的文本中可以清楚地看出,他指的就是"非同质化的"也就是"异质化的"的意思。

第二十六章　合同法中的归入利益(disgorgement interest)

付的价格只是市场价格的证据。[30] 然而,在大多数案例中,法院要么将再卖价格视为市场价格之近乎决定性的证据(conclusive edivence)[31],这在经济意义上相当于判予归入,或者直接判予归入。[32] 例如,在科波拉企业诉阿尔丰案(Coppola Enterprises v. Alfone)[33]中,阿尔丰与科波拉缔约,以 10.569 万美元购买由科波拉建造的被称为 53 单元的单户住宅。合同规定,交割将在科波拉发出书面通知十天后进行。交割预计在 1978—1979 年冬季进行,但由于施工延误,交割重新安排在 1980 年夏末。那时,阿尔丰无法在约定的十天内获得融资,要求增加时间。科波拉拒绝了,随后以 17 万美元的价格卖掉了 53 单元。初审法院认定,拒绝给阿尔丰合理时间来交割及终止合同意味着,科波拉没有善意行事,遂判给阿尔丰科波拉再次销售获得的利润。佛罗里达州最高法院维持原判,但认为即使科波拉善意行事,阿尔丰也有权得到归入赔偿:

> 地区法院判给阿尔丰等于科波拉随后出售所得利润的赔偿是正确的……
>
> 根据合同,科波拉有义务把 53 单元卖给阿尔丰……阿尔丰有权获得合理时间,以在此时间内取得资金来支付该财产的到期余额。一旦科波拉违反了与阿尔丰订立的合同,由于将 53 单元出售给后来的买主而不能履行,阿尔丰有权获得等于科波拉销售利润的赔偿。

---

[30] See, e.g., Grummel v. Hollenstein, 367 P.2d 960, 963 (Ariz. 1962); Kemp v. Gannett, 365 N. E. 2d 1112, 1113 (Ill. App. 1977); Reed v. Wadsworth, 553 P.2d 1024, 1036 (Wyo. 1976); cf. Triangle Waist Co. v. Todd, 119 N. E. 85, 86 (N.Y. 1918) (Cardozo, J.)("基于财产或服务的真实销售所得的价格是价值的某种证据");Murphy v. Lifschitz, 49 N.Y.S.2d 439, 441 (1944), aff'd mem., 63 N. E. 2d 26 (N.Y. 1945)。

[31] See, e.g., Mercer v. Lemmens, 40 Cal. Rptr. 803, 807 (Ct. App. 1964); Newman v. Cary, 466 So. 2d 774, 777 (La. Ct. App. 1985).

[32] See, e.g., Defeyter v. Riley, 671 P.2d 995, 997, 999 (Colo. Ct. App. 1983); Seaside Cmty. Dev. Corp. v. Edwards, 573 So.2d 142, 147 (Fla. Ct. App. 1991); Colby v. Street, 178 N. W. 599, 602-603 (Minn. 1920); Taylor v. Kelly, 56 N.C. 240, 245 (1857); Timko v. Useful Homes Corp., 168 A. 824 (N.J. Ch. 1933).

[33] 531 So. 2d 334 (Fla. 1988).

我们不需处理科波拉将53单元出售给后续买家的决定是否涉及恶意。此问题的解决在这里不具有决定性……买方有权获得这些赔偿,而无论向随后买主的销售涉及恶意抑或仅仅是善意错误的结果。如果卖方违反了与买方之间的合同,并随后将土地出售给后来的买方,那么即使没有欺诈或恶意的证据,卖方也不得从中获利。[34]

在此种情况下,归入有时被合理解释为与《合同法重述(第二次)》的立场一致,理论是不动产的买方有特定履行的权利,所以他是不动产的"衡平法上的所有人",而卖方只是"受托人",因此归入由信托和财产规则证成。[35] 此种推理是超技术性和脆弱的,并没有驱动科波拉案的分析。法恩斯沃思指出,将不动产出卖人视为受托人"如从字面上理解,会使卖方遭受对受托人施加的所有限制,从而导致反常的(extraordinary)结果"[36]。

在马萨诸塞州最高法院判决的劳林诉德卡罗利斯建筑公司案(Laurin

---

[34] Id. at 335-336.《返还和不当得利重述(第三次)》第39(1)条规定,如果违约是刻意的,则可归入允诺人的利润。刻意违约的要求既不适当,也没有得到判例法的支持。惊人的是,第39条的示例却与正文不一致。一些示例是基于不涉及刻意的案件事实,但在这些事实上增加了表述,即违约是刻意的,这就好像,反事实地,如果违约不是刻意的,案件的结果会有所不同一样。其他示例适当地得出结论,尽管违约并不被定性为刻意,归入也是必须的。示例13类似于雅各布和杨斯案(见下文注释53-55),是特别惊人的:

建筑商和业主同意以200万美元的价格建造一栋房子。规格要求是,地基由佛蒙特州花岗岩制成,工程已经在此基础上进行了投标和定价。由于错误和疏忽,建筑商采用了在新罕布什尔州开采的花岗岩建造地基。当建造完成后,这个事实就暴露出来了。业主因规格不符而产生的财产评估值差为零。纠正违约的成本将远远超过房子的总造价。由于新罕布什尔州的花岗岩比佛蒙特州的可比石材便宜,建筑商因过失违约而节省了1.5万美元。因建筑商违约,业主可获得1.5万美元的损害赔偿……承认该示例与第39条的文本之间存在冲突,然后"解释"如下:

该案不在第39条规则的范围内(因为建筑商的违约是无意的),但不当得利原则强化了该结论,即节省的花费在此种情况下是计算合同损害的适当标准。

Id. 但是此"解释"只是强调了第39条的缺陷。如果在第39条文本的限制之外,应当允许违约归入,这是应当的也是事实,那么第39条的人为限制不起作用,因为它不应当也不会起作用。

[35] See, e.g., Timko v. Useful Homes Corp., 168 A. 824 (N.J. Ch. 1933).

[36] Farnsworth, supra note 2, at 1364.

v. DeCarolis Construction Co)[37]中,信托和财产理由也被驳回,直接的归入理论获得了支持。1971年3月,劳林夫妇同意以2.69万美元的价格购买德卡罗利斯在建的房子。房子坐落在树木繁茂的土地上。在割前,劳林夫妇发现,合同签订后,德卡罗利斯清除了该地产上的许多树木,显然是为自己使用。劳林夫妇命令德卡罗利斯停止,但德卡罗利斯继续清除树木且还清除了价值6 480美元的砾石和肥土。劳林夫妇在交割时支付了购买价格,然后起诉了德卡罗利斯,要求德卡罗利斯赔偿清除的树木、砾石和肥土的价值。该案由法官助理审理,他认为,从协议签署之日起,劳林夫妇就是该地产的衡平所有人,因此德卡罗利斯非法转换(converte)了树木、砾石和肥土的用途。换言之,法官助理推理说,劳林夫妇有权根据财产理论得到归入。马萨诸塞州最高法院支持了该法官助理的审判结果(the lower masters result),但驳回了此种推理,理由是根据马萨诸塞州法律,"不动产购买者的权利在交割前是合同权利而非财产权"。因此,法院认为:"此案不能作为财产损害或侵占的诉讼,只能作为刻意和有意违反合同的请求来判决……"

这就剩下合同理论了。问题是,德卡罗利斯利用树木、砾石和肥土并没有降低地产的价值。因此,尽管德卡罗利斯从违约中得到了获益,劳林夫妇却没有遭受损失。尽管如此,法院认为劳林夫妇有权获得归入赔偿,因为不应允许德卡罗利斯保留其有意违反合同的获益:

> ……特别是当被告的违约是刻意和有意的(deliberate and willful)场合,我们认为,仅限于房屋价值降低的损害赔偿有时可能严重不充分。"在木材区砍伐几棵树或者从矿井中提取几百吨煤,可能不会降低木材区或矿井的市场价值,但是从土壤中分离出来的木材或煤的价值可能相当大。在所举案例中,不当行为人将被判决支付木材和煤的价值,他不能通过证明取走了木材和煤之后的财产整体和以前的价值一样来保护自己"……此推理并不取决于原告拥有的与合同利益不同的财产利益。这也不是惩罚性的,它仅仅剥夺了被告

---

[37] 363 N. E. 2d 675 (Mass. 1977).

不当获得的利润,一种原告有权获得的利润……[38]

七、作为特定履行替代的归入

在受允诺人本应被判予特定履行的场合,归入利益也应受到保护,除非他在允诺人提起诉讼之前采取了使特定履行无法实现的行为,如将缔约商品出售给善意购买人。在此种情况下,归入也是必要的,以防止允诺人在受允诺人诉诸法院之前,通过完成不可逆的违约行为来破坏受允诺人的特定履行权。[39]

八、作为预期损害赔偿替代的归入

应判予归入的另一类情况是将归入作为预期计算的替代。该方式与在预期损害赔偿不确定时将信赖用作预期计算的替代一样。[40] 例如,存在一系列涉及损害赔偿计算的案例,其中,被告违反非竞争协议而与原告竞争,或违反给予原告对某些活动专属区域权利的协议而与原告竞争。在许多或大多数此类案例中,法院根据被告的利润判予原告损害赔偿,即归入。[41] 在其中一些案例中,归入作为预期计算的替代而被使用。[42]

---

[38] Id. at 692-693.

[39] See Edward Yorio, In Defense of Money Damages for Breach of Contract, 82 *Colum. L. Rev.* 1365, 1402 at n.196 (1982).

[40] See, e.g., Sec. Stove, & Mfg. Co. v. Ry. Express Co., 51 S.W.2d 572, 575 (Mo. App. 1932).

[41] See, e.g., Cincinnati Siemens-Lungren Gas Illuminating Co. v. Western Siemen-Lungren Co., 152 U.S. 200 (1894); Unita Oil Refining Co. v. Ledford, 244 P.2d 881 (Colo. 1952); Automatic Laundry Serv., Inc. v. Demas, 141 A.2d 497 (Md. 1958); Oscar Barnett Foundry Co. v. Crowe, 86 A. 915 (N.J. 1912); Y.J.D. Rest. Supply Co. v. Dib, 413 N.Y.S.2d 835 (N.Y. Sup. Ct. 1979); Buxbaum v. G.H.P. Cigar Co., 206 N. W. 59 (Wis. 1925). But see Vermont Elec. Supply Co. v. Andrus, 373 A.2d 531, 532 (Vt. 1977).

[42] See, e.g., Unita Oil Refining Co. v. Ledford, 244 P.2d 881 (Colo. 1952); Buxbaum, 206 N. W. at 61 (Wis. 1925).

在这些案例中,法院并不保护归入利益本身。然而,用归入保护预期利益或者保护归入利益的区别并不明显。[43] 此外,在其中一些案例中,法院确实保护了归入本身,而非将归入作为预期的替代。[44]

九、旨在服务于以获利外的利益为目的的交易

虽然大多数交易都是为了获利,但有些却不是这样的。通常,归入利益的保护能够最佳或者唯一地实现此一类型的交易,而且也能最佳或者唯一地向允诺人提供正确的激励。对归入利益予以保护的两个最重要的案例即属于此类。这些惊人相似的案例,分别是斯奈普诉美国案(Snepp v. United States)[45] 和布莱克诉总检察长案(Blake v. Attorney General)[46]。这些案例分别是由美国和英国的最高法院判决的。

在美国最高法院判决的斯奈普诉美国案中,弗兰克·斯奈普(Frank Snepp)曾是中央情报局(CIA)的雇员。作为雇佣的条件,斯奈普签署了合同,其中他允诺"未经局长的特定事前批准……不……公开……与雇佣条款有关的任何信息或材料……"离开中情局后,斯奈普出版了一本关于在中情局任职期间在南越活动的书。这本书不包含机密信息,但斯奈普没有经中情局事前批准就出版了这本书。

政府起诉斯奈普要求归入他在此书上的利润。最高法院命令斯奈普归入利润,因为他没有像合同约定的那样提交事先批准。法院的判决部分立基于此理论,"斯奈普在中情局的雇佣合同涉及极高程度的信任",以及"斯奈普违反了此种信任"。从表面上看,此种措辞让该案件看起来像是斯奈普违反了忠实义务的案例。然而,该案并不依赖于违反法律施加

---

[43] See, e.g., Unita Oil 244 P. 881. 在该案中,法院首先说,被告的利润可能会使对原告所失利润的合理估计成为可能,然后继续认为原告可以获赔被告的利润。

[44] See, e.g., Cincinnati Siemens-Lungren Gas. 152 U.S. at 203-204; Automatic Laundry, 141 A.2d at 501-502; Oscar Barnett Foundry, 86 A. at 916; Y.J.D. Rest. Supply, N.Y.S.2d at 837.

[45] Snepp v. United States, 444 U.S. 507 (1980).

[46] Blake v. Attorney General [2001] 1 AC 268 (HL) (appeal taken from Eng.).

的忠实义务,例如受托人不得以不公平条款与其受益人进行交易的义务。相反,斯奈普也只是因为违反合同而承担责任。此外,尽管法院的判决名义上部分基于信任关系(trust relation),但该判决也明确部分基于该观点,即归入之外的其他救济都不会实现该合同。在这方面,法院表示,尽管政府可能受到斯奈普书的伤害,但此种伤害的证明太难了,政府不能寻求其他救济,如名义损害赔偿。简言之,斯奈普案既是一个合同法案例,也是一个忠实法案例,但更是一个合同法而非忠实法案例。

由英国上议院判决的布莱克诉总检察长案与斯奈普案极其相似。乔治·布莱克和斯奈普一样,也是政府情报机构的成员。布莱克和斯奈普一样,在雇佣之初就订立合同限制了自身的出版权:"我承诺,无论是在报纸上还是在书上,我都不会泄露在雇佣中获得的任何官方信息。我也理解这些规定在雇佣终止后仍然适用。"和斯奈普一样,布莱克也因出版了一本与他作为秘密情报官员活动有关的书而违反了合同。布莱克的书和斯内普的书一样,在出版时不包含任何保密信息。英国政府和美国政府一样,要求获得布莱克书的利润。英国上议院和美国最高法院一样,判予了此种救济。

在斯奈普案中,美国最高法院至少部分使用了类似忠实的措辞,但在布莱克案中,英国上议院没有使用此种措辞。事实上,正相反。在审判中,英国政府完全将该案立基于该理论,即在写作和出版该书时,布莱克违反了他的忠实义务。然而,初审法院认为,尽管情报部门的前成员对秘密和保密信息负有终身不披露的忠实义务,但他们并不承担再进一步的忠实义务。英国上议院没有挑战此结论。因此,英国上议院不能把他们的判决建立在忠实原则上,因为布莱克没有使用秘密或保密信息。相反,上议院以一种非常复杂的方式明确地处理了,合同法是否应在适当情况下保护归入利益的问题。

尼科尔斯勋爵(Lord Nicholls)撰写了该案的主要意见。他首先指出,虽然损害赔偿的目的通常是赔偿损害,但法律对该原则创设了例外:

> 哈尔斯伯里伯爵在梅迪亚纳案(The Mediana)中的著名提问……如果你从我的房间里拿走一把椅子并保存了 12 个月,你有权利通过证

明我通常不坐在那把椅子上或者房间里还有很多其他椅子来减少损害赔偿吗?具有同样效果的是沃森·莱德劳有限公司诉波特、卡斯尔斯和威廉森案(Watson, Laidlaw & Co. Ltd. v. Pott, Cassels, and Williamson)中肖勋爵(Lord Shaw)的突出例子……内容复述如下:

> 如果 A 是马匹出租店的店主(liveryman),他让他的马在马厩里闲站着,而 B 违背他的意愿或在他不知道的情况下骑着它或者把它赶走,对于 B 提出的以下问题,A 并没有回答:"你想回复什么损失呢?我也已经还了马,没有任何损失啊。这匹马并未变糟,相反它因为锻炼而更好了。"[47]

在此种背景下,尼科尔斯勋爵求助于对违约可用的救济。他表明,判决合同法案件的法院,已通过判予特定履行以及有时要求获得不法行为人的获益(gain),承认了允诺人在履行上可得的利益(与违约救济中的利益相反):

> 法律承认合同一方当事人可能对不易于用金钱计算的履行享有利益。一旦违约,无辜方会遭受损失。他未能获得合同另一方当事人所允诺的利益。对他来说,损失可能和财产上可计算的损失一样重要,甚至更重要。参照财产损失来评估的损害赔偿金的判决不会适当地给了他赔偿。对他来说,对损害进行财产评估是不充分的。[48]

从该起点出发,尼科尔斯勋爵接着规定了此原则,即合同法应在适当情况下通过归入来保护归入利益:

> 案例说明,当对违反合同的正当反应是不当行为人不应保留从违约中获得的利润时,确实会发生这种情况……

> 我的结论是,原则上似乎没有理由解释,法院为什么在任何情况下都必须排除利润计算(account of profit)作为违约救济的可能性……救济是法律对不当行为(或者更准确地说,对诉因)的回应。

---

[47] Id. at 278-279.
[48] Id. at 282.

在例外情况下,当对违反合同的正当回应如此要求时,法院应当能判予裁量性救济,要求被告向原告计算他因违反合同而获得的利益。正如原告在合同履行上的利益,可能使法院作出特定履行的命令或判予禁令而变得正当和公平(just and equitable)一样,原告对履行合同的利益,也可能使被告不应从其违约中保留任何利益而变得正当和公平。[49]

斯奈普案和布莱克案的判决是正确的。每个政府所签合同的目的都是管理潜在敏感信息。保护预期利益不容易达到该目的,因为该信息没有市场价值,政府也不会因该信息公开而遭受经济损失。[50] 特定履行不是可用的救济,因为合同已经无可挽救地被违反了。信赖损害赔偿也毫无用处,因为两国政府都没有因信赖被告的允诺而产生可证实的成本。返还损害赔偿也毫无用处,因为政府没有给予被告任何根据返还法可归还的利益。因此,正如美国最高法院在斯奈普案中所强调的,实现合同的最好也可能是唯一的方法是保护归入利益。[51]

简言之,规则应当且确实是,在交易合同不以盈利为目的的场合,归入利益会受到保护,以给予允诺人有效率的激励来履行合同并进而实现此种类型的合同。

---

[49] Id. at 284-285. See also Bank of America Canada v. Mutual Trust Co., [2002] 2 S.C.R. 601(Can.), discussed in Mitchell McInnes, Restitutionary Damages for Breach of Contract: Bank of Am. Canada v. Mut. Trust Co., 37 *Can. Bus. L.J.* 125 (2002); cf. CA 20/82 Adras v. Harlow & Jones Gmbh [1988] 42(1) PD 221 (Isr.) (in Hebrew), 3 *Restitution L. Rev.* 235 (1995) (in English)(混合的普通法/大陆法法域保护合同法中的归入利益)。

[50] See David Fox, Case and Comment, Restitutionary Damages to Deter Breach of Contract, 60 *Cambridge L.J.* 33, 34 (2001). 此外,正如约翰·麦卡莫斯(John McCamus)指出的那样,如果布莱克提交了他的手稿供批准,而没有获得批准,布莱克就不会写书,也因此不会获得版税,以至于该履行行为不会带来任何经济利益。John D. McCamus, Disgorgement for Breach of Contract: A Comparative Perspective, 36 *Loy. L.A. L. Rev.* 943, 947-948 (2003)。

[51] 惩罚性赔偿似乎是一种选择,但在没有实际损害的情况下,大多数法院不会判予惩罚性赔偿。更重要的是,惩罚性损害赔偿比归入更不可取,因为此种损害赔偿的金额与允诺人的损失或允诺人的获益没有一对一的关系。此外,与惩罚性损害赔偿相比,归入具有这样的优势,即允诺人没有道德理由去抱怨仅要求他放弃因实施不当行为而得到之获益的判决。正如斯奈普案所述,"由于(归入)救济只涉及可归因于违约的资金,因此它不能让(被告)承担与其获益不成比例的惩戒性(惩罚性)损害赔偿"。Id. at 515-516。

十、外部性

有些合同的目的主要是创造外部性,即让缔约方以外的人受益。在此种情况下,保护受允诺人的归入利益,通常是实现合同并给予允诺人有效率履行激励的最佳或唯一方式。

例如,在英国贸易协会诉吉尔伯特案(British Trade Association v. Gilbert)[52]中,英国贸易协会与新车经销商创设了一种安排,即在第二次世界大战后出现的新车短缺期间压低新车价格。根据此安排,新车经销商要求新车购买人与协会订立合同,约定如果买方想在两年内转售汽车,他须按原销售价减去约定的折旧率卖给协会。反过来,协会同意以支付给买方的价格再售汽车。

吉尔伯特买了一辆新车,并与协会订立了合同,但两年内他在黑市上以高额利润出售了这辆车。协会诉请归入该利润。尽管吉尔伯特违反了合同,但协会并没有预期损害,因为如果吉尔伯特把车卖给协会来履行合同,按照约定协会也须以其支付的价格再卖汽车。然而,合同的目的并不是让英国贸易协会或新车经销商受益,至少未以任何直接商业方式这样做。相反,该合同的目的是创造一个外部性,通过防止暴涨的汽车黑市来使公众受益。实现此目的且给予新车买方有效率激励的最佳或唯一方法是,要求违约的买方将转售所得利润归入协会。法院判决恰当。

十一、违约所节省之成本归入

在允诺人因采取降低成本但不会给受允诺人造成同等损失的不当行为而违反合同的情况下,归入利益的保护对于实现合同、为预防和履行提供有效率的激励以及防止不当得利也是必要的。考虑两类这样的

---

[52] [1951] 2 All ER 641 (Ch.) (Eng.).

情况：

1. 节省的服务

在一种有时被称为节省的服务（skimped-services）类型的情况中，A同意在规定期间按需向B或为B提供服务，并在这方面提供指定人员和设施，以便在该期间履行或支持服务。反过来，B同意向A支付固定金额，而非为此期间实际上所需要和提供的服务付款。事实证明，A不当地未能将人员和设施维持在约定水平上，但有足够的人员和设施来履行B在此期间实际需要的所有服务。例如，假设海上救助方A与航运公司B约定，在未来一年内，A将在世界各地的战略位置部署救援拖船，以帮助B陷入困境的船只，以换取100万美元的固定金额。在这一年内，A没有按照允诺部署拖船，但因为B的船只没有陷入困境，B也没有遭受任何损失。

在此种情况下，合同的目的是确保允诺人保持允诺的人员和设施到位。预期损害赔偿并没有给予允诺人足够的履行激励，因为即使违约了，允诺人仍然能够提供受允诺人最终实际需要的所有服务，而受允诺人并没有因违约遭受任何损失。相比之下，以允诺人节省的成本计算的归入利益保护，会给予允诺人有效率的履行激励，进而实现合同。此外，在不进行归入的情况下，就要为允诺人没有做出的履行付款，他就不公正地增加了财富。因此，在此种情况下，如果受允诺人已经提前向允诺人付款，受允诺人应当有权获得允诺人节省服务的成本。如果受允诺人没有提前付款给允诺人，节省部分的费用则应从合同价格中扣除。[53]

---

[53] 新奥尔良市诉消防员慈善协会案[City of New Orleans v. Firemen's Charitable Ass'n, 9 So. 486 (La. 1891)]错误地得出了相反的结果。在那里，允诺人同意提供一定数量的消防员和一定长度的软管和管道，以在特定时间内灭火。期限届满后，原告发现消防员的人数以及软管和管道的长度低于合同要求。法院拒绝施加损害赔偿，理由是该市没有因违约而遭受损失。在总检察长诉布莱克案[Attorney General v. Blake (1998) Ch 439]中，英国上诉法院适当地批评了新奥尔良市案，称"在此种情况下，正义确实要求判予巨额损害赔偿，被告因违约而节省的花费提供了适当的损害赔偿的标准"。Id. at 458。

2. 价值降低

另一种相关类型的情况,出现于同意提供服务的允诺人要么提供了有瑕疵的服务,要么根本没履行,而且补救履行的成本超过补救的价值。计算服务提供商违约损失的标准公式,称为完工损失,是基于救济成本。根据该公式,服务购买人有权获得他须支付给替代承包商以完成原初服务提供者义务的金额。根据不太常用的称为价值降低的公式,服务购买人有权获得允诺的价值和实际收到的价值之间的差额。

如果法院可自信地认为,服务购买人真的不需要该救济,而是只想要金钱损害赔偿,且将该金钱赔偿放在银行而非补救上,那么使用价值降低的公式而非完工成本的公式就是恰当的。然而,在价值降低的损害赔偿适当的场合,如果违约前服务购买人明示或隐含地为服务提供者未能履行的服务付款,就会出现一个特殊问题。

在服务节省和价值降低的情况下,保护归入利益的最简单情况是,允诺人已经提前支付了服务成本并想要归入该款项。然而,归入在以下场合也是必要的:受允诺人已间接为服务付款了,如在上文讨论的皮威豪斯农业综合企业案,或者虽然服务提供者违约了,但他根据实质履行原理提起预期损害赔偿的诉讼,然而尽管服务提供方未履行或者不适当履行并未降低允诺人履行的价值,但服务购买人仍然请求扣除该未履行或不适当履行的服务费用。例如,在新西兰的参孙和参孙有限公司诉普罗克特案(Samson & Samson Ltd. v. Proctor)[54]中,建筑商起诉业主,要求业主支付建筑合同下所负的款项。业主反诉请求,合同在不同方面都没有得到履行,其中最重要的是该建筑的钢筋数量不足。承包商回应说,业主没有因违约而遭受任何损失,因为在占有该地产几个月后,业主就以像没有瑕疵时的价格出售了该建筑。法院恰当地认为,建筑商的回应并不相关,业主有权从合同价格中扣除建筑商因不履行合同

---

[54] [1975] 1 NZLR 655 (HC).

而节省的金额。[55]

通常,在允诺人因违约节省成本而被判予归入的情况下,归入是价值降低损害赔偿的替代而非补充。例如,在雅各布和杨斯诉肯特案中,肯特本应能够获得用科霍斯管的房屋价值和用雷丁管的房屋价值之间的差额,或者科霍斯管和雷丁管之间的成本差额,但不能两者兼得,因为两种损害计算会重叠甚至重复。[56] 同样,假设如第十五章讨论的,在皮威豪斯农业综合企业案(Peevyhouse Agribusiness)中,皮威豪斯农业综合企业不应同时被判予价值降低损害赔偿和归入加兰煤炭公司的节省成本,因为如果加兰公司将这些成本投资于恢复农场,那么农场价值的减少就会显著降低。

十二、反对合同法中归入之因果关系的论点

艾伦·法恩斯沃思提出了反对合同法中归入利益保护之因果关系的三个论点。他把这些理由称为事实上因果关系、远因和共同因果关系。这些理由在每个方面都有瑕疵。没有一个是真正反对合同法中归入利益保护的论点。相反,这些论点只涉及归入赔偿应如何计算。

---

[55] Id. at 656. See also Healy v. Fallon, 37 A. 495, 497 (Conn. 1897)(判予业主合同要求之木板的成本和承包商使用之木板的成本之间的差额); Farrington v. Freeman, 99 N. W. 2d 388, 391 (Iowa 1959)(判予业主合同要求之窗户的成本和承包商安装之窗户的成本之间的差额)。

[56] 肖恩·拜仁对这一点的阐述如下:

为解释这个想法,想象雅各布和杨斯案的一个变体,在此变体中,允诺人因违约而节省的金额等于允诺人减少的价值。例如,假设雷丁管花费5 000美元,科霍斯管花费4 000美元,并且使用雷丁管的房子比科霍斯管多值1 000美元(然而,继续假设更换管子的成本要高得多,比如5万美元)。在此种情况下,允诺人因违约获得1 000美元,受允诺人因违约损失1 000美元。适当的救济似乎是转移1 000美元,而非单独的赔偿损失和归入获益。

现在,假设业主在雅各布和杨斯案的这个变体中价值降低了,取而代之的是500美元。尽管如此,归入似乎仍是合适的,但总支付仍应是1 000美元——对吗?(也就是说,只是归入,而非归入加上价值降低)。如果业主的价值降低是2 000美元,就没有必要单独归入了。肖恩·拜仁2005年4月19日梅尔文·艾森伯格的信。

1. 事实因果关系

法恩斯沃思的第一个因果关系理由是,即使违约使允诺人获得履行时本不会得到的获益,违约事实上也并非全部获益的原因,因为允诺人本可通过违约以外的其他方式,特别是通过与受允诺人协商解除合同来实现获益。法恩斯沃思的理由可推论,在此种情况下,允诺人违约可能带来的获益只是允诺人必须为协议解除合同支付的金额。[57] 举例来说,如果违约使允诺人可能从履行中获益 1 万美元以上,但受允诺人会以 4 000 美元使允诺人摆脱合同约束,那么根据事实因果关系的理由,违约使允诺人可能获得的收益只有 4 000 美元,因此这才是他应当归入的金额。[58]

此论点没有说服力。首先,基于任何通常的因果关系概念,允诺人的违约都是他从违约得到 1 万美元收益的原因,这既合乎条件因果关系也合乎近因(both a but-for and a proximate cause)。毕竟,只是因为允诺人违约了,他才能从违约中得到 1 万美元的获益。

撇开此点不谈,事实上因果关系的理由并非反对合同法中保护归入利益的论证。相反,此理由隐含地承认了该利益。如果受允诺人提起违约之诉,允诺人为获得合同解除(release)所需要支付的金额不会成为预期、信赖或返还损害赔偿的要素,并且只有在归入利益保护时才能获赔该金额。因此,事实上因果关系的理由只涉及允诺人应当归入多少,而非允诺人是否应当归入。

其次,违约造成的唯一损失是受允诺人要求解除合同(release from contract)而支付金额的推理没有自然终点。如果这就是允诺人在归入情况下的唯一损失,那么它也是受允诺人在预期损害赔偿情况下的唯一损失。换言之,如果违约对允诺人实际产生的唯一获益是,受允诺人为换取免除债务而坚持要求的金额,那么违约实际上产生的唯一丧失的预期也是,受允诺人为换取合同解除而坚持要求的金额。因此,根据此推理,预

---

[57] See Farnsworth, supra note 2, at 1346.
[58] Id. at 1343–1347.

期损害赔偿也应以受允诺人和解会得到什么来计算,而非以合同履行时他会获得什么来计算。

这个问题也不限于合同法。例如,假设代理人不以伤害委托人的方式不当使用委托人的财产。根据法恩斯沃思的事实上因果关系的推理,给委托人造成的唯一损失是,他在同意代理人使用委托人财产时要求代理人支付的金额。同样的情况也适用于受托人在不损害受益人情况下不当地使用信托财产,或者公司董事在不损害公司情况下不当使用公司财产。确实,事实上因果关系推理可以切断损害赔偿,即使在不当行为人因侵权而伤害了一个受害者时也是如此。如果可以假设受害者会接受以低于伤害的金额来交换债务解除,如因为受害人想要避免诉讼费用或规避风险,那么根据事实因果关系的论证,不当行为人造成的唯一伤害是受害者会接受债务解除的金额。[59]

再次,事实因果关系的论证取决于相反的事实(counterfactual)。即使允诺人可从受允诺人处获得债务解除,他也并没有这样做。如果允诺人不想履行,他的适当行为就是重新协商合同以获得债务解除。事实因果关系的理由就像对待恰当地重新谈判并因此未违约的允诺人一样,对待不当地未能重新谈判的违约允诺人。在允诺人事实上并未重新谈判时却像他已经这样做了一样计算损害赔偿,就是奖励允诺人做不当的事情,并消除做正确事情的激励。霍华德·托尼·卢(Howard Tony Loo)对法恩斯沃思文章的评论很好地提出了这个问题,我在此转述如下:

> 法恩斯沃思论证的逻辑结构如下:不是没有违反合同,他通过向

---

〔59〕 相反,在一些归入案件中,虽然法恩斯沃思的事实上因果关系的推理会不适当地减少损害赔偿,但在其他案件中也会不适当地增加损害赔偿。例如,在本章下文和第四十五章讨论的许多案例中,允诺人未能提供允诺的服务,但该服务会增加受允诺人的财产价值。而且很明显,履行未做出之服务的成本将远超该服务的价值,此时如果受允诺人被判予完工成本而非价值降低的损害赔偿(他财产的现有价值与提供服务时应有的价值之间的差额),他几乎不会使用损害赔偿金来修复已履行过的瑕疵,而是将损害赔偿金存入银行。在此种情况下,受允诺人应被限制在完工成本的损害赔偿。然而,根据法恩斯沃思的事实上因果关系推理,受允诺人有权获得他本可以从允诺人那里获得的金额,以换取债务解除(release),这将大大超过受允诺人的真实损失。

第三方("出高价者")销售缔约商品而违约且从违约中获益,该第三方提供的价格高于受允诺人要支付的价格。但是允诺人可以与受允诺人协商获得债务解除,该债务解除使他既不会违约,又可以将商品卖给出高价者。因此,允诺人毋庸归入其销售给出高价者的利润,他应当为没有与受允诺人就债务解除进行谈判而付款,因为真正阻止允诺人违约的是获得债务解除。

但是谁在乎允诺人会做什么呢?谈判获得债务解除的可用性使得允诺人更受谴责。他本有机会通过谈判得到债务解除,这样就既不会违约,又可以卖给出高价者。但相反,他选择不去谈判以获得债务解除,这样他就选择了违约。如果我们认为不违反合同很重要,我们需要给予做所有不违约的激励,需要给予谈判获得债务解除的激励。并且如果获得债务解除,就可以卖给出高价者了。归入可以做到这一点,因为它除去了就是要违约的激励。[60]

最后,基于获得债务解除成本的赔偿额计算是实施不了的(unadministrable),因为受允诺人同意债务解除所要求的金额通常不仅未知,而且也不可知。[61]

2. 共同因果关系;分配

法恩斯沃思的第二个基于因果关系的理由是,当允诺人通过违约得到的部分收益来自于允诺人自身的技能和勤奋时,承认归入利益会引发一个问题。法恩斯沃思称之为共同因果关系问题。例如,假设卖方以6 000万美元将芝加哥的艾克美酒店(Acme Hotel)出售给买方,约定一个月后交割。合同订立后,卖方继续为酒店寻找其他买方,并找到出高价者。出高价者对艾克美酒店有战略需求,因为它正在组建连锁酒店,并需要芝加哥的一家酒店来完成该连锁。因为此需要,出高价者愿意为酒店

---

[60] 霍华德·托尼·卢2002年4月24日的评论(电子邮件作者存档)。
[61] 在科罗拉多大学基金会诉美国氰胺公司案中,原告提出了事实上因果关系的理论,但法院拒绝了。University of Colorado Foundation, Inc. v. American Cyanamid Co., 342 F.3d 1298, 1310-1311 (Fed. Cir. 2003)。

支付6 500万美元,这超过了其他人会支付的价格。卖方以这个价格将艾克美酒店卖给了出高价者。

根据类似酒店的销售推断,艾克美酒店的市场价值为6 100万美元。如果特定履行不可用(例如,因为卖家在买方诉讼前完成了向出高价者的销售),买方的预期损失将为100万美元,留给卖方从违约得到400万美元的收益。然而,这400万美元的收益中有一部分是由于卖方寻找出高价者方面的技能和勤奋。法恩斯沃思问道:法院如何回应允诺人的论点,即为了补偿卖方的技能和勤奋,要求对违约所得进行某些分配?[62]

一个答案是,如果买方也努力去找出高价者,无法确定他是否会找到出高价者,因此也不可能确定卖方找到出高价者的价值。

首先,如事实因果关系的论证一样,共同因果关系也不是反对合同法中保护归入利益的论证。相反,这只是关于如何计算归入赔偿的论证,因为除非归入利益受到合同法的保护,否则就没有什么可分配的。

其次,分配在合同归入案件中很少成为一个真正的问题,因为允诺人违约所带来的获益通常不会来自他的技巧和勤奋。例如,在艾克美酒店假设的一个变体中,出高价者可以在卖方没有请求报价的情况下向卖方提出购买艾克美酒店,因为出高价者独立地将艾克美酒店标识为可取的买卖。在此种情况下,卖方的技能和勤奋对他的获益没有做出贡献。

最后,即使在允诺人从违约中获得的部分收益确实来自于他之技巧和勤奋的场合,认同这部分收益往往也是不适当的。如果代理人不当地使用其委托人的财产来获取收益(如《代理法重述(第三次)》中马厩的例子),基于代理人的技能和勤奋对收益有贡献而将部分获益分配给代理人是不适当的。此种分配将奖励实施不当行为的代理人,并会颠覆代理人的忠诚义务。同样,即使卖方通过技巧和勤奋发现出高价者,卖方从违约中得到的收益也不应在卖方和买方之间分配,因为卖方在订立合同将艾克美酒店卖给买方后继续寻找出高价者是不正当的。

---

[62] Farnsworth, supra note 2, at 1347.

也存在可以分配从违约得到的获益的情况。可以说,在某些情况下,允诺人从违约得到的获益应当在允诺人和受允诺人之间进行分配的可能性,并非在所有情况下都构成反对保护归入利益的理由。

3. 远因;追踪(tracing)

法恩斯沃思第三个因果关系的论证建立在此问题上:即如果违约之允诺人使用了从违约中得到的获益进行投资中并从投资获得利润(profit),受允诺人是否应当不仅获得该违约所得之获益,而且还可归入投资收益(proceeds of investment)？法恩斯沃思认为,不应归入投资收益,因为它们离违约太远了。如事实因果和共同因果关系一样,远因并非反对归入赔偿的论证,而仅仅是归入赔偿应如何计算的问题。在此种情况下,答案很简单:允许受允诺人获赔以允诺人违约所生之获益进行的投资收益几乎总是不适当的,因为除非允诺人在违约所生获益外没有自由现金,否则违约不会使他的投资成为可能。相应地,除非受允诺人没有任何自由现金,否则他可以作出与违约之允诺人相同的投资,因此是受允诺人不作投资的决定,而非允诺人的违约,导致受允诺人损失可投资利润。因此,相比于事实因果关系和共同因果关系,远因的论证并未对反对保护合同法中的归入利益提供更多理由。[63]

十三、为什么我们在合同法中看不到更多的归入?

如果在合同法的适当案例中,归入应当而且确实是一种可用的救济,为什么我们没有看到更多此种案例呢？

该问题有几个答案。首先,归入是一种后备救济而非主要救济。合同法应当保护且实际保护的主要利益是预期利益,此利益通常受到

---

[63] 法恩斯沃思本人呼吁承认他提出的一般不可归入规则(no-disgorgement rule)的某些例外。一个例外涉及受允诺人有权要求合同特定履行以转让财产合同的情况;另一例外涉及法恩斯沃思所说的"合同滥用"。See Farnsworth, supra note 2, at 1368, 1382-1391。目前还不清楚法恩斯沃思是如何将这些例外与他的因果关系论点相调和的。

预期计算的最佳保护。只有在要求归入以向允诺人提供有效率的激励、实现合同或阻止不当得利的有限类型情况下，归入利益才应受到保护。

其次，在许多违约情况中，没有获益可供归入。例如，在违约是无意且不会产生获益的场合下，没有获益可供归入。即使违约似乎给允诺人带来了获益，此获益也可能不源于违约或者并非由违约产生。例如，假设承包商 C 违反了与业主 I 的工程合同，然后与业主 II 签订合同并得到获益。C 从与业主 II 的合同中得到的获益，不太可能源自他违反了与业主 I 的合同，或者不太可能是由于他违反了与业主 I 的合同而产生，由于大多数承包商一次可以承担多个工作，因此即使 C 没有违反与业主 I 的合同，他也可以与业主 II 缔约。

再次，在普遍类型的情况下，保护归入利益并不必要。原告通常不会寻求归入赔偿，因为它们会低于预期损害赔偿，即受允诺人放弃的获益会超过受允诺人因违约而得到的获益。在许多其他情况下，归入赔偿和预期损害赔偿是相等的，因此在允诺人支付预期损害赔偿后，他将没有剩余的获益可供归入。例如，许多有可能提出归入问题的情况都属于出高价范式（Overbidder Paradigm），即向买方出售某一特定商品的卖方为了向出高价者再次销售该商品而违反合同（见第六章）。在此种情况下，如果相关商品是同质的且并非严重供应短缺，归入通常而言并无必要。如果商品是同质的且并非严重供应短缺，出高价者为该商品支付的价格不会高于市场价格。当他能以该价格在市场上购买商品时，他为什么要那样做呢？因此，在此种情况下，卖方向出高价者出售所得获益是违约时的市场价格与原买方合同价格之间的差额。此差额也是买方预期损害赔偿的数额。因此，在卖方支付预期损害赔偿后，他将没有任何获益可供归入。

假设相关商品是异质的。由于买方总能获得市场价格和合同价格之间的差额，如果出高价者支付的价格不超过市场价格，那么买方的归入所得就不会超过预期损害赔偿所得。[64] 在受允诺人可以获得特定履行的场合,归入也并无必要,因为此种救济将阻止受允诺人通过违约获益。

最后,出于特殊的道德或政策原因,在某些类型情况下,归入是不适当的。例如,在涉及雇员违反雇佣合同去从事更高薪水工作的情况下,归入是不适当的,因为此种情况下要求雇员归入工资差额太接近非自愿奴役了。[65]

简言之,在大多数违反合同的情况下,要么没有任何获益可归入,要么归入并无必要,要么归入出于特殊的道德或政策原因并不适当。上述事实,而非根据现代合同法归入不可用,是我们看不到更多归入的主要原因。

十四、分配问题

在一些归入救济是恰当的情况下,允诺人的部分获益是他自身技能和勤奋的结果。在此种情况下,问题就产生了:归入金额是否应在允诺人和受允诺人之间进行分配。

在其中一些情况下,分配是不恰当的,因为它将使归入的理由无效。例如,回想下,在美国诉斯奈普案中,斯奈普未获得中央情报局的同意就出版了他的书,违反了合同,最高法院命令斯奈普归入版税。如果法院下令分摊版税,归入的救济实际上就无效了,因为斯奈普努力的价值很可能

---

[64] 这两种计算方法有时可能会不同。在异质商品情况下,"市场价格"通常是根据可比但不完全相同交易的价格而推出的建构(construct)。因此,预期计算和归入计算可能会有所不同,因为出高价者支付的价格超过了建构的市场价格,这是由于卖方和出高价者之间谈判的动态性,或者因为出高价者不了解情况,或者对财产有特殊的战略需求,或者愿意在可比交易范围的高端支付而该构建处于中端。根据许多州的法律,如果不动产卖方的违约行为不是恶意的,则该卖方不对预期损害赔偿承担责任。See 1 Palmer, supra note 3, §4.9 at 438-444。

[65] Cf. S.M. Waddams, Profits Derived from Breach of Contract: Damages or Restitution, 11 *J. Cont. L.* 115, 119 (1997)(允许雇主归入雇员违反雇佣合同所得的利润"将使雇主对雇员的服务拥有某种所有人权益,这一概念是不可接受的")。

接近或等于版税的金额。

  在大多数剩余情况下,允诺人的一部分获益是他自己技能和勤奋的结果,分配问题最好通过询问以下问题而解决,即如果判予全额归入,归入金额中未能返还的部分金额是否会使受允诺人不公正地增加财富。[66] 在大多数情况下,这个问题的答案是否定的。例如,在出高价范式情况下,买方不会由于卖方寻找出高价者的努力而不公正地增加财富,因为这些努力是不当的努力,原因是买方已经向卖方支付了不进行这些努力的溢价。

  总的来说,反对分配的理由有重大影响,因为通常而言分配会破坏归入。然而,在有些情况下,应判予分配。例如,回顾上文讨论的地球信息公司诉水圈资源咨询公司案[67],水圈公司与地球信息公司订立了一系列合同。[68] 根据合同,水圈公司同意开发某些光盘和软件,地球信息公司反过来将为光盘预备用户手册、包装和销售光盘及手册,并向水圈公司支付一定的费用和版税。由于双方卷入了一场纠纷,地球信息公司暂停支付所有版税,包括其承认的欠款。作为回应,水圈公司提起了解除合同和返还的诉讼。初审法院认为,适当的救济是解除合同,将 1990 年 6 月 30 日(地球信息公司支付版税的日期)定为解除日期,并命令地球信息公司将水圈公司根据合同开发的所有有形财产归还水圈公司,并归入水圈公司在 6 月 30 日后销售光盘时实现的净利润。在上诉中,科罗拉多州最高法院认为归入是恰当的,但净利润应以反映当事人对这些利润相对贡献的方式进行分配[69]:

    此案的记录表明,地球信息公司为水文数据产品系列实质地做出了努力和投资。地球信息公司的贡献包括用户手册、包装、商标、宣传材料以及获得产品使用许可的个人或实体名单。因此,地球信

---

[66] 关于此种进路我受惠于肖恩·拜仁。
[67] 900 P.2d 113 (Colo. 1995).
[68] 更准确地说,水圈公司已经和地球信息公司有利害关系的前身签订了一系列合同。
[69] Id. at 121.

息公司在开发和销售水文数据产品线方面的花费应归于该公司。

此结果是正确的,因为地球信息公司对获益的贡献本身并非不当;相反,此贡献是合同所要求的。因此,如果水圈公司保留地球信息公司的所有成果,那么它就不正当地增加了财富。

十五、结论

次级法律传统上假定,尽管归入在私法的其他领域中可用,但归入利益并不受合同法保护。此观点反映在《合同法重述(第二次)》第344条中,该条将归入排除在违约司法救济所保护利益之外。然而,传统假定与现代判例法相抵触,没有规范支持。当然,于所有允诺在法律上可执行的情况下,归入利益都不应受到保护,信赖利益、返还利益也一样,此时应保护预期利益。相反,在这些利益的情况中,归入利益在适当场合下应当受到保护。在某些类型情况下,此种保护几乎总是适当的,例如,在归入已经经过了交易的场合,或者是为预防和履行提供有效率激励的最佳或唯一方式,以促进增加盈余的信赖,实现所涉类型的合同,防止不当得利。

归入利益不受合同法保护的假定与古典合同法下信赖利益不受合同法保护的观点相当。此观点反映在《合同法重述(第一次)》中。《合同法重述(第一次)》第326条仅列举了三种违约救济:(1)损害赔偿,用《合同法重述(第一次)》的话说,损害赔偿仅意味着预期损害赔偿;(2)返还,返还仅仅意味着所给予的利益;(3)特定履行。因此,根据《合同法重述(第一次)》,信赖利益被排除在合同法保护的利益之外。[70] 然而,正如富勒

---

[70] See, e.g., 4 A.L.I. Proc. app. at 103-104 (1926).(威利斯顿先生的发言):(被信赖的)允诺要么有约束力,要么没有约束力。如果允诺有约束力,其就必须如作出允诺一样(而非只是在信赖的范围中)执行……我可以把整个事情都留给准合同的主题,这样在这些情况下,受允诺人将永远不会基于允诺而获得赔偿,但他将获得该数额的赔偿,该数额可公平地赔偿他所遭受的任何伤害。但在我看来,你必须选择走这一条腿还是走另一条腿,即要么必须说允诺有约束力,要么必须坚持恢复原状的理论。

和珀杜(Fuller and Perdue)在其里程碑式的文章《合同损害赔偿中的信赖利益》[71]中所证明的那样,此观点在判例法中几乎没有得到支持,也没有任何规范支持。相反,此种观点,就像许多古典合同法一样,仅仅建立在《合同法重述(第一次)》的公理基础上,而且已被抛弃了。古典合同法的大部分公理现在都躺在错误思想的垃圾堆里。归入利益不受合同法保护的假定就躺在那些公理的瓦砾中。

---

[71] L.L. Fuller & William R. Perdue, Jr., The Reliance Interest in Contract Damages, Part I, 46 *Yale L.J.* 52 (1936); Part Ⅱ, 46 *Yale L.J.* 373 (1936).

第十一编

合同的要素

第二十七章　合同的要素
——表达、含意、惯例、交易过程、履行过程，语境与目的

在解释合同之前，必须先确定合同的要素是什么。合同在很大程度上是由表达，即由文字、行为或两者组成的表示所组成。这些表达要么由言者(addressor)传达给听者(addressee)，要么由两个(或偶尔更多)缔约方共同产生。人们有时会假设，如果合同表达体现在一份单独的书面文件中，那么该书面文件就是合同。然而此假设是不正确的，因为合同几乎恒定地包含额外要素，特别是当事人表达的含意以及任何相关的惯例、交易过程或履行过程。例如，《统一商法典》第1-201条第12款将"合同"定义为"由当事人协议产生的全部法律义务……"第1-201条第3款将"协议"定义为"双方的实际约定。此种约定应通过当事人使用的语言确定，或通过其他客观情况推定，如履行过程、交易过程，或者贸易惯例……"[1]

本章将考虑这些要素。

一、表达

合同法中的表达是一种由文字、行为或两者组成的表示，其或者由言者向听者传达，或者由两个或有时更多缔约方共同产生。

---

〔1〕 强调乃作者所加。

二、含意

除了一个或多个表达,即使是最简单的合同也通常包含许多含意。弗朗西斯·利伯著名的"汤里捞汤"假设(它涉及一项指令而非一项合同,但其教学意义适用于所有交际语言)说明了此点:

> 举一个最简单的例子来说明我们在多大程度上必须要持续地诉诸解释……
>
> 假设管家对仆人说"拿些汤来",同时给后者一些钱;没有解释,仆人就不能执行该命令,无论这一程序的完成有多么容易以及程序的完成速度有多快。常识和善意告诉仆人,管家的意思是:(1)他应该马上走,或者在他的其他职业结束后马上走;或者,如果他被指示在晚上这样做,他应该在第二天的通常时间去;(2)管家递给他的钱是为订购的肉付款,而不是作为礼物送给他;(3)据他所知,他应该买住家经常用来做汤的肉和动物的部分;(4)他要以合理价格买到他所能买到的最好的肉;(5)他应当去通常给住家供肉的屠夫那里,或者去其他方便的摊位,而不是去任何不必要的远方;(6)他要还剩下的肉钱;(7)他善意地把肉带回家,没有添加任何让人讨厌或有害的东西;(8)他把肉拿来给家人吃,而不是给自己吃。同时,假设担心被误解,管家就要提到这八个方面,除非排除所有误解的可能性,否则他就不会实现目标。因为,上述各个具体意思(specifications)又都需要新的内容。这哪还有个尾啊?[2]

三、惯例

惯例是许多合同的要素。《合同法重述(第二次)》第219条将惯例定

---

[2] Francis Lieber, *Legal and Political Hermeneutics* 17-19 (3d ed. 1880).

义为"习惯性或惯常性做法"。惯例分为两类:(1)特殊的、相对明确的社群(community)成员的惯例,这包括种族或宗教社群和从事共同事业的社群,如具有共同业余体育或爱好。(2)贸易惯例。在本书中,第一类将被称为特殊社群惯例,第二类将被称为贸易惯例。(严格说,贸易惯例也是一个特殊社群惯例,但通常给予它们特殊对待,因为它们在合同解释中往往更重要)。《合同法重述(第二次)》第 220 条和第 221 条规定,惯例要么可以给予合同特定意思,要么补充或限定合同。[3] 有关惯例的更多内容参见第二十八章。

两个原因解释了惯例为什么是合同的要素。

第一,一个特殊社群或行业的成员都内化了该社群或者行业的惯例。因此,当他们使用涉及该惯例的表达时,他们就意指该惯例承载的含义。如果法院赋予此表达任何其他含义,它就会挫败而非实现双方的合理预期。

第二,让当事人将惯例在合同中翻译成普通语言是冗长且无效率的,因为当事人知道他们的意思。然而这也是错误的,因为当事人很可能已经将惯例内化,以至于他们并没有意识到正在以特殊方式使用相关术语。如果在面包师行业中"一打"是指"十三",那么当该行业中的一方当事人以此方式使用"一打"时,他不会意识到是以一种特殊方式使用该术语的,就像一个双语演讲者在用第二语言演讲或者写作前,不会停下来确定这些单词在他的第一语言中的意思一样。

四、交易过程

《合同法重述(第二次)》第 223(1)条规定,"除非另有约定,当事人之

---

[3]《合同法重述(第二次)》第 220 条规定:(1)如果每方当事人都知道或有理由知道该惯例并且任一方当事人都不知道或没有理由知道对方当事人赋予的含义与该惯例不一致,协议就要按照相关惯例进行解释。(2)当一方当事人附加的含义与相关惯例相一致并且他方当事人知道或有理由知道该惯例时,他方当事人被视为已经知道或有理由知道该方当事人所附加的含义。

间的交易过程赋予他们的协议以意思,或者补充或限定他们的协议"。下一章进一步讨论交易过程。

交易过程是合同要素的原因与特殊团体或行业惯例是合同要素的原因,是相似的。如果合同当事人根据过去的类似合同以某种方式相互交易,双方当事人就会很自然地假设过去交易的过程将在新合同下继续。换言之,在此种情况下,新合同不是一个孤立的事件,而是活动且相关的系列事件的一部分。

五、履行过程

《合同法重述(第二次)》第202(4)条规定:"如果协议涉及重复履行,任一方当事人都知道履行的性质且另一方有机会提出反对的场合,任何被接受的履行过程或者没有反对即履行在协议解释时会被赋予更大权重。"[4]《统一商法典》第1-303(d)条的规定是相似的:"当事人之间的履行过程或交易过程,或当事人所从事之行业或贸易中的行业惯例,或当事人知道或应当知道的行业惯例,可用于澄清当事人协议的含义,并可能会使协议的某些条款产生特定含义,还可能对协议的条款起到补充或限定作用……"

六、语境与目的

关于合同的语境和目的,有话要说。

1. 语境

合同表达使用的语境虽然对解释表达至关重要,但其并非合同要素。

---

〔4〕《统一商法典》第1-303条(a)款规定(美国法学会和统一州法委员会2001)(具有可比性):"履行过程"是指特定交易当事人之间的如下系列行为:(1)当事人有关该交易的协议包含一方多次发生的履约;并且(2)另一方知道该履约的性质,并有机会予以反对,但接受了该履约或默认了该履约而未提出反对。

老虎只能在其栖息地的语境下才被完全理解,但这个栖息地并非老虎的一部分。

2. 目的

合同必须根据其目的,即双方当事人在合同中体现的共同目标,来解释。一旦此目的得以确定,它将极大地影响合同解释。然而,这些目标不是合同的一部分。相反,它们源于对合同要素的解释。合同目的的确定是反馈环的一部分。此确定源于对合同要素的解释,它们结合在一起是要达到最佳匹配,但此确定会反馈到合同以确定合同的意思。如《合同法重述(第二次)》第202条的注释c所述:

> 合同当事人的目的并不总是相同的;特别是在商业交易中,当事人经常有不同的甚至相冲突的利益。但是,在某种程度上,他们通常都有一个共同目的,即获得一个特定事实或法律结果,每个人都认为这是实现自己最终目的所必需的……确定当事人有一个共同的主要目的需要解释,一旦这一目的被揭示出来,进一步的解释就要受其指引。即使是对非常明确的语言的解读也需要修正,以使其与目的一致。

第十二编

合同法中的解释

本部分考虑该问题:合同法中的解释由什么原则来规范呢?两个初步要件是:

1. 确定这些原则的一个基础问题是:解释的目标应当是什么?根据基本的合同法标准,如果满足了适当的条件,并受制于基于政策、道德和经验的适当限制和约束,合同法应旨在实现合同表达出来的允诺交易当事人的目标。相应地,解释的目标应当是确定这些目标。

2. 通常所指的解释一般包括基于过错在双方当事人存在冲突的意思之间进行选择。在此种情况下,问题不在于什么是对合同的最佳解释,而在于一个缔约方是否在赋予一个表达以某种意思方面有过错。此外,在某些情况下,缔约方主观上都对一个表达赋予相同的意思,那么在此种情况下,共同的意思应胜出,解释问题就没有实际意义。因此,确定合同的意思这一词语有时会更好地描述了,通常被称为解释的过程所包含的内容。

第二十八章　合同解释的一般原则

本章讨论合同解释的原则。

合同解释理论通常分为两大学派。一大学派的理论认为,如果不考虑订立合同的语境,合同就不能得到合理解释。另一大学派的理论则认为,如果合同体现在一个相对全面的书面文件中,那么它就应当仅根据该书面文件来解释。这两个学派有不同的名称。在这本书中,它们分别被称为语境主义(Contextualism)和字面主义(Literalism)。

一、语境主义

《合同法重述(第二次)》第 212 条及其评论 b 阐述了语境主义原则:

> 第 212(1)条整合协议(Integrated Agreement)的解释。根据情况,整合协议的解释是针对一个或多个书面条款的意思……
>
> 评论 b　任何意思的确定……应仅根据当事人情况和关系的相关证据、交易的标的……贸易惯例和当事人之间的交易过程来进行。[1]

斯坦利·菲什(Stanley Fish)在他的论文《通常情况、字面语言、直接言语行为,普通的、日常的、明显的、不言而喻的和其他特殊情况》中对语

---

〔1〕这里使用的术语"整合协议"是指一份书面的表面上完美的合同。该术语在第三十八章有更详细的讨论。

境主义作出了有力论证[2]：

> 句子永远不会脱离语境。在此种情况下……一套解释性假设总是有效的。一个似乎不需要解释的句子已经是另一个句子的产物了……
>
> 假设学生 X 对学生 Y 说："我们今晚去看电影吧。"学生 Y 回答："要考试了，我要学习。"学生 X 的表述似乎是一个提议，而学生 Y 的表述似乎是拒绝该提议。现在假设学生 Y 回答，"我今晚要吃爆米花"或者"我要系鞋带"。在大多数情况下，这些表述不会被视为拒绝该提议。但是有没有可能想象一系列情形，其中，"我今晚必须吃爆米花"会立即而且没有任何推理链条地认为是拒绝 X 的提议？其不仅是可能的，而且是比较容易的。让我们假设，学生 Y 非常喜欢爆米花，并且在当地的任何电影院都买不到。如果学生 X 知道这些事实（如果他和学生 Y 相互分享背景信息），那么他听到的"我今晚必须吃爆米花"就是拒绝他的提议了。或者，让我们假设学生 Y 的职业是爆米花品尝师，也就是说他在爆米花工厂工作，负责质量控制。如果学生 X 知道这一点，他会将"我今晚必须吃爆米花"作为对他提议的拒绝，因为这意味着"对不起，我必须工作"。或者让我们假设学生 Y 有 75 双鞋，舍监命令他从各个角落取回鞋子，把它们整洁地放在一个地方，并且把它们系在一起，这样它们不会再次分开散乱到各处了。在此种情况下，"我必须系鞋带"就构成对学生 X 的提议的拒绝，而且学生 X 也会如此认为。进而，不仅仅是"我必须吃爆米花"，而且"我必须系鞋带"之类都被认为是对提议的拒绝；考虑到适当的情况，任何句子（"俄罗斯人要来了""我的钢笔是蓝色的""你为什么这样做？"）都能如此理解……
>
> 该论点也适用于"我们今晚去看电影吧"……因此，如果言者 X 和 Y 被困在某个荒野中，其中一个人对另一个人说，"我们今晚去看电影吧"，那么这不会被认为是一个提议，而会被认为是个笑话；或者

---

[2] 4 Critical Inquiry 625-644 (1978).

如果学生 X 被限制在他的床上或者不能动了,而学生 Y 说,"我们今晚去看电影吧",这不会被认为是一个提议,而是一种挑衅……

重要的是意识到我的论点不是什么意思。这并不意味着一句话可以代表任何东西……一个句子……从来都不是抽象的;它总是在一种已经决定运用它的目的的情况下。因此,并不是任何句子都可以被用作打开窗户的请求,而是就特定的任何一句话,在某些情况下,会被认为是打开窗户的请求。一个句子既不意味着任何事情,也不总意味着同样的事情;它总是有说出该句子的情景所赋予的意思。

意思相同,理查德·波斯纳认为:

……人不可能都完全相信仅从文件就能确定文件的意思。合同明晰是合同与其所规制的事物或活动间相符的一种特征,而不仅仅是语义表面的特征。合同的文字指向现实世界,现实世界可能包含一些使看似清晰的文字、句子甚或整个文件变得模糊的场景(features)。[3]

同样,科宾认为:

有时据说"法院不会无视合同的简单语言也不会插入合同并不包含的内容";而且,"法院不会为合同当事人书写合同,且除所用语言的简单和字面意义之外也不解释它们"。的确,当法官阅读合同用词时,他可能会产生当即的自信的意见,它们只有一个合理意思,而且他知道合理意思是什么。越熟悉词典和词汇用法,对语言不确定性的理解越好,以及对解释领域案例的比较研究越多,就越警惕如此轻率便得出的观点。[4]

……纵观普通法和其他法律制度的历史,人们会发现一个非常普遍的假设,即没有人知道先前规则和原则从什么时候开始,也从没有人知道它们从哪里来,它们似乎是普遍的和不可改变的。然而,几乎

---

[3] Richard A. Posner, The Law and Economics of Contract Interpretation, 83 *Tex. L. Rev.* 1581, 1597 (2005).

[4] Arthur Linton Corbin, *Corbin on Contracts* §535 (1960).

在所有时期，都有一些法学家思考这个问题，他们知道得更清楚。没有什么比关于解释规则和有助于解释之可引入证据的大量法学作品更能体现这一真实情况了。特定规则都是由声望卓著的法官教条式地制定出来的。这些都被重复了无数次，有时是为了适用它们，尽管正义总是为自己的盲目而哭泣(justice weeps at her own blindness)，有时通过做出细微且华而不实的区分来躲避它们，有时只是在无视它们的同时表示尊重，有时是为了表达批评和反对。如下规则就包括在内：必须有一个而且只有一个真实和正确的意思；只能在文件的四角之内翻来覆去地寻找这种意思；意图的旁证不会被审理；周围情况的证据只有在潜在模糊的情况下才能得以引入。

鉴于所有这一切，我们几乎不能太经常或太强有力地坚持，最佳的语言也总是一种有缺陷的和不确定的工具。语词不能定义自身，合同、契据或遗嘱中的术语和句子不适用于外部目标和情况。这些术语和句子的意思，由使用、听到或阅读它们的个人头脑所产生的想法组成。在诉讼案件中，合同的词语很少向两个缔约方或第三人传达相同的意思。因此，在法院赋予合同词语意思，并选择一种意思而非其他可能的意思作为确定权利和其他法律效力的基础之前，必须要审理旁证，以使法院了解"周围情况"，包括这些词语可以适用和导致它们被适用的其他人、对象和事件。[5]

案例法中语境主义的标志性体现是太平洋燃气与电力公司诉托马斯·德拉雅格索具公司案(Pacific Gas & Electric Co. v. G.W. Thomas Drayage & Rigging Co.)[6]。托马斯运送与装配公司与太平洋燃气与电力公司签订合同，约定拆除并更换太平洋公司汽轮机的上部金属盖。托马斯公司同意"自行承担风险和费用"开展工作，并"赔偿太平洋公司产生于合同履行或与合同履行有关财产侵害的损失、损害、费用和义务……"在托马斯公司工作的过程中，涡轮机盖掉落并损坏了外露的涡轮机转子。太

---

[5] Id. at §536.
[6] 442 P.2d 641 (Cal. 1968).

平洋公司以过失和赔偿的条款起诉托马斯公司，要求赔偿维修费用。在初审期间，太平洋公司放弃了过失索赔，因此唯一的问题是赔偿条款的适用。这一问题取决于，托马斯公司关于赔偿太平洋公司因其工作造成的损失、风险、损害、费用和义务的允诺，是否仅限于太平洋公司对第三方的责任，还是也适用于太平洋公司自身财产的损害。托马斯公司试图证明，赔偿条款应以前者也是更受限制的方式来解释，以致托马斯公司不对太平洋公司造成的损害承担责任。为此目的，托马斯公司试图引入太平洋公司代理人承认的证据，以及托马斯公司与太平洋公司之间类似合同下的交易过程证据。

初审法院认为，问题在于赔偿条款是否涵盖对太平洋公司财产之损害是否模糊，如果模糊，那么托马斯公司的证据是可引入的（admissible）；如果不模糊，那么证据是不可引入的（inadmissible）。初审法院认为，赔偿条款明确涵盖了太平洋公司自身财产的损害，因此协议四个角落以外的证据，即旁证，如托马斯公司提出的证据，是不可引入的。法院判决支持了太平洋公司。加利福尼亚州最高法院根据当代最伟大的法官之一、时任该院首席大法官罗杰·特雷纳（Chief Justice Roger Traynor）的意见，推翻原判并发回重审：

> 法院在（根据初审法院采用的依据）解释合同时：它"根据法官自身语言教育和经验的旁证"来确定文件的意思。排除可能与法官语言背景相矛盾的证据，反映了对完美口头表达可能性的司法信念。这种信念是相信语言的内在力量及内在意思这一原始信仰的残余。

> 对解释书面文件意思引入旁证的检测，不是法院认为文书表面上是否简单明确，而是提供的证据是否与证明文书语言通常具有的意思相关……

> 仅仅因为法院认为书面文件清晰明确，就将文件意思的确定限制在四角规则内，这要么否定了当事人意图的相关性，要么预设了我们的语言尚未达到的那个程度的语言精确性和稳定性。

> 一些法院认为，合同义务仅仅是通过使用某些词语而产生的，不考虑是否有意图承担此种义务。根据这种观点，合同义务并非来自

当事人的意图,而是来自他们使用某些魔法词(magic words)的事实。因此,当事人意图的证据就不相关了。

然而,在此种情况下,合同表达的当事人意图是合同权利和义务的来源。法院必须通过确定当事人所用词语的意思来确定并实施这一意图。因此,只有根据文件本身便可确定当事人所用词语的意思可行时,排除解释书面文件意思的相关旁证才得以证成。

如果词语有绝对和持续的所指事物,那么就有可能在词语本身和它们的排列方式中发现合同意图。然而,词语并没有绝对的和固定的所指事物。"词语是思想的符号,但没有像代数或化学的符号那样有默认的和固定的意思……"特定词语或词语组的意思会随着以下情况而变化,即"……考虑到语词的使用者、听者或读者(不排除法官)的语言教育和经历的口头语境、周围环境和目的……除开这些因素,词语没有任何意思;更不用说它有一个客观意思,一个真实意思了"。因此,"……只有根据作者使用词语的所有情况来解释时才能发现……"书面文件的意思。

因此,理性的解释至少需要初步考虑为证明当事人意图所提供的所有可信证据(意思应更加明确)……此类证据包括关于"订立协议的周边情形"的证词……"包括书面文件的对象、性质和主题……"以便法院能够"将自己置于当事人在订立合同时所处的相同情况"。如果法院在考虑此证据后确定,根据所有情况,合同的语言"合理地是两个争议解释中的任一个……"那么与证明这些意思相关的旁证是可引入的。[7]

同样,在花园国家广场公司诉克里斯格公司案(Garden State Plaza Corp. v. S.S. Kresge Co.)[8]中,法院说:

> 在(合同语词与行为)解释和(法律后果)解释(interpretation and construction)整合协议的过程中,所有指向意思的相关证据都是可引

---

[7] Id. at 643–646.
[8] 189 A.2d 448, 454 (N.J. Super. Ct. App. Div. 1963).

入的。因为经验告诉我们,语言是如此糟糕的交流或表达意图的工具,若当事人要将任何特定的一组话转化为他们的书面合同,在确信是否存在任何偏离合同意图之前,即使是普通智力的一般法官通常也都必须检验所有周围情况和条件。

或者如伯格诉胡德斯曼案(Berg v. Hudesman)所述[9]:

> 词语,无论是书面的还是口头的,都不能将自身运用于该对象。谈判中使用的表达和一般话语基调都可被引入,去表明做出书面文件时的情况、词语的应用以及当事人的意思。即使词语表面上只有一个可能的意思,但有些情况一旦被揭示出来,也经常会出现其他意思。在误解的情况下,必须调查每一方当事人赋予词语的意思,以及每一方当事人知道或者有理由知道的内容。[10]

简言之,文本解释从来不像文本表面上清晰那么简单。这并不意味着解释合同文本没有简单案件,但又确实意味着只有语境中的文本易于解释时,解释才较为容易。

顾名思义,语境主义最重要的因素是订立合同的语境。然而,语境主义还有其他四个要素:特殊社群惯例、贸易惯例、交易过程和履行过程。

特殊社群惯例。惯例是一种习惯做法或者惯常做法。[11] 特殊社群惯例是明确的社群成员遵循的惯例。如果每一方当事人都知道或应当有理由知道特殊社群惯例,合同应当而且确实会根据此惯例进行解释。[12] 下文是《合同法重述(第二次)》第221条的特殊社群惯例的例子,这个例子说明了为什么任何合理的解释理论都包括惯例:

---

[9] 801 P.2d 222 (Wash. 1990).

[10] Id. at 229 (quoting *Restatement (Second) of Contracts* § 214 cmt b (Am. Law Inst. 1981) [here-inafter Restatement Second].

[11] *Restatement Second* § 221.

[12] *Restatement Second* § 220.

A 是一个已被任命的拉比*，一个正统犹太教徒 B 雇佣他在特定的宗教服侍上担任领唱（cantor）。在合同签订时，这种集会的惯例（practice）是男女分别入座，相反的做法会违反宗教信仰。B 采取了相反的做法，这时 A 找替代工作已经太迟了。A 拒绝履职。该惯例是合同的一部分，A 有权获得约定的赔偿。[13]

贸易惯例。贸易惯例是指在贸易中如此有规律性的惯例，以至于有理由证成特定合同应当尊重此惯例的预期。[14] 下文有三个《合同法重述（第二次）》第 222 条贸易惯例的例子，这些例子说明了，为什么任何合理的解释理论都应当包括根据相关贸易惯例解释合同的原则：

1. A 缔约卖给 B 1 万个墙面板。根据双方都参与的木材贸易的惯例，两个特定尺寸的两包构成 1 000 个，尽管并不包含这个确切的数量。除非另有约定，合同中 1 000 的意思就是两包。

2. A 缔约卖给 B 1 000 英尺长的圣多明各红木（San Domingo mahogany）。根据红木经销商的惯例，A 和 B 都知道，一定密度的优质红木被称为圣多明各红木，即使它不是来自圣多明各，也是如此。除非另有约定，否则该惯例是合同的一部分。

3. A 和 B 签订了一份关于"保证不含碎木的 1 号厚书写纸"的买卖合同。纸张贸易的惯例可能表明，这意味着纸张不含超过 3% 的碎木。[15]

赫斯特诉 W.J.莱克案（Hurst v. W.J. Lake）[16] 进一步说明了，为什么在任何合理的解释理论下合同都应当根据所有相关的贸易惯例来解释。在本案中，买方和卖方订立了一份买卖 350 吨马肉废料的合同，"至少含

---

* rabbi，拉比是犹太人中的一个特别阶层，他们受过正规犹太教育，系统学习过犹太教经典，担任犹太人社团或犹太教会精神领袖或在犹太经学院中传授犹太教教义者。——译者注

[13] Supra note 9.
[14] *Restatement Second* §221(1).
[15] *Restatement Second* §222.
[16] 16 P.2d 627 (Or. 1932).

50%的蛋白质",每吨50美元。根据合同,如果任何经检测的废料的"蛋白质含量低于50%,买方将获得每吨5美元的折扣"。经检测,不到50%的蛋白质含量的大约170吨;其中,蛋白质含量在49.53%~49.96%的有140吨。买方对全部170吨货物打了5美元的折扣。而卖方辩称买方仅有权享受30吨的折扣,因为根据贸易惯例,"最低50%蛋白质"和"低于50%蛋白质"这两个术语在销售马肉废料的合同中使用时,它们的意思是,50%的蛋白质含量等于不低于49.5%的蛋白质含量。

初审法院批准了买方根据诉状作出判决(judgement on the pleadings)的动议。俄勒冈州最高法院则推翻原判:

> 词语意思的灵活性或多样性是语言解释中的主要难点。词语是交流思想的管道,但几乎没有一个词语有如此固定和单一的意思,以至于它们不能表达一个以上的思想。除了字典中所列出的词语意思的多样性,还有贸易习惯、地方用法、方言、电报代码等赋予它们的意思。一个意思就能使一个词语充满意义,而另一个意思则几乎清空了任何意思的表达。上面提到的各种社群正在不断地扩张我们的语言。事实上,他们正在发展自己所谓的语言。因此,人们有理由说字典里的语言不是美国所说的唯一语言。[17]

交易过程。交易过程是合同当事人之间的一系列先前行为,它们被公平地认为建立了解释合同的共同基础。[18] 交易过程与解释具有明显的相关性。例如,如果承包商经常定期为开发商建造房屋,并且在建造这些房屋时一直使用某等级的木材,那么开发商已经在知情的基础上接受了承包商使用该等级的木材。如果承包商和开发商签订了与以前合同类似的新合同,那么也就无须提及承包商将使用的木材等级。承包商随后将新合同解释为允许他使用相同等级木材,就是合理的;开发商将合同解释为要求承包商使用相同等级木材也是合理的。

履行过程。如前一章所述,履行过程是指以任一方当事人都知道且

---

[17] Id.
[18] See *Restatement Second* § 223.

并不反对的某种方式持续地履行合同。在此种情况下,合同应被解释为,当事人允许并要求以同样方式履行合同,且法院也应当作出此种解释。然而有一个例外。在某些情况下,履行过程可能是合同变更(modification),而非合同解释。在此种情况下,变更将作为事实上的默示合同而可执行,除非基础合同(underlyding contract)要求变更必须采用书面形式,而履行过程并未采用书面形式(尽管在某些情况下,变更也可能根据弃权而是可执行的)。

二、字面主义

字面主义认为,合同只能根据合同中使用的语词来解释,而不必考虑这些词语使用的语境、特殊群体惯例、贸易惯例、缔约方之间的交易过程或履行过程。

字面主义有不同形式。最突出的形式是常义规则(plain-meaning)或四角规则(four corners rule)。根据该规则,如果有大约反映了合同存在的完整书面文本,并且仅看该书面文本就可确定合同是明确的,那么就不允许当事人考虑书面文本之外的证据——旁证(即该书面文本在字面之外的意思)。此外,如果法院认为该表达表面上是明确的,那么旨在表明书面文件模糊的证据也不可引入。正如赛耶(Thayer)观察到的,在这条规则下,颇具讽刺意味的是:

> (法官可以)……退回到"律师天堂",在那里所有词语都有一个固定的、精准确定的意思。在那里,人们不仅可以精确而且充分地表达他们的目的;如果起草人很细心,将一份文件交给律师,他就可以坐在他的椅子上,检查文本,回答所有问题,连眼睛都不用抬一下。[19]

---

[19] James Bradley Thayer, A *Preliminary Treatise on Evidence at the Common Law* 428-429(1898).

常义规则在两个方面有致命缺陷。第一，如第一节所示，不考虑书面文件写就的语境、惯例特别是商业惯例，以及当事人之间的任何相关交易过程，书面文件就不能得到合理解释。第二，常义规则仅可在合同明确时适用，而有争议的合同用语几乎从来都不明确。

斯图尔特诉麦切斯尼案（Stewart v. McChesney）[20]就是一个很好的例子。1968年6月8日，莱帕和詹姆斯·斯图尔特签署了一项协议，授予威廉和乔伊斯·麦切斯尼对一块农田的"优先购买权"。该权利规定："在斯图尔特夫妇的有生之年，如果斯图尔特夫妇获得善意购买人的价值（Bona Fide Purchaser of Value），麦切斯尼夫妇可以根据沃伦县和宾夕法尼亚联邦为征收和评估房地产税而保存的评估名册，行使他们以相当于房产市场价值的价格来购买所述房产的权利……"

1977年7月，房地产经纪人将该房产估价为市值5万美元。詹姆斯·斯图尔特于1977年10月前去世。1997年10月10日和13日，莱帕分别收到购买该地产的3.5万美元和3万美元报价。在收到这些报价的通知后，麦切斯尼夫妇试图通过向莱帕报价7 820美元来行使优先购买权。该数额是沃伦县税收记录中所列房产评估价值的两倍，显然是因为该县的做法是将房地产估价为市场价值的50%。莱帕拒绝了该报价，麦切斯尼夫妇寻求以7 820美元的价格将该房产转移给他们的判决。

在听取证词后，宾夕法尼亚初审法院认为，优先购买权的行使价格旨在作为"购买房屋之保护性的共同最低价格，而非不考虑市场第三方报价影响的支配价格（controlling price）"。因此，法院将该协议解释为，授予麦切斯尼夫妇以3.5万美元购买该土地的优先购买权，这是第一次善意报价的金额。高等法院推翻原判，认为优先购买权的常义是，评估记录上显示的价值决定了行使价格。宾夕法尼亚州最高法院确认了这一判决：

> 在本案中，从语境看，优先购买权的语言是明确和清晰的，因此不需要参照旁证进行解释。系争协议的常义是，如果在上诉人的有

---

[20] 444 A.2d 659 (Pa. 1982).

生之年,他们获得善意购买人支付的价值,被上诉人可以"根据沃伦县和宾夕法尼亚联邦为征收和评估房地产税而保存的评估名册,行使他们以相当于房产市场价值的价格购买所述房产的权利"而购买房产。事实上,优先购买权行使价格的更清晰和更明确表达是难以想象的。将优先购买权的行使建立在成为善意购买人这一触发事件上(triggering event),提供了防止不善意之虚假报价的保护,促使了(precipitate)优先购买权的行使。然而,该协议的清晰用语,无论如何都没有将行使价格的确定与通过该触发机制获得之善意报价的金额联系起来。[21]

如同在许多或大多数常义案例一样,法院在这里犯了两个错误:第一个是认可常义规则,第二个是断定书面文件的语言是明确的。实际上,优先购买权至少在以下八个方面是模糊的:

(1)在A、B之间就A所有财产达成的协议中,优先购买权的通常意思是,在提出以第三方提供的价格将该财产卖给B之前,A都能将该财产出售给已经报价购买该财产的第三方X(这正是初审法官在听取证词后对合同作出的解释)。因此,争议文件的标题与最高法院的解释不一致,因为尽管莱帕·斯图尔特收到了对该财产的出价,但没有迹象表明他试图出卖该财产。

(2)优先购买权规定,如果"斯图尔特夫妇获得善意购买人支付的价值",可以行使优先购买权。购买人就是进行购买的人。麦克切斯尼夫妇试图在两次报价之后、购买没有结果,以及这些报价没有被接受前行使优先购买权。换言之,在声称行使优先购买权时,并不存在购买人。

(3)优先购买权适用于"当斯图尔特夫妇获得善意购买人支付的价值时"。并不存在莱帕获得了这两个报价的证据。从各方面来看,这些报价都是主动提供的。

---

[21] Id. at 663.

(4)法院认为,如果启动了优先购买权,麦克切斯尼夫妇将有权购买该房产,购买金额为县评估名册列出的3 910美元。但是麦克切斯尼夫妇没有报价这个金额。相反,他们出价7 820美元。如果协议是明确的,为什么麦克切斯尼夫妇没有报价3 910美元呢?

(5)优先购买权只能在"斯图尔特夫妇的有生之年"行使。这是否是指斯图尔特夫妇二人的有生之年,如果是这样,那么在詹姆斯去世后,该权利就不能再行使。还是意思为斯图尔特夫妇中任一人的有生之年即可,如果是这样,那么尽管詹姆斯去世,这一权利仍可行使。优先购买权指向斯图尔特夫妇的"一生"(单数)并无意义。

(6)优先购买权没有说明,行使价格是县评估名册中列出的价值。相反,它指出行使价格是评估名册中列出的市场价值。如果评估名册没有按照优先购买权的要求表述市场价值,为什么行使价格应当是评估名册列出的价值?

(7)宾夕法尼亚州的制定法规定:"首席评估员有义务根据实际价值来确定评估、评定和估价地方税收的所有主体和客体……"[22]然而斯图尔特夫妇的财产已经五年没有重新评估了。无论如何,根据向莱帕提出的两个报价,很明显财产没有"根据其实际价值"进行估价。至少可以说,评估名册中规定的金额将依法确定,是以该价格行使权利的一个默示条款。但他们并没有这么做。

(8)无论是最高法院的意见,还是优先购买权本身,都没有给出斯图尔特夫妇给予麦克切斯尼夫妇该权利的原因。这是赠与吗?它是作为房产价格打折的交换条件而给出的吗?还有其他形式的考虑吗?斯图尔特夫妇赋予麦克切斯尼夫妇权利的原因肯定与权利的含义有关,而忽略这个原因又会造成一种模糊。

383 斯图尔特诉麦克切斯尼案阐明了关于字面主义的真理:字面主义者的法官对英语极其麻木不仁。斯卡利亚大法官(Justice Scalia)和布赖恩·盖纳(Bryan A. Gainer)关于解释的著作《解读法律》(Reading

---

[22] 72 P.S. § 5453.602(a) (1964).

Law),提供了此种麻木不仁的另一个例子。波斯纳法官对这本书进行了评论,并重创了该书,他说[23]:

> ……(斯卡利亚和盖纳)称赞了怀特城购物中心有限合伙诉 P. R. 餐馆有限责任公司案(White City Shopping Center, L. P. v. P. R. Restaurants, LLC),该判决认为租约中的"三明治"一词不包括墨西哥卷饼、玉米卷或油炸玉米饼,因为韦氏字典将"三明治"定义为"两片薄面包,通常涂上黄油,中间有一薄层(如肉、奶酪或美味的混合物)……"
>
> 这很常见,法院把定义弄错了……三明治不一定要有两片面包。它既可以有两个以上(一个总汇三明治),也可以只有一个(一个单片三明治)。面包片不必很薄,它们之间的层也不必很薄。切片不必须是面包片:汉堡包被视为三明治,还有热狗。有些人也把玉米卷和墨西哥卷饼认为是三明治,而油炸玉米饼甚至更像三明治。字典是迷宫,法官在其中很快就会迷失。以字典为中心的文本主义毫无希望可言。

字面主义的观点有时接近于可笑,即使是非常聪明的法官所持的此种观点,也是如此。例如,在太平洋燃气与电力公司案(PG&E)判决后,一位非常聪明的法官亚历克斯·科津斯基(Alex Kozinski)为第九巡回法院的一个专题讨论会(panel)撰文,他认为:

> 太平洋燃气与电力公司案拆掉(chip away)了我们法律体系的基础。通过相信语言不足以表达概念,太平洋燃气与电力公司案破坏了语言对公共行为以及私人行为提供有意义约束的基本原则。如果我们不愿意说,面对面交易的当事人能够想出约束他们的语言,我们怎么能因为任何人违反仅仅是缺乏"绝对的和持续的所指事物"之词语的法规,而把他们送进监狱呢?法院怎么执行这样的判决呢?它们不是用所有人都能理解的语言写的,而是用只反映"法官的语言背景"的方言编码的。当"完美的口头表达"不可能时,下级法院会因为

---

[23] The Spirit Killeth but the Letter Giveth Life, *New Republic*, Sept. 13, 2012, at 18, 20.

没有执行上级法院的命令而有过错吗?[24]

换言之,科津斯基认为,根据太平洋燃气与电力公司案,所有加州囚犯都将被释放,加州的下级法院将不受上级法院判决的约束。许多年过去了,科津斯基的噩梦一个都没发生。囚犯没有被释放,下级法院也没有背弃上级法院。斯坦利·菲什严厉批评了科津斯基的观点:

> ……科津斯基固化他所假设的依赖那些绝对清晰用语之通常意思的努力,掩盖了他老套的形式限制的断言。他说没有空间的解释行为是他一直寻求的。此外,他的所作所为与他责骂的所作所为没有什么不同。他抱怨称,特赖登特(Trielent)正试图"对其意欲进行的违约进行司法无毒化处理",其律师提出的解读(reading)是这一尝试的延伸,而不是对文件内容的忠实再现。言下之意是,他的解读没有任何延伸,除了严谨的字面意思之外,没有任何目的。但他接下来的话揭示了另一个不那么无私的目的:"但违约是令人讨厌的(messy)事情,也的确是这样……对后果的恐惧是防止债务人逃避债务的猛药。"当然,他现在正通过解读来给予这种猛药,解读不是由协议所产生的,而是由他尽可能执行合同的先前决定产生的。这种对比不是(正如他试图描绘的那样)在尊重"合同的清晰约定"及使语词屈从于先前的目的之间的对比,而是在两种屈从之间的对比……[25]

简言之,即使根据其自身用词来理解常义规则(even taking the plain-meaning rule on its own terms),任何对英语敏感的人都会理解不模糊的断言(predicate),这也必将失败,因为字面主义法官认为,明确的文本在事实上几乎总是模糊的。以合同表面上明晰为由采用字面意思的法官,几乎总是对真实的、生动的英语原则缺乏敏感性,以至于字面主义法官认为清晰的合同几乎总是模糊的。(这并不令人惊讶,因为字面主义法官很少学习英语;读过简·奥斯汀四部小说的字面主义的法官很可能不到十人。)

---

[24] Trident Ctr. v. Conn. Gen. Life Ins. Co., 847 F.2d 564 (9th Cir. 1998).
[25] Stanley Fish, *The Law Wishes to Have a Formal Existence* (1992).

更重要的是,不考虑合同内容就得以解释合同的观念是荒谬的。有目的的词语,如合同中的那些语词,在使用它们的语境之外没有可理解的意思。脱离了语境的有目的的语词就像离开水的鱼,已经死掉了或者快要死掉了。更重要的是,常义规则不能用它自己的词语来理解,因为表达很少不考虑语境便可被理解。

正如勒尼德·汉德(Learned Hand)的名言所说,"就误读文件而言,没有比逐字逐句解读更可靠的方法了"[26]。

当然,我们确实几乎一直让我们自己被理解,但这并非因为每个人都不考虑语境就用某些语词来表达同一意思,而是因为语言总是处于语境中,且语境中的语言几乎总是容易理解的。例如,假设 A 对 B 说,"我想要个热狗"。这句话可能看起来很明晰,但它肯定并不清晰,因为这句话只有在语境中才能被理解。例如,如果 B 是和 A 一起散步的朋友,"我想要个热狗"的意思是"我们找一个卖热狗的地方,这样我就可以吃一个"。如果 B 是超市的收银员,"我想要个热狗"的意思是"热狗在哪个区域?"如果 B 经营热狗摊,"我想要个热狗"的意思是"我想向你订购个热狗"。如果 A 是一名赛车所有人,正在面试 B 当司机,"我想要个热狗"的意思是"我想雇一个爱炫耀类型的司机"。如果 A 正在买一只狗,B 拥有一家宠物店,"我想要只热狗"的意思是"我想买一只现在非常受欢迎类型的狗"。所有这些意思在语境中都可以很容易地理解,但脱离语境则几乎不可能得以理解。

三、极端字面主义

艾伦·施瓦茨(Alan Schwartz)和罗伯特·斯科特(Robert Scott)在两篇相关文章《合同理论与合同法的局限》(以下简称《合同理论》)[27]和

---

[26] Giuseppi v. Walling, 144 F.2d 608 (2d Cir. 1944).
[27] Contract Theory and the Limits of Contract Law, 113 *Yale L.J.* 568, 569 (2003).

《再论合同解释》[28]中,提出了一种独特的合同解释进路。施瓦茨和斯科特首先设定了他们方法的领域,即并不是对所有合同的解释,而只是对商事企业间合同的解释。

设定了适用领域后,施瓦茨和斯科特确定了他们的思想流派。传统上有两种不同的解释学派,即语境主义和字面主义。施瓦茨和斯科特则进入了第三个学派——形式主义。事实上,他们声称"合同理论""已经成为标志性的形式主义声明"。虽然他们并不支持这种说法,但这种说法可能是正确的。如第二章所示,形式主义已经死亡,而且这是有适当理由的。施瓦茨和斯科特掘出了死尸,但他们并不能使它复活。因此,除了施瓦茨和斯科特,很少有活着的形式主义者。在此种情况下,"合同理论"是默认的标志性形式主义声明,也几乎没有其他人做出此形式主义声明。

因为形式主义是一具死尸,而不是一个学派,因此对施瓦茨和斯科特之解释方法的更好描述是极端的字面主义。极端是因为施瓦茨和斯科特不仅在解释原则中排除了语境,也排除了诸如贸易惯例和交易过程这些普遍公认的原则。[29]

施瓦茨和斯科特的极端字面主义由一系列断言(assertions)组成——理论、主张(claim)和论证。但考虑到所有这些断言均超出了本章的范围,因此,本章仅考虑他们的中心主张。

(1)施瓦茨和斯科特错误地认为准确性不是解释的首要目标。施瓦茨和斯科特首先指出,"法院和评论家的共识是,合同解释的适当目标是让执行法院找到正确的答案。正确答案是缔约方意欲实施之合同问题的

---

[28] Contract Interpretation Redux, 119 *Yale L.J.* 926, 965 (2010).

[29] 施瓦茨和斯科特否认他们拒绝语境主义。"最低限度的证据基础,"他们说,"通常会传达充分的语境信息。例如,诉状和支持性诉讼摘要、关于卖方交付了什么的证据、合同、买方最近提交的10-K SEC文件(如果有)以及法官的生活经历,这些都可能允许法院判决,专业建筑公司和化学公司之间的协议可能通过交付凉亭得到满足"。Redux, Supra note 28, at 952-953. 对于一个字面主义者来说,这可能是足够的语境证据,但对一个语境主义者来说,这还不够。首先,这些因素都与解释无关(当然合同除外),甚至在解释问题上也不可引入。接下来,也是更重要的,这个列表忽略了与解释相关的每一个语境因素,例如订立合同的背景、当事人的关系、当事人的目标、贸易惯例和交易过程。

解决办法"[30]。这一点可以改写为如下:法院和评论家的共识是,解释的适当目标为准确确定缔约方的意图。换言之,准确性是解释的首要目标,特定的解释原则是否有助于解释的准确性,是判断该原则的指针(lodestar)。

谁可能不同意呢? 答案是,施瓦茨和斯科特。在陈述了法院和评论家的共识,即合同解释的适当目标是让执行法院(enforcing court)找到正确的答案,或者用本章的话说是准确确定当事人的意图之后,施瓦茨和斯科特接着说,"在我们看来,目前的共识问了一个错误的问题。就合同实质条款信奉当事人主权(commitment to party sovereignty)默示了,就裁判者发现信奉实质条款应使用的解释类型也应信奉当事人主权"。

换言之,施瓦茨和斯科特认为,缔约方应有权决定适用于他们合同的解释原则,但他们又断言,根据现行法律,解释原则是强制性的。[31] 他们说,"法院总体上""将解释视为强制性的"[32]。然而事实并非如此,且这也不是现行法律。根据目前的合同法,缔约方确实有权决定哪些解释原则应适用于他们的合同,正如它们有权决定将买卖什么和以什么价格买卖一样。并不存在相反的情况。

施瓦茨和斯科特不仅找不到任何案例来支持,根据现行合同法解释原则是强制性的主张,他们也找不到任何评论家来支持这一主张。施瓦茨和斯科特认为,"其他评论家认为解释原则是强制性的"[33]。他们只能举出一位在《反对商法中灵活性的初步情形》[34] 一文中持此立场的评论家——欧姆里·本-沙哈尔(Omri Ben-Shahar)。然而,本-沙哈尔并没有这样说。简言之,无论是判例法还是评论都没有为施瓦茨和斯科特之解释原则是强制性的这一核心主张提供支持。由于没有任何支持,它们也就提供不了任何这样的支持。

[30] Contract Theory, supra note 27, at 568-569.
[31] See, e.g., id. at 547, 583.
[32] Id. at 583.
[33] Id. at 569 n.52.
[34] 66 *U. Chi. L. Rev.* 781 (1999).

施瓦茨和斯科特声称,大卫·斯奈德(David Snyder)在《商业合同中的语言和形式:为习惯和行为辩护》[35]一文中推论,《统一商法典》的解释规则为准强制性的。施瓦茨和斯科特评论说,"由于缔约有积极成本(positive cost),准强制性规则在实践中对许多当事人来说事实上就是强制性的,他们不愿意承担制定替代制度的额外成本"[36]。但准强制性便意味着不是强制性的。此外,《统一商法典》只是合同法的一部分,因此即使施瓦茨和斯科特关于斯奈德立场的理解是正确的,合同法中的解释总体上也仍处于开放状态。然而,更重要的是,斯奈德实际上采取了与施瓦茨和斯科特完全相反的立场:

> 习惯和行为的使用最近在合同解释中受到越来越多的挑战。敏锐而细心的学术研究提出了重要问题。然而,这些问题中有一些可以有利于在《统一商法典》修改中坚持贸易惯例、交易过程和履行过程的方式做出回答。它们是当事人协议的必要组成部分(integral part)。如同当事人在书面合同中使用的词语一样,贸易惯例和交易过程也构成了当事人用语的一部分。法院无视这种文字或者非文字的用语,会冒忽视当事人明示同意的风险。虽然履行过程呈现出较弱的语言情形,但它很重要,尤其是在法律语境下。因为它具有自然法律形式的警示、证据和疏通功能。《统一商法典》很好地保留了习惯和行为作为当事人协议的组成部分。不这么做就是拒绝或者降低(subordinate)同意作为合同责任的基础。[37]

总而言之:施瓦茨和斯科特说,缔约方应当能够选择自己的解释制度。没错,但也没必要通过论证来证明这一点,因为这显然是正确的,而且已经是现行法了。真正的问题是,当缔约方没有特别约定解释制度时,法律应当认为他们更偏好什么制度。答案也是显而易见的,但施瓦茨和斯科特却拒绝接受。这一答案就是,如果缔约方没有约定解释制度,就

---

[35] 54 *SMU L. Rev. 617* (2001).
[36] Contract Theory, supra note 27, at 569 n.52.
[37] Snyder, supra note 35, at 653-654.

应当认为他们更喜欢能准确确定其意图的制度。施瓦茨和斯科特的解释理论没有达到这个目的。事实上,该理论拒绝了这一目的。

(2)施瓦茨和斯科特没有直接面对该事实,即很少有公司采用施瓦茨和斯科特在并无任何证据情况下主张的公司更偏好的解释制度。相反,通过论证合同没有规定字面式、非语境化的制度的原因是合同法不允许这样做,他们试图间接处理该事实。[38] 事实上,施瓦茨和斯科特声称,《合同理论》的一个主要贡献,是证明了与既有法律相反,缔约方应当能够选择规范他们合同的解释制度(interpretation regime)。这种说法并未切中要害。如上所示,合同法没有任何东西阻止当事人提供适用于他们合同的解释原则。施瓦茨和斯科特没有引用任何案例来支持他们的主张。波斯纳法官的结论正相反:他指出,"缔约方""可以在他们的合同中约定,法院应仅根据合同的用词进行解释,尽管我还没有发现提及这一条款的案例"。[39]

(3)施瓦茨和斯科特的论证部分基于"《统一商法典》强烈推进语境主义式解释风格"的主张,而且通过引用《统一商法典》第2-205条和第2-202条的评论来支持该主张。[40] 这倒没什么错,因为语境主义是应然的解释合同的唯一方式。但首先,《统一商法典》只涵盖货物买卖合同。此外,"强烈推进"不同于"要求"。最根本的是,《统一商法典》第1-302(a)条规定,"除非(b)款或《统一商法典》他处另有规定,否则可通过协议改变《统一商法典》规定的效力"。[41]

(4)施瓦茨和斯科特错误地主张,解释规则难以躲避。施瓦茨和斯科特表示,"共识是,对当事人来说,解释规则难以躲避"[42]。然而并不存在此种共识。施瓦茨和斯科特没有援引案例来支持他们的主张。而且他们

---

[38] Contract Theory, supra note 27, at 583.
[39] See Posner, supra note 3; Contract Theory, supra note 27, at 583 n.79, 584-585.
[40] U.C.C. §§1-201, cmt 1, 2-201, cmt. 2 (Am. Law Inst. & Unif. Law Comm'n 2017).
[41] 《统一商法典》第1-302(b)条规定:"(《统一商法典》)规定的善意、勤勉、合理和谨慎的义务不得通过协议放弃。如果这些标准并非明显不合理,双方可以通过协议确定测度这些义务履行的标准。"
[42] Contract Theory, supra note 27, at 569.

也做不到,因为就不存在此种案例可供援引。解释规则应当而且确实很容易规避。

(5)施瓦茨和斯科特主张如下的语言假设:有两组语言群体。一组由单一的语言群体组成,如法官、律师、商人和潜在陪审员,他们将施瓦茨和斯科特称之为"多数人说话"(majority talk)(或称为"M")的语言来阅读和写作。另一组由许多语言群体组成,每个群体都用施瓦茨和斯科特称之为"当事人说话"(party talk)(或称为"P")的语言来阅读和写作。

该假设没有说服力。施瓦茨和斯科特承认,语言学家会说,当每个人阅读和写作英语时,"多数人说话"和"当事人说话"不是两种不同的语言,而是英语的不同方言(dialect)。语言学家是对的:这毫不令人惊讶,因为他们比律师更了解语言学。

再回忆下施瓦茨和斯科特解释方法的领域涉及商事公司,而非个人。就位于英语国家的商事公司而言,显然既没有多数人说话,也没有当事人说话:只有英语。所以,就施瓦茨和斯科特的理论、主张和论证对 M 和 P 的信赖而言,他们自然也是错误的。

(6)施瓦茨和斯科特错误地论证,问题在于解释通常是当事人试图找到正确答案时想要法院使用的解释原则。[43] 然而这不是真正的问题。真正的问题是缔约方希望法院在解释他们的合同时使用什么解释原则。如果缔约方明确约定了他们希望法院使用的解释原则,那就没有问题了。如果他们没有这样的明确约定,应当假定他们希望法院适用标准的解释原则。毕竟,施瓦茨和斯科特的研究领域由商事公司之间的合同组成。商事公司之间的合同是律师起草的,这些律师熟悉规范他们合同的法律。律师很清楚解释规则。如果愿意,他们可以改变那些规则;如果不改变那些规则,就必须假设他们不想改变。换言之,缔约方可以自由选择适用于他们之间合同的解释原则,当他们没有特别约定任何相反的原则时,他们实际上采用了合同法的解释原则。

(7)施瓦茨和斯科特解释进路的一个核心是,他们主张该解释进路是

---

[43] Id. at 569.

威利斯顿式的。但与施瓦茨和斯科特的声称相反,该解释方法并非威利斯顿式的:威利斯顿是一个语境主义者。在威利斯顿著作的第一版(唯一一个可确信表达他思想的版本,因为后来的版本要么是合著的,要么是他逝后的)中,威利斯顿区分了词语或术语意思的"地方标准"和"正常标准"。威利斯顿将地方标准定义为"于合同订立的时间、地点以及合同订立周围环境下那类当事人的(词语或术语)的自然意思"[44]。威利斯顿没有清晰地定义他的正常标准,但很明显,他使用该术语是为了表示"词语的普通和正常意义——接近于施瓦茨和斯科特的M"[45]。

他继续说道:

> 根据法律的权重(the weight of authority)和原则,在当事人同意书面文件表达了他们的协议……解释的标准是地方标准(也就是说,当事人语词在合同订立周围环境下的自然意思)……[46]
>
> 如果根据一种不是当事人特有的标准,而是他们同类人之间在现有情况下习惯的标准来解释合同,可以达到合理程度的确定性。然而,通过始终执行正常标准而获得的确定性只会稍微大一点,而且是以往往会伤害当事人实际意图的僵化为代价获得的。除非在正常标准下词语非常清楚,否则将适用地方标准,这似乎早就解决了。尽管地方标准导致了一种与语言字面意思相反的(法律后果)解释,但这也是事实……[47]
>
> ……书面文件赖以作出的情况总是可以显示出来的。法院寻求回答的问题是书面文件在合同订立时的意思;当时的所有周围环境必然会阐明合同的意思……[48]

在脚注中,威利斯顿引用了一些支持他的语境主义立场的案例:

> 在1860年的迈尔斯诉萨尔案(Myers v. Sarl)中……布莱克本法官

---

[44] 2 Samuel Williston, *Williston on Contracts* 1167 (1920).
[45] Id. at 1162.
[46] Id. at 1167.
[47] Id. at 1171-1172.
[48] Id. at 1198.

说:"……我认为这是该主题的真正法律规则,即当书面合同中的一个术语或短语在与该文书相关的贸易或业务中具有特殊意思时,该意思就初步归结于该术语或短语了;除非在整个合同的解释过程中,明示的词语和必要的含意都充分表明当事人并不意欲该意思胜出……"众所周知的1832年史密斯诉威尔逊案(Smith v. Wilson)……"在一个租赁契据诉讼中,"留一万只兔子的兔子窝",附近区域"千"适用于兔子的习惯意义是100打这一证据被允许了,柯勒里奇法官(Coloridge J.)说:"证据不会被排除,因为这些词在他们的普通意义上是明晰的。"在1846年的格兰特诉马多克斯案(Grant v. Maddox)中……年被解释为一年减去长假的时期。在1880年的米切尔诉亨利案(Mitchell v. Henry)中……"白色打捞品"(white salvate)一词被解释为货物上涵盖了深灰色花边,证明这就是商品名(trade name)。在沃尔斯诉贝利案(Walls v. Bailey)中……福尔杰法官(Folger J.)说:"词语的意思可以由惯例来控制和变化,即使是通常语言中最确定的数字、长度或空间的词语也是如此。"另见1886年英联邦诉霍布斯案(Commonwealth v. Hobbs)……(炭黑色的砷被认为是"白色砷")……[49]

虽然在很多合同用语清晰明确的情况下,没有(语词或者行为)解释或(法律后果)解释的机会,然而这些表达本身也需要解释。正如已经看到的,在严格意义上,每个合同都需要解释。因此,系争的表达在字面上是不准确的。此外,如果采用当地标准,那么意思上明显清楚的合同,可能会因惯例或周围情况而变得模糊,或者可能清楚地意指不同于其语言的正常或普通意思……[50]

众所周知,《合同法重述(第一次)》主要由威利斯顿撰写,其效果与他的论著相同:

第235条 帮助解释标准适用的规则。

---

[49] Id. at 1172-1173.
[50] Id. at 1173.

……(a)除非情况表明适用不同的意思,否则该词语…应赋予语言在全国范围内的一般意思……

(d)交易伴随的所有情况均予以考虑,但整合情况下需符合第230条所作的限定……

第236条 帮助解释标准适用的次要规则

(b)在确定意图表示或其任何部分的意思时,应赋予当事人的主要明显目的以极大权重……

第246条 有效惯例(Operative Usages)的效果

有效惯例具有以下效果

(a)界定协议词语的意思或其他意图表示的意思,以及

(b)根据惯例补充协议或意图条款,且不与协议或意图表示相抵触。

对条款(a)的评论:

a. 该条款规定的规则不限于不熟悉的词语或经常模糊使用的词语。熟悉的词语在不同的地方也可能有不同的意思。惯例也可能表明书面合同的意思不同于书面文件具有的明显清晰的意思……

条款(a)的例子:

1. A缔约卖给了B 10蒲式耳燕麦。按照有效惯例,32磅等于1蒲式耳。合同中的10蒲式耳的意思是320磅。

2. A缔约卖给B一万块瓦片。按照有效惯例,尽管不包含确切的数字,两包等于1 000。合同中1 000的意思是两包。

3. A缔约出卖给B 1 000英尺的圣多明各红木。根据有效的惯例,有一定密度的、有花纹的红木被称为圣多明各红木,即使不来自圣多明各也是如此。合同中的圣多明各红木是指适当密度的优质红木。

4. A和B签订了一份买卖"保证不含碎木的1号厚书写纸"的合同。有效的惯例可能表明,其意思是纸中的碎木不超过3%……

5. A和B签订了A雇佣B一年的合同。按照有效的惯例,此合同可以提前一个月经通知终止。该条款是合同的一部分。

6. A 通过铁路公司 C 给 B 发货,A 收到 C 的提单。B 拒绝接受托运物。承运人对 A 和 C 的惯例是,在收货人拒绝货物时通知发货人。但 C 没有发出此通知。通知的要求被添加到提单中……

(8)施瓦茨和斯科特错误地认为,解释的目的不是找到当事人之间合同的最准确解释,而是确定可能解释的平均值(mean)或分布。施瓦茨和斯科特反对准确性在确定解释原则中的首要地位的另一个论证是,正确的答案(他们所称的)不是最准确的答案,而是可能解释之分布的平均值。[51] 该论点不仅没有被证明,而且还是错误的,因为……这与解释的现实脱节,解释几乎总是涉及在两种相互竞争的解释方案之间进行选择,而不是确定平均值。以劳森诉马丁木材公司案(Lawson v. Martin Timber Co.)[52]为例:劳森和马丁公司于 1948 年 10 月 14 日签订了一项协议,协议规定马丁公司有两年时间从劳森的土地上砍伐和移走木材,并且"如果在这段时间后(即两年期间)出现高水位,……马丁公司将获得额外的一年时间"。在最初两年期满后,马丁公司已经从劳森的土地上砍伐和移走了一些木材。劳森提起诉讼,要求获赔那些木材的价值。证据表明,在这两年的时间中,土地在大约一半的时间里都处在高水位,但在另一半时间里,劳森土地上的所有木材很容易砍伐和移走。问题是在此种情况下是否适用一年的延长期。[53] 这里没有解释的平均值:只有两种解释是可能的(或至少向法院提出了),必须选择其中一种。情况几乎总是如此。解释争端的当事人不向法院提出三种、四种、五种、七种或更多种解释。每一方当事人提出一种解释,总共两种。因此,几乎从来没有法院解释的平均值,只有在两种解释之间的选择。

或者假设卖方和买方就卖方何时要求交付机器存在争议。买方主张,应在合同签订六个月后交货。卖方辩称,应在合同签订十二个月后交货。根据施瓦茨和斯科特的观点,卖方被要求在合同签订九个月后交

---

[51] Redux, supra note 28, at 931.
[52] 115 So. 2d 821 (La. 1959).
[53] Lon Fuller & Melvin A. Eisenberg, *Basic Contract Law* 404–405 (8th ed. 2006).

货,但这是任何一方当事人都不想得到的结果。

施瓦茨和斯科特反对在确定合同解释时以准确性为首要目标的一个相关论证是,公司满足于平均正确的解释,而不是每次都正确的解释。这个论证也缺乏支持,而且也是错误的。当然,公司意识到法院不会每次都正确,就像棒球击球手意识到裁判不会每次都对一样。但认识到这一点是一回事,满意则是另一回事。如果一家公司只想要法院的平均正确,为什么要花大量的钱在诉讼上而不是掷硬币,掷硬币也会以几乎无限低的价格产生平均正确的结果。或者想象法院对当事人说,"我知道你对平均正确的结果满意,所以我就把两张纸放在一顶帽子里,一张写着原告,一张写着被告,然后取出获胜者"。与施瓦茨和斯科特相反,没有一家公司会说它从法院想要的只是平均正确。不和解的诉讼当事人都认为他们是对的,并想要法院如此裁判。换言之,诉讼公司(litigating firms)希望法院一直都正确。

(9)施瓦茨和斯科特的论点很少有或没有实证支持。《合同理论》中的论点不仅是错误的,还几乎缺乏任何经验支持。在《再论合同解释》的结尾,施瓦茨和斯科特确实提出了两个实证性论证来支持他们的极端字面主义,但这些论证都站不住脚。

首先,施瓦茨和斯科特举出证据表明,当事人确实明确地试图改变常见的法院解释的实践。为此,他们引用了"联盟协议中的共同条款",这些条款来自杜邦公司和地壳公司(DuPont and EarthShell)之间的联盟协议:

> 当事人在本联盟协议下的法律义务根据本联盟协议的精确和字面语言来确定,而不能根据有些州法的规定来确定。这些州法试图施加善意、公平交易或忠实义务的额外义务。这些额外义务在本协议签订时并不是协议的明确基础。
>
> 当事人都是有法律顾问的成熟商业组织,已经聘请法律顾问来审查本联盟协议的条款,并且均表示他们已充分阅读本联盟协议,并理解和接受其条款。[54]

---

[54] Redux, supra note 28, at 955.

尽管施瓦茨和斯科特主张，诸如此类的条款在联盟协议中很常见，但他们没有提供任何证据支持该主张。此外，似乎只有不到1%的商业合同是联盟协议。但没关系，因为这里重要的一点是，施瓦茨和斯科特关于联盟协议的观点，完全破坏了他们关于解释原则是强制性的这一主张。

接下来，施瓦茨和斯科特讨论了艾森伯格和杰弗里·米勒（Theodore Eisenberg & Geoffrey P. Miller）发展的关于合同法律选择条款的数据。在《飞往纽约》一文中[55]，艾森伯格和米勒分析了2 865份合同中的法律选择，发现在46%的合同中，双方选择让他们的合同受纽约州法律管辖。相比之下，只有不到8%的合同选择了加利福尼亚州的法律管辖，尽管加利福尼亚州和纽约州的商业活动大致相当。在《东西海岸的交易：合同理论的新亮点》一文中，杰弗里·米勒主张，他的证据表明，"形式主义规则为商事合同的解释提供了更高的价值……"[56]然该主张并不正确。米勒的证据并没有证明甚至表明，因为纽约州法院是字面主义地而非语境主义地解释合同，而加利福尼亚州法院则是语境主义地而非字面主义地解释合同，所以大公司更偏好纽约州法律。米勒文章有许多有价值的经验材料，但没有材料支持他对纽约法律的偏好是基于解释风格的主张。事实上，米勒引用的经验数据完全不能支持他的主张。米勒自己至少举出了11个理由，但没有一个与公司更喜欢让他们的合同受纽约州法律而非加利福尼亚州法律管辖的解释原则有关：

①纽约州加快了对以金钱支付工具为基础的行动的考虑。[57]

②尽管纽约州和加利福尼亚州都承认合同自由是重要价值，但纽约州比加利福尼亚州更重视这一价值，而且不管合同看起来多么不公平，也几乎从不扰乱合同。[58]

---

[55] Theodore Eisenberg & Geoffrey P. Miller, The Flight to New York: An Empirical Study of Choice of Law and Choice of Forum Clauses in Publicly-Held Companies' Contracts, 30 *Cardozo L. Rev.* 1475 (2009).

[56] Geoffrey P. Miller, Bargains Bicoastal: New Light on Contract Theory, 31 *Cardozo L. Rev.* 1475 (2010).

[57] Id. at 1485-1486.

[58] Id. at 1479-1480.

③与纽约州不同,加利福尼亚州并没有明确区分消费者合同和商事合同,因此在加利福尼亚州,即使是企业对企业的合同也可能受到是否不公平(unfairness)、不公正(inequity)或实质不正义(substantial injustice)的审查。[59]

④纽约州不像加利福尼亚州那样容易接受胁迫的主张,而且加利福尼亚州承认一些类似胁迫的抗辩,这在纽约州法律中是找不到的。[60]

⑤纽约州显失公平的标准比加利福尼亚州更高。[61]

⑥与加利福尼亚州不同,纽约州极少以公共政策为由扰乱合同。[62]

⑦加利福尼亚州对损害个人权利安全感的合同条款不利。[63]

⑧在允许当事人通过合同限制其责任方面,纽约州比加利福尼亚州更宽容。[64]

⑨纽约州法院比加利福尼亚州法院更愿意执行过失责任的免责。[65]

⑩纽约州于1995年设立了最高法院商事法庭,该法庭的工作人员由精通商法的法官和法院人员组成,采用新的案件管理技术,并为法院附属的裁决性争端解决提供了更多机会。

⑪纽约州限制贷款人责任。

此外,在《飞往纽约》一文中,米勒和艾森伯格得出结论认为,纽约州在指定法律选择条款方面的成功,似乎是几十年来吸引缔约方的努力以及可能的贷方(lender)坚持以纽约州法律管辖信贷安排(credit arrange-

---

[59] Id. at 1480.
[60] Id. at 1487-1488.
[61] Id. at 1489-1492.
[62] Id. at 1493-1496.
[63] Id. at 1495.
[64] Id. at 1496.
[65] Id. at 1496-1497.

ments)的结合。[66] 简言之,根据艾森伯格和米勒的数据,不可能得出如下结论:纽约州的字面解释方法或纽约州法律的任何其他单一特征,是公司如此频繁地选择纽约州法律来管辖他们合同的原因。因此,《飞往纽约》中没有任何内容能够证明,公司更喜欢字面的、非语境的合同解释。[67]

(10)施瓦茨和斯科特反对在确定解释原则时将准确性置于首要地位的主要论证是,适用特定解释原则的成本比该原则导致的准确性成本大得多。但这个论证是不正确的,因为施瓦茨和斯科特没有认识到不准确一直都是显著的成本,而且通常比任何其他解释的成本都大得多。原因很简单。当事人尽可能写出最有效率的合同。因此,如果法院将当事人的合同解释为不同于他们想订立的合同,那么法院就在两个价值之间创造了差异:他们想订立的有效率合同的价值与法院强加给他们的低效率合同的价值。这种差异总是实质性的,在极端情况下,这种差异可能是合同对一方或双方当事人的全部价值。起草合同的已付成本和对合同解释提起诉讼的预期成本,只是不准确解释成本中微不足道的一小部分。

(11)施瓦茨和斯科特还认为,写一份合同比审判一个案件的成本低。然而,从事前视角来看,情况并非如此,而事前视角是确定解释原则的相关视角。写一份合同的事前成本是实际的已付成本。相比之下,审判一个案件的成本则是偶然的预期成本,这可能是微不足道的,因为大多数纠

---

[66] supra note 55, at 1511.

[67] See also Shawn Bayern, Contract Meta-Interpretation, 49 *U.C. Davis L. Rev.* 1097, 1122 (2016):从这项研究推出公司更喜欢文本主义有几个问题。一是艾森伯格教授和米勒教授只研究了上市公司,而不是施瓦茨和斯科特意图应用他们分析所有公司。二是或许更重要的问题是,即使是大型上市公司作出了诸多法律选择,但纽约州法律被选择的情况仅占艾森伯格和米勒研究的一半不到,而且就特定类型的合同而言,这种选择就更不那么明显了。因此,在25%的涉及资产购买的情况中,上市公司选择了纽约州法律;在授权协议中,这个比例大约是20%;在并购情况中,比例只有17%;或许特别值得注意的是,在涉及法律和解的案件中,这个比例是18%,在这些情况中,可控性的规律对至少一方当事人特别重要。事实上,在和解合同中,当事人选择加州法律(施瓦茨和斯科特的典型语境主义制度)的频率与他们选择纽约州法律的频率差不多。有限的经验数据所描绘的图景是多样的,而非一致的。

纷都未经过审理就和解了。[68]因此，从事前视角看，如果赋予起草成本而非审判案件更高权重，那么效率就会最大化。因此，在确定解释原则时，重点就应当是哪些原则会产生最低的起草成本。答案是语境主义，因为极端字面主义会迫使当事人全部写出每一个贸易惯例、交易过程和含意。

---

[68] Cf. Shawn Bayern, supra note 67, at 1120-1121：虽然证据并不全面，但如果诉诸审判，一个典型的合同案件似乎要花费 7 万至 10 万美元。2005 年，美国各州法院裁决了 8 917 起合同案件，这意味着导致法院解决的案件花费不到 9 亿美元。2005 年，美国的国内生产总值为 14.37 万亿美元。当然，9 亿美元是一笔很大的数目。老话说得好，这里加 9 亿，那里加 9 亿，最终你面对的将是真金白银。尽管如此，9 亿美元仍占国内生产总值的 0.006%（或 1/16 000）。当然，也许在这些统计数据被计算在内之前，大多数案件都会和解。补缺性的解释制度对和解率的影响是复杂且有争议的，但即使是施瓦茨和斯科特似乎也承认他们的文本主义提议不会提高和解率。因此，唯一的问题似乎是：我们能在多大程度上减少合同诉讼所代表的 0.006% 的经济流失？如果诉讼仅仅是一种损失，对于一个非常小的行政机构来说，这可能是一个效益问题；然而，问题是，这 9 亿美元给经济带来了一些实质性的东西：它获得了一个可靠的裁判系统，支持美国企业的商业交易。为了降低成本，需要冒多大的风险才合适呢？此外，文本主义会减少多少呢？考虑到文本主义和语境主义之间的典型区别仅涉及贸易惯例和交易过程证据等证据的产生，这会在总量上产生显著差异吗？尽管普遍流行的修辞认为诉讼会造成浪费，但我并不知道有任何经验证据表明，减少商业诉讼的证据基础会带来显著的经济节约。

第二十九章　解释的主观因素和客观因素

古典合同法与现代合同法的一个深层差别是,古典合同法的标准完全或几乎完全是客观和抽象的,现代合同法的标准则包含了重要的主观因素。这种差别在解释领域尤为显著。古典合同法采用了几乎完全客观的解释标准。例如,在沃伯恩国家银行诉伍兹案(Woburn National Bank v. Woods)[1]中,法院说:

> 合同涉及被称为当事人意思表示一致的东西。但这并不意味着他们一定已经达到了一种共同的、触及手头事情的心理状态(mental state)。判断他们行为和限制他们权利的标准不是内在的,而是外在的。在并非欺诈或无行为能力的情况下,问题是:当事人说了什么,做了什么?"合同的订立并不取决于当事人的主观状态(state of mind),而取决于他们公开的行为。"[2]

同样,在霍奇基斯诉国家城市银行案(Hotchkiss v. National City Bank)[3]中,勒尼德·汉德认为:

> 严格来说,合同与当事人的个人或者个别意图无关。合同是单纯的法律强制力赋予当事人某些行为(一般是一些话语)的义务,这些行为通常伴随并代表了一种已知的意图。然而,如果二十位主教

---

[1] 89 A. 491 (N.H. 1914).
[2] Id. at 492 (quoting Oliver W. Holmes, *The Common Law* 307 (1881)).
[3] 200 F. 287 (S.D.N.Y. 1911), aff'd, 201 F. 664 (2d Cir. 1912), aff'd, 231 U.S. 50 (1913).

证明,在使用这些话语时,任何一方当事人都有不同于法律施加给它们的通常意思的意图,除非有一些双方错误或者其他类似的东西,否则他仍要承担责任。当然,如果当事人的其他话语或行为显示出,他们在合同中使用的话语具有特殊意思,那么该意思将胜出,但仅仅是因为其他话语,而不是因为他们未表达的意图。

……在当事人之间惯例的法律效果上,无论本案中银行事实上的理解是什么……这种惯例都没有丝毫后果,除非它以经理解释对普通人来说会有这种意思的行为或话语出现。[4]

威利斯顿也认为:

甚至可以想象,合同可以不符合任何一方当事人意思的方式成立。如果签订书面合同,合同的意思和效力取决于法院给予书面语言的解释,而法院将给予该语言自然和适当的意思。而且,如果它是明晰的,他甚至不会引入双方都可能认为是此种意思的证据。[5]

古典合同法弄错了。正如合同法的目的应当是在适用条件和限制的前提下实现缔约方的目标一样,解释的目的也应当是在这些约束下确定这些目标。主观理解在此确定过程中往往发挥关键作用。这一点可通过解释的四个基本原则来阐释,每个原则都包含了客观因素和主观因素。

原则Ⅰ:在合同语境下,如果当事人对一个表达赋予不同的意思,任何一方当事人都不知道或没有理由知道另一方当事人赋予的意思不同于他所赋予的意思,而且这两种意思并不同样合理,则更合理的意思胜出。

《合同法重述(第二次)》第201(2)(b)条采用了原则Ⅰ:"在当事人对一项允诺或协议或其中一项条款赋予不同意思,且该方当事人没有理由知道另一方当事人赋予任何不同意思,而另一方当事人有理由知道该方当事人赋予的意思的场合,应根据合同订立时该方当事人所赋予的意思进行解释……"这一原则体现在以下范例中:

---

[4] Id. at 293-294.
[5] 1 Samuel Williston, The Law of Contracts 181-182 (1920).

范例1。A、B订立合同,合同中包含T条款。A赋予T条款的意思是"阿尔法(Alpha)",B赋予的意思是"贝塔"(Beta)。在此种情况下,"贝塔"的意思比"阿尔法"的意思更合理。A不知道B赋予了T条款"贝塔"的意思,B不知道A赋予了T条款"阿尔法"的意思。

根据原则Ⅰ,意思"贝塔"胜出(prevail)。

根据解释的基本目的,当事人目标的确定受到政策、道德和经验的限制,以下两个此种限制构成原则Ⅰ的基础。首先,原则Ⅰ在很大程度上基于过错。在范例1中,A是有过错的(过失),因为他应当意识到,他使用的表达会使得一个处于B位置的通常人(Reasonable Person)相信,A在表达中赋予了"贝塔"的意思,而事实上A却赋予了"阿尔法"的意思。如果A坚持"阿尔法"的意思,B赋予了"贝塔"的意思并因此导致信赖被浪费或者合法预期受挫,那么A就应当承担责任。原则Ⅰ也得到交易安全政策的支持。如果A赋予的实际但不太合理的意思可胜过B赋予的更合理的意思,那么A就可仅仅通过声称他所赋予的意思不太合理以试图避免失败合同(losing contract)的责任。此种声称的可能性会使合同过于不安全。

虽然原则Ⅰ主要是客观的,但它也有主观的成分,因为只有主张该意思的当事人在使用该表达时主观地赋予该意思,表达的更合理意思才应胜出。如《合同法重述(第二次)》第201(2)(b)条所述,"在当事人对一项允诺或协议或其中一项条款赋予不同意思,且在协议订立时,该方当事人没有理由知道另一方当事人赋予任何不同意思,而另一方当事人有理由知道该方当事人赋予的意思的场合,应根据该方当事人赋予的意思进行解释"。

例如,在恩布里诉哈格丁·麦基特里克干货公司案(Embry v. Hargadine, McKittrick Dry Goods Co)〔6〕中,恩布里起诉哈格丁·麦基特里克违反雇佣合同。恩布里证明如下:他与哈格丁有一份一年期的书面雇佣合同,终止日期是1903年12月15日,年薪为2 000美元。他的职责是负责

---

〔6〕 105 S.W. 777 (Mo. Ct. App. 1907).

哈格丁的样品部门。在合同终止之前,他曾几次试图与哈格丁的总裁麦基特里克达成非正式协议(understanding),将合同延期一年,但他被敷衍了。12月23日,他拜访了麦基特里克,并说离1月1日只剩下几天了,这段时间他要去其他公司找工作。因此,如果哈格丁希望继续得到他的服务,他就必须得到一份新的为期一年的合同,否则他将立刻辞职。他以前曾被敷衍两次了,希望立刻达成非正式协议或合同,这样他就可以无后顾之忧地继续工作。麦基特里克问他在样品部过得怎么样,恩布里说他非常忙,因为正处在男性离职的旺季,大约有110名销售人员正在离职,其他人也正在准备离职。麦基特里克回答说,"继续吧,你很棒。让你的人走吧,别让那事烦你"。恩布里理解这一说法的意思是,麦基特里克同意再雇佣恩布里一年,他一直工作到2月15日,然而这时他被解雇了。

麦基特里克在证词中否认了恩布里所说的对话。相反,麦基特里克作证说,当恩布里来到他的办公室时,他正在为股东大会准备报告而写东西。当恩布里说,如果没有合同,他会离开时,麦基特里克说,"恩布里先生,我正在为明天的股东大会做准备,现在没有时间讨论这事。我以前就告诉过你,直到我把这些事情解决了,否则我不会讨论这事。你以后再来见我"。"我说:'回到楼上去吧,让你的人去离职吧。'我可能已经问过一两个与他的部门有关的问题,我不记得了。整个谈话不超过一分钟。"

在初审中,法院给了陪审团一份指示,实质上体现了恩布里的谈话内容,并声明双方的谈话构成合同,"如果你(陪审团)发现双方当事人都意图并确实就恩布里的一年雇佣期达成了合同……薪水2 000美元"。陪审团裁决支持哈格丁。上诉法院推翻了这一判决,理由是如果恩布里版本的谈话是真实的,并且恩布里主观上理解该谈话构成了一份合同,那么就形成了一份合同,因为恩布里对谈话的解释是合理的,而麦基特里克的解释则不合理:

在史密斯诉休斯案(Smith v. Hughes)中,《联邦判例汇编》第6卷第597、607页(L.R. 6 Q.B. 597, 607,)指出:"不管当事人的真实意图是什么,如果他的行为使通常人相信他同意了另一方提出的条款,另一方当事人也基于该相信与他订立了合同,那么这样做的人将受到同样的约束,就好像他打算同意另一方的条款一样。"

然而,根据法律,我们认为,尽管麦基特里克可能并不欲根据恩布里的证词按照他们之间证实的内容雇佣恩布里,但是如果麦基特里克所说的话被通常人理解为雇佣,而且恩布里正是这么理解的,那么它就构成了一个为期一年的有效雇佣合同……我们判决,如果谈话依据的是恩布里的版本,而且他理解为自己被雇佣了,那么在法律上这就构成了有效的再雇佣合同……[7]

恩布里诉麦基特里克案引出了合同解释中的另一个问题。在选择有争议的意思时,法院通常将解释视为开关。在这开关之下,一种可能的意思是合理的,而所有其他意思都是不合理的。然而,在现实生活中,解释常常像变阻器,因为一个表达的几种解释可能都是合理的,尽管一些解释比其他解释更好,而其中一种解释是最好的。在此种情况下,原则 I 下的问题并不是哪个解释是合理的,而是哪个解释更合理或最合理,即最好。

劳森诉马丁木材公司案[8]提供了一个很好的例子。劳森拥有出产木材的一块地。1948 年 10 月 14 日,他与马丁木材公司订立合同,根据该合同,马丁公司有两年时间从劳森的土地上砍伐和移走马丁公司想要的木材(基本期限)。然而,如果在基本期限内出现高水位,马丁公司将获得一年的延长期来砍伐和移走劳森的木材(延长期)。事实证明,在基本期限中的一半时间里,劳森的土地上水位很高,但马丁公司在另一半时间里很容易砍伐和移走剩余的木材。反而,马丁公司在基本期限到期后的延长期内,依然从劳森的土地上砍伐和移走木材。劳森提起诉讼,要求马丁公司赔偿这些木材的价值,理由是延长期在此种情况下并不适用。

路易斯安那州法院在其初步意见中认为,延长期是适用的,因为劳森的土地上在基本期限内有高水位。西蒙法官反对,理由是:

……单一条款中的词语毫无意义。但是,如果将条款放在合同前面用语的语境中看,即被告被给予两年时间来砍伐和移走所有上

---

[7] Id. at 779.
[8] 115 So.2d 821 (La. 1959).

述木材,这一条款只能有一个客观的意思……显而易见,用前面的用语所写的条款,它只能意味着,如果在两年期间存在任何溢出或高水位,且这些溢出或高水位会阻止在基本期限内砍伐和移走这种木材,那么被告才在另外一年期间内享有这样做的权利……[9]

在重审时,法院采纳了西蒙法官的立场。[10]

法院在重审时赋予合同的意思比法院在最初同法意见中赋予的意思可能更好,也可能更合理。然而,西蒙法官的说法,即当事人使用的表述"只有一个客观意思",被如下两个事实掩盖了:该表述的模糊语言;州最高法院大多数法官最初以完全相反的方式解释该表述。合同的意思或者合理的意思并非只有一个,但存在一种越来越合理的意思。更合理的意思应胜出,但这并不是因为它是唯一合理的意思。

原则Ⅱ:在当事人都主观地赋予某一表达相同意思的语境下,该意思应胜出,即使该意思不如其他可能的意思合理,也是如此。

《合同法重述(第二次)》第201(1)条采用了原则Ⅱ:"在当事人赋予了允诺或者协议或者其条款相同意思的场合,应根据该意思进行解释。"根据第201(1)条,只有在缺乏共同主观解释的场合下,客观解释才发挥作用。正如《合同法重述(第二次)》的评论所述,"(对意思)的主要搜寻是要找当事人的共同意思,而非法律强加给他们的意思……"一般合同法中解释的目标是实现当事人的理解,而非施加与他们的理解相反的债务:法院不为当事人订立合同。[11]

因此,原则Ⅱ和《合同法重述(第二次)》彻底改变了古典学派的立场,把双方共同的主观意思放在首位,只在没有双方共同的主观意思时才诉诸客观的或合理的意思。正如法院在伯克·摩尔公司诉凤凰桥公司案(Berke Moore Co. v Phoenix Bridge Co.)[12]中所说:

---

[9] Id. at 824 (Simon, J., dissenting).
[10] See id. at 826-828.
[11] *Restatement (Second)of Contracts* §201 (Am. Law Inst. 1981) [hereinafter Restatement Second].
[12] 98 A.2d 150 (N.H. 1953).

单独排除使用一方当事人理解的规则,旨在防止将他的个人理解强加于双边交易的另一方当事人……但在显示一方当事人的理解是双方当事人的理解时,根据一方当事人的理解来确定共同理解并不违反规则。

在共同理解的场合,它不再是一方的"个人"理解。在确定了当事人的共同理解后,法院也就会相应恰当地解释合同……

原则Ⅱ体现在以下范式中:

范例2。A和B共同同意条款U作为合同一部分。在此种情况下,条款U最合理的意思是"阿尔法",但是A和B都主观地赋予该条款"贝塔"的意思。后来,A和B就他们合同的意思产生了争议。A声称最合理的意思应是"阿尔法"。B声称共同的意思应是"贝塔"。

根据原则Ⅱ,A是错误的。解释应以共同的意思"贝塔"为准。

原则Ⅱ主要基于合同法的基本目标,即实现缔约方的目标。在范例2中,当事人关于条款U的目标是"贝塔"。然而,古典合同法赋予条款U的意思是"阿尔法"。例如,威利斯顿主张,"甚至可想象的是,合同的成立会不依据任一方当事人的意图。如果书面合同确实订立了而且是明晰的,那么法院甚至不会引入当事人都认为的那个意思"[13]。这是对合同法目标和合同解释目标的歪曲。

原则Ⅱ似乎与过错的观念不一致,因为如果双方当事人都有相同的不合理意思,那么双方当事人在语言使用上都有过错。然而,过错没有造成任何伤害。事实上,如果一方当事人坚持自己并未赋予的解释,那他就有过错。例如,在范例2中,B像A一样赋予条款U"贝塔"的意思,他后来却试图把"阿尔法"的意思强加给A,这就是有过错的。

适用共同的主观解释也不会损害交易的安全性,因为只有在一方当事人能够承担自己和另一方当事人心理状态之困难的证明责任时,根据

---

[13] Williston, supra note 6, at 181-182.

原则Ⅱ,他才能胜诉。无论如何,合法预期的安全性与交易本身的安全性同等重要或更重要。在原则Ⅱ所涵盖的情况下,如果适用严格客观主义者的观点,B 的合法预期就将落空。

说了这么多,必须承认,尽管原则Ⅱ在理论上优于原则Ⅰ,但实际上原则Ⅰ才是解释的主力。原因如下:只有在当事人 A 在法庭上证明他和当事人 B 对相关表述赋予了相同意思时,他才能根据原则Ⅱ胜诉。然而,通常情况下,正是因为当事人 B 否认他和当事人 A 对该表达赋予了相同意思,案件才会提交到法院。例如,B 会告诉某些人他赋予了该意思[14]或者 B 的否认是不能让人信服的。然而,由于难以证明他人的主观意图,所以只有通过证明他赋予的意思比 B 赋予的意思更合理,而非证明他和 B 赋予的意思相同,且 B 正在撒谎,A 才更有可能胜诉。

原则Ⅲ:在合同语境中,如果当事人主观地赋予一个表达以不同的意思,这两个意思同样合理,并且任一方当事人都不知道对方赋予了不同的意思,那么两个意思都不能胜出。

《合同法重述(第二次)》第 20(1)条采用了原则Ⅲ:"如果当事人对他们的表示赋予了实质上不同的意思,那就不存在双方同意的交换(交易)……任一方当事人都不知道或无理由知道另一方当事人所赋予的意思……"

原则Ⅲ体现在拉费尔斯诉威奇豪斯案(Raffles v. Wichelhaus),即著名的无敌号案[15]等一系列案件中。在该案中,卖方同意向买方出售 125 包苏拉特棉花,由"无敌号"从孟买运至利物浦。[16] 然而,有两艘名为"无敌号"的船从孟买起航:一艘 10 月起航,另一艘 12 月起航。卖方意指的是 12 月的无敌号,并用那艘船将苏拉特棉花运送给买方。而买方意指的是 10 月的无敌号,于是拒绝接受 12 月"无敌号"的棉花。[17] 卖方提起违约

---

[14] See, e.g., MCC-Marble Ceramic Ctr., Inc. v. Ceramica Nuova d' Agostino, S.p.A, 144 F. 3d 1384 (11th Cir. 1998).

[15] (1864) 159 Eng. Rep. 375; 2 H. & C. 906.

[16] Id.

[17] 事实如买方答辩中所述,卖方对此提出异议。Id.

之诉。法院作出了利于买方的裁判,理由是合同根本没有成立。[18]

有许多类似无敌号的案例。例如,在奥斯瓦尔德诉艾伦案(Oswald v. Allen)[19]中,奥斯瓦尔德是一名硬币收藏家,他有兴趣从艾伦夫人那里购买瑞士硬币。奥斯瓦尔德博士去了纽伯格储蓄银行,艾伦夫人的两个硬币收藏在那里:一个是瑞士硬币收藏,另一个是稀有硬币收藏。稀有硬币收藏也有几枚珍贵的瑞士硬币。向奥斯瓦尔德博士展示了这两个收藏品,他对每一个都做了笔记。从银行回来后,奥斯瓦尔德博士和艾伦夫人同意,艾伦夫人瑞士硬币藏品的价格为5万美元。然而,奥斯瓦尔德博士认为他购买了艾伦夫人的所有瑞士硬币,而艾伦夫人认为她只出售了瑞士硬币藏品,并不包括稀有硬币藏品中的瑞士硬币。证据显示,每一个收藏都有自己的钥匙号,并存放在一个贴有标签的雪茄盒中。然而,奥斯瓦尔德博士作证说,他不知道他所检查的一些瑞士硬币是在不同的收藏中。请求判决合同不成立。"即使当事人的主观同意不是订立合同的必要条件……事实……显然将该案置于在相互冲突的理解之间进行选择并没有任何合理依据的一小群例外案件中……拉费尔斯诉威奇豪斯案的规则在这里可得适用。"[20]

原则Ⅲ体现在以下范例中:

> 范例3。A和B作出一项包括条款V的交易。A主观上将条款V赋予"阿尔法"的意思,而B主观上将条款V赋予了"贝塔"的意思。"阿尔法"和"贝塔"是同样合理的意思。但A不知道B对条款V赋予了"贝塔"的意思,B也不知道A对条款V赋予了"阿尔法"的意思。

在诸如范例3这样的情况下,每一方当事人都误认为相关的表达是明晰的,所以他赋予给该表达的意思是唯一可合理赋予的意思。然而,事

---

[18] Id. at 376; 2 H. & C. at 907-908. See also Frigaliment Imp. Co. v. B.N.S. Int' l Sales Co., 190 F. Supp. 116 (S.D.N.Y. 1960) (Friendly, J.), re-rationalized, Dadourian Exp. Co. v. United States, 291 F.2d 178, 187 n. 4 (2d Cir. 1961) (dissenting opinion) (Friendly, J.).

[19] 417 F.2d 43 (2d Cir. 1969).

[20] Id. at 45.

实上,这种表达是模糊的,而不是明晰的,每一方当事人所赋予的意思都同样合理。由于双方当事人对于相信相关表达是明晰的都有过错(或者很少的情况下双方都没有过错),因此任一方的意思都不应胜出。原则Ⅲ是部分客观的,因为它仅在相关表达客观上模糊时适用。然而,原则Ⅲ的核心是主观的:如果双方当事人都赋予了相同的意思,那么则该意思胜出。因此,例如,如果"无敌号案"的双方当事人都想的是10月的"无敌号",那么他们的合同应被解释为要求卖方交付那艘船上的棉花。

霍姆斯在《普通法》中认为,无敌号案的结果是用客观理论解释的。他说,"这个判决的真正根据并非每一方当事人与另一方意指不同的事情",而是每一方当事人说了不同的事情。"原告提出一件事,被告表示同意另一件事。"[21]但是如果双方当事人主观上都意指12月的无敌号,那么买方应被认定构成违约;如果双方当事人主观上意指10月的无敌号,那么卖方应被认定构成违约。霍姆斯说反了:无敌号案的结果是正确的,不是因为当事人说了不同的事情,而是因为他们意指不同的事情。尽管原则Ⅲ在很大程度上是主观的,但是它并没有破坏交易安全,因为它的适用建立在一个表达存在两个同等合理意思这一客观条款基础之上。

这就留下了责任问题。无敌号案确立的传统规则是,在归于原则Ⅲ的情况下,合同不成立,因此任何一方当事人都不对另一方当事人承担责任。然而,无责任的结论并不来自无合同的前提。合同是责任的基础,但并非唯一基础。真正的问题不是合同是否成立,而是责任是否应当施加给一方当事人。在归于原则Ⅲ的情况下,双方当事人都有过错,而且是同等的过错。因为他们认为他们使用的表达是明确的。无敌号案本身就说明了这一特点。双方当事人都认为"无敌号"一词是明确的,双方这么想都有过错。布赖恩·辛普森(A.W. Brian Simpson)已经证明,在案件发生时,船只常常共用同一个名字,并且有报道称至少有11艘船只被称为无

---

[21] Oliver W. Holmes, *The Common Law* 309 (1881).

敌号。[22] 同名船舶可通过使用其注册号或更常见的船长姓名加以区分[23],但无人声称无敌号案的当事人使用了任何一种区分机制。根据这些事实,无敌号案中的买方和卖方对于假定"无敌号"一词明晰具有同等过错。如果双方都有过错,而且有同等的过错,那么当事人应聚拢下他们的已付费用,然后平均分担。

在任一方当事人都没有过错的场合,责任问题就更加困难,但结果应当是同样的。正如丹·多布斯所说,"同样无辜的当事人已经开始同舟共济,要求在船开始下沉时分担舀水的事务,这也并不必然都是坏事"[24]。

原则Ⅳ:在合同语境中,如果当事人A和B分别给一个表达赋予了不同的意思"阿尔法"和"贝塔",A知道B赋予了"贝塔"的意思,而B不知道A赋予了"阿尔法"的意思,即使意思"贝塔"比意思"阿尔法"更不合理,"贝塔"意思也应胜出。

《合同法重述(第二次)》第201(2)(a)条采纳原则Ⅳ:"如果当事人对一项允诺或协议或其条款赋予了不同的意思,如果在协议订立时……一方当事人不知道另一方赋予的不同意思,另一方当事人却知道该方当事人的意思……应根据该方当事人赋予的意思进行解释……"

原则Ⅳ体现在以下范例中:

> 范例4。A和B订立了一份包含条款W的合同。A主观上赋予条款W意思"阿尔法",而B主观赋予了意思"贝塔"。"贝塔"的意思比"阿尔法"的意思更合理。然而,B知道A赋予了条款W"阿尔法"的意思,A却不知道B赋予了意思"贝塔"。

根据原则Ⅳ,意思"阿尔法"应胜出。

虽然原则Ⅳ允许不太合理的意思胜于更合理的意思,但该原则得到了过错分析的支持:在归于原则Ⅳ的情况下,B试图不公平地利用A的疏

---

[22] A.W. Brian Simpson, Contracts for Cotton to Arrive: The Case of the Two Ships Peerless, 11 *Cardozo L. Rev.* 287, 295 (1989).

[23] Id.

[24] 2 Dan B. Dobbs, Law of Remedies 742 (2d ed. 1993); see also Melvin Aron Eisenberg, The Responsive Model of Contract Law, 36 *Stan. L. Rev.* 1107, 1124 (1984)(作了类似分析)。

忽。正如波斯纳法官在另一个不同但相关的语境下所说,"故意利用你的合同伙伴疏忽了他的合同权利……不是利用优越的知识……;这是一笔尖刻的交易*。像盗窃一样,它没有任何社会产品"[25]。诚然,在范例4中,A赋予了条款W"阿尔法"的意思是有过错的。然而,B并没有因为A的过错而受到损害,因为B在订立合同之前就知道A的错误。此外,B明知道但却允许A根据他的错误解释行事,B也有过错。但在道德尺度上,B的过错超过了A的过错。最后,该原则并没有破坏交易安全,因为只有当A能够承担起B之主观状态这一艰难的证明责任时,他才会胜诉。

有人可能会认为,法律应允许像B这样的当事人故意利用A的错误,因为这样做会通过给予行为人改进他们解释技能的激励来提高效率。此论点即使有一定分量,也仍然是可疑的,因为在此种情况下,可能的效率收益如此轻微,以至于无法超过B行为的剥削性。无论如何,该论证没有说服力。参与订约的行为人,已经有很大激励去尽最大努力解释他们所使用的合同表达,一部分原因是,如果证明解释有问题,诉讼费用就很高;另一部分原因是,如果案件不归于原则Ⅳ,根据原则Ⅰ,更合理的解释将胜于不太合理的解释。如一个不同但仍处于相关语境下的S.T.S.运输服务公司诉沃尔沃白色卡车公司案(S.T.S. Transport Service, Inc. v. Volvo White Truck Corp)所述,"不存在犯此类错误的激励,事实上,所有现有的激励都反其道而行了"[26]。因此,在归于原则Ⅳ范围内的情况下,赋予像B这样当事人的意思不太可能导致行为人学会更好地解释。

最后,在B知道A赋予的意思而A不知道B赋予的意思的场合,A的解释才能胜出作为一项规则,具有值得赞许的信息强制性质。正如霍华德·卢(Howard Loo)所说:

> 因为如果B就算知道A的解释错误也不能加以利用,那么A有动力就A作出的任何并不直接的解释向B传达信息。例如,A有动

---

* sharp dealing,是指一些狡猾的行为,该行为在技术上合法但是接近不合伦理的界限。——译者注

[25] Mkt. St. Assocs. v. Frey, 941 F.2d 588, 594 (7th Cir. 1991).
[26] 766 F.2d 1089, 1093 (7th Cir. 1985).

力告诉B,"表达F是不清楚的。我想让你知道我赋予它'阿尔法'的意思"。A有这样做的动力,因为如果B在知道之后不加以澄清,A就会赋予表达F以意思"阿尔法"。这样,规则就是信息强制的。因此,即使行为人已使用他们最好的解释技巧,规则(如果B知道A赋予了意思"阿尔法",即使"阿尔法"没有"贝塔"合理,仍允许赋予"阿尔法")仍然鼓励合同成立前的澄清。[27]

信息强制的性质也赋予B告知他已给相关表达赋予了意思"贝塔"的激励,因为一旦他这样做了,法院就会赋予该表达这个意思,因为大概它就是更合理的意思。

---

[27] 霍华德·卢(Howard Tony Loo)2002年2月19日的评论。

第三十章 表达规则

一、背景考虑

在合同语境中使用的许多类型的表达,是由一方当事人向另一方当事人讲的,而非双方当事人共同达成的。这种表达在要约-承诺领域最为明显,例子包括要约、反要约和撤销。此种表达的意思通常是根据适用于特定表达类型的特殊解释规则确定的,而非根据一般解释原则确定的。在本书中,这些规则被称为表达规则。本章后续章节将考虑特定的表达规则。由于大多数表达规则涉及要约和承诺的过程,本章在关于解释的一般原则的第二十八章和关于要约和承诺的第三十一章和第三十二章之间架起了一座桥梁。

由于表达规则不同于解释的一般原则,表达规则的使用也需要正当性。如果解释的一般原则并不有效,那么就应当对它们加以修正。然而,如果这些原则是有效的,那么它们就反映了关于如何最佳解释合同表达之方式的成熟(considered)判断,取代这些原则的表达规则则还需要强有力的正当性。

当然,如果表达规则赋予给表达的意思与根据解释的一般原则所赋予的意思相同,那么就没什么难题。然而,适用表达规则会产生不同于适用一般解释原则的结果。因此,与一般解释原则的完美适用相比,表达规则的适用可能涉及一定的错误率。鉴于这种错误率,什么能够证成采用表达规则呢?

对适用于本应由一般原则规范之行为的特定规则的证成,并非法律独有。例如,一般的功利主义原则是,在任何特定情况下,一个人均应以社会福利最大化的方式行事。然而,功利主义者通常也同意,某些类型的行为应当由特殊的道德规则来规范。然后功利主义者则面临着为什么会如此的问题。约翰·罗尔斯(John Rawls)对该问题的分析为深入研究解释的类似问题提供了有用的起点。

罗尔斯在《论规则的两个概念》一文[1]中发展了三种类型的特定行为规则。他称第一种类型为经验法则(rule of thumb)。经验法则是对过去决定的没有约束力的总结。[2] 举个涵盖了行为人在情境 S 中行为方式的经验法则的例子。在这个法则产生之前,在功利主义理论下,每个行为人都应运用一般的功利主义原则来决定如何在情境 S 中行为。然而,如果随着时间的推移,一般功利主义原则应用于反复出现的特定情景,以至于许多不同的人作出相同的决定,那么经验法则就形成了:在情景 S 中,根据过去的经验,行为指引如下……

如果知识是完美的,理性是完美的,经验法则就没有用了,因为每个人都可以直接、顺利、正确地将一般的功利主义原则应用于每一种情景。然而,在以不完美知识和不完美理性为标志的现实世界中,行为人经常将由经验检验过的经验法则作为指引。然而,每个行为人都有权在道德上重新考虑经验法则的正确性,或者质疑在特定情况下遵循该法则是否适当。

罗尔斯称第二种特定道德规则为一般规则(general rules):

> 一般规则被描绘为,估计依赖特定规则表达正确决定之情形的比例。正确的决定是指,如果在个案中正确地适用功利主义原则,一个人会作出的决定。如果一个人估计,规则总的来说会给出正确的决定,或者如果一个人估计自己直接适用功利主义原则而犯错误的可能性,大于遵循规则而犯错误的可能性,且这些考虑普遍适用于所

---

[1] John Rawls, Two Concepts of Rules, 64 *Phil. Rev.* 3 (1955). 除非另有说明,下文注释2—10 的文本中段落,要么解释了该文,要么尊重了该文。

[2] Id. at 23.

有人,那么就可证成将其作为一般规则。[3]

与经验法则相比,罗尔斯的一般规则有着现实但非最终的意义。一方面,它们不仅是行动指引,而且通常也应当被遵循;另一方面,一般规则可以让位于一般功利主义原则的直接运用,"在无法保证一般性(generalization)成立的非常场合下,案件必须按照事情是非曲直来处理。因此,这一概念伴随着特殊例外的观念,该观念使得一般规则在特定情况下的适用令人生疑"[4]。该特征显然解释了罗尔斯为什么称这些规则为一般规则:它们需要被普遍遵守,但也不是一成不变地遵守。

罗尔斯确定的第三类特定道德规则由定义和构成惯例(practice)的规则组成,即由规则来定义和构成的社会制度。[5] 在本书中,构成惯例的规则将被称为构成性规则。惯例的构成有不同理由。一个重要理由是,许多生活领域需要行为人之间的协调。协调通常不能仅通过每个行为人试图预见其他行为人将如何行为来实现。因此,惯例一旦被采取,就允许那些按惯例(practice)行事的人协调他们的行动。

与经验法则和一般规则不同,构成性规则在逻辑上优先于属于这些规则范围的特定情况,因为"除非有惯例,否则不可能存在某行动落入惯例规则(rule of a practice)范围的特定情况"[6]。

人们可以通过棒球比赛来说明这一点。无论有没有比赛,一个人都可以自己或与他人一起做棒球比赛中的许多动作。例如,一个人可以扔一个球,可以跑或者挥动特殊形状的木块。但是一个人不能偷垒,或三振出局,或出局,或失误,或投手犯规;虽然一个人可以做某些看起来类似于这些动作的事情,比如滑入一个袋子(sliding into a bag),打偏了(missing a grounder),等等。但三振出局、偷垒、投手犯规等都是只能在比赛中发生的动作。无论一个人做了什么,除

---

[3] Id.
[4] Id. at 24.
[5] Id.
[6] Id. at 25.

非他也可以被描述为打棒球,否则他所做的都不会被描述为偷垒或三振出局或保送,而对他来说,这样做预设了是构成比赛的规则般的惯例。[7]

构成性规则在另一个重要方面不同于经验法则和一般规则。一旦采用了构成性规则,它们就是确定的。该规则下的行动从来都不是运用功利主义一般原则的适当对象。相反,构成惯例的规则必须始终被遵守是惯例的根本。

如果一个人想去做某个惯例规定的行动,那么除了遵循界定它的规则,别无他法。因此,惯例规则是否正确地适用于他的情况这一问题,是没有意义的……即使有人提出这样一个问题,他也是仅仅表明他不理解自己行动当时的情况。[8]

这一点可通过游戏中玩家预期的行为来说明。如果一个人想玩游戏,他不会把游戏规则当作判断在特定情况下什么是最好的指引。在棒球比赛中,假设击球手问"我能打四杆吗?"时是在问规则是什么;如果当被告知规则是什么时,他会说他的意思是,在此种情况下,他认为总的来说最好是四次击球而不是三次,这会被作为一个非常善意的玩笑。有人可能会争辩说,如果允许四击而不是三击,棒球会是更好的比赛项目;但是……(棒球规则不能被描绘成)在特定情况下什么是最好的指南……[9]

法律规则有多种不属于罗尔斯这三个类型的形式。事实上,罗尔斯指出,他的分析并非意在全面:"在进行规则分类时,也能作出进一步的区分,而且如果考虑到其他问题也应当作出进一步的区分。"[10]尽管如此,罗尔斯的分析在考虑表达规则时也是有用的,因为它在分类和正当性两个方面都有启发。

---

[7] Id.
[8] Id. at 26.
[9] Id.
[10] Id. at 29.

二、表达规则的形式

在此背景下,我们可以转向合同法中表达规则的形式。表达规则的一种形式是格言(maxim)。格言是总结经验和指导判决的法律标准,但并不强制赋予特定类型的表达以特定意思。格言是罗尔斯之经验法则的法律等价物。像罗尔斯的经验法则一样,格言传递关于表达之意思的累积智慧,同时让法院自由地发现累积智慧在任何特定情况下都不是一个好的指引。因此,格言使得纠纷解决至少在某种程度上更加迅速,同时只对一般解释原则中所反映出的公平预期的保护构成最小威胁。

表达规则的另一种形式是推定(presumption)。当表达规则采取推定的形式时,特定类型的表达会被解释为具有某个意思,除非受到该意思不利影响的一方以优势证据证明,该表达在此种情况下应当被赋予不同的意思。或者,要求受到不利影响的一方当事人通过超越优势证据来证明不同的意思,例如,通过明确且令人信服的证据。在任何一种情况下,推定都是在使用解释的一般原则和制定表达规则之间的妥协。通过确定推定已被推翻,推定允许法院在特定案件中适用解释的一般原则,其仍使纠纷解决比仅适用解释的一般原则要容易一些。因此,因为推定具有每种进路的一些好处,所以推定的可取性在于,推定是在一般原则的逐案适用和表达规则之间的一种有用的调和,或者,因为推定也有每种进路的成本而成为一种不可取的调和。不幸的是,法院和评论家很少用这些审慎(prudential)的术语来分析表达规则。

表达规则也可以采取绝对规则(categorical rule)的形式。当表达规则采用这种形式时,特定类型的表达总是被赋予特定意思。绝对规则与罗尔斯的一般规则相似,但也有不同。像罗尔斯的一般规则一样,绝对规则有广泛的延伸(sweep)。然而,与罗尔斯的一般规则不同,除非法院修改或推翻该规则,否则不能偏离绝对规则。

三、表达规则的正当性

表达规则所需正当性的程度在很大意义上取决于规则的形式。格言需要相对较少的正当性，因为它只是一个无约束力的指引，如果适用得当，不会产生错误。推定则需要更多正当性，因为除非被推翻，否则它的结果是确定的。绝对规则需要特别强有力的正当性。

表达规则最强有力的正当性是，该规则下的结果与一般解释原则下的结果完全一致。在此种情况下，表达规则只是一般原则的简略且易适用的版本。然而，假设表达规则下的结果与一般解释原则下的结果显著但不完全一致。例如，假设表达规则 R 给 E 型表达赋予意思 M，并且如果一般解释原则在个案基础上完美适用于 E 型表达，这些表达式通常但不总是被确定为意思 M。那么与一般解释原则的完美适用相比，表达规则 R 的采用将涉及一定的错误率。鉴于此种错误率，除了表达规则和一般解释原则下的结果完全一致，还需要一些正当性。

罗尔斯对经验法则和一般规则的证成提供了一种可能的正当性。错误可能源于表达规则的适用，但错误也可能源于一般解释原则的适用，因为这些原则可能并不会在每种情况下都完美适用，而且适用一般解释原则可能比适用特殊规则更难。之所以采用表达规则有正当性，是因为它降低了错误率。[11] 可将其称为准确正当性（accuracy justification）。

表达规则的另一个可能的正当性是，此规则比一般解释原则更特定，所以更容易实施。该正当性可被称为实施正当性。这种正当性只具有有限的力量，因为纠纷不仅必须容易解决，还必须恰当地解决。因此，只有当表达规则产生的结果与一般解释原则产生的结果实质上一致时（即使不完全一致），才能以实施性理由将其证成。例如，考虑一下确定未说明承诺时间的要约之持续时间问题。根据一般解释原则，此要约在合理时间内有效，何为合理时间则取决于个案的情况。或者，法律可以采

---

[11] Id. at 23-24.

用如下表达规则，即此类要约在十天之后失效。此规则将非常容易实施，但这是不可取的，因为在大多数情况下这都不是对要约的最佳解释。

表达规则的再一个可能的正当性是，该规则得到非解释性政策之支持。这可称为政策正当性。例如，如果合同没有约定存续期间，那么一般规则是合同将被视为在合理时间内存续。相反，如果雇佣合同没有说明或明确默示存续期，任何一方当事人通常都可以随时终止合同。[12] 此规则的一个正当性是，作为政策问题，雇员不应被迫持续一种雇佣关系，如果雇员无义务持续关系，出于相互性的原因，雇主也不应受到约束。[13] 此正当性非常薄弱，一般来说，除非政策非常有力，否则只应给予表达规则的政策正当性以有限的权重，因为表达规则的任何非解释性的正当性，都与实现缔约方意图的目标相冲突，因为表达规则大概并不基于该目标。

同样，表达规则还有一个可能的正当性是，该规则是由订约过程构成的。然而，该进路并不能证成表达规则。尽管构成性规则下的行为。参照该规则来证成，但任何特定的构成性规则都只能以其在规范上是可取的来证成。此外，即使有，合同法的规则也很少是构成性规则，因为允诺和缔约是受法律支持和规范的社会行为，而非由法律构成的惯例。例如，约因规则不是由作出允诺（promising）的社会行为构成的，规范表达解释的法律原则也不是由解释表达的社会行为组成的。除非你打棒球，否则你不能偷垒；但即使法律不执行，你也可以缔结协议，即使合同法不包含解释原则，你也可以解释协议。此外，不像构成性规则，合同法规则可以溯及既往地改变。刚刚第三次击球的球员不能有意义地对裁判说，基于通盘考虑，四次击球比三次击球能使该游戏更好，他就应当被允许第四次击球。[14] 相反，在法院援引表达规则的受要约人可以有意义地回应

---

[12] See, e.g., Clyde W. Summers, Individual Protection against Unjust Dismissal: Time for a Statute, 62 *Va. L. Rev.* 481, 484-485 (1976).

[13] See, e.g., Pitcher v. United Oil & Gas Syndicate, Inc., 139 So. 760, 761 (La. 1932).

[14] See Rawls, supra note 1, at 26.

说,基于通盘考量,该规则是不正当的因而不应再被遵守。[15]

虽然表达规则不是构成性规则,但它们可能基于如下理由是正当的,即它们以与交通规则相同的方式促进协作,而交通规则的要点是它们存在而非它们是正确的。该论点的力量部分取决于哪些行为人可被合理预期了解相关规则,因为未知的规则不会促进协作。当且仅当每个人都知道红灯和绿灯的意思时,交通信号灯才促进协作。同样,游戏中的玩家通常也都知道大多数游戏规则。如果他们不知道,那么他们玩游戏就没什么意义了。相比之下,如果签约的行为人知道缔约的社会规则,即使了解得不多,他们也可以缔约。证据有力地表明,私人行为人经常这样做:无数的情况涉及明显并不了解合同法的当事人。例如,允诺经常被认为是不可执行的,理由是当允诺人作出真实的允诺时,受允诺人只作出虚幻的允诺。如果行为人了解法律,那么通过对被认为是虚幻允诺之表述做一点小小的改变,这种结果就可以很容易地避免。同样,对于大多数根据《反欺诈法》不可执行的口头允诺来说,如果行为人了解法律,并将该允诺写入书面文件或以其他方式记录,那么很容易就可执行了。律师必须参加三年的研究生院学习、然后再做几年事实上的学徒、参加法律继续教育课程的事实就是知道法律需要大量工作的证据。

由于不能认为私人行为人通常都了解合同法,如果根据表达规则,此类行为人的表达在许多情况下被赋予不同于适用一般解释原则所产生意思的意思,结果将是挫败而非匹配合法预期。此外,即使私人行为人确实都了解合同法,如果表达规则赋予特定类型表达的意思,在相当多情况下偏离了该表达在一般解释原则下的意思,那么私人行为人将不得不为绕过该规则而承担交易成本。因此,只有当表达规则下的结果与一般解释原则下的结果高度一致时,表达规则的协作正当性通常才是有力度的。

鉴于表达规则的不同正当性,任何特定表达规则的可取性和这种规则应采取的形式都需要审慎的判断,这些判断涉及在一般解释原则和表达规则下的结果之间的一致性程度,适用一般解释原则和表达规则所引

---

[15] 参见第三十三章第八节反要约的正文。

起的相对错误率,以及被认为支持表达规则的非解释政策的强度。通常,表达规则只有在与一般解释原则高度一致的情况下才是正当的。在缺乏此种一致性的情况下,实施的考虑不太可能支持该规则,合作更可能受挫而非得到促进,非解释性政策也不太可能超过如下目的:促使适格和知情的当事人有能力通过缔约推进其目标。就像经常发生的那样,表达规则是正当的但正当性较为微弱,它应被置以格言的形式。

四、结论

合同法中的一些表达规则可基于审慎的理由证成,其他的表达规则则不能。其他的表达规则似乎是古典合同法的遗留物,其继续存在归于现代合同法原则从头到尾贯彻到法律制度所需的时间。然而,即使最具合理根基的表达规则,比如拒绝终止承诺权(a rejection terminates a power of acceptance)的规则,也反映了审慎的选择,而非不言自明的真理。遗憾的是,大多数表达规则都未经详致分析。此外,也甚少关注如下问题,如果表达规则是可取的,那么它是否应当采取格言、绝对规则或推定的形式,如果是最后一种形式,推定应当是什么类型及应当有多强烈。

因此,第一步,有必要承认表达规则作为一种法律类型。也就是要承认,合同法的许多规则虽然都打着解释的旗号,但实际上取代了一般解释原则。第二步,必须认识到,很多表达规则往往产生不同于一般解释下得出的结果。一旦对两者作出明确区分,那么任何与一般解释原则不完全一致之表达规则的正当性都应予以检查,以确定它是否超过由该规则导致的错误率。如果正当性不充分,则应删除该规则。即使理由充分,也应对规则的形式展开检查。一般来说,只有异常高的一致性才能证成绝对表达规则。因此,在大多数情况下,正当的表达规则应当被解释为弱推定或格言。越过黑体字规则(black-letter rule)转向判例法,这才正是合同法的发展方向。

第十三编

合同成立

第三十一章　要　约

交易通常由一系列要约和承诺构成。事实上,古典合同法把一系列要约与承诺置于中心地位。根据该流派,合同实际上等同于交易,交易则由要约和承诺构成。辛普森(A.W.B. Simpson)指出,古典合同法赋予要约和承诺以核心地位实际上是19世纪的发展。[1] 如同19世纪早期的合同法,现代合同法承认合同与交易并不完全一致,在交易语境中,即使没有要约和承诺也可以赋予合同责任。然而,要约与承诺这一过程依然极其重要。要约被接受的一刻,合同即成立。自合同成立的那一刻起,如果一方当事人不能履行合同,他就要承担预期损害赔偿责任,即使他在合同成立后马上改变主意也是如此。

由于接受要约具有如此强烈的后果,所以很多事情都要依靠规范要约和承诺的规则网络。此规则网络的中心是"要约创造了承诺之权力"规则,也就是说,通过同意要约而由受要约人达成交易,从而成立合同。该网络中的其他规则涉及要约的性质、各种类型的要约如何被接受,以及受要约人的承诺权如何终止。本章主要考虑要约的性质,后两个主题将在第三十二章和第三十三章中加以讨论。

---

[1] A.W.B. Simpson, Innovation in Nineteenth Century Contract Law, 91 *L.Q. Rev.* 247, 258 (1975). 辛普森补充道:"新的要约和承诺原理在沃尔特·安森爵士(Walter Anson)的《英国合同法原则》一书中得到了最华丽的表述。……对安森来说,这一教义达到了一种关于生活之分析性普遍真理的地位。"因此,安森指出:双方当事人达成的共同意图的每一个表达,最终都可以简化为问答。设想的问答可以采取这样的形式:"你是这样认为的吗?""我是。"在实际事务中,且为了创设义务,可以表答为"你会这样做吗?""我会。"Id.

一、要约的承诺性质

界定要约的方法有很多。初步而言，要约可以界定为发件人为达成交易而做出的一项提议，由此使收件人有权通过同意该提议来完成交易。[2]

要约创造这种权力的原因要从要约的允诺性质讲起。要约是在给定条件（承诺）发生时订立和执行交易的允诺。例如，假设 A 对 B 说："我将以 2 万美元的价格将我的 2014 款凯美瑞卖给你。"在这里，A 答应 B，如果 B 接受 A 的条件，A 将把他的凯美瑞转让给 B，以换取 2 万美元。

一些学者拒绝接受"要约即允诺"的观点。例如，彼得·蒂尔斯马（Peter Tiersma）认为要约不是允诺，因为允诺是承诺，但要约不是[3]：

> 允诺是一种言语行为，说话者通过它将自己置于一种义务之下，而去执行一系列特定的未来行动……允诺是说话者做出的承诺。例如，一旦我答应一个朋友明天去徒步，说出"我答应明天和你一起去徒步"，我就有义务这样做。我无法在不违背允诺的情况下改变主意……
>
> 当然，允诺可以是附条件的。如果是这样，在所附条件发生前，允诺人都不需要履行。尽管如此，只要条件发生，他在做出允诺时就有义务履行所允诺的行为。例如，假设我答应我的朋友，如果天气好的话，第二天去徒步。如果明天的天气条件成就，我今天就有义务遵守明天去徒步的允诺。当然，在条件成就之前，我无法做到食言却不违背诺言。因为即使条件没有发生，我也已经做出了允诺。如果明天下雨，我不能说我从未做过允诺所以不去徒步。相反，我必须

---

[2] Cf. *Restatement (Second) of Contracts* §24 (Am. Law Inst. 1981) [hereinafter Restatement Second]. 要约是"订立交易的意思表示，作出的表示是为了证明[收件人]理解邀请他同意该交易并将达成交易是正当的"。

[3] Peter Meijes Tiersma, Reassessing Unilateral Contracts: Te Role of Offer, Acceptance and Promise, 26 *U.C. Davis L. Rev.* 1 (1992).

说,虽然我允诺去徒步了,但条件是今天必须是个好天气。但因为下雨,我履行允诺的义务条件从未成就……

……相比之下,(在要约情况下),如若承诺本身附有条件,该条件决定了一个人是否在第一时间受约束。我将这称为附条件承诺(conditional commitment)。

附条件承诺是将要约与允诺区分开的关键特征之一。一方面由要约产生的义务本质上是承诺……在要约被接受之前,该要约对任何人都没有约束力,并且可以单方撤回;另一方面,本质上,一个允诺的约束力是不能附条件的。[4]

这一立场与传统的法律适用相抵触。正如《合同法重述(第二次)》第24条所述,在正常情况下,"要约本身就是允诺"[5]。同样,合同通常分为双方合同和单方合同。双方合同被定义为通过允诺交换所形成的交易。这些允诺中包含了要约。单方合同被定义为通过允诺交换行为所形成的交易。同样,必要的允诺由要约构成。

"要约不是允诺"的观点也与"交易由要约和承诺达成"这一观念相悖。如果要约不是允诺,要约人就没有做出任何允诺。而如果要约人未做出任何允诺,甚至是一个附条件的允诺,受要约人也不能通过他的单方承诺行为将要约变为允诺。相反,要约人可以自由地回复该承诺如下:"你的'承诺'是一个有趣的现象,我也已经注意到了。然而,我并未在发出要约时作出任何允诺。由于我未作出任何允诺,我也就未承诺将你未来可能的承诺视为达成交易。并且事实上,我也选择了不这样做。祝您愉快。"相反,当一个要约被理解为允诺时,那么就没有必要去解释为什么如果要约被接受,要约人就不能对此置之不理了。之所以不能置之不

---

[4] Id. at 20-23; see also John P. Dawson, *Gifts and Promises: Continental and American Law Compared* 211-213 (1980); Margaret N. Kniffin, Innovation or Aberration: Recovery for Reliance on a Contract Offer, as Permitted by the New Restatement (Second) of Contracts, 62 *U. DET. L. Rev.* 23, 26 (1984).

[5] *Restatement Second* §24 cmt. a; see also 1 Samuel Williston, *The Law of Contracts* §25 (1920).

理,是因为通过发出要约,他允诺如果要约被接受他就要达成且履行交易。

确实,契入在要约中的履行允诺的义务以要约人的承诺为条件。然而,正如蒂尔斯马所承认,允诺经常是附条件的。[6] 蒂尔斯马认为,不同于直接的、有条件的允诺,要约一般能在其发出后的任何时候被撤回[7],因此要约人并不受约束,除非且直到承诺产生。这一论点忽略了一个重要事实:如果一个潜在的要约在发出的同时即被立刻撤回,那么它将不构成要约。因此,要约总有一个时间段内是摆在桌面上的,如果要约被接受,那么要约人就有义务履行其允诺。换言之,要约人总有一段时间是受约束的,即使是附条件的。这段时间的长度与当事人之间互动产生的法律义务无关。

要约的这一特征成为格法因诉韦尔贝洛夫斯基案(Gurfein v. Werbelovsky)[8]的判决基础。买卖双方签订了一份销售五箱平板玻璃的合同。玻璃"将在缔约日的三个月内装运",但买方有权在装运前取消订单。卖方辩称,根据该取消条款,买方没有做出任何允诺(或者更准确地说,只做出了一个虚假的允诺),因此不存在卖方做出允诺的约因。康涅狄格州最高法院认为买方确实作出了允诺,因为卖方有绝对的机会在收到订单后立即装运玻璃从而履行合同。"这是构成法律上的约因和使合同存在的所有必要条件。如果(卖方)自愿将他执行合同的绝对机会限制在尽可能短的时间内,那么合同可能原来(may have been)是没有远见的,但它不会因为缺少约因而无效"[9]。

总之,如果受要约人接受要约,那么要约就是要约人为达成和履行一项交易所做出的允诺。[10] 这一允诺应当而且确实是可以执行的,因为它附属于并促成了交易,交易服务于重要的社会福利,而执行那些有助于交

---

[6] Tiersma, supra note 3, at 21–24.
[7] Id. at 23.
[8] 118 A. 32 (Conn. 1922).
[9] Id. at 33.
[10] See Restatement Second § 24 & cmt. a.

易的允诺则促进了这些目的的实现。

二、什么构成要约

现在让我们转向这样一个问题:如何确定一个特定表达是要约?要约通常会与要约邀请形成对比,例如"我想花费2万美元购买你的凯美瑞"。如同要约一样,要约邀请是一种希望达成交易的表达。但其又不同于要约,要约能够创造一种使受要约人接受要约的权力,要约邀请则并没有即时的法律效力,因为受要约人无法通过说"是"来达成交易。[11]

假设一个特定的表达是构成要约还是要约邀请取决于一般解释原则。那么问题将是,考虑到根据所有相关情况对语言表达进行解释,以及假设不涉及相关的主观考量,一个处于受要约人立场的通常人是否会相信,他能够通过表达"是"或类似的用语而达成一项交易呢?在很多案例中,这正是法院解决纠纷的办法。然而,在一些重要案例中,一个表达能否被认定为要约是由表达规则决定的。该规则给属于特定类别的表达(如广告)附加了一个预先确定的意思或效果,而不允许根据一般解释原则来确定这种表达的意思或效果。[12] 这些类别包括广告和拍卖。

1. 广告

假设一家商店发布了"17台索尼电视,型号5072Q——价格350美元"的广告。一位顾客走进商店,称他将以该价格购买这台电视机。运用一般解释原则,广告构成要约,因为通常人在阅读广告时会相信,他可以通过告诉销售员以该广告价格购买索尼电视达成交易。这一点在费希尔

---

[11] 但是,要约邀请可能会影响谈判各方对后续表达的解释。例如,假设A对B说:"我正在考虑以2万美元的价格出售我的凯美瑞。你有兴趣吗?"A的声明是一个要约邀请,而不是要约,因为B不能通过说"是"来达成交易。如果B的回应是:"是的,我会以那个价格买下这辆车。"那么B的回应是一个要约。尽管B的回应没有明确说明他愿意买什么车或愿意支付多少钱,但是这两个因素都默示在B的要约中,因为B的要约是基于A之前的要约邀请。

[12] 表达规则的概念在下文的第三十章中会得到更充分的发展和讨论。

诉贝尔案（Fisher v. Bell）[13]中得到证明。法律规定"报价出售"弹簧刀是非法的。在该案中，店主贝尔被起诉，因为他在商店橱窗里展示了一把标签上写着"弹簧刀——4先令"的刀。法庭认为，"事实上，我承认包括我自己在内的大多数外行人……都倾向于这样一种观点，即在这样一个橱窗里展示一把标有价格的刀，却不打算出售，是无稽之谈"[14]。然而，法院作出了对贝尔有利的判决，理由是"根据……合同法，在商店橱窗里展示标有价格的商品仅仅是一种要约邀请"。

然而，根据古典合同法，广告通常仅被视为要约邀请[15]，也被称广告规则（advertisement rule）。例如，威利斯顿在其第一版的著作中指出，"如果在广告中以某一价格出售商品，那么它就不是一个要约，并且因此，有意购买的人主张以该价格购买特定数量的商品也不构成合同"[16]。同样，《合同法重述（第二次）》第 26 条的评论指出"广告……通常不被意指为或理解为出售的要约"[17]。

由于古典合同法规则与一般解释原则下的结果相去甚远，因此很难理解为什么采用这种规则。一种可能是，法院担心超额承诺的问题。例如：假设 A 分别对 B 和 C 发出要约，以 2 万美元的价格出售凯美瑞。B 和 C 都不知道 A 给另一方发出了要约，而双方都接受了该要约。A 现在同时对 B 和 C 负有义务。如果 A 不把凯美瑞交付给 B 或 C，他必须向 B 和 C 支付预期损害赔偿。如果 A 将凯美瑞交付给 B，那么他必须向 C 支付预期损害赔偿，反之亦然。

因此，古典合同法法院（classical-contract-law-courts）可能会关注，如果一个包含特定描述和价格的商品广告被认为是要约，那么广告商将不断面临超额承诺的问题，因为接受广告的消费者数量通常都会超过广告商的供给量。但事实上，将广告视作要约不会造成超额承诺的问题。广告

---

[13] [1961] 1 QB 394 (Eng.).
[14] Id. at 399.
[15] 同样的规则也适用于"发行说明书（offering circulars）"，即散发给行业附有报价的传单。See, e.g., Neb. Seed Co. v. Harsh, 152 N. W. 310 (1915).
[16] 1 Williston, supra note 5 §27, at 33.
[17] *Restatement Second* §26 cmt. b.

通常隐含着,广告商有合理数量的对应商品,并且受客户信誉等相关因素的限制,将基于先到先得销售商品。[18] 满足这些条件的广告商不会对失望的购买者承担责任,因为即使一些想承诺的购买者也无法做出承诺,这会尊重它的要约。此外,即使没有广告规则,也并非所有广告都是要约。更确切地说,如同其他意图达成交易表达的意思一样,广告的意思也将通过对特定广告适用一般解释原则来决定。根据这些原则,有些广告是要约,有些广告则不是要约。

即使在古典合同法下,广告规则也有明显例外。这主要指该规则不适用于奖赏或赏金广告。这个例外也许是因为通常只有非常有限的几个人(往往只有一个人)可以申请奖赏或赏金,所以不存在被超额承诺的可能。当多个人有正当理由要求获得奖赏或赏金,例如当一个以上的人参与逮捕一名罪犯时,如果该罪犯是悬赏对象,那么法院通常会公平分配赏金。[19]

此外,广告规则通常被称为仅仅是一种推定,或者受制于广泛且几乎不确定的例外。例如,科宾指出,"通过广告发出一个明确且可操作的要约去买卖商品是很有可能的……但是上述推定是另一种方式"[20]。同样,威利斯顿指出,"毫无疑问,即使是广告也能发出积极的要约……仅有的能够作为指引呈交的一般检测是询问是否存在这一事实,即表明积极条款中允诺的某些履行是为了回报被要求的某些事情"[21]。《合同法重述(第二次)》评论第 26 条规定,广告规则不适用于广告中包括"一些承诺性的语言或者毋庸进一步交流即可采取行动的邀请"的情形。根据该条规定,任何标有特定价格的商品广告是适用广告规则还是其例外,取决于特定情况和语言。

广告规则在现代合同法中的适用并不完全清楚。部分现代案例遵循

---

[18] See Joseph M. Perillo, *Calamari & Perillo on Contracts* § 2.6, at 32 (6th ed. 2009).
[19] See, e.g., Chambers v. Ogle, 174 S.W. 532, 536 (Ark. 1915).
[20] 1 Arthur Linton Corbin, *Corbin on Contracts* § 25, at 74–75 (1963).
[21] 1 Williston on Contracts § 4:10, at 484, 486 (Richard A. Lord ed., 4th ed. 1990).

了该规则。[22]而有的案例则拒绝适用该规则。最著名的现代案例为莱夫科维茨诉大明尼阿波利斯盈余公司案(Lefkowitz v. Great Minneapolis Surplus Store, Inc.)[23]。在该案中,大明尼阿波利斯在当地报纸上发表了以下广告:

> 周六上午 9:00
> 两个全新淡彩色
> 三层貂皮围巾
> 售价 89.50 美元
> 售完为止
> 周六,现每个……1.00 美元
> 1 件黑色披肩
> 很漂亮
> 价值 139.50 美元……现 1.00 美元
> 先到先得

莱夫科维茨是在指定日期第一个排队的人,并出价 1 美元。大明尼阿波利斯拒绝出售披肩。莱夫科维茨以违反合同为由提起诉讼,大明尼阿波利斯回应称,广告并非要约,因此通过莱夫科维茨所谓的承诺不能成立任何合同。法院认为:

> 针对公众之广告是否产生了有约束力的义务的检验为,是否有事实表明,积极条款中允诺的某些履行是为回报所要求的某些事情。
>
> 法律……强调,当要约清晰、确定、明确,并且没有留下任何谈判余地时,它就构成了要约……
>
> ……我们对眼前事实的看法是,被告出售拉平披肩的行为是清

---

[22] See, e.g., Craf v. Elder & Johnston Co., 38 N. E. 2d 416, 417 (Ohio Ct. App. 1941)(在某一天以特定价格出售缝纫机的广告是一种"单边要约",这种要约"没有任何约因的支持,可以在没有通知的情况下随意撤回")。

[23] 86 N. W. 2d 689 (Minn. 1957).

楚、确定和明确的,没有任何可谈判的余地。[24]

莱夫科维茨案可以有多种解释。我们可以认为该广告与众不同,因为它涉及可预见的信赖,但任何主要目的是吸引顾客光顾商店的广告无不如此。或者,如果广告陈述了可供给量和分配方法,即以先到先得为基础,那么该广告是不同寻常的。然而,每一个广告实际或者应当是默示了一个合理的可获得数量,并且将基于先到先得进行分配。因此,对莱夫科维茨案和类似案件的最好解释是,广告规则是不公正的,现代法院不应当适用它。[25]

---

[24] Id. at 691.—周前,大明尼阿波利斯发布了以下报纸广告:
星期六早上9点整
3个全新的毛皮外套
价值100美金
先到先得
每件1美金
莱夫科维茨第一个出现,并要求购买一件毛皮外套。大明尼阿波利斯拒绝出售。对于这则广告,法院支持大明尼阿波利斯,但只是基于损害赔偿的理由。对于该案例这一部分的尖锐批评, see Ian Ayres & Robert Gertner, Filling Gaps in Incomplete Contracts: An Economic Theory of Default Rules, 99 *Yale L.J.* 87, 105-106 (1989).

[25] See, e.g., Izadi v. Machado (Gus) Ford, Inc., 550 So. 2d 1135, 1139 (Fla. Dist. Ct. App. 1989) (一则广告提出购买一辆新车的最低交易价为3 000美元,这可以被客观地解释为要约); Oliver v. Henley, 21 S.W.2d 576, 578 (Tex. Civ. App. 1929) [一则出售棉籽的广告"清楚、确定、明确,(而且)没留下任何谈判的余地",是一个要约]; Chang v. First Colonial Sav. Bank, 410 S.E.2d 928, 930 (Va. 1991)(一家银行的报纸广告承诺在1.4万美元的储蓄到期时支付2.013612万美元,该广告"清楚、确定、明确,没留下任何谈判余地",因此构成要约)。
In Donovan v. RRL Corp., 27 P.3d 702 (Cal. 2001). 一家汽车经销商曾以特定价格为一辆特定的二手车做广告。原告来到经销店,同意以该价格购买汽车。经销商拒绝以这个价格出售汽车,部分原因是认为该广告不是要约。法院说:
本院以前没有适用过……广告通常构成协商邀请而非要约的规则。原告认为,这种规范广告解释的规则受到了批评,理由是它们与消费者的合理预期不一致,并导致杂乱的结果……原告敦促法院驳回糟糕的广告规则。
然而,在本案中,在一般意义上我们并不需要考虑关于广告解释的这一糟糕规则的可行性。《车辆法典》第11713.1(e)条规定,任何经销商执照持有人"未能以广告中的总价向任何人出售车辆"即违反了《车辆法典》……而车辆仍未售出,除非广告说明广告中的总价仅在特定时间内有效,且该时间已经过去。我们得出结论,当根据《车辆法规》11713.1(e)条进行解释时,持照汽车经销商以特定价格销售特定车辆的广告证成消费者的如下理解,即经销商意在使广告构成要约,并邀请消费者同意并将达成交易。Id. at 710-711.

2. 拍卖

424　　假设有一场拍卖,拍卖人在拍卖台上放了很多东西,也即放置商品进行竞价。这种行为是否构成将该物品出售给出价最高者的要约？如果将解释的一般原则适用于拍卖人行为,答案可能是肯定的。例如,威利斯顿在其第一次出版的著作中说道：

>　　作为一个原始问题,拍卖人通过挂出要销售的货物来报价,而在出价最高的人接受该要约时,该要约将发展成为一个合同或者一次买卖,这似乎是一个相当有争议的问题；或者,挂出这些要销售的货物是否仅仅是邀请那些在场的人通过投标去发出要约,而最终将仅有一个投标通过落锤被接受。[26]

然而,拍卖受一系列表达规则而非一般解释原则的支配。支配拍卖的基本任意性规则是有底价规则。底价意味着当出价低于该价格时,被拍卖商品的所有权人不会出售该商品。底价可能会公开宣布,但通常不会如此。如果拍卖有底价,而最高出价未达到该价格,那么拍卖商要么宣布未达到底价,要么声称承认一个等于底价的虚假投标,从而宣布该拍卖完成。[27]

除非拍卖商声明不存在底价,否则拍卖就有底价。[28] 根据有底价规则的规定,拍卖人在拍卖台上拍卖物品的行为不属于要约,因此拍卖人可以自由地不将物品卖给出价最高的人。然而,如果拍卖被宣布为没有底价,一旦拍卖商在拍卖时摆放出该拍卖物,其就有义务出售。线上拍卖,比如在 eBay 上进行的拍卖,遵循了许多相同规则。选择有底价的商品进行拍卖是可行的,且其功能是相同的。换言之,相比将物品放在苏富

---

〔26〕 1 Williston, supra note 5 §29, at 39.威利斯顿总结道"后一个观点……似乎更符合事实"。Id.

〔27〕 See Ralph Cassady, Jr., *Auctions and Auctioneering* 227 – 228 (1967); Charles W. Smith, Auctions 100 (1989).

〔28〕 例如,苏富比拍卖目录包含以下关于底价的文字:本目录中的所有拍品都有一个底价,这是一批拍品的最低拍卖价格。任何底价都不会超过目录中规定的或通过口头或张贴通知修订的低预售估价。

比(Sotheby's.)拍卖,将物品放在 eBay 平台上进行拍卖本身更能使其构成要约。然而,实践表明,诸如 eBay 这样的线上拍卖通常是没有底价的。

尽管将物品置于拍卖台上并非要约的有底价默示规则且似乎背离了解释的基本原则,但该规则是合理的。在拍卖环境外,大多数行为人不太可能知道要约和承诺的法律规则。相反,拍卖投标人往往更可能知道这一拍卖规则。最明显的是诸如烟草拍卖或对新鲜上岸的鱼的拍卖。[29] 即使是那些对所有人开放的拍卖也经常包括见多识广的回头客,比如高价艺术品拍卖,或者由邻近经销商和收藏家主导的常规本地古董拍卖。最终,有底价规则不太可能令大多数投标人沮丧。

此外,不能孤立地看待有底价规则,因为它只是该相互关联的规则和实践网络的一部分,这些网络界定构成特定的拍卖。拍卖中的卖家可能出于多种原因设定底价。主要是担心最高出价可能会过低,或者没有足够感兴趣的买家出现,或者出价因拍卖圈成员之间的串通而被压低。[30] 拍卖圈是拍卖中的一群潜在买家在拍卖会上事先串通不在某个拍品上相互竞价,以便将该拍品的售价降至最低。然后,该拍品被圈中的一个成员以极低价格购买。随后,圈中举行秘密的私人拍卖,这被称为淘汰赛,只有圈内成员才能参加。在原拍卖中支付的较低价格和在相互勾结的秘密拍卖中胜出之竞标者支付的较高实际价格之间存在差额,该差额将会在该圈成员间分享。例如,假设 A、B、C、D 和 E 是艺术品交易商,他们都有兴趣购买一件即将拍卖的伦勃朗作品,并最终转售。他们组成一个圈,约定仅 A 会对伦勃朗的作品出价。A 在拍卖会上出价最高,1 500 万美元,并获得了这幅画。随后,该圈在圈内为该作品组织了一场相互勾结的秘密拍卖,其中 C 出价最高,为 1 750 万美元。最终,C 得到了这幅画,并支付给 A、B、D 和 E 各 50 万美元,即他们在圈中按比例应得的份额,也就是这幅画价值 1 750 万美元和 C 支付的 1 500 万美元之间的差额。A、B、D、E 最终各得 50 万美元,C 以 1 500 万美元得到一幅价值 1 750 万美元

---

[29] See Cassady, supra note 27, at 15-19 & passim; Smith, supra note 27, at 1-19 & passim.
[30] See Cassady, supra note 27, at 228-229; Smith, supra note 27, at 99-102.

的画,这幅画的原主得到的钱比在该拍卖圈没有形成情况下其应得到的钱少250万美元(参与拍卖圈是犯罪行为,最初的所有者有权宣告对圈内成员的销售行为无效)。

在买方而非卖方控制的制度化拍卖的情况下,拍卖方面临的问题会更加突出,比如买方组织和经营拍卖,或者一群买方定期参与拍卖,而任何特定卖方只偶尔参与。[31] 因此,拍卖规则是得以容纳相关需求和众多拍卖团体成员的权力的复杂系统的一部分。

当然,并非每个参加拍卖的人都知道所有规则,因为有些拍卖可能包括非重复性玩家(nonrepeat player)。例如,新英格兰的一次古董拍卖会上有一些偶然造访的游客,或者初次参加苏富比拍卖会的人。在这种情况下,拍卖规则可能至少会与一些投标人的合理预期相左。然而,如果拍卖规则适用于有经验的玩家而非新手玩家,那么实施性的和实质性问题都会出现。因此毫无疑问,对拍卖行来说,最好的方法就是提前宣布规则。可能许多拍卖都这样做(事实上,像 eBay 这样的在线拍卖更容易这样做,因此更有可能吸引一次性竞标者,这可以用于解释除非明确标明为有底价,否则这些拍卖往往没有底价的现象)。然而,即使没有做到这一点,拍卖规则也是正当的。

总之,要约是附条件的允诺,它将赋予受要约人通过同意而达成交易的权力。一个表达是否属于要约通常应当由一般解释原则决定。然而也有特殊表达规则。在诸如拍卖等一些情况下,相关表达规则是正当的。在诸如广告等另一些情况下,则并非如此。

---

[31] See Smith, supra note 27, at 96-97.

第三十二章 承诺的方式

假设要约已经发出且依然有效,受要约人打算接受。* 那么下一个问题就是,潜在的承诺是否有效,以致合同成立,要约人受到约束。要约有多种方式,相对应的,承诺也有许多方式。通常,一个潜在的承诺是否有效取决于对要约的解释。如果要约特别强调了某种方式的承诺,诸如承诺需是一个允诺,但受要约人试图通过诸如行为等其他方式来接受该要约,那么潜在的承诺通常无效。该无效的潜在承诺能产生重要后果。例如,如果要约是可撤销的,且受要约人使用了错误的承诺方式,那么要约人在要约被适当接受之前仍然能够撤销它。如果要约规定了一段确定时期,承诺必须在这个时期内被做出,但受要约人在此时期内使用了错误的方式做出承诺,那么潜在的承诺就无效,要约也会在受要约人做出适时承诺前失效。下文将讨论这些问题,以及其他涉及承诺方式的问题。

一、通过允诺还是行为承诺

大多数要约要求通过允诺(双方合同要约)或行为(单方合同要约)做出承诺。在一些情况下,要约所需的承诺方式是模糊的。有时候,此种模糊性并不重要,因为受要约人做出的一个行为同时也可作为一个允诺。在此种情况下,无论要求的承诺方式是什么,合同都将通过做某个行为得以成立。例如,假设 A 拿着一罐油漆和一支漆刷站在他的篱笆前。B 来

---

* 承诺也被称为接受。为了便于阅读,"accept"翻译成动词的"接受",而"acceptance"则翻译为"承诺"。——译者注

了，A 说:"我会支付你 200 美元来粉刷我的篱笆。"B 立即拿起漆刷，开始粉刷。B 的行为可以被解释为一种承诺，就像上下点头表示"是"，以及也可以被解释为一种开始履行的行为。如果 A 的要约被解释为双方合同要约，A 将受到约束，因为 B 的行为构成了允诺。如果 A 的要约最好被解释为单方合同的要约，那么 A 也将受到约束。因为对于单方合同要约而言，一旦受要约人开始履行，要约即不可被撤销。[1]

然而，在很多情况下，要约是被允诺所承诺还是被行为所承诺是模糊的，此时就不能通过以上论述解决。举例来说，因为受要约人可能知道其开始履行不会及时引起要约人的注意，以至于该行为不会同时作为一个允诺。处理这些情况的一种方法是将一般解释原则应用于要约，以决定何种承诺方式是要约所要求的。在此种方法下，如果一种解释稍优于另一种，则更优的解释应胜出。

在很多情况下被提及的、体现在《合同法重述(第二次)》第 32 条中的一个非常特别的规则是:"在有疑问时，要约往往依据受要约人的选择来解释，其允许受要约人或通过允诺履行要约人所提出的要求，或通过作出履行来达成承诺。"[2]第 32 条本身是模糊的。该规则是否适用于对要约的意思稍有疑问的情形？还是仅适用于有重大质疑的情形？如果这条规则适用于稍有疑问的情形，那么即使受要约人给该要约赋予了一个十分不合理的意思，只要其给出的解释是表面可信的，要约人即受到约束。由于上述结论是不合理的，该规则的适用大概至少要求达到重大疑问。此论述也在第 32 条的示例 3 中得到诠释:

A 发出了以下要约:"如果有人归还我昨天在国家大街丢失的钻石手镯，我将支付 50 美元。"B 看到这个广告，马上给 A 发了一封

---

〔1〕 See Chapter 33 Section Ⅲ, infra.

〔2〕 *Restatement (Second) of Contracts* § 32 (Am. Law Inst. 1979)[hereinafter Restatement Second].《统一商法典》第 2-206(1)(b)条 (Am. Law Inst. & UNIF. Law COMM'N 2002) 对货物买卖合同采取了类似方法:要求马上装运或者立即装运的买卖货物的订单或者要约，应解释为邀请以马上装运的允诺或者以马上或者立即装运符合或者不符合要求的货物承诺，但卖方及时通知买方所装运之不符货物仅供选购的，不构成承诺。

信,说:"我接受你的要约,并去找这个手镯。"此时并不存在承诺。[3]

第32条的规定从解释角度使该条所包含的规则合理化:"要约人通常不关心承诺是采用允诺还是履行的方式,而且如若其字面上涉及另一种方式,通常也意指且被理解为涉及任一方式。"[4]然而,要约人经常不关心承诺方式的事实,很难证成要约人均不关心承诺方式的规则。

虽然第32条中的规则无法在解释层面得到证实,但是却在政策层面得到了验证。假设受要约人试图通过履行来接受一个模糊的要约,而根据要约的最优解释规则,受要约人本应通过允诺进行承诺。如果该承诺因此被认定为无效,那么受要约人就会遭受一大笔损失,因为如果要约人在受要约人开始履行后正当地撤销要约,那么受要约人将丧失该撤销之前已产生的履行成本。相反,如果在此种情况下承诺被认定为有效,那么要约人的损失很可能是最小的。与此不同的是,假设受要约人试图通过允诺作出承诺,但是根据要约的最优解释规则,他本应通过履行来作出该承诺。如果潜在的承诺由于该原因而无效,且要约人撤销了要约,那么受要约人可能会损失其为准备该履行所做的投资,也会失去其因相信合同已成立而错过的机会价值。确实,在此种情况下,如果认为受要约人试图通过允诺来接受要约是有效的,要约人也可能会遭受某种损失。但这种可能性较小,因为受要约人有义务根据其允诺作出履行。

简言之,当要约中对允诺或履行的承诺方式约定模糊时,受要约人解释规则应优先,即使该解释稍逊于要约的最优解释规则。因为如果承诺被认定为无效,那么相较于要约人在承诺被认为有效时的损失,受要约人所遭受的损失可能更严重。因此,在此种情况下,公平的做法似乎是改变一般解释原则,将解释要约的责任交由要约人承担,使得他想要通过允诺还是履行得到承诺都非常清楚。同时,如果要约人并未使其意图清晰,那么就应由其承担该意图不清带来的后果。

---

[3] Restatement Second §32, illus. 3.
[4] 《合同法重述(第二次)》第32条的评论a。该评论也声明:"本条规则是第30(2)条规则的特定运用。"而第30(2)条规定:"除非语言或情况另有说明,要约能够以任何方式以及在当时情况下合理的任何方式承诺。"

二、单方合同要约的承诺

本节对单方合同要约的考虑如下:(1)背景;(2)涉及雇佣手册的法律,其至少在一段时间内成为最重要的单方合同;(3)受要约人动机的重要性,尤其是,一个知道单方合同要约且依照该要约要求履行的人,是否必须是因该要约而产生此种动机;(4)受要约人知道的重要性,以及更确切地说,按要求履行的人在其履行时是否必须知道该要约;(5)当履行无法合理地得到要约人注意时,按要约要求履行的人是否应提请要约人注意该履行。

1. 背景

允诺与行为的交换构成单方合同。相应地,单方合同要约是一个按照指定方式履行的允诺(几乎总是通过支付指定的款项),如果受要约人做出指定的履行。相比于双方合同,单方合同较为少见,因为要约人很少会表达其想要将履行而非允诺作为承诺方式。最常见的单方合同类型大概一度是奖赏和赏金。我们很容易理解为什么那些要约通常采取单边形式。如果 A 为找到他走失的狗——红色流浪者(Red Rover)而发出悬赏广告,A 不会希望人们通过允诺去找红色流浪者,A 想要的只是红色流浪者。类似地,如果 A 为得到一个著名数学猜想的解决方案而发出广告,A 不希望数学家仅仅是允诺去解决这个猜想,他想要的是答案。

直到 20 世纪上半叶,单方合同和双方合同之间的区别一直被视为合同法中的一个基本概念,这实际上也确实是《合同法重述(第一次)》的一个重要特征。然而,在 20 世纪 30 年代后期,伟大的合同法学者卡尔·卢埃林(Karl Llewellyn)认为,单方合同在理论上并不重要,在现实生活中也不常见,因此应被视为"怪兽"(unusual beasts)且归入异类。[5] 其他学者也

---

[5] K.N. Llewellyn, On Our Case-Law of Contract: Offer and Acceptance, I, 48 *Yale L.J.* 1, 36 (1938). ("就研究合同成立的目的而言,单方合同在很大程度上并不被有意义地视作两套协调的合同法案例,……但却作为有趣且富有教益的怪物而置于这个怪物帐篷内")。

加入了这一批评[6],《合同法重述(第二次)》放弃了术语"双方"和"单方",而采用术语"通过允诺的承诺"和"通过履行的承诺"[7]。然而,很少有法院或学者转而使用以上术语,马克·佩迪特(Mark Pettit)在一篇重要文章中称,单方合同的潮流已经归来,因为单方合同正在进行非常重要的工作,而该工作是双方合同无能为力的:

> 在当代诉讼中继续使用单方合同分析的一个重要原因是,在卢埃林和《合同法重述(第二次)》的起草者显然没有预见到的领域里,它已被证明符合法官和律师的需要。现代单方合同中涉及传统商业交易(货物销售)的情况相对较少,卢埃林在抨击单方合同理念时主要考虑的是传统商业背景。卢埃林没有预见到该理念在一个高度组织化的社会中的有用性,即允许原告主张被告所允诺的义务,同时又先发制人地提出他自己没有承担任何义务的观点是有用的。许多现代单方合同案件都涉及单个受要约人对组织化之要约人的索赔,这也是渺小的个体对庞大组织的索赔。在此种情况下,法院倾向于认定组织做出了允诺,即使个人没有这样的主张也是如此……
>
> 最近,律师和法官越来越频繁地选择单方合同分析。然而,在评估单方合同的趋势时,重要的是认识到单方合同使用方式的重要变化。在卢埃林时代,单方合同主要是被告方理论;原告提出双方合同的论点,被告声称在原告做出履行承诺之前就已经撤销了曾发出的单方合同要约。在现代,单方合同主要是原告方理论。除了一些例外,法院在认定责任时一般采用单方合同分析,在否定责任时则拒绝该分析。

---

[6] See, e.g., Samuel Stoljar, The False Distinction between Bilateral and Unilateral Contracts, 64 *Yale L.J.* 515 (1955). 相关的思想史在马克·佩迪特的《现代单方合同》[Mark Pettit's article, Modern Unilateral Contracts, 63 *B.U. L. Rev.* 551 (1983)]中得到充分发展,上述段落主要取自该文。

[7] *Restatement Second* §1 cmt. F(其中声明:"本合同法重述通常避免使用术语'单方的'和'双方的'。") See also id. §§45, 50, 61。

在现代案件中,法院面临的关键且困难的问题并非选择单方合同还是双方合同分析,而是是否采用合同分析。法官和律师已经将合同分析扩展到新的领域和情形。在这一过程中诉诸单方合同并非巧合。寻找可执行的相对允诺的要求对使用双方合同理论施加的责任进行限制。诉诸双方合同理论的原告必须证明,且有时还受制于他们自己的允诺义务。而如同侵权案中的原告一样,使用单方合同机制的原告仅需证明被告的义务。[8]

佩蒂特分析的具有代表性的例子包括雇佣手册,将在下节展开讨论。

2. 雇佣手册和任意解雇规则

(1)概论

一般解释规则认为,如果合同未明确或默示地规定其期限,那么该期限就是一段合理的时间。然而,此规则并不适用于某些合同类型。特别是在没有约定特定期限的情况下,雇佣合同被认为可以在无任何理由、无需基于雇主或雇员意愿通知的任何时候予以终止。[9]

任意解雇规则可能无法反映许多雇员的合理预期。对于许多或者也许是大多数没有明确期限合同的雇员而言,其并不愿意自己在无原因和无通知的情况下被任意解雇。更好的规则至少需要合理的通知或解雇费。任意解雇规则也许反映了相互性的概念:除非雇员另有同意,否则雇员应未经同意便可随意离职,以防止非自愿奴役,雇主也可以随意解雇。但是将义务的相互性作为解释并无相应基础。或者,任意解雇规则可能反映了一种允许雇主有最大的解雇员工的自由会提高社会福利的政策理念。然而,虽然在政策上合法地进入解释层面,但它通常不应导致不公平。而且无论如何,的确在另一方面存在诸如从雇佣的合理保障中所获的社会福利利益。

---

[8] Mark Pettit, Jr., Modern Unilateral Contracts, 63 *B.U. L. Rev.* 551, 574-576 (1983).

[9] See, e.g., Schneider v. TRW, Inc., 938 F2d 986, 990 (9th Cir. 1991) (applying Cal. law); Mann v. Ben Tire Distribs., Ltd. 411 N. E. 2d 1235, 1236 (Ill. App. Ct. 1980).

简言之,任意解雇规则缺乏坚实的基础。也许正是出于这个原因,通过采用成文法和司法所创造的例外,这一规则逐渐淡出。例如,联邦法规定,雇员不能因种族、宗教、性别、年龄或残疾而被解雇[10],并禁止上市公司出于如下原因解雇雇员:员工在一项他有理由认为违反证券法行为的诉讼中提供协助或作证。[11] 除制定法之外,许多法院认为雇主不能恶意地[12]或违反公共政策地解雇员工,例如在司法或立法听证会上诚实地做出不利于雇主的证词。[13] 此外,即使雇员没有明确的合同,特定雇佣关系的背景也可能使雇主产生不会无理由和无通知就解雇该雇员的默示承诺。[14]

　　任意解雇规则最近的一个例外是,向雇员分发的雇佣手册构成单方合同要约,雇员的工作行为构成对该要约的接受。因此,如果雇佣手册限制雇主随意解雇雇员的权力,这些限制就构成雇佣合同的一部分。

　　例如,在松树河州立银行诉梅特维尔案(Pine River State Bank v. Met-

---

　[10] See, e.g., Age Discrimination in Employment Act of 1967 §4(a), 29 U.S.C. §623(a)(l) (2015); Civil Rights Act of 1964 §703(a), 42 U.S.C. §2000e-2(a)(1) (2015); Americans with Disabilities Act, 42 U.S.C. §12112 (2015).

　[11] 18 U.S.C. §1514A (2015).

　[12] 这些法院通常将其判决立基于这样一个结论,即雇佣合同包含善意和公平交易的默示协议,而恶意解雇违反该协议。See, e.g., Fortune v. Nat'l Cash Register Co., 364 N.E. 2d 1251, 1255-1256 (Mass. 1977) (一名雇员被解雇,因为雇主试图避免支付本应支付的奖金)。一些法院拒绝认定默示合同适用于合同法,认为它过于偏离普通法和先例,必须由州最高法院或立法机构授权。Schwartz v. Mich. Sugar Co., 308 N. W. 2d 459, 463 (Mich. Ct. App. 1981); see Whittaker v. Care-More, Inc., 621 S.W.2d 395, 396 (Tenn. Ct. App. 1981)。

　[13] See, e.g., Tameny v. Atl. Richfeld Co., 610 P.2d 1330, 1335 (Cal. 1980) ("雇主有义务避免解雇拒绝实施犯罪行为的雇员……这反映了法律施加给所有雇主的义务,目的是执行国家刑事法规中体现的基本公共政策"); Petermann v. Int'l Bhd. of Teamsters, Local 396, 344 P.2d 25, 27 (Cal. Ct. App. 1959) (允许雇主因其雇员不作伪证而解雇该雇员将违反公共政策)。

　[14] 当雇员放弃现有职位接受新工作时,此种默示允诺便得到了认可,尽管并非始终如此, see Scott v. Lane, 409 So. 2d 791, 795 (Ala. 1982); Rabago-Alvarez v. Dart Indus., Inc., 127 Cal. Rptr. 222, 225 (Ct. App. 1976), 放弃其他工作机会, see Wagner v. Sperry Univac, Div. of Sperry Rand Corp., 458 F. Supp. 505, 520-521 (E.D. Pa. 1978), aff'd, 624 F.2d 1092 (3d Cir. 1980) (applying Pennsylvania law); McInerney v. Charter Golf, Inc., 680 N. E. 2d 1347, 1350-1351 (Ill. 1997); Grouse v. Grp. Health Plan, Inc., 306 N. W. 2d 114, 116 (Minn. 1981); 长期或者特别好地为雇员服务, see, Luck v. S. Pac. Transp. Co., 267 Cal. Rptr. 618, 633-634 (Ct. App. 1990)。

tille)[15]中,法院认为:

> 被告雇主辩称,其雇佣手册中的工作保障条款没有可执行性,因为缺乏义务的相互性。既然在无期限合同下,雇员可以自由走往其他地方,而为什么除非存在某种原因或遵循某些程序,雇主就必须遵守其允诺而不能终止合同?义务相互性的要求尽管在对称性上具有吸引力,但它只是一种对约因充分性的禁止调查,一种本法院总体上拒绝参与的调查。"如果满足约因的要求,则没有额外的要求……交换价值相等;或者……'义务相互性'"。《合同法重述(第二次)》第79条(1981)。我们认为缺乏相互性的论点没有任何价值……合同法中的相互性概念已被广泛质疑,一方当事人任意终止合同的权利并不会使合同无效。

尽管松树河州立银行代表了关于雇佣手册合同地位的主流观点,但一些法域的法院拒绝给予雇佣手册这种地位。[16]

一些州,最著名的是密歇根州,根据非合同理论执行雇佣手册中的承诺,该理论在图森特诉蓝十字和蓝盾案(Toussaint v. Blue Cross & Blue Shield)[17]中首次被提出:

> 虽然雇主不需要制定人事政策或做法,但是如果雇主选择制定此类政策和做法并将之告知其雇员,那么雇佣关系可能会得到加强。雇主保证有一支有序的、合作的和忠诚的劳动力队伍,保证雇员对其工作安全安心,并使雇员确信他会得到公平的待遇。不需要进行雇佣前谈判,双方也不需要就此问题达成一致。雇员对雇主的政策和作法一无所知或者雇主可以单方改变这些政策和做法,都不重要。基本上,只要雇主选择根据自己的利益创造一个环境,并使该环境中的雇员相信,不管人事政策和作法如何,这些政策和做法在任何特定

---

[15] 333 N. W. 2d 622, 629 (Minn. 1983).

[16] See, e.g., Heideck v. Kent Gen. Hosp., 446 A.2d 1095, 1096 (Del. 1982); Johnson v. Nat'l Beef Packing Co., 551 P.2d 779, 781–782 (Kan. 1976).

[17] 292 N. W. 2d 880, 892 (Mich. 1980).

时候都是固定且正式的（established and official），并且努力做到公平，且一致和统一地适用于每个雇员，就足够了。雇主于是创造了一种"义务本能"情景。

在鲁德诉通用动力公司案（Rood v. Gen. Dynamics Corp.）[18]中，法院补充说：

> 图森特诉蓝十字和蓝盾案的合法预期理论不是基于传统的合同分析。与雇员解雇相关的雇主政策和程序之司法执行力的根本仅仅是直觉上认识到，这些政策和程序倾向于加强雇佣关系，并鼓励"有序、合作和忠诚的劳动力"，以实现雇主的最终利益。简言之，除了执行允诺的传统根据，图森特诉蓝十字和蓝盾案认为此种雇主利益是执行雇主政策声明中所包含的工作保障允诺的充分且独立的基础，该声明面向"向一般劳动力或特定类型的劳动力而非个别雇员"[19]。

（2）免责声明（Disclaimers）

雇佣手册例外被广泛采用后，雇主开始通过在雇佣手册中加入免责声明，规定手册并非有约束力的合同，从而限制手册的效力。一些案例相对较快地使该免责声明生效[20]，但是其他案例认为这种免责声明只有在满足非常严格的澄清以及通知条件时才有效。例如，在桑切斯诉美国生命护理中心公司案（Sanchez v. Life Care Centers of America, Inc.）[21]中，雇员手册包含以下免责声明："执行董事和监事因此必须保留所有传统的管理权，包括……终止……或者其他管理同事的权利……这本手册不是合同，也不包含任何允诺……在此基础上，本护理中心的任何未来、现在或

---

[18] 507 N. W. 2d 591, 606 (Mich. 1993).

[19] See also In re Certified Question, 443 N. W. 2d 112, 119-121 (Mich. 1989); LeDuc v. Liquid Air Corp., 826 P.2d 664, 670 (Wash. 1992); Thompson v. St. Regis Paper Co., 685 P.2d 1081, 1087 (Wash. 1984).

[20] See, e.g., Abney v. Baptist Med. Ctrs., 597 So. 2d 682, 683 (Ala. 1992); Lobosco v. N.Y. Tel. Co./NYNEX, 751 N. E. 2d 462, 465 (N.Y. 2001).

[21] 855 P.2d 1256, 1257 (Wyo. 1993).

以前的同事可以合理地维持或产生任何此类预期。"法院认为,这一免责声明是无效的,因为它不够清晰和明确:

> 免责声明的语言通常表述为"互利""管理""提高"和"监督权"。这并不是说雇主保留了任意偏离手册条款的权利。它并没有说雇主可以在没有与雇员协商或获得其同意的情况下,自由改变工资和所有其他工作条件,也没有说雇主保留无论有无适当理由即可解雇任何人的绝对权力。相反,从免责声明中只能推论出,它是"互利"的手册,其中包含的某些程序将被"实施"以"提高一个成功的护理中心的管理水平",并且雇主的"习惯性权利"也已在手册中载明。
>
> 免责声明中的关键用语不是粗体词语,它隐藏在介绍性段落中。它不是为了吸引注意而设计的,它的用语也没有告诉员工他们需要知道什么。[22]

(3)变更

如果员工手册或类似文件具有合同效力,且不包括免责声明,则雇主有权单方变更手册条款。一方面,如果雇员手册在雇员开始工作时构成合同,那么根据一般的合同原则,手册/合同仅在双方都同意的情况下才能变更。这是德马斯诉 ITT 公司案(Demasse v. ITT Corp.)中所采取的立场[23]:

> ITT[雇主]辩称,他享有通过出版新的[1989]手册来单方变更合同的法律权力。但与其他合同一样,事实上默示的合同条款不能单方变更⋯⋯一旦雇佣合同成立,无论单边的还是双边的、明示的还是默示的,一方不得再单方变更该合同的条款⋯⋯
>
> 在新的(变更的)手册发布后继续雇佣并不构成承诺,否则"错觉(和讽刺)是显而易见的:如果维护他们在现有合同下的权

---

[22] Id. at 1259. See also, e.g., Nicosia v. Wakefern Food Corp., 643 A.2d 554, 560-561 (N. J. 1994); Liquid Air Corp., 826 P.2d at 671-672 (Wash. 1992); McDonald v. Mobil Coal Producing, Inc., 820 P.2d 986, 988 (Wyo. 1991).

[23] 984 P.2d 1138 (Ariz. 1999).

利"……"则原告将被迫退出合同关系"……"要求员工通过辞职来维护其在原雇佣合同下的权利是过分的"……在此种情况下,如果员工没有采取肯定性措施来承诺,除非他继续履行,否则他就没有表示同意变更现有合同。[24]

然而,这种论述导致了一个有违常性的结果,因为如果雇员只工作一天,只要他活着,手册就不能对他变更。阿斯穆斯诉帕西夫·贝尔案(Asmus v. Pacific Bell)[25]采取了一种似乎相反的立场。1986年,帕西夫·贝尔颁布了《管理就业保障政策》(MESP)。MESP表示,"通过为其他管理职位进行调任和再培训,来为持续满足我们不断变化的业务预期的所有管理人员提供雇佣保障,即使他们目前的工作被取消也是如此,这就是帕西夫·贝尔政策。只要没有重大变化影响到帕西夫·贝尔公司商业计划的实现,这一政策就将得到维持"。1991年10月,帕西夫·贝尔公司宣布将于1992年4月1日终止MESP,目的是实现更大的灵活性并能在市场上更成功地竞争,取而代之的是采用一种被称为管理力调整计划(MFAP)的新裁员政策(layoff policy)。选择继续为帕西夫·贝尔工作的员工将获得额外的养老金福利,1991年末退休的员工将获得额外的增强型福利。帕西夫·贝尔公司并没有宣称这一改变对其商业计划的实现具有重大影响。

因取消MESP而受到不利影响的帕西夫·贝尔公司的前经理提起诉讼。经理们在MESP取消后仍留在帕西夫·贝尔公司工作了几年,且他们在MFAP条款下工作期间,获得了更多的养老金。最高法院判决支持帕西夫·贝尔公司,理由是当帕西夫·贝尔公司终止了MESP,并同意继续雇佣收到通知并签署了确认通知的雇员时,"这些雇员通过继续工作接受了新的条款和随后变更的合同。在原合同终止和随后变更后继续工作构成了对新雇佣条款的承诺"。[26]

---

[24] Id. at 1144-1145.
[25] 999 P.2d 71 (Cal. 2000).
[26] Id. at 79.

孤立地看,这种语言表明手册是可执行的,但是实际上并非如此,因为雇主可通过简单可行的"变更"手册来破坏员工的权利,从而单方削减员工的权利。如果员工在手册变更后继续工作,他就失去了反对变更的权利。如果雇员在变更后辞职,他也失去了反对的权利,因为他不再是雇员了。这是《第二十二条军规》*。然而,阿斯穆斯案的其他因素指向一个非常不同的方向。在这些情况下,最好的规则是允许雇主变更手册,但只能在具有合理通知和合理条款的前提下进行。在阿斯穆斯案中,事情是这样的:帕西夫·贝尔提前六个月通知了员工,并给了那些因变更而选择辞职的员工一些特别利益。此外,法院指出,该规则是"雇主可以在一段合理时间之后终止或变更没有固定期限的合同,如果他向雇员提供了合理的通知,并且变更不妨碍雇员的既得利益"[27]。

单方合同会产生一些双方合同通常不会出现的问题。这些问题将在本节下文予以分析,它们涉及受要约人动机的相关性,要约人是否对按要求实施行为但不知道要约或看起来并没有受要约激励的人承担责任,以及受要约人是否必须通知要约人他已经履行了要求的行为。

3. 受要约人的动机

假设 A 向 B 发出一个要约,要求通过履行特定的行为来承诺。B 知道要约后就履行了该行为,但 A 认为 B 的履行不是由要约激励的。此种情况下,规则应当且很大程度上确定,其与受要约人的动机并不相关。[28] 卡多

---

* 《第二十二条军规》是美国作家约瑟夫·海勒创作的长篇小说。在该小说中,根据"第二十二条军规"理论,只有疯子才能获准免于飞行,但必须由本人提出申请。但你一旦提出申请,恰好证明你是一个正常人,还是在劫难逃。飞行员飞满 25 架次就能回国。但规定又强调,你必须绝对服从命令,要不就不能回国。因此上级可以不断给飞行员增加飞行次数,而你不得违抗。如此反复,永无休止。其揭示了一个非理性的、无秩序的、梦魇似的荒诞世界。参见百度百科"第二十二条军规"。——译者注

[27]　Id. at 76.

[28]　此规则也适用于双方合同,尽管这一问题很少在此语境下出现。正如霍姆斯所说,"约因……不得与实际情况中主要或者首要的动机相混淆。一个人可能会允诺花 500 美元画一幅画,而他的主要动机可能是渴望成名……但是,这是一个约因的本质,根据协议条款,它是作为允诺的动机或者诱因而被给予和接受"。Oliver Wendell Holmes, *The Common Law* 293 (1881).

佐的一篇雄辩文章中说明了这条规则的原因:

> 使他人的想法从特定行为路线转移,然后宣称因为此种转移而丧失了机会,他们的想法本不是这样的。如果允诺的倾向是诱使他们坚持,那么信赖和损害可以从仅有的履行事实中推断出来。行为的动机(springs of conduct)是微妙而多变的。干涉这些动机的人难以坚持要求很好的证明其表示的动机能够有效排除所有其他动机。[29]

举个例子,下面这个故事是从《威尼斯商人》中想象出来的,但不是其中的内容:

> 波希亚(Portia),一个富有的女继承人,正被三个追求者热烈追求。其中一个求婚者,约翰,最受波希亚喜欢。然而,在波希亚同意接受约翰的求婚之前,她问他:"如果我不富有,你会爱我吗?"约翰回答:"我怎么知道?"

约翰无法回答波希亚问题的原因是,波希亚的财富是其人格的一部分,就像她喜欢的音乐类型、她的政治观点、她的身高和她的声音,等等。约翰知道他喜欢波希亚的整体形象,但他不知道如果这个形象的某些因素不同,他是否还会喜欢波希亚。例如,如果波希亚讨厌贝多芬,是一个无政府主义者、比约翰高得多、笑得刺耳或者不富有的人。一旦一个人被诱导去做一个指定的行为,他就无法知道该诱导在其采取该行为中的作用是什么。

克洛克纳诉格林案(Klockner v. Green)[30]说明了这一点。伊迪丝·克洛克纳(Edyth Klockner)是理查德·克洛克纳(Richard Klockner)的继母,也是理查德女儿弗朗西丝(Frances)的继祖母。理查德和弗朗西丝照顾伊迪丝,伊迪丝与理查德和弗朗西丝的关系就像是亲生子女和孙儿。1965年6月,伊迪丝告诉理查德,她想就理查德一直以来对她的大力帮助

---

[29] De Cicco v. Schweizer, 117 N. E. 807, 810 (N.Y. 1917).
[30] 254 A.2d 782 (N.J. 1969).

而补偿他,如果理查德同意继续照顾她且让弗朗西丝来看望她,她将把自己的不动产留给理查德,其余财产留给弗朗西丝。伊迪丝也和弗朗西丝讨论了该允诺。为实现其允诺,伊迪丝准备了两份新遗嘱草稿,她的律师修改了第二份草稿,并发送给她签署。然而,伊迪丝从未签署过新的遗嘱,显然是因为她认为立遗嘱是死亡的预兆。伊迪丝现存的遗嘱把一切都留给了丈夫,但丈夫先于她去世。结果,由于伊迪丝死亡时尚没有签署新遗嘱,她的大部分遗产传给了她幸存的血亲,理查德和弗朗西丝则分文未得。

理查德和弗朗西丝随后对伊迪丝的遗嘱执行人提起诉讼,要求获得伊迪丝允诺的财产。在审判中,理查德和弗朗西丝作证说,即使她没有答应补偿他们,二人也会继续为伊迪丝提供相关服务。初审法院在此基础上判决支持遗嘱执行人。新泽西州最高法院适当地推翻了该判决。这是因为,理查德和弗朗西丝可能认为他们无论如何都会提供服务,但他们并不知道他们是否会这样做。[31]

同样,在西蒙斯诉美国案(Simmons v. United States)[32]中,美国啤酒厂赞助了一场广为人知的年度美国啤酒钓鱼赛(American Beer Fishing Derby)。根据竞赛规则,酿酒厂给切萨皮克湾数百万条岩鱼中的一条贴上标签,并将其命名为戴蒙德·吉姆三世(Diamond Jim Ⅲ)。任何人只要抓住了戴蒙德·吉姆三世,并把它连同标签和一份宣誓书一起交给酿酒厂,证明这条鱼是被钩住的,就有权获得2.5万美元的奖赏。西蒙斯在戴蒙德·吉姆三世被标记后大约六周就抓住了它,并很快获得了该奖赏。西蒙斯熟悉竞赛,但作为一名经验丰富的渔夫,他也知道自己捕获戴蒙德·吉姆三世的机会微乎其微。因此,在他出发去钓鱼时,他并没有想自己能钓到戴蒙德·吉姆三世这个事。法院认为(在税收语境下),一旦西蒙斯捕获了这条鱼,啤酒厂就有法律义务给付他奖赏:"对他的请求来说,这并不重要……西蒙斯不是为了钓到该奖赏鱼而去钓鱼的。但只要

---

[31] Id. at 785-786.
[32] 308 F.2d 160 (4th Cir. 1962).

有效的要约为他所知，即使他这样做主要是出于与要约无关的原因，他就可以通过履行来承诺单方合同要约。"[33]

同样，在科博诉克里克-刘易斯公司案（Cobaugh v. Klick-Lewis Inc.）中[34]，科博在参加高尔夫锦标赛时意外地在第九个球座发现了一辆新的雪佛兰法冠（Beretta），上面还有声明：一杆进洞者会赢得该车的标牌。科博实现了一杆进洞，并请求该奖赏。法院认为存在约因：

> 为了赢得这辆车，科博被要求执行一项他没有法律义务执行的行为。这辆车将被用来交换一杆进洞的壮举。这是支持合同的充分约因。[35]

这一立场也见于《合同法重述（第二次）》第53条的示例1：

> A发出要约，向提供能使罪犯被定罪的信息的人提供赏金。B是罪犯的朋友，知道该赏金，并自愿提供了该信息。B有权获得该赏金，即使他实施该行为是因为认为自己快要死了，并希望既能减轻其良心不安，又能因曾被罪犯殴打而为自己报仇。

假设要约人声称他不受约束，理由是受要约人按照要约实施行为是因为他有一个要约之外的最大诱因去这样做。而在此种情况下，行为的履行不构成承诺：

> 事实如示例1所述，B被警察审问，并作为罪犯的共犯受到逮捕的威胁。审讯过程中没有提到任何赏金，B因被骗而提供信息以自证清白。B无权获得赏金。

这一立场是不公正的。即使B被骗了，他也知道该赏金要约，而且不

---

[33] Id. at 165.
[34] 561 A.2d 1248 (Pa. Super. Ct. 1989).
[35] Id. at 1250. See also Champagne Chrysler-Plymouth, Inc. v. Giles, 388 So. 2d 1343 (Fla. Dist. Ct. App. 1980); Schreiner v. Weil Furniture Co., 68 So. 2d 149 (La. Ct. App. 1953); Las Vegas Hacienda v. Gibson, 359 P.2d 85 (Nev. 1961); Grove v. Charbonneau Buick-Pontiac, Inc. 240 N. W. 2d 853 (N.D. 1976). But see Fernandez v. Fahs, 144 F. Supp. 630, 632 (S.D. Fla. 1956)(认为一个棒球迷在抽奖时没有"赢得"奖品，因为即使没有奖品，他也会参加比赛，而且由于没有交换约因，所以没有成立任何合同，奖品就是赠与）。

能排除该知道和欺骗都是其行动的诱因。因此无法令人信服地将上述情况和示例 1 区分开来。

4. 受要约人不知道要约

假设 A 以单方合同的形式发出公开要约,而 B 不知道该要约,却履行了要约要求的行为。例如,A 发出一个为归还其丢失的钱包的人提供赏金的要约,而 B 在不知道有该赏金的情况下找到并归还了该钱包。B 是否应当获得该赏金呢?此情形与上一节讨论的情形有所不同,因为现在不存在要约诱使 B 之行为的可能性。法院通常认为,B 在这些情况下不能获得赏金。

这一规则值得怀疑。的确,当行为人不可能被要约人的允诺所激发时,任何交易都没有达成。但这里的问题不应是交易是否达成,而是责任是否应当施加于要约人。在许多情况下,当 B 给予 A 利益时,A 即负有道德义务去补偿 B 相应的利益价值。在没有其他考虑的情形下,法律不应当且也确实没有执行此种道德义务,部分是为了避免向 A 施加他可能不会自愿承担的义务,部分是因为难以计算应给予 B 之利益的价值。然而,如果 A 给予 B 的利益产生了 B 来补偿 A 该利益价值的道德义务,而 B 后来允诺为此种利益向 A 付款,那么 B 通常就应基于返还基础对该利益之价值承担责任。当 B 在给予利益之前而非之后做出赏金要约形式的允诺,也会发生同样的结果。由于要约同时表明 A 愿意为该利益付款,以及该利益对他价值为何,A 应当为该利益支付公平的补偿,如要约中声明的可推定证明的金额。

此规则也将得到政策的支持,因为如果人们普遍知道,行为人会因为做了通常会提供赏金的事情而得到赏金,例如归还丢失的财产或提供关于罪犯的信息,那么更多的行为人可能会采取此种行动。一定程度上,由于这个原因,当赏金由公共实体(public entity)提供时,法院通常会做出一项例外。在此种情况下,履行该行为的人通常有权获得该赏金,即使他事先不知道该赏金也是如此。[36]（然而,即使政府机构提供赏金,如果一个人在赏金要约发出之前就完成了被要求的行为,那么他不能要求获得该赏金。)[37]

5. 受要约人履行通知的要求

当要约要求通过行为来承诺,一旦行为履行,合同即完成。在一些情况下,履行将在其发生后的一段合理时间内自然地得到要约人的注意。但在其他情况下,例如,要求的行为在很远的地方履行,该行为可能无法在合理时间内受到要约人的注意。在这些情况下,如果要约人受到约束,那么其很可能会受到损害,因为他可能会在合理相信自己对受要约人没有义务的情况下规划好自己的事务。据此,即使合同是因受要约人的行为而成立的,且合同条款并不要求受要约人进一步的行为,当行为无法自然地在合理时间内得到要约人的注意,且确实也未受到要约人注意时,根据公平理念,受要约人也应当被要求自发地去提醒要约人注意该履行行为,也即一种救助义务。而且这些情况下的规则确实是,即使当受要约人完成履行时合同成立,如果受要约人未能在合理时间内提请要约人注意履行的发生[38],那么要约人在合同中的义务即会被免除,除非要约人明确或默示放弃该通知,或者履行实际上已在合理时间内受到要约人

---

[36] See Eagle v. Smith, 9 Del. 293, 295-296 (1871); Dawkins v. Sappington., 26 Ind. 199, 200 (1866). But seeGlover v. Dist. of Columbia, 77 A.2d 788, 791 (D.C. 1951)(认为,当赏金是由政府机构或私人或私有组织提供时,知道赏金同样是必要的)。

[37] Sumerel v. Pinder, 83 So. 2d 692, 693 (Fla. 1955)(如果索赔人在赏金要约发布之前向联邦调查局提供了所有信息,那么他就无法获得提供信息的赏金)。

[38] See, e.g., Harris v. Time, Inc., 237 Cal. Rptr. 584 (Ct. App. 1987).一家杂志公司发出了一则直邮广告,"只要打开这个信封"就提供免费手表,但全文只有在信封打开后才能看到,且全文补充说,请求人必须购买杂志订阅。法院认为,虽然信封外面的文字属于单方合同要约,但原告必须通知出版商他们通过履行作出了承诺。Id. at 587-588.只有一名原告这样做了,对他来说,这个案子被驳回是因为"法律无视琐事"。Id. at 585. See also Bishop v. Eaton, 37 N. E. 665, 668 (Mass. 1894); *Restatement Second* §54。

的注意。[39]

这里的一个难题是,在此种情况下,受要约人是否能够以要求返还其给予要约人的利益而提起诉讼。提供这种救济将是诱人的。毕竟,根据假设,要约人已经收到他想得的利益且愿意去支付,而受要约人并未正式地给予该利益。然而,总的来说,允许受要约人在此种情况下提起恢复原状的诉讼是不可取的。对通知的要求激励了受要约人去通知要约人其履行已经完成。如果返还救济可用,那么大部分甚至所有此种激励就要被消除了。

三、已开始履行的受要约人的义务

在单方合同要约的情况下,受要约人没有义务去履行被要求的行为,这不同于受要约人在双方合同的情况下有义务去接受要约。但是,如果受要约人已经开始履行,或者,更好的视角是,在要约发出后的一段合理时间内已经开始履行,那么要约人应当令要约保持有效的状态,直到受要约人在合理时间内完成该履行。因此,通常来说,受要约人实际上有或应当有选择,而非义务,在合理时间内去开始并完成履行。这是《合同法重述(第二次)》第45条所采取的立场。

如果受要约人已经开始履行,那么存在一种例外情况。通常,如果受要约人开始履行但在完成前停止该行为,那么要约人将没有合法的诉由(complaint)。在这些情况下,要约人通常将处在一个比他发出要约前更好的地位,因为他将免费获得受要约人开始履行的利益。然而,有时受要约人无法完成履行,将使要约人处于比受要约人不开始履行更糟糕的境地。例如,如果履行包括运输物品且受要约人开始运输,从公平角度看,受要约人不应拥有中途放弃运输物品的权利。此外,在一些此类情况

---

[39]《统一商法典》第2-206(2)条规定,在货物买卖合同中,"要约所要求的履行以合理的承诺方式开始实施,但未在合理时间内将承诺通知要约人的,要约人可以视其约已过承诺期"。

下,受要约人知道或应当知道开始履行很可能引起要约人的注意,且要约人很可能会将履行的开始视为受要约人完成履行的默示允诺。此默示允诺如被信赖,就应当具有可执行性。

四、双方合同

假设要约明显要求通过允诺来承诺,且受要约人采用允诺性承诺但加入了要约中并不包括的条款去回复,进而使该回复成为一个限制的承诺或者附条件承诺。古典合同法的规则认为,若要构成一项承诺,对要约的回复必须符合要约的镜像。要约和回复之间的任何差异,无论多么微小,都会使回复成为反要约,从而终止受要约人的承诺权。[40] 当要约和回复体现为相互竞争的格式时,此规则有着最深刻的影响。这些标准化条款格式将永远不会达成一致,因为每方当事人都将会准备一个标准格式,其中的条款对其自身有利而对其潜在的合同伙伴不利。这种普遍现象被称为格式之争(battle of the forms)。在镜像规则下,回复的格式构成反要约,并导致要约失效。

因为对格式要约的格式回复通常会使要约失效,所以在交换格式之后,任何一方都不会仅仅因为交换而受合同约束。然而,如果卖方如同通常发生的那样交付了履行,则该交付会被视为是根据最后的格式——即对要约的回复——作出的,由于该格式构成了反要约,因此是生效的唯一要约。由于没有合同被认为是通过交换格式成立的,买方可以自由地拒绝卖方的交付。然而,如果买方接受了交付,那么这种接受将被视为是对最后格式/反要约的承诺。此种分析被称为最后一击规则(last-shot rule),因为合同条款是在格式之争中构成最后一击的格式条款。(如果交易是由销售订单发起的,最后一击可以由卖方格式组成,或者如果交易是

---

[40] See generally Poel v. Brunswick-Balke-Collender Co., 110 N. E. 619 (N.Y. 1919); Restatement Second § 59; see also Gardner Zemke Co. v. Dunham Bush, Inc., 850 P.2d 319, 322 (N.M. 1993).

由采购订单发起的,则可以由买方格式组成)尽管此类格式可能涉及货物、服务或其他种类的商品,但是为了便于阐述,本节的剩余部分将假定相关交易涉及一个货物的潜在卖方的要约人和一个货物的潜在买方的受要约人。

镜像规则和最后一击规则与解释的基本原则相冲突。根据这些原则,合同表达往往是由一个一般理性人附加该表达的意思,除非该表达与主观因素有关且指向另一个方向。格式合同由个别化的、协商好的条款组成,通常涵盖履行问题,如标的物、价格、数量、交货日期和信用条款;也包括通常被称为格式条款的标准化条款,往往涵盖不履行问题,例如,损害赔偿的限制,但也可能涵盖相对较小的履行问题。出于第三十七章所讨论的原因,行为人极少阅读格式条款。因此,如果要约人收到对他发出的要约的回复,该回复声称是一个承诺,且该回复的个别化条款与要约的个别化条款相匹配,那么他通常就认为回复是承诺,而且因此,回复就应合乎一般解释原则。

由于镜像规则和最后一击规则与一般解释原则相冲突,在现代合同法下,这两个规则已被极大地削弱,特别是被《统一商法典》第2-207条削弱了。[41] 该条规定如下:

> 承诺或确认中的附加条款
>
> (1)在合理时间内发出的明确和及时的承诺表示或书面确认,即使陈述了附加的或不同于要约或所同意的条款,也可作为承诺,除非作出该承诺时明确表明以同意附加的或不同的条款为条件。
>
> (2)附加条款应被解释为对合同的补充建议。在商人之间,这些条款成为合同的一部分,除非:
>
> (a)要约明确对要约条款的承诺作出限制;
>
> (b)他们对其作出重大改变;或者

---

[41] See also *Restatement Second* §59:"如果承诺不取决于对附加条款或不同条款的同意,尽管声明了附加条款或不同条款,则明确和及时的承诺表示是有效的……附加条款或不同条款将被解释为变更合同的提议……这种提议有时可能被原初要约人沉默接受。"

(c)反对这些条款的通知已经发出或在收到这些条款的通知后的合理时间内发出。

(3)双方当事人承认合同存在的行为足以确立一份买卖合同,即使当事人的书面文件并未确立合同。在此种情况下,特定合同的条款包括双方书面同意的条款,以及根据本法任何其他条文纳入的任何补充条款。

第2-207条需要相当多的解释,以至于它被很好地描述为"一篇晦涩的散文"[42]。

理解第2-207条的一个基本点是,合同可以根据第2-207(1)条或第2-207(3)条成立,对这些条款的运用会产生重要结果。

1. 第2-207(1)条的合同

第2-207(1)条规定,"在合理时间内发出的明确和及时的承诺表示或书面确认,即使陈述了附加的或不同于要约或所同意的条款,也可作为承诺"。然而,根据该条目,第2-207(1)条对什么构成"一个明确的……承诺表示"未作规定。当然,受要约人的回复必须声称是承诺。同样,根据第2-207(1)条,对要约的回复能构成一个明确的承诺表示,即使回复的标准化条款与要约相偏离也是如此。然而,如果受要约人的回复中的个性化条款偏离于要约,回复通常不应被认为是一个明确的承诺表示,因为要约人并没有合理适当的机会来阅读标准化条款以意识到交易尚未完成。

例如,在柯林公司诉格洛瓦茨基案(Koehring Co. v. Glowacki)[43]中,柯林发出了一封信,列出了在其工厂九种"按现状,在现处"(as is, where is)可供销售的机械。术语"按现状,在现处"是指买方将承担将机器装载到卡车上的成本和风险。格洛瓦契基随后打电话给柯林询问价格。柯林回复说,这台机器的报价是1.65万美元,而且报价必须采用电报形式。格洛瓦契基拍电报报价1.6万美元。柯林打电话给格洛瓦契基,重

---

[42] Sw. Eng' g. Co. v. Martin Tractor Co., 473 P.2d 18, 25 (Kan. 1970).
[43] 253 N. W. 2d 64 (Wis. 1977).

申报价必须是 1.65 万美元。格洛瓦契基出价 1.65 万美元作为回复,"离岸价(FOB),我们的卡车,你们的工厂,已装船"。术语"离岸价已装船"(FOB loaded)意味着,将由卖方柯林,而不是买方格洛瓦契基承担将机器装载到卡车上的成本和风险。柯林回复了一封电报,声称接受格洛瓦契基的投标,但重申机器按现状出售,即须由买方承担成本和风险。格洛瓦契基没有履行,柯林提起诉讼。法院恰当地认为没有成立合同。这里并没有一个明确的、适时的承诺,因为双方当事人都意识到或者应当意识到,他们还没有就由谁来承担将机器装载到卡车上的成本和风险达成一致。[44]

443   在柯林案中,当事人之间的交流是个别化的电话和电报,而非格式条款。然而,在大多数商业情况中,受要约人对格式要约作出回应的格式回复一般,尽管标准化条款不匹配,但该格式中的个别化条款与要约的个性化条款相匹配。在此种情况下,尽管标准化条款之间存在差异,但是仍存在"明确且适时"的承诺表示。这是第 2-207(1)条所针对的典型情况。在此种情况下,尽管两种格式中的标准化条款有所不同,合同通常仍会根据第 2-207 条通过交换两种格式来达成。此外,即使标准化条款之间的差异是重大的,也是如此。此结论源于第 2-207 条的默认前提:很少有人阅读标准化条款,因此任一方都不会意识到这两种格式的标准化条款之间存在重大差异。此结论也源于第 2-207 条的目标,因为如果标准化条款中的重大差异阻止了合同成立,第 2-207 条将很少被适用,因为在格式要约和格式承诺中的标准化条款总是存在重大差异。最后也是最重要的一点,此结论也可以从第 2-207 条的用语中得出,因为第 2-207(2)(b)条规定,在商人之间,承诺中的附加条款应被解释为对合同的附加提议,该附加条款可成为合同的一部分,除非该附加条款会使合同发生重大改

---

[44] Id. at 69. See also, e.g., Columbia Hyundai, Inc. v. Carll Hyundai, Inc., 484 S.E.2d 468, 470 (S.C. 1997)(当争议涉及个别协商条款而非样板条款时,合同就"超越了第 2-207 条的范围而漂浮在普通法的浑浊之海上")。

变。[45] 根据推论,第2-207(2)(b)条承认,即使对要约的回复包括重大改变要约的不同条款,合同也可以成立,尽管这些条款并不会成为合同的一部分。

现在假设合同是根据第2-207(1)条成立的,因为存在一种格式要约和一种格式承诺,两种格式的个性化条款相匹配,构成承诺的条件要求有明确的承诺表达,并且回复没有规定承诺以受要约人对附加或不同条款的接受为明确条件。那么合同条款是什么呢?商人之间的这一问题首先受第2-207(2)条规范。该条规定,①要约明确对要约条款的承诺作出限制;②他们对其作出重大改变;或者③反对这些条款的通知已经发出或在收到这些条款通知后的合理时间内发出。

然而,令人惊讶的是,根据《统一商法典》第2-207(1)条成立的合同可能包括因承诺而增加的重要条款。人们可能会认为,承诺中的任何重要附加条款都将根据第2-207(2)(b)条中的"重大变更"排除而被删除。毕竟,在一般的法律用法中,如果一个条款具有经济意义或者可能影响一方是否进行交易的决定,那么这个条款就被认为是重大的。然而,第2-207条正式评论采用了不同的、更严格的重大性检测:附加条款是否会导致"惊讶或艰难"。第2-207条正式评论给出了以下例子:

4. 通常会"实质性地改变"合同并在另一方当事人没明确意识到当时订入的典型条款会导致惊讶或艰难。这些条款如:否定适销性标准保证条款,或通常会附有保证的特定目的情形适用性条款……或者要求提出反对时间大大短于惯例或合理时间的条款。

5. 条款不包含不合理或者惊讶并因此在未及时发出反对通知被订入合同的例子诸如:提出并可能略微扩大卖方因其无法控制的意外原因而免责的条款,类似于本条文中关于因未能满足预先设定的条件而导致商人免责的条款……规定了在常规范围内提出反对/抗辩的合理时间……;规定逾期偿付发票的利息,或在贸易惯例范围内

---

[45] 正如下面将要显示的,即使附加条款消失了,它们也会产生效果,但这种效果并不阻止附加条款消失。

对卖方的标准信贷条款进行变更,并且不限制任何信贷议价;一项限制瑕疵拒绝权的条款,该缺陷属于通常贸易可容忍之承诺"调整"范围,或者以合理方式限制救济的条款(参见第 2-718 和第 2-719 条)。

一些案例支持在合同中订入承诺中的附加条款,这些条款虽然在通常意义上是重大的,但不涉及惊讶或艰难。例如,尽管仲裁条款在通常意义上有相当明确的重大性,但是在阿塞罗斯·普雷布里塞多斯公司诉特拉得阿贝得公司案(Aceros Prefabricados, S. A. v. TradeArbed, Inc.)[46]中,法院认为,承诺中要求所有争议都通过仲裁解决的附加条款成为合同的一部分,因为它并不属于惊讶或艰难检测的范围。同样,在南伊利诺伊州内河船赌场游轮有限公司诉三角绝缘和钣金公司案(Southern Illinois Riverboat Casino Cruises, Inc. v. Triangle Insulation and Sheet Metal Co.)[47]中,法院错误地认为,承诺中严重限制要约人救济的附加条款成为合同的一部分。第 2-207 条的正式评论建议,如果承诺中的附加条款会导致惊讶或艰难,那么它就会被删掉。一些案例表明,并不令人惊讶的附加条款不会被认为造成艰难。[48] 然而,大多数案例把惊讶和艰难作为彼此独立的检测。[49]

此外,根据第 2-207 条,附加条款只要满足第 2-207(2)(a)-(c)条的检测,就有可能成为合同的一部分,即使这些条款是在合同签订后提出

---

[46] 282 F.3d 92, 100 (2d Cir. 2002).

[47] 302 F.3d 667 (7th Cir. 2002).

[48] Union Carbide Corp. v. Oscar Mayer Foods Corp., 947 F.2d 1333, 1336-1337 (7th Cir. 1991); cf. Aceros, 282 F.3d at 101-102 (2d Cir. 2002).

[49] 例如,在马克森公司诉泰勒管业公司案[Maxon Corp. v. Tyler Pipe Indus., Inc., 497 N. E. 2d 570 (Ind. Ct. App. 1986)]中,法院说:……即使泰勒(要约人)对马克森发票中的赔偿条款并不感到惊讶,但如果该条款在泰勒不知情的情况下被订入,也将导致艰难,该条款无论如何都是一个重大改变。毫无疑问,如果在泰勒没有明确意识到的情况下订入,马克森的赔偿条款将带来严重艰难情形。就本质而言,将责任从过失方转移到无过失方的条款施加了艰难。因此,我们认为马克森的赔偿条款构成法律上的重大变更。Id. at 576. 同样,在霍宁公司诉福尔克纳玻璃公司案[Horning Co. v. Falconer Glass Industries, Inc., 730 F. Supp. 962, 967 (S.D. Ind 1990)]中,法院认为,尽管限制间接损害赔偿的条款基于行业惯例并不令人惊讶,但是该条款并未成为合同的一部分,因为其会导致艰难情形。

的。正如在阿塞罗斯·普雷布里塞多斯公司诉特拉得阿贝得公司案[50]中,《统一商法典》第2-207条的正式评论2指出：

> 根据《统一商法典》第2章,在商业理解中实际上已经完成的拟议交易被认为是合同。因此,旨在达成交易的书面文件或随后的确认书中包含的任何附加内容都属于第2款的范围,必须被认为是附加条款的提议……
>
> 因此,我们能够得出,阿塞罗斯和TA(TradeArbed)的合同是在1月12日成立的……之后的确认单将构成书面确认书,表明1月12日协议的附加条款,且分析将根据第2-207(2)条进行。

在对一个要约的回复中,附加条款就到此为止了。但是那些回复中的不同条款呢？第2-207(1)条规定"在合理时间内发出的明确和及时的承诺表示……即使包括了附加或不同于那些提供的条款,也可作为承诺……"相较而言,第2-207(2)条规定了承诺中附加条款的效力,但并未提及不同的——或许更准确的是,相冲突的——条款的效力。

对这些条款的一种可能的解释是,第2-207(2)条没有涉及不同的条款,因为没有必要这样做,或者是因为不同的条款必然会重大改变合同的条款,因此不适用第2-207(2)(b)条,或者是因为要约的条款对不同条款给出了默示的反对通知,因此不适用第2-207(2)(c)条。然而,这样的解释将违背第2-207条的目的,因为它将把法律从不受欢迎的最后一击规则转变为不受欢迎的最先一击规则。而在最先一击规则下,要约的条款将永远优先。法院通过第2-207(2)条不适用于承诺中存在不同条款的规则适当地避免了这一结果,并且如果合同是根据第2-207(1)条款成立的,则承诺和要约中的冲突条款都将被删除。[51] 这条规则被称为剔除规则(knockout rule),因为它的作用是将要约和承诺中相冲突的条款从合同中剔除出去。根据剔除规则,如果第2-207(1)条中的合同成立,则合同

---

[50] 282 F.3d 92, 98 (2d Cir. 2002).

[51] See Daitom, Inc. v. Pennwalt Corp. 741 F.2d 1569, 1578-1579 (10th Cir. 1984); Gardner Zemke Co. v. Dunham Bush, Inc., 850 P.2d 319, 326-327 (N.M. 1993).

将由以下条款构成:要约中未被承诺中相冲突条款剔除的条款,承诺中与要约条款不冲突且未根据第2-207(2)(a)-(c)条被剔除的条款,以及法律、贸易惯例等提供的条款。

剔除规则依靠几项支撑。第2-207条官方评论6提供了一项支持:

> 如果在附加条款提出后的合理时间内没有收到任何回复,则假定已经同意将它们包括在内,符合公平和商业合理。如果双方当事人发送的确认书上的条款有冲突,则必须假设每一方都反对另一方与自己发送的确认书上有冲突的条款。因此,满足了第2款中关于异议通知的要求,并且冲突条款不成为合同的一部分。合同由最初明确同意的条款、确认书同意的条款,以及本法提供的包括第2款在内的条款组成。书面确认书也受第2-201条的约束。根据该条,如果不作出答复,就可以执行先前的口头协议;而根据本条,如果未作出答复,附加条款就成为合同的一部分。

评论6提供的支撑是不可靠的,因为该评论似乎是针对合同订立后发送的确认书,而不是针对构成原始合同的格式。对剔除规则的一个更强有力的支持是,该规则使第2-207条以其意欲的方式运作,而并不授予任何一组条款以特权。

下面的假设阐明了剔除规则的应用:

> 希腊字母案。A给B发出一个由个性化条款和标准化条款ς、β、γ、δ和ε组成的格式要约。B以一个包含匹配个性化条款和标准化条款Eta、Theta、Iota、Kappa、Lambda和Omega的承诺来回复。承诺中的"Eta"和"Theta"不同于要约中的"ς"和"β"。承诺中的Iota与要约不冲突,但会实质性地改变合同。条款Kappa、Lambda和Omega与要约中的条款不相冲突、不会实质性改变这些条款或属于2-207(2)(a)-(c)的范畴。

在这个假设中,根据剔除规则,要约中的条款ς和β将不包括在合同中,因为它们与承诺中的条款Eta和Theta相冲突。承诺中的条款Eta和Theta出于同样的原因也将不包括在合同中。承诺中的Iota会不包括在合同中,因为它将使合同发生重大改变。合同将包含个性化条款、要约中的标准条款 γ、δ 和 ε、承诺中的标准条款 Kappa、Lambda 和 Omega,以及法律、贸易惯例等提供的条款。

2. 第 2-207(3) 条合同

第 2-207(1) 条的一个重要例外使该条的适用复杂化。根据第 2-207(1) 条最后一句的但书,如果承诺"明确表明以同意附加的或不同的条款为条件",则不成立合同。对符合此但书的要约作出回复的合同条款被称为附条件同意条款(conditional-assent provision.)。若要构成附条件同意条款,回复中只说明该承诺是以某些附加或不同的条款作为合同一部分为条件是不够的。相反,答复必须声明承诺以要约人同意这些附加或不同的条款为条件。[52]

由于在第 2-207(1) 条中,如果回复包含附条件同意条款,则合同没有成立。而如果回复包括这一条款,那么除非发生更多事情,否则要约人和受要约人都可以自由地退出提议的交易。但是我们假设确实有更多事情发生。具体来说,假设尽管根据第 2-207(1) 条,合同没有成立,但卖方船运了货物,买方接受了该船运货物。在此种情况下,合同并非根据第 2-207(1) 条,而是根据第 2-207(3) 条成立,该条规定"双方承认合同存在的行为足以确立一份销售合同,尽管双方的书面文件并未以其他方式确立合同"。根据第 2-207(3) 条成立的合同条款包括"当事人书面同意的条款,以及根据本法其他条款纳入的任何补充条款"。

根据第 2-207(3) 条成立的合同与根据第 2-207(1) 条和剔除规则成立的合同相似,但不完全相同。如果合同是根据 2-207(1) 成立的,那么

---

[52] 即使在此种情况下合同也可以订立,但合同不是根据第 2-207(1) 条通过格式交换而订立的,而是根据第 2-207(1) 条通过相关商品的交付和接受订立的。一个更难的问题是,如果接受被认为属于第 2-207(1) 但书的范围,需要什么语言。一些法院实际上认为,除非回复的语言实际上与附条件同意但书中的语言一致,否则,回复将不属于但书的范围。See, e.g., Dorton v. Collins & Aikman Corp., 453 F.2d 1161, 1167-1169 (6th Cir. 1972). 其他法院采取了不那么严格的观点。See, e.g., Step-Saver Data Sys., Inc. v. Wyse Tech., 939 F.2d 91, 101-102 (3d Cir. 1991).

在剔除规则下,要约和承诺中相冲突的标准化条款相互剔除,但是要约中的标准化条款会成为合同的一部分,除非它们也因剔除规则而被剔除。相反,根据第2-207(3)条,除非在回复中有相匹配的条款,否则要约中的每个标准化条款都会被剔除。[53] 在实践中,这意味着如果要约和回复中的标准化条款之间互不冲突,那么其将构成合同的一部分。以希腊字母案为例。根据第2-207(1)条,要约中的Kappa、Lambda和Omega条款将成为合同的一部分,因为承诺中不存在与之相冲突的条款,这些条款因而不受剔除规则约束。然而,根据第2-207(3)条,这些条款不会成为合同的一部分,因为它们与回复中的条款不匹配。

五、主观承诺

如果要约人进行选择,他也许可以根据受要约人主观的接受决定而认可一个承诺。要约人为什么愿意认可这样一个承诺呢?一种可能是,要约人想使其合同尽早成立。《合同法重述(第二次)》第56条示例2对这种情况进行了说明:

> A通过B保险公司的代理人提出人寿保险的书面申请,支付第一笔保险费,并在B的家庭办公室(home office)收到收据,该收据说明保险"自申请批准之日起生效"。按照B的通常做法,即使没有采取任何措施通知A,在B的家庭办公室进行批准也是对A要约的承诺。

另一种可能性是,要约是由受要约人为要约人的签名准备的,且受要约人想要要约人认可受要约人的主观承诺。例如,在国际过滤器公司诉康罗公司案(International Filter v. Conroe Gin, Ice & Light Co)[54]中,总部

---

[53] See, e.g., Diamond Fruit Growers, Inc. v. Krack Corp., 794 F.2d 1440, 1444 (9th Cir. 1986)[与普通法的最后一击规则不同,后者将优势给予发送最后一份格式的一方,而第2-207(3)条实现了一个更加中立的结果,"未给予任何一方它试图单方面强加给另一方的条款"]; Jom Inc. v. Adell Plastics, Inc., 193 F.3d 47, 53 (1st Cir. 1999)。

[54] 277 S.W. 631 (Tex. Comm'n App. 1925).

设在芝加哥的国际过滤器公司制造用于制冰的水质净化器,工厂和办公室都位于得克萨斯州的康罗公司制造冰。1920年2月10日,沃特曼,一名国际过滤器公司的销售员,在康罗公司的办公室向康罗公司的经理亨利·汤姆普森(Henry Thompson)展示了以下文书:

> 先生们:
>
> 我们建议在芝加哥依照FOB(离岸价)的方式,提供一个二号小(钢制储罐)国际水质软化器和过滤器,以净化所提交样品中显示的水质……价格为1 230美元……本建议书一式两份,经买方接受并经国际过滤公司芝加哥办事处执行官(executive officer)批准后成为合同。任何变更只能通过双方当事人签署的正式批准的补充协议进行。
>
> 本建议书已提交,请立即承诺,除非被承诺,否则如有变更,恕不另行通知。
>
> 恭敬地呈交,
> 国际过滤器公司
> W. W. 瓦特曼。

汤姆普森在该文书上写道,"1920年2月10日,由亨利·汤姆普森经理接受康罗公司"。并补充道,"在3月10日前发货"。2月13日,国际过滤器公司总裁在芝加哥办事处签署了该文书,"好的,1920年2月13日,P. N. 恩格尔"。

尽管该文书有国际过滤器公司发出要约的界面(我们提议提供……),并且无疑是由国际过滤器公司准备的,但在法律上而言,该文书是康罗公司而非国际过滤器公司的要约。要约是一种仅以受要约人的承诺为条件做出交易的提议(proposal)。根据该文书的条款,康罗公司不能通过承诺达成交易。相反,只有当该提议被康罗公司接受,然后主观地"由国际过滤器公司在芝加哥的办事处的执行官批准"时,交易才会达成。因此,该文书不可能是承诺。相反,它构成了康罗公司的要约,由国际过滤器公司通过总部的执行官的主观(即无需沟通)批准而得以承诺。

认可主观承诺的要约涉及三个基本问题。

第一，如果受要约人主观上承诺，合同应当成立吗？答案是肯定的。这里应当由要约人去决定主观承诺是否充分，而如果要约被适当地解释为接受主观承诺，这种承诺就应当充分。国际过滤器公司案即持此观点。康罗公司认为，恩格尔未经沟通的签名并未成立合同，但法院却不同意："在这里，以要约人规定的特别方式进行承诺的事实成立……恩格尔在芝加哥于文件上签署'是的'……即进行了承诺。"

第二，主观承诺必须客观地表示出来吗？也许在大多数情况下，就像在国际过滤器公司案中一样，存在一个客观表示。然而，如果要约被适当地解释为无论客观上是否表示出来都认可主观承诺，法律就不应附加客观表示的要求。

第三，假设合同是由主观承诺成立的，那么是否应要求受要约人通知要约人他已经主观接受了要约？在国际过滤器公司案中，要约人康罗公司认为，即使恩格尔的"好的"是承诺，受要约人国际过滤器公司，也必须将其承诺通知康罗公司，但其并未这样做。法院认为并没有此种要求。[55]《合同法重述（第二次）》第56条示例2采取了相同立场。此立场很难与单方合同情况下要求履行通知的规则相一致，因为在此种情况下，一方当事人的履行引起另一方当事人注意的可能性，比另一方当事人的主观决定引起注意的可能性更大。受要约人很容易给出这样的通知，公平起见，他也有义务这样做，这是合同法中另一类型的救助义务。

六、电子承诺

今天，消费者合同和商业合同通常由电子交易形成。以下两项特别

---

[55] 拒绝通知要求特别强烈，因为国际过滤器公司是否发出了通知是有争议的，法院本可以此为由作出判决。1920年2月14日，国际过滤器公司给康罗公司写了一封信，内容如下：1920年2月14日。经理亨利·汤普森先生请注意。德克萨斯州康罗市康罗公司——先生们：感谢您向沃特曼先生订购2号小钢制储罐国际过滤器公司软化剂和过滤器，110伏，60套，单相电流—3月10日装运。请及时装运水样，以便我们在装运仪器前进行分析并了解水的特性。装运标签是[随附的]，请注意包装说明，以防冰冻。Id. at 632. 法院说，"即使要求通知的话，2月14日的信件……充分传送了通知"。Id. at 633。

法规可能与电子缔约有关:《统一电子交易法》(UETA)与《全球和全美电子签名法》(《电子签名法》)。UETA 是全国统一州法委员会提议州立法机构通过的一项示范法。虽然 UETA 本身没有法律效力,但几乎每个州都通过了这一法律并使之具有法律效力。《电子签名法》是一个联邦法,通常与 UETA 相似。由于《电子签名法》是一项联邦法,因此它通常优先于 UETA 适用。然而,《电子签名法》规定,在有限的例外情况下,各州可以通过适用 UETA 来取代《电子签名法》。因为除了个别几个州,其他州都通过了 UETA。因此除了个别几个州之外,UETA 都优先于《电子签名法》适用。

为了反映电子缔约的广泛使用,"记录"(record)一词已开始包括书面和电子通讯。UETA 和《电子签名法》都将"记录"定义为,"书写于有形介质上或存储于电子介质或其他介质并且能够以可感知形式提取的信息"[56]。在电子缔约的基本形式中,A 向 B 发出电子要约,B 以电子承诺回复。在一种更特别的形式中,除了软件程序的设计和安装,要约和承诺都是由计算机在没有人工交互的情况下做出的。[57] 例如,在一类被称为电子数据交换(EDI)的电子商务中,标准化格式的数据在计算机之间进行电子传输。[58] 在完全自动化的电子数据交换环境中,贸易伙伴开发软件程序,该程序完全排除了人类对特定类型交易的决策。例如,A 可以对其计算机进行编程,以便当 A 特定商品的库存低于指定水平时,该计算机将自动生成并向 B 的计算机发送适当的采购单,包括关于描述、价格、数量等的条款。与此相似,B 也可以对其计算机进行编程,以自动接受来自 A

---

[56] UNIF. ELEC. Transactions Act § 2(13), 7A pt. 1 U.L.A. 227 (1999); Electronic Signatures in Global and National Communications Act § 106(9), 15 U.S.C. § 7006(9) (2015).

[57] See generally 2 Samuel Williston, *Williston on Contracts* § 6:41 (Richard A. Lord ed., 4th ed. 1990)(详细说明规范电子方式承诺的规则和实践的现状)。

[58] 电子数据交换信息的传输可以直接在双方之间进行,也可以通过服务提供商进行,服务提供商是电子数据交换传输的通信渠道,发挥电子邮件处理系统的作用。他们可以维护电子邮箱,贸易伙伴能将通信放入电子信箱中。它们还可以与其他服务提供商互连,以允许提供商各自的客户能够互相通信。See Elec. Messaging Task Force, The Commercial Use of Electronic Data Interchange—A Report and Model Trading Partner Agreement, 45 *Bus. Law.* 1645 (1990)。

的任何采购单,以上条款都属于预先定义的参数范围。此种程序允许订单(要约)、接受、运输、开发票和付款均以电子方式发生,无需人工介入。[59]

七、承诺何时生效

一般来说,大多数合同交流(communication)都是在收到时生效。然而,承诺是以一种特殊方式被对待的。根据仍在遵循的早期规则,如果承诺是通过邮件发送的,那么除非要约另有规定,否则只要承诺是通过要约人指定的方式发送,或者虽然要约人没有指定,但却是通过合理方式发送,该承诺在发送时即生效。此规则被称为邮箱规则(mailbox rule)或发送规则(dispatch rule),其通常与一个著名的英国案例亚当斯诉林赛尔案(Adams v. Lindsell)[60]有关。邮箱规则要求,承诺必须以及时且适当的方式发送。但是,除非要约人规定了传递承诺的媒介,否则即使受要约人未使用通常媒介或者合理注意发出承诺,只要承诺按时到达,合同也成立。因此,《合同法重述(第二次)》第 67 条规定,如果承诺按时发出,虽然采用了不合适的媒介或者没有得到合理的注意,但仍然按时到达,那么承诺在发出时即生效,就如同它被适当地发出一样。[61]

在考虑这个问题时,承诺应当什么时候生效,必须注意以下三点。

第一,此问题往往出现在不同语境中,而在不同语境中可能需有不同考虑。下面将讨论最重要的语境。

第二,在许多语境下,无论是发送规则还是接收规则都是正当的。普通法系和大陆法系在这个问题上的分歧很好地说明了这一点。一般来

---

[59] See Id. at 1655-1657.
[60] (1818) 106 Eng. Rep. 250; 1 B. & Ald. 681.
[61] See Restatement Second § 67.

说,普通法系在承诺问题上使用发送规则,大陆法系则使用接收规则。[62]

第三,该问题可能会受到承诺传输模式的影响。为便于分析,本节首先检验使用普通邮件发送承诺的效力,然后检验使用其他传输模式的效力。

下面讨论有反复场景下的生效时间问题:

1. 撤销与承诺交叉

撤销与承诺交叉是生效时间问题产生的一种场景。假设 A 在 6 月 1 日给 B 发了一封邮件。邮寄过程为两天,B 在 6 月 3 日收到邮件。B 在那一天通过邮件接受了该要约,他的承诺在 6 月 5 日到达 A。然而,与此同时,A 在 6 月 2 日向 B 发出了撤销通知,通知于 6 月 4 日送达 B。此时,撤销在承诺发出之前发出,并且在 A 收到承诺之前到达受要约人 B。然而,根据邮箱规则,合同是成立的。因为与大多数其他合同通信一样,撤销只有在收到时才有效(6 月 4 日),而承诺在发出时即有效(6 月 3 日)。

在此种情况下,支持邮箱规则的一个理由是,它将开始履行的时间推至尽可能早的日期。在邮箱规则下,只要受要约人发送了承诺,他就可安全地开始履行。相比之下,根据接收规则,直到邮寄时间经过且没有收到撤销通知时,通过邮件接受的行为人才能安全地开始履行。如果假设大多数要约人很可能不会撤销要约,那么要约人可能更倾向于采用邮箱规则,因为尽快开始履行通常符合其利益。

---

[62] See United Nations Convention on Contracts for the International Sale of Goods (CISG) art. 18(2), 1489 U.N.T.S. 3, 62.《联合国国际货物销售合同公约》第 18(2)条采纳了接受规则: "在计算接受期间时,接受期间内的正式假日或非营业日应计算在内。但是,如果接受通知在接受期间的最后 1 天未能送到发盘人地址,因为那天在发盘人营业地是正式假日或非营业日,则接受期间应顺延至下一个营业日。"但是第 18(2)条必须与第 16(1)条结合起来解读,后一条规定:"在未订立合同之前,发盘得于撤销,如果撤销通知于被发盘人发出接受通知之前送达被发盘人。"换言之,根据《联合国国际货物销售合同公约》,一旦受要约人发出承诺,要约人就不能再撤销承诺,但如果承诺在邮寄中丢失,则不存在合同。因此,《联合国国际货物销售合同公约》和普通法都保护受要约人,避免承诺发出后撤销的可能性,但《联合国国际货物销售合同公约》将通信丢失的风险置于受要约人而不是要约人身上。

2. 传送延迟或失败

在另一种情况下，适当发送的承诺有时没有到达要约人，有时则因延迟而超过了承诺的时间。例如，假设卖方以 2 万美元的价格通过邮件向买方出售黑地，并给买方五天时间。买方立即发出一封承诺信，但该信未被寄到，从未送达给卖方，或在 20 天后才送达卖方。在等了 10 天之后，卖方认为买方不感兴趣，于是将黑地卖给其他人。在此种情况下，买方无法预料到他的承诺未能及时送达卖方，也根本没法预期其本会拥有的黑地会在自己占有的情况下被处分。*

此种情况提出了一个难题。一方面，邮箱规则的应用将允许受要约人在尽可能早的日期（即在发出承诺后立即）开始履行，这将有利于要约人，因为只有极少数情形通信才可能丢失或延迟到达。另一方面，不同于撤销和承诺交叉中要约人知道受要约人决定承诺的情况，在延迟和未能到达的情况下，要约人可能会认为受要约人决定不接受要约。此处的原理是，邮箱规则适用于延迟和无法到达的情况。[63] 然而，在此语境下，预期损害赔偿似乎过高。因此，一个更好的规则是，使要约人只对受要约人的信赖损失承担责任。

3. 什么法律管辖合同

如果合同与两个或两个以上的法域有关系，根据传统的法律选择规则，合同成立地是决定由哪一法域的法律管辖的主要因素。因此，如果承诺在发出时有效，那么发出承诺之法域的法律通常将管辖该合同。相比之下，如果承诺仅在收到时才生效，那么收到该承诺之法域的法律通常将管辖该合同。

---

* 这里的处分有特定语境基础。在普通法的不动产买卖中，当事人订立合同时，买方就取得该不动产的衡平法所有权（equitable title），卖方保留的普通法所有权（legal title）只是作为买方付清价款的担保。——译者注

[63] 邮箱规则通常也适用于合同或合同法要求的通知。

4. 选择权

包括《合同法重述(第二次)》在内的一些法律认为,在选择权的情况下,承诺在接收之前是不生效的。[64] 但是将选择权与其他要约区别对待并无充分理由,其他法律也将邮箱规则应用于选择权的行使。[65]

5. 受要约人改变主意

另一个问题是受要约人在发出承诺之后很快发出了对要约的拒绝或对该承诺的否认。根据通信发送和接收的顺序,这个问题有多种排列方式。此种情况下的规则应当是,承诺通常在发出时即生效,合同就在此时成立。但如果后来发送的拒绝或否认导致要约人认为,受要约试图不受承诺约束,并且要约人根据此信赖实施了行为,应当禁止受要约人根据合同提起诉讼。[66] 在这些问题上几乎没有判例法。《合同法重述(第二次)》采用了多种规则,其中大部分与上述规则一致。然而,至少存在一种例外情况:《合同法重述(第二次)》第40条规定:

> 在要约方收到之前,通过信件或电报进行的拒绝或反要约并不终止承诺的权力,但却限制了这种权力。这使得发出其他生效的拒绝或反要约之后开始的承诺信件和电报只是一个反要约,除非要约人在收到拒绝或反要约之前收到承诺。

在这个相当烧脑的规则下,如果(1)发出拒绝或反要约,然后(2)发出承诺,之后(3)收到拒绝,最后(4)收到承诺,合同即不存在。该规则下的结果并不取决于要约人是否信赖该拒绝或否认。第40条的规定清楚地表明,此规则是基于信赖的可能性,而不是基于实际的信赖。该规则没有什么可取之处。

---

[64] Scott-Burr Stores Corp. v. Wilcox, 194 F.2d 989, 990-991 (5th Cir. 1952); Cities Serv. Oil Co. v. Nat'l Shawmut Bank, 172 N. E. 2d 104, 106 (Mass. 1961);) *Restatement Second* §63.

[65] Shubert Teatrical Co. v. Rath, 271 F. 827, 833-834 (2d Cir. 1921); Palo Alto Town & Country Vill. v. BBTC Co., 521 P.2d 1097, 1101 (Cal. 1974).

[66] 就发出规则适用于电话承诺,see 2 Williston, supra note 57 §6:34。

6. 拒绝之后的承诺

拒绝是受要约人拒绝要约的一种表达。其原理是,与承诺之外的大多数合同通信一样,拒绝只有在收到时才生效。[67] 然而,当受要约人首次发出拒绝但之后改变了想法,并在拒绝被收到前发出承诺时,就会出现特殊问题。由于承诺在发出时生效,拒绝在收到时生效,如果邮箱规则被适用于此种情况下,合同将在承诺发出时成立,即使要约人在收到承诺前收到拒绝也是如此。然而,在此种情况下,受要约人的预期将是,谈判因受要约人的拒绝而终止。如果要约人形成了该预期且信赖该预期,那么受要约人应当且将被禁止执行合同。[68] 虽然后到达的承诺没有承诺的效力,它也应像反要约那样生效,并在原始要约人处产生承诺的权力。如果要约人未收到拒绝就收到了承诺,那么他的预期即是合同已经成立,且该预期应受到保护。因此,在此种情况下,后到达的拒绝不具有拒绝的效力,也不能免除受要约人的合同责任。然而,如果要约人相信拒绝是拒绝履行合同并依赖于该相信,那么受要约人应当且确实会被禁止反悔执行合同。

7. 废弃承诺

对承诺的废弃(repudiation of an acceptance)是发出承诺的受要约人发出的通信,表明他已经改变主意,不意图受承诺的约束。在拒绝的情况下,受要约人会拒绝要约。而在废弃的情况下,受要约人将撤回其先前的承诺。因此,废弃通知只有在承诺被发出之后才能发出,因为在承诺发出前并无可废弃之物。当受要约人既发出了承诺又在之后发出了废弃通知时,就需要讨论何种通信将首先到达的问题。如果承诺先到达,要约人的预期是合同已经成立,后到达的废弃通知不应推翻该预期。《合同法重述

---

[67] See *Restatement Second* § 40.
[68] See *Restatement Second* § 63.

(第二次)》采取了这一立场[69],尽管情况各异。[70] 此外,如果合同没有按照这种顺序成立,受要约人可以通过邮寄进行承诺,然后在邮寄过程中观察市场,从而以要约人的代价进行投机。如果市场朝着有利于受要约人的方向发展,他可以让承诺继续,这样合同就可以成立。如果市场对他不利,他可以通过一种更快的通信方式来废弃此承诺,以使其无效。如果废弃通知最先到达,要约人应当能够予以信赖。而一旦他予以信赖,受要约人就应当且确实会被禁称该合同已成立。

8. 撤回承诺

当受要约人发出承诺然后设法在承诺到达要约人之前撤回该承诺时,承诺之撤回即得以发生。例如,受要约人可以邮寄承诺信件然后从邮局撤回。但少有法律对这一问题进行规范。《合同法重述(第二次)》的立场是,邮箱规则可适用于这种情况——也即当承诺发出时,合同成立,撤回由此并不生效。[71] 由于邮箱规则的最佳正当理由是将履行提升到尽可能早的日期,并且如果要约人在要约被送达之前撤回了要约,受要约人即不会开始履行,因此,《合同法重述(第二次)》里相关规则的理由难于寻找。此外,还存在一个必然的实际问题:由于要约人从未收到过承诺,他可能永远不会知道承诺已被撤回。

9. 对设定承诺期限的要约的解释

假设以下事实:4月1日,A通过邮件向B发出要约。邮寄时间为两天。根据条款,要约的有效期截至4月5日。B于4月3日收到要约,并于4月4日寄出承诺函。B的承诺在4月6日到达。也就是说,B的承诺在4月5日之前发出,但在4月5日之后才被收到。A的要约应被解释为

---

[69] See id.

[70] Compare Morrison v. Thoelke, 155 So. 2d 889, 905 (Fla. 1963)(合同成立)with Dick v. United States, 82 F. Supp. 326, 328-329 (Ct. Cl. 1949) (合同未成立)。

[71] *Restatement Second* § 63; see G.C. Casebolt Co. v. United States, 421 F.2d 710, 711 (Ct. Cl. 1970).

意味着 B 必须在 4 月 5 日之前发出承诺,还是意味着 A 必须在 4 月 5 日之前收到承诺?对此,更好的解释是,承诺必须在 4 月 5 日前发出,这一结果得到了判例法的支持。[72]

如果要约规定其必须在指定期间内被承诺,比如说 10 天,那么会产生一个相关问题:该期间是从收到要约之日起算还是从发送之日起算?对此,一个更好的解释是,该期间从收到要约之日起算,这一结果也得到判例法的支持。[73]

八、新的传输模式

455　　规范承诺生效时间的规则是在最初制定的,那时基本的通信方式是面对面和邮件。根据这些规则,邮寄的承诺由发出规则予以规范。相反,面对面的承诺则被认为受接收规则的规范。换言之,只有当承诺被要约人听到时,面对面要约的承诺才会生效。在面对面的对话语境下,承诺效力的判定为何会涉及发出规则抑或接收规则是不清楚的,因为发出和接收几乎总是同时发生:通常不会发生 A 和 B 面对面交谈,A 接受 B 的要约但 B 却没有听到承诺的情形。此规则很大程度上是由评论家而非法院构建的。因此,很少有案例会依赖于面对面承诺何时生效。此规则可能是古典合同法反邮箱规则的产物,邮箱规则似乎违反了合同表示必须经传达方能生效的公理。

随着时间的推移,新技术引发了新的通讯方式,如电话、电报和电传等电子通讯方式,以及后来的电子技术,如传真和电子邮件。这些新方式的出现带来了新的问题,即新方式下的承诺是在发出时生效还是在收到时生效。[74] 这也引发了以上新技术是"更像"面对面通讯还是"更像"邮件的肤浅的学究式调查。然而谁在乎呢?除非受要约人使用一种具有高

---

[72] See Falconer v. Mazess, 168 A.2d 558, 559-560 (Pa. 1961).
[73] E.g., Caldwell v. Cline, 156 S.E. 55, 56 (W. Va. 1930).
[74] See 2 Williston, supra note 57 §6:34.

失败风险的传输方式,否则很难理解为什么各种传输方式不应当被同等对待。尽管如此,当承诺的生效日期作为新技术背景下的问题出现时,包括《合同法重述(第二次)》在内的一些权威渊源已经机械地将相关技术归入邮件和面对面这两个传统范式:基于该技术是否类似于面对面通讯,因为它实质上涉及即时传输和直接且立即的交互,或者类似于通过邮件的通信,因为其不内在地涉及以上传输和交互。例如,《合同法重述(第二次)》第64条规定,"通过电话或实质即时的双向通讯的其他媒介做出的承诺,受适用于双方当事人在场作出承诺的原则的规范"。

在少数涉及电报以外的新技术的案件中,大多数涉及电传,且涉及以法域选择而讨论合同于何处成立的问题。美国的判例认为,至少就这些目的而言,电传承诺是有效的,因此一份合同在发出时即成立。[75] 诸多关于承诺生效日期的评注是无意义的、过时的或者两者兼而有之。电话承诺,如同面对面的承诺一样,不太可能听不到。而电报和电传实际上已经消失了。尽管电子邮件和其他电子通讯不一定同时发送和接收,但发出和接收之间的时间间隔通常以秒或分钟计算。此外,评论者倾向于使用传统检测机械地处理较新的通讯方式,即该方式是更像面对面交流还

---

[75] For example, in General Time Corp. v. Eye Encounter, Inc., 274 S.E.2d 391, 394-395 (N.C. 1981),法院认为,如果一份电传承诺是从北卡罗莱纳州发出的,那么合同是在北卡罗莱纳州订立的,因此可以在该州提起诉讼。In Norse Petroleum A/S v. LVO Int'l, Inc., 389 A.2d 771, 773 (Del. Super. Ct. 1978) 法院认为,如果电传承诺被发送到挪威,则受挪威法律管辖。两个英国案例看起来正好相反。In Entores Ld. v. Miles Far East Corp., [1955] 2 Q.B. 327 at 334,法院认为,如果合同是通过诸如电传等即时通信方式订立的,仅当要约人收到承诺时,合同才成立。因此,如果通过电传将承诺从阿姆斯特丹发送到伦敦,则合同是在英国订立的,因此可以在英国就合同提起诉讼。以下案件也得出了类似结果:Brinkibon Ltd. v. Stahag Stahl und Stahiwarenhandels GmbH, [1983] AC 34 (H.L.) at 42-43.《统一电子交易法》以及《电子签名法》没有提到该问题。《统一电子交易法》第15条则详细规定,电子记录什么时候被认为是发出了。

UETA and E-SIGN don't address the issue. UETA Section 15 specifies in detail when an electronic record is considered to be sent. Unif. Elec. Transactions Act § 15, 7A pt. 1 U.L.A. 274 (1999).然而,该条的评论认为:"一旦确定发送已经发生,发送的效果及其意义就由其他法律确定。"H (Emphasis added.) Id. at 275 cmt. 2. "其他法律"大概包括合同法。《电子签名法》也具有相同效果。相比而言,在此类电子通讯情况下,《统一计算机信息交易法》第215条意在将接受规则替换为邮箱规则。Unif. Comput. Info. Transactions Act § 215, 7 pt. 2 U.L.A.327 (2002).然而《统一计算机信息交易法》只在两个州被采纳。

是更像邮件互动，这一问题的答案据说取决于该方式是否包含"实质即时的双向通讯"。此结论似乎是由经典合同法公理推理而非规范性考虑所驱动的。例如，威利斯顿的第四版著作指出，"当争议围绕着一个纯粹的问题，即一个要约是否被接受从而使合同订立时，法院应当采取理论上更合理的观点，将这些情况与当事人双方都在场的情况进行类比"[76]。总的来说，这一切都是无事生非，而且情况通常不符合评论家的观点。例如，评论家通常将电话通信归入面对面的类别，因此只有在被听到时，承诺才生效，而法院通常将发出规则应用于电话对话，承诺因此在被说出时生效。

关于较新的传输方式的真正问题其实很简单：是否有一个功能性的理由来区分这些方式中的承诺和邮件承诺？答案是没有。因此，如果发出规则在邮件语境中被认为是适当的，那么它在其他语境中也应当被遵循。尽管关于这个问题的法律并不统一，而且相对来说也很少，但这些少数相关案例中的多数确实将发出规则应用于较新的技术。

---

[76]　2 Williston, supra note 57, § 6:34, at 460-461.

第三十三章　受要约人承诺权的终止

要约赋予受要约人承诺权,即与要约人达成交易的权力。许多要约和承诺之法律都会关注一个问题:什么种类的事件和表达会终止这一权力?本章和接下来的章节将解决这一问题。予以考虑的事件和表达的类型包括失效、双方合同要约的撤销、单方合同要约的撤销、间接撤销、公开要约的撤销,以及死亡或无行为能力。

一、失效

最常见的终止承诺权的事件也许是失效。失效教义以该概念为核心,即接受一个要约在某个时间点已经太迟了。这样看来,该概念似乎很简单。但困难的是确定迟延多长时间构成这里的"太迟"。

1. 一般规则

部分要约会规定特定的承诺日期或期限。这类要约很少引起失效的争议。更确切地说,大多数失效问题发生在要约没有规定特定承诺日期或期限时。这种情况下的原理是,在一段合理的时间到期后,承诺权即失效。[1] 但该规则过于简单化了,因为其并未考虑主观意图,而根据一般解释原则,解释表达时可以适当考虑主观意图。法院应当考虑这些意图,以确定该要约是否已失效。例如,在麦克蒂尔行政官诉弗里思案

---

[1] *Restatement (Second) of the Law of Contracts* §41(1) (Am. Law Inst. 1981) [hereinafter Restatement Second]。

(Mactier's Administrators v. Frith)[2]中,买方和卖方都对一批从法国运往纽约的白兰地感兴趣。圣多明各的卖方写信给纽约的买方,提议买方接管卖方的权益。在收到这封信两个月且白兰地到达纽约两个星期后,买方发出了承诺。在邮件中买方的承诺与卖方合同信件中的更新交叉而过。法院认为,卖方的新信件与不可撤销的要约是否失效有关,因为该信件表明卖方主观上认为要约仍然有效。[3]

其他案例也通过弃权理论得出了相同结果。例如,在福布斯诉卫理公会圣公会传教会案(Forbes v. Board of Missions of Methodist Episcopal Church)[4]中,5月14日,经过长时间的讨论后,要约被做出。该要约包括一份经过A签字的书面合同,内容包括以指定约因将不动产转让给B。八个月后,B签订了合同,并通过中介将该合同交付给A。A向中介提交了一份收据。法院认为,A虽然本可以太迟是为拒绝B的承诺,但是A放弃了对该迟延提起诉讼的权利,未对承诺提出异议,并接受了中介提供的合同,向中介提交了收据。[5]

2. 对话规则

失效的原理还需要一些特殊规则作为补充,最显著的特殊规则涉及对话过程中做出的要约。《合同法重述(第二次)》第41条的评论对相关规则表述如下:

> 如果当事人面对面或通过电话进行交易,除非表明相反的意图,否则承诺的时间即不能超过谈话结束的时间。

示例4对该规则进行了阐释:

> 在A和B的对话过程中,A向B发出要约,但B没有回应。几

---

[2] 6 Wend. 103 (N.Y. 1830).

[3] Id. at 122-123. See also R.E. Crummer & Co. v. Nuveen, 147 F.2d 3, 5 (7th Cir. 1945). (如果当事人认为要约继续有效,那么即使经过一段合理时间,要约也不会失效)。

[4] 110 P.2d 3 (Cal.1941).

[5] Id. at 9-10. 其他适用弃权理论得出相似结果的案例, See Sabo v. Fasano, 201 Cal. Rptr. 270, 274 (Ct. App. 1984); Davies v. Langin, 21 Cal. Rptr. 682, 685-686 (Ct. App. 1962).

个小时后，A又和B见面，B说他接受该要约。除非要约或情况表明要约意图在直接对话结束后继续存续，否则合同不成立。

根据此规则，如果要约是通过对话之外的其他方式作出，那么该要约可能仍然有效，这种要约被推定为失效仅是因为它是通过对话作出的。但是，谈判当事人似乎不可能总得出这种结论，即通过对话作出的要约通常在对话结束时失效，而以其他方式作出的要约则不会如此。也许正是出于这个原因，对话规则通常被阐述为推定。正如《合同法重述（第二次）》所说，当"表明了相反的意图"或"情况表明该规则不适用"时，该推定即可能被推翻。

对话规则主要在次级法源（secondary authorities）而非判例法中得到支持。在少数几个解决该问题的案例中[6]，有的案例偏离了该规则，有的则似乎拒绝适用该规则。例如，在德士龙公司诉弗勒利克案（Textron, Inc. v. Froelich）[7]中，一家钢铁线材制造商口头向一家钢铁经纪商发出要约，以详细说明的数量和价格出售两种规格的钢棒。经纪人口头回答说，其客户可能愿意购买这些钢棒，但希望在接受该要约之前与客户核实。五周后，经纪人打电话给制造商，同意以最初提议的价格购买其中一种规格的钢棒。两天后，该经纪人又表示愿意以先前提议的价格购买另

[6]《威利斯顿论合同法》的第一版只引用了两个案例来支持此规则：Mactier's Adm'rs v. Frith, 6 Wend. 103 (N.Y. 1830), and Vincent v. Woodland Oil Co., 30 A. 991 (Pa. 1895)。1 Samuel Williston, *The Law of Contracts* §54, at 92 & n.33 (1920). 科宾的著作则未引用任何案例。1 ArthurL. Corbin, *Corbin on Contracts* §29, at 84-88 (1963). 今天，这两本著作也只引用了另外三个案例：Akers v. J. B. Sedberry, Inc., 286 S.W.2d 617 (Tenn. Ct. App. 1955); Textron, Inc. v. Froelich, 302 A.2d 426 (Pa. Super. Ct. 1973); and Wagenvoord Broadcasting Co. v. Canal Automatic Transmission Serv., Inc., 176 So. 2d 188 (La. Ct. App. 1965). See 1 Samuel Williston, *The Law of Contracts* §5:7, at 953 & n.4 (Richard A. Lord ed., 4th ed., 1990); 1 Arthur L. Corbin, *Corbin on Contracts* §2.16, at 207 & n.7 (Joseph M. Perillo ed., rev. ed. 1993). 在威利斯顿与科宾引用的案例中和在Mactier's Administrators案中，要约是在信件而非对话中作出的；Of the cases cited by Williston and Corbin, in Mactier's Administrators the offer was made in a letter, 6 Wend. at 120, 而且在Vincent and Wagenvoord案中，问题是要约是否有效撤销了。Vincent, 30 A. at 991; Wagenvoord, 176 So. 2d at 190. 文森特案也强调，要约的标的，产油井容易受到价值波动的影响，这就提出了一种假设，即时间至关重要，新的开发随时都可能严重影响油井的价值，当事人都理解这一点。Vincent, 30 A. at 991。

[7] 302 A.2d 426 (Pa. Super. Ct. 1973).

一种规格的钢棒。但该经纪人随后又拒绝购买这些钢棒,声称没有成立合同,因为根据对话规则,他的承诺并不及时。制造商提起诉讼。初审法院驳回了制造商的主张,但宾夕法尼亚州高等法院推翻了初审法院的判决:

> 在很多情况下,法官可以依据法律认为,在一系列对话中作出的口头要约会随着对话结束而失效。如果无法确定何为合理解释,那么就应由陪审团做出最终决定。在本案中,上诉人告知被上诉人,他希望在接受要约之前有时间联系一些客户,这对该钢材中介来说是极为自然的举动。在此种情况下,陪审团往往会认为,口头要约会在对话结束后继续存续。[8]

3. 未通知受要约人其承诺过迟

假设 A 向 B 发出要约,但该要约未声明承诺日期或期限。B 在合理时间经过后接受了要约,但对 B 而言,其可以相信且确实相信该接受时间是合理的。在此种情况下,规则应当且也确实是:尽管承诺不构成合同,但基于公平,要约人有义务去通知受要约人该承诺过迟。如果要约人未尽到这一义务,他将承担合同责任。正如菲利普斯诉摩尔案(Phillips v. Moor)[9]所述:

> 对要约人有约束力的要约必须在合理时间内被接受……但是,在受要约人在其认为合理的期限内向要约人表明接受要约的意图时,根据善意原则(good faith),如果要约人因该迟延而打算撤销要约,应立即向受要约人表明这一撤销意图。否则即被视为放弃任何

---

[8] Id. at 427. See also Caldwell v. E.F. Spears & Sons, 216 S.W. 83 (Ky. 1919).原告的代理人科布(Cobb)做证说,被告报价接受每磅大麻10分,而科布回答说:"好吧,我想看看今天我能为农民们在寻找农作物等方面做些什么;我会让你知道的。"Caldwell, supra, at 84。第二天,科布接受了被告的报价。初审法院指示陪审团为原告寻找证据,是否它以证据相信要约不局限于发出要约的那一天,并且陪审团做出了支持原告的判决。上诉法院维持原判。"……问题是,根据本案的情况,第二天承诺传达是否在合理的时间内。答案应当是肯定的,我们认为这是毫无疑问的。"Caldwell, supra, at 85。

[9] 71 Me. 78 (1880).

对过迟承诺的反对机会。[10]

这一规则是合同法中救助义务的一个实例(见第九章)。根据菲利普斯诉穆尔案,如果要约人没有发出承诺过迟的通知,则受要约人可能会因此放弃另一个机会或类似机会从而遭受重大损失,而发出这样的通知几乎不需要要约人付出任何成本。

二、双方合同中要约的撤销

要约是一种允诺,即当受要约人接受要约时,该要约会按照所陈述的条款订立和履行交易。通常,除非要约人明示或默示地允诺要约不可撤销,否则他可以在承诺之前随时撤销要约。然而要约人往往将明示或默示地允诺,该要约会在特定时间内保持有效。在传统用法中,对于双方合同要约而言,如果保持要约有效的允诺是作为约因交换,那么该要约被称为期权,否则该要约被称为不可撤销的要约(firm offer)。尽管这些术语在适用上有时可以互换,但本书仍将沿用传统用法。

期权是一种交易(an option is a bargain)。因此,如果要约人在期权到期前撤销了期权,他就要承担预期损害赔偿责任。相反,根据古典合同法,除非受要约人给予该允诺以约因,否则保持要约一直有效的允诺是不可执行的,撤销不可撤销的要约的要约人也因此不需要承担损害赔偿责任。[11] 此规则在本书中将被称为不可撤销要约的规则。

像大多数经典合同法规则一样,不可撤销要约的规则也基于公理性和演绎法律推理的结合。构成推理大前提的公理是,只有交易允诺才是可执行的(尽管出于纯粹的历史原因,对蜡封允诺设置的例外是可以容忍的)。小前提是,保持要约有效的允诺并未交易过(如果是交易过的,这将

---

[10] Id. at 80;see also Kurio v. United States, 429 F. Supp. 42, 64 (S.D. Tex. 1970); Forbes v. Bd. of Missions of Methodist Episcopal Church, S., 110 P.2d 3, 8 (Cal. 1941); Sabo v. Fasno, 201 Cal. Rptr. 270, 274 (Ct. App. 1984); Davies v. Langin, 21 Cal. Rptr. 682, 686 (Ct. App. 1962); Restatement Second §70.

[11] See, e.g., [1876] Dickinson v. Dodds, 2 Ch D. 463 (C.A.) at 472. (Eng.).

是一项可执行的期权）。演绎结论是，不可撤销的要约是不可执行的。因此，如果不存在约因，保持要约在特定时间内有效的允诺会被视为不可执行的赠与允诺，即使该允诺是在商事交易而非感性的世界中作出，而且要约人也并没有赠与受要约人的意图。

然而，不可撤销的要约规则是不正当的。

首先，要约人作出不可撤销的要约往往是出于利己原因，而非利他原因。通常，除非要约人认为其将从允诺的作出中获得利益，特别是增加与受要约人交换的可能性，否则他不会允诺保持该要约有效。在有的情况下，除非要约不可撤销，否则受要约人不会考虑接受要约。例如，如果受要约人为确定其向第三方提供货物或服务的费用而寻求要约，那么他往往不会考虑不可撤销的要约，因为他无法根据这一要约确定其成本。而在另一些情况下，如果要约是确定的，受要约人则更可能接受这一要约。例如，在决定是否接受要约时，受要约人必然会投资以时间和金钱。如果要约将确定在投资进行期间一直有效，那么受要约人更可能去进行这样一项投资，或者可能去进行更多投资。不可撤销的要约的目的就是促使受要约人进行投资，从而增加其要约被接受的可能性。因此，尽管不可撤销的要约规则可能会实现要约人的短期利益，但却违背了要约人群体的长远利益，因为其会导致要约人的预期目的难以实现：如果不可撤销的要约不可执行，那么受要约人将不会作出该要约旨在吸引的投资或至少将降低此类投资。毕竟，如果要约人可以在受要约人已经开始投资但尚未接受要约之前撤销要约，那么受要约人会存在投资损失的风险。

其次，不可撤销的要约作为结构性协议应当可执行。结构性协议是一种旨在增加交换(exchange)可能性的动态约定性结构。保持要约有效的允诺即为该结构的例子。不可撤销的要约不会突然发生。要约人在与受要约人讨论后，通常会将要约构建为要约人愿意接受且受要约人愿意认真考虑的条款。因此，基于与所有结构性协议都应可执行相同的原因，不可撤销的要约应当可执行：它们增加了交换的可能性。

事实上，保持要约有效的允诺一般不会仅仅是一种结构性协议，它也是获取机会的交易的一部分。该交易属于单方合同，这包括了要约人对于保持要约有效的允诺,并以此交换受要约人考虑要约,也即给要约人以履行机会。那么,我们如何判断受要约人确实考虑了该要约,且因此给予了要约人想要的交易机会呢?在有关不可撤销的要约的案例中,可执行性问题仅发生在受要约人意图接受要约的情况。因此,我们可以公平地推定,要约人达到了其诱使受要约人详细考虑的目的。因获取该考虑而达成交换可能性增加的机会是否真的对要约人有价值并非法律考量的范畴。法律不需要推测交换可能性增加的价值,因为要约人通过作出不可撤销的要约传递出的信号是,于他而言,该价值等同于或大于其置于承诺的价值。通常,相比于将不可撤销的要约转化为期权所对应的少量现金,对要约人而言,诱使受要约人给予要约人机会将更有价值。

最后,相比于不可撤销的要约不可执行的规则,可执行规则是更优的任意性规则。要约人可以很容易通过声明要约在任何时间都可撤销来绕过可执行规则。而不可执行的规则很难被绕过,原因是,该规则是一种约因规则,而约因规则很难完全通过口头话语否定。

部分支持不可撤销的要约规则的人辩驳说,如果承诺包含在不可撤销的要约规则中,那么该承诺也是单方的。然而,将该辩驳作为反对可执行性的理由是难以被理解的。古典合同法把相互性放在道德的最高位置,但没有任何政策、道德或经验的理由认为相互性应当是可执行性的条件。正如托马斯·斯坎伦(Thomas Scanlon)所指出,如果 A 得知 B 想要某种保证而向 B 保证他会为该特定行为,A 即有道德义务去履行该行为。如果 A 不想承担这一义务,他就应当告知 B,他可能会自由地改变主意。通过提供这样的警示,A 可以无成本地避免承担履行义务。这就很容易得出以下结论:如果 A 没有发出警示,他即责无旁贷。[12] 斯坎伦(Scanlon)从忠诚角度出发分析此义务:

> 如果(1)A 自愿且有意使 B 预期 A 会做某事……;(2)A 知道 B 希望得到保证;(3)A 做出行为的目的是提供这种保证,并且有充分理由相信他已经这样做;(4)B 知道 A 拥有如上描述的相信和意图;

---

[12] Thomas Scanlon, *Promises and Practices*, 19 Phil. & Pub. AFF. 199, 208 (1990).

(5) A 希望 B 知道这一点,并且也知道 B 知道这一点;(6) B 知道 A 拥有这种知识和意图。那么,在没有特殊正当性时,A 必须为以上行为,除非 B 同意不这么做。

在我看来,潜在的 B 有理由坚持这一忠诚义务,这足以使它成为义务,除非潜在的 A 拒绝承认这一原则的合理性。那么,上述义务会给那些令他人产生预期的人带来不合理的负担吗?答案是否定的,因为他们能够很容易地避免故意致使他人对其未来行为产生任何期待……只有当 A 知道 B 想要得到保证,而 A 的行为即是提供此种保证,并且有理由相信他已经这样做了,且当事人对以上情况的特征相互了解时,才适用忠诚原则。在此种情况下,没有人能够合理地反对在预期产生的同时履行警示义务的原则。例如,"这是我现在的意图,但是我当然可以改变我的想法",或者其在语境不清的情况下,以其他方式使这一点清晰。这种警示义务的负担如此之轻,以至于如果一个人连这个义务都不履行,那么对他赋予更严格的义务去履行或寻求替代,他也就没什么可抱怨的了。[13]

当然,斯坎伦在这里谈论的是道德承诺而非法律承诺,但他的论证结构也适用于法律承诺。正如吉姆·高德利(Jim Gordley)所述,只有一方承诺的事实并不表明单方承诺是不公平的。[14] 单方承诺"是公平的,如果承诺方获得的好处大于作出承诺所失去的机会"[15]。作出不可撤销的要约的人知道他在作出单方承诺,且相信他通过作出该承诺所获得的利益会超过其成本。那么,为什么法院通常会更多地去审查不可撤销的要约的慎重性和公平性,而非交易的慎重性或公平性呢?当然,包括不可撤销的要约在内的所有要约都是单方承诺。如果受要约人接受,那么要约人即承诺自己会根据该条款进行交易。除非且直到受要约人的承诺权终止,否则,受要约人都有权去约束要约人,但要约人并没有权力约束受要

---

[13] Id. at 208-209.
[14] James Gordley, Enforcing Promises, 82 *Cal. L. Rev.* 547, 602 (1995).
[15] Id.

约人。

在建筑投标的情况下,以上单方性论点经常被强调。通常,分包商以投标的格式文本向总承包商发出不可撤销的要约,总承包商反过来依据分包商的投标内容编制总投标合同。[16] 由于要约是一种允诺,此信赖使得该要约(即投标)可执行(见第三部分)。如果不可撤销的要约可执行,那么分包商即受约束,但总承包商不受约束:分包商受约束是因为总承包商依赖分包商的投标,总承包商不受约束则是因为分包商不依赖他。这会引起特殊难题。特别是,总承包商可能将最低分包商的投标(价)兜售给失败的投标人,以使他们(失败的投标人)通过减少出价而获得分包合同,或者可能试图以进行投标兜售的威胁压低最低分包商的价格。然而,在处理这些复杂情况时,可以用直接的方法来执行分包商的投标。

在私人秩序(private-ordering)方面,分包商可以规定其投标在承诺之前的任何时候都可撤销。分包商似乎极少采用这种进路,原因很简单,因为总承包商通常不会考虑这样的投标。这说明,不可撤销的要约是为提高要约人利益而作出的。分包商的投标也可以规定,总承包商使用该投标将构成对该投标的接受。

或者,可以采用各种法律规则来解决投标、兜售和截标问题。这些可能的规则如下:(1)总承包商使用分包商的投标可被视为订立了合同;[17] (2)分包商明示或默示在一段时间内保持其投标有效,可被解释为以其投标不会被兜售或截标为默示条件;(3)如果分包商的允诺是在一段合理时间内保持投标有效,那么花时间进行投标兜售或截标的总承包商应被视为超过了接受分包商投标的合理时间;(4)如果总承包商参与投标、兜售或截标,分包商保持其投标有效的允诺不应基于承包商的信赖而可执行,因为在此种情况下,正义并不保护此信赖;(5)截标可被视为构成终止总承包商承

---

[16] See Michael Gibson, Promissory Estoppel, Article 2 of the U.C.C., and the Restatement (Third) of Contracts, 73 *Iowa L. Rev.* 659, 703 (1988); Margaret N. Kniffin, Innovation or Aberration: Recovery for Reliance on a Contract Offer, as Permitted by the New Restatement (Second) of Contracts, 62 *U. DET. L. Rev.* 23, 24-26 (1984).

[17] 该问题将在下文第五十五章中进行讨论。

诺权的反要约。[18] 简言之,有许多方法可以解决建筑投标合同单方性这个特殊问题,且不能认为不可撤销的要约是单方的就不可执行。

三、不可撤销要约的规则的例外

不正当规则的一个标志是法院、立法机构或两者都采纳与规则不一致的例外,因为一个糟糕的规则加上与其不一致的例外会产生好的结果。不可撤销要约的规则即有这种标志。尽管书本仍然沿用该规则且具有一定影响[19],但是与该规则不一致的例外已严重侵蚀该规则。

1. 名义约因

首先,许多案例认为,如果名义约因(哪怕是几美元)可用于交换,那么不可撤销的要约也是可执行的。[20]《合同法重述(第二次)》第71条采用一般原则,即名义约因不能使允诺具有可执行性。[21] 但第87(1)(a)条对不可撤销的要约的情况作出例外规定,该条适用的规则是,如果不可撤销的要约由要约人以书面形式签署并陈述了约因,且提议在合理时间内以公平条款提议交换,那么该要约是可执行的。[22] 如果存在名义约因,那么不可撤销的要约,即可执行这一规则,就是一个虽然(与不可撤销的要约规则)不一致,但却是一个可用于颠覆不可撤销要约的规则的可取方法。

2. 书面形式的效力

接下来,《统一商法典》第2-205条规定,除了有限的例外情况,购买或

---

[18] 参见下文第七部分。
[19] See Mark B. Wessman, Retraining the Gatekeeper: Further Reflections on the Doctrine of Consideration, 29 *LOY. L.A. L. Rev.* 713, 720-723 (1996).
[20] See *Restatement Second* §71 cmt. b.
[21] See id. §71 cmt. b, illus. 4-5.
[22] See id. §87(1)(a).

销售货物的不可撤销的要约如果是由商人以书面形式作出,则是不可撤销的:

> 在规定的时间内,或者如果没有规定合理时间,商人以签署书面形式的要约购买或销售货物,且其条款保证要约将保持有效状态,那么该要约就不得在规定的时间内被撤销,或者没有规定时,不得在合理地时间内因缺乏约因而被撤销。但在任何情况下,不可撤销的期限不得超过三个月。但是,由受要约人提供的保证条款必须由要约人单独签署。

同样,根据许多州的法规,如果不可撤销的要约以书面形式作出,则其可执行。例如,纽约州《一般义务法》(New York General Obligations Law)第 5-1109 条规定,如果不可撤销的要约以书面形式作出,那么除了少数例外情况,该要约在指定期限内不可撤销。《统一商法典》第 2-205 条和纽约州《一般义务法》第 5-1109 条的规定与不可撤销要约的规则并不一致。如果不可撤销要约的规则是正当的,那么《统一商法典》和这些法规即不正当。然而,《统一商法典》和各州的法规,而非不可撤销的要约规则,才是正当的。

3. 拍卖

拍卖是另一个例外。正如第三十一章中所讨论的,拍卖既可以有底价,也可以没有底价。在一个宣称拥有底价的拍卖中,拍卖商将拍品放置在拍卖台上的行为构成要约邀请,拍卖商可以随时撤销出售该拍品,除非且直到他落锤为止。[23] 然而,在一个没有底价的拍卖中,除非出价没有在合理时间内进行,否则,一旦拍品被放在拍卖台上,拍卖商即不能撤销拍品。[24] 在无底价拍卖中,拍卖商必须使销售要约保持有效的状态,即使他没有约因这样做。这相当于如下规则,即无底价拍卖是一个可执行

---

[23] See U.C.C. § 2-328(2)-(3); see also Melvin Aron Eisenberg, Expression Rules in Contract Law and Problems of Offer and Acceptance, 82 *CAL. L. REV.* 1127, 1172-1174 (1994).

[24] See U.C.C. § 2-328(3).

的不可撤销要约的规则。[25]

4. 信赖

最后,根据现代合同法,如果一个不可撤销的要约被信赖了,那么其可以执行。[26] 这一原则适用于很多情形,并体现在《合同法重述(第二次)》第87(2)条中:"如果受要约人应当在承诺之前合理地预期要约会诱使受要约人采取实质性的行动或克制,并且该要约确实诱使了这种行动或克制,那么此种要约在避免不公的必要范围内作为期权合同具有约束力。"[27] 和其他地方一样,《合同法重述(第二次)》在这里也并不十分正确。信赖在合同法的许多领域都有极其重要的地位,但不可撤销的要约不在此列。这里的问题不在于不可撤销的要约是否被信赖,而在于是否作出了不可撤销的要约。如果已经作出了不可撤销的要约,那么其就应具有可执行性,即使因本章前文所给出的理由而未被信赖。此外,通过强调信赖,《合同法重述(第二次)》第87(2)条使救济领域变得难以理解。第87(2)条规定,作为一种期权,被信赖的要约"在避免不公正的必要范围内"具有约束力。本句旨在明确,违反仅因受允诺人的信赖而可执行的保持要约有效之允诺的损害赔偿,能够以预期损害赔偿之外的方法计算。第87条评论E澄清了这里的立场:

> 根据第87(2)条对提出的合同的全面执行不一定合适……利益返还可能已足够,补偿部分或全部损失也可能是适当的。各种因素可能会影响到救济措施:要约形式、商业或社会背景、受要约人的信

---

[25] 在 Barry v. Davies, [2000] 1 WLR 1962 (C.A.) at 1967 (Eng.)中,法院认为,拍卖人在无底价拍卖中不从拍卖会中撤回大量拍品的默示承诺有约因,因为投标对投标人是损害,因为他的投标可以被接受,除非且直到被撤回。尽管这是一个看似合理的观点,但它未能完全解释无底价规则。根据该规则,一旦一件拍品被拍卖,除非在合理时间内没有开始竞标,否则不得撤回。因此,拍卖人的默示允诺甚至在投标之前都可以执行。See Id. at 1965-1967(讨论了约因问题); Frank Meisel, What Price Auctions Without Reserve?, 64 *Mod. L. Rev.* 468, 468 (2001)(检视了巴里案的含意)。同样的立场也可见于 J.W. Carter, Auction "Without Reserve"—Barry v Davies, 17 *J. Cont. L.* 69 (2001)(详细讨论了该案)。

[26] See, e.g., Drennan v. Star Paving Co., 333 P.2d 757, 760 (Cal. 1958).

[27] *Restatement Second* § 87(2).

赖被理解为自担风险的程度、当事人的相对能力和交易地位、要约人的过错程度、证明特定损害项目的简易性和确定性以及遭受已经发生的无法证明的损害的可能性。

然而,期权的撤销会引起预期损害赔偿,因此没有理由区别对待不可撤销的要约。相反,存在充分的理由以同样方式对待违反期权的救济和撤销不可撤销的要约的救济。期权和不可撤销的要约都附属于并促进了交易,而且事实上,不可撤销的要约通常也属于交易的一部分,即机会的交易。预期损害赔偿为交易允诺人提供正确激励的理由(见第五章)也因此适用于不可撤销的要约,由此作为实体法问题,法院在此种情况下通常判予预期损害赔偿。[28]

四、单方合同中要约的撤销

假设 A 向 B 发出一个订立单方合同的要约,即 A 以要约形式将其允诺与 B 的行为相交换来成立合同。根据古典合同法,构成单方合同的要约在被要求的行为完成前可以随时撤销,即使受要约人已经开始履行或者已经信赖该要约也是如此。这条规则在两个著名的假设中得到了证明。一个例子是,A 向 B 发出 100 美金的要约,要求 B 走过布鲁克林大桥。B 已经走过了大桥的一半,A 追上他并撤销了要约。在另一个例子中,A 向 B 发出 100 美金的要约,要求 B 爬一根抹了油的旗杆。当 B 爬到一半时,A 通知 B 要求撤销要约。根据古典合同法,以上两种假设下的结果是相同的:单方合同要约在所要求的行为完成前可撤销,即使受要约人已经开始该行为。这对 B 而言非常糟糕。

此规则在本书中将被称为单方合同规则。如同其"表亲"不可撤销的

---

[28] 沿着相关但有点不同的路线对这些延伸问题的延伸讨论,Richard Craswell, Offer, Acceptance, and Efficient Reliance, 48 *Stan. L. Rev.* 481, 499-507 (1996)。克拉斯韦尔认为,当受约人的信赖有效率时,法院应当并且确实执行该要约。此种论点的一个问题是,对受要约人的信赖是否有效率进行准确的司法判断是高度不可能的。受要约人或任何其他受允诺人信赖效率的最佳标准是受要约人自己,且受要约人通过他投入的信赖程度来表达此种判断。

要约规则一样，单方合同规则完全基于公理和演绎推理：(1)要约在被承诺之前可随时撤销，除非要约是一个期权；(2)单方合同要约不是一种期权，且这种要约在且仅在所要求的行为完成前才可被接受；(3)因此，直到该行为完成前，要约人都可以撤销。

认为单方合同规则不公正有以下两个原因。

第一，这条规则不符合大多数人的合理预期。彼得·蒂尔斯马(Peter Tiersma)对该点进行了很好的阐述：

> 通常任何人都不会故意做出传统单方合同理论所假设的那种协议。假设一个人，主张其合同自由以及对其要约的掌控，尤其是意图做出一个将对其形成约束的要约，但该约束力不会在其作出要约时产生，而是仅在其他当事人已经完成特定行为作为交换后才具有约束力。换言之，该要约人希望订立一个传统的单方合同。例如，他可能会告诉受要约人，如果受要约人粉刷了他的房子，他将承诺支付受要约人1 000美元。他进一步澄清他并不希望在受要约人完成粉刷行为前被该要约约束，并向受要约人解释他也许会在其完成前免责地撤回要约。如果一个理性人(rational person)相信说话者自身没有作出承诺，他如何进行粉刷？
>
> 实际上……通常很少有人会花费大量时间和金钱去做单方合同试图诱使他们做的事情。对这种极少数行为的唯一合理性解释是……人们认为，如果符合要约条件，要约人实际上是在当时或在那里承诺支付价款。[29]

第二，如同不可撤销的要约规则一样，单方合同规则支持了做出撤销的要约人，但违背了要约人群体的利益。该规则立足于作出单方合同要约的要约方利益，受要约人须根据要约为一定行为(否则要约不会被视为作出，且受要约人应尽快开始为该特定行为。但是，如果单方合同要约在被要求的行为完成之前可撤销，那么受要约人将不会根据此要约做出行

---

[29] Peter Meijes Tiersma, Reassessing Unilateral Contracts: The Role of Offer, Acceptance and Promise, 26 *U.C. Davis L. Rev.* 1, 29, 32-33 (1992).

为或者至少将慢一点做出行为,因为其行为可能面临丧失相应权利的巨大风险。

考虑到受要约人的合理预期和要约人群体的最佳利益,规则应当是,单方合同要约在合理期限届满之前不可撤销。在该合理期限内,如果受要约人希望订立合同,其即会开始且勤勉地完成履行。更优的规则可能是,当受要约人信赖该要约而为一定行为时,单方合同要约即不可撤销。

《合同法重述(第一次)》第 45 条(其要点将在《合同法重述(第一次)》第 45 条中继续讨论)脱离了单方合同规则,但并不成熟。《合同法重述(第一次)》的起草者,特别是作为记者的威利斯顿(Williston),明白单方合同规则并不能令人满意。然而,由于这一规则似乎不可阻挡地从古典合同法的公理中走出来,威利斯顿努力寻找一种不背离这些公理的方法:[30]他愿意屈服,但不愿意违背。他的解决方案体现在《合同法重述(第一次)》第 45 条中:

如果作出了单方合同要约,并且要约中要求的部分约因是由受要约人作为回应而给予或提出的,则要约人受合同的约束,该合同的立即履行义务以在要约规定的时间内给予或提出全部约因为条件。如果要约没有规定时间,则以在合理时间内给予或提出全部约因为条件。[31]

此表述背后的理论如下:单方合同要约带有一个隐含的承诺,即如果

---

[30] 《选集时代的合同学术》一文 [Contracts Scholarship in the Age of the Anthology, 85 Mich. L. Rev. 1406, 1453-1454, 1454 n.251 (1987)]指出了威利斯顿在这个问题上的一个几乎察觉不到但却很重要的进步。1920 年,威利斯顿在其著作的第一版中指出,"在理论上似乎不可能成功地质疑[在所要求的履行行为完成之前撤销单方合同要约]的权力……尽管可能会出现明显的不公正"。Id. at 1453(quoting 1 Williston (1st ed.), supra note 6 §60, at 700)。五年后,威利斯顿指出,"在理论上似乎很难成功地质疑该撤销权",但如果该权利继续存在,"就可能会出现极大的不公正"。Id.[quoting ALI, Contracts Treatise No. 1 (a) Supporting Restatement No. 1, §68, at 132 (1925)]。

[31] *Restatement (First) of Contracts* §45 (Am. Law Inst. 1932) [hereinafter Restatement First]。

受要约人开始履行合同,勤勉地完成履行,要约人便不会撤销要约。如果受要约人开始履行,该行为以期权的形式达成交易,在该交易中,要约人保持要约有效的默示承诺以受要约人开始履行的行为作为交换。由于期权是一种交易,它不能被适当地撤销,如果要约人予以撤销,他将承担基于合同价值的预期损害赔偿责任,这是基于如果期权没有撤销,该合同将经由承诺成立时的责任。

与上文讨论的《合同法重述(第二次)》第87(2)条不同,第45条采取的立场是,一旦保持单方合同要约有效的默示允诺不可撤销,违反该允诺的救济办法是预期损害赔偿。根据该理论,尽管第45条中的责任只有在受要约人采取某种行动时才被触发,但第45条的概念并非基于信赖。相反,根据第45条,依单方合同要约履行义务的开始被概念化为一种交易,其中,保持要约有效的默示允诺以履行义务的开始作为交换。

为了保持此种概念化,第45条的正文和评论明确区分了开始履行和准备履行。[32] 根据第45条,开始履行完成了对一项期权的默示交易,因此使要约人保持要约有效的默示允诺具有可执行性。受要约人开始履行之外的其他信赖行为则没有效力。尽管评论指出,根据以信赖而非交易为基础的第90条,这种行为可以产生效力。[33]

然而,第45条区分开始履行和准备履行在实践和理论上均无法立足。假设A发出要约,如果B能够解决一个著名的数学问题,A即给B以1万美元。B从开发解决该问题所需的新数学技术开始,但该技术并不属于证明的部分。那么此时,B属于已经准备履行,还是已经开始履行呢?这一区分为何重要?正如吉姆·高德利(Jim Gordley)所观察到的,在布鲁克林大桥的假设中,根据准备与履行的区别,如果受要约人迈出一步登上大桥,要约人即不能撤销要约,但是如果受要约人只是为过桥做了大量准备,要约人则可以撤销要约。[34] 产生重要的救济结果一方面取决于受

---

[32] Restatement Second §45 cmt. a.

[33] See Restatement Second §45 cmt. f; Restatement First §45 cmt. b.

[34] Gordley, supra note 14, at 604-605.

要约人是否已经开始履行;另一方面也取决于是否已经合理地依赖该要约行事,这是经院哲学的诡辩(scholastic logic-chopping)。

事实上,即使是合同法重述的起草者也很难区分开始履行和准备履行。以《合同法重述(第二次)》第62条中的示例1和示例2阐释:

  1. A是一位商人,以邮件的形式给B发出一份要约。B是位于同一城市的木匠,该要约雇佣B根据A的规格和B之前提交的估价来装饰A的办公室,该工作须在两周内完成。要约表示:"你需要立刻开始。"B立即购买木材,并开始在自己的店里加工。第二天,在B发出承诺通知、开始在A的办公室工作或使木材无法用于其他工作之前,A撤销了要约。该撤销是及时的,因为B并未开始履行。

  2. A是B的老客户,A向B订购易碎品,B一般将这些易碎品储存起来,用自己的卡车装运。按照通常的做法,B将选择订购的货物,贴上A的标签,装箱,然后用卡车装载,花费很大。此时履行已经开始,A的要约不可撤销。

以上两个示例并没有区别。在示例1中,B已经开始对货物进行加工,但没有使货物达到不适合其他工作的程度。在示例2中,B也没有将货物卸下用于其他工作,B可以只是卸载货物,装箱,并将其放回库存中。当然,在示例2中,B产生了"实质性费用"。但没有明显的理由说明为什么花费大量费用与决定行为人是准备履行还是开始履行有关。此外,在不需要商品的时候购买商品并在商品上进行加工,如示例1所示,可能会涉及示例2中的标记、装箱和装载等一样多或更多的费用。[35]

开始履行和准备履行之间无法成立的区分,揭示了第45条贫瘠的理由。与双方合同中的不可撤销的要约一样,出于同样的原因,适当的规则

---

  [35] 理查德·克拉斯韦尔提出了示例1和示例2之间的区别。在示例2中,"装载卡车是一项关系专用性投资,因为如果[买方]退出交易,装载的费用就浪费了"。相比之下,在示例1中,"建筑商很少冒险……因为即使工作被撤回,木材仍然可以用于下一项工作"。Craswell, supra note 29, at 529.然而,此建议并没有考虑到不需要这样做时,建造者的金钱和劳动力在购买和加工木材时的时间价值。该时间价值也是基于关系专用性,因为如果商家的撤销有效,它将不会存在。

应当是,保持单方合同要约有效的默示允诺应被视作一种可执行的期权,违反这种允诺的救济应当是预期损害赔偿。

五、间接撤销

在著名的迪金森诉多兹案(Dickinson v. Dodds)[36]中,多兹发出一份书面要约,将一处房产卖给迪金森。多兹在周三发出了该要约,并允诺该要约的效力将一直持续到周五上午9点。周四下午,迪金森获得了多兹改变主意的消息,尽管多兹本人并未向迪金森发出撤销通知。周四晚上,也即周五早上9点之前,虽然从二手信息那里得知多兹可能已经改变了主意,但迪金森试图接受(该要约),但多兹回答说已经太迟了,因为他已经卖掉了房产。迪金森提起诉讼。法院首先适用上述规则,即不可撤销的要约在被承诺之前是可撤销的。但这一规则本身并不足以让多兹胜诉,因为多兹不仅必须证明该要约可撤销,还必须证明要约已经撤销。这就会产生问题,因为多兹和多兹的代理人都没有与迪金森传达过撤销的意思。法院通过适用第二规则来处理该问题:即使要约人没有告知撤销,受要约人获得要约人已经改变主意的信息也构成撤销。[37]

古典合同法学派有保留地接受了这一规则。例如,威利斯顿(Williston)评论道:

> 当然…除要约人外,任何允许有效撤销要约的规则都存在…理论上是困难的。在理论上,要约必须由要约人向受要约人做出特定

---

[36] [1876] 2 Ch D. 463 (C.A.) at 464 (Eng.).

[37] Id. at 472-475.关于不可撤销的要约的可撤销性,见上文第二部分。关于受要约人知道要约人已经改变主意的影响,see, e.g., McCutchan v. Iowa State Bank, 5 N. W. 2d 813, 816 (Iowa 1942); Normile v. Miller, 306 S.E.2d 147, 150 (N.C. Ct. App. 1983), aff'd as modified, 326 S. E.2d 11 (N.C. 1985); Giovanola v. Fort Lee Bldg. & Loan Ass'n, 196 A. 357, 360-361 (N.J. Ch. 1938); Watters v. Lincoln, 135 N. W. 712, 715 (S.D. 1912); Knight v. Seattle First Nat'l Bank, 589 P.2d 1279, 1281 (Wash. Ct. App. 1979).

行为,第三人的任何声明都是不充分的,因此要约似乎只能通过要约人直接向其先前发出要约的对象表达意愿而撤销……传达对于撤销的存在至关重要,且事实也是如此。因此,要约人的行为对于撤销要约和作出要约同样重要,并且他能够使自身行为有效的唯一方法是通过自己或代理人传达。[38]

威利斯顿的理论疑虑也反映在《合同法重述(第一次)》第42条中,该条勉强接受了迪金森诉多兹的第二规则,但将情况限于适用于:

> 当要约是为出售土地或其他东西的权益,如果在要约人作出该要约后,受要约人通过接受该要约而行使其订立合同的权力之前,要约人将该权益出售或通过订立合同的方式出售给另一个人,并且受要约人获得了关于该事实的可靠信息,则要约被撤销。[39]

尽管在理论上存有疑虑,但威利斯顿得出结论认为,迪金森诉多兹案的结果是令人满意的。[40] 但是如果结果令人满意,为何会有理论上的疑虑呢?相应地,为什么《合同法重述(第一次)》第42条仅限于出售"土地或其他东西的权益",而迪金森诉多兹案的推理并非如此?同样,答案在于古典合同法的公理性。该制度的一个公理是,承诺权只能被一系列闭环事件的其中之一所终止。正如威利斯顿在其著作的第一版中所述:

> 终止要约的方式……有:(1)被受要约人拒绝;(2)要约本身规定的承诺期限届满;(3)要约未设定期限时合理期限届满;(4)要约人撤销;(5)任何一方死亡或精神失常。[41]

---

[38] Williston (1st ed.), supra note 6, §57, at 97-98;see also C.C. Langdell, *A Summary of the Law of Contracts* 181 (2d ed. 1880).

[39] Restatement (1st ed.) §42.

[40] 1 Williston (1st ed.), supra note 6, §57.

[41] Id.尽管威利斯顿在后来版本中扩展了这个列表,但修订后的列表仍然是封闭的和公理性的。例如,塞缪尔·威利斯顿的《合同法论》(沃尔特·耶格编,第三版,1957年)指出:要约所创造的这种持续性权力的终止方式……是:(1)受要约人拒绝;(2)规定期限或在要约未规定时的合理时间经过后失效;(3)要约为其目的而规定之条件出现;(4)履行提议合同所必需的人员或物品的死亡或毁坏;(5)该合同随后受到法律禁止;(6)要约人撤销;(7)任一方当事人死亡或法律上无行为能力的精神失常。

因此，威利斯顿的理论难题是，这份清单上的情形没有一件发生在迪金森诉多兹案中。正如威利斯顿正确指出的，传达对于撤销和要约一样重要。由于迪金森诉多兹案中的撤销未被告知，该要约不可能被撤销。如果 A 对 B 说他在向 C 发出要约，那就并未构成要约。同样，如果 A 对 B 说他要撤销对 C 的要约，那也不构成撤销。

但是，那又怎么样呢？这里的实质问题并非是否发生了撤销或上述公理性清单上描述的其他情形，而是是否发生了应当终止受要约人承诺权的情形。如果受要约人获得了要约人已经改变主意的可靠信息，那么在要约可撤销的时候，受要约人不能合理的预期自己可以通过其同意达成交易，因此他的承诺权应当终止。这是《合同法重述（第二次）》中采取的正确立场，根据该条规定，"当要约人采取明确的与订立所提议的合同之意图不一致的行为，且受要约人获得了这方面的可靠信息时，受要约人的承诺权即告终止"[42]。

六、对公开要约的撤回

尽管古典合同法的原理是广告不构成要约，但针对提供奖赏或赏金的广告——包括大量邮件、海报等——却存在例外。这些类型的广告通常被称为公开要约（general offer）。公开要约几乎都是单方合同要约。此类要约通过履行要约中规定的行为而得以承诺。

假设一个人作出了一个可撤销的公开要约，并试图通过发布要约的撤销来撤销或撤回要约。对于在履行、开始履行或以其他方式有正当理由信赖公开要约之前意识到撤回公开要约的行为人，该撤回应当并且的确将会有效。至于在撤回要约之前已经履行、开始履行或以其他方式有正当理由依赖该要约的行为人，根据《合同法重述（第二次）》第 45 条和第 87(2) 条所体现的关于根据单方合同要约部分履行和信赖任何类型要约

---

[42] Restatement Second §43.

的规则,撤回将无效或至少不是完全有效。[43] 但是,在撤回通知公布之后但行为人意识到撤回之前已经履行、开始履行或以其他方式有正当理由信赖要约的行为人该怎么处理呢?

关于这个问题的案例不多[44],现有案例也并无明确答案。其中两个主要案件是舒伊诉美国案(Shuey v. United States)[45]和朗诉编年史出版公司案(Long v. Chronicle Publishing Co.)[46]。

在舒伊案中,1865年4月20日,战争部长在报纸上发表公告,宣布政府将支付2.5万美元奖励逮捕约翰·H.萨拉特(John H. Surratt),约翰·H.萨拉特是暗杀亚伯拉罕·林肯(Abraham Lincoln)的约翰·威尔克斯·布斯(John Wilkes Booth)的同谋之一,公告也对任何导致萨拉特被捕的信息给予优厚赏金(liberal rewards)。七个月后,安德鲁·约翰逊(Andrew Johnson)总统发布了一项撤回奖励的命令。五个月之后,舒伊通知在罗马的美国部长,他已经发现并确认了萨拉特,当时他在教皇的军队中作为法国轻步兵服役。在部长的要求下,舒伊监视着萨拉特,七个月后,教皇政府逮捕了萨拉特。舒伊和美国部长都不知道已公布的撤回通知。最终,根据一项特别法令,舒伊得到了1万美元。他随后提起诉讼,要求获得2.5万美元的赏金。最高法院认为,舒伊无权获得该余额,部分理由是,在缺乏信赖的情况下可以通过公布撤回赏金要约的方式撤销公开要约。"赏金要约本不是直接向(舒伊)发出的,而是通过一项公开的公告发出的,他应当知道可以按照发出的方式撤销"[47]。

在朗案中,《旧金山纪事报》(San Francisco Chronicle)宣传了一项竞赛,向对《旧金山纪事报》发送最新订阅并付款的人提供奖赏。在竞赛的

---

[43] 然而,在此种情况下,损害赔偿的计算可能会提出难题,因为对于一个已经开始根据或信赖奖赏或赏金之要约而进行履行的人来说,即使该要约没有被撤回,也可能赢不了。这个问题将在下文第三十四章讨论。

[44] See Corbin (rev. ed.), supra note 6, §2.21; 1 Williston (4th ed.), supra note 6 §5.12.

[45] 92 U.S. 73 (1875).

[46] 228 P. 873 (Cal. Dist. Ct. App. 1924).

[47] Shuey, 92 U.S. at 77.

最后一周,《旧金山纪事报》公布了一项新的竞赛规则,根据该规则,只有个人支票金额不超过10美元时,该支票才有付款资格。在比赛的最后一天,朗发送了新的订阅,并附上了订阅者的个人支票,分别是18美元和30美元。如果新的竞赛规则对朗有效,他只能获得三等奖,但如果该规则对朗无效,那么他有权获得二等奖。《旧金山纪事报》给了朗三等奖,朗诉请获得二等奖。法院认为,新规则对朗无效,因为《旧金山纪事报》知道谁参加了竞赛,参与者也没有那么多,因此"合同当事人对合同所预期的最自然的事情是收到一份实际通知"[48]。

讨论撤回公开要约的少数其他案例倾向于适用舒伊规则,即公开要约得以与发出要约相同的方式被撤销,但随后得出结论认为,该规则在事实上并不适用,因为要约人实际上可以如朗案那样发出单独通知、撤回没有以与要约相同的方式公布或者撤回不充分清楚。[49]

通常,评论者和法院均从如何"撤销"公开要约的角度来考虑公开撤回公开要约的有效性。该术语是不恰当的,这与"间接撤销"这一术语不恰当的原因相同;需要通过交流的表达来构成撤销。这里的问题不是公开要约如何才能被撤销,而是撤回公开要约是否应终止受要约人的承诺权。[50] 这里的实用性问题如下所述:在一个完全免费的信息和通信的世界里,要约人可以知道所有知道要约的人的身份,并且可以无成本地将撤回单独通知给这些人。在此种情况下,只有单独的撤回才是有效的。然而,在现实世界中,信息和传达既不是完美的,也不是免费的。在此种情况下,公开但未经传达的撤回会有什么影响呢?

---

[48] Long, 228 P. at 876.《合同法重述(第二次)》第46条采纳了朗案的推理。

[49] See, e.g., Carr v. Mahaska Cnty. Bankers Ass'n, 269 N. W. 494, 496-497 (Iowa 1936); Woods v. Morgan City Lions Club, 588 So. 2d 1196, 1200 (La. Ct. App. 1991); Hoggard v. Dickerson, 165 S.W. 1135, 1139(Mo. Ct. App. 1914); Vantage Point, Inc. v. Parker Bros., Inc., 529 F. Supp. 1204, 1217-1218 (E.D.N.Y. 1981).

[50] 该术语在《合同法重述(第二次)》第46条的正文而非标题中使用:如果要约是通过报纸上的广告或其他向公众,或向要约人不知道其身份的若干人发出的一般通知,当通过广告或其他与发出要约相同的一般通知作出终止通知,并且没有更好的通知方式合理可用时,受要约人的承诺权终止。

有时对舒伊规则给出的正当性是,除非公开要约人可以通过公开撤回要约来终止受要约人的承诺权,否则,公开要约人不可能终止他不知道身份的受要约人的承诺权。[51] 该正当性并不能令人信服,因为相反的主张同样有力甚至更有力:如果受要约人对要约作出合理回应,要约人应承担责任,因为要约对受要约人以此种方式行事负有责任。如果要约人不希望处于在宣布撤回后也可能承担责任的位置,他应避免作出公开要约、适当地限定要约条件或者要求计划履行的人向他(要约人)登记。

舒伊规则的另一个可能论点是,在公开要约的情况下,受要约人应每天检查要约发出的媒介,以确定不可撤销的要约是否已经撤回。此种论点认为,允许受要约人执行已经通过同一媒介撤回的公开要约是不公平的,因为受要约人会因未及时跟进撤回而有过错。法院在舒伊案中指出,受要约人"应当知道,要约可以以发出要约的方式被撤销"。[52] 但这一论点也不能令人信服。如果有人在报纸上看到了一个要约,为什么在几周、几个月甚至几年内每天都不看那份报纸就是他的过错呢?在朗案中,法院所述更是振振有词:

(竞赛的)原始规则既没有关于订阅竞赛的任何获奖者都有义务或被预期阅读此后出版的每一份报纸的全文,以确定竞赛规则是否被修改或废止的明确声明或任何可对此进行合理推断的内容。[53]

舒伊规则有一个看似合理的理由——由于要约人通常不能证明任何特定的受要约人知道已公布的撤回,如果公开要约的承诺权不能通过这种公布而终止,知道已公布撤回的受要约人即有机会声称其不知道该撤回。此时的问题是,如何在两种相互竞争的利益之间做出选择:一种是保护要约人利益,以使其免于遭受这种机会主义;另一种是保护善意接受要约但不知道公开撤回要约的受要约人的利益。

在评估这些相互竞争的利益时,重要的是公开要约要求通过行为而

---

[51] See, e.g., John Edward Murray, Jr., *Murray on Contracts* §43, at 121 (5th ed. 2011).
[52] 92 U.S. at 77.
[53] 228 P. at 875.

非允诺来接受。这一要求为防止机会主义提供了一些保护。一个知道要约已经被撤回的受要约人不太可能机会主义地依照该要约采取行动,因为他知道他将会卷入一场诉讼,并且很容易失去自己投入的时间和金钱价值。此外,尽管在决定是否采用某一特定法律规则时总是需要权衡机会主义的可能性,但此种可能性本身并不具有决定性。许多人会选择基于道德而非机会主义行事,而且机会主义者也不会成功,除非他在法律上使事实裁判者相信他说的是实话。

因此,总的来说,除非要约另有规定,否则,仅在要约人确定受要约人在信赖要约之前已经知道撤回要约时,公开要约的撤回才应当终止受要约人的承诺权。

七、死亡或无行为能力

根据传统的合同法规则,如果要约在要约人死亡或丧失行为能力时可撤销,那么该死亡或丧失行为能力会终止受要约人的承诺权。对于受要约人在接受要约之前知道或有理由知道要约人死亡或无行为能力的,此规则并未设置例外。即使没有该规则,以上例外也不存在,因为意外情况教义也可以免除要约人的财产责任,例如由要约人提供的个人服务合同。因此,传统规则的弊端在于,即使受要约人在知道或有理由知道要约人死亡或无行为能力之前接受要约,该规则仍然适用,而在没有传统规则的情况下,要约人的死亡或无行为能力不能免除其财产责任。

这一弊端也不应夸大。传统规则通常不适用于由永久存在的实体(如公司和政府机构)提出的要约。事实上传统规则可能被认为不适用于任何商业组织作出的要约,即使其并非永久存在的实体。同样,传统规则可能被认为不适用于以代理身份(如受托人或遗嘱执行人)进行交易的要约人。因此,传统的死亡或无行为能力规则主要适用于由个人作出要约,且要约人的财产无法依据意外情况教义因死亡或无行为能力而得以免责的情形。

传统规则因其违背受要约人的合理预期而遭到批评,因为此时受要约人可能既不知道也没有理由知道要约人死亡或丧失行为能力。[54]《合同法重述(第二次)》第48条适用了传统规则,但该条的评论却对该条进行了批评。[55] 该评论认为,"这一规则似乎是合同要求'想法一致'这一过时观点的遗留物,这与同意的表示即为有效的现代教义不一致"[56]。

偶有案例也否定了传统规则,即如果要约是可撤销的,那么要约人的死亡或无行为能力会终止受要约人的承诺权。在斯威夫特公司诉斯密戈尔案(Swift & Co. v. Smigel)[57]中,要约人在要约被接受之前被宣布为无行为能力,但法院仍然认为合同已成立。在此种情况下,要约是要约人的一种保证(guaranty),即他将会为提供给对他有实质利益的公司的商品付款。法院指出:

> 在本案中,被继承人(死者)向原告允诺,对他拥有一半股权的企业商业实体所产生的物品供应账单进行偿付。如果他没有这样做,原告大概不会承担向公司销售的商业风险。在我们看来,如果在其(原告)进行引发此处被诉债务之交付的任何时间里,原告既不知道也没有任何理由知道死者之后被宣告为无行为能力的判决,那么原告基于死者最初的持续性允诺的合理预期将会被不合理地通过拒绝偿付而被驳回。
>
> 如果从相对方便的角度来判断情况,那么相较于被担保人(holder of a guaranty)在每次向主债务人支付信贷预付款时,必须对担保人的能力进行特定询问,由无行为能力人的监护人将该判决的事实至少通知给那些与无行为能力人有业务往来的人似乎更加容易,也更

---

[54] See, e.g., Herman Oliphant, Duration and Termination of an Offer, 18 *Mich. L. Rev.* 201, 209-211 (1920); Note, Termination of Offers Contemplating Unilateral Contracts by Death, Insanity, or Bankruptcy of the Offeror, 24 *COLUM. L. Rev.* 294, 295-296 (1924).

[55] See *Restatement Second* §48 cmt. a.

[56] Id.

[57] 279 A.2d 895, 899-900 (N.J. Super. Ct. App. Div. 1971), af'd, 289 A.2d 793 (N.J. 1972).

加可预期。[58]

然而,大多数案件都支持传统规则。[59] 我们很容易理解,为什么规则只是削减因不履行可执行合同而对个人财产造成的损害。实际上,如果一个人在履行发生前死亡,那么他所签订的合同对他的财产来讲通常毫无价值,因为通常没有什么财产可供执行。想象一下,企业家在进行一系列商事活动时发出要约,然后死去或变得无行为能力,且没有人可以实质取代其地位。同样,可能没有人能够代表该遗产(estate)及时履行合同,因为遗产代表的任命会是一个漫长的过程。因此,可以理解的是,当要约人在受要约人接受要约之前死亡或变得无行为能力时,法律将不愿意令单个要约人的财产负担损害赔偿。

另一方面,正如理查德·克拉斯韦尔(Richard Craswell)所指出的,受要约人的承诺权不因要约人未知的死亡或无行为能力而终止通常符合要约人的利益[60],因为要约人可能希望激励受要约人采取可靠行动,而不必担心未知事件。斯威夫特案(Swift)就是这种情况。在该案中,要约人保证受要约人可以向与要约人相关联的第三方主张信贷延期。因此,除非并且直到受要约人实际得知要约人死亡或无行为能力,否则,受要约人应当能信赖该要约并向第三方延期信贷,这符合要约人的利益。

与要约人死亡或无行为能力所引发问题有关的相互矛盾的考量最好通过以下规则来调和:如果受要约人接受由在要约被接受之前死亡或丧失行为能力的人发出的要约,则受要约人无权获得预期损害赔偿,但应有权针对该人的财产获得信赖损害赔偿,即受要约人在接受要约之后和得

---

[58] Id. at 899.

[59] See, e.g., New Headley Tobacco Warehouse Co. v. Gentry's Ex' r, 212 S.W.2d 325, 327 (Ky. 1948)(延长租赁期限的要约在要约人死亡时被撤销);Beall v. Beall, 434 A.2d 1015, 1022 (Md. 1981)(当丈夫与妻子一起发出要约而丈夫死亡时,该要约失效);Johnson v. Moreau, 82 N. E. 2d 802, 802-803 (Mass. 1948)(合伙人提出出售合伙权益,但在收到承诺的三天前死亡,合同并不存在);Am. Oil Co. v. Estate of Wigley, 169 So. 2d 454, 459 (Miss. 1964)(在附带意见中说,死亡通知并不相关,或者要约人的死亡对于终止要约并不必要,因为死亡本身就充分了)。

[60] Craswell, supra note 29, at 515-516.

知要约人死亡或丧失行为能力之前所发生的正当成本的数额。在其他情况下,如果受要约人不知道要约人的死亡或无行为能力,则不应终止受要约人的承诺权。

八、拒绝、反要约和附条件承诺

要约与承诺之法律中反复出现的一个问题是,对要约的何种回应会终止受要约人的承诺权。在此种情况下,潜在问题应当是,要约人是否会合理地理解受要约人的回应取消了要约。例如,假设一个要约声明它在十天内有效,并且根据受要约人在第二天回应的结果,要约人合理地认为要约已被拒绝。在此种情况下,要约人将不会采取进一步的措施来准备履行,而可能会根据合同不会发生的假设来采取措施。例如,在受要约人没有回应的情况下,要约人也许会与第三方订立合同,而要约人本不会订立该合同。如果受要约人在第十天接受了要约,要约人就将处于不利地位。[61]

对于受要约人的回应是否终止其承诺权这一问题,一个显而易见的处理方法是对回应适用一般解释原则。此种进路有时是可用的。然而,更常见的情况是,受要约人的回应是通过表达规则来处理。根据这些规则,拒绝、反要约或附条件承诺会终止受要约人的承诺权。下面讨论的这些规则通常会在解释的基础上予以合理化,尽管它们有时似乎仅在公理意义上才被认为是真实的(有关表达规则的一般性讨论,请参见第三十章)。

1. 拒绝

拒绝是受要约人拒绝要约的回应。根据传统的表达规则,拒绝终止了受要约人的承诺权。[62] 此规则很容易证成,因为几乎可以肯定的

---

[61] See *Restatement Second* § 38 cmt. a; E. Allan Farnsworth, *Contracts* § 3.20, at 160-161 (4th ed. 2004).

[62] See, e.g., Burton v. Coombs, 557 P.2d 148, 149 (Utah 1976).

是,如果适用一般解释原则,那么要约人会合理地理解对其要约的拒绝。虽然可以想象,一般解释原则在少数情况下也会导致不同结果,但此种情况不太可能出现,因为传统的表达规则受到事实正当性的支持。然而,即使在这种相对容易的情况下,表达规则也代表了一种谨慎的选择。如果拒绝终止了承诺权,那么不是因为拒绝在逻辑上具有这种效果,而是因为拒绝规则是正当的。

2. 反要约

反要约是对要约的一种回应,它涉及与要约相同的主题,但产生一种新的、不同的要约。[63] 根据传统表达规则,反要约会终止受要约人的承诺权。[64] 此规则体现在《合同法重述(第二次)》第39条中,该条的评论以解释为根据证成该规则。根据该评论,该规则指出,"根据交易者的通常理解,当另一个建议被考虑时,一个就会被摒弃;如果同时考虑两个相互替代的方案,则应发出警示"[65]。此种论点令人怀疑。假设A对B说:"把我的旧凯美瑞以2万美元的价格卖给你,我给你三天时间来决定。"一天后,B回答说:"我愿意出1.95万美元买下这辆车。"当事人的理解似乎不太可能是,因B的回应A的要约就不予以考虑了。相反,当事人似乎可能的理解是,当事人会相信A的要约在考虑范围内,因为反要约通常意在继续谈判,而非终止谈判。正如科宾(Corbin)所说:

> 在谈判中,反要约通常会终止对之前所发出要约的承诺权,对于该要约而言,反要约属于反驳或者回复。对此给出的理由似乎并不很有力……反要约通常被认为是对先前要约的拒绝,但这似乎在实际上并不真实……反要约通常只是交易中的一步,其目的在于获得最有利的条款……

---

[63] See Restatement Second §39(1).

[64] Id.; §39; see also Duval & Co. v. Malcom, 214 S.E.2d 356, 358 (Ga. 1975).

[65] Restatement Second §39 cmt. a; see also 1 Williston (1st ed.), supra note 6, §51, at 86-87(反要约之所以成为拒绝的一种,是因为反要约被解释为实际上是受要约人的声明,不仅表示他将按照反要约中所述的条款进行交易,还隐含着他不同意原初要约的条款)。

在此,受要约人似乎应当有且只有一次机会去决定接受或不接受,他应当接受或拒绝。对现在的起草者来讲,这并没有太大信服力。[66]

因此,反要约规则是不正当的。此规则在一定程度上反映了古典合同法的静态性。在古典合同法中,谈判被认为是由一些像密封隔间的独立阶段组成的——要约、反要约,等等。然而事实上,谈判往往是流动的和动态的,而非静态的和阶段性的。运用一般解释原则而非表达规则来决定特定的反要约是否被合理地理解为不考虑要约,可以适当地捕捉到谈判过程的流动性和动态性。

如同其他不合理的规则一样,反要约规则也存在重大例外。根据一种例外情况,关于不同条款可能性的询问并不会终止受要约人的承诺权。[67] 在另一种例外情况下,对不同条款的请求也并不终止承诺权。[68] 在第三种例外情况下,如反要约附有一项声明,表明正在考虑原始要约,那么反要约并不终止受要约人的承诺权[69],这些例外情况往往会削弱反要约规则意图实现的任何实施利益。因为反要约、询问、请求和要约将被考虑的声明之间的界限通常是不清楚的。假设 A 以 7 400 美元的价格把他的车卖给 B。如果 B 回答说,"我付你 7 100 美元",那就是提出要求。如果 B 回答说:"你能降低价格吗?"那就是询问。如果 B 回答说:"你会安装一个新的汽车收音机吗?"那是请求。但是"你愿意接受 7 100 美元吗?""7 100 美元怎么样?"或"此时,我只能提供 7 100 美元,但如果情况有变,我会给你回复"呢?[70]

---

[66] 1 Arthur Linton Corbin, *Corbin on Contracts* § 90, at 382-383 (1st rev. ed. 1963).
[67] *Restatement Second* § 39 cmt. b, illus. 2.
[68] Home Gas Co. v. Magnolia Petroleum Co., 287 P. 1033, 1034-1035 (Okla. 1930); Stevenson, Jaques, & Co. v. McLean, [1880] 5 QBD 346 at 350 (Eng.).
[69] *Restatement Second* § 39 cmt. c.
[70] See, e.g., King v. Travelers Ins. Co., 513 So. 2d 1023, 1026 (Ala. 1987)(处理"和解"的被告律师作证说,这里根本不存在拒绝或反要约,只是询问原告是否会考虑采用不同支付安排的结构性和解。初审法院显然相信那个证词……这并非显然的错误)另见下文附注 82-87 中讨论的与合格接受密切相关的案例。

《合同法重述(第二次)》第 39 条阐释了反要约规则及其例外的脆弱性和无说服力。示例 1 指出：

    A 提出以 5 000 美元的价格卖给 B 一块土地，并声明要约有效期为 30 天。B 回答说："我愿意出 4 800 美元买这块地。"A 拒绝后，B 写到，"在 30 天内，我接受你以 5 000 美元出售的要约"。此时合同不存在。[71]

相反，示例 2 指出：

    A 向 B 发出了与示例 1 相同的要约，B 回应说："能否出价低一点？"A 回答说，"不能"。B 在此后 30 天内作出的承诺是有效的。B 的询问并非反要约，A 的原始要约仍然有效。[72]

但是，为什么当 B 回答"我愿意出 4 800 美元买这块地"时，我们可以很确信地认为 A 会理解为要约被拒绝，而当 B 回答为"能否出价低一点"时则不会如此理解呢？

反要约规则的例外还表明，该规则几乎完全可以适用于不了解法律的人。如果受要约人了解法律，他可以通过询问或请求的方式表达其回应，或者通过在反要约中附上一份声明来表明正在考虑该要约，从而避免反要约规则的适用。只有那些不知道反要约规则及其例外的受要约人会受其影响。简言之，在许多或大多数情况下，反要约规则不符合一般解释原则，也没有任何非解释政策的支持。此规则或是被完全摒弃，或是降级为格言。

3. 附条件承诺

    附条件承诺是对要约的回应，其意在接受要约，但包括提议新的条款。[73] 根据传统的表达规则，附条件承诺会终止受要约人的承诺权。[74]

---

[71]　*Restatement Second* § 39 cmt. a, illus. 1.
[72]　Id. § 39 cmt. b, illus. 2.
[73]　Id. § 39 cmt. b, illus. 2.
[74]　Id. § 59, cmt. a.

这一规则比反要约规则更不符合一般解释原则。如果受要约人的回应是为了接受要约，即使该回应提议了新条款，要约人也很可能会认为其要约仍然有效。

除了与反要约规则有相同的例外，附条件承诺规则还有更多例外。其中一个例外是，如果在承诺中加入的新条款已默示在要约中，那么该承诺并不会成为附条件承诺。[75] 例如，在潘汉德东方管道公司诉史密斯案（Panhandle Eastern Pipe Line Co. v. Smith）[76]中，潘汉德解雇了雇员史密斯，但同时提出如果史密斯同意某些条款就会撤回该解雇。史密斯同意了这些条款，但要求查看其人事档案，并表示他将对在档案中发现的任何错误提出反驳。法院认为，史密斯的承诺并非附条件，因为所有雇员都有权查阅其人事档案，而且"如果增加的要求是要约默示的内容而因此并不重要，那么承诺仍然有效"。[77]

在另一种例外情况下，在承诺时附加新的或不同的条款并不构成反要约。例如，在卡尔顿诉吉尔克里斯特一案[78]中，法院认为，在对租赁农舍的要约做出承诺时附加一个要求建造厨房的条件并不构成附条件承诺，因此并不会阻碍合同的成立。同样，在国王诉旅行者公司案[79]中，法院认为，被告虽然询问原告是否会考虑一个附有替代支付安排的整体性和解，但被告并未作出对原告和解要约的反要约。

与反要约的情况一样，附条件承诺规则的例外情况大大削弱了规则的确定性。例如，在瓦拉希纳斯诉科纽托案（Valashinas v. Koniuto）[80]中，A发出要约，想以指定价格购买B在合伙企业中的权益。B接受了这个价格，但补充道："如果你选择这样做，我将会准备好且愿意并能够给你一个完整的销售清单……截至12月31日……或更快。"要约人辩称，这

---

[75] See *Restatement Second* § 59 cmt. b.
[76] 637 P.2d 1020 (Wyo. 1981).
[77] Id. at 1023.
[78] 61 N. W. 384, 385 (Iowa 1894).
[79] 513 So. 2d 1023 (Ala. 1987).
[80] 124 N. E. 2d 300 (N.Y. 1954).

一回应是附条件承诺,因此终止了受要约人的承诺权。法院不同意这种观点,认为关于截止日期的声明"只不过是一个建议、请求或提议",合同已经因受要约人的回应而成立。[81] 对于受要约人对要约的回应的效力在法律上的脆弱状态,佩里洛(Perillo)在对该法律的概要中进行了进一步的说明:

> 如果 A 向 B 发出要约,以 5 000 美元的价格出售一件物品,该要约将持续 30 天有效,而 B 说"我愿意支付 4 800 美元",这将是一个反要约。但如果他说"你愿意接受 4 800 美元吗?"则将是一个反询问。如果 B 说"该价格过高",这可以认为是对条款的评论。如果他说"发送最低现金价格",这将构成修改要约的请求而非拒绝。如果 B 说"我接受,但如果能给我 5% 的折扣,我将不胜感激",这将构成一个请求或建议修改要约的承诺。如果 B 说"我接受你的要约,并在此订购第二件物品",那么这就构成了一份合同,且 B 发出了一个单独的要约而非反要约。[82]

鉴于附条件承诺规则和一般解释原则之间的不一致性,以及对该规则之区分的脆弱性,该规则是不正当的,应当被摒弃。

4. 镜像法则

在古典合同法下,附条件承诺规则通常伴随着镜像或完全一致规则。根据此规则,在任何方面偏离要约的承诺都成为附条件承诺,无论这一偏离是多么微小。尽管镜像规则有时被认为是附条件承诺规则的特殊应用,但事实并非如此。附条件承诺规则涉及附条件承诺的效力,而镜像规则涉及构成附条件承诺的要件。在买卖双方均作为商人参与的格式之争中,这两种规则之间的区别尤为突出:除了非常大规模的交易,商人之间的交易往往由格式合同,而非通过谈判达成的协议来完成。购买者的格

---

[81] Id. at 302.
[82] Joseph M. Perillo, *Calamari & Perillo on Contracts*, § 2.20, at 84 (6th ed. 2009).

式文本通常被称为采购订单,卖方的格式文本通常被称为销售订单。合同可以通过以上任何一种格式文本启动。如果合同由采购订单发起,那么采购订单通常是要约。如果合同由销售订单发起,那么销售订单通常是要约。这两种情况下的问题在于,受要约人回应的格式文本是构成合同的承诺,还是终止受要约人承诺权的反要约。

采购订单和销售订单的条款可以分为两大类。

第一类条款由协商或至少讨论过的条款组成。这些条款通常因每笔交易而异,并明确规定了各方当事人应履行的义务。例如,描述要购买和销售的商品、数量、价格、交货地点、交货时间和付款时间的条款。

第二类条款由标准化条款组成,这些条款是为大量使用而制定的,并不考虑任何特定交易。这些条款通常在很大程度上明确规定了不履行的后果。举例来说,这些条款规定了声明的期限,要求对争议进行仲裁,或者在发生争议时同意指定法院的管辖权。标准化条款通常不经双方的协商甚至讨论,并且通常买方和卖方在格式文本上也有很大不同。

由于回复的格式文本总是不同于发起的格式文本,也就是说不同于要约,根据镜像规则,采购单和销售单的交换不构成合同。相反,在格式之争下,被视为反要约的回应的格式文本会终止受要约人的承诺权,除非在条款涉及货物买卖的情况下适用特殊的《统一商法典》规则(见下文)。一般解释原则通常侧重于两种格式文本中的个别化条款能否相匹配,从而得出一个大不相同的结果。商人通常不会阅读彼此格式文本中的标准化条款。事实上,如果采购代理或销售员阅读其办公桌上的每一份格式文本,那么他很可能会因为效率低下而被解雇,因为阅读这些格式文本会占用他所有的时间(有关格式合同的更多内容,请参阅第三十七章)。因此,在大多数情况下,根据一般解释原则,如果回复的个别化条款与要约的个别化条款相一致,那么即使该二者格式文本中的标准化格式条款不同,格式文本也将被要约人合理地理解为承诺。

因此,根据现代法律,镜像规则已经在货物买卖合同中被摒弃。《统一商法典》第 2-207(1) 条规定,"明确而及时地表示接受……在合理时间内发出的,即使其所述条款是对要约或所商定的条款的补充或与之不同,也可视为承诺,除非承诺是以同意这些补充或不同条款为明确条件的"。即使标准化术语及其间的差异是实质性的,本条也依旧适用。[83] 第 2-207 条通常被认为是与普通法的决裂[84],但实际上,本条仅简单地选择了一种普通法进路而非其他进路:在决定一个应答的格式文本(responsive form)是否是承诺时,第 2-207 条适用了一般解释原则而非镜像表达规则。尽管第 2-207(1)条仅适用于货物买卖合同,但该条所依据的原则可以通过类比进行扩展。例如,《合同法重述(第二次)》第 59 条的评论采用了这样一条规则:"如果承诺不取决于对附加或不同条款的同意,那么即使声明有附加或不同条款,一个明确且及时的承诺表达仍然有效。"最近的案例也支持将《统一商法典》第 2-207 条类推适用于非货物买卖合同。[85]

九、回顾

要约与承诺之法律的一个重要部分是表达规则。其中一些规则是正当的。例如,拒绝终止承诺权的规则是正当的,因为适用一般解释原则几乎总是以更高的实施成本得出相同的结论。同样,拍卖商除非进行无底价拍卖,否则,不构成要约的规则也是正当的,因为该规则通常为参与拍卖的大多数当事人所知,并有助于在相互冲突的拍卖群体之间保持平衡。然而,大多数规范要约和承诺过程的表达规则没有解释根据作为支撑。这些规则应当被摒弃,并将一般解释原则适用于个案。

基于约因原则的要约和承诺规则也遇到了相似困境。这些基于约因

---

〔83〕 Id. § 2-207(2)(b).

〔84〕 See Rite Fabrics, Inc. v. Stafford-Higgins Co., 366 F. Supp. 1, 7 (S.D.N.Y. 1973).

〔85〕 See, e.g., Knapp v. McFarland, 344 F. Supp. 601, 612-613 (S.D.N.Y 1971),基于其他理由修正并发回重审,457 F.2d 881 (2d Cir,1972)。通过类推《统一商法典》第 2-207 条,法院认为承诺中的新条款约定的在诉讼结束后支付约定的 15.5 万美元奖金的时间,并不会将该承诺转化为反要约:"受要约人同意的表达中包含对原始要约的非实质性偏离的,不构成反要约,而使当事人受到可执行合同的约束。"Id. at 613.

的规则没有正当性,最明显的是不可撤销要约规则,因为它们错误地描述了要约和承诺过程的动态性,并且挫败了受要约人的合理预期,以及要约人作为一个群体实现其目的的能力。

有人可能会辩驳说,这些基于表达和约因的规则是某些非解释性的政策证成的。其中一项政策可能是,不应将合同成立容易化,否则基于责任的考虑也许会降低合同成立的速度。然而,此政策与促进知情的行为人通过缔约推进实现其共同目标之能力的基本目标不符。此外,此种政策的解释力也极为有限,因为一些要约和承诺规则会使缔约更容易,而非更难。如下两个规则就是这样的:在有疑问的情况下,要约可以根据受要约人的选择通过允诺或履行作出承诺;即使承诺与较早发出的撤销交叉或在邮寄中被延迟或丢失,承诺在发出时仍有效。

或者,有人可能辩驳说,表达和约因的规则可以基于如下政策而得以证成,即合同成立不应当变容易,因为在涉及快速违约的情况下,也即在合同订立后不久即放弃该合同时,会产生预期损害赔偿。在此种情况下,如果允诺人在合同成立和违约的时间段内不可能制定计划或放弃其他机会,那么预期损害赔偿可能会显得过于严苛。让合同成立变困难有助于防止此种严苛的结果。

然而,此种正当性也并不令人满意。虽然对快速违约适用预期损害赔偿会存在困难,但禁止此种损害赔偿也同样如此。在某些种类的合同中,比如那些涉及可替代商品或公开交易股票的合同,小时、分钟甚至秒钟都可能至关重要。如果要求法院个案确定以多快为标准来证成预期损害赔偿的判决,法院将面临严重的实施问题。此外,如果确实有一项政策反对就快速违约判予预期损害赔偿,即使合同已明确成立,该政策也应适用。因此,通过制定与一般解释原则相差不大的表达规则,以隐蔽方式实施这种政策,必然会导致对类似交易的不一致处理。

总之,虽然部分规范终止承诺权的规则可能是正当的,但大多数并不正当,这些不正当的规则应当被摒弃。

第三十四章　奖赏与赏金

一、约因

奖赏和赏金*(Prizes and Rewards)可以是因为业绩而自由授予,如诺贝尔奖,也可以是因应得而给予,如竞赛的奖赏或归还失物的赏金。因业绩而自由授予的奖赏和赏金通常不会产生合同法问题。因此,在本书中,奖赏和赏金这两个术语,将被限制性地用来表示只有满足指定条件或执行特定行为才能获得的奖赏或赏金。依此定义,奖赏和赏金通常构成单方合同的典型要约。

奖赏和赏金的情况至少在形式上是虚幻允诺情况的镜像。在虚幻允诺情况下,A向B作出承诺,以此激励B给A一个机会,来证明A为什么是一名可取的贸易伙伴。在奖赏和赏金的情况下,A向B作出承诺(提供奖赏或赏金),以激励B去冒险,也就是说,如果适当的话,他为获得奖赏或赏金而付出的努力或花费将获得回报。

赏金要约很少提出约因问题,因为为了获得赏金,受要约人通常必须完成对要约人具有实际或预估价值的指定行为。同样,在那些必须付费才能参赛或者必须完成某种指定行为才能获胜或者两者情况兼而有之的有奖竞赛中,毋庸考虑请求人行为的客观价值,奖赏的允诺通常是可执行的。例如,在西蒙斯诉美国案(Simmons v. United States)[1]中,美国啤酒厂赞助

---

* 奖赏(Prize)在美国可以包括多种形式,如现金、物品及诸多优惠(如购物卡、免费服务,等等),对应于我国的奖赏或者奖励,主要是对积极行为的评价)。Reward 则主要是完成某一行为的评价,比较中性。

[1] 308 F.2d 160 (4th Cir. 1962).

了一场广为人知的年度美国啤酒钓鱼赛。根据竞赛规则,酿酒厂给切萨皮克湾数百万条岩鱼中的一条贴上标签,并将其命名为戴蒙德·吉姆三世(Diamond Jim Ⅲ)。任何人只要抓住了戴蒙德·吉姆三世,并把它连同标签和一份宣誓书一起交给酿酒厂,证明这条鱼是被钩住的,就有权获得2.5万美元的奖赏。西蒙斯在戴蒙德·吉姆三世被标记后大约六周就抓住了它,并很快获得了该奖赏。西蒙斯熟悉竞赛,但作为一名经验丰富的渔夫,他也知道自己使戴蒙德·吉姆三世登岸的机会微乎其微,当他出发去钓鱼时,并没有想到戴蒙德·吉姆三世这个事。法院认为(在税收语境下),一旦西蒙斯捕获了这条鱼,啤酒厂就有法律义务给他奖赏:"对他的请求来说,这并不重要……。西蒙斯不是为了钓到一条有奖赏的鱼而去钓鱼的。只要有效的要约为他所知,即使他这样做主要是出于与要约无关的原因,他也可以通过履行来接受单方合同的要约。"[2]

同样,在科博诉克里克-路维斯公司案(Cobaugh v. Klick-Lewis, Inc.)中,科博在参加高尔夫锦标赛时意外地在第九个球座发现了一辆新的雪佛兰法冠(Beretta),上面还有标牌,声明:"一杆进洞,1988年雪佛兰法冠GT,由克里克-路维斯别克雪佛兰·庞蒂亚克提供,工巴尔米拉工厂发票价加上49美元。"[3]科博打了个一杆进洞,并获得了奖赏。法院认为存在约因:为了赢得这辆车,科博被要求执行一项他无法律义务执行的行为。这辆车将被用来交换一杆进洞的壮举。这是支持合同的充分约因。[4]

---

[2] Id. at 165.

[3] 561 A.2d 1248, 1249 (Pa. Super. Ct. 1989).

[4] Id. at 1250; see also Champagne Chrysler-Plymouth, Inc. v. Giles, 388 So. 2d 1343 (Fla. Dist. Ct. App. 1980); Schreiner v. Weil Furniture Co., 68 So. 2d 149, 151 (La. Ct. App. 1953); Las Vegas Hacienda, Inc. v. Gibson, 359 P.2d 85, 86 (Nev. 1961); Grove v. Charbonneau Buick-Pontiac, Inc., 240 N. W. 2d 853, 856 (N.D. 1976). But see Fernandez v. Fahs, 144 F. Supp. 630, 632 (S.D. Fla. 1956)(棒球比赛抽奖的奖励是一份礼物,因为即使不提供奖品,获胜的选手也会参加比赛)。在这种情况下,竞赛举办者通常并不否认要约是可执行的,而是主张某些条件没有得到满足、存在某种错误或存在解释问题(see, e.g., Grove, 240 N. W. 2d at 862),或者竞赛根据博彩法是非法的[see, e.g., Chenard v. Marcel Motors, 387 A.2d 596, 598-599 (Me. 1978)]。在科博案中,克里克-路维斯公司(Klick-Lewis)两天前已经提供该车作为慈善高尔夫锦标赛的奖品,而且在科博的一杆进洞前已经错误地忘记挪走该车及张贴的标志。Cobaugh, 561 A.2d at 1250。

法院在竞赛问题上会遇到更多困难,因为在很多竞赛中,受要约人既不需要付钱参加竞赛,也不需要执行指定的行为才能获胜。例如,不需要花钱的促销游戏,如杂志订购抽奖或在零售点免费可玩的刮刮乐游戏。一些法院认为,由于缺乏约因,这些游戏中的奖赏是不可执行的。[5] 然而,这些奖赏应当是可执行的,因为促销游戏是结性协议(structural agreements)。虽然促销游戏在形式上是虚幻允诺的镜像,但在实质上是机会的相互交易。参赛者为获胜机会而参赛,促销者为了增加出卖商品的机会而办游戏。在这些游戏结构下,参赛者必须进入商店玩游戏或阅读直邮广告找到竞赛参赛表格来体验促销产品。顾客或读者的数量越多,交易的概率也就越大。[6]

二、救济

奖赏和赏金提出了两个棘手的损害赔偿问题。(1)如果得不到赏金或奖赏,应使用何种损害赔偿计算方法?(2)参赛者被不当拒绝获奖机会的,应当给予什么救济?

1. 未兑付赏金或奖赏的损害

正如卡尔·卢埃林所指出的,计算未兑付赏金或奖赏之损害的基础难题是,通常奖赏和赏金"远远大于受要约人时间及技能的价值,前提是这些价值以纯粹的按日结算和已付成本为基础计算(measured on a pure per diem and out of pocket basis)"[7]。此外,奖赏通常远远大于获奖者给

---

[5] See, e.g., Yellow-Stone Kit v. State, 7 So. 338, 339 (Ala. 1890); Clark v. State, 80 So. 2d 308, 310 (Ala. Ct. App. 1954); Cal. Gasoline Retailers v. Regal Petroleum Corp., 330 P.2d 778, 786 (Cal. 1958); Cross v. People, 32 P. 821, 822 (Colo. 1893); Mobil Oil Corp. v. Attorney Gen., 280 N. E. 2d 406, 411 (Mass. 1972).

[6] 马克·韦斯曼指出,某些种类的奖励在边缘上不符合单方合同模式。See Mark B. Wessman, Is "Contract" the Name of the Game? Promotional Games as Test Cases for Contract Theory, 34 *Ariz. L. Rev.* 635 (1992)。

[7] See K.N. Llewellyn, Our Case-Law of Contract: Offer and Acceptance, II., 48 *Yale L.J.* 779, 806 (1939). 卢埃林有点轻率,因为单方合同分析后来获得了较大提升。

予竞赛促销者利益的市场价值。西蒙斯案就是一个很好的例子:给予啤酒厂的利益价值极小,也许是戴蒙德·吉姆三世被抓到的宣传,而奖赏是2.5万美元。[8]当奖赏或者赏金的数额大大超过请求人在时间、技能和成本方面的投资,以及大大超过请求人给予要约人之利益的市场价值时,是什么证成了请求人预期损害的计算方法呢?当然就是奖赏或奖励的数额了。

在普通交易语境中,预期损害赔偿的主要正当性是,预期损害赔偿给予允诺人适当的履行和预防激励。然而,在奖赏和赏金情况下,允诺人的唯一义务通常是付款。虽然从理论上讲,提供奖赏或赏金的行为人可能会因为发现自己的钱有更具吸引力的用途而违约,或者没有采取适当的预防措施来确保他手头有足够资金来付款。但在奖赏和赏金语境下,这些解释都比较脆弱。反而,在此种情况下判予预期损害赔偿的主要原因在于其他方面,特别是概率的作用。

从奖赏开始。虽然竞赛奖赏的数额似乎与竞赛获胜者在时间、技能和成本上的投资不合比例,但从概率上看,奖赏通常并非与获胜者的投资不成比例。参赛选手只有较小的机会获奖,通常是极小的机会。因此,考虑到成功的概率非常低,为了诱使人们参加比赛,奖赏必须足以让参赛者的投资物有所值。当参赛选手参与竞赛的投资根据投资产生回报的概率进行调整时,奖赏通常不会与投资不合比例。考虑下彩票,一个参赛者可通过投资1美元来赢得95万美元的奖金。如果成功的几率是100万∶1,那么奖赏与获胜者的投资就并非不合比例了。

类似的考虑也适用于确定给筹办人带来的利益。竞赛获胜者给予竞赛筹办人的利益可能只是奖赏的极小部分。然而,举办竞赛给筹办人带来的利益要大得多,理性的筹办人会将奖赏设定在低于这一利益的数额内。因此,举办比赛通常会给筹办人带来利益,即使绝大部分利益来自获胜者以外的玩家也是如此。此外,由于筹办人的利益取决于参赛者的获胜者将会获得全部奖励的信念。因此,竞赛奖赏的要约是完全可执行的,这符合筹办人的利益。

---

[8] 308 F.2d 160, 164 (4th Cir. 1962).

现在考虑赏金。如果我们问什么能激励行为人 A 提供赏金,考虑一下他的选择是有用的。假设 A 想实现结果 R,那么 A 可以尝试通过与 B 的双方合同来实现该结果。例如,若结果 R 是要寻找到一个失踪人员,A 可以与侦探事务所 B 签订双方合同,B 允诺根据该合同找到该人。

然而,在这些情况下,结果 R 能否真正实现并不确定。例如,在该假设中,不确定是否有人能找到失踪人员。因此,常见的是,B 不愿意允诺产生结果 R,而只愿意允诺使用指定的努力产生结果 R。这一合同的优点是向 A 保证,他认为可靠的人会付出努力来实现他的目的。缺点是,即使他的努力不成功,通常也可要求 A 付款。

同时,A 可以为产生结果 R 提供单方赏金要约而非双方合同。提供赏金而非签订双方合同的好处是,只有实现结果 R 时,A 才有义务付款。缺点是,不能保证任何人会投入任何努力来实现结果 R。因为 A 不知道,需要花多少钱来为未知公众成员提供足够激励进行投资以实现结果 R,所以 A 可以提供赏金,奖励金额是他用于实现该结果价值的很大一部分。再次是,请求人的投资额和赏金之间的不合比例问题也可能被认为是一个问题。然而,正如根据奖赏条款执行奖赏符合竞赛筹办人的利益一样,根据赏金条款给付赏金也符合赏金提供者的利益。的确,在赏金提供者得到他想要的结果后,只补偿成功的请求人的投资可能符合他的个人利益。然而,在提供者得到他想要的东西之前,前景就大不相同了。赏金的金额可能与请求人的投资不成比例,但是由于通常只有受赏金者的投资取得成果并且没有其他人优先有资格获得赏金时请求人才能获得奖金,所以他的投资可能就浪费了。实际上,受赏金者就像有奖竞赛者一样,将成本、时间和麻烦的投资都押在了获得赏金的前景上。[9] 为诱使公众下注,赏金必须足够高,以使赏金金额根据获奖概率调整后超过潜在请求人必须进行的投资。如果赏金只在成功的请求人投资的范围内执行,那么请求人就会拒绝下注,且赏金提供者也无法在他们想要实现预期结果所必需的数额内发出有约束力的要约。

赏金和申请人努力的价值之间不合比例怎么办呢?尽管申请人努力

---

[9] See Llewellyn, supra note 7, at 806.

的价值可能远低于赏金金额,但赏金提供者获得的利益,例如,新的赞助,几乎肯定超过了赏金,否则他就不会提供声明金额的赏金了。

2. 丧失的机会

假设筹办人举办一个竞赛,竞赛开始后,筹办人不当地取消了一个参赛人的资格,而且无法确定参赛人如未被取消资格是否会获得奖赏。在此种情况下,筹办人的违约显然给原告造成了损失:在筹办人不当地实施行为前,参赛人有机会赢得比赛。在筹办人不当地实施行为后,他就没有机会了。因此,由于筹办人的不当行为,参赛人失去了一项资产,亦即赢得竞赛的机会。筹办人应当对该资产的价值承担责任。做个类比,假设 A 偷窃了 B 所有的彩票。A 应当对 B 彩票的价值承担责任。同样,如果 A 是彩票的筹办人却不当地拒绝将 B 的彩票纳入抽奖范围,那么 A 就应当对 B 彩票的价值承担责任。如果 A 是竞赛的筹办人却又错误地取消了 B 的参赛资格,那么 A 就应当对 B 在竞赛中赢得奖赏的机会的价值承担责任。

引领性案例是查普林诉希克斯案(Chaplin v. Hicks)[10],该案是 1911 年英国上诉法院判决的。希克斯是一位著名的演员和剧场经理,他为女演员举行了一场比赛。奖赏是戏剧演出(theatrical engagements)。并不是很有吸引力的竞赛规则如下:参赛人会把自己的照片寄给希克斯。希克斯会把英格兰分成十个区,并在每个区的报纸上刊登他挑选的候选人的照片。然后报纸读者会投票给他们认为最美丽的参赛人。因此,希克斯将面试 50 名决赛选手,她们由每个区得票率最高的 5 名候选人组成。希克斯会从这 50 名决赛选手中挑选 12 名获胜的候选人,由她们进行戏剧演出。[11]

查普林成为 50 名决赛选手之一,但希克斯并没有面试她。查普林随后对希克斯提起诉讼,主张她失去了被选为 12 名获胜者之一的机会损

---

[10] [1911] 2 KB 786.

[11] Id. at 786-788. 由于申请数量出乎意料地多,在最初的申请提出后,竞赛规则发生了变化,但原告同意了这些变化。See id. at 787。

失。在初审中,查普林获得 100 英镑的赔偿。上诉法院维持原判。勋爵莫尔顿大法官(Lord Justice Moulton)说:

> 被驱逐出一个有限竞争者群体是否构成伤害呢?对我来说,这个问题只能有一个答案:它是一种伤害,而且可能是一种非常实质的伤害。因此,原告从一个无可置疑的伤害案例开始,而做出的损害赔偿应等于损失……
>
> ……是否有这样的规则,即考虑到合同结果取决于一个独立当事人的意愿,法律就对不当行为视而不见而且说根本没有任何损害呢?这样一条规则,即使存在的话,也大错特错了。让我们以一名签有服务合同的男子为例,他担任二等职员五年,一年工资 200 英镑。合同明确规定,在该期限结束时,在每五名二等职员中挑选两名一等职员,他们的工资是一年 500 英镑。如果这种条款包含在合同中,那么很明显,考虑申请该职位的人就会想,他会有成为五人中必被选择的两个一等职员之一的优势,而且这可能是他应聘时考虑的很大一部分内容。如果雇主在他担任职务并根据服务合同工作后拒绝了这项义务,他是否就没有任何救济了呢?他已经遭受了非常真实的损失,而且没有任何可能的理由来解释为什么法律不让陪审团来评估被剥夺之机会的价值。在一个人根据合同取得属于有限竞争者类型之权利的场合下,他拥有某种有价值的东西,而且陪审团有义务评估这种被剥夺之好处的金钱价值。[12]

其他英国和英联邦的案例也是一致的[13],类似方法在美国同样

---

〔12〕 Id. at 795-796.
〔13〕 See Howe v Teefy (1927) 27 SR (NSW) 301 (Austl.)(从赌马和探知赛马情况中获利的机会); Hawrysh v. St. John's Sportsmen's Club, [1964] 46 D.L.R. 45 (Manitoba Q.B.) (Can.) (在保龄球比赛中获得竞争奖励的机会); Sanders v. Parry, [1967] 2 All E.R. 803 (保留客户业务的机会); Macrae v. Clarke [1866]1 LR-CP 403 (Eng.)(从因债务而被监禁的债务人那里获得偿还债务的机会); Hampton & Sons, Ltd. v. George, [1939] 3 All ER 627 (KB) (Eng.)(出售酒店赚取佣金的机会); Schilling v. Kidd Garrett Ltd, [1977] 1 NZLR 243 CA (N.Z.)(保留电锯销售特许经营权的机会)。

盛行。[14]《合同法重述(第二次)》第 346 条第 3 款规定：

> 如果违约是以偶然事件为条件的允诺,并且并不确定若没有违约,该事件是否会发生,那么受害方可根据违约时附条件权利的价值获得损害赔偿。

本节的评论 d 指出：

> d. 作为条件的偶然事件。在以偶然事件为条件之允诺的情况下……在偶然事件发生之前发生的违约不可能确定,如没有违约,该事件是否会发生。根据意外事件不会发生的假定判予损害赔偿对违约方并不公平,但以不确定性为由拒绝赔偿对受害方同样不公平……根据第 3 款规定的规则,受害方可以获得两选其一的损害赔偿救济,一个是基于违约时附条件合同权利的价值,另一个是被表述为"获胜机会"价值的东西。该权利的价值必须以合理确定的方式来证明,如这些权利是否存在市场,或者是否存在确定事件发生概率的适当基础。

勋爵莫尔顿大法官(Lord Justice Moulton)在查普林诉希克斯案中的观点并没有精确说明,参赛人的机会价值如何计算。最好的方法是使用机会的事前或事后价值(ex ante or ex post value of the chance)中的较大者。在通常情况下,当机会没有确定的市场时,它的事前价值应当是机会的自愿购买者向自愿出售者支付的价格。[15] 勋爵沃恩·威廉斯大法官在查普林诉希克斯案中的附和意见中默示了该方法：

> 诚然,可以说没有市场存在。五十个竞争者中没有一个能够进入市场并卖掉他的权利;他的权利是个人性权利,不能转让。但陪审

---

[14] See Miller v. Allstate Ins. Co., 573 So. 2d 24, 29 (Fla. Dist. Ct. App. 1990);现在,合同法的一个公认原则是……即使损害赔偿是不确定的,在原告被剥夺了获得奖励或利润的机会时,该赔偿额(recovery)也是允许的。这一替代性的赔偿额理论是根据英国普通法建立的,而不是基于合同的价值;相反,原告在违约时的机会或成功机会的价值成为裁决的基础。

[15] See Elmer J. Schaefer, Uncertainty and the Law of Damages, 19 Wm. & Mary L. Rev. 719, 763-764 (1978).

团很可能认为,如果可以转让的话,该权利具有如此之价值以至于每个人都会认为其能获得一个好价格。[16]

通常,在此种情况下,自愿买方支付给自愿卖方的金额会基于机会的预期价值。在范·古利克诉阿拉斯加资源开发委员会案(Van Gulic v. Resource Development Council for Alaska)[17]中,筹办人开了一场彩票。根据彩票规则,参赛人的票将从一个箱子里一张一张地抽出。抽出的最后一张票的参赛人将赢得1万美元的大奖。当分别属于A、B、C的三张彩票还在箱子里时,彩票操作人员违反竞赛规则错误地同时抽取了B和C的彩票,却忽略了A的彩票还在箱子里。[18]然后,操作人员将所有彩票放回原处并重新抽取,从而使违约更加糟糕。A的票没有开出来,他提起诉讼。如果操作人员像他们应当做的那样只抽取B的票或C的票,而不是同时抽取两张票,那么最后两张票要么是A和B的票,要么是A和C的票。因此,A在违约时有一半的概率赢得1万美元。[19]法院允许A在获得5 000美元的损害赔偿或参与只涉及他的票和B、C(他们同意平分任何奖赏)的重新抽签之间进行选择。[20]同样,《合同法重述(第二次)》第348(3)条的示例5规定:

> A向在跑道上赢得比赛的马的主人提供10万美元的奖赏。通

---

[16] 2 KB at 793.
[17] 695 P.2d 1071 (Alaska 1985).
[18] Id. at 1071–1072.
[19] Id. at 1074.
[20] See id.; see also Mange v. Unicorn Press, Inc., 129 F. Supp. 727, 730 (S.D.N.Y. 1955)(在一个涉及丧失赢得智力竞赛机会的案件中,陈述说"似乎有一种允许的自由主义趋势……允许陪审团确定原告被剥夺之机会的价值"); Wachtel v. Nat'l Alfalfa Journal Co., 176 N. W. 801, 805 (Iowa 1920)(丧失了赢得杂志比赛的机会); Hall v. Nassau Consumers' Ice Co., 183 N. E. 903 (N.Y. 1933)(丧失了债券支付的机会); Kan. City Mex. & Orient Ry. Co. v. Bell, 197 S.W. 322, 323 (Tex. Civ. App. 1917)(丧失了在牲畜展上获奖的机会)。But see Phillips v. Pantages Theatre Co., 300 P. 1048 (Wash. 1931) (丧失了在"初学者电影竞赛"的机会则无赔偿); Collatz v. Fox Wis. Amusement Corp., 300 N. W. 162 (Wis. 1941)(丧失了问答比赛的机会则无赔偿)。

过让马进场并支付注册费,B 就作出了允诺。在比赛进行时,A 不当地阻止 B 的马参赛。虽然 B 不能证明他的马会赢得这场比赛,但他可以证明有四分之一的机会获胜,因为在这场比赛中四分之一的钱都押在他的马身上。B 有权基于获得该奖赏之附条件权利的价值而获得 2.5 万美元的赔偿。

第三十五章　法律上默示合同和事实上默示合同

493　　大多数合同都是明示达成的。然而,有些合同则是事实上默示而非明示达成的。事实上默示合同是真实的合同。只是在当事人的同意真实但并不明示的意义上,事实上默示合同才不同于一般合同。例如,假设珍妮特·琼斯(Janet Jones)在一次拍卖会上举手出价。没人出更高价了,而且拍卖人敲锤了。即使琼斯没有说,"我出价",这也可以从举手的动作中默示出来,即使拍卖人没有说,"我接受",这也可以从其敲锤的动作中默示出来。或者假设玛丽·穆尔(Mary Moore)每天都在上班的路上经过一个商店,而且停下来买一个苹果做午餐。一天,穆尔着急赶公交车,她就从店外箱子里拿了一个苹果,而且向店主晃了晃苹果以引起其注意。店主点头回应。即使穆尔没说,"我以箱子上贴出的价格为报价来买苹果",这也可以从她朝店主晃苹果的动作及过去的惯例中默示出来,即使店主没有说"我接受你的报价",这也可以从他点头的动作及过去的做法(practice)中默示出来。因为事实上默示合同是真实的合同,违反默示合同的通常救济是预期损害赔偿。被告是否不公正地增加了财富,通常是无关因素。

　　也存在另一类型的法律义务,其名称与事实上默示合同相似,但内容却完全不同。这就是法律上默示合同,有时也被称为准合同。法律上默示合同不是合同,正像我们不妨将斑马称为法律上默示的马一样。相反,法律上默示合同是基于不当得利的债务。这些债务被称为合同纯粹是出于历史原因。在早期,英国普通法是程式诉讼制度(formulary system)。在此制度下,未来的原告仅在以下两种情况下才能获得司法救济:导致损害的交易在既定形式的诉讼或者令状范围内,或者交易的做出是通过被告不得否认的拟制主张而在诉讼或者令状范围内。最初,合同诉讼只有契据与债务两种令状。违反且只违反蜡封合同才能提起契据诉讼。违反且仅违反以下合同才能提起债务诉讼:涉及回报(a quid pro quo)、原告全部履行、被告需要支付某些作为该合同部分所确定的金额的允诺等三种情况。

很多合同并不满足契据或者债务的要件。进而,契据和债务也被古老的程序所累。作为这些缺点的结果,被称为"简约之诉"(严格的意思是,被告已经承担了债务)的新的合同诉讼就发展出来了。简约之诉与契据或者债务相比有两个主要优势。简约之诉是一般的合同诉讼,不限于确定类型的合同,而且没有古老程序的负担。结果是,将简约之诉扩展到包括被契据和债务所涵盖合同诉讼的压力就持续存在。由于历史和技术的原因,为完成该目的,有必要创设新类型的简约之诉,这就是债务人承诺偿还之诉(indebitatus assumpsit)。在此种程式的诉讼中,原告主张,对原告欠有债务的被告作出了新的偿还债务允诺。主张被告作出了偿还现有债务的新允诺视为法律拟制:不要求原告证明该主张,也不许被告否认该主张。然而,在他作出(拟制的)支付(不存在)债务的允诺以前,被告可以否认他对原告负担债务。

在债务人承诺偿还之诉(indebitatus assumpsit)发展之前,还没有任何令状涵盖不当得利。然而,一旦"被告在债务人承诺偿还之诉(indebitatus assumpsit)中作出新的付款允诺的主张是拟制的"成为法律,那么该路径就放开将不当得利案件纳入到此诉讼形式中。沿着此种路径,原告会主张,(1)作为某些行为的结果(例如,由于错误支付给被告的金钱),被告以牺牲原告为代价而不公正地导致财富增加(enrichment),而且(2)被告因此允诺向原告支付此种财富增加的数额。被告可否认第一次主张所描述的行为已经发生,或者可声称即使所主张的行为已发生,他依然会导致不公正地增加财富。然而，由于他后来作出了新付款允诺的主张是拟制的，所以不许被告否认该主张。因此，法律上默示合同是指，尽管交易并非是真实的合同交易，但经由法律拟制——被告作出了新的支付他不当获利之数额的允诺，可以提起简约之诉(合同形式的诉讼)。

尽管事实上默示合同和法律上默示合同在理论上有区别，且法律上默示合同不是合同，但法律上默示合同和事实上默示合同之间有很强的联系。部分原因是，在实践中，责任基于真实但却默示之合同的情况与责任基于不当得利的情况之间存在不确定的界限。巴斯琴诉加福德案(Bastian v. Gafford)[1]说明了此点。1972年3月，加福德问承包商巴斯琴是否有兴趣为他建造一座办公楼。经过几次讨论，巴斯琴同意建造这座楼，并开始起草计划。计划大体完成后，加福德联系了一家银行寻求融资。该银行告诉加福德，它需要一个承包商不可撤回的报价。然而，巴斯琴告诉加福德，他只会在成本加成基础上建造这座办公楼。因此，加福德雇用了一名建筑师准备第二套计划，并雇用了另一名承包商按照这些计划来建造大楼。

巴斯琴随后对该建筑提出留置，金额是准备计划时已提供货物和服务的3 250美元，并开始了终止留置人回赎权的诉讼(action to foreclose the lien)，主张存在一份事实上默示合同对他的服务提供补偿。初审法院判决支持加福德，理由是他没有不公正地增加财富，因为他没有利用巴斯琴的计划建造办公楼。爱达荷州最高法院推翻了该判决，理由是初审法院基于不当得利的判决未能区分准合同(即法律上默示合同)和事实上默示合同：

> 虽然不当得利对基于准合同的赔偿是必要的，但它与事实上默示合同无关……巴斯琴要在后一理论下获得赔偿，加福德没有必要要么使用这些计划，要么从中获得利益。在默示了他为服务付款之

---

[1] 563 P.2d 48 (Idaho 1977).

协议的情况下,他请求且获得了该服务就足够了。[2]

同样,如果买方和卖方缔约以每吨30美元的价格买卖1 000吨钢材,并且卖方旋即放弃合同,即使他没有给卖方带来任何利益,买方也可以诉请预期损害赔偿。

但是巴斯琴和加福德默示地同意了什么呢?法院回避了这个问题。法院说:"对要求什么履行、是否已经做出所要求的履行,以及该情况是否默示了赔偿上诉人的协议,我们不发表任何意见。"[3]事实上,如果加福德决定不使用巴斯琴的计划,那么默示出他同意为巴斯琴所付出之时间进行付款的协议也是可能的。然而,相比于从法院意见所报告的对话中得出的任何理念的支撑,该默示能得到公平理念或者更广义的不当得利理念的更好支撑。

---

[2] Id. at 49.
[3] Id.

第三十六章　不完美合同

本章涉及诸多与不完美合同* 相关的问题：不确定性及漏洞的效果、考虑签署另一份合同文书的协议条款、善意谈判之允诺的可执行性，以及善意谈判的默示义务。作为考虑这些问题的前言，有三个术语需要澄清。

1. 不完美

本章所考虑的问题通常被认为源自合同的"不完美"。本书将按照常规使用"不完美"一词。然而，在经济理论中，"完美的合同"是指，对未来世界的每一种可能状态下都相应详细规定了当事人的权利、义务和救济的合同。根据此概念，每一个合同都是不完美的，因为勾画并谈判所有可能的与合同有关的世界未来状态，以及每个状态和这些状态的所有后果，即使不是几乎不可能的，也是极其昂贵的。因此，仅仅合同在某些方面不完美这一事实，不应当且也确实不具有任何法律相关性。换言之，在合同法中，"不完美的"一词并不意味着就不完美。相反，该词语是以下规则的简写：即协议是否因过于不确定而不具可执行性，法院应当何时以及如何填补协议中的漏洞，考虑签署另一份文书之协议条款有何效力，以及何时有善意谈判的义务，使不确定协议充分确定以填补漏洞或达成深思熟虑的最终协议。

---

*　incomplete contract。从准确表达的意思看，翻译成"不完备合同"为佳，但基于学术作品更多地将之翻译成"不完美合同"，这个翻译也是可接受的选择。因此译者遵从多数人的译法。——译者注

2. 前合同责任

评论人经常将根据通过未来谈判加以充实的初始协议所施加的责任称为前合同责任(pre-contractual liability)。此术语是不正确的。除了非常有限的例外,这些情况下的责任通常应当并且确实基于交易允诺或被信赖的允诺。因此,此种责任通常是合同性的,而不是前合同性的。

3. 受约束

不完美合同提出的问题,有时会通过询问协议当事人是否认为他们在法律上受到协议约束的方式进入。此问题不应当也确实不是美国合同法的一部分。相反,合同法应当而且确实会询问,当事人是否从事了应当使其受法律上约束的行为。因此,举例来说,如果双方当事人达成了交易,那么任何一方当事人不知道交易在法律上可执行都是无关紧要的:当事人受约束不是因为他们意图在法律上受约束,而是因为他们达成了交易。

一、不确定性及漏洞

1. 不确定性

不完美合同群中的一组规则涉及协议不确定性的效果。要约与承诺的法律规则以及涉及协议不确定性规则之间的关系,并不总是清晰的。要约和承诺的一个基本规则是,一个表示除非足够明确,否则不构成要约。但是合同法为什么要有另一个关于协议不确定性的规则呢?如果一个表达不够确定,不足以构成要约,那么任何合同都不会成立。如果一个表达足够确定,构成要约,那么还有什么余地来主张,由此产生的协议因过于不确定而不足以构成一个合同呢?此问题的一个答案是,协议不确定性的概念反映了合同在现实中经常不是由要约和承诺的先后顺序形成的事实。相反,许多合同是通过同时行动形成的,例如,同时进行的联合签名、握手、同意"这是一笔买卖"等。在此类语境下,不确定性的概念存在两个非常不同的方面。

第一,协议的不确定性表明,当事人并不认为自己达成了交易或作出了任何其他类型的承诺(commitment)。在此种情况下,协议在订立时也不应是可执行的,尽管随后的行为可能产生合同义务。

第二,即使当事人认为他们已经达成了协议或作出了某种其他类型的承诺,如果协议缺乏法院确定适当救济所需的充分细节,那么他们的协议也可能是不可执行的。

不确定性的第二个方面在芝加哥学会出版社诉奇弗案(Academy Chicago Publishers v. Cheever)[1]中得以运用。芝加哥学会出版社与著名作家约翰·奇弗(John Cheever)的遗孀接洽,讨论是否有可能出版一部奇弗以前未收录的的短篇小说集。他们最终签署了一份出版协议,其中部分内容如下:

> 1987年8月15日,芝加哥学会出版社或任何附属实体或出版社(以下简称"出版社")与美国的玛丽·奇弗和富兰克林·丹尼斯(以下简称"作者")签订协议。
>
> 鉴于当事人希望出版并已出版了一部或数部作品,暂定名为《约翰·奇弗未收集的故事》(以下简称《作品》)。
>
> ……
>
> 2. 作者将按照编辑的最终安排,在双方同意的日期向出版商交付一份形式和内容都令出版商满意的作品手稿。
>
> ……
>
> 5. 在最终修订手稿交付后的合理时间和双方同意的日期内,出版商将自费以其认为最好的方式和价格出版作品,并在其认为合适的时间内保持作品付印;但出版商不对其无法控制的情况造成的延

---

[1] 578 N. E. 2d 981 (Ill. 1991).

误承担责任。[2]

学会及其作者富兰克林·丹尼斯承担了寻找和获取奇弗未收集的故事并把它们交给奇弗夫人的任务。丹尼斯和奇弗太太各收到750美元的预付版税。到1987年底,学会已找到并向奇弗夫人交付了60多个未收集的故事,学会以22.55万美元的价格出售了平装书的版权,这笔钱大概将由当事人平分。此后不久,奇弗夫人告知学会,她反对出版这本书,并试图归还她的预付版税。作为回应,学会诉请确认判决。初审法院下达了一项命令,宣布当事人的协议是可执行的,如果奇弗夫人提交的手稿至少包含10至15个故事,总计至少140页,那么她就遵守了善意和公平交易的义务。中级上诉法院维持原判,但伊利诺伊州最高法院推翻了原判。

从奇弗协议的形式和言辞以及预付版税条款来看,当事人认为他们已经缔结了一项体现为书面文书的协议是非常清楚的。伊利诺伊州最高法院基本上承认此点。然而,法院表示,该协议的条款太不确定了,以至于无法确定是否违反了协议。

……当事人之间的一个主要争议是拟议作品的长度和内容。该协议没有阐明出版该作品集所需的最少或最多的故事数或页数。协议也没有任何隐含的语言,使我们可从中收集当事人对这一基本合同条款意图的信息。出版协议同样没有提到,由谁来决定哪些故事会收录到该集子中……[3]

2. 漏洞

与不确定性问题密切相关的是,如何处理协议中的漏洞(包括遗漏或未决条款)问题。漏洞的概念缺乏明确性,因为它与合同法中的另外两个主要问题交织在一起。

第一,漏洞的概念往往很难与解释问题割裂,因为解释往往涉及协议

---

[2] Id. at 982-983.
[3] Id. at 984.

中的漏洞填补。例如,法院通常将未决条款(open term)解读为要求通常的履行。假设 A 与 B 签订合同建造一栋木瓦屋顶的房子。如果合同没有规定木瓦的质量,法院应当并且通常会认为,考虑到临近区域这种房屋的木瓦类型以及其他相关因素,A 有义务安装通常的木瓦。同样,如果合同没有规定房屋完工的时间,那么法院通常会判决,考虑到建造此种房屋所需的通常合理时间、施工期间的天气,以及其他相关因素,A 有义务在合理时间内完工。这些法律原则可被视为解释合同或填补合同漏洞。

第二,漏洞的概念经常很难与不确定性问题割裂,因为不确定性通常源于漏洞的存在,因此法院必须决定是否填补漏洞。

在此种背景下,分析如何处理不完美合同,需要了解合同为什么是不完美的。有五种很明显的情形:

情形1:尽管当事人已就某些条款达成协议,但他们并不认为已成交或已作出任何其他类型的承诺。

情形2:当事人都认为已成交或已作出了其他类型的承诺。协议或承诺之所以不完美,是因为在每次谈判的某一点上,谈判额外条款的成本将超过谈判这些条款的价值。正如雷戈诉德克尔案(Rego v. Decker)[4]所述,"除了涉及大量金钱的交易或强加给许多当事人的附和合同(adhesion contract),合同往往是框架性的,因为制定一份更完美的合同所需的时间和金钱与交易对当事人的价值不相称"。

情形3:当事人认为已达成了交易或已作出了某种其他类型的承诺,但协议或承诺是不完美的,因为当事人都希望为合同随着未来的进展而进一步发展留下空间。在这些情况下,当事人不能就如何解决几个问题达成一致,或者不愿意投入解决这些问题所需的时间,因为这些问题可能永远不会变得相关,但希望推进交易。于是将这些问题的解决留给以后的谈判,若谈判失败,则留给审判。当事人并不必然考虑到需要进一步谈判,但他们保留这种可能性。正如阿洛克建筑公司诉印度建筑服务公司案(Arok Construc-

---

[4] 482 P.2d 834, 837 (Alaska 1971).

tion Co. v. Indian Construction Services)[5]所述：

> 商人不是预言家，他既不能事先为每个不可预见的意外事件做好规定，也不能回答每一个关于商业协议的未被问询到的问题……企业家也不擅长起草法律文件。最后，当事人可能希望在约束自己的同时也将一些问题留待将来解决，以保持灵活性。

情形4：当事人都认为已成交或已作出了其他类型的承诺。协议或承诺是不完美的，是因为直到某个世界状态被揭示出来，当事人都不能制作出完美协议。

情形5：当事人都认为已达成了协议或已作出了其他类型的承诺。当事人的协议之所以是不完美的，是因为他们想利用有效率的劳动分工。商人擅长确定和谈判主要履行条款，如标的、数量和价格。然而，通常情况下，他们并非是确定和谈判大多数不履行条款的专家，例如，涉及各种不履行后果的条款。相反，律师不擅长确定和谈判主要履行条款，但他们是确定和谈判大多数不履行条款的专家。因此，在复杂的高风险交易中，如合并或购买高定价资本货物，通常是商人就交易的主要履行条款进行谈判，这些条款在谅解备忘录、意向书、承诺函等中规定。然后商人将交易移交给他们的律师，通过谈判不履行条款和次要履行条款达成更完美的协议。[6]

属于情形1的协议不应具有可执行性。由于当事人并不认为已成交或已作出任何其他类型的承诺，单纯这些内容就没有什么可执行的。相比而言，在协议属于情形2、3、4或5的场合下，法院应采取一切合理措施执行当事人的协议。由于在每一种情况下，当事人都认为已成交或已作出了某种其他类型的承诺，所以不执行他们的协议将会挫败而非实现当

---

[5] 848 P.2d 870, 876 (Ariz. Ct. App. 1993).

[6] Alan Schwartz & Robert E. Scott, Precontractual Liability and Preliminary Agreements, 120 Harv. L. Rev. 661 (2007). 艾伦·施瓦茨和罗伯特·斯科特对情形4的一个子类进行建模和分析。在这个子类中，一方或双方当事人在允诺善意谈判后最终合同签订前做了大量投资。同时他们也探究了当事人为什么会进行如此有风险的投资。

事人的意图,从而违反了合同法的基本原则。[7] 确实是这样,因为不完美通常不是交易失败的理由。恰恰相反,不完美经常甚至通常被用作一种投机式抗辩。允诺人可能想摆脱合同,因为他决定要么履行合同就要亏损,要么在其他地方可以赚更多的钱。他去找他的律师,告诉律师他想摆脱合同。律师审查了合同,告诉允诺人,"好吧,你有不确定性这一抗辩事由"。允诺人回答说:"这是什么意思呢?"律师回应说:"别担心,我会处理。"这一场景的某一版本可能就在奇弗案中发生了。奇弗夫人要求并收到了 750 美元的预付版税,签署了一份非常正式的协议。直到丹尼斯挖掘出 60 多个未收录到的奇弗故事,且这本书的平装版版权以 22.55 万美元的价格出售时,奇弗太太才试图摆脱合同。毫无疑问,原因是贪婪,而非不确定性。[8]

许多(也许是大多数)现代法院都理解,以合同不确定或者过于宽泛为由拒绝执行合同,往往会挫败当事人的意图。例如,在雷戈诉德克尔案(Rego v. Decker)中,法院指出,"如果确定性标准定得太高,法院就会给商界施加太大的负担"[9]。同样,在阿洛克建筑案(Arok Construction)中,法院指出,"在当事人意图并希望受到约束时,他们向法院提交的往往是不完美交易……拒绝执行当事人意图创设的义务以及市场交易要求的义务,几乎不是解决方案"[10]。

正如在第一章中讨论的那样,合同法原理可以沿着不同的光谱而变化。一个光谱是从静态到动态。如果合同法原理的适用完全取决于合同成立时发生的事情,那么它就处于光谱中的静态端。如果合同法原理的适用在很大程度上取决于合同成立之前、之后或之时的一系列不断变化的事件,那么它就处于动态端。第二个光谱从二元延伸到多元。如果原

---

[7] 参见第一章。

[8] Peter Kurth, Uncollecting Cheever, Salon, (Nov. 25, 1998), http://www.salon.com/1998/11/25/sneaks_150/[reviewing Anita Miller, Uncollecting Cheever, The Family of John Cheever v. Academy Chicago Publishers (1998)].

[9] 482 P.2d at 837.

[10] 848 P.2d at 876.

理只把它范围内的经验分成两类,那么它们是二元的。如果原理把它范围内的经验分成几类,那么它们是多元的。

古典合同法原理几乎完全位于这些光谱的静态端和二元端。因此,根据古典合同法,协议要么被定性为可执行的最终合同,要么被定性为不可执行的初步协商,这两者之间没有任何中间地带。这种二元性反映在二元结果中:最终合同签订之前没有任何责任,之后就是预期损害赔偿的全部责任。[11] 漏洞也是以静态和二元方式处理的:要么漏洞并不妨碍合同充分确定,此种情况下,漏洞将由法院来填补,合同将是可执行的;要么漏洞确实妨碍合同充分确定,在此种情况下,合同将是不可执行的。

与其他领域一样,现代合同法在不完美合同领域,也已经大大偏离了古典合同法的静态和二元规则。在这些偏离中,一些规则认识到,合同成立可能是一个动态的、不断发展的过程,而非一个于固定时间点一切均已固定的过程。例如,《统一商法典》第 2-204 (2) 条规定,"足以构成买卖合同的协议,即使其订立时间未能确定,仍可以认定"[12]。同样,《合同法重述(第二次)》第 22(1) 条规定,"即使要约和承诺都无法识别且合同成立的时刻也不能确定,当事人同意的表示也可以作出"[13]。

相应地,在不确定性和漏洞领域,《统一商法典》第 2-204 条规定,即使一个或多个条款并未确定,如果当事人有意订立合同,而且有给予适当补救的合理确定性之基础,那么买卖合同并不因不确定性而不具可执行性。《统一商法典》第 2-305 条规定,即使价格尚未谈妥,如果当事人意图如此,那么也可以订立买卖合同。如果根本未提及价格,价格就留给当事人商定或者根据第三方设定或记录的价格确定,但如果当事方未能达成一致或没有第三方设定或记录的价格,那么价格是交货时的合理价格。《统一商法典》第 2-308 条规定,如果没有规定,交货地点为卖方的营业

---

[11] Proceedings April 29, 1926, 4 A.L.I. Proc. App' x 88-89, 91-92, 95-96, 98-99 (1926).
[12] U.C.C. §2-204(2).
[13] *Restatement (Second) of Contracts* §22(1) (Am. Law Inst. 1979) [hereinafter Restatement Second]. See, e.g., Springstead v. Nees, 109 N.Y.S. 148, 150 (App. Div. 1908).

地,如果卖方没有营业地,则为其住所。第2-309条规定,如果没有规定装运、交货或任何其他行动的时间,除非《统一商法典》另有规定或缔约方另有约定,则应为合理时间。《统一商法典》第2-310条规定,除非另有约定,价款应在买方收到货物的时间和地点支付。

简言之,如果当事人意图订立货物买卖合同,即使合同没有表明价格、付款时间,以及交货和付款的时间和地点,合同也是可执行的。[14]

二、后续的另外文书条款及善意谈判的允诺

不完美合同群中的另一组问题涉及这样的情况,即一项协议看起来是最终的,只是它包括一项交易将由另外的文书予以解决的条款,但尚无另外的文书可供签署。如果没订入这样一个条款,原初协议无疑是可执行的。那么问题是,这样一个条款的法律意义是什么呢?此外,古典合同法的规则是二元的和静态的:如果当事人希望另外的文书只是其协议条款的证据备忘录,而该协议在其他方面充分确定,则尽管没有另外的文书,该协议仍是可执行的。[15] 然而,如果当事人意图在另外的文书签署之前不受约束,以便该另外的文书是谈判完成的标志,那么该协议是不可执行的。根据此规则,当事人对另外文书的考虑要么阻止了合同成立,在

---

[14] 《统一商法典》第2-305条、第2-308条、第2-309条和第2-310条通常被称为"漏洞填补条款",因为它们明确规定了漏洞填补的条款,漏洞是当事人在货物买卖合同中留下的。漏洞填补条款是任意性规则,也就是说,在就相关问题缺乏协议的情况下,法律将之加进合同的规定。关于如何构建任意性规则的理论是有争议的,但大多数评论人采取的立场是,除了某些例外,任意性规则的基础是,如果提出相关问题,当事人可能达成一致的条款。此种进路留下了两个可能的观念。第一个观念是,任意性规则应当是实际当事人会达成一致的条款。这个观念考虑了实际当事人的谈判能力和风险厌恶,当事人所持各种立场的激烈程度等等。同时,任意性规则应当为,处于当事人地位的通常人可能达成一致的条款。另一个观念更有吸引力,部分原因是实际当事人在订立合同时的相对谈判能力、风险厌恶、激烈程度等确实极其困难。一部分原因是,即使能确定这些要素,评估它们在任何特定问题谈判中会如何发挥作用也是问题重重;另一部分原因是,仅仅因为他是更强势的一方当事人,就创设有利于更强势一方当事人的任意性规则是很不恰当的。

[15] See Restatement Second §27.

此种情况下没有责任;要么不阻止合同成立,在此种情况下存在合同以及预期损害赔偿责任。

一个密切相关的问题是达成最终协议之协议的可执行性。古典合同法采用的规则是,同意未来协商的协议(Agreements to agree)是不可执行的,这可推论出善意谈判达成协议之协议的可执行性被排除了。此规则最著名的表述是温斯利代尔勋爵(Lord Wensleydale)在里奇韦诉沃顿案(Ridgway v. Wharton)[16]中提出的:

> 最终达成的协议必须包含当事人意图引入协议的所有条款。当事人根据事后达成的条款来缔结协议的协议在条款上是矛盾的。说一个人在协议条款确定之前就达成了协议是非常荒谬的。在这些条款达成之前,他完全可以退出交易。[17]

温斯利代尔勋爵的推理纯粹是公理化的,像所有公理化的法律推理一样,有深层的缺陷。根据后来达成的条款来达成协议在条款上并不矛盾:这是一项协议。温斯利代尔勋爵也承认了这一点,他总结道,"在达成这些条款之前,一方当事人完全可以自由地退出交易"。

与古典合同法中采用的静态规则相反,现代合同法恰当地采用了动态原则,即善意谈判的允诺如果有约因也是可执行的。此原则不仅本身很重要,而且它也为动态处理所有不完美合同问题提供了基础。

虽然后续的另外文书条款(further-instrument-to-follow provision)提出的问题与善意谈判允诺的可执行性原则上是不同的,但这两个问题经常交织在一起。因此,本节将首先考虑这些问题同时出现的情况。检视三个有些重叠的类型:涉及明确或近乎明确的善意谈判之交易允诺的情形,涉及善意谈判之默示交易的情形,以及一方当事人的行为产生善意谈判义务的情形。

---

[16] (1857) 10 Eng. Rep. 1287; 6 H.L.C. 238.
[17] Id. at 1313; 6 H.L.C. at 304-305.

1. 涉及明确或近乎明确的善意谈判之交易允诺的情形

涉及明确或近乎明确的善意谈判之交易允诺的情形很容易解决,因为它们只是平常的合同(garden-variety contract)。此类型的一个引领性案例是伊泰克公司诉芝加哥航空工业公司案(Itek Corp. v. Chicago Aerial Industries, Inc.)[18]。1964年春,伊泰克开始有意收购芝加哥航空工业公司(以下简称"CAI")的资产。CAI大约50%的股份属于其总裁的财产和两位创始人的遗产(estates)。谈判在1964年秋天达到顶点,当时CAI有条件地接受了伊泰克的报价,以每股13美元的价格收购CAI的资产。CAI的主要股东同意了该交易,CAI董事会同意向其余股东推荐该交易。1965年1月4日,CAI通知伊泰克,CAI董事会和主要股东已同意该交易,但须符合以下条件:伊泰克会获得必要的融资,签署一份非正式的意向书,细节要解决,而且要准备一份令双方都满意的正式协议。随后,伊泰克安排了融资,1月15日,双方当事人在伊泰克的信笺上签署了意向书。信中列举了双方的考虑,然后表述说:

> ……伊泰克和CAI应尽一切合理努力尽快达成并准备一份合同。合同要规定伊泰克的上述购买和CAI的销售,要经CAI股东批准,要体现上述条款和当事人同意的其他条款和条件。如果当事人未能就此类合同达成一致并签署,那么他们彼此没有另外的义务。[19]

CAI和伊泰克随后就开始准备正式协议。然而,与此同时,CAI及其主要股东秘密开始与另一个潜在买家谈判,并很快达成协议,以超过伊泰克同意支付的价格向该买家出售CAI最大股东持有的股票。CAI随后通知伊泰克,由于未预见的情况以及当事人未能达成协议,它要终止他们的交易。伊泰克随后起诉CAI违反合同。初审法院根据书面协议的用

---

[18] 248 A.2d 625 (Del. 1968).
[19] Id. at 627.

语,作出了支持 CAI 的简易判决。该判决称,如果当事人未能达成并签署正式合同,他们彼此不负任何义务。特拉华州最高法院推翻原判:

> 显然,当事人有义务"尽一切合理努力"达成正式合同,只有当这种努力失败时,他们才免除"未能"达成并签署正式合同这一"另外的义务"。我们认为,1 月 15 日信中的这些条款,要求每一方均善意地努力以达成最终和正式的协议……
>
> ……存在……这样的证据,如果被事实裁判者接受,其将支持这样的结论,即在签署书面协议后,为了允许股东接受更高的报价,CAI 刻意没有善意谈判,且有意未按照要求向就正式合同达成一致"尽一切合理努力"。[20]

在伊泰克(Itek)案中,当事人同意"尽一切合理努力就合同达成一致……"[21]此种协议经常由不与第三方谈判的允诺来补充或者推定。例如,在海峡家庭中心诉格罗斯曼案(Channel Home Centers v. Grossman)[22]中,弗兰克·格罗斯曼(Frank Grossman),一个房地产经纪人和开发商,正处在收购西达布鲁克购物中心(Cedarbrook Mall)所有权的程序中。[23] 购物中心陷入了困境,格罗斯曼意欲通过积极的翻新和租赁计划来复兴它。1984 年 11 月下旬,格罗斯曼通知经营家装店的格雷斯零售公司(Grace Retail Corporation)的一个部门——海峡家庭中心,购物中心里有一个店面可用。

海峡家庭中心表示,它希望租赁该店面。格罗斯曼随后要求海峡家庭中心签署一份意向书,用格罗斯曼的话说,该意向书可以向"其他人、银行或其他任何人"展示。[24] 显然,格罗斯曼急于在意向书上获得海峡家庭中心的签名,以向银行展示他有一个在排队的主要租户,这份意向书可

---

[20] Id. at 629.
[21] Id. at 627.
[22] 795 F.2d 291 (3d Cir. 1986).
[23] 为便利阐释,此处的"格罗斯曼"指的是弗兰克·格罗斯曼及其儿子和他们控制的公司。
[24] 795 F.2d at 293.

以帮助他获得购买购物中心的融资。作为对格罗斯曼要求的回应,海峡家庭中心提交了一份列出大量非常特定之租赁条款的详细意向书。意向书明确指出,租赁的制定必须得到格雷斯公司对租赁基本商业条款的批准、海峡家庭中心对场地所有权状态的批准,以及海峡家庭中心在弗兰克·格罗斯曼的合作下获得所有必要的许可和开发标准(zoning variances),以树立海峡家庭中心的标志。这封信的结论是:

> 为了促使租户(海峡家庭中心)着手处理该店铺的租赁,您(格罗斯曼)将从租赁市场撤出该店面,并仅谈判上述租赁交易直至完成。
>
> 请确认您意欲根据上述条款、条件和理解着手处理该商铺的租赁,在随附的信函副本上签名,并在签署之日起十日内将它返还给签署人。[25]

弗兰克·格罗斯曼迅速在意向书上签了名,并把它返给海峡家庭中心。双方当事人随后启动了旨在满足租赁或有事项(lease contingencies)的程序。1月11日,格雷斯的法务部向弗兰克·格罗斯曼发送了一份41页的租赁草案。

此后不久,海峡家庭中心的主要竞争对手古德·拜斯先生(Mr. Good Buys)联系了弗兰克·格罗斯曼,并表示对在西达布鲁克购物中心租赁空间有兴趣。古德·拜斯先生同意支付比海峡家庭中心在意向书中同意的数额高得多的基本年租金。2月6日,弗兰克·格罗斯曼通知海峡家庭中心,"谈判自即日起终止"[26]。海峡家庭中心随后提起违约之诉。初审法院得出结论,意向书没有约束当事人去承担任何义务,并且由于缺乏约因而不可执行。第三巡回法院推翻原判:

> 基础的法律是,初步谈判的证据或未来缔结有约束力合同的协议并不单独构成合同。被上诉人认为该原理可解决本案,但是这么论证的话,被上诉人就误解了海峡家庭中心的合同请求。海峡家庭

---

[25] Id.
[26] Id. at 296.

中心并不请求意向书作为租约而有约束力,也不请求意向书是要签订租约的协议而有约束力。相反,海峡家庭中心的立场是,本文件作为一项具有相互约束力的善意谈判义务是可执行的。海峡家庭中心辩称,格罗斯曼单方面终止了与海峡家庭中心的谈判,并仓促地与古德·拜斯先生签订了租赁协议,这是一种恶意的行为,违背了他的如下承诺,即"将从租赁市场撤出该店铺,并仅就上述租赁交易谈判直至完成"。……双方当事人签署的意向书规定,"为了促使承租人海峡家庭中心着手处理该店铺的租赁,您(格罗斯曼)将从租赁市场撤出该店面,并仅就上述租赁交易谈判直至完成"。因此,该协议包含格罗斯曼的明确允诺,即从租赁市场撤出该店面,并与海峡家庭中心谈判完成拟议的租赁交易。

记录证据(Evidence of record)支持当事人意欲使该允诺具有约束力的主张……因此,意向书和围绕意向书采用的情形都支持当事人意图受善意谈判协议约束的判决。[27]

从合同法的基本原则来看,尽管伊泰克案(Itek)、海峡案(Channel Home)及类似案例并不引人注目,但它们与古典合同法已彻底决裂。在每个案例中,一方当事人都作出了交易允诺,然后又违反允诺。在伊泰克案中,当事人以双方合同的形式达成交易,尽一切合理努力达成最终合同。海峡案中存在交易,其形式是单方合同,即海峡家庭中心履行了提供承诺函的行为,以换取格罗斯曼不与第三方谈判而只与海峡家庭中心就交易进行谈判直至完成的允诺。善意谈判的交易允诺,应当和其他任何交易允诺一样具有可执行性。

那么,诸如伊泰克案和海峡案这样的案例有什么意义呢?

第一,这些案例明确承认可以存在善意谈判的义务。在伊泰克案中,法院表示,"意向书的约定使每一方都有义务善意地做出努力达成最

---

[27] Id. at 298-300 (internal citations and footnotes omitted).

终的和正式的协议"[28]。在海峡案中,法院说,"意向书和围绕意向书采用的情形都支持当事人意图受善意谈判协议约束的判决"[29]。

第二,这些案例恰当地推翻了古典合同法同意未来谈判的协议不是合同的规则,以及该规则的推论:善意谈判的协议不可执行。

为什么伊泰克案和海峡案的法院提到善意谈判的义务,而非简单重复或解释字面的承诺——在伊泰克案中,"尽一切合理努力达成……合同"和在海峡案中,"从租赁市场撤出店面,且……仅就租赁交易进行谈判……直到完成"呢?存在两种可能的、并非不一致的解释。第一种解释是,法院只是简单地适用了一项既定(well-established)规则,即合同必须善意履行。如果要求的履行包括谈判,那么根据该原理,谈判必须善意进行。[30] 第二种解释是,使谈判义务合理的唯一方法是要求进行善意谈判。

2. 存在善意谈判之默示交易允诺的情况

诸如伊泰克案和海峡案这样的案例,非常有助于创立当事人可以通过缔约进行善意谈判的规则。然而,这些案例缺乏广泛的分析,且要么涉及明确或近乎明确的善意谈判的允诺,要么涉及将相关商品撤出市场的允诺,或者兼而有之。相比之下,在广为遵循的美国教师保险和年金协会诉论坛报公司案(Teachers Insurance and Annuity Association of America v. Tribune Co.)[31]中,皮埃尔·勒瓦尔(Pierre Leval)法官对善意谈判之默示允诺语境下的该义务进行了广泛而高超的分析。该案涉及一份承诺函,并为重新分析一系列的不完美合同问题奠定了基础。

该案的事实如下:论坛报公司拥有两家大型报纸即《芝加哥论坛报》(Chicago Tribune)和《纽约每日新闻》(New York Daily News)。为了筹集

---

[28] Itek Corp. v. Chi. Aerial Indus., Inc., 248 A.2d 625, 629 (Del. 1968).
[29] 795 F.2d at 299-300.
[30] See, e.g., LLMD v. Marine Midland Realty Credit Corp., 789 F. Supp. 657, 660 (E.D. Pa. 1992).
[31] 670 F. Supp. 491 (S.D.N.Y. 1987).

现金,论坛报决定卖掉新闻大厦。为此目的,作为三方交易的一部分,论坛报进入了将该建筑出售给拉萨尔合伙人(LaSalle Partners)的谈判。拟议的交易很复杂:拉萨尔将通过给论坛报一张抵押担保的票据来支付新闻大厦的费用。该票据是无追索权的,也就是说,如果该票据没有兑付,拉萨尔将不承担责任,尽管在这种情况下票据持有人可以根据抵押终止大厦的赎回权。这笔交易不会给论坛报带来现金。然而,论坛报随后将为抵押票据提供配套等额资金,也就是说,将从第三方贷款人处借入与票据金额相等的资金,以换取自己的期票(promissory note)。与第三方贷款人的协议将约定,论坛报可以通过将拉萨尔给论坛报的无追索权票据放入(交付,代替该票据)来支付其期票。如果论坛报这样做了,它最终将从第三方贷款人那里获得现金,而贷款人最终将获得拉萨尔的无追索权票据及这栋建筑的抵押权。为了补偿第三方贷款人在此种潜在结果中固有的风险,论坛报将根据期票向贷款人支付高于市场的利率。

拟议交易的复杂性主要是由税务动机驱使的,但也有会计动机驱使。论坛报认为,因为它有权将抵押票据交给贷款人,以完全清偿其欠贷款人的债务,所以它不需要将债务列入其资产负债表。相反,论坛报认为,它可以采用对冲账户(offset accounting),在此账户下,它将从其资产负债表中剔除欠第三方贷款人的债务和从拉萨尔收到的抵押票据,方法是将两者对冲,并在其财务报表的脚注中描述债务和抵押票据。

论坛报准备了一份包括美国教师保险和年金协会(以下简称"TIAA")在内的六家机构的名单,论坛报认为这些机构有财力和灵活性按照这些规格发放贷款。除了TIAA之外,所有机构都迅速拒绝了这笔交易。1982年8月20日,论坛报的副总裁兼财务主管斯科特·史密斯(Scott Smith)给TIAA的经理玛莎·德赖弗(Martha Driver)发了一份发行说明书条款清单(Offering Circular term sheet),描述了拟议交易。出于税务原因,论坛报想在1982年完成这笔交易。因此,史密斯的信中说,"虽然我们在资金交付方面是灵活的,但我们的目标是在1982年9月15日之前得到贷款人的确定承诺。因此,我们需要尽快推进尽职调查和谈判进程"[32]。9月16日,TIAA的财务委员会开会批准了对论坛报的贷款,德赖弗告诉史密斯,TIAA将立即出具承诺函。

TIAA的承诺函包括一份两页的拟议条款摘要,该摘要取自论坛报的条款清单和当事人随后的对话。承诺函涵盖了拟议贷款的所有基本经济条款。论坛报的条款清单和TIAA的承诺函都没有提到论坛报使用对冲账户。相反,承诺函表述,TIAA和论坛报之间的协议"取决于文书的准备、签署和交付……文本需要在形式和内容上令TIAA和TIAA的特别顾问满意"[33],并且正像"我们和我们的特别顾问可能认为完成该交易合理必要的,交易文件将包含通常和习惯的陈述和担保、交割条件、其他契据和违约事件"[34]。该函最后邀请论坛报"通过由正式授权的官员在下方签署本函以证明接受本函的条件"[35],并补充道"在TIAA收到被接受的本函副本后,我们同意从您处进行购买的协议以及您同意向我们发行、销售和交付……(所述)证券的协议,将成为我们之间有约束力的协议"[36]。

TIAA的承诺函中"有约束力的协议"的用语引起了论坛报律师的重视。论坛报的外部律师建议史密斯不要签署包含这种用语的承诺函[37],但是被其他五家机构拒绝后,史密斯不想冒失去TIAA承诺的风险。因此,他没有质疑约束性协议的用语。相反,他代表论坛报签署了承诺函,并在他的附函中添加了该承诺函受约束于某些修改的注释。在附函中,史密斯写道,"我们的接受和同意需经[论坛报]公司董事会的批准,以及受约束于公司满意的法律文件的准备和签署"[38]。附信和承诺函一样,都没有提到对冲账户。

[32] Id. at 493.
[33] Id. at 494.
[34] Id.
[35] Id.
[36] Id.
[37] 几天之前,论坛报还就大厦的销售与拉萨尔签了一个意向书,相反,该意向书明确约定,其是"没有约束力的协议"。Id. at 494 n.1.
[38] Id. at 500.

10月28日，论坛报董事会授权其官员实施借款，"所有实际条款和条件都要经过财务委员会决议的事先批准"[39]。然而，与此同时，利率迅速下降，大大低于 TIAA 和论坛报签订承诺函时的利率，因此也低于论坛报必须支付的利率。此外，论坛报担心其会计师不会批准论坛报使用对冲账户的提议。

12月6日，论坛报和拉萨尔完成了新闻大厦的出售。TIAA 越来越担心现在可以以低得多的利率借款的论坛报正在寻求退出交易，并向论坛报施压，要求其将贷款协议变成最终形式。为此目的，TIAA 放弃了对论坛报行使卖出期权，并要求召开一次会议来解决所有未决的问题。但是，利率的下降，加上对对冲账户可用性的怀疑，使得这笔交易对论坛报的吸引力大大降低。史密斯回复 TIAA 说，除非 TIAA 首先同意论坛报完成贷款(close the loan)的义务以论坛报使用对冲账户为条件，否则会议没有意义。TIAA 回应称，论坛报的账户并非本交易的组成部分。当论坛报不再对这笔交易感兴趣时，TIAA 提起了诉讼。

为了判决该案，勒瓦尔法官将某种程度上是初步协议的协议分为三类。

第一类由不具有约束力的协议组成，例如，约定为不具有约束力的协议。

第二类包括当事人考虑签署一项更正式的协议，但仍意图目前彼此约束以做出协议约定的履行的协议。勒瓦尔将这些协议描述为"但仅在形式上是且仅在当事人都渴求一个更详尽形式化协议意义上的"初步协议。[40] 在此类协议中，当事人都有义务做出指定的实质履行。打个比方，如果罗伯塔(Roberta)告诉她的毕生好友芭芭拉(Barbara)，她将于6月10日结婚，并邀请芭芭拉参加婚礼，但表示她将在晚些时候发出正式通知，那么芭芭拉就有理由认为她已经受邀参加婚礼了。勒瓦尔将这些协议称为初步合同(preliminary contracts)：

---

[39] Id. at 495.
[40] Id. at 498.

在当事人就所有被认为需要谈判的问题达成完美协议,包括受约束的协议时,初步合同就产生了。此协议不是正在进行的谈判的第一阶段。相反,这是一个最终的协议,所以接下来的协议只是已经达成之协议的正式化,就像在婚礼嘉宾已经被邀请参加并说他会出席之后发送一个正式的婚礼邀请。在此种情况下,后来的协议的执行并不必要,而只是被认为可取。因此,当事人考虑以一份更正式的协议纪念他们已达成协议的事实,并不妨碍他们的协议立即生效。[41]

由于勒瓦尔称之为初步合同的协议是最终的和有约束力的,因此其并非真正的初步协议,描述这些协议的一个更合适的术语是待正式化的合同(to-be-formalized contracts)。

第三类协议不约束当事人做出指定的实质履行(substantive performances)义务,但约束当事人遵守一个程序,也就是善意谈判以达成最终合同的程序。此类协议通常体现了当事人在商定的主要条款基础上缔约的承诺,同时也承认存在仍需谈判的未决条款。当然,未决条款的存在可能意味着没有达成具有约束力的合同,但并非必然如此。勒瓦尔说,当事人"可以接受一个不完美协议,也就是说,他们接受善意谈判的相互承诺,以努力在初步协议已确定的范围内达成最终协议"。[42] 勒瓦尔称此类协议为"有约束力的初步承诺"(binding preliminary commitments)。[43] 一个待正式化的合同约束当事人,因为他们都承认,尽管预期会有另外的形式,但仍达成了做出实质履行的合同。相比之下,有约束力的初步协

---

[41] See *Restatement Second* § 27. Cf. Miller Constr. Co. v. Stresstek, 697 P.2d 1201 (Idaho Ct. App. 1985). 在此案件中,米勒起诉斯特拉斯泰克,要求赔偿以下两者的差额:(1)它为在一个公路立交桥工程所做工作支付的数额;(2)斯特拉斯泰克对同一工程投标的数额。米勒已经口头接受了斯特拉斯泰克的投标,但斯特拉斯泰克坚称,这没有约束力,因为它没有签署书面合同。法院确认了下级法院的裁决,即在此种情况下,"当事人都考虑了的书面合同只是一个形式,而且他们意图受其口头协议的约束"。Miller, supra, at 1204.

[42] Tribune, 670 F. Supp. at 498.

[43] Id.

议,"并未使当事人承诺其最终合同目标,而是承诺有义务善意地就未决问题进行谈判,以期在商定的框架内实现替代目标"[44]。待正式化的合同的一方当事人,有法律权利要求他的相对方履行合同,即使没有采取另外的措施来使合同正式化也是如此。相比之下,有约束力的初步协议的一方当事人没有法律权利要求履行。然而,他确实有权要求相对方善意地就协议的未决条款进行谈判,以达成最终合同。[45] 勒瓦尔指出:

> 此义务并不保证会达成最终的合同。即使双方当事人都按照其义务一致行动,未决问题谈判中的善意分歧也可能妨碍最终合同的达成……然而,此义务确实禁止一方当事人声明退出交易、放弃谈判或坚持不符合初步协议的条件。[46]

出于两个原因,论坛报案(Tribune)标志着从伊泰克案(Itek)和海峡案(Channel)向前的重大飞跃。

其一,与伊泰克案和海峡案不同,在论坛报案中,当事人没有明确同意善意谈判(尽管他们确实使用了通常与合同相关的语言,如"有约束力的承诺")。

其二,更重要的是,勒瓦尔为处理不完美合同而进行的分析——特别是将不完美合同区分为三种类型:(1)完全没有约束力的协议;(2)立即约束当事人做出指定实质履行的待正式化的合同;(3)约束当事人善意谈判以达成最终合同的有约束力的初步协议。

将此三分法适用于论坛报案(Tribune)的事实,勒瓦尔得出结论认为,论坛报-TIAA承诺函是有约束力的初步协议,其约束当事人通过善意谈判来解决未决条款,以寻求达成最终贷款。在得出这一结论时,勒瓦尔指出,当事人之间的函件往来充满了具有约束力合同的术语,例如,"请通过由正式授权的官员在下方签署本函以证明接受本函的条件"[47];"在

---

[44] Id.
[45] See id.
[46] Id.
[47] Id. at 499.

TIAA收到被接受的本函副本后,我们同意从您处进行购买的协议并且您同意向我们发行、销售和交付……所述证券的协议,将成为我们之间有约束力的协议"[48];和"接受并同意"[49]。其他相关的情况也表明,有约束力的承诺正是论坛报所需要的。

论坛报的提议信(proposal letter)* 通知TIAA,论坛报想要"在1982年9月15日之前得到贷款人的确定承诺"。如果这种"确定承诺"只意味着论坛报现在声称的那样,那么此承诺就没有什么价值,因为如果贷款人在任何时候决定交易不适合其目的,无论是因为利率变化还是其他任何原因,贷款人都可以自由放弃贷款;论坛报想要一个确定承诺,是因为它感觉到需要确保交易在年底前完成。[50]

最后,勒瓦尔得出结论认为,论坛报的保留,即"我们的接受和同意需经论坛报公司董事会的批准,以及受约束于公司满意的法律文件的准备和签署"[51],以及TIAA方面的类似保留意见,并非与受约束的意图不一致:

由于当事人认识到他们的交易将涉及其他文件和未决条款的谈判,这种保留明确了一方当事人或者其董事会坚持适当的文件及谈判获得保护或要求保护的权利,这是此种交易的惯例……

对董事会批准的保留和表达出的"文件准备、签署和交付等不确定事件",并不推翻和取消对已按规定条款达成"有约束力的协议"的承认。这些保留只是承认各种问题和文件仍然未决,而且这些问题和文件也需要谈判和批准。如果对情况和合同语言的充分考虑表明,当事人都意图受初步允诺的约束,这种保留的存在并不使一方当

---

[48] Id.
[49] Id.
* 此处的提议信是指借方向贷方发出的描述了拟议借贷融资基本条款的任何信件。——译者注
[50] Id. at 500.
[51] Id. at 494.

事人仅因后来交易不符合其利益就退出该交易……[52]

TIAA无法仅由于后来的交易不符合TIAA利益之决定而得以自由地退出该贷款。论坛报也一样。[53]

论坛报案关于不完美合同的三分法在两个关键方面与古典合同法不同。

第一,古典同法的制度是二元的。合同在订立时要么完全可执行,要么根本不可执行。相比之下,论坛报案的制度是多元的,因为它包括一个介于无责任和完全责任之间的中间状态。

第二,更重要的是,古典合同法的制度是静态的,因为它只关注原始协议。相比之下,论坛报案的制度是动态的,因为它不仅基于原初协议,而且也基于当事人对达成最终合同的未来行为及其展开方式的承诺。

对执行善意谈判之默示允诺的一种可能反对是,此种允诺可能在并未作出该允诺的地方被发现。然而,这种关注贯穿整个法律,在此领域似乎并不比在许多其他领域更严重。无论如何,有一个简单方式来处理这个问题。商人或律师想确保善意谈判的义务不会在一份文书中产生,只需要在相关文书中插入一个如此规定的条款即可。当然,商人和律师通常并不想要这样的条件,因为相对方的反应可能是沮丧、愤怒或两者兼有。此种反应的可能性就是,要强调善意谈判的允诺在多大程度上隐含在意向书和类似文书中。

在论坛报案情况下,对善意谈判义务的另一种可能的反对是,此义务是不可实施的,因为法院不能轻易确定一方当事人是否未能善意谈判。此反对并没有多大分量。在大多数情况下,这个问题毫无疑问,因为被告的行为显然是恶意的,例如,同时与第三方谈判以达成更好的交易,如在伊泰克案和海峡案中那样,或者在没有好的理由的情况下中断谈判。[54]

---

[52] Id. at 500.
[53] Id. at 500-501.
[54] See, e.g., Arnold Palmer Gold Co. v. Fuqua Indus., Inc., 541 F.2d 584, 589 (6th Cir. 1976).

当然,受过良好教育的一方当事人可能会投机地善意地进行谈判,而没有达成协议的真诚愿望。然而,法律不应采取这样的立场,亦即不能仅仅因为一些不善意的当事人可能逃避责任,就认为善意谈判的承诺是不可执行的。无论如何,恶意谈判的当事人通常会留下很多线索,以至于很容易就确定他做错了。此外,在此种情况下,机会主义地走过场可能是一个很难成功的技巧。要想成功,机会主义者就必须避免在谈判过程中为了更好交易而对市场进行试探,这可能没有吸引力。机会主义者还必须证明他对反对的提议提出了善意的还价。但这可能并不容易:如果还价不合理,它将会证明是恶意的;如果还价合理,它就会被接受。

这些要点在教师保险和年金协会诉巴特勒案(Teachers Insurance & Annuity Association v. Butler)[55]中得到了印证。第一城市中心联合公司(One City Centre Associates,以下简称"OCCA")要在萨克拉门托(Sacramento)开发和建造一栋高层办公楼。为了继续建设,OCCA需要临时融资,而为获得临时融资,OCCA需要承诺永久融资以找到(take out)临时贷款人。1982年9月,TIAA向OCCA提交了一份永久融资的承诺函,OCCA接受了。根据该承诺函,TIAA同意贷款,OCCA同意借款2 000万美元,期限35年,固定利率14.25%,外加贷款期间租金回报这一或有利益(contingent interest)的激励。只有在贷款的最后18年期间,才允许OCCA自愿提前还款,即便如此,也只有在支付了OCCA同意佣金(premium)后才允许提前还款。

贷款计划于1983年年中结清。在此之前,TIAA律师将提议的最终协议发送给OCCA进行审查和评论。根据这些协议的一项规定(违约金规定),如果TIAA因OCCA违约而要求OCCA加速偿还贷款,OCCA对全部债务的偿还(tender)将被认为是自愿提前还款,而这将触发佣金的支付。[56]

在成交前,利率大幅下降,因此TIAA贷款对OCCA的吸引力大大降

---

[55] 626 F. Supp. 1229 (S.D.N.Y. 1986).
[56] Id. at 1230–1231.

低。在成交前，OCCA 通知 TIAA，如果最终协议包含违约费条款（default-feel provision）*，它就不愿意接受贷款。然后，TIAA 以 OCCA 未能善意谈判为由提起诉讼，要求赔偿损失。TIAA 声称，OCCA 声称反对违约费条款，这只是 OCCA 因利率大幅下降而不愿进行交易的一个借口。[57] OCCA 承认承诺函具有约束力。然而，它辩称，承诺函并没有违约费条款的约定，因此 OCCA 拒绝接受违约费条款并非不进行善意谈判。

法院判决支持 TIAA 并指出，各种情况清楚表明 OCCA 没有进行善意谈判。例如，几乎从 OCCA 根据承诺函承担义务时起，它就开始与其他贷款人和经纪人沟通，以寻找更好的贷款。此外，尽管 OCCA 在 1983 年 2 月的某个时候就知道成交协议包含违约费条款，但直到 4 月 26 日，也就是预定成交的前四天，它才反对该条款。此外，OCCA 坚持认为违约费条款应被全部删除；它没有就违约费的数额提出还价，也不愿就违约费条款进行谈判。最后，TIAA 要求的违约费条款反映了交易的意图，并且包含这样的条款是加州房地产融资市场的惯例。事实上，在拒绝 TIAA 违约费条款的 9 个月后，OCCA 就与另一家贷款机构签署了包含违约费条款的成交协议。[58] 法院的结论是，"被告在预定成交日前最后几个月的行为最终证明，随着成交的临近，被告刻意不想继续进行这笔贷款，至少不想按照承诺函中所载的条款贷款"[59]。

在伊泰克案、海峡案、论坛报案和巴特勒案等案例中，证明恶意比较容易，这似乎是很典型的。当然，也有可能在不存在恶意的地方错误地找到它。这种风险似乎并不比适用许多其他法律原则时出错的风险更严重。无论如何，通过要求声称交易相对方没有善意谈判的行为人做出清晰的证明，该风险就能降低。

简言之，虽然后续的另外文书条款（further-instrument-to-follow）可能

---

* 违约费是指，贷款人未能偿还到期贷款而同意负担的一定数额的金钱。——译者注
[57] Id.
[58] Id. at 1234-1235.
[59] Id. at 1233.

表明,初步协议并非意在作为最终合同,但问题仍然是,初步协议约束当事人善意谈判以达成最终合同。通常,就像在论坛报案中一样,答案是肯定的。在如下场合,此种情况尤其可能发生:后续的另外文书条款是为了进入谈判进程的下一阶段,在此阶段委托人会把交易交给律师最后敲定。在后续的另外文书条款的情况中,善意谈判的默示允诺所产生的基线义务是,任何一方当事人都不能通过直接坚持重新谈判条款或者拒绝接受这些条款的公平含义,放弃初步协议中已确定的条款,从而破坏交易。这并不意味着一方当事人有义务达成最终合同。因为尽管存在一系列合理的条款用以实现初步协议的条款,但当事人对最终条款应在哪个范围内存在合乎善意的分歧,所以结果仍然可能是谈判破裂。达成最终合同的谈判也经常会暴露出初步协议中无法解决的隐藏问题。达成最终合同的这些可能的障碍,都不与通过善意谈判达成与初步协议相一致之最终合同的默示允诺相冲突。

3. 救济

善意谈判的允诺提出的最后一个问题涉及违约救济。原则上,对违反善意谈判之交易允诺的救济应与对违反交易承诺的救济相同,即为预期损害赔偿或特定履行。正如波斯纳法官所说:

> 如果原告能够证明,若不是被告的恶意,当事人本来会达成最终合同……那么(合同利益的损失)是可预见的后果,被告应对该损失承担责任……困难很可能是无法克服的,因为根据假设,当事人不会就其合同的任何条款达成一致,因此不可能确定这些条款会是什么,从而也不可能确定恶意的受害者会得到什么利润……

> 但这涉及救济的实用性(practicality of the remedy),而非救济的原则。恶意是刻意的不当行为,而许多违反"最终"合同的行为是非自愿的——违约责任一般是严格责任。将因恶意而承担的损害赔偿的上限定得比完全无辜违约的损害赔偿的上限更低,是一个悖论,尽管其是一个证据实用性可能要求法院在许多甚至所有案件中都接受

的悖论。[60]

考虑到波斯纳法官提到的实施问题,法院应当而且有时确实在可以克服这些关注的情况下判予预期损害赔偿。例如,在堪萨斯州市政天然气局诉维斯塔能源公司案(Kansas Municipal Gas Agency v. Vesta Energy Co.)[61]中,维斯塔和KMGA(Kansas Municipal Gas Agency)签订了三份书面协议,旨在"签署一份双方同意由维斯塔向KMGA供应天然气的合同"[62]。每份书面协议都规定,"如果(当事人)未能达成双方同意的合同,本书面协议将无法律约束力(null and void)"[63]。当事人未能达成合同,维斯塔宣布书面协议无效。KMGA提起诉讼。法院认为,维斯塔违反了善意谈判的义务,并对补进形式的预期损害赔偿承担责任。

法院被如下观点说服了:由于协议是一笔糟糕的商业交易,所以维斯塔终止了该协议,不然的话维斯塔就会陷入其中无法自拔了。维斯塔所声称的终止原因是个借口……

在维斯塔违反了书面协议之后,KMGA开始从另一个供应商那里购买天然气。根据《统一商法典》第2-712(1)条,在卖方违约后,买方可以"补进",即通过善意且无不合理延迟地进行任何合理的购买或缔约购买货物来替代卖方的货物。买方有权向卖方请求补进成本和合同价格之间的差额。[64]

当然,正如波斯纳在风险联合案(Venture Associates)中指出的那样,即使双方当事人都善意地进行了谈判,他们也可能没有达成最终的合同。然而,一方当事人在他有善意谈判义务的场合未能这样做会导致无法确定,如果他善意谈判会发生什么,他应当承担交易无论如何都会破裂的证明责任。

---

[60] Venture Assocs. Corp. v. Zenith Data Syst. Corp., 96 F.3d 275, 278-279 (7th Cir. 1996).
[61] 843 F. Supp. 1401 (D. Kan. 1994).
[62] Id. at 1405.
[63] Id.
[64] Id. at 1408.

如果预期损害赔偿太不确定,法院也可判予信赖损害赔偿,此信赖损害赔偿可按照已付成本计算,也可在适当情况下以失去的机会计算。正如波斯纳还指出的那样,"除了任何恶意之外,如果谈判也会破裂,那么被另一方当事人恶意引导坚持徒劳谈判的一方当事人只能获得信赖损害赔偿,即误导行为使他继续徒劳的谈判而产生的费用,因为这违反了当事人善意谈判的协议"[65]。

如在误导案中(lead-on cases),在善意谈判的允诺是基于已被信赖而非被交易过的理由而可执行的场合,信赖损害赔偿也是适当的。例如,在下文讨论的 BMI 案中,法院强烈建议,如果 BMI 的索赔成功,它则可能仅限于信赖损害赔偿。类似案例采取了类似的立场。[66]

4. 从等于误导的言行中默示出被信赖的善意谈判之允诺的情况

在诸如伊泰克和海峡案等案例中,善意谈判的义务产生于明确的允诺。在论坛报案、OCCA 案和维斯塔案等案例中,善意谈判的义务产生于事实上默示允诺。最后也是最困难的一种情况是,善意谈判的义务源于另一方当事人的言行,而这些言行或产生于合同谈判过程中,或产生于签署不可执行的协议后。且这些言行是在签署善意谈判之初步协议后对另一方当事人造成了误导或者哄骗。当然,该初步协议并不涉及明示的或者默示的善意谈判的允诺。规范这些情况的原则如下:如果 A 和 B 达成了一项协议,但该协议因其不完美或否认了任何约束力而不可执行,那么此后不应允许 A 误导或哄骗 B 采取涉及实施该协议之重大成本的行动,除非 A 愿意善意地进行谈判以达成最终合同。反过来说,如果 A 以此种方式误导或哄骗,A 的行为就构成善意谈判以达成最终合同的默示允诺。如果 B 合理地信赖此允诺,那么它就应当在 B 信赖的范围内可执行。正如拉辛 & 拉勒米有限公司诉加利福尼亚公园和休闲部案(Racine &

---

[65] Venture Assocs., 96 F.3d at 278.
[66] See, e.g., Arcadian Phosphates, Inc. v. Arcadian Corp., 884 F.2d 69, 74 (2d Cir. 1989); Hoffman v. Red Owl Stores, Inc., 133 N. W. 2d 267, 276 (Wis. 1965).

Laramie Ltd. v. California Department of Parks & Recreation)所述[67]:

……当事人开始就合同进行谈判的事实……不以任何理由或无任何理由,向任何一方当事人施加任何不无理谈判或中断谈判的义务。然而,在谈判过程中,所做的一些事情确实会施加善意地继续谈判的义务。

比如……在谈判过程中,一方当事人有可能通过允诺或陈述误导另一方当事人,而另一方当事人因信赖这些允诺或陈述而造成损害,这致使允诺禁反言的概念发挥作用。

例如,在1987年4月预算营销公司诉先涛公司案(Budget Marketing, Inc. v. Centronics Corp.)[68]中,BMI(Budget Marketing, Inc.)和先涛公司(Centronics Corp.)就拟议的合并签署了一份意向书。这份意向书陈述了合并的若干条款和某些条件,包括避免因BMI计划改变会计方法而产生的大笔税款现金支出。此意向书还包括一个免责声明,"本意向书不应被解释为BMI或先涛公司的约束性协议"[69]。

鉴于该免责声明,在发函时,任何一方当事人均未作出善意谈判的允诺。然而,在整个夏天和秋天,先涛公司都向BMI保证交易接近完成。BMI宣称信赖了这些保证,而且先涛公司也知道此事,BMI就借了75万美元开设了另外的分支机构、扩大了现有的分支机构业务,并为其总裁购买了重要人物人寿保险(key-man life insurance)。1987年11月,先涛公司突然停止了合并的准备工作,声称是由于拟议的税收立法和BMI会计方法的改变,合并将导致税收方面的现金支出,从而否定了意向书中的一项条件。BMI提起诉讼,主张先涛公司声称终止谈判的理由就是一个借口,因为拟议的税收立法并不适用于合并,会计方法的改变也不会要求先涛公司支付税款。法院认为,由于该免责声明,意向书并未默示善

---

[67] 14 Cal. Rptr. 2d 335, 340-341 (Ct. App. 1992).
[68] 927 F.2d 421 (8th Cir. 1991).
[69] Id. at 423.

意谈判的约束性承诺。尽管如此,法院的结论仍是,"先涛公司口头保证的证据,加上 BMI 声称的信赖和先涛公司知道 BMI 的信赖,足以证明应审理……基于允诺禁反言原理的请求"[70]。

三、论坛报案制度的一些衍生后果:不确定性及漏洞

论坛报案的分析直接适用于诸如意向书、承诺函和谅解备忘录等文书。这些适用本身很重要,因为这些类型的文书在大型商业交易(如并购)中很常见。然而,论坛报案分析的重要性远不止于此,因为它从根本上改变了规范不完美合同的法律制度。

考虑漏洞问题。所有合同都有漏洞,因为实际上不可能写出一份完美的合同(contingent contract)。完美的合同是指一份涵盖所有可能出现的意外情况的合同。当面临漏洞时,古典合同法采用了二元规则。要么(1)合同中的漏洞太大,法院无法确定是否存在违约行为,以及如果存在违约行为,救济是什么,在此种情况下根本没有任何责任;或者(2)合同中的漏洞可以通过默示或类似方式来填补,在此种情况下存在全部责任。然而,将论坛报案制度适用于这些情况就会出现一种不同的动态。如果协议和情况表明,当事人认为他们已经达成了交易,通常应认为当事人已默示允诺通过善意谈判填补漏洞。因此,举例来说,理解奇弗案的一种方式是,当事人默示地同意善意谈判,以填补合同中关于书中页数和故事数量的漏洞。然后,奇弗夫人将为违背这一允诺承担责任,因为她甚至没有提出讨论这个问题就退出了。极有可能的是,她退出不是因为这些漏洞,而是她逐渐意识到她可以在其他地方获得更多的预付版税。

奇弗案中的救济应当是什么呢?一种可能性是信赖损害赔偿,其用来补偿学会寻找奇弗未收录故事的时间和其他成本;另一种更好的可能性是预期损害赔偿,特定计算方法有两个,一是最终出版的书的销量;二

---

[70] Id. at 427.

是如果奇弗夫人像她默示允诺的那样善意谈判就会同意的最少故事数量及页数的书的预计销量。这最后一个方法可以解释初审判决和中级上诉法院的判决,即这本书应至少包含10到15个故事和140页的内容,即这些法院已得出结论,如果奇弗夫人善意谈判,这些数字是她会同意的最低数字。当然,如果这些数字是她善意谈判而同意的最低数字,那么可能就是,假若真的善意谈判,她可能会同意更高的数字。然而,在并不存在填补漏洞客观指南的场合,应以中断谈判的一方当事人善意谈判时可能同意的最低条件来填补漏洞。

比较而言,针对《统一商法典》填补漏洞以及更一般的填补漏洞的任意性规则和司法意愿(judicial readiness),理解它们用处的一种方式是,这些机制为明示或默示同意善意谈判的当事人提供了激励。例如,如果货物买卖协议未约定价格,《统一商法典》第2-305条规定,通常情况下,价格是交货时的合理价格,该价格将由法官或陪审团确定。在当事人即使没有设定价格也达成了交易的场合,第2-305条提供了一种对价格进行善意谈判而非逃避的激励,因为当事人谈判的价格几乎总是比法官或陪审团施加的价格对当事人更有利。同样,如果伊利诺伊州最高法院采纳了初审法院在奇弗案中的判决,那么未来处于奇弗夫人地位的当事人也不会为了在其他地方达成更有利的协议而快速退出。

第十四编

格式合同

第三十七章　格式合同

一、导论

本章关注格式合同。首先,有必要区分合同和格式合同。作为共同的法律用语,"合同"一词指的是一种类型的协议——具体而言,是一种法律上可执行的协议,协议条款基于协议当事人之间事先的谈判或至少事先的讨论。[1] 相比之下,"格式合同"一词指的是以合同形式存在(因此得名)的书面文件(writing),其中一些条款经过了当事人的协商或者至少经过了当事人的讨论,但大多数条款未经当事人谈判或至少未经讨论。相反,大多数格式合同条款是由一方当事人即格式的提供者预备的,而另一方当事人即格式的接受者没有与提供者进行任何谈判、讨论,甚至都不知道这些条款。此外,与合同不同,格式合同不是为规范格式提供者和格式接受者之间的交易而设计的,而是为规范格式提供者和多个格式接受者之间的交易而设计的。

格式合同由两个独特要素构成。

第一个要素是真实的合同(real contract)。这一要素由协议条款构成,这些条款是合同完稿前经过当事人谈判或至少经过讨论并同意的,而且仅意在规范这些当事人之间的交易。

第二个要素是附属于真实合同的条款。这些条款是由格式提供者在交易之前准备的,双方当事人既没有进行谈判也没有进行讨论,甚或格式

---

[1] 为便于阐述,本章假定合同只是由双方当事人订立的。

接受者都不知道。按照常规用法,这个要素被称为"样板条款"(boilerplate)[2]。与真实合同的条款相反,样板条款不是格式提供者和格式接受者之间协议或讨论的产物,事实上,格式接受者在签署格式合同之前或之后都没有阅读过它。正如美国律师协会的一个特别工作组(task force)所言,"预印的样板条款……不能合理地预期被另一方当事人所阅读"[3]。原因如下:为做出合同条款的最优决定,一方当事人会仔细阅读每一个条款,并考虑其商业和法律后果。然而,以这种方式分析样板条款通常来说有极高的成本。格式合同通常包含大量的样板条款——有时多达50—100条,会连续很多页。这些条款的意思和法律效果对于外行人来说往往不可理解,部分是因为它们经常或通常是用高度技术性的语言写成的,部分是因为即使写得很清楚,格式接受者通常也无法完全理解它们的效果,由于样板条款的特性是改变了格式接受者的基准法律权利,而大多数格式接受者并不了解自己的基准法律权利。因为样板文件不是由格式接受者协商、讨论、阅读或理解的,格式提供者也知道情况是这样的,因此尽管样板条款通常被视为合同性的,但样板条款其实并不是合同性的。[4]

样板条款在口头和法律上的模糊性,使得仔细考虑样板条款的成本异常高。因为格式合同的长度和复杂性通常与交易的金钱价值并不相关,因此低价值交易也可能涉及大量样板条款,此时情况尤为如此。此外,样板条款通常与不履行的后果有关而与履行的具体规定(specifications)无关。由于大多数合同都能得以履行,所以大多数样板条款都不会发挥作用(come into play)。故而,阅读和详细考虑样板条款的预期价值

---

[2] "样板条款"这一词语是模糊的,因为它也用于指真实合同的条款,通常在合同末尾,这些条款涉及次要条款,如用于通知的地址,或者次级条款,如哪个州的法律管辖合同,而且通常由当事人的律师代表当事人达成合意。本章不采用上述"样板"的含义。

[3] [ABA Task Force] An Appraisal of the March 1, 1990, Preliminary Report of the Uniform Commercial Code Article 2 Study Group, 16 *Del. J. Corp. L.* 981, 1063-1064 (1991).

[4] 就样板条款的全面讨论,参见 Margaret Jane Radin, Boilerplate: *The Fine Print, Vanishing Rights and the Rule of Law* (2013)。

一定大打折扣。例如,如果在95%的时间里合同都履行了,那么阅读和详细考虑样板条款的大部分努力都会浪费掉。因此,经常是,也许通常是,彻底搜寻和详细考虑样板条款的成本与收益相比高得让人望而却步。因此,在格式合同情况下,让格式接受者知道并完全理解样板条款非常困难甚或不可能。这些条款涉及可能永远不会发生的意外情况,其贴现值与搜寻和详细考虑的成本相比并不相配,并且它们在任何情况下都不受谈判约束,格式接受者通常会理性地选择不去了解大多数样板条款。[5]

欧姆里·本·沙哈尔(Omri Ben-Shahar)在他的《合同法中"阅读机会"的秘密》[6]一文中很好地阐述了这一点:

> 现实的人都不阅读格式合同。阅读很无聊,也很难懂,不太友好,很耗时,但最重要的是毫无意义……如果他们真读过呢?当然,对于发现的糟糕东西,他们也无能为力……专注的读者只会心痛,这对于从事此种耗时的工作来说是个非常糟糕的回报。除了零星的异类人,没有人会阅读……
>
> 想象一下,个人消费者在购买产品之前看到了合同,并在决定是否购买之前做出了深思熟虑的决定想要阅读和确认合同条款……即使这些消费者存在,他们阅读和理解这些条款的努力也可能会失败。首先,即使是简单的法律条款……鉴于现有的识字水平,对大多数消费者来说,这也是一项过于复杂的任务。以易趣的用户协议为例,这是我所发现的一份用非专业语言书写的合同中令人印象非常深刻的例子之一……即使易趣极力简化,大多数人是否会理解这样一个条款:"当你向我们提供内容(content)时,你就授予我们一个非排他性的、全球范围的、永久的、不可撤销的、免版税的、(通过多层)可再许可的权利,在现在已知的和或者未来的媒体上来行使你在该内容上所享

---

[5] See Clayton P. Gillette, Rolling Contracts as an Agency Problem, 2004 *Wis. L. Rev.* 679, 680;"如果买方准确地预测到审查成本超过其收益,特别是不能就这些条款进行谈判,那么不阅读就是完全理性的。"

[6] 1 *Eur. Rev. Contemp. L.* 1 (2009).

有的版权、公开权和数据库权(但不包括其他权利)?"此外,大多数合同都没用简单语言来概括……拿一份你们中许多人在安装软件时点击"我同意"但肯定没有阅读的合同——微软 XP 终端用户许可协议(对于 10 页的单倍行距文本来说,这不是一个非常吸引人的标题)。我(以前)电脑上安装的版本有 4 000 字长。如果用户想阅读,比如说,救济条款——美国监管机构认为,该条款非常重要,需要强制出现——他必须浏览之前的 16 个段落(所有这些段落在某种程度上都影响到损害赔偿的数额),才能到一个用一句话起草的长达 186 字的条款!也许几个高薪的有多年经验的合同律师可以阅读和理解这些条款说了什么。其他人做出尝试都是愚蠢的。理解能力的局限不仅仅限于语言理解。更根本的是我们处理条款意义的能力有限……为了理解样板条款的效果和价值,消费者必须知道这个条款所绕过(trump)的任意性规则。在法律适用条款的语境下,这是最突出的。如果案件交由不同法律处理,一些法律可能对消费者更有利,而另一些则更糟糕,但是人们是否事先知道这些法律适用的不同的实体规则,以便评估他们通过这些条款得到或失去了什么?一旦出现未知的争议,他们是否知道仲裁和诉讼哪个结果会更好?……

时间限制进一步加剧了阅读能力的有限性……人们想在网上冲浪,甚至都不必每次都进入新网站时点击"我同意",当然他们不想花时间阅读服务条款的文本。阅读时间难题源于个人希望进行许多"小"交易的愿望,以及尽管每笔交易的风险都微不足道,但在合同文本中却比较大的事实。人们没有足够时间来阅读所有这些文本。[7]

此外,格式接受者和格式提供者之间存在根本的不平衡。对于格式提供者来说,格式合同是大批量的重复交易。因此,一个理性的格式提供者会花费大量时间和金钱,包括法律服务的花费,准备那些从其自身角度来看是最好的样板条款。相比之下,对于格式接受者而言,任何特定的格

---

[7] Id. at 2, 13-14.

式合同通常都是一次性交易。这就是为什么详细考虑样板条款或聘请律师评估条款的成本,通常会远远超过详细考虑这些条款的收益。这些不对称的激励措施允许格式提供者提出对他们非常有利的样板条款。

简言之,交易允诺通常应根据其条款执行的原则,在很大程度上基于这样一个前提:行为人通常是自己效用的最佳评判者。如果行为人经常理性地选择不阅读样板条款,那么该前提就不适用于样板条款,就不存在任何合同理由进而根本没有理由执行样板条款。

现代合同法采用了三种进路,它们都部分而非全部承认,格式使用者通常并理性地选择不去阅读样板条款。

第一种进路是,将基于保护合理预期的一般解释原则适用于格式合同。《合同法重述(第二次)》第 211 条采用了该原则:格式提供者有理由相信,若格式接受者知道格式合同包含了特定的条款就不会同意,那么该条款就不是合同的一部分。

第二种进路是,将格式提供者订入的条款视为显失公平的一种类型,条件是该条款不公平地使格式接受者感到惊讶。例如,在最主要的威廉姆斯诉沃克·托马斯家具公司案(Williams v. Walker-Thomas Furniture Co.)[8]中,买方威廉姆斯定期以分期付款信贷方式向卖方沃克·托马斯购买家具和家用电器。沃克·托马斯的格式合同包含以下样板条款:

> 根据本租约(买方)向公司支付的每期分期付款的金额应包括(买方)根据该先前租约、票据或账户支付的每期分期付款的金额,而不超过其金额;(买方)现在和以后支付的所有款项应按照比例记入(买方)在每次支付时应付给公司的所有届期未清偿的租赁、票据和应收账款(比例条款)。[9]

此规定的最直接但不明显的效果是,卖方保留了消费者根据合同从消费者那里购买的每一件物品的所有权,直到买方全部付清了所有据合

---

[8] 350 F.2d 445 (D.C. Cir. 1965).
[9] Id. at 447.

同从沃克·托马斯公司购买的物品的价款为止,即使任何特定物品的应付余额减少到几美分也是如此,就像威廉姆斯案一样。[10] 该条款对买方基准法律权利的效果甚至更加模糊,毫无疑问,买方并不知道此事:直到买方未支付的总余额为零,卖方均可以通过原物返还法(replevin statute)规定的简易程序,收回根据消费者与卖方签订的每一份合同所购买的任何一件物品,直到每份合同都付清为止。这就绕过了正常的审判程序。此外,根据所援引的条款,买方根据任何此类合同购买的任何物品都不在该法的保护范围内,因为该法豁免了特定类型财产使其免于被扣押而得以执行判决。

沃克·托马斯知道或者应当知道,大多数甚至可能是所有的买方都会对此条款感到相当惊讶。然而,在古典合同法下,根据阅读义务的古典法原则,该条款约束威廉姆斯。[11] 确实,这就是威廉姆斯案在初审法院裁判的结果。[12] 然而,哥伦比亚特区上诉法院撤销原判并发回重审,理由是下级法院没有适用显失公平进行分析:

> 当一方几乎没有谈判能力因此几乎没有真正的选择,在很少知道或根本不知道合同条款的情况下签署一份商业上不合理的合同,很难说他同意了或者以客观表示同意了所有条款。在此种情况下,协议条款不受质疑的通常规则应予摒弃,法院应考虑合同条款是否如此不公平,以至于应拒绝执行它们。[13]

尽管比例规定意义重大,但是很少有外行人会理解它的全部甚至任何含意。甚至法律专家也常常不理解样板条款。在格哈特诉大陆保险公司案(Gerhardt v. Continental Insurance Cos)[14]的口头辩论中,在那个时代

---

[10] Robert H. Skilton & Orrin L. Helstad, Protection of the Installment Buyer of Goods under the Uniform Commercial Code, 65 *Mich. L. Rev.* 1465, 1476-1477 (1967).

[11] See, e.g., Rossi v. Douglas, 100 A.2d 3, 7 (1953); Sardo v. Fidelity & Deposit Co., 134 A. 774 (N.J. 1926).

[12] Williams v. Walker-Thomas Furniture Co., 198 A.2d 914 (D.C. 1964).

[13] Id. at 449-50.

[14] 48 N.J. 291, 225 A.2d 328 (1966).

伟大的新泽西最高法院面前,首席大法官温特劳布(Weintraub)看着系争保险单说,"我不知道保险单是什么意思。保险单还难住我了。他们用大字体说一件事,又用小字体把它搞掉了"。哈尼曼法官(Haneman)补充道,"我连保险单的一半都理解不了"。弗朗西斯法官(Francis)说,"给我的印象是,保险公司故意把保险单的语言弄得很模糊"。如果所有这些都还不充分的话,进一步,大多数格式合同都是由未获授权改变样板条款的代理人提出的条款,因此仔细考虑这些条款通常没有意义。

第三种进路主要适用于交换格式的商人,因此每一方既是格式的提供者,也是格式的接受者,法院从两种格式合同中剔除相冲突的条款,即所有样板条款。该方法基于《统一商业典》第2-207条,将在本章末尾讨论。

所有这些都基于常识、经验和理性,但还有更多支撑。弗洛伦西亚·马罗塔-沃尔格勒、亚诺斯·巴科斯和大卫·特罗森(Florencia Marotta-Wurgler, Yanos Bakos, and David Trossen)在《有人读过合同条文吗?消费者对标准格式合同的关注》[15]一文中报告说:

> 我们调查了软件的潜在买方阅读终端用户许可协议的程度……在一个月的时间里,我们跟踪了90家软件公司网页的48 154名访问者,并记录了他们详细的浏览行为……我们的主要发现是,不管我们对购买人的定义有多严格,在1 000名购买人中只有一到两人访问产品的终端用户协议超过一秒钟,这就产生了0.2%的知情少数。[16]
>
> 我们发现极少有消费者选择了解标准格式的在线合同。特别是,我们估计访问终端用户协议零售软件购买者的比例在0.05%到0.22%之间,而且大多数访问终端用户许可协议都没有花充分时间来消化任何一小部分内容。[17]

---

[15] 43 J. Legal Studies 1 (2014) (emphasis added).
[16] Id. at 3.
[17] Id. at 32.

概言之,格式接受者不阅读格式合同是理性的,而阅读格式合同则是不理性的。换言之,格式接受者的适当反应是保持理性无知(rational ignorance)的立场。因此,使格式接受者的权利和责任来自于大家都知道他不会阅读的样板条款,是站不住脚的。因此,样板条款通常是不可执行的。[18]

尽管不执行样板条款的理由很有说服力,但也有几个支持执行样板条款的论点。通常,尽管并非一成不变,这些论点是由芝加哥法和经济学家所提出的,他们将不执行样板条款的决定描绘为一种国家干预的形式,因此违背了他们最根深蒂固的信念。然而,事实上,此种描绘是错误的。不执行样板条款的法院不是干预;它只是为一方当事人利益而避免干预。法院不告诉当事人要做什么;它只是说,无论当事人想要实现什么,他们都必须在没有国家帮助的情况下实现。

让我们绕过这个问题,直接关注执行样板条款的三个主要论点。

艾伦·施瓦茨和路易·怀尔德(Alan Schwartz and Louis Wilde)在他们的文章《在不完全信息的基础上干预市场:法律和经济分析》中提出了最突出的论点,有时也称为知情少数论(informed-minority argument)。[19]如前所述,这篇文章的标题——以及大部分推理——都思虑不周(ill-conceived),因为不执行样板条款的判决不是干预,而是避免干预(abstention)。通观全文,知情少数论认为,如果有足够多数量的消费者阅读并理解格式合同中的样板条款,那么卖方将写下这些已阅读的消费者会接受的样板条款,进而使那些即使不阅读的消费者也受益,该论点后来被像孩子们追随魔笛手一样追随施瓦茨和怀尔德的芝加哥法和经济学家所拣选。该论点的致命缺陷是,施瓦茨和怀尔德从来没费心去从经验上确定需要多大比例的格式接受者来启动他们的程序,以及多大比例的格式接受者阅读和理解格式。如上所示,马罗塔-伍尔格勒等人做了实证研

---

[18] See Radin, supra note 4; Todd D. Rakoff, Contracts of Adhesion: An Essay in Reconstruction, 96 *Harv. L. Rev.* 1174, 1251 (1983).

[19] 127 U. Pa. L Rev. 630 (1979).

究,发现只有不到0.2%的消费者阅读合同,从而将知情同意的论点打入冷宫。

特德·克鲁兹和杰弗里·辛克(Ted Cruz and Jeffrey Hinck)对知情少数论提出了另外三种强有力的批评意见:

> 即使存在知情消费者的必要数量,人们仍应警惕得出会发生有效的条款均衡的结论。首先,特别是在没有明确免责声明的情况下,很少会有许多消费者获得信息的成本低于从知悉理解无效率条款所生的预期损失。其次,博弈论表明,消费者的主导策略是保持不知情,因为他们必须在知道信息的价值之前选择是否投资于信息。最后,买方都很愿意搭他人信息的便车,但如果每人都搭便车,那么就绝不会形成知情的少数消费者。[20]

支持执行样板条款的另一个论点,有时被称为私人家长主义论(private-paternalism),是格式接受者想要样板条款,因为如果卖方能够用有利于他的样板条款来写就合同,就该商品就会收取较低的费用。欧姆里·本·沙哈尔在《通过样板条款的管制:一种辩护》中以最有力的形式提出该论点。[21] 本·沙哈尔论点的核心如下:

> 让我们从样板条款所删除的权利是重要的这一假设开始。这些权利很重要,因为它们以经济上有意义的方式影响消费者剩余。如果不是这样,一本关于样板条款的著作就不值得写了。这一假设的直接含意是,删除这些权利的样板条款与产品相捆绑消除了重要的价值片段,从而为企业节省了一些业务成本。这种成本节约允许提供缩减捆绑(depleted bundle)的公司收取更低的价格。标准的经济学分析证明,不管企业拥有什么样的市场力量,这一含意都成立。[22]

然而并不是通过更低价格而节省所有成本都累积到消费者手

---

[20] *Not My Brother's Keeper: The Inability of an Informed Minority to Correct for Imperfect Information*, 47 *Hastings L. Rev.* 635, 675-676 (1996).

[21] 112 *Mich. L. Rev.* 883 (2014).

[22] Id. at 895.

中,尽管这也是有可能的。但是很难想象的是,比如说由于吝啬的担保或者受限的信息产品的使用所节省的费用不会产生价格效应。[23]

该论点不成立的原因有三个。

首先,本·沙哈尔并不认为,通过剥夺不知情格式接受者的重要权利来节省格式接受者的一些成本,在道德上是正当的。他的这一主张没有适当理由:仅因为它在道德上不正当就不应成为法律。

其次,他并没有声称,如果允许格式提供者剥夺格式接受者的重要权利,那么他们会降低价格;他只声称剥夺消费者的重要权利会允许格式提供者降低价格。他没有提供任何经验证据来证明,这是格式提供者所做的,而且除了担保的情况之外,我们没有任何理由相信这是他们所做的。

最后,他假设样板条款已经被定价,因此如果包含一个样板条款,那么正出售的商品的价格就会降低。然而,除了少数例外,样板条款并没有被定价。

样板条款是由律师事务所的年轻律师助理(associate)写的,他们缺乏给样板条款定价的能力,只是起草所有他们能想到的有利于事务所客户的条款。在非合伙律师事务所效力的合伙人也没有对样本条款进行定价,他们同样也缺乏这样的能力,客户可能有给样板条款定价的能力,但由于不值得他们花时间来为样板条款定价,通常他们并不会费心这么去做,因为格式接受者不会阅读且会接受样板中包含的任何条款。本·沙哈尔认为,"事实上,如果样板条款删除的权利价格高昂,那么许多人会很乐意购买被剥夺了法律规定之基准权利的产品和服务,只要他们能获得相当大的价格折扣"[24]。该论点的问题在于导言——"如果样板条款删除的权利实际上是昂贵的……"这是一个巨大的假设,本·沙哈尔没有证明也几乎肯定不能证明(否则他就会证明)样板条款删除的权利定价高昂,甚至是已经被定价了。有些是这样,但大多数并非如此。在格式合同

---

[23] Id. at 896.
[24] Id. at 896.

中,有一些条款无疑是被定价了,主要是担保。但在大多数条款的情况下,几乎可以肯定的是,卖方的管理层(executives)设定了商业条款,如价格,然后将格式合同的起草工作转交给律师(通常是律师事务所的非合伙人律师),律师的主要目标是提出有利于卖方的其他条款,他们没有被要求也不会且不能给这些条款定价。

总之,正如詹姆斯·吉布森(James Gibson)所说:

> 让我们暂停一会儿,考虑下私人家长式辩护所采取的行动的激进性……合同法的整个领域都建立在这个命题之上……当我们允许各方通过自愿的、具有法律约束力的交易来实现他们自己的价值时,这个社会会变得更好。此种立法形式产生自下而上的定制规则(bespoke rules)……
>
> 那么,奇怪的是,最后的样板条款辩护进行了自上而下的管制性判断,即合同法被认为是无关紧要的……那些支持家长主义式执行合同的人不咨询个人意见就知道什么对个人最有利时,世界已经变得乱七八糟了……
>
> 长期以来关于格式合同对现代经济至关重要的假设被证明是错误的。大规模市场交易的复杂性、内容或后果的任何东西,都不能证成对基于自利起草的且不受市场纪律约束的私人条款的信赖……[25]

最后,《统一商法典》第 2-207(3)条规定:"尽管双方当事人之间的书面文件未能确定合同的存在,但当事人承认合同存在之行为足以确定买卖合同的成立。此种情况下,该特定合同之条款由当事人的书面文件一致同意的条款和依据本法任何其他规定而纳入合同的补充条款共同构成。"本条的评论第 6 条规定:"……双方当事人发出的格式确认书中的条款彼此冲突时,必须假定每一方当事人均反对另一方当事人的与他自己发出的确认书中的条款相冲突的条款。因此,相互冲突的条款不会成为

---

[25] James Gibson, Boilerplate's False Dichotomy, 106 *Geo. L. J.* 249, 261-262 (2018).

合同内容。合同由双方当事人已明确约定的原条款和本法所提供的条款构成……"

根据第 2-207 条(3)和官方评论第 6 条,也许更重要的是,为实现符合第 2-207 条目的及产生公平结果的目的,法院发展了剔除规则(knock-out rule),根据该规则,买方和卖方在格式合同中的冲突条款都要被剔除。由于卖方的格式销售订单和买方的格式采购单中的所有样板条款都会产生冲突,根据剔除规则,在双方均为商人的情况下,采购和销售订单中的所有样板条款都要剔除。这就是理所应当的样子,而且这也表明在所有或几乎所有商业格式合同中,样板条款都被剔除了。这丝毫没有影响商业,这表明对样板条款不可执行前景的焦虑有点杞人忧天了(Chicken Little view of the world)。尽管作为一个实务问题,第 2-207 条仅适用于商业格式合同,因为它仅适用于当事人已交换格式条款的情况,而这在消费者样板合同中不会发生,但是没有任何理由对待消费者格式条款要好于商业样板条款。

尽管样板条款不可执行的关键原因在于它不是合同性的,但还有一个原因,奥伦·巴尔-吉尔(Oren Bar-gill)说得很好:

> 消费者合同以双方当事人之间的不对称为特征,一方是商品的卖方或服务的提供者,另一方是消费者。一方通常是非常老练的公司,另一方是个人,容易出现人本身的行为缺陷。如果没有法律干预,老练的卖方通常会利用消费者的行为偏差。通常由卖方设计的合同,自身就是围绕消费者对完美理性的系统偏离而塑造的。[26]

根本事实是,格式提供者没有任何理由使格式文件偏向格式接受者,并完全有理由使格式文件偏向自己。

---

[26] Oren Bar-Gill, Seduction by Plastic, 98 *Nw. L. Rev.* 1373, 1373 (2004).

二、渐进合同（Rolling contracts）

渐进合同是格式合同的特例。正如罗伯特·希尔曼所描述的：

在渐进合同中，消费者在看到商品包装上或包装内的大部分条款之前，就已订购商品并付款了……因此，渐进合同涉及以下有争议的问题：付款和装运后到达的条款，如仲裁条款，是可执行的吗？[27]

使用如下方式购买商品，已经被人们习以为常了，如通过电话、互联网，或用包装盒购买商品而不询问商品出售的条款（如果有的话）。渐进合同，有时被描述为"现在付款，条款在后"——还是有些争议的。正如约翰·默里（John Murray）所指出的，它们似乎不符合要求协议和同意的合同法基本原则。在知道你要为了什么而付款之前付款的概念能有合同意义吗？[28] 在学术文献中以及某种程度在法院中，关于该问题的正确答案一直存在争议。然而，由对这个概念给予有限定条件认可的伊斯特布鲁克法官（Judge Easterbrook）做出的两种裁判观点，或多或少地占据了上风。[29] 该限制是，尽管买方可能受到在付款时尚未看到的合同条款的约束，但只有在有机会看到条款后且有机会在合理时间内退还商品的情况下，他才受到约束。这有一定的道理，或者如果卖方被要求补偿买方返还商品所用的时间、麻烦和费用，这种要求也极少被接受或强加。但是，即使施加了那样的要求，渐进合同中的样板条款也应当是不可执行的。

---

[27] Rolling Contracts, 71 *Fordham L. Rev.* 743, 743 (2002–2003).

[28] See John E. Murray, Jr., The Dubious Status of the Rolling Contract Formation Theory, 50 *Duquesne L. Rev.* 35 (2012).

[29] ProCD, Inc. v. Zeidenberg, 86 F.3d 1447 (3d. Cir. 1996); Hill v. Gateway 2000, 106 F. 3d 1147 (7th Cir. 1997).

第十五编

口头证据规则

第三十八章　口头证据规则

一、导言

　　A 和 B 订立了合同,该合同称为第一份合同或口头协议。后来,A、B 订立了第二份合同,采用书面形式,该合同与第一个合同的主题相同但并不矛盾。后来,A 起诉 B 违反了第一份合同,B 以第二份合同取代或解除了第一份合同为由进行抗辩,尽管第二份合同对此并没有明确规定。

　　B 之抗辩的有效性似乎提出了一个简单直接的事实问题:当事人是否意图以第二份协议取代或解除第一份协议?然而,这并非合同法所采取的立场。相反,此种情况是由口头证据规则规范的。

　　美国法的一项基本原则是,事实问题由事实裁判者(fact-finder)——通常是陪审团——来决定。然而,根据口头证据规则,在当事人就同一主题订立两份协议时,即使第二份协议与第一份一致,第二份协议是否取代或解除第一份协议的问题也作为由法官决定的法律问题,而非由陪审团决定的事实问题。由于第二份协议是取代还是解除第一份协议的问题是事实问题,因此此种处理方式及其对应的口头证据规则无法证成(unjustified)。[1]

　　三个因素使口头证据规则的讨论变得困难。(1)该规则在主要合同法的权威渊源——威利斯顿和《合同法重述(第一次)》以及科宾和《合同

---

[1] 口头证据规则也适用于一些其他情况——例如,A 和 B 同时签订口头和书面合同,A 起诉 B 违反口头合同,而 B 提出书面合同作为抗辩。为便于论述,这些其他情况就不单独处理。

法重述(第二次)》还有《统一商法典》中有不同表述。(2)该规则的两个核心概念——整合和不一致——被不同法院赋予截然相反的含义。(3)该规则有许多例外,最重要的例外也经常被赋予截然相反的含义。因此,没有独一无二的口头证据规则。相反,有许多互相竞争的规则是通过组装基础组件(building block)来构建的。因此,本章不解释和评估此口头证据规则,而是解释和评估可用来组合以构建替代规则的各种(various)组件。

二、口头证据规则的三种表述及整合的概念

1.《合同法重述(第一次)》和威利斯顿

主要遵循了威利斯顿观点的《合同法重述(第一次)》第237条规定,除了某些例外:

> 协议的整合使相关主题的同期口头协议来补充或者变更协议都不可行;还有……所有先前的与之相关的口头或书面协议也是如此……

该规则的此种表述一般与古典合同法有关,特别是与威利斯顿有关。正如《合同法重述(第一次)》第237条及可比表述中所规定的,口头证据规则适用于且仅适用于后来合同是整合合同的情况。[2] 因此,整合的定义是该规则含义的核心。《合同法重述(第一次)》第228条规定,"在当事人采用书面形式的场合,协议即被整合为……协议最终的和完整的表述"。从表面上看,第228条要求事实认定:当事人采用第二份合同的意图是什么。然而,古典合同法的立场是,第二份合同是否是整合协议反而取决于一个纯粹形式的检验——后一份合同表面上看来是否完整。正如威利斯顿所说:

---

[2] "整合(integration)"一词基于该概念,即口头证据适用于当事人协议是否"整合进"后一合同——我们也可以说被后一合同吞下。

……由于当事人的唯一意图只是将一份书面文件作为记录,该记录使该书面文件作为合同的整合,且使口头证据规则可得适用,那么他们在书面文件中就该问题的任何表达都会赋予效力……然而,当事人很少在书面文件上就此表达他们的意图,如果法院可从外部情况中寻求此意图,那么当事人做出同期口头协议这一事实本身证明,他们并不意图将书面形式作为完整的记录。唯一未解决的问题是,这种同期口头协议实际上是否已订立……如果允许书面文件的任一方通过任何同期口头协议的证据来反驳此推定,口头证据规则的实践价值将受到很大损害。法律当然不允许这样做……

一般认为,为引入附加条款的口头证据,合同必须表面上看起来是不完美的。这往往不是从作为完整协议的表述或者并非完整协议的表述之书面文件中作出的必然推论。在此种情况下,有人认为口头证据可以用来证明哪个是事实。这一原则的困难在于它的适用。如果任何书面合同的条款没有说明它包含整个协议(很少有人这样做……),那么就不能排除与书面文件不矛盾之附加口头条款的可能假设。在艾格米诉泰勒案中[(in Eighmie v. Taylor, 98 N.Y. 288, 294)],芬奇法官(Finch)对此问题进行了很好的总结:"……如果我们可在文件之外去证明文件中没有包含的约定,因此合同只有一部分是书面的,然后由于该事实而执行口头约定,那么规则本身就没有什么价值了。"[3]

米切尔诉莱斯案(Mitchell v. Lath)[4]说明了威利斯顿式版本的口头证据规则的实施。1923年秋天,莱斯夫妇拥有一个农场并且想出售它。在马路对面属于第三方的土地上,莱斯有一个他们夫妇可以拆除的冰屋。凯瑟琳·米切尔查看了莱斯的农场,想买下它。然而她觉得冰室令人反感。随后米切尔和莱思夫妇口头同意,考虑到她要购买农场,莱思夫妇将

---

[3] 2 Samuel Williston, The Law of Contracts at 1226-1227 (emphasis added).
[4] 160 N. E. 646 (N.Y. 1928).

在1924年春天拆除冰屋。由于信赖了该允诺，米切尔以8 400美元签订了买下该农场的书面合同。

收到契据后，米切尔开始占有农场，并花了很多钱来改善它。然而，时间到了，莱斯夫妇并没有拆除冰屋，而且他们也不想这样做了。米切尔诉请特定履行。毫无疑问，莱斯夫妇已同意拆除冰屋：初审法院是如此认定，上诉法院在此基础上撰写了自己的意见，米切尔在初审法院和中级上诉法院也都胜诉了。尽管如此，上诉法院还是判决支持莱斯夫妇，理由是根据口头证据规则，冰屋协议是不可执行的，因为购买农场的合同似乎完整，而且没有任何关于冰屋的条款。"对本合同的检查表明，这是一个圆满和完美的协议，它详细规定了每方当事人的义务。在阅读它时，人们会得出结论认为，双方的相互义务是详细的"[5]。

2.《合同法重述(第二次)》和科宾(及现代合同法)

口头证据规则及整合定义的另一种表述(此种表述与现代合同法有关且与科宾尤其相关)，是当事人实际上是否意图以第二份合同取代或解除第一份合同。如《合同法重述(第二次)》所述，该检测是实质性的而非形式性的。《合同法重述(第二次)》第213条将该规则规定如下：

(1)有约束力的整合协议在与其不一致的范围内解除先前协议。

(2)有约束力的完全整合协议在其范围内解除先前的协议。(强调系后加)

《合同法重述(第二次)》中整合的定义规定于第209条。与《合同法重述(第一次)》不同，对该条的评论只是简要同意了形式检测，然后就采用了实质检测：

若当事人将协议缩减为一份书面协议，而鉴于其完整性和特定性，该书面协议有理由看来是一份完整的协议，则该协议被视为一份

---

[5] Id. at 647 (emphasis added).

整合的协议,除非有其他证据证明该书面协议不构成最终表述。

第209(3)条下检测的实质性通过该节的注释c得以强化:

> 整合的证明。书面文件是否被采纳为整合协议,是一个根据所有相关证据来认定的事实问题。(强调系后加)

第210条的评论b也同样如此:

> 证明一份书面文件是否被采纳为一份完全整合的协议,可通过任何相关证据来证明。在没有可信之相反证据的情况下,由双方当事人签署并表面上完整之书面合同形式的文件可能对问题具有决定性作用。但是一份书面文件本身不能证明其完整性,必须允许对影响当事人意图的情况进行广泛的调查。(强调系后加)

3.《统一商法典》第2-202条

《统一商法典》第2-202条依然采用了口头证据规则的第三种表述:

> 当事人在确认书中所同意的条款,或者当事人在书面文件中规定的旨在作为其协议的最终表达的条款,不得以任何先前协议或者同时达成的口头协议作为证据加以否认,但此类条款可由下列事项予以说明或者补充:
>
> (b)与协议条款一致的附加条款的证据,但法院认为当事人有意使该书面文件作为协议条款之完整和唯一表达的除外。

同样,第2-202条的评论第3条规定:

> 根据(b)项(与书面文件中的条款)一致但未做成书面的附加条款,可以加以证明,除非法院认定当事人有意使其书面文件作为所有条款的完整和唯一表述。(强调系后加)

评论补充道:

> 如果附加条款系此种条款,即在法院看来,假如当事人一旦达成一致条款就当然地包含在文件当中,那么,涉及订有此种条款的证据

不得向事实审理者出示(强调系后加)。

斯尼德(Sneed)法官在圆方公司诉米切尔建筑公司案(Interform Co. v. Mitchell Construction Co.)[6]中,为第九巡回法院撰写的文章总结《合同法重述(第一次)》和威利斯顿的形式检测与《合同法重述(第二次)》、科宾以及《统一商法典》第2-202条的实质检测之间的差异如下:

> 威利斯顿要求法官参考那些与"形式"(即自然和正常的整合惯例以及通常智力的人会使用的词语的含义)相关联的法律关系来确定当事人之间的法律关系,他们应当遵守这些"形式"并且离开这些"形式"会有风险(指代的问题参见原文)……另一方面,科宾指示法官根据当事人的意图来确定当事人之间的法律关系,即使他们所使用的"形式"表明相反的意思也是如此……受威利斯顿指引的法官……将(合同文件的)条款按照通常智力的人所理解的那样施加给当事人,如果(这些文件)看起来是完整的……受科宾指引的法官会将证据表明当事人事实上已达成的协议施加给当事人……[7]

斯尼德法官接着描述了两个竞争性检测的现状:

> 任何法域(jurisdiction)僵化地采取一种进路来排斥另一种进路,都是不太可能的。每种表达都可能影响法官的行为和案件的处理。然而,必须承认的是,与科宾和威利斯顿在《合同法重述(第一次)》起草过程中争论的时候相比,科宾进路现在的影响更加强大了……[8]

斯尼德法官进一步观察到:

> ……《统一商法典》第2-202条反映了科宾的影响。在"当事人意图以书面文件为协议的最终表述,并且书面文件允许引入一致的附加条款"时,除非法院认定该书面文件也意图为协议条款的完整和

---

[6] 575 F.2d 1270 (9th Cir. 1978).
[7] Id. at 1276.
[8] Id.

唯一表述",它排除了先前或同期口头协议中"确认备忘录"的矛盾。焦点显然是当事人的意图,而非行为正常和自然的通常人的整合惯例……[9](强调系后加)

三、口头证据规则的两个例外:可能自然订立的独立协议,或者确定已包含在协议内

口头证据规则有许多例外,这些例外是以不同方式表述的。《合同法重述(第一次)》第240条表述的最重要例外适用于,口头协议是"当事人作为处于书面合同当事人情况下可以自然作为单独协议所订立的协议"。根据古典合同法,此例外仅适用于处于当事人地位情况下的一般人自然将口头协议作为独立协议订立,而非实际当事人是否会自然将口头协议作为独立协议订立。正如威利斯顿所说:

> ……可引入性检测([T]he test of admissibility)很大程度上受到了在系争情况下缔约当事人之固有可能性的影响,他们同时订立了法院审理的书面形式协议以及宣称的口头协议。问题不仅在于法院是否确信面前的当事人事实上已经这样做了,还在于通常处于相同情况的当事人是否会或可能会这样做。[10]

此进路是米切尔诉莱斯案的显著特征(dramatic feature)。在这个案例中,法院认为,根据口头证据规则,冰屋协议已经被解除了,因为尽管实际当事人确实将冰屋协议作为单独协议来订立,但处于双方地位的一般人不会将该协议作为单独协议来订立。

可能自然省略之例外(might-naturally-be-omitted exception)通常很难适用。例如,《合同法重述(第一次)》第240条的示例2规定:

> 整合合同中的A和B分别允诺以3 000美元的价格出售和购买

---

[9] Id. at 1277.
[10] 2 Williston, supra note 3, §638, at 1235.

黑地。通过清偿 B 对 A 的判决来支付部分价格的同期口头协议,是有效的(operative)。

示例 3 规定:

整合合同中的 A 和 B 分别允诺以 3 000 美元的价格出售和购买黑地。允许 B 以规定的赔偿额(rate of compensation)支付工程价款的同期口头协议,是无效的。

这两个示例之间没有半毛钱差别(a dime's worth of difference)。[11]

与《合同法重述(第一次)》相比,《合同法重述(第二次)》第 216 条规定:

(1)一致的附加条款之证据是允许补充整合协议的,除非法院认定该协议已完全整合。

(2)如果书面文件省略了一致的附加约定条款,则协议并非完全整合了……如果:

(b)这种情况下此条款会从书面文件中自然省略。

评论 d 解释说:

d.自然省略的条款。如果整合协议省略了声称一致的附加条款,并且在此情况下该省略似乎很自然,那么就没必要进一步考虑协议是否完全整合及省略的条款是否在其范围内的问题……此外,没有任何规则或政策仅仅因为当事人的协议方式在其他人看来不自然而惩罚他。即使省略似乎并不自然,除非法院认定该书面文件意图作为协议条款的完整和唯一表述,否则一致的附加条款的证

---

[11] 同样,示例 7 的第一部分规定:"整合合同中的 A 和 B 分别允诺出售和购买特定的汽车。A 同时做出口头保证,担保机器的质量超出法律规定的保证范围,该口头保证无效……"然而,第二部分说:"A 对机器质量的口头陈述导致 B 签订书面合同……有效地创设瑕疵担保。通过诱使合同成立,该陈述独立于合同,瑕疵担保的义务是法律施加的而非自事实断言。"找出示例 7 第一部分和第二部分之间的差异绝非易事。

据是可引入的。[12]

《统一商法典》第2-202条的评论3规定：

> 根据(b)项(与书面文件中的条款)一致但未做成书面文件的附加条款，可以加以证明，除非法院认定当事人有意使其书面文件作为所有条款的完整和唯一的表述。在法院看来，如果附加条款系此种条款，假如当事人已经约定本应当然地包含在文件当中，那么，宣称订有此种条款的证据不得向事实裁判者出示。

与《合同法重述(第一次)》提出并在米切尔诉莱斯案中适用的"可能自然省略"的例外相比，满足《合同法重述(第二次)》中的"肯定会包含在内"的检测更容易让提议者满意。案例法也放宽了这一例外。一个主要的例子是马斯特森诉信谊案(Masterson v. Sine)。[13] 达拉斯·马斯特森和他的妻子丽贝卡共同拥有一个牧场。1958年2月25日，他们通过契据将牧场转让给梅多拉和卢·信谊(Medora and Lu Sine)，"在此向授予人在1968年2月25日或之前购买上述财产之期权，约因是已付款项加上自该日起两年半后授予人可能增加的任何改善的折旧价值"[14]。梅多拉是达拉斯的姐姐和卢的妻子。

在此次转让后的某个时候，达拉斯被判定破产，丽贝卡和达拉斯的破产管理人随后对梅多拉和卢提起诉讼，要求获得确权性救济(declara-

---

[12] 如下是第216条的三个示例：
4. A欠B 1000元。他们口头上同意，A将以3 000美元的价格出售给B一块黑地，所欠1 000美元将记入该价格，然后签署一份书面协议，协议表面上完美，但没有提到1 000美元的债务或信贷。书面协议未完全整合，口头的信贷协议可作为补充书面协议的证据。
7. A和B签署了一份表面上完美的书面协议，出售由A从芝加哥运往纽约的货物。据称，书面协议是在口头理解的基础上签署的，即货物将通过特定路线装运。根据《统一商法典》第2-311条和第2-504条，除非另有约定，否则A可以通过任何合理的路线正常运输。书面协议并未完全整合，口头理解可作为补充书面条款的证据。
8. A、B双方口头约定，A为B从事指定工作，工资为3 000美元。B给A一个绝对的书面允诺，在六个月内支付3 000美元。口头协议的条款可作为书面允诺的补充证据，并将B的义务限定为支付3 000美元。

[13] 436 P.2d 561 (Cal. 1968).
[14] Id. at 562.

tory relief），以确立他们执行期权（option）的权利。梅多拉和卢提出抗辩，理由是当事人想要将该财产保留在马斯特森家族，因此该期权属于达拉斯和丽贝卡个人，破产管理人不能行使。初审法院根据口头证据规则排除了此证据。在特雷纳法官（Justice Traynor）撰写的司法意见书中，加利福尼亚州最高法院推翻了初审，它关注在此种情况下实际当事人通常会被预期如何行为，而非处境相似的当事人一般会被预期如何行为：

> 只有当事实裁判者（fact finder）可能被误导时，口头担保协议的证据才应被排除。因此，该规则必须基于证据的可信度。《合同法重述（第一次）》第240（1）（b）条采用的此标准允许担保协议的证据（proof），如果它"是由处于书面合同当事人情况下自然地作为单独协议订立的"……《统一商法典》的起草者基本不会排除此证据："如果附加条款如此，一旦达成协议，在法院看来，它们肯定会被包含在文件中，那么涉及订立协议的证据一定不能展示给事实裁判者。"

本案契据中的期权条款没有明确规定它包含完整的协议，契据也没有明确可转让性问题。此外，将契据的形式结构纳入担保协议的困难，使得包括此类协议所有条款的可能性非常小……保留期权的表述很可能存在于已记录的契据中，仅仅是为保留授予人对未来任何可能的购买者权利，而此功能很可能在不提及当事人期权是私人性的情况下来实现。记录中没有任何迹象表明，此家庭交易的当事人通过土地交易的经验或其他方式警告，没有将完整协议写入契约有不利之处。因此，本案就是这样一种情况，即可以说宣称的担保协议"自然可以作为单独协议订立"。更何况，本案并非是当事人"确定"会将担保协议纳入契据的情况。[15]

---

[15] Id. at 564-565.

四、矛盾或者不一致

即使口头证据规则的例外在其他情况下适用,如果口头协议与后来的合同相矛盾,通常它也被解除。因此,《合同法重述(第二次)》第215条规定:

> 除非(第214条的)规定,[16]在存在有约束力协议的场合下,无论协议是完全还是部分整合的,先前或同期协议或谈判的证据不能被引入作为与书面文件条款相矛盾的证据。

同样,回顾下《统一商法典》第2-202条规定:

> 当事人在确认书所同意的条款,或者当事人在书面文件中规定的旨在作为其协议的最终表达的条款,不得以任何先前协议或者同时达成的口头协议作为证据加以否认,但此类条款可由下列事项予以说明或者补充:
>
> (b)与协议条款一致的附加条款的证据,但法院认为当事人还有意使该书面文件作为协议条款之完整和唯一表达的除外。(强调系后加)[17]

此规则是正当的(justified),因为除了在格式合同(见第37章)语境下,订立与口头协议不一致之第二份合同的当事人,其意图不是以第二份合同取代或解除口头协议的可能性如此之低,以致不值得将该问题提交给陪审团。然而,与口头证据规则的每一个其他重要术语一样,"相矛盾"这个术语有两种截然不同的解释。自然解释,也可被称为否定或逻辑不

---

[16] 第214条规定:在书面文书通过之前或同期的协议以及协商过程均可以作为证据引入以证明:(a)该书面文书是否是整合合同;(b)如果是整合合同,是完全整合合同还是部分整合合同;(c)无论是否整合,该书面文书的意思;(d)违法、欺诈、胁迫、错误、缺少约因或其他无效条款;(e)是否存在给予或否决撤消、变更以及特定履行或其他补救措施的理由。

[17] 第2-202条的引言段落使用了"不得与……相矛盾"一词,而第2-202(2)条使用了"一致"一词。似乎不太可能的是,从"相矛盾和不一致(contradict and not consistent)"差异中得出任何结论:本质上都是一模一样的(two peas from the same pod.)。

一致解释,在亨特食品工业公司诉多利纳案中(Hunt Foods and Industries, Inc. v. Doliner) [18] 中提出。亨特食品公司(Hunt Foods)通过与多利纳家族成员中的乔治·多利纳(George Doliner)及多利纳的一名或多名共同拥有绝大多数东方罐业公司的股票的合伙人(多利纳集团)达成协议,进入收购东方罐业公司(Eastern Can Company)资产的谈判。在谈判的早期阶段,就价格达成了协议,但在其他几个重要事项上没有达成一致。此时,有必要将谈判推迟几周。亨特的谈判者对延期表示了担忧,称他们担心多利纳集团会将亨特的报价作为向第三方索取更高报价的基础。为保护自己,亨特的谈判者要求以每股5.50美元的价格购买多利纳集团所有股票的期权。此期权是由乔治·多利纳、他的家庭成员和他的至少一名合伙人准备和签署的。

谈判恢复后,当事人未能达成协议,亨特行使了期权。然而,多利纳集团拒绝交付股票,理由是它从亨特处获得的同期理解是,只有多利纳索取外部报价时,期权才能够行使。亨特申请获得特定履行的简易判决,辩称被告所主张的条件与期权并不一致,因此根据口头证据规则其是不可执行的。该法院判决支持多利纳:

> 我们认为,只有在书面文件与声称的附加条款相矛盾的场合,才能引入所提供的证据……该条件的存在于不太可能(implausible)时并不充分。其必须是在不可能时(impossible)才充分……[19]

亨特案中使用的"相矛盾"一词的意思体现了该词的一般意思,并使其非常易于制定一项检测来确定口头协议是否与后来的合同矛盾或不一致。此检测如下:如果口头协议与后来的合同合并,合并后的协议就能说得通吗?在亨特案中,答案是肯定的。因为如果合并协议规定了期权,但前提是只有多利纳集团寻求外部报价才能行使期权,那么该协议将是完全合理的,且不会产生内部不一致。

"相矛盾"或"不一致"之截然相反的定义在其他案例中也有表述,诸

---

[18] 270 N.Y.S.2d 937 (App. Div. 1966).
[19] Id. at 940.

如阿拉斯加北部开发公司诉阿里耶斯卡管道服务公司案(Alaska Northern Development, Inc. v. Alyeska Pipeline Service Co)。[20] 在该案中,法院根据《统一商法典》第2-202(b)条将不一致定义为"在当事人的用语和各自义务方面缺乏合理协调"[21]。这是术语不一致或相矛盾的奇怪和不合理的意思。这也是一个几乎无意义的意思,因为由什么构成两个段落间的合理协调不可避免地会因法官不同而不同。具有讽刺意味的是,根据这种进路,意在促进确定性的规则产生了相反的效果。相比之下,将这些术语赋予其普通含义,就使其极容易制定一项检测来确定,口头协议是否与后来的协议不一致或相矛盾。

五、部分整合

口头证据规则的另一个组件是部分整合的概念。此概念在《合同法重述(第二次)》第210条中阐述如下:

(1)完全整合的协议是指当事人采用的作为协议条款之完整和唯一表述的协议。

(2)部分整合的协议是指除完全整合协议以外的整合协议。

即使口头证据规则是合理的,关于部分整合协议的规则也是不合理的。根据假设,部分整合是协议的一部分。没有任何理由能解释为什么协议的一小部分被认为是整合的,无论是部分整合还是其他的都是如此。此外,无论是威利斯顿的形式检测还是科宾的实质检测,要确定协议的一小部分是整合的,这太难了。如果当事人签署的文件包含担保条款,但没有其他内容,它是一个整合协议吗? 如果是,整合了什么呢? 是当事人协议中的担保条款? 还是当事人协议中的救济条款? 如果当事人签署了一份看起来既不是也不意欲成为完美合同的书面文件,那么该书面文件不应取代或解除口头协议或该协议的任何部分。

---

[20] 666 P.2d 33 (Alaska 1983).

[21] Id. at 40.

六、合并条款

543　　许多书面合同都包含一个条款,该条款声明书面合同是当事人之间的全部合同。这些条款被称为合并或整合条款,因为它们实际上是说当事人之间的所有协议都已被合并或整合到书面文件中了。典型地,这些条款是样板条款——即它们是标准化的条款,即使委托人没有特别协商此类条款,起草的律师通常也会将它插入律师撰写的每份合同中。这些条款通常与其他标准条款一起出现在合同末尾,诸如通知的送达地址条款。

法律对应赋予合并条款何种效力的规定是混乱的。这反映在《合同法重述(第二次)》第216条评论的混乱上:

> 书面协议经常包含这样的条款,该条款声明除了书面文件的陈述外,当事人之间没有任何陈述、允诺或协议。此类条款可能否定代理人口头更改书面条款的表见授权(apparent authority),如果达成一致,就可能解决协议是否完全整合的问题。一致的附加条款可能被排除在外,即使在没有此条款的情况下,它们的省略也是自然的。但是,此条款并不能支配书面文件是否被同意为整合协议的问题,即使完全整合也不能支配书面文件的范围,更不能支配书面条款的解释。(强调系后加)

在某些情况下,法院赋予合并条款很大的权重。在其他情况下,该条款即使有权重也非常小。例如,在根据《统一商法典》裁决的赛贝尔诉莱恩和鲍尔勒公司案(Seibel v. Layne & Bowler, Inc)[22]中,被告辩驳说,因为合同包含了合并条款,口头协议不能补充系争合同。法院予以驳回:

> (《统一商法典》第2-202条)要求……当事人意图使该协议成为他们的完整表述。因为合并条款……并不引人注目……无论被告

---

[22]　641 P.2d 668 (Or. Ct. App. 1982).

的意图如何,它都很少或根本没有提供当事人意图的证据。此外,根据《统一商法典》,法院将限制合同条款的适用,以避免任何显失公平的结果。(《统一商法典》第2-302条,官方评论1)指出,构成显失公平原则之基础的原则是防止不公平的惊讶……我们认为,特别是考虑到(《统一商法典》第 2-316 条)所表达的政策,允许不引人瞩目的合并条款排除明示的口头担保的证据是显失公平的。即对适合性(fitness)和适销性(merchantability)的默示保证的免责声明必须引人注目以防止惊讶。我们认为,否定明确担保效力的合并条款必须引人注目,以防止更大的惊讶。[23]

七、允诺欺诈

根据口头证据规则的特定例外,如果后来的合同有"无效原因"("invalidating cause"),诸如没有约因、胁迫、错误、非法或欺诈,那么口头协议则是允许的。[24] 在这些无效原因中有一个非常重要的因素是欺诈,尤其是允诺欺诈理论。虽然欺诈通常涉及事实陈述,但根据允诺欺诈理论,如果允诺人有不履行的意图而作出允诺,则该允诺是欺诈性的。因此,根据口头证据规则的欺诈例外,如果允诺人有不履行的意图而订立后一份合同,则原本属于该规则范围的口头协议是可执行的。例如,在萨博诉德尔曼案[25]中,萨博向德尔曼转让了萨博发明的机器的专利申请权,并就转让和收益份额与德尔曼签订了书面合同。此后,萨博提起诉讼主张撤销这一交易,理由是,通过欺诈允诺他将为机器制造进行融资并尽最大努力促进机器销售或租赁,德尔曼诱使萨博进行交易,而事实上他无意做这些事情。上诉法院认为,根据欺诈例外,这些允诺的证据是可引入的。

因此,如果情况支持合理的主张,即允诺人订立口头协议但有不履行

---

[23] Id. at 671.
[24] See *Restatement (Second) of Contracts* § 214(d) (Am. Law Inst. 1979).
[25] 143 N. E. 2d 906, 908-909 (N.Y. 1957).

的意图,则受允诺人可能会避免受口头证据规则所累。卢斯克公司诉伯吉斯案(Lusk Corp. v. Burgess)[26]是一个适当的例子。原告作为买方与作为卖方的被告签订了建造和购买房屋和地块的书面合同。在合同执行前,被告的代理人向原告表示,原告住所(交易地块)后面小巷的地块将用来建造一个德士古烧砖(Texaco burnt-adobe)服务站,该服务站有砾石覆盖的屋顶,计划已经制定,该服务站将是西部最新的事物,德士古全力以赴,将在服务站和原告拟议的房屋之间服务站地块的一部分上建造露台墙(patio wall),服务站屋顶低矮,其建筑风格(architecture)符合原告房屋所在的高地远景(Highland Vista)分区房屋的风格。

作出这些陈述后,被告毫无限制地将该地块转让给第三人,第三人建造了漆成白色的红砖服务站。该服务站既不符合被告的陈述,也不符合高地远景分区房屋的建筑风格。此外,除了服务站之外,还在紧邻被告卖给原告地块的服务站地块的一部分上建造了一座方形水泥砌块建筑,其中包括理发店和美容院。原告未被告知(not informed)在服务站地块上要建除服务站大楼外的任何建筑。初审法官认定被告或其代理人所作的陈述是虚假的,并且在作出陈述时明知是虚假的,但仍然认为口头证据规则不适用:

> 关于服务站的陈述是在1954年6月2日至1954年6月9日期间向原告做出的。在这些陈述之后,原告于1954年6月9日与被告订立了建造和购买房屋和地块的书面合同。证词表明,早在1954年5月初,被告就在谈判将服务站地块出售给第三人,谈判成功与否取决于购买方能否将该房产租赁给得克萨斯公司。与此事有关的其他证据是,根据这些谈判,被告此后在1954年6月15日,即与原告签订购买合同后仅六天,通过契约将服务站地块转让给他们一直与之进行销售谈判的人。
>
> ……我们认为,推论很清楚,被告在原告主张的做出虚假陈述之前,已经失去了对加油站地块的控制。此推论由该事实得到了强

---

[26] 332 P.2d 493 (Ariz. 1958).

化,即在将该地块转让给原告后的六天内,被告将服务站地块转让给第三人,而没有按照向原告所作的陈述在契据中规定限制条件。我们认为,一起考虑这两种情况,足以支持法院的判决,即被告在做出陈述时并没有履行这些陈述的意图。既然如此,表述(This being true said representations)构成可诉讼的欺诈。进一步的事实是,结合所有其他的证据来考虑,被告代理人作为一个既成事实表述说,德士古公司已经制定了服务站计划而且全力以赴,对我们来说似乎使这些陈述成为可诉讼的欺诈。[27]

当后一份合同包含合并条款时,允诺欺诈的例外尤其复杂。与一般的合并条款相同,在允诺欺诈语境中,合并条款的司法回应是喜忧参半。在萨博诉德尔曼案(Sabo v.Delman)[28]中,纽约上诉法院认为,一般合并条款并不禁止因允诺欺诈而撤销合同:

> ……正如口头证据规则不能排除欺诈陈述的证据一样,不得援引本合同中的合并条款来排除此类证据。事实上,如果不是这样,而是被告只是有远见而在协议中订入了合并条款,那么就使他有能力实施欺诈并享受豁免,这剥夺了受害人的所有救济。[29]

然而,纽约法院在达能房地产公司诉哈里斯案(Danann Realty Corp. v. Harris)中采取了不同立场[30],在该案中,合并条款更特定地与要讨论的口头证据相关。建筑物租赁的买方向卖方提起损害赔偿诉讼,主张卖方以口头方式误述了建筑物的运营费用和从买方投资中获得的利润。买卖合同规定:

> 买方已经检查了同意售出的房屋,并熟悉其物理条件。卖方未就影响或与前述房屋相关的物理条件、租金、租赁、费用、运营或任何其他事项或事物做出任何陈述,除非本协议另有明确规定,买方在此

---

[27] Id. at 494-495.
[28] 143 N. E. 2d 906 (N.Y. 1957).
[29] Id. at 909.
[30] 157 N. E. 2d 597, 598 (1959).

明确承认未做任何此类的陈述,并且买方进一步承认其已检查了该房屋并同意"照现状"(as is)接收房屋……理解并同意,当事人间迄今为止达成的所有理解和协议均合并到本合同中,本合同独自完整地表达了他们的协议,并且当事人是在充分调查后达成的协议,任何一方当事人均不依赖另一方当事人未体现在本合同中的任何声明或表述。买方已经检查了位于上述场所的建筑物,并完全了解其状况。

法院认为:

原告用最简单的语言宣布并规定,就其现在声称受到欺诈的事项而言,它不依赖任何陈述。此特定的免责声明(disclaimer)破坏了原告指控中的主张,即协议信赖了这些相反的口头陈述而得以执行……萨博案……处理通常的合并条款。本案……还包括了特定陈述的免责声明……[31]

八、法律效力条件例外

口头证据规则的另一个例外是,该规则不适用于规定某事态的发生或不发生是后来合同法律效力条件的协议。此例外在《合同法重述(第二次)》第217条示例5中得到说明:

A和B就将他们的公司资产(corporate holding)合并到一个新公司订立并签署了一份详实的书面协议。书面协议规定,除非在20天内接受对新公司股票的约定认购,否则本协议项下所有义务都会终止。当事人还口头同意,除非筹集60万美元的额外资本,否则该项目无法实施。如果没有筹集到额外资金,就不存在任何合同。

由于两个原因,法律效力条件例外与口头证据规则并不一致:

首先,该例外依赖形式而非实质。如果当事人将先前协议定性为后来合同的履行条件,那么根据口头证据规则,先前协议是不可引入的,因

---

[31] Id. at 599.

为后来合同诚然是有约束力的合同,而该条件只涉及履行。然而,如果当事人将他们的口头协议定性为书面协议产生法律效力的条件,根据法律效力条件例外,即使当事人明确达成了交易并因此订立了合同,口头协议也不受口头证据规则的约束。

其次,在实践中,调和例外和规则并不容易。该例外的理由是:(1)口头证据规则仅适用于书面文件是合同的情况,以及(2)如果存在该口头协议,即除非某些条件成就,否则书面文件就不能作为合同而产生法律效力,那么在此之前该书面文件就不是合同,因此口头证据规则不适用。此理由的问题在于,在适用例外的大多数情况下,非常清楚的是,书面文件是合同,口头协议是合同项下的履行义务的条件,而非合同产生法律效力的条件。例如,在上文《合同法重述(第二次)》第217条的示例5中,尽管口头协议如此措辞,但如果A在B有机会筹集到600 000美元额外资本之前退出交易,那么A就会违反合同了。

九、结论

所有版本的口头证据规则都是不正当的,因为它们赋予法官而非陪审团作出关键的事实认定的权力。没有任何适当理由将该权力从陪审团手中拿走。口头证据规则经常受到辩护,理由是陪审团可能偏向于弱者(the little guy)。然而,没有证据表明确实如此,而且如果确实如此,那么许多其他问题也不应该由陪审团决定。在非合同案件中法律适当地未走此路,而且在合同法中也不应走此路。因此,应放弃口头证据规则。不幸的是,即使这会发生,也不会很快发生,因为放弃该规则会被视为辩护律师的损失,并且考虑到损失厌恶现象,反对放弃该规则的力量远强于任何支持放弃该规则运动的力量。

即使出于政治原因,该规则被保留下来,它也应以尽可能好的方式来制定。除其他外,这意味着:(1)合同是否是一个整体应取决于有关当事人意图的所有可用证据。(2)口头协议是否是作为独立于后来的协议而自然订立的协议,应取决于与实际当事人有关的事实和情况,而非假设的一般当事人会做什么。(3)部分整合的概念应予摒弃,以便只有在后来合同是完全整合时,它才能取代口头协议。(4)除非将口头协议和后来合同纳入一个文件会产生自我矛盾,否则不应认为口头协议与后来协议不一致。(5)如果后来的协议受到公认的合同抗辩的约束,包括允诺欺诈的抗辩,则后来协议不应取代或解除先前协议。(6)合并条款不应禁止口头协议的证据,除非毫无疑问,赋予合并条款效力反映了双方当事人的实际意图。

第十六编

错误,披露,与意外情况

第三十九章　合同法中的错误导论

假设 A 和 B 签订的合同是基于或者反映了 A 所犯的错误或者 A 和 B 共同所犯的错误。后来，A 主张，由于此错误，如果合同没有履行，那么合同应当是不可执行的；如果已经履行了，那么合同应当是可撤销的。

此类主张提出的问题是合同法中的一个经久难题。这一难题部分源于基础问题的复杂性。直觉上，一方面，错误可以是合同交易中的一个救济理由；另一方面是诸如风险转移、交易安全以及对知识、技能和勤奋的回报等合同法的基本理念，它们之间似乎存在严重的紧张关系。然而，很大一部分与其说是源于这种紧张关系，还不如说是源自于法律类型及原理性规则(doctrinal rules)的使用，而法律类型及原理性规则并非基于功能分析。

传统上，合同法承认四类错误，即双方错误(mutual mistake)、单方错误(unilateral mistake)、误转(mistranscription)和误解(misunderstanding)，每一类错误都有一套自己的规则。这些类型的错误的名字通常没有根据其功能特征来描述合同错误，并且许多规范这些类型的错误的规则依赖于功能意义有限、易于操作或两者兼有的因素。对错误进行功能分析的第一步是根据合同错误的特征来描述它们。第二步是基于政策、道德和经验来发展规范每一类型的错误的规则。在随后的章节中，都会从这两步对这些基本类型的合同错误进行分析。本章先设定分析的一般参数。

一、效率

从效率视角看，是否应当基于特定类型的错误判予缔约方救济，主要

取决于三个重叠的问题:

基于特定类型的错误而给予救济是提供有效率还是无效率的激励？表面上看,为错误给予救济可能会无效率地抑制采取预防措施。然而,这种抑制往往会被谨慎行为的反制激励所淹没。此外,最大限度的预防并不总是甚至并不常是有效率的。例如,提供三重和四重检查之激励的法律制度,可能会导致无效率的不适当的高额预防措施。

合同明示或默示地分配了错误风险？交易是效率的工具:通过贸易增加财富,将商品分配给更高价值的用途,并通过允许行为人分配风险来促进私人规划,通过获得对投入和产出的控制权来协调和稳定规划,并可靠地进行投资以增加交易的价值。因此,如果合同将特定类型的错误风险分配给一方当事人,那么通常这种分配应被认为是有效率的。此外,如果合同将错误风险分配给了错误方,那么非错误方从错误中获得的任何好处通常都是他本应得的。

如果合同没有明确或默示地分配错误风险,我们能合理地确信若是当事人要解决这个问题,那么他们会如何地分配风险？如果我们能做到这一点,那么要至少以推定公平和有效率的方式分配该风险。

二、道德

从道德视角看,是否应当对任何特定类型的错误赋予救济,也主要取决于三个重叠问题:

(1) 产生错误之允诺人(mistaken promisor)主张特定类型的错误是不遵守允诺的理由,这在道德上是否恰当呢？有些类型的错误为不遵守诺言提供了道德上的理由,而有些则没有。同样,即使未产生错误之受允诺人(nonmistaken promisee)知道了该错误后还通过坚持完全履行而利用该错误,这在道德上又是否恰当呢？

(2) 为特定类型的错误给予救济的法律规则，是否会使非错误方遭受由发生错误之受允诺人过错所产生的无法救济的伤害吗？几乎不变的是，错误出于过错。在允诺人的错误导致受允诺人财富减少的场合，使发生错误之允诺人免于赔偿减少的损失，或者，换言之，免于信赖损害赔偿，是不恰当的。然而，某些类型的错误应当使发生错误之允诺人免于受允诺人的预期损害赔偿。

(3) 允许非错误方执行其允诺或保留基于特定类型之错误的利益的法律规则，是否不可取地赋予该方不劳而获的利益？法律通常保护自食其力的好处和利益（advantages and benefits），但它并不热衷于保护不劳而获的好处和利益。当然，正像在产生错误的行为人缔约去承担错误风险的场合一样，一个行为人通过另一个行为人的错误而赚取好处或者利益可能是应得的。但是，在一方当事人的好处或利益是由于另一方当事人的错误而不劳而获的场合下，保留该好处或利益可能是剥削性的。

三、经验

关于错误的最突出类型的经验命题涉及可实施性。例如，如果适用有关错误之规则所需要的信息容易获取而且成本不太高，那么该规则就是可取的；如果获得该信息困难而且成本高，那么该规则就是不可取的。关于错误的其他类型的经验命题会在全编予以考虑。

第四十章　评估错误

555　　　一个交易允诺（a bargain promise）要求并体现了允诺人的两种选择。首先，允诺人必须选择实现一个确定的目标。其次，他必须选择通过交易来实现该目标。像其他选择一样，交易允诺需要不同种类的评估。特别是，交易之允诺人（a bargain promisor）必须明示或默示地评估他自己的偏好（包括他的价值观和品味），以及根据合同应由他承担和应由他获得的履行的关系。评估包括履行对他的个人价值或主观价值，以及这些履行到期时的预期市场价值或客观价值。假设在进行交易之前，允诺人知道所有与他选择相关的重要信息，并且能够处理这些信息，但是该交易对他来说证明是比较糟糕的。在重要意义上，允诺人没有发生任何错误：因为他的偏好已经改变，或者因为发生了意外情况或者发生了落在概率分布之糟糕尾部（unlucky tail）的事件，交易结果可能会很糟糕。即使下注失败，谨慎下注也不需要描述为错误。然而，在日常语言中，如果一个人做了一个选择，包括作为交易的选择，交易后来被证明很糟糕，那么将该选择描述为错误也是很常见的。举几个例子：

(1) A每年有两周假期，他与X游轮公司订立了合同，在此期间进行一次加勒比海游轮旅行。A后来对滑雪产生了热情，并开始认为他选择与X订立合同是个错误。

(2) B是篮球队的总经理，他与Y签署了一份为期五年的合同。B后来开始认为他选择与Y签约是个错误，因为该篮球队的另一个的球员K，发展比预期的要快得多，这使Y成为可放弃的球员。

(3) C是玩具制造商，他与电影制片厂Z订立了合同，根据合同,C获得了根据Z即将上映的电影《长发公主》中的角色制造成玩具并销售的授权。每人都预期《长发公主》成为一部大片,而C还为该授权支付了一大笔不可退还的预付款。结果《长发公主》惨败,该授权就一文不值了,而C开始认为他订立授权合同的决定是个错误。

在本书中,当一个知情且有能力的行为人选择了订立合同,并且后来开始认为他的选择是个错误,该错误是由于他的偏好发生了变化,合同下的到期履行之主观或客观价值发生了变化,或者发生了意外情况或落在概率分布上糟糕尾部的事件,但它们并没有产生基于目的受挫的履行不可能(参见第45章),此错误被称为评估错误(evaluative mistake)。某些类型的错误应当为发生错误的允诺人提供救济。评估错误则不属于这一类型。

从效率考虑开始。许多交易的动机是当事人对合同项下到期履行之客观价值的不同评估。换言之,在许多情况下,一个缔约方做出评估错误的风险,正是与另一方当事人所交易的内容。实际上,此合同是公平的赌注,允许对评估错误提供救济会破坏此合同的目的以及它们所服务的效率目标。即使交易的动机是价值交换之外的其他因素,诸如,一方当事人希望通过获得对投入和产出的控制权来协调和稳定经济事业,或者希望可靠地进行增加交换价值的投资,允许为评估错误提供救济的规则,也会无效率地导致那些以实现安全为目标的合同彻底不安全。

道德考虑指向同一个方向。如果允诺人有能力、知情且没有在短暂认知缺陷下行为,那么他的允诺所反映的选择就是托马斯·斯坎伦所说的展示性选择(demonstrative choice)——这种选择反映了行为人的智力(intelligence)和技能,而非偶然地表征行为人认为他有能力作出这种选择。[1]因此,展示性选择对行为人的价值不仅限于促进行为人希望实现的结果,还包括如下事实对行为人的意义,即他能够作出且已经作出了此

---

[1] See T.M. Scanlon, Jr., *The Significance of Choice*, in 8 The Tanner Lectures on Human Values 149, 179-180 (Sterling M. McMurrin ed., 1988).

种选择。[2] 允诺人可能后悔他作出了允诺所包含的选择,但是他的自尊会争辩说,如果他后悔的唯一原因是他犯了评估错误,那么这就是他应当坚持的选择。

更根本的是,遵守允诺是一个基本的道德原则,允诺的全部要点是使行为人在未来采取特定行动,即使考虑到所有因素,行为人并不希望采取行动,他也应当采取该行动。评估错误为不遵守允诺提供基础的规则将否定允诺的要点和意义,因此否定允诺的道德原则。因为说一个人以他犯了评估错误为由就无义务遵守允诺,就等于说考虑到所有情况,人只要不想遵守允诺就可以不遵守允诺。

同时,在评估错误情况的下,以允诺人知识运用、技能和勤奋为基础而作出的评估达成了交易。如果因为受允诺人的评估优于允诺人评估的结果,一个有能力且知情的允诺人就退出合同,那么允诺人将剥夺受允诺人本应获得的利益。

因此,评估错误不应当且确实也没有为允诺人退出不再希望履行的合同提供救济的基础。非评估错误是否应当而且何时应当提供此种救济——或者更准确地说,不同类型的非评估错误应当并且确实提供此种救济的程度——将在接下来的几章中探讨。

---

[2] Id.

第四十一章　机械错误
（"单方错误"）

一、导言

　　日常生活中常见的一种错误包括身体错误（physical blunder），如撒落咖啡。此种错误，尽管是在外部表现出来的，但是通常是由行为人身体机制的机械错误（Mechanical error）造成的，例如注意力不集中、失去平衡或手眼协调差错。这些错误几乎总是瞬时的（transient）。如果行为人撒落了他拿的每一杯咖啡，那么我们不会将他撒落咖啡描述为错误，而会说他有某种疾病。

　　瞬时身体错误与行为人心理机制错误所造成的瞬时精神错误相对应。例如，由于行为人心理机制的一个瞬时错误，当想写"56"时，他可能会写成"65"，或者可能会错误地添加一列数字。这些类型的错误，即由行为人内部机制的瞬时心理错误造成的错误，通常被称为单方错误，即一方当事人的错误。然而此术语具有误导性，因为一方当事人的某些错误不是救济的理由，如评估错误，而其他的错误则可以成为救济的理由。在本书中，瞬时精神错误被称为机械错误（mechanical errors）。机械错误类似于有时在转录DNA时所犯的那种错误。转录几乎总是正确的。偶尔，它也会瞬时出错。

　　机械错误在几个关键方面不同于评估错误。首先，机械错误下的允诺不基于也不反映允诺人的偏好。相反，此种允诺基于并反映对他们偏好的瞬时且非刻意的偏离——如果允诺人的内部机制暂时没有出错，偏离就不会发生。其次，与评估错误不同，相对方会犯机械错误的可能通常不是可以交易的风险。最后，与评估错误的救济不同，机械错误的救济不会破坏允诺的理念。以机械错误为由寻求救济的允诺人不会坚称，经通盘考虑，他并不希望履行。相反，他坚称他有一个道德上可接受的完全在允诺系统内的免责事由。

为基于机械错误的合同提供救济是有效率的。不可避免的是，即使行为人采取了最优预防措施，他们也会犯一定数量的机械错误，就像即使身体的细胞机制有预防和治愈此种错误转录（mistranscription）的机制，一定数量的 DNA 转录也会不可避免地出错。一般来说，即使在不受预期损害赔偿约束的制度下，行为人也会基于自身利益而采取最佳预防措施来防止机械错误。如 S.T.S 运输服务公司诉沃尔沃白色卡车公司案（S.T.S. Transport Service, Inc. v. Volvo White Truck Corp.）所声明的那样[1]：

> 对计算错误或"笔误"进行特殊对待的原因是，这些错误很难预防，而且执行错误条款不服务于任何有用的社会目的。当然也不并存在犯这种错误的激励，事实上，所有现有的激励都是反方向的。缔约人有充分理由采取通常的谨慎态度，而且，如果此种错误——笔误或计算错误——出现，与按照合同履行相比，法院通常会发现允许变更或者撤销合同更有用。[2]

相比而言，对机械错误不提供任何救济的制度，会逼迫行为人采取低效率的高水平预防措施——三重和四重检查（quadruple-checking）。

在如下意义上，为机械错误提供救济的制度也是有效率的，即它反映了大多数行为人在幕后选择法律制度时会表达出的偏好。此处损失厌恶的现象与其相关。行为经济学表明，行为人是厌恶损失的，即失去一个人

---

[1] 766 F.2d 1089 (7th Cir. 1985).
[2] Id. at 1093.

所拥有东西的负效用大于获得一个人未拥有的同等数量东西的效用。[3] 换言之,行为人视失去现有的禀赋比失去机会来增加同等数量的禀赋构成更大伤害。因此,感知到的损失(如已付成本)比放弃的收益(如潜在利润)更让人感到痛苦。[4] 正如丹尼尔·卡尼曼(Daniel Kahneman)所解释的,"收益与损失之间存在不对称,这真的很有戏剧性,也很容易看出……人们真的会区分所得和所失,他们不喜欢所失"[5]。鉴于损失厌恶的现象,如果缔约方讨论一方当事人是否可以利用另一方的机械错误的问题,那么除非在正当信赖的程度内,否则他们很可能同意他不能这样做。

对机械错误提供救济也合乎道德。基于精神机制的瞬时错误而作出允诺的行为人,请求救济在道德上是适当的,只要他愿意以这样一种方式

---

[3] See, e.g., Richard H. Thaler, *The Winner's Curse: Paradoxes and Anomalies of Economic Life* 63-78 (1992); Daniel Kahneman, Jack L. Knetsch & Richard H. Thaler, Experimental Tests of the Endowment Effect and the Coase Theorem, 98 *J. Pol. Econ.* 1325, 1345-1346 (1990); Amos Tversky & Daniel Kahneman, *Rational Choice and the Framing of Decisions*, in The Limits of Rationality 60, 70-72 (Karen Schweers Cook & Margaret Levi eds., 1990).

[4] 杰弗里·斯塔克(Jeffrey Evans Stake)很好地总结了损失厌恶、禀赋效应(厌恶损失的部分依据)以及损失厌恶的一些证据:禀赋效应是一种行为模式,在此种模式下,人们对放弃一件物品的要求比获得它的要求更高。一个人愿意支付的金额和他愿意接受的金额之间的差额……已参照损失厌恶理论进行了解释。根据损失厌恶理论,损失比客观上相称的收益具有更大的主观影响。用图形的用词表达就是,效用曲线是不对称的,因为放弃一个物体的负效用大于获得它的效用……在一个实验中,受试者要么得到一张彩票,要么得到 2 美元现金。当他们有机会用他们最初的禀赋来交换另一禀赋时,令人吃惊的是,很少有受试者选择转换。几乎每个人都更喜欢他们最初得到的东西。在卡尼曼教授、克内奇教授和泰勒教授报告的禀赋效应测试中,受试者被随机分配到三组中的一组:卖方、买方或选择者。卖方得到了一个咖啡杯,并有机会以不同的价格出售。买方有机会以不同的价格购买杯子。选择者有机会得到一个杯子或现金。换言之,给予选择者选择权,他可以得到一个杯子(不用支付任何费用),并有机会以不同的价格出售杯子。选择者和卖方唯一的差异是,选择者在被赋予决定他们的卖价的任务之前,他实际上还不拥有杯子。选择者和买方之间的主要差异在于,买方已经拥有现金且该现金只能用来购买杯子,而现金仅仅是选择者的一种可能。交易或选择的价格在一个范围内变化,结果——每组中有多少人会交易——被记录下来。这样,就为每组确定了一个中间值(或预订价格):卖方,7.12 美元;选择者,3.12 美元;买方,2.87 美元。在重复实验中,价格标签留在杯子上,结果是:卖方,7 美元;选择者,3.5 美元;买方,2 美元。这些结果证实了其他损失厌恶实验的结论。人们偏向于现状。损失在主观上比同等的财务收益有更大的影响,而且这种差异仅仅从边际效用下降中预测的要大。Jeffrey Evans Stake, The Uneasy Case for Adverse Possession, 89 *Geo. L. J.* 2419, 2459-2462 (2001)。

[5] Erica Goode, A Conversation with Daniel Kahneman: On Profit, Loss and the Mysteries of Mind, *N.Y. Times*, Nov. 5, 2002, at F1.

赔偿受允诺人,即他不会比他没有做出允诺时的情况更糟糕。相应地,如果允诺人准备赔偿受允诺人因该错误而遭受的任何损失,即使受允诺人知道该允诺是基于机械错误而作出的,他坚持要求完全履行或预期损害赔偿在道德上也是剥削。此外,受允诺人从允诺人机械错误中获得的好处是不劳而获——不是通过受允诺人的技能和勤奋所获得的,而仅仅是巧合的结果。

因此,应规范机械错误的法律原则是这样的:除非受允诺人因对允诺的合理信赖而遭受损失,否则机械错误应当为允诺人提供救济基础。

如果很难确定是否发生了机械错误,那么此原则可能并不可取。然而,通常很容易确定这个事件。例如,许多机械错误的情况涉及错误付款。在大多数情况下,很容易确定付款发生了错误——因为,例如付款给了错误的人,或者付款人对收款人不欠任何东西,或者毋庸置疑的是所欠金额比付款的金额要少。许多其他机械错误的情况涉及承包商或分包商在施工投标中的计算错误。通常在这些情况下,承包商的工作文件、周围环境或两者都清楚地表明出现了计算错误。[6] 在其他类型的机械错误情况下也是如此。[7] 在任何情况下,基于机械错误寻求救济的一方当事人应承担错误已发生的证明责任,而且即使对该问题有重大怀疑,我们也应相信否认发生错误的一方当事人。

本章余文将考虑几个反复发生的机械错误情况,如错误付款、错误计算、标价错误,以及机械错误的古典和现代立场。

二、错误付款

一种反复发生的机械错误包括错误付款。此类付款可能发生在合同或非合同语境下,且可能由机械错误以外的因素造成,如法律错误。本章

---

[6] See, e.g., Elsinore Union Elementary Sch. Dist. v. Kastorff, 353 P.2d 713, 718 (Cal. 1960); Balaban-Gordon Co. v. Brighton Sewer Dist. No. 2, 342 N.Y.S.2d 435, 437 (1973).

[7] See, e.g., the Nolan Ryan Baseball Card case and Donovan v. RRL Corp., 27 P.3d 702 (Cal. 2001) (both discussed infra Part Ⅲ.E).

将只考虑合同环境中由机械错误导致的现金付款（这里广泛使用的术语"合同环境"包括保险和银行交易等）[8]。为易于说明，此类付款将被称为错误付款。

错误付款提出的问题通常由返还法而非合同法来处理，因为收回错误付款的诉讼不是执行合同的诉讼。本章分析的错误付款，不仅是因为合同环境，更是因为对这一相对简单情况的审查有助于检视更难的机械错误的情况。

1. 典型情况

在典型的错误付款情况中，毋庸置疑的是付款人不欠收款人的钱，而且付款人知道付款是错误的。例如，债务人欠债权人 C1 1 000 美元，他因错误地认为 C2 就是 C1 并将该金额寄给陌生人 C2。或者买方错误地认为他欠卖方 5 000 美元而寄给卖方 5 000 美元，而事实上无可争议的是他只欠 500 美元。或者由于工作疏忽（clerical oversight），保险人将人寿保险的收益付款给死者的现配偶，此时保险人和现配偶才知道前配偶有权获得人身保险单收益。

毫无疑问，作为法律问题，在典型情况下，收款人有义务返还错误支付的付款。[9] 但是，当付款人付款有过错且收款人并非通过违反合同、侵权行为或任何其他不当行为而得到该笔款项时，为什么还应当这样处理呢？

错误付款产生的问题有时会从自治、自愿和自由选择的角度进行分析。[10] 此种分析并非很有成效。哈诺克·达根（Hanoch Dagan）曾说过，"潜在错误方的自治利益是行为能力，他毋庸担心错误会不可逆转地挫败

---

[8] 本章的分析仅限于在合同环境下的现金支付，因为其他种类之错误给予的利益，如税务的错误支付和他人土地的错误改良，往往会引起估值和流动性问题，这些问题对合同法来说没有对返还法那么突出。See Hanoch Dagan, Mistakes, 79 *Tex. L. Rev.* 1795, 1826-1827 (2001).

[9] See, e.g., Metro. Life Ins. Co. v. Solomon, 996 F. Supp. 1473, 1475 (M.D. Fla. 1998).

[10] See, e.g., Dagan, supra note 8, at 1797-1802.

他的意图并威胁到他的自我完整"[11]。但是,使行为人对自己未受强制的错误承担责任肯定不会侵犯自治利益。尊重自治可能要求,行为人不应对非自愿行动承担责任,但错误付款行为人的行为是自愿的。相比之下,如果从事拆除业务的 A 错误地认为大楼属于 C,而拆除了 B 的大楼,那么使 A 对破坏 B 的大楼承担责任不能合理地认为,这干涉了 A 的自治或自由选择,或者使 A 对非自愿行为承担责任。

因此,从效率和道德的角度来检视错误付款提出的问题会更有成效。将付款人有权收回错误付款的法律制度(减去收款人自愿返还付款的交易成本和收款人合理信赖的金额,当然如果发生这些费用的话)称为返还制度(restoration regime)。在此种制度下,错误付款人完全内化了错误付款的成本——包括他自己的成本和收款人的成本。[12] 人们可能认为,返还制度没有效率,因为它不能给予付款人采取最优预防措施防止错误付款的激励。[13] 然而,事实上,返还制度比非返还制度更有效率。即使在返还制度下,错误付款人也要承担许多风险和成本。他承担可能不会发现自己付款错误的风险。他承担收款人判决执行不能(judgment-proof)的风险。即使发现了错误,且收款人并非判决执行不能,他也要必须承担一些成本,可能包括为收回付款而付出的诉讼成本。鉴于这些风险和成本,返还制度极不可能导致付款人采取并非最优之防止付款错误的预防措施。

相比之下,在非返还制度下,付款人会失去错误付款的金额。此一制度会导致付款人采取过度的预防措施,如三重或四重检查,并由于执行这种检查所需的时间而延迟付款。这些过度的预防不仅会构成社会成本,还往往会伤害此类收款人,因为如大型金融或商业企业等收款人的业务需要大量支付,它们会以更高价格和迟延的形式将这种过度预防增加

---

[11] Id. at 1806.

[12] 似乎很少或根本没有法律会允许收款人扣除自愿退还误付款的交易成本,大概是因为这些费用几乎总是微不足道。

[13] See J. Beatson, *Mistaken Payments in the Law of Restitution*, in The Use and Abuse of Unjust Enrichment: Essays on the Law of Restitution 137, 160-162 (1991).

的成本转嫁给消费者。保留错误付款的权力给收款人带来意外之财。多数消费者更可能偏好产生更低现价和更快付款但没有意外之财的法律制度,而非那些能产生更高现价和更慢付款的制度,更不需要加上遥远未来极不可能产生之不确定数额意外之财的制度。

人们可能认为,返还制度未能赋予收款人采取高效率防止收到错误付款之预防措施的激励。但是,为什么法律应当鼓励行为人采取防止错误付款的预防措施呢?我们想要行为人采取防止受损的预防措施,但是我们真关心行为人是否采取防止错误受益的预防措施吗?无论如何,即使在返还制度下,行为人会采取预防措施来确认他们收到的付款是否正确。收款人就有动力来检查对他们不利的错误。检查对自己不利的错误的过程通常与检查对自己有利的错误的过程相同。例如,为确定行为人银行帐户的贷项是否少于其应得的金额,行为人必须将存入的金额与他预期存入的金额进行比较。在此过程中,行为人还会发现贷项是否多于其应有的数额。一般来说,在寻找不利错误的过程中,行为人也会发现有利的错误。

返还制度也有效率,因为它反映了行为人的偏好。此制度可类比为互助保险项目(mutual-insurance scheme):在返还制度下,通过承担归还进入自己兜里的任何错误付款的法律义务,所有行为人都相互为避免错误付款造成的意外损失投保了。考虑到损失厌恶和在不返还制度下采取超高预防措施的成本,如果行为人在幕后解决了该问题,即当行为人向另一行为人错误付款时规则应当是什么,极有可能的是他们会同意应当返还付款。换言之,大多数行为人更可能偏好返还制度,在此种制度下,付款人可以重新获得任意的错误付款;而不偏好非返还制度,在此种制度下,错误付款的一方当事人则完全失去了该款项。因此,至少在合同语境下,返还制度比非返还制度更有效率,因为这是当事人解决该问题时会选择的制度。

返还制度也得到道德考虑的支持。在错误付款的情况下,收款人占有了属于付款人的钱,并非通过技能或勤奋而是意外或者偶然获得的。行为人仅仅通过偶然机会在不劳而获的情况下保留另一个人的财产,这在道德上是不恰当的。

有人可能说,即使错误付款是不劳而获,行为人也应当有权得到他因幸运获得的利益。确实,在某些情况下,行为人保留不劳而获的利益(unearned and ungifted benefit)是可接受的。如果金鸡飞过你的后院,掉下一个金蛋,这个蛋就是你的了。在此种情况下,受益的行为人被认为是幸运的。然而,在通常情况下,行为人在道德上无权以牺牲他人利益为代价来保留不劳而获的利益。在此种情况下,行为人并不被认为是幸运的。什么构成运气在很大程度上是社会道德和政策问题,这可能会随着时间和法律的推移而改变,而法律通常会遵循社会道德和政策。

例如,在20世纪60年代之前,刻意获取公司股票价值内部信息的行为人是幸运的,因为他可以通过基于这些信息的交易来赚钱。今天这些行为人就并不那么幸运了。如果基于这些信息而进行交易,他就会被认为像小偷一样,应受道德和法律制裁的约束。[14] 同样,如果A失去的财产被B发现了,并且B知道或通过合理努力能确定该财产属于A,那么B必须采取措施将该财产归还给A。因此,除非他能从A那里得到赏金,否则,B并不幸运(一个不知道或无理由知道丢失者身份的发现者可能会更幸运,因为如果所有人不出现,他就能够主张所有权)。当然,发现者可能会不当地保留他人丢失的财产,在此种情况下,他可能会认为自己很幸运,就像小偷可能会认为在他破门而入的房子里找到很多钱是很幸运的那样。然而,从社会道德角度来看,发现者和小偷都并不被认为是幸运的,而被认为是不道德的。事实上,在没有进行合理努力将财产归还所有人的情况下,发现者占有财产不仅在道德上而且在刑法上都构成盗窃。[15]

从道德角度来看,保留你知道属于可确定之人所丢失的财产和保留

---

［14］ See, e.g., United States v. O'Hagan, 521 U.S. 642, 675-676 (1997); SEC Rule 10b-5, 17 C.F.R. § 240.10b-5 (2017).

［15］ See, e.g., *Model Penal Code* § 223.5 (Am. Law Inst. 1962) [hereinafter Model Penal Code]; N.Y. Penal Law § 155.05 (McKinney 2010); 18 Pa. Cons. Stat. Ann. § 3924 (West 2015); Ray Andrews Brown, *The Law of Personal Property* § 3.5 (Walter B. Raushenbush ed., 3d ed. 1975).

一笔你知道是错误支付给你的钱之间没有显著区别。获得此种付款的行为人不比知道或能够轻易确定所有者身份的失物发现者，在道德上更有权利保留该财产。尽管确实是，在典型错误付款情况中付款人通常是有过错的，但是只要收款人有权从还款中扣除他之信赖及还款的任何交易成本，他的过错就不会对收款人造成任何伤害。[16]

2. 收款人并不实际知情

将典型情况改变一下，假定收款人在收款时不知道是错误付款，但是他后来在对付款采取行动之前知道了该错误。典型情况中返还制度的效率理由也普遍适用于此种情形。道德理由也是如此。如果收款人在他信赖之前知道了该错误，那么他负有退还付款的道德义务，就像在他收到付款时知道付款是错误的一样——就像丢失财产的发现者开始就认为财产是被抛弃的，如果他知道财产不是被抛弃而是丢失的，那么在道德上他有义务做出合理努力将财产返还给所有人。

3. 信赖

接下来，将典型情况再改变一下，假定收款人信赖了错误付款。只有在信赖合理时，它才在道德和法律上有意义。在典型情况中，即收款人在收到该付款时知道付款是错误的，他就不可能将信赖该付款正当化。

接下来假设收款人信赖了错误付款，而他实际上并不知道但却有理由知道付款是错误的。在此种情况下，信赖也是不正当的，因为假设收款人并不知道错误付款近乎是不合理的。

现在设想既不知道且也没有理由知道错误付款时，收款人信赖了错误付款而进行不利的地位改变（change of position）。在此种情况下，收款人应有权从还款金额中扣除他信赖之金额，因为收款人的信赖是正当的且由付款人的过错造成的，而且如果不允许收款人保留其信赖金额，那么

---

[16] See *Model Penal Code* § 223.5; N.Y. Penal Law § 155.05 (McKinney 2010); 18 Pa. Cons. Stat. Ann. § 3924 (West 2015).

他就会受到损害。[17]《返还和不当得利法重述(第三次)》第65条的示例9说明了此种情况:

> 当保单面值只有500美元时,保险公司向寡妇支付5 000美元的死亡抚恤金。一旦发现错误,保险人初步请求返还4 500美元……寡妇在注意到保险公司的错误之前采取行动,花了3 500美元的保险金为丈夫举行了一场昂贵的葬礼。如果不是保险公司的错误,寡妇在丈夫葬礼上的花费不会超过500美元……寡妇有权为她额外支出的3 000美元进行抗辩。保险人只有权从寡妇那里要求返还1 500美元的金额。[18]

实际上,对错误付款的正当信赖不会经常发生。通常,收到错误付款的收款人都知道或有理由知道该错误。即使在情况并非如此的场合下,收款人也不太可能经常正当地信赖错误付款。只有当收款人进行了如无错误付款他就不会从事的行为时,信赖错误付款的事情才会发生。如果付款相对于收款人的财富并不很大,收到付款不太可能导致收款人采取他原本不会采取的行动。那么,信赖相对较小错误付款的可能性不大。因此,如在重述的示例中,C的净资产为1 200万美元,他就不太可能证明他信赖了错误支付的5 000美元。与此相反,即在错误付款与收款人财富相比数额非常大时,收款人几乎总是知道或者有理由知道该付款是错误的。

当然,如重述中的示例,或者在机构(如清算银行)科层化地将错误付款转移给第三方,且不能从第三方轻松或完全收回付款的场合下,对错误付款的正当信赖也能发生。在确实发生正当信赖的场合下,收款人应有权保留将他置于如无信赖时所处的状况所需的金额,以及自愿向付款人

---

[17] 杰克·比特森(Jack Beatson)和哈诺克·达根(Hanoch Dagan)认为,通常不应当允许收到并正当信赖错误付款的行为人保留其正当信赖的金额。Beatson, supra note 13; Dagan, supra note 8. 梅尔文·艾森伯格在一篇文章中批判了比特森和达根观点。Melvin Aron Eisenberg, Mistake in Contract Law, 91 *Cal. L. Rev.* 1573, 1589-1593, 1593 n.26 (2003).

[18] *Restatement (Third) of Restitution and Unjust Enrichment* § 65 cmt. c, illus. 9 (Am. Law Inst. 2011).

返还余额的交易成本。[19]

4. 可实施性

最后,在错误付款情况下,可实施性通常不是问题。付款错误通常是很清楚的,因为,例如,付款给了错误的人,或者付款无疑超过了付款人欠收款人的任何债务。的确,在某些情况下,付款人可能会主张付款是错误的,而实际上其是有争议金额的和解,因此唯一可能的错误是评估错误。然而,此种虚假主张通常应该很容易被看破。

三、计算错误

另一种重复发生的机械误差包括计算错误,如加错了。此种错误在建筑工程投标中最常见。虽然在履行过程中也可能出现计算错误,但为便于说明,此处仅考虑合同成立前出现的计算错误。

1. 非错误方知道此错误

在计算错误的典型情况中,非错误方在合同成立时就知道该错误。与主要由返还法规范的错误付款不同,计算错误完全属于合同法上的问题,因为在通常情况下,计算错误的行为人寻求免于合同责任,而非获赔给予他人的利益。然而,计算错误与错误付款提出的问题类似——实际上,计算错误是错误付款的一个来源——而且分析也实质相同。就像错误付款一样,即使在计算错误提供救济基础的制度中,行为人也有强烈激励在计算时慎重。错误可能永远不会被发现,且即使错误一旦得以发现,那么获得救济的成本可能会很高,等等。就像错误付款的情况一样,不允许计算错误提供救济基础则可能会导致无效率地采取高水平的预防措施——三重和四重检查。部分是因为此原因,部分是因为损失厌

---

[19] 如何计算收款人的信赖有时可能是一个非常困难的问题。对于这个问题的精湛分析,参见 Beatson, supra note 13, at 139-141。

恶,在幕后制定规则的行为人很可能更偏好该制度,即缔约方不能利用相对方已知的计算错误。

道德考虑得出的结论也是一样的。与基于评估错误的交易允诺不同,基于计算错误的交易允诺并不体现允诺人的最终选择,出于自尊的考虑,他预期会支持该选择。很少有行为人将计算视为展示他们智慧和技能并且象征着他们作出相关选择之能力的过程。每个人都会不时地犯计算错误,并能想到这一点。因此,当计算错误在日常生活中引起行为人注意时,回应通常仅限于"哦,你是对的"之类的,而非后悔或明显尴尬。

同样,计算错误提供救济基础,既不会耗尽允诺的道德内容,也不会削弱合同制度——正如事实所证明的,此种错误长期以来都被认可为救济基础,即使该职业共同体有异议,异议也很小,而且事实上也得到了该职业共同体中司法和学术界的普遍认可。

此外,在典型情况中,错误方并不寻求退出合同,因为他在评估方面的知识、技能和勤奋低于非错误方。因此,典型情况下计算错误提供救济基础的制度,不会剥夺受允诺人基于其评估知识、技能和勤奋所获得的优势。波斯纳法官对类似案件的分析此处也可适用,在该案中,一方当事人试图投机性地利用相对方对合同内容的错误:

> 要说的一点是,你可以利用你对市场的优势知识——因为如果你不能(利用该优势知识),那么你就不能收回你获得这种知识所做的投资……要说的另一点是,你可以刻意利用你的合同伙伴对合同项下之权利的疏忽。这种利用不是利用优势知识,也非避免未经谈判的费用;这是一笔尖刻的交易(sharp dealing)。像盗窃一样,它没有社会产品,也像盗窃一样,它会诱使昂贵的防御支出,表现为过于繁缛的免责声明或对未来合同伙伴可信度的调查,就像盗窃的可能会导致锁的支出一样。[20]

的确,在计算错误情况下,就像在错误付款的情况中一样,错误方通

---

[20] Mkt. St. Assocs. v. Frey, 941 F.2d 588, 594 (7th Cir. 1991).

常是有过错的。因此，举例来说，如果工程师错误计算了大梁的强度，结果导致建筑物倒塌，他几乎肯定会被认为是有过失的，因此要对造成的人身损害和财产损失承担责任。然而，在典型合同情况中，A 的过错并没有伤害 B，因为 B 在试图基于错误订立合同时知道了该错误。当然，B 可能通过主张订立合同进而形成了从 A 之错误中获利的意图。然而，作为道德问题，如果那就是 B 的意图，那么他会被视为不适当地利用了 A。因此就像发现了丢失财产且知道谁是所有人，但认为有权从主人的粗心大意中获得利益之人的预期一样，他的预期也是不正当的。

2. 非错误方有理由知道该错误

假设非错误方不知道计算错误，但却有理由知道它。例如，假设 A 是投标 B 之建筑工程的六个承包商之一。A 的投标价为 50 万美元，其余五个承包商的投标价在 120 万美元至 140 万美元之间。处于 B 位置的一般人有理由知道 A 在制作他的标书时犯了某种计算错误，但 B 实际上并不知道 A 犯了错误。

此处的效率考虑与典型情况大致相同。当非错误方有理由知道计算错误，而法律还允许利用这一错误时，行为人就可能要采取太多的预防措施。在此种情况下，行为人有相同的经济激励来避免典型情况中的计算错误。在此类案件中，幕后决定的行为人很可能更偏好一种救济制度，该制度作为避免计算错误影响的互助保险。

道德分析则不太清楚。在典型情况中，B 故意试图利用 A 的错误。而在这个变形中，他没有故意这样做。然而，尽管 A 犯了错误有过失，但 B 错在没有意识到他犯了一个一般人都会犯的错误。此外，只有非错误方才确定地知道他是否实际知道计算错误的存在。因此，证明非错误方实际知道对于错误方来说可能是太难以承受的负担了。在非错误方有理由知道计算错误的场合，他很可能已经知道了计算错误。因此，应当将有理由知道的情况与实际知道的情况同样对待，以保护规范实际知道情况之规则的完整性。

3. 非错误方既不知道也没有理由知道该错误

假设非错误方既不知道也没有理由知道计算错误。此种情况提出了两个问题:第一,A 是否应当对 B 的信赖损害赔偿承担责任？第二,A 应当对 B 的预期损害赔偿承担责任吗？

在典型情况中,B 知道 A 犯了计算错误,B 的信赖是不正当的。在 B 有理由知道 A 犯了计算错误的语境下,信赖也应视为不正当。然而,如果 B 在他既不知道也没有理由知道 A 犯了计算错误的情况下信赖了,那么 B 的信赖则是正当的：A 的过错已对 B 造成了伤害,A 应当补偿 B 的损害,即 B 的信赖损害。

在此种情况下,A 是否应承担预期损害赔偿责任,是一个更难的问题。古典合同法采取该立场,即除非非错误方知道或者有理由知道机械错误,否则机械错误(或者,在传统术语中,是单方错误)不是对预期损害赔偿的抗辩。因此,《合同法重述(第一次)》第 503 条的示例 1 认为:

> A 回应了 B 的广告,根据规定的要求投标了大楼。A 给 B 发出了 5 万美元投标。B 接受了该投标。A 在提交投标前的计算中,没有考虑到一项造价为 5 000 美元的工程项目。如果 B 知道,或由于投标金额或其他原因有理由知道,A 之行为有错误,则 A 可撤销合同;否则就不可。[21]

相比之下,现代合同法采取该立场,即计算错误(更一般地说,机械错误)是预期损害赔偿的抗辩,至少在预期损害赔偿是"显失公平"的场合下是如此的[22]——在此语境下,该术语实际上意味着基于错误的预期损害赔偿对错误方会产生严重影响。[23] 因此,《合同法重述(第二次)》第 153 条的示例 1 指出:

---

〔21〕 *Restatement (First) of Contracts* § 503, illus. 1 (Am. Law Inst. 1932).

〔22〕 See, e.g., *Restatement Second of Contracts* § 153 (Am. Law Inst. 1981) [hereinafter Restatement Second].

〔23〕 *See* infra Section Ⅲ.

作为对 B 按照规定要求进行大楼招标邀请的回应，A 提出以 15 万美元的价格进行施工投标。A 认为这是一列数字的总和，但他犯了一个错误，无意中遗漏了个 5 万美元的事项，事实上总额是 20 万美元。B 无理由知道 A 的错误，接受了 A 的报价。如果 A 按照 15 万美元来履行，他将承受 2 万美元的损失，而非 3 万美元的预期利润。如果法院认定合同的执行显失公平，则 A 可撤销合同。[24]

现代规则是，即使非错误方既不知道也不应当知道机械错误，非错误方也不能基于机械错误获得交易之预期损害赔偿，此规则优于古典合同法规则。从幕后解决此问题的行为人非常可能更偏好现代规则，因为它提供了一种防止意外损失的互助保险单，同时保护非错误方免受因信赖造成的损失。此外，允许计算错误的救济不会破坏合同的完整性。在计算错误情况下，错误方并非因为他犯了评估错误而试图退出合同，也非试图重新分配交易的风险，如价格变动。事实上，如果在合同订立和错误方发现并传达他犯了计算错误的时间之间，价格发生了对非错误方的变动，那么错误方就应当对变动金额承担责任，因为变动金额是非错误方由于错误方过错而产生的机会成本。

的确，在 B 既不知道也不应当知道该错误的场合，A 有过错，而 B 由于 A 的过错形成了正当预期。然而，这并不具有决定性。例如，在行为人因疏忽而错误付款的场合，而收款人既不知道也没有理由知道错误付款，那么由于付款人的过错，收款人将形成正当预期，即该付款是他要保留的。然而，此预期不受法律保护。[25] 同样，在所有人因疏忽丢失了财产，而发现该财产的人通常认为财产被抛弃了，那么发现者形成了此财产归属他之正当预期，但此种预期同样不受保护。与此情况一样，在计算错误的情况下非错误方形成了正当预期的事实并不意味着，在明白对方犯

---

[24] *Restatement Second* § 153, illus. 2.
[25] See, e.g., Glover v. Metro. Life Ins. Co., 664 F.2d 1101, 1105 (8th Cir. 1981)：在所有情况下，在我们看来，(一个不知情的错误收款人)保留这笔钱是不公正的。这一结果让他失望了，因为曾经他完全有理由相信这是合法的，但不这样裁决就会存在对(错误付款人)无可容忍的不公平。Id.

了此错误后,他坚持完全执行合同也是公平的。相反,正如收款人在道德上有义务在得知该错误后返还错误付款,而发现者在道德上有义务在知道财产丢失而非抛弃后做出合理努力返还财产,基于计算错误的合同当事人在道德上也有义务在得知计算错误后不坚持完全执行。

规范错误付款和计算错误的规则是原则的实例,该原则应当而且在很大程度上确实规范了机械错误:犯了机械错误的一方当事人不应当承担责任,但在非错误方因合理信赖合同而受到损害的范围内的除外。本章的余文探讨了一些其他重复发生的情况,并发展了目前的法律框架。

4. 太好到不真实的报价

另一种反复发生的机械错误包括太好到不真实的报价(too good to be true)。[26] 由于上述原因,规则应当且确实是受要约人不能抢得(snap up)此报价。[27] 斯贝克尔诉珀金斯(Speckel v. Perkins)案[28]就是一个很好的例子。斯贝克尔在珀金斯驾驶的汽车与一辆卡车的相撞中受伤,其中斯贝克尔是卡车的乘客。珀金斯律师惠特写信给斯贝克尔的律师埃克曼如下:

> 审查关于此次索赔的文件以及即将到来的审判,我注意到我们文件中有一项来自你的要求,即在5万美元的保单限额内和解。虽然我同意此种情况有一定价值,但我不能同意这是一个极端案件(即需要以5万美元来和解)。
>
> 此刻我获得授权向您报价5万美元来就您对我的客户的索赔进行和解……如果您能尽早来信,我将不胜感激,并乐意将您提出的任何报价带回到我客户的保险公司,供他们考虑。[29]

---

[26] See Samuel Williston & George J. Thompson, *A Treatise on the Law of Contracts* §94 (2d ed. 1936); see also United States v. Braunstein, 75 F. Supp. 137, 139 (S.D.N.Y. 1947) (quoting Williston, supra).

[27] 1 Williston, supra note 26, §94.

[28] 364 N. W. 2d 890 (Minn. Ct. App. 1985).

[29] Id. at 891.

埃克曼答复说,"你以5万美元作为和解本案的报价……特此接受"[30]。

珀金斯和保险公司声称埃克曼的接受并没有成立任何合同,因为埃克曼从惠特信件的第一段就知道保险公司不会支付5万美元。惠特解释说,"5万美元"出现在第二段的原因是他当时正参与另一案件的审判,并把这封信口述给他的助理,助理将惠特口述的"1.5万美元"听错为"5万美元"。因为助理代表他在信上签了名,惠特没有注意到这个错误。法院恰当地认为,合同根本没成立,因为埃克曼应当已经知道5万美元和解并非惠特的意图:

> 报价的几个方面都……否定它的有效性。当存在合理引起错误推定的要素时,询问的义务(a duty to inquire)可施加给承诺人。承诺人不允许捕捉太好到不真实的报价;承诺人不能执行基于此种报价的协议……
>
> 在本案中,惠特的信件内容不一致。在声明该情况不值保单限额后,它将继续更准确地提供那个金额。我们认为,此内容不一致可推定出现了错误,并将随后的询问义务施加给埃克曼,特别是在此种语境下——谈判开始时要求的保单限额是在审判前夕提出的,那时当事人大概已准备好且情况没有改变。最后,信中明确表示惠特"很乐意接受埃克曼可能希望向惠特客户的保险公司提出的任何报价,供他们考虑"。尽管提出了所要求的全部金额,但该语言并不表示该承诺可期,而是要求反要约。我们不能同意这是承诺后即可执行的要约。[31]

5. 零售业标价错误

另一种经常发生的情景是,由于机械错误,零售产品被标价错误。此

---

[30] Id. at 892.
[31] Id. at 893.

类案例最著名的是诺兰·瑞安棒球卡案(Nolan Ryan Baseball Card case)[32]。1990年4月,乔·伊尔曼开了一家名为"宝尔玛"(Ball-Mart)的棒球卡商店。宝尔玛出售的一张卡是1968年杰里·库斯曼/诺兰·瑞安(Jerry Koosman/Nolan Ryan)的几近完美的新秀卡。新秀卡是出版的以特定球员为全角的第一张棒球卡。诸如诺兰·瑞安这样后来成为超级巨星球员的新秀卡通常要价非常高。伊尔曼没有这张卡。他是以寄售(on consignment)方式从它的所有人那里获得的,如果这张卡被卖掉,他就必须付给所有人1 000美元。随后的一期月度价格指南(杂志)将诺兰·瑞安新秀卡的价格列为800—1 200美元。无可争议的是,宝尔玛的诺兰·瑞安卡上标有数字1 200,但该数字是否包含逗号、小数点或美元符号等其他标记存有争议。[33]

宝尔玛开业几天后,布赖恩·维泽辛斯基(Bryan Wrzensinski)走进了商店。布赖恩是一个12岁的男孩,他收集了4万—5万张棒球卡。当时,在宝尔玛的客户很多,伊尔曼不能招待所有客户。伊尔曼在宝尔玛隔壁拥有一家珠宝店,他请店里的一名销售人员凯瑟琳·布雷克(Kathleen Braker)来帮忙。布雷克(Braker)对棒球卡一无所知。布赖恩看见了诺兰·瑞安卡,给布雷克看说:"这张卡值12美元吗?"布雷克说"值",布赖恩就以该金额买了这张卡。

当伊尔曼发现怎么回事后,他就出价100美元要布赖恩返还该卡。布赖恩拒绝了,伊尔曼诉请获得该卡或获得损害赔偿。本案在审理过程中和解。由于该卡已经很知名了,在和解时,该卡值3 000—5 000美元或

---

[32] 这个案件恶名昭著,但并没有经过判决而是和解了,因此没有报道。以下对案件的描述主要来自媒体报道。See Lisa Twyman Bessone, What a Card, *Sports Illustrated*, Mar. 18, 1991, at 9; Mark Hansen, Major League Dispute, *ABA J.*, June 1991, at 24; John Leptich, Boy Sued over Baseball Card, *Chi. Trib.*, Nov. 10, 1990, §1, at 1; John Leptich, Charity Delivers Winning Pitch in Baseball-Card Suit, Chi. *Trib.*, Apr. 23, 1991, §3, at 1; John Leptich, Finally, It's Bottom of 9th in Baseball Card Case, *Chi. Trib.*, Apr. 5, 1991, §3, at 2 [hereinafter Leptich, Finally, It's Bottom of 9th]. 这些报道在某些细节上有不同。在出现这种情况的地方,采纳了表面最合理的版本。

[33] John Leptich, 13-Year-Old Throws Judge a Curve, *Chi. Trib.*, Mar. 6, 1991, §1, at 1; Norm Cohen, $12 Ryan Shuffled in Court, *Newsday*, Mar. 10, 1991, at 15.

者可能更多。此外,在此之前布赖恩已经起诉伊尔曼诽谤,理由是伊尔曼公开声明布赖恩偷了这张卡。和解协议规定该卡会被拍卖,每方当事人将把他的一半收益捐给慈善机构,布赖恩撤回了诽谤诉讼。[34]

因为案件已经和解,它就没有形成法院意见。然而,该案已经广泛讨论过[35],并且该案是讨论机械错误所生标价错误的好起点。考虑各种可能的情况:首先假设诺兰·瑞安卡标为"1 200美元"或"1 200"。该案就很简单了:问布雷克"这张卡值12美元吗?"布赖恩会在价格上主动误导布雷克,并且不应有权保留这张卡。接下来假设这张卡标了"1 200美元"或"1 200"。作为4万—5万张棒球卡的拥有者,布赖恩几乎肯定知道,"1 200"或"1 200美元"的意思不是"12美元"。因此,根据这些事实,布赖恩也会积极误导布雷克,他不应有权保留这张卡。假设卡片最终被标记为"12美元"或"12"。鉴于布赖恩收藏的数量和卡片的真实价值,在这里布赖恩几乎肯定知道,12美元的价格是基于机械错误,且不应保留该卡片。

四、现代立场

总之,在错误方出现机械错误的情况下,根据古典合同法,如果非错误方既不知道也没有理由知道该错误,那么他有权获得预期损害赔偿,而且《合同法重述(第一次)》也是这样规定的。然而,更好的规则是,即使非错误方既不知道也没有理由知道该错误,其索赔也应限于信赖损害赔偿。《合同法重述(第二次)》第153条采用该规则:

---

[34] Leptich, Charity Delivers Winning Pitch in Baseball-Card Suit, supra note 32. 莱皮奇(Leptich)报道了以下后续:"来自伊尔曼珠宝店的店员凯思琳·布雷克(Kathleen Braker)卖了维泽辛斯基这张有争议的卡,两周后因为'受到羞辱'而辞职,现在他又回来工作了。他的一项工作是一件T恤,正面印有瑞安的肖像,背面印有托普斯40周年纪念标志。在托普斯标志下面,衬衫上写着:'诺兰·瑞安新秀卡1 200宝尔玛棒球卡和硬币之家',并给出了商店的电话号码。价格?你猜对了,12美元。" Leptich, Finally, It's Bottom of 9th, supra note 32.

[35] See, e.g., Andrew Kull, Unilateral Mistake: The Baseball Card Case, 70 Wash. U. L.Q. 57 (1992).

在订立合同时一方当事人就合同订立之基本假设有错误的场合，该错误对与其不利的交易有重大影响，如果他不承担第154条所述规则下的错误风险[36]，则他可撤销合同，且(a)错误的后果是合同执行显失公平，或(b)另一方当事人有理由知道该错误或是他的过错导致了该错误。

572 第153条体现的规则在现代判例法中也得到采纳。加利福尼亚州最高法院于2001年判决的多诺万诉RRL公司案（Donovan v. RRL Corp.）[37]是现代趋势的一个突出例子。威斯敏斯特的雷克萨斯经销店在当地报纸《每日飞行员》（Daily Pilot）上登了一则"二手车COUP-A-RAMA大甩卖/为期2天二手车销售活动"（"PRE-OWNED COUP-A-RAMA SALE! / 2-DAY PRE-OWNED SALES EVENT"）的广告列出了16辆二手车，包括一辆1995年的捷豹XJ6范登·普拉斯(Vanden Plas)。广告描述了这辆车的颜色，包括车辆识别号，并标明价格为25 995美元。[38]

次日，布赖恩·多诺万看到了广告，他和他的妻子驱车来到了威斯敏斯特的雷克萨斯经销店，找到了广告中的1995年捷豹，试开了它，然后告诉销售员，"好的。我们将按你方价格26 000美元购买"[39]。销售员还没有回应时，多诺万就给他看了广告。销售员立即说，"这是个错误"[40]。威斯敏斯特店的销售经理随后也告诉多诺万，广告列出的价格是一个错误。他表达了歉意，并提出为多诺万来店看车的燃料、时间和努力买单。多诺万拒绝了，问销售经理他想要什么价格。威斯敏斯特店为这辆车支

---

[36] 第154条规定：
一方当事人承担了错误风险，当(a)风险是由双方当事人协议分配给他，或者(b)在订立合同时，他知道他对错误所涉及的事实只有有限的了解，但认为他的有限了解就充分了，或者(c)风险是由法院分配给他的，理由是在此情况下这样做是合理的。
本节所述的例外在错误的共同事实假设情况下是恰当的（在下文第43章中讨论），但在机械错误情况下极少是恰当的。
[37] 27 P.3d 702 (Cal. 2001).
[38] Id. at 707.
[39] Id.
[40] Id.

付了 35 000 美元。根据这个价格，销售经理说他会把车以 37 016 美元卖给多诺万。多诺万回答说："不，我想按你的广告价格购买，我现在就给你开张支票。"[41] 销售经理又说他不会以广告价格出售汽车。多诺万提起了诉讼。威斯敏斯特的雷克萨斯经销商后来以 38 399 美元的价格把汽车卖给了第三方。[42]

在初审中，证明了威斯敏斯特店的广告经理定期在包括《每日飞行员》在内的各种当地报纸编辑广告信息。[43] 广告经理最初准备的广告列出了一辆 1995 年的捷豹 XJ6 范登·普拉斯(Vanden Plas)，但没有标明价格。取而代之的是，使用"保留"(save)一词——即为以后的说明而保留空间——写在通常规定价格的地方。此后，威斯敏斯特店的销售经理指示广告经理从所有广告中删除 1995 年的捷豹，并替换成 25 995 美元的 1994 年的捷豹 XJ6。广告经理把这个信息交给了《每日飞行员》。然而，由于《每日飞行员》员工的排版和校对错误，该报用 25 995 美元的价格插入了"保留"一词的地方，但未能将 1995 年的捷豹的描述改为 1994 年的捷豹，因此《每日飞行员》就错误地以 25 995 美元的价格为 1995 年捷豹 XJ6 范登·普拉斯做了广告。威斯敏斯特店的所有员工都没有在付印前检查修改后的广告校样，直到多诺万想要购买捷豹时，威斯敏斯特店才意识到这个错误。

在去威斯敏斯特的雷克萨斯经销店的前一天，多诺万在一家捷豹经销商那里购买了一辆捷豹，价格为比威斯敏斯特店广告上所列价格高出 8 000 到 1 万美元。然而，威斯敏斯特的雷克萨斯经销商的捷豹有一些可见瑕疵。此外，多诺万对威斯敏斯特店的销售人员提到，《每日飞行员》广告上的价格看起来"太好了"，销售人员回答说，因为威斯敏斯特店是雷克萨斯经销商，所以它会比捷豹经销商为捷豹提供更好的价格。因此，法院倾向认为，多诺万既不知道也不应当知道广告上

---

[41] Id.
[42] Id. at 708.
[43] Id.

的价格错误。然而,法院认为,威斯敏斯特店对多诺万不承担预期损害赔偿的责任。法院的意见强调,在这个问题上,合同法已随着时间推移而发生变化了:

> 根据《合同法重述(第一次)》,单方错误并不使合同可撤销,除非另一方知道或造成了该错误……
>
> ……在 M.F.坎普建筑公司诉洛杉矶市(1951年)(M.F.Kemper Const. Co. v. City of L.A.)(1951) 和[埃尔西诺联盟等学区诉卡斯托夫(Elsinore Union etc. Sch. Dist. v. Kastorff (1960)]案中,我们承认但拒绝严格适用上述关于单方事实错误的《合同法重述(第一次)》的规则……
>
> 坎普和埃尔西诺案的判决确定,加利福尼亚州法律不遵守原《合同法重述(第一次)》基于单方事实错误撤销的要求——即只有在另一方当事人知道该错误或造成错误的情况下。与坎普和埃尔西诺案的判决相一致,在"错误的后果是合同执行显失公平的场合",《合同法重述(第二次)》针对单方事实错误授权撤销合同"……尽管属于此类的最常见错误发生在建筑合同投标中,但《合同法重述(第二次)》第 153 条并不限于此种情况……因为在执行合同显失公平的场合,《合同法重述(第二次)》的规则是……授权因单方事实错误而撤销合同,这与我们以前的判决是一致的,我们采纳此规则为加利福尼亚州法律。正如一个著名作者在 40 多年前认识到的,与传统规则不一致的判决"太多了而且对正义感而言太有吸引力了,不能忽视"。(《科宾论合同》(1960) 第 608 节……) 我们拒绝多诺万的论点……因为多诺万没有意识到(威斯敏斯特店的)单方错误,而该错误不能提供避免合同执行的依据。[44]

---

[44] Id. at 715-716. 要约和承诺的传统规则是,广告不是要约。参见上文第 31 章。在此种规则下,即使没有错误,威斯敏斯特的雷克萨斯经销店也能获胜。然而,传统规则的地位受到严重质疑。在法院意见中,加利福尼亚州最高法院承认传统规则及其令人怀(转下页)

其他现代案例也采取相同立场。例如，在科尔文诉巴斯克特案（Colvin v. Baskett）[45]中，巴斯克特给科尔文列出了三袋未流通硬币，供科尔文购买。其中一袋为杰斯·克罗（Jess Crow）所有，巴斯克特代表杰斯·克罗持有。同一天，巴斯克特的女婿也给科尔文列出了一袋未流通的硬币。这和巴斯克特列出的属于杰斯·克罗的硬币是同一袋。很明显，巴斯克特和他的女婿都没有意识到另一方在列出同一袋硬币。显然，科尔文也只知道巴斯克特已列出了三袋未流通的硬币，巴斯克特的女婿列出了一袋，却不知道两人都列出了同一袋硬币。当巴斯克特意识到他和女婿无意中列出了同一袋未流通硬币时，他要求科尔文只买两袋而不是三袋硬币。科尔文提起诉讼，法院认为巴斯克特有权撤销他与科尔文的合同。同样，在霍尔诉美国案（Hall v. United States）[46]中，空军有一个价值 167 553 美元的喷气发动机零件，打算送往修理厂。相反，发动机零件被错误地拍卖了，霍尔花了 15 美元买下了它。法院认为拍卖合同不可执行。

总的来说，此立场是正确的。然而，多诺万案以及其他现代案例和《合同法重述（第二次）》中使用的表述存在问题。

根据这些表述，如果非错误方既不知道也没有理由知道机械错误，只有当损害赔偿显失公平时，该错误才能作为预期损害赔偿的抗辩。传统上，显失公平指向合同成立时受允诺人的过错。显然，《合同法重述（第二次）》第 153 条和诸如多诺万等案中使用的显失公平的概念，都意指合同订立时过错以外的其他东西。根据假设，我们正在处理的情况是，彼时非错误方既不知道也没有理由知道机械错误（mechanical error），因此在订立合同时并没有过错。因此，在机械错误语境下，显失公平只指该理念：试图根据基于机械错误作出的允诺使当

（接上页）疑的地位，但通过认为根据加州车辆法典，汽车经销商销售汽车的广告是一种要约来解决这个问题。因此，威斯敏斯特店不能根据传统广告规则而胜诉；只有当它证明错误事由的抗辩时，它才能获胜。Donovan, 27 P.3d at 709-713。

[45] 407 S.W.2d 19 (Tex. Civ. App. 1966).
[46] 19 Cl. Ct. 558 (1990).

事人承担预期损害赔偿,是显失公平的[47]或者是剥削性的,而机械错误导致了在允诺之价格与若没发生错误则受不利影响的当事人会同意的价格之间存在显著差异。

但既然如此,就没有任何必要确定执行是否显失公平:唯一需要的是去确定错误的影响是否重大。因此,实际上,在机械错误语境下,显失公平是一个有经济意义的代码(code word)。这反映在多诺万案中:

……(规范显失公平的原理)此处并不适用,因为源自错误的显失公平并未在合同订立时出现……

在本案中,以25 995万美元的错误价格执行合同,需要威斯敏斯特店以此预期的37 995万美元低1.2万美元的价格将车辆卖给(多诺万)——此相当于(威斯敏斯特店)预期价格的32%。(威斯敏斯特店)随后以略高于预期广告价格的价格出售了此辆汽车,这意味着该价格反映了它的实际市场价值。(威斯敏斯特店)为1995年的捷豹支付了3.5万美元,并支付了广告、准备、展示和努力出售该车的成本。因此,(如果要求威斯敏斯特店以25 995万美元的价格将捷豹卖给多诺万,威斯敏斯特店)将亏损9 000多美元的汽车原始投资。另一方面,如果执行合同,仅仅因为多诺万去了经销商处,并声明他准备支付广告上的价格,他就会获得1.2万美元的意外之财。[48]

简言之,尽管使用了显失公平的用语,错误方并不知道的机械错误是否是对预期损害赔偿的抗辩,应当而且确实完全取决于错误的影响是

---

[47] See Stepps Invs., Ltd. v. Sec. Capital Corp., (1976) 73 D.L.R.3d 351, 362-364 (Can.).

[48] Donovan v. RRL Corp., 27 P.3d 702, 723-724 (Cal. 2001).

否重大。[49]

---

[49] 另一种经常出现的情况是,非错误方通常既不知道也不应当知道出现了机械错误,此种情况与促销赛有关。例如,在一种常见类型的促销赛中,销售者允诺给在包含销售者产品的包装内找到获奖游戏片的人,或者在两个或更多包装内找到匹配的游戏片的人奖励。See generally Mark B. Wessman, Is "Contract" the Name of the Game? Promotional Games as Test Cases for Contract Theory, *34 Ariz. L. Rev.* 635 (1992). 不可避免地,在这些促销赛中由于一些机械错误而产生了太多的游戏片,因此如果卖家坚持活动规则,那么总奖励将比计划的多得多。See, e.g., Id. at 640-643(一次活动的机械错误使卡夫食品承担了超过110亿美元的潜在责任,如果没有这个错误,所有奖励的总价值将只有63 000美元)。当促销赛中出现机械错误时,参加者通常认为他们有权在错误被发现和公开之前获得奖励,因此他们既不知道也不应当知道错误。此类错误似乎应当为预期损害赔偿提供抗辩,其理由与适用于计算错误的理由相同。然而,促销活动的情况比其他机械错误的情况更为复杂。因为一个销售商推动一场活动以获得销售额增加的利益,一个错误的销售商必须最初计算出销售额增加所产生的利润等于或超过活动的成本。当错误被发现并公之于众时,卖方可能已经获得了大部分甚至大部分预期的销售增长。因此,一个存在错误的卖家应该有义务分发奖品,至少应和它计划分发的一样多。大多数卖家可能会做得更多,要么通过和解来保持善意,要么两者兼而有之。另一个经常出现的机械错误情况发生在机器出错时。此种类型的一个可能错误是计算器或计算机程序中的错误,导致报价错误计算。毫无理将此种错误与人的计算错误区别对待。同样,赌博设备(通常是老虎机)中的瞬时错误可能会导致该设备错误地显示巨大的胜利。错误的累积奖金会达数百万美元。通常,在此种情况下,赌场拒绝付款。See Sengal v. IGT, 2 P.3d 258, 259-260 (Nev. 2000). 然而,在获奖者聘请了一名律师后,这名律师引发了媒体的大量批评报道,并证明哈拉没有立即打电话给州博彩委员会是不恰当的,之后哈拉就支付了33万美元的错误头奖。See Christina Binkley,Bad Luck: Glitches Can Make One-Armed Jackpots Evaporate, *Wall St. J.*, July 22, 1998, at B1。

第四十二章 误　转

577　　　假设 A 和 B 达成了口头合同,并同意 A 将口头合同转录成书面文件。由于 A 的过失,该书面文件误转(mistranscrible)了双方当事人的口头合同。然后,双方错误地认为书面文件准确地反映了合同,并签署了。什么规则来规范这种情况呢?

误转是机械错误的一种特殊情况。A 意欲将书面材料纳入合同,但由于机械错误,它没有纳入。如果我们像其他机械错误一样就此打住,那么误转也很容易处理。事实上,它们比大多数机械错误更容易处理,因为不像普通的机械错误,误转不影响合同条款:在普通机械错误的情况下,错误在合同成立之前或之时就已经发生了,而在误转情况下,错误发生在合同成立之后:误转不是合同。当事人签订的唯一合同就是口头合同。

因此,规范误转的原则与规范其他机械错误的原则是一样的——误转应当为受到不利影响的一方当事人提供救济基础。然而,救济的确切性质需要反映误转的特殊特征。

首先,对大多数机械错误的适当救济是,根据案件特定情况,为错误方提供全部或部分针对信赖或预期损害赔偿诉讼的抗辩。然而,在误转中,适当的救济是修改书面文件,使其正确地体现口头合同。

其次,误转情况往往会产生一个特殊的证据难题。与大多数其他机械错误不同,误转通常不会很快被发现。通常,当事人都假设这份书面文件是他们口头合同的准确转录,并归档。直到很久以后,一方或双方当事人才意识到出现了误转。这种时间滞后会导致严重的证据难题。此外，如果一份书面文书以误转了口头合同为由而被否定，那么就存在一种危险，即一份失败书面合同的当事人有可能通过伪证使陪审团相信误转已经发生来逃避责任，但事实上误转并没有发生。

最后，法律以两种方式解决这些证据问题。第一，主张发生误转的人必须请求变更合同(reformation)的救济以使书面文件符合口头合同。因为变更是一种衡平法救济，不允许陪审团审判，许多法律人认为，相比陪审团，法官是更好的、更客观的事实裁判者。第二，只有当请求该救济的当事人经由以下两种途径变更合同：明确且令人信服的证据，抑或通过满足一个可比标准来证明他的情况，而不能仅仅是通过出示优势证据来满足通常民事案件标准。正如波斯纳法官所总结的，"因为变更是衡平法原理……需要'清晰和令人满意的证据'……轻率援引的危险……是有限的。(寻求变更的)当事人必须说服法官，而且必须清晰地使他产生确信"[1]。

如果 A 故意而非过失地误转了当事人之间的口头合同呢？在此种情况下，我们只有一个错误方和一个错误——关于书面文件内容的错误——而不是两个错误方和两个错误。然而，结果应当是相同的。如果 B 可以在 A 过失误转的情况下获得变更的救济，B 当然也可以在故意误转的情况下获得修改的救济。

---

[1] Patton v. Mid-Continent Sys., Inc., 841 F.2d 742, 746 (7th Cir. 1988).

第四十三章　共同的错误的事实假设（"双方错误"）

579　　合同法中一种重要类型的错误包括对世界现状之错误的事实（非评估）假设。错误的事实假设与评估错误不同，因为它们不涉及对世界未来状况的评估，并且它们是由不充分知情的行为人做出的。它们不同于机械错误，因为它们不涉及行为人精神机器（mental machinery）中瞬时错误所导致的大错（blunder）。它们不同于误转（Mistranscriptions），因为它们不取决于书面文件是否错误。

　　错误的事实假设既可能存在于合同双方当事人，也可能存在于一方当事人。这两种类型的事实假设提出了非常不同的问题。本章考虑共同的错误的事实假设。下一章会考虑非共同的错误的事实假设。

　　传统上，法律在术语"双方错误"（mutual mistake）下处理共同的错误的事实假设，意指当事人共同的错误。此术语有误导性。一些类型的共同错误应当提供救济基础，但其他类型的则不应当如此，甚至应当提供救济基础的共同错误也可分为不同功能类型而需要区别对待。例如，在误转情况下，当事人都错误地相信，该书面文件正确地转录了合同，但这些情况中的适当救济与共同的错误的事实假设案件中的适当救济有显著不同。

　　简言之，共同错误是基于错误假设之救济的必要而非充分条件。此错误的特征是让共同错误足以获得救济。第一节发展了规范此类错误的一般原则。第二节发展了该一般原则的四个重要例外。

一、一般原则

在分析共同的错误的事实假设时,从合同中已明确的共同事实假设开始是有益的。如果合同明确地建立在共同的事实假设基础上,而该事实假设被证明是错误的,那么通常作为解释问题,该错误应当提供救济基础。此点可通过两个引领性案例的假设变形来予以说明,即格里菲思诉布里默(Griffith v. Brymer)案和莱纳韦县卫生局诉梅瑟利(Lenawee County Board of Health v. Messerly)案。

在格里菲思诉布里默案(Griffith v. Brymer)[1]中,1902年6月26日,在从白金汉宫到威斯敏斯特大教堂的加冕游行之后,爱德华七世将在威斯敏斯特大教堂加冕。[2] 布里默有一个房间,可俯瞰计划的游行路线。6月24日,格里菲思与布里默的代理人达成口头协议,以100英镑的价格使用该房间观看游行,并交付了该金额的支票。当事人都不知道,就在那天早晨爱德华的医生决定爱德华需要手术,结果是加冕和游行都推迟了。格里菲思起诉返还100英镑。合同并没有完全明确(spell out)假设当事人加冕和游行依然要进行的情况。但假设合同确实详细写明了。特别是,假设合同明确规定"本协议是基于加冕和游行在那时仍要进行之假设而订立的"。根据对合同相对直接的解释,法院可得出结论,如果该假设是不正确的,那么格里菲思应获赔他的付款。

在莱纳韦县卫生局诉梅瑟利案(Lenawee County Board of Health v. Messerly)[3]中,梅瑟利夫妇拥有一栋三单元的公寓楼,他们用作创收投资(income-producing investment)。该建筑位于一处600平方英尺的地产上。梅瑟利夫妇报价出售这栋建筑,卡尔和南希·皮克尔斯根据分期付

---

[1] [1903] 19 TLR 434 (KB) (Eng.).
[2] John D. Wladis, Common Law and Uncommon Events: The Development of the Doctrine of Impossibility of Performance in English Contract Law, 75 *Geo. L.J.* 1575, 1609, 1618 n.199 (1987).
[3] 331 N. W. 2d 203 (Mich. 1982).

款合同以 25 500 美元购买了它,将其作为创收投资。五六天后,当皮克尔斯夫妇(the Pickleses)向他们的房客介绍房产时,他们发现地下渗出了未经处理的污水。梅瑟利夫妇不知道,在没有许可证且违反该县卫生法典的情况下,有利害关系的前身(a predecessor in interest)在该地产上安装了化粪池。卫生专家进行的检测表明,污水处理系统不充分。随后,县卫生局正式宣布该房产不适合使用并发出了禁止居住的永久禁令,直到该财产符合县卫生法典。根据该法典,750 平方英尺的房产应强制安装供一个家庭住宅使用的化粪池系统,2 500 平方英尺的房产则应强制安装供三个家庭住宅使用的化粪池系统。因此,在公寓楼所在的 600 平方英尺的地块范围内,不可能修复这个非法的化粪池系统。因此,公寓大楼能够用于住宅用途的唯一方式是泵送且运输污水,而这将花费两倍于该房产收入的成本。所以,被用作创收财产的价值就是负数了,即该房产不可能产生超过成本的收入。

皮克尔斯夫妇得知这些事实后,他们就停止了分期付款。梅瑟利夫妇随后寻求终止回赎权(foreclosure)、财产出售和清偿债务余额的判决(deficiency judgment)。皮克尔斯夫妇反诉要求撤销合同。本案中的合同没有明确规定公寓大楼可合法地用作创收财产。但假设确实如此。特别是,假设合同已明确规定"本协议基于公寓大楼是合法创收财产的假设"。同样,根据合同相对直接的解释,该救济是正当的。

现在假设共同的错误的事实是默认而非明确的。默认假设的概念曾由朗·富勒解释如下:

> 像"意图""假设""预期"和"理解"这样的术语似乎都暗示着一种意识状态,此种意识状态包括意识到选择并在其中有意进行选择。然而,显而易见的是,有一种心理状态可以被描述为"默认假设",它不涉及意识到了选择。读着书从办公室走进大厅的心不在焉的教授,"假设"大厅的地板会在那里迎接他。他的行为受该假设的制约和指引,尽管他并没有"想到"地板被拆除的可能性;也就是说,地板

被拆除不存在于他有意识的心理过程中。[4]

或者如兰迪·巴尼特（Randy Barnett）所说：

> 正如努力开发"人工智能"的计算机研究人员痛苦地意识到的那样，从婴儿期开始，每个人对这个世界的所知都远远超过他可能表达出来的内容——甚至是对自己的了解也是如此。任何父母都可以证明，孩子问的无数问题会引出成年人无意识地认为理所应当的信息。除非受到接二连三的攻击，否则一个人无法充分理解人所拥有的巨大知识储备。一个人还会震惊于自己并不能清楚表达那些自己所熟知的东西。
>
> 我们每个人都将（几乎无限的）知识和技能带到每一次人际互动中，并且很多甚或大部分知识都是我们共同拥有的。例如，即使从未想过重力概念的人也知道用玩具积木建造一座塔，我们必须从底部而非顶部开始（一台用于人工智能实验的精心编程的计算机则不会"意识到"这个基本事实，而是响应从顶部开始垒积木的命令。然后必须根据此基本假设对其进行重新编程）。这个关于世界及运作方式之共同知识的巨大宝库通常被称为"常识"。常识使通过共同语言进行交流成为可能。[5]

一个能捕捉默认假设概念之更通俗的表达是"理所当然"[6]。正如这个表达所表明的，默认假设和明确假设一样真实。默认假设之所以并未变明确，即使存在合同基础的场合也是如此，是因为它们被认为是理所当然的因而不需要表达出来。和富勒教授每次要走进一扇门时都会发生的一样，它们如此深深地印在当事人的脑海中，以至于当事人根本没有想

---

[4] Lon L. Fuller, Melvin Aron Eisenberg & Mark Gergen, *Basic Contract Law* 819-820 (10th ed. 2018).

[5] Randy E. Barnett & Nathan B. Oman, Contracts: *Cases and Doctrine* 1065 (6th ed. 2017).

[6] Cf. Lee B. McTurnan, An Approach to Common Mistake in English Law, 41 *Can. B. Rev.* 1, 51 (1963)(使用了该表述："对事实存在的绝对相信")。"预设"一词也捕捉到了这个观念。

到要明确这些假设,"记得检查地板是否还在"。

为便于阐述,在本书中,共同的错误的事实假设,用来意指共同的错误的默认事实假设。此错误不仅在错误的性质上还在错误发生的方式上与机械错误不同。在机械错误语境下,受不利影响的当事人想免于履行他实际订立的协议。在共同的错误假设情况下,受不利影响的当事人只想偏离文本的字面意思,而非偏离包括默认假设在内的协议本身。[7] 举个日常生活的例子,假设杰西(Jesse)是一位严格遵守犹太教规的正统犹太人,丽贝卡(Rebecca)是一位不遵守犹太教规的改革派犹太人。丽贝卡知道杰西严格遵守犹太教规。杰西和丽贝卡定期在犹太餐馆"明星熟食店"(Star Delicatessen)见面吃饭。周一,他们同意周三晚上在该餐馆共进晚餐。双方当事人都不知道,就在上周四,当地的拉比宣称"明星熟食店"的食物制备方法不符合犹太教规。杰西在周二得知了这一情况,打电话给丽贝卡,解释了情况,并说,"我不能和你在该饭店吃饭了,因为它现在不符合犹太教规。我们去别的地方吃饭吧"。丽贝卡回答说,"不,你已经同意在这个饭店吃饭了,如果你明天不在那里见我,那么你就违背你的允诺了"。丽贝卡的立场是站不住脚的。杰西没有违背他的允诺,因为他的允诺和协议是基于共同的错误的事实假设,即该饭店依然符合犹太教规。

同样,非常清楚的是,格里菲思诉布里默案的当事人也是基于共同的默认假设——这是理所当然的——即加冕和游行在他们订立合同时依然要进行。因此,如果当事人使该假设明确化,救济就是正当的,那么在假设是默认的场合下,救济也是正当的。事实上,法院认为格里菲思有权获得金钱返还,理由是"协议是当事人假设不发生任何使履行不可能的事情而订立的。这是对事实状况的错误假设,而该事实正是问题的全部根

---

〔7〕 有时有人认为,合同中没有明确规定的共同错误假设,不应当证成法律救济,因为合同应当从字面上进行解释。Cf. Michael J. Trebilcock, The Limits of Freedom of Contract 144 (1993)("我提出,在目的受挫的情况下,在大多数案件中,应当采用一个非常严格的字面合同执行规则……"); George G. Triantis, Contractual Allocations of Unknown Risks: A Critique of the Doctrine of Commercial Impracticability, 42 *U. Toronto L.J.* 450 (1992).本书第45章批判了此论点。

源"[8]。同样,在莱纳韦案中,非常明显,当事人都根据共同的默认假设而行事,即默认公寓楼能用于创收目的。因此,在当事人使该假设明确的场合下,救济就是正当的,那么在默认假设的场合下救济也是正当的。因此,在莱纳韦案中,法院认为,除非合同另有规定,如法院看到的那样,应将相关风险置于皮克尔斯夫妇[9],撤销合同是适当的。[10]

简言之,每份合同除其他要素外都包括明确条款、默示条款、习惯和默认假设。如果默认假设是重要的,合同还包括默示理解,除第二节讨论的例外之外,假设错误的风险不应分配给受不利影响的当事人。因此,规范此种情况的一般原则如下:如果假设得以明确时,共同的错误的事实假设为受不利影响的当事人提供救济基础。在上述场合下,如果该假设是默认的,那么该假设也应当为受不利影响的当事人提供救济基础[就此目的,"重要的"一词已被适当地界定为"一个基础假设,没有这种假设,当事人实际上就不会订立他们事实上已订立的合同"[11]。如果合同被执行,当事人就会遭受损失,他也受到了不利影响。因为由于该错误,为此,要么(1)他要获得的履行远低于他同意支付和合理预期此履行的价值,要么(2)他自己的履行将花费远高于他要支付的价格及他合理预期产生的成本]。

此原则不会破坏(undercut)当事人的协议。相反,如果适用得当,此原则会使当事人的协议得以执行。因此,在格里菲思诉布里默案中,如果协议被解释为包加冕按时进行的共同默认假设,那么协议自身就证成了对格里菲思的救济。如果在莱纳韦案或类似情况下,协议被解释为包括共同默认假设,即使用该房产获得收入并不存在法律障碍,那么协议本

---

[8] [1903] 19 T.L.R. 434 (KB).

[9] Lenawee Cty. Bd. of Health v. Messerly, 331 N. W. 2d 203, 211 (Mich. 1982)。该条款规定,"购买方已经检查了该地产,并同意按现状接受"。

[10] 注释9的莱纳维县卫生局诉梅瑟利案(Lenawee Cty. Bd. of Health v. Messerly)代表了一些法院已判予救济地产案件的,判决理由是对相关地产能合法使用的共同错误事实假设,即该地产要么是按照当时正使用的方式使用,要么是按照双方当事人都理解的买方想要的方式使用。

[11] Bell v. Lever Bros., Ltd., [1932] AC 161 at 208 (Eng.) (Lord Warrington).

身就证成了对买方的救济。

有人可能认为,如果当事人已订立了明确的协议,并且他们想要将明确的共同假设作为履行协议义务的条件,他们就会使该假设明确化。然而,将默认假设排除在协议之外是自然和理性的。杰西不赴与丽贝卡的约会时表现得自然而理性,"除非就在我们说话的时候,明星熟食店不再合乎犹太教规"。

当然,如果行为人有无限时间去考虑拟议合同,并且不需花费任何成本就能使默认假设明确化,那么他们就可以绞尽脑汁去仔细思考他们的每个默认假设并予以明确。但是行为人并没有无限的时间,而且他们确实都有成本。花费时间及承担成本来确定和明确每个默认假设是不理性的,因为这样做的时间和成本往往接近或超过合同的预期利润。此外,通常不可能做出此决定并书写这样的合同。正如兰迪·巴尼特指出的:

> (当我们)把未来事件的内在不确定性增加到无穷量的现存世界知识中时……我们立即可以看到,合同能……表达履行之前、期间或之后可能出现的每一个意外情况的诱人想法,都是纯粹的幻想。因此,合同一定对不计其数的事项保持了沉默。构成每个协议基础的许多默示假设就像"明天太阳会升起"的假设一样基本。它们太基本了以至于并不需要值得关注。[12]

简言之,在缔约中,就像生活的其他部分一样,有些事情不言而喻。不言而喻的事物的核心特征是——它们没有说出来。

所有这些都能更笼统地进行概括。如果合同包含有明确条件的允诺,那么即使条件已经出现,合同也不应执行。如果合同包括了默示附条件允诺,情况也是如此。确定允诺是否为默示附条件的一种方法是问,如果允诺人不根据允诺之字面词语履行,并且受允诺人要求解释,允诺人会给出什么答案?如果允诺人的唯一答案是"我的偏好已经改

---

[12] Barnett & Oman, supra note 5, at 1065.

变",或者"我对合同项下到期履行的评估已经改变",他就没有提供充分的正当性。如果允诺人认为这些就是不履行的充分理由,他就不理解什么是允诺。但是如果允诺人的回答是"我的允诺默示地以我们共同的默认假设为条件,即世界的当前状态是 X,而事实上世界的状态不是 X",大多数人会认为这至少表面上有充分的正当性。事实上,大多数人会走得更远,他们会说,在双方当事人共同默认假设的情况下,字面词语(literal words)并非整个允诺,通过试图让允诺人遵守允诺的字面词语,在此种情况下行为不适当的人不是允诺人而是受允诺人。不同的思考就是以儿童有时会用的图腾方式来看待世界,即只看词语的字面意思。20 世纪 60 年代流行的儿童系列丛书《阿米莉亚·比德莉亚》借鉴了儿童对词语理解的字面方法。阿米莉亚·比德莉亚要为罗杰斯夫妇工作。当阿米莉亚被要求掸掉家具上的灰尘时(dust the furniture),她会把灰尘洒在家具上(sprinkles dust on the furniture)。* 当她被要求拉上窗帘时,她给窗帘做了素描。** 当她被要求量两杯米时(measure two cups of rice),她报告说盛米的两个杯子长 4 英寸。*** 阿米莉亚现在已经长大了,结婚了,并诞生了第 28 章所讨论的合同解释的字面学派。[13] 或者如查尔斯·弗里德所说:

> 一系列混乱的态度潜藏在此观念之后,即如果协议是用一般词语表达的,且如果这些一般词语似乎涵盖了令人惊讶的特定情况,那么此种惊讶的负担应当置于这样的处境中,即即使当事人都无意这样做,也要用这些一般词语涵盖的特定情况的……我们为什么要用这些词语来包括该意想不到的、令人惊讶的、特定的结果呢?这些一般词语通常会隐含此特定结果。但是在本合同和这些当事人的情况

---

* dust 是一个多义词,既可以指"擦去……灰尘",也可以指"把灰尘撒于……"。而在儿童的视野中,可能指的后者,但实质上是指前者。——译者注

** draw 是一个多义词,既可以指"拉上",也可以指"绘画"。而在儿童的视野中,可能指的后者,但实质上是指前者。——译者注

*** measure two cups of rice,既可以指"量两杯米",也可能是"量盛米的两个杯子"。而在儿童的视野中,可能指的后者,但实质上是指前者。——译者注

[13] Peggy Parrish, *Amelia Bedelia* (1963). I owe this reference to Debra Krauss.

下,根据假设,大概任一方当事人都不意指也未预见到这些一般词语应当涵盖此种特定的情况。[14]

二、一般原则的四个例外

一般原则是,如果共同的事实假设之错误是明确的,该错误对受不利影响的当事人提供救济基础;若该假设是默认的,那么也应当为该当事人救济提供基础。该一般原则有四个例外,这些例外在很大程度上蕴含在一般原则中。上述例外涉及的情况是,受不利影响的当事人或者意识到相关假设是错误的风险,或者轻率地无视让他注意到风险的事实;假设错误的风险已约定分配给受不利影响的当事人;一个缔约方能够清楚地掌握关于假设错误风险的优势信息;或者错误的结果是意外之财而非损失。

1. 受不利影响的当事人有意识地了解了假设错误的风险,或者轻率地忽视了使他注意到该风险的事实

在某些情况下,当事人会受到共同的事实假设是错误的这一风险的不利影响,他有意识地了解到此风险。在这种情况的一个子类中,当事人有意识地了解到他对事实只有有限的知识,但他的有限知识也视为很充分了。在这两种情况下,行为人都被描述为有意识地忽略(consciously ignorant)。规范共同的错误的事实假设的一般原则并不能证成这种情况下的救济。首先,该假设是有意识的(conscious),而非默示的。其次,在此种情况下,受不利影响的当事人默示地承担了错误假设的风险。如《合同法重述(第二次)》第 154 条的评论 c 中所述:

> 即使错误方不同意承担风险,在订立合同时他可能已经知道,他对与错误有关事实的知识是有限的。如果他不仅意识到自己的知识

---

[14] Charles Fried, *Contract as Promise* 66 (1981).

是有限的,还在意识到后还要履行,那么他就承担了错误风险。[15]

或者,正如李·麦克特南(Lee McTurnan)所说,"在当事人意识到不确定性时,自然推论是他们评估了该概率并相应地确定了价格"[16]。

有意识忽略之例外的范围(conscious-ignorance exception)不宜太广。在大多甚至几乎所有涉及共同的错误假设的情况下,如果受不利影响的当事人进行了无限调查,他可能已经确定他错了。例如,在莱纳韦案中无限调查,包括污水工程师的检查,很可能会揭示出污水处理系统的缺陷。在格里菲思诉布里默案(Griffith v. Brymer)中,无限调查包括在协议最后确定前派一名跑步运动员去皇宫,以确保加冕仪式仍会进行。在这些案例和许多其他案例中,法院认为,即使无限调查会消除双方当事人的错误,共同的错误假设也证成了对受不利影响的当事人之救济。

例如,在多佛游泳与网球俱乐部诉布鲁金案(Dover Pool & Racquet Club v. Brooking)[17]中,多佛已缔约从布鲁金那里购买一块50英亩的土地,部分位于梅菲尔德镇(Town of Medfield),用作网球和游泳俱乐部。当事人事前调查过此种土地使用的相关区划法。当事人都不知道,就在多佛进行调查后,合同签署之前,梅菲尔德镇公布了一份区划法修正案的公开听证会通知,该修正案要求多佛的计划使用方式必须获得特别许可。如果特别许可证的修正案一旦通过(随后确实通过了),那么它的效力溯及到公布之时——因此溯及合同签署之前——结果是对于多佛而言这块地失去了大部分价值。无限调查包括在合同签署前一分钟派一名代理人到梅菲尔德市政厅,以确保在最后一刻没有发布区划法修正案的通知。此种调查会揭示出当事人的共同假设,即该地产可自由用于网球和游泳俱乐部,是错误的。但此种调查并没有进行。然而,法院恰当地认为多佛

---

[15] *Restatement (Second) of Contracts* §154 cmt. c (Am. Law Inst. 1981) [hereinafter Restatement Second]; see also McTurnan, supra note 6, at 15-16("在有意识地不了解某事实的情况下缔约,往往表明其有意承担该事实不存在的风险,并在不考虑这种可能性的情况下有意受到约束")。

[16] McTurnan, supra note 6, at 16.

[17] 322 N. E. 2d 168, 169-171 (Mass. 1975).

可撤销合同。

在巴德尔公司诉奥兹公司案(Bar-Del, Inc. v. Oz, Inc.)[18]中,买方缔约从卖方手中购买一个酒馆。当事人不知道,尽管卖方已经营酒馆多年,然而根据区划法该地产不能作酒馆使用。无限调查会发现区划法以及区划图,而且表明,当事人的共同假设是错误的,即该财产由于已被长期使用进而可合法使用。此类调查也没有进行。然而,法院恰当地认为买方可撤销合同。

在麦克洛斯工业案(In re Macrose Industries)[19]中,买方已缔约从卖方购买一块地产,但必须获得实现买方财产规划所必要的所有城市当局批准。合同给买方一年时间来获得这些批准。随后,买方发现获得所需许可可能需要长达两年的时间。在合同签署前对相关法律和实践的无限调查会表明,当事人共同的假设是错误的,即一年足以获得必要的批准。此类调查也没有进行。然而,法院恰当地认为买方可撤销合同。

在赖利诉理查兹案(Reilly v. Richards)[20]中,买方缔约购买一块地产来建房。随后,买方发现部分地产位于洪灾区,因此不适合建房。对洪灾区记录的无限调查也会表明,当事人在该地块上适合建房子的共同假设是错误的。此类调查也没有进行。然而,法院恰当地认为买方可撤销合同。这些判决是恰当的,因为对于行为人来说,不进行无限调查来验证默认假设常常是理性的。如果调查信息的成本为零,那么每个考虑决策的行为人都会无限地调查相关信息。然而,实际上,调查信息确实需要成本,包括时间、精力及金钱。大多数行为人要么不想花费无限调查所需的资源,要么认识到无限调查不可能以任何现实代价得以实现。因此,决策总是受限于有限调查和信息,行为人经常在理性地忽视如进行无限调查就可能发现并予以考虑的替代方案及后果的情况,并作出决策。然而,即使受不利影响的当事人实际上并没有意识到共同的假设是错误的这一风险,如果他轻率地忽视了通常人会注意到的风险事实,或者他未能进行此

---

[18] 850 S.W.2d 855, 856–857 (Ky. Ct. App. 1993).
[19] 186 B.R. 789, 793 (E.D.N.Y. 1995).
[20] 632 N. E. 2d 507, 508–509 (Ohio 1994).

种情况下的合理调查,例如在惯常进行白蚁检查的地区进行白蚁检查,那么他就应当承担该风险。例如,如果莱纳韦案的购买人在订立合同前看到原污水渗出,那么不做进一步调查就假设该房产是合法用于居住目的的,他就轻率了。

2. 假设错误的风险已约定分配给受不利影响的当事人

在合同将风险分配给了受不利影响的当事人场合,共同的假设错误之风险不证成法律救济。爱德华·拉宾在一篇著名文章[21]中提出此种要求,并体现在《合同法重述(第二次)》第154条中,该条规定"当风险……通过当事人协议分配给当事人时,他就承担了该风险"[22]。这并非是对规范共同的错误假设之一般原则的真正限制,而仅仅是一个推论。一般原则适用于该场合,即合同默示地不将共同的错误假设之风险分配给受不利影响的当事人。然而,如果合同将风险分配给受不利影响的当事人,那么该含意就被推翻了。事实上,在此种情况下,当事人并无共同的错误的默认假设。相反,他们有一个他们意识到可能错误的假设,且他们把该错误的风险分配给了受不利影响的当事人。在此种情况下,根据错误赋予当事人救济会使双方的协议落空而不是生效。

应当而且确实规范"错误假设的风险已约定分配给受不利影响的当事人"这一情况的规则是直接的,但规则适用有时会比较困难,因为合同可能隐性而非显性地将风险分配给受不利影响的当事人。《合同法重述(第二次)》第154条的示例1就是明证:

> A缔约销售给B一块地。A和B都认为A有完整所有权,但任一方当事人都没有进行所有权调查(title search)。合同规定,A只能转让他所拥有的所有权,A对所有权没有作出任何声明。事实上,A的所有权有瑕疵。B不能撤销本合同,因为当事人的协议将错误风险

---

[21] Edward H. Rabin, A Proposed Black-Letter Rule concerning Mistaken Assumptions in Bargain Transactions, 45 *Tex. L. Rev.* 1273, 1276-1277, 1292-1294 (1967).
[22] *Restatement Second* §154.

分配给了 B。

在这里,所有权的规定并没有明确将所有权瑕疵的风险分配给 B,但却默示地分配了这种风险。此示例并不涉及 A 享有所有权的默认假设,而是明确承认存在 A 不享有所有权的风险,并将该风险默示地分配给 B。

此外,将错误风险约定分配给受不利影响的当事人,通常并不基于合同的语言,而基于合同的背景及合同成立的情况。《合同法重述(第二次)》的两个示例说明了此点。这是第一个示例:

> 根据 A 雇佣的土地测量员的报告,A 缔约销售给 B 一块地。然而,价格是一次付清,并不根据面积进行计算。由于测量员计算错误,这块土地的面积比他报告的多百分之十。A 可以撤销合同……[23]

第二个示例是:

> 事实与上例不同,在谈判中 A 向 B 提议加入一项条款,根据该条款,受不利影响的当事人可在测量报告出现重大错误时撤销合同,但 B 拒绝同意该条款。A 不可撤销合同,因为 A 承担了该错误的风险。[24]

即使合同没有明确将共同的错误假设之风险分配给受不利影响的当事人,并且此种分配不能清晰地从合同语言或合同成立的环境推论出来,若风险清楚地计入了支付给受不利影响的当事人的合同价格中,或者该风险清晰地诱使另一方订立合同,那么风险应被视为已经约定分配给该方当事人,正如受不利影响的当事人知道或应当知道了一样。(第二个检测可能看起来很奇怪。为什么风险会诱使当事人签订合同?答案是,风险可能是下行风险,也可能是上行风险,上行风险会有好回报的前景可能会促使当事人缔结合同。)

---

[23] Id. § 152 cmt. b, illus. 2.
[24] Id. § 154 cmt. c, illus. 2.

以舍伍德诉沃克案(Sherwood v. Walker)[25]为例。舍伍德是一名银行家,也有一个农场,在那里他饲养最好的牲畜品种。他想买些无角安格斯牛(polled Angus cattle)。沃克夫妇是这些牛的进口商和饲养者。他们告诉舍伍德,在他们的一个农场里有几头无角安格斯牛,但是这些牛很可能是不育的而且也不会繁殖。[26] 舍伍德去了农场,看到了牛,并表达有兴趣购买其中一头,阿伯隆玫瑰2号(Rose 2d of Aberlone)。两天后,双方达成合意,舍伍德以每磅5.5美分(5.5 per pound)的价格买下玫瑰2号。在舍伍德按期交付玫瑰2号款项之前,沃克夫妇发现玫瑰2号和它的小牛犊在一起*。沃克夫妇随后声称,该合同是可撤销的,因为合同是基于玫瑰2号不育的错误假设。法院作出了对沃克夫妇有利的判决,理由是"就交易商品的实质"存在一个错误——即"事物本质"的错误。[27]

由于两个原因,舍伍德案的结果是正当的。其一,在此种情况下没有任何错误假设。沃克夫妇认为奶牛很可能不育。这不是错误。它很可能不生育。"很可能不育"和"不育"不同。相反,"很可能不育"强烈隐含着"可能并非不育"。

其二,极有可能的是,因为玫瑰2号能生育的上行风险(upside risk),舍伍德才订立了合同。换言之,极有可能的是,舍伍德并非理所当然地认为玫瑰2号不育,沃克夫妇知道或者有理由知道此点。确实,舍伍德按照每磅给几美分计算的价格付款,这大概就是肉牛的定价方式;可能,每磅5.5美分的价格是当时牛肉的市场价格。因此,玫瑰2号可能生育的上行风险不会影响合同价格。然而,此种上行风险几乎肯定会诱使舍伍德订立合同,沃克夫妇知道或者有理由知道这一点。舍伍德是银行

---

[25] 33 N. W. 919 (Mich. 1887).

[26] Id. at 924 (Sherwood, J., dissenting). 此事实取自反对意见,但却与多数意见陈述的事实相一致,尽管有些更加宽泛。虽然舍伍德诉沃克案(Sherwood v. Walker) 通常被视作密歇根州(甚至全国)的法律,但是实际上密歇根州最高法院在内斯特诉密歇根土地和钢铁公司案(Nester v. Michigan Land & Iron Co., 66 Mich. 568, 33 N. W. 919 (Mich. 1887))中否定了该规则。

* 即它生了一头小牛犊。——译者注

[27] Id. at 923.

家和绅士农场主,不是屠夫。他最初去沃克斯维尔(Walkersville)购买种牛。几乎可以肯定的是,他认为他会以上行价值而购买玫瑰2号,如果不能证明玫瑰2号有生育能力,则他可以以他支付的牛肉价值来转售它,这样他就只损失了在此期间喂养它的费用。沃克夫妇几乎可以肯定以牛肉价值卖掉了玫瑰2号,因为没人愿意支付更多,沃克夫妇也不再像舍伍德一样愿意支付喂养它的费用。因此,舍伍德诉沃克案是该情况的适当例子,即假设错误之上行风险诱使一方当事人订立合同,而另一方当事人知道或应当知道此点。[28]

一个更简单的案例是埃弗雷特市诉萨姆斯塔德地产案(City of Everett v. Estate of Sumstad)[29]。米切尔夫妇拥有一家小型二手货商店。他们经常在亚历山大拍卖会上采购,以获取自用商品和增加商店存货。1978年8月,米切尔夫妇在拍卖会上以50美元购买了内门上锁的二手保险箱。根据米切尔夫妇的说法:

> 我们看到,有密码锁的最外面的顶门是开着的,里面的门是锁着的。那扇内门需要钥匙才能打开,我们得知保险箱必须带到锁匠那里才能打开,因为没有钥匙可用。我们还知悉外锁的密码是未知的。拍卖人告诉竞拍者,这个保险箱和(另一个)保险箱都来自一个地产商,两个保险箱都还锁着,任何一个都没有打开,两个保险箱都没有可用的密码和钥匙。[30]

拍卖后几天,米切尔夫妇把保险箱带到锁匠那里,打开了内门。锁匠在保险箱内发现了32 207美元,亚历山大拍卖行起诉了米切尔夫妇要求获得该金额。法庭正确地判决支持米切尔夫妇。正如亚历山大拍卖行知道或应当知道的,处于米切尔夫妇位置的任何人都会被诱使签订合同,部分原因是因为上锁的保险箱里有一些有价值的东西,而这种风险很可能

---

[28] 实质/意外事件检测现在被广泛怀疑,而且舍伍德案本身被密歇根州最高法院在上述注释9和10讨论莱纳维县卫生局诉梅瑟利案推翻了。

[29] 631 P.2d 366 (Wash. 1981).

[30] Id. at 368.

计入了米切尔夫妇支付的价格中。

还有另一个假设的例子。买方同意以 100 美元的价格从经营二手货商店的卖方那里购买一幅静物画。买方重新装潢了这幅画,当他装潢时,发现这幅画是一位早期绘画大师(Old Master)的价值达 10 万美元的作品。卖家听到消息后,试图撤销合同。根据这些事实,这幅画是早期绘画大师作品的上行风险可能没有计入 100 美元的价格中,但这可能是诱使买方购买的一个因素。在二手货商店里购买画作的人常常在脑海里希望,这幅画会变得很有价值。就像舍伍德诉沃克案(Sherwood v. Walker),买方很可能会被诱使购买这幅画,部分是因为至少他可以 100 美元的价格买到一幅他评估为该价格的画,当然最好会得到一幅价值更高的画。[31]

3. 一个缔约方能够清楚地拥有假设错误风险的优势信息

对规范共同的错误的事实假设之一般原则的进一步限制是,如果一个缔约方处于能够明显拥有关于假设错误风险之优势信息的场合,那么该方当事人应被认为在无相反协议情况下承担该风险。部分原因是这是一个信息强制规则。因为该规则迫使有关于假设错误风险之优势信息的当事人 A,要么什么都不说就接受该风险,要么向另一方当事人指出该风险。在此点上,B 现在意识到该风险,他可以要求 A 明确接受该风险,自己同意接受该风险,或提议一些中间解决方案。《合同法重述(第二次)》第 154 条的示例 6 提出了这种情况:

> A 与 B 缔约在 B 土地上盖房子。A 和 B 认为底土条件是正常的,但事实上,一些地必须花钱来排干(drained),而这就使得 A 不能根据合同获得任何利润。A 不可撤销该合同。

---

[31] See, e.g., Peter Maller, Flower Power: Painting Transcends Garage-Sale Past, Brings $ 882,500 at Auction, *Milwaukee J. Sentinel*, May 27, 1999, at B1(描述在一次房产拍卖中以 29 美元购得的一幅画,如何变成了美国画家马丁·约翰逊·海德(Martin Johnson Head)的一幅珍贵画作)。

示例中的结果是正当的。尽管当事人共同持有底土条件正常的错误假设,但作为承包商,A 显然比 B 更知道意外底土条件的风险。如果 A 不想承担此风险,他应提请 B 注意并以约定方式处理。如果 A 不这样做,那么他就应当承担该风险。

在一些情况下,明显优势信息之例外(clearly-superior-informational exception)可以基于替代性但重叠的根据来证成,即在适当情况下,处于明显信息优势地位的一方当事人可以被认为就共同假设的标的进行了默示表示。麦克雷诉英联邦处置委员会案(McRae v. Commonwealth Disposals Commission)说明了此例外的这一方面。[32] 澳大利亚政府的一个机构——处置委员会认为,它拥有的一艘油轮在乔尔曼礁(Jourmaund Reef)失事。就油轮进行了公开报价,并将其出售给出价最高的麦克雷,后者随后着手打捞油轮。事实上,该油轮并不存在,麦克雷起诉委员会违反了合同。委员会辩称双方当事人都错了。法院恰当地判决支持麦克雷。委员会能够知道失事油轮是否存在,而麦克雷则不能。由于委员会处于明显优势信息的地位,委员会的招标默示地描述为油轮存在。如果委员会对油轮存在不自信,那么它就应当清楚地表面这一点。

4. 意外之财

在大多数共同的错误的事实假设情况下,如果合同得到执行,在受不利影响当事人的收入低于他根据合同本可合理预期获得收入的意义上,他就会遭受损失。相比之下,在一些共同的错误的事实假设情况下,问题是如何分配意外之财——即一个令人惊讶且可能性很小的价值要素,将其分配给任一方当事人都不会让另一方当事人的收入低于他根据合同所预期的水平。

例如,在 8.2 万美元没收案(In re Seizure of $82000 More or Less)[33]中,密苏里州高速公路警察拦截并搜查了一辆 1995 年的大众汽车,原因

---

[32] (1951) 84 CLR 377 (Austl.).
[33] 119 F. Supp. 2d 1013 (W.D. Mo. 2000).

是超速行驶和跟前车太近。搜查表明汽车底盘上有新的硅树脂。这引起了警察的怀疑,汽车被带到了警局车库。在那里,美国缉毒署的特工在电池盒的塑料袋中发现了 2.5 万美元的毒品收益。根据法规,这辆车被美国政府没收。随后,美国政府公布了该车的竞标广告。中标者是海伦和杰弗里·查普尔(Helen and Jeffrey Chappell),他们是一对母子。买车后,查普尔夫妇注意到汽车燃油有问题。杰弗里把车交给机械师修理。在修理汽车的时候,机械师发现了更多用塑料袋包着的钱漂浮在油箱里。他向缉毒署报告了他的发现。缉毒署没收了大约 8.2 万美元的资金,当事人对该笔资金的所有权产生争议。

这是意外之财的情况:对大众汽车而言,存在令人惊讶且可能性很小的价值要素,这些价值要素分配给任一方当事人,都不会让另一方当事人的收入低于他据合同所预期获得的收入。如果这笔钱分配给政府,查普尔夫妇仍然会拥有他们认为的以值得的价格购买的大众汽车。如果这笔钱被分配给查普尔夫妇,政府仍然会拥有销售大众汽车所预期获得的钱。

评论员经常讨论的意外之财的另一种情况是[34],农场主 A 把他的农场卖给了农场主 B,买卖之后,农场下面发现了石油。如果石油在该地区很常见,那么此种情况就没有什么特别意义,因为在此种情况下,石油突然出现(oil strike)的可能性很可能会被计入当地农田的市场价格。然而,现在假设在该地区从未发现或怀疑有石油储藏。

乍看之下,这些假设情况和 8.2 万美元没收案,与锁着的保险箱之萨姆斯塔德案(Sumstead)很像,但实际上它们非常不同。萨姆斯塔德案是简单案例,因为保险箱里有贵重物品的上行风险很可能会诱使买家购买保险箱,而该风险的预期价值很可能计入了买家支付的价格中。相比之下,诸如隐藏在二手车中的现金或在油田未知且未被怀疑储藏的农场下面发现石油的地区等情况,意外之财的上行风险不太可能计入买方支付的价格中。

---

[34] See, e.g., E. Allan Farnsworth, *Contracts* 612 (4th ed. 2004); Rabin, supra note 21, at 1295. 这条线上的实际案件,参见 Tetenman v. Epstein, 226 P. 966 (Cal. Dist. Ct. App. 1924)。

在共同的错误的事实假设的情况下,假设意外之财没有约定分配给一方当事人,法律应当区别对待意外之财和损失的理由如下:

损失厌恶。行为人对损失的估价高于他们放弃的同等数额的收益。正如迈克尔·特雷比尔科克(Michael Trebilcock)所言,"区别对待意外之财与毁损(wipe-outs)可能是正当的,理由要么是风险规避……更适合于预期收益而非预期损失,要么是根据相关的罗尔斯差异原则,人们通常偏好保护自己免受灾难性损失的法律制度"[35]。

损失和意外之财情况发生的方式也存在结构差异。在诸如莱纳韦等损失案情况中,通常是买方需要救济,因为卖方履行的价值出乎意料地远低于错误假设属实时的价值。相比之下,在意外之财情况下,诸如 8.2 万美元没收案中,通常是卖方需要救济,因为卖方的履行价值出乎意料地远大于买方根据合同所要支付的价格。

在此种背景下,可以采用如下四种可能规则中的任何一个来规范共同的错误假设情况下的意外之财。

第一个可能的规则是,意外之财应当总是分配给卖方。此规则的理由是,卖方出售的东西不同于他"意欲"出售的东西。然而,此理由和规则将舍取代功能分析,取代伍德诉沃克案所使用的但现在已被质疑的本质理由(argument about essences)。此外,基于意图的分析也同样与买方意图购买什么有关。例如,在假设的农场情况中,农场主 A 可能并不意图出售含油土地,但农场主 B 意图购买农场主 A 的农场。

意外之财应始终分配给卖方的规则会提出其他重大问题。此规则经常会引发信赖问题。损失几乎立即就变得明显,如格里菲思诉布里默和莱纳韦案。相比之下,在占有转移后的一段时间内,意外之财可能不会变得明显,如假设农场下有石油的情况。[36] 在此时间内,买方可能已经将相关财产以难以分离的方式(unwind)纳入其业务或生活方式。此外,此

---

[35] Trebilcock, supra note 7, at 146.

[36] Cf. Carol Vogel, Inside Art— Rembrandt Face to Face, *N.Y. Times*, July 11, 2003, at E29. 沃格尔(Vogel)描述了一幅伦勃朗(Rembrandt)1634 年的自画像是如何藏在伦勃朗一个学生涂的层层颜料之下长达 300 多年的。学生把这幅画变成了"对一个衣着华丽(转下页)

规则通常会涉及一种无限回归,因为如果卖方可以从买方那里获得意外之财,那么卖方的卖方也可从卖方那里获得意外之财,依此类推。最后,买方经常会为发现意外之财做出重大贡献。由于买方在获得相关资产后因其知识、技能和勤奋对其进行检查,意外之财才得以发现。[37]

由于这些或其他原因,意外之财应当总是分配给卖方的规则,不会找到太多的现代支撑。例如,关于假设的农场案的普遍共识是,农场出售后是买方而非卖方应当获得石油发现的收益[38],而且在 8.2 万美元没收案中,法院允许查普尔夫妇保留在油箱中发现的钱(尽管部分原因是基于离奇的理论,即查普尔夫妇是被抛弃财产的发现者)。[39]

第二个规范意外之财的可能规则是,它们应当总是分配给买方。此规则可得到该论点的支持,即因为没有强有力的原因将意外之财给予卖方,这可能是少有的运气起决定性作用的情况,而幸运的人是买方。这个理由没有说服力,因为它只提供了结论。

第三个可能的规则是,意外之财应当总是由买卖双方平等分享。然而,分享规则会威胁到占有的安全,因为在许多情况下(例如假设的农场案中),根据此规则,买方必须要么给卖方相关商品的一半权益,要么出售商品以偿还卖方的一半权益。此外,分享规则涉及与总是分配给卖方的规则相同的无限回归:如果买方有权与卖方分享,那么卖方应被要求与其卖方分享,依此类推。最后,分享规则没有考虑到哪方当事人发现了该意外之财。

第四个可能的规则是,除非意外之财的上行风险已明确或默示地分

(接上页)的俄罗斯贵族的研究,这个贵族戴着高高的红帽子,留着长发,戴着耳环,留着小胡子"。在 1900 年代中期,当时的主人清理了这幅画,大部分的外包装都脱落了。随着时间的推移,连续的清理暴露了整个未上漆的自画像。2003 年 7 月 11 日,这幅自画像以 1130 万美元的价格售出。

[37] 在一些案例中,在签订合同之前,买方利用他的知识、技能和勤奋来确定,卖方财产中是否存在卖方并不知道的价值要素。在本书关于合同法中披露义务的第 44 章中讨论这些案例,这些案例不涉及意外之财,但会提出其他难题。

[38] Farnsworth, supra note 34, at 242.

[39] In re Seizure of $82000 More or Less, 119 F. Supp. 2d 1013, 1019-1021 (W.D. Mo. 2000).

配给另一方当事人,否则意外之财通常应分配给发现意外之财时的占有方。此规则并不完美,但基于几个理由,比其他可能的规则更为可取。首先,此规则不会涉及无限回归的问题。更重要的是,在一般情况下,意外之财的发现可能或多或少地源于占有方的某些行为。例如,在 8.2 万美元没收案中,美国政府本可以将汽车交给机械师,机械师就会在油箱中发现这笔钱。然而美国政府没有这么做。但查普尔夫妇做到了。正如法院所指出的:

> 如果政府在其占有大众高尔夫的那些年发现了这些货币,查普尔夫妇就永远不会对这 8.2 万美元有权益。这辆车被没收的原因首先是最近对底盘所做的工作。这一点,加上油表总是显示为空的事实,可能激发在汽车拍卖前对油箱进行检查。早在 20 世纪 70 年代,《逍遥骑士》播出时,政府就注意到毒贩使用油箱隐藏违禁品……[40]

同样,在农场下面有石油的情况下,意外之财是基于买方的观察,而且此发现很可能归于买方的行动,即使只是很小一部分也是如此。

占有规则通常有利于买方,但并不总是如此。例如,假设在舍伍德诉沃克案中,舍伍德是一名屠夫,他对玫瑰 2 号的唯一兴趣是它作为牛肉的价值。如果玫瑰 2 号可生育的事实是在改变占有之前被发现,那么根据占有规则,沃克夫妇可以保留玫瑰 2 号;如果玫瑰 2 号交付时肉牛的市场价格超过合同价格,那么他们也不得不给屠夫支付市场价格损害赔偿。

---

[40] Id. at 1021.

第四十四章　合同法中的披露

一、披露原则

假设 A 和 B 提议订立一份商品买卖合同。A 知道与商品有关的一个重要事实 F，而且也知道或有理由知道 B 不知道 F。[1] 此种情况提出的问题是，A 是否必须向 B 披露事实 F。这称为披露问题(disclosure problem)。几个范例(paradigm cases)说明了这个问题。这里是其中的两个：

- 化粪池

安德鲁拥有一栋创收性的三单元公寓楼，带有化粪池。他知道化粪池不足以处理公寓楼的污水，因此是非法的。基于最近的可比投资房产的销售价格，安德鲁提出将大楼以 40 万美元的价格卖给布朗。正像安德鲁知道或者有理由知道的那样，布朗假设此大楼是合法的创收财产。如果该化粪池的不足以及因此为非法是已知的，该大楼将变得一文不值：在法律上，该大楼所在的土地大小不足以支持建造一个化粪池，原因是处理该建筑污水的唯一替代方法是将其拉走，而这将产生高于该大楼所生利润的成本。安德鲁没有透露该化粪池的不足，布朗以 40 万美元购买了该房产。[2]

---

[1] 在本书中"商品"(commodity)一词用来指任何可以买卖的东西。就披露难题的目的而言"重大事实"一词用来指影响通常人决定是否以及以什么条款签订合同的事实，而非涉及一方当事人的偏好、意图和评估的事实。"事实"和"信息"这两个词语或多或少会互换使用。

[2] 此示例是莱纳维县卫生局诉梅瑟利案(Lenawee County Board of Health v. Messerly)的变体。然而在那个案件中，任何一方当事人都不知道相关事实。

- **可采矿**

贝塔矿业公司(Beta Mineral Corporation)从事采矿、冶炼和销售矿产的业务。贝塔的地质学家使用各种技术来识别公共和私人土地上似乎有可采矿体的区域,而这些区域并不位于以前被认为含矿的地方。如果一块公共土地看起来有希望存在可采矿体,那么贝塔的地质学家会深入该片土地进行进一步的调查。如果一块私人土地如农田看起来有希望存在可采矿体,贝塔则会用飞机飞越这片土地,这架飞机上载有可探测地下磁异常的仪器。磁异常是矿化的标志,但许多磁异常要么是由没有任何商业价值的矿物造成的,要么是由不可采的矿体产生的,因为这些矿体不足够丰富进而无法证明开采成本的合理性。如果地质学家在农田上发现有希望的磁异常,贝塔就通过其全资子公司西格玛公司以农田价格购买该农场,然后开始勘探钻孔。通常,这种钻孔只发现非商业性或不可采的矿物,在此种情况下,贝塔以农田价格转售该片土地。然而,贝塔偶尔(periodically)也会发现一个可采的商业矿体。2017年,贝塔在一次飞越罗伯塔·雷珀(Roberta Reaper)的农场时发现了极有希望的磁异常,西格玛以该地区农田的市场价购买了该农场。西格玛没有向雷珀透露磁异常的存在或意义。如果该磁异常是已知的,农场的价值就将远远超过西格玛支付的价格。事实证明,农场下面的矿物极有价值,而且可进行矿体开采。[3]

传统上,披露问题是指知情方(knowing party)是否有义务向不知情方(unknowing party)披露相关事实——或者换言之,一方面是否允许不披露;另一方面为是否有披露义务。因为这个术语很实用而且也挺合适,所以本章就使用它了,但我们应当记住两点。

第一,严格说,这些情况中的问题并不在于 A 是否必须披露。相反,问题是 A 是否可以不披露就与 B 缔约。如果 A 放弃与 B 缔约,即使

---

〔3〕 此示例是以证券交易委员会诉德克萨斯州海湾硫磺公司案[SEC v. Texas Gulf Sulphur Co., 401 F.2d 833 (2d Cir.1968) (en banc)]的事实为基础改编的。该案是一个引领性的内幕交易案件。内幕交易本身就是信息披露问题的一个范例,它主要受联邦法律管辖,该联邦法律主要是1934年《证券交易法》下的10b-5规则。

他知道对 B 非常有价值的信息,他也没有任何披露义务。因此,披露义务和披露要求这两个术语将被用作披露或不披露(abstain)义务的简写。

第二,如果我们聚焦于此种情况下的知情方,问题就是披露。然而,如果我们聚焦不知情方,问题就是错误。第 43 章讨论了关于外部世界之共同的错误的默认假设问题。此问题首先要通过下述方式解决①确定当事人是否有共同默认假设(shared tacit assumption),因为当事人的共同默认假设与共同明示假设一样,也是其合同的一部分;然后②确定假设的效果以及救济是否适当。相比之下,披露问题涉及非共同的错误的默认假设(unshared mistaken tacit assumptions)。在披露情况中,A 知道,事实 F 是这样的而 B 默认并错误假设事实 F 不是这样的(我们怎么知道 B 对一个重要事实有错误的默认假设呢? 通常,答案很简单:B 支付或接受的价格表明,他默认 F 非事实,因为如果他知道 F 是事实的话,价格会明显更高)。因为在非披露情况下错误的默认假设不是共同的,所以不能通过确定当事人是否有共同的默认假设来解决披露问题。相反,此问题只能通过政策、道德和经验是否要求知情方披露来解决。

在化粪池或可采矿等情况下,知情方是否有义务披露是合同法中最棘手的问题之一。一个主要原因是:在合同法的多数问题上,政策和道德指向同一个方向。然而在披露情况下,它们往往指向不同的方向。

从道德开始。至少在行为人面对面交易时,而非在一个相对匿名的市场交易时,如公开拍卖或股票市场交易大厅,道德表明,如果一个行为人知道与交易相关的重要事实,并且知道或有理由知道另一个行为人不知道此事实,不披露就是尖刻的交易(sharp dealing),或一种道德欺诈。例如,在史密斯诉休斯案(Smith v. Hughes)中,首席大法官科伯恩(Cockburn)考虑了一个类似于可采矿情形的假设,并说,即使在此种情况下,购买合同也具有约束力,"有慈爱良知或崇高荣誉的人不愿意利用卖方的无知"[4]。同样,特里比尔科克(Trebilcock)指出:

---

[4] (1871) 6 LRQB 597, 604 (Eng.). See also, e.g., Barry Nicholas, The Obligation to Disclose Information: English Report, in *Contract Law Today: Anglo-French Comparisons* 166, 173 (Donald Harris & Denis Tallon eds., 1989).

尽管福利考虑似乎相当明确地有利于买方不披露信息……如果一个人像米尔顿·弗里德曼所做的那样,把没有胁迫和充分信息视为完全自主选择之先决条件的话,买方刻意利用农民不知道影响其财产实际价值的至关重要的事实,似乎包括利用农民不那么完全自主的选择。认为买方的行为违反了康德关于同等关注和尊重的绝对命令是合理的,因为如果角色反转……买方不希望自己的不知道被卖方以这种方式利用,即使这样一个成见可能会以长期的社区福利为代价……农民可能会合理地问,为什么他的利益应当为这个更大的社会目标而牺牲(没有他的知情同意);即为什么他应当被用作实现他人目的的手段?[5]

要求披露也基于强烈的效率理由。首先,交易应根据其条款来执行的原则最稳固地立基于完全信息。特里比尔科克也提出了此点:

即使是最虔诚的自由市场和合同自由的支持者也承认,对要实现帕累托最优质量的特定交换来说,某些信息的先决条件必须得到满足。例如,回顾米尔顿·弗里德曼的陈述:"通过自愿合作进行协调的可能性基于一个基本的——但经常被否认的——命题,即假如交易是自愿且知情的,经济交易的双方当事人都从中受益。"[6]

此外,要求披露可以节省收集知情方已拥有的信息,或多个潜在买家重复收集造成社会浪费的成本(socially wasteful cost)。特里比尔科克也写道:

人们可能也会合理地认为,要求披露此范围的瑕疵可避免各种形式造成社会浪费的交易成本,如一系列未来买家在买前雇佣机械师检查汽车,或者在没有准确信息时进行购买的情况下,就目前完全揭示出的商品状况,将商品转移到最有社会价值的用途可能需要另外的交易……

---

[5] Michael J. Trebilcock, *The Limits of Freedom of Contract* 117-118 (1993).

[6] Id. at 102 (quoting Milton Friedman, *Capitalism and Freedom* 13 (1962)) (emphasis by Trebilcock).

……(不要求)披露一方当事人已知而另一方当事人未知的重要事实……第二方当事人和其他未来缔约方可能被诱使投资于属于浪费的预防措施,以获得第一方当事人已拥有之资产的信息,并且该信息可以非常小的边际社会成本进行传递。[7]

最后,正如安东尼·克朗曼(Anthony T. Kronman)所说,不披露"对缔约方自身和整个社会都是一种成本,因为一方面错误的实际发生总是(潜在地)增加资源,该资源必须用于向最高价值用户分配货物的过程",这只有通过潜在地增加交易成本才能实现。[8]

另一方面,至少在某些情况下,存在反对披露义务的效率根据。以可采矿(Mineable Ore)为例来说明。假设贝塔(或其子公司西格玛)被要求在缔结合同前向雷珀披露磁异常。然后,雷珀可能会联系其他矿业公司,告诉他们贝塔发现的东西,并开始土地拍卖。在此种情况下,贝塔可能会产生显著的勘探成本,但却不会从中获取任何利益,至少在理论上,贝塔和类似公司从事矿产勘探的激励会大大降低。[9] 由于矿物勘探通常是有社会价值的活动,如果披露义务阻碍了此种勘探,那么它是不可取的。此外,在可采矿这样的情况中,如果我们只是关注与雷珀的交易,贝塔的回报可能看起来非常大,但贝塔的总回报可能是适度的,因为贝塔在勘探方面的大部分投资都可能是无益的。

尽管有一些例外,但古典合同法的原理是,不要求知情方向不知情方进行披露。主要例外如下:在 A 和 B 之间的拟议交易中,A 是知情方,那么:①如果 B 问 A 一个他们拟议交易的问题,A 可以拒绝回答,但如果确实回答了,那么他就必须如实回答。例如,在可采矿情形中,如果雷珀问了西格玛的代表 S,是否有任何指征表明雷珀农场下有矿物,S 可以拒绝

---

[7] Id. at 108, 112.

[8] Anthony T. Kronman, Mistake, Disclosure, Information, and the Law of Contracts, 7 *J. Legal Stud.* 1, 2-3 (1978). 尽管有这些争论,特里比尔科克(Trebilcock)和克朗曼(Kronman)都不倡导一般性的披露义务。

[9] 这是在理论上。在实际上,不清楚披露规则在开采矿石等案例中会有多大的抑制作用。参见下文的注释 90-95。

回答,但不能错误地回答说"没有"。②A 不能进行欺诈性隐瞒,即旨在阻止 B 了解相关事实的行为。例如,A 不能通过用一个大花盆覆盖损害部分,来掩盖木地板上有白蚁损害的证据。③A 不能告知片面事实(half-truth),即一个字面上真实但实质上有误导性的陈述。例如,如果 A 试图从 B 购买一家矿业公司的权益,A 不能只如实说明该公司刚刚关闭了唯一的矿山,而不说明该公司即将开一家新矿山。④如果 A、B 有信托关系,如受托人-受益人,或信托和信任关系,如护士-病人,A 就必须做出披露。

古典合同法的披露规则在现代案例中得到了一定程度的支持,但也受到广泛批评;因多项例外情况而受到明显削弱,且在重要方面受到侵蚀。作为规范问题,该规则仅在有限范围情况下是可证成的。一方面要考虑到一般披露义务的道德和效率理由;另一方面要考虑到此义务可能带来的效率损失,以下一般原则应指导此领域内特定规则的制定:合同法应要求披露重要事实,但要求披露会带来重大效率成本的情况除外。此原则称为披露原则。

由于支持披露的道德和效率原因,披露原则借此实现了该结果(puts a thumb on the scale)——事实上,它创造了一个有利于披露的推定。为推翻该推定,在特定情况中,证明披露要求会带来一些效率成本是不够的。相反,只有披露会导致巨大的效率成本时,此推定才会被推翻。[10]

披露原则不意欲直接适用于个别情况。相反,此原则是制定一系列更特定规则的指引,这些规则涉及在特定类型情况下何时应当或不应当要求披露。本章的余文将致力于这些规则。

---

〔10〕特里比尔科克(注释 5)认为,考虑到以尽可能少的交易成本将资产转移到最有生产力的用途的效率目标,"支持披露一方当事人所知而另一方当时不知的重要事实的一般推定"。同上注,第 112 页。然而,他拒绝这样表述的推定,理由是它没有强调要求披露是否会首先减少产生和利用信息的激励。同上注。本章设定的披露原则确实强调产生关于利用信息的激励,参见注释第 19-23 所对应的正文。

二、披露偶然获取的信息

关于披露问题的奠基性作品是安东尼·克朗曼的文章《错误、披露、信息和合同法》。[11] 克朗曼在分析披露问题时首先讨论了一个古老但众所周知的案例,即莱德劳诉奥根案(Laidlaw v. Organ)[12],该案也在随后的分析中予以考虑。莱德劳案是由美国最高法院根据首席大法官马歇尔(Chief Justice Marshall)的意见判决的,当时最高法院仍广泛处理商事问题。最高法院和联邦地方法院的意见都特别简短,因此本案中的一些事实并不清楚。以下对案件的叙述是基于地区法院的意见、该意见的抗辩诉状(bill of exceptions)、律师的论点及基于这些来源的一些直接推论。[13]

1815年初,作为1812年战争的一部分,一支英国舰队封锁了新奥尔良(事实上,战争中最伟大的战役是在这个时候于新奥尔良进行的)。2月18日、星期六,三名美国人谢泼德、怀特和利文斯顿出于某种原因加入了英国舰队。那一天,舰队及随后是三名美国人得到消息说,根据早些时候在根特签署的和平条约,战争已经结束了。关于该条约的消息已在英国报纸上发表,而且很可能是通过这些递送的报纸而传达给舰队的,尽管也可能是由英国来信传达的。其中一名美国人怀特很快准备了一份印有和平条约消息的传单,准备在新奥尔良发行。这本传单于周日早上8点在新奥尔良发行。

很明显,当和平条约的消息广为人知时,新奥尔良的烟草价格会立即上涨,因为储存在该市的烟草将不再封锁。周日日出后的某个时候,但在怀特的传单发行之前,谢泼德向他的兄弟传达了和平条约的消息。谢泼德的哥哥接着把这个信息传达给了奥根,一个从事烟草买卖生意的新奥

---

[11] Kronman, supra note 8.
[12] 15 U.S. (2 Wheat.) 178 (1817).
[13] See id. (including the sources in the Reporter's note).

尔良商人。奥根接着从莱德劳那里购买了111桶烟草(hogshead),很可能是以新闻发布前的市场价格购买的。[14] 谢泼德的兄弟可能对这笔交易的利润有兴趣。和平条约的消息传开后,新奥尔良的烟草价格上涨了30%—50%。然后,莱德劳拒绝交付,或者收回他卖给奥根的烟草,奥根向联邦地区法院提起诉讼,请求特定履行、损害赔偿或两者兼而有之。地区法院指示陪审团裁决支持奥根。在上诉中,美国最高法院得出结论认为,奥根没有义务向莱德劳披露和平条约的消息:

> 本案的问题是,外部环境的情报,可能影响商品价格,而且完全在买方知识范围内,是否应当由买方传递给卖方?法院的观点是,他没有义务传递。在对双方当事人而言获取情报的方式都同等的场合下,相反的理论很难有适当的范围。但同时,每方当事人都必须注意不说或不做任何可能强加于对方当事人的事情。[15]

克朗曼评论到:

> 从社会角度来看,揭示影响商品相对价值之情况变化的信息应尽快到达市场(或者换言之,情况变化自身与其为人所知及评估之间的时间应最小化)。如果农民知道(和平条约)本来会种植烟草却种植了花生,他将不得不在拔除一种作物并替换为另一种作物(这可能非常昂贵,而且在任何情况下都是昂贵的)或将其土地用于非最佳用途之间作出选择。无论哪种情况,无论是个别农民还是整个社会他们都会比一开始就种植烟草的情况更糟糕。变化的信息越早到达农民,社会资源浪费的可能性就越小。
>
> ……
>
> 情况变化的信息尽快到达市场,分配效率就会提高。当然,信息不只是"到达"那里。像其他所有事情一样,它是由个人提供的(或者直接地,通过公开,或者间接地,当它由个人的市场行为发出信号时

---

[14] See text at notes 46-56, infra.
[15] 15 U.S. (2 Wheat.) at 194

提供的)。[16]

此论点可接受,但克朗曼并没有明确说明该论点如何适用于莱德劳案。从文章的语境看,似乎清楚的是,克朗曼认为基于分配理由判决莱德劳案是正确的。然而,事实上,莱德劳案与分配效率毫无关系,因为时间和传递的问题使得披露不可能影响农民、承运人或任何其他人的生产决策。简言之,根据莱德劳案的事实,是否要求披露纯粹是一个分配问题。然而,克朗曼立即偏离了该论点,反而专注于另外两个他认为应规范披露问题之理念的发展。

根据克朗曼的第一个理念,如果相关信息是由知情方"偶然"获取的,那么该信息就应当披露。此后,此种信息被称为偶然获取的信息(adventitiously acquired information)。根据克朗曼的分析,如果从事生产信息活动的成本并非为获取此类信息而产生的,则该信息就是偶然获取的。[17] 换言之,如果信息是在为获取该信息以外的目的而进行的活动过程中获取的,则该信息是偶然获取的。相比之下,根据克朗曼的第二个理念,如果信息是行为人刻意和花费昂贵搜寻信息而获取的,那么就不应要求披露。此后,此种信息称为刻意获取的信息。[18] 克朗曼如下阐释这两个理念:

在某些情况下,拥有信息的人是通过刻意搜寻而获取的。在其他情况下,信息是偶然获取的。例如,证券分析师通过仔细研究某一特定公司的经济业绩证据,刻意获取了该公司的信息。相比之下,当商人无意间听到了公交车上的对话而获取一条有价值的信息时,他就是偶然地获取该信息。[19]

克朗曼未论证他的两个理念应当成为法律规则,因为他认为,根据特定情况来确定信息是偶然获取的还是刻意获取的,成本太高了。相反,他

---

[16] Kronman, supra note 8, at 12-13.
[17] Id. at 13.
[18] Id. 克朗曼(Kronman)将属于第二个理念的信息定义为"获取这些信息产生成本,如不是因为所涉信息实际产生的可能性(无论如何会很大),这些成本就不会产生"。
[19] Id.

提议将这些理念作为指导用作制定要求披露或允许不披露各类法律信息的规则。这些规则的轮廓取决于,相关类别的信息通常是偶然获取的还是刻意获取的,而非实际情况中的信息是偶然获取的还是刻意获取的。[20]

此种分析的问题在于,尽管此领域的任何特定规则都可能涵盖过度、涵盖不足或两者兼而有之,但基于克朗曼分类的规则更是过于如此。进而,此种规则的制定和实施成本极高,因为信息的适当类型化几乎会无休止地存有争论。克朗曼自己只制定了这种类型的一条规则——关于不断变化之市场条件的信息不需要披露,这可能并不偶然。

克朗曼恰当地认为,应当披露偶然获取的信息,至少有如下两个理由:①错误自身就是成本,披露将防止这些成本产生。[21] ②由于偶然获取信息的行为人没有投资于此活动,在此种情况下要求披露不太可能减少社会有用信息的生产。[22] 有人可能反对这种做法,认为尽管偶然获取的信息既不是花钱获得的,也不是无偿获得的,但了解此信息的行为人有权获取该利益。毕竟,对一个行为人来说,保留一个既不是花钱获得也不是无偿获得的利益经常是可接受的。在这些情况下,我们说行为人是幸运的。然而,行为人经常也无权保留不劳而获的利益(retain an unearned and ungifted benefit)。在这些情况下,行为人并不那么幸运。在此语境下,什么构成运气——即什么时候行为人有权保留不劳而获的利益——部分是政策和道德问题,这可能随着时间而变化;部分是法律问题,它通常遵循政策和道德。因此,偶然获取有价值信息的行为人是否幸运并非分析的起点,而是分析的结论。如果根据政策和道德,行为人应当毋庸披露就能够使用这种信息,那么他是幸运的;如果他不应当,那么他就是不幸运的。因此,运气的理念在确定披露原则适用于特定类型情况时,很少或没有独立的权重。除非有适当的政策或道德理由来保护不劳而获的好处,否则利用该好处的企图就可能更具有剥削性或者更恶劣。

[20] Id. at 17-18.
[21] Id. at 2.
[22] Id. at 15-16.

接下来，有人可能会说，要求披露偶然获取的信息，将无法为知识和技能的获得提供有效率的激励，因为即使当行为人偶然获取信息时，他也会只有进行了获得知识和技能方面的投资才能理解信息的价值。例如，扩展下克朗曼的公交车假设，假设 B 从事房地产生意。B 无意中听到公交车上的对话，他正确地理解了，该对话意味着公众尚不知道国家公路局将要批准一条穿过某些农业区之新公路的计划。B 意识到，一旦公开宣布拟建的公路，那么公路附近的农田价格将急剧上涨，因为土地就可以用于有价值的新商业用途。在新公路消息宣布之前，B 购买了与公路相邻的农场。B 没有为获取信息而乘公交车，但他确实投资于获取知识和技能了，这使他能评估他无意中听到的信息。而大多数听到同样对话的人都不会从中得到什么。此种反对披露的论点并不能让人信服。虽然可以想象，偶然获取和利用有价值信息的可能性，是行为人决定获取知识和技能的各种原因之一，但这种可能性即使存在的话也非常小。因此，即使要求披露偶然获取信息的规则，会略微减少获取知识和技能的激励，但该成本太低了无法推翻根据披露原则而有利于披露的推定。[23]

　　反对要求披露偶然获取信息的一个相关论点是，尽管此要求不会显著抑制获取信息的激励，但会阻碍信息的有效利用。如以下范例：

　　亚当·斯密、艾伦和芭芭拉是朋友。芭芭拉邀请艾伦去参加她家的派对。在派对上，艾伦注意到芭芭拉有亚当·斯密签名的《国富论》(The Wealth of Nations) 的第一版。前一周，艾伦在与一位珍本藏书家的晚餐谈话中偶然得知，《国富论》的任何第一版，尤其是签名版，都异常珍贵。因为芭芭拉用这本书做门挡，她显然没有意识到书很有价值。艾伦提出以 15 美元从芭芭拉那里买这本书。芭芭拉接受了。

　　亚当·斯密这一范例大致上是基于特里比尔科克提出的一个假设。特里比尔科克说，在此种情况下，执行披露将"减少（买方）在市场上使用

---

[23]　这并不意味着，有特殊知识和技能的行为人不能在不披露的情况下利用它们。例如，藏书家可以从二手书店淘到卖家定价过低的珍本，艺术专家可以从画廊和古董店淘到卖家定价过低的画作。在这些情况下，买方不仅投资于获取知识和技能，还有意寻求利用这些知识和技能——这与克朗曼假设中的搭便车不同。

这种信息的激励,从而阻碍资源从低价值用途向高价值用途转移"[24]。特里比尔科克的论点可重述如下:在诸如亚当·斯密(Adam Smith)这一范例下,如果要求艾伦披露这本书的价值,那么芭芭拉要么会保留这本书,要么会以全部市场价值卖给艾伦或第三方。因此,艾伦不会从他的信息中获利。因为艾伦不会获利,所以他没有披露该信息的激励。因为他没有披露的激励,所以他不会利用这些信息,这本书也就不会被转移到更有价值的用途,而是依然作为一个门挡。这称之为效用论(utilization argument)。

在许多甚至多数可能涉及此论点的情况下,就不会直接提出这样一个问题,因为如下文所讨论的,在传统规则的一个或多个例外情况下披露是有强制性(mandated)的。如果艾伦和芭芭拉之间有信托和信任关系,亚当·斯密这一范例可能属于此种例外情况。[25] 然而,假设效用论是直接提出来了。在诸如亚当·斯密这一范例下,此论点有如下两个缺陷。

首先,此论点假设只有经济激励才能促使人行动。在亚当·斯密范例中,艾伦可能会告诉芭芭拉书的价值,即使艾伦不会因此获利,因为芭芭拉是艾伦的朋友,他负有朋友间相互应负的义务。

其次,即使只有经济激励才重要是正确的,同样正确的是,尽管艾伦有义务披露信息,但艾伦仍可从他的信息中获利。回想一下,披露义务一词是披露义务或不披露义务的简写。因此,若艾伦提出要购买该书,他有义务披露,当然他也可以无需购买这本书而自由地将信息卖给芭芭拉,只需给出以下报价:"你有一个物品,它的价值比你意识到的要高得多。如果你同意卖掉它,并和我平分你的利润,我就告诉该物品是什么。"艾伦有经济激励来提出该报价,否则他就没有经济回报。出于相同原因,芭芭拉有动力接受该报价。事实上,像这样的交换并不少见。存在这样一项业务,公司努力找到属于行为人的资金,例如继承人失踪了,他们没有意识

---

[24] Trebilcock, supra note 5, at 113.
[25] See infra Section Ⅷ.

到该笔资金的存在,然后公司与行为人订立合同,提供有关资金数量和位置的信息,以换取一定比例的资金。[26] 鉴于艾伦的披露激励,即使要求披露偶然获取信息的规则会减少信息的效用,此种减少的程度也太小,并不足以推翻根据披露原则有利于披露的推定。

最后,有人可能会争辩说,要求披露偶然获取信息的规则会阻碍资源的有效率分配。此种可能的成本也非常小。

总之,规范披露问题规则的一个要素是,应要求行为人披露偶然获取的信息,即行为人在从事获取信息以外目的的某项活动过程中获取的信息。

三、仅是预知的信息披露

根据克朗曼的分析,基本理念是,刻意获取信息的行为人通常不应负披露义务。克朗曼为支持该理论所提出的看法是,如果法律要求披露刻意获取的信息,那么投资获取该信息的激励会显著减低。这个理念是不正确的,或者至少太过笼统。

描述克朗曼分析特点的一种方法是他所采用的程序方法。因为,根据他的分析,是否需要披露信息取决于获取信息的过程:如果信息是通过偶然程序获取的,就需要披露;如果信息是通过刻意程序获取的,则不需要披露。与克朗曼的程序方法相反,几位主流经济学家对披露问题采取了实质(substantive)方法,根据这种方法,不披露的可允许性取决于相关信息的特性(character),而非获取信息的程序。[27] 对此分析做出最显著贡献的是杰克·赫舒拉发(Jack Hirshleifer)的文章《信息的私人价值和创

---

[26] See, e.g., Locator of Missing Heirs, Inc. v. Kmart Corp., 33 *F. Supp.* 2d 229, 230 (W.D. N.Y. 1999);Intersource, Inc. v. Kidder Peabody & Co., 1992 WL 369918, at * 1 (S.D.N.Y. Nov. 20, 1992).

[27] See Muriel Fabre-Magnan, Duties of Disclosure and French Contract Law: Contribution to an Economic Analysis, in *Good Faith and Fault in Contract Law* 99, 111 (Jack Beatson & Daniel Friedmann eds., 1995)("披露义务的效率主要取决于……被披露信息的内容或性质")。

新活动的奖励》[28],罗伯特·库特和托马斯·尤伦(Robert Cooter and Thomas Ulen)的著作《法和经济学》[29],以及史蒂文·沙伟尔(Steven Shavell)的文章《销售前信息的获取和披露》。[30]

赫舒拉发对披露问题的开创性贡献是,在发现和预知之间进行了关键区分。发现是认识到一个事实,此事实可能已经存在,但除非且直到发现,否则它就会隐藏不见(hidden from view)。[31] 这里,"自然的秘密不会自动揭示,而是必须由人类来提炼"[32]。发现的信息使馅饼变大[33],并能更有效率地分配资源以带来社会收益。由于"事先增加了每个人在一般财富中的潜在份额"[34],因此它增加了社会财富。

相反,预知是在适当时候对所有人都会显而易见的知识;其是"自然会……自动揭示的"[35]信息。预知只涉及"优越知识在时间上优先的价值"[36]。预知能给私下获取信息的行为人带来利益,因此行为人可以投资于获取预知。但是预知的利益通常只是再分配性的,而不是社会性的。此信息"并没有增加饼的份额,只是增加了那些有相关信息之人的份额"[37],以及获取此预知的成本很可能超过它的社会价值。因此,法律不需要也确实不应当为刻意获取预知提供激励。[38]

---

[28] Jack Hirshleifer, The Private and Social Value of Information and the Reward to Inventive Activity, 61 *Am. Econ. Rev.* 561 (1971).

[29] Robert Cooter & Thomas Ulen, *Law and Economics* 353-360 (6th ed. 2012).

[30] Steven Shavell, Acquisition and Disclosure of Information Prior to Sale, 25 *Rand J. Econ.* 20 (1994).

[31] Hirshleifer, supra note 28, at 562.

[32] Id. at 569.

[33] See Jules L. Coleman et al., A Bargaining Theory Approach to Default Provisions and Disclosure Rules in Contract Law, 12 *Harv. J.L. & Pub. Pol'y* 639, 694 (1989) (describing Hirshleifer's analysis).

[34] Id.

[35] Hirshleifer, supra note 28, at 562.

[36] Id. (emphasis omitted).

[37] Coleman et al., supra note 33, at 694.

[38] 特里比尔科夫设定了以下假设:假定一个周末徒步旅行者穿过一个农民土地外围的峡谷,偶然发现了石油从裂缝中渗漏。进一步的调查表明,农民的土地下很有可能有石油储藏。在这里,披露规则可能对该信息的生产可能性没有影响,但是 这一规则将成(转下页)

赫舒拉发未特定解决披露问题。他感兴趣的是，获取信息的投资是否及何时是无效率的这一一般问题，以及最佳专利法政策的特定问题。相比之下，库特和尤伦为处理披露问题的特定目的，发展了一种区分不同类型信息的原则。他们的分析大体上与赫舒拉发的分析相似，但在某些方面又有所不同。例如，没有区分发现和预知，库特和尤伦在生产性信息和再分配性信息之间进行了类似的但并不相同的区分。"生产性信息可用来产生更多财富。脊髓灰质炎疫苗的发现和欧洲与中国之间水路的发现是生产性的……相比之下，再分配性信息创造了谈判优势(bargaining advantage)，可用来为知情方重新分配财富。举例来说，在其他人之前知道国家会在何处建一条新的高速公路，这会在房地产市场上传达强大的优势"[39]。库特和尤伦的结论是，搜寻再分配性信息是社会意义上的浪费，因此法律应当阻止在此类型搜寻上花费资源。阻止此种支出的一个重要方式是，对仅是获取再分配性私人信息的行为人规定披露义务：

> ……发现再分配性信息的投资浪费资源。此外，再分配性信息的投资会诱使人们的防御性支出，他们努力不把财富给更知情的人。防御性支出阻止再分配，而非产生一些东西。因此，再分配性信息的投资无论是直接地还是间接地都浪费资源。
>
> 国家不应当创造发现再分配性信息的激励。相反，国家应当阻止发现再分配性信息的投资……

(接上页)为利用它与农民进行交易的主要抑制因素，因此……阻止资源从低价值用途向高价值用途转移。

特里比尔科克，前注5，第113页。这一假设有些模糊，因为渗漏是偶然发现的，但石油的前景是由深思熟虑的调查决定的。因此，这个假设实际上不是一个纯粹的利用案例。然而，设想下没有进一步的投资。相反，徒步旅行者买下了土地，但没有透露渗漏情况，因为根据渗漏情况来看，这是一个好的赌注：地下有石油，如果没有，徒步旅行者几乎可以确定地以他支付的价格转售土地。因为此渗漏可能会在相对较短的时间内对每个人都会变得很明显，包括农民，此假设似乎涉及预知，出于下文第四节和第五节讨论的原因，预知应当总是予以披露。

[39] Cooter & Ulen, supra note 29, at 357. 库特和尤伦(Cooter and Ulen)在其1987年出版的第一版著作中发展了该进路。参见罗伯特·库特和托马斯·尤伦:《法和经济学》(1988年)。然而，本章的引用则来自2012年出版的该书第六版。

这些考虑促使……（制定以下）经济原则……：基于一方当事人生产信息性知识的合同……应予执行，而基于一方对纯粹再分配性信息的合同则不应予以执行。此原则奖励了发现生产性信息的投资，而阻止了发现再分配性信息的投资。[40]

沙伟尔还关注披露问题，与赫舒拉发、库特和尤伦所作出的区分类似，他对仅仅是预知的信息和有社会价值的信息进行了区分，因为后者允许采取行动来提高商品对那些拥有该商品和信息的行为人的价值。沙伟尔得出结论认为，应当要求行为人披露仅仅是预知的私人信息，以降低资源浪费去获取无社会价值之信息的激励。[41]

尽管赫舒拉发、库特和尤伦及沙伟尔的表述存在术语差异和实质差异，但共同的思想比差异更为强烈：某些类型的信息没有社会价值，获取此类信息的成本是社会浪费，因此法律不应当提供获取此类信息的激励，相反，应提供抑制——特别是应当要求披露此类信息。

总之，规范合同法披露问题的应然规则是，法律应当要求披露预知。

四、分配效率

克朗曼分析的显著特点是，他把赌注押在了大相径庭的两匹马上。第一匹马是"分配"，它的骑师是莱德劳案，趋势是通过将信息传递到市场从而有效率地分配社会资源来运行。第二匹马是"激励"，它的骑师是"刻意搜寻"，于需要激励的场合，驱使人们投资于信息获取的激励而运行，但在其他方面则不需要。

克朗曼显然认为他只下了一个赌注，因为两匹马共享同一比赛色

---

[40] Id. at 357-358.
[41] 沙伟尔表示：如果信息在社会意义上没有价值，那么获取它的努力……是一种社会浪费。因此，披露义务在社会意义上是可取的，因为它会减少……获取此类信息的动机。相比之下，在没有披露义务的情况下，所有信息将具有积极的私人预期价值……因此，在没有披露义务的情况下，当事人将被引导投资于获取信息，即使这在社会意义上是不可取的也是如此。参见沙伟尔，前注30，第21页。

(racing colors)* 但这两匹马确实没有同一比赛色。根据克朗曼的分析,如果信息的获取是刻意的,那么激励的赌注就赢了,但是如果信息是偶然获取的,那么该赌注就输了。相比之下,无论信息是如何获取的,也无论涉及什么类型的信息,只要信息传递到市场上,哪怕是通过诸如购买或销售的事实间接的及可能是零碎地传递到市场,分配的赌注就赢了。因此,只下"分配"这一赌注的兰迪·巴尼特(Randy Barnett)指责克朗曼没有把他所有的钱都押在那匹马上:

> 做贸易的人和拒绝做贸易的人所产生的资源价格,代表了无数完全分散信息的总和,这些信息涉及稀缺资源的竞争性替代使用和这些使用的相对主观可取性。因此,一个拥有(甚至是)"意外之财"稀缺信息的人,仍然对其他人的福利作出重要贡献,无论该方向是上升、下降还是不变,它都致使该资源的价格向信息披露的方向移动。尽管做贸易或者不做贸易的价格效果会导致做贸易的人既没有生产任何信息,也没有故意披露信息。我并不认为这个信息过程是完美的,只是说它既重要又不可替代。
>
> 对那些拥有涉及未来资源市场需求变化信息的人施加披露义务,消除了从此信息获利的可能性,从而大大减少了潜在贸易商进行信息披露交易的激励。[42]

简言之,巴尼特主张一个一般性的不披露制度,即使相关信息是预知的或者是偶然获取的场合下也是如此,理由是仅仅是购买或销售的行为就能产生一个将价格推向有效率水平的信号。基于分配效率反对披露的论点有两个基本缺陷。

首先,此论点默示地假设,因为信息的分配效果,信息多多益善。然而,此假设忽略了生产此种"善"(good)的成本。正如伯明翰(Birmingham)指出的:

---

* 比赛色——骑师帽和外套的注册颜色,表明马的主人。——译者注
[42] Randy E. Barnett, Rational Bargaining Theory and Contract: Default Rules, Hypothetical Consent, the Duty to Disclose, and Fraud, 15 *Harv. J.L. & Pub. Pol'y* 783, 797-798 (1992).

"司法规则应当鼓励奶牛"并不从"奶牛是好的"推断而来……我们可能已有太多的牛了,因为养一头牛的边际成本超过了一头牛的边际收益。信息也是如此。鼓励应当在哪里停止呢?我们在这里谈论社会成本。奶牛数量最大化或信息数量最大化很少最优化……(因为信息的生产成本很高且)用于生产此信息的资源可能也会生产其他东西。[43]

其次,通过买卖交易使信息进入市场并不总能带来有效率的收益。例如,回想一下,在化粪池例中,明知道该建筑的化粪池不足并因此非法,安德鲁将他的大楼以可比建筑的销售价格卖给布朗。安德鲁的销售不会带来分配效率的收益。

正像莱德劳案那样,最后,现在以同质商品为例进行分析。[44] 可肯定地假设,奥根以当时的市场(战时)价格购买了烟草,因为如果奥根提供的价格高于市场价格,莱德劳就会怀疑有什么事情正在发生。因此,很难认为奥根的购买对烟草价格有任何看得出的(discernible)影响,因为奥根几乎肯定在有许多买方和卖方的市场上,以市场价格购买相对少量的同类商品。在这里回想下克朗曼的结论,"莱德劳诉奥根案所涉及的那类信息会产生分配后果"[45]。"那类"这个短语很说明问题(telling)。克朗曼没有说实际案例中的实际信息有分配后果——而且有好的(good)理由,因为实际案例中的实际信息有分配后果是不可思议的。奥根的预知信息将在一两个小时后公布,而且奥根肯定已经知道此事。奥根的购买行为所发出的价格信号——在任何情况下都可能是无效信号——不可能影响烟草生产或生产资源的分配。

奥根与莱德劳的合同也没有将烟草转移到更高价值的作用。正如贝尔德、格特纳和皮尔克(Baird, Gertner, and Picker)所得出的结论:

---

[43] Robert L. Birmingham, The Duty to Disclose and the Prisoner's Dilemma: Laidlaw v. Organ, 29 *Wm. & Mary L. Rev.* 249, 259 (1988).

[44] 15 U.S. (2 Wheat.) 178 (1817).

[45] Kronman, supra note 8, at 11 n.34 (emphasis added).

莱德劳诉奥根案中,一方当事人(可能)花了很多钱成为第一个知道1812年战争已结束及英国对新奥尔良的封锁即将解除的人。然而,这些信息只给了收集信息的人以牺牲他人的花费为代价来盈利的能力。比任何人早几个小时知道和平条约已经在几周前签署,没有(或者至少很少有)社会收益……

当没有披露信息的义务时……关于战争是否结束的信息对知道它的人来说是有价值的,尽管它几乎没有或根本没有社会价值。由于它对个人的价值,那个人就会花费资源来获取它……

总的来说,(如果要求披露的话)知情人不比不知情的人做得更好。事实上,因为获取信息的成本很高,知情人的状况会更糟糕,因此没有理由首先收集信息。因为信息大概没有社会价值,所以要求披露的法律有可取的(desirable)效果。当信息没有社会价值时,要求披露的法律比不施加披露要求的法律更好。[46]

无论如何,基于私人信息的个别的(isolated)面对面交易,不太可能对同类商品(如烟草)的价格水平产生分配效果,因为同类商品的市场价格不太可能因此种交易而发生大的变动(即使有的话)。

在涉及异质商品情况下,分配效率的论证吸引力甚至更小。异质商品的价格在一定范围内可协商。因此,任何单一价格通常都有太多的噪音,不能为其他交易提供清晰的价格信号。事实上,如果基于私人信息的交易发出任何信号,那经常是错误的信号。例如,假设B因为事先知道公路局将在农场附近修建一条新的公路而购买了A的农场。B的购买不会发出一个信号,即临近规划中的高速公路的农场现在更有价值,因为没有其他人知道这条高速公路在规划中。如果B的购买发出任何信号,那就是农田通常比以前认为的更有价值。然而,这肯定是错误的分配信号。农田通常不会比之前认为的更有价值。只有A的农场和其他临近规划公路的农场,比以前认为的更有价值,因为其位置对除了B之外的其他人都

---

[46] Douglas G. Baird, Robert H. Gertner & Randal C. Picker, *Game Theory and the Law* 98 (1994); see also Birmingham, supra note 43, at 269; Cooter & Ulen, supra note 29, at 357.

是秘密。同样,化粪池案的价格也发出了错误的信号,因为考虑到无法补救的化粪池问题,该房产价格已经极高了。

五、纯交换制度

有许多方法可以对经济制度进行细分(slice and dice)。一是区分生产和交换制度以及纯交换制度——即不出现生产的制度,以便"不满意他禀赋的个人……只能通过交易来修正它"[47]。在纯交换制度下,不会生产新商品,经济活动由交换现有商品构成。因此,在此种制度下,没有任何需要来激励获取生产性信息,因此始终都应当要求披露。

克朗曼承认,在纯交换制度下即使是刻意获取的信息也应当披露,但通过将此点贬谪为脚注并且将纯交换制度视为根本不现实,进而将让步最小化。[48] 然而,尽管在现代经济中长期运行的纯交换制度是不容易想象的,但纯交换制度很容易在短期内持续存在,在此期间没有充分时间作出重大的生产或分配决定。特别是,预知经常是在短期的纯交换机制中获取和利用的,因为尽管预知通常有较短的保存期,但分配决策通常是在很长时间段内得以发展的。因此,在利用预知信息和信息变得众知的时间之间,不太可能做出重要的分配决策。正如赫舒拉发所说,"'预知'……只涉及优势知识(superior knowledge)在时间上优先的价值"[49],而且通常这种优先性是非常短期的。在这短时期内,预知所支持的决策通常会在纯交换制度中发生,是再分配性的而不是生产性的,不会有分配后果——即使预知是刻意获取的也是如此。[50] 事实上,这正是克朗曼的核心案件莱德劳诉奥根案中发生的情况。从1815年2月18日日出后不久,到以传单形式发布和平条约消息的早上8点,没有人可能会做

---

[47] Hirshleifer, supra note 28, at 563.
[48] Kronman, supra note 8, at 11 n.34.
[49] Hirshleifer, supra note 28, at 562 (emphasis omitted).
[50] 克朗曼(Kronman)举了两个情况并非如此的例子。然而,这两个例子是不现实的——第一个是自认;第二个是接近自认。See Kronman, supra note 8, at 12-13.

出重要且不可撤销的种植烟草的决定。正如罗伯特·伯明翰（Robert Birmingham）所说：

> 在莱德劳案中……私人收益是奥根支付的价格与战争结束消息公布后的价格之间的差额，大约3 000美元；社会利润则是零。莱德劳案只包含转移支付。奥根得到更多的钱，而莱德劳得到更少的钱。在莱德劳案中的合同效果仅仅是再分配性的，而且初步看*也微乎其微。[51]

更一般地说，克朗曼极端低估了纯交换制度的重要性。诚然，长期运行的纯交换机制相对罕见。然而，预知通常只有很短的保存期——通常是几小时、几天或最多数周，因为它是"自然会……自动揭示的信息"[52]。在此较短的保存期内，纯交换制度通常会胜出（prevail），因为没有充分时间投资于生产资源或者对生产资源进行再分配。因此，克朗曼承认，在纯交换制度下，披露规则是可以的而不披露规则则是不必要的，即使对于刻意获取的信息也有非常广泛的适用范围（ambit）。因此，规范披露问题的另一规则是，在纯交换制度下发生的交易中法律应始终要求披露。

六、卖方的披露

就披露问题而言，卖方的交易有几个特点。

首先，买卖双方对信息的获取系统性地不对称：卖方典型地对其拥有商品的特征有特殊的获取途径。通常情况下，这种信息优势实际上不会被买方削弱（unerodable）。即使买方能调查商品，该调查也会涉及卖方并不需支付的大量成本。[53] 卖方对其拥有商品之特征的私人信息，几乎总是毋庸搜寻和投资就可获取。相反，信息通常是所有权之偶然的（adventi-

---

* 意思是从再分配效果看。——译者注
[51] Birmingham, supra note 43, at 270.
[52] Hirshleifer, supra note 28, at 562.
[53] See Kronman, supra note 8, at 25.

tious)副产品。例如,在化粪池假设中,这就是真实的。在此假设中,卖方从其所有权中就可以知道其地产上化粪池的不足。因此,一般来说,要求卖方披露通常是要求披露偶然获取之信息的特殊情况。此外,买方对高度异质商品(如二手机器或住宅)的调查,也很少会获取卖方在其所有权历史中所获取的所有信息。

卖方和买方不披露的另一个重要区别是,通常买方不披露只会导致放弃获益(gain),而卖方不披露则会导致实际损失(actual loss)。买方总是会披露私人信息,表明他想购买的商品比看上去的价值低,因为这些信息会压低价格。据此,买方只会保留商品价值高于表面价值的私人信息。因此,在买方不披露的情况下,卖方只是放弃了他不出售而丧失的收益。相比之下,卖家总会披露商品价值比看上去要高的私人信息,因为这些信息会抬高价格。据此,卖方只会保留商品价值低于表面价值的私人信息。因此,卖方的不披露通常会给买方造成实际的已付损失,被困在价值低于他所付价格的商品上。

行为经济学已证明,行为人是厌恶损失的:人放弃所已拥有东西的负效用(disutility)比获取尚未拥有的东西的效用大得多。[54] 换言之,行为人视失去现有禀赋比失去增加其同等数量禀赋的机会为更大损害。因此,感受到的损失,如已付成本,比放弃的收益更让人痛苦。正如丹尼尔·卡内曼(Daniel Kahneman)所解释的,"收益和损失之间存在不对称,这真的非常具有戏剧性,也非常容易看到……人们真的就在获取和失去之间区别对待,他们不喜欢失去"[55]。在卖方不披露的情况下,收益和损失之间的差别有系统性影响。因为损失比放弃的收益更能明确感受到,所以有额外的理由来关切保护买家免受不披露的损害。正如特里比

---

[54] See, e.g., Richard H. Thaler, *The Winner's Curse: Paradoxes and Anomalies of Economic Life* 63-78 (1992); Daniel Kahneman, Jack L. Knetsch & Richard H. Thaler, Experimental Tests of the Endowment Effect and the Coase Theorem, 98 *J. Pol. Econ.* 1325, 1344-1346 (1990); Amos Tversky & Daniel Kahneman, Rational Choice and the Framing of Decisions, in *The Limits of Rationality* 60, 67-68 (Karen Schweers Cook & Margaret Levi eds., 1990).

[55] See Erica Goode, A Conversation with Daniel Kahneman: On Profit, Loss and the Mysteries of Mind, *N.Y. Times*, Nov. 5, 2002, at F1.

尔科克所说,"将毁损(wipe-out)不同于意外之财来对待是可证成的,理由要么是风险厌恶……与预期损失而非预期收益更契合,或者,根据相关的罗尔斯差异原则,人们通常更喜欢保护自己免受灾难性损失的法律制度"[56]。

同时,在不披露规则为社会有用信息的生产提供了重要激励的场合,它是最容易证成的。然而,所有权人通常并不需要特别激励来为获取自己财产的信息而投资:所有权本身通常为做出此种投资提供充分强大的激励,因为在所有权人拥有财产时该信息使其效用最大化,并如若他出售财产就设定正确的价格。因此,卖方披露的要求通常不会显著减少所有人投资于自身财产信息的激励。[57] 正如沙伟尔指出的,"如果卖方决定是否要获取信息,在没有披露要求的情况下,他们会有过度的激励来获取信息……即使有披露的要求,卖方也会做出获取信息之社会意义上可取的决定。即使在要求披露信息时,卖方也会有正确的、积极的激励来获取信息,因为他们能够获得(capture)由信息带来的价值增长……"[58]

的确,要求卖方披露的规则,可能会略微减少卖方获取自己财产信息方面的投资。例如,虽然房主有激励进行白蚁检查,因为他想维持自己财产的价值,但如果后来发现他想卖掉房子,而且那时他必须披露一份糟糕的白蚁报告,那么他进行白蚁检查的激励可能会稍微降低。然而,根据披露原则,披露会产生一些效率成本并不足以推翻该原则。而且只有成本必须很高才可以推翻该原则。披露要求只会偶尔降低所有人投资于自己财产信息的激励,即使此种降低发生,降低也可能并不大。要求卖方披露会降低所有者投资于自己财产信息之激励的可能性比较轻微,不足以推翻披露原则所体现的应披露的推定。

因此,根据披露原则,合同法的另一规则应当是,无论卖方是如何拥有和获取要出售财产的所有重要信息的,都要求卖方披露。

---

[56] Trebilcock, supra note 5, at 146.
[57] See Shavell, supra note 30, at 21.
[58] Id.

1. 市场信息

基于一些原因或者所有这些原因,克朗曼同意卖方应披露他要出售之财产上潜在瑕疵的重要信息。[59] 但是,克朗曼不要求卖方披露关于财产的私人市场信息,即与商品价值有关但外在于商品的信息。市场信息就是马歇尔法官在莱德劳诉奥根案中描述的"外部情况的信息(intelligence),它可能会影响商品价格"[60],这与商品内在特征的信息相反。大多数市场信息是公开的,但有些信息在短期内可能是私人信息。莱德劳案就是一个例子。奥根没有任何他要购买的烟草特性的私人信息,但是他却有烟草市场的短期私人信息。

的确,要求卖方披露的两个原因并不适用于市场信息:卖方没有获取市场信息的不对称渠道,而且可能会刻意而非偶然地获取市场信息。然而,其他原因依然存在。在大多数情况下,正像莱德劳案一样,市场信息将仅仅由预知组成;基于所有人的所有权,不管涉及何种信息,所有人都有激励收集他财产的信息;卖方而非买方拥有的市场信息通常会导致买方受损失而非买方放弃的收益。

2. 现行法律和实践

理论上,现行法没有要求卖方披露的一般规则。然而,事实上,卖方有义务披露的规则无论在法律上还是在实践中都不会产生重大变化。

现代经济理论教导说,即使卖方没有法律义务这样做,他们也会经常披露,因为不披露经常会在竞争中瓦解(unraveling)。贝尔德、格特纳和皮尔克用涉及密封苹果盒的例子来说明此种效应。[61] 假设一个苹果盒能装多达 100 个苹果;卖方知道盒子里有多少苹果,但买方并不知道,如果卖方谎报了盒子里的苹果数量,买方可起诉卖方并获得损害赔偿。

---

[59] See Kronman, supra note 8, at 26.

[60] Laidlaw v. Organ, 15 U.S. (2 Wheat.) 178, 195 (1817); see also Barnett, supra note 42, at 796-798.

[61] Baird, Gertner & Picker, supra note 46, at 89-90.

从卖方在盒子里装了 100 个苹果的情况开始。如果卖家不透露盒子里苹果的数量,买方就会认为盒子里的苹果少于 100 个,并拒绝支付 100 个苹果的价格。因此,100 个苹果的卖方会透露他们的盒子里有 100 个苹果。现在考虑 99 个苹果的卖方。这些卖方不想和盒子里苹果少于 99 个的沉默卖方混在一起。因此,为了获取 99 个苹果的价格,99 个苹果的卖方会透露他们的盒子里有 99 个苹果。但是现在,98 个苹果的卖方将面临与之前 100 个苹果和 99 个苹果的卖方同样的困境。因为那些卖方正在披露,如果 98 个苹果的卖方保持沉默,买方会把他们和盒子里苹果少于 98 个的沉默卖方混为一谈。因此,为得到 98 个苹果的价格,卖方将披露其盒子里有 98 个苹果。这种效应一直传递到 1 个苹果的卖方。因此,所有卖方都会披露他们盒子里苹果的数量。

瓦解只有在特定条件下才会发生。例如,如果买方知道一些卖方并不拥有相关信息,买方就不能确定卖方是否因不希望披露或者因没有该信息而保持沉默。然而,即使在不发生瓦解的场合下,很多制定法和条例(regulation)也都要求卖方披露。例如,《证券法》对销售证券的人施加了广泛的披露要求。[62]《食品和药品法》要求食品和药品的销售者进行广泛的信息披露。[63]《统一商法典》通过施加广泛的默示担保间接要求货物的卖方披露信息。[64] (担保是一个比披露更强的概念。披露义务通常只适用于行为人知道的事实,因此并不提供行为人进行调查的激励。相比之下,担保法并不取决于行为人的知识状态。因此,担保法提供了行为人调查的激励,以避免提供无法支持的默示担保。[65] 想避免这些担保影响的卖方必须要么披露他们产品的瑕疵,要么否认或限制担保,这些都会发出他们产品质量不佳的信号。)不同州的制定法要求房屋的卖方进行广泛披露。例如,《加利福尼亚民法典》第 1102 条要求房屋的卖方披露墙

---

[62] See 15 U.S.C. §§77a-77aa (2015).
[63] See 21 U.S.C. §§301-399 (2015).
[64] U.C.C. §§2-314 to 2-316 (Am. Law Inst. & Unif. Law Comm'n 1977).
[65] See S.M. Waddams, Pre-contractual Duties of Disclosure, in *Essays for Patrick Atiyah* 237, 245-246 (Peter Cane & Jane Stapleton eds., 1991) (担保和披露的关系).

壁、天花板和管道的重大缺陷或故障；环境问题、洪水问题和邻里噪音问题。[66]

法院也开始更积极地要求卖方披露，尤其是在不动产的情况下。例如，在希尔诉琼斯案（Hill v. Jones）[67]中，房屋的卖方知道但没有披露过去白蚁侵袭的信息。法院认为，如果侵袭严重，应当披露。

现代的观点是，在如下场合下，卖方有披露重要事实的积极义务：

1. 披露是防止先前的主张成为误述或是欺诈性或重大性所必要的；

2. 披露会纠正另一方当事人关于该方订立合同所依据之基本假设的错误，如果不披露则等于未能善意且未能按照公平交易的合理标准行事；

3. 披露将纠正另一方当事人关于书面文件内容或效果的错误，该书面文件证明或体现全部，或体现部分协议；

4. 另一方当事人有权知道该事实，因为他们之间有信托和信任关系……

法院以略微不同的方式规定了披露义务。例如，佛罗里达州最高法院宣布，"在房屋卖方知道不容易察知的且买方不知道的对财产价值有重大影响的事实，卖方有义务向买方披露这些事实"。……我们发现佛罗里达州披露规则的制定恰当地平衡了私人住宅买卖交易中当事人的合法利益，因此在这种情况下采纳了该规则。[68]

同样，在温特劳布诉克罗巴茨案（Weintraub v. Krobatsch）[69]中，新泽

---

[66] Cal. Civ. Code §§1102-1102.18 (West 2007). See also, e.g., Tex. Prop. Code Ann. §5.008(b) (West 2017); Va. Code Ann. §55-519 (2017).

[67] 725 P.2d 1115 (Ariz. Ct. App. 1986).

[68] Id. at 1118-1119. See also, e.g., Johnson v. Davis, 480 So. 2d 625, 629 (Fla. 1985). 现代法律还对新房屋的房东和卖方规定了适居性的担保。See Javins v. First Nat' l Realty Corp., 428 F.2d 1071, 1080-1081 (D.C. Cir. 1970); Conklin v. Hurley, 428 So. 2d 654, 656-658 (Fla. 1983); Revised Unif. Residential Landlord & Tenant Act §302 (2015）; 7B U.L.A. 326-327 (2006).

[69] 317 A.2d 68, 75 (N.J. 1974).

西州法院认为,房屋的卖方必须披露蟑螂侵害的信息。在里德诉金案(Reed v. King)[70]中,加利福尼亚州法院认为,如果一名妇女和她的四个孩子十年前在家中被谋杀的信息,对房屋市场价值有可计算的影响,房屋的卖方必须披露。[71]

简言之,应当而且在很大程度上确实规范合同法披露规则的另一个要素是,除了某些例外,应当要求行为人披露他所拥有的有关出卖之财产的重要事实。

七、通过不适当手段获取的信息

通过诸如盗窃、违反忠实义务或侵入电子邮件等不适当(improper)手段获取相关信息的行为人,也应当要求披露上述信息。不要求披露的主要理由是为获取生产性信息提供激励。当用来获取信息的手段在社会意义上不可取时,这种理由就不再适用了,或者站不住脚了,因为法律不应当激励使用这种手段。《合同法重述(第二次)》第161条的示例1说明了此类案件:

> (A试图诱使B签订合同将土地出售给他,他也得知这块土地含有价值的矿藏。A清楚B不知道此事,但没向B披露此事。B订立了合同。)A非法侵入B的土地时才得知了有价值的矿藏一事……A的不披露相当于断言该土地不含有价值的矿藏,而该断言是误导。

内幕交易法也说明了此种情况,该法通常规定基于误述的信息买卖证券是不适当的。[72]

---

[70] 193 Cal. Rptr. 130 (Ct. App. 1983).

[71] Id. at 133-134. See also Bethlahmy v. Bechtel, 415 P.2d 698, 710-711 (Idaho 1966)(卖方必须披露,一条埋在地下的水管穿过附属车库); Thacker v. Tyree, 297 S.E.2d 885, 888 (W. Va.1982)(披露房子建在会产生结构问题的回填地基的义务)。然而,在一些州,房屋的卖方不需要披露。See, e.g., Stevens v. Bouchard, 532 A.2d 1028, 1030 (Me. 1987)(如果买方和卖方之间没有特殊关系,卖方没有义务披露场所的缺陷)。

[72] See United States v. O'Hagan, 521 U.S. 642, 655-666 (1997); United States v. Falcone, 257 F.3d 226, 233-235 (2d Cir. 2001).

八、忠实关系及信托和信任关系

另一类要求披露的情况是,知情方与不知情方有忠实关系或信托和信任关系。在美国诉戴尔案(United States v. Dial)中,波斯纳法官提出了在忠实情况下要求披露的经济正当性:

> 欺骗(deceit)为普通法意义上的欺诈(fraud),是指通过言语、行为刻意误导他人,或在某些情况下——特别是存在产生披露所有重要事实之信托关系的场合下,通过沉默刻意误导他人……
>
> 忠实关系的本质是,受托人同意充当他本人的另一个自我,而非采取市场中交易者的标准公平立场。因此,本人在与陌生人打交道时并不需通常的谨慎;他托付受托人会像处理自己事务一样坦诚地处理他的事务——他已经为坦诚买单了。[73]

除了要求受托人做出披露的经济正当性之外,还存在道德正当性:如 A 知道或应当知道的,如果 A 对 B 负有忠实义务,那么社会道德会引导 B 公平地期待 A 的坦诚。

基于关系的坦诚之要求不限于忠实关系。当然,它适用于任何持续性关系,在此种关系中,社会习俗或默示理解使一方或双方当事人正当地预期:另一方在他们之间的交易中能够坦诚行事。在合同法中,这种关系被称为信托和信任的关系(trust and confidence)。如《合同法重述(第二次)》第 161 条所述:

> 一个人不披露他所知道的事实相当于该事实不存在……
>
> (d)另一人因他们之间的信托和信任关系而有权知道该事实。[74]

第 161 条的评论 f 指出:

---

[73] United States v. Dial, 757 F.2d 163, 168 (7th Cir. 1985).
[74] Restatement (Second) of Contracts § 161 (Am. Law Inst. 1981).

……即使严格地说,在一方当事人不是受托人的场合,他也可能与另一方有信托和信任关系从而给予另一方期待披露的权利。此关系通常存在于同一家庭成员之间,而且也可能出现在其他情况中,如医生和患者之间……

(示例)13。A是一个有商业经验的人,他在家里养育了年轻人B,而B习惯性地听从他的建议,尽管A既不是B的父母也不是B的监护人。A试图诱使B签订一份向A出售土地的合同,但A知道,由于规划中的购物中心,该土地的价值会明显增加,但却没有向B披露。B订立了合同。A之不披露相当于声明土地的价值没有明显增加,此声明构成误述。

许多信托和信任关系都属于既定的和明确的社会模式,诸如亲子关系或医患关系。然而,如示例13所表明的,如果持续性关系是那种产生坦诚的正当预期的关系,就要求披露的目的而言,任何此种关系都应视为信托和信任关系。因此,例如,如果一个人从另一个人那里买了一辆二手车,长期亲密的朋友会有正当的坦诚预期。即使一些商业关系也可能会产生正当的坦诚预期,如其中一方是专家,另一方则不是,而非专家早已把自己交给专家手里。一个例子是邮票商和依赖邮票商建立收藏的老客户之间的关系。问题是当事人是否处于持续性关系中,作为适用于此种关系的社会惯例或隐含在此种关系中的理解之问题,在此种当事人达成的交易关系中,不知情方有正当的坦诚预期。[75]

九、例外

迄今为止发展的一些规则都有例外,本节将讨论这些例外。

---

[75] Cf. Restatement (Second) of Torts §551(2) (Am. Law Inst. 1977)("商业交易的一方当事人有义务在交易完成前,采取合理的注意向另一方披露交易的基础事实……如果他知道另一方当事人在事实错误情况下进行交易,并且另一方当事人由于他们之间的关系、贸易习惯或其他客观情况,那么会合理预期披露这些事实")。

1. 错误风险已分配给了不知情方

在共同假设的情况下，假设错误的风险可能通过合同分配给受到不利影响的一方当事人。[76] 非共同假设错误的风险也可能通过合同规定或贸易惯例分配给不知情方。例如，商业地产交易中的一个惯例是，当买卖双方都是商人时，每方当事人都严格依靠自己，除非信息是不当获取的，否则既不会指望披露也不会做出披露。如果存在这种惯例，那么即使是偶然获取的、仅仅是预知的或由卖方持有的信息也不需要披露，因为参与该交易的人会默示同意贸易惯例(trade usage)。

2. 不知情方本应注意到，未能进行合理搜寻，或两者兼具

处于不知情方位置的一般人会注意到他的假设是错误的，而且会进行校正该错误的调查，或者兼具两者，非共同假设错误的风险也应当分配给不知情方。例如，在化粪池例中，如果买方在订立合同之前看到原污水渗出地面，卖方就不应当有义务披露化粪池问题，因为处于买方位置的一般人会知道污水系统有瑕疵，并通过合理调查就会发现该瑕疵。

作为可采矿假设基础的实际交易也同样如此。此假设基于一个著名的内幕交易案例的事实（或相关事实），即美国证券交易委员会诉德克萨斯湾硫磺公司案(SEC v. Texas Gulf Sulfur Co.)[77]，但实际交易在几个重要方面不同于假设案例。在实际交易中，买方——或者更准确地说，期权获取者(optionee)——德克萨斯湾硫磺公司，卖方——或者更准确地说，期权出售者(optionor)——加拿大皇家信托银行，作为亨德里地产(Hendrie Estate)的执行人，亨德里地产相当大，其中包括相关的一块土地。这块地不是农场，也不在农场区域。反而，它位于加拿大地盾区的蒂明斯地区(Timmins region of the Canadian Shield)，这是一个主要依靠木材和矿产资源的广阔但相对贫瘠的区域。此外，德克萨斯湾没有购买亨德

---

[76] See supra Chapter 43 Section Ⅱ (B).
[77] 401 F.2d 833 (2d Cir. 1968).

里地块。相反，它以 500 美元购买了期权，该期权允许其能够勘探该地产两年，并在此期间以 1.8 万美元获取该地产上的采矿权。如果德克萨斯湾进一步行使了期权，然后发现了一个商业矿体，该地产公司将获取 10% 的利润，这是该行业的标准。[78] 在确保第一个期权之前，德克萨斯湾写信给银行(written the Bank)，"(我们的)探矿部门……在(邻近公共)土地上的蒂明斯地区进行了大量工作。为完成对该区域的评估，我们正在考虑对私人或公司拥有的土地进行可能的基础建设"[79]。

这项交易的各种因素使银行和地产公司注意到，德克萨斯湾拥有私人信息，非常可能的是，亨德里地产下有一个可采矿体。由于加拿大地盾区* 相对贫瘠，该地块只可能因木材或矿产而有价值——而德克萨斯湾不是一家木材公司。德克萨斯湾通知银行，它在该地区进行了广泛的探矿工作。德克萨斯湾还特别通知该地产公司(the Estate)，它希望进入该地产来完成其对蒂明斯地区的评估。很明显，德克萨斯湾并不打算在广袤的加拿大地盾区的每一处地产上都探矿，而且银行和该地产公司一定知道德克萨斯湾因矿产原因而甄选了亨德里地块；显然，德克萨斯湾的"大量工作"使它相信亨德里地块很可能蕴藏着可采矿体。

当然，德克萨斯湾没有向银行或亨德里地产披露它的特定发现。当然也不需要披露，因为它是买方而非卖方；它的信息既不是偶然获取的也不是不当获取的(尽管这里有一点怀疑，因为在获取基本期权前，德克萨斯湾可能已经非法进入了该地块的土地)，而且此信息不仅仅是预知。无论如何，德克萨斯湾已经做了足够多的事情，让银行和地产公司注意到它有关于亨德里地块可能含有矿物的有利信息。因此，如果德克萨斯湾有披露义务，它就应完成该义务。在此点上，地产公司有责任进一步详细询问德克萨斯湾所知道的东西。如果亨德里地产进行了这样的询问，而德

---

〔78〕 Morton Shulman, The Billion Dollar Windfall 1-11, 75-86 (1969).
〔79〕 Id. at 81.
* Canadian Shield-加拿大地盾区位于加拿大北部,部分位于魁北克省北部和安大略省。大多数岩层严重变质,形成各种各样的矿床。有些古老地层严重"绿岩化",在加拿大地盾上形成很多绿岩带,是金属矿较多的地区。——译者注

克萨斯湾拒绝提供进一步的信息,那么知道德克萨斯湾肯定有未披露的关于亨德里地块的有利信息,亨德里地产要么不与德克萨斯湾做生意,要么孤注一掷,进行德克萨斯湾提议的交易。亨德里地产孤注一掷了,下了公平的赌注,那么赌输了就不应当再抱怨。

3. 交易发生的社会语境是买方寻求卖方之错误的博弈

由于交易发生的社会语境,行为人也可能承担了就交易事实产生错误的风险。例如,假设 A 是业余但训练有素的藏书家,他在 B 所有和管理的旧书店里发现了一本罕见的、有价值的、价格非常低的书,从书的价格可以明显看出 B 不知道该书的特点或价值。出于已细致考虑的原因,A 没有义务披露:他是买方,不是卖方;他确定本书稀有而有价值,不仅仅是预知,而是因为 A 的知识和技能,如果不是 A 的知识和技能,可能永远不会也不能有该发现;这些信息既不是偶然地也不是不适当获取的。

但为什么不应当要求 A 披露还有另外一个原因。A 发现所发生的社会语境是珍本博弈,在此博弈中,有知识和技能的买家经常光顾旧书店,希望找到经销商未能认识到旧书价值的低价书。旧书经销商知道存在持续性的珍本博弈。整体上,他们会从该博弈中受益,即使他们偶尔在某笔交易中亏损了,因为此博弈会给他们的商店带来更多的流量,那些带着希望能够买到便宜货的买家即使没有找到便宜货,通常也会买一本书回去。因此,如果经销商不想输掉博弈,他就有责任让自己了解珍本,并仔细检查自己的库存。当然,大批量旧书经销商会认为:对他来说,仔细检查入库的每本书的稀有性是无效率的,但这是经销商的选择,应当支持该选择。

相同观点也适用于某些其他的社会语境。以旧货销售(Garage Sale)为例。进行旧货销售的人都知道,有一种旧货博弈,其中,购买人是为获意外之喜而逛旧货销售市场的。因为该博弈增加了买家的数量,所以对卖家有利。从博弈中受益的卖家在失败时抱怨则是不公平的。

本节中讨论的例外并非在所有情况下都适用。它们通常不能证成通过不当手段获取信息的行为人不予披露,也不能在信托和信任关系的语境下要求披露。然而,在适用的场合下,这些例外将允许不披露,即使是偶然获取信息的行为人、私人信息仅仅是预知的行为人及卖方也是如此。 620

十、小结

作个小结,规范合同法中披露的原则如下:

在以下情况下,行为人有提议之合同交易的重要信息,他知情但他的相对方并不知情,应当要求他披露该信息:
- 信息是偶然获取的;
- 信息仅仅是预知;
- 当事人在纯交换领域进行交易;
- 信息是不当获取的;或者
- 行为人及其相对方有忠实关系或信托和信任关系。

在以下情况下不要求披露:
- 当事人没有忠实关系或信托和信任关系,信息是适当获取的,不知情方关于交易事实假设错误的风险是由合同或贸易惯例分配给他的;
- 不知情方注意到他的错误假设是没有根据的(unfounded),没有进行合理的调查,或者两者都有;或者
- 交易发生的社会语境是一个买方所寻求的就是卖方之错误博弈。

附录：不披露制度对效率有多大贡献？

经常明确或者隐含在证成广泛允许不披露之古典合同法规则中的论点是，此规则是繁荣经济的重要引擎，因为在要求更多披露的制度下，会产生更少的生产性或者分配性信息。因此，如果采用此种制度，效率就将会有所减损。然而，是否会产生更多的生产性和分配性信息仍是推测。为此，考虑可采矿石等假设的情况。通常，在此种情况下不应要求披露，但在大多数此种情况下，披露问题很可能没有实际意义。弗兰克·伊斯特布鲁克在《内幕交易、秘密代理人、证据特权和信息生产》一文中指出，"除非发现者被允许使用其来之不易的信息来获取大量矿床价值，否则安大略省蒂明斯地区就不会发现矿石"[80]。此说法太夸张了，而且很可能是错误的。今天，许多或大多数新的石油和矿藏，都位于公众所知的可能储有矿藏的区域。这些区域通常属于政府所有，政府有公开拍卖出售石油和矿产的权利。在其他情况下，石油或矿藏是通过在如下土地上勘探而发现的，即石油或矿藏存在的可能性是众所周知的公共土地，而且勘探者为这些目的在土地上钻探或标桩。在另外一些情况下，潜在的石油或矿藏位于私人土地之下，这些土地位于已知的含石油或矿物的区域，因此卖方注意到买方正在获取土地——或者更典型地，获取石油或矿物权利的期权或租赁——以开采这些商品。

大多数情况下，即使在位于矿藏完全未知区域的私人土地下发现了石油或矿产，石油或矿产公司也可能会采取一些措施——例如获取矿物或石油权利或执行矿物或石油租赁的期权——让土地所有者注意到，买方认为土地下存在有价值的矿物或石油矿藏。在这些情况下，披露问题

---

[80] Frank H. Easterbrook, Insider Trading, Secret Agents, Evidentiary Privileges, and the Production of Information, 1981 *Sup. Ct. Rev.* 309, 328.

也没有实际意义。[81]

例如,作为对发给几位石油和天然气学者的简短问卷的回应,德克萨斯大学奥斯汀分校的欧内斯特·史密斯教授(Ernest Smith)指出:

> 石油公司的绝大多数收购,都通过一种称为石油和天然气租赁(oil and gas lease)的方式进行(尽管它相比租赁具有更多契约的特征)。典型"租赁"的效果是在规定时间段内——也许是5年——以及此后石油或天然气的生产量达到一定数量时,转让所述地块下的石油和天然气的权利……
>
> 交易形式清楚地提醒土地所有者,购买者对土地下石油和天然气的利益;但是,除非附近的土地已进行先前开发,否则土地所有者不太可能知道实际上生产前景有多好。同时,石油公司几乎可以肯定地说,它在谈判协议时所依赖的是地质和地震信息。三十多年前,当典型的土地所有者是农民或牧场主,并且可能相对不复杂时,石油公司拥有这些信息使其在石油和天然气租赁谈判中具有巨大优势。如今,大多数土地所有者都在谈判协议时聘请律师,有经验的律师应能够获取地质信息;因为有专门的顾问提供这种信息——当然费用很高。
>
> 很少有石油公司直接购买土地的情况。其中一个主要原因是购买地表资产(surface estate)会大大增加石油公司的交易成本。今天当然也是如此,即使在50年前也是如此,那时地表权利(surface rights)比矿产权利的价值低得多。[82]

---

[81] 参见南方卫理公会大学的乔治·哈奇森能源法教授约翰·劳(John S. Lowe)在2003年1月30日给梅尔文·艾森伯格教授的电子邮件。

[82] 参见德克萨斯大学奥斯汀分校的自然资源法雷克斯·贝克尔百年讲座教席的欧内斯特·史密斯(Ernest Smith)在2003年3月30日发给梅尔文·艾森伯格的研究助理霍华德·托尼·卢(Howard Tony Loo)的电子邮件。

问卷上说:"我们感兴趣的是,当一家石油或矿产开采公司购买该公司认为地下有石油或有价值矿物的私人土地时,该行业惯例是什么。具体来说,我们感兴趣的是土地的私人所有人通常是否注意到石油或矿产开采公司认为土地有石油或矿产。石油和矿产开采公司通常会通过以自己的名义购买或获得期权或权利,或者与卖方分享利润来通知卖方吗?换言之,(转下页)

同样,德克萨斯理工大学的布鲁斯·克雷默(Bruce Kramer)说:

> 在现代世界中,在未证实区域进行石油和天然气租赁谈判之前,石油和天然气开发公司显然将与矿产所有者谈判勘探协议……很显然并不隐瞒勘探活动意在发现石油和天然气是否存在的事实。据我所知,租赁交易中几乎没有欺骗行为,也没有证据表明埃克森(Exxon)或雪佛龙(Chevron)试图掩盖开发油气地点的事实。[83]

其他回应也类似。[84]

硬矿物的实践通常是可比的。矿业公司通常通过"土地保有人"(landman)与土地所有者交易。想要从私人所有者那里获取采矿权的土地保有人通常会获取矿产租赁,以获取开采使用费(royalties)和不可退还的预付款,而非整个所有人的可继承地产权益(fee interest)。[85] 因此,拟议合同的性质让可继承地产所有人(fee owner)能够注意到,未来的承租人有理由相信土地下有矿物。

诚然,如果德克萨斯湾(Texas Gulf)知道必须详细披露,它可能不会有所发现。然而,只要土地所有人得到通知,可以要求更详细信息,拒绝进一步谈判,或者自担风险继续增加交易,就不应当要求进行详细披露。因此,一个更现实的问题是:如果德克萨斯湾知道需要让土地所有人注意到它已经发现了他的土地有前景的信息,那么它还会进行投资吗?我们

(接上页)我们想知道行业惯例是否使私人土地所有者知道(因为石油或矿产开采公司告诉他们)或应当知道(因为想要购买土地的公司是一家石油公司)为什么公司想要该土地。或者,矿产开采公司有时会利用第三方购买土地,这样私人所有人就不会被告知矿产开采公司对土地感兴趣的事实吗?行业惯例是什么?

　[83] Email from Bruce Kramer, Maddox Professor of Law, *Texas Technical University*, to Howard Tony Loo, Research Assistant to Melvin A. Eisenberg, March 30, 2003.

　[84] 参见南方卫理公会大学的乔治·哈奇森能源法教授约翰·劳(John S. Lowe)在2003年2月5日给梅尔文·艾森伯格的研究助理霍华德·托尼·卢(Howard Tony Loo)的电子邮件(作者存档)。一般来说,石油公司不会直接购买土地,他们只是租赁。他们经常通过经纪人(broker)租赁,经纪人不透露委托人姓名。当然也经常有很多竞争,如相互竞争的租赁代理人和独立企业家。我不认为这与商业房地产市场有较大区别。如果市场按预期的运行,谨慎进入市场的人应当在"公平"范围内达成交易。

　[85] Telephone Interview with David Phillips, Director, *Rocky Mountain Mineral Law Foundation*, October 21, 2003.

知道该问题的答案——德克萨斯湾愿意并且确实通知了银行和亨德里地产(Hendrie Estate),其他石油和矿产公司通常也这样做。为什么石油和矿产公司认为他们可以利用他们发现的信息,即使这让土地所有人注意到他们的发现影响了土地的价值?具体来说,为什么德克萨斯湾不认为亨德里地产一旦被告知它很可能拥有一个可采矿体,就会开始拍卖呢?

这个问题有几种可能的答案。第一,德克萨斯湾向该地产提供了业内标准的开采权使用费条款,因此拍卖可能不会实质提高亨德里地产会获取的开采权使用费(尽管不可退还预付款的金额可能是可以协商的)。第二,德克萨斯湾确实给自己保留了重要信息——即它的确发现——如果没有这些发现,其他投标人会盲目投标。事实上,除了德克萨斯湾以外,任何中标者几乎肯定会出价过高,因为考虑到德克萨斯湾的发现,德克萨斯湾的出价会达到但只能达到一个在经济上合理的点上。

在某些相对独立的(isolated)领域,如美术领域,不披露任何信息的权利可能是提高效率的一种手段。正如缪里尔·法布尔-蜜妮安(Muriel Fabre-Mignon)所表达的,买方"没有激励"——或者更准确地说,没有经济激励——"去获取这些信息,因为他这样做的努力只会让卖方受益……杰出作品将保持未知,因此极可能落入不识货的人手中"[86]。因此,彻底的披露制度在世界上并不能证成。然而,最终,不披露权的宏观经济影响是未知的,而且很可能是不可知的。也许在这些情况下不披露的权利是经济发展的强大引擎。很可能这只是把双刃剑。

---

[86] Fabre-Magnan, supra note 27, at 114.

第四十五章　意外情况的效果

——履行不可能、履行不可行与目的落空

一、导言

也许合同法中最棘手的问题是,关于何时以及如何基于履行不可能、履行不可行(impracticability)或目的落空而赋予司法救济,它们在本书中被统称为意外情况(unexpected circumstances)。正如怀特和萨默斯所言[1],"履行不可能以及商业合同履行不可行的原理……构成了合同原理尚未逾越的顶峰。显然,所有 20 世纪早期和中期著名的登山者,科宾、威利斯顿、法恩斯沃思和许多不那么著名的其他人都对这个主题发起了进攻,但还没人成功地征服该顶峰"[2]。

在某种程度上,该领域问题的棘手性源于它们固有的困难。正像错误一样,基于意外情况的救济之观念与合同法中风险转移、交易安全及知识、技能和勤奋的回报等基本观念之间,似乎存在着矛盾。意外情况案件所提出问题的固有困难,由于该领域的分析倾向立基于以下三个前提中的一个或多个而变得更加复杂:(1)意外情况之情景中的唯一问题是允诺人的不履行是否可因相关情况而免责;(2)是否根据意外情况而证成救济,应通过适用单链(single-stranded)检测来确定;(3)该检测应当仅仅关注合同订立时双方当事人的事前预期(expectations ex ante),而不应考虑

---

[1] James J. White & Robert S. Summers, *Uniform Commercial Code* §4-10 (6th ed. 2010).

[2] Id. at 181.

事后因素(ex post considerations),即要么根据合同所产生的或近似地导致的或可能产生的双方当事人的获益和损失。所有这三个前提都是不正确的:(1)意外情况案件中的问题比在免责和不免责之间作出选择要复杂得多;(2)这些问题的解决要求发展一套原则,其复杂性与所涉问题相匹配;(3)这些原则应将事后因素考虑进去。

实际上,意外情况的情景经常不仅仅涉及新事件(event)的发生。它们还往往涉及既有情况未能以当事人预期的方式持续下去,或者通常发生的事件并没有发生,例如冬季湖泊冻结。因此,意外情况,经常可以被描述为新情况,或者被描述为既有情况没有持续或重复情况没有发生。为便于阐述,本章中的术语"事件"(occurrence)和"意外情况"的使用包括所有三个类别,除非语境另有所指,术语"情况"(circumstance)和"事件"(event)会或多或少互换使用。

五个原则应规范意外情况的案件:

1. 如果当事人共同持有(share)了默认的不正确假设,即在合同期限内某些情况的不发生是确定的而非有疑问的,且如果该假设是明示的而非默认的,那么该假设的不正确将为司法救济提供基础,通常应赋予司法救济。该检测称为共同默认假设检测(the shared-tacit-assumption test)。

2. 如果由于价格和成本的急剧及意外的普遍上涨,履行会给允诺人造成无合理基础的(unfounded)损失,该损失将大大超过当事人合理地预期允诺人所要承担的损失风险,通常也应赋予司法救济。该检测被称为未交易风险之检测(unbargained-for risk test)。在某种意义上,此检测只是默认假设检测的一个特例——默认假设是当事人都不承担此损失的风险。然而,该检测需要特别对待,因为它基于特殊类型的情况,并包含特殊类型的救济。共同默认假设和未交易风险检测的适用,在很大程度上立基于方法论和心理学命题。方法论上的主张是,缔约方的默认假设,像其他默示合同条款一样,通常最好通过考虑情况类似的缔约方可能会假设承担什么来确定。心理学上的主张是行为人是损失厌恶的,即行为人将现有禀赋(existing

endowments)的损失视作比未能增强同等数量禀赋的机会为更大伤害。[3]

3. 在司法救济基于共同默认检测的场合,允诺人通常不对预期损害赔偿承担责任。然而,在某些落入此检测的情况中,允诺人应当对信赖损害赔偿承担责任。

4. 在司法救济是基于未交易风险之检测的场合,允诺人通常不应对传统的(完全)预期损害赔偿承担责任,但应对修正形式的预期损害赔偿承担责任。

5. 根据任一检测,在决定是否赋予救济及赋予何种救济时,法院可以适当考虑某些事后因素。

本章第一节分析共同默认假设检测和该检测下的适当救济。第二节分析未交易风险之检测及该检测下的适当救济。第三节考虑并拒绝了理查德·波斯纳和安德鲁·罗森菲尔德提出的一个众所周知的替代检测[4],该检测使意外情况案件取决于,一旦意外情况发生,哪一方当事人是该风险的最低成本保险人。第四节阐述事后因素在意外情况之情形中的作用。在整个过程中,会考虑由意外情况案件提出的问题及由涉及共同错误事实假设(即双方错误)案件提出的密切相关的问题之间的连续性和不连续性。

在本章中,术语"允诺人"用于指寻求完全执行其允诺之司法救济的当事人,允诺人与受到不利影响的一方当事人将或多或少地互换使用。"履行不可能"和"履行不可行"这两个术语主要是指,卖方因意外情况的发生而受到不利影响的情况,该情况要么使其履行不可能,要么——更通常地——大大增加了履行成本。相反,目的落空(frustration)一词主要用

---

[3] See, e.g., Richard H. Thaler, *The Winner's Curse: Paradoxes and Anomalies of Economic Life* 63-78 (1992); Daniel Kahneman, Jack L. Knetsch, & Richard H. Taler, Experimental Tests of the Endowment Effect and the Coase Theorem, 98 *J. Pol Econ.* 1325, 1326, 1328 (1990); Amos Traversky & Daniel Kahneman, Rational Choice and the Framing of Decisions, in *The Limits of Rationality* 60, 67-68 (Karen Schweers Cook & Margaret Levi eds., 1990).

[4] Richard A. Posner & Andrew M. Rosenfeld, Impossibility and Related Doctrines in Contract Law, 6 *J. Leg. Stud.* 83 (1977).

来指买方因意外情况的发生而受到不利影响的情况,因为意外情况的发生大大降低了卖方履行对买方的价值。

二、共同默认假设检测

1. 默认假设

所有合同都基于许多假设。有时作为合同基础的假设被明确提出。如果合同明确基于一个结果为不正确的假设,通常该假设的效果将在(合同)解释下处理。克里尔诉亨利案(Krell v. Henry)[5],与格里菲思诉布里默案(Griffith v. Brymer)一样(在第 43 章讨论)都是著名的加冕案。爱德华七世于 1902 年 6 月 26 日在威斯敏斯特教堂加冕,加冕游行将于 6 月 26 日和 6 月 27 日举行。克里尔在伦敦有一套公寓,他于 1902 年 3 月离开英国。在他离开之前,克里尔指示他的律师按照律师认为合适的条件出租公寓,租期不超过 6 个月。6 月 17 日,亨利注意到克利尔公寓外面的一则公告,俯瞰加冕队伍的窗户要出租。亨利随后订立了协议,6 月 20 日以书面形式确认了协议,在 6 月 26 日和 6 月 27 日的白天但不包括晚上,以 75 英镑的价格租下这套公寓,并以 25 英镑作定金。此后不久,爱德华生病了,6 月 24 日,他的医生决定他需要手术。结果,加冕典礼和游行都推迟了。亨利没有支付协议下剩余的 50 英镑,克里尔诉请该金额。法院做出了利于亨利的裁判。沃恩·威廉姆斯勋爵 Justice Williams,在主要意见中说,"我认为,在合同订立时,不能合理地想到缔约各方在合同订立时就已经考虑到加冕仪式不会在宣布的日期或者……宣布的路线举行"[6]。

现在假设克里尔诉亨利案中的当事人已明确声明,"本协议是基于加冕游行将于 6 天内如期举行的假设而订立的"。在此种情况下,基于意外

---

[5] [1903] 2 KB 740.
[6] Id. at 750. Some of these facts are based on John D. Wladis, Common Law and Uncommon Events: The Development of the Doctrine of Impossibility of Performance in English Contract Law, 75 *Geo. L.J.* 1575, 1609, 1618 (1987).

情况的分析就没有必要了。相反,作为解释问题,亨利会胜出。然而在实际情况中,相关的假设是默认的,不是明确的。与效果落入解释领域之明确的共同假设相比,默认的共同假设是意外情况案件的核心。

默认假设的概念由朗·富勒解释如下:

> 像"意图""假设""预期"和"理解"这样的术语似乎都暗示着一种意识状态,这种意识状态包括意识到选择并在其中有意进行选择。然而,显见的是,有一种心理状态可以被描述为"默认假设",它不涉及意识到了选择。读着书从办公室走进大厅的心不在焉的教授,"假设"大厅的地板会在那里。他的行为受该假设的制约和指引,尽管他并没有"想到"地板被拆除的可能性:地板被拆除不存在于他有意识的心理过程中。[7]

一个能捕捉默认假设概念的更通俗表达是"理所当然"[8]。正如这个表达所表明的,默认假设和明示假设一样真实。默认假设并未变明确,即使在其作为合同基础的场合也是如此,是因为它们被认为是理所当然的。和富勒教授每次要走进一扇门时都会发生的一样,它们如此深深地印在当事人的脑海中,以至于当事人根本没有想到要明确这些假设,"记得检查地板是否还在"。

当然,如果缔约行为人有无限时间且没有成本,他们可以绞尽脑汁找出拟议合同所立基的所有共同默认假设,并使每个假设都明确。但是行为人没有无限时间,而且他们确实有成本。有限理性原则在此处适用。正如奥利弗·威廉姆森(Oliver Williamson)所说,此原则"已经界定……如下:'与现实世界中需要客观理性行为来解决之问题的规模相比,人类思维制定和解决复杂问题的能力是非常小的……'(有限理性原则)既指的是无误地接收、存储、检索和处理信息能力的神经生理学的局限,也指

---

[7] Lon L. Fuller & Melvin Aron Eisenberg, *Basic Contract Law* 732-3 (8th ed.2006).

[8] Cf. Lee B. McTurnan, An Approach to Common Mistake in English Law, 41 *Can.B. Rev.1,* 51 (1963)(采用了该表述:"对事实存在的绝对相信")。

语言固有的定义局限"[9]。因此，举例来说，如果搜寻信息的成本为零，那么考虑作出决定的行为人会对所有相关信息进行全面搜寻。然而，在现实中，搜寻信息确实涉及时间、精力和金钱等形式的成本。大多数行为人要么不想耗费全面搜寻所需的资源，要么认识到以任何现实成本都无法实现全面搜寻。因此，人类的理性通常受到信息、搜寻和信息处理能力（ability）和潜能（capability）的限制。在经济学家乔治·施蒂格勒开发的信息搜寻模型下[10]，行为人投资搜寻直至进一步搜寻的预期成本等于进一步搜寻的预期边际回报。在此种模型下，行为人终止搜寻的决定是理性的，即使后来证明进一步搜寻会产生信息，从而改善行为人的最终选择。尽管行为人在作决定之前想知道这些信息，但他会理性忽略上述信息。

正如就每一条相关信息，缔约方理性地终止搜寻外面世界的外部过程一样，就每一个相关默认假设，他也会理性地终止搜寻他头脑的内部过程。无论如何，通常几乎不可能进行这种彻底的内部搜寻。正如兰迪·巴尼特（Randy Barnett）指出的：

> （当我们）把未来事件的内在不确定性增加到无穷量的现存世界知识中时……我们立即可以看到合同能……表达履行之前、期间或之后可能出现的每一个意外情况的诱人想法都是纯粹的幻想。因此，合同一定是对不计其数的事项保持沉默。构成每个协议基础的许多默认假设就像"明天太阳会升起"的假设一样基本。它们太基本了以至于不值得关注。[11]

---

[9] Oliver E. Williamson, *Antitrust Economics* 75-76 (1987). 威廉姆森补充说："以下对决策过程的描述表明，将有限理性与不确定性结合起来对合同目的的影响：'即使对中等复杂的问题……整个决策树也无法生成。这种情况有几个原因：一是树的大小。复杂决策问题中备选路径的数量是非常多的……第二个原因是，与国际象棋不同，在大多数决策情况下，既没有备选路径也没有生成这些路径的规则可用……第三个原因是评估后果的问题……对于许多问题，备选的后果即使不是不可能也很难估计。综合决策模型对于大多数有趣的决策问题而言是不可行的。' Id. at 75-76 n.18.

[10] George J. Stigler, The Economics of Information, 69 *J. Pol. Econ.* 213-225 (1961).

[11] Randy E. Barnett & Nathan B. Oman, *Contracts: Cases and Doctrine* 1065 (6th ed. 2017).

简言之,在缔约中,就像生活的其他领域一样,有些事情不言而喻。不言而喻的事物的一个核心特征是——它们没有被说出来。相反,正如巴尼特所说,这些东西太基本了以至于不值得关注。

现代合同法承认合同是"当事人协议所产生的全部法律义务"[12],协议反过来又意味着"当事人在其语言中发现的或通过其他情况推断出的事实上的交易"[13]。在这些情况中,有一些共同默认假设,当事人认为它们是确定的而非有问题的,它们是合同的基础。此种类型的共同默认假设和明示条款一样是合同的一部分,因此,如果假设得以明确,意外情况的风险本会从允诺人那里转移走,那么共同默认假设也应以同样方式运行。

这种共同默认假设的方法是通常确定合同未规定条款之方法论的适用,即如果当事人提出相关的问题,它们很可能会同意的合同条款。因此,在克里尔诉亨利案(Krell v. Henry)中,我们可以相当自信地说:(1)处于缔约方地位的行为人都有一个共同的默认假设,即加冕仪式会在6天内举行;(2)合同在此假设的基础上订立;(3)亨利没有承担该假设不正确的风险——没有就此赌博,也没有得到报酬去赌加冕典礼是否会举行;(4)由于损失厌恶的现象,50英镑的已付损失对亨利的影响将大于50英镑的预期收益对克里尔的影响。

2. 共同默认检测的例外

并非就未来的每个共同默认假设都足以证成司法救济。以下是四个主要例外:(1)相关情况发生的可能性不容忽视的情形。(2)相关情形发生或不发生的风险明确或默示地分配给受到不利影响之一方当事人的情形。(3)非共同假设或者是评估性假设的情形。(4)意外情况的影响并不重大的情形。

(1)相关情况发生的可能性不容忽视

首先,如果当事人默认尽管相关情形极不可能发生,但发生的可能性

---

[12] U.C.C. § 1-201(12) (Am. Law Inst. & Unif. Law Comm'n 2001).
[13] Id. § 1-201(3).

不容忽视,那么默示假设不应作为意外情况下司法救济的基础。在此情况下,该假设的已知不确定性虽然很小,但通常会影响当事人缔约的决定、合同价格金额或两者之一。正如李·麦克特南(Lee McTurnan)在双方错误语境下所说,"在当事人知道一种不确定性而缔约时,自然推论是他们评估了此种可能性* 并相应地确定价格"[14]。

这并不意味着,假设必须在客观上是确定的,以证成根据共同假设检测下的司法救济。关于未来的每一个假设——例如,包括明天太阳会升起的假设——在客观上都是不确定的。问题是缔约方是否默认假设了,在相关方面未来是确定的。因此,在克里尔诉亨利案中,很明显,双方都默认假设,加冕仪式会如期在6天内举行是确定的。因此,该假设应当而且确实提供了司法救济的基础,尽管客观上这一假设是有问题的。

当事人是否默认假设了未来特定情况的发生是确定的而非不确定的一个指引是,该发生是否是可合理预见的,即可能预见到或者至少不是不太可能发生的。[15] 可预见性是一个复杂的概念,它的含义会随语境而改变。在意外情况案件语境下,情况是否可合理预见应取决于①缔约方预见该情况的困难程度,以及②鉴于缔约方实际知道的信息和该情况发生可能的显著性,缔约方确实预见该情况的可能性。

合同期限也是相关的。合同在特定期限内延续。可以称之为合同期间(contract time)。合同期间越长,在此期间发生各种影响合同情况的可能性就越大。例如,如果一方当事人租用剧院20年,可合理预见的是,在合同期间内,剧院可能会被一些灾难性事件摧毁。相比之下,如果同一当事人租下同一个剧院到次日晚上,在此合同期间内剧院因灾难性事件而

---

* 即不确定性的可能性。——译者注

[14] Cf. McTurnan, supra note 8,at 16.

[15] See Note, Te Fetish of Impossibility in the Law of Contracts, 53 *Colum. L.Rev.* 94,98 n. 23 (1953)(可预见性被适当地用作"证明承担履行不可能风险的一个因素")。对于认为只有在不可预见的情况下,基于意外情况的司法救济才可用的案件,see, e.g., E. Air Lines, Inc. v. McDonnell Douglas Corp., 532 F.2d 957, 980 (5th Cir. 1976); Barclay's Bus. Credit, Inc. v. Inter Urban Broad. of Cincinnati, Inc., No. 90 Civ. 2272, 1991 WL 258751, at * 8 (S.D.N.Y. Nov. 27, 1991); Iodice v.Bradco Cleaners, 1993 Mass. App. Div. 54, 58 (1993).

遭到破坏则可能是无法合理预见的。

在合同期间内特定情况的发生在订立合同时是可合理预见的,这表明当事人并未假设:该发生是确定的。相反,在合同期间内特定情况的发生并非可合理预见,这表明当事人都默示假设该情况在合同期间内发生或者不会发生是确定的。但合理的可预见性通常只是一个指引(index),而非检测(test)。检测是当事人默示假设了什么。实际上,这个问题通常会根据事实裁判者(fact-finder)的常识直觉来解决,即类似情况的当事人可能会持有什么样的默认假设。合理的可预见性应当在此决定中发挥非常重要但通常并非决定性的作用。[16] 经验丰富的或者从事大规模合同业务的一方当事人可能认为,合同期间内特定情况的发生是不确定的,而经验不足的或者从事非常小规模业务的一方当事人可能默示假设:合同期间内该情况的发生是确定的。朗·富勒如此阐述此点:

> 在当事人签订合同的场合下,一个意想不到的履行障碍可能会取决于语境而在不同程度上干扰运行。对签约用卡车在穿越山口的道路上运送货物的人来说,填满道路的泥石流可能是一个非常有破坏性和意外的事件。但是,承包修建一条穿越该山的道路的人,可能会把施工过程中发生的同一事件视作暂时的挫折和对他智谋的挑战。[17]

虽然合理的可预见性通常应当是重要的但非决定性的,但在以下情况下应当是决定性的:如果合理的可预见的情况应当发生,它将影响这类从事相对标准化商品交易的卖方,并且这种情况的发生预示着承担发生风险的溢价已被计入市场价格。在此种情况下,对于风险溢价已计入价格的单个卖方来说,他个人没有察觉到该事件已经得以预示了不应成为

---

〔16〕 See, e.g., Madeirense Do Brasil, S.A.v.Stulman-Emrick Lumber Co., 147 F.2d 399, 403 (2d Cir.1945).

〔17〕 Fuller & Eisenberg, supra note 7, at 769.

抗辩理由。[18]

例如,在跨大西洋金融公司诉美国案[19]中,1956年10月2日,埃及占领苏伊士运河*造成国际危机期间的前几个月,跨大西洋公司和美国签署了货物运输航次租船合同。租船合同表明了航次的两个终点——德克萨斯州加尔维斯顿到伊朗沙普尔港(Galveston, Texas to Bandar Shapur, Iran)——但没有表明航线。这两个终点之间的常规路线是经过苏伊士运河。10月27日,跨大西洋公司的船只"克里斯特斯号"从加尔维斯顿出发,沿着一条会穿过运河的航线航行;10月29日,以色列入侵埃及;10月31日,英国和法国入侵运河区;11月2日,埃及关闭了运河。结果,克里斯特斯号被迫绕到好望角进行了一次更长、更昂贵的航行,跨大西洋公司声称有权获得更长航程额外费用的附加补偿。法院未支持该请求。法院在司法意见中指出,"如果有任何情况,围绕该合同的情况表明,运河关闭的风险可能被认为已分配给跨大西洋公司。我们知道或者可以有把握地说,就像大多数利益受到苏伊士局势影响的商人一样,当事人知道……运河可能成为危险地区。毫无疑问,紧张局势影响了运费"[20]。

紧张局势影响费率的结论应当是法院分析的目的。赋予此结论的唯一含义是,包括跨大西洋公司在内的承运人已经通过收取运河航线不可用的风险溢价而增加了费率。因此,美国已经向跨大西洋公司支付了溢价,覆盖了所发生的风险。跨大西洋公司不能既收取风险溢价,又否认风险的覆盖范围。

(2)意外情况发生的风险明确或默示分配给受到不利影响的一方当事人的情形

如果该情况发生的风险明确或默示分配给了受到不利影响的一方

---

[18] See U.C.C. § 2-615 cmt. 8 (Am. Law Inst. & Unif. Law Comm'n 2002):"当在签订合同时,争多的意外事件被充分预示并已包括在商业风险中,而该商业风险被合理地认为是已商谈条款的一部分时,本节(由于履行不可行而免责)并不适用,无论是有意识地还是根据情况进行合理的商业解释均是如此。"
[19] 363 F.2d 312 (D.C. Cir.1966).
 * 之前一直在英法控制运河。——译者注
[20] Id. at 318.

事人,本可证成司法救济的意外情况就不应这样做了。这不是对共同默认假设检测的限制,而仅仅是一个必然推论(corollary)。如果当事人都共同持有一个默认假设,即该情况不会发生,那么该检测就不会将某种意外事件发生的风险分配给受到不利影响的当事人,但如果合同明确或默示地另有规定,则它就不以这种方式分配风险。

这个例外很简单,但是它的适用有时会很困难。正如共同假设要么是明确的,要么是默示的,风险分配也是如此。美国诉威格马蒂公司案(United States v. Wegematic Corp)[21]是一个引领性例子。1956年6月,美国联邦储备委员会邀请电子制造商提交数字计算系统提案。威格马蒂公司呈交了一份提供一台新计算机——ALWAC 800的提案。威格马蒂公司将该机器描述为"一个利用了所有最新技术进步的真正革命性的系统",其特色为"通过使用高度可靠的磁芯,维护问题得以最小化"[22]。9月,联邦储备委员会订购了ALWAC 800,于1957年6月30日交付。订单规定,如果威格马蒂公司未能遵守合同的任何规定,联邦储备委员就会可以从其他来源采购合同所描述的服务,并使威格马蒂公司对任何额外成本承担责任。威格马蒂公司接受了订单。

在几次供货延迟通知之后,1957年10月中旬,威格马蒂公司宣布,由于工程难题,"在这个时候交付ALWAC 800计算系统已经变得履行不可行"[23]。联邦储备委员会随后采购了一台与ALWAC 800用途基本相同但价格更高的IBM 650计算机,并起诉威格马蒂公司要求损害赔偿。威格马蒂提出抗辩,理由是,"由于'基本工程困难',交付变得履行不可能,解决这些困难需要一至两年时间,会花费100万至150万美元,才可能会成功,但也并不确定"[24]。困难可能源于磁芯,而非晶体管,在开发的这个阶段磁芯还没有足够的均匀性。"[25]

---

[21] 360 F.2d 674 (2d Cir.1966).
[22] Id. at 675.
[23] Id.
[24] Id.
[25] Id.

在初审中，联邦储备委员会获得了 179 450 美元以补偿 IBM 设备的超额成本。在弗兰德利法官的意见中，第二巡回法院维持原判，主要理由是不能制造所允诺的计算机之风险已经由威格马蒂公司默示承担了：

> 我们看不出有任何理由认为，当制造商将电子系统作为革命性突破来推销时，革命性突破风险就落在购买者身上了；合理的假设是，革命性突破已发生，或者至少，制造商向买方保证，当机器组装时，它将会发生……如果制造商希望免于承担该风险，即理论上很好的东西在硬件上没有实现，那么合适的免责用语已众所周知，并且经常被使用。[26]

(3) 习惯和贸易惯例；从情况中推断

意外情况的风险也会通过习惯或贸易惯例或从情况中推断出，默示地分配给受到不利影响的一方当事人。如《统一商法典》第 2-615 条的评论 8 所述："当事方自愿通过协议承担更大责任的约定优于本条规定，这种约定（协议）不仅可以从合同的明示条款中得到确定，而且也可以从缔约时的客观环境、贸易惯例等情形中得到确定。"[27] 例如，假设 A 通常使用合同规定，来避免使 A 承担某些意外事件发生的风险。如果 A 订立了不包括此类规定的合同，我们可强烈地推断出 A 已接受了该风险。此点在巴巴罗萨父子公司诉伊腾雪佛兰公司案（Barbarossa & Sons, Inc. v. Iten Chevrolet, Inc.）[28] 中得到了说明。伊藤与巴巴罗萨订立合同，向其提供一辆大型卡车供巴巴罗萨的业务使用，然后他从通用汽车公司订购了这辆卡车。伊藤通常根据订单与客户签订通用汽车的合同，其中包括一个免责条款，根据该条款，伊藤提供汽车的义务取决于他从制造商处获得汽车的能力。然而，在与巴巴罗萨的合同中，伊藤没有使用通常的订单，并且他使用的合同没有免责条款，也没有将通用汽车作为供应来源。随

---

[26] Id. at 676-677.

[27] See also Transatlantic Fin. Corp. v. United States, 363 F.2d 312, 316 (D.C. Cir.1966) ("意外事件发生的风险已分配的证据……可以在周围情况中找到，包括贸易习惯和惯例")；14 James P.Nehf, *Corbin on Contracts* §74.7, at 46 (Joseph M.Perillo ed., rev.ed.2001).

[28] 265 N. W. 2d 655 (Minn. 1978).

后,通用汽车取消了伊腾对巴巴罗萨卡车的订单,并拒绝交付卡车,显然是因为通用汽车正经历零部件短缺。当伊腾未能将卡车交付给巴巴罗萨时,巴巴罗萨从第三方购买了另一品牌的卡车,并起诉伊腾要求损害赔偿。伊腾抗辩,理由是通用汽车取消订单和拒绝生产卡车使履行变得不可行。法院判决支持巴巴罗萨,部分理由是伊藤没有在合同中包含通常的免责条款。

正如在跨大西洋公司案一样,风险的默示分配也可由计入风险的价格来证明。

共同假设检测仅适用于相关假设共同持有的情况,即仅适用于双方缔约人都持有该假设的情况。例如,假设承包商 A 同意在 B 从第三方购买的一块土地上为他建造房屋。不从事建筑业务的 B 可能默示假设在该地块上建造房屋可行。然而,作为一名专业承包商,几乎确定 A 会意识到,他可能会遇到意想不到的底土条件,这会大大增加他的成本。如果 A 确实遇到此种底土条件,他就不能根据共同假设检测获得司法救济。[29]

如果假设要成为基于意外情况之司法救济的基础,那么双方必须共同持有一个默认假设,这一规则具有有益的信息强制效果。例如,在底土假设情形中,A 知道或应当已知意外底土条件的风险,B 既不知道也不应当知道。因此,如果 A 希望要么在此底土条件出现时免责,要么将此条件的风险由 B 承担,A 应提请 B 注意此种风险,并明确约定避免该风险。默认假设需共同持有的要求,赋予 A 去做这件事的激励。这通常是建筑合同案件之现实世界中的场景。根据规范此种情况的法律规则,承包商承担意外底土条件的风险,除非他约定规避该风险。[30] 明显的是,在此种情况下,最常用的建筑工程格式合同要求在此类案件中公平调整价格。[31]

---

[29] 如果成本增加非常大,根据无交易风险之检测,A 可能有权获得司法救济。See Section Ⅱ, infra。

[30] See, e.g., Rowe v.Town of Peabody, 93 N. E. 604, 605-606 (Mass.1911).

[31] Am. Inst. of Architects, *General Conditions of the Contract for Construction*, Art. 3.7.4 (AIA Doc. A201, 2017 ed.).

当然，缔约方做出的一些假设并非共同持有——例如，一方当事人假设价格会上涨，另一方当事人假设价格会下跌。此种情况并不提出任何特殊问题。当事人之间谈判的基础，只是对他们所理解的不确定的世界状态进行有意且不同的评估，而非他们都相信确定的假设。事实上，这些评估假设——基于对未来可能性的有意识评估，即使双方当事人都共同持有，也都并不相关。

（4）重大性（Materiality）

如果意外情况的影响并不重大，默认假设就不应提供司法救济的基础。由于各种原因，意外情况的影响可能并不重要。例如，意外情况可能只涉及合同的一个较小方面；例如，如有相同价格的可比承运人时，不能使用指定的承运人装运货物，或者可能只涉及不重要的数额；例如可比承运人收取的费用仅略高。或者，允诺人能减轻他的经济损失。例如，假设A打算和B结婚。A为了开始婚姻生活，从房东那里租了一套两居室的公寓，她把她的计划告诉了房东。B在结婚前以及租期开始前死亡。A不应被赋予司法救济。即使租约是基于A和B会结婚的默认假设而订立的，A也可以通过转让租约或转租公寓来避免大部分或全部经济损失。此立场体现在《合同法重述(第二次)》第265条的示例5中：

> A与B订立合同购买一台机器并交付给在美国的B。A也知道，B意欲将机器出口到特定国家转售。在交付给B之前，政府管制禁止向该特定国家出口机器。B拒绝接受机器或者拒绝支付机器费用。如果B能合理地对机器进行另行处理，即使有所损失，他将机器投入商业使用的主要目的并没有实质落空。B接受并支付机器费用的责任并未免除，B应对A承担违约责任。[32]

---

[32] See also, e.g., Swif Can. Co. v. Banet, 224 F.2d 36, 38 (3d Cir. 1955)(美国的羊皮买家将获得加拿大的羊皮所有权，但监管禁止将羊皮进口到美国。买方之目的受挫的抗辩被驳回，理由是"即使货物不能进口到美国……据我们所知，世界其他地方都可以自由地作为买方的货物目的地"）; Coker Int'l v. Burlington Indus., 747 F. Supp. 1168, 1171 (D.S.C. 1990), aff'd, No. 90-2494, 1991 WL 97487 (4th Cir. June 11, 1991); Nicholas R. Weiskopf, Frustration of Contractual Purpose— Doctrine or Myth?, 70 *St. John's L.Rev.* 239, 256-257 (1996).

3. 共同假设检测下过错的作用和司法救济的性质

在双方错误情况(即当事人对既有世界有共同错误假设的情况)和大多数意外情况之情形中的司法救济,都是基于被证明为存在不正确的共同默认假设。[33] 但是,既然双方错误和大多数意外情况之情形由一个共同检测来规范,合同法为什么应当且为什么确实区分这两个原理类型呢?

该问题的答案是,行为人通常理所当然地认为当前世界有确定的特征,但并不太普遍理所当然地认为未来世界将有确定的特征。因此,缔约方更有可能共同持有这样一个默认假设,即当前世界的事实是确定的,而非另外一个默认假设,即未来世界的某些方面的确定性。在相关语境下,巴拉克·梅迪纳(Barak Medina)指出:

> (心理学研究表明)人们更愿意押注于尚未发生的风险,而非押注于他们尚未知道的已发生的风险。例如,(希思和特沃斯基,1991年;罗思巴特和斯奈德,1970年)报告称,比起上周同一股份的(他们并不知道的)价格,人们更愿意押注下周该股份的价格。根据这些结果,人们更愿意承担未来事件的风险,而非承担已发生的但他们还并不知道该事情之结果的风险。[34]

因此,与涉及世界当前状态的双方错误案件相比,法院可能更不愿意在涉及世界未来状态的意外情况案件中赋予救济。

然而,基于双方错误和意外情况之间某些反复出现的实际差异,原理区分也有更深和更复杂的理由。尽管这些实际差异没有达到能严密区分的程度,但它们具有重要的理论和原理意义。[35] 这些实际差异之一涉及过错的作用。在双方错误情况下,受不利影响的一方当事人,很少会因世

---

[33] See *Restatement (Second) of Contracts* §§152, 261 (Am. Law Inst. 1981) [hereinafter Restatement Second].

[34] 巴拉克·梅迪纳(Barak Medina)2006年12月11日给梅尔文·艾森伯格的信。

[35] 本章讨论的共同错误和意外情况之情形之间的区别,是基于每类情况之反复出现的特征,而非基于每类情况必然内在的特征。在偶然情况下,一个共同错误的情况有与意外情况之情形更典型联系的特征,本章所发展的处理后一类情形的原则,通常应当通过类比来扩展并相应地应用。

界的实际事实不同于双方默认假设的事实而有过错。[36] 相反,在意外事件情况下,受到不利影响的一方当事人可能对相关情况的发生有过错。例如,涉及合同标的毁损的一种反复出现的意外情况,比如火灾。在此种情况下,毁损很可能是由于毁损发生时占有标的物的一方当事人的过错造成的。因此,尽管理论上受到不利影响之一方当事人的过错在双方错误或意外情况下都可能会出现,但实践中过错不太可能出现在前一类情况下,但过错并非不可能出现于后一类情况中。

《合同法重述(第二次)》第157条强调了双方错误情况与意外情况的情形之间的区别。根据该条,错误方的过错通常不会阻止他受到双方错误原理的庇护:

> 根据本章规定的规则,错误方在订立合同前不知道或未发现事实的过错并不妨碍其撤销或变更(reformation)合同,除非他的过错等于未能善意地根据公平交易的合理标准行事。

相比而言,基于意外情况发生而提供司法救济的《合同法重述(第二次)》的规定仅明确适用于,在受到不利影响的一方当事人对造成相关事件没有过错的场合。例如,第261条规定:

> 在订立合同后一方当事人的履行因事件之发生而变得不可行(impracticable),对此他没有过错,而该事件的不发生是合同订立的基本假设,除非语言或情况表明相反,否则他做出该履行的义务就免除了。[37]

假设意外情况是由允诺人的过错导致的,否则的话该情况本会给允诺人提供免责事由了。[38] 例如,假设剧院的所有人不能履行该剧院租赁

---

[36] 当然,一方当事人可能因误述或未能披露事实而有过错,但此种情况并非共同错误的情况,因为它们不涉及共同的默认假设。

[37] (Emphasis added.) See also *Restatement Second* §266(1)(既存的不实际) and §265(因后续目的受挫而解除)。

[38] 就意外情况之情形下过错地位的细致讨论,特别强调比较语境和历史语境,参见James Gordley, Impossibility and Changed and Unforeseen Circumstances, 52 *Am. J. Comp. L.* 513 (2004)。

的合同，因为他不小心丢弃了一支未熄灭的雪茄，导致剧院发生火灾。当然，应当赋予允诺人的过错以某些效果。根据《合同法重述（第二次）》，允诺人的过错以二元方式运作，就像开关一样，禁止允诺人使用他本来有权援引的意外情况免责。然而，还有另一种进路来看待这个问题——过错应当像调光开关一样在连续体（continuum）中运行。允诺人造成意外情况的过错可能是轻微的或者严重的。在一个极端，过错可能包括故意或重大过失（reckless）的行为。在另一个极端，过错可能只包括轻过失。允诺人的行为在过错连续体中的位置应当影响受允诺人的损害赔偿计算。在允诺人并非由于他的过错所生之意外情况而免责的场合，如果她的过错轻微，合理的调整是要求允诺人支付信赖损害赔偿——受允诺人因信赖允诺而产生的费用——而非支付预期损害赔偿。因为他有过错，而且他的过错已使受允诺人比作出允诺之前的情况更糟，所以应当要求允诺人支付信赖损害赔偿。然而，允诺人应当免于支付预期损害赔偿，因为如果不是他的过错，他将免于承担责任，过错是轻微的，并且在通过信赖损害赔偿来补偿受允诺人的成本后，在该术语的通常意义上，他不会有损失，即他合同前的财富没有任何减少。

马萨诸塞州最高法院做出的一系列的四项重要判决就是此种救济进路的例证。所有这些案件的判决都是由总承包商约翰·鲍恩公司和马萨诸塞州卫生部之间的合同产生的，该合同须经州公共建筑委员会批准，以在波士顿建造莱缪尔·沙特克医院。[39] 该系列案件始于吉福德诉公共卫生专员案（Gifford v. Commissioner of Public Health）[40]，该案涉及合同的有效性。此案并未涉及意外情况，但它为其他三项判决奠定了基础。根据马萨诸塞州的法规，像本案这样的合同必须投标，并授予价格最低的适格投标人。合同授予了鲍恩，但另一个投标人斯洛尼克质疑该授予。马萨诸塞州最高法院认为，鲍恩在列出其投标内容时未能完全遵守相关

---

[39] 在四项判决中，该医院被交替称为"波士顿的一家慢性病医院"和"慢性病医院和护士之家"。

[40] 105 N. E. 2d 476 (Mass.1952).

法规,如果鲍恩完全遵守了这些法规,斯洛尼克将是价格最低的适格投标人。[41] 因此,法院取消了授予鲍恩的合同。根据该法规,每个总承包商的投标必须分为两个项目。项目 1 涵盖总承包商要完成的工作。项目 2 涵盖分包商要完成的工作,必须包括分包商的名称及投标金额。就项目 1,斯洛尼克的出价比鲍恩低 2.1784 万美元。就项目 2,鲍恩的出价比斯洛尼克低 2.194275 万美元——尽管斯洛尼克和鲍恩指定了同样的 26 个分包商,并从这些分包商收到了同样的报价。产生这种差价的原因有两个。其一,鲍恩将油漆分包商的报价降低了 2 万美元,这是某些织物墙面涂料的预计成本。鲍恩声称,它只是把 2 万美元转换到项目 1。其二,阿尔布尔大理石瓷砖公司提交了两份标书,一份是大理石安装标书,一份是瓷砖安装标书,而且每份标书都声明:"如果需要履约保证金,请在合同金额的基础上增加上述建议的 3/4 的 1%。"由于公共建筑委员会的总承包商投标表格规定授标当局(awarding authority)可要求分包商提供履约保证金,斯洛尼克在阿尔布尔的投标中增了 0.75%。鲍恩没有这样做,理由是鲍恩自己会提供履约保证金,这样阿尔布尔的履约保证金就没有必要了,而且按照惯例,公共建筑委员会从未要求分包商提供履约保证金。法院认为,鲍恩不应当从项目 2 中减少 2 万美元,而应当在阿尔布尔的两个次级投标中价格增加 0.75%,如果这样做了,那么鲍恩的投标将高于斯洛尼克的投标。

接下来的三个判决涉及分包商对鲍恩的诉讼,这些分包商在鲍恩与卫生部的合同被吉福德案取消之前就已经与鲍恩签订了合同。

第一个判决是埃亨公司诉约翰・鲍恩公司案(M. Ahern Co. v. John Bowen Co.)[42],埃亨是一个管道分包商,它就自己在鲍恩的合同被取消之前在医院工程中未支付的劳务和材料进行诉讼。法院首先指出,由于鲍恩与卫生部的合同被取消的意外情况,鲍恩对埃亨的预期损失不承担责任,但这并不是案件的结局。法院并没有阻止"在可免责之履行不可能

---

[41] Id. at 481.
[42] 133 N. E. 2d 484 (Mass.1956).

的情况下就已收到的此种履行赋予赔偿"[43]。这一点并不新鲜。法律的基本知识是,即使在意外情况下可以免除预期损害赔偿的场合,他们也不能免除返还所给予利益之价值。但法院随后进行了两项重要推进。

首先,法院不再以"构成返还基础的不当得利原则"作为此类案件赔偿依据。[44] 相反,法院说,"我们的判决提到(合同)的含意,即需要对合同所提供的东西进行付款"[45],即使在该术语的通常意义上被告没有受益也是如此。大概因为埃亨的未被偿付的工作已经让马萨诸塞州而非鲍恩受益,所以法院做出了第一个推进。

其次,法院进行了第二个重要的推进。它不仅拒绝将不当得利理论作为诸如埃亨提起诉讼中赔偿所提供东西的基础,还认为"不再需要寻找支持赔偿之合同的含意了"[46]。相反,法院说,赔偿基于"在意外情况中法院认为什么是公平和公正的"[47]。就在埃亨案中,法院得出结论认为,什么是公平和公正的至少部分取决于鲍恩在致使合同履行达到不可能程度时所起的作用:

> 本案并非这种情形,即被告像原告一样完全脱离了导致合同标的物意外毁损的情况。被告就吉福德诉公共卫生专员案(Gifford v. Commissioner of Public Health)讨论的分标做了这些事情……这使得它的投标看起来是价格最低的,然而事实上并非如此。吉福德案的判决认为,被告的所作所为并不适当。即使我们假设,正像被告强烈主张的,它善意行事了,但其并不清楚应进行的过程(prescribed course)等方面,事实是,在可选择的领域中它的行动在导致随后关键事件中发挥了重要作用——授予它一项后来被证明为无效的合同,以及本院随后的判决。在此种情况下,显然,这并非完全可免责

---

[43] Id. at 485.
[44] Id.
[45] Id.
[46] Id. at 486.
[47] Id. (emphasis added).

的履行不可能的情况。[48]

莱缪尔·沙特克系列的下一个判决是波士顿板条和窗户玻璃公司诉约翰·鲍恩公司案（Boston Plate & Window Glass Co. v. John Bowen Co.）。[49] 在此案中，分包商波士顿板条公司（Boston Plate）与鲍恩签订了合同，为医院建设提供玻璃、窗用玻璃和各种有色金属杂件。鲍恩未能履行合同后，波士顿板条诉鲍恩要求预期损害赔偿。鲍恩辩称，因为吉福德案的判决使得履行波士顿板条的合同不可能了，它并不承担责任。法院同意了。"显然，双方当事人都默示假定了总合同的有效性。因此，由于总合同的有效性对于分包合同的履行至关重要，总合同的有效性是分包合同下义务继续存在的一个条件"。[50]

这里小结一下上述部分：意外情况的发生可以免除允诺人的预期损害赔偿责任，即使允诺人对该情况的发生负有某种过错也是如此。然而，在意外情况发生之前，允诺人不能免除对根据合同已经提供的东西所承担之责任。为此，"所提供的"（furnished）的概念是有弹性的，完全或部分取决于在此种情况下什么是公平和公正的。

上述部分对该问题没有定论，即对受允诺人在意外情况发生之前没有提供任何东西的情况下所产生的成本。此问题是莱缪尔·沙特克系列案中第四个判决——阿尔布尔大理石与瓷砖诉约翰·鲍恩案[51]的主题。阿尔布尔，是另一个分包商，他与约翰·鲍恩公司订立了为医院安装大理石和瓷砖的合同。阿尔布尔对鲍恩提起四个请求（count）。第一和第二个请求寻求鲍恩违反这些合同的预期损害赔偿。鲍恩以"履行不可能"（impossibility）作抗辩，这两个请求在简易判决中被驳回。阿尔布尔的第三和第四个请求是寻求赔偿合同项下他提供的工作和劳动力的价值，包括"准备样品、施工图、检测和书面声明"[52]，而非建造医院中提供的劳动力或

---

[48] Id.
[49] 141 N. E. 2d 715 (Mass.1957).
[50] Id. at 717.
[51] 155 N. E. 2d 437 (Mass.1959).
[52] Id. at 439.

材料。换言之，在第三和第四个请求中，阿尔布尔寻求信赖损害赔偿。因此，本案中的一个主要问题是，受允诺人是否可以向因意外情况而免于支付预期损害赔偿的允诺人获得信赖损害赔偿。法院得出结论认为，即使鲍恩没有足够的过错来承担预期损害赔偿责任，但也有足够的过错来承担信赖损害赔偿责任。

虽然在履行不可能的情形中否认信赖支出的问题似乎已经讨论过，但在司法意见中却很少讨论，然而，这一直是学者们批评的主题。[53]在英国，最近目的落空的合同立法规定，在考虑到所有案件情况这么做是公正的场合……法院可以在如下场合赋予信赖合同支出或者准备履行合同之支出的赔偿。这不仅仅是因为一个随后行为（supervening act）而发生履行不可能的情况……尽管被告的行为不至于可归责以致要对违反合同承担责任……然而，这是原告遭受损失的一个促成因素，在原告和被告之间，后者应在本案允许的范围内承担损失。[54]

简言之，莱缪尔·沙特克系列案所例证的原则应当是，在意外情况的发生需要司法救济，且能证明允诺人对意外情况的发生有过错但过错轻微时，允诺人通常应当被免除预期损害赔偿责任但不能被免除信赖损害赔偿责任。

然而，假设未证明允诺人有过错。即使如此，在允诺人控制了导致意外情况发生之条件的场合，对受允诺人的信赖损害赔偿也可以证成。在此种情况下，信赖损害赔偿责任根据以下两个理由中的任何一个都能证成。

第一，如果允诺人能控制过错，即使受允诺人不能证明此过错，也存在允诺人对该事件的发生有过错的很大可能性。

第二，在此种情况下责任可以基于源自控制的责任，因为控制意味着

---

[53] See Lon L. Fuller & William R. Perdue, Jr., The Reliance Interest in Contract Damages: 2, 46 *Yale L.J.* 373, 379–383 (1937).

[54] Albre, 155 N. E. 2d at 440–441.

采取措施防止损失发生的某种能力。这种进路有很多先例。例如，工人赔偿法使雇主即使没有过失也要对雇员的事故承担责任，这至少部分是可证成的，根据是因为雇主控制着工作场所，他对工作场所事故负责。即使没有证明过错，产品责任法使制造商对产品缺陷造成的伤害承担责任，至少部分是可证成的，根据是制造商控制着生产过程，他对缺陷产品造成的伤害承担责任。代理法，如果雇主有权控制雇员工作的方式和手段，那么他应对雇员在其工作范围内的行为所造成的侵权损害承担替代责任，这至少部分是可证成的，根据是雇主由于他的控制而对这种伤害承担责任。

著名的泰勒诉考德威尔案[55]中的事实（虽然不是判决）说明了控制原则如何适用。1861年5月27日，音乐厅的主人允许承租人使用音乐厅四天，第一天是6月17日，以每天100英镑的价格举办一系列音乐会和庆典。6月17日之前，大厅被大火烧毁。承租人主张赔偿他在音乐会广告和筹备方面的费用。法院说，"我们必须根据大厅的毁损不是任何一方当事人的过错之证据来裁判"[56]，并认为所有人被免责。就预期损害赔偿而言，此结果是正确的，但就信赖损害赔偿而言，这一结果似乎值得怀疑。所有人控制着大厅，因此至少有一定的阻止火灾的能力，而承租人则没有。尽管所有人都未被证明有过错，但鉴于他们对场所的控制，他们有责任确保场所安全，以此为基础使所有人对承租人的成本承担责任是适当的。

如果允诺人对意外情况的发生既没有过错，也没有控制导致意外情况发生的条件，那么在共同默认假设检测下的救济后果应当是什么呢？显然，允诺人不应对预期损害赔偿承担责任。这是该结论的最低意义，即根据该检测司法救济是适当的。同样很明显的是，允诺人也应当对返还损害赔偿承担责任，因为允许允诺人免除履行并保留他在合同项下获得的任何利益是不公正的。更难的问题是，即使在没有过错或没有控制的情况下，是否也应当要求允诺人承担信赖损害赔偿。

一种可能的进路是，在所有此种情况下受允诺人都应当能够获得信

---

[55] (1863) 122 Eng. Rep.309; 3 B&S 826.
[56] Id. at 312; 3 B&S at 832.

赖损害赔偿。但该进路是不适当的。很经常,也许在通常情况下,如果当事人事先处理了相关情况,他们会将该情况的发生视为允诺人履行义务的条件。一个很好的例子是克雷尔诉亨利案,即加冕案。[57] 如果当事人直接解决了这个问题,出租人克雷尔就几乎肯定不会允诺说,加冕游行会在六天内如期举行。相反,合同几乎确定会规定,如期举行游行是亨利支付房费的条件。当合同受制于未成就的条件时,通常任一方当事人都无权获得预期或信赖损害赔偿,因为双方当事人都承担条件未成就的风险。例如,如果 A 公司和 B 公司缔结公司合并的合同,受国内税收署规定合并免税这一条件约束,而事实上国内税收署的规定是合并应纳税,A 公司和 B 公司将各自承担与合并相关的成本。同样,在诸如克雷尔诉亨利案等情况下,通常不应判予信赖损害赔偿,在该案中,司法救济是基于共同默认假设,即如果明确该假设的话,最好将其解释为条件,因为对默认假设应给予与明示假设相同的救济。

尽管在所有基于共同假设检测给予免除预期损害赔偿的情况下,使允诺人承担信赖损害赔偿的责任是不适当的,但信赖损害赔偿在某些情况下是适当的。上面所考虑的一个例子,包括了允诺人对意外情况的产生有过错但过错轻微的情形;上面也考虑到了另一个例子,包括了允诺人对导致意外情况发生之条件有控制权的情况。

信赖损害赔偿在目的落空情形下通常也是适当的,在此种情形下,受允诺人在目的落空事件发生之前已因信赖合同而产生了成本,并且合同的目的是诱使受允诺人产生这些成本,因为允诺人想要保留受允诺人的时间或劳动。例如,在克雷尔诉亨利案(Krell v. Henry)中,法官威廉姆斯励爵提出了一个假设,即出租车司机在德比日"以适当的加价"带 A 去埃普索姆,[58] 德比被取消了。威廉姆斯得出结论认为,A 无权获得司法救济。此结论一般来说是错误的,特别是与克雷尔诉亨利案并不一致。很明显,假设中的合同是在德比会举办的默认假设下订立的。因此,出租车

---

[57] See supra text at notes 5-6.
[58] [1903] 2 KB 740 at 750.

司机无权获得预期损害赔偿。然而,假设作为合同的结果,出租车司机当天拒绝了另一个与德比无关的预订,而当日在德比取消后,出租车司机无法得到替代预订。在这里,A 的目的是预订出租车,他应当补偿出租车司机保留该预订的成本,即放弃以正价车费缔约机会的成本。[59] 同样的推理也适用于克雷尔诉亨利案的假设变形,其中一方当事人以较高价格预订了一个旅馆房间,以观看加冕游行,在加冕仪式取消后,旅馆甚至无法以通常价格弥补该预订取消。在此种情况下,旅馆应当有权获得通常价格作为损害赔偿。同样的推理也适用于佩里洛(Perillo)提出的一个假设,即裁缝为未来的新娘缝制了一件特别设计的婚纱,然而未来的新郎又取消了婚礼。[60] 裁缝应当有权就时间和材料价值获得赔偿。

也存在其他情况,即受到不利影响的当事人应承担信赖损害赔偿的责任。事实上,也存在偶尔的情况,即如果当事人已解决了该问题,他们会规定,如果特定意外情况的发生证成司法救济,那么该救济应采取平衡他们因信赖合同而产生之已付成本的形式。不可避免的是,法院在救济阶段必须有一定的裁量权,这可能被视作假设合同方法(hypothetical-contracf methodology)的结果。

三、未交易风险之检测

1. 检测

许多意外情况的情景会取决于分立性事件(discrete event)的发生,并

---

[59] 与通常情况下允诺人是买方的目的受挫案例相比,在履行不可能和不实际的情况下,允诺人通常是卖方。这与买方不同,买方通常有特定的利益去诱使卖方信赖合同而产生一定成本,就像出租车司机和婚纱假设一样,至少如果信赖不影响卖方的违约损害赔偿,卖方通常对买方是否信赖以及如何信赖并不关心。然而,如果卖方在履行不可能或不实际的情况下确实有特定利益来诱使买方因信赖合同而产生一些成本,那么卖方可以适当地对买方的信赖损害承担责任。

[60] Joseph M. Perillo, *Hardship and Its Impact on Contractual Obligations: A Comparative Analysis* 7 (1996).

且可通过应用共同假设检测来解决。然而，在其他情况下并不取决于分立性事件的发生。通常，允诺人履行成本的急剧增加应支持司法救济，即使其不系于一个分立性事件，因为在许多合同中，也许是大多数合同中，当事人并不预期允诺人承担巨大的财务风险。

需要一个特殊的检测来处理这些情况。根据此检测，如果由于成本的急剧和意外增加，履行将导致远大于当事人所合理预期的允诺人已承担损失风险的财务损失，允诺人应有权获得司法救济。该检测可称为未交易风险之检测。它可以被视为独立的检测，在共同假设涉及允诺人承担风险之数量的场合，也可被视为共同假设检测的特殊适用。更一般地说，就意外情况之情形的目的而言，一种情况不仅可通过其特征来定义，还可以通过其大小（magnitude）来定义，即美元成本。5%的年通货膨胀率是一回事；200%的年通货膨胀率是另一回事。正如保罗·约瑟夫（Paul Joseph）指出的：

> 它可能使订约过程更便利……如果在合同中得以理解或暗示，当诸如（战争、禁运、政府规则和条例的变化、关键供应设施的破坏或恶性通货膨胀）等事件发生并且导致履行成本急剧增加或履行不能时，合同会直接解除或重新谈判……例如，如果我们有两个类似的事件，比如说禁运，如果价格上涨很小，卖方将不得不履行，但是如果由此导致的成本上涨很大，卖方就不需要履行。只有在我们将可能的意外事件之概念扩展到包括由事件和后果所确定的因素（elements），并且假设特定类型的事件，事件发生后果和发生概率的大小是负相关的场合下，这种对类似事件不同后果的不对称处理似乎才合理。即鉴于一系列可能的禁运，后果较小的禁运比后果较大的禁运有更大的可能性。然后我们可以诉诸有限理性的概念……并认为低可能性事件在边界之外，在法律上不属于合同的一部分。[61]

---

[61] Paul L. Joskow, Commercial Impossibility, Te Uranium Market and the Westinghouse Case, 6 *J. Leg. Stud.* 119, 154, 160-161 (1977). 与事件的性质相反，事件影响之大小的效果也在《合同法重述（第二次）》第261条评论d得到认可；因为涉及一方当事人极端和不合理的困难、费用、伤害或损失，履行可能是不实际的。由于战争、禁运、当地作物 (转下页)

无论从哪种角度来看，非交易风险之检测需要独立发展，部分是因为该检测不关注分立性事件，部分是因为该检测之后会进行特别的救济考虑。

2. 与双方错误的比较

未交易风险的情况反映了另一个方面，即双方错误和意外情况之案件的实践方式往往不同，该方式导致理论和原理的重大差异。在共同默认假设检测下，双方错误和意外情况的主要区别在于过错的作用。在非交易风险之检测下，两种情况的主要区别在于当事人立场的结构。在双方错误情况下，买方是典型地受到不利影响的一方当事人，而在意外情况的情景下，卖方是典型地受到不利影响的一方当事人。

此种结构性差异的含意是非常重要的。在典型的双方错误情形中，买方是受到不利影响的当事人，合同价格设定了买方损失的上限。即使在非典型的双方错误情形下，卖方是受到不利影响的当事人，在该术语的正常意义上通常卖方不会有任何损失，但只会放弃意外之财。相反，在典型的意外情况下，卖方是受到不利影响的当事人，如果合同得到执行，卖方的潜在风险和损失就可能没有实际限制。

这就是为什么会这样。在典型的双方错误情形中，买方声称如果得不到救济，他就会承担损失，因为由于错误的共同默认假设，他同意购买的商品缺乏部分或全部预期价值。例如，回想下，在莱纳韦县卫生局诉梅瑟利案（Lenawee County Board of Health v. Messerly）[62]中，梅瑟利夫妇卖给卡尔和南希·皮克尔斯一处意在创收的投资房产，其中包括一栋600平方英尺地块上的三单元公寓楼。当事人持有该默认假设，即该建筑的现有用途是合法的。然而这一假设是错误的，因为任何一方当事人都不

(接上页) 歉收、主要供应来源意外关闭或者此类原因造成的原材料或供应严重短缺，导致成本显著增加或阻止履行，可能会使案件处于本节所述规则的范围内……由于工资增加、原材料价格上涨或建筑成本提高等原因造成的困难或费用的变化，除非远远超出正常范围，否则不等于履行不可行，因为这正是固定价格合同要涵盖的风险。（强调系后加）

[62] 331 N. W. 2d 203 (Mich.1982).

知道,梅瑟利的前手在没有许可证的情况下在该房产上安装了化粪池,这违反了卫生法典。随后,县卫生局宣布(condemn)该房产不安全,并获得了永久禁令,即直到该房产符合卫生法典前,禁止居住。然而,在剩余的600平方英尺地块范围内补救非法的化粪池系统是不可能的,因为根据卫生法典,一家居住面积750平方英尺的房产及三家居住面积2 500英尺的房产,才要求有一个化粪池。因此,公寓楼能作为住宅用途的唯一方法是泵送和运输污水,该成本是大楼收入的两倍。因此,意在创收房产的价值就是负数了,因为该房产的创收不可能超过甚至等于污水处理成本。在诸如梅瑟利案[63]这样的情况下,买方将会遭受重大甚至全部损失,除非根据双方错误判予司法救济。然而,潜在损失通常受到购买价格的限制。

在双方错误情况下卖方是受到不利影响当事人之场合,通常在该术语的正常意义上他不会有任何损失。相反,在此种情况下,问题是如何分配意外之财(windfall)——一种意外的、未经交易的价值要素。例如,在第43章讨论的82 000美元没收案(In re Seizure of $82000 More or Less)中,禁毒署(DEA)的特工在一辆大众汽车的电池箱中发现了装在塑料袋中的2.4万美元的毒品收益。[64] 根据法规,汽车和钱都要被美国政府没收,然后汽车被政府卖给查普尔夫妇(the Chappells)。查尔夫妇注意到了燃油问题,于是把车交给一名技工,技工发现在油箱里包裹在塑料袋里的8.2万美元。禁毒署扣押了这8.2万美元,查普尔夫妇对扣押提出异议。这是一个意外之财的情况。大众汽车有一个意外的价值因素——隐藏在油箱里的钱。无论法院将8.2万美元分配给政府还是查普尔夫妇,对方的境况都不会比合同签订时所预期的更糟。如果现金分配给政府,查普尔夫妇仍将拥有他们预期以他们同意支付的价格而得到的汽车。如果——

---

[63] 可比案件,参见 e.g., Dover Pool & Racquet Club v. Brooking, 322 N. E. 2d 168, 169-171, 174 (Mass. 1975); Bar-Del, Inc. v.Oz, Inc., 850 S.W.2d 855, 856-857 (Ky. Ct. App.1993); In re Macrose Indus., 186 B.R. 789, 793 (E.D.N.Y. 1995); Reilley v. Richards, 632 N. E. 2d 507, 508-509 (Ohio 1994); 这些案例在第43章注释第17-20的正文中讨论。在莱纳韦县卫生局诉梅瑟利案中(Lenawee County Board of Health v. Messerly),法院认为,除非合同中计入了按现状交易条款,否则买方将被免除责任。Id. at 210-221。

[64] 119 F.Supp.2d 1013 (W.D. Mo.2000)。

就像已发生的那样——现金分配给查普尔夫妇,政府仍会拥有其同意出售的汽车而预期换取的金额。

总之,在双方错误情况下,买方通常是受到不利影响的当事人,就像莱纳韦案(Lenawee)一样,他的最大损失以已浪费的购买价格为限。如果卖方是受到不利影响的当事人,通常任何一方当事人都不会有损失,尽管一方当事人会放弃意外之财,就像政府在毒资案中所做的那样。

像大多数双方错误的情况,一些意外情况的情景也会涉及受不利影响的买方。此种情况通常根据目的落空的原理来处理。通常,买方声称他同意购买的商品由于意外情况的发生而失去了大部分或全部价值。就像在双方错误情况中的买方,如果不判予司法救济,目的落空情况中的买方会面临损失——有时是完全的损失。然而,通常该损失至少受合同价格的限制。例如,在克雷尔诉亨利案(Krell v. Henry)中,当加冕仪式取消时,承租人租来观看加冕游行的房间对他来说毫无价值。然而,如果不判予司法救济,承租人的损失(即使是全部损失)会限于租金数额。

相比之下,大多数意外情况的情景涉及卖方,他受到履行成本意外和显著增加的不利影响。[65] 卖方增加后的履行成本高于合同价格的情况,经常甚或通常源于整个市场的成本增加。在此种情况下,该增加通常不仅会提高卖方的成本,还会提高合同商品对买方的价值和市场价值。因此,在卖方得不到司法救济的情况下,基于合同价格和市场价格之间差额的买方的预期损害赔偿,可能会上升到非常高的水平[66],可能远远高于合同价格,而且往往会给买方意外之财。

---

[65] 像本章讨论的其他差异一样,双方错误和意外情况之情形之间的此种差异,是基于两个类别中任一个的典型情况,而不是基于这些情况必然的内在特征。罕见的情况是,其中共同错误增加了卖方的履行成本,应被视作对应意外情况之情形。

[66] 皮埃特罗·特里马奇(Pietro Trimarchi):《合同法中的商业不可行:经济分析》《法和经济学国际评论》Commercial Impracticability in Contract Law: An Economic Analysis, 11 *Int' l Rev. of Law & Econ.* 63, 65-66 (1991)一文用正式术语分析了这个问题,如下所示:考虑一份合同,其中,允诺人(以下简称"卖方")同意以价格 p 向受允诺人(以下简称"买方")提供某些货物或服务。卖方的履行成本,在签订合同时估计为 c(如果卖方是制造商,其是生产成本;如果卖方是中间商,其是采购成本)。用货币表示,货物或服务对买方的价值是 V。可以假设 V>p>c。假设随着时间的推移,履行成本上升到 c*……假设 V 保持 (转下页)

3. 例子

647 例如,假设帕克(Packer)同意以 1 美元/磅的价格卖给经销商 1 万磅 N 型坚果(N nuts),一种美味佳肴。帕克预计以 50 美分/磅的价格从农民那里购买坚果,但他却没有这样做。由于疫病,从农民那里可获得的 N 型坚果数量急剧下降。收获的 N 型坚果的价格飙升至 6 美元/磅,包装后的 N 型坚果的价格也就上升至 7 美元/磅。如果帕克不履行合同,也无权获得司法救济,他将遭受 6 万美元的损失(根据经销商 1 美元/磅的合同价格和新的 7 美元/磅的市场价格之间的差额)。如果经销商尚未以固定价格与零售商订立合同,那么经销商将得到这 6 万美元的损害赔偿,这是一笔意外之财。

更一般地说,此处的损失和意外之财取决于当事人间潜在的任意的缔约时间,而当事人开始时很可能并不意欲进行如此大程度的投机。

如果双方合理相信卖方承担了巨大损失的风险,那么如果拒绝给予买方司法救济,假设中的经销商所获得的利润就不是意外之财——因为,例如买方是为了获得巨大利润的机会而进行交易。然而,在这些及大多数类似情况中,该结论似乎是极不可能的。买方很可能不从事投机坚果价格的生意,卖方也很不可能相信他们正在冒无限的金融风险。正如皮埃特罗·特里马奇(Pietro Trimarchi)所说:

> 假设当事人通常愿意就灾难事件的不确定性下赌注是不合理的……看来可能的是,当事人更倾向于避免(此种)赌注,并在市场条件发生异常意外变化时改变总体计划;因此,允许解除或修改合同的

(接上页)不变,而履行成本增加。如果……$c^* > V$,且未给出特定履行的救济措施,则卖方可能会违反合同,并支付预期损害赔偿金 $V\text{-}p$。在此种情况下,卖方承受的损失与他最初预测的 $V\text{-}c$ 相等。此金额通常不会过高,代表了卖方风险的限制。如果 V 由于增加履行成本之相同因素而增加,则该限制不再存在。如果 V 增加到 c^* 以上,无论其金额如何,卖方将遭受等于成本增加的损失。

法律规则可能更经常地符合他们的偏好。[67]

未交易风险之检测与允诺包含的道德义务是一致的。正如托马斯·斯坎伦(Thomas Scanlon)所说,"说'我允诺'……通常约束一个人去做允诺做的事情,但它的约束力不是无条件或绝对的。之所以约束力不是绝对的,是因为虽然一个允诺约束一个人不能仅仅为自己便利而重新考虑自己的意图,但它并不约束一个人无论对自己和他人付出什么代价都做允诺的事情"[68]。

未交易风险之检测也是有效率的,因为它反映了若当事人特别处理这个问题则他们很可能会达成的协议。未交易风险情况下的基础方法论与典型的共同错误假设情况相同。在这两种类型情况下,目标都是构建若当事人要处理此问题,他们可能会同意的条款。然而,此种方法的适用在两种情况下有很大不同。在此种意义上,即问题是一个分立性事件的发生是否使受到不利影响的当事人有权获得司法救济,典型的共同错误假设情况是事件取向的(event-oriented)。如果是这样,那么通常而且该救济应包括免除当事人的履行义务,尽管在某些情况下该救济可能仅包括免除预期损害赔偿的责任。相比之下,在此种意义上,即问题是受到不利影响的当事人所增加的履行成本是否使他有权获得司法救济。典型的未交易风险之情况是大小取向的(magnitude-oriented)。

在此种情况下,与事件取向的情况相比,确定当事人如果已处理该问题会同意什么,以及在司法救济适当的场合下它应采取什么形式,是一项更加复杂的工作。通常,合同的每一方当事人都会明示或默示承担一些风险。问题是,风险有多大? 假设卖方和买方拥有大致相同的财富、金钱效用和风险态度,卖方可合理地预期为已接受了一般的或通常的可预计成本增加,因为许多买卖合同的目的是将此增加的风险转移给卖方,正常

---

[67] Trimarchi, supra note 66, at 71. Cf. Daniel A. Farber, Contract Law and Modern Economic Theory, 78 *Nw. U. L. Rev.* 303, 335-336 (1983)(不可行原理保护允诺人免于灾难性损失);Subha Narasimhan, Of Expectations, Incomplete Contracting, and the Bargain Principle, 74 *Cal. L. Rev.* 1123, 1147 n.60 (1986)(合同的任何一方当事人都不接受无限风险)。

[68] Tomas Scanlon, Promises and Practices, 12 *Phil. & Public Affairs* 199, 214 (1990).

范围内的损益不太可能显著影响任一方当事人的财富。然而,在正常情况下,卖方不愿意接受极大的风险,或者更准确地说,可能会要求买方负担接受这种风险的高额溢价,因为如果损失发生,则会显著减少卖方的财富。就买方而言,他不太可能愿意支付卖方因遭受这种损失而要求的溢价,特别是在买方的损害赔偿实质上相当于意外之财,而非正常意义上的损失赔偿的场合下也是如此。

相比之下,在某些情况中,可以推论出,由于整个市场的成本增加,卖方承担了很大损失的风险。最明显的情况是,一方或双方当事人都是投机者。在限度内,接受此种风险也可以从该事实推论出来,即合同期间为很多年,因为合同期限越长,就越有理由预见在该期限内成本可能会有非常巨大的增加。[69] 长期合同中的价格上涨条款(Price-escalation)也可能意味着,卖方在各种类型的此类条款中作出了评估性选择,并承担糟糕选择结果的风险。但是仅仅存在价格上涨条款并不一定是决定性的。

在20世纪70年代和20世纪80年代,因为能源市场剧烈变化而导致成本显著增加,所以出现了许多卖方根据《统一商法典》第2-615条寻求救济的案例。总的来说,这些案件中的卖方都没有获得成功。[70] 一个明显的例外是美国铝业公司(ALCOA)诉埃塞克斯集团案(Aluminum Co. of America (ALCOA) v. Essex Group)。[71] 1967年12月,美国铝业公司和埃塞克斯缔结了合同,根据该合同,美国铝业公司将埃塞克斯供应的氧化铝转化成铝。合同持续到1983年年底,但埃塞克斯有将合同延长到1988年年底的选择权。每磅铝的价格是通过一个复杂的指数公式计算出来的:

---

[69] 正像特里马奇(Trimarchi),在前注66,第71页所观察到的:在某些情况下,承担风险作为固定费用的回报,可以从合同性质特别是合同条款推论出,尽管可能并没有这方面的任何特定措辞。例如,在不担心完全不可预见的事件会介入而使履行变得不可行的情况下,作出供应货物或服务的短期承诺是很正常的。然而,如果一项承诺已签订多年,则有理由假设供应商已考虑到其成本发生剧烈变化的可能性。因此,在后一种情况下,固定价格条款可以合理地解释为一种表示,即供应商愿意承担更大的风险。

[70] See, e.g., Iowa Elec. Light & Power Co. v.Atlas Corp., 467 F.Supp.129, 136 (N.D. Iowa 1978), rev'd on other grounds, 603 F.2d 1301 (8th Cir.1979); E. Air Lines, Inc. v.Gulf Oil Corp., 415 F.Supp.429, 440-441 (S.D. Fla.1975).

[71] 499 F.Supp.53 (W.D. Pa.1980).

(1)劳动力成本将随着美国铝业公司平均每小时劳动力成本的变化按比例上升。(2)非劳动力成本将根据美国劳工统计局公布的工业商品批发价格指数(WPI-IC)而上升。(3)由(1)和(2)上升的价格受到在指定贸易期刊上公布的特定类型铝价格的65%的总上限的限制。该指数公式是由美国铝业公司在艾伦·格林斯潘(Alan Greenspan)的帮助下制定的,艾伦·格林斯潘是当时著名的经济学家,后来成为美联储主席。

  电力是将氧化铝转化成铝的主要非人工成本要素。从1973年开始,欧佩克采取行动提高油价,以及意料之外的污染控制成本,这些大大增加了美国铝业公司的电力成本,而电费的上涨速度也比WPI-IC要快得多。因此,美国铝业公司声称它应免予履行,理由是WPI-IC无法合理反映美国铝业公司非人工成本的变化。地区法院认为,除其他理由外,美国铝业公司有权以履行不可能和目的落空为由获得救济:

> 当美国铝业公司提出合同出现的价格公式时,埃塞克斯的管理层检查了指数的历史是否稳定,以确保它们最终不会导致铝的成本不可接受地偏离现行市场价格。美国铝业公司管理层同样关注风险限制。他们甚至聘请著名的经济学家艾伦·格林斯潘博士为顾问,为他们起草客观的定价公式提供建议。他们选择WPI-IC作为这份长期合同的定价元素,只是在他们自己确信,过去多年来,WPI-IC一直密切跟踪了美国铝业公司的非人工生产成本,而且未来极有可能会继续这样。在合同成立语境下,认为美国铝业公司默示或明确地承担了无限的(如果不是高度地不可能的话)风险是站不住脚的。根据此记录,没有明确的最低限额只能理解为,当事人认为该风险太遥远,而且他们的意思太清楚以至于忽略额外的谈判和起草工作……

> 在本案中,美国铝业公司满足了两者(履行不可能和目的落空)的要求。履行不可行是显而易见的。其履行成本的增加严重到需要救济,而判予救济所需的其他要素也已得到证明……[72]

---

[72] Id. at 69,73.

基于这些结论,法院变更(reform)了合同,使埃塞克斯的价格为以下两者中较低者:(1)合同规定的上限价格(贸易期刊上公布的特定类型铝价格的65%),或(2)合同规定的价格(根据合同条款计算),或从氧化铝转化的铝中美国铝业公司每磅可以获得1美分利润的价格,这二者中的较高者。

尽管美国铝业公司被一些评论员视为黄金时代的灿烂黎明,或者是跌入一个可怕的火坑(取决于评论员的视角),但它似乎是一个孤立的司法事件。根据约翰·瓦拉迪斯(John D. Wladis)在《作为风险分配的履行不可行(Impracticability):情势变更对货物买卖合同义务的影响》[73]一文中的说法,在地区法院的司法意见后,该案后续的过程如下:该案上诉到美国第三巡回上诉上诉法院,但当事人在上诉判决之前达成和解。当事人随后提出联合动议,要求自愿驳回上诉,撤销地区法院的判决,并将案件发回地区法院,并指示驳回诉讼。第三巡回法院判予此救济,地区法院法官驳回了诉讼。瓦拉迪斯报告说,根据此诉讼之历史,他认为,第三巡回上诉法院的法官做出的美国铝业公司案的意见仅具有法律评论文章的先例价值。

尽管未交易风险之检测在合同法中没有明确阐释,但它有重要的原理支持,特别是履行不可行原理(doctrine of impracticability)。该原理只适用于卖方履行可能的情况,因为在履行不可能的场合下,履行不可能原理(doctrine of impossibility)就足够了。事实上,如果该原理不以卖方成本的大幅增加为中心,而卖方并没有明示或者默示承担该风险,很难理解如何合理解释该原理。因此,例如,在弗农市诉洛杉矶案(City of Vernon v. Los Angeles)[74]中,加利福尼亚州最高法院声明,"一件事只有以过高和不合理的成本才能完成时,它才是不可行的(impractical)"[75]。该声明在跨大西洋案(Transatlantic)中得到认可。[76] 在三原建筑公司诉混合运输水泥

---

[73] 22 *Ga. L.Rev.* 503, 586 n.333 (1988).
[74] 290 P.2d 841 (Cal.1955).
[75] Id. at 847 (quoting Mineral Park Land v. Howard, 156 P.458, 460 Cal. 1916).
[76] Transatlantic Fin. Corp. v. United States, 363 F.2d 312, 315 (D.C. Cir.1966).

公司案(Misahara Construction. Co. v. Transit-Mixed Concrete Corp)[77]中,马萨诸塞州最高法院指出,"某些风险如此不寻常,产生如此严重后果,以至于它们一定超出了合同固有的风险分配范围,即超出了当事人达成的协议约定的范围。在此种情况下,要求履行就是判予了受允诺人一种好处,而不能说该好处在他订立合同时已经进行交易过"[78]。同样,《合同法重述(第二次)》第 261 条"因意外履行不可行而解除"(Discharge by Supervening Impracticability)的评论指出,"因为一方当事人会涉及极端的或者不合理的困难或者费用,履行可能是不可行的……除非远远超出正常范围,否则由于工资、原材料价格或建筑成本上涨等原因而导致的困难程度或费用的变化并不等于履行不可行,因为这是固定价格合同意在涵盖的风险"[79]。

《合同法重述(第二次)》第 351 条("不可预见性和相关的损害赔偿限制")也认可了一种版本的非交易风险的检测,尽管是在有些并不同的语境下认可的。第 351(1)和(2)条规定了哈德利案原则。第 351(3)条则采用了一个非常不同的原则:"通过排除利润损失赔偿,只允许赔偿信赖所生损失,或者如果法院得出结论认为,为了避免不合比例的赔偿,在正义如此要求的情况下,法院甚至可限制对可预见损失的损害赔偿。"[80]评论 f 解释说:

> 要求违约方赔偿其所造成的所有可预见的损失,并不总是符合正义的利益。存在一些不寻常的情况,从各种情况来看,要么当事人假定其中一方不承担特定损失的风险,要么即使没有这种假定,但将

---

[77] 310 N. E. 2d 363 (Mass.1974).

[78] Id. at 367. See also, e.g., L.N. Jackson & Co. v. Royal Norwegian Gov't, 177 F.2d 694, 702 (2d Cir. 1949)("不相信受要约人会要求或承包人会承担'由此带来的风险'")(L. Hand, J., dissenting, quoting N. German Lloyd v. Guar. Trust Co., 244 U.S. 12, 22 (1917)); Arthur L. Corbin, Recent Developments in the Law of Contracts, 50 *Harv. L. Rev.* 449, 465 (1937)("在处理履行不可能的概念时……法院越来越多地考虑允诺人应视为已经承担之风险的程度").

[79] (Emphasis added). See also, e.g., Kan. City, Mo. v. Kan. City, Kan., 393 F.Supp.1, 6 (W.D. Mo. 1975)(拒斥了该命题:无论费用增加原因或大小,任何费用的增加都不能免除履行).

[80] Restatement Second § 351 cmt. f. (emphasis added).

风险置于该方当事人身上也是不公正的。

莫耶诉利特尔福尔斯市案(Moyer v. Little Falls)[81]就是此未交易风险之检测的例证。厄尔·莫耶与利特尔福尔斯市签订了一项五年期的合同,从1984年4月1日开始处理该市的垃圾,交换价格是该市每年支付97 700美元。莫耶计划将垃圾倾倒在这座城市附近的玫瑰谷垃圾填埋场。在合同订立时,该市的年垃圾量估计为8 000立方英尺,在玫瑰谷垃圾填埋场倾倒垃圾的费用为每立方码1.5美元。1985年12月,根据纽约州的命令,该填埋场关闭了。州政府批准并且莫耶可用的其他唯一的垃圾填埋场是莫霍克山谷垃圾填埋场。玫瑰谷垃圾填埋场关闭后的11个月里,莫霍克谷垃圾填埋场将其倾倒垃圾的费用从每立方码2.5美元提高到每立方码10美元,莫耶预计倾倒成本增加了666%。莫耶停止履行合同,利特尔福尔斯市提起诉讼。法院得出结论认为,莫霍克的费用增加包含了漫天要价(gouging),而这种漫天要价是由国家赋予莫霍克垄断地位的行为造成的,并且裁判:"666%的费用增加不在而且也不可能在当事人的考虑范围之内。作为法律问题,如此大规模的成本上涨是'过高的',原告进一步的履行必须免除"[82]。

简言之,正如这些法律(these authorities)所阐释的,在没有司法救济时,于卖方的损失将大大超过当事人合理预期卖方承担的风险的场合下,通常适用未交易风险检测来免除卖方的全部预期损害赔偿。

4. 救济的性质

假设司法救济在非交易风险之检测下是适当的,下一个问题是救济应当采取什么形式。在落入共同假设检测范围内的典型案例中,允诺人通常应当完全免于赔偿责任或者免于预期损害赔偿。在落入未交易风险之检测中,情况则并非如此。此检测下的救济应当遵循救济的基础理论。该理论是,若当事人已处理了这个问题,卖方所会接受的成本上升到某一点

---

[81] 510 N.Y.S.2d 813 (Sup. Ct. 1986).
[82] Id. at 815.

但不超过该点的风险。因此，买方应有权获得以合同价格和建构价格之间的差额来计算的预期损害赔偿，建构价格是基于卖方合理预期通过协商所愿意承担之成本增加的风险。换言之，当司法救济是基于未交易风险之检测时，卖方不应当因为成本的大幅增加而变得比成本仅适度增加时处于更好的位置。如果卖方成本仅适度增加，买方将有权因不履行而获得预期损害赔偿。没有适当理由可以仅仅因为卖方的成本过度上涨，就要求买方放弃所有的损害赔偿。因此，在适用未交易风险的情况下，买方应有权获得该损害赔偿，该赔偿是基于在合理的过去时期(比如，前十年)内相关投入成本在可比时间段内增加的最大百分比而获得的。[83]

最简单的适用未交易风险之检测的情况是由这样一些情形组成的，比如花生假设(ground nut hypothetical)，在此种情形下，买方购买花生用于转售。此场合下，买方的唯一预期是获利，如果买方被判予他合理预期的最大利润，那么这一预期将会实现。在买方是为消费或使用而作为终端用户购买的场合，一个更困难的情况就出现了。即使在终端用户的情况下，救济应当是合同价格和假设的市场价格之间的差额，假设的市场价格是基于相关投入的最大历史成本增长而计算的。如果买方不能合理地预期卖方承担了过度的未交易之风险，他的合理预期就不会落空。有人可能会反对说，如果买方与另一个供应商订立了合同，他就能够以合同价格获得合同规定的商品。然而，在成本增加发生于整个市场范围的场合下，相关商品的所有卖方的成本也将以相同方式增加，并且所有卖方都有同样的抗辩，因此如果买方与另一个卖方联系，他也不会更好。

---

[83] 肖恩·拜仁(Shawn Bayern)在评论本章的早期草稿时指出：对于未交易之风险的情况，救济进路还有另一个优势。特别是，提议的方案是有优势的，因为它避免了尖刻的不连续性(在对受允诺人的巨额损害赔偿和对受允诺人的无损害赔偿之间)，因此可以降低双方当事人之间的和解成本：已实际发生的成本变化与"合理的"成本增加之间的精确关系，在许多情况下被排除在外，故这种精确关系不需要经由诉讼了。因此，双方的分歧减少了，应当更容易解决纠纷。(有一个类似的相关点：我所说的"尖刻的不连续性"往往会增加裁决中的错误成本，因为它们可以——至少在理论上——对法院有放大效应，即把合理评估中的微小差异放大成损害赔偿的巨大差异。相比之下，没有这种不连续性，当事人可以更好地预测他们面临的潜在的损害赔偿，这很可能会鼓励和解)。摘自肖恩·拜仁2006年11月16日给梅尔文·艾森伯格的信件。

一般来说,未交易的过度风险之检测和相关联的救济结果符合商业惯例。拉塞尔·温特劳布(Russell Weintraub)对总顾问进行了一项调查,在调查中他问了以下问题:

公司 A 签订合同在 10 年里每月以固定价格向 B 出售固定数量的燃油。欧佩克实施的史无前例的石油禁运导致 A 的石油成本远远超过 B 同意支付的价格。在合同的 10 年期里,A 的损失将非常大,以至于需要进行清算了。B 可以将增加的石油成本转嫁给他的客户,而不会处于竞争劣势。A 拒绝按合同价格交付石油,B 起诉 A 向其索赔合同价格与 B 从其他来源获得石油必须支付的更高价格之间的差额。法院应当得出什么结果?[84]

结果是,35% 的总顾问表示,B 应得到合同价格和市场价格之间差额的判决,但 14% 的则表示,A 应免于履行,46% 的表示,合同价格应进行调整,避免 A 遭受毁灭性损失,但给 B 的价格应显著低于当前的市场价格。[85]

四、相反的观点

乔治·特里安蒂斯(George Triantis)在《未知风险的合同分配:对商业履行不可行原理的批判》[86]一文中认为,合同法不应允许基于意外情况的抗辩。特里安蒂斯的论点是基于此主张,即在订立合同时,当事人已分配了所有可能的风险。该主张认为:诚然,许多特定风险——特别是不可预见的风险——没有由缔约方明确分配。然而,在明确分配的更广泛风险范围内,这些风险也默示地分配了。因此,如果允诺人同意做出某些履行,那么合同中未规定的影响允诺人做出此履行能力的所有风险,都约定

---

[84] Russell J. Weintraub, A Survey of Contract Practice and Policy, 1992 *Wis. L. Rev.* 1, 41 (1992).

[85] Id. nn.141-142.

[86] George G. Triantis, Contractual Allocation of Unknown Risks: A Critique of the Doctrine of Commercial Impracticability, 42 *U. Toronto L.J.* 450 (1992).

性地(contractually)分配给他了。因此,"通过诸如商业履行不可行等合同原理对风险进行司法再分配,是对合同自由的干涉,该干涉不能根据经济效率来证成"[87]。

特里安蒂斯关于缔约方分配所有风险的主张与大众经验[88]和实验证据都截然相反,特里安蒂斯既没有提供经验证据,也没有提供实验证据来支持他的主张。相反,特里安蒂斯的主张完全建立在一个长期而高度复杂的决策理论模型上,该模型适用于不确定条件下未知风险的分配。然而,特里安蒂斯在这里把一个规范性理论错当成了一个描述性理论。特里安蒂斯假设,他的主张所立基的决策理论是一种描述真实行为人如何实际作出决策的理论。然而事实并非如此。相反,决策理论是关于理性行为人应当如何作出决策的规范性或者应然性理论(a normative or prescriptive theory)。在过去的三四十年里,心理学家(以及越来越多的经济学家)已经从实验和理论上证明,真正的行为人通常且系统性地会偏离决策理论的应然性指令(prescriptive dictates)。[89]

特里安蒂斯主张缔约行为人分配了所有风险,这不仅与大众经验相矛盾,也与大量实验证据相矛盾。此证据证明存在影响决策的系统认知问题,例如有限理性,它限制了行为人可现实地能想象出的未来情景;过度乐观;以及能力缺陷,包括与当前收益和成本相比,系统地低估未来收益和成本,以及系统地低估低概率风险。[90]

特里安蒂斯承认这些认知问题的存在,但他争辩说这些问题适用于

---

[87] Id. at 480. See also Michael j. Trebilcock, *The Limits of Freedom of Contract* 127-130 (1993); but see Id. at 144-145.

[88] See, e.g., Narasimhan, supra note 67, at 1147.

[89] See, e.g., *Judgment under Uncertainty: Heuristics and Biases* (Daniel Kahneman, Paul Slovic & Amos Tversky eds., 1982); *Choices, Values, and Frames* (Daniel Kahneman & Amos Tversky eds., 2000); Daniel Kahneman, *A Perspective on Judgment and Choice: Mapping Bounded Rationality*, 58 Am. Psychologist 697-720, (2003); Herbert A. Simon. *A Behavior Model of Rational Choice, in Models of Man, Social and Rational: Mathematical Essays on Rational Human Behavior in a Social Setting* 241 (1957).

[90] See Melvin Aron Eisenberg, The Limits of Cognition and the Limits of Contract, 47 *Stan. L. Rev.* 211, 213-225 (1995).

所有合同,因此意外情况原理的"选择性聚焦"(selective focus)是"异常的"[91]。然而,事实上,认知问题——特别是想象未来风险和准确评估其可能性的能力——在意外情况下是一个不相称的巨大因素。一方面决定以什么价格买多少苹果,另一方面想象并准确评估可能以数百种不同方式展现的未来,这两者之间存在巨大的认知差异。

特里安蒂斯论点的第二个基本缺陷是,它立基于未提及的(unarticulated)前提之上,即合同只由双方的明确表达组成。这是不正确的。正如《统一商法典》评论指出的那样,合同实际上由当事人的交易组成的,它不仅包括明确的表达,也包括当事人的默认假设。[92] 共同假设检测的要点是,即使书面文件因意外情况的发生而不能提供救济,当事人的默认假设通常也会使救济在约定上非常适当。换言之,特里安蒂斯误将书面文件作为合同了。

特里安蒂斯的主张也忽略了经济规模的问题。不考虑风险的经济规模就假定当事人将每一种意外情况的风险都分配给允诺人,是不合理的,因为受允诺人通常不会支付允诺人承担此风险所要求的价格。这是未交易风险之检测的本质。在共同假设以及非交易风险之检测下,正如特里安蒂斯所描述的那样,司法救济不是风险的重新分配,而是风险分配的确认。该风险分配的基础,是当事人的默认假设以及若当事人处理了相关问题他们可能会同意的内容。

五、保险因素的作用

655 如果涵盖特定风险的市场保险或对冲工具容易获得,并且商业部门有购买此类保险或工具的惯例(customary practice),则决定不购买的允诺人可能被公平地认为承担了根据惯例本应投保或对冲的风险。在一篇颇有影响力的文章中,波斯纳和罗森菲尔德(Posner and Rosenfield)更进一

---

[91] Triantis, supra note 86, at474.
[92] See text at notes 7-8, supra.

步地认为,意外情况的风险应当总是落在针对该风险之更便宜的保险人身上。[93] 换言之,波斯纳和罗森菲尔德认为,在意外情况的情景下,司法救济的决定性检测应当是哪方当事人是更便宜的保险人。以稍加转述的形式,此论点如下:在允诺人是更有优势的(更有效或更便宜)风险承担人场合,应允许他以意外情况为由免除合同义务。如果一方当事人能更好地防止相关风险发生,他就是一个优势的风险承担者。在此种情况下,效率要求该方当事人承担风险发生所造成的损失。但是预防只是应对该风险的一种方式,另一种应对方式是保险。如果允诺人是更便宜的保险人,那么若无法阻止风险发生,他就不能免除他的合同义务。与确定哪方合同当事人是更便宜的保险人相关的因素是风险评估成本和交易成本。风险评估成本,是确定损失概率的成本以及若发生损失时损失的大小的成本。交易成本是通过将该风险与其他风险集中起来,即通过分散风险来消除或最小化风险所涉及的成本。这可通过购买市场保险或自我保险来实现。

在直接检验该论点之前,有必要澄清两个问题。首先,波斯纳和罗森菲尔德指出,在每个意外情况的情景下,"基本问题是一样的:决定谁来承担使一方当事人的履行变得不可行(impracticable)之事件所造成的损失"[94]。在此语境下"损失"一词有些误导性。除合同外,私法领域的传统救济目标是通过将不当受到伤害的当事人恢复到伤害之前的地位来补偿他。实现该目标会因承担该术语正常意义上的损失而使其完好无损*。虽然合同法中的救济制度通常也被定性为补偿性的[95],但是典型的合同法预期损害赔偿救济,并非设计为使受害方恢复到他受伤害之前所处的地位。相反,该救济的设计是使受允诺人处于如果受允诺人履行时他所处的地位。正如富勒和珀杜(Fuller and Perdue)所说,在合同法中,"我们

---

[93] Posner & Rosenfeld, supra note 4, at 88-92.
[94] Id. at 86.
* 即使其就像没有受到损失一样。——译者注
[95] See, e.g., Hawkins v. McGee, 146 A. 641, 643 (N.H. 1929)("合同法中所使用的'损害赔偿'意指违约赔偿");《合同法重述(第二次)》第 16 章的引论注释("合同救济法的传统目标是……对受允诺人因违约而造成的损失的赔偿")。

通过给原告他从未有过的某些东西来补偿他。从表面上看,这似乎是一种奇怪的'补偿'"[96]。因此,把这个问题放在"谁应当承担损失"的意外情况下有些误导性,因为经常是,在受允诺人的缔约前的财富并没有减少的意义上,并不存在任何损失,而只是没有实现预期的收益。

其次,尽管波斯纳和罗森菲尔德的论点提到市场保险,但这并非构成他们论点基础的那种保险。市场保险经常或甚至通常无法覆盖意外情况之情景下的预期和责任。此外,许多或大多数意外情况的情景涉及的要么是非常特殊以至于不属于正常市场保险覆盖的事件,如国王在某一天生病或河流干涸,要么是太过广泛以至于不属于正常市场保险的事件。就后一情况,特里马奇(Trimarchi)指出:

> 保险原则(从最广泛的意义上来说)基本上在于聚集大量同质和不相关的风险,这些风险充分满足事件的统计规律性,以合理准确地使特定时间跨度内的总体损失可预测。这降低了风险(风险定义为实际经验与预期经验的可能差异)……因此,任何具有高效率可保性的特定风险的一个重要的必要条件,是可根据统计结果对其进行评估。然而,在战争、国际危机、国内政治危机等影响整个社会或社会大部分的异常事件情况下,这并不可行,而且这些事件的发生是阵发性的以至于无法在合理时间跨度内进行统计计算。[97]

大概是因为在大多数意外情况的情景下市场保险(market insurance)并不存在,波斯纳和罗森菲尔德努力将自我保险(self-insurance)视作或多或少与市场保险可进行互换的。然而并非如此。"自我保险"这个名词用词不当。就典型形式而言,它根本不是保险。在典型的市场保险交易中,通常通过市场交易,保险涉及从一个独立实体到另一个实体的风险转移,相比之下,在典型的自我保险交易中实体只是留出一笔准备金来覆盖未来的风险(或者成立一家专业自保人(captive insurer),从经济角度来

---

[96] L.L. Fuller & William R. Perdue, Jr., Te Reliance Interest in Contract Damages: 1, 46 Yale L.J 52, 52-53 (1936).

[97] Trimarchi, supra note 66, at 66-67.

看,这实际上是一回事)。但是波斯纳和罗森菲尔德甚至没有触及典型的自我保险——这是可以理解的,因为确定"成本最低的储备金创造者(reserve-creator)"将是一项荒谬的(nonsensical)任务。相反,他们明确或默示地辩称,除了设立储备金,他们所谓的"自我保险"可以通过四种方式之一实现:对承担相关风险收取溢价,通过签订远期合同对冲风险,经营多元化,扩大企业规模(这允许更大的多元化并有利于承担风险)。

一旦对波斯纳和罗森菲尔德的论点进行澄清,该论点就不会获得支持了,因为这个论点建立在一个虽未表达但却关键地不正确事实断言上;波斯纳和罗森菲尔德推进的检测是不可实施的(administrable),使责任依赖于波斯纳和罗森菲尔德称之为"自我保险"的因素,这会为无效率行为提供激励,而且要求法院以不可接受的理由来裁决案件。[98]

波斯纳和罗森菲尔德的论点依赖于此命题,即合同的一方当事人比另一方当事人能更好地评估风险发生的可能性,更能在风险确实发生时确定损失的大小,或者两者兼而有之。此主张虽未表明但却关键的断言(predicate),缔约方已评估了意外情况的情形下相关风险的可能性及大小。然而此断言并不正确。大多数意外情况的发生,是因为当事人默认假设在合同期间内不会发生特定类型的情况。在此种情况下,当事人没有考虑,甚至没有预见,更不用说评估意外情况发生的风险了。事实上,如果当事人确实预见到相关风险,则通常不应判予司法救济。因此,就当下目的而言,哪一方当事人能够更好地评估意外情况的可能性或大小根本不相关,因为大多数意外情况的发生,恰恰是因为任一方当事人都没有考虑过进行此种评估。

接下来,波斯纳和罗森菲尔德的检测在实践中也几乎不可能适用。事实上,波斯纳和罗森菲尔德自己也不确定如何适用他们的检测。考虑

---

[98] Posner & Rosenfeld, supra note 4, at 91-92。此外,尽管波斯纳和罗森菲尔德(Posner & Rosenfeld)的论点以风险是成本这一命题为中心,但他们没有贯彻这一命题的逻辑,因为他们承认,尽管企业通常愿意接受适度风险的成本,但大多数企业并不愿意接受极端风险的成本。因为效率部分基于实现当事人偏好,不能依赖大数定律而且并非不是纯粹投机者的公司将强烈反对承担极端的损失风险。

他们假设的一个情况,他们得出结论认为"在这些情况下,我们倾向于将 A 视作优势的风险承担者,从而免除 B 的履行"[99]。考虑他们分析的两个实际案例,他们得出结论,"从经济学的观点看,这两个案例的判决可能是正确的"[100]。另一组案例"从经济学的观点来看,裁判似乎正确"[101],还有另一个结果"似乎正确"[102]。另一个案件"很难分析,因为两个关键参数似乎指向相反方向",但"很可能(probably)是正确的"[103]。在另一个案件中,他们说,"不幸的是,事先并不清楚哪个规则更有效率"[104]。更具体地说,波斯纳和罗森菲尔德承认,"在许多个别也许是某类案例中,就哪一方当事人是优势的风险承担者,经济分析——至少合同案件中法官和律师所采用的那种随意的分析(at least of the casual sort)无法给出确定的答案,甚至无法给出一个推测"[105]。

迈克尔·特里比尔科克(Michael Trebilcock)整体上严厉批评了波斯纳和罗森菲尔德的观点,特别是他们试图以他们的模型为基础来合理化各种案例。[106] 以上文讨论的跨大西洋案[107]为例,该案中一个承运人请求它有权获得增加费用的补偿(increased compensation),因为由于苏伊士运河意外关闭,它必须通过更长的开普敦航线运输货物。法院否定了该请求。波斯纳和罗森菲尔德试图解释这个案例,理由是"船东是优势的风险承担者,因为他能够更好地评估损失的大小……和意外事件的可能性"[108],而且即使不购买市场保险,拥有多艘船只并在不同航线上航行的船东,可在任何特定航线上分散延误风险。特里比尔科克适当地将此种

---

[99] Id. at 93 (emphasis added).
[100] Id. at 102 (emphasis added).
[101] Id at 105 (emphasis added).
[102] Id at 106 (emphasis added).
[103] Id at 108 (emphasis added).
[104] Id at 103.
[105] Id. at 110 (emphasis added).
[106] Michael J. Trebilcock, Te Role of Insurance Considerations in the Choice of Efficient Civil Liability Rules, 4 *J. L. Econ. & Org.* 243 (1988).
[107] Transatlantic Fin. Corp. v. United States, 363 F.2d 312 (D.C. Cir.1966).
[108] Posner & Rosenfeld, supra note 4, at 104.

合理化(rationalization)描述为虚假的合理化。"就特定事实而言,美国政府(托运人)比承运人在评估中东爆发战争的风险方面肯定处于更有利的地位。当然,它也比承运人更有能力评估货物延迟到达的后果。而且,它肯定比承运人更适合自我保险或分散运河关闭的风险"[109]。

波斯纳和罗森菲尔德试图为此种批评进行辩护,他们认为跨大西洋公司案的裁决应当而且确实"依赖于一类托运人之特征"[110]。但是正如特里比尔科克所察知的,"对于托运人或承运人是否能够更好地确定,特定意外事件的可能性并评估中断或中止履行的后果(或者,就此问题而言)哪一类行为人能够更便宜地自我保险、进行市场保险或以其他方式分散系争风险,有什么经验直觉或经验概括能够自信地提供给法院或至少有可能被法院接受?"[111] 波斯纳和罗森菲尔德对他们论点以类别为基础的辩护(class-based defense),也提出了如何定义相关类别这一困难的甚或是不可能的问题。在诸如跨大西洋案等情况下,相关的类别是大型海洋承运人、海洋承运人、承运人、船东、运输公司,还仅仅是其他某类?

自我保险。回想一下波斯纳和罗森菲尔德确认了四种类型的"自我保险"——承担相关风险的溢价、对冲(hedging)、多样化或扩大规模。此语境下波斯纳和罗森菲尔德所说的承担溢价或者对冲是什么并不完全清楚:他们可能指的是实际承担的溢价或对冲,或者是承担溢价或对冲的优势能力。如果波斯纳和罗森菲尔德指的是,其中一方当事人实际上承担相关风险溢价或实际对冲的情况,那么这些情况不涉及意外情况。如果波斯纳和罗森菲尔德指的是承担溢价或对冲的优势能力,他们论点的结果也不会更好。承担溢价的能力不能区分合同当事人,因为任一方当事人都可以要求承担风险的溢价——卖方要求涨价,买方要求降价。对冲也是如此。通常,如果一方当事人可以对冲——最典型的是通过进入期货市场——另一方当事人也可以。此外,对冲是一种相对受限的技术,通常仅可用于标准化商品,即使如此,通常也只能用于相对较短的时期。

---

[109] Trebilcock, supra note 106, at 251.
[110] Posner & Rosenfeld, supra note 4, at 104.
[111] Trebilcock, supra note 106, at 252.

基于多样化和规模化的"自我保险"的论点也不成立。多样化和规模化会产生商业收益和成本，这些收益和成本独立于意外情况发生的可能性。这些商业收益和成本淹没了使用这些技术处理意外情况的预期收益和成本，这些意外情况少之又少，而且通常多样化和规模化比商业决策涉及的风险更小。因此，公司通常会根据收益和成本而非意外情况会出现的可能性，决定多样化的程度和达到的规模。假设这些结论是理性的，那么考虑到业务性质、资源、竞争环境等，每个公司都试图采用有效的多样化和规模化程度。因此，在意外情况的情景下将责任施加给更多样化、更大规模或两者兼而有之的一方当事人的规则，将无效率地惩罚已经有效率地实现了多样化和规模化的公司。换言之，根据波斯纳和罗森菲尔德的观点，效率和成功会孕育责任。

最后，正如特里比尔科克明确指出的，基于合同一方当事人实现了显著多样化和规模化而对其施加责任会违反正义的基本观念。"通过确定双方当事人之间特定互动的性质与数量无关于责任的确定，保险的理由就冒着退化为相对任意选择一个保险人或'有钱人'（deep pocket）的风险，从而成为大体上随机形式的司法管理的财富再分配"[112]。

简言之，最便宜保险人的理由存在深层缺陷，不符合效率、矫正正义或分配正义。

六、事后因素的作用

在许多意外情况的情景下，一个重要问题在于，法院是否应将它们的判决仅仅基于当事人在合同订立时的事前预期和假设，或者在适当情况下，法律是否也应考虑事后因素，即双方在意外情况发生之前根据合同产生的收益和损失，或由意外情况这一近因导致或可能产生的双方当事人的收益和损失。

---

[112] Id. at 258. See also Shawn J. Bayern, False Efficiency and Missed Opportunities in Law and Economics, 86 *Tul. L. Rev.* 135, 175-176 (2011).

同样在这里,双方错误和意外情况的情景之间存在实际差异,这种差异具有重要的理论和原理意义。双方错误的情况涉及合同签订时的当今世界。因此,通常是,错误在合同签订后很快就会被发现,且可通过合同撤销来救济。相比之下,意外情况经常发生于合同签订后。到那时黄花菜都凉了,仅通过撤销合同来解决这个问题往往为时已晚。相反,可能需要更复杂的调整,在进行这些调整时,法院应有权在适当情况下考虑事后因素。这种权力不是基于再分配考虑而授权重新分配收益和损失。相反,此权力是承认许多意外情况之情景下所呈现的现实,必须在双方共同任务(joint enterprise)的一般框架内行使。

事实上,意外情况之事后进路并不必然与事前进路不一致。如果缔约方已事先处理了意外情况的问题,他们很可能会同意,如果发生了证成司法救济的意外情况,法院应当考虑所有相关因素,以最公平的可能方式来解决问题,而非规定每种可能的意外事件的后果来解决问题。另一个苏伊士运河案件,海洋流浪者油轮公司诉 V/0 欧根尼亚号油轮案[Ocean Tramp Tankers Corp. v. V/0 Sovfracht (The Eugenia)][113] 中,当事人采取了类似办法。此案中的租船合同是在"双方代理人意识到苏伊士运河有关闭风险时谈判的,每个代理人都提出了满足这种可能性的条件。但是他们没有就这一条件达成协议,最后他们达成了协议……但没有处理这件事的任何明确条款。这意味着,如果运河关闭,他们将该问题'留给律师来解决'"[114]。

应考虑事后因素的典型情况出现于该场合,即意外情况使卖方的履行对买方毫无价值,但同时为卖方创造了一个机会,使他能够从另一份合同获得同等利润,而这份合同只有在意外情况发生时才能订立。例如,在克雷尔诉亨利案[115]中,它是一个加冕案,加冕的取消使合同对承租人亨利来说毫无价值。然而,在最初的加冕仪式被取消后,一个新的加冕游行被安排在同一条路线上举行。因此,出租人有机会获得同等利润,但他也

---

[113] [1964] 2 QB 226 (Eng.).
[114] Id. at 234 (opinion of Lord Denning).
[115] [1903] 2 KB 740.

只能因为原来的游行被取消才能获得。克雷尔诉亨利案的适当处理要考虑到事后因素。

另一种应考虑事后因素的典型情况出现于该场合,即意外情况使卖方履行系争合同更加昂贵,但同时增加了卖方从其他合同获得的利润。密苏里公共服务公司诉皮博迪煤炭公司案(Missouri Public Service Co. v. Peabody Coal Co.)[116]就是一个适当的例子。作为公共事业公司的密苏里公共服务公司与皮博迪煤炭公司订立了一份十年期的合同,根据合同,皮博迪同意以每净吨位 5.4 美元的基础价,为密苏里公共服务公司在一个新燃煤发电厂供应所需的煤炭。基础价受以下两个条款的约束:直接成本(designated cost)变化的特定价格调整条款;基于工业商品指数的一般通货膨胀调节条款。

合同履行在前两年对皮博迪来说是盈利的。然而,此后,皮博迪的生产成本开始超过价格调整和通货膨胀调节的规定,因此 1974 年皮博迪要求修改该规定。公共服务公司拒绝了皮博迪的大部分请求。皮博迪因此以停止供煤相威胁,公共服务公司诉请特定履行。皮博迪辩称,根据合同,它遭受了过高的经济损失,因为尽管工业商品指数在合同签订前几年可以准确衡量通货膨胀情况,但由于 1973 年的石油禁运、失控的通货膨胀以及新实施的矿山安全条例导致成本高昂,它已不再是有效的尺度(measure)了。作为回应,公共服务公司证实,自合同履行以来,皮博迪的煤炭存量的价值增加了大约三倍,基于相同原因,这也导致与公共服务公司的合同使皮博迪遭受损失。部分依赖于事后因素,法院判予了特定履行:

> 皮博迪的请求声称要纳入"商业履行不可能"的原理的是阿拉伯石油禁运……皮博迪未能证明此禁运影响了他获取采矿生产所必需的石油或石油产品的能力,尽管代价非常高昂。事实上……此禁运可合理地认为至少间接地促使了皮博迪煤炭存量价值的显著增

---

[116] 583 S.W.2d 721 (Mo. Ct. App. 1979).

加,因为它迫使该国替代能源的市场价值上升。[117]

在刚刚讨论的两类案例中,事后因素要么支持了完全的司法救济,如克雷尔诉亨利案,要么否定任何司法救济,如皮博迪案。然而,在某些情况下,事后因素建议合同调整。例如,在弗农市诉洛杉矶市案(City of Vernon v. City of Los Angeles)[118]中,洛杉矶市和弗农市签订了合同,根据合同,洛杉矶市同意处理弗农市的污水。加利福尼亚州提起诉讼的结果是,洛杉矶市不得不为流经其系统的污水建造昂贵的新处理设施。洛杉矶市要求弗农市承担新设施费用的适当份额。弗农市拒绝了,洛杉矶市主张,由于需要新的设施,污水处理费用大大增加,因此它可免除进一步履行。法院判决,洛杉矶市被免除大部分责任,但"合同中规定的某些'设施和权利'(如合同之一规定的测量站和溢流排水管)可以而且应当得到补偿"[119]。

法院考虑事后因素的权力也得到其他权威渊源的支持。例如,在埃亨公司诉约翰·鲍恩公司案(M. Ahern Co. v. John Bowen Co.)[120]中,法院基于合同的事前影响的概念驳回了对所提供之工作的赔偿,并且认为是否应判予这种赔偿取决于"在每一种情况下法院认为在意外情况下什么是公平和公正的"[121]。同样,《合同法重述(第二次)》第272(2)条规定,如果关于履行不可行和目的落空的规则,以及关于救济的规则,"不避免不公正,法院可以根据公正的要求判予救济"。具有同样效果的是《统一商法典》第2-615条(处理意外情况问题的《统一商法典》的原则)官方评论6,其中规定"在(意外情况的情景下),对于由以'免责'或'不得免责'的平铺直叙方式所提出的问题,其简单的肯定或否定的回答既不合乎逻辑也不符合正义时,依本编的各项规定,尤其是关于善意的条款、有关不安

---

[117] Id. at 728.
[118] City of Vernon v. Los Angeles, 290 P.2d 841(Cal.1955).
[119] d. at 847.
[120] 133 N. E. 2d 484 (Mass.1956).
[121] Id. at 486. See also Turner Entm' t Co. v. Degeto Film GmbH, 25 F.3d 1512, 1520-1521 (11th Cir.1994).

全和担保的条款、理解任何条款均应按照其立法目的和本编总的立法思想——利用衡平原则以促进商事标准和善意的发展——的各项条文,对合同做出调整是必要的"。

七、结论

662　　三个基本概念构成了规范意外情况的基础:(1)合同不仅由部分体现为书面文件的文件构成,而且除此之外还包括某些类型的默认假设(tacit assumptions)。(2)这些假设可以是以事件为中心的,也可以是以大小为中心的。(3)意外情况的情景下出现的问题在很大程度上应通过救济视角来看待。立基于这些概念的原则涉及司法救济的两个检测,一套救济以及考虑事后因素的司法权力。撇开某些限定(qualifications)不谈,这些原则可以总结如下:根据共同默认假设检测,假设如果一个特定情况在合同期间内持续、发生或不发生的共同非评价性默认假设已明确,当事人就会提供司法救济,那么该假设就应当提供司法救济的基础。正常情况下,在默认假设失败的场合下应给予的救济处理,应与该假设明确时应赋予的救济相同。

　　通常,在此种情况下,如果当事人事先处理了相关情况,他们会将相关情况的发生或不发生视为允诺人履行义务的条件。如果共同默认假设采取明示条件的形式,任一方当事人通常都无权因该假设的不成就而获得损害赔偿,因为通常当事人都要承担明示条件不成就的风险。因此,如果共同默认假设检测能适用,并且允诺人对意外情况的发生既没有过错,也没有控制导致意外情况发生的条件,则他不应对预期损害赔偿承担责任。然而,允诺人应当对返还损害赔偿承担责任,因为允许允诺人既免于履行又保留他根据合同获得的任何利益是不公正的。即使没有受允诺人赋予约定的利益时,在允诺人应当免于承担预期损害赔偿的场合下,允诺人也应当对信赖损害赔偿承担责任,因为尽管他有过错且过错轻微,则他还是有过错,或者在目的落空情况下,即合同的目标是诱致受允诺人产生已付成本或者机会成本,因为允诺人想要保留受允诺人的时间、劳动或生产能力。

根据另一个未交易风险之检测,如果由于成本的急剧和意外上涨,履行将导致未经交易而遭受的经济损失,而且这种损失的风险远远大于当事人合理预期卖方所承担的损失风险,则卖方应有权获得司法救济。此外,如果缔约商品对买方的价值和市场价值与卖方的成本同步上升,买方应有权获得修正的预期损害赔偿,但仅限于若卖方履行成本出现了历史上可预见的增加以及商品的市场价值相应增加时买方本应获得的利润。

最后,在适当之意外情况的情景下,法院应考虑事后因素——即在意外情况发生前根据合同当事人产生的收益和损失,或由意外情况这一近因所引起的或促成的当事人的收益和损失。应考虑事后因素的典型情况出现于该场合,即意外情况使卖方的履行对买方来说毫无价值,但同时为卖方创造了一个机会,使卖方能够从另一份合同获得同等利润,而这份合同只有在意外情况发生时才能订立。另一种应考虑事后因素的典型情况出现于该场合,即意外情况使卖方履行系争合同更加昂贵,但同时增加了卖方从其他合同获得的利润。在一些情况下,尽管很少见,事后因素可能会建议对合同进行司法调整。

第十七编

履行难题

第四十六章　履行难题导论

假设 A 和 B 签订了合同。在合同解释或意外情况影响方面也没有出现错误,但问题产生于合同成立后的其他事项,如允诺人做出了实质履行但履行并不完美时受允诺人的权利。本书将这些和其他合同成立后的问题称为履行问题。

一般来说,履行问题是救济性的——也就是说,它们涉及对违约的制裁,而非损害赔偿或特定履行,例如受害方的履行中止或合同终止。这些制裁往往比损害赔偿更加严重。例如,如果受允诺人有权终止合同,允诺人可能会损失他在合同继续履行情况下本应获得的利润,以及在合同终止前他已履行的价值或者至少是已履行部分的合同价格。这些制裁在其他重要方面不同于损害赔偿。例如,损害赔偿只能通过提起诉讼来启动。相比之言,与履行问题相关的一些最重要的制裁,如终止合同,尽管也会受法院审查的约束,但通常通过自力救济启动即可。

本部分所考虑的履行问题包括:

- 缔约方履行义务的顺序(推定条件)。
- 一方当事人在履行到期前违约的后果(期前违约——anticipatory repudiation)。
- 受允诺人是否及何时可以要求允诺人提供充分的履行担保。
- 在正当要求履行担保时未能提供这种担保的后果。
- 受允诺人何时有权因允诺人违约而中止或终止合同履行。
- 允诺人是否有权矫正不完美履行。

- 违约的受害者是否及何时有权请求因违反整个合同而非部分合同的损害赔偿。
- 实质但不完美履行允诺的后果。
- 实质但不完美成就明确条件的后果。

第四十七章　履行顺序;推定条件

假设 A、B 签订了合同,出现的问题是每方当事人履行的顺序或者提出履行表示的顺序是什么。这一问题的意义在于,如果 A 必须在 B 之前或与 B 同时履行或者提出履行,那么除非 A 已经履行或者已经提出了履行,否则 B 就没有义务履行,也不因未履行而违约。例如,如果 A 同意以 2 万美元的价格将他的车卖给 B,除非并且直到 A 交付该车,B 没有义务付款;除非且直到 B 支付 2 万美元,A 没有义务转让该车。

当事人的合同通常规定了履行顺序。例如,建筑合同通常规定,当达到约定的重要阶段(milestone)时,业主将分期支付承包商的履行费用——比如说,地基铺设完成时支付 25%,一楼竣工时支付 25%,等等。通常情况下,这些情况也为履行顺序问题提供了明确答案。例如,在单方合同情况下,A 允诺为一个行为付款给 B,该情况清楚表明 B 必须在 A 付款之前履行义务。然而,在许多情况下,合同与这些情况都没有对履行顺序问题提供明确答案,而且在这些情况下,答案是法律推断(implication of law)提供的。

一般来说,如果可以实现的话,法律赞同同时履行的推断(implication)。《合同法重述(第二次)》第 234(1)条规定,"根据交换允诺,如果要交换的全部或部分履行可以同时进行,除非语言或情况有相反表示,它们在相应范围上就是同时进行"[1]。第 234 条的评论列出了需要同时履行义务的四类情况:双方履行义务确定的时间相同;一方履行义务的时间是确定的,另一方的时间则没有确定;任何一方的履行时间都不确定;确定

---

[1] See also, e.g., U.C.C. §§2-507, 2-511.

了每一方履行的期间都相同。

第234条的示例也说明了几种类型：

1. A允诺将土地卖给B，契据的交付日期为7月1日。B允诺支付5万美元，7月1日支付。土地交付和价款支付同时到期。

2. A允诺将土地卖给B，契据的交付日期为7月1日。B允诺支付5万美元，但没有规定付款时间。土地交付和价款支付同时到期。

3. A允诺将土地卖给B，契据的交付日期为7月1日。乙允诺支付5万美元，在7月1日或之前付款。契据交付和价款支付同时到期。

假设在要求同时履行的情况下，一方当事人提起损害赔偿诉讼。如果双方当事人就都只是呆在家里，什么也不做，任何一方当事人都不应允许从另一方当事人获得损害赔偿：规则应当而且确实是，如果履行同时进行，除非做一些事情让另一方当事人违约，否则任何一方当事人都不能获得损害赔偿。这通常意味着做出履行或者提出确定履行的表示，并有能力执行该表示。这解释了为什么法律赞同同时履行的推断：如果履行顺序是连续的，那么必须首先履行的一方当事人就有风险，即如果另一方当事人不履行，他会失去履行的价值。相比之下，如果履行顺序同时，则任何一方当事人都不承担此风险。[2]

假设不能合理地推断出(implied)当事人的履行应当同时进行。在那种情况下，通常的推断是，如果一项履行需要时间，而另一项履行不需要时间，则需要时间的履行必须首先做出，只有到那时，另一方才有义务做出履行。这一规则体现在《合同法重述(第二次)》第234(2)条："在只有一方当事人的履行……需要一段时间的场合，他的履行比另一方当事人的履行到期要早一些……"第234条的示例9就是关于该规则的说明。"A与B缔结合同，A在B正在建设的大楼下做混凝土工作，每立方码10美元。在没有语言或有相反表示的情况下，B的付款期限是A完成混凝

---

〔2〕 See *Restatement (Second) of Contracts* §234, cmt. a (Am. Law Inst. 1981).

土工作时……"

到目前为止，一切安好。不幸的是，履行顺序问题与被描述为推定条件的问题混淆了。例如，如果 A 有义务在 B 之前履行，那么就可以说 A 的履行是 B 的履行义务的推定条件。如果 A、B 必须同时做出履行的表示或履行，那么就可以说，每一方当事人做出履行的表示或者履行，就是另一方当事人做出履行的表示或者履行的同时条件。这个术语(nomenclature)既没有必要，又比较混乱。之所以说是没必要的，是因为在不使用"条件"一词的情况下，履行顺序也可以通过说明当事人的履行必须同时或有序地做出而得到充分和明确的描述，具体要视情况而定。之所以说是混乱的，是因为推定条件(constructive condition)与明示条件完全非同类。明示条件不是允诺；相反，推定条件是允诺。明示条件必须完全满足，至少在传统合同法下是如此；相比之下，因为推定条件是允诺，所以只需要实质履行，尽管允诺人将对履行短缺部分(shortfall)承担损害赔偿责任。

在履约顺序语境中，允诺被称为推定条件的原因是，如果 A、B 有一份涉及相互允诺的合同，那么，一方当事人的履行或提出履行的表示，通常是另一方当事人履行或提出履行表示的前提。这个前提可以但不应当被描述为条件，因为履行顺序可以在不使用该术语的情况下被描述，并且使用该术语来定性允诺会增加混淆。因此，"推定条件"这一术语应当从履行顺序案件的分析中删除。

第四十八章　期前违约的原则

一、一般原则

假设,1月15日允诺人签订合同,3月15日他向受允诺人做出指定的履行,以换取在该日支付固定数额的金钱。2月15日,允诺人拒绝履行合同。此种拒绝履行(repudiation)——即允诺人在被要求履行合同之前就拒绝履行合同——通常被称为期前拒绝履行(anticipatory repudiation)或期前违约(anticipatory breach)*。然而这两个术语都不准确。无论何时发生,拒绝履行合同都是一种现在的拒绝履行,也是现在的违约,正如里程碑式的英国案例——霍克斯特尔诉德·拉图尔案(Hochster v. De La Tour)所解释的那样。[1]

在本案中,1853年4月,德·拉图尔邀请霍克斯特作为一名导游(courier)陪同他——显然霍克斯特是一名旅行伙伴和伴游服务员(expediter)——进行6月1日开始的旅行。5月11日,德·拉图尔告诉霍克斯特,他改变了主意,拒绝使用他的服务。5月22日,霍克斯特提起损害赔偿诉讼。德·拉图尔认为,在6月1日开始履行合同之前,不可能有任何违约。法院判决支持霍克斯特:

---

*　两个词基本是同一意思,为了便于理解,下文对这两个术语不做区分,统一称为期前违约。但需要说明两点:第一,"repudiation"的意思就是履行期到来前就口头或者以实际行动拒绝履行合同。"预期"违约中预期并不能表达"期前"这样一个意思。第二,拒绝履行合同只是一个客观描述,其自身并不带有明确的否定性评价。因此"拒绝履行合同"一词就带有过度的道德否定性意味而不合适。但是为了使用方便,统一使用"期前违约"这一术语。——译者注

〔1〕(1853) 118 Eng.Rep.922; El.& Bl.678.

……在未来某一天做出一个行为之合同的场合,当事人之间存在一种由合同构成的关系……他们默示地做出允诺(promise),在此期间,任何一方当事人都不会做任何与该关系不符的损害另一方当事人的事情。例如,订婚的男女在订婚和结婚庆典之间的这段时间内彼此处于婚约状态。

就旅行者和导游的情况而言,从雇佣合同订立之日到雇佣开始之日,他们彼此约束;如果他们中的任何一方宣布放弃约束,看来这就违反了默示合同。[2]

勒尼德·汉德在衡平信托公司诉西太平洋铁路公司案(Equitable Trust Co. v. Western Pacific Railway)中详细阐述了该推理:

674

> 未来履行之允诺默示地包括不故意损害履行可能性的约束。一个允诺是一个口头行为,其旨在使受允诺人产生信赖,也是意在预报自己行为的一种方式。在履行之前,不进行任何故意使该信赖和该预报不可能的行为,确定应当包含在该默示中。诸如允诺人事务变化所产生的此种中间不确定性当然是风险的一部分,但是很难理解,除了纯粹的口头表达之外,怎么能认为允诺人在其承诺的条款内通过宣布其违约意图,就无端地增加这些不确定性。[3]

尽管期前违约和期前拒绝履行这两个术语都不准确,但它们已根深蒂固,试图取代它们也不切实际。因此,在本书中,允诺人在履行到期前拒绝履行被称为期前拒绝履行(anticipatory repudiation)。规范这种情况

---

[2] Id. at 926; El. & Bl. at 689. 尽管霍克斯特诉德·拉图尔案通常被认为是期前违约的源头,但基思·罗利(Keith Rowley)表明,该原则在更早的时候就得到一些支持。Keith A. Rowley, A Brief History of Anticipatory Repudiation in American Contract Law, 69 *U. Cin. L.Rev.* 565, 575 (2001)。

[3] 244 Fed. 485, 502 (S.D.N.Y.1917), remanded for correction and afrmed, 250 Fed.327 (2d Cir. 1918). 也可参见《统一商法典》第2-609条的评论1:商人之间订立合同的基本目的是为了获得实际履行;他们讨价还价并非仅仅为了获得允诺,或者外加赢得诉讼的权利;对履行期届至所允诺的履行即会出现的持续的信赖与安全感,是双方当事人合意的一项重要特征……如果……合同订立至合同履行期间当事人的履行能力的意愿急剧下降,则另一方当事人将有丧失其讨价还价所获得实质性内容之虞。

的原则如下:期前违约是一种重大违约(material breach),因此也受适用于所有重大违约的规则以及合同法所有其他一般原则的规范。称之为期前违约原则。

古典合同法没有普遍接受该原则,主要是基于公理性根据,即在履行义务产生之前,合同不可能被违反。例如,在1876年裁决的丹尼尔斯诉牛顿案(Daniels v. Newton)中,马萨诸塞州法院认为:

> 我们不能理解,(在履行时间之前声明放弃协议)本身如何构成了当下就侵犯了另一方当事人的任何法律权利,或赋予他当下的诉权。待履行合同通常不授予对协议标的的任何所有权或任何利益。直到根据协议条款他有权或可能有权得到履行之前,他不可能遭受可构成赔偿的伤害或剥夺。既没有权利侵犯,也没有可据以诉讼的损失……[4]

同样,在1901年,威利斯顿指出:

> 从技术角度来看,很明显,在合同诉讼中,原告必须声明被告违反了他作出的一些允诺。如果他允诺在6月1日雇用原告,违约必须是他没有这样做。被告在5月份声明他在6月1日不准备雇用原告,这只能是违反不作任何此类声明的合同。[5]

然而最终来看,法院几乎普遍采用了期前违约原则。事实上,威利斯顿自己也在他做报告人的《合同法重述(第一次)》中纳入了该原则。该原则也在《统一商法典》第2-610条中得到采纳("任何一方当事人就一项尚待履行之义务拒绝履行合同,其所造成的损失将实质性地损害合同对于另一当事人之价值时,受害方可以……诉诸任何违约救济……")并在《合同法重述(第二次)》第253(1)条中得到重申("在债务人在因不履行而违约之前以及在收到所有约定的交换之前违约,其违约本身会导致对完全违约的损害赔偿的诉求……")。

---

[4] 114 Mass. 530, 533 (1876). See also, e.g., Phillpotts v. Evans, (1839) 151 *Eng. Rep.* 200; 5 M.& W.475.

[5] Samuel Williston, Repudiation of Contracts, Pt. 2, 14 *Harv. L.Rev.* 421, 428 (1901).

二、什么构成期前违约

期前违约可以是由允诺人作出的不意欲履行在合同项下的大部分义务的表示,也可以是由允诺人已经做出的不能或显然不能履行大部分合同义务的行为。有时需要解释来确定行为或表示是否构成期前违约。在此种情况下,问题应根据合同法解释的一般原则来确定——具体而言,处于受允诺人地位的一般人是否会将该表示或者行为解释为违约,以及受允诺人是否以此种方式解释该表示或行为。《合同法重述(第二次)》第253条的评论中包含了这样一种表述:"违约包括一般人解释为该意思的用语,即另一方当事人不会或不能做出合同规定的到期履行,或者做出了对一般人来说似乎使另一方当事人的未来履行不可能的自愿性肯定行为(voluntary affirmative act)。"

不幸的是,许多法院采纳了更严格的标准,根据这一标准,用最高法院的话来说是,只有允诺人"积极、无条件和明确地声明在任何情况下或任何时候都不履行的确定意图"[6]的情况下,该表示才构成违约。此严格标准是对解释之一般原则的不正当的背离,不应再被遵守,而且也确实也未被所有法院都遵守。

三、如果在允诺人拒绝履行时受允诺人已完全履行场合下期前违约的效力

在期前违约原则的战争中败北后,古典合同法学派的追随者通过确立该原则的一个不正当例外而赢得了一场战斗。在此种例外(完全履行例外)下,如果受允诺人在允诺人违约时已完全履行,该原则就不适用。这一例外主要适用于,允诺人有义务分期支付受允诺人履行的情况。在

---

[6] Dingley v.Oler, 117 U.S. 490, 502 (1886).

例外情况下,如果受允诺人已经完全履行,除非履行到期,否则他不能起诉拒绝履行的允诺人要求未来的分期付款。[7] 这一例外不符合期前违约原则,因为拒绝履行也是违约,也同样是重大违约,因为受允诺人已经完全履行。因此,如果严格适用,例外就会导致不一致的结果,如《合同法重述(第二次)》第 253 条的例子 6 所示:

> 1月15日,A 和 B 订立了合同,根据该合同,A 允诺在 2 月 1 日转让一块土地给 B,B 允诺届时支付 A 1 万美元,其余 4 万美元分四年分期支付。A 将这块地转让给了 B,B 支付了 1 万美元。3 月 1 日,B 通过告诉 A 他不会再付款了从而拒绝履行。A 提起了对 B 的诉讼。由于 B 已接受土地,所以他有义务支付余款,直到次年 2 月 1 日履行到期前,A 无权对 B 提出违约损害赔偿。

举一个更极端的例子,如果 A 出售且交付商品给 B,B 以 60 个月分期付款的方式支付,而 B 只支付了一期付款就拒绝履行义务,在完全履行例外下,荒谬的是,A 必须提起单独诉讼来收取剩余 59 次分期付款的每一笔款项。

幸运的是,这个例外是雷声大雨点小(more bark than bite)。首先,在大多数情况下,拒绝履行的允诺人很可能会使其行为合乎此种判决,即他违约了且需自愿支付剩余分期付款。如果允诺人即使在对受允诺人有利的首次判决之后仍继续拒绝分期付款,尽管有该例外,法院也不太可能要求受允诺人对剩余每一期付款提起一个接一个的诉讼。例如,在格雷戈里恩诉奥马哈互助保险公司案(Greguhn v. Mutual of Omaha Insurance Co.)[8]中,该案是一个保险公司多次不支付分期付款的残疾人保险案,法院将原告的判决限于已经到期的分期付款,但补充说:

> 初审法院的判决和裁定等于确定了,只要原告完全永久残疾,他就有权获得保险单中规定的每月付款。除非原告康复或死亡,被告

---

[7] See, e.g., Minor v.Minor, 7 *Cal. Rptr.* 455, 459-460 (Dist. Ct. App.1960); *Restatement (Second) of Contracts* § 253 cmt. c (Am. Law Inst. 1981) [hereinafter Restatement Second].

[8] 461 P.2d 285 (Utah 1969).

就不会被免除付款的义务。如果被告在没有正当理由或免责事由的情况下,将来未能按照保单条款付款,并且原告被迫对拖欠的分期付款提起另一项诉讼,那么法院当时就应当包容强制履行的救济。[9]

除了格雷戈里恩案的司法警示之外,法院可以使用几种技术使完全履行例外无效。例如,法院可以命令允诺人在剩余义务到期时特定履行。如果颁布这一命令,不遵守命令的允诺人就是藐视法庭,因此会被处以罚款甚至监禁。法院也可以发布确认判决,允诺人有义务迅速支付所有剩余款项。尽管此种判决本身并不能保证剩余款项会迅速支付,但是如果允诺人没有支付下一笔款项,法院几乎就肯定会失去耐心,命令允诺人立即支付剩余款项。最后,正如艾伦·法恩斯沃思所指出的,法院经常避免这种例外,方法是虚假地认定在拒绝履行时受允诺人还没有做出部分履行。[10] 简言之,如《合同法重述(第二次)》所述,完全履行例外已经"受到了相当多的批评,其实际应用的例子并不常见……"[11]

四、期前违约的撤回

合同的拒绝履行是一种重大违约,因为拒绝履行是一种允诺人不会履行其合同义务的声明。期前违约也是如此。因此,原则上,不应当允许允诺人撤回期前违约。这并非现行法律,但是如果受允诺人信赖了拒绝履行[12]或者通知允诺人他认为拒绝履行是最终的,撤回期前违约的权利就被切断了。《合同法重述(第二次)》证成了后一规则,理由是"使受害方权利完全取决于信赖这样一个模糊标准是不可取的"[13]。考虑到几个使重要权利取决于信赖的《合同法重述(第二次)》的几个条文,此种正当性是虚伪的(disingenuous)。一个更好的正当性是,既然最佳规则是拒绝

---

[9] Id. at 287.
[10] E. Allan Farnsworth, *Contracts* 584-585 (4th ed. 2004).
[11] *Restatement Second* §253, cmt.d.
[12] Id.. See also U.C.C. §2-611; *Restatement Second* §256.
[13] *Restatement Second* §256, cmt.c.

履行不能撤回,次佳规则是法律应当赋予允诺人根据通知即可锁定拒绝履行的权利,从而使撤回拒绝履行变得困难。

五、忽略期前违约

有人认为,作为对期前违约的回应,受害方可以选择"将拒绝履行视为一种空洞的威胁,并要等待到履行时"[14]。然而,此选择应当让位于减损义务,在这方面有很多权威(authority)。例如,罗金汉姆县诉卢滕大桥案(Rockingham County v. Luten Bridge)(在第10章中讨论)认为,当选择不合理时,受害方不得选择继续履行义务来回应拒绝履行。同样,《统一商法典》第2-610条评论1规定,如果受害方"等待履行超过了合理时间,他就不能获得他本应避免的由此造成的损害赔偿",卡拉马里和佩里洛认为,"代表压倒性权威(weight of authority)的现代案例认为,减损义务优先于该选择的观念"[15]。

六、受害方履行的能力

当履行同时到期时,一方当事人通常必须做出履行才使另一方当事人违约。拒绝履行免除了受允诺人为提出违约索赔而做出履行的要求了,但是为了胜诉,受允诺人应当并且必须证明"他有意愿和能力在拒绝履行之前履行,并且……如果被告没有拒绝履行的话,那么他会履行约定的义务……"[16]在卡纳沃斯诉汉考克银行和信托公司案(Kanavos v. Hancock Bank & Trust Co.)[17]中,汉考克银行持有代表公寓所有权的股票,卡纳沃

---

[14] Taylor v.Johnston, 539 P.2d 425, 430 (Cal.1975).

[15] John D. Calamari & Joseph M. Perillo, *Calamari and Perillo on Contracts* 439 (6th ed. 2009).

[16] Record Club of Am., Inc. v.United Artists Records Inc., 890 F.2d 1264, 1275 (2d Cir. 1989).

[17] 479 N. E. 2d 168 (Mass.1985).

斯有购买股票的期权(option)。该银行说服卡纳沃斯放弃该期权,以换取4万美元,以及如果该银行要在60天内出售该股票,则享有购买股票的优先权(a right of first refusal)。在此期间,银行以76万美元的价格卖出了股票,但没有通知卡纳沃斯,也没有给他行使期权的机会以该价格购买股票。卡纳沃斯以违约起诉了,并出示了银行违约时股票价值150万美元的证据。法院认为,卡纳沃斯的融资能力很重要,因为除非他证明有能力购买该股票,否则他不应当获得该损害赔偿。然而,法院制定了一个非常灵活的支付能力检测(test):

> 卡纳沃斯有责任证明他有能力为股票融资。他有能力这样做的事实是确定被告责任的一个重要部分。关于他筹集76万美元购买股票能力的情况,他比银行更清楚……尽管卡纳沃斯承认在相关时期他融资有困难,但他与可能帮助过他的人有联系。他作证说,如果银行及时通知他行使权利,他本可以购买股票的。此外,陪审团发现,公寓大楼的价值比第一顺位抵押的本金余额(principle balance *)多150万美元,因此比卡纳沃斯支付给银行的股票多78万美元(同样的价格是76万美元减去银行欠他的4万美元)。这种差额表明,对卡纳沃斯来说,融资并非不可能。考虑到卡纳沃斯当时承认的融资困难,他是否有能力购买股票(或将他的权利出卖给另一个人)的问题,则可能取决于公寓大楼的收入,是否足以支持各种限制范围内为该收购融资提供某种安排,而联邦担保(federally guaranteed)的第一顺位抵押(假设在此过程中没有清偿)适用于该限制。[18]

七、期前违约损害赔偿的计算

期前违约损害赔偿的计算提出了一个问题:计算的时间点是什么?传统上,法院在两个计算方法之间进行选择。根据其中一个公式,受允诺

---

* 未偿还的本金就是本金余额。——译者注

[18] Id. at 172.

人的损害赔偿,通过合同价格和违约时的替代价格(replacement price)(即补进或市场价格)之间的差额来计算。根据另一个公式,受允诺人的损害赔偿以合同价格和履行时的替代价格之间的差额来计算。[19] 两个公式都不能适当地计算受允诺人的预期损害赔偿。预期损害赔偿的目的是将受允诺人置于如允诺得到履行时他所处的地位。如果允诺已经履行,那么受允诺人将在合同规定的时间收到约定的履行。如果拒绝履行的允诺人是卖方,那么买方的损害赔偿应根据合同价格和违约时与第三方签订的合同价格之差额来计算,当然,与第三方的合同需在合同规定时间做出的约定履行。

在有组织期货市场上交易的商品买卖合同最容易说明这一点。例如,假设1月2日,A同意以每蒲式耳10美元的价格向B出卖200蒲式耳玉米,6月18日交货。5月1日,A拒绝履行合同。对将于6月18日交付的玉米,B应获得10美元的合同价格与5月1日即拒绝履行日价格之间的差额。如果5月1日立即交货的玉米售价为每蒲式耳11美元,6月18日交货的玉米期货售价为每蒲式耳11.5美元,买方的损害赔偿应该是合同价格10美元和6月18日交货的价格11.5美元之间的差额。

当然,大多数合同不涉及在有组织期货市场交易的商品。通常情况下,这不会有什么差额,因为未来交货的补进通常是在有组织期货市场之外进行的。例如,假设在1月2日,A同意以500万美元为B建造一座大楼,并在12月20日前完工。9月1日,B拒绝履行。A应当获得500万美元的合同价格和将于12月20日竣工的相同建筑在9月1日的市场价格之间的差额。

根据现行法,在期前违约案件中,确定损害赔偿计算日期的问题因两个因素而变得复杂。

第一,法院传统上并不遵循期货交易的进路(futures-based approach)——也许是因为它们不理解——而是错误地将时间问题看作

---

[19] 这些公式经常修改以包含相关时间之后的一段合理时间。这种修改没有解决两个公式之间的基本差异,为了便于阐释,公式将不做修改。

在拒绝履行时或者履行到期时基于替代价格的损害计算之间进行选择。

第二,许多期前违约案件涉及货物销售,因此受《统一商法典》第2条规范,该条在这个问题上并不明晰。《统一商法典》的三个部分是相关的:第2-610条、第2-708(1)条和第2-713(1)条。第2-610条规定:

> 任何一方当事方就一项尚待履行之义务拒绝履行合同,其所造成的损失将实质性损害合同对于另一当事方的价值时,受损害方可以:
>
> (a)在商业合理之期间内等待拒绝履行合同方履行合同义务;或者
>
> (b)寻求违约救济(第2-703条或第2-711条),即使他已通知拒绝履行合同方他将等待后者履行并且敦促后者撤回其拒绝履行合同行为;以及
>
> (c)在上述任何一种情形下,中止履行其合同义务,或者依照本编有关买方虽然违约卖方仍有权鉴定货物,或者仍有权拯救半成品货物之规定(第2-704条)办理。

第2-708(1)条规定了"损害的计算方法……在买方违约时是买方请求受领货物的时间和地点的市场价格与未支付的合同价格之间的差额……"第2-713(1)条规定,"损害的计算方法……在卖方违约时是买方得知卖方违约时的市场价格和合同价格之间的差价"[20]。(第2-713(2)条规定,"市场价格以货物到达地的市场价格来确定……")

第2-713(1)条最明显的解释是,"知道违约"意味着知道拒绝履行,因为拒绝履行就是违约。怀特和萨默斯同意这是最显然的解释,但仍然反对它:

> 反对期前违约案例中对第2-713条的"明显"解释的论点是,如果"知道违约"的用语被解释为"知道拒绝履行合同",那么第2-713条将与

---

[20] (在这两条中强调系后加)。这两个条款都规定损害赔偿包括"本编规定的任何附带和间接损害赔偿……但减去卖方违约而节省的费用"。

关于卖方损害赔偿的类似部分——第 2-708 条不一致。第 2-708(1) 条将加重的卖方拒绝履行合同损害赔偿,以"买方请求受领货物的时间和地点的市场价格与未支付的合同价格之间的差额"进行计算……因此,根据我们对第 2-713 条的解释,除了第 7-723(1) 条中的少数情况之外,法院总是从合同履行之日起计算拒绝履行合同的损害赔偿。[21]

此种观点有一定道理,但并不可取的是,通过拒绝第 2-713 条的明显解释以及未能处理预期损害赔偿的目的,将一个法律解释问题换做了另一个问题。因此,大多数法院没有接受怀特和萨默斯的观点。例如,在 1970 年 4 月 16 日奥洛夫森诉库默案 (Oloffson v. Coomer)[22]中,农场主库默同意向商人奥洛夫森出售 4 万蒲式耳玉米——2 万蒲式耳,每蒲式耳 1.12 3/4 美元,10 月 30 日交货;2 万蒲式耳,每蒲式耳 1.12 1/4 美元,12 月 15 日交货。接着,奥洛夫森缔约将玉米卖给第三方。6 月 3 日,库默拒绝履行合同了。6 月 3 日,未来交付的玉米价格为每蒲式耳 1.16 美元。预定的交货日期过去了,但没有交货。奥洛夫森以每蒲式耳 1.35 美元的价格购买了 2 万蒲式耳,以每蒲式耳 1.49 美元的价格购买了 2 万蒲式耳,以此来偿还他对买方的债务,并提起了诉讼。法院认为,奥洛夫森* 有权获赔合同价格与 1.16 美元之间的差额,而非分别获赔 10 月 30 日和 12 月 15 日合同价格与市场价格之间的差额。

在特立尼达·比恩电梯公司诉弗罗什案 (Trinidad Bean and Elevator Co. v. Frosh)[23]中,法院说:

> 第 2-713(1) 条中使用的"违约"一词含义模糊,必须在此制定法背景内予以解释。关于如何解释这种模糊性,基本上有两种观点:(1)"知道违约"指的是拒绝履行的时间,或者 (2)"知道违约"指的是基于当事人合同条款的履行时间……合理的论点也支持两种解释……

---

[21] James J. White & Robert S. Summers, *Uniform Commercial Code* 328 (6th ed.2010).
[22] 296 N. E. 2d 871 (Ill. App. Ct. 1973).
* 原文为库默(Coomer),应是有误。——译者注
[23] 494 N. W. 2d 347 (Neb. Ct. App.1992).

履行日期解释的缺点是它未能解释第2-610(a)条,该条似乎只允许受害方"在商业上合理时间内"等待履行。正如一法院所说:"如果买方有权获得履行时计算的市场价格减去合同价格的损害赔偿(contract-market price damges),很难解释为什么期前违约条款将他等待履行限于商业上合理时间。"

此外,第2-610(a)条商业合理性背后的政策是基于现行市场来补偿买方。买卖合同案件的目标应当是对受害的买方进行完全赔偿,这是通过《统一商法典》关于补进的政策来实现的。"希望市场价格会继续上涨到履行时,计算履行时买方损害倾向于阻止买方补进"。科斯登石油公司诉卡尔·赫尔姆证券公司案[Cosden Oil v. Karl O. Helm Aktiengesellschaft, 736 F.2d 1064, 1072 (5th Cir.1984)]……当适用履行时计算方法时,上涨市场中的受害买方会猜测价格继续上涨。如果市场在拒绝履行后下跌,买方将以低于合同价格的价格获得同样货物。效果是过度补偿了买方而惩罚了卖方。

我们得出结论认为,如果在第2-713(1)条中"知道违约"是指买方得知卖方拒绝履行的时间,那么该制定法的效果是最好的。[24]

尽管像特立尼达案这样的案例似乎采取了拒绝履行时(time-of-repudiation)的进路,然而它们也可以被解读为采取了期货交易(futures)的进路。"拒绝履行日的货物价格"一语含义模糊,因为它可以解释为拒绝履行日立即交货的货物价格或合同规定的交货日的货物价格。由于后一种解释与预期损害赔偿原则一致,而前一种解释则不一致,因此应采纳后一种解释。

---

[24] Id. at 352-353.

第四十九章　履行的充分担保原则

683　　假设尽管允诺人没有拒绝履行合同(repudiate a contract)，但受允诺人有正当理由对允诺人是否履行合同感到不安。规范此种情况的原则应当是，受允诺人可以要求允诺人提供充分的履行担保，而允诺人未能提供这种担保就是违约。该原则通常被称为充分担保原则，《统一商法典》第2-609条阐述了这一原则的理由：

　　(1)买卖合同给合同的每一方当事人施加一项义务：不损害另一方当事人获得及时履行的预期，当一方当事人的履行产生使另一方当事人不安的合理根据时，另一方当事人可以书面要求及时履行的充分担保，并且直至收到此种担保为止，可以在商业上合理范围内中止其尚未获得约定的对待履行的任何履行……

　　(4)当事人收到正当要求后，未能在不超过30天的合理期限内提供当时情形下充分及时的履行担保，是拒绝履行合同。

该条的官方评论1进行了更详细的说明：

　　本部分基于对以下事实的承认：商人之间订立合同的基本目的是为了获得特定履行；他们交易并非仅仅为了获得允诺，或者外加赢得诉讼的权利。对履行期届至所允诺的履行即会出现的持续信赖与安全感，是合意的一项重要特征。如果在缔约与履行之间，一方当事人的履行意愿或能力急剧下降，则另一方当事人会被威胁丧失其交易所获得的实质性内容。卖方需要保护，不仅仅是要防止不得不在赊销条件下向可能破产的买方交付货物，而且还要防止不得不采购或者制造货物，也许还要防止回绝其他客户。一旦他有理由认为买方的履行变得不确定,那么,强迫他继续履行义务则未免过于苛刻。同样,认为卖方交付货物已变得不确定的买方也不可能安心地等待履行期届至,而他花钱买的就是要保证其目前生产所需的资料,或者补充其商品库存。

拉里·加文(Larry Garvin)指出:

> 从几乎没有任何负面评论的商法看*,此条证明是非常成功的,事实上,几乎没有什么变化,美国法学会将其添加到《合同法重述(第二次)》中。尽管并非每个法域都接受普通法版本的充分担保,但的确许多法域都接受了,(截至1998年)到目前为止只有一个法域……拒绝了。甚至《路易斯安那民法典》都包含了充分担保规则,而且国际合同法也采用了《统一商法典》的方式,认真对待充分担保规则。[1]

在几种情况下,即使没有明确拒绝履行,受允诺人也有正当理由对允诺人是否会履行感到不安。在这些情况下,允诺人有义务为他的履行义务提供充分担保。这里有三种重要类型:

情形1:明显的拒绝履行。允诺人可以实施行为或使用一种看似构成拒绝履行但又模糊的表示。在此种情况下,受允诺人应有权要求予以澄清,因为如果他将允诺人的行为或表示视为拒绝履行,而法院后来判定并非如此,他自己就可能违约了,而如果他忽视允诺人的行为或表示,那么他可能会进行投资来准备履行他的合同义务,但如果允诺人不履行他的义务,那么投资就浪费了。受允诺人不应被置于此种两难境地,即允诺人通过实施模糊的行为或使用模糊的表示制造了难题,并且,通常情况下,澄清允诺人意图的成本接近于零。在此种情况下,受允诺人要求允诺人提供充分担保是合理的。如果受允诺人提出这样的要求,应要求允诺人提供保证,如果他没有提供,则应视为违约。

---

* 指《统一商法典》第二条。——译者注

[1] Larry T. Garvin, Adequate Assurance of Performance: Of Risk, Duress, and Cognition, 69 *U. Colo. L. Rev.* 69, 72 (1998).

情形2：明显的重大违约。允诺人可能看起来实施了构成重大违约的行为，但不清楚允诺人是否确实实施了该行为。受允诺人应当有权得到允诺人没有实施这种行为的担保，因为除非给予这种担保，否则受允诺人将陷入与情形1相同的两难境地。如同情形1一样，应当要求允诺人对其履行提供充分担保，特别是因为在这里，允诺人澄清其是否实施重大违约行为的成本通常接近于零。

情形3：允诺人违反了与受允诺人的其他合同或者与第三方的可比合同。假设允诺人违反了其与受允诺人的其他合同，或者违反了其与第三方的合同，这些合同相当于他与受允诺人的合同。在这些情况下，受允诺人要求允诺人履行合同的担保也是合理的。正如第2-508条官方评论所述：

> 根据商业标准和商业惯例，不安全的理由不必然来自系争合同或与其直接相关……买方与卖方缔结合同购买精密部件，他在交付后就要立即使用，如果买方发现卖方向其他有类似需求的买方交付了有缺陷的该种部件，他就有感到不安全的合理理由。

充分担保原则在古典合同法中没有得到广泛承认，可能是因为古典合同法在合同订立时侧重于合同的字面规定，正如怀特和萨默斯所指出的：

> 所有对充分担保的需求都要求比合同中最初允诺的要多，这正是第2-609条所授权的。例如，如果在合同开始时赊销是合适的，但随后的事件造成不安，第2-609条要求变更合同以向卖方提供更多担保，这超越了卖方在没有此种不安时的需求。因此，第2-609条的目的就是授权一方当事人坚持要求比合同给予的更多。[2]

与古典合同法相比，充分担保原则实际上更要求忠于合同，因为正如《统一商法典》第2-609(1)条的官方评论所述，"买卖合同给合同的每一方当事人都施加了一项义务：不损害另一方当事人获得及时履行的预

---

[2] James J. White & Robert S. Summers, *Uniform Commercial Code* §7-2, at 278 (6th ed.2010).

期","交易的一个重要特征是持续性的信赖和安全感,即允诺的履行在到期时出现"。因此,在适当情况下,充分担保的要求不仅远远没有背离合同,而且实际上还使合同符合当事人意图。

尽管充分担保原则存在一些早期征兆(harbinger),但无论从哪点来看,该原则都是随着《统一商法典》第2-609条的采纳而进入合同法的。最终,这一原则的适用超越了货物买卖合同。例如,《合同法重述(第二次)》第251条规定:

> 如果有合理根据认为债务人将因不履行义务而违约,而不履行义务本身赋予债权人根据第243条主张对完全违约的损害赔偿,债权人可以要求……到期履行的充分担保……而且可以,只要合理,直到收到该担保,他可以中止任何他尚未收到之约定交换的履行。
>
> 债务人未能在合理时间内提供在特定情况下适当履行的担保,债权人可以将其视为拒绝履行。

今天,充分担保原则在判例法中得到充分尽管并非普遍的支持。最重要的例子是诺康电力合作公司诉尼亚格拉·莫霍克电力公司案(Norcon Power Partners v. Niagara Mohawk Power Co.)[3],诺康是一家独立电力公司,尼亚格拉·莫霍克是公用事业公司,它们签订了一份合同,根据该合同,尼亚格拉·莫霍克同意购买25年诺康的电力供应,目的是将电力转售给尼亚格拉·莫霍克的客户。根据合同,有三个定价期。在第一个定价期,尼亚加拉·莫霍克向诺康支付每千瓦时6美分的电费。在第二个定价期和第三个定价期,尼亚加拉·莫霍克根据其"可避免成本"(avoided cost)付款,即尼亚加拉·莫霍克自己发电或从其他来源购买电力的成本。如果在第二个定价期的可避免成本低于规定的底价,尼亚加拉·莫霍克就必须支付底价。如果可避免成本上升到限价以上,尼亚加拉·莫霍克的付款以封顶价位为上限。一个调整账户跟踪这个差额,即尼亚加拉·莫霍克在第二个定价期实际支付的款项与如果这些款项仅仅

---

[3] 705 N. E. 2d 656 (N.Y.1988).

基于尼亚加拉·莫霍克可避免成本的话会是多少之间的差额(在诺康案中第三个定价期没有争议)。

1994年2月,尼亚加拉·莫霍克向诺康提交了一封信,信中表示相信,到第二个定价期结束时,累积调整账户将达到6.1亿美元以上,要求诺康支付所有欠款的担保。诺康没有给出这样的担保,而是向联邦法院提起诉讼要求一个确认判决(declaratory judgment),即根据纽约州法律不存在获得充分担保的权利。联邦地方法院支持了诺康。上诉时,第二巡回法院初步同意地区法院的意见,即根据纽约法律,不存在要求充分担保的权利。然而,由于这个问题的不确定性,第二巡回法院向纽约上诉法院证明了以下问题:

> 如果有合理根据认为另一方当事人将因其不履行受纽约州法律规范的合同而违约,而另一方当事人有偿付能力且合同不受《统一商法典》规范,那么当事人有要求对未来履行提供充分担保的权利吗?[4]

纽约上诉法院对这个问题的回答是肯定的:

> 迄今为止,纽约州一直避免将要求履行之充分担保的权利扩大到《统一商法典》之外。本法院现在被说服认为,构成《统一商法典》第2-609条相应部分之基础的政策应当同样有力地适用于解决这种争议。系争合同和货物买卖合同之间可以做一个有用的类比。如果此处的合同在所有方面都一样,除了它是出售石油或其他有形商品而非电力之外,当事人无疑要受到《统一商法典》第2-609条对履行充分担保因素之需求的规范。我们深信要走出这一步,因为它使这类争端中的商业当事人在法律规范的可靠性和一致性方面处于均衡地位……也许不需要司法干预来解决他们自己的分歧。由于并着眼于该原理的适用,将对异常合同预期及一定情况的急剧发展和变化进行坦诚、认真的重新谈判。[5]

---

[4] Id. at 658.
[5] Id. at 661-662.

第五十章 加重的制裁:重大违约、完全违约和机会主义违约;纠正;中止及终止

每一个违约,即使不重大,也都赋予受允诺人获得预期损害赔偿的权利。例如,如果 A 和 B 订立合同,B 为 A 建造一座 20 层的办公楼,而一间办公室的照明不符合合同规定,无论修理或更换有缺陷照明的费用多低,A 都可以起诉 B 获赔该费用。

在某些情况下,受允诺人有权援引更严厉的救济,包括基于允诺人完全没有履行合同而计算的损害赔偿(相对于仅以违反特定条款而造成的损害来计算的损害赔偿)或合同的中止和终止。为便于阐述,在本书中,这些救济将统称为加重的制裁。终止合同的救济是特别严厉的,因为如果受允诺人以允诺人违约为由适当地终止合同,那么他将既失去合同的未来价值以及违约前他所做工作相应的合同价格(尽管他有权要求返还他给予之任何利益的价值)。本章考虑的问题是,什么原则应当而且确实决定那些导致一种或多种需加重制裁的违约类型。

一、术语和定义

规范加重的制裁特别是这些制裁中最严厉和最重要之终止合同的法律是混乱的,有以下两个原因:

第一个原因涉及术语和定义。用于描述导致终止合同的违约类型的

传统术语是重大违约。例如,佩里洛指出,"在一方当事人未能履行允诺的场合,确定违约是否重大则非常重要。如果违约是重大的,而且没有提出任何纠正措施,受害方可以取消合同,并可以提起完全违约的诉讼"[1]。《合同法重述(第二次)》采用了一种非常不同的方法。《合同法重述(第二次)》的规定并非一个清晰的范本,部分原因是它们依赖于"条件"(condition)这一术语,在此种语境下,此术语既不恰当也令人困惑。然而,艾伦·法恩斯沃思是《合同法重述(第二次)》大部分内容(包括有关加重制裁的规定)的主报告人,他明确阐述了《合同法重述(第二次)》解决这些问题的方式(尽管并非应当解决这些问题的方式)。法恩斯沃思指出,《合同法重述(第二次)》中终止合同的救济包括两步程序。第一步,如果"违约是重大的,也就是说,充分严重到需要这种反应,受允诺人可以中止履行"[2]。第二步,在适当时间经过后违约仍未被治愈即未被补救,受允诺人可以终止合同。[3] 在此种情况下,违约不是重大违约,而是指完全违约。换言之,根据《合同法重述(第二次)》,重大违约是指能证成受允诺人中止履行但尚无更多理由证成终止合同的违约。此进路不同于传统的也是更好的用法,在传统用法中,无需更多,重大违约自身即可证成受允诺人终止合同。一旦"重大违约"一词得以恰当定义,"完全违约"一词就无必要且也不应当使用了。

第二个原因是,除了使用相互冲突的术语之外,法律(the authorities)经常用清单代替定义。例如,《合同法重述(第二次)》第241条规定,在确定允诺人的瑕疵履行是否重大,并因此证成受允诺人中止其履行时,下列情况是重要的:

(a)受害方被剥夺其合理预期所获利益的程度;
(b)受害方就其被剥夺的那部分利益能得充分补偿的程度;

---

[1] John D. Calamari & Joseph M. Perillo, *Calamari and Perillo on Contracts* 374 (6th ed. 2009).

[2] E. Allan Farnsworth, *Contracts* 562 (4th ed. 2004) (emphasis in original). See *Restatement (Second) of Contracts* § 247 (Am. Law Inst. 1981) [hereinafter Restatement Second]; Id. at cmt.a.

[3] Farnsworth, supra note 2, at 562.

(c)未能履行或提议履行的一方当事人丧失利益的程度;

(d)考虑到包括任何合理担保在内的所有情况,未履行义务或提议履行的一方当事人纠正其不履行的可能性;

(e)未能履行或提议履行的一方当事人的行为符合善意和公平交易标准的程度。

第242条将更多项目添加到清单中:

在确定未纠正的重大未履行或未提出履行的一方当事人免除(discharge)另一方当事人剩余义务的时间后,下列情况很重要:

(a)第241条中所述的那些情况;

(b)受害方合理地认为履行迟延可能阻止或妨碍他作出合理替代安排的程度;

(c)协议规定无迟延履行的程度,但在规定日期时重大的未履行或未提议履行自身并不免除另一方的剩余义务,除非包括协议用语在内的情况表明在该日期前履行或提议履行是重要的。[4]

任何法律领域都不能根据相互冲突的定义或使用清单来代替定义而得到适当发展。在本书中,"重大违约"一词用来意指能证成受允诺人终止合同的违约。本章余文将进一步发展重大违约的定义和相关术语。

规范需加重制裁的法律混乱的第二个原因是,法院和评论人倾向于仅在一个方面确定这些制裁的适用性,例如允诺人未来履行的可能性,而事实上应当考虑如下四个方面:允诺人未来履行的可能性、违约的经济意义、违约是否是机会主义的以及纠正的可能性。

---

[4] 也可参见《软件合同法原则》(Principles of the Law of Software Contracts)第3.11条(美国法学会,2010年) §3.11 (Am. Law Inst.2010):(a)如果无合法免责事由的一方当事人不履行协议要求的义务,则发生了违约。(b)未纠正的违约,无论是否重大,都使受害方有权获得救济。(c)在确定违约是否重大时,重要因素包括:i.协议条款;ii. 贸易惯例、交易过程和履行过程;iii.受害方被剥夺合理预期之利益的程度;iv.受害方被剥夺的利益在多大程度上可以得到适当的赔偿;v.对受害方的损害或者可能损害的程度;以及 vi.未履行或未提出履行的一方当事人的行为偏离善意和公平交易标准的程度……(e)非重大违约的累积效应可能是重大的。

二、允诺人未来履行的可能性

在《合同法中的重大违约新论》一文中[5],埃里克·安德森(Eric Anderson)有力地论证了,受允诺人有两种预期利益:允诺人履行到期义务的利益,允诺人履行将到期义务可能性的利益。安德森指出,严重侵犯第二种利益应构成重大违约。[6]

三、违约的经济意义

违约是否重大也应取决于违约的经济意义。在考虑违约的经济意义时,为了适用加重的制裁,违约可以从经济上无关紧要到经济上很重要等幅度内变化。此幅度内违约的定位(location)取决于两个变量:(1)违约给受允诺人造成的损失与合同给受允诺人的总价值之比(损失与总价值之比),以及(2)受允诺人是否可以低成本补救。

1. 经济上无关紧要的违约

该幅度的一端是这些情况,即要么违约造成的损失占总价值的比率很低,要么违约很容易由受允诺人补救。在此种情况下,违约在经济上无关紧要。一个例子是,在办公楼假设的情况下(office-building hypothetical),只有一个办公室没有提供规定的照明。如果违约在经济上无关紧要,它就不应当也不会导致加重的制裁,因为如果违约给受允诺人造成的损失仅为合同总价值的一小部分,或者很容易由受允诺人补救,那么受允诺人应当补救违约并起诉获得传统的预期损害赔偿,而非有权援引加重的制裁,这样做是合理且公平的。

---

[5] 21 U.C. Davis L. Rev. 1073, 1095–1101 (1988).
[6] Id. at 1101–1105.

2. 经济上的重大违约

在经济意义幅度的另一端是这些情况,即损失与总价值的比率非常高且违约不容易由受允诺人补救。此类违约在经济意义上重大,应赋予受允诺人援引任何加重的制裁之权利,包括终止合同。这有两个原因。第一,经济上的重大违约(economically material breach)之实施,是允诺人不会做出未来履行的强烈指征。第二,合同反映了一项交易(a deal),一项交易就是一种关系,除非违约是无意的并能迅速得到补救,否则经济上的重大违约会使这种关系破裂。

3. 经济上的显著违约

在经济意义幅度的中间是受允诺人可以救济但却并不容易救济的违约,并且涉及中等但不高的损失与总价值之比率。在本书中,此种类型的违约将被称为经济上的显著违约(economically significant breaches)。经济上的显著违约应当且确实赋予受允诺人中止履行的权利,除非在受允诺人通知允诺人他违约后的合理时间内该违约被允诺人纠正,而且除非该违约得到迅速补救,否则受允诺人就会中止其履行,进而如纠正(remediation)不立刻进行,他将终止合同。

四、机会主义违约

"机会主义"一词广泛使用,但界定并不明确。在本书中,"机会主义违约"一词用来指这样一种违约,即这种违约并非疏忽(not inadvertently)所为而是刻意(deliberately)所为。如果允诺人只是误解合同或者违约行为是由第三方过错造成的,那么此时违约是疏忽所为,而刻意违约则是指目的在于实现比履行合同更大收益的违约。

罗伯特·希尔曼(Robert Hillman)认为,法院应通过强制受允诺人接受违约之允诺人的新要约来保持合同关系,前提是接受该要约会减少受允诺人的损害,受允诺人能遵守新要约,允诺人的新要约是最佳可得的要约,受允诺人即使在接受新要约后也可以自由地追求他在原合同下的权利,并且允诺人充分保证他会根据该要约而履行。[7] 然而,当一方当事人机会主义地使该关系破裂(fracture)时,法院不能把这段关系恢复,也不应当试图这样做。如果 A 和 B 是伙伴,A 用拳头打了 B 的鼻子,没有什么能证成法院努力用禁令维持这种关系。如果 A 和 B 结婚了,而 A 不忠,没有什么能证成法院拒绝准予离婚的判决书来强行维持婚姻关系。同样,允诺人的机会主义违约不当地使合同关系破裂,法院不应当违背受允诺人的意愿强行维持合同关系。

五、纠正

如果允诺人进行了既非重大也非机会主义的违约,并且该违约是可纠正的,也就是说,如果该违约的影响是可逆的,那么在允诺人发出违约通知后,他应能通过迅速纠正该违约来避免加重制裁,相应地,受允诺人将中止在合同项下的履行,并且除非允诺人迅速纠正该违约,否则他会终止合同。纠正原则由效率和公平来证成。就效率而言,正如罗伯特·希尔曼(Robert Hillman)所言,"该政策是可取的,因为允许纠正违约并通常在合同破裂后促进缔约方之间的进一步交易,并使受害方完好无损(leave whole)"[8]。就公平而言,正如约瑟夫·佩里洛(Joseph Perillo)所说,"要求受害方逐项列举缺陷并允许纠正的规则符合文明的行为规范"[9]。在不清楚违约是否重大的场合下,纠正原则也可以防止(财产)没收的效果。

纠正原则不应适用于经济上无关紧要的或机会主义的违约,因为经济上无关紧要的违约不会导致加重的制裁。而机会主义违约会使当事人关系破裂。

---

[7] Robert A. Hillman, Keeping the Deal Together after Material Breach—Common Law Mitigation Rules, the UCC, and the Restatement (Second) of Contracts, 47 *U. Colo. L. Rev.* 553, 555 (1976).

[8] Supra note 6.

[9] Calamari & Perillo, supra note 1, at 375.

一般来说,古典合同法不承认纠正原则,理由是一旦发生违约,合同就结束了。[10] 相反,现代合同法认可纠正原则。该原则由《统一商法典》第2-508条引入现代合同法,它是作为避开完美履行规则的一种方式,否则完美履行规则原本适用于违反货物买卖合同的场合。[11] 根据2-508(2)条,"当买方拒收不符货物而卖方有合理理由相信无论是否有金钱补贴都可以接受时,卖方及时通知买方的,其可以有一段额外的合理时间以更换不符货物"。第2-508(2)条彻底背离了古典合同法,因为它允许在合同规定时间内没有完美履行的卖方在该时间后做出替代性履行(tender),前提是卖方有合理理由相信该履行是可接受的。

尽管T. W. 石油公司诉联合爱迪生公司案[12]是将纠正作为完美履行规则限制的案例,它也是一个引领性的和有指导意义的纠正之案例。1974年1月,T. W. 石油公司购买了一船含硫量不超过1%的燃料油。喀新风号油轮上的石油仍在海上运往美国的途中,原告收到了加工该油的外国炼油厂的一份证书,称该油的硫含量为0.52%。1月24日,原告与联合爱迪生公司订立了一份买卖石油的合同,说含硫量为0.5%。根据合同,交货时间为1月24日至1月30日,根据指定的独立检测机构确认的质量和数量付款。当时,联合爱迪生的被授权购买和燃烧含硫量高达1%的油,并可以混合含硫量低于1%的油来维持这一数字。

喀新风号于1月25日抵达,货物被卸入联合爱迪生公司的油罐。独立检测机构及时报告说,这种油的硫含量为0.92%。据此,联合爱迪生公司拒收了这船货。调整价格的谈判失败。2月20日前,原告提供了一个与含硫量为0.5%和0.92%的市场价值差额大致相应的减价提议。联合爱迪生公司当即拒绝了这一提议,尽管它可以使用含硫量0.92%的石油。事实上,它坚持只支付不超过最新市场价的价格,当联合爱迪生公司与T.

---

[10] See William H. Lawrence, Cure after Breach of Contract under the Restatement (Second) of Contracts: An Analytical Comparison with the Uniform Commercial Code, 70 *Minn. L. Rev.* 713, 717-718 (1986).

[11] See Chapter 51, infra.

[12] 443 N. E. 2d 932 (N.Y.1982).

W. 石油公司签订合同并同意购买石油时,此时市场价已经低于合同价25%了。

第二天,2月21日,原告提出用预计2月28日抵达的阿波罗胜利号油轮上装运的合格石油来纠正硫含量的瑕疵。2月22日,联合爱迪生公司也拒绝了这一提议。喀新风号和阿波罗号上的石油以所能获得的最好价格卖给了第三方。原告起诉联合爱迪生公司违约,并获得1 385 513美元赔偿的判决,即原合同价格与石油再售所获数额的差额。上诉法院确认:

> 我们关注第二款[《统一商法典》第2-508(2)条]。从表面上看,按照出现的顺序考虑其条件,就该法条的适用(1)买方必须拒绝不符的履行;(2)卖方必须有合理理由相信该履行是可接受的(有或没有折价);(3)卖方必须"及时"通知买方在合理时间内替换相符履行的意图。
>
> 在本案中,这些都不存在问题。第一个要件很容易满足,因为毫无疑问,喀新风号上油0.92%的硫含量不符合合同规定的0.5%的硫含量,被联合爱迪生公司拒收。第二个要件,卖方相信原初履行可接受的合理性,不仅得到了确凿证据的支持,即合同中的0.5%和炼油厂证书中的0.52%是贸易等价物,而且得到了以下证词的支持:在合同订立前,原告知道联合爱迪生公司燃料的含硫量高达1%,因此,经过适当的价格调整,即使在交货时,令原告惊讶的是,检测结果为硫含量0.92%,喀新风号的石油能满足其需求。此外,由于被告准备以2月20日以较低的市场价格购买石油,此事似乎已无可争议。
>
> 至于第三个要件,阿波罗号上石油的合格状态是没有争议的,做出履行的报价发生在2月21日,就在联合爱迪生公司最终拒绝了喀新风号交货后一天,阿波罗号的替代品当时已经在前往美国的途中,预计在一周内但实际于3月4日抵达,仅比预期晚4天。尤其是因为联合爱迪生公司没有提出任何损害赔偿(除非考虑到价格下降),这就几乎不可能……就法律的其余要件已获满足的裁决进行争

论了。[13]

遵循《统一商法典》第2-508条的引领,《合同法重述(第二次)》第322条采纳了适用于所有合同的纠正原则,而没仅仅限于适用货物买卖合同。该条规定,"在允诺交换下,每一方当事人依然要做出交换之剩余履行义务的一个条件是,另一方当事人不存在未纠正早前到期的此类履行的重大失败"。

如果纠正是正当的,那么它给允诺人一点喘息空间,以便在受允诺人援引加重的制裁之前补救非机会主义的违约。

六、允诺人的利益

一个重要问题是,在确定是否应适用加重的制裁时,是否应考虑允诺人利益。大多数法律持此种观点,即为了避免允诺人的(利益)没收的效果,应当考虑允诺人利益。例如,在雅各布和杨斯公司诉肯特案(Jacobs & Youngs, Inc. v. Kent)[14]中,卡多佐说,在决定是否允许终止时,"我们必须权衡要达到的目的、要满足的愿望、偏离文本的理由、强制遵守的残酷性"。同样,《合同法重述(第二次)》第241(b)条规定,确定违约是否证成受允诺人中止或最终终止合同的一个因素是违约方被没收财产的程度。

在重大违约情况下,终止合同的补救措施通过以下措施保护了受允诺人:履行受允诺人在合同项下的义务;允许用其他经济等价物来替换他与允诺人的未来关系。但这一立场并没有考虑到允诺人的利益。这优于卡多佐和《合同法重述(第二次)》的立场。一方面,违约之允诺人在现代法律下很少被没收,因为通常他有权要求返还违约前他所给予的任何利益;另一方面,在克雷诉德里斯科尔案(Kryer v. Driscoll)[15]中,其是一个

---

[13] Id. at 937-938.
[14] 129 N. E. 889, 891 (N.Y.1921).
[15] 159 N. W. 2d 680 (Wis.1968).

实质履行案例[16]，克雷同意以 49 835 美元为德里斯科尔一家建造房子。在施工结束时，德里斯科尔拒绝支付余款，因为克雷在几个方面违反了合同。克雷随后对余款提起诉讼。大多数法律和许多（尽管并非所有的）案例都支持这样的主张，即违约方即使是重大违约，也可以起诉要求返还所给予的利益。然而，违约方可能会因几个理由而被拒绝返还利益，包括：(1)他不能证明，如果不返还利益，被告会得到意外之财；(2)违约是恶意的（bad faith）；(3)合同有一个有效条件免除（discharge）被告为已做出的履行进行付款的义务；(4)合同有一个有效的违约金条款，允许被告保留违约的履行作为违约金。威斯康星州最高法院认为，克雷没有实质地履行合同，但他有权要求返还已给予的利益。法院继续认为，如果允诺人的履行不完全但可救济，则允诺人给予受允诺人的利益，应以未支付的合同价格减去完工成本再加上对受允诺人的任何额外损害来计算：

> 在本案中，德里斯科尔夫妇有一栋现在符合合同条件的房子，合同只是迟延履行了，且调整了轻微的不当施工。允许他们保留 10 968 美元是不公正的。他们不应当因为原告违约而得到意外之财。初审法院认定，该住宅尚值得那个购买价，因此法院认定原告应得的金额不超过德里斯科尔夫妇实际获得的利益。[17]

已给予利益的计算与预期损害赔偿相同。

此外，尽管间接，另一条规则也考虑到了允诺人的利益：如果受允诺人以允诺人有重大违约为由终止合同，但法院判定允诺人的违约不是重大的，受允诺人的终止则是不正当的，因此受允诺人本身构成重大违约。例如，在沃克公司诉哈里森案（Walker & Co. v. Harrison）[18]中，哈里森经营干洗业务，沃克经营销售、租赁和服务广告标牌和广告牌的业务。当事人订立了协议，根据该协议，沃克将在哈里森的房产上建造并安装一个广

---

[16] 就实质履行，参见本书第 51 章。
[17] Kryer, 159 N. W. 2d at 683.
[18] 81 N. W. 2d 352 (Mich. 1957). See also R.J. Berke & Co. v. J.P. Grifn, Inc., 367 A.2d 583, 586-587 (N.H. 1976); *Restatement Second* § 374, Ill. 1; Andersen, supra note 5, at 1116-1120.

告塔标牌,并以每月148.5美元的价格出租给哈里森36个月。合同规定,沃克要维护和保养该标牌,并且"该服务将包括出租人以其认为必要的频次对标牌进行清洁和重新油漆原色方案,以保持标牌处于一流的广告状态……"根据合同第G款,只要哈里森付款违约,沃克可以终止合同,获得租赁剩余期限内所有应付的数额。

该标牌于1953年7月底完工并安装。此后不久,标牌被西红柿击中了,标牌的铬合金上可见铁锈,标牌的角落里有小蜘蛛网,一些儿童格言写在塔架上。哈里森一再要求沃克解决这些问题,但沃克并没有解决。10月8日,哈里森通知沃克他要终止合同。沃克回复说,"除非我们在10月25日之前收到9月和10月的付款,否则整件事将由我们的律师负责,并根据G款收钱……"哈里森并没有额外付款,沃克起诉他,要求支付合同规定的全部到期应付余额共计5 197美元。法院判决支持沃克:

> ……拒绝履行是受害方在另一方当事人实施重大违约时可使用的武器之一。但是,受害方认定存在重大违约,证成了他自己的拒绝履行,这种认定充满了危险,因为如果如此认定,诚如法院后来在冷静考虑后所认为的那样,是没有理由的,那样拒绝履行者本人会有重大违约之过,并且他自己会成为侵犯者(aggressor),而非无辜的受害者。
>
> ……假定沃克延迟提供所要求的服务(大约在被告赫伯特·哈里森发出终止合同电报后一周,沃克派出员工并处理了该标牌)令人恼火,我们不得不同意初审法院的意见,即违约没有达到证成合同终止的重大性……[19]

沃克案适用的规则在违约重大性有疑问的场合,抑制了受允诺人以重大违约为由终止合同的热情。

---

[19] Walker, 81 N. W. 2d at 355-356.

七、小结

除了传统的预期损害赔偿之外,对允诺人违约行为可用的制裁必须考虑以下四个方面:允诺人未来履行的可能性、违约的经济意义、违约是否是机会主义的以及纠正原则。如果允诺人拒绝履行合同,违约是重大的,或者违约的性质表明允诺人未来履行很可能不会发生,受允诺人应有权中止或终止合同的履行,并就违反整个合同提起诉讼。如果违约不是重大的,允诺人应有权纠正违约,但如果违约未在合理时间内纠正,则受允诺人应有权终止合同,并因允诺人违反整个合同而提起损害赔偿之诉。如果违约是重大的或机会主义的,那么允诺人不应有权去纠正违约从而阻止受允诺人援引加重的制裁,因为受允诺人不应被迫继续与故意使合同关系破裂的允诺人合作。

第五十一章　实质履行的原则

一、导论

重大违约的允诺人不能根据合同提起诉讼获得预期损害赔偿。然而,如果允诺人违约前给予受允诺人一项利益,他就应当并且通常能基于该利益的价值获得返还损害赔偿(restitutionary damages)。假设实施了非重大违约行为的允诺人,寻求获得预期损害赔偿,但须对其违约所造成的损害赔偿予以抵销。在此种情况下,将允诺人限制在返还损害赔偿上可能会对允诺人造成显著不利,因为证明预期损害赔偿通常比返还损害赔偿更加容易。

当允诺人的违约并非重大违约,并且允诺人的履行虽然不完美但却是实质履行时,不应当给他施加此种不利,这是有适当理由的。合同本身通常并不要求以允诺人非重大违约为由就拒绝预期损害赔偿,而且如果当事人在订立合同时已提出该问题,那么他们不太可能同意:履行的任何不完美,无论多么轻微,都会阻止预期损害赔偿诉讼。事实上,在诸如施工之类的复杂履行情况下,经常是履行几乎不可能没有任何瑕疵,小瑕疵通常可以由允诺人或第三方纠正,费用由允诺人承担。此外,在此种情况下禁止预期损害赔偿诉讼的规则,会激励允诺人机会主义地利用甚至可能引发允诺人违约。[1] 因此,允诺人已经做出了实质但不完美的履行并且还没有被完全偿付,他则有权提起预期损害赔偿的诉讼,但其违约所造

---

[1] See Charles J. Goetz & Robert E. Scott, The Mitigation Principle: Toward a General Theory of Contractual Obligation, 69 *Va. L. Rev.* 967, 1010 (1983).

成的损害赔偿应予以抵销。这就是实质履行的原则,除了关于货物销售合同的有限例外(见下文第二节),该原则就是(实然的)法律。

二、什么构成实质履行的检测

下一个问题是:就违约方是否已实质履行并因此获得预期损害赔偿,且就其违约所造成的损害赔偿应予抵销,它们的检测应当是什么呢?此种检测的主要因素应当是违约没收受允诺人从合同预期所获利益的程度。《合同法重述(第二次)》规定了一个多因素检测,以确定是否进行了实质履行,并给予剥夺受允诺人合理预期所获利益的程度以首要地位。[2]《合同法重述(第二次)》的第二个要素是,受允诺人合理预期所获利益得以充分补偿的程度。第二个要素基本上是对第一个要素的阐述,因为如果受允诺人能够通过与同等能力的替代允诺人缔约,容易对允诺人的违约进行补救,他就不会被剥夺合理预期所获的利益。

这两个要素都侧重于违约对受允诺人的影响。然而,还应考虑确定实质履行未发生对允诺人的影响。因此,实质履行检测的第三个要素应当是,如果允诺人只能诉请返还损害赔偿,则他遭受财产没收(forfeiture)的程度。该要素也体现在《合同法重述(第二次)》第241条中。

三、有意性的效果

根据古典合同法,如果违约是有意的(willful),允诺人就不能援引实质履行原则。随着出于此目的的有意性含义的演变,这条规则逐渐失去了效力。在早期判决意见中,有意性基本上被定义为刻意(deliberately)而非无意地(inadvertent)偏离合同。这似乎是卡多佐在雅各布和杨斯诉肯

---

[2] See *Restatement (Second) of Contracts* §§ 241 (listing factors that are significant in determining whether a breach is material), 237 cmt. d ("确定是否是实质履行的考虑因素,是第241条列出的用于确定未履行是否重大的因素") (Am. Law Inst. 1981).

特案(Jacob & Youngs v. Kent)中提出的想法,即"有意的违规者(transgressor)必须接受对其违规(transgression)的惩罚"[3]。相比之下,在瓦因斯诉果园山案(Vines v. Orchard Hills)[4]中,埃伦·彼得斯法官(Judge Ellen Peters)对什么构成有意性持非常宽容的态度。瓦因斯夫妇缔约以7.8万美元的价格,从瓦因斯先生工作的康涅狄格州果园山(Orchard Hills)购买了一套公寓,并支付了7800美元的首付款。在交割日之前,瓦因斯先生的雇主把他调到了新泽西。因此,他和他的妻子决定不取得该公寓的所有权了,并根据返还法提起押金返还的诉讼。尽管瓦因斯的违约是刻意的(deliberate)而非无意的(inadvertent),但法院认为违约不是有意的(willful),大概因为尽管是刻意的(deliberate),但却并非机会主义的(opportunistic)。《合同法重述(第二次)》第241(e)条所体现的现代合同法,通过聚焦"(允诺人的)行为……与善意和公平交易的标准一致的程度",走得更远了。这是恰当的检测。如文塞拉诉赛罗案(Vincenzi v. Cerro)[5]所述:

> 我们在几个案例中赞同一项共同表述,即"有意"违约的承包商不能进行合同诉讼(maintain an action upon the contract)……然而,当代的意见是,即使有意识地和故意地偏离合同规定也并不必然否定损害赔偿(defeat recovery),而被认为是涉及决定是否已完全履行合同的几个因素之一……相关的调查不能简单地看违约是否是"故意的",而是违约方的行为是否"符合善意和公平交易的标准"……即使此点的不利结论也并非决定性的,也是要与其他因素进行权衡,诸如在决定是否存在实质履行时,业主被剥夺预期利益的程度,以及建筑商财产没收的程度。

---

[3] Jacob & Youngs, Inc. v. Kent, 129 N. E. 889, 891(N.Y. 1921) (emphasis added).
[4] Vines v. Orchard Hills, Inc., 435 A.2d 1022, 1027 (Conn. 1980).
[5] 442 A.2d 1352, 1354 (Conn. 1982).

四、货物买卖合同

1. 普通法背景

在《统一商法典》实施之前,实质履行原则不适用于货物买卖合同。相反,这些合同受完美履行规则(perfect-tender rule)规范,该规则允许买方拒绝任何方面不符合合同的货物。[6] 正如勒尼德·汉德所说,货物买卖合同的规则不允许有任何不完美之余地,因此没有实质履行原则的适用空间。[7]

完美履行规则虽有一定道理,但理由并不充分。几乎不合理的是,与服务情形相比,货物情形中允诺人财产没收(forfeiture)的可能性更小。通常,服务要在服务购买者的财产或者服务购买者个人身上进行。因此,如果服务购买者有权以服务不完美为由拒绝支付服务费用,那么服务提供者通常无法取回服务并再行销售。相比之下,如果货物的买方以货物不完美为由拒绝接受履行,那么卖方可以将货物取回并再行销售到其他地方。然而,至少在不完美(imperfection)较小的情形下,即使在货物销售时,完美履行规则下的卖方也可能会不正当地败诉。如果买方因较小的不完美就拒收货物,卖方就必须花费时间和金钱寻找另一个买方,并将货物从第一个买方运送到第二个买方。此外,在一个买方拒绝货物后,其他买方可能会认为货物有瑕疵(tainted),基于这种看法,他们可能只愿意支付折扣价。

简言之,允许买方基于轻微不完美而拒绝货物之完美履行规则没有正当性。

2.《统一商法典》

《统一商法典》第2-601条在名义上采用货物买卖合同的完美履行规

---

[6] leading case was Norrington v. Wright, 115 U.S. 188 (1885).
[7] Mitsubishi Goshi Kaisha v. J. Aron & Co., 16 F.2d 185, 186 (2d Cir. N.Y. 1926).

则:"受本编有关违反分期履行合同之规定(第2-612条)的限制,且当事人依据有关合同限制救济的条文(第2-718条和第2-719条)另有约定者除外,货物或卖方请求受领的货物在任何方面不符合合同的,买方可以……拒绝(它们)。"然而,《统一商法典》的其他条件剥夺了第2-601条的大部分意义。

(1)分期付款合同

首先,根据条款,第2-601条不适用于分期履行合同,即要求或授权分期交货以分期接受的合同。相反,分期履行合同受《统一商法典》第2-612条规范。根据该条款,除非分期履行不完美严重损害了分期履行的价值,并且无法补救,否则买方通常不能以分期履行不完美为由拒绝它。此外,与一期或多个分期履行有关的不一致或者违约,不能证成买方将整个分期履行合同视为违约,除非该不一致或违约严重损害了整个合同的价值。

(2)撤销接受

其次,《统一商法典》第2-601条规定的完美履行规则仅适用于买方拒绝货物的场合;它不适用于买方已接受货物、后来发现缺陷、然后试图撤销接受的场合。该情形受第2-608条规范。根据该条款,适用的情况是,只有在不符合合同的货物严重损害了货物对买方的价值,并且买方接受了货物"(a)合理假定卖方将会对货物不符情形做出补救,而卖方未及时补救;或者(b)未发现此种不符,假如接受系因接受前发现瑕疵之困难或者因卖方做出的保证合理诱使所致"。买方才可以撤销对不符合要求货物的接受。

(3)善意

根据《统一商法典》第1-304条"《统一商法典》范围内每个合同或者债务在合同履行和执行施加了善意义务"。根据第1-201(20)条,善意意味着事实上的诚实和遵守公平交易的合理商业标准。买方抓住一个小瑕疵来证成拒收,这实际上是基于合同对他不再有利的事实,不应认为已满足了善意行为的义务。正如得克萨斯州印刷中心有限公司诉超级思想出版公司案(Printing Center of Texas, Inc. v. Supermind Publishing Co.)[8]所述,"买方拒收货物的动机是为了逃避交易而非为避免接受在某方面损害了交易对其价值的履行,此种情况的证据将支持恶意拒收的裁决(finding)……因此,在某些情况下,在下跌市场中因一个小瑕疵而拒收货物的证据充分支持买方拒收货物属恶意行为的裁决(finding)"[9]。

(4)补救

《统一商法典》第 2-601 条的完美履行规则也被第 2-508 条大大削弱了。第 2-508(1)条规定,"卖方请求受领的货物或者交付的货物因不符合合同而被拒收且履行期尚未届满时,卖方可以将其补救的意图及时通知买方,嗣后在合同期内交付符合合同的货物"。第 2-508(2)条进一步规定,如果"卖方有合理理由相信经过折价或不折价的履行均系可以接受时"并且及时通知买方他的补救意图,则允许卖方即使在履约期满后也能补救。T. W. 石油公司诉联合爱迪生公司案(T.W. Oil, Inc. v. Consolidated Edison Co.)[10]是第 2-508 条的一个引领性案例。在 1974 年初阿拉伯石油禁运造成的燃料短缺期间,T. W. 石油公司购买了一船燃料油,然后燃料油在公海上,公司就打算转售。提交给 T. W. 石油公司的油的硫含量表示为不超过 1%。当"喀新风号"油轮(MT Khamsin)仍在运往美国的途中时,T. W. 石油公司收到了加工该油的外国炼油厂的一份证书,称该油的硫含量为 0.52%。此后,但在"喀新风号"油轮进入港口之前 T. W. 石油公司与联合爱迪生公司(Con Ed)签订了一项买卖石油的合同。交货时间为 1 月 24 日至 1 月 30 日,根据指定的独立检测机构确认的质量和数量付款。按照商业惯例,将硫含量四舍五入,合同细则将喀新风号上石油的硫含量描述为 0.5%。

"喀新风号"于 1 月 25 日抵达,货物被卸入联合爱迪生公司的油罐中。独立检测机构报告说,这种油的硫含量为 0.92%,2 月 14 日,联合爱迪生公司拒收了这船货。T. W. 石油公司随后提供了一个与硫含量读数

---

[8] 669 S.W.2d 779 (Tex. App. 1984).
[9] Id. at 784.
[10] 443 N. E. 2d 932 (N.Y. 1982).

0.5%和0.92%的市场价值差额大致相关的减价提议。联合爱迪生公司拒绝了这一提议,因为它坚持只支付不超过当时的石油市场价,那时市场价已经低于合同价25%了。接着,T. W. 石油公司提出用装运的合格石油来弥补硫含量的瑕疵,这批石油随"阿波罗号"(Appollonian Victory)预计于2月28日抵达,这比原合同规定的交货日期晚了一个月。联合爱迪生公司也拒绝了这个提议。随后,T. W. 石油公司向第三方出售了"喀新风号"和"阿波罗号"的货物,起诉联合爱迪生公司,并获得了138.5513万美元赔偿的判决,这是合同价格336.0667万美元与T. W. 石油公司出售"喀新风号"石油而获得的金额之间的差额。纽约上诉法院认为,联合爱迪生公司拒绝T. W. 石油公司的纠正提议是不恰当的:根据联合爱迪生公司的实际做法,0.92%的硫含量在联合爱迪生公司可合理接受的考虑范围内,并及时给出了纠正意图的通知。

　　就第2-508条的适用而言……卖方必须有合理理由相信该履行是可接受的(有或没有折价)……卖方必须"及时"通知买方在合理时间内替换为合格履行的意图。

　　……卖方相信原初履行可接受的合理性,不仅得到了硫含量0.5%的合同和炼油厂证书的硫含量0.52%是贸易等价物的确凿证据之支持,而且得到了以下证词的支持:在合同订立前,原告知道联合爱迪生公司石油燃油的硫含量高达1%,因此,经过适当的价格调整,即使在交货时,令原告惊讶的是,检测结果为0.92%,喀新风号的石油能满足其需求。此外,由于被告准备以2月20日较低的市场价格购买石油,此事似乎已无可争议。

　　……(此外),"阿波罗号"上石油的合格状态没有争议,做出履行的报价发生在2月21日,就在联合爱迪生公司最终拒绝了"喀新风号"交货后一天,"阿波罗号"的替代品当时已经在前往美国的途中,预计在一周内但实际于3月4日抵达,仅比预期晚了4天……〔11〕

---

〔11〕 Id. at 937-938.

正如格兰特·吉尔摩（Grant Gilmore）在一次演讲中所讲到的，《统一商法典》完美履行规则地位的定论归功于第 2 条的主要作者——卡尔·卢埃林：

> 在法典早期，一个相当大的争议是，为什么《统一商法典》在第 2-612 条中表明了分期履行合同中实质履行的强大地位，但是在第 2-601 条却重申了许多人认为已被推翻的完美履行理论。我认为，在那时，很少人意识到多少实质履行已隐藏在法典的其他明显不相关的部分，它们削弱了第 2-601 条。法律评论文章对这个问题的学术讨论是，存在一个相当大的趋势，即第 2-601 条都是错误的，起草者应当做的是一直要直接采纳实质履行规则。
>
> 我记得曾听卢埃林教授讨论过这个问题。他说，在起草买卖编的早期，他的顾问之一是波士顿的海勒姆·托马斯（Hiram Thomas）先生，他是波士顿的一名律师，卢埃林对他非常钦佩，甚至是敬重。卢埃林说，在一次会议上，海勒姆·托马斯解释了为什么第 2-601 条的完美履行规则对于普通合同法来说是正确的，而第 2-612 条的实质履行规则对于分期履行合同来说是正确的。卢埃林说，那天听到托马斯先生讲话的任何人都不会怀疑这两个条文是对的。卢埃林说，不幸的是，他已经完全忘记了托马斯先生说了什么，托马斯先生后来也去世了，所以没有方法重构为什么第 2-601 条是这种类型的好条文以及第 2-612 条也是这种类型的好条文。但是卢埃林教授坚持认为它们都是对的，托马斯先生曾经知道原因。[12]（笑声）

实质履行原则与重大违约原则有着明显关系。这两种原则都反映了这样一种理念，即尽管所有违约都产生损害赔偿，但有些违约也可能产生其他后果。而且用白话说，这两种原则通常都区分是重大或非常重大的违约以及次要或轻微的违约。有人说，这两种原则是同一枚硬币的两面：

---

〔12〕 格兰特·吉尔摩（Grant Gilmore）的评论，载于美国法学会–美国律师协会（ALI-ABA）：《美国法学会–美国律师协会〈统一商法典〉银行和担保交易高级研究课程》第 145 页（1968 年出版）。

如果一方当事人已实质履行了义务,那么他的任何违约都不是重大的;如果一方当事人有重大违约,那么他的履行就不可能是实质性的。这一观点在《合同法重述(第二次)》第237条的例子11中就是典范:

> A 缔约为 B 建造房屋,B 允诺每月支付 5 万美元的进度款,这些进度款等于工作价值的 85%,余款在完工时支付。当 A 完成建造时,B 拒绝支付 7 500 美元的余款,声称存在实际上未纠正之重大违约的缺陷。如果违约是重大的,A 的履行就不是实质履行,并且根据合同他对 B 没有权利,尽管他可以请求返还(第 374 条)。如果违约不是重大的,那么 A 的履行被认为实质履行,根据合同他可以向 B 索赔 7 500 美元,而 B 对 A 可以请求赔偿因该缺陷造成的损害。

同一硬币相反面的观点在许多情况下都成立,但并非在所有情况下均如此,它掩盖了实质履行和重大违约原则之间的重要区别。这种区别可用一个简单例子来呈现。假设 A 和 B 是合同当事人,A 以某种方式违约了。如果 A 除了违约外大约完成了履行,而 B 以 A 已违约为由拒绝支付合同价款减去违约造成损害赔偿后的数额,A 会援引实质履行原理,并就合同价款减去损害赔偿的数额起诉 B。相比之下,如果在 A 大约完成履行前,A 的履行出现中断,而 B 终止合同,A 不能援引实质履行原理,但可以断言,他的违约并不足够严重到证成 B 终止合同,因此 B 本人就重大违约了。同样,假设 A 在履行早期轻微违约了,作为回应,B 终止合同。毫无疑问,A 可援引实质履行原则,但 A 能起诉 B 重大违约,理由是 A 的违约并不足够重大到证成 B 终止合同。

简言之,重大违约原则与实质履行原则相关但不等同。实质履行原则解决了这一问题:违反合同的一方当事人何时仍可根据合同提起诉讼。重大违约原则解决了这一问题:在面对一方当事人违约时,非违约方何时可以中止合同、终止合同或起诉完全违约。

第十八编

合同法中的善意原则

第 1 篇

口译中的关系表达

第五十二章　合同法中的善意原则

合同法的一个特定原则是缔约方必须善意地履行其合同义务。[1]因此,例如,《合同法重述(第二次)》第205条规定,"每个合同都赋予任何一方当事人在履行和执行合同时有善意和公平交易的义务"。相比之下,《统一商法典》第1-304条规定,"统一商法典范围内的每个合同或者债务都在履行和执行中施加了善意义务"。

善意义务的意思很复杂。至少,一方当事人必须以他认为合适的方式行事,这是一个主观检测。然而,这个主观检测承载了数个客观检测。首先,行为人仅仅相信自己的行为适当远不充分;在有一定社会基础或批判道德基础的意义上说,他的相信必须是诚实的。其次,尽管行为人的相信不一定要合理到合乎善意,但它至少必须是理性(rational)的。弗兰德利(Friendly)法官在山姆·黄父子诉纽约商品交易所案(Sam Wong & Son v. New York Mercantile Exchange)[2]中描述了这一要素,他在该案中指出,善意预设了"某种合理基础的最低要求——(尽管)并不需要证明……该行动是最佳对策。如果缺乏某种合理基础,即使没有不可告人的动机,行为也很难合乎善意"。[3]最后,善意义务应包括或附随遵守公平交易的合理商业标准——这是另一个客观检测。[4]

善意原则招致了不必要的批判。批判者反对说,该原则赋予法院权

---

[1]　格根·马克(Mark P. Gergen)是本章的合作作者。
[2]　735 F.2d 653 (2d Cir. 1984).
[3]　Id. at 678 n.32.
[4]　根据《统一商法典》第1-201(20)条,善意是指"事实上的诚实以及遵守公平交易的合理商事标准"。

力,使其根据"每个事实调查人所认为的'公平和善意'"新订合同条款。[5] 这一批判严重夸大了该原则赋予法院的裁量权。该原则仅仅允许法院根据协议的明示条款、当事人的履行过程、他们的交易过程、习惯、更广泛的合同语境以及合同所体现的当事人共同目标,来发现合同所隐含的义务。滥用这一授权的法院会受到适当的批判。但是该原则的批判者反对将该原则在一般意义上给予法院此种授权。然他们尚不能证明实践中该授权被滥用了。

善意原则通常被用来防止合同当事人滥用根据合同所拥有的裁量权。当出于特定目的拥有裁量权,并且一方当事人利用该裁量权实现其他目的,且以牺牲合同另一方当事人的利益为代价来实现自己利益时,这一原则的适用应完全没有争议。例如在格里尔地产公司诉拉萨勒国家银行案(Greer Properties, Inc. v. LaSalle Nat'l Bank)[6]中,地产买卖合同要求卖方清理环境废物,同时约定如果该清理被证明为"在经济上不可行",卖方有权终止合同。法院认为,为以更高价格出售土地,卖方援引这一条款取消出售是恶意的。

同样,公认的是,当接受履行的义务以债务人对履行满意为条件时,债务人恶意拒绝履行是违约行为。[7] 善意原则,也可用来防止一方当事人以骗取另一方当事人已允诺的利益为特定目的而滥用一般的终止合同的权力(power)。例如,雇主解雇任意制雇员(at-will employee),以避免向该雇员支付原本应得的允诺过的奖金,这种行为被认为是恶意的。[8]

在这些情况中,善意义务隐含在协议的明示条款中。在当事人并不想使裁量权(discretionary power)绝对时,该义务就隐含在创设该裁量权的条款中。在此种情况下,"善意"一词的使用方式接近其通常用法。"善

---

〔5〕 English v. Fischer, 660 S.W.2d 521, 522 (Tex. 1983).

〔6〕 874 F.2d 457, 458, 460 (7th Cir. 1989).

〔7〕 善意检测也可能是一种取决于履行特点的诚实或者合理性的检测,参见 Morin Bldg. Prods. Co. v. Baystone Construction, Inc., 717 F.2d 413, 415 (7th Cir. 1983)。

〔8〕 Jordan v. Duff & Phelps, Inc., 815 F.2d 429, 438-439 (7th Cir. 1987)); Fortune v. Nat'l Cash Register Co., 364 N.E.2d 1251, 1258 (Mass. 1977).

意"在拉丁语中意味着真诚。真诚需要一个真实的对象。在此类情况中，对象就是裁量权的目的，而且善意是出于实现这一目的的真诚理由而行使权力(power)。

有时，根据当事人的履行过程、交易过程或习惯，善意原则用来寻找隐含在协议中义务的基础。纳纳库里铺路和岩石公司诉壳牌石油公司案(Nanakuli Paving & Rock Co. v. Shell Oil Co.)[9]是一个引领性案例。纳纳库里，一家铺路公司，订立合同为政府做一项大型铺路工程。在没有任何警告的情况下，壳牌公司几乎将沥青价格翻了一番(从44美元涨到76美元)，试图转移石油价格大幅上涨的风险，而石油是沥青的主要组成部分。书面合同赋予壳牌公司这样做的权力，因为它要求纳纳库里支付交货时的牌价(即壳牌公司公布的出售给所有买方的价格)。然而，双方的实际做法和行业惯例是沥青供应商(包括壳牌公司)和骨料供应商为铺路公司提供"价格保护"，而非将价格上涨的风险转嫁给根据固定价格合同工作的铺路公司。"价格保护"是指供应商不会提高承包商负担的价格。反而，供应商将采用承包商投标时的牌价，该牌价的时间应当足够长以使承包商订购其工作所需要的相关商品。根据《统一商法典》第1-201条的解释规则，法院认定价格保护是一个合同条款，而在另一种情况下壳牌公司的行为违反了《统一商法典》第1-304条施加的善意义务。

在桑德斯诉联邦快递地面包裹系统公司案(Sanders v. FedEx Ground Package Systems, Inc.)[10]中，善意原则以两种方式得到了运用：既从习惯中默示出该义务，也限制了裁量权的行使。桑德斯是一个独立承包商，他拥有一条联邦快递线路。他试图购买另外两个独立承包商拥有的两条线路，但除非桑德斯放弃他自己拥有的线路，否则当地经理拒绝批准任何一个交易。在第二种情况下，直到找到另一个买家，当地经理要运营桑德斯要购买的线路。* 陪审团认为拒绝批准第二个购买违反了善意原则。新

---

[9] 664 F.2d 772, 805-806 (9th Cir. 1981).
[10] 188 P.3d 1200 (N.M. 2008).
* 就本案需要补充的是，桑德斯分别在1996年和1998年与另一个承包商订立合同转移了线路运行。联邦快递不允许桑德斯拥有两条线路。——译者注

墨西哥州最高法院维持原判(affirm)。桑德斯和联邦快递之间的书面合同没有给予桑德斯从其他独立承包商处购买线路的权利。然而，桑德斯通过他的证词和习惯及联邦快递其他独立承包商的证词一起证明了这一权利。根据联邦快递有权以买方不合格为由不批准线路转让的习惯，在联邦快递无正当理由就拒绝批准桑德斯的转让时，它就滥用了该权力。

对善意原则的一个批判是，它"实际上是一种解释规则"，该规则是"重复性的，因为现有的解释规则授权法院进行准确评估"，因此它"不能发挥任何有意义的作用"[11]。纳纳库里铺路公司案和桑德斯案(Nanakuli Paving and Sanders)都表明，这种批判有一定道理。在纳纳库里铺路公司案的结果中，违反善意原则与解释规则并存。桑德斯案分析的第一步——发现联邦快递的独立承包商如果合格的话有权从另一个独立承包商那里购买线路——也可以作为解释问题。第二步可以用积极的措辞(term)来解释(桑德斯是适格的，因此有权购买线路)，而非用消极的措辞进行解释(联邦快递恶意拒绝批准购买)，就联邦快递方而言，这就消除了援引恶意的任何需要。

在这些案例中，善意原则与解释规则都可能是冗余的。但那又怎样呢？我们不会因新巧克力棒已经复制了我们已有的巧克力棒而扔掉新的。为什么只是因为该原则是复制性的而对它愤怒呢？可能是因为你仅仅不喜欢善意的"理念"(idea)而已。这就太糟糕了。在复杂法律制度中，冗余可能是件好事，就像在工程中一样。在纳纳库里铺路公司案和桑德斯案中，因为原告声称的合同权利(价格保护和适格时的线路购买)没有出现在书面合同文本中，因违反善意原则而索赔的可能性(availability)减少了法院驳回原告索赔的风险。善意原则还提醒法院(和当事人)当合同赋予当事人裁量权时，其通常是为了某个目的，那么当事人出于非法目的而行使裁量权是违约行为。

无论如何，在不能使用或者不能轻易使用解释规则的某些案件中，善

---

[11] Alan Schwartz & Robert E. Scott, The Common Law of Contract and the Default Rule Project, 102 *Va.L. Rev.* 1523, 1577 (2016).

意原则确实会发挥作用。当行为人在履行中的行为真的非常恶劣时,法院可以认定该行为是恶意的,而不必指明该界线点,即在该点上行为人的行为逾越了允许和不允许之间的界线。赛格布鲁诗诉斯托萨案(Seggebrush v. Stosar)[12]说明了此点。一个加油站的承租人同意向出租人以该处出售的每加仑汽油中的 1.25 美分作为租金。租赁期为五年,租赁两年后,承租人在邻近地产上建造了一个加油站,并开始在那里销售汽油,同时在租赁的加油站进行最低限度的销售。法院认为这违反了合同,但没有援引善意原则。相反,法院发现了一项默认(tacit)允诺,即"承租人承诺以合理方式经营该场所,以产生双方当事人在缔约时所意欲支付的租金"[13]。

作为赛格布鲁诗诉斯托萨案结果的理由,善意原则优于解释,因为解释要求法院详细说明(specify)承租人履行义务的内容(如法院所做的那样),而善意原则仅要求法院认定承租人的履行违反了该原则。法院认定为默认允诺的履行义务,可能会给承租人带来比当事人预想的更重的义务。很容易认定一个明示条款包含了要求承租人在该场所销售汽油要做出"合理努力"。大概,双方在租约中没有包括这样一个条款,因为承租人想自由管理加油站。但是承租人的裁量权并非绝对。善意原则的无定形态(amorphousness)允许法院不必详细说明承租人的履行义务即可认定违反了该原则。承租人的行为非常恶劣,因为承租人在邻近地产上建造加油站的唯一后果是将给出租人的租金降低直至接近零。而承租人的汽油销量并没有变化。善意原则作为处理履行合同中异常行为的工具也优于解释规则。当案件中的系争行为异常时,当事人之间不可能有习惯或默认理解,善意原则使法院能够认定异常的履行中的不当行为是违约行为,而不必假装通过意图或习惯来证成判决。

市场街协会诉弗雷案(Market Street Associates v. Frey)[14]就是这样一个例子。通用电气养老金信托通过一份 25 年的售后回租协议而拥有

---

[12] 33 N. E. 2d 159 (Ill. 1941).
[13] Id. at 160.
[14] 941 F.2d 588 (7th Cir. 1991).

一家购物中心。据推测,售后回租是将购物中心投资的可观税收利益转移给纳税投资者的一种手段。市场街协会(Market Street)拥有租赁权益,在导致诉讼的事件发生时,它已经运营该购物中心6年了。根据售后回租协议第34段,市场街协会作为承租人可以要求出租人——养老金信托至少融资250 000美元的改善费用。如果提出这样的要求,那么养老金信托同意就提供融资进行善意协商,如果协商失败,那么在60天后,承租人可以选择在每年原价的基础上加上6%的加价来回购房产。1988年,市场街协会的经理奥伦斯坦(Orenstein)要求养老金信托的经理厄尔布(Erb)提供200万美元的融资,但没有提及或有(contingent)收购条款(buy-out provision)。奥伦斯坦答复说,它对少于700万美元的融资项目不感兴趣。60天后,市场街协会通知养老金信托,它正在行使选择权,以100万美元加上根据合同计算的每年6%的价格回购该地产,这可能低于当时房产的市场价值。养老金信托拒绝出售,市场街协会提起诉讼要求特定履行。地区法院支持了养老金信托,理由是市场街协会没有向养老金信托基金提及第34段,这是恶意行为。

当养老金信托拒绝出售地产时,市场街协会提起诉讼要求强制特定履行。地区法院以简易判决动议驳回了诉讼,认为市场街协会没有提清厄尔布注意第34段而违反了善意原则。在波斯纳法官执笔的意见中,上诉法院赞同适用这一原则,但认为恶意问题不能根据简易判决的动议来决定,因为恶意会取决于奥伦斯坦的心态,特别是奥伦斯坦是否相信厄尔布不知道收购选择权而且可能并不知道这一点。波斯纳法官解释道:"如果奥伦斯坦相信厄尔布知道或者肯定会了解(收购方案),那么不标出这一段,或者甚至不提及该租约,都不是不诚实或者投机行为。"[15]

在市场街协会案中,波斯纳法官从经济学角度解释了善意原则的目的。其目的是"禁止相互依赖的合作关系在没有该规则的情况下可能导

---

[15] Id. at 598. 根据这一观点,如果奥伦斯坦没有为厄尔布设下陷阱,他就不会违反善意原则,而是利用了厄尔布的意外错误,没有意识到拒绝提供所要求的融资将触发收购期权。这是有争论的。单方错误的法律可能会阻止奥伦斯坦利用厄尔布的错误,这种错误本质上是机械错误,而不是判断错误。

致的机会主义行为"。为此,法院应努力"给当事人在以下条件下他们本应明确规定的东西:在订立合同时对未来有完美的知识并且基于此而进行谈判,以及在合同中增加条款的费用为零"。这类似于解释,但该调查是针对当事人的预测意图,而非他们的实际或可能意图。

第十九编

明示条件

第五十三章 明示条件

一、明示条件导论

允诺是合同的一个基本组成部分。明示条件是合同的另一个基本组成部分。在日常语言中，"条件"（condition）一词有不同意思，其中的一个意思是状态，就像在"事务状态"（state of affair）中。因此我们说，"病人的条件很好"或者"人类的条件很悲惨"。在合同法中，"明示条件"一词通常是指明确的合同规定，即(1)合同的一方当事人，尽管受到约束，但除非并直到约定（designated）的事务状态或条件发生或未发生，没有履行的义务；或(2)如果约定的事务状态或条件发生或未发生，一方当事人的履行义务即可中止或终止（为了便于解释，本章余下的部分使用的"发生"一词也包括约定的不发生的情况）。

明示条件所描述事务状态的发生不受任何一方当事人控制。例如，公司 A 和公司 B 同意合并，条件是国内税收署（Internal Revenue Service）规定合并免税。或者，发生或不发生部分或全部地由一方当事人控制。例如，在斯科特诉莫拉格木材公司案（Scott v. Moragues Lumber Co.）[1]中，斯科特和莫拉格约定，如果斯科特购买了某艘船，他就会把它租给莫拉格。这里的明示条件——斯科特购买这艘船——完全在斯科特的控制下。同样，明示条件可以限定双方当事人的义务，如上述合并的例子，或者只限定一方当事人的义务，如买方同意购买房屋，条件是白蚁检

---

[1] 80 So. 394 (Ala. 1918).

查表明房屋没有白蚁。

允诺和明示条件之间有几个关键的区别。第一个区别涉及每种表达的意思。允诺是一种产生或者不产生某种规定之事务状态的承诺(commitment)。相反,明示条件不是承诺而是对承诺进行的限定。明示条件规定,除非特定情况(如国内税收署对交易的批准)的发生或者不发生,否则一方当事人没有义务履行承诺。事实上,当事人使用明示条件而不使用允诺的一个原因是,任何一方当事人都不愿意作出相关事务状态会发生或不会发生的承诺。例如,在合并案中,通常A、B都不愿意作出国内税收署会作出有利决定的承诺。根据标准的合同法术语理解,允诺要么履行,要么违反,而明示条件则是要么成就,要么未成就。

允诺和明示条件之间的第二个区别,涉及对允诺违反和明示条件不成就的制裁。允诺违反的通常制裁是损害赔偿。相比之下,明示条件不成就的通常制裁不是损害赔偿,因为任何一方当事人都没允诺明示条件会成就[2],而是条件发生对其有利的一方当事人中止或终止合同。特别是,终止是一种非常严厉的制裁,因为如果一方当事人正当地终止合同,另一方当事人就将失去合同的价值以及他在终止前已完成之任何工作的约定价格(尽管他可能有权获得该工作所给予任何利益的返还赔偿)。

允诺和明示条件之间的第三个区别是,援用允诺违反和条件不成就之制裁的方式。援用允诺违反的制裁通常要经由司法救济的诉讼。相比之下,援用明示条件不成就的制裁则通常经由自助性的合同终止即可,尽管合同终止的适当性要受法院审查。

二、明示条件不完全成就的效果

允诺和明示条件之间的另一个关键区别,涉及允诺和明示条件的实

---

[2] See, e.g., Merritt Hill Vineyards, Inc. v. Windy Heights Vineyard, Inc., 460 N. E. 2d 1077, 1081-1082 (N.Y. 1984).

质但不完美履行的效果。如果允诺实质履行了，那么即使该允诺没有完美履行，允诺人通常也会诉请预期损害赔偿，但须抵销因违约造成的损害赔偿（见第 13 章）。相比之下，传统规则是，如果明示条件没有完全成就，那么即使该条件实质上成就，条件发生对其有利的当事人也有权终止合同。该规则在本书中将被称为完美成就规则（perfect-fulfillment rule）。

奥本海默公司诉奥本海默·阿佩尔·迪克森公司案（Oppenheimer & Co. v. Oppenheim, Appel, Dixon & Co.）[3] 就是完美成就规则的例证。奥本海默公司拥有纽约 1 号广场 33 楼的租约。1980 年 12 月，奥本海默公司同意将其剩余 3 年期的租赁转租给 OPA 公司，该公司已经租了第二十九层，并寻求继续扩大空间。当事人的协议附有提议的转租协议，但协议规定，只有在满足某些条件的情况下，才会签署该协议。其中一个条件是：1987 年 1 月 2 日或之前，OPA 公司将向奥本海默公司提交其在第二十九层和第三十三层之间建造电话通信连接系统的计划（"租户工程"）。一旦提交这些计划，奥本海默公司必须在 1 月 30 日之前——后来延长到 2 月 28 日——向 OPA 公司提交首个房东（prime lamdlord）对"租户工程"的书面同意。如果 OPA 公司在该日期之前没有收到首个房东的书面同意，协议和转租将被认为是无效的，任何一方当事人对另一方当事人都没有任何权利或义务。

截至 2 月 28 日，奥本海默公司没有交付首个房东对租户工程的书面同意书。然而，在那一天，奥本海默公司的律师口头告诉 OPA 公司的律师，首个房东已经同意了租户工程。第二天，OPA 公司的律师通知奥本海默公司，由于奥本海默公司未能及时交付首个房东的书面同意，该协议和转租都无效（3 月 20 日，首个房东的书面同意书最终交付给了奥本海默公司）。奥本海默随后起诉 OPA 公司违约。陪审团发现奥本海默公司实质上履行了首个房东同意的条件，判予奥本海默公司 120 万美元的损害赔偿。初审法官撤销了判决，理由是实质履行原则不适用于条件的情况。上诉法院驳回了上诉，理由是奥本海默公司未能在到期日提交首个房东

---

[3] 660 N. E. 2d 415 (N.Y. 1995).

的书面同意并不重要。上诉法院维持了初审法院的判决,理由是实质履行原则不适用于明示条件的情况:

> 如果当事人"以某一事件作为协议的条件,则不存在适用于该事件不发生之重大性(materiality)或实质性(substantiality)的减轻标准"(《合同法重述(第二次)》第237条注释d)。"在此语境中实质履行并不充分……如果救济在合同范围内,必须通过免除条件未发生所产生的责任以避免没收……在这里,毫无争议的是,原告没有遭受没收,也没有给予被告利益"[4]。

适用于明示条件的完美成就规则是不正当的,因为正如认知局限常常阻止当事人充分理解约定违约金条款的实施一样(见第23章),这些局限也常常阻止当事人充分理解明示条件的实施。如同约定违约金的规定一样,有限理性在此处发挥着重要作用。大多数人可能并不知道,允诺的实质但不完美履行和明示条件的实质但不完美履行之间的法律区别,以及明示条件未能完全成就的潜在残酷后果。此外,因为当事人通常期望条件成就,所以在订立合同时,条件不完全成就的后果似乎很遥远。因此,当事人可能会认为详细考虑明示条件实施的成本就过高了。

同时,认知局限可能会削弱缔约方对明示条件的理解。可用性启发法(availability heuristic)可能会导致缔约方赋予其当下完美成就明示条件的意图以不适当的权重,与未来情况可能导致明示条件不完全成就的可能性相比,前一情景是生动和具体的而后一场景则是苍白和抽象的。此外,低估风险的倾向,可能会导致缔约方低估明示条件无法完全成就及其导致严厉制裁的风险。

如同约定违约金一样,这些案例说明了明示条件是如何提出认知局限问题的。例如,在美国假日酒店公司诉奈特案[5](Holiday Inns of America, Inc. v. Knight)中,假日酒店和奈特(或更准确地说,有利害关系的前身)于1963年9月30日签订了一份合同,根据该合同,奈特授予假日酒

---

[4] Id. at 419.
[5] 450 P.2d 42 (Cal. 1969).

店以 19.8633 万美元购买某些地产的期权。合同要求假日酒店先支付 1 万美元,然后在接下来四年中的每一年的 7 月 1 日,再支付 1 万美元,以保持该期权有效。合同还规定,未能在规定日期或之前付款将自动取消该期权,无需另行通知(时间条件)。假日酒店可以通过在 1968 年 4 月 1 日前向奈特发出书面通知来行使该期权,除非奈特根据时间条件取消了该期权。

假日酒店订立这份合同的目的,是获得期权所涉地产之价值增加的潜在好处。假日酒店在期权所涉之地产附近的土地上花了大量的钱开发一个主要的住宅和商业中心,这使得期权所涉之地产的价值大幅增加。1966 年 6 月 30 日,假日酒店寄给奈特一张 1 万美元的支票,用于支付 1966* 年的分期付款。奈特于 7 月 2 日收到支票,并将其返还给假日酒店,并声称:期权合同因假日酒店未能按照时间条件要求在 7 月 1 日前支付 1966 年分期付款而被取消。假日酒店起诉寻求合同仍然有效的确认判决。加利福尼亚州最高法院认为,由于时间条件没有完全成就而终止合同将导致没收:

> 根据风险分配,非常清楚,每一笔的 1 万美元分期付款显然部分用于当年购买土地的期权,部分用于将期权再延期一年,最长可达五年。随着时间推移,原告为展期支付了越来越多的费用,而正是这种权利会因为要求严格按时付款而被剥夺。在宣布没收时,原告在过去两年中为行使期权已支付 3 万美元中的大部分金额。因此,他们没有得到他们所交易的利益,他们所失去的利益高于他们交易自身。简言之,他们将被没收 3 万美元中属于过去两年内行使期权的那部分金额。[6]

结果是正确的:假日酒店似乎极不太可能事先同意,如果年度付款晚一天,它就将失去期权的价值和它已经支付的所有款项。

因此,规范原则应当是:只有明示条件的未成就是重大的,并且当事

---

* 原文是 1996 年,应该是 1966 年之误。——译者注

[6] Id. at 45.

人很可能同意在实际发生的情况下可行使终止合同的制裁,明示条件的不完全成就才应触发终止合同的权利。该原则在本书中将被称为明示条件原则。现代合同法通过一系列相关联的完美成就规则例外以及人为的解释规则来实施这一原则。

三、完美成就规则的例外

1. 没收(Forfeiture)

在终止合同会产生没收的场合,完美成就规则通常不会触发终止合同的权利。该规则的此项例外规定在《合同法重述(第二次)》第229条:"在条件的不发生将导致不相称之没收的意义上,法院可以免除条件的不发生所产生的责任,但该条件的发生是约定交易的重要部分的除外。"对第229条的评论将"没收"定义为"债权人如根据交换预期做出准备或履行而实质信赖后,丧失其对约定交易的权利且毋庸赔偿"。该评论继续说,"在确定没收是否不相称时,法院必须以债务人寻求保护之风险的重要性来权衡两个因素:债权人没收的范围;如果在阻止没收所要求的范围内要免除条件的不发生而产生的责任,将会失去多大程度的保护"。评注还明确,没收原则的适用取决于执行明示条件的实际结果,而非合同订立时的情况。因此,没收原则与约定违约金赔偿原则(见第23章)一样,明确基于二次审查或事后的进路。如第229条的评论所述:

> 虽然本条和第208条关于显失公平的合同或条款都限制了合同自由,但它们旨在适用于不同类型的情况。虽然第208条谈到了"在合同订立时"的显失公平,该条涉及的是如果条件未被免除责任则实际上会产生的没收。其意在处理在合同订立时似乎并不显失公平但由于随后发生的事件会导致没收的条款(term)。

第229条的示例1说明没收原则:

A缔约要使用雷丁公司的管子为B建造房屋。作为回报,B同意支付 75 000 美元，分期付款，每笔付款的支付条件是"除了雷丁公司制造的管子外，不得使用其他管子"。在 A 不知情的情况下，分包商错误地使用科豪斯公司制造的管子，管子质量相同，两个管子只能通过印在管子上的制造商名称来区分。这个错误直到房子完工后才发现，因为更换管子需要毁坏大部分房子。B 拒绝支付 10 000 美元的尾款。法院会得出结论，使用雷丁管而非科霍斯管对 B 来说相对不重要，以至于否定 A 的全部尾款而导致的没收是不相称的，法院会允许 A 获得救济，但要受制于因其违反使用雷丁管义务的损害赔偿。*

此没收例外得到判例法的充分支持，尽管并非是一致支持。上面讨论的假日酒店案，就是一个引领性的例子。同样，在黑格伯格诉新英格兰渔业公司案（Hegeberg v. New England Fish Co.）[7]中，阿拉斯加鲑鱼包装商与渔民联盟签订了合同，合同规定，如果评估仲裁庭（appraisal tribunal）认定渔民有权获得额外金额，它将向渔民支付约定的最低工资和奖金。仲裁庭得出了此结论，但原定于 8 月 24 日提交的报告却迟交了两天。包装商辩称，该仲裁庭的裁定不具有约束力，因为时间条件没有成就。华盛顿州最高法院驳回了该抗辩，理由是以此原因而终止合同将导致没收：

> 正如人们经常认为的那样，施加与违约结果不合比例的不公正或不合理的惩罚或没收，不会得到执行。在本案中，考虑到合同双方支付的评估费用，以及渔民信赖未来的评估而完成了一个季度的工作的事实……严格执行时间限制……具有没收的性质。[8]

即使在作为完美成就规则之典型代表的奥本海默案中，法院也默示认同了没收例外——"如果要根据合同获得救济，必须通过实施条件的不发生而避免产生没收……"[9]——尽管法院得出结论认

---

* 即救济应减去该损害赔偿。——译者注
[7] 110 P.2d 182 (Wash. 1941).
[8] Id. at 187.
[9] Oppenheimer, 660 N. E. 2d at 419.

为,根据案件事实,例外并不适用:在确定某一特定协议是否将某事件作为条件时,法院将把可疑的措辞解释为体现一项允诺或推定条件,而不是明示条件。当发现明示条件会增加债权人没收的风险时,这种解释偏好尤其强烈……

如果"作为条件之事件的发生是以明白无误的语言表达的,那就不能将其解释为减少没收风险的方式……"

尽管如此,条件的不发生仍可由于弃权、违约或没收而免除责任(excuse)。《合同法重述》提出,"如果条件的不发生会导致不相称的没收,法院可以免除条件的不发生所产生的责任,除非条件的发生是约定交换的重要部分"[《合同法重述(第二次)》第229条]。[10]

2. 没有损害

许多法院承认的完全成就规则有另一个例外,即如果条件的不成就没有对条件发生有利的一方当事人造成实质损害,那么条件的不完全成就不会产生合同终止的权利。例如,在安泰保险公司诉墨菲案(Aetna Casualty and Surety Co. v. Murphy)[11]中,墨菲于1982年11月底终止了他的办公室租约。墨菲拆除办公室的方式给房东造成了损害。房东的保险公司安泰支付了赔偿金,嗣代位行使房东的权利,起诉了墨菲。墨菲根据查布(Chubb)签发的保单为安泰的索赔投保,墨菲根据该保单起诉查布。查布的保单规定,"在被保险事件发生的情况下,被保险人应尽快向查布发出书面通知……"而且"如果向被保险人提出索赔或诉讼,被保险人应立即将他或他的代表收到的每一项要求、通知、传票或其他程序转发给查布"[12]。墨菲直到1986年1月才通知查布安泰的索赔。查布拒绝付款,理由是墨菲未能尽快通知查布,墨菲起诉查布,查布提出简易判决。法院说:

---

[10] Id. at 418.
[11] 538 A.2d 219 (Conn. 1988).
[12] Id. at 220.

……执行这些通知条款实际上是没收,因为被保险人将失去他的保险范围,且未考虑他已尽职地支付保险费。(此外),即使没有因逾期通知总是对保险人造成损害这一不可反驳的推定而遭受的没收……保险人也可保证自己有公平机会调查事故及索赔的合法目的得到保护。

……保险人和被保险人利益之间的适当平衡要求在特定情况下,对保险人是否因被保险人延迟发出触发保险事件的通知而受到损害进行事实调查。如果可以证明保险人没有因迟延而遭受重大损害,及时通知条件的不发生可以免除责任……在没有损害时按照字面执行通知条款,不比在无损害时按照字面执行违约金条款更合适。[13]

然而,法院认为,查布仍然有权获得简易判决,因为确定缺乏实质损害的证明责任必须由被保险人承担,墨菲没有做出必要的证明。

3. 达到条件目的的情况

在条件目的达到的场合下,明示条件的不完全成就应当并且通常是免除责任的。例如,大美洲保险公司诉泰特建筑公司案(Great American Ins. Co. v. C.G. Tate Construction Co.)[14]中,大美洲保险公司向泰特建筑公司签发了保单,要求大美洲保险公司就该保单所承保的任何事件为泰特提供保护和赔偿。大美洲保险公司履行义务的一个条件是泰特尽快通知保单承保的事件。发生了一场可能被保单承保的车祸。泰特没有尽快通知大美洲保险公司,因为它认为它的人员没有造成事故。然而后来,泰特根据保单起诉了大美洲保险公司。尽管通知条件没有成就,法院判决支持泰特,理由是"对通知条款的解释将更多地受其目的——将其纳入保险合同的原因——的指导,而非受其看似最终条款的指导"[15]。

---

[13] Id. at 222-223.
[14] 279 S.E.2d 769 (N.C. 1981).
[15] Id. at 774.

同样,《合同法重述(第二次)》第229条,示例2规定:

> 海运承运人A根据合同运输B的货物,合同规定A对货物损坏承担责任的一个条件是"货物移走后10天内必须发出书面损失或者损害索赔通知"。B的货物在运输过程中受损,A知道这一点。在货物移走时,B在交货记录上书面注明货物受损,5天后通过电话通知A对该损坏的索赔,并邀请A在10天内进行检查。A在此期限内检查货物,但B直到货物被移走后25天才发出书面索赔通知。由于要求书面通知条件的目的是提醒承运人并使其能够迅速进行调查,而且由于书面损害通知和口头索赔通知都已经达到了这一目的,在允许B之赔偿额所需的范围内,法院免除该条件不发生所产生的责任。

4. 不可行

在条件成就不可行(Impracticability)的场合,明示条件的不完全成就通常是免除责任的。例如,在皇家环球保险公司诉克雷文案(Royal-Globe Insurance Co. v. Craven)[16]中,皇家环球保险公司为克雷文遭受未投保驾驶员所造成的损失而提供保险。该保单要求克雷文在任何损失发生后24小时内通知警方和皇家环球。一名未投保的驾驶员给克雷文造成了伤害,但克雷文没有发出必要的通知,因为事故发生后的24小时内,他正在接受特别护理。法院认为克雷文未能成就时间条件是免除责任的。

类似地,《合同法重述(第二次)》第230条示例2规定:

> 保险公司A为B的财产提供保险,保单规定,如果在损失后2年内没有根据保单提起诉讼,则不能获得赔偿。损失发生了。此时B住在国外,由于战争爆发,他在2年内未能对A提起诉讼。A支付B损失的义务并未解除,B仍可以在战争结束后继续对保单采取行动。

不可行例外通常与没收例外混为一谈,如《合同法重述(第二次)》第271条的示例2所示:

---

[16] 585 N. E. 2d 315 (Mass. 1992).

保险公司 A 向 B 签发意外伤害保险单,保单规定事故发生后 14 天内发出通知是 A 承担义务的条件。B 因保单承保的事故而受伤,但他精神错乱了,20 天内无法发出通知。B 一恢复能力就通知 A 公司。由于在 14 天内发出通知不是约定交换的重要组成部分,否则将导致没收。条件的不发生是免责的,B 对 A 可根据保单提出索赔。

不可行的原理既适用于允诺,也适用于明示条件,但该原理在两种语境下的运用不同。在允诺情况下,不可行原理通常是受允诺人预期损害赔偿诉讼的抗辩,因此,如果适用该原理,受允诺人通常被免除履行义务。在明示条件情况下,不可行的原理通常免除条件不成就的责任,因此,如果适用该原理,尽管受允诺人履行义务的明确条件并未成就,但允诺人仍有义务履行。

5. 微不足道

在不成就微不足道(Triviality)的场合,条件的不完美成就不应当也不经常触发合同终止的权利。因此,在黑格博格(Hegeberg)这一阿拉斯加鲑鱼包装商案中,仲裁庭的评估报告迟交了两天,法院说:

> 没有任何理论可以说,在合理限制内,就提交报告而言,时间因素最不重要……
>
> 当然,用威利斯顿教授的话来说,提交报告的轻微延误很可能被描述为"一件无足轻重的小事,没有金钱上的重要性"……严格执行合同的时间规定……会涉及极端的没收或惩罚,除非法律要求,考虑到被告的付款允诺,若时间因素不构成上诉人同意工作交换的基本部分,就不应当判决严格执行合同的时间规定。[17]

同样,威利斯顿的论著指出,"如果对条件的完美成就的偏离是一件微不足道的小事,没有任何金钱上的重要性,那么该偏离就不会被认为是

---

[17] Hegeberg v. New Eng. Fish Co., 110 P.2d 182, 187-188 (Wash. 1941).

重要的"[18]。

四、作为允诺或者明示条件之合同规定的解释

除了完美成就规则的许多例外，法院通常经由将似乎是明示条件的规定解释为承诺，或者曲解明示条件的意思两种途径：例如，《合同法重述（第二次）》第 227 条规定：

(1)在解决某事件是否为债务人义务之条件的疑问以及关于该事件性质的疑问时，减少债权人没收风险的解释优先，除非该事件在债权人的控制范围内或者情况表明他已承担该风险。

(2)除非合同属于通常只有一方当事人负担义务的类型，在下列情况有疑问时：

(a)某事件发生时债权人是否被施加义务，或

(b)该事件是否作为债务人承担义务的条件，或

(c)该事件是否为债务人承担义务的条件并且该事件发生时该义务施加给债权人，如果该事件在债权人控制范围内，第一种解释优先……

此进路通常适用于两类合同条款：附条件付款条款，以及受允诺人只有对允诺人履行满意才承担责任的条款。对这些条款的解释只不过是避免完美成就规则的技巧。

1. 附条件付款条款

总承包商和分包商之间的合同经常包括"附条件付款"* 条款。该条款规定，有且只有缔约当局(contracting authority)或业主为分包商的工作

---

[18] 5 Samuel Williston & Walter H. E. Jaeger, *Williston on Contracts* § 805, at 839–840 (3d ed. 1961).

* Pay-When-Paid Provisions,是建筑合同中的一个付款条款,该付款取决于基于当事人与第三方订立的独立合同所进行的付款。——译者注

向总承包商付款，总承包商才向分包商付款。这些条款通常被拟定为条件，但被解释为允诺。例如，在科克诉建筑技术公司案（Koch v. Construction Technology, Inc.）[19]中，孟菲斯房屋管理局的总承包商—建筑技术公司与科克签订了一份油漆分包合同。分包合同规定，"（建筑技术公司向科克）支付的部分款项……应在其收到房屋管理局付款时支付"。建筑技术公司付给科克的金额少于科克所做工作的应收款，科克要求获得支付余额。建筑技术公司回复说，住房管理局没有全部支付，而住房管理局的支付是建筑技术公司向科克履行付款义务的条件。田纳西州最高法院判决支持了科克：

> 众所周知，先决条件在合同法中不受青睐，除非有明确的用语支撑，否则不会得到支持……此外，此原理特别适用于"附条件付款"条款的语境，因为……绝大多数法域，并未将此类条款解释为免除总承包商在业主不履行情况下向分包商付款的所有义务。相反，这些条款最经常被解释为简单地影响总承包商被要求向分包商付款的时间，而不考虑业主是否履行。这些法院拒绝将业主不履行的风险从总承包商转移到分包商，除非用语明确表明当事人意图这样做。[20]
>
> ……我们得出结论认为，此处的用语并不能充分清楚地证明，当事人意在将业主不履行的风险从总承包商转移到分包商，从而构成先决条件。[21]

同样，在托马斯·J·戴尔公司诉毕晓普国际工程公司案（Thos. J. Dyer Co. v. Bishop International Engineering Co.）[22]中，总承包商和分包商之间的合同规定，"在业主向总承包商付款后五天，分包合同价格部分才到期……"法院认为，即使业主没有向总承包商付款，总承包商也应对分包商承担责任：

---

[19] 924 S.W.2d 68 (Tenn. 1996).
[20] Id. at 71.
[21] Id. at 72-73.
[22] 303 F.2d 655 (6th Cir. 1962).

业主的偿付能力是总承包商必须承担的信用风险……(分包商)主要关注与其签订合同的总承包商的偿付能力。分包商指望总承包商付款。通常在法律上,业主的破产不阻碍分包商对总承包商的请求。因此,为了将总承包商产生的正常信用风险从总承包商转移到分包商,总承包商和分包商之间的合同应清晰表明这是当事人想要的明示条件。[23]

2. 满意条件

许多合同规定,一方当事人 A 做出了规定的履行,另一方当事人 B 只有在满意该履行时才为履行付款。根据该条款的直接解释,B 的满意是他根据合同承担付款义务的条件(尽管根据返还法,B 可能有义务为 A 给予他的任何利益付款)。在某些情况下,此种条件被恰当地解释为需要 B 的实际满意。这些案例中的问题是,B 实际上相信了什么,而非 B 说他相信了什么。例如,在麦卡特尼诉巴多维纳茨案(McCartney v. Badovinac)[24]中,一颗钻石在拉格斯代尔夫人手中被盗。她的丈夫指控麦卡特尼夫人盗窃。麦卡特尼先生随后雇用了私人侦探巴多维纳茨进行调查。巴多维纳茨在"令麦卡特尼满意"地确定钻石是否被盗以及如果被盗,是谁拿走了钻石后,将获得 500 美元的服务费。巴多维纳茨的调查使他得出了令人尴尬的结论,麦卡特尼夫人偷了钻石,他把证据交给了麦卡特尼先生。麦卡特尼先生拒绝付款,巴多维纳茨提起诉讼。麦卡特尼先生作证说,他不满意他的妻子是小偷的结论,但初审法官发现巴多维纳茨已经清楚地证明麦卡特尼夫人拿走了钻石,麦卡特尼先生在法庭上的回答"仅

---

[23] Id. at 660-661 (citations omitted). 其他法院已经取消了技工留置权法中的"附条件支付"条款(pay-when-paid provisions)。这些法律很复杂,但它们基本上都规定,为建造或修缮财产贡献劳动力或材料的人,对其贡献价值的财产享有留置权(即担保权益)。留置权法经常包括反弃权条款,根据该条款留置权不能放弃,少数情况除外。不同法院认为,"附条件支付"条款实质上是对这些权利的放弃,因此根据法定的反弃权规定是无效的。See, e.g., WM. R. Clarke Corp. v. Safeco Ins. Co., 938 P.2d 372, 376-379 (Cal. 1997); West-Fair Elec. v. Aetna Cas. & Sur. Co., 661 N. E. 2d 967, 971 (N.Y.1995)。

[24] 160 P. 190 (Colo. 1916).

仅是一个托辞和借口"[25]，并判决支持巴多维纳茨。上诉后，法院维持原判。

同样，在福曼诉本森案（Forman v. Benson）[26]中，买方就购买卖方所有的某些不动产提出报价。购买价款在10年内支付。在接受报价之前，卖方对买方的信誉表示担忧。卖方经纪人随即在报价中增加了以下条款："以卖方批准买方信用报告为准。"卖方接受了买方的报价，但此后拒绝转让财产，理由是他对买方的信用不满意。买方提起诉讼。法院判决支持买方，理由是卖方宣称的不满意并不真实：

>……（初审法院认定）在合同签署到报价被拒期间，被告（卖方）试图重新谈判该建筑物的购买价格以及利率……我们认为，虽然被告可能在他个人判断中有拒绝原告信用的理由（即未偿债务和所得税申报表中反映的2000美元损失），但他试图重新谈判表明，他的拒绝是基于原告信用评级以外的原因，因此是恶意的。[27]

然而，假设B实际上对A的履行不满意。根据对满意条件的直接解释，B对A没有合同义务，因为B履行义务的条件尚未成就。然而，《合同法重述（第二次）》第228条所体现的原理是，"当债务人承担义务的条件是，他对债权人履行或其他事项感到满意，并且确定在债务人位置上的一般人是否会满意是可行的，如果在债务人位置上的一般人会满意的话，那么该解释优先"。根据一种常用的替代公式（formulation），"当合同涉及其他有识之士可以判断的商业质量、操作适应性或机械效用时，采用一般人标准……当合同涉及个人审美或喜好时，就采用善意标准"[28]。

莫林建筑产品公司诉贝斯通建筑公司（Morin Building Products Co. v. Baystone Construction, Inc.）案[29]是一个引领性案例。通用汽车公司雇佣

---

[25] Id. at 191.
[26] 446 N. E. 2d 535 (Ill. App. Ct. 1983).
[27] Id. at 540.
[28] Ind. Tri-City Plaza Bowl, Inc. v. Estate of Glueck, 422 N. E. 2d 670, 675 (Ind. Ct. App. 1981); see also Action Eng' g v. Martin Marietta Aluminum, 670 F.2d 456, 460-461 (3d Cir. 1982).
[29] 717 F.2d 413 (7th Cir. 1983).

贝斯通公司进行工厂扩建。贝斯通公司继而雇佣了莫林公司来供应和安装铝墙。贝斯通公司和莫林公司之间的合同要求外墙板为"3003型铝,不低于18 B & S规格,带有磨光面和灰泥浮雕表面纹理,以匹配现有金属墙板的饰面和纹理"。合同进一步规定:(1)"所有工作应据建筑师或业主(通用汽车公司)授权代理人的最终批准来完成,如果在合同文件条款范围内,那么他在艺术效果相关事宜上的决定应为最终决定";(2)"如果在材料或工艺的质量或适应性方面出现任何争议,可接受的决定应依据要求所有已完成的工作或提供的材料在各方面都是一流的,该决定严格由业主做出。建造其他建筑物时通常或习惯的做法绝不能纳入考虑或决定"。[30]

727　　莫林公司建起了墙。从锐角角度看,在明亮阳光下,外墙没有给人以统一饰面的印象,通用汽车的代表以此为理由拒绝工厂扩建部分。贝斯通公司随后拆除了壁板,雇用了另一个分包商来替换它,并拒绝向莫林公司支付23 000美元尾款。莫林公司提起诉讼。根据波斯纳法官的意见,第七巡回法院判决支持莫林公司:

　　……有许多证据表明,通用汽车拒绝莫林公司的外壁板是完全不合理的。考虑到它们所包裹之建筑的严格实用目的,墙壁表面无绝对一致,不仅仅是显得微不足道的瑕疵,而且还可能是不可避免的;在行业中,"磨光板"被定义为"具有不均匀光洁度的板,该不均匀光洁度可能因板而异,并且在一个板内也不可能完全没有污渍或油渍……"

　　一些案例认为,如果合同规定卖方的履行必须令买方满意,那么他无论多么不合理地拒绝卖方的履行,都不是违约,除非该拒绝是恶意……但大多数案例遵守了《合同法重述(第二次)》第228条所述的立场……

　　我们不将多数的立场都理解为家长主义式的;在诸如此种情况下,家长主义是不合适的,因为分包商是一个实质性的跨州企业。合

---

[30] Id. at 414.

理性要求被解读到合同中不是为保护弱势方,而是为了近似于当事人就他们没有预见到的意外情况(如果他们预见到的话)会明确规定的内容。因此,并不是每个合同都包含此要求,因为它并不总是对当事人意图的可靠指引。特别是,当合同约定之履行的性质使得并没有任何客观标准来指引法院时,这就推翻了该推定(presumption),即履行方想让自己受付款方心血来潮式的支配。在此种情况下,不能假定当事人希望法院揣测(second guess)买方的拒绝……

铝制壁板建筑的目标是一座工厂——通常并不是为了美观。美学的考虑显然比功能和成本的考虑更次要,这是由该事实所证明的,即合同规定了未上漆的磨光铝……莫林公司的壁板是否达到通常令人满意的商业质量的一致性是可以进行客观判断的;用重述的用语来说,合理性标准是"可行的"。

……该合同明确要求(承包商)使用具有"匹配既有金属壁板饰面的磨光"铝材。陪审团被要求决定,一个一般人是否会发现莫林使用了足以满足匹配要求的充分一致性的铝材。如果我们相信,假使当事人预见到这场争端,他们会采用此标准,那么该标准就是正确的标准。莫林公司不太可能意欲把自己束缚在一个更高且可能无法实现的标准上,以达到通用汽车代理人坚持的完美匹配,或者通用汽车要求贝斯通屈从这样一个标准。因为磨光铝达到均匀的光洁度是很难甚或是不可能的,如果莫林同意这样一个条件,它将会遭受相当大的被拒的风险,而且可以预期它会因此提出增加合同价格作为补偿。这就要求通用汽车公司支付溢价来获得行动自由,因为它的目标不是美学,所以并不会认为该行动自由如此重要。如果一个统一的饰面对它很重要,它可以通过约定油漆壁板来获得这样的饰面。[31]

---

[31] Id. at 414-416.

五、停止条件和解除条件

明示条件通常分为停止条件(conditions precedent)或解除条件(conditions subsequent)。[第三类明示条件,并存条件(conditions concurrent),将在第47章中简要讨论]。这两种明示条件之间的区分通常用如下条款的某些内容来表述:一方面在合同一方当事人有义务履行之前出现约定事务状态的场合,则该条件是停止条件;另一方面,在一方当事人已负履行义务,且由于约定的事务状态的发生或不发生而被免除该义务,则该条件是解除条件。因此,在满足停止条件时履行义务产生,在解除条件被触发时履行义务免除。

此种区分的标准例子是保险单通常会包含的条款。例如,人寿保险单中的一个常见规定是,除非在约定期限内(如死亡后90天)提供死亡证明,否则保险公司不承担责任。此条件通常会被描述为停止条件,因为除非及时提供死亡证明,否则保险人没有义务赔付。另一个常见的规定是,对保险人的诉讼必须在约定期限内提起,例如从死亡之日起1年内。此条件通常被描述为解除条件,因为1年的经过就免除了保险人先前存在的义务。

很少应当或确实很少进行停止条件和解除条件的区分,因为在实践中,案件通常只是根据提起诉讼时的情况来决定。例如,在确定死亡证明条件是否成就时,法院会问原告是否及时提交了所需的证据。在确定要求在约定期限内提起诉讼的规定是否得到满足时,法院会问原告是否在该期限内提起了诉讼。但既然如此,区分停止条件和解除条件的实际意义又是什么呢?

霍姆斯回答了这个问题,他声称此区分没有实际意义而且事实上也不存在此区分:"当一个人起诉时,问题不在于他过去是否有诉因,而在于他当时是否有诉因。"[32]根据此观点,原告是否有诉因由他提起诉讼时存

---

[32] Oliver Wendell Holmes, Jr., *The Common Law* 317 (1881).

在的情况来判断,因此所有条件都是停止条件。反对这种观点的人认为,停止条件和解除条件的区分对于民事程序的某些问题很重要。例如,假设人寿保险单要求在90天内发出死亡通知。至少会出现两组重要的程序问题:

(1)哪一方当事人有责任就此问题事实提出请求(pleading)?如果原告未能主张他及时通知了保险人,民事诉讼状是否会受法律抗辩的约束(demurrer),或者该问题是否必须在答辩状中提出?

(2)哪一方有责任证明相关事实?假设民事起诉状声称原告及时发出了请求的通知,而答辩状否认了该请求,但没有对原告的请求提出其他抗辩。在初审中,双方当事人都没有就这个问题提出任何证据。判决应支持谁呢?或者假设双方当事人都提出了该问题的任何证据,但事实裁判者认为证据是均衡的,不能决定哪方当事人正确。在这些情况下,诉讼结果将取决于谁有证明责任,或者用威格莫尔(Wigmore)的话来说,取决于未说服的风险。

显然,这些程序问题具有相当大的实际意义,因此,有人反对霍姆斯的观点,主张停止条件和解除条件的区分必须保留,因为这些问题依赖此种区分。如果一个条件是停止条件,那么很自然地将提出请求的责任和证明责任加在原告身上。因为除非条件已发生,否则他没有任何理由,因此,他有责任主张和证明它确实发生了。同时,如果一个条件是解除条件,那么很自然地将提出请求的责任和证明责任加在被告身上,因为被告正试图"摆脱掉某些东西",而他有责任证明他的责任已被免除。

直到详细回答了这一问题,才能为保留停止条件和解除条件的区分提供了有说服力的情况:例如,关于条件的实际措辞,要求在90天内提供死亡证明的规定可以表达如下:"如果在90天内没有提供死亡证明,本保险单将无效,保险人将免除其所有责任。"在这里,条件是用解除条件的术语来措辞的,因为它说到免除责任。然而,这并非一个典型解除条件的情况,保险公司一旦未经通知而被起诉,然后由于被保险人没有及时通知而获得诉讼豁免。相反,除非及时提供死亡证明,否则保险公司不会被起诉。摆脱这种困境的一个常见方法是说，在此种情况下，条件在形式上是解除条件，但事实上是停止条件。但这留下了一个未决问题：此条件对提出请求的责任和证明责任有什么影响呢？如果当事人认为用免除责任来表述此条件是合适的，那么其本身就是将这些责任置于被告身上的充分理由吗？条件被表达的形式是否表明一种意图，即像摆脱既有义务一样对待被告是合适的吗？

　　本例子表明，通常被视为停止条件的规定可以很容易地以解除条件的形式提出。同样，通常被视为解除条件的规定也很容易以停止条件的形式提出。例如，采取以下表述："被保险人死亡后1年内提起诉讼应成为保险人赔偿责任的停止条件。"在这里，此条件在形式上是停止条件，但在事实上是解除条件，因为有且只有被保险人死亡后经过1年，保险人才不承担责任。这仍没有解决唯一的实际问题，即在此条件下如何分配提出请求的责任和证明责任。

　　如果我们更仔细地审视应当而且通常确实决定这些责任分配的考虑因素，很显然，停止条件和解除条件区分的形式和实质都不应当是支配性的。相反，问题在于司法公平和便利。因此，制定法和法院规则通常免除原告提出条件成就的责任，而毋庸考虑该条件是停止条件还是解除条件。例如，《纽约民事诉讼法》及《联邦民事程序规则》第3015(a)条规定，"合同中停止条件的履行或发生毋庸提出。否认履行或发生应具体和特别提出。在否认的情况下，会要求依赖履行或发生的一方当事人，在审判中仅证明已经规定的履行或发生"。同样，《联邦民事程序规则》第9(c)条——以及基于《联邦民事程序规则》的各州程序法典——规定，"在提出停止条件的履行或发生时，一般来说，宣称所有停止条件均已履行或已发生就足够了。否认履行或发生的应特别并详细提出"。诸如此类规则的效果是将提出责任放在被告身上。如果被告希望提出某一特定条件是否成就的问题，他必须具体主张该条件没有成就。诸如此类的规则之所以存在，部分基于该事实，即合同诉讼现在通常是基于印刷的非常长的标准化文件，这些文件的条款未经协商而是由一方当事人施加给另一方当事人的——一个常见例子就是保险单。此类合同通常包含很多限制合同起草方责任的条件。要求原告详细声称所有这些条件都已成就,不仅会不必要地妨碍诉讼记录,还会给原告律师施加艰难的处理诉讼记录的任务,即确保民事起诉状中的每一项请求都符合合同的每一项条件。

就证明责任,其与提出请求的责任(burden of pleading)不同,通过制定法或法院规则进行改革不太常见,且该情况也更复杂。然而,适用通常就该责任分配而发展的原则,下列因素应当而且通常会有影响:

(1)将责任置于一方当事人是否要求他证明消极事实——没有发生某事。此因素因将证明责任置于另一方当事人而得以缓解,因为证明积极事实比证明消极事实更容易。

(2)相关事实是否只在一方当事人所知范围内。在此种情况下,证明责任应置于该方当事人。

(3)合同是否为标准化形式。这为起草协议方增加程序负担提供了一个理由。

这些因素都不是支配性的。没有也不太可能有任何单一的原则来规范提出请求责任和证明责任的分配。重要的一点是,这三个因素在很大程度上是基于功能上的考虑,并降低了条件是停止条件还是解除条件的重要性。

第二十编

关系合同

第五十四章　关系合同

古典合同法隐含地基于完美市场上想进行交易的陌生人之间达成的交易所构成的范式,古典合同法是静态的而非动态的:它几乎只关注单一的时间瞬间——合同成立的瞬间——而非动态的过程,例如谈判过程和合同关系的演变。然而,在现实世界中,合同,尤其是公司之间的合同,只是偶尔才由在完美市场上想进行交易的陌生人订立,而且几乎总是既包括现在的也包括过去和未来的。通常很难说出,合同的过去从哪里结束,现在从哪里开始(例如,因为达成交易的过程通常是一个渐进过程),或者合同的现在从哪里结束,未来从哪里开始(例如,因为一份合同部分是合同成立时的样子,部分是合同成立之后的样子)。因此,如果合同法要实现允诺交易当事人的目标,它必须通过采用与现实相应的动态规则而非否认现实的静态规则来反映缔约现实,而动态规则不是基于完美市场上的陌生人范式。

伊恩·麦克尼尔(Ian Macneil)[1]创立并得到其他人认同的被称为关系合同理论的重要思想学派,恰当地拒绝了完美市场上的陌生人范式及古典合同法的静态观念。相反,关系合同理论基于处于持续和动态关系中的行为人之间的合同交易范式。此种对古典合同法基本假设的拒绝是有益的。识别作为经济和社会实体的关系合同也是如此。然而,建构关系合同法需要的不仅仅是拒绝古典合同法的假设。它还要求制定适用且仅适用于关系合同的大量法律规则。这是一个关系合同理论没有达致也不可能达致的境地,因为该理论没有也不能以如下方式精心设计一个

---

[1] See, e.g., Ian R. Macneil, *The New Social Contract* (1980).

足够区分关系合同和非关系合同的定义:能够确认大量特别的和明确的规则处理大量特别的和明确的合同。换言之,如果要仅规范关系合同的合同法规则,就必须建立关系合同的定义,该定义以能有意义地(meaningfully)区分关系合同和非关系合同的一个或多个特征为核心,并能证成大量特殊的合同法规则适用于如此定义的关系合同。

此定义依赖的一个特征是较长的持续期。事实上,正如戈茨和斯科特所指出的,"尽管一直存在某种模糊性,但人们倾向于将'关系合同'等同于长期的合同参与(long-term contractual involvements)"[2]。因此,"长期合同"一词通常几乎是"关系合同"一词的同义词。但是正如戈茨和斯科特同样指出的那样,"时间延伸本身并非关系合同的决定性特征"[3]。例如,只要支付了所需的款项,资本设备(如飞机)的长期租赁在合同签订后可能几乎不需要双方接触。相比之下,改造厨房的为期两周的合同可能是高度关系性的,摄影师和肖像模特之间为期一天的合同同样也是如此。

尽管较长的持续期不是关系合同的一个决定性特征,但在合同法中它可以作为一个独立变量,因此不管长期合同是否是关系性的,它们都有特殊规则。约翰·斯图尔特·密尔认为,"自由放任主义……应当是一般做法"并且"对它的每一次偏离,除非某些更大的善要求如此,否则它们都是某种恶"[4],然而得出结论:

> "个人是自己利益的最佳判断者"这一原理的一个例外是,当一个人试图现在就不可撤销地决定在某些未来和遥远的时间里什么是他的最佳利益。支持个人判断的推定只有在判断是基于实际的尤其是当前个人经验的情况才合理(legitimate),而在此经验之前形成且在经验否定它之后没有遭遇撤销时,则该推定不合理。当人们通过合同约

---

[2] Charles J. Goetz & Robert E. Scott, Principles of Relational Contracts, 67 *Va. L. Rev.* 1089, 1091 (1981).

[3] Id.

[4] John Stuart Mill, *Principles of Political Economy* 950 (W.J. Ashley ed., new ed. Longmans, Green and Co. 1929) (1848).

束自己时,不仅仅是为了做一件事,而是为了继续做某件事……很长一段时间,没有任何权力撤销该约定……(任何)基于他们自愿签订合同的推定……通常接近无效。[5]

尽管密尔没有阐明他持该观点的理由,但有一个理由不难发现。正如第十一章所讨论的,现代行为经济学已经证明,行为人受制于某些系统的认知局限。随着合同期限的延长,这些局限变得越来越突出。例如,与目前的利益和成本相比,行为人系统地太少重视未来的利益和成本。[6]因此费尔德斯坦(Feldstein)得出结论,"用庇古的话说,有些人或所有个人都有……一种'有瑕疵的远见能力(faulty telescopic faculty)',这导致他们太少重视未来消费的效用"[7]。同样,行为人系统地低估了大多数风险,并且经常错误地将当前事件构成的样本作为代表并进而预测未来事件。正如阿罗所察知的,基于认知心理学家的工作,"一个似乎可信的(plausible)假设是,个人无法认识到未来有很多惊喜;简言之,正如许多其他证据所证明的,存在低估不确定性的倾向"[8]。事实上,经验证据表明,行为人往往不仅低估还忽视低概率风险。合同期限越长——它就有更多的未来——更大的惊喜数量以及更大地低估低概率风险。基于所有这些理由,为较长持续期合同制定特殊的规则,是比较理想的。然而,即使是这样,较长的持续期本身并不能使合同具有关系性。

戈茨和斯科特恰当地拒绝将"较长期限"(long duration)作为合同是否为关系性的检测(test),他们提出了另外一个定义:"在当事人不能将安排的重要条款简化为界定明确的义务的范围内时,合同是关系性的。"[9]然而,正如本书第二十七章提到的弗朗西斯·利伯在《拿些汤来》中所说的那样,合同当事人几乎从来不能把他们安排的所有重要条款都简化为

---

[5] Id. at 959-960.
[6] See Martin Feldstein, The Optimal Level of Social Security Benefits, 100 *Q. J. Econ.* 303, 307 (1985).
[7] Id.
[8] See Kenneth J. Arrow, Risk Perception in Psychology and Economics, 20 *Econ. Inquiry* 1, 5 (1982).
[9] Goetz & Scott, supra note 2, at 1091.

界定明确的义务。

定义难题的另一种解决进路是将关系合同定义为那些不是"分立性"(discrete)合同的合同。该方法当然需要分立性合同的定义。维克·戈德堡(Vic Goldberg)将分立性合同定义为"在合同成立之前缔约方之间不存在任何义务的合同……"[10]然而,即使是涉及密集个人互动的合同,合同成立前的双方之间也不存在任何义务。

麦克尼尔自己有时将分立性作为光谱(spectrum)的一端,而非作为定义。据此种方法,如果合同具有的某些特征较少,例如,期限更短,个人互动更少,未来合作负担更少,难以计算的交换单位的方式更少,则合同被描述为处于光谱的分立端(discrete end of the spectrum);如果合同具有更多这些特征,则合同被描述为处于光谱的关系端(relational end of the spectrum)。[11]如果我们仅从社会学和经济学的角度来看待关系合同,光谱方法无疑是可接受的。然而,合同法的任务(enterprise)是制定规则,因为光谱方法无法操作,所以对该任务而言,该方法是不充分的。根据光谱方法,许多或大多数合同将既有关系性要素又有分立性因素。因此,除了位于光谱一端的相对较少的情况之外,我们无法知道合同法的原理或关系合同法的特殊规则是否应适用于任何特定情况。适用取决于一个合同有多少关系性指征以及属于哪种类型指征的规则,就只能是名义上的规则而已。

事实上,努力想象一个分立性合同,将麦克尼尔推向了一个不现实的极端情况:

中午时分,两个陌生人从相反方向来到镇上,一个人走着,一个

---

[10] Victor P. Goldberg, Towards an Expanded Economic Theory of Contract, 10 *J. Econ. Issues* 45, 49 (1976). 此定义一定意味着,在合同订立之前不存在任何合同义务。正如麦克尼尔在讨论该定义时所指出的,如果在合同交换之前当事人之间不存在任何种类的义务,"那么强壮方的盗窃行为比交换更可能发生"。Ian R. Macneil, Economic Analysis of Contractual Relations: Its Shortfalls and the Need for a "Rich Classificatory Apparatus", 75 *Nw. U. L. Rev.* 1018, 1020 (1981).

[11] See Ian R. Macneil, *Contracts: Exchange Transactions and Relations* 12–13 (2d ed. 1978) [hereinafter Exchange Transactions and Relations].

人骑着马。走着的人提出报价买下这匹马,经过短暂讨价还价后,两人达成了一项交易,在日落时一手交10美元一手交马。两个陌生人预期从现在到日落之间没有任何关系;他们从来也不希望此后再相见;每个人对另一个人的感觉就像维京人与撒克逊人交易一样。[12]

最后,麦克尼尔承认分立性合同是"不可能的事"[13],并将分立性合同描述为"完全虚构的"[14]。但是如果分立性合同不能定义,那么关系合同当然也不能。

定义关系合同的众多努力和所有这些努力的失败都引人注目,其实关系合同的直接定义唾手可得:关系合同不仅涉及交换,还涉及缔约方之间的关系。相应地,分立性合同是只涉及交换而不涉及关系的合同。麦克尼尔自己有时赞成这一定义。例如,在《新社会契约论》中,麦克尼尔将分立性合同定义为"除了简单的货物交换之外,当事人之间不存在任何关系的合同"[15]。这一定义不仅可以操作,还反映了"关系"一词的常识意思。

然而,一旦这样的定义被采用,就很容易看出分立性合同几乎不存在,因为几乎所有的合同,无论它们多么简单,要么创造要么反映一种关系。消费者合同通常涉及持续关系,即使是与大的科层组织订立的合同

---

[12] Exchange Transactions and Relations, supra note 11, at 13. 同样,威廉姆森举了一个分立性合同的例子,从一个外国偏远地区的店主那里购买了一瓶当地的烈酒,而且他永远不会再来拜访,也不会推荐给自己的朋友。Oliver E. Williamson, Transaction-Cost Economics: The Governance of Contractual Relations, 22 *J.L. & Econ.* 233, 247 (1979)。麦克尼尔举的另一个例子也是如此:"在一个预期再也不会相见的陌生小镇购买非品牌汽油。"Exchange Transactions and Relations, supra note 11, at 13. 这些例子都表明,关系合同这一法律类型是空洞的。

[13] See Ian R. Macneil, Contracts: Adjustment of Long-Term Relations under Classical, Neoclassical, and Relational Contract Law, 72 *Nw. U. L. Rev.* 854, 883 (1978).

[14] Macneil, supra note 1, at 11. 麦克尼尔最终试图在特定的法规中找到关系合同法,例如《雇员退休收入保障法案》、职业安全与健康管理局颁布的标准、其他工作场所法规、工资和工时立法……《国家劳动关系法》《劳资关系法》,以及规范工会和集体谈判其他方面的广泛法律"。Ian R. Macneil, Relational Contract Theory: Challenges and Queries, 94 *Nw. U. L. Rev.* 877, 897 (2000). 然而,这些制定法就是制定法。他们既不是允诺也不是合同法,而且在合同法中几乎没有或者根本没有位置。

[15] Macneil, supra note 1, at 10.

也是如此:梅西百货的大多数购物者以前在那里购过物而且预期再次在那里购物,因此,梅西百货和购物者不会将每次购物都视为孤立的非关系性交易。即使是在完美现货市场上的合同,也可能涉及有某种持续关系的贸易商或经纪人。

推翻古典合同法的一个理由是,它默认地基于大多数合同是分立性的这一经验上并不正确的前提。然而,具有讽刺意味的是,关系合同理论犯了一个类似的经验错误。就关系合同理论支持应当有一套特殊规则来规范关系合同的理念而言,它默认地基于关系合同是合同的一个特殊子类型这一不正确的前提。然而,一旦关系合同被恰当定义,并且认识到所有或几乎所有的合同都是关系合同,那么就很容易看出关系合同并非合同的一个特殊子类型,因此,不能也不应当受一套特殊合同法规则来规范。之所以根本不存在关系合同的特殊法律,是因为合同和关系合同这两个类型实际上完全一样。

在这方面,考虑一下关系合同文献为关系合同所提出的一些特殊规则:(1)在关系合同情况下,软化或反转古典合同法中僵硬的要约和承诺部分以及古典合同法不能容忍的不确定性、同意达成协议和进行善意谈判的协议之规则。(2)给关系合同当事人施加广泛的善意履行义务的规则。(3)扩张免除一方不履行的各种类型的意外情况(不可能、不实际和目的落空)的规则。(4)将关系合同结合在一起的规则。(5)当情势变更发生时给关系合同当事人施加善意谈判以做出公平价格调整的规则,甚至会给优势方施加义务的规则,以接受劣势方善意提出的公平价格调整。

这些规则和其他类似规则可以分为两大类:对所有合同都适当的规则,因此这些规则应当是合同法的一般原则,以及对任何合同都不适当的规则。例如,关系合同文献正确地指出了古典合同法在僵化的要约和承诺之程式方面的缺陷,特别是古典合同法对不确定性、同意达成协议和进行善意谈判的协议的不宽容对待。如果当事人认为他们成交了,不确定性应极少成为一个抗辩,如果各方当事人同意达成协议或者进行善意谈判,那它就是一个交易。然而,这一切适用于所有合同(见第五十二章)。相应地,应当存在且确实存在善意履行合同的义务,但该义务也应当且确实适用于所有合同。同样,确定何时将意外情况作为免责事由的原则也应当而且确实适用于所有合同。事实上,一些最著名的意外情况案例,如泰勒诉考德威尔案(Taylor v. Caldwell)[16]和克勒尔诉亨利案(Krell v. Henry)[17],很少涉及或者根本不涉及没有关系的合同。

同时,法院有权重新调整持续性合同(ongoing contracts)以反映意外情况的观念,应当保守适用。同样,尽管合同法规则的运行应防止一方当事人机会主义地利用非重大违约或不履行不重要的条件作为违反交易的人为的免责事由,但法律规则可以违背一方当事人的意志维系鲜活关系(living relation)的观念不切实际。法律违背一方当事人意愿强迫产生的关系不是一种鲜活的关系,或者充其量是一种极度贫困的关系。

此外,在涉及紧密个人互动的长期合同关系的情况下,法律应当强制当事人保持在锁定关系中的观念,忽视了行为经济学的教导。由于这种关系的性质,在合同订立时,几乎不可能预测到什么意外事件会影响关系的未来进程。此外,在此类合同签订时,每方当事人都可能对以下事项过度乐观:关系长期成功的可能性;另一方当事人在关系进程中避免机会主义行为的意愿。最后,这样合同的当事人很可能过分重视他们在合同订立时的关系状态,这种关系是生动的、具体的和实例化的;很可能错误地将他们当时的关系状态视为未来的关系状态的代表;而且很可能太少考虑、很少重视关系恶化的风险。因此,迫使紧密关系继续下去将会招致占优势的一方当事人进行机会主义式剥削。解决这类合同提出的难题的办法不是通过法律强力将这种关系维系在一起,而是即使合同没有规定终止权,也允许任何一方当事人在公平条件下随时终止这种关系。

---

[16] (1863) 122 Eng. Rep. 309; 3 B. & S. 826.
[17] [1903] 2 KB 740 (C.A.) (Eng.).

第二十一编

第三方受益人

第五十五章 第三方受益人

在合同法中,一个反复出现的难题是:A 和 B 订立合同,约定该合同将使另一人 C 受益,而该受益人 C 并非合同的当事人。当 A 违约时,C 无法得到若合同正常履行本应得的利益。此时,C 可否对 A 根据合同提起诉讼?

在分析该问题时,命名非常重要。在本章中,第三方受益人(有时称受益人)一词用来指代不是合同当事人但将从履行受益的人,而该人是否有权根据合同提起诉讼在所不论。"允诺人"一词(有时也称为"A")用来指做出法律上可执行允诺的人,允诺人的履行将会使第三方受益。"受允诺人"一词(有时也叫"B")用来指代允诺方的相对方。"合同"一词将用来指代允诺人与受允诺人之间的可执行协议,也即该合同的履行将使第三方受益。"缔约方"(contracting parties)一词则用来统一指代允诺人和受允诺人。

一、规范第三人利益合同可执行性法律的发展

1. 早期英国和美国法律

第三方受益人的现代法律直到 20 世纪初才开始出现,到 20 世纪 30 年代才逐渐成熟。合同法需要经过很长时间的发展才能形成一套连贯的原则,因此规范第三方权利的原则出现得特别晚也就不足为奇了。然而,这些原则最早实际上可以追溯至 18 世纪中叶,直到古典契约法兴起,

其发展才暂时告一段落。例如,在英国,直到18世纪早期才出现允许第三方提起诉讼的趋势。[1] 1677年判决的达顿诉普尔案(Dutton v. Poole)[2]是说明这一趋势的重要案例。在该案中,父亲正准备卖掉一块木头来为他年幼的孩子(包括女儿)筹集嫁妆。[3] 长子将作为父亲的继承人继承该木头,其向父亲允诺,如果父亲不卖这块木头,他将付给女儿1 000英镑。[4] 法院认为女儿可以执行该合同。[5]

达顿诉普尔案有点模糊,首席大法官斯克罗格斯(Chief Justice Scroggs)认为,由于父子关系密切,对父亲的允诺可能被视为对女儿的允诺。[6] 然而,在1776年所裁定的马丁诉海欣德案(Martyn v. Hind)[7]中,曼斯菲尔德勋爵(Lord Mansfield)认为:"对于达顿诉普尔案,令人意外的是,在那种案例下为何会产生疑问。"[8]在1802年判决的皮戈特诉汤普森案(Pigott v. Thompson)[9]中,摘要(显然是由报告人所写)说:

> 对基于为第三人利益而对他人做出的口头承诺而由第三人提起诉讼的权利,在过去的案例中有很大的矛盾……但在达顿诉普尔案中,此点似乎得到了非常充分的考虑和非常严肃的判决……实际上,在那个案件中,达顿的妻子和她父亲(做出允诺方的相对方)之间的亲密关系受到了一定压力;但另一个案件(马丁诉海欣德案(Martyn v. Hind))已经发生,但并未适用该理由。[10]

---

[1] See Peter Karsten, The "Discovery" of Law by English and American Jurists of the Seventeenth, Eighteenth, and Nineteenth Centuries: Third-Party Beneficiary Contracts as a Test Case, 9 Law & Hist. Rev. 327, 334-335 (1991).

[2] (1677) 83 Eng. Rep. 523; 2 Lev. 210.

[3] See Id. at 523; 2 Lev. at 210.

[4] See id.

[5] See Id. at 524; 2 Lev. at 212.

[6] See id.

[7] (1776) 98 Eng. Rep. 1174; 2 Cowp. 437.

[8] Id. at 1177; 2 Cowp. 443.

[9] (1802) 127 Eng. Rep. 80; 3 Bos. & Pul. 147.

[10] Id. at 81-82 n.(a). 一些在该时期的早期判决的英国案件得出了不同的结果。See,e. g., (1669) Bourne v. Mason, 86 Eng. Rep. 5, 6; 1 Ventris 5, 6-7; (1723) Crow v. Rogers, (K.B. 1723) 93 Eng. Rep. 719, 720; 1 Strange 592。

美国法院也往往遵循类似的路径。纽约州就非常典型。1806年,纽约州的一家法院援引达顿诉普尔案和皮格特诉汤普森案,称"我们观点一致,当一个人为了第三人利益向另一个人做出允诺时,此第三人可以根据这种允诺提起诉讼"[11]。1825年判决的法利诉克利夫兰(Farley v. Cleveland)案[12],多年来一直作为先例为纽约法院所援引。B给了第三方一张100美元的本票,随后B向A出售了15吨干草,以换取A偿还B对第三方债务的允诺,法院允许第三人起诉A。[13] 在这一时期,绝大多数其他州[14],包括马萨诸塞州[15]在内,大体上遵循与纽约州相同的路径。

2. 劳伦斯诉福克斯

1859年由纽约上诉法院判决的著名的劳伦斯诉福克斯案(Lawrence V. Fox)[16],反映了19世纪中期美国法院的一般进路。此案例如今被归入债权受益人案例(creditor-beneficiary cases)。这些案例是,A与B签订

---

[11] Schermerhorn v. Vanderheyden, 1 Johns. 139, 140 (N.Y. Sup. Ct. 1806).
[12] 4 Cow. 432 (N.Y. Sup. Ct. 1825), aff'd without opinion, 9 Cow. 639, 640 (N.Y. Sup. Ct. 1827).
[13] See Id. at 432, 439. Similarly, in Ellwood v. Monk, 5 Wend. 235 (N.Y. Sup. Ct. 1830), A 向B允诺,代表B去支付欠T的各种债务。法院依赖法利案认为T可以诉A。See Id. at 236-237. In Barker v. Bucklin, 2 Denio 45 (N.Y. Sup. Ct. 1846), 法院 (citing "A writer in the American Jurist", No. 43, at 16, 17) 认为,"问题(由本法院)很好地解决了,作为原理,在简单合同的情况下,如果一个人为了第三人的利益向另一个人作出允诺,第三人可以对其提起诉讼,尽管约因不会从他身上转移"。Id. at 53. In Delaware & Hudson Canal Co. v. Westchester County. Bank, 4 Denio 97, 98 (N.Y. Sup. Ct. 1847), the court reiterated this rule almost verbatim。
[14] Brewer v. Dyer, 61 Mass. (7 Cush.) 337, 340 (1851); Hall v. Marston, 17 Mass. (17 Tyng) 575, 579 (1822); Arnold v. Lyman, 17 Mass. (17 Tyng) 400, 404 (1821); Felton v. Dickinson, 10 Mass. (10 Tyng) 287, 290 (1813); see also Crocker v. Higgins, 7 Conn. 342, 347 (1829) (citing cases from England, New York, and Massachusetts); Bohanan v. Pope, 42 Me. 93, 96 (1856) (citing with approval the Massachusetts cases cited infra); McCarty v. Blevins, 13 Tenn. (5 Yer.) 195, 196 (1833); But see Butterfeld v. Hartshorn, 7 N.H. 345, 347-348 (1834)(认为第三方受益人可能因缺乏相对性而无法获得赔偿)。
[15] See Karsten, supra note 1, at 340.
[16] 20 N.Y. 268 (1859).

合同,清偿B对第三方的原有义务。[17] 在劳伦斯诉福克斯案中[18],霍利(Holly)欠劳伦斯300美元。霍利之后借给福克斯300美元,以换取福克斯付给劳伦斯300美元以清偿霍利的债务[19],最终福克斯没有付款。一个法官意见有分歧的法院(divided court)认为劳伦斯可以起诉福克斯。[20]

尽管劳伦斯诉福克斯案在今天通常被认为是一起里程碑式的案件,其确立了第三方受益人提起诉讼的权利[21],但实际上该案在当时并未引起很多关注。上述案例表明,劳伦斯诉福克斯案在纽约几乎没有或根本没有引发新的突破,全国的情况也少有不同。对上诉判决进行了详尽的调查,彼得·卡斯滕(Peter Karsten)发现,在劳伦斯诉福克斯案之前判决的72%的案件中[22],美国法院允许第三方受益人执行合同。事实上,劳伦斯诉福克斯案在当时并没有很大影响力。[23] 相反,该案判决后,判决仅限于纽约州适用,且这一限制在此后也存续了一段时间。[24]

因此,劳伦斯诉福克斯案的现代声望既不是源于新颖,也非源于其直接影响,这两者都微不足道。相反,这种声望在很大程度上源自该案是很好的教学案例的事实。当有利于第三人利益的趋向开始逆

---

[17] See generally infra Section Ⅲ(B).
[18] See 20 N.Y. at 269.
[19] See id.
[20] See Id. at 275.
[21] See, e.g., Lawrence M. Friedman, History of American Law 405-406 (3d ed. 2005); Anthony Jon Waters, Te Property in the Promise: A Study of the Third Party Beneficiary Rule, 98 *Harv. L. Rev.* 1109, 1112, 1115 (1985).
[22] See Karsten, supra note 1, at 331, 333.
[23] 《威利斯顿论合同法》第一版的一个脚注按时间顺序列出了,该法域内承认第三方受益人直接诉讼的案例。在纽约州的案件中,劳伦斯诉福克斯案毫不起眼地被提及到。See 1 Samuel Williston, Willistonon Contracts § 381, at 712 n.27 (1920).科宾评论说,"劳伦斯诉福克斯案的判决几乎不能……认为是创造了新的法律规则"。4 Arthur L. Corbin, *Corbin on Contracts*, § 827, at 303 (1951).
[24] See, e.g., Garnsey v. Rodgers, 47 N.Y. 233, 240 (1872)("劳伦斯诉福克斯案裁决的情况是,在一个人借钱给另一个人且他允诺将钱支付给第三方的场合下,借钱的一方对该第三方负有债务",债权人可以根据合同提起诉讼)。

转时，劳伦斯诉福克斯案脱颖而出，被法院从默默无闻的地位中挽救出来，并开始将其视作引领性案例。随后，劳伦斯诉福克斯案成为案例书中的一个标准。然而，在历史语境中，劳伦斯诉福克斯案的贡献并不在于它将法律推进了多远，事实是推进得很少，而在于这个现在广为人知的案件，为何会在10年乃至15年内几乎为不断上升的古典合同法潮流所淹没。

在劳伦斯诉福克斯案中，法院有三种意见，而且这三种意见以相当明确的方法认真考虑了相关原理问题。八名法官参与了该判决，其中有六名法官判决支持劳伦斯。在科姆斯托克法官（Judge Comstock）起草的司法意见书中，两名法官提出异议，其原理根据是第三方受益人不能根据合同提起诉讼，因为第三人并非允诺人的相对方，也没有对该允诺给出约因。科姆斯托克法官指出，原告"与他提起诉讼的允诺无关。此允诺并非对其（原告）作出，约因也并非由其（原告）给出……一般来说，合同必须具有相对性。对允诺提起诉讼的当事人必须是受允诺人，或者他必须对该允诺有某种合法权益"[25]。

认为劳伦斯可以根据合同提起诉讼的六名法官，并不接受科姆斯托克法官的原理性论点。约翰逊法官和迪奈欧法官（Judges Johnson and Denio）判决支持劳伦斯，认为霍利在与福克斯公司签订合同时充当了劳伦斯的代理人，但该理由无法立足。格雷法官（Judge Gray）和他的三个同事也判决支持劳伦斯，但没有说明原因。格雷法官总结道，"如果可以证明，对所适用之规则进行更严格和技术上更准确的适用，将会导致不同结果（对此我决不承认），那么在明显的正义面前就不应进行此种尝试了"[26]。

通常情况是，大多数人无法跨越科姆斯托克法官所设定的障碍。在这段时间里，其他判决支持第三人利益的法院，往往都会诉诸基于拙劣拟

---

[25] Lawrence v. Fox, 20 N.Y. at 275 (Comstock, J., dissenting).
[26] Id.

制的正当性,如第三方与受允诺人之间的推定同意或利益一体。[27] 即使是因同情第三人而支持其利益的法官也很难反驳科姆斯托克法官提出的公理性异议,因为几乎就在劳伦斯诉福克斯案判决后,合同法即被古典合同法的形式推理所主导。

3. 古典合同法

古典合同法的一个默认前提是,合同法应当以公理化的方式发展。另一前提是,如果人们面临很大责任的威胁,他们不会轻易签订合同。第三个前提是,标准化规则的适用与当事人的意图或交易的特定情况无关,其比个别化规则更优越,后者的适用取决于与意图和情况相关的情景专用性变量。

考虑到这些前提,古典合同法对第三人利益的敌视即不足为奇了。古典学派认为,相对性和约因原则是不言自明的,第三方受益人诉讼与这些原则无法相容。此外,允许第三方受益人提起诉讼,会导致允诺人责任的显著扩张。最后,如果第三方受益人没有提起诉讼的一般障碍,那么通常会要求进行个别化的调查,以确定任何特定的第三人是否有权执行合同。

随着古典合同法的兴起,对第三方受益人诉讼的原理性反对(doctrinal objections)很快居于主导地位。例如,朗代尔基于公理得出了一个结论,"若受益人与受诺人无关联,那么其不能根据允诺起诉……这一结论

---

[27] 例如,在阿诺德诉莱曼案(Arnold v. Lyman, 17 Mass. (17 Tyng) 400 (1821))中,马萨诸塞州法院允许第三方受益人提起诉讼,理由是"第三方债权人的同意使他们成为允诺的当事人;就原告而言,这种同意通过他们提起合同诉讼得到了充分的证明"。Id. at 405.然而,有一些司法意见或多或少地突破了原理障碍。例如,在布鲁尔诉戴尔案(Brewer v. Dyer, 61 Mass. (7 Cush.) 337 (1851))中,法院表示,第三方受益人的权利"不以当事人之间的任何实际或假定的关系为依据,正如一些早期案例似乎表明的那样[引用达顿诉普尔案];也不是因为被告通过签订这样的协议,已经默示地使自己成为原告的代理人;但在更广泛和更令人满意的基础上,当事人行为的实施创设了义务,确立了相对性,并默示了作为诉讼基础的承诺和义务"。Id. at 340. 在博哈南诉波普案[Bohanan v. Pope, 42 Me. 93 (1856)]中,法院声称"作为约因,合同的一方当事人……要支付金钱或者为了第三人的利益支付金钱或做一些其他的行为,如果除了当事人之间的相对性,没人反对他的损害赔偿,那么该人就可以提出违约之诉"。Id. at 96。

表面上如此清晰明了,但很难通过论证使其更清晰"[28]。霍姆斯也使用同一公理化的方法得出了同一结果:"昨天 A 给 B 一个约因,作为回报,A 收到了 B 的允诺。该事实并不能被 X 获得且从 A 转移给自己。唯一可以转移的是允诺的利益或负担,但这些(利益或负担)如何能够与产生它们的事实分开呢?简言之,一个人如何能根据他没有参与的允诺而起诉或被起诉呢?"[29]

第三位伟大的美国古典学派评论家——威利斯顿认识到,至少对某些第三方受益人而言,"正义要求给予某种救济"[30],但该结论与他所认为的合同法公理很难协调。在他第一版的论著中,威利斯顿试图通过得出以下结论来协调这一矛盾:由于第三方受益人并非合同当事人,因此作为法律原则,第三方不能向普通法法院(court of law)提起诉讼,但在适当情况下,基于公正,应允许第三方受益人向衡平法法院提起诉讼。[31]

19 世纪中叶以后,美国判例法的发展方式大体上与这些观点一致。在英国,法律更早就开始发生变化[32],1861 年,特威德诉阿特金森案(Tweddle v. Atkinson)[33]实质上否定了达顿诉普尔案。在该案中,A 和 B 分别是一对新婚夫妇("丈夫"和"妻子")的父亲。A、B 相互允诺向丈夫支付一定金额,并明确同意丈夫对此享有法律上可执行的权利。妻子的父亲 A 没有支付允诺的金额就去世了,丈夫起诉了 A 的遗嘱执行人去执行合同。法院以没有相对性为由判决支持遗嘱执行人。[34]布莱克本法官(Justice Blackburn)认为,达顿诉普尔案"不能得到支持"[35]。

---

[28] Christopher C. Langdell, *A Summary of the Law of Contracts* 79 (2d ed. 1880).
[29] Oliver W. Holmes, Jr., *The Common Law* 307 (2009).
[30] 1 *Williston on Contracts* § 354 at 683.
[31] See Id. at 682-689。后来,作为《合同法重述(第一次)》的报告人,威利斯顿在该重述中加入了一条规则,允许第三方受益人可在普通法法院提起诉讼,参见注释第 68 至 75 对应的正文,但他认为该规则是"异常之事物"。See Proceedings, May 14, 1927, 5 A.L.I. Proc. 385 (remarks of Reporter Williston).
[32] See Karsten, supra note 1, at 337.
[33] (1861) 121 Eng. Rep. 762; 1 B. & S. 393.
[34] See Id. at 763-764; 1 B. & S. 397-399.
[35] Id. at 764; 1 B. & S. 399; accord (1833) Price v. Easton, 110 Eng. Rep. 518, 519; 4 B. & AD. 433, 434-435; Gandy v. Gandy, (1885) 30 Ch D 57 (C.A.) (Eng.).

在19世纪后半叶,美国的一些州也表明了相反路径。其中最引人注目的是马萨诸塞州。和英国一样,该州开始了持续很久的抵制第三方受益人的潮流,并且在这一潮流转向后该抵制仍存续了很长时间。与英国和马萨诸塞州不同,纽约州在19世纪后半叶并没有完全背弃第三人利益,但确实严格限制了劳伦斯诉福克斯案的适用范围。格雷法官(Judge Gray)在该案中的意见尽管推理并不严密,但明确采取了该立场,即缺乏相对性和缺少约因并不构成第三方受益人诉讼的障碍。然而随后,纽约州案例在审理中大幅减弱了这一立场。尽管纽约州法院继续允许债权受益人(creditor beneficiaries)提起诉讼,但除了非常有限的例外,他们拒绝允许任何其他第三方受益人提起诉讼,并将劳伦斯诉福克斯案的裁决适用降低到最低程度。例如,在弗鲁曼诉特纳案(Vrooman v. Turner)这一重要案件中,B拥有抵押给T的财产,但B个人不对抵押承担责任。随后B把财产卖给了A,A允诺支付抵押贷款。法院认为T不能执行A的允诺,因为只有当受允诺人对第三人先前负有债务或义务时,才能放弃约因以及与允诺人具有相对性的要求。[36] 此种先前存在的法律义务会通过与允诺人"替代交易""而产生相对性"[37],这反过来允许交易被定性为代理("允诺人被视为第三方的代理人,第三方通过诉讼以实现该行为"[38])或信托("允诺人被视为已代第三方收到金钱或其他"[39])。在接下来的20年里,纽约州法院继续拒绝采取劳伦斯诉福克斯案的一般路径,同时采用比该案更狭窄的法律原则(holding)。例如,在1884年的惠特诉赖斯案(Wheat v. Rice)[40]中,法院说,"我们倾向于将劳伦斯诉福克斯案的原理精确限制在其最初适用的范围内"[41]。

---

[36] See Vrooman v. Turner, 69 N.Y. 280, 283-284 (1877).
[37] Id. at 284.
[38] Id. at 285.
[39] Id.
[40] 97 N.Y. 296 (1884).
[41] Id. at 302; accord Lorillard v. Clyde, 25 N. E. 917, 919 (N.Y. 1890)["法院一再表示,(劳伦斯诉福克斯案)的原则应限于具有相同基本事实的案件"]; Durnherr v. Rau, 32 N. E. 49, 50 (N.Y. 1892).尽管惠特案等案例的限制,但在此时期内,纽约州法院允许第(转下页)

19世纪下半叶,第三方受益人的法律被淹没在古典合同法原理浪潮之下,这在规范和原理根据上都是错误的。古典合同法的主要罪恶是,在原理稳定性和规范可取性的价值之间,古典合同法几乎把所有的重点都放在前者身上,很少或根本没有把重点放在后者身上。此种罪恶在第三人利益合同领域尤为明显,法院在古典合同法的影响下,将约因和相对性原则作为反对第三人执行合同的理由,甚至没有试图为这一结果提供规范基础。

此外,即使在原理层面上,反驳也是错误的,因为相对性和约因原理实际上与第三方受益人问题无关。原告"必须对于允诺有一定的合法权益"这一相对性辩驳属于循环论证,因为首先要解决的问题是第三方受益人是否对允诺有合法权益。缺少约因的辩驳也很离谱。合同法对于约因要求的目的在于,将法律上可执行的允诺与法律上不可执行的允诺区分开来。然而,由第三方受益人提起的诉讼,假定了在允诺人和受诺人之间存在一个具有法律上可执行的合同,因此假定已经给出约因。因此,问题不在于一个可执行允诺是否已经作出——它确实已经作出——而是谁能执行该允诺。这个问题可能很难回答,但这不是约因问题。[42] 最后,如果接受了以上相对性和约因的反驳,那么它们就会禁止所有第三方受益人的行为。尽管英国和马萨诸塞州确实采取了此种进路,但纽约州和大多数其他州至少允许某些类型的第三方受益人提起诉讼。

(接上页)三方受益人在至少两类不涉及债权受益人案件中执行。其中一个类别涉及重复出现的主题(追溯到达顿诉普尔案),即受诺人和受益人之间的密切家庭关系。例如,在托德诉韦伯案(Todd v. Weber, 95 N.Y. 181 (1884))中,一个孩子是非婚生的,推定的父亲(putative father)向孩子的亲戚允诺,他将为孩子提供抚养费。法院允许孩子执行合同。Todd, supra, at 195. 第二类涉及第三方受益人将从履行政府组织订立的合同中受益的情况。See Rigney v. New York Cent. & H.R.R. Co., 111 N. E. 226, 228 (N.Y. 1916); Smyth v. City of New York, 96 N. E. 409, 411-412 (N.Y. 1911); Pond v. New Rochelle Water Co., 76 N. E. 211, 214 (N.Y. 1906); Little v. Banks, 85 N.Y. 258, 264, 267 (1881)。纽约州法院还允许直接向其作出允诺的第三方受益人提起诉讼, see Rector v. Teed, 24 N. E. 1014, 1016 (N.Y. 1890),但是在此种情况下,相对性的反对理由可以说并不适用。

[42] 即使是持第三方受益人因缺乏相对性而执行合同原则上并不正常之立场的威利斯顿,也承认约因不是一个问题:"在一个发达的合同法制度中,似乎没有好的理由说明为什么 A 不能从 B 获得对价来对 C 作出有效的允诺。" 1 Williston on Contracts § 354, at 682.

4. 现代第三方受益人之法律的开端

考虑到古典合同法反对第三方受益人执行合同的双重错误,这些反对被侵蚀随后崩溃只是时间问题。在纽约州,1899 年布坎南诉蒂尔登案(Buchanan v. Tilden)[43]的判决标志着对这些反对的侵蚀。在该案中,A 与 B 签订了一份合同,根据该合同,A 同意向 B 的妻子支付 50 000 美元,以换取 B 给 A 提供贷款。法院认为,B 的妻子可以对 A 提起诉讼,部分理由是夫妻之间存在利益一体化,部分理由是丈夫对妻子的道德义务将满足像弗鲁曼案(Vrooman)[44]这样的案件预先存在的义务要求。

1918 年,纽约上诉法院对西弗诉兰塞姆(Seaver v. Ransom)案[45]作出判决。该案涉及现在被称为受赠受益人案的类别,在该类案件中,缔约方的目的是通过使受允诺人受到履行义务的约束,促进受允诺人做出履行,而该履行作为受允诺人的赠与而使第三方受到利益[46],从而实现受允诺人的赠与意图。在该案中,缔约方是比曼夫人(Mrs. Beman)和她的丈夫比曼法官(Judge Beman)。比曼夫人临终前,比曼法官为她立了一份遗嘱,将比曼夫人拥有的房子转让给比曼法官终身使用,其余的财产捐给慈善机构。当遗嘱读给比曼夫人听时,她说想把房子留给她的侄女玛丽昂(Marion)。比曼太太身体一天天衰弱,尽管比曼法官提出另起草一份遗嘱,但她担心自己无法坚持到签字。因此,比曼法官允诺,如果比曼夫人在原初遗嘱上签字,那么他将在自己的遗嘱中为玛丽昂留下足够的遗产以弥补两份遗嘱间的差额。当比曼法官去世时,人们发现他并没有为玛丽昂留下任何遗产,玛丽昂因此对比曼法官的遗嘱执行人提起诉讼。法院认为玛丽昂可以执行合同。[47]

与布坎南诉蒂尔登案不同,在西弗案中,法院不能轻易依赖受允诺

---

[43] 52 N. E. 724 (N.Y. 1899).
[44] See Id. at 727-728.
[45] 120 N. E. 639 (N.Y. 1918).
[46] See infra Section Ⅲ(A).
[47] 120 N. E. at 641-642. See infra Section Ⅲ(A) for further discussion of Seaver.

人——姑妈和受益人——侄女之间一体化的利益进行判决。相反,与布坎南案判决相比,本案的判决更直接地基于这样一个理由,即受允诺人对第三方受益人已经存在的道德义务,足以允许第三方执行合同:

> 良心的约束力量不仅仅受制于亲密关系的程度。独立的或忠诚的侄女可能比富有或者不称职的儿子有更强烈的请求。任何合理的道德义务理论都不会武断地否认前者会让位于后者。我们可能会一致地拒绝或允许两者的要求,但我无法将以下两个判决协调起来:基于产生亲密关系的道德义务,支持布坎南诉蒂尔登案中妻子方的判决;基于衡平视角,侄女关系过于遥远而反对侄女方的判决。[48]

然而,正如劳伦斯诉福克斯案一样,法院并没有准确确定如何用理论来支持其结论:

> 如果比曼太太以丈夫支付原告6 000美元为条件,将房子留给其丈夫,而丈夫接受了该方案,那么丈夫就对遗产承担支付6 000美元的责任,原告也可以在针对丈夫的法律诉讼中获赔该金额,无论房子价值有多少。这可能是因为比曼太太在遗嘱中实质上已经向原告留下了允诺……这一区分是可辨别的,但并不明显:为第三人利益而向遗嘱人作出的为遗产付款的默示承诺和基于有价值的约因通过遗嘱为第三方作准备的无条件允诺……该权益归原告所有,在此诉讼中可执行……[49]

尽管西弗案在原理上显得犹豫,但它代表了规则向原则的重要转型,即19世纪末和20世纪初规范第三方受益人之古典合同法的限制性规则,与20世纪20年代左右开始出现并自此稳步发展的现代合同法的一般原则。在形式上,西弗案回顾了古典合同法。古典合同法要么倾向于否认第三方受益人执行合同的权利,要么倾向于最多只允许属于特定的、定义明确的和标准化类别的第三方去执行——最突出的是,受允诺人对该

---

[48] 120 N. E. at 641.

[49] Id. at 641-642.

第三方负有先前存在的法律义务。只是在受允诺人对第三方受益人负有预先存在的义务的情况下,西弗案也才要求受允诺人执行允诺,尽管义务的概念被扩大到包括道德义务。然而,实质上,西弗案对现代合同法抱有期待。与之前对预先存在的法律义务的限制相比,承认先前存在的道德义务作为可执行性的基础,本质上更广泛,更少标准化,更公开地依赖于社会命题。此外,承认这一新类型,为创立一项既能解释又能超越诸如债权受益人等特定类别的一般原则创造了条件。因此,尽管在形式上系于古典合同法,但西弗案的裁决在实质上却为规范第三方受益人的法律孕育出现代化扩展的种子。

15年后,随着《合同法重述(第一次)》第133条的颁布,这种扩展得到了最重要的表达,该条规定:

(1)在合同中承诺的履行将使受允诺人以外的人受益的场合,则该人是……:

(a)受赠受益人,如果从允诺的条款来看伴随着下列情形:受允诺人全部或部分履行允诺的目的是[i]向受益人赠与,或[ii]授予受益人对允诺人的权利,要求允诺人履行对受益人既未到期也未假定或声称到期的义务;

(b)债权受益人,如果从承诺条款中依据伴随的情况未显示赠与的目的,且履行允诺将满足受允诺人对受益人的实际的或假定的或声称的义务……;

(c)如果(a)款中陈述的事实和(b)款中陈述的事实都不存在,则为附带受益人。[50]

《合同法重述(第一次)》第135条和第136条接着规定,受赠受益人或债权受益人根据合同享有法律上可执行的权利,但附带受益人则没有。[51]

---

[50] *Restatement (First) of Contracts*. § 133 (Am. Law Inst. 1932) [hereinafter Restatement First] (bracketed numbers added).

[51] See id. §§ 135-136.

《合同法重述(第一次)》中的命名和方案可以用以下术语重新表述：可执行合同的第三方受益人有两个公认的基本类型。第一个基本类型包括受允诺人的目的是实现其对受益人清偿法律义务的情况。第133(1)(b)条涵盖了这一类型，在此种情况下，第三方被称为债权受益人。第二个基本类型包括受允诺人的目的是向受益人赠与的情况。这一类型包含在第133(1)(a)[i]条中，在此种情况下，第三方被称为受赠受益人。在这两种特定类型之外的情况下，《合同法重述(第一次)》有时允许受益人执行合同，有时则不允许。当受允诺人的目的是赋予受益人一项权利时，将允许执行。第133(1)(a)[ii]条在这些情况下也混淆地将受益人称为受赠受益人，尽管并不要求有赠与的意图。在其他情况下，执行都是不适当的。第133(1)(c)条在这种情况下将受益人称为附带受益人，因此附带受益人一词等同于受益人不可执行。

《合同法重述(第一次)》中的术语(terminology)非常尴尬，因为"受赠受益人"一词既用于描述真正的受赠人，即允诺人意图向其赠与的人，也用于描述可以执行合同但并非真正受赠人的受益人。[52] 这一命名法有些尴尬，故而《合同法重述(第一次)》通过采取两个关键措施开启了现代第三方受益人之法律。第一，《合同法重述(第一次)》用洪荒之力(brute force)将反对第三方受益人执行的原理推到了一边。第二，通过将受赠受益人的类别远远扩展到真正的受赠人之外，《合同法重述(第一次)》首次为基于类别的第三方受益人之法律转向由一般原则决定第三方受益人可执行性的法律创造了条件。但是该原则又是什么呢？

二、第三方受益人原则

有的第三方受益人应当有权提起诉讼是很容易理解的：合同法的目的是为了实现缔约方的意图，在某些情况下，允许第三方受益人提起诉讼是实

---

[52] 如果受允诺人向受益人进行赠与的意图，受益人就属于第133(1)(a)[i]条的调整范围。

现此目的的最佳方式。此种案例在第三节讨论中反复出现。并非每个第三方受益人都应当被允许执行合同也很容易理解。执行交易允诺的理由很复杂，但最重要的是，通过交换创造收益，交易扩张了缔约方的财富，且该执行也可以使缔约方制定可靠的计划。[53] 因此，合同法的核心是，寻求能够促进有能力和知道信息的当事人，通过缔约来增进自身利益的力量。允许所有第三方受益人执行合同通常会与这些利益冲突。

例如，假设马夏尔（Martial）是特种玩具展示的制造商，而艾克塞斯（Access）是玩具分销商。马夏尔从卡乐（Color）为其战士购买特殊油漆，并雇佣熟练小时工。当时，马夏尔会因为没有业务，他的工厂不得不停业，马夏尔与艾克塞斯签订了一份合同，提供高精细度的内战玩具士兵，以此吸引对那场战争特别有兴趣的人。艾克塞斯计划将玩具战士转售给大型零售商，包括玩具反斗城（Toys' R We）。马夏尔设计这些战士玩具并为此准备必要的模具，然后与同意生产模具的迪马克（Diemaker）签订合同。在合同签订的时候，迪马克知道马夏尔会要求模具满足他与艾克塞斯的合同要求，艾克塞斯计划转售给玩具反斗城和其他零售商，而且马夏尔没有其他的业务前景。

迪马克违反合同，未能交付模具。最终，马夏尔公司违反了其与艾克塞斯的合同，直到接到新的订单，艾克塞斯的工厂被迫停业长达六周。马夏尔以损失对艾克塞斯的销售利润为由起诉迪马克。艾克塞斯以损失转售玩具战士利润为由起诉迪马克。玩具反斗城也是如此。卡乐起诉迪马克，因为若迪马克履行，那么卡乐会将油漆卖给马夏尔。马夏尔的员工起诉迪马克，要求他支付若迪马克履行他们本可赚取的工资。

艾克塞斯、玩具反斗城、卡乐和工人都是迪马克和马夏尔之间合同中的第三方受益人。在直觉上，很明显这些受益人不应当对迪马克

---

[53] See Robert Cooter & Melvin Aron Eisenberg, Damages for Breach of Contract, 73 *Cal. L. Rev.* 1434, 1459-1464 (1985); Melvin Aron Eisenberg, Te Bargain Principle and Its Limits, 95 *Harv. L. Rev.* 741, 743-744 (1982).

提起诉讼。[54] 这一直觉可能源自被认为是救济的考虑,即关于允诺人责任范围和该责任对缔约方的影响。在此假设中,由于迪马克违约,马夏尔有权要求迪马克支付预期损害赔偿,这些损害赔偿在很大程度上将根据马夏尔的所失利润来计算。因此可以假设,此种预期损害的前景影响了迪马克的要价。如果马夏尔最初同意放弃或限制迪马克违约时的预期损害赔偿,迪马克大概会同意以更低价格交易。如果马夏尔不同意放弃这些损害赔偿,可能的部分原因是,如果迪马克违约,马夏尔想要获得全部预期损害赔偿,部分原因是如果没有预期损害赔偿制裁作为保障,马夏尔会认为与迪马克的合同不可靠。

现在假设,当事人已经直接解决了第三方权利问题。一旦违约,迪马克对第三方以及马夏尔承担责任,迪马克肯定会向马夏尔提出更高的交易价格。然而,马夏尔几乎可以肯定不愿付出更高的价格,因为它将获得极少甚或没有相应的利益回报。因此,我们可以相当确信,如果马夏尔和迪马克直接解决了这个问题,他们将会约定第三方不能执行合同。因此,如果马夏尔和迪马克这两位合同当事人的利益,是由双方是否在解决以上问题时同意了什么所衡量,那么允许第三方执行合同这一假设将与这些利益冲突。

简言之,尽管社会命题并不支持该规则:不应当允许任何第三方受益人执行对他们有利的合同;但也不支持该规则,即应当允许所有第三方受益人执行对他们有利的合同。因此,当《合同法重述(第一次)》为第三方受益人执行合同扫除了原理障碍时,它不仅为制定确定何时允许第三方受益人执行合同的一般原则扫清了道路,而且也产生了对这种制定的迫切需要。

---

[54] 参见《合同法重述(第二次)》第 302 条的示例 16、19;16.B 与 A 签订合同,在 A 的土地上建造一座昂贵的建筑。合同的履行将增加 C 的毗邻土地的价值。C 不能根据合同提起诉讼。19.A 签订合同给 C 建一座大楼。B 再与 A 签订合同给 C 提供建筑所需的木材。C……和 B(不能根据对方的合同提起诉讼)。

1.《合同法重述(第一次)》与受益意图检测

《合同法重述(第一次)》规定的唯一的一般原则是,当且仅当"受允诺人获得允诺的目的是……授予受益人以对允诺人的权利"[55]时,既非债权受益人也非真正受赠受益人的第三方受益人可以执行合同。这一原则没有为关键问题提供指导:法院如何确定相关目的已经存在?因此最终,《合同法重述(第一次)》的一般原则基本上是空洞的。[56] 出于这样或那样的原因,尽管法院广泛使用债权受益人和真正受赠受益人的检测,但它们倾向于采用其他检测来规范其他情况。最常见的检测是受允诺人——或者,在某些表述中,缔约方——是否具有旨在使第三方受益的意图。[57] 此检测,像《合同法重述(第一次)》的检测,是有缺陷的,因为术语"意图"至少在三个层面上是模糊的。

第一,意图既可以指当事人的实际主观意图,也可以指客观表示出来的意图。[58]

第二,意图可以是指为了达到特定结果的动机而行动,或者是指在知道特定结果很可能会发生的情况下选择一种做法,即使行为人的目的不是为了达到该结果、不关心实现该结果或者更愿避免该结果也是如此。《侵权法重述(第二次)》第 8A 条的示例 1 即阐明了此点:

> 为了杀死 B,A 向 B 的办公室扔了一颗炸弹。A 知道 B 的速记员 C 在办公室。A 无意伤害 C,但知道他的行为肯定会伤害 C。后 C 因爆炸受伤。A 对 C 的故意侵权行为承担责任。[59]

---

[55] *Restatement First* § 133.

[56] See David M. Summers, Note, Third Party Beneficiaries and the Restatement (Second) of Contracts, 67 *Cornell L. Rev.* 880, 884 (1982).

[57] See, e.g., Buchman Plumbing Co. v. Regents of the Univ. of Minn., 215 N. W. 2d 479, 483 (Minn. 1974); Snyder Plumbing & Heating Corp. v. Purcell, 195 N.Y.S.2d 780, 783 (App. Div. 1960); Vogel v. Reed Supply Co., 177 S.E.2d 273, 279 (N.C. 1970).

[58] See 4 Arthur L. Corbin, *Corbin on Contracts*, § 776, at 14-15, 18-20 (1951); 2 Samuel Williston, *Williston on Contracts* § 356A at 835-842 (Walter H.E. Jaeger ed., 3d ed. 1959).

[59] *Restatement (Second) of Torts* § 8A, illus. 1 (1979).

第三,意图既可以指行动人寻求达到的目的,也可以指行动人用来达到目的的手段。例如,假设一个处于战争状态的国家对其敌国 B 的平民发动了一次空袭。空袭的最终目的可能是杀死 B 的平民(也许是为了报复 B 杀死 A 的平民)或诱使 B 投降。在第一种情况下,杀害平民是 A 意在的目的,而在第二种情况下,是 A 意在的手段,但在这两种情况下,都可以认为 A 意图杀害平民。

使用受益意图检测的法院通常无法明确其所使用之意图的几种可能意思。[60] 此外,找到使第三方受益的意图整体而言都是误入歧途。除了涉及真正受赠受益人的情况之外,缔约方的意图通常是为了增进他们自己的利益,而非为第三方的利益。因此,判断是否意图使第三方受益通常不能产生有意义的答案。

为了改善这一困难,一些法院在受益意图检测中加入了额外的要求。例如,一些案例要求使第三方受益的意图必须是"清楚的""明示的"或"确切的"[61],而另一些案例要求使第三方受益的意图必须在合同本身的语言中能够找到,并且不能根据周围的情况来证实。[62] 前一要求是基于一个错误的假设,即缔约方通常有一个"清晰的""明示的"或"确切的"使第三方受益或不受益的意图。这两个要求都不符合合同解释的一般原则,这些原则规定了对不清晰条款的解释而非否定,且允许法院根据周围

---

[60] See, e.g., State v. Osborne, 607 P.2d 369, 371 (Alaska 1980); Little v. Union Tr. Co. of Maryland, 412 A.2d 1251, 1253-1254 (Md. 1980); Nat'l Sur. Co. v. Brown-Graves Co., 7 F.2d 91, 92 (6th Cir.1925); Maryland Cas. Co. v. Johnson, 15 F.2d 253, 254-255 (W.D. Mich. 1926); Cretex Cos. v. Constr. Leaders, Inc., 342 N. W. 2d 135, 139-140 (Minn. 1984).

[61] See, e.g., Sec. Mut. Cas. Co. v. Pacura, 402 So. 2d 1266, 1267 (Fla. Dist. Ct. App. 1981) (clear); Donalson v. Coca-Cola Co., 298 S.E.2d 25, 27 (Ga. Ct. App. 1982) (clear); Khabbaz v. Swartz, 319 N. W. 2d 279, 285 (Iowa 1982) (express); Snyder Plumbing, 195 N.Y.S.2d at 783 (clear); Keel v. Titan Constr. Corp., 639 P.2d 1228, 1231 (Okla. 1981) (express); Kelly Health Care, Inc. v. Prudential Ins. Co. of Am., 309 S.E.2d 305, 307 (Va. 1983) (clear and definite).

[62] See, e.g., Sec. Fund Servs., Inc. v. Am. Nat'l Bank & Trust Co., 542 F. Supp. 323, 329 (N.D. Ill. 1982). 采取此立场的一些案例存在一个例外,即在当合同披露它是为第三方受益人的利益而订立的但没有特定指明受益人的场合,外部情况可资利用。See Hylte Bruks Aktiebolag v. Babcock & Wilcox Co., 399 F.2d 289, 292 (2d Cir. 1968); Am. Fin. Corp. v. Comput. Sci. Corp., 558 F. Supp. 1182, 1186 (D. Del. 1983)。

情况解释合同。这两个要求也很难甚或不可能有意义且都连贯性地适用,而且也没那样适用过。[63] 推理更充分的案例也同样拒绝了这些要求[64],《合同法重述(第二次)》也是如此。[65]

其他法律在受益意图检测中加入了一个额外的实质要求。有些案例认为,履行必须直接向受益人做出。[66] 这一要求与受益意图检测没有合理的联系,并且既涵盖过度又涵盖不足。认为这一要求涵盖过度,是因为在许多情况下,合同规定的履行将由指定的第三人完成,但该人不应被赋予执行合同的权利。例如,如《合同法重述(第二次)》的一个示例所述:"B 与 A 签约购买 C 公司生产的新车,C 不能根据合同提起诉讼,即使该允诺只有在向 C 付款的情况下才能履行也是如此。"[67] 认为直接履行的要求涵盖不足,是因为它排除了第三方受益人在应当且通常允许执行情况下的执行。例如,当一名律师违反了与客户的合同,起草了一份有利于指定受遗赠人的遗嘱时,在该律师向客户履行了义务的情况下,未来的受遗赠人应当并且通常有权根据合同提起诉讼。[68]

---

[63] Harry G. Prince, Perfecting the Third Party Beneficiary Standing Rule under Section 302 of the Restatement (Second) of Contracts, 25 *B.C. L. Rev.* 919, 923 (1984).

[64] See E.B. Roberts Constr. Co. v. Concrete Contractors, Inc., 704 P.2d 859, 865–866 (Colo. 1985); J. Louis Crum Corp. v. Alfred Lindgren, Inc., 564 S.W.2d 544, 547 (Mo. Ct. App. 1978); Black & White Cabs of St. Louis, Inc. v. Smith, 370 S.W.2d 669, 675 & (Mo. Ct. App. 1963); Prince, supra note 63, at 928–929.

[65] See *Restatement Second* § 302(1)(b).

[66] See Fid. & Deposit Co. v. Rainer, 125 So. 55, 58–59 (Ala. 1929); Carson Pirie Scott & Co. v. Parrett, 178 N. E. 498, 501–504 (Ill. 1931).

[67] *Restatement Second* § 302 illus. 17; see also Dravo Corp. v. Robert B. Kerris, Inc., 655 F.2d 503, 510–511 (3d Cir. 1981) 认为德拉沃(Dravo)不能执行一项分包合同,其中 A 同意为 X 建个工厂,A 分包给 B 安装通风系统,A 和 B 之间的分包合同规定 B 将只使用德拉沃的通风设备。

[68] See infra Section Ⅲ(D)。直接履行检测的一种变体是,必须有一种赋予第三方受益人"直接"利益的意图。See, e.g., Holley v. St. Paul Fire & Marine Ins. Co., 396 So. 2d 75, 80 (Ala. 1981); Reidy v. Macauley, 290 S.E.2d 746, 747 (N.C. Ct. App. 1982); Prince, supra note 63, at 933–934, 990–991。然而,这个要求和受益意图检测本身一样空洞,并且导致了同样的结论性推理(concwsory reasoning)。

2.《合同法重述(第二次)》检测

在此种背景下,《合同法重述(第二次)》采用了第三方受益人是否可以提起诉讼的新表述。在术语上,《合同法重述(第二次)》用一个单一的术语——预期受益人(intended beneficiaries)来取代《合同法重述(第一次)》的三个术语,用以描述所有可以执行合同的第三方受益人。然而,《合同法重述(第二次)》未能通过采用统一的可执行性原则来遵循其统一的术语,它所采用的原则存在严重瑕疵。这些原则规定在第302(1)条:

> 除非允诺人和受允诺人之间另有约定,允诺人的受益人是预期的受益人,如果承认受益人履行权适合于实现当事人的意图,并且
>
> (a)允诺的履行将满足受允诺人向受益人付款的义务;或者
>
> (b)情况表明受允诺人意图给予受益人所允诺之履行的好处。[69]

我们并不容易确定,《合同法重述(第二次)》的起草者是如何考虑第302条的适用,但是无论如何,该文本对意图的关注是不懈的。引论性条款取决于当事人的意图,第1款(b)项转向受允诺人的意图,能够执行合同的第三方受益人被称为预期受益人(intended beneficiary)。不幸的是,《合同法重述(第二次)》比《合同法重述(第一次)》更具限制性,因为它强加了一个新的共同(conjunctive test)检测。根据第302条,第三方受益人可以根据合同提起诉讼,条件是仅当第三方满足该条引导性条款和第(1)(a)条或第(1)(b)条的要求。引导性条款具有受益意图检测的界面(尽管它易于进行更好的解释,这将在下面讨论[70]),而第(1)(a)和(1)(b)条是《合同法重述(第一次)》的债权受益人和受赠受益人检测的基本对应部分。因此最后,第302(1)条中的共同检测同时具有意图受益和《合同法重述(第一次)》检测的缺点。

---

[69] *Restatement Second* §302(1).

[70] See infra text accompanying notes 74-79.

明显是为了弥补第302条文本的缺陷,评论增加了一个新的假设检测:

> d.无论是向受益人支付受允诺人债务的允诺还是赠与的允诺,都涉及受允诺人和允诺人在合同环境中足以使允诺人相信受益人是合理的和可能的意图表示。在这方面情况可能相似。例如,允诺为履行假定的或声称的受允诺人的义务,或者允诺为解除对受允诺人财产的留置权,或允诺为履行第三人所负之义务。在此种情况下,如果受益人信赖允诺被用以证明将权利授予他的意图,那么他就是一个预期受益人(intended beneficiary)。

第302条的文本中没有这种检测,此检测在解决关键问题时几乎没有或者没有用处。评论d可能不要求实际的信赖。此要求将推翻许多第三方受益人之法律。例如,劳伦斯诉福克斯案中债权受益人劳伦斯,西弗诉兰塞姆案的受赠受益人,都没有被要求将信赖作为提起诉讼的条件。因此,评论d必须提出一个"假定"检测——也就是说,在评论d下,在确定第三方受益人是否可以执行合同时,法院应该问如果发生了信赖其是否合理。但是,因为评论d没有为确定何种情况下的信赖是合理的提供指导,评论所做的只是两个检测的转向,即从一个很大程度上空洞的意图检测转向一个很大程度上空洞的假设信赖检测。

3. 第三方受益人原则

简言之,《合同法重述(第一次)》和《合同法重述(第二次)》中的检测都是不充分的,实际上,除了涉及债权受益人和真正受赠受益人的情况外,上述检测在很大程度上也是没有意义的。那么,什么原则应当决定一个特定的利益第三人能否被允许执行一个合同?

为了回答这个问题,有必要理解为什么第三方受益人应当能够执行一些合同,但不应当执行所有的合同。他们应当可执行一些合同,是因为允许这种执行通常是实现缔约方目标的最佳手段。但也不应能执行所有合同,因为在某些情况下,此种执行会与缔约方的利益相冲突。这些理由

指明了一条原则,该原则应当确定任何特定的第三方受益人是否有权执行合同。此原则被称为第三方受益人原则,具体如下:

第三方受益人应有权执行合同,当且仅当:

(Ⅰ)允许受益人执行合同是实现缔约方目标的必要或重要的手段,该目标是根据周围情况解读合同所表明的;或者

(Ⅱ)允许受益人执行合同是由独立于合同法的政策或道德的原因支持的,而且这不会与缔约方的履行目标相冲突。

缔约方的目标需要进行解释。通常,只有当允诺人违约时,第三方受益人才会提起诉讼。显然,在此点上,履行不是允诺人的目标。此外,从某种意义上来说,履行从来都不是允诺人的目标,而只是为如履行获得允诺给他的东西。然而,此种对允诺人目标的描述过于狭隘。允诺人只有加入合同中所包含的事业,才能实现允诺给他的东西——一个旨在实现各种目标的事业,有些是共同的,有些是允诺人心中所珍视的,有些是受允诺人心中所珍视的。因此,"缔约方的目标"一词将用来指缔约方的共同目标,具体体现在根据周围情况所解读的合同中,即该目标是当事人在订立合同时知道或应该知道的。

第三方受益人原则的两个要素可以称为该原则的第一和第二分支。这一原则的第一分支体现了这样一个观念,即合同法的核心是寻求促进有能力的和知悉信息的当事人通过缔约促进他们自身利益的权利。在这一分支下,允许第三方提起诉讼的目的不是确保第三方实现利益,而是要确保缔约方的履行目标得到实现。与受益意图检测不同,这里的重点是缔约方之利己的利益,而不是使他人获利的利他的意图。[71]

换言之,根据第三方受益人原则的第一分支,第三方受益人之法律在很大程度上被认为是救济性的,而不是实体的。该原则的第一分支所解决的问题,不是合同是否为第三方创设了权利,而是授权第三方执行合同是否是实现缔约方履行目标的必要或重要手段。

---

[71] See Robert Page Smith, Recent Case, Parks v. Prudential Ins. Co. of America, 103 F. Supp. 493 (E.D. Tenn. 1951), 31 *Tex. L. Rev.* 210, 211 (1952).

像其他救济问题一样,这个问题很少由合同本身的字面条款来回答。在某种程度上,这是因为起草合同条款的成本很高,而且对于缔约方来说,在订立他们预期做出履行的条款上花时间可能比在描述不履行的后果上花时间更有效率。此外,尽管缔约方详细规定他们想要的履行相对比较容易,但在了解违约的性质和违约时世界的情况之前,详细规定他们想要的救济往往极其困难。

法院用来填补合同漏洞的规则应当兼具效率和公平。在理想条件下谈判的合同——也即完美的远见,免费的谈判和起草——由有能力且知悉信息的当事人进行将是有效率的,并且执行这种合同的条款通常也认为是公平的。因此,如果救济规则符合像缔约方这样有能力和知悉信息的当事人在理想条件下谈判的条件,那么它就是公平和有效的。在第三方受益人问题的背景下,这种确定很大程度上取决于,即使第三方受益人不被允许提起诉讼,受允诺人是否会实现他为此交易过的目标;如果第三方受益人被允许提起诉讼,允诺人的责任风险是否会被不适当地扩大。简单来讲,问题是,如果合同明确规定允许第三方受益人对允诺人提起诉讼,允诺人是否有可能以该合同价格订立合同;如果合同明确规定不允许第三方受益人提起诉讼,允诺人是否会以该合同价格订立合同。

不同于第三方受益人原则的第一分支只是关注实现缔约方的履行目标,该原则的第二分支反映了另一个观念,即合同法可以适当地执行独立于缔约方履行目的的政策和道德关切。这是很常见的。政策和道德在传统上曾以各种方式进入到合同法中。例如,《合同法重述(第二次)》第207条规定,"在选择承诺或协议或其条款的合理意思时,通常倾向于符合公共利益的意思"[72]。类似地,《合同法重述(第二次)》第204条评论d规定:"在这里,事实上没有协议(在一个属于合同范围的问题上),法院应当提供一个符合共同体公平和政策的条款,而不是分析一个假设的谈判过程模型。"

鉴于合同中体现的实施缔约方目标的首要性,该目标是合同所表明

---

[72] *Restatement Second* § 207.

的,如果第三方受益人的执行与这些目标相冲突,则不应允许。然而,如果没有这种冲突,并且允许第三方执行合同将服务于政策或道德利益,那么合同法的规则应当被塑造成允许这种执行,就像在其他领域中政策和道德塑造规则一样。

第三方受益人原则虽然在表述上是新的,但得到了现有法律的支持。首先,此原则比其他原则更好地解释了许多或大多数现代案例的结果。[73] 此外,该原则的第一分支可认为是受益意图检测的再概念化,其焦点是该转向,即从允诺人是否有使第三方受益的主观意图,到允许第三方执行合同是否是确保实现缔约方的履行目标的必要或重要手段。

该原则的第一分支也从一个概念中得到支持,该概念显然构成《合同法重述(第二次)》第302条的引导性条款的基础。该条款首先规定"如果受益人履行权的承认适合于实现当事人的意图……允诺的受益人是目标受益人,(因此可以执行合同)"[74]。如果第302条仅止于该点,它将与第三方受益人原则的第一分支具有高度可比性。报告人罗伯特·布劳克(Robert Braucher)在美国法学会上的发言评论,为证明他认为第302条就是如此提供了一些证据:

> 在这些案件中,难题是救济是否实现了当事人的意图,或者是否有可能阻断当事人所想要做的。我们都知道,通常合同当事人都无法清楚地预见并且规定合同关系破裂时会发生什么。他们本能所关注的是履行,而非违约。[75]

不幸的是,第302条的起草者没有理解,如果该条的引导性条款得到满足——如果,也就是说,"受益人履行的承认适合于实现当事人的意图"[76]——就不需要额外的检测。取而代之的是,他们增加了一个共同要求,即该受益人也必须在《合同法重述(第一次)》所规定的债权受益人

---

[73] See Section III, infra.
[74] *Restatement Second* § 302.
[75] See Thursday Afternoon Session May 18, 1967, 44 A.L.I. Proc. 308 (remarks of Reporter Robert Braucher).
[76] *Restatement Second* § 302.

或受赠受益人检测的对应范围内,并通过使用充满意图的修辞将问题复杂化。然而,第302条可以看成传统的意图受益检测和第三方受益人原则的第一分支之间的桥梁。

第三方受益人原则的第二分支在《合同法重述(第二次)》第302条评论d中得到更强力的支持,该评论指出,"考虑到程序上的便利性和其他不严格依赖于当事人表示之意图的因素,会影响承认受益人权利是否适合这一问题。在某些情况下,体现在法规中的压倒性的政策要求承认这种权利,而毋庸考虑当事人的意图"[77]。

简言之,第三方受益人原则虽然在表述上是新的,但它不仅得到可适用的社会命题的支持,而且得到现行法的支持,包括案例结果,以及构成引导性条款和《合同法重述(第二次)》第302条评论d之基础的概念。

三、一些重复出现第三方受益人类别

第三节阐述了第三方受益人原则,并通过检视该原则在一些重复出现第三人利益问题上的应用,说明它如何解释了许多或大多数现代案例的结果。

1. 受赠受益人

当合同当事人的目的是为了实现受允诺人的意图,而该目的是根据周围情况解读的合同所显示出来的。通过迫使允诺人履行将使第三方受益的义务,受允诺人给其赠与的意图。西弗诉兰塞姆案(Seaver v. Ransom)[78]是这一领域的范例。该案事实的分析表明,为什么应允许受赠受益人依照第三方受益人原则的第一分支执行合同。

回想一下,该案的缔约方是比曼法官和比曼夫人。这些当事人的一个履行目标是赠与比曼夫人的侄女玛丽昂,通过合同这一手段迫使比曼

---

[77] Id. § 302 cmt. d.
[78] 120 N. E. 639 (N.Y. 1918),上文注释第45—49相应的正文进行过讨论。

法官在遗嘱中给玛丽昂留下一定数额的财产。比曼夫人死后，比曼法官违反了合同。基于这些事实，允许玛丽昂执行合同是实现合同缔约方目标的重要手段。如果这份合同不能由玛丽昂执行，那么只能通过比曼夫人的财产来执行了。然而，并不存在经济动机来执行比曼夫人的遗产，因为该遗产在获得所有利益的同时，也要承担所有的执行成本。此外，遗产的预期损害赔偿是零，因为履行比曼法官的允诺不会增加遗产的价值。也许比曼夫人的遗产管理人可以以不当得利为由起诉比曼法官的遗产，但即使比曼夫人的遗产管理人在该理论上有优势，该诉讼也不会影响缔约方的目标，因为比曼夫人的遗产最终会得到赔偿，而不是玛丽昂的遗产。无论如何，比曼法官不公正得到的财产（比曼夫人房子里的终身地产的价值）将少于他允诺给予玛丽昂的数额（房子本身的价值）。遗产管理人提起的特定履行的诉讼可以解决这些问题，但同样，遗产管理人也没有提起诉讼的经济激励，无论如何，特定履行一直都是不确定的救济方式。[79]

允许玛丽昂执行合同的一个最终原因是，该执行不会扩大比曼法官在合同订立时预期必须承担的责任。根据合同，比曼法官的义务是给予玛丽昂一定数额的金钱，允许执行合同不会使他的责任增加到超过那个数额。

西弗案的分析对受赠者来说是正确的。首先，许多其他受赠受益人的案例涉及只在受允诺人死亡后才可能到期的允诺。最常见的受赠受益人合同是家庭人寿保险单，这在分析上与西弗诉兰塞姆案相同，因为缔约方的履行目标是通过合同这一手段向受益人赠与，而受允诺人在合同履行之前就死亡了。

当然，在某些受赠受益人的情况下，受允诺人不会在违约之前死亡，但在执行合同时可能有利他利益存在（大概受允诺人没有改变主意，因为如果他改变了主意，他可以简单地与允诺人解除合同。这个问题将在下面讨论）。然而，即使在此种情况下，在违约时，受允诺人也不会有

---

[79] 参见本书第24章。

执行合同的经济激励。此外,救济问题依然存在。受允诺人的预期损害赔偿通常为零;不当得利可能低于允诺之履行的价值;特定履行是一个有问题的救济方式。

2. 债权受益人

如果受允诺人在与允诺人订立合同之前未履行对第三方的一项法律义务,并且缔约方的一项履行目标是清偿这一义务,那么第三方受益人就是债权受益人。劳伦斯诉福克斯案(Lawrence v. Fox)[80]即是范例。该案事实的分析表明了为什么应当允许债权受益人根据第三方受益人原则的第一分支执行合同。

回想一下,在劳伦斯诉福克斯案中,受允诺人霍利对第三方受益人劳伦斯负有一项先前存在的法律义务———一笔债务。霍利和福克斯在合同中表明的履行目标是,通过福克斯承诺自己清偿债务,霍利应当从经济上(尽管不是法律上)清偿了他对劳伦斯的义务,允许劳伦斯执行针对福克斯的合同是确保这一目标得以实现的重要手段。此外,允许劳伦斯执行合同并不会增加福克斯在合同订立时所承担的责任。根据合同,福克斯的义务是支付给劳伦斯 300 美元。如果允许劳伦斯执行该合同,只要求福克斯支付该金额就可以了。

根据第三方受益人原则的第二分支,债权受益人的可执行性也是正当的,因为它具有独立的政策理由的支持。允许债权人根据合同提起诉讼有利于减少多重诉讼的社会成本。如果不允许债权受益人根据合同提起诉讼,那么将涉及两个诉讼:一个是基于受允诺人对受益人已经存在的义务,受益人对受允诺人提起的诉讼;另一个是针对受允诺人的现有债务和如允诺人已履行时受允诺人的债务之间的差额,受允诺人对允诺人提起的诉讼。相比之下,如果允许债权受益人执行合同,那么只需要一个诉讼就可以解决问题了。[81]

---

[80] 20 N.Y. 268 (1859). 本案在注释第 16 至 28 相应的正文中讨论过。

[81] See Matternes v. City of Winston-Salem, 209 S.E.2d 481, 488 (N.C. 1974).

允许债权受益人执行也有助于防止不当得利。考虑以下问题该特点就显示出来了,因为受允诺人对债权受益人负有一项先前存在的义务:为什么债权受益人不起诉受允诺人而采取更困难的方式起诉允诺人呢？大概在大多数情况下,原因是受允诺人不容易受诉讼约束——因为,例如,他在该法域之外或者已经破产或丧失行为能力。在此种情况下,如果债权受益人不能起诉允诺人,那么允诺人通常会因从受允诺人处获得约因的金额而受有不当得利。

如果债权受益人的执行与缔约方的履行目标相冲突,那么这些政策考虑就不充分了,但这并不存在。

3. 明确规定第三方受益人应该还是不应该被允许执行合同的案件

有一类案件比受赠受益人和债权受益人案件更容易得到解决。在这类案件中,缔约方明确规定第三方受益人应当或者不应当被允许根据合同提起诉讼。这种案件很容易,因为毫无疑问,对于允许第三方执行合同是否是实现缔约方目标的一种重要手段:当事人自己已经明确谈到了这个问题。[82]

4. 未来的受遗赠人

另一类相对简单的案件涉及未来的受遗赠人（would-be legatees）。假设 B 希望在其死亡时,通过在 B 的遗嘱中指定第三人为受遗赠人,将特定

---

[82] See, e.g., Frigidaire Sales Corp. v. Maguire Homes, Inc., 186 F. Supp. 767, 768-769 (D. Mass. 1959)(保证担保中的明确条款允许第三方克服当时的马萨诸塞州规则,即第三方不能执行合同); India.com, Inc. v. Dallal, 412 F.3d 315, 321 (2d Cir. 2005); Honey v. George Hyman Constr. Co., 63 F.R.D. 443, 450 (D.D.C. 1974)(承包商和分包商之间的施工合同排除了业主对分包商的第三方索赔); Fed'l Mogul Corp. v. Universal Constr. Co., 376 So. 2d 716, 723-724 (Ala. Civ. App.) (same); Lewis v. Globe Constr. Co., 630 P.2d 179, 185 (Kan. Ct. App. 1981)(城市和承包商之间的道路维修合同禁止街道上的商事业主作为第三方受益人起诉承包商); Hrushka v. Dep't of Pub. Works & Highways, 381 A.2d 326, 327 (N.H. 1977)(州和承包商之间的合同排除了雇员对国家提出的第三方索赔)。

利益给予该第三人。律师 A 允诺根据 B 的意愿准备遗嘱。[83] 然而在 B 死后，很明显的是，尽管 A 作出了允诺，B 的遗嘱并没有给第三人给予所预期的利益。之后，第三人根据 A 与 B 的合同起诉允诺人——律师 A。

根据第三方受益人原则的第一分支，应允许未来的受遗赠人执行针对允诺人-律师的合同。缔约方、立遗嘱人和律师的一个履行目标是做出一切必要的法律安排，以确保立遗嘱人去世时，将特定利益给予未来的受遗赠人。允许未来的受遗赠人向律师要求赔偿是实现这一目标的一个重要且确实必要的手段。[84] 立遗嘱人不能起诉律师，因为立遗嘱人已经去世。遗嘱人的遗产管理人不能起诉律师，因为遗产没有受到损害。[85] 即使遗产管理人可以起诉律师，对遗产的损害也只能由对遗产人所造成的受挫预期来计算，而该损害几乎是无法计算的，且无论如何，赔偿最终会在遗产管理人而非未来的受遗赠人手中。

不同于受赠受益人和债权受益人的情况，允许未来的受遗赠人执行委托人和律师之间的合同，会给律师施加一种责任，该责任不同于且远大于合同要求的履行，此履行仅仅是起草一个法律文书。然而，此种责任的延伸是适当的。此种情况下的责任，通常与律师在非遗嘱案件中根据渎职法所承担的责任相当。[86] 因为如果未来的受遗赠人能够要求执行合同，律师承担的责任会比受遗赠人不能执行合同时更大，律师费推定会包括该责任承担的隐含保费。然而，遗嘱委托人无疑愿意支付该保费，就像

---

[83] 为了便于阐述，我把焦点放在了潜在的受遗赠人身上，但同样的分析也适用于其他处境相似的人，比如信托下的潜在受益人，信托包括在托管人死亡时生效的利益。

[84] See Guy v. Liederbach, 459 A.2d 744, 751 (Pa. 1983); see also Lucas v. Hamm, 364 P. 2d 685, 689 (Cal. 1961)（当律师在准备遗嘱存在过失时，允许受遗赠人起诉律师要求损害赔偿）, cert. denied, 368 U.S. 987 (1962)。

[85] See Heyer v. Flaig, 449 P.2d 161, 165 (Cal. 1970); Liederbach, 459 A.2d at 749.

[86] Cf. Lucas, 364 P.2d at 688（"虽然在某些情况下，责任可能很大且金额不可预测，律师对其客户的责任也是如此"）。事实上，如果不对未来的受遗赠人承担责任，那么规范律师责任的法律就存在漏洞。"除非受益人在这种情况下可以向律师要求赔偿，否则，任何人都不会这样做了，那么防止未来损害的社会政策就会落空"。Heyer, 449 P.2d at 165; accord Liederbach, 459 A.2d at 753. (Nix, J., concurring)（"在此种行为造成的主要损害是由活着的一方承担的场合，允许被承认的可诉行为不受法律承认的有资格提出索赔的人之意外死亡的影响是显失公平的"）。

非遗嘱委托人愿意为所有其他案件中的律师责任支付保险费(以律师渎职保险金额的分摊形式)。由于这种隐含保费,律师所承担的对未来受遗赠人的责任得到了补偿,该责任的产生是由于律师缺乏应有的注意,导致这些受遗赠人丧失遗产。律师对未来受遗赠人的责任也有可能被律师的职业过失责任险所覆盖。

现代案例普遍支持这样的结论,即应当允许未来的受遗赠人向未能适当执行其委托人遗嘱目标的律师要求赔偿。[87] 然而,关于该诉讼所依据的适当理论存在争议。许多现代案例允许未来的受遗赠人以第三方受益人为理由提起诉讼[88],但一些案例允许其立基于过失提起诉讼[89],一些案例只允许他依据过失提起诉讼[90],而另外一些案例只允许他依据相关合同提起诉讼。[91] 这种困惑并不奇怪,因为专业人员和客户之间的关系是合意性的,在以下两种情况下,对过失专业人员的诉讼通常可以被理解为是合理的:在职业过失中,基于没有履行法律施加的注意义务;在违约中,基于因不履行当事人默示同意的注意义务。[92]

尽管允许未来受遗赠人获得赔偿(recovery)的重要性掩盖了哪个赔偿理论(theory of recovery)来规范的问题,但合同理论比侵权理论更优,因为它强化了未来受遗赠人情况下律师义务的性质。在合同案件中,通常合同各方都有义务实现特定的结果。相比之下,在大多数职业过

---

[87] See cases cited supra notes 91-93; see also De Maris v. Asti, 426 So. 2d 1153, 1154 (Fla. Dist. Ct. App. 1983)(如果由于律师的过失,遗嘱中指定的受遗赠人的遗产减少或丢失,律师应承担责任;但因为对证据可信度的考虑,律师对遗嘱中未指明的未来受遗赠人不承担责任)。But see Maneri v. Amodeo, 238 N.Y.S.2d 302, 304 (Sup. Ct. 1963)(律师对第三方的一般过失不承担责任)。

[88] See, e.g., Stowe v. Smith, 441 A.2d 81, 83 (Conn. 1981); Hale v. Groce, 744 P.2d 1289, 1292 (Or. 1987); Liederbach, 459 A.2d at 753 (Nix, J., concurring).

[89] See, e.g., Lucas, 364 P.2d at 688; Garcia v. Borelli, 180 Cal. Rptr. 768, 772 (Ct. App. 1982); Bucquet v. Livingston, 129 Cal. Rptr. 514, 518 (Ct. App. 1976); Ogle v. Fuiten, 445 N. E. 2d 1344, 1348 (Ill. App. Ct. 1983).

[90] See, e.g., Heyer, 449 P.2d at 164.

[91] See, e.g., Liederbach, 459 A.2d at 750 (缺少相对性不是主张过失的障碍)。

[92] Cf. Id. at 748 (客户可以根据侵害之诉或者简约之诉的理论起诉有职业过失的律师)。

失案件中,专业人员的义务不是要达到某个特定的结果,而是要采用适当的程序。例如,在典型的医生-患者关系中,医生的义务不是治愈,而是正确治疗。同样,诉讼律师通常没有义务打赢官司或达成有利的和解,而只需要适当地处理诉讼。因为专业人员通常不会明示或默示地允诺,在除运用适当水平的技能和遵循公认的规程之外做更多的事情,所以在大多数情况下,根据侵权法和合同法,专业人员的义务基本上是相同的。[93]

然而,律师起草遗嘱时会有不同的考虑。在此种情况下,外行的客户对以下情况形成预期是正当的:除非律师另有声明,否则他已承诺实现特定结果——即实现客户所述的目标。如果对客户所陈述的目标是否能够实现有疑问——例如,如果客户的目标在禁止永久权规则下(Rule against Perpetuities)有问题——律师有义务将该问题告知其客户,并说明风险和选择。如果他没有这样做,未解释的风险出现,律师应当对他违背实现客户目标的默示允诺承担责任。只允许未来的受遗赠人因过失而起诉的法院可能很容易忽略这一点,反而关注律师是否未能运用必要的技能并遵循公认的规程(protocol)。

5. 分包商对主承包商保证人的诉讼

在建筑语境中经常存在的丰富的合同网络,产生了各种重复出现的第三方受益人的问题。在典型的建筑环境中,私人或公共实体——业主——与同意进行具体施工的主承包商签订合同。总承包商则与各种分包商签订合同,这些分包商同意对部分进行施工[94],如电气工程或管道工程。由于承包商通常资金不足,业主往往会要求主承包商提供履约保

---

[93] 这一点抛开了边缘规则,如合同和侵权行为的时效法规的差异或惩罚性赔偿的可用性,这些规则是附带的,因为在适用于医疗事故案件时,它们取决于起诉的形式,而不是基础交易的实质。

[94] 签订合同供应建筑材料的人——"材料供应商"——通常(尽管并不总是)具有与分包商相当的法律地位。[see, e.g., Florida ex rel. Westinghouse Elec. Supply Co. v. Wesley Constr. Co., 316 F. Supp. 490, 495 (S.D. Fla. 1970) (mem.), aff'd mem., 453 F.2d 1366 (5th Cir. 1972); James D. Shea Co. v. Perini Corp., 321 N. E. 2d 831, 832 (Mass. App. Ct. 1975)]为便于阐述,本节和以下各节仅指分包商。

证书(performance bond),履约保证书是指担保人向业主保证主承包商将履行其与业主的合同;提供付款保证书(payment bond),付款保证书是指担保人向业主保证承包商将在分包商索赔到期时付款;或者两者都有。第三方受益人问题是被欠款的分包商是否可以根据付款保证书(分包商并非合同一方)对担保人提起诉讼。

在对这一问题的传统分析中,法院区分了担保人与公共业主和私人业主签订的付款保证书。根据这一区分,分包商被允许根据与公共业主签订的付款保证书要求赔偿(recover),但不能根据与私人业主签订的付款保证书要求赔偿(recover)。[95] 这种区别基于意图检测的应用。[96] 论证如下:分包商通常与主承包商而不是与业主签订合同。因此,如果主承包商未能向分包商付款,分包商不能起诉业主,但可以起诉主承包商。然而,分包商被欠款的原因通常是由主承包商破产所致。因此,对主承包商提起诉讼并非可行的选择。州法通常允许做了地产工作的人,如分包商,在满足某些条件的情况下,对财产提出留置。[97] 因此,尽管财产的业主没有义务向分包商付款,但如果他没有这样做,分包商可以终止留置权的回赎(foreclose on the lien),并强制出售财产以清偿留置债务。

在这种背景下,法院推理说,如果私人业主获得了一份付款保证书,根据该保证书,保证人有义务向被欠款的分包商付款,那么业主的意图肯定不是为了使分包商受益,而是通过保持其财产免于留置而使自己受益。[98] 相比之下,留置法不适用于公共建筑领域。因此,这种观点认为,如果分包商被欠款,公共业主通常不会遭受经济损失。[99] 因此,推理继续,如果公共业主要求主承包商从保证人处获得付款保证书,公共业主

---

[95] See, e.g., Nat' l Sur. Co. v. Brown-Graves Co., 7 F.2d 91, 92 (6th Cir. 1925); Maryland Cas. Co. v. Johnson, 15 F.2d 253, 254-255 (W.D. Mich. 1926); 1 Williston on Contracts § 372 at 702-704. For a review of the older case law, see Cretex Cos. v. Constr. Leaders, Inc., 342 N. W. 2d 135, 139-140 (Minn. 1984).

[96] Justin Sweet & Marc M. Schneier, *Legal Aspects of Architecture, Engineering and the Construction Process* § 26.05A, at 734 (9th ed. 2013).

[97] Id. § 23.06B, at 660-664, § 26.05, at 733-734.

[98] See cases cited supra note 110.

[99] See Sweet & Schneier, supra note 96, § 26.05A, at 734.

的意图肯定不是为了自己,而是为了分包商,因此根据受益意图检测,分包商可以起诉保证人。

765 与传统分析相比,现代分析的趋势是,允许分包商在私人和公共案件中根据付款保证书对担保人提起诉讼。[100] 此种方法得到了第三方受益人原则的支持。业主动机的传统分析是短视的,因为通过允许分包商根据付款保证书对担保人提起诉讼,私人业主和公共业主都能够最好地实现利己的目标。

从公共建筑开始。公共业主出于利己考虑可能希望获得付款保证书,以确保分包商能够被支付,因为如果分包商不需要将欠款风险计入成本,他们就会降低报价,而如果分包商的报价较低,那么主要基于分包商报价的主承包商的报价也会较低。[101] 的确,如果分包商有权要求执行付款保证,付款保证金的溢价将会更高,因为担保人的责任将会扩大。[102] 尽管在第一种情况下,较高溢价的成本将由主承包商承担,但当主承包商计算其所中投标时,该成本将传递给业主。但是,公共业主可能有理由相信,如果他们可以根据付款保证书提起诉讼,那么因担保人的高溢价而导致的主承包商投标的增加将少于因分包商投标较低而导致的主承包商投标的减少。其原因是,分包商因承担主承包商破产的风险而可能会比担保人要价更高。分包商通常规模小,资本少,因此可能比担保人更厌恶风险。此外,相较于担保人,分包商更难确定主承包商的信用,因此可能在

---

[100] See, e.g., Socony-Vacuum Oil Co. v. Cont' l Cas. Co., 219 F.2d 645, 649 (2d Cir. 1955); Daniel-Morris Co. v. Glen Falls Indem. Co., 126 N. E. 2d 750, 752-753 (N.Y. 1955) (允许分包商的材料供应商向承包商执行分包商的付款保证书); Jacobs Assocs. v. Argonaut Ins. Co., 580 P. 2d 529, 532 (Or. 1978)(允许分包商执行履行和付款保证书); Sweet & Schneier, supra note 96, §26.05B. But see id. §26.05B, at 734 n.38(援引了一些案例,在这些案例中,写了一份保证书,该保证书排除了第三方对材料供应商的索赔,或者法院要求保证书明确规定材料供应商是保证书规定的义务人)。

[101] See Sweet & Schneier, supra note 96, §26.05A, at 734.

[102] 如果政府债券的分包商仍被欠款,政府机构(public owner)的损失因此担保人对所有人损害的责任可能为零。相比之下,分包商的损失将是很大的。因此,如果分包商能够执行保证书,担保人的潜在责任——以及相应的溢价——将高于担保人只对公共业主的损害承担责任的情况。

计算中包含额外的安全边际。[103] 当然,公共业主可能有理由相信相反的情况;但是,公共业主要求付款保证书的事实告诉我们,它已经采纳了给分包商提供保证确保的目标。事实上,客观的分包商应当被赋予执行付款保证书的权利。

同样的分析基本可以适用于私人业主。在私人建筑的情况下,被欠款的分包商不会完全失败,因为他们可能受到留置法的保护。然而,尽管有留置法,分包商仍将面临一些风险。留置法不总是容易被遵守的;执行留置既复杂又昂贵;私人业主在建筑物上的权益可能少于留置权人的总债权。因此,即使在私人建筑的情况下,没有付款保证书的分包商也有可能在其投标中计入被欠款的风险。

贾斯廷·斯威特(Justin Sweet)指出了另一利己的动机,即私人业主可能有一个给分包商付款保证的动机——对顺利管理施工过程的兴趣:"(分包商)应当更愿意适当履行,并在他们得到付款保证后尽快交付材料。尽管他们有权获得机器的留置权,但是完善留置的程序及从止赎收益(foreclosure proceeds)清偿留置债务都是很麻烦的,而且通常是无效的。付款保证书比机械留置权更优。"[104] 私人业主也可能希望为分包商提供付款保证,以避免提出留置所产生的交易成本。简言之,私人业主可能有理由相信,如果他向分包商提供付款保证,那么交易成本会更低。允许分包商根据付款保证书对担保人提起诉讼,是实现这一目标的重要手段。

我们如何知道特定的付款保证书是否反映了履行目标?保证书往往会告诉我们这一点。例如,美国建筑师协会(American Institute of Architects)付款保证书第 A311 条明确规定,分包商可以起诉保证书上的保证人。[105] 即使保证书不像美国建筑师协会第 A311 条那样明确规定,私人业主也要求付款保证书的事实通常表明他的目标是为分包商提供付款保证。如果业主只想保护自己免受因分包商被欠款而造成的损失,他可以

---

[103] 或者,如果要求一些分包商承担承包商不付款的风险,他们可能干脆就会拒绝签订合同。

[104] Sweet & Schneier, supra note 96, § 26.05A, at 734.

[105] 参见上文注释 95 相应的正文。

通过要求主承包商提供履约保证书来实现。履约保证书保护业主免受总承包商不履约造成的损失，因此通常涵盖因分包商留置权给业主造成的损失。[106] 因此，如果业主要求付款保证书和履约保证书，那么很明显，缔约方的履行目标包括分包商的付款保证。[107]

假设业主获得了履约保证书，但没有获得付款保证书，被欠款的分包商将保证人作为履约保证书的第三方受益人起诉。付款保证书明确规定将向分包商付款，而履约保证书则没有。鉴于付款保证书可广泛使用和频繁使用，业主仅获得履约保证书的决定表明，业主和担保人的目标不包括分包商的付款保证，因此通常不允许分包商执行履约保证书。[108]

6. 多重主合同

另一类在建筑环境中出现的更难的情况，涉及多重主合同中主承包商之间的索赔。大多数建筑项目涉及一个总承包商或一个主承包商，他与业主签订合同并负责所有施工的协调，以及一些与主承包商签订合同的专业分包商。相比之下，在多重主合同中，业主要么与几个主承包商签订合同，要么直接且通常只与一个主承包商签约的专业承包商签订合同，或者两者兼而有之。业主可能出于商业原因签订多重主合同，例如，因为施工分为半独立的部分，如部分管道或公路，或者因为业主承担

---

〔106〕 See Am. Inst. Architects, Doc. A101, Standard Form of Agreement Between Owner and Contractor art. 1 (2017)（合同文件包括合同的一般条款）; Am. Inst. Architects, Doc. A201, General Conditions of the Contract for Construction art. 9.6.2 (2017)（承包商应在收到业主付款后立即向每个分包商付款）。

〔107〕 See, e.g., Socony-Vacuum Oil Co. v. Cont' l Cas. Co., 219 F.2d 645, 648 (2d Cir. 1955); Fid. & Deposit Co. v. Rainer, 125 So. 55, 58 (Ala. 1929); Jacobs Assocs. v. Argonaut Ins. Co., 580 P. 2d 529, 531 (Or. 1978).

〔108〕 See Cretex Cos. v. Constr. Leaders, Inc., 342 N. W. 2d 135, 137-138 (Minn. 1984);［保证人］指出，如果业主和总承包商希望保护第三方材料供应商，他们本可以另行支付溢价购买一份"劳工和材料付款保证金"，这是［保证人］也出售的保证书，通常与履约保证书同时作出。"付款"保证书明确规定，如果总承包商不这样做，担保人就将支付第三方分包商和材料供应商的索赔。履约保证书和付款保证书之间的区别在建筑业得到了广泛认可；这两种保证书涵盖不同的风险，溢价也有相应的不同设定。Accord: Hewson Constr., Inc. v. Reintree Corp., 685 P.2d 1062, 1066 (Wash. 1984)（系争保证书只是担保了履行，没有担保付款）。

协调任务较因此付款把协调任务交给主承包商更有效。然而，通常情况下，业主签订多重主合同是因为法律要求他这样做。[109]

由于主承包商们在多重主合同中的履行往往是密切相关的，一个主承包商的迟延履行或其他违约往往会导致其他方的损失。假设有两个合作主承包商，主承包商1和主承包商2。主承包商1迟延履行或以其他方式违反其与业主的合同，主承包商2因该违约而受到损害，例如，因为延迟履行影响了主承包商2按时履行其合同部分的能力。主承包商2可以作为主承包商1和业主之间合同的第三方受益人起诉主承包商1吗？处理这些案件的总趋势是允许此类诉讼[110]，而且这一结果得到了第三方受益人原则的支持。

在某些情况下，主承包1明确向业主承诺，它将支付因延迟履行而产生的合作主承包商成本。[111] 在此种情况下，允许主承包商2起诉主承包商1是实现主承包商1允诺的最好或唯一方法。在其他情况下，每个合作主承包商都向业主允诺将与其他方合作或协调，但没有明确允诺支付因其违约而产生的合作主承包商的成本。[112] 然而，在此种情况下，也应当允许主承包商2对主承包商1提起诉讼，因为违反合作或协调的允诺可

---

[109] See generally Sweet & Schneier, supra note 96, § 14.06, at 361-362（使用独立合同部分地是由贸易协会成功的立法努力所推动的）。这种法规通常是在承包商作为分包商的情况下通过的，因为公共建筑的分包商更愿意与政府组织建立直接的合同关系，而政府实体通常很少或没有破产风险，而主承包商则往往有很大的破产风险。

[110] See, e.g., M.T. Reed Constr. Co. v. Virginia Metal Prods. Corp., 213 F.2d 337, 338 (5th Cir. 1954); Hanberry Corp. v. State Bldg. Comm' n, 390 So. 2d 277, 278-281 (Miss. 1980). But see, e.g., J.F. Inc. v. S.M. Wilson & Co., 504 N. E. 2d 1266, 1269-1271 (Ill. App. Ct. 1987); Buchman Plumbing Co. v. Regents of the Univ. of Minn., 215 N. W. 2d 479, 483-485 (Minn. 1974).

[111] 例如，在百老汇·曼特公司诉拉特格斯案(Broadway Maint. Corp. v. Rutgers, 447 A.2d 906 (N.J. 1982))中，每个主承包商都同意，如果它不必要地迟延了其他承包商的工作，"在此种情况下，承包商应支付由于任何此类迟延而导致的各方的所有成本和花费"。Id. at 910。

[112] 例如，在谢伊-S&M·鲍尔诉马斯曼-基维特-厄尔利案(Shea-S & M Ball v. Massman-Kiewit-Early, 606 F.2d 1245 (D.C. Cir. 1979))中，华盛顿大都会地区运输局与其合作主承包人的合同规定：运输局可承担或授予额外工作的其他合同，承包商应与此类其他承包商和运输局雇员充分合作，并按照签约官的指示认真地将自己的工作与此类额外工作相配合。承包商不得实施或允许任何会干扰任何其他承包商或运输局雇员工作的行为。Id. at 1250。法院允许合作主承包商对另一个承包商提起诉讼。Id. at 1251。

能会对主承包商 1 的合作主承包商造成损害,即使它不会对业主造成损害。例如,尽管主承包商 1 延迟履行了,主承包商 2 仍可以设法按时履行,但只能通过增加成本来加速其履行。在此种情况下,因为业主没有损害,除非允许主承包商 2 对主承包商 1 提起诉讼,否则合作与协调条款的目标可能不会完全实现。

诚然,如果主承包商 1 因违反其与业主的合同而对主承包商 2 承担责任,主承包商 1 大概会在其给业主的价格中包含一个隐含的溢价,以反映其增加的责任风险。当主承包商 1 对主承包商 2 的责任似乎对主承包商 2 有利而不是对业主有利时,一个自利的业主为何要支付那个溢价呢?这个答案与在担保书分析中得出来的答案相当。赋予主承包商 2 起诉主承包商 1 的权利将使业主受益,因为如果主承包商 1 不对主承包商 2 承担责任,主承包商 2 将在其投标中包含另一个隐含的溢价,用于承担主承包商 1 违约造成主承包商 2 损害的风险。业主可能合理地认为,该溢价的金额将超过主承包商 2 仅承担因其自身过错造成的损失风险而收取的金额。主承包商 2 自己的履行很大程度上是由其自身控制的,而合作主承包商的履行不在其控制范围内。此外,合作主承包商的某些违约,可能会使业主因违反协调和监督合作主承包商活动的默示义务而承担责任。[113] 因此,业主可能有一个目标,让合作主承包商之间互负违约责任,从而使受损害的合作主承包商比业主自己成为更加直接的目标。当然,在如下场合,即一个业主未履行其对合作主承包商的协调义务,且主承包商 1 向业主承诺他将与其共同主承包商进行协调,主承包商 2 可以简单地被视为该承诺的债权受益人。[114]

7. 业主对分包商的诉讼

建筑环境中的另一个经常出现的问题是,业主是否可以起诉违反了

---

〔113〕 See Shea-S & M Ball, 606 F.2d at 1251; Hoffman v. United States, 340 F.2d 645, 650 (Cl. Ct. 1964).

〔114〕 See COAC, Inc. v.Kennedy Eng' rs, 136 Cal. Rptr. 890, 893 (Ct. App. 1977); Visintine & Co. v. New York, Chi. & St. L.R.R. Co., 160 N. E. 2d 311, 313-314 (Ohio 1959).

与主承包商所签合同的分包商。这个问题假设,在通常情况下分包商与业主没有合同。这些情况下的结果是不一的。许多案例不允许业主对分包商提起诉讼[115],而其他案例或者允许这样的诉讼[116],以表明业主提起诉讼的权利取决于案件事实[117],或者认为业主可以根据其他除第三方受益人法之外的理论要求赔偿,例如过失[118]或主缔约人权利的代位[119]。有人可能会辩驳说,业主是主承包商和分包商之间合同的债权受益人,因为理论上分包商同意履行主承包商对业主的义务。虽然这个问题肯定不是没有疑问,但更好的观点似乎是科宾所持的观点:"主承包商和分包商之间的合同……的订立是为了使主承包商能够履行;分包商的履行本身并不免除主承包商对与其签订合同的业主的义务。分包商安装管道设施或建造水泥喷水池并不意味着,主承包商有义务向业主交付包含这些项目的竣工建筑……业主并不因此是……一个债权受益人。"[120]

许多法院试图通过应用受益意图检测来解决业主——分包商问题。进一步阐释该检测无法令人满意的性质,此种进路导致了不一致的结果。因此,诸如在凯泽铝业和化学公司诉英格索兰公司案(Kaiser Aluminum & Chemical Corp. v. Ingersoll-Rand Co.)[121]和莱克普莱西德俱乐部附属小屋

---

[115] See, e.g., Pierce Assocs., Inc. v. Nemours Found., 865 F.2d 530, 535-539 (3d Cir.); Kisiel v. Holz, 725 N. W. 2d 67, 70 (Mich. App. 2006); Vogel v. Reed Supply Co., 177 S.E.2d 273, 277-279 (N.C. 1970); Manor Junior Coll. v. Kaller's Inc., 507 A.2d 1245, 1246-1248 (Pa. Super. Ct. 1986).

[116] See, e.g., Syndoulos Lutheran Church v. A.R.C. Indus., 662 P.2d 109, 113-114 (Alaska 1983); Oliver B. Cannon & Son, Inc. v. Dorr-Oliver, Inc., 336 A.2d 211, 215-216 (Del. 1975); People ex rel. Resnik v. Curtis & Davis, Architects & Planners, Inc., 400 N. E. 2d 918, 919-920 (Ill. 1980).

[117] See Chestnut Hill Dev. Corp. v. Otis Elevator Co., 653 F. Supp. 927, 930-931 (D. Mass. 1987).

[118] See, e.g., Fed. Mogul Corp. v. Universal Constr. Co., 376 So. 2d 716, 724 (Ala. Civ. App. 1979); Driscoll v. Columbia Realty-Woodland Park Co., 590 P.2d 73, 74 (Colo. Ct. App. 1978); Juliano v. Gaston, 455 A.2d 523, 525 (N.J. Super. Ct. App. Div. 1982).

[119] See Nat'l Cash Register Co. v. Unarco Indus., Inc., 490 F.2d 285, 286-287 (7th Cir. 1974).

[120] 4 Arthur L. Corbin, Corbin on Contracts, §779D, at 46-47 (1951); North Carolina State Ports Auth. v. L.A. Fry Roofng Co., 240 S.E.2d 345, 354 (N.C. 1978).

[121] 519 F. Supp. 60, 72-73 (S.D. Ga. 1981).

诉伊丽莎白镇建筑公司案（Lake Placid Club Attached Lodges v. Elizabethtown Builders, Inc.）[122]中，法院认为，业主不是主承包商和分包商之间合同的预期受益人（intended beneficiary），而在辛德洛斯路德教会诉 A.R.C. 工业公司案[123]中，法院认为，业主"显然"是预期受益人。大多数案例的结论都不会超出该简要结论，即业主是或不是一个预期受益人。但底线是，这一领域的法律是多变的，案件中的分析也异彩纷呈。

那么在第三方受益人原则下会产生什么结果呢？允许业主起诉有偿付能力的分包商通常不是实现缔约方（即主承包商和分包商）履行目标的重要手段。分包商的违约通常会对主承包商造成伤害，因为主承包商必须自行对违约予以救济或向业主支付损害赔偿。因此，主承包商通常可以起诉违约的分包商，并有充分的激励这样做。事实上，在正常情况下，允许业主起诉分包商可能会与主承包商实施其与分包商的合同发生冲突。

但是，在特殊情况下，只有在业主支付了全部合同价格且主承包商破产后，分包商工作中的瑕疵才会被发现，第三方受益人原则的第二分支由此得以适用。如果主承包商有偿付能力，业主将因瑕疵履行而起诉主承包商，主承包商随后将因支付给业主的损害赔偿而起诉分包商，业主将得到完全赔偿，最终费用由分包商承担。相比之下，在主承包商破产的场合，如果业主不能对分包商提起诉讼，业主对主承包商的索赔只能针对主承包商的破产财产，主承包商对分包商的索赔也只能由破产受托人提出。[124]然而，业主通常很少或没有激励起诉主承包商的破产财产，因为在针对破产财产的诉讼中，诉讼回报通常只能得到破产人债务的一小部分。通常情况下，业主也很少或根本没有激励说服破产管理人提起诉讼，因为诉讼收益将惠及一般财产，而不仅仅是业主。反过来，信托人也不需要追求"累赘"或"无关紧要"的诉讼。[125]

最终结果是，如果分包商做了有瑕疵的工作而且主承包商破产，那么

---

[122] 521 N.Y.S.2d 165, 166 (App. Div. 1987).
[123] 662 P.2d 109, 114 (Alaska 1983).
[124] See 11 U.S.C. § 541(a) (2016).
[125] Id.

除非业主被允许起诉分包商,否则其更可能无法得到有效的补偿。因此,根据第三方受益人原则的第二分支,在此种特殊情况下,应允许业主起诉分包商,以实现矫正正义。[126] 由于施工过程已经完成,业主对分包商的诉讼不会干扰施工过程的正常实施。如果分包合同包含限制分包商损害赔偿的特殊条款,如违约金条款[127]或对间接损害赔偿的限制[128],那么这些条款应在业主诉讼中予以考虑,因为如果业主想根据分包合同提起诉讼,则他必须接受合同的限制。如果业主和总承包商之间的合同条款限制了业主的权利,那么这些条款也应当被考虑进去。

8. 政府合同

许多第三方受益案件是由公众成员对私行为人提起的,这些行为人订立合同为政府机构提供服务,如果服务提供适当,将有利于私人部门的行为人。[129] 法院倾向于给予这类诉讼特殊或绝对的对待。这一趋势反映在《合同法重述(第二次)》第313(2)条:

> (2)……与政府或政府机构签订合同为公众做事或向公众提供服务的允诺人,对于因履行或不履行而造成的间接损害,不对公众成员承担合同责任,除非
>
> a. 允诺条款规定了此类责任;或者
>
> b. 受允诺人对公众成员承担损害赔偿责任,对允诺人的直接诉讼,与合同条款及授权合同规定违约救济的法律政策相一致。

对政府合同适用绝对规则的理由并未比对任何其他类型的合同要多。相反,政府合同可以且应当被置于第三方受益人原则下进行分析。然而,对政府合同适用第三方受益人原则必须对特定交易的语境特别敏感,因为在

---

[126] See William K. Jones, Economic Losses Caused by Construction Deficiencies, 59 *U. Cin. L. Rev.* 1051, 1085–1086 (1991).

[127] See, e.g., Midwest Concrete Prods. Co. v. La Salle Nat'l Bank, 418 N. E. 2d 988, 990 (Ⅲ. App. Ct. 1981).

[128] See, e.g., Chestnut Hill Dev. Corp. v. Otis Elevator Co., 653 F. Supp. 927, 931 (D. Mass. 1987).

[129] See Prince, supra note 63, at 950–951.

政府合同情况中,有两个因素通常非常突出,但指向相反的方向。

第一个要素涉及允诺人责任的范围。因为政府合同通常对大量的人都有好处,如果第三方受益人可以对允诺人执行这种合同,结果可能是该施加的责任与允诺人根据合同所能得到的利益极不相称。此因素指向反对第三方受益人执行合同。范例是 H.R. 莫卡公司诉伦斯勒水务公司案(H.R. Moch Co. v. Rensselaer Water Co.)[130]。在该案中,一家水务公司与伦斯勒市签订了一份合同,为公共建筑、下水道、街道洒水和消防栓供水。消防栓服务的费用为每只消防栓每年 42.5 美元。这份合同生效时发生了一场火灾。向消防栓供水不符合合同规定,因此原告拥有的一个仓库被毁坏,原告起诉水务公司,理由是原告是该公司与该市之合同的第三方受益人。在卡多佐法官起草的意见中,纽约一家法院指出,原告不能获得赔偿,因为如果公众可以根据合同提起诉讼,水务公司的责任可能会不堪重负:

> 当我们回想起义务施加的沉重负担时,承担无限延伸到每一个公众成员之义务的意图被认为是更不可能的。其所引发的后果与法律在相差不大的情况下附加的违约后果不成比例⋯⋯如果原告胜诉,一个人因疏忽大意而没有提供足够的压力来扑灭由另一个人引起的火灾,其就有义务赔偿随之而来的损失,尽管此时整个城市都可能已经被夷为平地。允诺人不会被认为已经考虑到,为任何微不足道的回报而承担如此巨大的风险。[131]

政府合同中尤为突出的第二个因素是,此类合同的执行通常依据体现明确公共政策的法规,该公共政策对包括第三方受益人利益在内的特

---

〔130〕 159 N. E. 896 (N.Y. 1928).

〔131〕 Id. at 897–898. 尽管 H.R. 莫克案大概代表了该原理,但这些案件中的问题很接近,法院观点也有分歧。Compare Cole v. Arizona Edison Co., 86 P.2d 946, 947–948 (Ariz. 1939)(没有责任);N.H. Ins. Co. v. Madera, 192 Cal. Rptr. 548, 554–555 (Ct. App. 1983) (same); Earl E. Roher Transfer & Storage Co. v. Hutchinson Water Co., 322 P.2d 810, 813–814 (Kan. 1958) (same) with Harris v. Bd. of Water & Sewer Comm'rs, 320 So. 2d 624, 628 (Ala. 1975)(有责任);Koch v. Consol. Edison Co., 468 N. E. 2d 1 (N.Y. 1984) (same); and Potter v. Carolina Water Co., 116 S.E. 2d 374, 378–379 (N.C. 1960) (same)。(转下页)

定阶层有益。[132] 根据第三方受益人原则的第二分支，这一要素指向有利于第三方受益人执行政府合同。根据第三方受益人原则，在诉讼有独立的政策理由支持的场合，这里的政策包含在法规中——并且不会与缔约方的目标相冲突，第三方受益人应被允许提起诉讼。

鉴于一方面是延伸责任可能的反对因素，另一方面是公共政策，第三方受益人是否应当有权对政府合同中的私行为人提起诉讼，该问题不能通过绝对规则来适当解决。相反，是否应当允许受益人在此种语境下提起诉讼，取决于第三方受益人原则在手头案件中的个性化、高度化对事实敏感的应用。以下两个加利福尼亚州的案例说明了这一点：齐格斯诉高等法院案（Zigas v. Superior Court）[133] 和马丁内斯诉索科马公司案（Martinez v. Socoma Companies）[134]。

齐格斯诉高等法院案涉及一份根据《国家住房法》签订的合同。该法体现了一项"促进……出租房屋……租金合理"[135] 的政策。为实现该目标，联邦住房和城市发展部（Federal Department of Housing and Urban Development）被授权为开发商从银行或其他贷款人处获得的抵押贷款提供担保，目的是设立新的住房项目，在这些项目中，要尽一切努力收取适度

（接上页）《合同法重述（第二次）》认可了 H.R. 莫克案的结果。参见《合同法重述（第二次）》第 313 条的示例 2。一些法院在原则上采纳了 H.R. 莫克案的规则，但在实践中却因愿意进行区分而背离了该规则：即使在作出判决的同期……莫克案之意见的基础受到了严厉的批评……尽管莫克案继续被认为是多数规则，但它确实只是勉强被遵循……事实上，关于第三方受益人的合同权利，莫克案规则越来越严格地限于该案事实，并存在例外。因此，如果原告能够证明，相对于他作为公众一员所享有的任何利益，他有特殊利益，那么他可以作为第三方受益人提起诉讼。

Town of Ogden v. Earl R. Howarth & Sons, Inc., 294 N.Y.S.2d 430, 432-433 (Sup. Ct. 1968). In Doyle v. South Pittsburgh Water Co., 199 A.2d 875, 884-885 (Pa. 1964)，法院认为，根据与 H.R. 莫克案似似的事实，原告对过失存在有效的诉权。

[132] See, e.g., Holbrook v. Pitt, 643 F.2d 1261, 1273 (7th Cir. 1981)（根据《美国住房法》第 8 条，住房和城市发展部代表低收入租户来支付租金而订立的合同）；Shell v. Schmidt, 272 P. 2d 82, 89 (Cal. Dist. Ct. App. 1954)（根据《退伍军人紧急住房法》，联邦住房管理局和建筑商签订合同为退伍军人提供住房）。

[133] 174 Cal. Rptr. 806 (Ct. App. 1981).

[134] 521 P.2d 841 (Cal. 1974).

[135] 174 Cal. Rptr. at 810 (quoting 12 U.S.C. §1713(b)).

的租费。[136]有了这种担保,开发商的抵押贷款利率就会更低,因为利率很大程度上取决于政府的信用,而不仅仅是开发商的信用。

根据该法,住房和城市发展部与开发商齐格斯签订了一项合同。根据该合同,住房和城市发展部为齐格斯提议建造的公寓大楼的抵押贷款提供担保,齐格斯同意未经住房和城市发展部事先批准,其收取的租金不超过批准之租金表的金额。同时,合同授权住房和城市发展部在齐格斯违约的情况下,能够向任何法院申请特定履行或其他适当的救济。该合同还规定,开发商对其掌握的项目资金承担个人责任,而这些资金是根据合同开发商本身无权保留的。在大楼完工并签署初步租约后的一段时间里,齐格斯未经住房和城市发展部批准上涨了租金,租户根据齐格斯与住房和城市发展部之间的合同对齐格斯提起诉讼。法院认为,作为合同的第三方受益人,租户有权从齐格斯处获得损害赔偿。[137]

马丁内斯诉索科马公司案涉及根据已通过的项目签订的合同,这些项目是为了推进联邦《经济机会法》,使"特别影响地区"(Special Impact Areas)的居民受益,"这些地区的低收入人口特别集中,并遭受抚养、经

---

[136] See 12 U.S.C. §1713(b) (2016).

[137] See Zigas, 174 Cal. Rptr. at 809, 812-813。正文中讨论的案例并不是那个时期在加利福尼亚州判决的唯一有意义的政府合同案件。特别参见 City & Cnty. of San Francisco v. Western Air Lines, Inc., 22 Cal. Rptr. 216 (Ct. App. 1962)。本案涉及旧金山市和联邦政府之间根据《联邦机场法》签订的合同。根据合同,旧金山市获得了建造机场的联邦资金。作为回报,旧金山市向政府允诺,除其他事项外,机场的运营将"为公众的使用和利益服务,以公平合理的条件运营,且没有不公正的歧视"。City of San Francisco, supra, at 223. 西部航空公司对诉讼进行了辩解,理由是旧金山市收取了歧视西部航空公司的费率而违反了合同。法院认为,"对整个法案的审查表明,法案的目的是促进全国范围内的公共机场系统,而不是规制机场运营",根据该法案签订的合同也有同样的目的。City of San Francisco, supra, at 224; accord Shell v. Schmidt, 272 P.2d 82, 89 (Cal. Dist. Ct. App. 1954).对于允许第三方受益人执行合同的其他政府合同案件,see, e.g., Holbrook v. Pitt, 643 F.2d 1261, 1273 (7th Cir. 1981)(根据住房和城市发展部与项目业主之间的合同,租户拥有可执行的权利);H.B. Deal & Co. v. Head, 251 S.W.2d 1017, 1020-1021 (Ark. 1952)(雇员有权获得雇主与美国政府的合同中允诺支付的加班费)。对于不允许第三方受益人执行合同的其他政府合同案件,see, e.g., Perry v. Hous. Auth., 664 F.2d 1210, 1215-1217 (4th Cir. 1981)(根据住房和城市发展部与地方住房局的合同,租户没有可执行的权利);Falzarano v. United States, 607 F.2d 506, 511 (1st Cir. 1979)(补贴住房项目的租户不是房东与住房和城市发展部之间合同的第三方受益人)。See generally Waters, supra note 21, at 1176-1192, 1200-1208 (讨论了很多政府合同案件)。

常性失业和日益加剧的紧张局势之折磨"。根据该法规,联邦政府与三家制造商签订了合同,这三家制造商是马丁内斯案的被告。每个制造商都同意在东洛杉矶(East Los Angeles)购买和安装指定的生产设施,并以最低工资标准培训和雇用一定数量的东洛杉矶居民,这批居民需居住至少一年,且被政府认定为弱势群体。作为交换,政府同意向每个制造商支付规定的金额。每份合同都要求制造商:(1)如果制造商未能购买和安装指定的制造设施,则退还从政府收到的所有款项,以及(2)对于制造商未能提供的每一个就业机会,退还相对应的金额——相当于制造商根据合同获得的报酬除以制造商同意提供的工作数量。每份合同还规定,任何事实争议都应由政府缔约官决定,并可向劳动部长提出上诉。除非管辖法院(competent court)认定部长的决定是欺诈性的、反复无常的、武断的、恶意的或没有实质证据支持的,否则他的决定就是终局决定。

约 2017 名东洛杉矶居民被认定为弱势群体,符合合同规定的就业条件。原告属于被认定的弱势群体中的一员,且是制造商与政府合同的第三方受益人,他要求赔偿工资损失和其他,理由是制造商未能履行合同。法院认为,原告不能从制造商获得赔偿。

齐格斯案和马丁内斯案的结果虽然明显不同,但都为第三方受益人原则所支持。

齐格斯案的结果受到第三方受益人原则的第一个分支的支持。诚然,即使不允许租户起诉,缔约方的目标也可以实现,因为《经济机会法》授权政府代表租户获得损害赔偿。然而,除非租户有权提起诉讼,否则这些目标可能不会实现,因为政府很可能选择将其有限的诉讼资源分配给更优先的事项。第三方受益人原则的第二分支也支持这一结果。允许租户提起诉讼会进一步推进《经济机会法》中有利于此类租户的政策,并且不与缔约方的履行目标相冲突,因为合同规定齐格斯对其无权保留的资金承担责任,且齐格斯对租户的责任与其对政府的责任相同。

相反,在马丁内斯案中,第三方受益人原则的两个分支都不支持第三方受益人执行合同。如果制造商未能提供就业机会,那么制造商有义务向政府退还其从政府所得该就业机会补偿的一定比例。通过创造超过该条款规定之损害赔偿责任的可能,允许潜在雇员获得预期损害赔偿就与该损害赔偿条款相冲突。事实上,制造商将承担一种双重责任:他们将不得不支付返还损害赔偿(退还给政府)和预期损害赔偿(预期损失的工资)。此外,合同规定事实纠纷由政府缔约官决定,且只能向劳工部长上诉,劳工部长的决定是终局决定。允许潜在雇员向法院提起诉讼也与这一规定相冲突。

第三方受益人原则的第二分支也不支持执行。诚然,执行会进一步推动《经济机会法》的政策,使特殊影响地区的居民受益。此外,潜在的受益群体虽然很大,却是有限的。然而,仅在允许第三方执行合同不会与缔约方的履行目标相冲突的情况下,第三方受益人原则的第二分支才适用。允许马丁内斯案中的第三方受益人提起诉讼,会与合同中的损害赔偿和争议解决条款相冲突。

四、抗辩

如第一至第三节所示,一些第三方受益人应有权对允诺人提起诉讼,而其他人则无此权利。为了便于阐释,在本节中,有权提起诉讼的第三方受益人将被称为授权受益人(empowered beneficiary)。本节讨论的问题是:如果授权受益人起诉,允诺人可以提出什么抗辩?

1. 允诺人可基于其对受允诺人的抗辩向授权受益人提出的抗辩

假设授权受益人对允诺人提起诉讼,并且如果受允诺人已经起诉了允诺人,那么允诺人应当已经提出了一个特定抗辩,例如没有对价或欺诈。允诺人能对受益人提出同样的抗辩吗?答案应当且也确实是肯定的,因为类推第三方受益人原则,一般来说,如果他被受益人起诉,允诺人的情况不会比他被受允诺人起诉的情况更糟糕。这条规则是没有争议的。案例支持该规则,且《合同法重述(第二次)》也予以采用了该规则。[138]

2. 变更和解除

接下来假设,如果合同有效的话,通过改变或消除授权受益人根据合同提起诉讼之能力的方式,允诺人和受允诺人修改或解除合同。根据之前考虑的规则,即允诺人可以向第三方受益人提出其对受允诺人的任何抗辩,应当允许允诺人提出变更或解除的抗辩,因为变更和解除都是允诺人对受允诺人的抗辩。更一般地说,根据第三方受益人原则,第三方是否有权执行合同,主要取决于此种执行是否是实现缔约方履行目标的必要手段或重要手段。如果合同被变更或解除,那么缔约方的履行目标会被变更或解除来定义,允许第三方执行原初合同会使这些目标落空。因此,除非受益人在变更或解除前正当地信赖了合同,变更或解除对第三方受益人有效。

在《合同法重述(第一次)》通过时,此领域的法律尚不明确。一些案例采用原理,即允诺人可以对授权受益人提出修改或撤销的抗辩。[139] 其他案例认为,授权受益人根据合同享有既得权利,因此缔约方不能有效地变更或通过撤销或其他方式消除此类受益人执行合同的权力(power)。[140] 这些案件中大多数都涉及人寿保险单,尽管也有少数涉及家庭内部和解。

在此种背景下,《合同法重述(第一次)》通过两个规则来规范这个问

---

[138] See Rouse v. United States, 215 F.2d 872, 873-874 (D.C. Cir. 1954); Chiriboga v. Int'l Bank for Reconstr. & Dev., 616 F. Supp. 963, 967 (D.D.C. 1985); Alexander H. Revell & Co. v. C. H. Morgan Grocery Co., 214 Ill. App. 526, 527-528 (App. Ct. 1919); *Restatement Second* § 309 (1)-(2).

[139] See, e.g., Biddel v. Brizzolara, 30 P. 609, 612 (Cal. 1883); Gilbert v. Sanderson, 9 N. W. 293, 295 (Iowa 1881); People's Bank & Trust Co. v. Weidinger, 64 A. 179, 181 (N.J. 1906).

[140] See, e.g., Cent. Bank v. Hume, 128 U.S. 195, 206 (1888); Filley v. Illinois Life Ins. Co., 137 P. 793, 794 (Kan. 1914); Preston v. Connecticut Mut. Life Ins. Co., 51 A. 838, 839-840 (Md. 1902); Walsh v. Mut. LifeIns. Co., 31 N. E. 228, 230 (N.Y. 1892); Marquet v. Aetna Life Ins. Co., 159 S.W. 733, 735 (Tenn. 1913).

题。根据第143条,缔约方可以改变或消除债权受益人执行合同的权力。然而,根据第142条,缔约方不能改变或消除受赠受益人执行合同的权力。[141] 第142条的示例2极大地说明了这一规则:

> A允诺B给A的儿子C每年1000美元,共五年。作为约因,B允诺A给B的女儿D,也就是C的妻子同样的金额。在C或D得知该合同之前,A、B双方同意解除合同。C和D可以以该解除消除了他们各自的执行原合同的权利为由,将该解除协议视为无效。

第142条采用的规则范围非常广泛,因为根据《合同法重述(第一次)》,"受赠受益人"一词涵盖除债权受益人以外的所有授权受益人。因此,根据《合同法重述(第一次)》,除了债权受益人,缔约方绝不能改变或消除授权受益人执行合同的权力。这一规则是不正当的,因为没有好的政策或道德理由就推翻了缔约方的目标。(事实上,即使从原理来说,这条规则也很难证成,因为它与允诺人可以对授权受益人提出抗辩的原理并不一致。该原理是,允诺人可以向授权受益人提出允诺人对受允诺人的抗辩)。但不幸的是,正如古典合同法低估了第三方受益人的地位一样,《合同法重述(第一次)》转向另一个极端,其高估了第三方受益人的地位。根据《合同法重述(第一次)》,这一立场从一个只允许有限的第三方受益人执行合同这一较低的层次转移到一个较高层次,在这个层次上,大多数可以执行合同的第三方受益人在合同订立的那一刻就拥有执行合同的既得权利。

尽管一些法域遵循第142条[142],但其所采用的规则并没有法律(authority)的支持。[143] 无论如何,在这个问题上,《合同法重述(第二次)》颠覆了《合同法重述(第一次)》,并采用了一个非常接近第三方受益人原则

---

[141] See *Restatement First* §§ 142-143.

[142] See, e.g., Logan v. Glass, 7 A.2d 116, 118-119 (Pa. Super. Ct. 1939), aff'd, 14 A.2d 306 (1940).

[143] See Mitchell v. Marklund, 47 Cal. Rptr. 756, 762 (Dist. Ct. App. 1965); Spates v. Spates, 296 A.2d 581, 584-585 (Md. 1972); Camden Trust Co. v. Haldeman, 33 A.2d 611, 616 (N.J. Ch. 1943), aff'd, 40 A.2d 601 (1945).

所建议的规则。根据《合同法重述(第二次)》第311条,缔约方可以通过改变或消除授权受益人提起诉讼的权利的方式来变更或解除合同,除非受益人在收到变更或解除的通知之前,要么实质性地改变其对原合同的正当信赖的立场,对原合同提起诉讼,要么应允诺人或受允诺人的请求表示同意原合同。自《合同法重述(第二次)》通过以来所判决的案件均倾向于采用第311条所体现的原则。[144]

《合同法重述(第二次)》第311条标志着从《合同法重述(第一次)》第142条向前迈出一大步。然而,《合同法重述(第二次)》和一些案例继续为受益人提供超出正当范围的保护。首先,第311条为信赖合同的授权受益人提供了并不可取的广泛保护。当然,法律应当保护授权受益人的信赖利益,但这种利益通常会受到信赖损害的充分保护。相比之下,第311条规定了当受益人因正当信赖而改变状态时,缔约方改变或消除预期受益人执行合同的权力就终止了。这种表述意味着——也许是不经意地——一旦一个授权受益人正当地信赖该合同,其即可获得预期损害赔偿。

但是,该规则是错误的。预期损害赔偿是一种不寻常的救济,因为其不像大多数法律救济,预期损害赔偿不仅仅是让一方当事人恢复到受损害前的状态。合同法允许交易方获得预期损害赔偿,主要是因为要求交易方在作出履约抑或违约以及预防决定时,将对方的潜在获益和损失内在化,这在社会意义上是可取的。[145] 但此种理由不适用于没有进行交易的第三方受益人。相反,允许第三方受益人违反缔约方的意愿执行合同,就会与唯一达成交易的一方的利益相冲突。如果一个授权受益人正当地信赖合同,保护这种信赖的重要性就超过了缔约方的利益,但仅限于

---

[144] See, e.g., Karo v. San Diego Symphony Orchestra Ass'n, 762 F.2d 819, 821-824 (9th Cir. 1985); Bridgman v. Curry, 398 N. W. 2d 167, 172 (Iowa 1986). But see Hickox v. Bell, 552 N. E. 2d 1133, 1144-1145 (Ill. App. Ct. 1990); Biggins v. Shore, 565 A.2d 737, 740-742 (Pa. 1989).

[145] See Cooter & Eisenberg, supra note 53, at 1462-1164.

信赖程度范围内。[146]

第311条还采取了另一种立场,即一旦受益人提起诉讼,缔约方就不能改变或消除授权受益人执行合同的权利。该立场虽然得到了一些判例法的支持,但也是错误的。提起诉讼的行为只是一种特殊类型的信赖。如果授权受益人已经提起诉讼,允诺人就应当对受益人提起诉讼的成本承担责任,但在其他情况下应该自由地与受允诺人一起改变或消除受益人请求任何更多损害赔偿的权利。[147]

有些案例还声明,在授权受益人同意合同后,缔约方不能变更或解除合同。[148] 对这种立场的支撑还不清楚。在一些采取这种立场的案例中,这一声明没有意义,因为受益者没有同意。而在其他受益者不仅同意而且信赖的案例中[149],对这些案例更好的解释是基于信赖而非同意。在另外一些案例中,受益人的同意实质上是对要约的承诺,这可以说是缔结了一个独立的合同。[150]

一般来说,受益人的同意不应当改变其法律立场,除非该同意构成对要约的承诺。如果缔约方没有对受益人发出要约,那么该同意实际上是一种几乎毫无意义的行为。任何知道自己是第三方受益人的人都会表示同意,因为受益人的身份是百利而无一害的。相比于一旦知道其同意无需付出任何成本就会改善其法律地位而肯定会同意的人,为什么法律会

---

[146] 事实上,与直接向其作出承诺的赠与受允诺人相比,要求向信赖的受益人判予预期损害赔偿的规则,即使是在合同被变更或解除的场合下,会对没有直接向其作出允诺的受益人更好。根据《合同法重述(第二次)》第90条,如果直接向受允诺人作出赠与允诺,而受允诺人信赖该允诺,则受允诺人的损害赔偿可能仅限于信赖。在这方面,第311条应与第90条平行。

[147] Cf. Puro v. Puro, 393 N.Y.S.2d 633, 635–636 (Sup. Ct. 1976)(个人不能通过冲动的诉讼行为,将合同转化为使他获利的无条件协议)。

[148] 一些案例涉及未成年受赠受益人。See, e.g., James v. Pawsey, 328 P.2d 1023, 1028 (Cal. App. Ct. 1958); Rhodes v. Rhodes, 266 S.W.2d 790, 792–793 (Ky. 1953)。这些案例采用了三段论,即:(i)受益人的权利在他同意时赋予;(ii)在未成年人情况下,同意是推定的。因此,(iii)即使未成年人没有明确表示同意,当合同订立时,未成年受益人的权利也已赋予。三段论的脆弱性以及缺乏真正的同意都表明,这些案例最好由关心未成年受赠人的政策解释。

[149] See, e.g., Bridgman, 398 N. W. 2d at 173 (Iowa 1986).

[150] See, e.g., Wolosof v. Gadsden Land & Bldg. Corp., 18 So. 2d 568, 571–572 (Ala. 1944).

更加善待一个实际同意的人呢？

因此，第311条应被解释为将受益人同意之效力限制在已经对受益人做出同意的情况下：即要约已经向受益人发出，为回应同意请求而作出的同意可视为独立的合同，从而将该情形移出第三方受益人类别，至少这里没有约因问题。[151]

五、允诺人对受允诺人的抗辩

本章前两节讨论了是否应当允许允诺人对授权受益人提出允诺人对受允诺人的抗辩的问题。本节将讨论更难的问题，即如果受益人起诉受允诺人而非允诺人，是否应当允许允诺人对授权受益人提出受允诺人对受益人的抗辩。

在某些方面，此问题非常狭窄，因为如果有的话它也很少出现在债权受益人语境之外。在此种情况下，受益人对受允诺人有先前存在的请求，受允诺人可以对该请求进行抗辩，并且当受益人就该请求的金额起诉允诺人，允诺人可能会提出该抗辩。然而，除债权受益人外，受益人不太可能对受允诺人有先前存在的请求，相应地，允诺人也不太可能对受益人有对允诺人可能提出的抗辩。例如，关于合同的标的（subject-matter），西弗案中的受益人玛里昂对比曼夫人没有先前的请求。因为玛里昂对比曼太太没有这样的请求，我们无法合理地探讨比曼法官是否可以主张比曼太太对玛里昂的抗辩。

然而，假设第三方受益人是债权受益人，受允诺人有对第三方的抗辩，即在第三方对允诺人提起的诉讼中允诺人对第三方希望提出的抗辩。《合同法重述（第二次）》第309(3)条规定，允诺人不能对受益人提出受允

---

[151]《合同法重述（第二次）》第311条评论h的示例11。第311(3)条的示例10似乎与该条的其余部分相冲突，因为受益人的同意是有效的，尽管并未要求同意："B与A签订合同，向C支付200加元（其中）A欠C钱，A通过邮件通知C该合同。C在收到A、B解除合同的通知前，向A发出同意合同的函，解除合同对C无效。"Id. §311 cmt. h, illus.10。

诺人对受益人的抗辩。劳斯诉美国案(Rouse v. United States)[152]采用了同样的规则。联合承包商(Associated Contractors)在温斯顿(Winston)的房子里安装了一个供暖设备,以换取温斯顿的1008美元的期票,采取分期付款的方式。随后,劳斯购买了这栋房子,并同意承担温斯顿当时欠联合承包商的850美元债务。劳斯和温斯顿都没有支付这笔钱,联合承包商的受让人起诉劳斯,理由是联合承包商是一个债权受益人,因为劳斯承担了温斯顿先前欠联合承包商的债务。劳斯进行抗辩,部分理由是,联合承包商卖给温斯顿有瑕疵的供暖设备;因此,相应地,温斯顿对联合承包商有抗辩,且劳斯也应当能提出该抗辩。[153] 法院引用了威利斯顿的话,认为劳斯不能提出该抗辩:

如果允诺人的协议被解释为免除了受允诺人任何责任的允诺,那么允诺人当然被允许证明受允诺人不负任何可执行的责任……另一方面,如果允诺意味着允诺人同意支付一笔钱给受允诺人的债权人A,受允诺人是否真的欠了那笔数额的钱或根本没有欠款都是无关紧要的……在允诺是支付特定债务的场合……此种解释通常是正确的。[154]

《合同法重述(第二次)》第309(3)条采用的规则,以及劳斯案等案例,是不正当的。正如威利斯顿所说,"如果允诺人的协议被解释为免除了受允诺人任何责任的允诺,那么允诺人当然被允许证明受允诺人不负任何可执行的责任"。这正是允诺人和受允诺人通常的意图,除非受允诺人与受益人有某种关系,该关系会产生受允诺人给予受益人赠与的意图。很明显,温斯顿和联合承包商没有这种关系。

此外,如果没有这种关系,也就没有这种意图,那么该规则就可能导致第三方受益人的不当得利。例如,在劳斯案中,由于劳斯不能从联合承包商的请求中扣除维修供暖设备的成本,联合承包商的财富不正当地得

---

[152] 215 F.2d 872, 874 (D.C. Cir. 1954); accord Peters Grazing Assoc. v. Legerski, 544 P.2d 449, 457-458 (Wy. 1976) (citing Rouse).

[153] Rouse, 215 F.2d at 874.

[154] Id. (quoting 2 Samuel Williston & George J. Thompson, *Williston on Contracts*, §399, at 1148-1149 (rev. ed. 1936)).

以增加。温斯顿不能起诉联合承包商,因为他没有因此瑕疵而损失任何钱(劳斯显然没有因为供暖系统有瑕疵而对温斯顿房子享有价格减少的权利)。根据本案的判决,劳斯也不能起诉联合承包商。最终,联合承包商因一个有瑕疵的供暖设备获得了相当于没有缺陷的供暖设备的价款。允许劳斯提出温斯顿对联合承包商的抗辩能够阻止这种不当得利。

六、结论

当第三方受益人执行合同是实现缔约方目标的必要或重要手段时,或者当这种执行得到政策或道德理由的支持并且不会与缔约方的目标相冲突时,第三方受益人就应当能够执行合同。而在其他情况下,不应当允许第三方执行合同。

当第三方被适当授权对允诺人提起诉讼时,允诺人能够并且应当能够提出其对受允诺人的任何抗辩。允诺人也应当能够提出任何受允诺人对第三方的抗辩,尽管目前这并非是现行法。此外,缔约方应能够变更和解除他们的协议,前提是他们必须在变更或解除之前向授权第三方偿还因信赖该合同而产生的合理成本。

第二十二编

书面形式的要求

第五十六章　反欺诈法

一、导言

法律不要求合同必须采用书面形式。然而，1677 年在英国通过并几乎在美国所有州都生效的《反欺诈法》（以下有时简称"该法"）规定，除非某些类型的合同由该方签署的书面文件或今天的同等电子文件来证明，否则这些合同对被指控的一方当事人——即寻求使其承担责任的当事人——是不可执行的。

最初的英国反欺诈法适用于许多不同类型的交易，包括合同。[1] 主要与合同法有关的条款是第 4 条和第 17 条。在本章的剩下部分，提及"反欺诈法"或"该法"是指第 4 条和第 17 条及其现代对应部分。第 4 条和第 17 条的拼写和标点已经现代化，在条款的格式和编号方面也有一些灵活性。

第 4 条规定：

……任何诉讼都不应被提起：

(1) 由此根据特别允诺而起诉遗嘱执行人或者管理人并从其自身财产中支付损害赔偿；或者

(2) 由此根据特别允诺对另一人的债务、违约或失败承担责任的允诺起诉被告；或者

(3) 根据结婚考虑订立的任何协议起诉任何人；或者

---

[1] An Act for the Prevention of Frauds and Perjuries 1677, 29 Car. 2, c. 3 (Eng.).

(4)根据土地、房屋或可继承财产的任何合同或销售,或它们中的任何权益或有关权益;或者

(5)自订立起一年内不得履行的任何协议;

除非此类诉讼所依据的协议或备忘录或说明采用书面形式,并由被起诉的当事人或其合法授权的其他人签署。

第17条规定:

10英镑或以上价格的任何货物、物品或商品的销售合同都不允许有效*,除非

(a)买方应接受如此出售的部分货物,并实际接受相同货物;或者

(b)认真地给予某些东西以约束交易,或部分支付;或者

(c)上述交易的一些书面说明或备忘录应由根据合同被起诉的当事人或其合法授权的代理人制作并签署。(该法规交替使用术语"协议"和"合同"。本章将遵循相同用法)。

除路易斯安那州、马里兰州和新墨西哥州外,美国所有州都通过了第4条的类似规定,而在马里兰州和新墨西哥州,该条规定通过司法裁决而生效。[2]《统一商法典》第2-201条是第17条的现代对应部分,几乎每个州也都通过了。在几种情形下,各州省略了第4条的特定规定。更常见的情形是,各州通过要求另外类型的合同采用书面形式从而延伸了原有的《反欺诈法》。一个常见的延伸是将《反欺诈法》适用于向房地产经纪人支付佣金以换取经纪服务的合同。[3] 另一个常见的延伸适用于订立遗嘱的合同。除了这些延伸外,美国的一些州在措辞上也进行了细微变化。例如,不像第4条规定"不得提起诉讼"使该法所涵盖合同的当事人承担责任,或者像第17条规定的口头合同不应当"允许有效",具体州

---

* good 意味着"legally valid"。——译者注

〔2〕 See *Restatement (Second) of Contracts* ch. 5, Statutory Note (Am. Law Inst. 1981) [hereinafter Restatement Second].

〔3〕 See Lon Fuller, Melvin Aron Eisenberg, Mark P. Gergen, *Basic Contract Law* 1160 (9th ed. 2013).

的《反欺诈法》可能简单规定,除非采用书面形式,某些类型的合同是"无效的"。虽然"无效的"(void)这个词很可能无意于进行字面解释,但它的使用可能有一些影响。一些州的《反欺诈法》引入的另一个不同是要求"合同"必须采用书面形式,而非遵循原始《反欺诈法》的语言,它只要求"协议"或"一些备忘录或说明"采用书面形式。在考虑协议声明之外的备忘录的效力时,此种差异可能是很大的。

《反欺诈法》存在一些例外。《反欺诈法》本身规定了一些例外,法院创造了其他的例外。如果合同属于该法所涵盖的类型,但没有采用书面或电子形式,或者不是由被指控方签署的,则该合同被认为是在该法涵盖范围外,因此,对该方当事人是不可执行的。如果该法的例外情况得以适用,那么该合同被认为是从法规中提取的,即使它没有采用书面或其他记录形式,也并非被指控方签署的,或者两者都是,对被指控方也是可执行的。

两部现代制定法(statutes)对《反欺诈法》产生了重大影响:《统一电子交易法》[4],该法由美国统一州法委员会全国会议于1999年颁布并已被许多州通过;《全球和全美电子签名法》(《电子签名法》)[5],该法是一项可与《统一电子交易法》相提并论的联邦法规。尽管联邦制定法通常优先于类似的州制定法,但《电子签名法》的第7002条规定,《统一电子交易法》优先《电子签名法》适用[6],而非相反。因此,为便于阐述,本章聚焦《统一电子交易法》,而非《统一电子交易法》和《电子签名法》。

《统一电子交易法》的核心是第2(8)条、第2(13)条和第7条。《统一电子交易法》第7条规定:

(a)不得仅仅因为记录或签名采用电子形式而否定其法律效力或执行性。

(b)不得仅仅因为合同在订立过程中使用电子记录而否定其法

---

[4] Unif. Elec. Transaction Act, 7A, pt. 1 U.L.A. (2017).

[5] Electronic Signatures in Global and National Commerce Act, 15 U.S.C. §§ 7001-7006, 7021, 7031 (2016).

[6] Id. at § 7002.

律效力或执行性。

(c)如果法律要求记录须采用书面形式,则电子记录须满足法律要求。

(d)如果法律要求签名,则电子签名满足法律要求。

《统一电子交易法》第2(8)条规定,术语"电子签名"是指"附着于记录或与记录有逻辑联系并意欲签署该记录的人执行或采用的电子声音、符号或程序"。对第2(8)条的官方评论指出:

> 签名的概念很宽泛,没有特别予以定义。任何特定的记录是否被"签署"是一个事实问题。证明该事实必须根据其他可适用的法律来进行。本法只是确保签名可以通过电子方式完成,并不需要使用特定的技术来创建有效的签名。如果存在必要的意图,人在电话答录机上的声音就足够了。同样,将人的名字作为电子邮件通信的一部分也会很充分,就像传真上的公司名称一样……在任何情况下,关键要素都是为了签署相关记录而执行或采用声音或符号或过程的意图……就是此种意图在法律中被理解为"签署"一词的部分,而无需定义……

> 本定义包括作为电子签名的经由程序的标准网页点击……

《统一电子交易法》第2(13)条规定,术语"记录"是指"写在有形介质上或存储在电子或其他介质上并能以可感知形式检索的信息"。第2(13)条的官方评论指出:

> 这是一个标准定义,旨在包含除人类记忆以外的所有的信息交流或存储方式。它包括任何存储或交流信息的方式,"书面形式"。记录不需要是不可破坏的或永久的,但该术语不包括没有通过某种方式存储或保存的口头或其他通信。除了通过人类记忆之外没有被保留的信息不符合记录的条件。如同术语"书面形式"或"书面的"一样,"记录"一词并不确定记录在实体法的任何特定条款下可能具有的目的、允许的用途或法律效力。

《统一电子交易法》对《反欺诈法》产生了术语影响和实质影响。在术语方面,《统一电子交易法》用术语"记录"有效地取代了术语"书面形式"。从实质上讲,《统一电子交易法》使满足《反欺诈法》变得更加容易,因为"记录"一词被赋予了一个非常广泛的定义,以表示除人类记忆以外的任何存储信息的方式,例如记录在语音邮件或答录机上的信息。根据《统一电子交易法》,今天描述《反欺诈法》要求的最佳术语是使用"记录"而非"书面形式"。然而,由于后一术语及其同源词通常保留在州《反欺诈法》中,本章将使用"书面形式或其他记录"。

二、反欺诈法正当吗?

《反欺诈法》的美德(virtue)是要防止欺诈的原告完全伪造合同,但它的劣行是允许欺诈的被告逃避事实上已经订立的合同。美德是否超过劣行是存疑的。首先,该法的起草者据以决定哪些合同值得以书面形式来保护的原则是基于17世纪的需要,而非现代商业的需要。因此,在现代商业世界中,该法不适用于许多非常重要和复杂的合同类型,但适用于一些简单和不重要的合同类型,此点可由接下来的三个例子来说明:

特夫案①。伯特伦建筑公司和特雷莎·特夫(Bertram Builder and Teresa Turf)订立了一项复杂的口头协议,建筑商允诺根据一定的计划和规格建造一座商业大楼,从1月1日开始施工,12月1日前完工。特夫同意支付给建筑商1 500万美元。此重要而复杂的合同尽管是口头的,但仍有可执行性,因为它不在该法的任何条文范围内。

特夫案②。特夫案①的大楼完工后,特夫与时代之石保险公司(Rock of Ages Insurance Company)签订口头协议,其中,时代之石为大楼承保1 500万美元的火灾险,立即生效,为期一年,特夫同意支付20万美元的保险费。该合同尽管是口头的,但也是可执行的,因为它也不在该法的任何条文范围内。

红地案(Redacre)。吉姆·乔德(Jim Joad)口头上与简·朱克斯

(Jane Jukes)达成合意,他将以10美元的价格把他受侵蚀的地块——红地卖给他。根据该法第4(4)条(土地出售条款),此相对不重要的合同也是不可执行的。[7]

1673年,当《反欺诈法》作为一项法案在上议院提出时,该法案并没有试图指定要求某些类型的合同采用书面形式,而是考虑对任何类型的口头合同的赔偿加以限制。

……对于自某年某月某日之后,在所有案件诉讼、债务诉讼或其他个人诉讼中,它们应通过口头方式订立或假定作出的任何约定、允诺、合同或协议提起,由此即使没有任何书面的备忘录、说明或诉状,也应按照如下指向对待,当事人在任何时候都不得获赔比(……)数额更大的赔偿,即使有任何相反的法律或惯例也是如此。

如果上议院支持最初的法案,该法案可能会更好一些,因为该法案关注的是经济重要性而非合同类型。有趣的是,《统一商法典》第1-206条恢复了其所适用合同违约赔偿限制的概念。该条规定,除了某些例外,包括货物买卖合同在内的个人财产买卖合同,在救济金额或者价值超过5 000美元时不得通过诉讼或抗辩而使其具有可执行性。

除了涵盖范围不稳定之外,该法起草得相当糟糕。它的起草者没有清晰地想通,他们试图治愈的疾病和他们开出的药方之间的关系,最明显的就是一年内不履行的合同。此外,该法存在很多例外,其中许多例外还相当复杂。用吉卜林(Kipling)的话来说就是,围绕该法的用词和例外而聚集起来的错综复杂的司法解释网,确实称得上"技术上很污秽"。对于"该法的每一行都值得付费(subsidy)"的赞美性评论,适当的回答是,"该法的每一行都要以付费为代价"。

1954年,英国议会废除了英国《反欺诈法》中关于遗嘱执行人或管理人的特殊允诺、结婚考虑的协议、一年内不得履行的协议及货物销售合同的规定。[8] 在英国,从最初的法令来看,该法只剩下了保证允诺和土地

---

[7] See *Restatement Second* § 127.

[8] Law Reform (Enforcement of Contracts) Act 1954, 2 & 3 Eliz. 2, c. 34 (Eng.).

买卖合同。[9] 关于这一变化,《统一商法典》研究小组常设编辑委员会的结论是,"尽管有古老的渊源,但没有令人信服的证据表明,反欺诈法防止了合同订立证据中的欺诈,或者该法的存在将行为引向了更可靠的记录保存形式……英国在 1954 年废除了《反欺诈法》的大部分规定……从那以后,即使有的话,讨论也很少,而且也没有任何关于该法影响的报道。简言之,《反欺诈法》在英国显然已经悄无声息地没落了"[10]。大陆法系国家通常没有《反欺诈法》的对应规定。在国际上,《联合国国际货物销售合同公约》(CISG)第 11 条规定,"销售合同无须以书面订立或书面证明,在形式方面也不受任何其他条件的限制。销售合同可以用包括人证在内的任何方法证明"[11]。同样,国际统一私法协会(UNIDROIT)的《国际商事合同原则》第 1.2.4 条规定,"这些原则中没有任何规定要求合同必须以书面形式订立或证明。合同可通过任何方式证明,包括证人"。*

无论是否正当,《反欺诈法》都是法律,而且可能在不久的将来甚或很远的将来都是如此,主要是因为《反欺诈法》受到多数执业律师的喜爱,更可能因为他们认为该法增加了确定性,而确定性是一种职业自身看重的价值。因此,本章的其余部分会讨论在该法下发展出的许多法律规则。这些法律规则既传达此领域的法律,也阐释了这一法律部门极其技术性的本质及在适用中经常出现的困难。

---

[9] 然而,与美国一样,在通过了最初的《反欺诈法》后,英国颁布了法规,要求某些其他类型的合同必须有签字的书面形式,如向放贷人偿还贷款的允诺。

[10] PEB Study Group, Uniform Commercial Code Article 2, Preliminary Report at 50-551 (1990).

[11] United Nations Convention on Contracts for the International Sale of Goods art. 11, Apr. 11 1980,S. Treaty Doc. 98-9 (1983), 1489 U.N.T.S. 3 [hereinafter CISG].

* 需要注意的是,此处的《国际商事合同原则》没有引用最新版本。《国际商事合同原则》(2016)第 1.2 条的英文是:ARTICLE 1.2 (No form required) Nothing in these Principles requires a contract, statement or any other act to be made in or evidenced by a particular form. It may be proved by any means, including witnesses。——译者注

三、根据反欺诈法不可执行协议的法律后果

根据反欺诈法,不可执行协议的法律后果是什么呢?谨慎的猜测是,该法起草者从未想到这个问题。当起草者在第 4 条表明不得对第 17 条所涵盖的合同类型提起诉讼,或者该条所涵盖的口头合同不允许是有效时,在这两种情况下,他们可能的意思大致相当于"这些章节中的口头合同不允许有效",如果口头形式很可能对他们正在做的事情没有更清楚的了解,那么非常规的美国立法机构(occasional American legislatures)会改变该法的措辞,使所涵盖的合同"无效"。合同交易可能会产生多种法律后果。例如,它可能会创设义务,转移或影响权利,或者创设一种承担责任才能干涉的关系,或者使当事人构成犯罪。诸如"不可执行的"和"无效的"等术语是复杂的关系因素(complex molecule of relationships)。当它们在立法中使用时,法院的不幸任务就是决定这些词语意欲产生因素的结构层面的变化(the structure of molecule),以及什么变化合乎立法的一般目的。有时这一任务很容易,如下例所示:

谋杀合同。吉尔伯特·戈尔(Gilbert Gore)与凯瑟琳·克巴尔(Catherine Cabal)达成口头协议,作为转移一块血地(Bloodacre)的回报,他将谋杀德尔伯特·杜姆(Delbert Doom)。该协议在实施前被发现,戈尔被指控犯有共谋罪。当地的《反欺诈法》使任何土地权益买卖合同都"无效"。戈尔的律师依据"无效"(void)在字典上的定义,"没有法律效力或效果"辩称,由于这份合同是"无效的",它不具有使他的当事人构成犯罪的法律效果。

此论点被驳回了。刑事责任的问题超出了《反欺诈法》的目的。虽然戈尔所在法域的《反欺诈法》使用了"无效"一词,但该词并不意味着在该法范围内订立口头合同没有任何法律后果,而只是意味着口头合同会被剥夺那些与该法目的不一致的法律后果。

谋杀合同简单明了,它说明了法院在确定不可执行口头合同的法律

效果时所面临的困难。什么法律效果与该法的目的不一致呢？概括来说，该法只影响缔约方，因此，对第三人来说，根据该法在缔约方之间不可执行的合同，仍然是有约束力的合同。[12] 因此，即使合同在该法的范围内，说服一方当事人打破合同也可能构成诱使违约的侵权行为。同样，不能仅仅因为该人行事所依据的合同根据《反欺诈法》是不可执行的，一个人就可以撤销已执行的交易。这也可能是真实的，即使该法说口头合同是"无效的"[13]。

下面的例子更复杂：

秘书服务。奎格利·奎尔(Quigley Quail)口头上同意为菲奥娜·法斯特(Fiona Fast)担任六个月的秘书，法斯特同意在六个月的期限结束时将一块笔地(Penacre)转移给奎尔，以支付奎尔的服务费。当奎尔服务两个月后，他得知根据《反欺诈法》(土地部分)第4(4)条，他的合同是不可执行的。奎尔停止履行，并就两个月服务的合理价值提出诉讼。法斯特声称，他愿意遵守协议，并且当奎尔的工作完成后，他就准备转移该笔地。他认为奎尔停止履行违反了口头协议，口头协议应当剥夺了他获得救济的权利。奎尔认为，当他没有任何法斯特实际上会给他支付报酬的保证时，法律就不应当要求他完成合同规定的工作。

《合同法重述(第二次)》第141(2)条提出，该问题的一个解决方案是，"在对不可执行合同的一方当事人拒绝履行合同或签署一份充分备忘录的场合，另一方当事人正当地中止他尚未收到约定回报的任何履行，并且在就中止前已作出履行之价值的诉讼中，此种中止不是抗辩"。

使行为或交易的可执行性取决于遵守某些形式的立法，可能因各种原因而获得通过。在合同法中，奥斯汀(Austin)看到了要求形式的两个可能的目的："(1)在有争议的情况下，提供合同主旨和内容(purport-con-

---

[12] See *Restatement Second* §144.
[13] See *Restatement Second* §145.

tent)的证据;(2)防止考虑不周的约定"[14]。《反欺诈法》确实意在达到第一个目的。这是一项防止"欺诈和伪证"的法案,该法的序言称,该法瞄向了"通过伪证和唆使伪证来维护许多欺诈的做法"。但是如果起草者有第二个目的,他们并不会留下任何痕迹。[15] 事实上,如果该法的一个目的是保护人们免于仓促的约定,该法就不会满足于废弃(repudiate)合同的书面文件。然而,一般规则是,陈述了一个早期口头合同但又废弃该口头合同的书面文件,可作为满足该法的合同的备忘录。[16]

作为土地开发规划的一部分,苏珊·斯莱德(Susan Slide)想购买奥利弗·奥克爱普(Oliver Oakapple)所有的黑地(Blackacre)。斯莱德订立了口头协议,以4万美元来购买黑地。此协议包含在了详尽的书面合同中,奥克爱普签署了这份合同,但斯莱德却没有签署。当开发规划失败时,斯莱德希望逃避义务。奥克爱普给斯莱德写了一封信,提醒他合同的事情,并附上了合同,要求履行。斯莱德退还了合同,并附上一封信写道,"确实是,我按照所附书面文件的条款与你订立了口头合同。然而,法律要求合同或合同的备忘录应由承担义务的当事人签署。你会注意到我没有签署这份合同,因此我不受它的约束"。

判决支持了奥克爱普。斯莱德向奥克爱普提供过一份签署的合同备忘录,该备忘录尽管使合同不再适用该法,但却使对斯莱德的诉讼成功成为可能。

---

[14] John Austin, Fragments on Contracts, in 3 Lectures on jurisprudence 128 (2d ed. 1863).

[15] 然而,法院偶尔会认为,确保在合同缔结时审慎是《规约》的附带和次要目的。因此在沃登诉琼斯案(Warden v. Jones, (1857) 2 De G. & J. 76, 83-84)中,法院说,"法律……明智地禁止了结婚合同的口头证据。人们很可能被不经意地引向这种允诺,因此法律明智地要求他们以书面形式表示出来"。

[16] See *Restatement Second* § 133.

四、该法范围内的合同类型

1. 土地权益买卖合同

该法的第4(4)条涵盖土地权益买卖合同,通过推论该条也包括了建筑物和其他土地改良权益的买卖。该权益的价格、价值或范围并不重要。为该法的目的,在确定什么构成土地权益时,通常的检测是财产法如何对待该权益。

> 捷径。为获得从农场到高速公路的捷径,保罗·帕斯(Paul Pass)想要获得通过比尔博·布洛克(Bilbo Block)土地的权利。当事人口头同意,支付1 000美元,帕斯在有生之年享有该权利。

该协议属于第4(4)条的范围,且因此是不可执行的,因为该协议给予了帕斯地役权,根据财产法,地役权是土地权益。

第4(4)条提到土地的"任何合同或买卖"(强调系后加)。可以假定,此用语涵盖了转让合同或通过买卖的即时转让。然而,转让属于最初《反欺诈法》的前三条所涵盖的内容,本章不予讨论。笼统地说,这些条款规定,土地权益的设定或转让需要采取书面形式,除非任意租赁某些条件下不超过三年的租赁可以口头方式创设。这些条款的实质通常延续到了美国的《反欺诈法》(尽管口头短期租赁的例外情况通常被缩减为不超过一年或不超过两年的租赁)。因此,尽管有第4(4)条的语言,但该条只提到土地权益买卖的合同,而没有提到转让——根据该限定,在该法下,土地买卖合同不仅包括为金钱出卖土地权益的合同,还包括以土地换取金钱以外的东西的合同,或通过遗嘱遗赠(devise)土地的合同。[17]

---

[17] See *Restatement Second* § 125 cmt. a, c, and illus.

2. 货物销售合同;《统一商法典》

(1) 涵盖范围

在美国,《反欺诈法》第17条(货物买卖条款)最终被《统一商法典》第2-201条取代:

①除本条另有规定除外,价金达到或者超过500美元的买卖合同不得通过诉讼或抗辩予以强制执行,但有书面文件充分表明当事人之间订立了买卖合同,且合同经被请求执行的当事人、其授权的代理人或者经纪人签署的不在此限。书面文件不因其遗漏或者错误记载当事方所约定之条款而不充分,但合同在超出该书面文件所记载的数量范围以外,不得依据本款予以执行。

②在商人之间,对发送人充分有效之合同确认书于合理时间内收到,且收到方有理由知道其内容的,确认书符合第(1)款对该当事人规定之要求,但该当事方收到确认书后10日内被书面通知反对其内容的除外。

③合同虽不符合第(1)款规定之要求,但在其他方面为有效的,是可执行的:

　　a. 假如货物系专门为买方制造,在卖方的正常交易中不适于出售给他人,并且卖方于收到拒收通知前,在可合理表明货物系为买方准备之情形下,已经实质上开始制造该货物,或者为取得该货物已经承担了义务;

　　b. 假如被请求强制履行合同的当事方在答辩中、证言中或以其他形式在法庭上承认订立了买卖合同,但合同在超出所承认的货物的数量之外不得依据本项规定予以强制执行;

　　c. 就货物而言,价款已经支付,并且已被接受,或者货物已经收到,并且已被接受(第2-606条)。

有以下三点值得注意:

①《统一商法典》第2-201(1)条仅涉及货物买卖——即不动产

以外的有形财产,或《统一商法典》正式评论所称的"动产"。第2-201(1)条与无形财产的买卖无关。

②在《统一商法典》第2-201(1)条要求书面文件的场合,只需"充分表明买卖合同已在当事人之间订立"。没有要求书面文件明确了所涉及的货物种类或说明了价格。甚至没有要求说明买卖的货物数量,尽管此种明显的宽松并不真实,因为该条规定"超过此书面文件中数量的合同是不可执行的……"因此,如果书面文件中没有显示数量,那么可执行的范围为零。如果口头协议是1000个单位,而书面文件则说是500个单位,那么合同只有在500个单位的范围内才是可执行的。[18](然而,请注意,省略了太多条款的货物买卖合同可能因不确定性而不具执行性。)

③《统一商法典》第2-201条仅适用于价格为500美元或以上的情况。但是,如果价格为500美元或以上,且不满足第2-201条,则整个合同——不仅仅是超过500美元的合同部分——是不可执行的。

(2)例外

第2-201(1)条的基本要求有几个非常重要的例外。

①部分履行[第(3)(c)条]

第2-201(3)(c)条规定"合同虽不符合第(1)款规定之要求,但在其他方面为有效的,是可执行的……就货物而言,价款已经支付,并且已被接受,或者货物已经收到,并且已被接受……"即使在没有第(3)(c)条的情况下,如果买方接受了约定的货物,根据不当得利法,他也对货物的价值承担责任。第(3)(c)条的意义在于,如果卖方根据不当得利法提起诉讼,他会有权获赔货物被买方接受时的市场价值,而根据第(3)(c)条,卖方能够获赔已接受部分货物的合同价格。

---

[18]《统一商法典》本身并不涉及变更书面文件以校正错误的可能性。假设,如果双方都意图以书面文件表述1 000个单位,法院可能会在适当情况下变更备忘录,然后在1 000个单位的范围内强制执行。参见本章第一节。

②定制的货物[第(3)(a)条]

假设 A 从他的裁缝那里口头订购了一套定制西装,并同意支付 1 500 美元。裁缝准备了这套衣服,但是 A 拒绝接受。如果该合同不可执行,这对裁缝是严重的不公,由于西服是为 A 定制的,他就很难找到一个该西服的市场。第(3)(a)条通过该规定来解决这一问题,即"不满足[第 2-201(1)条]要求但在其他方面有效的合同是可执行的……如果货物是为买方定制的,并且不适合在卖方的正常业务过程中销售给他人,而且于卖方在收到拒绝履行合同通知之前,在合理地表明货物是为买方制造的情况下,卖方已经开始实质性地制造或者实质性地进行采购……"

③收到确认书(第(2)条)

基于现代缔约方法,《统一商法典》第 2-201(2)条在第 2-201 条的要求中增加了另一个例外。该款规定,"在商人之间,对发送人充分有效之合同确认书于合理时间内收到,且收到方有理由知道其内容的,确认书符合第(1)款对该当事人规定之要求,但该当事人收到确认书后 10 日被书面通知反对其内容的除外"。(着重部分后加)。《统一商法典》第 2-104(1)条将"商人"一词界定为"指经营某种货物的人,或者其职业表明他对交易所涉及的惯例或者货物具有专门知识或者技能的人,或者通过雇佣代理人、经纪人或其他中间人而使自己具有此种专门知识或者技能的人"。

④承认[第(3)(b)条]

第 2-201(3)(b)条规定"合同虽不符合第(1)款规定之要求,但在其他方面为有效的,是可执行的……假如被请求强制履行合同的当事方在答辩中、证言中或以其他形式在法庭上承认订立了买卖合同,但合同在超出所承认的货物的数量之外不得依据本项规定予以强制执行……"根据法律,承认可以是自愿的,也可以是非自愿。因此,根据第(3)(b)条,原告可以根据口头合同提起诉讼,然后在揭示程序或交叉询问中努力使被告承认口头合同事实上已经订立。如果被告承认已订立口头合同,这种承认将使合同摆脱了该法的规范。如果被告错误地否认口头合同已经订立,他就犯了伪证罪。

在控告基于口头货物销售合同的场合，根据法律，在原告有机会使被告宣誓作证之前，控告通常不应根据动议(on motion)驳回，因为原告应有机会获得承认合同已经订立。[19] 的确应当这样做。《反欺诈法》旨在防止原告可能在事实上并不存在合同的情况下而做伪证证明合同存在的危险。如果被告承认合同的存在，则满足了该法的目的。如 ALA 公司诉 CCAIR 公司案(ALA, Inc. v. CCAIR, Inc.)所述：

> 为了(让承认例外)发挥作用，原告必须有机会获得被告的承认。然而，根据《联邦民事程序规则》第 12(b)(6)条驳回起诉之动议的规则将破坏原告的诉前答辩，并允许被告在原告有任何机会寻求合同存在的承认之前否决口头合同的诉因。允许被告根据第 12(b)(6)条的动议规则处理案件将架空(承认例外)，并潜在地允许被告逃避他实际缔结的口头合同的义务。[20]

⑤《统一商法典》第 2-201 条提出的两个解释问题

下面的例子说明了《统一商法典》第 2-201 条提出的两个解释问题：

> 分期装运。卖方和买方签订口头合同，根据该合同，卖方将在 12 个月内分 12 次交付 1.2 万件部件，每次 1 000 件。商定的价格是每件 1 美元。前十批货物已接受并支付了货款。在第 11 批货物接受之后但在付款之前，买方拒绝履行合同，拒绝支付第 11 批货物的货款，并声明他将不接受第 12 个月的最后一批货物。卖方起诉要求赔偿第

---

[19] See, e.g., ALA, Inc. v. CCAIR, Inc., 29 F.3d 855, 862-863 (3d Cir. 1994); Theta Prods., Inc. v. Zippo Mfg. Co., 81 F. Supp. 2d 346, 350-351 (D. R.I. 1999).

[20] ALA, Inc, 29 F.2d at 862.在 DF 活动公司诉布朗案（DF Activities Corp. v. Brown, 851 F.2d 920 (7th Cir. 1988)）中，法院认为，在被告通过宣誓词否认他曾同意向原告出售系争货物(弗兰克·劳埃德·赖特的椅子)的场合，口头合同诉讼可在简易判决中驳回：
在没有证据材料情况下只有一个驳回诉讼的申请或者答辩时，如果在宣誓后被问及是否签订了合同，被告会承认已经签订了合同，上述可能性是存在的。检验该命题的唯一方法是原告接受被告的证词，或者，如果没有证据披露，在审判时传唤被告作为不利证人。但在本案中，被告在书面宣誓中发誓没有合同，我们认为继续诉讼没有意义。当然，被告可能会在证词中脱口而出承认合同存在，但这几乎是不可能，特别是因为这样做他可能会承认在他的宣誓书中做了伪证。更奇怪的事情发生了，但遥远的可能性并不证成让当事人和司法机关接受几乎是无意义的诉讼。Id. at 922.

11批货物的1 000美元,以及买方拒绝接受最后一批货物的400美元的损害赔偿。买方援引《统一商法典》第2-201条作为抗辩。

本案将按如下方式解决:合同涉及货物买卖,因此属于第2-201条的适用范围。由于买方已经支付了前十批货物的货款,所以这些货物不存在争议。卖方有权得到第11批货物的价格1 000美元,因为该批货物已经发出并被接受。然而,卖方不能因为买方拒绝接受最后的货物而获得400美元的赔偿。尽管400美元少于第2-201条中的500美元,但500美元与损害程度无关,而是与合同规定的总价有关,在本案中合同总价为1.2万美元。

《国际货物销售合同公约》。许多国际货物销售合同受《国际货物销售合同公约》(Convention for the International Sale of Goods)而非《统一商法典》规范,因此,即使一方当事人的住所在美国,也不受《反欺诈法》规范。《国际货物销售合同公约》第11条规定,"销售合同无须以书面形式订立或书面证明,在形式方面也不受任何其它条件的限制。销售合同可以用包括人证在内的任何方法证明"。

3. 与书面文件相关的《统一商法典》其他条款

《统一商法典》还有另外两个要求书面文件的相关条款。

①担保品上的担保权益(Security interests in collateral)。《统一商法典》第9-203条规定,只有在经债务人证实(authenticate)的书面担保协议中描述的,或者担保物已在债权人占有下,大多数类型担保物上的担保权益才是可执行的。

②证券买卖。《统一商法典》第8-113条规定,"不论是否存在由被执行人签名的书面文件或者证实的记录,即使合同或变更自作出之日起1年内不能履行,证券买卖合同或者合同的变更都是可执行的"。

4. 协议签订后一年内不得履行

《反欺诈法》第4(5)条要求"自签订一年内不履行的任何协议"的诉

讼,要有受指控的当事人签署的书面记录。大多数法院认为,第4(5)条的适用性并不取决于当事人认为会发生什么,不取决于合同可能需要多长时间来履行,也不取决于合同实际需要花多长时间来履行,而是取决于,在订立口头合同的时候,根据其条款是否可能在一年内履行。如果能,合同不在该法范围内,因此是可执行的。[21] 然而,如果口头合同按其条款不可能在一年内履行,它就在该法的范围内,因此对被指控的当事人而言是不可执行的。[22]

雇佣A十年的合同怎么样呢？是否应当说此种合同不在该法范围内,因为根据意外情况原则,它会因任何一方当事人的死亡而解除,因此可能在一年内得到履行？如果此种推理逻辑被接受,就很难找到适用一年条款的任何合同,因为在几乎任何合同的情况下,都有可能想象到第一年可能发生的灾难事件,并免除履行。因此,法院通常关注的是,根据合同条款,履行是否可能在一年内发生。[23] 在此基础上,雇用一名80多岁的老人13个月的口头协议在该法范围内,因此除非采用书面形式或其他记录,否则就是不可执行的,但A雇佣B终身的口头协议不在该法范围内,因为有可能该协议在A去世后一年内履行。[24] 事实上,一个人活着并且再工作上二十年也并不相关。如果A恰在那个点上被解雇,他可以根据二十年前达成的口头协议起诉B。(然而,在一些州,立法机关规定,在生命结束前尚未完成的合同在该法范围内。几个案例得出了相同结果。[25])

一年条款受到了严厉批评。一个很好的例子是彼得斯法官(Judge Peters)在C.R.克莱温案中的意见(见下文):

(正如法恩斯沃思所观察到的):

---

[21] See *Restatement Second* § 130.
[22] C.R. Klewin, Inc. v. Flagship Props., Inc., 600 A.2d 772, 777-779 (Conn. 1991).
[23] See *Restatement Second* § 130.
[24] 假设合同规定的期限超过一年,但一方或双方当事人被明确赋予提前三个月通知即可终止合同的权利。该合同在《反欺诈法》范围吗？案例对此有分歧。
[25] See, e.g., McInerney v. Charter Golf, Inc., 176 Ill 482, 680 N. E. 1347 (Ill. 1997)(一个强烈不同意见认为,一个在有效期前不能完成的合同是在《反欺诈法》的适用范围内)。

"在该法的所有条款中,(一年条款)是最难以合理化的。

"如果一年条款是基于随着时间推移记忆衰退及证据缺失的趋势,那么这是糟糕的设计,因为一年的期限不是从合同的订立计算到合同订立的证明,而是从合同的订立到履行的完成。如果一年内不能履行的口头合同在订立后的第二天就被违反了,尽管当事人对合同条款记忆犹新,但该规定仍然适用。但是,如果违反一年内履行的口头合同,并且直到违约后近六年(合同诉讼的一般诉讼时效)才提起诉讼,则该条款不适用,即使当事人对合同条款已经不再记忆犹新。

"如果一年条款试图将需要书面形式的长期重要合同与不需要书面形式的短期不重要合同分开,这同样是糟糕的设计,因为一年期限的计算不是从履行开始到履行完成,而是从合同订立到履行完成。如果从现在起 13 个月内工作一天的口头合同被违反,即使履行期限只有一天,该条款仍然适用。但是,如果从今天开始为期一年的口头工作合同被违反,即使履行期限是一整年,该条款也不适用。"〔参见法恩斯沃思:《合同法(第二版)》,第 6.4 节,第 110-111 页……〕

无论如何,一年条款似乎不再很好地服务于任何目的……由于这个原因,法院多年来一直不赞成该条款,并寻求限制其适用的解释……[26]

5. 保证部分

《反欺诈法》第 4(2) 条涉及"借此指控被告根据任何特别允诺对另一人的债务、违约或失败来承担责任"的诉讼。第 4(2) 条被称为保证条款。保证人是对另一人(委托人)欠第三人(债权人)的债务或其他义务承担责任的人,其中委托人对债务或其他义务承担主要责任。在此种情况下,委托人和保证人对债权人负有相同的债务或其他义务,如果委托人违约,债权人可以起诉委托人或保证人。然而,委托人的义务是首要的,因

---

[26] C.R. Klewin, Inc., 600 A.2d at 775-776.

此如果保证人被要求偿还债务或履行义务，他可以起诉委托人要求追偿。

保证经常被用来为债权人提供担保。例如，普林斯（Prince）想向彭妮（Penny）借钱，但普林斯的信用很差。为获得贷款，普林斯不仅可以允诺自己偿还贷款，还可以让信誉良好的安瑟（Answer）向彭妮允诺，如果普林斯不偿还贷款，他则会偿还。安瑟是普林斯债务的保证人。

保证条文也有微妙和复杂的而且是非常微妙且非常复杂的例外，因为通常很难确定一个允诺是属于规则还是属于例外。最重要的例外被称为主要目的规则（main purpose rule）。当保证的主要目的是为自己的金钱利益服务而非为了帮助委托人时，该规则适用。如果保证合同属于这种例外，则合同并不要求采用书面形式。根据《合同法重述（第二次）》第116条，在适用主要目的规则时，问题是保证人允诺所给予的约因是否"实际上或明显是保证人主要为了他自己的经济利益而非为了第三人的利益所追求的"。然而，第116条排除了一项例外，从而使保证人的约因仅仅只包括佣金（premium）情形下的口头承诺不可执行，而该口头允诺通常是由商业担保公司对另一方的债务承担责任而做出的。

主要目的规则主要适用于两种情况：(1)允诺人愿意成为保证人的情况，目的是使自己的财产免于留置（lien），留置也能够向债权人为自己的债务提供担保。(2)保证人对债务人事务有金钱利益的情况，例如，因为他本人是债务人的债权人，或者因为他是债务人公司的股东，或者因为债务人根据合同要为他建造一座建筑物，他不想妨碍该建筑物的完工。

6. 遗嘱执行人和管理人做出的允诺

《反欺诈法》第4(1)条涉及"根据任何特别允诺并从遗嘱执行人或者管理人自身遗产中支付损害赔偿来指控他们"的诉讼。第4(1)条针对这些案件：死者遗产的遗嘱执行人或管理人向死者的债权人允诺，如果遗产不足以清偿死者所欠债务，遗嘱执行人或管理人个人会承担责任。尽管该法说到根据遗嘱执行人或管理人的任何允诺，但事实上第4(1)条仅涵盖遗嘱执行人或管理人支付死者所承担债务的允诺。遗嘱执行人或遗产管理人支付他代表遗产所签订的新（死后）债务的允诺不认为在该法范围内,理论基础是根据遗产法的原则,遗产管理人或遗嘱执行人主要而非次要地作为保证人对此种债务承担责任。

根据第4(1)条,只会出现很少案件。实际上,该条款是保证的一种特殊情况,因为第4(1)条所涵盖的遗嘱执行人或管理人之允诺是对另一方债务承担责任的允诺——在此种情况下,"另一方"是指死者及其遗产。

7. 基于结婚考虑的合同

《反欺诈法》第4(3)条(结婚条款)涉及"根据结婚考虑订立的任何协议而起诉任何人"的诉讼。具有讽刺意味的是,结婚条款并不适用于简单的订婚,即两个人相互允诺结婚。此种协议被认为是一种"结婚"合同,而非一种"根据结婚考虑订立的合同"[27]。如下例所显示的,即使是未来配偶的父母之间的允诺,也可能并非第4(3)条意义上的"结婚考虑所达成的"。

> 父母。一位未来配偶的父亲佩特·普赖默斯(Pater Primus)和另一位配偶的母亲琼·塞昆德斯(Joan Secundus)交换了口头允诺,即如果结婚,他们每人会给这对夫妇1万美元。

> 此协议不在该法第4(3)条的适用范围内,因为每方允诺的考虑都是另一方的允诺,而不是结婚。结婚的发生仅仅是当事人为夫妻赠予的时机,也是他们产生责任的条件。[28]

第4(3)条确实适用的典型情况是"婚前财产协议"(marriage settlement),即未来配偶的父母允诺给未来配偶(而不是另一方的父母)在结婚时为他们解决金钱或财产问题。同样,如果未来的配偶就他们的预期婚姻相互订立口头合同,并且该合同涉及金钱内容,例如未来的配偶允诺在他们结婚时将财产转让给另一个人,第4(3)条会适用。由于此种合同的所有条款都交织在一起,除非合同采用书面形式或其他记录形式,整个合同而不仅仅是金钱内容,是不可执行的。

---

[27] See *Restatement Second* §124.
[28] See id., illus. 5.

五、什么类型的书面形式或其他记录满足该法的要求？

有时,《反欺诈法》的条款规定了满足该条款所需的书面形式的类型。至于相关法律条款的用语没有解决的问题,需要注意以下要点:

第一,除非相关州的《反欺诈法》要求"合同"采用书面形式,几乎任何类型的已签署书面文件或证明当事人协议条款的其他记录都满足该法的要求。此结果源自第 4 条的用语,该条规定,事实上,要求必须有书面合同或合同的一些备忘录或说明。

第二,"签署的"书面文件的要求,并不意味着该文件必须由当事人手签并且有他的全名。使用能证实文件意图的符号就足够了。例如,首字母为"O.K."就已足够。如果影印或电脑打印的名字反映了证实文件的意图,它们也算作签名。《统一商法典》将"签署的"(signed)一词定义为包括"当事人所签署的或者采用的任何意在证实文书的符号"。《统一商法典》第 1-201 条的评论指出:"……正如该'签署的'一词在本法中所使用的那样,签名无须完整。以印刷字体书写,加盖印章或者一般书写,仅签姓名的首字母及按手印均可起到证实的作用。签名可以出现在文件的任何地方,在适当情况下,(印有企业名称、地址的)空白单据或者信笺抬头的内容也可以视为签名。就这些可能情况的清单绝不可能是完整的。法院在处理这些事项时必须运用常识及商业经验。相关的问题永远是,当事人签署或者采用一标记时有无采用或证实文件的意图。"[29]《合同法重述(第二次)》的进路比《统一商法典》的方法稍微宽泛些,因为它允许实际的或明显的意图就足够了。[30] 法恩斯沃思在描述《合同法重述(第二次)》的进路时指出,"现代检测是,另一方当事人是否合理地相信,宣称的签字人之意图是将书面文件证实为签字人自己的文件"[31]。在多诺万诉

---

[29] U.C.C. §1-201 cmt. 37 (Am. Law Inst. & Unif. Law Comm'n 2011).
[30] *Restatement Second* §134.
[31] E. Allan Farnsworth, *Contracts* §6.8, at 390 (4th ed. 2004).

RRL 公司案(Donovan v. RRL Corp.)中,法院认为,"当广告构成要约时,商人的印刷名称意在证实该广告是该商人的广告……换言之,在广告合理证成了接受者的理解,即该沟通意为要约,要约人将他或她的名字证实为签名的意图可以从广告表面确定下来"[32]。

第三,如果一份书面文件或其他记录要满足该法的要求,一方面它必须合理充分地表明合同条款,未能确定当事人、标的物和合同基本条款的书面记录或其他记录通常并不充分;另一方面,法院并不要求完美,某种程度的模糊或省略并不致命。

第四,对于是否必须表明约因以使书面文件有效,则有多种方法。一些制定法规定必须表明约因,而其他制定法则规定无需表明约因。后一种进路引发很多难题。例如,这是否意味着,出售土地的书面合同尽管没有提到价格或错误地表述了价格,但仍然是有效的?不同案例就有分歧了,但有些案例走得太远了,接受了这个结论。

保证(Guarantees)提出了特殊问题,因为书面保证经常忽略保证的约因——例如,这可能是债权人给予债务人时间之延长。一个解释保证条款[第4(2)条]的早期英国案例宣称,没有表明保证人约因的合同或备忘录存在致命缺陷。一些美国法院遵循了此判决,但更多法院则拒绝了。1856年,英国法因一项制定法而改变,该制定法免除了在书面保证中表明保证约因的要求。[33]

第五,一般而言,书面文件或其他记录不需要双方当事人签字,只需由"被指控的当事人"签字。这可能导致合同只能通过一方当事人而非另一方当事人执行。

第六,即使在不存在足以满足该法的单一书面文件的场合,有时也可以通过拼接几份书面文件获得一份备忘录。如果文件是通过物理方式连接的,或者包含内部的相互参照,将这些书面文件拼接在一起并不困难。有疑问的是,在完全依靠口头证据或一般外观(general apperance)的场合

---

[32] Donovan v. RRL Corp., 27 P.3d 702, 713-714 (Cal. 2001).

[33] Mercantile Law Amendment Act 1856, 19 & 20 Vict., c. 97 (Eng.).

下,拼接在一起是否允许。在克拉布特里诉伊丽莎白·雅顿销售公司案(Crabtree v. Elizabeth Arden Sales Corp.)[34]中,法院指出:

> 在每个单独书面文件都由受指控当事人签署的场合,即使有,遇到的困难也很少……然而,在一些书面文件已经签署而另一些还没有签署的场合……对于允许未签署文件视为法定备忘录一部分之充分联系是如何构成的,存在着基本的分歧。一些法域的法院坚持认为,在签署的书面文件中不同程度地特定参考了那些未签署的书面文件,如果没有这种参考,它们拒绝在确定备忘录是否满足该法时考虑后者……多年来获得越来越多支持的另一个立场是,简单通过文件提示了同一主题或交易即可建立文件之间的充分联系。
>
> ……末尾表达的观点给我们的印象更合理……我们现在明确地采用它,只要签名和未签名的书面文件清楚地指向相同的主题或交易,就允许一起解读它们……

第七,备忘录可能无法满足《反欺诈法》的要求,因为它没有正确地表明协议。[35](但注意,《统一商法典》第2-201(1)条在货物销售合同情况下特别的规定则相反。见下文第九个要点。)这个结果自相矛盾。《反欺诈法》的理由建立在口头协议的不可信性上。然而,该法要求的书面或其他记录本身可能会受到质疑,而且口头证明了书面文件或其他记录并没有真正表明口头协议,这就影响了该法的效果。

第八,即使代理人的授权没有书面文件或其他记录予以证明,委托人通常受代表委托人之授权代理人签名的约束。然而,一些州的制定法规定,如果代理人签署的合同在《反欺诈法》的范围内,代理人的授权必须以委托人签署的书面文件或其他记录来证明。此种立法所体现的原理有时被称为"同等尊严规则"(equal dignity rule),即代理人代表委托人订立合同的授权必须由与合同本身要求的形式相同的形式来证明。同等尊严规则通常只在制定法特别采用了该规则的州适用。

---

[34] 110 N. E. 2d 551, 553-554 (N.Y. 1953).

[35] See *Restatement Second* § 131 cmt. g.

第九,至于货物买卖合同,《统一商法典》第2-201(1)条以非常实质性的方式改变了整部法律(whole corner of the law)。应记得,根据第2-201(1)条:

> 本条另有规定者除外,价金达到或者超过500美元的买卖合同不得通过诉讼或抗辩予以强制执行,但有书面文件充分表明当事人之间订立了买卖合同,且合同经被请求执行的当事人、其授权的代理人或者经纪人签署的不在此限。书面文件不因其遗漏或者错误记载当事方所约定之条款而被视为无效,但合同在超出该书面文件所记载的数量范围以外不得依据本款予以执行。[36]

根据对本节的官方评论:

> ……要求的书面文件无须包括合同的所有主要条款,所记载的此类主要条款也无须精确记载。所要求的全部是,书面文件提供这样一个基础,据此可以认为提供的口头证据立基于真实的交易。书面文件可以是用铅笔书写在便笺簿上的文字,它无须指明谁是买方,谁是卖方。必须出现的唯一条款是数量条款,该条款也无须精确规定,但赔偿仅限于所规定的数量。货物的价格、价款的支付或者货物的交付时间和地点、货物的一般品质或者任何特殊的担保均可省略……

关于订购单或销售单本身是否满足《统一商法典》第2-201条要求,法律有一些分歧。一方当事人签署的空白订单或销售单不太可能通过该条的检验,因为它没有提供合同已订立的证据。[37] 但是,有更多内容的采购单或销售单可能会满足第2-201条的要求。例如,在巴扎克国际公司诉马斯特工业案(Bazak International Corp. v. Mast Industries)中,纽约州法院(New York Court)认为,在该案中,订购单满足了第2-201条的要件,部分理由是,订购单是卖方从买方母公司所在地发送给买方子公司

---

[36] U.C.C. § 2-201(1) (Am. Law Inst. & Unif. Law Comm'n 2002).

[37] Trilco Terminal v. Prebilt Corp., 400 A.2d 1237, 1240-1241 (N.J. Super. Ct. Law Div. 1979), aff'd, 415 A.2d 356 (N.J. Super. Ct. App. Div. 1980).

的。法院得出结论认为,这个事实意味着,订购单不是未经请求的,而是反映了已达成的协议。其他法院则认为,如果订购单由双方当事人签署,或者可以与另一方当事人发送的文件相匹配,或者表明已经支付了定金,订购单就足够了。[38] 此外,《统一商法典》第2-201(2)条规定,"在商人之间,于合理时间内书面文件"——它可能包括订购单或销售单——"对发送人充分有效之合同确认书于合理时间内收到,且收到方有理由知道其内容的,确认书符合第(1)款对该当事人规定之要求,但该当事人收到确认书后10日被书面通知反对其内容的除外"。

六、该法范围内口头合同部分履行的效果,或信赖该法范围内口头合同的效果

1. 导言

本条考虑以下问题:A已与B签订口头合同,根据《反欺诈法》,该口头合同是不可执行的。在A已经根据口头合同行动后,B违反了合同。A应当被判予任何赔偿吗?这可区分为三种情况:(1)A就他根据口头合同给予B的利益寻求返还损害赔偿。(2)尽管由于A的信赖,B没有得到任何利益,但A要求对其因信赖口头合同而遭受的损失给予信赖损害赔偿。(3)A基于B允诺的履行之价值而寻求预期损害赔偿。

2. 返还

众所周知,通常情况下,原告可以获得他根据合同给予被告之任何利益的价值,而根据《反欺诈法》,该合同对被告是不可执行的。

壁画。根据与玛丽昂·米恩斯(Marion Means)的口头合同,艺

---

[38] 535 N. E. 2d 633, 638-639 (N.Y. 1989); See Lonnie Hayes & Sons Staves, Inc. v. Bourbon Cooperage Co., 777 S.W.2d 940, 942-943 (Ky. Ct. App. 1989); Koenen v. Royal Buick Co., 783 P.2d 822, 826-827 (Ariz. Ct. App. 1989).

术家史蒂文·斯莫克（Steven Smock）同意在米恩斯家里画一幅壁画，以换取帕斯地块（Passacre）的转让。在斯莫克完全履行后，米恩斯拒绝转让帕斯地块。

尽管此交易（transaction）是《反欺诈法》第4(4)条规定的土地销售合同，因此对米恩斯不具执行性，但斯莫克可以获赔壁画的价值。此结果与该法的调和有两种解释。一种解释是规范性的；另一种解释是原理性的。规范解释是，允许当事人保留他在只是因为未采用书面形式而不可执行的合同下所获得的利益，对法律来说太不公平了，不能获得支持。原理解释是，《反欺诈法》只禁止执行合同的诉讼，返还诉讼不是基于合同法，而是基于不当得利和返还法，后者是一个独立的法律部门。相应地，返还诉讼中的赔偿计算根本上不同于合同诉讼中通常的损害赔偿计算。在合同诉讼中，受允诺人的赔偿通常是由允诺人所允诺的履行之价值来计算的。在壁画案中，赔偿的是帕斯地块的市场价值。相比之下，在返还诉讼中，受允诺人的赔偿以允诺人收到之履行的价值来计算。在壁画案中，赔偿的就是壁画的市场价值。

3. 信赖

假设，根据《反欺诈法》不可执行的合同，原告寻求对他在根据该合同行事所遭受的损失赔偿，但并没有给被告带来利益。这里的问题不像给予利益的情况那样界限分明。在规范意义上，允许被告保留根据《反欺诈法》下不可执行的合同所给予他的利益，这比被告无需补偿原告那些未能给被告带来利益之损失的规则更冒犯正义感。（这并不是说第二种规则就是公正的，而是说在信赖情况中不公正的程度比在返还情况中要轻一些。）在原理上说，与根据不当得利和返还法提起的获得所给予利益的追回诉讼不同，信赖损害赔偿诉讼是根据合同法提起的诉讼。因此，于合同在《反欺诈法》范围内的场合，这种诉讼就更直接与《反欺诈法》冲突。至少直到最近，主流观点还是，如果损失没有给被告带来利益，允许通过信赖《反欺诈法》下不可执行的合同来赔偿损失违反该法。今天，此种观点正在逐渐改变。两个主要案件是莫纳科诉洛·格雷科案（Monarco v. Lo

Greco)和阿拉斯加航空公司诉斯蒂芬森案(Alaska Airlines v. Stephenson)[39]。

在莫纳科诉洛·格雷科案(Monarco v. Lo Greco)中,洛·格雷科的母亲和继父口头向克里斯蒂(Christie)允诺,如果他留在家庭农场并帮忙管理,他们会把大部分财产都留给他。克里斯蒂按照他们的要求做了,家庭农场也繁荣起来了。然而,农场留给了继父的孙子。尽管《反欺诈法》第4(4)条(土地部分)有规定,法院还是基于克里斯蒂的信赖而判决支持他。司法意见书指出只有"在拒绝执行合同将导致过分伤害或不当得利的场合下"信赖才是超越该法的理由[40],这就对司法上精心制定的该法之信赖例外进行了限定。

在阿拉斯加航空公司诉斯蒂芬森案(Alaska Airlines v. Stephenson)中,阿拉斯加航空公司口头允诺,只要航空公司获得西雅图和阿拉斯加之间飞行所需的许可(certificate),它就给该公司的飞行员一份两年期的书面雇佣合同。信赖了此允诺,飞行员就失去了重返前雇主工作的权利。这家航空公司违反了允诺。尽管《反欺诈法》第4(5)条(一年条款)有规定,法院还是基于飞行员的信赖推翻了该法这一理由而判决支持飞行员。[41]

《合同法重述(第二次)》第139条充分承认《反欺诈法》领域的信赖原则:

> 第139条 基于信赖行事的执行
>
> (1)允诺人应当合理地预见到他的允诺会诱使受允诺人或第三人实施作为或不作为,并且该允诺的确诱导了这样的作为或不作为,那么,如果只有执行该允诺才能避免不公正,那么该允诺应具有可执行性,尽管《反欺诈法》可能有不同规定。违反允诺之救济应限

---

[39] Monarco v. Lo Greco, 220 P.2d 737 (Cal. 1950); Alaska Airlines v. Stephenson, 217 F.2d 295 (9th Cir. 1954).

[40] Monarco, 220 P.2d at 741.

[41] Alaska Airlines, 217 F.2d at 281. See also, e.g., Alaska Democratic Party v. Rice, 934 P. 2d 1313, 1316-1317 (Alaska 1997).

制在公正所要求的范围内。

(2) 在确定是否只有通过执行该允诺才能避免不公正时,下列情形至关重要:

a. 其他救济方式,尤其是取消允诺或恢复原状,是否可适用和是否充足;

b. 与被寻求救济相关的作为或不作为之含义和重要特征;

c. 该作为或不作为为允诺之发出或允诺条款之存在提供确证的限度,或者其他清楚且令人信服的证据证明允诺之发出或允诺条款之存在;

d. 该作为或不作为的合理性;

e. 允诺人可预见该作为或不作为的范围。

评论……

d. 部分执行;特定救济。与是否应判予任何救济相关的相同因素有关,也与救济的特点与程度有关。特别是,返还救济通常不受《反欺诈法》的影响……;在返还是充分救济的场合,则本条所述规则不提供其他救济。此外,当特定履行可用时……普通的损害赔偿诉讼通常不太令人满意,因此正义不要求在此种诉讼中执行……在某些情况下,以受允诺人的信赖程度而非允诺的条款来计算救济可能是恰当的。参见第 90 条……

《合同法重述(第二次)》第 139 条无疑强化了司法采纳《反欺诈法》信赖例外的趋势。然而,并非所有法院都采纳此种例外。[42] 此外,一些采纳信赖例外的法院继续以与莫纳科案(Monarco)相同的方式限定例外。

在货物买卖合同场合下,一方当事人援引信赖例外会提出一个特殊问题。《统一商法典》的反欺诈规定,即第 2-201 条,包括了一些例外。信赖不是这些例外之一。一些案例采取的立场是,第 2-201 条中包括的例外应被视为排除任何包括信赖在内的其他例外,部分是为了促进《统一商

---

[42] See, e.g., Stearns v. Emery-Waterhouse Co., 596 A.2d 72, 74-75 (Me. 1991).

法典》适用的一致性。[43] 其他案例采取的立场是,信赖例外适用于属于第2-201条的情况,因为《统一商法典》第1-103条规定,"除非本法的特别条款另有规定,法律原则和衡平原则(包括……与禁反言或者其他有效或者无效原因……相关的法律……)应补充其规定"[44]。

4. 预期损害赔偿

原告根据《反欺诈法》上对被告不可执行的合同行事,从他的立场看,最后两条所概述的法律状况在两个方面并不令人满意:①尽管正向该方向迈进(Despite some straining in that direction),但法律并不总是补偿原告根据合同采取行动所产生的损失。②在原告履行了合同中他自己义务的场合,如果他的赔偿计算是被告所允诺履行之价值,而非他自己履行的价值,这通常对他有利。如果原告寻求预期损害赔偿以实现盈利性交易的好处,他的目标似乎与《反欺诈法》相反。同时,案例明确承认原告的返还权,而且如果此权利在实践中受到了不确定赔偿计算的损害,原告有合法控诉根据。这种异议具体适用于该场合,即被告允诺为履行支付一笔确定数额的金钱,而原告的履行给予被告的利益没有确定的市场价值。作为一个原初问题,在此种情况下,通过将被告允诺支付的金额作为原告履行的价值以避免计算原告履行的价值所涉及的风险和疑虑,似乎也是合理的。

与此推理相对的是《反欺诈法》的简明语言。然而,几个世纪以来,法院一直将例外情况解读为该法的某些条款,其中,即使合同在其他方面符合该法规定,一方当事人已经完全或甚至部分履行了,原告也可以对预期损害赔偿提起诉讼。这些部分履行例外因该法的不同条文而异。

(1) 保证部分

一般来说,部分履行例外不会被解读为保证条款。例如,如果卖方根

---

[43] See, e.g., Renfroe v. Ladd, 701 S.W.2d 148, 149-150 (Ky. Ct. App. 1985); Lige Dickson Co. v. Union Oil Co., 635 P.2d 103, 106-107 (Wash. 1981).

[44] See, e.g., Allen M. Campbell Co. v. Virginia Metal Indus., 708 F.2d 930, 932-934 (4th Cir. 1983); Ralston Purina Co. v. McCollum, 611 S.W.2d 201, 203 (Ark. Ct. App. 1981).

据保证人的口头允诺对买方支付价款的义务承担责任,向买方交付货物,则保证人不受此约束。

(2)结婚部分

一般认为,结婚考虑的口头合同不会仅仅因为结婚是信赖允诺情况下发生的而排除在《反欺诈法》之外[然而,在除了结婚外还发生了所涉行为的严重的情况变化(change of position)的场合,有一些案例执行了口头协议]。

(3)土地部分

在土地权益(土地合同)买卖的合同中,部分履行例外——也许更准确地说,部分履行及信赖例外——已经制度化,并形成一套壮丽的案例法。

传统上,对执行某些属于《反欺诈法》范围内的土地合同,除了合同已经部分履行的事实,此领域的案例明确提出了两种不同的考虑因素:①衡平法,该法有利于根据口头合同行事的当事人,如果合同不执行,当事人就将遭受艰难。②证明合同存在的信赖行为或部分履行行为的证据价值。由于这些考虑可能会不同程度出现,因此在土地合同语境下,部分履行例外适用或严格或灵活。此外,一些判决更重视部分履行证据的重要性,而另一些判决则更加重视艰难因素。

在考虑土地合同的部分履行例外时,有必要区分卖方在合同下的行为和买方在合同下的行为。只要卖方实际将土地转让给买方,他就有权根据口头土地买卖合同而获得购买价格。[45] 因此,卖方可以获得买方允诺的价格以及卖方交易的利益,而不是被推回到返还已转让土地合理价值的诉讼或者强迫土地转让回转的特定返还诉讼中。

在买方根据该法范围内的合同行事的场合,法律就更加复杂了。《合同法重述(第一次)》第197条对此领域的传统规则进行了很好的总结。该条款规定,如果"买方在卖方的同意下(a)对土地进行了有价值的改良,或(b)占有或保留了在交易时存在的对土地的占有,并支付了部分或

---

[45] See Restatement Second § 125(3).

全部购买价格",则土地权益买卖的口头协议变得特定可执行了。

如《合同法重述(第一次)》第197条所述,尽管有一些案例与此相反,传统规则下支付全部或部分购买价格(无需更多),本身并不会使合同具有可执行性。理论基础是,此种支付并不能确认出售的土地(但是,支付本身可以在返还诉讼中予以赔偿)。同样,传统规则下,买方取得占有的行为(无需更多),不会使合同对买方具有可执行性。理论基础是,尽管取得占有可能具有表明某种协议及确认其标的之证据价值,但取得占有既符合购买的要素也符合租赁的要素,并不必须涉及购买人严重的情况变化(change of position)。

这些限制决不会得到法院的普遍尊重。除了一些案例表明,即使不支付购买价格,获得占有也充足的以外,许多案例认为,购买者长期提供服务就足以使合同脱离该法的范围。此种判决通常出现在涉及"余生你照顾我,死后农场归你"(care for me for the rest of my life and you can have the farm when I am gone)类型合同情况中。

关于在土地合同下买方的某些行为可能使合同具有可执行性的传统规则,应注意以下几点。

① 此规则是由衡平法院发展的,因此一般认为只赋予了买方特定履行的权利,而非赋予买方按照土地价值计算获得赔偿的权利。[46] 相比之下,卖方在转让土地后对价格的权利是一项依照普通法起诉的权利。

② 通常是购买方根据合同做出了改良或采取其他行动,向卖方提起特定履行的诉讼。然而,有些案例认为,买方根据合同做出的行为,在他身上产生了特定履行的权利,也在卖方身上产生了特定履行的权利。在这里,使口头合同可执行的不是卖方的困难,而是买方行为的证据价值,或者这一观念,即如果执行合同对买方是公平的,那么平等对待也应当允许卖方起诉。

③ 在一些法域,法院已经表示,它们不承认此规则,即土地权益

---

[46] See *Restatement Second* § 129, cmt c.

买卖之口头合同的部分履行,会特别使该合同具有可执行性。

④一般倾向是可非常灵活地执行解决有争议土地边界的口头合同。如果当事人对他们土地之间的边界有争议或存疑,并口头同意通过沿指定的线路设置围栏或其他标记来解决问题,则通常一旦根据该协议采取任何行动,该协议就可以执行。[47]

《合同法重述(第二次)》第129条通过使例外集中于信赖,完全重新定义和重新表述了土地合同的部分履行例外。该条规定:

> 为转让土地利益而缔结的合同,如果请求执行的一方当事人由于对该合同合理信赖以及对方当事人持续同意的情况下而变更主张,导致只有强制执行才能避免不公正的情况下,该合同可以特定履行,然而这可能与《反欺诈法》的规定不符。

此领域的法律是否会转向《合同法重述(第二次)》第129条所述的规则,仍然有待观察。

一年条款。根据《合同法重述(第二次)》第130条和许多案例,一旦合同的一方当事人完全履行,即使另一方当事人的允诺不能在一年内履行,该允诺也具有约束力。将此规则与解释一年条款的基本规则放在一起,可以说,口头合同要么不在一年条款之内,要么被移除在一年条款之外:如果整个合同可以在一年内履行,即使任何一方当事人都还没有完全履行,或者如果一方已经完全履行,不管履行需要花费多长时间。[48]

然而,作为部分履行的结果,其他案例不太赞同将口头合同从一年条款中移除。根据一些案例,如果被告的履行需要一年以上,原告已经完全履行的事实并不重要,原告唯一的救济是返还。还有一些案例说,只有一方当事人的全面履行在第一年内发生,这才会使该合同不受该法的约束。

---

[47] See Restatement Second §128(1).
[48] See Restatement Second §130.

七、口头解除

口头解除(Oral Rescission)有效性问题的产生主要与以下情况有关：根据《反欺诈法》，原始合同必须是并且曾经是书面形式或其他记录。然而，随后，经双方协议，可以口头解除该合同。根据该理论，即解除不要求履行任何义务，因此不属于该法所涵盖的任何类型，一般来说，此种情况下合同解除即使不采用书面形式，也是有效的[49]。然而，对此一般命题有两个限定。

1. 土地买卖。在解除的合同是为买卖土地并得到了完全履行时，合同解除本身实际上要求转让——尽管是转让回转(reconveyance)，因此属于该法的范围。假设在达成合同解除时原始合同是待履行合同呢？即使在这里，也有案例说，除非采用书面形式或其他记录，否则合同解除是无效的。这些案例的理论是，出售土地的合同在购买者身上创设了当下的财产权益，因此，解除此种合同也涉及土地权益的转让回转。然而，根据《合同法重述(第二次)》第148条的注释C，"通行规则"——《合同法重述(第二次)》采用的——"是待履行土地合同可以像本法中的其他合同一样予以口头撤销……"

2. 货物买卖。在原始合同是货物买卖并且所有权已经转移给买方时，"解除"实际上是货物的转卖，如果涉及金额为500美元或更多，则属于《统一商法典》第2-201条的范围。[50]

八、口头变更

一般来说，合同变更属于《反欺诈法》的范围，有且只有将原始协议和修改协议合并而成的新协议才属于《反欺诈法》的范围。然而，货物买卖

---

[49] See *Restatement Second* §148 and cmt. a.
[50] See *Restatement Second* §148, cmt. b and illus. 2.

合同变更的情况更加复杂。《统一商法典》第2-209(3)条规定：

如果变更的货物买卖合同属于本编范围内的合同的（第2-201条），必须遵守有关书面规则的要求。

评论3补充说：

第(3)款明确规定本编的书面规定适用于合同变更。依据这些规则，"交付与接受"的判断标准仅限于已经接受的货物，即限于过去。因此如果所涉价款达到500美元或者以上，那么不能幻想以口头证据来证明未来"变更"，因为这种变更至少必须有证实的备忘录证明。由于备忘录在效力上限于所记载的货物数量，因此，可以用来防范口头证据……

评论强烈建议，货物买卖合同的任何变更都必须采用书面形式。此立场被泽姆科制造公司诉纳威司达国际运输公司案（Zemco Manufacturing. Inc. v. Navistar International Transportation Corp.）[51]采纳，该案由第七巡回法院根据印第安纳州法律判决。1983年，双方订立了零部件买卖的书面合同。最初，合同期限为一年，但通过书面协议延长至1987年。1987年以后，双方口头同意延长合同。纳威司达辩称，根据《反欺诈法》，口头合同延期是不可执行的，即使第2-201条（《统一商法典》）的反欺诈法规定）仅由价格而非合同期限引发。第七巡回法院同意：

我们从[《统一商法典》第2-209(3)条]开始分析这个问题，该条通常适用于合同变更。它指出"如果变更的合同属于本编范围内的合同的……必须遵守《反欺诈法》的要求"……本条款的解释……在法院和评论家中引起了争议。一种观点是，所有合同变更必须采用书面形式；另一种观点认为，只有根据《统一商法典》第2-201条要求采用书面形式的条款之变更才必须采用书面形式。根据第二种观点，延期不需要采用书面形式，因为合同期限不是需要书面形式的条款。

---

[51] 186 F.3d 815 (7th Cir. 1999).

印第安纳州法院没有解释[《统一商法典》第2-209(3)条]的含义。其他法域的大量法院认为,《统一商法典》的同一规定的意见是,每一项合同变更都必须采用书面形式……尽管这些法院提供的分析很少,但它们基本上将第2-209(3)条解释为,如果变更后的合同符合第2-201条(即它是超过500美元的货物买卖),那么它的任何变更都必须采用书面形式……

至少一家法院认为,变更的书面形式要求只适用于约因的变化,或者《统一商法典》中反欺诈法所要求采用书面形式条款的变化。参见好市多批发公司诉世界许可公司案(e Costco Wholesale Corp. v. World Wide Licensing Corp.) 78 Wash. App. 637, 898 P.2d 347, 351 & n. 5 (1995)。此观点似乎也受到了评论家的赞赏。此种进路背后的一般理论是,如果原始合同中的相同条款可以由口头证据证明,那么要求变更采用书面形式即使不是不一致也是不正常的。此外,这一观点的支持者辩驳说,第2-209(3)条只明确援引了第2-201条中包含的书面形式的要求——不多也不少……

我们不需要抽象地决定第2-209(3)条的正确解释。因为该地区法院的管辖权是基于当事人公民的不同州籍,法院有义务适用印第安纳州的法律……我们认为,尽管印第安纳州法院没有直接谈到这个问题……但印第安纳州将遵循大多数法域的规则,认为合同的延期需要采用书面形式……(因为)在这份记录中,没有任何迹象表明印第安纳州不会遵循多数规则,或者其法院不认为《统一商法典》解释统一的目标很重要……有影响力的正式评论强烈建议印第安纳州在此种情况下需要遵守反欺诈法。[52]

相反,怀特和萨默斯(White and Summers)评论说:

假设一方当事人能够证明变更协议,他是否必须证明该协议已转换为书面形式呢?第2-209(3)条规定,"变更的合同属于本编范

---

[52] Id. at 819-20.

围内的合同的(第2-201条),必须遵守有关书面形式的要求"。这个条款的影响并不清楚。我们至少看到以下可能的解释:(1)如果原始合同在第2-201范围内,任何变更也必须采用书面形式;(2)如果变更增加的条款使整个交易第一次落在第2-201条内,如价格从400美元变更为500美元,那么变更必须采用书面形式;(3)如果变更本身在第2-201条范围内,则变更必须采取书面形式;(4)如果变更改变了第2-201条范围内的原始协议的数量条款,变更必须采用书面形式;和(5)前述的一些组合。鉴于第2-201条这一基本反欺诈法目的的结构,我们认为解释(2)、(3)和(4)都能证成,当然,都要受制于第2-201条本身的例外情况及禁反言的任何一般补充原则。[53]

九、《反欺诈法》与口头证据规则及变更救济的互动

《反欺诈法》与口头证据规则及变更救济的互动是一个充满混乱的主题。应注意以下几点:

第一,口头证据规则不会使后来对书面协议的口头变更无效,但《反欺诈法》却可以。

第二,《反欺诈法》要求书面文件或其他记录,并且在适用场合下,阻止使用口头协议作为诉讼基础。口头证据规则排除了书面协议和口头协议。

第三,除非《反欺诈法》要求"合同"采用书面形式,否则通常可以通过拼接一系列非正式信件来满足要求。此系列信件通常不会被解释为合同整合,因此也不会阻止引入口头证据。

第四,在涉及包含在书面文件或其他记录中的合同之诉讼中,一方当事人可以反对说合同是不完整的,另一方当事人可以提供口头证据来填补漏洞。提供这种证据可以提出两个问题:①根据口头证

---

[53] James J. White & Robert S. Summers, *Uniform Commercial Code* 78 (6th ed. 2010).

据规则允许提供的证据可以接受吗?②漏洞是否如此严重,以至于书面文件不能满足《反欺诈法》的要求?这些都是不同的问题,答案取决于不同的考虑。假设如下:

省略的描述。卖方和买方签署一份书面合同,内容包括以1万美元出售某块土地。除了合同没有确认或描述该土地,该合同只是说,"本合同涵盖了我们今天口头同意要转让的土地",该合同在各方面都完美。买方拒绝购买土地,卖方起诉买方违反合同。买方援引了《反欺诈法》作为抗辩。卖方相信该书面合同满足了该法的要求,而买方认为该书面形式并不充分,因为它没有描述所出售的土地。卖方回答说,"口头证据规则并不阻止引入口头证据来证明那块土地是什么。因此,我可以通过口头证据来补充书面合同,确认意在转让的土地。因此,本书面形式满足该法的要求"。

就口头证据规则而言,卖方是正确的,但就《反欺诈法》而言,他则是错误的。

第五,变更之救济如何符合这些规则呢?在考虑这个问题时,最好从显然不涉及《反欺诈法》的案例开始。C缔约为O在九个月内建造一栋房子,价格为10万美元。他们起草并签署了书面合同,该合同包含所有必要条款,但由于打字员的错误,价格被表述为1万美元而非商定的10万美元。这里,基于双方当事人都将价格理解为10万美元的明确和有说服力的证据,法院会命令变更合同。如果此合同是该法要求需要采用书面形式的合同,法院会有什么不同救济吗?法院改写合同以使其符合《反欺诈法》宣布为法律上不可执行的口头协议,此种理念有些令人不安。然而,《反欺诈法》的基本目的是为某些交易获得书面文件或其他记录的安全性。在上述假设的情况下,双方当事人在他们签署的书面合同中为自己找到了安全性。法院会毫不犹豫地变更合同,以使其符合双方当事人明确的共同意图。如果合同完全是口头的,那么它就没有可执行性了,也就不会有什么区别了。如果人们认为该法在很大程度上是基于对陪审团的不信任,那么变更的救济就不涉及陪审团,无论如何,只能在明确和有说服力的证据基础上法院才能判予该救济。

今天,人们普遍认为,属于《反欺诈法》范围的合同本身并不禁止变更的可能性。然而,在一些属于该法范围内的合同变更案件中,存在许多令人不安的迹象。例如,可以拒绝变更完全待履行的协议。如果变更涉及属于《反欺诈法》范围内合同的核心条款——例如,书面的土地买卖合同无意中遗漏了任何关于要转让什么土地的内容,那么法院也可能拒绝该变更。

十、 与该法有关的答辩和程序问题

在大多数法域,被告依《反欺诈法》答辩会被视为放弃抗辩。此外,在许多或大多数法域,想要援引该法的被告必须提出该法作为特别答辩的肯定性抗辩(affirmative defense),而不能简单地依赖于援引了一般性否认指控的答辩(plead)。大多数法域的配套规则是,《反欺诈法》不能在上诉时首次提出。

第五十七章　禁止口头变更条款

经常是,书面合同包括一个合同条款,即合同除非经过书面形式不得变更——一种私人的反欺诈法。此类条款通常被称为禁止口头变更(N.M.O)条款。普通法上的原理是,即使存在禁止口头变更约定,对书面合同进行口头变更也是可执行的。该理论是:(1)当事人能够通过后一合同改变前一合同;(2)口头变更合同是后一合同;(3)后一合同的默示条款是要取消先前合同的禁止口头变更条款。

就货物买卖合同而言,《统一商法典》第2-209条在涉及合同变更的普通法规则上做出了两点改变。从可执行的视角看,这两个改变反向而行。在一个方向上,第2-209(1)条规定,变更不需要约因即可执行,因此法律义务规则(legal-duty rule)并不适用。在另一个方向上,第2-209(2)条规定,如果货物买卖合同包含了禁止口头变更条款,那么合同的变更必须采用书面形式。

第2-209(2)条的力量被第2-209(4)条减弱了(moderated),后者规定,"意图变更的行为虽不满足第(2)款的要求,但仍可构成弃权"。其推论(inference)是,当变更作为弃权时,其具有法律效力。然而,第2-209(4)条受到了第2-209(5)条的限制,该条规定,"影响合同待履行部分之弃权的当事人,可以撤回弃权,但应使另一方当事人收到合理通知,说明另一方当事人应严格履行弃权所涉及的条款。但另一方当事人因信赖弃权已实质性地改变了其地位,撤回将会导致不公平的除外"。

在该领域,新兴了另一个部分履行的原理,基于该原理,如果根据货物买卖合同的口头变更而采取行动,该口头变更就变成有效的了。[1] 正像刚才提到的,第2-209(4)条规定,不满足第209(4)条而进行变更的行为不能满足第2-209(3)条的,可构成弃权,而且第2-209(5)条规定,如果该撤回对信赖该弃权而产生重大地位的改变是不公正的,那么此弃权就不能撤回。对在没有信赖时弃权是否有效存在不同观点,但是更好的观点是,根据《统一商法典》,使弃权有效并不必需信赖。

在BMC工业公司诉巴斯工业公司案[2]中,法院认为:

> 第一个问题(As an initial matter),我们必须决定,根据《统一商法典》,弃权是否必须伴随产生损害之信赖……在《统一商法典》是否保留了该要件上,法院有不同争论。然而,我们认为,《统一商法典》没有对弃权要求约因或者产生损害之信赖。
>
> 我们的结论源自第2-209(4)条和第2-209(5)条的通常用语。第2-209(4)条规定,即使失败的意图变更的行为也可以构成弃权,第2-209(5)条规定,弃权可以撤回,除非非弃权方信赖了该弃权。因此,该法承认,弃权可以存在于没有产生损害之信赖的情况下——这就是第2-209(5)条所指向的可撤回的弃权。只有此种解释才能使第2-209(5)条有意义,因为将第2-209(4)条解读为要求所有弃权都必需产生损害之信赖意味着,弃权从来撤回不了。[参见Wisconsin Knife Works v. National Metal Crafters, 781 F.2d 1280, 1291 (7th Cir.1986)](伊斯特布鲁克法官持不同意见)注意到将产生损害之信赖解读为《统一商法典》的要件会消除第2-209(4)条和第2-209(5)条的不同。第2-209(5)条因此就没有意义了。
>
> 尽管某些法院认为,根据《统一商法典》,弃权要求信赖,但是这些法院都忽视了《统一商法典》的通常用语。阐释此种弃权观的引领性案例是威斯康星刀具厂诉全国金属工匠案(Wisconsin Knife Works v. National Metal Crafters)……在该案中,第七巡回法院的一个陪审团

[1] See Restatement (Second) of Contracts §150 (Am. Law Inst. 1982).
[2] 160 F.3d. 1322 (11th Cir.1998).

审理了一个包括禁止口头变更条款的合同,而且考虑试图进行口头变更是否构成弃权。波斯纳法官代表多数意见撰写了书面意见,他认为,《统一商法典》第2-209(2)条赋予了禁止口头变更条款的效力,如果没有产生损害之信赖,该合同条款就可以被放弃的话,该条就多余了。波斯纳法官推理说,因为第2-209(5)条而尝试作出口头变更是不可执行的,根据第2-209(4)条其作为弃权而得以执行的话,那么第2-209(2)条就是"几乎死亡的条文(letter)"。同上第1286页。根据波斯纳法官的推理,为了使第2-209(2)条和第2-209(4)条都有意义,变更和弃权肯定存在某些不同。此不同就是弃权将产生损害之信赖作为要件。

然而,波斯纳法官忽视了变更和弃权的一个根本不同:同意合同变更的当事人不能在没有对取消给出约因时取消变更,给了合理通知的当事人可以单方撤回其对合同条款的弃权。弃权可以单方撤回的事实提供了第2-209(2)条和第2-209(4)条的这一不同,而且均能使两个条款有意义。因此,我们认为,《统一商法典》中的弃权并不要求产生损害之信赖。[3]

---

[3] Id. at 1333-1334.

案 例 表

A

Abex Corp. v. Controlled Sys., Inc., Nos. 92-1368, 92-1423, 92-1550, 1993 WL 4836 (4th Cir.1993)... 339n14.

Abney v. Baptist Med. Ctrs., 597 So. 2d 682 (Ala. 1992)... 433n20.

Academy Chi. Publishers v. Cheever, 578 N. E. 2d 981 (Ill. 1991)... 498-499, 501 Aceros Prefabricados, S.A. v. TradeArbed, Inc., 282 F.3d 92 (2d Cir. 2002)... 444 Action Eng' g v. Martin Marietta Aluminum, 670 F.2d 456 (3d Cir. 1982)... 726n28 Acton v. Fullmer, 323 B.R. 287 (Bank. Ct. D. Nev. 2005)... 43n37.

Adams v. Lindsell, (1818) 106 Eng. Rep. 250; 1 B. & Ald. 681... 450 Adras v. Harlow & Jones Gmbh, [1988] 42(1) PD 221 (Isr.)... 352n49 Advanced, Inc. v. Wilks, 711 P.2d 524 (Alaska 1985)... 212.

Aetna Cas. & Sur. Co. v. Murphy, 538 A.2d 219 (Conn. 1988)... 720.

Akers v. J. B. Sedberry, Inc., 286 S.W.2d 617 (Tenn. Ct. App. 1955)... 459n6 ALA, Inc. v. CCAIR, Inc., 29 F.3d 855 (3d Cir. 1994)... 793.

Alaska Airlinesv. Stephenson, 217 F.2d 295 (9th Cir. 1954)... 803 Alaska Democratic Party v. Rice, 934 P.2d 1313 (Alaska 1997)... 803n41.

Alaska N. Dev., Inc. v. Alyeska Pipeline Serv. Co., 666 P.2d 33 (Alaska 1983)... 542 Albre Marble & Tile v. John Bowen Co., 155 N. E. 2d 437 (Mass. 1959)... 640 Alden v. Presley, 637 S.W.2d 862 (Tenn. 1982)... 128n99.

Alexander H. Revell & Co. v. C.H. Morgan Grocery Co., 214 Ill. App. 526 (App. Ct. 1919)... 775n138 Algernon Blair, Inc.; United States v., 479 F.2d 638 (4th Cir. 1973)... 326.

Allegheny Coll. v. National Chautauqua Cty. Bank, 246 N.Y. 369, 159 N. E. 173 (1927)... 116n52 Allegheny Energy, Inc. v. DQE, Inc., 171 F.3d 153 (3d Cir. 1999)... 305.

Allen M. Campbell Co. v. Virginia Metal Indus., 708 F. 2d 930 (4th Cir. 1983)... 804n44.

Allied Canners & Packers, Inc. v. Victor Packing Co., 209 Cal. Rptr. 60 (Ct. App. 1984)... 198, 199 Aluminum Co. of Am. (ALCOA) v. Essex Group, 499 F. Supp. 53 (W. D. Pa. 1980)... 649.

Alvord v. Banfield, 166 P. 549 (Or. 1917)... 286n9.

American Fin. Corp. v. Computer Sci. Corp., 558 F. Supp. 1182 (D. Del. 1983)... 753n62 American Oil Co. v. Estate of Wigley, 169 So. 2d 454 (Miss. 1964)... 476n59.

Ammons v. Wilson & Co., 170 So. 227 (Miss. 1936)... 138n20.

AM PAT/Midwest, Inc. v. Illinois Tool Works, Inc., 896 F.2d 1035 (7th Cir. 1990)... 147 Anchorage Yacht Haven, Inc. v. Robertson, 264 So. 2d 57 (Fla. 4th DCA 1972)... 338n9.

Angel v. Murray, 322 A.2d 630 (R.I. 1974)... 39n21, 43n32, 43n37.

Anglia Television Ltd. v. Reed, [1972] 1 QB 60 (C.A.) (Eng.)... 231.

Arcadian Phosphates, Inc. v. Arcadian Corp., 884 F.2d 69 (2d Cir. 1989)... 516n66 Arnold v. Lyman, 17 Mass. (17 Tyng) 400 (1821)... 743n15, 744n27.

Arnold Palmer Gold Co. v. Fuqua Indus., Inc., 541 F.2d 584 (6th Cir. 1976)... 513n54 Arok Constr. Co. v. Indian Constr. Servs., 848 P.2d 870 (Ariz. Ct. App. 1993)... 500−501 Arrowsmith v. Mercantile-Safe Deposit & Tr. Co., 545 A.2d 674 (Md. 1988)... 117n53 Ashland Mgmt. Inc. v. Janien, 624 N. E. 2d 1007 (N.Y. 1993)... 232.

Asmus v. Pacific Bell, 999 P.2d 71 (Cal. 2000)... 435.

Automated Donut Sys. v. Consolidated Rail Corp., 424 N. E. 2d 265 (Mass. App. Ct. 1981)... 155n22 Automatic Laundry Serv., Inc. v. Demas, 141 A.2d 497 (Md. 1958)... 349n41.

Avery v. Fredericksen & Westbrook, 154 P.2d 41 (Cal. Ct. App. 1944)... 208n17 Axford v. Price, 61 S.E.2d 637 (W. Va. 1993)... 339n14.

B

Balaban-Gordon Co. v. Brighton Sewer Dist. No. 2, 342 N.Y.S.2d 435 (1973)... 559n6 Baltimore & Ohio R.R. Co. v. Boyd, 10 Atl. 315 (1887)... 338n9.

BaltimoreHumane Impartial Soc' y v. Pierce, 60 A. 277 (Md. 1905)... 69n2 Bank of Am. Canada v. Mutual Trust Co., [2002] 2 S.C.R. 601 (Can.)... 352n49.

Barbarossa & Sons, Inc. v. Iten Chevrolet, Inc., 265 N. W. 2d 655 (Minn. 1978)... 634.

Barclay's Bus. Credit, Inc. v. Inter Urban Broad. of Cincinnati, Inc., No. 90 Civ. 2272, 1991 WL 258751 (S.D.N.Y. Nov. 27, 1991)... 631n15.

Bar-Del, Inc. v. Oz, Inc., 850 S.W.2d 855 (Ky. Ct. App. 1993)... 586, 645n63.

Barker v. Bucklin, 2 Denio 45 (N.Y. Sup. Ct. 1846)... 743n13 Barry v. Davies, [2000] 1 WLR 1962 (C.A.) (Eng.)... 465n25.

Barwil ASCA v. M/V SAVA, 44 F. Supp. 2d 484 (E.D.N.Y. 1999)... 256n4.

Bastian v. Gafford, 563 P.2d 48 (Idaho 1977)... 494.
Bazak Int' l Corp. v. Mast Indus., 535 N. E. 2d 633 (N.Y. 1989)... 801 Beall v. Beall, 434 A.2d 1015 (Md. 1981)... 476n59.
Beardsley; People v., 113 N. W. 1128 (Mich. 1907)... 134, 135.
Beefy Trail, Inc. v. Beefy King Int' l, Inc., 267 So. 2d 853 (Fla. Dist. Ct. App. 1972)... 230, 324n12 Bell v. Lever Bros., Ltd., [1932] AC 161 (Eng.)... 583n11.
Bellak v. United Home Life Ins. Co., 211 F.2d 280 (6th Cir. 1954)... 139n21 Berg v. Hudesman, 801 P.2d 222 (Wash. 1990)... 377.
Berke Moore Co. v Phoenix Bridge Co., 98 A.2d 150 (N.H. 1953)... 401 Bethlahmy v. Bechtel, 415 P.2d 698 (Idaho 1966)... 615n71.
Bethlehem Steel Co.; United States v., 205 U.S. 105 (1907)... 288n20 Biddel v. Brizzolara, 30 P. 609 (Cal. 1883)... 775n139.
Biggins v. Shore, 565 A.2d 737 (Pa. 1989)... 777n144.
Bishop v. Eaton, 37 N. E. 665 (Mass. 1894)... 140n24, 439n38.
Black & White Cabs of St. Louis, Inc. v. Smith, 370 S.W.2d 669 (Mo. Ct. App. 1963)... 754n64 Black Gold Coal Corp. v. Shawville Coal Co., 730 F.2d 941 (3d Cir. 1984)... 256n2.
The Blackwall, 77 U.S. (10 Wall.) 1 (1869)... 76n20.
Blake v. Attorney Gen., [1998] Ch 439 (Eng.), on appeal, [2001] 1 AC 268 (HL)... 350, 351-352, 354n53.
BMC Indus., Inc. v. Barth Indus., Inc., 160 F.3d. 1322 (11th Cir. 1998)... 814 Board of Control v. Burgess, 206 N. W. 2d 256 (Mich. 1973)... 112n44 Bohanan v. Pope, 42 Me. 93 (1856)... 743n15, 745n27.
Bomberger v. McKelvey, 220 P.2d 729 (Cal. 1950)... 309n34.
Boston Plate & Window Glass Co. v. John Bowen Co., 141 N. E. 2d 715 (Mass. 1957)... 640 Bourdieu v. Seaboard Standard Oil Corp., 119 P. 2d 973 (Cal. 1941)... 338n9.
Bourne v. Mason, 86 Eng. Rep. 5; 1 Ventris 5 (1723)... 742n10 Braunstein; United States v., 75 F. Supp. 137 (S.D.N.Y. 1947)... 569n26 Brawn v. Lyford, 69 A. 544 (Me. 1907)... 118n58.
Brewer v. Custom Builders Corp., 356 N. E. 2d 565 (Ill. App. 1976)... 213n36 Brewer v. Dyer, 61 Mass. (7 Cush.) 337 (1851)... 743n15, 744n27.
Bridgman v. Curry, 398 N. W. 2d 167 (Iowa 1986)... 777n144, 778n149.
Brinkibon Ltd. v. Stahag Stahl und Stahiwarenhandels GmbH, [1983] AC 34 (H. L.)... 456n75.
British Columbia &Vancouver's Island Spar, Lumber & Saw-Mill Co. v. Nettleship, [1868] 3 LR-CP.499 (Eng.)... 241n11.

British Trade Ass' n v. Gilbert, [1951] 2 All ER 641 (Ch.) (Eng.)... 353 Britton v. Turner, 6 N.H. 481 (1834)... 328.

Broadway Maint. Corp. v. Rutgers, 447 A.2d 906 (N.J. 1982)... 767n111 Brooks v. White, 43 Mass. (2 Met.) 283 (1841)... 43n31.

Brown v. Kern, 57 P. 798 (Wash. 1899)... 43n31.

Brown v. KMR Servs. Ltd. [1995] 4 All ER 598... 247n28 Buchanan v. Tilden, 52 N. E. 724 (N.Y. 1899)... 748.

Buchman Plumbing Co. v. Regents of the Univ. of Minn., 215 N. W. 2d 479 (Minn. 1974)... 752n57, 767n110.

Bucquetv. Livingston, 129 Cal. Rptr. 514 (Ct. App. 1976)... 763n89 Budget Mktg., Inc. v. Centronics Corp., 927 F.2d 421 (8th Cir. 1991)... 517.

Buono Sales, Inc. v. Chrysler Motors Corp., 449 F.2d 715 (3d Cir. 1971)... 255n2 Burger King Corp. v. Madison, 710 F.2d 1480 (11th Cir. 1983)... 339.

Burton v. Coombs, 557 P.2d 148 (Utah 1976)... 477n62 Bush v. Bush, 177 So. 2d 568 (Ala. 1965)... 128n99.

Bushv. Canfield, 2 Conn. 485 (1818)... 324-325 Butterfield v. Hartshorn, 7 N.H. 345 (1834)... 743n15.

Buxbaum v. G.H.P. Cigar Co., 206 N. W. 59 (Wis. 1925)... 349n41, 350n42.

B.V. Bureau Wijsmuller v. United States, 487 F. Supp. 156 (S.D.N.Y. 1979)... 76n21, 78n24.

C

Caldwellv. Cline, 156 S.E. 55 (W. Va. 1930)... 454n73 Caldwell v. E.F. Spears & Sons, 216 S.W. 83 (Ky. 1919)... 459n8.

California Gasoline Retailers v. Regal Petroleum Corp., 330 P.2d 778 (Cal. 1958)... 486n5.

Camden Trust Co. v. Haldeman, 33 A.2d 611 (N.J. Ch. 1943), aff'd, 40 A.2d 601 (N.J. E.&A.(1945)... 776n143.

Campbell Soup Co.v. Wentz, 172 F.2d 80 (3d Cir. 1948)... 69n2, 94n67 Carr v. Mahaska Cnty. Bankers Ass' n, 269 N. W. 494 (Iowa 1936)... 473n49 Carson Pirie Scott & Co. v. Parrett, 178 N. E. 498 (Ill. 1931)... 754n66 Central Bank v. Hume, 128 U.S. 195 (1888)... 776n140.

Central Me. Gen. Hosp. v. Carter, 132 A. 417 (Me. 1926)... 116n52 Certified Question, In re, 443 N. W. 2d 112 (Mich. 1989)... 433n19.

Cetkovic v. Boch, Inc., 2003 Mass. App. Div. 1 (Mass. Dist. Ct. App. Div.)... 223, 225n14 Chaffin v. Ramsey, 555 P.2d 459 (Or. 1976)... 283n2.

Chambers v. Ogle, 174 S.W. 532 (Ark. 1915)... 422n19.

Champagne Chrysler-Plymouth, Inc. v. Giles, 388 So. 2d 1343 (Fla. Dist. Ct. App. 1980)... 437n35, 486n4 Chang v. First Colonial Sav. Bank, 410 S.E.2d 928 (Va. 1991)... 423n25.

Channel Home Ctrs. v. Grossman, 795 F.2d 291 (3d Cir. 1986)... 505-507 Chaplin v. Hicks, [1911] 2 KB 786 (Eng.)... 489-491.

Chazy Hardware, Inc.; People v., 675 N.Y.S. 2d 770 (N.Y. Sup. Ct. 1998)... 79n27 Chenard v. Marcel Motors, 387 A.2d 596 (Me. 1978)... 486n4.

Cheshire Oil Co. v. Springfield Realty Corp., 385 A.2d 835 (N.H. 1978)... 74n14.

Chestnut Hill Dev. Corp. v. Otis Elevator Co., 653 F. Supp. 927 (D. Mass. 1987)... 768n117, 770n128 Chicago, Milwaukee, & St. Paul Ry. Co. v. Clark, 178 U.S. 353 (1900)... 43n31.

Chiriboga v. International Bank for Reconstr. & Dev., 616 F. Supp. 963 (D.D.C. 1985)... 775n138 Christianson v. Chicago, St. P., M. & O. Ry., 69 N. W. 640 (Minn. 1896)... 244n21.

Cincinnati Siemens-Lungren Gas Illuminating Co. v. Western Siemen-Lungren Co., 152 U.S. 200 (1894)... 349n41.

Cities Serv. Oil Co. v. National Shawmut Bank, 172 N. E. 2d 104 (Mass. 1961)... 452n64 City of. *See name of city.*

City Stores Co. v. Ammerman, 266 F. Supp. 766 (D.D.C. 1967), aff' d mem., 394 F.2d 950 (D.C. Cir.1968)... 314n55.

Clark v. State, 80 So. 2d 308 (Ala. Ct. App. 1954)... 486n5 Clayton v. Clark, 21 So. 565 (Miss. 1897)... 43n33.

COAC, Inc. v. Kennedy Eng' rs, 136 Cal. Rptr. 890 (Ct. App. 1977)... 768n114 Coady v. Cross Country Bank, Inc., 729 N. W. 2d 732 (Wis. App. 2007)... 92n61 Cobaugh v. Klick-Lewis Inc., 561 A.2d 1248 (Pa. Super. Ct. 1989)... 437, 486 Cochran v. Taylor, 7 N. E. 2d 89 (N.Y. 1937)... 110n40.

Cohen v. Sabin, 307 A.2d 845 (Pa. 1973)... 43n32.

Coker Int' l v. Burlington Indus., 747 F. Supp. 1168 (D.S.C. 1990), aff' d, No. 90-2494, 1991 WL 97487 (4th Cir. June 11, 1991)... 636n32.

Colby v. Street, 178 N. W. 599 (Minn. 1920)... 347n52.

Cole v. Arizona Edison Co., 86 P.2d 946 (Ariz. 1939)... 771n131.

Cole-Mcintyre-Norfleet Co. v. Holloway, 214 S.W. 817 (Tenn. 1919)... 138n20 Collatz v. Fox Wis. Amusement Corp., 300 N. W. 162 (Wis. 1941)... 491n20 Colonial at Lynnfield, Inc. v. Sloan, 870 F.2d 761 (1st Cir. 1989)... 288n22.

Columbia Hyundai, Inc. v. Carll Hyundai, Inc., 484 S.E.2d 468 (S.C. 1997)... 442n44 Colvin v. Baskett, 407 S.W.2d 19 (Tex. Civ. App. 1966)... 573.

Congregation B' Nai Sholom v. Martin, 173 N. W. 2d 504 (Mich. 1969)... 116n50,

116n52 Congregation Kadimah Toras-Moshe v. DeLeo, 540 N. E. 2d 691 (Mass. 1989)... 116n51 Conklin v. Hurley, 428 So. 2d 654 (Fla. 1983)... 615n68.

Contemporary Mission, Inc. v. Famous Music Corp., 557 F.2d 918 (2d Cir. 1977)... 236 Coppola Enters. v. Alfone, 531 So. 2d 334 (Fla. 1988)... 339n13, 347-348.

Cosden Oil v. Karl O. Helm Aktiengesellschaft, 736 F. 2d 1064 (5th Cir. 1984)... 681.

Costco Wholesale Corp.v. World Wide Licensing Corp., 78 Wash. App. 637, 898 P. 2d 347(1995)... 809.

Couch's Estate, In re, 103 N. W. 2d 274 (1960)... 116n52 County of. See name of county Coyer v. Watt, 720 F.2d 626 (10th Cir. 1983)... 43n37.

C.R. Klewin, Inc. v. Flagship Props., Inc., 600 A.2d 772 (Conn. 1991)... 795n22, 796n26 Crabtree v. Elizabeth Arden Sales Corp., 110 N. E. 2d 551 (N.Y. 1953)... 800.

Craft v. Elder & Johnston Co., 38 N. E. 2d 416 (Ohio Ct. App. 1941)... 422n22.

Cretex Cos. v. Construction Leaders, Inc., 342 N. W. 2d 135 (Minn. 1984)... 753n60, 764n95, 766n108 Crocker v. Higgins, 7 Conn. 342 (1829)... 743n15.

Cross v. People, 32 P. 821 (Colo. 1893)... 486n5.

Crow v. Rogers, (K.B. 1723) 93 Eng. Rep. 719; 1 Strange 592... 742n10 CSU Holdings v. Xerox Corp., 162 F.R.D. 355 (D. Kan. 1995)... 275 Culton v. Gilchris, 61 N. W. 384 (Iowa 1894)... 480.

Cumbest v. Harris, 363 So. 2d 294 (Miss. 1978)... 309n34.

Curley v. Allstate Ins. Co. 289 F. Supp. 2d 614 (E.D. Pa. 2003)... 339n15.

Czarnikow-Rionda Co. v. Federal Sugar Ref. Co., 173 N. E. 913 (N.Y. 1930)... 242n14.

D

Dadourian Exp. Co. v. United States, 291 F.2d 178 (2d Cir. 1961)... 403n18 Daitom, Inc. v. Pennwalt Corp. 741 F.2d 1569 (10th Cir. 1984)... 445n51 Danann Realty Corp. v. Harris, 157 N. E. 2d 597 (1959)... 545.

Danbyv. Osteopathic Hosp. Ass' n, 104 A.2d 903 (Del. 1954)... 116n51, 116n52 Daniel-Morris Co. v. Glen Falls Indem. Co., 126 N. E. 2d 750 (N.Y. 1955)... 765n100 Daniels v. Newton, 114 Mass. 530 (1876)... 674.

Davies v. Langin, 21 Cal. Rptr. 682 (Ct. App. 1962)... 139n23, 458n5, 460n10 Dawkins v. Sappington, 26 Ind. 199 (1866)... 439n36.

Day v. Caton, 119 Mass. 513 (1876)... 137.

De Cicco v. Schweizer, 117 N. E. 807 (N.Y. 1917)... 129, 436n29.

Defeyter v. Riley, 671 P.2d 995 (Colo. Ct. App. 1983)... 347n32.

Delaware & Hudson Canal Co. v. Westchester Cnty. Bank, 4 Denio 97 (N.Y. Sup.

Ct. 1847)... 743n13 De Maris v. Asti, 426 So. 2d 1153 (Fla. Dist. Ct. App. 1983)... 762n87.

Demasse v. ITT Corp., 984 P.2d 1138 (Ariz. 1999)... 434.

DeMossv. Conart Motor Sales, Inc., 72 N. E. 2d 158 (Ohio Ct. C.P. 1947), aff'd, 78 N. E. 2d 675 (Ohio 1948)... 309n34.

Denburg v. Parker Chapin Flattau & Klimpl, 624 N. E. 2d 995 (N.Y. 1993)... 44n39 De Pauw Univ. v. Ankeny, 166 P. 1148 (Wash. 1917)... 116n51.

Dethmers Mfg. Co. v. Automatic Equip. Mfg. Co., 73 F. Supp. 2d 997 (N.D. Iowa 1999)... 339n15 Devecmon v. Shaw, 14 A. 464 (1888)... 118n58, 119n60, 126n91, 128, 129n104.

Devlin v. Smith, 89 N.Y. 470 (1882)... 14n13.

Dewien v. Estate of Dewien, 174 N. E. 2d 875 (Ill. App. Ct. 1961)... 128n99 DF Activities Corp. v. Brown, 851 F.2d 920 (7th Cir. 1988)... 794n20 Dial; United States v., 757 F.2d 163 (7th Cir. 1985)... 616.

Diamond Fruit Growers, Inc. v. Krack Corp., 794 F.2d 1440 (9th Cir. 1986)... 447n53 Dick v. United States, 82 F. Supp. 326 (Ct. Cl. 1949)... 454n70.

Dickinson v. Dodds, [1876] 2 Ch D 463 (Ct. App.) (Eng.)... 130n108, 460n11, 470–471 Dickson v. Delhi Seed Co., 760 S.W.2d 382 (Ark. Ct. App. 1988)... 224n13.

Dingley v. Oler, 117 U.S. 490 (1886)... 675n6.

Diversified Energy, Inc. v. Tennessee Valley Auth., 339 F.3d 437 (6th Cir. 2003)... 199 Donalson v. Coca-Cola Co., 298 S.E.2d 25 (Ga. Ct. App. 1982)... 753n61.

The Don Carlos, 47 F. 746 (N.D. Cal. 1891)... 75n19.

Donoghue v. Stevenson, [1932] AC 562 (HL)... 12–13.

Donovan v. RRL Corp., 27 P.3d 702 (Cal. 2001)... 423n25, 559n7, 572, 574, 575n48, 799.

Dorton v. Collins & Aikman Corp., 453 F.2d 1161 (6th Cir. 1972)... 446n52 Dougherty v. Salt, 125 N. E. 94 (N.Y. 1919)... 97, 99.

Dover Pool & Racquet Club v. Brooking, 322 N. E. 2d 168 (Mass. 1975)... 586, 645n63 Doyle v. South Pittsburgh Water Co., 199 A.2d 875 (Pa. 1964)... 771n131.

Dravo Corp. v. Robert B. Kerris, Inc., 655 F.2d 503 (3d Cir. 1981)... 754n67 Drennan v. Star Paving Co., 333 P.2d 757 (Cal. 1958)... 465n26.

Dreyfus & Co. v. Roberts, 87 S.W. 641 (Ark. 1905)... 43n33.

Driscoll v. Columbia Realty-Woodland Park Co., 590 P.2d 73 (Colo. Ct. App. 1978)... 769n118 Duncan v. Black, 324 S.W.2d 483 (Mo. Ct. App. 1959)... 44n38.

Durnherr v. Rau, 32 N. E. 49 (N.Y. 1892)... 747n41.

Duttonv. Poole, (1677) 83 Eng. Rep. 523; 2 Lev. 210... 742, 746 Duval & Co. v. Malcom, 214 S.E.2d 356 (Ga. 1975)... 302n19, 478n64.

Dyer v. National By-Prods., Inc., 380 N. W. 2d 732 (Iowa 1986)... 44n39.

E

Eagle v. Smith, 9 Del. 293 (1871)... 439n36.

Earl E. Roher Transfer & Storage Co. v. Hutchinson Water Co., 322 P.2d 810 (Kan. 1958)... 771n131 EarthInfo, Inc. v. Hydrosphere Res. Consultants, Inc., 900 P. 2d 113 (Colo. 1995)... 345, 362 Eastern Air Lines, Inc. v. Gulf Oil Corp., 415 F. Supp. 429 (S. D. Fla. 1975)... 308, 648n70.

Eastern Air Lines, Inc. v. McDonnell Douglas Corp., 532 F.2d 957 (5th Cir. 1976)... 631n15 Eastern S.S. Lines, Inc. v. United States, 112 F. Supp. 167 (Ct. Cl. 1953)... 207, 213, 303, 304.

E.B. Roberts Constr. Co. v. Concrete Contractors, Inc., 704 P.2d 859 (Colo. 1985)... 754n64.

ECDC Envtl., L.C. v. N.Y. Marine & Gen. Ins. Co., 96 Civ. 6033, 1999 U.S. Dist. LEXIS 9836 (S.D.N.Y. June 29, 1999)... 256n4.

Edenfield v. Woodlawn Manor, Inc., 462 S.W.2d 237 (Tenn. Ct. App. 1970)... 214n36 Educational Beneficial, Inc. v. Reynolds, 324 N.Y.S.2d 813 (Civ. Ct. 1971)... 218n1 Ellwood v. Monk, 5 Wend. 235 (N.Y. Sup. Ct. 1830)... 743n13.

Elsinore Union Elementary Sch. Dist. v. Kastorff, 353 P. 2d 713 (Cal. 1960)... 559n6.

Embry v. Hargadine, McKittrick Dry Goods Co., 105 S.W. 777 (Mo. Ct. App. 1907)... 399-400 English v. Fischer, 660 S.W.2d 521 (Tex. 1983)... 707n5.

Entores Ld. v. Miles Far E. Corp., [1955] 2 Q.B. 327... 455n75.

Equitable Trust Co. v. Western Pac. Ry., 244 Fed. 485 (S.D.N.Y. 1917), *remanded for correction & aff' d*, 250 Fed. 327 (2d Cir. 1918)... 674.

Estate of. *See name of party.*

Everett, City of v. Estate of Sumstad, 631 P.2d 366 (Wash. 1981)... 589.

F

Faith Lutheran Ret. Home v. Veis, 473 P.2d 503 (1970)... 97n1 Falcone; United States v., 257 F.3d 226 (2d Cir. 2001)... 615n72 Falconer v. Mazess, 168 A.2d 558 (Pa. 1961)... 454n72.

Falzarano v. United States, 607 F.2d 506 (1st Cir. 1979)... 773n137.

Famous Knitwear Corp. v. Drug Fair, Inc., 493 F.2d 251 (4th Cir. 1974)... 191n4.

Farley v. Cleveland, 4 Cow. 432 (N.Y. Sup. Ct. 1825), *aff ' d without opinion*, 9 Cow. 639 (N.Y. Sup. Ct.1827)... 742.

Farrington v. Freeman, 99 N. W. 2d 388 (Iowa 1959)... 355n55.

Federal Mogul Corp. v. Universal Constr. Co., 376 So. 2d 716 (Ala. Civ. App.)... 761n82, 769n118 Feinberg v. Pfeiffer Co., 322 S.W. 2d 163 (Mo. App. 1959)... 127n92, 128n99.

Felton v. Dickinson, 10 Mass. (10 Tyng) 287 (1813)... 743n15 Fera v. Village Plaza, Inc., 242 N. W. 2d 372 (Mich. 1976)... 234.

Fernandezv. Fahs, 144 F. Supp. 630 (S.D. Fla. 1956)... 437n35, 486n4 Fidelity & Deposit Co. v. Rainer, 125 So. 55 (Ala. 1929)... 754n66, 766n107 Filley v. Illinois Life Ins. Co., 137 P. 793 (Kan. 1914)... 776n140.

First Nat' l Bank v. Logan Mfg. Co., 577 N. E. 2d 949 (Ind. 1991)... 126, 128 Fiser v. Dell Computer Corp., 188 P.3d 1215 (N.M. 2008)... 92n61.

Fisher v. Bell, [1961] 1 QB 394 (Eng.)... 420.

Florida ex rel. Westinghouse Elec. Supply Co. v. Wesley Constr. Co., 316 F. Supp. 490 (S.D. Fla.1970) (mem.), aff' d mem., 453 F.2d 1366 (5th Cir. 1972)... 764n94.

Floyd v. Christian Church Widows & Orphans Home, 176 S.W.2d 125 (Ky. 1943)... 116n51 Foakes v. Beer, [1884] 9 App. Cas. 605 (H.L.) (Eng.)... 130n106.

Forbesv. Board of Missions of Methodist Episcopal Church, S., 110 P.2d 3 (Cal. 1941)... 139n23, 458, 460n10.

Forman v. Benson, 446 N. E. 2d 535 (Ill. App. Ct. 1983)... 726.

Fortune v. National Cash Register Co., 364 N. E. 2d 1251 (Mass. 1977)... 431n12, 708n8.

Freedman v. Rector, 230 P.2d 629 (Cal. 1951)... 288n21.

Freitag v. Bill Swad Datsun, 443 N. E. 2d 988 (Ohio 1981)... 224n12.

Freund v. Washington Square Press, Inc., 314 N. E. 2d 419 (N.Y. 1975)... 227, 229, 231, 232, 237 Friends of Lubavitch/Landow Yeshiva v. Northern Tr. Bank, 685 So. 2d 951 (Fla. App. 1996)...116n51.

Frigaliment Imp. Co. v. B.N.S. Int' l Sales Co., 190 F. Supp. 116 (S.D.N.Y. 1960)... 403n18 Frigidaire Sales Corp. v. Maguire Homes, Inc., 186 F. Supp. 767 (D. Mass. 1959)... 761n82 Frye v. Hubbell, 68 A. 325 (N.H. 1907)... 43n33.

F.S. Credit Corp. v. Shear Elevator, Inc., 377 N. W. 2d 227 (Iowa 1985)... 43n37 Funkhouser v. J.B. Preston Co., 290 U.S. 163 (1933)... 255n2.

G

Gabapentin Patent Litig., In re, 312 F. Supp. 2d 653 (D.N.J. 2004)... 275 Gandy v. Gandy, (1885) 30 Ch D 57 (C.A.) (Eng.)... 746n35.

Garcia v. Borelli, 180 Cal. Rptr. 768 (Ct. App. 1982)... 763n89.

Garden State Plaza Corp. v. S.S. Kresge Co., 189 A.2d 448 (N.J. Super. Ct. App. Div. 1963)... 377 Gardner Zemke Co. v. Dunham Bush, Inc., 850 P.2d 319 (N.M.

1993)... 440n40, 445n51 Garnsey v. Rodgers, 47 N.Y. 233 (1872)... 744n24.

Gassner v. Lockett, 101 So. 2d 33 (Fla. 1958)... 339n12.

G.C. Casebolt Co. v. United States, 421 F.2d 710 (Ct. Cl. 1970)... 454n71.

General Time Corp. v. Eye Encounter, Inc., 274 S.E.2d 391 (N.C. 1981)... 455n75 Gerhardt v. Continental Ins. Cos., 48 N.J. 291, 225 A.2d 328 (1966)... 525.

Gifford v. Commissioner of Pub. Health, 105 N. E. 2d 476 (Mass. 1952)... 638-639 Gilbert v. Sanderson, 9 N. W. 293 (Iowa 1881)... 775n139.

Gillmanv. Chase Manhattan Bank, 534 N. E. 2d 824 (N.Y. 1988)... 89n48 Giovanola v. Fort Lee Bldg. & Loan Ass' n, 196 A. 357 (N.J. Ch. 1938)... 470n37 Giuseppi v. Walling, 144 F.2d 608 (2d Cir. 1944)... 384n26.

Glendale Fed. Bank, ESB v. United States, 43 Fed. Cl. 390 (1999)... 339n15 The Glengyle, [1898] A.C. 519 (H.L.) (Eng.)... 78n24.

Globe Ref. Co. v. Landa Cotton Oil Co., 190 U.S. 540 (1903)... 241n11 G. Loewus & Co. v. Vischia, 65 A.2d 604 (N.J. 1949)... 33n7.

Glover v. District of Columbia, 77 A.2d 788 (D.C. 1951)... 439n36.

Glover v. Metropolitan Life Ins. Co., 664 F.2d 1101 (8th Cir. 1981)... 568n25 Gorham v. Peerless Life Ins. Co., 118 N. W. 2d 306 (Mich. 1962)... 139n21.

Gory Associated Indus. Inc. v. Jupiter Roofing & Sheet Metal, Inc., 358 So. 2d 93 (Fla. Dist. Ct. App.1978)... 214n36.

Grayddon v. Knight, 292 P. 2d 632 (Cal. 1956)... 126n89.

Great Am. Ins. Co. v. C.G. Tate Constr. Co., 279 S.E.2d 769 (N.C. 1981)... 721.

Greenberg v. Mallick Mgmt., Inc., 527 N. E. 2d 943 (Ill. App. Ct. 1988)... 43n37 Greer Props., Inc. v. LaSalle Nat' l Bank, 874 F.2d 457 (7th Cir. 1989)... 60, 708 Greguhn v. Mutual of Omaha Ins. Co., 461 P.2d 285 (Utah 1969)... 676 Griffith v. Brymer, [1903] 19 TLR 434 (KB) (Eng.)... 580, 582-583.

Grinnell Co. v. Voorhees, 1 F.2d 693 (3d Cir. 1924)... 153, 205.

Gross v. Diehl Specialties, Int' l, Inc., 776 S.W.2d 879 (Mo. Ct. App. 1989)... 130n107 Grouse v. Group Health Plan, Inc., 306 N. W. 2d 114 (Minn. 1981)... 432n14.

Grove v. Charbonneau Buick-Pontiac, Inc. 240 N. W. 2d 853 (N.D. 1976)... 437n35, 486n4 Grummel v. Hollenstein, 367 P.2d 960 (Ariz. 1962)... 346n30.

Gurfein v. Werbelovsky, 118 A. 32 (Conn. 1922)... 48, 419.

Guy v. Liederbach, 459 A.2d 744 (Pa. 1983)... 762nn84-86, 763n88, 763nn91-92.

G.W.S. Serv. Stations, Inc. v. Amoco Oil Co., 346 N.Y.S.2d 132 (N.Y. Sup. Ct. 1973)... 308n34.

H

Hadley v. Baxendale, (1854) 156 Eng. Rep. 145, 9 Ex. 341... 55, 65, 144-145, 222,

239-254, 260, 265,275, 276, 290, 297, 302, 306, 651.

Hale v. Groce, 744 P.2d 1289 (Or. 1987)... 763n88.

Hall v. Marston, 17 Mass. (17 Tyng) 575 (1822)... 743n15.

Hall v. Nassau Consumers' Ice Co., 183 N. E. 903 (N.Y. 1933)... 491n20 Hall v. United States, 19 Cl. Ct. 558 (1990)... 574.

Hampton& Sons, Ltd. v. George, [1939] 3 All ER 627 (KB) (Eng.)... 490n13 Hanberry Corp. v. State Bldg. Comm' n, 390 So. 2d 277 (Miss. 1980)... 767n110 Hancock Bank & Trust Co. v. Shell Oil Co., 309 N. E. 2d 482 (Mass. 1974)... 48n44 Hansen v. Andersen, 71 N. W. 2d 921 (Iowa 1955)... 208n21.

Harper v. Graham, 20 Ohio 105 (1851)... 43n31.

Harper v. Herman, 499 N. W. 2d 472 (Minn. 1993)... 135.

Harris v. Board of Water & Sewer Comm' rs, 320 So. 2d 624 (Ala. 1975)... 771n131 Harris v. Time, Inc., 237 Cal. Rptr. 584 (Ct. App. 1987)... 48, 439n38.

H.A. Steen Indus., Inc.v. Richer Commc' ns, 314 A.2d 319 (Pa. 1973)... 154n18 Hawkins v. McGee, 146 A. 641 (N.H. 1929)... 180-182, 183n6, 186-188, 207, 655n95.

Hawrysh v. St. John's Sportsmen's Club, [1964] 46 D.L.R. 45 (Manitoba Q.B.) (Can.)... 490n13 Hayes v. Durham Life Ins. Co., 96 S.E.2d 109 (Va. 1957)... 139n21.

Hayes v. Plantations Steel Co., 438 A.2d 1091 (R.I. 1982)... 128n99 H.B. Deal & Co. v. Head, 251 S.W.2d 1017 (Ark. 1952)... 773n137.

Healy v. Fallon, 37 A. 495 (Conn. 1897)... 355n55.

Hector Martinez & Co. v. Southern Pac. Transp. Co., 606 F.2d 106 (5th Cir. 1979)... 243 Hegeberg v. New England Fish Co., 110 P.2d 182 (Wash. 1941)... 720, 723n17.

Heideck v. Kent Gen. Hosp., 446 A.2d 1095 (Del. 1982)... 432n16 Helle v. Landmark, Inc., 472 N. E. 2d 765 (Ohio Ct. App. 1984)... 49.

Hendrickson v. International Harvester, 135 A. 702 (Vt. 1927)... 138n20 Herman v. Schlesinger, 90 N. W. 460 (Wis. 1902)... 43n31.

Hewson Constr., Inc. v. Reintree Corp., 685 P.2d 1062 (Wash. 1984)... 766n108 Heyer v. Flaig, 449 P.2d 161 (Cal. 1970)... 762nn85-86, 763n90.

Hickoxv. Bell, 552 N. E. 2d 1133 (Ill. App. Ct. 1990)... 777n144 Higgins, Inc. v. The Tri-State, 99 F. Supp. 694 (S.D. Fla. 1951)... 75n19 Hill v. Gateway 2000, 106 F. 3d 1147 (7th Cir. 1997)... 529n29.

Hill v. Jones, 725 P.2d 1115 (Ariz. Ct. App. 1986)... 614 Hinkley v. Wynkoop, 137 N. E. 154 (Ill. 1922)... 81n30.

Hochster v. De La Tour, (1853) 118 Eng. Rep. 922; El. & Bl. 678... 673.

Hoffman v. Red Owl Stores, Inc., 133 N. W. 2d 267 (Wis. 1965)... 330n32, 516n66 Hoffman v. United States, 340 F.2d 645 (Cl. Ct. 1964)... 768n113.

Hoggard v. Dickerson, 165 S.W. 1135 (Mo. Ct. App. 1914)... 473n49 Holbrook v. Pitt, 643 F.2d 1261 (7th Cir. 1981)... 772n132, 773n137 Holiday Inns of Am., Inc. v. Knight, 450 P.2d 42 (Cal. 1969)... 718, 720.

Holley v. St. Paul Fire & Marine Ins. Co., 396 So. 2d 75 (Ala. 1981)... 754n68 Home Gas Co. v. Magnolia Petroleum Co., 287 P. 1033 (Okla. 1930)... 478n68 Honey v. George Hyman Constr. Co., 63 F.R.D. 443 (D.D.C. 1974)... 761n82.

Horning Co. v. Falconer Glass Indus., Inc., 730 F. Supp. 962 (S. D. Ind. 1990)... 444n49.

Hotchkiss v. National City Bank, 200 F. 287 (S.D.N.Y. 1911), aff'd, 201 F. 664 (2d Cir. 1912), aff'd, 231 U.S. 50 (1913)... 26n2, 397.

Howe v Teefy (1927) 27 SR (NSW) 301 (Austl.)... 490n13.

H. Parsons (Livestock) Ltd. v. Uttley Ingham & Co., [1978] QB 791 (Eng.)... 243n19, 246.

H.P. Droher & Sons v. Toushin, 85 N. W. 2d 273 (Minn. 1957)... 210.

H.R. Moch Co. v. Rensselaer Water Co., 159 N. E. 896 (N.Y. 1928)... 771.

Hrushka v. Department of Pub. Works & Highways, 381 A.2d 326 (N.H. 1977)... 761n82 Hume v. United States, 132 U.S. 406 (1889)... 81n30.

Hunt Foods & Indus., Inc. v. Doliner, 270 N.Y.S.2d 937 (App. Div. 1966)... 541.

Huntington Coach Corp. v. Board of Educ., 372 N.Y.S.2d 717 (App. Div. 1975), aff'd, 357 N. E. 2d 1017 (1976)... 289n22.

Hurst v. W.J. Lake, 16 P.2d 627 (Or. 1932)... 379.

Hutchison v. Tompkins, 259 So. 2d 129 (Fla. 1972)... 287-288, 289n23 H-W-H Cattle Co. v. Schroeder, 767 F.2d 437 (8th Cir. 1985)... 197, 199.

Hylte Bruks Aktiebolag v. Babcock & Wilcox Co., 399 F.2d 289 (2d Cir. 1968)... 753n62 Hyman v. Cohen, 73 So. 2d 393 (Fla. 1954)... 287-289.

I

I. & I. Holding Corp. v. Gainsburg, 12 N. E. 2d 532 (1938)... 116n52.

Independent Mech. Contractors, Inc. v. Gordon T. Burke & Sons, 635 A.2d 487 (N. H. 1993)... 235 India.com, Inc. v. Dallal, 412 F.3d 315 (2d Cir. 2005)... 761n82.

Indiana Tri-City Plaza Bowl, Inc. v. Estate of Glueck, 422 N. E. 2d 670 (Ind. Ct. App. 1981)... 726n28 The "Industry" (1835) 166 Eng. Rep. 381; 3 Hag. Adm. 203... 76n21 In re. See name of party.

Interform Co. v. Mitchell Constr. Co., 575 F.2d 1270 (9th Cir. 1978)... 536.

International Filter v. Conroe Gin, Ice & Light Co., 277 S.W. 631 (Tex. Comm'n App. 1925)...447-448.

Intersource, Inc. v. Kidder Peabody & Co., 1992 WL 369918 (S.D.N.Y. Nov. 20,

1992)... 604n26 Iodice v. Bradco Cleaners, 1993 Mass. App. Div. 54 (1993)... 631n15. Iowa Elec. Light & Power Co. v. Atlas Corp., 467 F. Supp. 129 (N.D. Iowa 1978), rev' d, 603 F.2d 1301 (8th Cir. 1979)... 648n70.

Itek Corp. v. Chicago Aerial Indus., Inc., 248 A.2d 625 (Del. 1968)... 504-505, 507 ITM, Inc.; State v., 275 N.Y.S.2d 303 (Sup. Ct. 1966)... 88n46, 90n54.

Izadi v. Machado (Gus) Ford, Inc., 550 So. 2d 1135 (Fla. Dist. Ct. App. 1989)... 423n25.

J

Jacob & Youngs, Inc. v. Kent, 129 N. E. 889 (N.Y. 1921)... 208, 211, 215, 304, 323, 355, 693, 698.

Jacobs Assocs. v. Argonaut Ins. Co., 580 P.2d 529 (Or. 1978)... 765n100, 766n107 James v. Morgan, (1793) 83 Eng. Rep. 323, 1 Lev. 111... 81n30.

James v. Pawsey, 328 P.2d 1023 (Cal. App. Ct. 1958)... 777n147.

James D. Shea Co. v. Perini Corp., 321 N. E. 2d 831 (Mass. App. Ct. 1975)... 764n94 Janke Const. Co. v. Vulcan Materials Co., 527 F.2d 772 (7th Cir. 1976)... 126n89 Javins v. First Nat' l Realty Corp., 428 F.2d 1071 (D.C. Cir. 1970)... 615n68. The Jessomene, 47 F. 903 (N.D. Cal. 1891)... 75n19.

Jewish Fed' n v. Barondess, 560 A.2d 1353 (N.J. Super. Ct. Law. Div. 1989)... 116n50 J.F., Inc. v. S.M. Wilson & Co., 504 N. E. 2d 1266 (Ill. App. Ct. 1987)... 767n110. J.J. & L. Inv. Co. v. Minaga, 487 P.2d 561 (Colo. App. 1971)... 218n1.

J. Louis Crum Corp. v. Alfred Lindgren, Inc., 564 S.W.2d 544 (Mo. Ct. App. 1978)... 754n64 Johnson v. Davis, 480 So. 2d 625 (Fla. 1985)... 615n68.

Johnson v. Moreau, 82 N. E. 2d 802 (Mass. 1948)... 476n59.

Johnson v. National Beef Packing Co., 551 P.2d 779 (Kan. 1976)... 432n16 Johnson v. Scottish Union Ins. Co., 22 S.W.2d 362 (Tenn. 1929)... 143n36 Jom Inc. v. Adell Plastics, Inc., 193 F.3d 47 (1st Cir. 1999)... 447n53.

Jones v. Star Credit Corp., 298 N.Y.S.2d 264 (Sup. Ct. 1969)... 90 Jordan v. Duff & Phelps, Inc., 815 F.2d 429 (7th Cir. 1987)... 708n8.

Juliano v. Gaston, 455 A.2d 523 (N.J. Super. Ct. App. Div. 1982)... 769n118.

K

Kaiser Aluminum & Chem. Corp. v. Ingersoll-Rand Co., 519 F. Supp. 60 (S.D. Ga. 1981)... 769 Kaiser Trading Co. v. Associated Metals & Minerals Corp., 321 F. Supp. 923 (N.D. Cal. 1970)... 308 Kanavos v. Hancock Bank & Trust Co., 479 N. E. 2d 168 (Mass. 1985)... 678.

Kann v. Wausau Abrasives Co., 129 A. 374 (N.H. 1925)... 308n34.

Kansas City, Mo. v. Kansas City, Kan., 393 F. Supp. 1 (W.D. Mo. 1975)... 650n79. Kansas City, Mexico & Orient Ry. Co. v. Bell, 197 S.W. 322 (Tex. Civ. App. 1917)... 491n20 Kansas Mun. Gas Agency v. Vesta Energy Co., 843 F. Supp. 1401 (D. Kan. 1994)... 515 Kanzmeir v. McCoppin, 398 N. W. 2d 826 (Iowa 1987)... 224n12.

Karo v. San Diego Symphony Orchestra Ass' n, 762 F.2d 819 (9th Cir. 1985)... 777n144 Kearns v. Andree, 139 A. 695 (Conn. 1928)... 330.

Kearsarge Computers, Inc. v. Acme Staple Co. 366 A.2d 467 (1976)... 154n18 Keel v. Titan Constr. Corp., 639 P.2d 1228 (Okla. 1981)... 753n61.

Keithleyv. Civil Serv. Bd., 89 Cal. Rptr. 809 (1970)... 84n43 Kellogg v. Richards, 14 Wend. 116 (N.Y. Sup. Ct. 1835)... 43n31.

Kelly Health Care, Inc. v. Prudential Ins. Co. of Am., 309 S.E.2d 305 (Va. 1983)... 753n61 Kemble v. Farren, (1829) 19 Eng. Rep. 1234, 6 Bing. 141... 285, 286.

Kemp v. Gannett, 365 N. E. 2d 1112 (Ill. App. 1977)... 346n30.

Kenford Co. v. Erie Cnty., 493 N. E. 2d 234 (N.Y. 1986)... 227, 228n9, 229, 231, 232, 237 Kerr S.S. Co. v. Radio Corp. of Am., 157 N. E. 140 (N.Y. 1927)... 249n34.

Keystone Diesel Engine Co. v. Irwin, 191 A.2d 376 (Pa. 1963), *overruled* (Pa. 1977)... 242n14 KGM Harvesting Co. v. Fresh Network, 42 Cal. Rptr. 2d 286 (Ct. App. 1995)... 197, 199 Khabbaz v. Swartz, 319 N. W. 2d 279 (Iowa 1982)... 753n61.

Killpack v. National Old Line Life Ins. Co., 229 F.2d 851 (10th Cir. 1956)... 139n21 Kimes v. United States, 207 F.2d 60 (2d Cir. 1953)... 76n21.

King v. Travelers Ins. Co., 513 So. 2d 1023 (Ala. 1987)... 479n70, 480 King v. Trustees of Bos. Univ., 647 N. E. 2d 1196 (Mass. 1995)... 116n51.

Kinsman Transit Co., Petition of, 338 F.2d 708 (2d Cir. 1964), *cert. denied*, 380 U. S. 944 (1965)... 244.

Kirksey v. Kirksey, 8 Ala. 131 (1845)... 117, 122–123.

Kisiel v. Holz, 725 N. W. 2d 67 (Mich. App. 2006)... 768n115 Klockner v. Green, 254 A.2d 782 (N.J. 1969)... 129n104, 436.

Knapp v. McFarland, 344 F. Supp. 601 (S.D.N.Y. 1971), *modified & remanded*, 457 F.2d 881 (2d Cir.1972)... 482n85.

Knight v. Seattle First Nat' l Bank, 589 P.2d 1279 (Wash. Ct. App. 1979)... 470n37 Koch v. Consolidated Edison Co., 468 N. E. 2d 1 (N.Y. 1984)... 771n131.

Koch v. Construction Tech., Inc., 924 S.W.2d 68 (Tenn. 1996)... 724 Koehring Co. v. Glowacki, 253 N. W. 2d 64 (Wis. 1977)... 442.

Koenen v. Royal Buick Co., 783 P.2d 822 (Ariz. Ct. App. 1989)... 801n38 Koufos v. C. Czarnikow Ltd., [1969] 1 AC 350 (HL)387... 242, 243.

Krell v. Henry, [1903] 2 KB 740... 627–628, 630, 642–643, 646, 660, 737.

Kryer v. Driscoll, 159 N. W. 2d 680 (Wis. 1968)... 694.

Kugler v. Romain, 279 A.2d 640 (N.J. 1971)... 90.
Kukuska v. Home Mut. Hail-Tornado Ins. Co., 235 N. W. 403 (Wis. 1931)... 139n21
Kurio v. United States, 429 F. Supp. 42 (S.D. Tex. 1970)... 139n23, 460n10.
Kutzin v. Pirnie, 591 A.2d 932 (N.J. 1991)... 329n28.

L

Laclede Gas Co.v. Amoco Oil Co., 522 F.2d 33 (8th Cir. 1975)... 34, 308 Laidlaw v. Organ, 15 U.S. (2 Wheat.) 178 (1817)... 599-601, 608n44, 613n60.
Lake Bluff Orphanage v. Magill's Ex' rs, 204 S.W.2d 224 (Ky. 1947)... 116n51.
Lake Placid Club Attached Lodges v. Elizabethtown Builders, Inc., 521 N.Y.S.2d 165 (App. Div.1987)... 769.
Lake River Corp. v. Carborundum Co., 769 F.2d 1284 (7th Cir. 1985)... 283n3, 285, 286 L.Albert & Son v. Armstrong Rubber Co., 178 F.2d 182 (2d Cir. 1949)... 230n17, 324n12 The Lamington, 86 F. 675 (2d Cir. 1898)... 78n24.
Las Vegas Hacienda v. Gibson, 359 P.2d 85 (Nev. 1961)... 437n35, 486n4.
Laurel Race Course, Inc. v. Regal Const. Co., 333 A.2d 319 (Md. 1975)... 137n18
Laurin v. DeCarolis Constr. Co., 363 N. E. 2d 675 (Mass. 1977)... 348.
Lawrence v. Fox, 20 N.Y. 268 (1859)... 743-747, 749, 755, 760.
Lawsonv. Martin Timber Co., 115 So. 2d 821 (La. 1959)... 391, 399 Lazenby Garages Ltd. v. Wright, [1976] 1 W.L.R. 459 (Ct. App.) (U.K.)... 190 LeDuc v. Liquid Air Corp., 826 P.2d 664 (Wash. 1992)... 433n19, 434n22 Lee Oldsmobile, Inc. v. Kaiden, 363 A.2d 270 (Md. 1976)... 287.
Lefhowitz v. Great Minneapolis Surplus Store, Inc., 86 N. W. 2d 689 (Minn. 1957)... 422-423.
Lenawee Cnty. Bd. of Health v. Messerly, 331 N. W. 2d 203 (Mich. 1982)... 580, 582, 589n28, 592,595n2, 645.
Leo Found., Inc. v. Kiernan, 240 A.2d 218 (Conn. Cir. Ct. 1967)... 218n1 Lewis v. Globe Constr. Co., 630 P.2d 179 (Kan. Ct. App. 1981)... 761n82.
Lewis River Golf, Inc. v. O.M. Scott & Sons, 845 P.2d 987 (Wash. 1993)... 237n41
Lexington Prods. Ltd. v. B.D. Commc' ns, Inc., 677 F.2d 251 (2d Cir. 1982)... 237n40
Lifeguard Indus., Inc., In re, 42 B.R. 734 (Bankr. S.D. Ohio 1983)... 224n11.
Lige Dickson Co. v. Union Oil Co., 635 P.2d 103 (Wash. 1981)... 804n43.
Lindner v. Mid-Continent Petroleum Corp., 252 S.W.2d 631 (Ark. 1952)... 35, 47-48 Little v. Banks, 85 N.Y. 258 (1881)... 747n41.
Little v. Union Tr. Co. of Md., 412 A.2d 1251 (Md. 1980)... 753n60.
LLMD v. Marine Midland Realty Credit Corp., 789 F. Supp. 657 (E.D. Pa. 1992)... 507n30 Lloyds Bank Ltd. v. Bundy, [1975] Q.B. 326 (Eng.)... 82n34.

L.N. Jackson & Co. v. Royal Norwegian Gov't, 177 F.2d 694 (2d Cir. 1949)... 650n78 Lobosco v. New York Tel. Co./NYNEX, 751 N. E. 2d 462 (N.Y. 2001)... 433n20. Locator of Missing Heirs, Inc. v. Kmart Corp., 33 F. Supp. 2d 229 (W.D.N.Y. 1999)... 604n26 Locke v. United States, 283 F.2d 521 (Cl. Ct. 1960)... 235.

Loeb v. Wilson, 61 Cal. Rptr. 377 (Ct. App. 1967)... 69n3.

Logan v. Glass, 7 A.2d 116 (Pa. Super. Ct. 1939), aff'd, 14 A.2d 306 (1940)... 776n142 London Bucket Co. v. Stewart, 237 S.W.2d 509 (Ky. 1951)... 313-314.

Long v. Chronicle Publ'g Co., 228 P. 873 (Cal. Dist. Ct. App. 1924)... 472-474.

Lonnie Hayes & Sons Staves, Inc. v. Bourbon Cooperage Co., 777 S.W.2d 940 (Ky. Ct. App. 1989)... 801n38 Loop v. Litchfield, 42 N.Y. 351 (1870)... 14n14.

Lorillard v. Clyde, 25 N. E. 917 (N.Y. 1890)... 747n41 Losee v. Clute, 51 N.Y. 494 (1873)... 14n14.

Louise Caroline Nursing Home, Inc. v. Dix Constr. Corp., 285 N. E. 2d 904 (Mass. 1972)... 207 Lowden v. T-Mobile USA, Inc., 512 F.3d 1213 (9th Cir. 2008)... 92n60.

Lowey v. Watt, 684 F.2d 957 (D.C. Cir. 1982)... 43n37.

Lucas v. Hamm, 364 P.2d 685 (Cal. 1961), cert. denied, 368 U.S. 987 (1962)... 762n84, 762n86, 763n89.

Luck v. Southern Pac. Transp. Co., 267 Cal. Rptr. 618 (Ct. App. 1990)... 432n14 Luna v. Household Fin. Corp. III, 236 F. Supp. 2d 1166 (W.D. Wash 2002)... 92n61 Lusk Corp. v. Burgess, 332 P.2d 493 (Ariz. 1958)... 544.

M

MacPherson v. Buick Motor Co., 111 N. E. 1050 (N.Y. 1916)... 13-14 Macrae v. Clarke, [1866] 1 LR-CP 403 (Eng.)... 490n13.

Macrose Indus., In re, 186 B.R. 789 (E.D.N.Y. 1995)... 586, 645n63.

Mactier's Adm'rs v. Frith, 6 Wend. 103 (N.Y. 1830)... 458.

Madeirense Do Brasil, S.A. v. Stulman-Emrick Lumber Co., 147 F.2d 399 (2d Cir. 1945)... 631n16 Magnolia Petroleum Co. v. National Oil Trans. Co., 281 F. 336 (S.D. Tex. 1922)... 75n19.

M. Ahern Co. v. John Bowen Co., 133 N. E. 2d 484 (Mass. 1956)... 639, 661 M'Alister (or Donoghue) v. Stevenson, [1932] AC 562 (HL)... 12-13.

M. & R. Contractors & Builders v. Michael, 138 A.2d 350 (Md. 1958)... 154 Maneri v. Amodeo, 238 N.Y.S.2d 302 (Sup. Ct. 1963)... 762n87.

Mangev. Unicorn Press, Inc., 129 F. Supp. 727 (S.D.N.Y. 1955)... 491n20 Mann v. Ben Tire Distribs., Ltd. 411 N. E. 2d 1235 (Ill. App. Ct. 1980)... 431n9.

Manor Junior Coll. v. Kaller's Inc., 507 A.2d 1245 (Pa. Super. Ct. 1986)... 768n115 Manouchehri v. Heim, 941 P.2d 978 (N.M. Ct. App. 1997)... 207.

Marcus & Co. v. K.L.G. Baking Co., 3 A.2d 627 (N.J. 1939)... 242n14.

Market St. Assocs. Ltd. P'ship v. Frey, 941 F.2d 588 (7th Cir. 1991)... 141, 145, 147, 405n25, 566n20, 710-711.

Marquet v. Aetna Life Ins. Co., 159 S.W. 733 (Tenn. 1913)... 776n140 Martella v. Woods, 715 F.2d 410 (8th Cir. 1983)... 224n12.

Martinez v. Socoma Cos., 521 P.2d 841 (Cal. 1974)... 772, 773-774.

Martyn v. Hind, (1776) 98 Eng. Rep. 1174; 2 Cowp. 437... 742.

Maryland Cas. Co.v. Johnson, 15 F.2d 253 (W.D. Mich. 1926)... 753n60, 764n95 Maryland Nat' l Bank v. United Jewish Appeal Fed' n, 407 A.2d 1130 (Md. 1979)... 116n51 Masterson v. Sine, 436 P.2d 561 (Cal. 1968)... 539.

Matternes v. City of Winston-Salem, 209 S.E.2d 481 (N.C. 1974)... 760n81.

Maxon Corp. v. Tyler Pipe Indus., Inc., 497 N. E. 2d 570 (Ind. Ct. App. 1986)... 444n49 Maxwell v. Fidelity Fin. Servs. Inc., 907 P.2d 51 (Ariz. 1995)... 90-91, 95.

McCartney v. Badovinac, 160 P. 190 (Colo. 1916)... 725.

McCarty v. Blevins, 13 Tenn. (5 Yer.) 195 (1833)... 743n15.

McClelland v. Climax Hosiery Mills, 169 N. E. 605 (N.Y. 1930)... 149n1, 154n19 McClure v. Raben, 33 N. E. 275 (Ind. 1893)... 69n2.

MCC-Marble Ceramic Ctr., Inc. v. Ceramica Nuova d' Agostino, S.p.A, 144 F.3d 1384 (11th Cir.1998)... 402n14.

McCrannv. U.S. Lines, Inc., 803 F.2d 771 (2d Cir. 1986)... 256n4 McCutchan v. Iowa State Bank, 5 N. W. 2d 813 (Iowa 1942)... 470n37.

McDonaldv. Mobil Coal Producing, Inc., 820 P.2d 986 (Wyo. 1991)... 434n22 McInerney v. Charter Golf, Inc., 176 Ill. 482, 680 N. E. 1347 (Ill. 1997)... 432n14, 796n25 McKee v. AT&T Corp., 191 P.3d 845 (Wash. 2008)... 91.

McKinnon v. Benedict, 157 N. W. 2d 665 (Wis. 1968)... 69n3.

McMillain Lumber Co. v. First Nat' l Bank, 110 So. 602 (Ala. 1926)... 242n14 McMullen v. Wel-Mil Corp., 209 S.E.2d 507 (N.C. 1974)... 154n18.

McRae v. Commonwealth Disposals Comm' n, (1951) 84 CLR 377 (Austl.)... 591 Mears v. Nationwide Mut. Ins. Co., 91 F.3d 1118 (8th Cir. 1996)... 229.

Meltzer v. Old Furnace Dev. Corp., 254 N.Y.S.2d 246 (1964)... 286n9 Mercer v. Lemmens, 40 Cal. Rptr. 803 (Ct. App. 1964)... 347n31.

Merritt Hill Vineyards, Inc. v. Windy Heights Vineyard, Inc., 460 N. E. 2d 1077 (N.Y. 1984)... 716n2 Mersereau v. Simon, 8 N.Y.S.2d 534 (App. Div. 1938)... 69n2.

Methodist MissionHome v. N.A.B., 451 S.W.2d 539 (Tex. Civ. App. 1970)... 84n43 Metropolitan Life Ins. Co. v. Solomon, 996 F. Supp. 1473 (M.D. Fla. 1998)... 560n9 Midland Hotel Corp. v. Reuben H. Donnelley Corp., 515 N. E. 2d 61 (Ill. 1987)... 243n17.

Midwest Concrete Prods. Co. v. La Salle Nat' l Bank, 418 N. E. 2d 988 (Ill. App.

Ct. 1981)... 770n127 Migerobe, Inc. v. Certina USA, Inc., 924 F.2d 1330 (5th Cir. 1991)... 237n42.

Miles v. Kavanaugh, 350 So. 2d 1090 (Fla. Dist. Ct. App. 1977)... 243n17.

Miller v. Allstate Ins. Co., 573 So. 2d 24 (Fla. Dist. Ct. App. 1990)... 229n12, 490n14 Miller Constr. Co. v. Stresstek, 697 P.2d 1201 (Idaho Ct. App. 1985)... 510n41.

Millsv. Wyman, 20 Mass. (3 Pick.) 207 (1825)... 115n49 Mineral Park Land v. Howard, 156 P. 458 (Cal. 1916)... 650n75.

Minerals & Chem. Phillip Corp. v. Millwhite Co., 414 F.2d 428 (5th Cir. 1969)... 137n19 Minor v. Minor, 7 Cal. Rptr. 455 (Dist. Ct. App. 1960)... 676n7.

Misahara Constr. Co. v. Transit-Mixed Concrete Corp., 310 N. E. 2d 363 (Mass. 1974)... 650 Missouri Pub. Serv. Co. v. Peabody Coal Co., 583 S.W.2d 721 (Mo. Ct. App. 1979)... 660 Mr. Eddie v. Ginsberg, 430 S.W.2d 5 (Tex. Civ. App. 1968)... 155.

Mitchell v. Lath, 160 N. E. 646 (N.Y. 1928)... 535, 539.

Mitchellv. Marklund, 47 Cal. Rptr. 756 (Dist. Ct. App. 1965)... 776n143 Mitsubishi Goshi Kaisha v. J. Aron & Co., 16 F.2d 185 (2d Cir. N.Y. 1926)... 699n7 Mobil Oil Corp. v. Attorney Gen., 280 N. E. 2d 406 (Mass. 1972)... 486n5 Molaison, Succession of, 34 So. 2d 897 (La. 1948)... 81n30.

Monarco v. Lo Greco, 220 P.2d 737 (Cal. 1950)... 803, 804.

More Game Birds in Am., Inc. v. Boettger, 14 A.2d 778 (N.J. 1940)... 116n50 Morgan v. Reaser, 204 N. W. 2d 98 (S.D. 1973) (per curiam)... 81, 82.

Morin Bldg. Prods. Co. v. Baystone Constr., Inc., 717 F.2d 413 (7th Cir. 1983)... 708n7, 726 Morrison v. Thoelke, 155 So. 2d 889 (Fla. 1963)... 454n70.

Morrison Flying Serv. v. Deming Nat' l Bank, 404 F.2d 856 (10th Cir. 1968)... 43n32 Mount Sinai Hosp. v. Jordan, 290 So. 2d 484 (Fla. 1974)... 116n51.

Moyer v. Little Falls, 510 N.Y.S.2d 813 (Sup. Ct. 1986)... 651.

M.T. Reed Constr. Co. v. Virginia Metal Prods. Corp., 213 F.2d 337 (5th Cir. 1954)... 767n110 Mueller v. McGill, 870 S.W.2d 673 (Tex. App. 1994)... 224n13.

Murphy v. Lifschitz, 49 N.Y.S.2d 439 (1944), aff ' d mem., 63 N. E. 2d 26 (N.Y. 1945)... 347n30.

N

Nanakuli Paving & Rock Co.v. Shell Oil Co., 664 F.2d 772 (9th Cir. 1981)... 708, 709 National Cash Register Co. v. Unarco Indus., Inc., 490 F.2d 285 (7th Cir. 1974)... 769n119 National Sur. Co. v. Brown-Graves Co., 7 F.2d 91 (6th Cir. 1925)... 753n60, 764n195 Nebraska Seed Co. v. Harsh, 152 N. W. 310 (1915)... 421n15.

Neiss v. Ehlers, 899 P.2d 700 (Or. Ct. App. 1995)... 330n32.

Neri v. Retail Marine Corp., 285 N. E. 2d 311 (N.Y. 1972)... 190, 192.

Nester v. Michigan Land & Iron Co., 66 Mich. 568, 33 N. W. 919 (Mich. 1887)... 588n26 New Hampshire Ins. Co. v. Madera, 192 Cal. Rptr. 548 (Ct. App. 1983)... 771n131. New Headley Tobacco Warehouse Co. v. Gentry's Ex' r, 212 S.W.2d 325 (Ky. 1948)... 476n59 Newman v. Cary, 466 So. 2d 774 (La. Ct. App. 1985)... 347n31. Newman & Snell's State Bank v. Hunter, 220 N. W. 665 (Mich. 1928)... 82n36 Newmeyer v. Newmeyer, 140 A.2d 892 (Md. 1958)... 123n75. New Orleans, City ofv. Firemen's Charitable Ass' n, 9 So. 486 (La. 1891)... 354n53 Nicholas E. Vernicos Shipping Co. v. United States, 349 F.2d 465 (2d Cir. 1965)... 78n24 Nicosia v. Wakefern Food Corp., 643 A.2d 554 (N.J. 1994)... 434n22. Nobs Chem., U.S.A., Inc. v. Koppers Co., 616 F.2d 212 (5th Cir. 1980)... 198, 199. Norcon Power Partners v. Niagra Mohawk Power Co., 705 N. E. 2d 656 (N.Y. 1988)... 685-686 Normile v. Miller, 306 S.E.2d 147 (N.C. Ct. App. 1983), aff ' d as modified, 326 S.E.2d 11 (N.C.1985)... 470n37. Norrington v. Wright, 115 U.S. 188 (1885)... 699n6. Norse Petroleum A/S v. LVO Int' l, Inc., 389 A. 2d 771 (Del. Super. Ct. 1978)... 455n75. North Carolina State Ports Auth. v. L.A. Fry Roofing Co., 240 S.E.2d 345 (N.C. 1978)... 769n120 Northern Del. Indus. Dev. Corp. v. E.W. Bliss Co., 245 A.2d 431 (Del. Ch. 1968)... 313n50 North German Lloyd v. Guaranty Trust Co., 244 U. S. 12 (1917)... 650n78. Northwest Fixture Co.v. Kilbourne & Clark Co., 128 F. 256 (9th Cir. 1904)... 288n22 Norwalk Door Closer Co. v. Eagle Lock & Screw Co., 220 A.2d 263 (Conn. 1966)... 289n22.

O

Ocean Tramp Tankers Corp. v. V/O Sovfracht [The Eugenia], [1964] 2 QB 226 (Eng.)... 660 Odorizzi v. Bloomfield Sch. Dist., 54 Cal. Rptr. 533 (1966)... 83. Ogden, Town of v. Earl R. Howarth & Sons, Inc., 294 N.Y.S.2d 430 (Sup. Ct. 1968)... 771n131 Ogle v. Fuiten, 445 N. E. 2d 1344 (Ill. App. Ct. 1983)... 763n89. O' Hagan; United States v., 521 U.S. 642 (1997)... 562n14, 615n72. Okemah Constr., Inc., v. Barkley-Farmer, Inc., 583 S.W.2d 458 (Tex. Civ. App. 1979)... 130n107 Oliver v. Henley, 21 S.W.2d 576 (Tex. Civ. App. 1929)... 423n25. Oliver B. Cannon & Son, Inc. v. Dorr-Oliver, Inc., 336 A.2d 211 (Del. 1975)... 768n116 Oloffson v. Coomer, 296 N. E. 2d 871 (Ill. App. Ct. 1973)... 680. Olwell v. Nye & Nissen Co., 173 P.2d 652 (Wash. 1946)... 338n8. Oppenheimer & Co. v. Oppenheim, Appel, Dixon & Co., 660 N. E. 2d 415 (N.Y. 1995)... 716, 720nn9-10.

Oral-X Corp. v. Farnam Cos., 931 F.2d 667 (10th Cir. 1991)... 237n41 Osborne; State v., 607 P.2d 369 (Alaska 1980)... 753n60.

Oscar Barnett Foundry Co. v. Crowe, 86 A. 915 (N.J. 1912)... 349n41.

Oscar Schlegel Mfg. Co. v. Peter Cooper's Glue Factory, 132 N. E. 148 (N.Y. 1921)... 33n6 Osteen v. Johnson, 473 P.2d 184 (Colo. App. 1970)... 321, 323, 325.

Oswald v. Allen, 417 F.2d 43 (2d Cir. 1969)... 403.

P

Pacific Gas & Electric Co. v. G.W. Thomas Drayage & Rigging Co., 442 P.2d 641 (Cal. 1968)... 376 Palo Alto Town & Country Vill. v. BBTC Co., 521 P.2d 1097 (Cal. 1974)... 452n65.

Panhandle Eastern Pipe Line Co. v. Smith, 637 P.2d 1020 (Wyo. 1981)... 480 Parker v. Twentieth Century-Fox Film Corp., 474 P.2d 689 (Cal. 1970)... 151 Patton v. Mid-Continent Sys., Inc., 841 F.2d 742 (7th Cir. 1988)... 256, 578n1 Peerless case. See Raffles v. Wichelhaus.

Peevyhouse v. Garland Coal & Mining Co., 382 P.2d 109 (Okla. 1962)... 209, 214 Pembroke v. Caudill, 37 So. 2d 538 (Fla. 1948)... 287.

Pennsylvania R.R. Co. v. City of Louisville, 126 S.W.2d 840 (Ky. 1939)... 314 People v. See name of opposing party.

People ex rel. See name of related party.

People's Bank & Trust Co. v. Weidinger, 64 A. 179 (N.J. 1906)... 775n139 Perma Research & Dev. Co. v. Singer, 542 F.2d 111 (2d Cir. 1976)... 228n8 Perry v. Housing Auth., 664 F.2d 1210 (4th Cir. 1981)... 773n137.

Pessin v. Fox Head Waukeshaw Corp., 282 N. W. 582 (Wis. 1938)... 33n5.

Petermann v. International Bhd. of Teamsters, Local 396, 344 P.2d 25 (Cal. Ct. App. 1959)... 432n13 Peters Grazing Assoc. v. Legerski, 544 P. 2d 449 (Wyo. 1976)... 779n152.

Petition of. See name of opposing party.

Petropoulosv. Lubienski, 152 A.2d 801 (Md. 1959)... 202n2 P.H.C.C.C., Inc. v. Johnston, 340 N. W. 2d 774 (Iowa 1983)... 117n53.

Phillips v. Moor, 71 Me. 78 (1880)... 139, 460.

Phillipsv. Pantages Theatre Co., 300 P. 1048 (Wash. 1931)... 491n20 Phillpotts v. Evans, (1839) 151 Eng. Rep. 200; 5 M. & W. 475... 674n4 Pierce Assocs., Inc. v. Nemours Found., 865 F.2d 530 (3d Cir.)... 768n115 Pigott v. Thompson, (1802) 127 Eng. Rep. 80; 3 Bos. & Pul. 147... 742 Pine River State Bank v. Mettille, 333 N. W. 2d 622 (Minn. 1983)... 432.

Pitcher v. United Oil & Gas Syndicate, Inc., 139 So. 760 (La. 1932)... 411n13 Pitts

v. McGraw-Edison Co., 329 F.2d 412 (6th Cir. 1964)... 128n99.

Poel v. Brunswick-Balke-Collender Co., 110 N. E. 619 (N.Y. 1919)... 440n40.

Pond v. New Rochelle Water Co., 76 N. E. 211 (N.Y. 1906)... 747n41 The Port Caledonia & The Anna, [1903] P. 184 (Eng.)... 75n19.

Post v. Jones, 60 U.S. (19 How.) 150 (1857)... 75.

Potterv. Carolina Water Co., 116 S.E.2d 374 (N.C. 1960)... 771n131 Preston v. Connecticut Mut. Life Ins. Co., 51 A. 838 (Md. 1902)... 776n140 Price v. Easton, (1833) 110 Eng. Rep. 518; 4 B. & AD. 433... 746n35.

Printing Ctr. of Tex., Inc. v. Supermind Publ' g Co., 669 S.W.2d 779 (Tex. App. 1984)... 700 ProCD, Inc. v. Zeidenberg, 86 F.3d 1447 (3d. Cir. 1996)... 529n29.

Propane Indus., Inc. v. General Motors Corp., 429 F. Supp. 214 (W.D. Mo. 1977)... 130n109 Prutch v. Ford Motor Co., 618 P.2d 657 (Colo. 1980)... 243n17.

Puro v. Puro, 393 N.Y.S.2d 633 (Sup. Ct. 1976)... 777n147.

Q

Quality Excelsior Coal Co. v. Reeves, 177 S.W.2d 728 (Ark. 1944)... 338n9.

R

Rabago-Alvarez v. Dart Indus., Inc., 127 Cal. Rptr. 222 (Ct. App. 1976)... 432n14.

Racine & Laramie Ltd. v. California Dep' t of Parks & Recreation, 14 Cal. Rptr. 2d 335 (Ct. App. 1992)...516.

Radford v. de Froberville, [1977] 1 WLR 1262 (Ch) (U.K.)... 213.

Rafflesv. Wichelhaus, (1864) 159 Eng. Rep. 375; 2 H. & C. 906... 403-404 Ralston Purina Co. v. McCollum, 611 S.W.2d 201 (Ark. Ct. App. 1981)... 804n44.

Record Club of Am., Inc. v. United Artists Records Inc., 890 F.2d 1264 (2d Cir. 1989)... 678n16.

R.E. Crummer & Co. v. Nuveen, 147 F.2d 3 (7th Cir. 1945)... 458n3 Rector v. Teed, 24 N. E. 1014 (N.Y. 1890)... 747n41.

R.E. Davis Chem. Corp. v. Diasonics, Inc., 826 F.2d 678 (7th Cir. 1987)... 191 Reed v. King, 193 Cal. Rptr. 130 (Ct. App. 1983)... 615.

Reed v. Wadsworth, 553 P.2d 1024 (Wyo. 1976)... 346n30 Rego v. Decker, 482 P. 2d 834 (Alaska 1971)... 500, 501.

Reidy v. Macauley, 290 S.E.2d 746 (N.C. Ct. App. 1982)... 755n68 Reilly v. Richards, 632 N. E. 2d 507 (Ohio 1994)... 586, 645n63 Renfroe v. Ladd, 701 S.W.2d 148 (Ky. Ct. App. 1985)... 804n43.

Resnik, People ex rel. v. Curtis & Davis, Architects & Planners, Inc., 400 N. E. 2d 918 (Ill. 1980)... 768n116 Rhodes v. Rhodes, 266 S.W.2d 790 (Ky. 1953)... 777n147.

Richey v. Richey, 179 N. W. 830 (Iowa 1920)... 69n2.

Rickettsv. Scothorn, 77 N. W. 365 (Neb. 1898)... 126n90, 127n93 Ridgway v. Wharton, (1857) 10 Eng. Rep. 1287; 6 H.L.C. 238... 503.

Rigney v. New York Cent. & H.R.R. Co., 111 N. E. 226 (N.Y. 1916)... 747n41.

R.I. Lampus Co. v. Neville Cement Prods. Corp., 378 A.2d 288 (Pa. 1977)... 242n14, 243n17 Rite Fabrics, Inc. v. Stafford-Higgins Co., 366 F. Supp. 1 (S.D.N.Y. 1973).482n84.

R.J. Berke & Co. v. J.P. Griffin, Inc., 367 A.2d 583 (N.H. 1976)695n18.

R.K. Cooper Builders Inc. v. Free-Lock Ceilings, Inc., 219 So. 2d 87 (Fla. Dist. Ct. App. 1969)223.

Rockingham Cnty. v. Luten Bridge Co., 35 F.2d 301 (4th Cir. 1929)149-150, 300-301, 678.

Rombola v. Cosindas, 220 N. E. 2d 919 (Mass. 1966)236.

Rood v. General Dynamics Corp., 507 N. W. 2d 591 (Mich. 1993)433.

Rossi v. Douglas, 100 A.2d 3 (1953)524n11.

Rouse v. United States, 215 F.2d 872 (D.C. Cir. 1954)775n138, 779.

Rowe v. Town of Peabody, 93 N. E. 604 (Mass. 1911)635n30.

Royal-Globe Ins. Co. v. Craven, 585 N. E. 2d 315 (Mass. 1992)722.

Ruxley Elecs. & Constr. Ltd v. Forsyth, [1996] 1 A.C. 344 (HL)210, 213n36.

S

Sabo v. Delman, 143 N. E. 2d 906 (N.Y. 1957)... 544, 545.

Sabo v. Fasano, 201 Cal. Rptr. 270 (Ct. App. 1984)... 139n23, 458n5, 460n10 Salmon v. Chute, (1994) 4 NTLR 149 (Austl.)... 133n1.

Salsbury v. Northwestern Bell Tel. Co., 221 N. W. 2d 609 (Iowa 1974)... 116n50 Salvage Chief—S.T. Ellin, 1969 Am. Mar. Cas. 1739 (S.D. Cal. 1966)... 77n24 Samson & Samson Ltd. v. Proctor, [1975] 1 NZLR 655 (HC)... 355.

Sam Wong & Son v. New York Mercantile Exch., 735 F.2d 653 (2d Cir. 1984)... 707 Sanchez v. Life Care Ctrs. of Am., Inc., 855 P.2d 1256 (Wyo. 1993)... 433.

Sanders v. FedEx Ground Package Sys., Inc., 188 P.3d 1200 (N.M. 2008)... 709 Sanders v. Parry, [1967] 2 All E.R. 803... 490n13.

San Francisco, City & Cnty. of v. Western Air Lines, Inc., 22 Cal. Rptr. 216 (Ct. App. 1962)... 772-773n137 Sardo v. Fidelity & Deposit Co., 134 A. 774 (N.J. 1926)... 524n11.

Schermerhorn v. Vanderheyden, 1 Johns. 139 (N.Y. Sup. Ct. 1806)... 742n11 Schilling v. Kidd Garrett Ltd, [1977] 1 NZLR 243 CA (N.Z.)... 490n13 Schlegel v. Moorhead, 553 P.2d 1009, (Mont. 1976)... 69n3.

Schliep v. Commercial Cas. Ins. Co., 254 N. W. 618 (Minn. 1934)... 139n21 Schmidt v. Louisville & N.R. Co., 41 S.W. 1015 (Ky. 1897)... 314.

Schneider v. TRW, Inc., 938 F.2d 986 (9th Cir. 1991)... 431n9.

Schreiner v. Weil Furniture Co., 68 So. 2d 149 (La. Ct. App. 1953)... 437n35, 486n4 Schwartz v. Michigan Sugar Co., 308 N. W. 2d 459 (Mich. Ct. App. 1981)... 432n12 Schwartzreich v. Bauman-Basch, Inc., 131 N. E. 887 (N.Y. 1921)... 43n32.

Scott-Burr Stores Corp. v Wilcox, 194 F.2d 989 (5th Cir. 1952)... 452n64 Scott v. Lane, 409 So. 2d 791 (Ala. 1982)... 432n14.

Scott v. Moragues Lumber Co., 80 So. 394 (Ala. 1918)... 715.

Sears Roebuck & Co.;United States v., 778 F.2d 810 (D.C. Cir. 1985)... 43n37 Seaside Cmty. Dev. Corp. v. Edwards, 573 So. 2d 142 (Fla. Ct. App. 1991)... 347n32 Seaver v. Ransom, 120 N. E. 639 (N.Y. 1918)... 748-749, 759-760, 778-779.

SEC v. See name of opposing party.

Security Fund Servs., Inc. v. American Nat' l Bank & Trust Co., 542 F. Supp. 323 (N.D. Ill. 1982)... 753n62 Security Mut. Cas. Co. v. Pacura, 402 So. 2d 1266 (Fla. Dist. Ct. App. 1981)... 753n61.

Security Stove & Mfg. Co. v. American Rys. Express Co., 51 S.W.2d 572 (Mo. Ct. App. 1932)... 230, 237, 342n19, 349n40.

Seggebrush v. Stosar, 33 N. E. 2d 159 (Ill. 1941)... 710.

Seibel v. Layne & Bowler, Inc., 641 P.2d 668 (Or. Ct. App. 1982)... 543.

Seizure of $ 82000 More or Less, In re, 119 F. Supp. 2d 1013 (W.D. Mo. 2000)... 591-593, 645 Semelhago v. Paramadevan, [1996] 2 S.C.R. 415... 310.

Sengal v. IGT, 2 P.3d 258 (Nev. 2000)... 575n49.

Shea-S & M Ball v. Massman-Kiewit-Early, 606 F.2d 1245 (D.C. Cir. 1979)... 315n59, 767n112, 768n113 Shell v. Schmidt, 272 P.2d 82 (Cal. Dist. Ct. App. 1954)... 772n132, 773n137.

Sherwood v. Walker, 33 N. W. 919 (Mich. 1887)... 588-589, 592, 594.

Shubert Theatrical Co. v. Rath, 271 F. 827 (2d Cir. 1921)... 452n65 Shuey v. United States, 92 U.S. 73 (1875)... 472, 473-747.

Siegel v. Spear & Co., 138 N. E. 414 (N.Y. 1923)... 119n59.

Silverman v. Alday, 38 S.E.2d 419 (Ga. 1946)... 311n43.

Simmons v. United States, 308 F.2d 160 (4th Cir. 1962)... 437, 485, 487.

Sioux Falls Adjustment Co. v. Penn Soo Oil Co., 220 N. W. 146 (S.D. 1928)... 138n20 The Sirius, 57 F. 851 (9th Cir. 1893)... 75n19.

S.J. Groves & Sons Co. v. Warner Co., 576 F.2d 524 (3d Cir. 1978)... 315n59 Slovek v. Board of Cnty. Comm' rs, 697 P.2d 781 (Colo. Ct. App. 1984)... 338n9 Smith v. Hughes, (1871) 6 LRQB 597 (Eng.)... 400, 597.

Smyth v. City of New York, 96 N. E. 409 (N.Y. 1911)... 747n41.

Snepp v. United States, 444 U.S. 507 (1980)... 350–353, 361.

Snyder v. Herbert Greenbaum & Assocs., Inc., 380 A.2d 618 (Md. Ct. Spec. App. 1977)... 191n4 Snyder Plumbing & Heating Corp. v. Purcell, 195 N.Y.S.2d 780 (App. Div. 1960)... 752n57, 753n61 Socony-Vacuum Oil Co. v. Continental Cas. Co., 219 F.2d 645 (2d Cir. 1955)... 765n100, 766n107 Soldano v. O' Daniels, 190 Cal. Rptr. 310 (Ct. App. 1983)... 134, 135.

Southern Ill. Riverboat Casino Cruises, Inc. v. Triangle Insulation & Sheet Metal Co., 302 F.3d 667 (7th Cir. 2002)... 444.

Southwest Eng' g Co. v. United States, 341 F.2d 998 (8th Cir. 1965)... 288n20, 442n42 Spates v. Spates, 296 A.2d 581 (Md. 1972)... 776n143.

Speckelv. Perkins, 364 N. W. 2d 890 (Minn. Ct. App. 1985)... 569 Springstead v. Nees, 109 N.Y.S. 148 (App. Div. 1908)... 44n38, 502n13 State v. *See name of opposing party*.

Statler v. George A. Ray Mfg. Co., 88 N. E. 1063 (N.Y. 1909)... 14n13 Stearns v. Emery-Waterhouse Co., 596 A.2d 72 (Me. 1991)... 804n42 Steele v. Steele, 23 A. 959 (1892)... 118n58.

Stepps Invs., Ltd. v. Security Capital Corp., (1976) 73 D.L.R.3d 351 (Can.)... 574n47 Step-Saver Data Sys., Inc. v. Wyse Tech., 939 F.2d 91 (3d Cir. 1991)... 446n52 Steuart v. McChesney, 444 A.2d 659 (Pa. 1982)... 381–383.

Stevens v. Bouchard, 532 A.2d 1028 (Me. 1987)... 615n71.

Stevenson, Jaques, & Co. v. McLean, [1880] 5 QBD 346 (Eng.)... 478n68 Stewart v. Basey, 245 S.W.2d 484 (Tex. 1952)... 286n9.

Stowe v. Smith, 441 A.2d 81 (Conn. 1981)... 763n88.

S.T.S. Transp. Serv., Inc. v. Volvo White Truck Corp., 766 F.2d 1089 (7th Cir. 1985)... 405, 558 Succession of. *See name of party*.

Sullivan v. O' Connor, 296 N. E. 2d 183 (Mass. 1976)... 180, 186n10 Sumerel v. Pinder, 83 So. 2d 692 (Fla. 1955)... 439n37.

Swift & Co. v. Smigel, 279 A.2d 895 (N.J. Super. Ct. App. Div. 1971), aff'd, 289 A.2d 793 (N. J. 1972)... 475 Swift Canada Co. v. Banet, 224 F.2d 36 (3d Cir. 1955)... 636n32.

Syndoulos Lutheran Church v. A.R.C. Indus., 662 P.2d 109 (Alaska 1983)... 768n116, 769.

T

Tameny v. Atlantic Richfield Co., 610 P.2d 1330 (Cal. 1980)... 432n13 Taylor v. Caldwell, (1863) 122 Eng. Rep. 309; 3 B&S 826... 641, 737 Taylor v. Johnston, 539 P.2d

425 (Cal. 1975)... 677n14.
　　Taylor v. Kelly, 56 N.C. 240 (1857)... 347n32.
　　Taylor v. Meirick, 712 F.2d 1112 (7th Cir. 1983)... 344.
　　T.C. May Co. v. Menzies Shoe Co., 113 S.E. 593 (N.C. 1922)... 138n20.
　　TeachersIns. & Annuity Ass' n v. Butler, 626 F. Supp. 1229 (S.D.N.Y. 1986)... 513–514 Teachers Ins. & Annuity Ass' n v. Tribune Co., 670 F. Supp. 491 (S.D.N.Y. 1987)... 507–513 The Telemachus, [1957] p. 47 (Eng.)... 76n21.
　　Tetenman v. Epstein, 226 P. 966 (Cal. Dist. Ct. App. 1924)... 591n34 Texas Co. v. Central Fuel Oil Co., 194 F. 1 (8th Cir. 1912)... 308n34.
　　Texas Gulf Sulphur Co., SEC v., 401 F.2d 833 (2d Cir. 1968) (en banc)... 596n3, 618 Textron, Inc. v. Froelich, 302 A.2d 426 (Pa. Super. Ct. 1973)... 459.
　　Thacker v. Tyree, 297 S.E.2d 885 (W. Va. 1982)... 615n71.
　　Thatcher v. Kramer, 180 N. E. 434 (Ill. 1932)... 81n30.
　　Theta Prods., Inc. v. Zippo Mfg. Co., 81 F. Supp. 2d 346 (D.R.I. 1999)... 793n19 Thomas v. Winchester, 6 N.Y. 397 (1852)... 14n13.
　　Thompson v. McAllen Federated Woman's Bldg. Corp., 273 S.W.2d 105 (Tex. Civ. App. 1954)... 116n52 Thompson v. St. Regis Paper Co., 685 P.2d 1081 (Wash. 1984)... 433n19.
　　Thornborow v. Whitacre, (1790) 92 Eng. Rep. 270; 2 Ld. Raym. 1164... 81n30 Thorne v. Deas, 4 Johns. 84 (N.Y. Sup. Ct. 1809)... 118n58.
　　Thorstenson v. Mobridge Iron Works Co., 208 N. W. 2d 715 (S.D. 1973)... 224n13 Thos. J. Dyer Co. v. Bishop Int' l Eng' g Co., 303 F.2d 655 (6th Cir. 1962)... 725 Timko v. Useful Homes Corp., 168 A. 824 (N.J. Ch. 1933)... 347n32, 348n35.
　　Timko, In re Estate of v. Oral Roberts Evangelistic Ass' n, 215 N. W. 2d 750 (Mich. Ct. App. 1974)... 116n51 Ting v. AT&T, 319 F.3d 1126 (9th Cir. 2003)... 92n61.
　　Tito v. Waddell (No.2), [1977] 1 Ch. 106, 332 (Ch.) (U.K.)... 213n36 Todd v. Weber, 95 N.Y. 181 (1884)... 747n41.
　　Toker v. Westerman, 274 A.2d 78 (N.J. Union Cty. D. Ct. 1970)... 90 Tongish v. Thomas, 829 P.2d 916 (Kan. Ct. App. 1992)... 196–197, 199.
　　Topps Co., v. Cadbury Stani S.A.I.C., 380 F. Supp. 2d 250 (S.D.N.Y. 2005)... 339n15 Toussaint v. Blue Cross & Blue Shield, 292 N. W. 2d 880 (Mich. 1980)... 433.
　　Tower Inv' rs v. 111 E. Chestnut Consultants, Inc., 864 N. E. 2d 927 (Ill. App. Ct. 2007)... 44n39 Town of. See name of town .
　　Transatlantic Fin. Corp. v. United States, 363 F.2d 312 (D.C. Cir. 1966)... 632, 634, 650, 657 Trans World Metals, Inc. v. Southwire Co., 769 F.2d 902 (2d Cir. 1985)... 199n32.
　　Travelers Indem. Co. v. Maho Mach. Tool Corp., 952 F.2d 26 (2d Cir. 1991)...

315n59 Triangle Waist Co. v. Todd, 119 N. E. 85 (N.Y. 1918)... 346n30.

Trident Ctr. v. Connecticut Gen. Life Ins. Co., 847 F.2d 564 (9th Cir. 1998)... 383n24.

Trilco Terminal v. Prebilt Corp., 400 A.2d 1237 (N.J. Super. Ct. Law Div. 1979), aff'd, 415 A.2d 356 (N.J. Super. Ct. App. Div. 1980)... 801n37.

Trinidad Bean & Elevator Co. v. Frosh, 494 N. W. 2d 347 (Neb. Ct. App. 1992)... 681 Turner Entm't Co. v. Degeto Film GmbH, 25 F. 3d 1512 (11th Cir. 1994)... 661n121.

T.W. Oil Inc. v. Consolidated Edison Co., 443 N. E. 2d 932 (N.Y. 1982)... 692, 701 Tweddle v. Atkinson, (1861) 121 Eng. Rep. 762; 1 B. & S. 393... 746.

Two Wheel Corp.; People v., 512 N.Y.S.2d 439 (N.Y. App. Div. 1987), aff'd, 525 N. E. 2d 692 (N.Y.1988)... 79n27.

U

Union Carbide Corp. v. Consumers Power Co., 636 F. Supp. 1498 (E.D. Mich. 1986)... 199n32 Union Carbide Corp. v. Oscar Mayer Foods Corp., 947 F.2d 1333 (7th Cir. 1991)... 444n48 Unita Oil Ref. Co. v. Ledford, 244 P.2d 881 (Colo. 1952)... 349n41, 350n42.

United States v. See name of opposing party.

United States Naval Inst. Press v. Charter Commc' ns, Inc., 936 F.2d 692 (2d Cir. 1991)... 339-341 University of Colo. Found., Inc. v. American Cyanamid Co., 342 F.3d 1298 (Fed. Cir. 2003)... 358n61 University of V. I. v. Petersen-Springer, 232 F. Supp. 2d 462 (D.V.I. 2002)... 43n37.

Unlimited Equip. Lines, Inc. v. The Graphic Arts Ctr., Inc., 889 S.W.2d 926 (Mo. Ct. App. 1994)...199n32.

V

Valashinas v. Koniuto, 124 N. E. 2d 300 (N.Y. 1954)... 480.

Vanadium Corp. v. Fidelity & Deposit Co., 159 F.2d 105 (2d Cir. 1947)... 145-146 Van Gulic v. Resource Dev. Council for Alaska, 695 P.2d 1071 (Alaska 1985)... 491 Vantage Point, Inc. v. Parker Bros., Inc., 529 F. Supp. 1204 (E.D.N.Y. 1981)... 473n49 Vasquez-Lopez, v. Beneficial Or., Inc., 152 P.3d 940 (Or. App. 2007)... 92n61 Venture Assocs. Corp. v. Zenith Data Syst. Corp., 96 F.3d 275 (7th Cir. 1996)... 515 Vermont Elec. Supply Co. v. Andrus, 373 A.2d 531 (Vt. 1977)... 349n41.

Vernon,City of v. Los Angeles, 290 P.2d 841 (Cal. 1955)... 650, 661 Verstandig v. Schlaffer, 70 N. E. 2d 15 (N.Y. 1946) (per curiam)... 81n28 Vickery v. Ritchie, 88 N. E. 835 (Mass. 1909)... 331.

Victoria Laundry (Windsor) Ltd. v. Newman Indus. Ltd., [1949] 2 K.B. 528 (C. A.) (Eng.)... 242n14, 245-246, 246n25.
Vincent v. Superior Oil Co., 178 F. Supp. 276 (W.D. La. 1959)... 81n30 Vincent v. Woodland Oil Co., 30 A. 991 (Pa. 1895)... 459n6.
Vincenzi v. Cerro, 442 A.2d 1352 (Conn. 1982)... 699.
Vines v. Orchard Hills, Inc., 435 A.2d 1022 (Conn. 1980)... 289n22, 698.
Visintine & Co. v. New York, Chi. & St. Louis R.R. Co., 160 N. E. 2d 311 (Ohio 1959)... 768n114 Vitex Mfg. Corp., Ltd. v. Caribtex Corp., 377 F.2d 795 (3d Cir. 1967)... 204.
Vito v. Pokoik, 150 A.D.2d 331 (1989)... 130n107.
Vogel v. Reed Supply Co., 177 S.E.2d 273 (N.C. 1970)... 752n57, 768n115 Vrooman v. Turner, 69 N.Y. 280 (1877)... 746, 748.

W

Wachtel v. National Alfalfa Journal Co., 176 N. W. 801 (Iowa 1920)... 491n20.
Wagenvoord Broad. Co. v. Canal Automatic Transmission Serv., Inc., 176 So. 2d 188 (La. Ct.App. 1965)... 459n6.
Wagner v. Sperry Univac, Div. of Sperry Rand Corp., 458 F. Supp. 505 (E.D. Pa. 1978), aff'd, 624 F.2d 1092 (3d Cir. 1980)... 432n14.
Walgreen Co. v. Sara Creek Prop. Co., 966 F.2d 273 (7th Cir. 1992)... 54-55, 295n2 Walker & Co v. Harrison, 81 N. W. 2d 352 (Mich. 1957)... 695.
Walsh v. Mutual Life Ins. Co., 31 N. E. 228 (N.Y. 1892)... 776n140 Warden v. Jones, (1857) 2 De G. & J. 76... 789n15.
Watkinsv. Paul, 511 P.2d 781 (Idaho 1973)... 311 Watters v. Lincoln, 135 N. W. 712 (S.D. 1912)... 470n37.
W.E. Rippon & Son v. United States, 348 F.2d 627 (2d Cir. 1965)... 78n24 Weathersby v. Gore, 556 F.2d 1247 (5th Cir. 1977)... 300n12, 301, 303, 307 Weaver v. American Oil Co., 276 N. E. 2d 144 (Ind. 1971)... 81.
Webb v. McGowin, 168 So. 196 (Ala. Ct. App. 1935), cert. denied, 169 So. 199 (Ala. 1936)... 113-114 Webb v. Saunders, 181 P.2d 43 (Cal. 1947)... 84n43.
Weeks Marine, Inc. v. John P. Picone, Inc., 97 Civ. 9560, 1998 U.S. Dist. LEXIS 15053 (S.D.N.Y. Sept. 23, 1998)... 256n4.
Wegematic Corp.; United States v., 360 F.2d 674 (2d Cir. 1966)... 633 Weintraub v. Krobatsch, 317 A.2d 68 (N.J. 1974)... 615.
Wells v. Davis, 14 S.W. 237 (Tex. 1890)... 123n75.
West-Fair Elec. v. Aetna Cas. & Sur. Co., 661 N. E. 2d 967 (N.Y. 1995)... 725n23 West Haven Sound Dev. Corp. v. West Haven, 514 A.2d 734 (Conn. 1986)... 154.

Westside Galvanizing Serv. Inc. v. Georgia-Pacific Corp., 921 F.2d 735 (8th Cir. 1990)... 126n87 Wheat v. Rice, 97 N.Y. 296 (1884)... 747.

White & Carter (Councils) Ltd. v. McGregor, [1962] A.C. 413 (HL) 427... 301n16 Whitney v. Alltel Commc' ns, Inc., 173 S.W.3d 300 (Mo. App. 2005)... 92n61 Whittaker v. Care-More, Inc., 621 S.W.2d 395 (Tenn. Ct. App. 1981)... 432n12.

Wickham & Burton Coal Co. v. Farmers' Lumber Coal Co., 179 N. W. 417 (Iowa 1920)... 130n109 Wigginton v. Dell, Inc., 890 N. E. 2d 541 (Ill. App. 3d 2008)... 92n61.

Williams v. Walker-Thomas Furniture Co., 198 A.2d 914 (D.C. 1964)... 524n12.

Williams v. Walker-Thomas Furniture Co., 350 F.2d 445 (D.C. Cir. 1965)... 70n7, 89n48, 94–95, 524 Wired Music, Inc. v. Clark, 168 N. E. 2d 736 (Ill. App. Ct. 1960)... 205.

Wisconsin Knife Works v. National Metal Crafters, 781 F.2d 1280 (7th Cir. 1986)... 814 WM. R. Clarke Corp. v. Safeco Ins. Co., 938 P.2d 372 (Cal. 1997)... 725n23.

Woburn Nat' l Bank v. Woods, 89 A. 491 (N.H. 1914)... 397.

Wolosoff v. Gadsden Land & Bldg. Corp., 18 So. 2d 568 (Ala. 1944)... 778n150.

Wood v. Lucy, Lady Duff-Gordon, 118 N. E. 214 (N.Y. 1917)... 36, 236 Woodmere Acad. v. Steinberg, 363 N. E. 2d 1169 (N.Y. 1977)... 117n53.

Woods v. Morgan City Lions Club, 588 So. 2d 1196 (La. Ct. App. 1991)... 473n49 Wroth v. Tyler, [1974] Ch 30 (Eng.)... 246.

Wullschleger & Co. v. Jenny Fashions, Inc., 618 F. Supp. 373 (S.D.N.Y. 1985)... 243n17.

Y

Yania v. Bigan, 155 A.2d 343 (Pa. 1959)... 134, 135.

Yellow-Stone Kit v. State, 7 So. 338 (Ala. 1890)... 486n5.

Y.J.D. Rest. Supply Co. v. Dib, 413 N.Y.S.2d 835 (N.Y. Sup. Ct. 1979)... 349n41 Young v. Overbaugh, 39 N. E. 712 (N.Y. 1895)... 123n75.

The Young Am., 20 F. 926 (D.N.J. 1884)... 75n19.

Z

Zemco Mfg. Inc. v. Navistar Int' l Transp. Corp., 186 F.3d 815 (7th Cir. 1999)... 808 Zigas v. Superior Court, 174 Cal. Rptr. 806 (Ct. App. 1981)... 772, 774.

Zim Israel Navigation Co. v. 3-D Imps. Inc., 29 F. Supp. 2d 186 (S.D.N.Y 1998)... 256n4.

法律表

FEDERAL LAWS AND REGULATIONS

U.S. Code
11 U.S.C.
§ 541(a)... 770n124
12 U.S.C.
§ 1713(b)... 772n136
15 U.S.C.
§§ 77a–77aa... 614n62
§ 1635... 83n41
§ 1635(a)–(g)... 83n41
§§ 7001–7006... 785n5
§ 7002... 785n6
§ 7006(9)... 449n56
§ 7021... 785n5
§ 7031... 785n5
18 U.S.C.
§ 1514A... 431n11
21 U.S.C.
§§ 301–399... 614n63
29 U.S.C.
§ 160(c)... 313n48
§ 626(a)(1)... 431n10
§ 626(b)... 313n49
42 U.S.C.
§ 2000e–2(a)(1)... 431n10
§ 2000e–5(g)(1)... 313n49
§ 12112... 431n10

§ 12117... 313n49
46 U.S.C.
§ 2304... 148n54
Code of Federal Regulations
16 C.F.R. § 429.1... 83n40, 162n21
17 C.F.R. § 240.10b–5... 562n14

STATE LAWS

California Civil Code
§§ 1102–1102.18... 614n66
§ 1521... 43n34
§ 1524... 43n34
§ 1697... 43n34
Georgia Code
§ 9–11–70... 311n43
Illinois Comp. Stat.
§ 205/2... 256n3
Louisiana Civil Code
art. 1997... 252
Michigan Comp. Laws
§ 566.1... 43n34
§ 600.6013(8)... 256n4
New York Gen. Bus. Law
§ 396–r... 78–79
New York Gen. Oblig.
§ 5–702... 82n33
§ 5–1103... 43n34
§ 5–1109... 464
New York Penal Law

§ 155.05... 563n15, 563n16
Pennsylvania Cons. Stat.
§ 3924... 563
Texas Prop. Code
§ 5.008(b)... 614n66
Virginia Code
§ 55-519... 614n66

UNIFORM LAWS
Uniform Commercial Code
art. 1... 4
§ 1-103... 804
§ 1-106... 196, 198
§ 1-106(1)... 196, 198
§ 1-201... 709
§ 1-201, cmt. 1... 387n40
§ 1-201, cmt. 37... 799
§ 1-201(3)... 367
§ 1-201(12)... 367, 629n12
§ 1-201(20)... 700, 707n4
§ 1-302(a)... 387
§ 1-302(b)... 387n4
§ 1-303(a)... 369n4
§ 1-303(d)... 369-370
§ 1-304... 700, 707, 709
§ 1-305(a)... 193
art. 2... 4, 310, 444, 680
§ 2-104(1)... 793
§ 2-201... 784, 791, 792, 794, 801, 804, 808, 809, 810
§ 2-201, cmt. 2... 387n40
§ 2-201(1)... 792, 793, 800, 801, 802
§ 2-201(2)... 793, 801
§ 2-201(3)(a)... 792
§ 2-201(3)(b)... 793
§ 2-201(3)(c)... 792

§ 2-202... 387, 536-537, 541, 543
§ 2-202, cmt. 3... 536, 539
§ 2-202(2)... 541
§ 2-202(b)... 542
§ 2-203(1)... 155
§ 2-204... 502
§ 2-204(2)... 502
§ 2-205... 387, 464, 465-466
§ 2-206... 787
§ 2-206(1)(b)... 428n2
§ 2-206(2)... 439n39
§ 2-207... 139, 441-442, 443, 444, 446, 482, 525, 528
§ 2-207, cmt. 2... 444
§ 2-207, cmt. 4... 443
§ 2-207, cmt. 5... 444
§ 2-207, cmt. 6... 445, 528
§ 2-207(1)... 442, 443, 445, 446, 447, 482
§ 2-207(2)... 443, 445
§ 2-207(2)(a)-(c)... 444, 445
§ 2-207(2)(b)... 443, 445
§ 2-207(2)(c)... 445
§ 2-207(3)... 442, 446-447, 528
§ 2-209... 43, 813
§ 2-209, cmt. 1... 43
§ 2-209, cmt. 3... 808
§ 2-209(1)... 813
§ 2-209(2)... 813, 814
§ 2-209(3)... 808-809, 813
§ 2-209(4)... 813-814
§ 2-209(5)... 813-814
§ 2-302... 69, 91
§ 2-302, cmt. 1... 543
§ 2-305... 502, 518
§ 2-306(1)... 33n8
§ 2-306(2)... 36n15

§ 2-308... 502
§ 2-309... 502
§ 2-310... 502
§ 2-311... 539
§ 2-311(3)... 145n42
§§ 2-314 to 2-316... 614, 614n64
§ 2-316... 543
§ 2-328(2)-(3)... 465n23
§ 2-328(3)... 465n24
§ 2-504... 539
§ 2-507... 669n1
§ 2-508... 692, 701
§ 2-508, cmt.... 684-685
§ 2-508(1)... 701
§ 2-508(2)... 692, 693, 701
§ 2-511... 669n1
§ 2-601... 700, 701, 702
§ 2-608... 700
§ 2-609... 184n8, 680, 683, 685, 686
§ 2-609, cmt. 1... 59n18, 264n12, 674n3, 680, 683-684
§ 2-609(1)... 685
§ 2-610... 680
§ 2-610, cmt. 1... 678
§ 2-610(a)... 681
§ 2-611... 677n12
§ 2-612... 700, 702
§ 2-615... 648
§ 2-615, cmt. 6... 661
§ 2-615, cmt. 8... 632n18, 634
§ 2-703... 310n36
§ 2-704... 680
§ 2-706... 189
§ 2-708... 261n7
§ 2-708(1)... 189, 191, 196, 680
§ 2-708(2)... 154n18, 189, 191, 191n4
§ 2-708(a)... 199

§ 2-709... 310
§ 2-710... 261n6
§ 2-711... 310n36
§ 2-712... 221n1, 224
§ 2-712(1)... 221n1, 515
§ 2-712(2)... 221n1
§ 2-713... 193, 680
§ 2-713, cmt.... 193
§ 2-713(1)... 196, 680-681
§ 2-714(2)... 192, 206
§ 2-715... 150n5, 193
§ 2-718... 190, 444
§ 2-718(1)... 329n27
§ 2-718(2)... 328, 329n26
§ 2-718(3)... 329n26
§ 2-719... 91, 250, 444
§ 2-719(1)(a)... 250n35
§ 2-719(3)... 251
§ 2-723(1)... 680
§ 8-113... 795
§ 9-203... 795

Uniform Computer Information Transactions Act
§ 15... 456n75

Uniform Consumer Credit Code
§ 3.502... 83n39
§ 5.108... 69n4, 95-96
§ 5.108(4)... 96

Uniform Consumer Sales Practices Act
§ 4... 69n4

Uniform Electronic Transactions Act... 784,786
§ 2(8)... 785
§ 2(13)... 449n56, 785
§ 7... 785
§ 15... 456n75

Uniform Residential Landlord and

Tenant Act
§ 1.303(a)(1)... 69n4
§ 2.104... 615n68

FOREIGN STATUTES
English Act for the Prevention of Frauds and Perjuries (1677)... 783
English Law Reform (Enforcement of Contracts) Act (1954)... 787n8
English Mercantile Law Amendment Act (1856)... 787n8
English Statute of Frauds... 4, 783–784, 786–789, 800
French Civil Code
art. 953... 100n10
art. 955... 100n10
art. 960... 100n10
art. 1150... 252
German Civil Code
§ 138(2)... 72, 75, 81, 94
§ 519... 100n9
§ 528... 100n10
§ 530(1)... 100n8, 100n10
German Code of Obligations
art. 21(1)... 72n12, 94n64

RESTATEMENTS
Restatement (Third) of Agency
§ 8.05... 337
Restatement (First) of Contracts
§ 42... 470–471
§ 45... 467–468
§ 74... 44n39
§ 75... 119n62
§ 76... 44
§ 76(b)... 44n38
§ 84... 111

§ 90... 117, 119, 120, 121, 122, 124–129
§ 133... 749–750, 752n55
§ 135... 750
§ 136... 750
§ 142... 776
§ 143... 776
§ 197... 806
§ 228... 534
§ 235... 390
§ 236... 390
§ 237... 534
§ 240... 537, 538
§ 240(1)(b)... 540
§ 246... 390–391
§ 326... 363
§ 339... 283
§ 346... 209n23
§ 346(1)(a)(i)... 208
§ 503... 567
Restatement (Second) of Contracts
§ 1... 33n4, 103n20, 430
§ 15... 81
§ 15(1)... 80
§ 15(2)... 81n28
§ 20(1)... 402
§ 22(1)... 502
§ 24... 418n2, 419, 420n10
§ 26... 421, 422
§ 27... 503n15, 510n41
§ 30(2)... 428n4
§ 32... 428
§ 38, cmt. a... 477n61
§ 39... 478
§ 39(1)... 477n63
§ 40... 452–453
§ 41, cmt.... 458

§ 41(1)... 457n1
§ 43... 471n42
§ 45... 440, 467, 468, 472
§ 46... 473n50
§ 48... 475
§ 50... 430n7
§ 53... 438
§ 54... 140n24, 439n38
§ 56... 447, 449
§ 59... 440n40, 441n41, 479n73
§ 59, cmt.... 482
§ 59, cmt. b... 480n75
§ 61... 430n7
§ 62... 469
§ 63... 452, 453n68, 454
§ 64... 455
§ 67... 450
§ 70... 139n23, 460n10
§ 71... 47, 464
§ 71, cmt. b... 47n41
§ 71(1)... 29, 32n3
§ 73... 120n68
§ 73, cmt. a... 38n18
§ 74... 44
§ 74, cmt. b... 45n39
§ 77... 45-46, 47
§ 79... 432
§ 86... 113n45, 114
§ 86(2)... 115
§ 87... 47
§ 87(1)(a)... 47, 464n22
§ 87(2)... 465, 472
§ 89... 43
§ 89(a)... 43n36
§ 90... 124-125, 128, 777n146
§ 90(1)... 122, 125, 128-129
§ 90(2)... 116, 129

§ 96... 110n41
§ 116... 797
§ 124... 798n27, 798n28
§ 125... 791n17
§ 125, cmt. a... 791n17
§ 125, cmt. c... 791n17
§ 125(3)... 806n45
§ 127... 786n7
§ 128(1)... 807n47
§ 129... 807
§ 129, cmt. c... 806n46
§ 130... 795n21, 795n23, 807
§ 131, cmt. g... 800n35
§ 133... 790n16
§ 139... 330n33, 803
§ 141(2)... 789
§ 143... 799n30
§ 144... 789n12
§ 145... 789n13
§ 148... 808
§ 150... 813n1
§ 152... 636n33
§ 152, cmt. b... 588n23
§ 153... 567n22, 568, 571, 573, 574
§ 154... 571, 587, 590
§ 154, cmt. c... 585, 588
§ 157... 637
§ 161... 615, 616
§ 175... 38n19, 39n20, 74n14
§ 177... 83
§ 177(1)... 83
§ 201... 401
§ 201(1)... 17
§ 201(2)... 17
§ 201(2)(a)... 404
§ 201(2)(b)... 398, 399
§ 202, cmt. c... 370

§ 202(4)... 369
§ 204, cmt. d... 757
§ 205... 143, 707
§ 207... 757
§ 208... 69n5, 719
§ 209... 535
§ 209, cmt.... 535
§ 209(3)... 536
§ 210... 542
§ 210, cmt. b... 536
§ 211... 524
§ 212... 373
§ 213... 535
§ 214... 540n16
§ 214, cmt. b... 378n10
§ 214(d)... 544n24
§ 215... 540
§ 216... 538
§ 216, cmt. e... 543
§ 217... 546, 547
§ 219... 368
§ 220... 368, 378n12
§ 221... 368, 378
§ 221(1)... 369
§ 222... 378
§ 223(1)... 369
§ 227... 723
§ 228... 726, 727
§ 229... 719, 720, 722
§ 230... 722
§ 234, cmt. a... 670n2
§ 234(1)... 669
§ 234(2)... 670
§ 235(2)... 175
§ 237... 702
§ 237, cmt. d... 717
§ 241... 688, 698

§ 241(b)... 694
§ 241(e)... 698-699
§ 242... 688-689
§ 247... 688
§ 251... 184n8, 685
§ 253... 675, 676, 677
§ 253(1)... 675
§ 256... 677
§ 261... 636, 637, 638, 644, 650
§ 265... 635
§ 266(1)... 637n37
§ 271... 722
§ 272(2)... 661
§ 302... 751n54, 754n67, 755, 758
§ 302, cmt. d... 759
§ 302(1)... 755
§ 302(1)(a)... 755
§ 302(1)(b)... 754, 755
§ 309(1)-(2)... 775n138
§ 309(3)... 779
§ 311... 776-777, 778n151
§ 311, cmt. h... 778n151
§ 313... 771n131
§ 313(2)... 770
§ 318(2)... 315n57
§ 322... 693
§ 344... 335-336, 337, 363
§ 344(c)... 345
§ 346, cmt. h... 201
§ 346(2)... 202
§ 346(3)... 490
§ 347, cmt. c... 155n22
§ 348(3)... 491
§ 350... 150, 155
§ 350(1)... 149
§ 351... 240n8, 651
§ 351, cmt. f... 651

§ 351(1)... 241n10, 244n21, 651
§ 351(2)... 651
§ 351(3)... 220, 253, 651
§ 352... 227n1
§ 354... 255
§ 356... 283n1
§ 356, cmt. b... 283n1, 289n22
§ 357... 295n1
§ 358, cmt. e... 154
§§ 359-360... 295n1
§ 360 cmt. b... 309
§ 360 cmt. e... 310n38
§§ 366-367... 295n1
§ 367(2)... 312n46
§ 374... 695n18

Restatement (Second) of Property
§ 5.6... 69

Restatement (Third) of Restitution & Unjust Enrichment
§ 2(2)... 324
§ 9... 331n35

§ 34... 331n36
§ 36(2)... 329n28
§ 36(3)... 329n30
§ 36(4)... 329n29
§ 37... 325
§ 37, cmt. b... 325n18
§ 38... 325, 326
§ 38, cmt. c... 326n22
§ 38, cmt. d... 326n21
§ 38(2)(b)... 326n21
§ 39... 348n34
§ 39(1)... 347n34
§ 40... 332n38
§ 65... 331n34
§ 65, cmt. c... 564

Restatement (Second) of Torts
§ 8A... 753
§ 314... 133
§ 314, cmt. c... 134
§ 435... 244n21
§ 551(2)... 617n75

索引[*]

Abblebome, Peter 阿布尔博姆,彼得 135
Above-market prices 高于市场价 85-89
Acceptance 承诺
  ambiguous offers 模糊的要约 428-429
  bilateral contracts 双方合同 440-447
  choice-of-law rules 法律选择规则 452
  conditional acceptances 附条件承诺 479-481
  conditional assent 附条件同意 446-447
  conversation rule 对话规则 458-459
  crossed revocation 交叉撤销 451
  delay 迟延 451-452
  EDI 450
  effectiveness 有效性 450-454
  electronic 电子的 449-450
  firm-offer rule 不可撤销要约的规则 460-466
  knockout rule 剔除规则 445-446
  knowledge of offer 知道要约 438-439
  lapse 失效 457-460
  last-shot rule 最后一击规则 441, 447n53
  late acceptance 逾期承诺 139
  lateness, notification of 逾期通知 460
  mirror image rule 镜像规则 440-441, 481-482
  modes of 承诺的方式 427-456
  new transmission modes 新传输模式 455-456
  obligations of offeree who has begun performance 已开始履行的受要约人的义务 440
  offeree's change of heart 受要约人改变主意 452-453
  offeree's motivation 受要约人的动机 436-438, 436n28
  one-sidedness 单方性 462-463
  options 选择权 452
  performance by offeree notice requirement 受要约人通知要求的履行 439-440
  by promise or act 通过允诺或行为的承诺 427-429
  record, defined 记录的界定 449-450
  rejection followed by 先拒绝后承

---

[*] 本索引所列页码为原书页码,即本书页边码。——译者注

诺 453
- rejection or counter-offer by mail or telegram 通过邮件或电报的拒绝和反要约 452-453
- repudiation of 承诺的废弃 453-454
- silence 沉默 136-139,136n15
- subjective 主观的 447-449
- termination of power of 承诺权的终止 457-483 See also Termination of power of acceptance 也可参见承诺权的终止
- time limits 时间限制 454
- transmission failure 传输失败 451-452
- UCC §2-207(1) contracts 《统一商法典》2-207(1)条合同 §2-207(1) 442-446
- UCC §2-207(3) contracts 《统一商法典》2-207(3)条合同 UCC §2-207(3) 446-447
- unilateral contracts 单方合同 429-440,466-469
- withdrawal 撤回 454

Accuracy in interpretation 解释的准确性 385-387,394-395

Adequate assurance principle 充分担保原则 683-686
- apparent material breach 明显的重大违约 684
- apparent repudiation 明显的拒绝履行 684
- breach by promisor of other contracts 其他合同的允诺人违约 684-685
- Restatement (Second) of Contracts 《合同法重述(第二次)》 685
- UCC 《统一商法典》 683-684

Admiralty law and unconscionability principle 海事法与显失公平原则 76-77 nn21-24, 76-78

Admissions (UCC) 承认 793-794

Adventitiously acquired information 偶然获取的信息 599-604

Adversely affected party, defined 受不利影响的当事人的界定 627

Advertisements as offers 作为要约的广告 420-423,573n44

Aggrieved party's ability to perform 受害方履行的能力 678-679

Algorithms 算法 25-26

Allocative efficiency 分配效率 607-609

Ambiguous offers 模糊的要约 428-429

Andersen, Eric 安德森,埃里克 689

Anderson, Ed 安德森埃德 105-106

Anderson, Elizabeth 安德森,伊丽莎白 18

Anson, Walter 安森,沃尔特 417n1

Anticipatory damages (UCC) 期前违约的损害赔偿 680

Anticipatory repudiation 期前违约 673-681 Repudiation 也可参见拒绝履行合同
- aggrieved party's ability to perform 受害方履行的能力 678-679
- damages 损害赔偿 679-681
- defined 期前违约的界定 675
- disregard 忽略 677-678
- effect where promisee fully performed 受允诺人已完全履行场合下的效果 675-677
- general principle 一般原则 673-675
- Restatement (First) of Contracts 《合同法重述(第一次)》 675
- Restatement (Second) of Contracts 《合同法重述(第二次)》 675

UCC 《统一商法典》 675
  withdrawal 撤回 677
Apparent material breach 明显的重大违
  约 684
Apparent repudiation 明显的拒绝履行
  684
Appleman, John 阿普尔曼,约翰 138
Apportionment and disgorgement 分配
  与归入 358-359,361-362
Arrow, Kenneth 阿罗,肯尼斯 168,734-
  735
Assumpsit action 简约之诉 338n7
Attorney fees 律师费
  efficient breach theory 效率违约理
    论 53
  expectation damages 预期损害赔
    偿 255
At-will employment rule 任意解雇规则
  431-436
Auctions 拍卖
  firm-offer rule 不可撤销要约的规则
    465,465n25
  as offers 作为要约 424-426
Augmented sanctions 加重的制裁
  687-696
  cure 治愈 691-693
  definitions 加重的制裁的界定
    687-689
  economic significance of breach 违约
    的经济意义 690-691
  future performance, likelihood of
    未来履行的可能性 689
  material breach, defined 重大违约的
    界定 689
  opportunistic breach 机会主义违
    约 691
  promisor's interest 允诺人的利益

  693-695
  terminology 术语 687-689
Availability and behavioral economics
  可用性与行为经济学 166-167,
  166n41
Axioms 公理
  classical to modern contract law 从古
    典到现代合同法 25
  formalist theories 形式主义理论
    10-11
Ayres, Ian 艾尔斯,伊恩 59

Bad faith 恶意 252,513-516 Good
  faith 也可参见善意
  disgorgement 归入 347
  employee discharge 雇员解雇 431
  rejecting performance in 恶意拒绝履
    行 708-711
  restitution 返还 320,322-323,
    329,694
Baker, Lynn A. 贝克,林恩 165n37
Bargain 交易 See also Bargain princi-
  ple 也可参见交易原则
  consideration 约因 29,32
  donative promises vs. 赠与允诺 104
  expectation damages 预期损害赔偿
    182-186
  overview 概览 31-32
  promises 允诺 31-32
  structural agreements 结构性协议
    32-37
Bargain principle 交易原则
  defenses 抗辩 37
  exceptions 例外 37-49
  fair dealing 公平交易 39-40
  illusory promise rule 虚幻允诺规则
    45-49

invalid claims　无效的索赔
　　　44–45,44n39
　　legal-duty rule　法律义务规则
　　　38–43
　　mutuality　相互性　37,45–49
　　overview　概览　32
　　quality-of-consent defenses　同意质量
　　　的抗辩　37
　　reciprocity　互惠性　39–40
　　reliance　信赖　117–118
　　specific performance　特定履行　297
Barnett, Randy　巴尼特,兰迪
　　581,583,607–608,629
Baron, Jane　巴伦,简　103,108
Baumer, David　鲍默,大卫　60
Bayern, Shawn　拜仁,肖恩　215n40,
　　269n1,356n56,394nn67–68,652n83
Beatson, Jack　比特森,杰克　564n17
Behavioral economics　行为经济学
　　159–169
　　availability　可用性　166–167,166n41
　　behavioral economics　行为经济学
　　　159–160
　　bounded rationality　有限理性
　　　162–163
　　defective capability　能力缺陷
　　　165–169
　　expected-utility model　预期效用模型
　　　159–160
　　heuristics　启发式　160,166–167
　　independent significance　独立意义　166
　　invariance　不变性　160–162
　　irrational disposition　非理性处置
　　　163–165
　　prospect theory　前景理论　169
　　rationality　理性　159–160
　　representativeness　代表性　167

　　risk-estimation faculties　风险评估能力
　　　168–169
　　spatial or temporal proximity　空间和时
　　　间接近性　166
　　telescopic faculties　远见力　167–168
　　unrealistic optimism　不切实际的乐观
　　　163–165,169
Beneficiaries　受益人. See Third-party ben-
　　eficiaries　也可参见第三方受益人
Ben-Shahar, Omri　本·沙哈尔,奥姆里
　　42–43,274–277,522–523,527
Benson, Peter　本森,彼得　16–17,17n24
Berlin, Isaiah　柏林,以赛亚　18
Bernstein, Lisa　伯恩斯坦,丽萨　60,
　　274–277
Best efforts　最佳努力　36n15
Bilateral contracts　双方合同
　　acceptance　承诺　440–447
　　conditional assent　附条件同意
　　　446–447
　　defined　双方合同的界定　419
　　firm-offer rule　不可撤销要约的规则
　　　460–464
　　knockout rule　剔除规则　445–446
　　mutuality　相互性　45
　　revocation of offers for　要约撤销
　　　460–464
　　UCC § 2-207(1) contracts　《统一商法
　　　典》第2-207(1)条合同　442–446,
　　　446–447
Birks, Peter H.　伯克斯,彼得　337n4
Birmingham, Robert　伯明翰,罗伯特
　　51n1,63,608,610
Boilerplate　样板　521–529,521n2
Bounded rationality　有限理性　162–163,
　　284,628,629n9
Braucher, Robert　布劳克,罗伯特　758

Breach 违约
  apparent material breach 明显的重大违约 684
  by buyers 买方违约 189-192,217-220,260-261,310,311-312
  cost of completion 完工成本 206-215
  costs saved by 违约节省的成本 354-356
  diminished satisfaction 满意度降低 208,210-212
  diminished value 价值降低 206-215,262
  disgorgement 归入 214-215
  economic significance of 违约的经济意义 690-691
  employee's breach 雇员违约 312
  employer's breach 雇主违约 313
  full capacity 全负荷 220
  gain from 违约获益 345-349
  likelihood of completion 完工可能性 208,212-213
  material breach, defined 重大违约的界定 689
  opportunistic breach 机会主义违约 691
  probability of 违约的可能性 262-264,266-267
  promisee's breach 受允诺人违约 328-329
  promisor's breach 允诺人违约 321-327
  rescue 救助 140-143
  sales of goods 货物买卖 189-192
  by sellers 买方违约 192-194,261-262,306-308,310-311
  by service providers 服务提供者违约 206-215
  by service purchasers 服务购买者违约 150n4,201-206
  services contracts 服务合同 201-215
  unreasonable disproportion 不合理的不合比例 208-209
  unreasonable economic waste 不合理的经济浪费 208-209,211
  value held after 违约后仍有的价值 262
  warranty 担保 192
Burden of proof and restitution 证明责任和返还 329
Buyers 买方
  breach by 买方违约 189-192,217-220,260-261,310,311-312
  Disclosure Principle 披露原则 619-620
  formulas for measuring expectation damages 计算预期损害赔偿的公式 189-192,217-220,260-261,310
  overreliance theory 过度信赖理论 260-261
  real property sales 不动产买卖 311-312
  sales of goods 货物买卖 189-192,217-220,260-261,310
  Specific Performance Principle 特定履行原则 311-312
  trolling for sellers' mistakes 寻求卖方错误的买方 619-620

Cancellation of contract 合同取消 65n28
Capital Asset Pricing Model (CAPM) 资本资产定价模型 233-234
Cardozo, Benjamin N. 卡多佐,本杰明 693-694

Carroll, David W. 卡罗尔，大卫 194n13
Cash gifts and donative promises 现金奖励与赠与允诺 107
Casto, William R., 118n56 卡斯托，威廉 118-119n58
Categorical rules 绝对规则 410
Causation 因果关系. See also Proximate cause 也可参见近因
 cause in fact 事实上因果关系 356-358
 disgorgement 归入 356-360
 joint cause 共同因果关系 358-359
 mitigation 减损 149
 remote cause 远因 359-360
Cause in fact and disgorgement 事实上因果关系与归入 356-358
Certainty principle 确定性原则 227-238
CAPM 资本资产定价模型 233-234
 classical contract law 古典合同法 229
 cost recovery 费用可赔 230-231
 expected-revenue-based damages 基于预期收益的损害赔偿 231-232
 incurred-costs damages 已产生成本的损害赔偿 230-231
 interest-aligning contracts 利益一致性合同 232-233
 rational-basis test 合理基础检测 228
 reliance damages 信赖损害赔偿 230-231
Chance 机会 32-37
Change of heart by offeree 受要约人改变主意 452-453
Charitable subscriptions 慈善捐赠 116-117,129
Choice 选择 32-37
Choice-of-law rules 法律选择规则 452

CISG (United Nations Convention on Contracts for the International Sale of Goods), 451n62
Civil law 3,100,110n40
Classical contract law 古典合同法
 advertisements 广告 421-422
 certainty principle 确定性原则 229
 defined 古典合同法的界定 6
 Disclosure Principle 披露原则 598-599
 doctrines 原理 502
 donative promises 赠与允诺 113
 Hadley Principle 哈德利原则 241-242
 illusory promise rule 虚幻允诺规则 45-49
 interpretation of contracts 合同解释 397
 last-shot rule 最后一击规则 441,447n53
 legal-duty rule 法律义务规则 38-43
 mirror image rule 镜像规则 440-441,481-482
 mutuality 相互性 45-49
 objective standards of interpretation 解释的客观标准 397-398
 period of 古典合同法时期 9n2
 reliance 信赖 117-118
 third-party beneficiaries 第三方受益人 745-747,749
 transactional incapacity 无交易行为能力 80
Classical contract law (Cont.) 古典合同法
 performance 履行 380
 transformation to modern 向现代的转

型 25-28
unfair persuasion 不公平的劝说 82-83
Collins, Hugh 柯林斯,休 147
Commodities 商品
　defined 商品的界定 7
　differentiated commodities 异质商品 53
　expectation damages 预期损害赔偿 217-220
　markets 市场 71-72
　off-the-shelf commodities 现成商品 217-220
　Overbidder Paradigm 高价范式 53
　unconscionability principle 显失公平原则 71-72
Common law 普通法
　civil law vs. 民法与普通法 3
　donative promises 赠与允诺 109-110,110n40
　formalist theories 形式主义理论 12-13
　last-shot rule 最后一击规则 441,447n53
　overruling 推翻 14-15
Competitive market, defined 竞争市场的定义 71
Computational errors 计算错误 565-571 See also Mistakes 也可参见错误
　mispricing 标价错误 570-571
　no knowledge or reason to know 不知道或无理由知道 567-569
　nonmistaken party's knowledge 非错误方知道 565-569
　offers too good to be true 太好到不真实的报价 569-570

reason to know of 有理由知道计算错误 566-567
Conditional acceptances 附条件承诺 479-481
Conditional assent 附条件同意 446-447
Conditions precedent 停止条件 728-730
Conditions subsequent 解除条件 728-730
Condition-to-legal-effectiveness exception 法律效力条件例外 546-547
Confirmation receipt (UCC) 收到确认书 793
Conjunctive test 联合检测 44-45,755
Consequential damages 间接损害赔偿 240
Consideration 约因 See also Bargain 也可参见交易; Bargain principle 交易原则
　bargain theory 交易理论 29
　defined 约因的界定 32
　formation 成立 485-486
　hostage agreements 人质协议 34-37
　motivation vs. 动机与约因 436n28
　nominal consideration 名义约因 110-111,112n44,464
　prizes and rewards 奖赏与赏金 485-486
　third-party beneficiaries 第三方受益人 747
Constitutive rules 构成性规则 408-409,412
Construction contracts 建筑合同 209n23,213-214n36,313-314

materialmen, legal status of 材料供应商的法律地位 764n94,765n100
Constructive conditions 推定条件 669-671
Contextualism 语境主义 373-380
 course of dealing 交易过程 379
 extrinsic evidence 旁证 376
 integrated agreement, defined 整合协议的界定 373n1
 Restatement (Second) of Contracts 《合同法重述(第二次)》 373
 special-community usage 特殊社群惯例 378
 trade usage 贸易惯例 378-379
Contract, defined 合同的定义 103,367,741
Contract for output or requirements 按需供货合同与包产购买合同 33n8
Contracting parties 缔约方 See also specific parties 也可参见特定当事人
 defined 缔约方的界定 741
 losing party to pay fees of winning party 败诉方向胜诉方支付费用 266n16
 objectives of 缔约方的目标 756-757
Contractual allocations of losses 损失的合同分配 250-251
Contributory negligence 共同过失 141n25
Conversation rule 对话规则 458-459
Cooperation duty 合作义务 145-147
 See also Rescue 也可参见救助
Coordinated contracts 合作合同 263-264
Cooter, Robert 库特,罗伯特 335,605-607,606n39

Corbin, Arthur 科宾,亚瑟 7,129-130,375-376,459n6,478,535-536,744n23
Costs and fees 成本与费用
 attorney fees 律师费 53,255
 of completion 完工成本 206-215
 defined 成本与费用的界定 180
 expert fees 专家费 255
 fixed costs 固定成本 202-204
 Hadley Principle 哈德利原则 248-250
 incurred-costs damages 已发生成本损害赔偿 230-231
 litigation costs 诉讼成本 255,266
 preparation costs 准备成本 259
 probability of breach 违约的可能性 266-267
 recovery 赔偿 230-231
 replacement cost 替代成本 179,189,261
 saved by breach 违约节省的成本与费用 354-356
 social costs 社会成本 267n17
 transaction-cost arguments 交易成本的论证 57
Counter-offers 反要约 477-479,478n65
Course of dealing 交易过程 15,369,378-379
 contextualism 语境主义 373
 extreme literalism 极端字面主义 385
 plain-meaning rule 常义规则 380
 Restatement (Second) of Contracts 《合同法重述(第二次)》 369
 Uniform Commercial Code (UCC) 《统一商法典》 369-370

Course of performance 履行过程
See Performance 参见履行
Courts 法院
  choice 选择 33
  morality and policy 道德与政策 6n1
  overruling 推翻 14-15
Covenant of good faith and fair dealing in employment contracts 雇佣合同中善意和公平交易条款 431n12
Cover Principle 补进原则
  bifurcated nature of 补进原则双重性 221, 221n1
  expectation damages 预期损害赔偿 221-225
  good faith vs. reasonableness 善意与合理 222-223
  market price 市场价格 221-222, 276
  positive law 实在法 223-225
  process vs. substance 程序与实质 222
  reasonableness vs. good faith 合理性与善意 222-223
  as remedy 作为救济的补进 221
  secrecy interest 秘密利益 276
  specific performance 特定履行 221-222, 276
  substance vs. process 实质与程序 222
  UCC 《统一商法典》 221n1
Craswell, Richard 克拉斯韦尔, 理查德 182-183, 265, 267n17, 269n1, 273-274, 279-280, 279n37, 466n28, 469n35, 476
Credit, extension of 信用延伸 89
Creditor-beneficiary cases 债权受益人案例 743-745, 750, 760-761, 778

Criminal liability and Statute of Frauds 刑事责任与反欺诈法 788
Crossed revocation and acceptance 交叉撤销和承诺交叉 451
Cure 治愈
  augmented sanctions 加重的制裁 691-693
  sales of goods 货物买卖 701
  substantial performance 实质履行 701
Custom and trade usage 习惯与贸易惯例 378-379, 634-636

Dagan, Hanoch 达根, 哈诺克 560-561, 564n17
Damages 损害赔偿. See also 也可参见救济
  Remedies; specific types of damages 特定类型的损害赔偿
  amount foreseeable 可预见的数额 245-246
  anticipatory repudiation 期前违约 679-681
  asymmetric nature of 损害赔偿的不对称性 207n13
  attorney fees 律师费 53, 255
  certainty principle 确定性原则 227-238 See also Certainty principle 也可参见确定性原则
  consequential damages 间接损害赔偿 240
  direct damages 直接损害赔偿 240
  disproportionate damages 不合比例损害赔偿 253-254
  donative promises 赠与允诺 121-123
  expected-revenue-based damages

基于预期收益的损害赔偿 231-232
foreseeability 可预见性 240-246
general damages 一般损害赔偿 240
incurred-costs damages 已发生成本的损害赔偿 230-231
liquidated damages 约定违约金 260
market price 市场价格 192nn7-8,194-199,276
mitigation 减损 149-155
See also Mitigation Principle 也可参见减损原则
opportunity cost 机会成本 218n2
prejudgment interest 判决前利息 255-256
punitive 惩罚性损害赔偿 196,353n51,763n93
reliance 信赖损害赔偿 121-123
special damages 特殊损害赔偿 240
supranormal damages 超常损害 247
unpaid prizes or rewards 未兑付的奖赏与赏金 487-488

Dawson, John 道森,约翰 343n20
Death, as termination of power of acceptance 作为承诺权终止的死亡 474-476
Defective capability 能力缺陷 165-169
Defenses 抗辩
bargain principle 交易原则 37
contest promoter's defense 竞赛促销者的抗辩 486n4
duress. See Duress 胁迫
incapacity 无行为能力 80
modification 变更 775-778
promisor's defenses against promisee 允诺人对受允诺人的抗辩 775,778-779
quality-of-consent defenses 同意质量的抗辩 37
rescission 解除 775-778
third-party beneficiaries 第三方受益人 774-778

Definitions 定义
adversely affected party 受不利影响的当事人 627
agreement 协议 367
anticipatory repudiation 期前违约 675
bilateral contracts 双方合同 419
civil law 民法 3
classical contract law 古典合同法 6
commodity 商品 7
competitive market 竞争市场 71
consideration 约因 32
contract 合同 103,367,741
contracting parties 缔约方 741
costs 成本 180
doctrinal propositions 原理命题 4
efficient breach theory 效率违约理论 51
electronic signatures 电子签名 785
employee 雇员 312n44
experiential propositions 经验命题 5
express conditions 明示条件 715
expressions 表达 7
frustration 目的受挫 627
gift 赠与 97,103
good faith 善意 707n4,708
impossibility 不可能 627
impracticability 不可行 627
incompleteness 不完美 497

integrated agreement 整合协议 373n1

literalism 字面主义 380

material breach 重大违约 689

mitigation 减损 149

morality and policy 道德与政策 5

offer 要约 418n2

paradigm 范式 119

promisee 受允诺人 741

promisor 允诺人 627,741

record 记录 449-450,785-786

relational contracts 关系合同 734-736

restitution 返还 345

social and critical morality 社会道德与批判道德 5

social propositions 社会命题 5

Specific Performance Principle 特定履行原则 295,304-305

Definitions (Cont.) 定义

structural agreements 结构性协议 461

third-party beneficiaries 第三方受益人 741

unilateral contracts 单方合同 419

usage 惯例 368

wins 胜诉 131

world of contract 合同世界 103

world of gift 赠与世界 103

Delay of acceptance 承诺迟到 451-452

Delegation 委任 315

Deliberately acquired information 刻意获取的信息 601

DeLong, Sidney 德朗,悉尼 54n6

Diamond, Peter 戴蒙德,彼得 277-279,279n37

Differentiation vs. standardization 差异化与标准化 190

Difficulty of determination 确定的困难 286-288

Diminished satisfaction 满意度的降低 208,210-212

Diminished value 价值降低 206-215

disgorgement 归入 355-356

expectation damages 预期损害赔偿 179,262

Restatement (First) of Contracts 《合同法重述(第一次)》 208

Direct damages 直接损害赔偿 240

Disclosure Principle 披露原则 595-623

adventitiously acquired information 偶然获取的信息 599-604

allocative efficiency 分配效率 607-609

buyers trolling for sellers' mistakes 寻求卖方错误的买方 619-620

classical contract law 古典合同法 598-599

current law and practice 当代法律与实践 613-615

deliberately acquired information 刻意获取的信息 601

efficiency 效率 620-623

exceptions 例外 617-620

fiduciaries 受托人 615-617

foreknowledge 预知 604-607

improper means 不适当的方式 615

market information 市场信息 612-613

morality 道德 596-597

pure exchange regimes 纯交换制度 609-610

reasonable search 合理搜寻 618-619

risk allocated to unknowing party 分配给不知情方的风险 617

sellers 卖方 611-615

social context 社会语境 619-620

trust or confidencere lationships 信托与信任关系 616-617
unknowing party on notice 本应注意到的不知情方 618-619
Discrete contracts 分立性合同 735-736
Disgorgement 归入 335-363
 apportionment 分配 358-359, 361-362
 causation arguments against 反对归入的因果关系的论点 356-360
 cause in fact 事实上因果关系 356-358
 costs saved by breach 违约节省的成本 354-356
 diminished value 价值降低 355-356
 efficiency arguments against 反对归入的效率论点 342-343
 efficient breach theory 效率违约论 342
 expectation damages 预期损害赔偿 342-343, 349-350
 externalities 外部性 353
 as fallback remedy 作为后备救济的归入 360-361
 fiduciaries 受托人 337, 351-352
 gain from breach 违约获益 345-349
 interests other than profit 盈利外的利益 350-353
 joint cause 共同因果关系 358-359
 moral obligations 道德义务 344
 outside contract law 合同法之外 337-338
 Overbidder Paradigm 高价范式 346
 overview 概览 335-337
 property interests 财产利益 338
 remote cause 远因 359-360
 Restatement (Second) of Contracts 《合同法重述(第二次)》 336, 339-342
 restitution vs. 返还与归入 337n4
 services contracts 服务合同 214-215
 skimped services 节省的服务 354
 specific performance 特定履行 349
 tracing 追踪 359-360
 unjust enrichment 不当得利 345
Disincentives for planning 抑制规划 62
Disjunctive test 分离检测 44-45
Disproportionate damages 不合比例损害赔偿 253-254
Distress and unconscionability principle 困境与显失公平原则 73-78
Dobbs, Dan 多布斯, 丹 295, 336, 336n3, 339
Doctrinal propositions 原理命题
 binary vs. multifaceted 二元与多元 27
 defined 界定 4
 objective vs. subjective 客观的与主观的 26
 standardization vs. individualization 标准化与个性化 27
 static vs. dynamic 静态的与动态的 27
Donative Promise Principle 赠与允诺原则 97-132
 bargains vs. 交易与赠与允诺 104
 cash gifts 现金奖赏 107
 classical contract law 古典合同法 113
 common law 普通法 109-110, 110n40
 completed gifts compared 完成的赠与 97n1

contract, defined 合同的界定 103
damages 损害赔偿 121-123
enforceability 可执行性 98
evidentiary concerns 证据问题 99
formal 形式的 109-112
generosity 慷慨 108n39
gift, defined 赠与的界定 97
material benefit 物质利益 114
moral obligations 道德义务 98, 108n39,112-116
nominal consideration 名义约因 110-111
preexisting moral obligations 先前存在的道德义务 112-116
reliance 信赖 117-132
remedies 救济 115
Restatement (First) of Contracts 《合同法重述(第一次)》 111-112
Restatement (Second) of Contracts 《合同法重述(第二次)》 111-112,114-115
under seal 蜡封 109-112
simple 简单 97-109
social morality 社会道德 98
to social service institutions 对社会服务机构的捐赠 116-117
totemic aspects 图腾属性 104-105
trust 信托创设 creation of,110n42
world of contract 合同世界的界定 defined,103
world of gift, defined 赠与世界的界定 103
Donee beneficiaries 受赠受益人 748-750,752-753,755-756,758-760
as infants 未成年人作为受赠受益人 777-778n148

Restatement (First) of Contracts 《合同法重述(第一次)》 750,776
Restatement (Second) of Contracts 《合同法重述(第二次)》 777
third-party beneficiaries 第三方受益人 750,759-760
Door-to-door sellers 上门推销员 87-88,88n46
Drafts of contracts 合同草稿 85,85n44
Duress 胁迫 69,73,74,74n14, 92,283n3,393
Duty to cooperate 合作义务 145-147
Duty to rescue 救助义务,参见救助 See also Rescue 也可参见救助
Duty to warn 警告义务 135,137
alternative proposals under consideration 考虑的替代计划 478
firm-offer rule 不可撤销要约的规则 462
of potential breach 潜在违约的警告 140-143
of potential loss 潜在损失的警告 144-146

EDI (Electronic Data Interchange) 电子数据交换 450,450n58
Effectiveness of acceptance 承诺的有效性 450-454
Efficiency 效率
mistakes 错误 551-552
Mitigation Principle 减损原则 149-150,149n2
search 搜寻 277-279
Efficient breach theory 效率违约理论 51-66

attorney fees 律师费 53
defined 效率违约理论的界定 51
disgorgement 归入 342
disincentives for planning 抑制规划 62
efficient termination vs. 效率终止与效率违约 53-54
factual predicates 事实断言 52-64
foresight 远见 62
Loss Paradigm 损失范式 64-66
Overbidder Paradigm 高价范式 51-52,55-58,64
Pareto-superiority justification 帕累托最优正当性 56-57
remaking contracts inefficiently 无效率地重新订立合同 58-61
social norms 社会规范 63
specific performance 特定履行 65-66,296n5
transaction-cost arguments 交易成本的论证 57
UCC 《统一商法典》 59
weakening contracting system 弱化缔约制度 62-64
Efficient search 效率违约 277-279
Efficient termination vs. efficient breach theory 效率终止与效率违约理论 53-54
Eisenberg, Melvin 艾森伯格, 梅尔文 22-23,269n1,564n17
Eisenberg, Ted 艾森伯格, 特德 392-394,394n67
Electronic acceptance 电子承诺 449-450
Electronic Data Interchange (EDI) 电子数据交换 450,450n58
Electronic signatures, defined 电子签名的界定 785
Electronic Signatures in Global and National Communications Act (E-SIGN) 全球与全美电子签名法 449,456n75, 785
Elements of contracts 合同的要素 367-370
context 语境 370
course of dealing 交易过程 369
expressions 表达 367
implications 含意 367-368
performance 履行 369-370
purpose 目的 370
usage 惯例 368-369
Emery, Robert E. 埃默里, 罗伯特 165n37
Employee handbooks 雇员手册 See Employment manuals 参见雇佣手册
Employees 雇员
at-will 任意解雇 431-436
breach by 雇员违约 312
covenant of good faith and fair dealing in employment contracts 雇佣合同中善意和公平交易的条款 431n12
defined 雇员的界定 312n44
services contracts 服务合同 312
Specific Performance Principle 特定履行原则 312
Employers, breach by 雇主违约 313
Employment manuals 雇佣手册 431-436
generally 一般意义上 431-433
disclaimers 弃权 433-434
modification 变更 434-436
as unilateral contracts 作为单方合同的雇佣手册 432
Enforcement 执行
charitable subscriptions 慈善捐赠 129
specific performance 特定履行

298-299
　by third-party beneficiaries　第三方受益人的执行　747-752
　unconscionable　显失公平的执行　568,571,573-574
　by virtue of action in reliance　通过信赖行为的执行. See Reliance　参见信赖
Enforcement-error regimes　执行错误制度　10n5,269-274
　administrative concerns　实施问题　273-274
　background　背景　269-270
　law-and-economists　法和经济学专家　270
　probabilities　概率　271-273
　subjective beliefs of promisors　允诺人的主观相信　270-271
Equal-dignity rule　同等尊严规则　800-801
Error, risk of　错误风险　299 See also Computational errors　参见计算错误; Mechanical errors　机械错误; Mistakes　错误
E-SIGN (Electronic Signatures in Global and National Communications Act　电子签名法　449,456n75,785
Estoppel　禁反言 See Promissory estoppel　参见允诺禁反言
Evaluative mistakes　评估错误　555-556
Evidence　证据
　burden of proof and restitution　证明责任与返还　329
　donative promises　赠与允诺　99
　expert fees　专家费　255
Evidence (Cont.)　证据

extrinsic evidence　旁证　376,380
parol evidence rule　口头证据规则　533-547 See also Parol evidence rule　也可参见口头证据规则
subjective probabilities　主观概率　271-273
Executor's promises and Statute of Frauds　遗嘱执行人的允诺与反欺诈法　797-798
Expectation damages　预期损害赔偿　177-280　See also Efficient breach theory　也可参见效率违约理论
　attorney fees　律师费　255
　bargain context　交易语境　182-186
　certainty principle　确定性原则　227-238
　See also Certainty principle　也可参见确定性原则
　as compensation　作为补偿的预期损害赔偿　183,183n7
　costs, defined　成本的界定　180
　cover principle　补进原则　221-225
　　See also Cover Principle　也可参见补进原则
　diminished value　价值降低　179,206-215
　disgorgement　归入　342-343,349-350
　efficient search　有效率搜寻　277-279
　enforcement-error regimes　执行错误制度　269-274
　expected-revenue-based damages vs.　基于预期收益的损害赔偿　231-232
　expert fees　专家费　255

索引　1073

fixed costs 固定成本 202-204
formulas 公式 179-215 See also Formulas for measuring expectation damages 也可参见计算预期损害赔偿的公式
good faith 善意 515
Hadley Principle 哈德利原则 239-254 See also Hadley Principle 也可参见哈德利原则
Indifference Principle 无差异原则 179-188
insolvency risk 破产风险 256
invariant to reliance 不随信赖而改变 260-262
limitations 限制 255-256
litigation costs 诉讼成本 255
lost profit 所失盈余 179-180, 201-202, 218-220
lost surplus 所失剩余 180
market price 市场价格 179, 189, 193-199, 221-222, 276
measurement 计算 179-188
off-the-shelf commodities 现成商品 217-220
overhead 间接费用 202-204
overreliance theory 过度信赖理论 257-267 See also Overreliance theory
performance, efficient rate of 有效率的履行率 183-184
precaution, efficient rate of 有效率的预防率 184
prejudgment interest 判决前利息 255-256
reliance damages vs. 信赖损害赔偿 180-188
replacement cost 替代成本

179, 261
restitution vs. 返还 321
secrecy interest 秘密利益 274-277
services contracts 服务合同 201-215
Statute of Frauds 反欺诈法 805-807
Fair dealing 公平交易 39-40
Fairness 公平
mitigation 减损 149
unfair persuasion 不公平的劝说 82-84
unfair surprise 不公平的惊讶 84-85
surplus-enhancing reliance, efficient rate of 增加盈余的信赖 184-186
Expectation principle and mitigation 预期损害赔偿与减损 153
Expected-revenue-based damages 基于预期收益的损害赔偿 231-232
Expected-utility model 预期效用模型 159-160
Experience and mistakes 经验与错误 553
Experiential propositions, defined 经验命题的界定 5
Expert fees 专家费 255
Expost considerations 事后因素 659-661
Express conditions 明示条件 715-730
conditions precedent 停止条件 728-730
conditions subsequent 解除条件 728-730
defined 明确条件的界定 715
imperfect fulfillment 不完美成就 716-719

interpretation as 作为明示条件的解释 723-728
overview 概览 715-716
pay-when-paid provisions 附条件付款条款 724-725
perfect fulfillment rule 完美成就规则 716-723. See also Perfect fulfillment rule 参见完美成就规则
promises vs. 允诺与明示条件 715-716
satisfaction 清偿 725-728
Expression rules 表达规则 407-413
   administrative justification 实施正当性 411
   background 背景 407-409
   categorical rules 绝对规则 410
   constitutive rules 构成性规则 408-409, 412
   contract elements 合同要素 367
   expressions, defined 表达的界定 7
   forms of 表达的形式 410
   general rules 一般规则 408-409, 411
   justifications of 表达的正当性 410-413
   maxims 公理 410
   moral rules 道德规则 408-409
   policy justification 政策正当性 411
   practices defined by 惯例 408-409
   presumptions 推定 410
   private actors 私人行为人 412-413
   rules of thumb 经验法则 408-409, 411
Externalities and disgorgement 外部性与归入 353
Extreme literalism 极端字面主义 385-395
   accuracy 准确性 385-387, 394-395
   empirical support 经验支持 392-394
   escaping rules of interpretation 逃避解释规则 387-388
   interpretive regime choice 解释制度选择 387
   linguistic communities 语言群体 388
Extrinsic evidence 旁证 376,380

Fair dealing 公平交易 39-40
Fairness 公平
   fair dealing 公平交易 39-40
   mitigation 减损 149
   unfair persuasion 不公平的劝说 82-84
   unfair surprise 不公平的惊讶 84-85
Farber, Dan 法伯,丹 124n81
Farnsworth, Allan 法恩斯沃思,艾伦 336,356-360,357n59,360n63, 467-468n30
Fault 过错 173-175
Fauth, Gordon 菲瑟,戈登 102n18
Federal Trade Commission 联邦贸易委员会 83
Fees. See Costs and fees 费用
Feldstein, Martin 费尔德斯坦,马丁 167-168,734
Feller, David 费勒,大卫 290
Fiduciaries 受托人
   Disclosure Principle 披露原则 615-617
   disgorgement 归入 336n1,337, 350-352
Firm-offer rule 不可撤销要约的规则

auctions 拍卖 465,465n25
bilateral contracts 双方合同 460-464
  exceptions 例外 464-466
  nominal consideration 名义约因 464
  reliance 信赖 465-466
  structural agreements 结构性协议 461-462
  termination of power of acceptance 承诺权的终止 460-464 UCC, 464-465
  writing, effect of 书面形式的效力 464-465
Fish, Stanley 菲什,斯坦利 374
Fixed costs 固定成本 202-204
Forbearance to assert claim 放弃主张索赔 44-47,44n39
Foreknowledge 预知 604-607
Foreseeability 可预见性
  damages 损害赔偿 240-246
  efficient breach theory 效率违约理论 62
  foreknowledge 预知 604-607
  Hadley Principle 哈德利原则 240-244,244nn21-22
Forfeiture 没收
  perfect fulfillment rule 完美成就规则 719-720
  restitution 返还 322-323
Formalist theories 形式主义理论 9-15,10n5
  axioms 公理 10-11,25
  exceptions 例外 11-12
  overruling 推翻 14-15
  reconstruing 重新阐述 12-13
  status of 现状 15
  transformation 转换 13-14

Formation 成立 417-518
  acceptance, modes of 承诺的方式 427-456
    See also Acceptance 也可参见承诺
  bargain. 交易 See Bargain; Bargain principle 参见交易;交易原则
  consideration 约因 485-486. See also Consideration 也可参见约因
  implied-in-law and implied-in-fact contracts 法律上默示与事实上默示 493-495
  incomplete contracts 不完美合同 497-518
    See also Incomplete contracts 也可参见不完美合同
  offers 要约 417-426 See also Offers 也可参见要约
  prizes and rewards 奖赏与赏金 485-491
  unjust enrichment 不当得利 494
Form contracts 格式合同 521-529
  boilerplate 样板 521-529,521n2
  conflicting terms 冲突条款 525
  elements 要素 521-522
  informed-minority argument 知情少数论 526
  knockout rule 剔除规则 528
  paternalistic-preference argument 家长主义式偏好论 526-527
  real contract as element 作为要素的真实合同 521
  Restatement (Second) of Contracts 《合同法重述(第二次)》 524
  rolling contracts 渐进合同 529
  UCC 《统一商典》 528
  unconscionability 显失公平 524
Formulas for measuring expectation dama-

ges 计算预期损害赔偿的公式 179-220
actual loss vs. market price 实际损失与市场价格 194-199
buyer's breach 卖方违约 189-192,217-220,260-261,310
cost of completion 完工成本 206-215
deductions 扣减 204-206
diminished satisfaction 满意度降低 208,210-212
diminished value 价值降低 179,206-215,355-356
disgorgement 归入 214-215
full capacity 满负荷 220
Indifference Principle 无差异原则 179-188
likelihood of completion 完工可能性 208,212-213
lost profit 所失利润 179-180,201-202,218-220
lost surplus 所失盈余 180
lost-volume damages 销量损失赔偿 190-191
market price 市场价格 179,189,193-199,221-222,276
off-the-shelf commodities 现成商品 217-220
performance, efficient rate of 有效率的履行率 183-184
precaution, efficient rate of 有效率的预防率 184
replacement cost 替代成本 179,189
sales of goods 货物买卖 189-199
See also Sales of goods 也可参见货物买卖
seller's breach 卖方违约 192-194,261-262
service provider's breach 服务提供者违约 206-215
service purchaser's breach 服务购买者违约 150n4,201-206
services contracts 服务合同 201-215
surplus-enhancing reliance, efficient rate of 增加盈余的信赖 184-186
unreasonable disproportion 不合理的不合比例 208-209
unreasonable economic waste 不合理的经济浪费 208-209,211
Foundational standard 基础标准 22
Four-corners rule 四角规则 380-384
Fraud 欺诈 69,92,252,329n29 See also Statute of Frauds 也可参见反欺诈法
promissory fraud 允诺欺诈 544-546
Fried, Charles 弗里德,查尔斯 584
Friedmann, Daniel 弗里德曼,丹尼尔 343-344,344n24
Frustration 目的受挫, See Unexpected circumstances 参见意外事件
Full capacity 满负荷 220
Fuller, Lon 富勒·朗 31,98,101,581,628
Further-instrument-to-follow provisions 后续的另外文件条款 503-517
Future performance 未来履行 See also Likelihood of completion 也可参见完工可能性
homogeneous goods, near future delivery of 近期交付的同质商品 306-307
likelihood of 未来履行的可能性 689

Gaps 漏洞 499-502,517-518
　gap-fillers 漏洞填补 502-503n14
Garvin, Larry T. 加文,拉里 684
General damages 一般损害赔偿 240
Generosity 慷慨 108n39
Gergen, Mark P. 格根,马克 319,707
German Civil Code 《德国民法典》 100
Gibson, James 吉布森,詹姆斯 528
Gifts 赠与 See Donative Promise Principle 参见赠与允诺原则
Gilmore, Grant 吉尔摩,格兰特 124
Goetz, Charles 戈茨,查尔斯 102,144-145,155,185,192n7,734-735
Goldberg, Vic 戈德堡,维克 735
Good faith 善意 707-711. See also Bad faith covenant of good faith and fair dealing in employment contracts 也可参见雇佣合同中善意与公平交易的条款 431n12
　cover 补进 222-223
　defined 善意的界定 707n4,708
　expectation damages 预期损害赔偿 515
　explicit bargained-for promise 明确的交易允诺 504-507
　implicit bargained-for promise 默示的交易允诺 507-514
　incomplete contracts 不完美合同 503-517
　interpretation vs. 解释 710
　leading-on 误导 516-517
　mitigation 减损 151-153
　negotiation promises 谈判允诺 503-517
　price protection 价格保护 708-709
　reasonableness vs. 合理性 222-223

redundancy 冗余 709
reliance damages 信赖损害赔偿 516
remedies 救济 514-516
sales of goods 货物买卖 700
specific performance 特定履行 515
substantial performance 实质履行 700
Goods 货物 See Sales of goods 参见货物买卖
Gordley, James 高德利,詹姆斯 462,468-469
Government contracts 政府合同
　Restatement (Second) of Contracts 《合同法重述(第二次)》 770
　third-party beneficiaries 第三方受益人 770-774,772-773n137
Guarantees and Statute of Frauds 一般保证与反欺诈法 799-800

Hadley Principle 哈德利原则 239-254
　alternative regime to 替代制度 250-254
　amount of damages foreseeable 可预见损害的数额 245-246
　classical contract law 古典合同法 241-242
　consequential damages 间接损害赔偿 240
　contractual allocations of losses 损失的合同分配 250-251
　costs 成本 248-250
　criticism of strict application of 严格适用的批判 242n14
　direct damages 直接损害赔偿 240
　disproportionate damages 不合比例损害赔偿 253-254
　foreseeability 可预见性 240-246,

244nn21-22
general damages 一般损害赔偿 240
Indifference Principle vs. 无差异原则与哈德利原则 241
information-forcing 信息强制 244-245
modern arguments for 现代论证 244-250
overview 概览 239-240
proximate cause vs. 近因 241, 243-244, 251-252
special damages, 特殊损害赔偿 240
supranormal damages 超常损害 247

Hand, Learned 汉德, 勒尼德 26, 397, 674
Highly differentiated goods 高度异质货物 309
Hillman, Robert 希尔曼, 罗伯特 130-131, 529
Hirshleifer, Jack 赫舒拉发, 杰克 604-607, 610
Hold-up issue 敲竹杠问题 41-43
Holmes, Oliver Wendell, Jr. 霍姆斯, 奥利弗·温德尔 25, 111, 297n7, 436n28
Homogeneous goods, near future delivery of 近期交付的同质货物 306-307
Hostage agreements 人质协议 34-37, 34n10
Howson, Colin 豪森, 科林 271n13
Hypothetical test and third-party beneficiaries 假设检测与第三方受益人 755

Illusory promise rule 虚幻允诺规则 45-49
Implications as elements of contracts 作为合同要素的含意 367-368
Implied-in-law and implied-in-fact contracts 法律上默示合同和事实上默示合同 493-495
Impossibility 不可能. See Unexpected circumstances 参见意外情况
Impracticability 不可行. See also Unexpected circumstances 也可参见意外情况
  perfect fulfillment rule 完美成就规则 722-723
  as protection against catastrophic loss 免于灾难性损失 254n43
  strict liability 严格责任 175
Improper means of acquiring information 不适当手段获取信息 615
Improvidence and unconscionability principle 缺乏远见与显失公平原则 94-95
Incapacity 无行为能力
  defenses 抗辩 80
  exploitation of 利用 81n30
  termination of power of acceptance 承诺权的终止 474-476
  transactional 无交易行为能力 79-82
Incidental beneficiaries 附带受益人 750
Incomplete contracts 不完美合同 497-518
  bound 受约束 497-498
  further-instrument-to-follow provisions 后续的另外文书条款 503-517
  gaps 漏洞 499-502, 517-518
  good faith negotiation promises 善意谈判允诺 503-517

incompleteness, defined 不完美性的界定 497
  indefiniteness 不确定性 498-499, 517-518
  pre-contractual liability 前合同责任 497
Incurred-costs damages 已产生成本的损害赔偿 230-231
Indefiniteness 不确定性 498-499, 517-518
Independent significance 独立的重要性 166
Indifference Principle 无差异原则
  formulas for measuring expectation damages 计算预期损害赔偿的公式 179-188
  Hadley Principle vs. 哈德利原则 241
  mitigation 减损 151
  specific performance 特定履行 296-297
Information-forcing 信息强制 244-245, 405-406
Informed-minority argument 知情少数论 526
Insolvency risk and expectation damages 破产风险与预期损害赔偿 256
Installment contracts 分期付款合同 700
Insurance considerations 保险因素 655-659
Integration 整合
  integrated agreement defined 整合协议的界定 373n1
  partial integration 部分整合 542
  Restatement (Second) of Contracts 《合同法重述(第二次)》 535-536
Intended beneficiaries 预期受益人 754
Intent-to-benefit test 受益意图检测
  Restatement (First) of Contracts 《合同法重述(第一次)》 752-755
  Restatement (Second) of Contracts 《合同法重述(第二次)》 753-755
  subcontractors 分包商 769
  third-party beneficiaries 第三方受益人 752-755
Interest 利息. See Prejudgment interest 参见判决前利息
Interest-aligning agreements 利益一致性协议 36-37, 232-233
Interpretation 解释 371-413
  accuracy 准确性 385-387, 394-395
  aim of 解释的目标 391-392
  contextualism 语境主义 373-380
  different meanings 不同的意思 404-406
  elements 因素 397-406
  as express conditions 作为明示条件 723-728
  general principles 一般原则 373-395
  good faith vs. 善意 710
  information-forcing 信息强制 405-406
  interpretive regime choice 解释制度的选择 387
  literalism 字面主义 380-395
  mutual mistake 双方错误 402-404
  objective elements 客观因素 397-406
  principles of 解释原则 388
  Restatement (First) of Contracts 《合同法重述(第一次)》 390-391

Restatement (Second) of Contracts
《合同法重述(第二次)》 17,
398-399
Statute of Frauds 反欺诈法 794
subjective elements 主观因素
397-406
theories of 解释理论 15-17
UCC 《统一商法典》 387,794
Invalid claims 无效的索赔 44-45,
44n39
Invariance 不变性 160-162
Irrational disposition 非理性处置
163-165

Joint cause and disgorgement 共同因果
关系与归入 358-359
Joskow, Paul 乔思科,保罗 644
Judicial relief 司法救济
Restatement(Second) of Contracts
《合同法重述(第二次)》 335
shared-tacit-assumption test 共同默认
假设检测 636-643
Jury trials and specific performance
陪审团审判与特定履行 299-300

Kahneman, Daniel 卡尼曼,丹尼尔
160-162,165,166,559
Klass, Gregory 克拉斯,格雷戈里 59
Knockout rule 剔除规则 445-
446,528
Knowledge 知道
acceptance 承诺 438-439
computational errors 计算错误
567-569
Disclosure Principle 披露原则
604-607
foreknowledge 预知 604-607

mistaken payments 错误付款 563
knowledge of the offer 知道要约
438-439
risk allocated to unknowing party
分配给不知情方的风险 617
unilateral contracts 单方合同
438-439
unknowing party on notice 不知情方
本应注意 618-619
Kostritsky, Juliet 科斯特里斯基,朱丽
叶 131
Kramer, Bruce 克雷默,布鲁斯
622,622n83
Kronman, Anthony 克朗曼,安东尼
304-305,598-602,598n8,601n18,
603n23,604,610,610n50
Kuhn, Thomas 库恩,托马斯
119,120n66
Kull, Andrew 库尔,安德鲁
108,324n14

Land sales 土地买卖 See Real proper-
ty sales 参见不动产买卖
Langdell, Christopher 兰德尔,克里斯
托弗 9-10,9n1,25
Lapse of acceptance 承诺的失效
457-460
Last-shot rule 最后一击规则
441,447n53
Latin, Howard 拉丁,霍华德 169
Laycock, Douglas 莱科克,道格拉斯
62,312
Leading-on 误导 516-517
Leff, Arthur 莱夫,阿瑟 70
Legal-duty rule 法律义务规则 38-
43,43n32
fair dealing 公平交易 39-40

hold-up issue 敲竹杠问题 41-43
reciprocity 互惠性 39-40
Legatees, would-be 未来的受遗赠人 761-763
Leptich, John 莱菩提彻,约翰 571n34
Lien laws 留置法 725n23
Likelihood of completion 完工可能性 208,212-213,689
Linguistic communities 语言群体 388
Liquidated damages 约定违约金 283-291
 bounded rationality 有限理性 284
 defective capabilities 能力缺陷 284
 as deposits 押金作为约定违约金 290
 difficulty of determination 难以确定 286-288
Liquidated damages (Cont.) 约定违约金
 limits of cognition 认知局限 283-286,290
 overreliance theory 过度信赖理论 260,265
 rational ignorance 理性无知 284
 reasonableness 合理性 288
 second-look standard 二次审查标准 288-289
 services contracts 服务合同 219
 special-scrutiny rule 特别审查规则 283
Literalism 字面主义 380-395
 defined 字面主义的界定 380
 extreme 极端的 385-395 See also Extreme literalism 也可参见极端主义证据
 extrinsic evidence 旁证 380

four-corners rule 四角规则 380-384
plain-meaning rule 常义规则 380-384
Litigation costs 诉讼成本
 expectation damages 预期损害赔偿 255
 overreliance theory 过度信赖理论 266
Litigation risks and overreliance theory 诉讼风险与过度信赖理论 265-266
Long-term supply contracts 长期供应合同 307-308
Loss-aversion 损失厌恶 558-559n4
Loss Paradigm 损失范式
 contractual allocations of losses 损失的合同分配 250-251
 efficient breach theory 效率违约理论 64-66
 Overbidder Paradigm vs. 高价范式 65
Lost chances 丧失的机会 489-491
Lost profit 所失利润
 computation of 所失利润的计算 301n17
 courts taking conservative approach to 对所失利润采取保守进路的法院 265n15
 expectation damages 预期损害赔偿 179-180,201-202,218-220
 Restatement (Second) of Contracts 《合同法重述(第二次)》 201-202
 sales of goods 货物买卖 220
 services contracts 服务合同 201-202,218-219
 UCC 《统一商法典》 189
Lost surplus 所失盈余 180

Lost-volume damages 销量损失赔偿 190-191
Lumpy reliance 集总信赖 263

Macneil, Ian R. 麦克尼尔, 伊恩 57, 733, 735-736, 735n10, 736nn12-14
Mahoney, Paul 马奥尼·保罗 53-54, 57
Mailbox rule 邮箱规则 450-452, 452n63, 456n75
Market price 市场价格
 above-market prices 高于市场价格 85-89
 actual loss 实际损失 194-199
 Cover Principle 补进原则 221-222, 276
 damages 损害赔偿 192nn7-8, 194-199, 276
 expectation damages 预期损害赔偿 179, 189, 193-199, 221-222, 276
 sale-of-goods cases, as measure of damages 货物买卖案件 199n32
 secrecy interest 秘密利益 276
 UCC 《统一商法典》 189
Markets 市场
 commodities 商品 71-72
 competitive market, defined 竞争市场的界定 71
 information 信息 612-613
 market information 市场信息 612-613
 role of 市场的地位 71-72
 unconscionability principle 显失公平原则 71-72
Marriage, consideration of 结婚的考虑 798, 805
Marschall, Patricia 马歇尔, 帕特里夏 60
Maskin, Eric 马斯金, 埃里克 277-279, 279n37
Material benefit and donative promises 物质利益与赠与允诺 114
Material breach 重大违约
 apparent material breach 明显重大违约 684
 defined 重大违约的界定 689
Materiality and shared-tacit-assumption test 重大性与共同默认假设检测 635-636
Materialmen 材料供应商 764n94, 765n100
Matheson, John 马西森, 约翰 124n81
Maute, Judith 莫特, 朱迪斯 214n38
Maxims 公理 410
McCamus, John D. 麦卡摩斯, 约翰 352n50
McTurnan, Lee 麦克特南, 李 585
Mechanical errors 机械错误 557-575
 computational errors 计算错误 565-571
 See also Computational errors 也可参见计算错误
 Loss aversion 损失厌恶 558n4
 mistaken payments 错误付款 560-565 See also Mistaken payments 也可参见错误付款
 modern position 现代立场 571-575
 overview 概览 557-560
 in promotional contests 促销赛中的错误付款 575n49
 reliance damages 信赖损害赔偿 571
Mechanic's lien laws 技工留置权法 725n23

索引 1083

Medina, Barak 梅迪纳,巴拉克 636
Memoranda and Statute of Frauds 备忘录与反欺诈法 800
Merger clauses 合并条款 543
Miller, Geoff 米勒,杰夫 392-394, 394n67
Mill, John Stuart 密尔,约翰·斯图特 734
Mirror image rule 镜像规则 440-441, 481-482
Mises, Richard von 米泽斯,理查德·冯 272
Mispricing 标价错误 570-571
Mistaken payments 错误付款 560-565
 actual knowledge by payee 收款人实际知情 563
 administrability 可实施性 565
 paradigm case 范例 560-563
 reliance 信赖 563-564
 restoration regime 返还制度 561-562
Mistakes 错误 551-594 See also Computational errors 也可参见计算错误
 efficiency 效率 551-552
 evaluative 评估错误 555-556
 experience 经验 553
 mechanical errors 机械错误 557-575. See also Mechanical errors 也可参见机械错误
 mispricing 标价错误 570-571
 mistaken payments 错误付款 560-565 See also Mistaken payments 也可参见错误付款
 mistranscriptions 错误转录 577-578
 morality 道德 552
 mutual 双方的 579-594 See also sellers' mistakes, Mutual mistakes 也可参见双方错误 sellers' mistakes, buyers trolling for 寻求卖方错误的买方 619-620
 shared mistaken factual assumptions 共同的错误的事实假设 579-594 See also Shared mistaken factual assumptions 也可参见共同的错误的事实假设 579-594
 unilateral 单方的 557-575 See also Unilateral mistakes 也可参见单方的错误
Mistranscriptions 错误转录 577-578
Mitigation Principle 减损原则 149-155
 causation 因果关系 149
 defined 减损原则的界定 149
 efficiency 效率 149-150, 149n2
 expectation principle 预期原则 153
 fairness 公平 149
 good faith 善意 151-153
 Indifference Principle 无差异原则 151
 reasonableness 合理性 151-152
 Restatement (Second) of Contracts 《合同法重述(第二次)》 150, 154, 155
 specific performance 特定履行 300-302
 UCC 《统一商法典》 155
Moderately differentiated goods 中等异质货物 309
Modern contract law 现代合同法

algorithms 算法 25-26
  transformation to 向现代合同法的转型 25-28
Modes of acceptance 承诺的方式 427-456
Modification 变更
  non-oral clauses 非口头条款 813-814
  Statute of Frauds 反欺诈法 808-810,813-814
  third-party beneficiaries 第三方受益人 775-778
Monistic theories 一元论理论 17-19
Morality and policy 政策与道德. See also Social and critical morality 也可参见社会道德与批判道德
  civil-code and civil-code based rules 民法典与基于民法典的规则 72-73
  contract-law rules 合同法规则 16
  courts 法院 6n1
  defined 道德与政策的界定 5
  Disclosure Principle 披露原则 596-597
  disgorgement 归入 344
  donative promises 赠与允诺 98,108n39,112-116
  mistakes 错误 552
  moral fault, role of 道德过错的地位 72-73
  rescue 救助 133-148 See also Rescue 也可参见救助
  social and critical morality vs. 社会道德与批判道德 6
  third-party beneficiaries 第三方受益人 748,757
  unconscionability principle 显失公平原则 69-96 See also Unconscionability principle 也可参见显失公平原则
Motivation to make contract 订立合同的动机 436-438,436n28
Multi-prime contracts 多重主合同 767-768
Murphy, Liam 墨菲,利亚姆 134
Mutuality 相互性
  bargain principle 交易原则 37,45-49
  bilateral contracts 双方合同 45
  mutual misunderstanding as cause of contract failure 作为合同失败诉因的双方误解 331n36
  Restatement (Second) of Contracts 《合同法重述(第二次)》 402
  unilateral contracts 单方合同 45
Mutual mistakes 双方错误 579-594
  adversely affected party awareness 受不利影响的当事人了解 585-587
  general principle 一般原则 580-594
  interpretation 解释 402-404
  mistaken assumptions 错误假设 582n7
  risk allocated to adversely affected party 分配给受不利影响的当事人的风险 587-590
  superior information of one party 一方当事人的优势信息 590-591
  unbargained-for risk test compared 未交易风险之检测 644-646
  unexpected circumstances vs. 意外情况 637n35,646n65
  windfalls 意外之财 591-594

National Labor Relations Act 国家劳动关系法 313,736n14

National Labor Relations Board 国家劳动关系委员会 313

Necessary performance 必要履行 259

Nicholas, Barry 尼古拉斯,巴里 175

No-duty-to-rescue rule 无救助义务规则

See Rescue 参见救助

Nominal consideration 名义约因
 donative promises 赠与允诺 110-111
 firm-offer rule 不可撤销要约的规则 464
 Restatement (Second) of Contracts 《合同法重述(第二次)》 112n44,464

Normative theories 规范性理论 17-19,22

Notaries 公证人 110n40

Offerees 受要约人
 change of heart 改变主意 452-453
 motivation 动机 436-438,436n28
 obligations of offeree who has begun performance 已开始履行的受要约人的义务 440
 performance by offeree notice requirement 受要约人履行通知的要求 439-440

Offers 要约 417-426
 advertisements 广告 420-423, 573n44
 ambiguity 模糊性 428-429
 auctions 拍卖 424-426
 bilateral contracts, defined 双方合同的界定 419
 computational errors 计算错误 569-570
 counter-offers 反要约 477-479, 478n65
 defined 要约的界定 418n2
 knowledge of 知道要约 438-439
 late acceptance 逾期承诺 139
 offers too good to be true 太好到不真实的报价 569-570
 promissory nature of offers 要约的允诺性质 418-420

Offers (Cont.) 要约
 rescue 救助 136-140
 reserves 底价 424-425,424n28
 Restatement (Second) of Contracts 《合同法重述(第二次)》 419,428
 revocation of offers for bilateral contracts 双方合同要约的撤回 460-464
 silence as acceptance 作为承诺的沉默 136-139
 unilateral contracts 单方合同 419,466-469
 withdrawal of general offers 公开要约的撤回 472-474

Off-the-shelf commodities 现成商品 217-220

Oman, Nathan 奥曼,内森 15-16

One-off sellers 一次性交易的卖方 85-86

One-sidedness 单方性 462-463

Opportunism and specific performance 机会主义与特定履行 302-304

Opportunistic breach 机会主义违约 691

Opportunity cost 机会成本 76-77,

76n23, 121, 182, 218n2, 220, 331, 568, 662
Oral contracts 口头合同
  land interests, sales of 土地权益的买卖 805-807
  marriage 婚姻 805
  modification and waiver 变更与弃权 814
  overview 概览 802
  reliance 信赖 803-804
  restitution 返还 802
  sales of goods 货物买卖 804, 814
  Statute of Frauds 反欺诈法 802-807
  suretyship 保证 805
Overbidder Paradigm 高价范式
  applicability 适用 53
  differentiated commodities 异质商品 53
  disgorgement 归入 346
  efficient breach theory 效率违约理论 51-52, 55-58, 64
  Loss Paradigm vs. 损失范式 65
Overhead 间接费用 202-204
Overreliance theory 过度信赖理论 257-267 See also Reliance 也可参见信赖
  buyer's breach 买方违约 260-261
  coordinated contracts 合作合同 263-264
  diminished value 价值降低 262
  expectation damages invariant to reliance 不随信赖变化的预期损害赔偿 260-262
  liquidated damages 约定违约金 260
  litigation costs 诉讼成本 266
  litigation risks 诉讼风险 265-266
  lumpy reliance 集总信赖 263
  necessary performance 必要履行 259
  overview 概览 257-258
  preliminary considerations 初步的考虑 258
  preparation costs 准备成本 259
  probability of breach 违约的可能性 262-264, 266-267
  replacement cost 替代成本 261
  seller's breach 卖方违约 261-262
  social costs 社会成本 267n17
  value held after breach 违约后仍有价值 262

Palmer, George 帕尔默,乔治 343n20
Paradigm, concept of 范式的概念 119-120, 120n66
Pareto-superiority justification 帕累托最优的正当性 56-57
Parol evidence rule 口头证据规则 533-547
  condition-to-legal-effectiveness exception 法律效力条件例外 546-547
  contradiction 矛盾 540-542
  Corbin 科宾 535-536
  exceptions 例外 537-540
  inconsistency 不一致 540-542
  merger clauses 合并条款 543
  overview 概览 533
  partial integration 部分整合 542
  promissory fraud 允诺欺诈 544-546
  Restatement (First) of Contracts 《合同法重述(第一次)》 534-535, 538-539

Restatement (Second) of Contracts 《合同法重述(第二次)》 535-536

Statute of Frauds 反欺诈法 810-811

UCC §2-202 《统一商法典》第2-202条 536-537,539

Williston 威利斯顿 534-535

Partial integration 部分整合 542

Parties 当事人 See Contracting parties; specific parties 参见缔约方,特定当事人

Part performance 部分履行 43n34, 322,792

Paternalism 家长主义
  paternalistic-preference argument 家长主义式偏好论 526-527
  unconscionability principle 显失公平原则 92-93

Patterson, Edwin 帕腾森,埃德温 153

Pay-when-paid provisions 附条件条款 724-725

Pear, Robert 皮尔,罗伯特 151n8

Perfect fulfillment rule 完美成就规则 716-723
  exceptions 例外 719-723
  forfeiture 没收 719-720
  imperfect-fulfillment 不完美成就 716-719
  impracticability 不可行 722-723
  prejudice, lack of 没有损害 720-721
  purpose of condition achieved 达到条件的目的 721-722
  triviality 微不足道 723

Perfect-tender rule 完美履行规则 702

Performance 履行 667-703

adequate assurance principle 充分担保原则 683-686

anticipatory repudiation 期前违约 673-681 See also Anticipatory repudiation 也可参见期前违约

augmented sanctions 加重的制裁 687-696 See also Augmented sanctions 也可参见加重的制裁

constructive conditions 推定条件 669-671

contextualism 语境主义 380

efficient rate of 有效率履行率 183-184

elements of contracts 合同的要素 369-370

expectation damages 预期损害赔偿 183-184

future performance, likelihood of 未来履行的可能性 689

homogeneous goods, near future delivery of 近期要交付的同质货物 306-307

necessary performance 必要履行 259

obligations of offeree who has begun performance 已开始履行的受要约人的义务 440
  by offeree notice requirement 受要约人履行通知的要求 439-440

order of 履行命令 669-671

part performance 部分履行 43n34,322,792

rescue 救助 140-147

Restatement (Second) of Contracts 《合同法重述(第二次)》 369-370

sales of goods 货物买卖 792

Statute of Frauds 反欺诈法

795–796

substantial 实质的 697–703 See also Substantial performance 也可参见实质履行

timing of 履行时间 795–796

UCC 《统一商法典》 369–370

Perry, Stephen 佩里,斯蒂芬 15

Personal services contracts 个人服务合同 312–313

Peters, Ellen 彼得斯,埃伦 193

Pettit, Mark 佩蒂特,马克 430–431, 430n6

Pildes, Richard 皮尔戴斯,理查德 10n5

Plain-meaning rule 常义规则 380–384

Pluralistic theories 多元论理论 17–19, 22–23

Pollock, Frederick 波洛克,弗雷德里克 38

Porat, Ariel 波拉特,阿里尔 140–141, 141n25, 144

Posner, Richard A 波斯纳,理查德 51–52, 54–56, 58, 101, 374–375, 655–659, 656–657n98

Potential loss 潜在损失 144–145

Precaution, efficient rate of 有效率的预防率 184

Precontractual liability 前合同责任 497

Predictability 可预测性 32–37 See also Foreseeability 参见可预见性

Prejudgment interest 判决前利息 255–256, 255n2

Preparation costs 准备成本 259

Presumptions 推定 410

Price-gouging 哄抬价格 78–79

Price-ignorance exploitation 价格无知的利用 85–89

Price protection 价格保护 708–709

Principles 原则 See also Doctrinal propositions 也可参见原理命题

specific principles 特定原则

generally 一般意义上 21–23

foundational standard 基础标准 22

normative theory 规范性理论 22

rules vs., 6 See also Rules 规则与原则

Private actors 私人行为人 412–413

Privity and third-party beneficiaries 相对性与第三方受益人 743n15, 744–747

Prizes and rewards 奖赏与赏金 485–491

consideration 约因 485–486

contest promoter's defense 竞赛举办者的抗辩 486n4

lost chances 丧失的机会 489–491

mechanical error in promotional contest 促销赛中的机械错误 575n49

remedies 救济 487–491

unpaid, damages for 未兑付奖赏和赏金的损害赔偿 487–488

Probability 可能性

enforcement-error regimes 执行错误制度 271–273

logical 逻辑的 273n18

objective 客观的 271–273

promises 允诺 32–37

propensity theory 倾向理论 273n18

subjective 主观的 271–273, 271n13

Procedural unconscionability 程序显失公平 70

Professional Golf Association 职业高尔

夫协会 123n75
Profit 利润 179-180, 189, 201-202, 218-220 See also Lost profit 也可参见所失利润
Promisees 受允诺人
  anticipatory repudiation where promisee fully performed 受允诺人已完全履行场合下的期前违约 675-677
  breach by 受允诺人违约 328-329
  defined 受允诺人的界定 741
  promisor's defenses against 允诺人对受允诺人的抗辩 775, 778-779
  restitution 返还 328-329
  Specific Performance Principle 特定履行原则 305
  third-party beneficiaries 第三方受益人 741
Promises 允诺 See also Bargain; Bargain principle 也可参见交易和交易原则
  Consideration 约因
  chance 机会 32-37
  choice 选择 32-37
  donative 赠与性的 97-132 See also Donative Promise Principle 也可参见赠与允诺原则
  enforceability of 允诺的可执行性 29-66
  hostage agreements 人质协议 34-37
  interest-aligning agreements 利益一致性协议 36-37
  predictability 可预测性 32-37
  preexisting moral 先前存在的道德义务
  obligations 义务 112-116
  probability 概率 32-37

  structural agreements 结构性协议 32-37
Promisors 允诺人
  augmented sanctions 加重的制裁 693-695
  breach by 允诺人违约 321-327
  breach by promisor of other contracts 其他合同的允诺人违约 684-685
  defenses against promisee 对受允诺人的抗辩 775, 778-779
  defined 允诺人的界定 627, 741
  subjective beliefs of 允诺人的主观相信 270-271
  unexpected circumstances 意外情况 627
Promissory estoppel 允诺禁反言 119, 124, 126, 128n99
  reliance 信赖 130-131, 517
  restitution 返还 330
Promissory fraud 允诺欺诈 544-546
Pronouns 代词 7
Propensity theory 倾向理论 273n18
Property interests 财产权益. See also Real property sales 也可参见不动产买卖
  disgorgement 归入 338
  trespass for purposes of extraction 出于开采目的的非法侵入 137n19
Prospect theory 前景理论 169
Proximate cause 近因 241, 243-244, 251-252 See also Causation 也可参见因果关系
Public basis of justification 有公共基础的正当性 16
Punitive damages 惩罚性赔偿 196, 353n51, 763n93
Pure exchange regimes 纯交换制度

609-610

Quality-of-consent defenses 同意质量的抗辩 37

Rational-basis test and certainty principle 合理基础检测与确定性原则 228
Rational ignorance 理性无知 284
Rationality 理性 159-160
Rawls, John 罗尔斯, 约翰 407-409
Real property sales 不动产买卖
  buyer's breach 买方违约 311-312
  mistaken factual assumption 错误的事实假设 582n10
  oral contracts 口头合同 805-807
  rescission 解除 808
  seller's breach 买方违约 310-311
  Specific Performance Principle 特定履行原则 310-312
  Statute of Frauds 反欺诈法 790-791, 805-807
Reasonableness 合理性
  cover 补进 222-223
  good faith vs. 善意与合理性 222-223
  liquidated damages 约定违约金 288
  mitigation 减损 151-152
  Restatement (Second) of Contracts 《合同法重述(第二次)》 398-399
  searches 搜寻 618-619
  unreasonable disproportion 不合理的不合比例 208-209
  unreasonable economic waste 不合理的经济浪费 208-209, 211
Reciprocity 互惠性 39-40
Record, defined 记录的界定 449-450, 785-786

Redundancy and good faith 冗余与善意 709
Reformation and Statute of Frauds 变更与反欺诈法 810-811
Reinstatement 复职 313
Rejection 拒绝
  acceptance, followed by 拒绝之后的承诺 453
  counter-offer by mail or telegram 通过邮件和电报的反要约 452-453
  termination of power of acceptance 承诺权的终止 477
Relational contracts 关系合同 733-738
  defined 关系合同的界定 734-736
  discrete 分立性的 735-736
  duration 持续期 734-735
  rules 规则 737
Reliance 信赖 See also Overreliance theory 也可参见过度信赖理论
  bargain principle 交易原则 117-118
  classical contract law 古典合同法 117-118
  donative promises 赠与允诺 117-132
  expectation damages invariant to 不随信赖改变的预期损害赔偿 260-262
  firm-offer rule 不可撤销要约的规则 465-466
  life of 信赖的生命 124-132
  lumpy reliance 集总信赖 263
  mistaken payments 错误付款 563-564
  oral contracts 口头合同 803-804
  promissory estoppel 允诺禁反言 130-131

Restatement (First) of Contracts 《合同法重述(第一次)》 119-120, 124-129

Restatement (Second) of Contracts 《合同法重述(第二次)》 122, 125, 128-129, 465-466, 803-804

Restatement (Third) of Restitution and Unjust Enrichment 《返还与不当得利法重述(第三次)》 564
 sales of goods 货物买卖 804
 seriousness test 慎重性检测 125n85
 surplus-enhancing 增加盈余 184-186
 value held after breach 违约后仍持有价值 262
 wins, defined 胜诉的界定 131

Reliance damages 信赖损害赔偿 See also Damages 也可参见损害赔偿
 certainty principle 确定性原则 230-231
 donative promises 赠与允诺 121-123
 expectation damages vs. 预期损害赔偿与信赖损害赔偿 180-188
 good faith 善意 516
 mechanical errors 机械错误 571
 restitution vs. 返还与信赖损害赔偿 323-324
 unilateral mistakes 单方错误 571

Remedies 救济
 See also Damages; specific types cover as 作为救济的补进;也可参见损害赔偿;特定类型 221
 donative promises 赠与允诺 115
 good faith 善意 514-516
 prizes and rewards 奖赏与赏金 487-491

reformation 变更 810-811
reinstatement 复职 313
Statute of Frauds 反欺诈法 810-811
Remote cause and disgorgement 远因与归入 359-360
Replacement cost 替代成本
 expectation damages 预期损害赔偿 179, 261
 UCC 《统一商法典》 189
Representativeness 代表性 167
Repudiation 拒绝履行 See also Anticipatory repudiation 参见期前违约
 of acceptance 废弃承诺 453-454
 adequate assurance principle 充分担保原则 684
 apparent repudiation 明显的拒绝履行 684
 encouraging 鼓励 51n1
Rescission 解除 775-778, 807-808
Rescue 救助 133-148 See also Mitigation Principle 也可参见减损原则
 breach 违约 140-143
 cooperation duty 合作义务 145-147
 late acceptance 逾期承诺 139
 no-duty rule 无救助义务规则 133-136
 offer and acceptance 要约与承诺 136-140
 performance 履行 140-147
 potential loss 潜在损失 144-145
 Restatement (Second) of Contracts 《合同法重述(第二次)》 133-135, 143
 silence as acceptance 作为承诺的沉默 136-139
 social norms 社会规范 135

unconscionability principle 显失公平原则 73-74
unilateral contracts 单方合同 139-140
Reserves 底价 424-425,424n28
Restatement (Third) of Agency 《代理法重述》(第三次)
 disgorgement 归入 337,359
Restatement (First) of Contracts 《合同法重述(第一次)》
 anticipatory repudiation 期前违约 675
 classical contract law 古典合同法 6,25,44
 conjunctive test 联合检测 44-45
 creditor-beneficiary cases 债权受益人案例 750
 diminished value 价值降低 208
 donative promises 赠与允诺 111-112
 donee beneficiaries 受赠受益人 750,776
 incidental beneficiaries 附带受益人 750
 intent-to-benefit test 受益意图检测 752-755
 interpretation of contracts 合同的解释 390-391
 parol evidence rule 口头证据规则 534-535,538-539
 reliance 信赖 119-120,124-129
 third-party beneficiaries 第三方受益人 749-750,775-776
 unilateral contracts 单方合同 467-468
 unreasonable economic waste 不合理的经济浪费 208

Restatement (Second) of Contracts 《合同法重述(第二次)》
 adequate assurance principle 充分担保原则 685
 adversely affected party awareness 受不利影响的当事人了解 585-587
 anticipatory repudiation 期前违约 675
 charitable subscriptions 慈善捐赠 116-117
 condition-to-legal-effectiveness exception 法律效力条件例外 546
 conjunctive test 联合检测 755
 contextualism 语境主义 373
 contradiction 矛盾 540
 conversation rule 对话规则 458-459
 course of dealing 交易过程 369
 delegation 委任 315
 different meanings 不同的意思 404-405
 disgorgement 归入 336,339-342
 disjunctive test 分离检验 44-45
 disproportionality 不合比例性 253
 donative promises 赠与允诺 111-112,114-115
 fault 过错 173
 form contracts 格式合同 524
 government contracts 政府合同 770
 hypothetical test 假设检测 755
 illusory promise rule 虚幻允诺规则 45-46
 improper means of acquiring information 不适当手段获取信息 615
 integration 整合 535-536
 intended beneficiaries 预期受益人 754
 intent-to-benefit test 受益意图检测

753-755
interpretation 解释 17,398-399
judicial remedies 司法救济 335
lost chances 丧失的机会 490
lost profit 所失利润 201-202
materiality 重大性 635-636
merger clauses 合并条款 543
mistaken party's fault 错误方的过错 637
mitigation 减损 150,154,155
moderately differentiated goods 中等异质货物 309
modification 变更 43
mutual assent 双方同意 402
nominal consideration 名义约因 112n44,464
obligations of offeree who has begun performance 已开始履行的受允诺人的义务 440
offers 要约 419,428
parol evidence rule 口头证据规则 535-536
partial integration 部分整合 542
performance 履行 369-370
prejudgment interest 判决前利息 255-256
purpose 目的 370
reasonableness 合理性 398-399
rejection or counter-offer by mail or telegram 通过邮件或电报拒绝或反要约 452-453
reliance 信赖 122,125,128-129, 465-466,803-804
reliance damages 信赖损害赔偿 571
rescue 救助 133-135,143
restitution, defined 返还的界定 345
risk allocated to adversely affected party 分配给受不利影响的当事人的风险 587-588
service-purchaser's breach 服务购买者违约 201-202
special-community usage 特殊社群惯例 378
Statute of Frauds 反欺诈法 789, 803-804
strict liability 严格责任 173
subjective acceptance 主观承诺 447
subjective meanings 主观意思 401
substitute transactions 替代交易 154
third-party beneficiaries 第三方受益人 753-758,776-778
trade usage 贸易惯例 378-379
trust or confidence relationships 信托和信任关系 616-617
unconscionability 显失公平 69
undue influence 不当影响 83
unfair persuasion 不公平的劝说 83
usage, defined 惯例的界定 368
Restatement (Second) of Property 《财产法重述(第二次)》
unconscionability 显失公平 69
Restatement (Third) of Restitution and Unjust Enrichment 《返还与不当得利法重述(第三次)》
disgorgement 归入 347n34
justifiable reliance 正当信赖 564
restitutionary damages on breach 违约的返还损害赔偿 324-327
Restitution 返还 319-332
absence of enforceable contract 不可执行的合同 330-332
bad faith 恶意 320,322-323, 329,694
burden of proof 证明责任 329

counter-restitution by promisee 受允诺人的相对返还 323n10
disgorgement vs. 归入 337n4
expectation damages vs. 预期损害赔偿 321
forfeiture 没收 322-323
oral contracts 口头合同 802
overview 概览 319-321
part performance 部分履行 322
promisee's breach 受允诺人违约 328-329
promisor's breach 允诺人违约 321-327
promissory estoppel 允诺禁反言 330

Restitution (Cont.) 返还
reliance damages vs. 信赖损害赔偿 323-324
restitution, defined 返还的界定 345
services contracts 服务合同 327
Statute of Frauds 反欺诈法 330
UCC 《统一商法典》 328-329

Restoration of property 财产恢复原状 209n25

Restoration regime 返还制度 561-562

Revocation of acceptance 撤销接受 700

Revocation of offers 要约的撤销 See also Termination of power of acceptance 也可参见承诺权的终止
for bilateral contracts 双方合同 460-464
crossed revocation and acceptance 撤销与承诺交叉 451
indirect revocation 间接撤销 470-471
unilateral contracts 单方合同 466-469

Ricks, Val 里克斯,瓦尔 118n56, 118-119n58
See also Unbargained-for risk test 也可参见未交易之风险检测
allocated to adversely affected party 分配给受不利影响的当事人的风险 587-590, 633-634
allocated to unknowing party 分配给不知情方的风险 617
error, risk of 错误风险 299
estimation faculties 评估能力 168-169
insolvency risk 破产风险 256
litigation risks 诉讼风险 265-266
risk preference 风险偏好 161n12
specific performance 特定履行 299
unbargained-for risk test 未交易风险之检测 644-646

Risk-estimation faculties 风险评估能力 168-169
Caprice, Roberts 凯普瑞斯,罗伯茨 295

Rolling contracts 渐进合同 529
Rosenfield, Andrew M. 罗森菲尔德,安德鲁 655-659, 656-657n98
Rowley, Keith A. 罗利,基思 673n2
Rules 规则
default rules as gap-fillers 作为漏洞填补的任意性规则 502-503n14
principles vs. 原则与规则 6
rules of thumb 经验法则 408-409, 411

Sales of goods 货物买卖
admissions 承认 793-794
buyer's breach 买方违约 189-192, 217-220, 260-261, 310
common law background 普通法背景 699

confirmation receipt 收到确认书 793
contractual allocations of 风险的合同分配
  losses 损失 250-251
  coverage 涵盖范围 791-792
  cure 补救 701
  differentiation vs. standardization 差异化与标准化 190
  exceptions 例外 792-794
  formulas for measuring expectation damages 计算预期损害赔偿的公式 189-199
  good faith 善意 700
  goods made specially to order 定制的货物 792-793
  goods not readily available 不容易获得的货物 308
  highly differentiated goods 高度异质货物 309
  homogeneous goods, near future delivery of 近期要交付的同质货物 306-307
  installment contracts 分期付款合同 700
  interpretation problems 解释问题 794
  long-term supply contracts 长期供应合同 307-308
  lost profits 所失利润 220
  lost-volume damages 销量损失赔偿 190-191
  market price as measure of damages for 货物买卖损害赔偿计算方法的市场价格 199n32 See also Market price 也可参见市场价格
  moderately differentiated goods 中等异质货物 309
  off-the-shelf goods 现成货物 219-220
  oral contracts 口头合同 804
  part performance 部分履行 792
  perfect-tender rule 完美履行规则 702
  reliance 信赖 804
  rescission 解除 808
  revocation of acceptance 承诺的撤销 700
  seller's breach 买方违约 192-194, 261-262, 306-308
  Specific Performance Principle 特定履行原则 306-310
  standardization vs. differentiation 标准化与差异化 190
  Statute of Frauds 反欺诈法 791-794, 801
  substantial performance 实质履行 699-703
  UCC 《统一商法典》 700-703
Salvage cases 打捞案件 76-77nn21-24, 76-78
Satisfaction and express conditions 满意与明示条件 725-728
Satisficing 满意决策 163n26
Scanlon, Thomas 斯坎伦, 托马斯 98, 174, 462
Schwartz, Alan 施瓦茨, 艾伦 22-23, 302, 346n29, 385-395, 385n29, 394n67
Scott, Robert E. 斯科特, 罗伯特 22-23, 102, 144-145, 155, 185, 192n7, 385-395, 385n29, 394n67, 734-735
Second-look standard 二次审查标准 288-289
Secrecy interest and expectation damages 秘密利益与预期损害赔偿 274-277
Securities, purchase or sale of 证券买卖 795

Security interests in collateral 抵押品上的担保利益 795
Self-insurance 自我保险 656,658-659
Sellers 卖方
 breach by 卖方违约 192-194,261-262,306-308,310-311
 Disclosure Principle 披露原则 611-615,619-620
 door-to-door sellers 上门销售员 87-88,88n46
 formulas for measuring expectation damages 计算预期损害赔偿的公式 192-194,261-262
 one-off sellers 一次性交易的卖方 85-86
 overreliance theory 过度信赖理论 261-262
 real property sales 不动产买卖 310-311
 sales of goods 货物买卖 192-194,261-262,306-308
 selling price disclosures 销售价格披露 86,86n45
 Specific Performance Principle 特定履行原则 302,306-308,310-311
 unconscionability principle 显失公平原则 85-88
Seriousness test and reliance 慎重性检测与信赖 125n85
Services contracts 服务合同
 breach 违约 201-215
 construction contracts 建筑合同 313-314
 cost of completion 完工成本 206-215
 deductions from damages 从损害赔偿中扣减 204-206
 diminished satisfaction 满意度降低 208,210-212
 diminished value 价值降低 206-215
 disgorgement 归入 214-215
 employee's breach 雇员违约 312
 employer's breach 雇主违约 313
 expectation damages 预期损害赔偿 201-215
 fixed costs 固定成本 202-204
 likelihood of completion 完工可能性 208,212-213
 liquidated damages 约定违约金 212-213,219
 lost profit 所失利润 201-202,218-219
 off the shelf commodities 现成商品 217-219
 overhead 间接费用 202-204
 personal services contracts 个人服务合同 312-313
 reinstatement 复职 313
 restitution 返还 327
 service provider's breach 服务提供者违约 206-215
 service purchaser's breach 服务购买者违约 150n4,201-206
 skimped services 节省的服务 354
 Specific Performance Principle 特定履行原则 312-315
 supervision rule 监督规则 314
 undue need for judicial supervision rule 需要过度司法监督的规则 314
 unreasonable disproportion 不合理的不合比例 208-209
 unreasonable economic waste 不合理

的经济浪费 208-209,211
Shared mistaken factual assumptions 共同的错误的事实假设 579-594
 adversely affected party awareness 受不利影响的当事人了解 585-587
 general principle 一般原则 580-594
 risk allocated to adversely affected party 分配给受不利影响的当事人的风险 587-590
 superior information of one party 一方当事人的优势信息 590-591
 windfalls 意外之财 591-594
Shared tacit assumption test 共同的默认假设检测 626-643
 custom and trade usage 习惯与贸易惯例 634-636
 exceptions 例外 630-636
 fault 过错 636-643
 inference from circumstances 从情况中推断 634-636
 judicial relief 司法救济 636-643
 materiality 重大性 635-636
 relevant circumstance occurrence possibility 相关情况发生的可能性 630-632
 reliance damages 信赖损害赔偿 642-643
 risk allocated to adversely affected party 分配给受不利影响的当事人的风险 633-634
 tacit assumptions 默认假设 627-630
Shavell, Steven 沙伟尔,史蒂文 185,257-258,606-607,606n41
Shiffrin, Seana 希夫林,西娜 93
Shipping and salvage cases 运输和打捞案件 76-77nn21-24,76-78
Signing by parties 当事人签署
 Electronic Signatures in Global and National Communications Act (E-SIGN) 全球和全美电子签名法 449,456n75,785
 Statute of Frauds 反欺诈法 800
Silence as acceptance 作为承诺的沉默 136-139,136n15,137n19
Simon, David 西蒙,大卫 195-196
Simon, Herbert 西蒙,赫伯特 163n26
Simpson, A.W.B. 辛普森 417n1
Skimped services 节省的服务 354
Smith, Ernest 史密斯,欧内斯特 621,622n82
Smith, Stephen 史密斯,斯蒂芬 16
Snyder, David 斯奈德,大卫 386-387
Social and critical morality 社会道德和批判道德 5-6 See also Morality and policy 也可参见道德与政策
 defined 界定 5
 Disclosure Principle 披露原则 619-620
 donative promises 赠与允诺 98
 efficient breach theory 效率违约理论 63
 moral norms vs. 道德规范 6
 overreliance theory, social costs of 过度信赖理论的社会成本 267n17
 rescue 救助 135
 social propositions, defined 社会命题 5
 specific performance 特定履行 298-299
Social costs of overreliance theory 过度信赖理论的社会成本 267n17

Social service institutions, donative promises to 对社会服务机构的赠与允诺 116-117

Spatial proximity 空间接近性 166

Special-community usage 特殊社群惯例 378

Special damages 特殊损害赔偿 240

Special-scrutiny rule 特殊审查规则 283

Specific performance 特定履行 295-316 See also Specific Performance Principle 也可参见特定履行原则
　adequacy test 充分性检测 295
　Bargain Principle 交易原则 297
　cover 补进 221-222,276
　defined 特定履行的界定 295
　disgorgement 归入 349
　efficient breach theory 效率违约理论 65-66,296n5
　enforcement 执行 298-299
　error, risk of 错误风险 299
　good faith 善意 515
　Indifference Principle 无差异原则 296-297
　informational effects 信息效应 297-298
　jury trials 陪审团审判 299-300
　mitigation 减损 300-302
　opportunism 机会主义 302-304
　seller's lawsuits 卖方提起的法律诉讼 302
　social norms 社会规范 298-299
　supplementary proceedings 补充程序 298n9

Specific Performance Principle 特定履行 304-316 See also Specific performance 也可参见特定履行
　application 适用 306-315

Specific Performance Principle (Cont.) 特定履行原则
　buyer's breach 买方违约 311-312
　construction contracts 建筑合同 313-314
　defined 界定 304-305
　delegation 委任 315
　employee's breach 雇员违约 312
　employer's breach 雇主违约 313
　goods not readily available 不容易获得的货物 308
　highly differentiated goods 高度异质货物 309
　homogeneous goods, near future delivery of 近期要交付的同质货物 306-307
　long-term supply contracts 长期供应合同 307-308
　moderately differentiated goods 中等异质货物 309
　personal services contracts 个人服务合同 312-313
　promisee-centeredness 以受允诺人为中心 305
　real property sales 不动产买卖 310-312
　reinstatement 复职 313
　sales of goods 货物买卖 306-310
　seller's breach 卖方违约 306-308,310-311
　services contracts 服务合同 312-315
　supervision rule 监督规则 314
　traditional tests compared to 传统检测 304-305
　undue-need-for-judicial supervision rule 对司法监督过度需求的规则 314

Stake, Jeffrey Evans 斯塔克, 杰弗

里·埃文斯 558-559n4

Standardization vs. differentiation 标准化与异质化 190

Statute of Frauds 反欺诈法 783-811
 admissions 承认 793-794
 confirmation receipt 收到确认书 793
 coverage 涵盖范围 791-792
 criminal liability 刑事责任 788
 equal-dignity rule 同等尊严规则 800-801
 E-SIGN 电子签名法 785
 exceptions 例外 792-794
 executory promises 待履行允诺 797-798
 expectation damages 预期损害赔偿 805-807
 goods made specially to order 定制的货物 792-793
 guarantees 保证 799-800
 history 历史 4
 interpretation problems 解释问题 794
 justification for 反欺诈法的正当性 786-788
 land interests, sales of 土地权益的买卖 790-791, 805-807
 legal consequences under 反欺诈法下的法律后果 788-790
 marriage, consideration of 结婚的考虑 798, 805
 memoranda 备忘录 800
 modification 变更 808-810
 non-oral modification clauses 禁止口头变更条款 813-814
 oral contracts 口头合同 802-807 See also Oral contracts 也可参见口头合同
 oral modification 口头变更 808-810
 oral rescission 口头解除 807-808
 overview 概览 783-786
 parol evidence rule 口头证据规则 810-811
 part performance 部分履行 792
 pleading and procedure 答辩与程序 811
 reformation remedy 变更救济 810-811
 reliance 信赖 803-804
 requirements 要求 798-802
 rescission 解除 807-808
 Restatement (Second) of Contracts 《合同法重述(第二次)》 789, 803-804
 restitution 返还 330, 802
 sales of goods 货物买卖 791-794, 801 See also Sales of goods 也可参见货物买卖
 satisfaction of statute 满足反欺诈法要求 798-802
 securities, purchase or sale of 证券买卖 795
 security interests in collateral 抵押品上的担保权益 795
 signing by parties 当事人签署 800
 suretyship 保证 796-797, 805
 timing of performance 履行时间 795-796
 types of contracts within 合同的类型 790-798
 UCC 《统一商法典》 784, 791-795, 801
 UETA 《统一电子交易法案》

784-786
Statutes and unconscionability principle 制定法与显失公平原则 95-96
Stigler, George 施蒂格勒,乔治 163
Strict liability 严格责任 173-175
Restatement (Second) of Contracts 《合同法重述(第二次)》 173
Structural agreements 结构性协议 32-37
 defined 界定 461
 firm-offer rule 不可撤销要约的规则 461-462
Subcontractors 分包商
 intent-to-benefit test 受益意图检测 769
 owners' suits against 所有人对分包商的诉讼 768-770
 prime contractors' sureties, suits against 主承包商对分承包商的诉讼 763-766,765n100,765nn 102-103
Subjective acceptance 主观承诺 447-449
Subjective beliefs of promisors 允诺人的主观相信 270-271
Subjective meanings 主观意思 401
Subjective probabilities 主观概率 271-273
Substantial performance 实质履行 697-703
 common law background 普通法背景 699
 cure 补救 701
 good faith 善意 700
 installment contracts 分期付款合同 700
 overview 概览 697
 perfect-tender rule 完美履行规则 702

revocation of acceptance 承诺的撤销 700
sales of goods 货物买卖 699-703
test for 实质履行检测 698
UCC 《统一商法典》 700-703
willfulness 有意性 698-699
Substantive unconscionability 实质不公平 70,89-95
Substitute transactions 替代交易 154
 See also Mitigation Principle 也可参见减损原则
Sugarman, Steve 舒格曼,史蒂夫 108n39
Summers, Robert S. 萨默斯,罗伯特 193,224,625,680,685,809
Supervision rule 监督规则 314
Supplementary proceedings 补充程序 298n9
Supranormal damages 超常损害 247
Sureties, subcontractors' suits against 分包商对保证人的诉讼 763-766
Suretyship 保证
 oral contracts 口头合同 805
 Statute of Frauds 反欺诈法 796-797,805
Surplus 盈余 180
Surplus-enhancing reliance, efficient rate of 增加盈余的信赖 184-186
Surprise 惊讶 84-85
Surrender of right to assert claim 放弃主张索赔的权利 44-47,44n39

Tacit assumptions 默认假设 627-630
Telescopic faculties 远见力 167-168
Temporal proximity 时间接近性 166
Termination of power of acceptance 承诺权的终止 457-483 See also Rev-

索引 1101

ocation of offers 也可参见要约的撤销
conditional acceptances 附条件承诺 479-481
conversation rule 对话规则 458-459
counter-offers 反要约 477-479
death 死亡 474-476
firm-offer rule 不可撤销要约的规则 460-464
incapacity 无行为能力 474-476
indirect revocation 间接撤销 470-471
lapse 失效 457-460
lateness, notification of 通知过迟 460
mirror image rule 镜像规则 481-482
nominal consideration 名义约因 464
one-sidedness 单方性 462-463
rejection 拒绝 477
revocation of offers for bilateral contracts 双方合同要约的撤销 460-464
unilateral contracts 单方合同 466-469
withdrawal of general offers 公开要约的撤回 472-474
Terminology 术语 4-7 See also Definitions 也可参见定义
classical contract law 古典合同法 6
commodity 商品 7
doctrinal propositions 原理命题 4
experiential propositions 经验命题 5
expressions 表达 7
moral norms 道德规范 5
principles 原则 6
pronouns 代词 7
rules 规则 6
social and critical morality 社会道德和批判道德 5-6

social propositions 社会命题 5
Thayer, James Bradley 赛耶,詹姆斯·布拉德利 380
Thel, Steve 赛尔,史蒂夫 124-130, 125n85, 126n87
Theories 理论 9-19
axioms 公理 10-11,25
efficient breach 效率违约 51-66 See also Efficient breach theory 也可参见效率违约理论
formalist 形式主义者 9-15 See also Formalist theories 也可参见形式主义理论
interpretive 解释性理论 15-17
monistic 一元论的 17-19
normative 规范性的 17-19
pluralistic 多元论的 17-19,22-23
public basis of justification 有公共基础的正当性 16
Third-party beneficiaries 第三方受益人 741-780
classical contract law 古典合同法 745-747,749
conjunctive test 联合检测 755
consideration 约因 747
contract, defined 合同的界定 741
contracting parties, defined 缔约方的界定 741
creditor-beneficiary cases 债权受益人案例 743-745,750,760-761,778
defenses 抗辩 774-778
defined 界定 741
donee beneficiaries 受赠受益人 750,759-760
early English and American law 早期英美法 741-743
explicit provisions about 明确规定 761

government contracts 政府合同 770-774,772-773n137

hypothetical test 假设检测 755

incidental beneficiaries 附带受益人 750

intended beneficiaries 预期受益人 754

intent-to-benefit test 受益意图检测 752-755

Lawrence v. Fox 劳伦斯诉福克斯 743-745

modern law 现代法 748-750

modification 变更 775-778

morality and policy 道德与政策 757

moral obligation 道德义务 748

multi-prime contracts 多重主合同 767-768

objectives of contracting parties 缔约方的目标 756-757

    principle 原则 750-759

privity 相对性 743n15,744-747

promisee, defined 受允诺人的界定 741

promisor, defined 允诺人的界定 741

promisor's defenses against promisee 允诺人对受允诺人的抗辩 775,778-779

rescission 解除 775-778

Restatement (First) of Contracts 《合同法重述(第一次)》 749-750,775-776

Restatement (Second) of Contracts 《合同法重述(第二次)》 753-758,776-778

subcontractors 分包商 763-766,768-770

unity of interest 利益一体化 748

would-be legatees 未来的受遗赠人 761-763

Tiersma, Peter 蒂尔斯玛,彼得 418-419

Time-of-effectiveness issues 生效时间问题 451-454

Totemic aspects of donative promises 赠与允诺的图腾属性 104-105

Tracing and disgorgement 追踪与归入 359-360

Trade usage 贸易惯例 634-636

    Restatement (Second) of Contracts 《合同法重述(第二次)》 378-379

Transactional incapacity 无交易行为能力 79-82

Transaction-cost arguments 交易成本的论证 57

Transmission modes of acceptance 承诺传输模式 451-452,455-456

Trebilcock, Michael 特里比尔科克,迈克尔 18-19,597-598,598n8,599n10,603,605n38,658-659

Trespass for purposes of extraction 利于开采目的的非法侵入 137n19

Triantis, George 特里安蒂斯,乔治 653-654

Trimarchi, Pietro 特里马尔基,彼得罗 254,646n66,648n69,656

Triviality and perfect fulfillment rule 微不足道与完美成就规则 723

Trust, creation of 信托的设立 110n42

Trust or confidence relationships 信托和信任关系 616-617 See also Fiduciaries 也可参见受托人

Tversky, Amos 特韦尔斯基,阿莫斯 160-162,165,166

UCC.《统一商法典》See Uniform Com-

mercial Code　参见《统一商法典》
UCCC. See Uniform Consumer Credit Code　《统一消费者信用法典》
UCITA (Uniform Computer Information Transactions Act)　《统一计算机信息交易法案》　456n75
UDAP (Unfair and Deceptive Acts and Practices) statute　《不公平和欺诈行为和实践》　95
UETA (Uniform Electronic Transactions Act)　《统一电子交易法案》　449,456n75,784-786
Ulen, Thomas　尤伦,托马斯　305,335,605-607,606n39
Unbargained-for risk test　未交易风险之检测　643-653
　　example　例子　647-651
　　mutual mistake compared　双方错误　644-646
　　nature of relief　救济的性质　651-653
　　test　检测　643-644
unexpected circumstances　意外情况　626
Uncertainty　不确定性　See Certainty principle　参见不确定性
Unconscionability principle　显失公平原则　69-96
　　above-market prices　高于市场价格　85-89
　　admiralty law　海事法　76-78
　　commodities　商品　71-72
　　competitive market, defined　竞争市场的界定　71
　　credit, extension of　信用延伸　89
　　distress　困境　73-78
　　door-to-door sellers　上门推销员　87-88,88n46
　　form contracts　格式合同　524

improvidence　缺乏远见　94-95
markets, role of　市场的地位　71-72
moral fault, role of　道德过错的地位　72-73
norms　规范　73-96
one-off sellers　一次性交易的卖方　85-86
paternalism　家长主义　92-93
price-gouging　哄抬价格　78-79
price-ignorance exploitation　价格无知的利用　85-89
procedural unconscionability　程序显失公平　70
rescue　救助　73-78
Restatement (Second) of Contracts　《合同法重述(第二次)》　69
sellers　卖方　85-88
statutes　制定法　95-96
substantive unconscionability　实质显失公平　70,89-95
transactional incapacity　无交易行为能力　79-82
UCC　《统一商法典》　69
UCCC　《统一消费者信用法典》　83,95-96
UDAP　不公平和欺诈性行为和惯常做法　95
undue influence　不当影响　83
unfair persuasion　不公平的劝说　82-84,84n43
unfair surprise　不公平的惊讶　84-85
Undue influence　不当影响　83
Undue-need-for-judicial supervision rule　对司法监督过度需求的规则　314
Unexpected circumstances　意外情况　625-663

adversely affected party, defined 受不利影响的当事人的界定 627
expost considerations 事后因素 659-661
frustration, defined 目的受挫的界定 627
impossibility, defined 不可能的界定 627
impracticability, defined 不可行的界定 627
insurance considerations 保险因素 655-659
judicial relief 司法救济 626
mutual mistake vs. 双方错误 637n35,646n65
overview 概览 625-627
promisor, defined 允诺人的界定 627
shared tacit assumption test 共同的默认假设检测 626-643 See also Shared-tacit-assumption test 也可参见共同的默认假设检测
unbargained-for risk test 未交易风险之检测 643-653 See also Unbargained-for risk test 也可参见未交易风险之检测

Unfair and Deceptive Acts and Practices (UDAP) 不公平和欺骗行为和实践 statute 制定法 95
Unfair persuasion 不公平劝说 82-84,84n43 See also Duress 也可参见胁迫
Unfair surprise 不公平惊讶 84-85
Uniform Commercial Code (UCC) 《统一商法典》
　generally 一般而言 4
　acceptance 承诺 441-442
　adequate assurance principle 充分担保原则 683-684
　admissions 承认 793-794
　agreement, defined 协议的定义 367
　anticipatory damages 期前违约的损害赔偿 680
　anticipatory repudiation 期前违约 675
　buyer's breach 卖方违约 310
　confirmation receipt 收到确认书 793
　contract, defined 合同的界定 367
　contractual allocations of losses 损失的合同分配 250-251
　contradiction 矛盾 541
　course of dealing 交易过程 369-370
　cover 补进 221n1
　efficient breach theory 效率违约理论 59
　firm offers 不可撤销的要约 464-465
　form contracts 格式合同 528
　gaps 漏洞 502,518
　goods made specially to order 定制的货物 792-793
　inference from circumstances 从情况中推断 634
　interpretation of contracts 合同的解释 387
　interpretation problems 解释问题 794
　lost profit 所失利润 189
　market price 市场价格 189
　mirror image rule 镜像规则 482
　mitigation 减损 155
　parol evidence rule 口头证据规则 536-537,539
　part performance 部分履行 792
　performance 履行 369-370
　replacement cost 替代成本 189

restitution 返还 328-329

sales of goods 货物买卖 700-703

silence as acceptance 作为承诺的沉默 139

Statute of Frauds 反欺诈法 784, 791-795,801

substantial performance 实质履行 700-703

unconscionability 显失公平 69

warranty breach 担保违约 192

Uniform Computer Information Transactions Act (UCITA) 《统一计算机交易信息法案》456n75

Uniform Consumer Credit Code (UCCC) 《统一消费者信用法典》83,95-96

Uniform Electronic Transactions Act (UETA) 《统一电子交易法》449, 456n75,784-786

Unilateral contracts 单方合同
 acceptance 承诺 429-440
 at-will employment rule 任意解雇规则 431-436
 background 背景 429-431
 defined 界定 419
 employment manuals 雇佣手册 431-436
 knowledge of offer 知道要约 438-439
 mutuality 相互性 45
 obligations of offeree who has begun performance 已开始履行的受要约人的义务 440
 offeree's motivation 受要约人的动机 436-438
 performance by offeree notice requirement 受要约人履行通知的要求 439-440

rescue 救助 139-140

Restatement (First) of Contracts 《合同法重述(第一次)》467-468

revocation of offers 要约的撤销 466-469

Unilateral mistakes 单方错误 557-575
 computational errors 计算错误 565-571
 See also Computational errors 也可参见计算错误
 loss aversion 损失厌恶 558n4
 mistaken payments 错误付款 560-565 See also Mistaken payments 也可参见错误付款
 modern position 现代立场 571-575
 overview 概览 557-560
 reliance damages 信赖损害赔偿 571

United Nations Convention on Contracts for the International Sale of Goods (CISG) 《联合国国际货物销售合同公约》451n62

Unity of interest and third-party beneficiaries 利益一体化与第三人 748

Unjust enrichment 不当得利
 asymmetric nature of damages 损害赔偿的不对称性 207n13
 disgorgement 归入 345
 formation 成立 494

Unpaid prizes or rewards 未兑付的奖赏与赏金 487-488

Unrealistic optimism 不切实际的乐观 163-165,169

Unreasonable disproportion 不合理的不合比例 208-209

Unreasonable economic waste 不合理的经济浪费 208-209,211

Usage 惯例

custom and trade usage 习惯与贸易惯例 634-636
  defined 惯例的界定 368
  as elements of contracts 作为合同要素的惯例 368-369
  special-community usage 特殊社群惯例 378
  trade usage 贸易惯例 378-379, 634-636

Vogel, Carol 沃格尔,卡罗尔 592n35

Waldfogel, Joel 沃德福格,乔尔 105-108
Warranty breach 担保违约 192
Waste 浪费
  of socially productive capacity 社会生产能力的浪费 149
  of socially wasteful transaction costs 造成社会浪费的交易成本 597,606-607
  unreasonable economic waste 不合理的经济浪费 208-209,211
Weintraub, Russell 温特劳布,拉塞尔 40,652-653
Wessman, Mark 韦斯曼,马克 486n6
White, James J. 怀特,詹姆斯 42-43,193,224,680,685,809
Willfulness 有意性 252
  substantial performance 实质履行 698-699
Williamson, Oliver E. 威廉姆森,奥利弗 628,629n9,736n12
Williston on Contracts 《威利斯顿论合同法》 6-7
Williston, Samuel See also Restatement (First) of Contracts 威利斯顿,塞缪尔

algorithms 算法 25-26
anticipatory breach or repudiation 期前违约 674
donative promises 赠与允诺 121-122
extreme literalism 极端字面主义 388-391
formalist theories 形式主义理论 9
interpretation 解释 398
  offers 要约 424
  parol evidence 口头证据规则 534-535,538
  revocation 撤销 467-468, 468n30,470-471,471n41
  termination of offerees power of 受要约人承诺权的终止
  acceptance 承诺 459n6
  terminology 术语 6-7
  third-party beneficiaries 第三方受益人 743n23,745-746,746n31,747n42
Windfalls 意外之财 591-594
Withdrawal 撤回
  acceptance 承诺 454
  anticipatory repudiation 期前违约 677
  general offers 公开要约 472-474
World of contract, defined 合同的世界之界定 103
World of gift, defined 赠与的世界之界定 103
Would-be legatees as third-party beneficiaries 作为第三方受益人的未来的受赠人 761-763
Writing requirements 书面形式的要求 783-814
Yorio, Edward 尤里奥,爱德华 124-130,125n85,126n87

Foundational Principles of Contract Law

内容简介

本书是艾森伯格教授五十多年合同法研究的集大成著作,几乎涵盖了合同法的所有核心内容,且有一定深度,但又不晦涩,体系清晰独特,论证简明充分,是合同法研究的经典作品,也是我国法律人系统学习美国合同法及其原理不可多得的经典体系书。

本书体现了美国合同法的精髓,对诸多问题作出了精辟的论述。本书分为7个主要议题、22个部分、共57章。编排体现了合同法侧重救济法的基本观念:

第一个议题是"合同法的理论基础"。该部分关注合同法的理论、合同法的基础原则、合同法从古典到现代的变迁、合同法中的道德因素、行为经济学与合同法、合同法中的过错等。

第二个议题是"合同救济"。论述了预期损害赔偿、特定履行、归入赔偿、违约金等救济问题。这部分共分14章,为核心内容。

第三个议题是"合同解释"。

第四个议题涉及"合同成立"。包括格式合同和口头证据规则。

第五个议题为"合同效力瑕疵"。主要包括错误、披露与意外情况。

第六个议题为"合同履行"。如履行顺序、履行条件、期前违约、履行担保、实质违约、实质履行等。

第七个议题为"善意及其他相关问题"等。

法律人进阶译丛

法学启蒙

《法律研习的方法：作业、考试和论文写作（第9版）》，〔德〕托马斯·M.J.默勒斯 著，2019年出版
《如何高效学习法律（第8版）》，〔德〕芭芭拉·朗格 著，2020年出版
《如何解答法律题：解题三段论、正确的表达和格式（第11版增补本）》，〔德〕罗兰德·史梅尔 著，2019年出版
《法律职业成长：训练机构、机遇与申请（第2版增补本）》，〔德〕托尔斯滕·维斯拉格 等著，2021年出版
《法学之门：学会思考与说理（第4版）》，〔日〕道垣内正人 著，2021年出版

法学基础

《法律解释（第6版）》，〔德〕罗尔夫·旺克 著，2020年出版
《法理学：主题与概念（第3版）》，〔英〕斯科特·维奇 等著，2023年出版
《基本权利（第8版）》，〔德〕福尔克尔·埃平 等著，2023年出版
《德国刑法基础课（第7版）》，〔德〕乌韦·穆尔曼 著，2023年出版
《刑法分则I：针对财产的犯罪（第21版）》，〔德〕伦吉尔 著
《刑法分则II：针对人身与国家的犯罪（第20版）》，〔德〕伦吉尔 著
《民法学入门：民法总则讲义·序论（第2版增订本）》，〔日〕河上正二 著，2019年出版
《民法的基本概念（第2版）》，〔德〕汉斯·哈腾豪尔 著
《民法总论》，〔意〕弗朗切斯科·桑多罗·帕萨雷里 著
《德国民法总论（第44版）》，〔德〕赫尔穆特·科勒 著，2022年出版
《德国物权法（第32版）》，〔德〕曼弗雷德·沃尔夫 等著
《德国债法各论（第17版）》，〔德〕迪尔克·罗歇尔德斯 著，2023年出版

法学拓展

《奥地利民法概论：与德国法相比较》，〔奥〕伽布里蕴·库齐奥 等著，2019年出版
《所有权的终结：数字时代的财产保护》，〔美〕亚伦·普赞诺斯基 等著，2022年出版
《合同设计方法与实务（第3版）》，〔德〕阿德霍尔德 等著，2022年出版
《合同的完美设计（第5版）》，〔德〕苏达贝·卡玛纳布罗 著，2022年出版

《民事诉讼法(第4版)》,〔德〕彼得拉·波尔曼 著
《消费者保护法》,〔德〕克里斯蒂安·亚历山大 著
《日本典型担保法》,〔日〕道垣内弘人 著,2022年出版
《日本非典型担保法》,〔日〕道垣内弘人 著,2022年出版
《担保物权法(第4版)》,〔日〕道垣内弘人 著
《日本信托法(第2版)》,〔日〕道垣内弘人 著
《公司法的精神:欧陆公司法的核心原则》,〔德〕根特·H. 罗斯 等著

⊙ 案例研习

《德国大学刑法案例辅导(新生卷·第三版)》,〔德〕埃里克·希尔根多夫著,2019年出版
《德国大学刑法案例辅导(进阶卷·第二版)》,〔德〕埃里克·希尔根多夫著,2019年出版
《德国大学刑法案例辅导(司法考试备考卷·第二版)》,〔德〕埃里克·希尔根多夫著,2019年出版
《德国民法总则案例研习(第5版)》,〔德〕尤科·弗里茨舍 著,2022年出版
《德国债法案例研习I:合同之债(第6版)》,〔德〕尤科·弗里茨舍 著,2023年出版
《德国债法案例研习II:法定之债(第3版)》,〔德〕尤科·弗里茨舍 著
《德国物权法案例研习(第4版)》,〔德〕延斯·科赫、马丁·洛尼希著,2020年出版
《德国家庭法案例研习(第13版)》,〔德〕施瓦布 著
《德国劳动法案例研习(第4版)》,〔德〕阿博·容克尔 著
《德国商法案例研习(第3版)》,〔德〕托比亚斯·勒特 著,2021年出版

⊙ 经典阅读

《法学方法论(第4版)》,〔德〕托马斯·M. J. 默勒斯 著,2022年出版
《法学中的体系思维和体系概念(第2版)》,〔德〕克劳斯-威廉·卡纳里斯 著,2023年出版
《法律漏洞的确定(第2版)》,〔德〕克劳斯-威廉·卡纳里斯 著,2023年出版
《欧洲民法的一般原则》,〔德〕诺伯特·赖希 著
《欧洲合同法(第2版)》,〔德〕海因·克茨 著
《德国民法总论(第4版)》,〔德〕莱因哈德·博克 著
《合同法基础原理》,〔美〕梅尔文·A. 艾森伯格 著,2023年出版
《日本新债法总论(上下卷)》,〔日〕潮见佳男 著
《法政策学(第2版)》,〔日〕平井宜雄 著